Handlexikon zur Pädagogischen Psychologie

Handlexikon zur Pädagogischen Psychologie

Herausgegeben von
Hans Schiefele und Andreas Krapp

Ehrenwirth

CIP-Kurztitelaufnahme der Deutschen Bibliothek

Handlexikon zur Pädagogischen Psychologie / hrsg. von Hans Schiefele u. Andreas Krapp. – München : Ehrenwirth, 1981.
  ISBN 3–431–02360–6
NE: Schiefele, Hans [Hrsg.]

ISBN 3–431–02360–6
© 1981 by Franz Ehrenwirth Verlag GmbH & Co, KG München
Ohne ausdrückliche Genehmigung des Verlages ist es auch nicht gestattet, das Buch oder Teile daraus auf irgendeinem Wege (fotomechanische Reproduktion, Fotokopie, Mikrokopie, Xerographie o. a.) zu vervielfältigen
Satz und Druck: Friedrich Pustet, Regensburg
Printed in Germany 1981

Vorwort

Das Selbstverständnis der Pädagogischen Psychologie hat sich in den letzten Jahren stark verändert. Theoretische und methodische Erkenntnisse in der Psychologie und den angrenzenden Sozialwissenschaften, neue Forschungseinrichtungen und eine veränderte Auffassung über Ziele und Handlungsstrategien einer auf pädagogisches Handeln ausgerichteten Psychologie haben teilweise zur Revision traditioneller Ansätze und zu einer dynamischen Entwicklung in den zentralen Bereichen der Pädagogischen Psychologie geführt.
Diese Tatsache war für uns einer der stärksten Beweggründe bei der Entscheidung zur Herausgabe eines Handlexikons zur Pädagogischen Psychologie. Daß ein solches Unterfangen zum jetzigen Zeitpunkt von einem grundsätzlichen Problem begleitet sein würde, war für uns von Anfang an klar; die Heterogenität der im gesamten Umfeld der Pädagogischen Psychologie vertretenen theoretischen und methodischen Positionen, die große Bandbreite unterschiedlicher Auffassungen über wissenschafts- und praxisbezogene Zielstellungen und die Vielzahl der hoffnungsvoll begonnenen und bislang nur teilweise fruchtbaren Neuentwicklungen geben weniger denn je ein einheitliches, in sich geschlossenes Bild einer wissenschaftlichen Disziplin.
Ein solches Bild entstehen zu lassen, war auch nicht die Absicht der Herausgeber. Dieses Lexikon hat vielmehr das Ziel, sowohl traditionelle Positionen und Konzepte als auch aktuelle Strömungen der wissenschaftlichen Auseinandersetzungen in ihrer Vielfalt zu Wort kommen zu lassen. Es folgt damit der Konzeption einer Reihe, die sich zur Aufgabe gemacht hat, den jeweiligen Forschungs- und Entwicklungsstand einer wissenschaftlichen Disziplin in einer begrenzten Zahl von handbuchähnlichen Stichwörtern darzustellen. Anstelle des Prinzips einer möglichst vollständigen, lexikalischen Begriffssammlung wichtiger Fachtermini verfolgt diese Konzeption die Idee der exemplarischen Abhandlung zentraler Theorien, Methoden und Probleme innerhalb repräsentativ ausgewählter Themenbereiche. Die einzelnen Artikel, die jeweils einen Themenbereich ansprechen, orientieren über den aktuellen Diskussionsstand in diesem Themenfeld, erläutern wichtige Fachbegriffe, beschreiben typische Forschungsansätze und weisen auf offene Fragen sowie gegenwärtig erkennbare Entwicklungstrends hin. Auf diese Weise dokumentieren sie innerhalb der vielschichtigen Problemstruktur der gesamten Disziplin jene Positionen und Fragestellungen, an denen derzeit die Forschungsbemühungen ansetzen und die wissenschaftliche Diskussion auf sich vereinigen, aber auch solche, die nach wie vor von grundlegender Bedeutung für die Pädagogische Psychologie der 80er Jahre sind.
Ein wichtiger Gesichtspunkt, der die Themenauswahl bestimmte, ist der Versuch, die traditionellen Fachgrenzen zwischen Pädagogik und Pädagogischer Psychologie zu überwinden. Die Pädagogische Psychologie verstand sich immer als eine Teildisziplin der Psychologie und als solche empirisch orientiert, während die Pädagogik ihre geisteswissenschaftlich systematisch-philosophische Position nur widerwillig für stärker pragmatisch orientierte, technologische Fragestellungen erschloß. Es ist nicht zuletzt das Verdienst einer aufgeklärt betriebenen »Empirischen Pädagogik«, daß die Erziehungswissenschaft heute metatheoretische und zielkritische Reflexionen des ursprünglich geistwissenschaftlichen Denkens mit deskriptiven Analysen der pädagogischen Realität einschließlich ihrer empirisch nachvollziehbaren Bedingungszusammenhänge verbindet und in Ansätzen wenigstens soweit integriert, daß Erziehungswissen und Psychologie sich als komplementäre Disziplinen verstehen können, deren Fragestellungen ohne scharfe Grenzen ineinander übergehen. Uns ist daran gelegen, Gemeinsamkeiten der Fragestellungen und der Forschungsansätze eher zu betonen als die Disziplinen durch mißverstandene inhaltliche oder methodische Polarisierung voneinander abzugrenzen. Wir hoffen, daß in der Artikelauswahl und ihrer Bearbeitung auch dieser integrative Impetus der Pädagogischen Psychologie spürbar geworden ist.
Es versteht sich von selbst, daß als Autoren für die einzelnen Artikel Wissenschaftler gesucht und auch gefunden wurden, denen die angesprochenen Problembereiche durch die eigene Arbeit bestens vertraut sind, die die aktuelle Diskussion mittragen und beeinflussen und somit an der Spitze der derzeitigen Entwicklung stehen. Um die überlegene Fachkenntnis eines Spezialisten zur Geltung zu bringen, macht man als Herausgeber tunlichst keine inhaltlichen Vorschriften. Denn gerade die Problemsicht des an der Entwicklung beteiligten und in sie involvierten Autors soll ja für das Verständnis einer aktuellen Wissenschaftsentwicklung fruchtbar gemacht werden. Zwar wurden von den Herausgebern Hinweise zur formalen Gestaltung bzw. zur Strukturierung

Vorwort

der Beiträge gegeben, doch blieb es den Autoren unbenommen, davon abzusehen und jene Darstellungsweise zu wählen, die nach ihrem Urteil dem thematisierten Sachverhalt gerecht wurde.

Das Handlexikon ist somit vor allem ein Werk seiner Autoren, und die Herausgeber wissen sich in dieser Hinsicht in der guten Lage, den derzeit möglichen Kompetenzstandard in diesem Band verwirklicht zu sehen.

Wir hoffen, daß das Handlexikon zur Pädagogischen Psychologie als Informationsquelle und Nachschlagewerk den Bedürfnissen verschiedener Lesegruppen gerecht wird. Von der Anlage her wendet es sich an einen weiten Leserkreis: Fachwissenschaftlern und Dozenten verschiedener Disziplinen bietet es zuverlässige und aktuelle Orientierungshilfe für wichtige Fragestellungen, Methoden und Befunde der Pädagogischen Psychologie; Studenten der Psychologie, Erziehungswissenschaft und anderer Sozialwissenschaften können es als themenbezogene Einführung sowie als Grundlage des Studiums benutzen; Psychologen, Lehrern und all jenen, die sich in ihrer täglichen Berufspraxis mit pädagogisch-psychologischen Problemen konfrontiert sehen, gibt es Hinweise und Anregungen für die Gestaltung und Bewertung der eigenen Tätigkeit.

Die Herausgeber haben Vielen zu danken, am meisten den Autoren, die trotz vielfältiger Belastung ihre Teilnahme zusicherten und fast ausnahmslos in verläßlicher, vorbildlicher Kollegialität Termine und formale Richtlinien respektierten, Korrekturen lasen und mit den Herausgebern kooperierten. Besonders zu danken haben wir einer kleinen Gruppe von Kollegen, die uns zu Beginn der Arbeit mit Ratschlägen zur Auswahl der Stichwörter und Autoren unterstützten. Zu bedanken haben wir uns darüber hinaus bei all jenen, die uns bei der Fertigstellung tatkräftig unterstützt haben, unter anderem bei Frau Brockard, Frau Deuerlein und Herrn Heiland für das Erstellen des Sachregisters, bei Frau Schrott für mancherlei Organisations- und Schreibarbeit und last not least bei Frau Gerngroß, die an allen Phasen der Entwicklung dieses Buchs mit fürsorglichem Eifer beteiligt war.

München, im April 1981 *Hans Schiefele*
Andreas Krapp

Die Stichwörter und Autoren

Abweichendes Verhalten *Manfred Brusten/ Norbert Herriger* 1
Aggression *Jans-Joachim Kornadt/Horst Zumkley* 6
Aktivation *Heinz-Rolf Lückert* 10
Angst *Ralf Schwarzer* 15
Attribuierung *Dieter Ulich* 21
Attribute-Treatment-Interaction (ATI) *Bernhard Treiber* 26
Aufmerksamkeit und Konzentration *Ingeborg Wagner* 30

Begabung *Andreas Krapp* 33
Behinderung *Otto Speck* 36
Bekräftigung *Günter L. Huber* 40
Beratung *Kurt Aurin* 42
Bildungsforschung *Enno Schmitz* 47
Bildungsplanung *Alfons Otto Schorb* 51

Chancengleichheit *Heinz Heckhausen* 54
Curriculum *Karl Frey* 61

Denkentwicklung *Rolf Oerter* 64
Denken und Problemlösen *Gerd Lüer* 69
Deprivation *Josef Langmeier* 75
Diagnostik *Andreas Krapp* 77
Didaktik *Wolfgang Einsiedler* 82
Differenzierung (schulische) *Karl Haußer* 87
Disziplin *Heinz-Jürgen Ipfling* 91

Einstellung *Hubert Feger* 93
Einzelfallanalyse (Einzelfalluntersuchung) *Volker Krumm* 95
Entwicklung *Rolf Oerter* 100
Erziehung *Karl Josef Klauer* 108
Erziehungsstile *Helmut Lukesch* 112
Evaluation *Siegfried Prell* 116
Externe Lernregelung *Gerhard Tulodziecki* 120

Familie *Rita Süßmuth* 124

Gedächtnis *Jürgen Bredenkamp* 129
Gedächtnisentwicklung *Franz Emanuel Weinert* 134
Gefühl *Hartmut Kasten* 137
Gemeindepsychologie *Heinrich Keupp* 139
Genetik (Anlage-Umwelt) *Gerhard Strube* 144
Geschichte der Pädagogischen Psychologie *Franz Emanuel Weinert* 148
Geschlechter (Geschlechtsrolle) *Dorothee Bierhoff-Alfermann* 153
Gruppendynamik *Markus Allemann* 155

Handlung und Handlungstheorien *Manfred Hofer* 159
Heimerziehung *Heinrich Tuggener* 166
Humanistische Psychologie *Jürgen vom Scheidt* 170

Implizite Theorien *Diethelm Wahl* 172
Instruktionstheorie *Siegfried Prell* 176
Intelligenz *Kurt A. Heller* 182
Interaktion (soziale) *Wolfgang Mertens* 188
Interesse *Hans Schiefele* 192
Intervention und Prävention *Christoph Kraiker* 196

Kognitive Komplexität *Heinz Mandl/Günter L. Huber* 200
Kognitive Stile *Günter L. Huber* 204
Kommunikation *Bernd Schorb* 206
Kreativität *Sylvia-Gioia Caesar* 210

Legasthenie *Achim Zimmermann* 212
Lehrerfortbildung *Konrad Widmer* 214
Lehrer-Schüler-Interaktion *Manfred Hofer* 218
Lehrziel *Karl Josef Klauer* 222
Leistungsmotivation *Falko Rheinberg* 227
Lernen und Lerntheorien *Jean-Luc Patry/ Meinrad Perrez* 231
Lernschwierigkeiten *Norbert Havers* 240
Lerntherapie *Brigitte Rollett* 243
Lernumwelt *Bernhard Wolf* 245

Medien *Erich Mohn* 247
Methoden *Hans Merkens* 251
Moralische Entwicklung und Erziehung *Lutz Mauermann* 256
Motivation und Motiventwicklung *Hans Schiefele* 260

Ökologie (Ökologische Psychologie) *Klaus Zott* 265

Pädagogische Psychologie als Ausbildungsinhalt *Leo Roth* 272
Persönlichkeitstheorien *Klaus A. Schneewind* 278
Prognose *Andreas Krapp* 284
Prozeßdiagnostik *Dietrich Rüdiger* 289
Psychoanalytische Pädagogik *Kurt Singer* 293

Rehabilitation *Otto Speck* 298
Reifung und sensible Phasen *Klaus E. Grossmann* 300

Die Stichwörter und Autoren

Schulerfolg und Schulversagen *Joachim Tiedemann* 304
Schulfähigkeit – Schulreife *Horst Nickel* 311
Schulleistungsbeurteilung *Christine Schwarzer* 316
Schulpsychologie *Georg Dietrich* 322
Schulsozialarbeit *Norbert Herriger/Peter Malinowski* 326
Selbstkonzept *Sigrun-Heide Filipp* 331
Sonderpädagogik *Herwig Baier* 336
Soziales Lernen *Hartmut Kasten* 339
Sozialisation *Klaus Ulich* 343
Sozialpädagogik *Heinrich Tuggener* 349
Spiel und Spieltheorien *Andreas Flitner* 353
Sprache *Hannelore Grimm* 356
Statistik *Bernhard Wolf* 362

Test *Reiner Fricke* 367
Textlernen *Heinz Mandl* 373

Trainingsmethoden *Lutz F. Hornke* 376
Transfer *Konrad Widmer* 381

Unterrichtsforschung *Frank Achtenhagen* 386

Veränderungsmessung *Adam Kormann* 391
Verhaltensbeobachtung *Reinhard Pekrun* 394
Verhaltensmodifikation *Volker Krumm* 401
Vorschulerziehung (Frühpädagogik) *Wassilios E. Fthenakis* 405

Wahrnehmung *Erich Vanecek* 410
Wechselwirkung *Kurt Pawlik* 414
Wissenschaftstheorie *Hans Merkens* 417

Zielerreichendes Lernen *Gerald A. Straka* 421

Angaben über die Autoren siehe Seite 427 ff.

Stichwortverzeichnis — Index — Glossaire — Предметный указатель

Im folgenden fremdsprachlichen Verzeichnis der im „Handlexikon zur Pädagogischen Psychologie" abgehandelten Stichwörter sind, soweit es Entsprechungen der fachwissenschaftlichen Termini in der jeweiligen Sprache gibt, diese übernommen. Wo dies nicht möglich war, wurden entweder freiere Übersetzungen gewählt, oder es wurde auf eine Übersetzung verzichtet. Begriffsumschreibungen bzw.

Stichwortverzeichnis	Index	Glossaire	Предметный указатель
1. Abweichendes Verhalten	deviance, deviant behavior	comportement déviant, déviance sociale, déviation sociale	
2. Aggression	agression, aggressivity	agression	агрессия
3. Aktivation	activation, arousal	activation	активация
4. Angst	anxiety	anxiété, angoisse, peur	страх
5. Attribuierung	attribution	attribution	атрибуция
6. Attribute-Treatment-Interaction (ATI)	aptitude-treatment-interaction (ATI)	interaction aptitude-traitement (IAT)	
7. Aufmerksamkeit und Konzentration	attention and concentration	attention et concentration	внимание
8. Begabung	ability, giftedness, mental endowment, aptitude	aptitude, talent	одарение
9. Behinderung	handicap	handicap	нарушение функций, инвалидность
10. Bekräftigung	reinforcement	renforcement	подкрепление
11. Beratung	counseling	orientation psychologique	консультация
12. Bildungsforschung	educational research	recherche en éducation	
13. Bildungsplanung	educational design	planification de la formation, de l'éducation	планирование народного образования, экономика народного образования
14. Chancengleichheit	equality of opportunities	égalité des chances	

IX

Stichwortverzeichnis	Index	Glossaire	Предметный указатель
15. Curriculum	curriculum	curriculum	унебная программа
16. Denkentwicklung	cognitive growth/development of thinking	epistémologie génétique (im Sinn von Piaget) développement cognitif, de la pensée	развитие мышления
17. Denken und Problemlösen	thinking and problem solving	pensée et resolution de problèmes	мышление и решение задач
18. Deprivation	deprivation (psychological deprivation)	privation socioculturelle	депривация
19. Diagnostik	diagnostics, diagnosis	diagnostic	диагностика
20. Didaktik	the principles of teaching	didactique	дидактика
21. Differenzierung (schulische)	differentiation, grouping	différenciation	дифференциация
22. Disziplin	discipline	discipline	дисциплина
23. Einstellung	attitude	attitude	социальная установка, стереотип
24. Einzelfallanalyse (Einzelfalluntersuchung)	single-case approach, single-case research, case study	étude de cas, analyse Nr. 1	казуистика
25. Entwicklung	development	développement	развитие
26. Erziehung	education	éducation	воспитание
27. Erziehungsstile	child-rearing practices, parental behavior, parental attitudes	climat éducatif, pratiques educatives	стили воспитания
28. Evaluation	evaluation	évaluation	эвалюация
29. Externe Lernregelung	external management of learning (programmed instruction)		
30. Familie	family	famille	семья

Stichwortverzeichnis	Index	Glossaire	Предметный указатель
31. Gedächtnis	memory	mémoire	память
32. Gedächtnisentwicklung	memory development	développement de la mémoire	развитие памяти
33. Gefühl	emotion, feeling	émotion	чувство
34. Gemeindepsychologie	community psychology	psychologie communautaire	
35. Genetik (Anlage-Umwelt)	genetic (nature-nucture)	génétique	генетика
36. Geschichte der Pädagogischen Psychologie	history of educational psychology	histoire de la psychologie pédagogique	история педагогической психологии
37. Geschlechter (Geschlechtsrolle)	sexes (sex-roles)	sexes (rôle lié au sexe, rôles sexuels)	пол (принятие роли пола)
38. Gruppendynamik	group dynamics	dynamique de groupe	групповая динамика
39. Handlung und Handlungstheorien	action and action theories	action, théorie de l'action	действие, теории действия
40. Heimerziehung	residential care, residential treatment	éducation en institutions	воспитание в интернатах
41. Humanistische Psychologie	humanistic psychology	psychologie humaniste	гуманистическая психология
42. Implizite Theorien	implicit theories	théories implicites, théories naives	скрытые теории
43. Instruktionstheorie	theory of instruction/instructional theory	théories de l'enseignement	теория обучения
44. Intelligenz	intelligence	intelligence	интеллект
45. Interaktion (soziale)	social interaction	interaction sociale	интеракция, взаимоотношение
46. Interesse	interest	intérêt	интерес
47. Intervention und Prävention	intervention and prevention	intervention et prévention	терапия и профилактика

Stichwortverzeichnis	Index	Glossaire	Предметный указатель
48. Kognitive Komplexität	cognitive complexity	complexité cognitive	когнитивная комплексность
49. Kognitive Stile	cognitive styles	style cognitif, mode de pensée	когнитивные стили
50. Kommunikation	communication	communication	коммуникация, общение
51. Kreativität	creativity	créativité	творчество
52. Legasthenie	dyslexia, reading disabilities	dyslexie	легастения, дислексия
53. Lehrerfortbildung	teacher training	formation continue des enseignants	усовершенствование учителей
54. Lehrer-Schüler-Interaktion	classroom interaction	interaction entre maître et élève	интеракция учитель-школьник
55. Lehrziel	instructional objective	objectif de maîtrise, objectif de l'enseignement	цель обучения
56. Leistungsmotivation	achievement motivation	motivation d'accomplissement	мотив достижения цели
57. Lernen und Lerntheorien	learning and theories of learning	apprentissage et théories de l'apprentissage	учение и теория учения
58. Lernschwierigkeiten	learning problems		трудности успеваемости, трудности учения
59. Lerntherapie	learning therapy	thérapie par l'apprentissage	
60. Lernumwelt	learning environment	environnement de l'apprentissage, contexte de l'apprentissage	экология учащегося
61. Medien	mass media	mass media	средства массовой коммуникации
62. Methoden	methods of empirical research	méthodes de recherche	методы, методика
63. Moralische Entwicklung und Erziehung	moral development and education	développement moral, éducation morale	моральное развитие и воспитание

Stichwortverzeichnis	Index	Glossaire	Предметный указатель
64. Motivation und Motiventwicklung	motivation and development of motivation	motivation et développement des motifs	мотивация и развитие мотивов
65. Ökologie (Ökologische Psychologie)	ecology (ecological psychology)	écologie (psychology écologique)	экология
66. Pädagogische Psychologie als Ausbildungsinhalt	educational psychology as a training issue		психология как предмет преподавания
67. Persönlichkeitstheorien	personality theories	théories de la personnalité	теории личности
68. Prognose	prognosis, prediction	pronostic	прогноз
69. Prozeßdiagnostik	process assessment	diagnostic du procès	диагностика процессов
70. Psychoanalytische Pädagogik	educational psychoanalysis	pédagogie psychoanalytique	психоанализ и педагогика
71. Rehabilitation	rehabilitation	réhabilitation	дефектология, коррекционно-педагогическая работа и. др.
72. Reifung und sensible Phasen	maturation and sensible stages	maturation et phases sensibles	созревание и сенситивные периоды
73. Schulerfolg und Schulversagen	success and failure in school	réussite et échec scolaire	успеваемость неуспеваемость
74. Schulfähigkeit-Schulreife	school ability – school readiness	aptitude et maturité scolaire	обучаемость
75. Schulleistungsbeurteilung	measurement and evaluation in school	évaluation pédagogique	оценка успеваемости
76. Schulpsychologie	school psychology	psychologie scolaire	психологическая служба в школе
77. Schulsozialarbeit	school social work	travail social à l'école	
78. Selbstkonzept	self-concept	conception de soi	
79. Sonderpädagogik	special education	pédagogie curative	специальная педагогика
80. Soziales Lernen	social learning	apprentissage social	социализация

Stichwortverzeichnis	Index	Glossaire	Предметный указатель
81. Sozialisation	socialisation	socialisation	социализация (школьная)
82. Sozialpädagogik	social work/ socialpedagogue	sociopédagogie	социальная педагогика
83. Spiel und Spieltheorien	play and theories of play	jeu et théorie des jeux	игра и теории игры
84. Sprache	language, speech	langage	язык, речь
85. Statistik	statistics	statistique	статистика
86. Test	test	test	тест
87. Textlernen	learning from texts	apprentissage à partir de textes	заучивание текстов
88. Trainingsmethoden	teacher training, teacher education	formation des enseignants	методы тренировки
89. Transfer	transfer	transfert	трансфер, перенос
90. Unterrichtsforschung	research on teaching and learning in classrooms	recherche sur l'enseignement et l'apprentissage	преподавание как предмет научных исследований
91. Veränderungsmessung	measurement of change	mesure du changement	измерение изменений
92. Verhaltensbeobachtung	behavior observation, behavioral observation	observation du comportement	естественный эксперимент
93. Verhaltensmodifikation	behavior modification	modification du comportement	модификация поведения на основе теории научения
94. Vorschulerziehung (Frühpädagogik)	early childhood education	education préscolaire	дошкольное воспитание
95. Wahrnehmung	perception	perception	восприятие
96. Wechselwirkung	interaction	interaction	взаимодействие
97. Wissenschaftstheorie	philosophy of science, meta-theory of science	théorie de la science, épistémologie	методология, наука науки
98. Zielerreichendes Lernen	mastery learning	pédagogie de la maîtrise	индивидуализация обучения

Abweichendes Verhalten

1. *Zur Definition abweichenden Verhaltens:* ›Abweichendes Verhalten‹ ist in den Sozialwissenschaften eine abstrakte Bezeichnung für Verhaltensweisen, die in ihrer konkreten Erscheinung sehr unterschiedlich sind, wie z. B. Kriminalität, Delinquenz, Verwahrlosung, Dissozialität, Verhaltensstörung, aber auch Geisteskrankheit, Selbstmord, Alkoholismus, Homosexualität und Prostitution. In der wissenschaftlichen Fachdiskussion hat sich heute weitgehend der aus dem Angelsächsischen stammende Begriff der ›*Devianz*‹ als Synonym für *abweichendes Verhalten* (AV) durchgesetzt, so daß man in diesem Zusammenhang auch von Devianz-Forschung und Devianz-Theorien spricht.

Allen als *deviant* bezeichneten Verhaltensweisen ist gemeinsam, daß sie mehr oder weniger deutlich von bestimmten, gesellschaftlich als ›allgemein gültig‹ anerkannten sozialen Normen abweichen. Dabei lassen sich in der sozialwissenschaftlichen Literatur zumindest vier analytisch trennbare Konzeptionen von AV unterscheiden.

Die ›statistische‹ Konzeption: Als deviant gelten hier alle Verhaltensweisen und Eigenschaften, die von einem als ›normal‹ definierten ›Durchschnitt‹ abweichen. Abgesehen von der relativen Willkür der zu setzenden Grenzen, kommt man jedoch auch hier nicht an einer sozialen Bewertung der vom statistischen Durchschnitt abweichenden Verhaltensweisen vorbei.

Die ›psychopathologisierende‹ Konzeption: Ausgehend von einem medizinischen Krankheitsverständnis wird AV hier als Krankheit oder als durch Krankheit verursacht aufgefaßt. Diese pathologisierende und zugleich individualisierende Definition des AV hat in der Devianzforschung und in den von ihr beeinflußten Praxisbereichen (z. B. Psychiatrie und Strafjustiz) eine lange und widerstandsfähige Tradition.

Die ›funktionalistische‹ Konzeption: Der Bezugspunkt der Analyse ist hier nicht das sich abweichend verhaltende Individuum, sondern das soziale System, für dessen Erhaltung und Weiterentwicklung AV dysfunktionale oder auch funktionale Folgen haben kann. So wird AV von einigen als Ausdruck ›sozialer Pathologie‹ und ›sozialer Desorganisation‹ begriffen, während andere vor allem die systemerhaltenden Funktionen des AV (die moralische Entrüstung über ›Abweichler‹ stärkt den Gruppenzusammenhang und die Bereitschaft zur Normkonformität) betonen. Daß die nur scheinbar wertfreie und funktionalistische Konzeption auch eine eminent politische Dimension enthält (was ist dysfunktional? wer bestimmt dies? wessen Macht wird dadurch gestärkt?), wurde lange Zeit nur am Rande erwähnt.

Die ›normative‹ Konzeption: Ausgangspunkt der Devianz-Definition ist hier ganz explizit die Orientierung an bestimmten sozialen Normen. Dabei lassen sich zwei Varianten unterscheiden: (a) Die *absolutistisch-normative Konzeption* unterstellt, daß es im Alltagsleben einen allgemeinen gesellschaftlichen Konsens darüber gibt, was als ›normal‹ und was als ›abweichend‹ zu bewerten ist. Die Mitglieder eines sozialen Systems verkehren danach miteinander auf der Grundlage eines intersubjektiv geteilten Systems sozialer Normen, das ihnen verbindliche Maßstäbe zur Beurteilung des eigenen und fremden Verhaltens an die Hand gibt. (b) Die *relativistisch-normative Konzeption* betont dagegen, daß die normative Ordnung moderner Industriegesellschaften relativ offen, heterogen und konfliktbestimmt ist. Die Entscheidung darüber, ob bestimmte Verhaltensweisen abweichend sind oder nicht, ist daher nicht problemlos; die Feststellung von Devianz ist vielmehr in hohem Maße abhängig von Interpretationen und Prozessen des Aushandelns zwischen den jeweils betroffenen Personen oder Gruppen und damit nicht zuletzt auch abhängig von der Definitionsmacht der jeweiligen Interaktionspartner.

Ein anderes – weit verbreitetes – Problem der Begriffsklärung betrifft die Frage, ob AV als ›normal‹ oder als ›anormal‹ zu betrachten sei. Auch wenn die Beantwortung dieser Frage davon abhängt, welche der bereits genannten Grundpositionen man einnimmt, und außerdem die Grenzen zwischen abweichendem und konformem Verhalten vielfach fließend sind, bleibt festzuhalten, daß aus sozialwissenschaftlicher Sicht AV ein völlig normales Phänomen darstellt und zwar (a) weil es in jeder Gesellschaft Verhaltensweisen gibt, die als abweichend definiert werden; (b) weil faktisch alle Individuen einer Gesellschaft sich zeitweilig in der einen oder anderen Weise abweichend verhalten; (c) weil bestimmte Raten spezifischer abweichender Verhaltensweisen für bestimmte Gesellschaftsstrukturen geradezu strukturtypisch oder symptomatisch sind und (d) weil AV ebenso wie normkonformes Verhalten sozial bedingtes – d. h. soziales – Verhalten ist.

2. *Perspektiven der wissenschaftlichen Erklärung abweichenden Verhaltens:* Sowohl die theoretische Erklärung als auch die empirische Erforschung von AV sind in den letzten Jahren zusehends in Bewegung geraten. Eine in sich geschlossene und durch empirische Befunde hinreichend gesicherte Theorie AV gibt es jedoch noch nicht. Die aktuelle wissenschaftliche Diskussion ist vielmehr durch eine verwirrende Vielfalt alternativer Erklärungsansätze bestimmt. Diese Divergenz alternativer Theorie- und Forschungsperspektiven erklärt sich zum einen daraus, daß recht unterschiedliche Fachdisziplinen – Psychiatrie, Psychologie, Pädagogik und Soziologie – AV als jeweils eigenen Forschungsgegenstand betrachten. Zum anderen gibt es aber auch innerhalb der verschiedenen Fachdisziplinen deutliche forschungstheoretische und forschungspraktische Gegensätze (vgl. Keupp 1972; 1976; Arbeitskreis Junger Kriminologen 1974; Kerscher 1977; Herriger 1979). Es lassen sich vor allem vier Hauptrichtungen der sozialwissenschaftlichen Erklärung von AV unterscheiden:

2.1 Mikrostrukturelle Erklärungsansätze: Diese Theorieansätze sind im wesentlichen auf den mikrostrukturellen Bereich primärer (meist familiärer) Interaktionsbeziehungen beschränkt. Im Vordergrund stehen die Analyse des Zusammenhangs zwischen familiärer Sozialisation und AV bei Kindern und Jugendlichen sowie die Analyse der psychodynamischen Prozesse, in denen das Kind die Erfahrungen aus einer ›beschädigenden‹ Sozialisation in sozial auffällige Verhaltensweisen umsetzt. Hierbei begreifen psychoanalytisch orientierte Forschungen AV in erster Linie als Resultat eines Fehlschlagens der grundlegenden psychodynamischen Prozesse der Objektbindung, der Identifikation und der Gewissensbildung mit den Folgen einer nur unzureichend erworbenen sozialen und moralischen Kompetenz (→ *Psychoanalytische Pädagogik*), während lerntheoretisch ausgerichtete Forschungsarbeiten vor allem den Einfluß des Erziehungsverhaltens und der Sanktionspraxis der Eltern auf das Verhalten der Kinder untersuchen (→ *Erziehungsstile*). Neuere mikrostrukturelle Erklärungsansätze greifen jedoch auch über den unmittelbaren Familienkontext hinaus; auch die sekundäre Sozialisation durch Schule, Erziehungsheime und informelle Freundschaftsgruppen wird hier in die Erklärung kindlicher und jugendlicher Devianz einbezogen.

2.2 Schichten- und subkulturspezifische Erklärungsansätze: Gestörte Sozialisationsprozesse werden hier im Einflußfeld eines breiteren sozialstrukturellen Kontextes analysiert, so daß auch die sozioökonomischen und soziokulturellen Randbedingungen der → *Sozialisation* mit in die Analyse einbezogen werden können. Wichtig ist daher die Aufdeckung von Zusammenhängen zwischen der objektiven Lebenssituation von Familien, ihrer Schichtzugehörigkeit oder Klassenlage und der damit verbundenen Verfügung über materielle, kulturelle und psychische Ressourcen einerseits und spezifischen Mängeln der familiären Sozialisation andererseits. Nach diesem Erklärungsansatz sind vor allem Unterschichtfamilien besonderen sozialstrukturellen Belastungen ausgesetzt, die eine ›normale‹ Entwicklung der Kinder erschweren und die Entstehung von AV fördern (→ *Familie*). Den Untersuchungen zur schichten- oder klassenspezifischen Sozialisation stehen subkulturtheoretische Arbeiten sehr nahe, Untersuchungen also, die das AV von Kindern und Jugendlichen auf kulturspezifische – ansonsten aber ›normale‹ – Sozialisationsprozesse in Unterschichtkulturen und Gruppenkulturen (z. B. delinquenten Banden) zurückführen. Die Entstehung subkultureller Werte und Normen wird dabei als eine Art Reaktion dieser Gruppen, Schichten und Klassen auf ihre jeweiligen Lebensbedingungen (soziale Isolation, Diskriminierung, Deklassierung, Segregation) aufgefaßt. Da die subkulturellen Werte und Normen jedoch eine gewisse Modifikation der ›offiziellen‹, gesetzlich abgestützten Werte und Normen darstellen oder sogar in Widerspruch zu diesen stehen, begehen Kinder und Jugendliche, deren Verhalten bezüglich der subkulturellen Werte und Normen als nonkonform zu bezeichnen wäre, mit relativ hoher Wahrscheinlichkeit Handlungen, die offiziell strafbar sind und entsprechend kriminalisiert werden.

2.3 Makrostrukturelle Erklärungsansätze: Sie versuchen, die gesellschaftliche Verbreitung und Entwicklung bestimmter Formen von AV aus gesamtgesellschaftlichen Strukturmerkmalen zu erklären. Nach der ältesten und zugleich bekanntesten makrostrukturellen Devianz-Theorie – der *Anomietheorie* – sind moderne Industriegesellschaften durch ein besonderes – anomisches – Spannungsverhältnis zwischen kultureller Struktur und sozialer Struktur gekennzeichnet. AV (insbesondere Eigentumskriminalität) entsteht nach dieser Theorie vor allem dadurch, daß bestimmten gesellschaftlichen Gruppen, insbesondere den unteren sozialen Schichten, die legitimen Mittel zur Erreichung der kulturell verbindlichen Erfolgsziele aufgrund sozialstruktureller Restriktionen nicht verfügbar sind und diese somit unter sozialen Druck geraten, sich illegitimer kriminalisierbarer Mittel der Zielerreichung zu bedienen.

Auch *materialistisch-gesellschaftstheoretische Erklärungsansätze* thematisieren den Zusammenhang zwischen gesellschaftlichen Makrostrukturen und der Entstehung bzw. Verbreitung von AV. Ausgangspunkt der Erklärung ist hier vor allem die Klassenstruktur kapitalistischer Gesellschaften, die durch den Widerspruch zwischen kollektiver Produktion und privater Aneignung des gesellschaftlich produzierten Reichtums bestimmt ist. Da die Lohnarbeiter dieser Klassengesellschaft von der gleichberechtigten gesellschaftlichen Partizipation weitgehend ausgeschlossen sind und ihre Lebenssituation durch Besitz- und Machtlosigkeit gekennzeichnet ist, stellt die Umgehung gesetzlicher Normen für sie faktisch oft die einzige – wenn auch durch Kriminalisierung bedrohte – Möglichkeit dar, am gesellschaftlichen Reichtum in einem größeren Ausmaß teilzuhaben, als es ihre Klassenlage erlaubt. Zugleich werden jedoch durch die Setzung von Rechtsnormen und die Etablierung bestimmter Institutionen der sozialen Kontrolle selektive, die Unterschicht benachteiligende Kriminalisierungsprozesse in die Wege geleitet und so die Privilegien der herrschenden Klassen erhalten und weiter stabilisiert (Klassenjustiz).

Eine dritte Gruppe makrostruktureller Erklärungsansätze geht von *Theorien des sozialen Wandels* und den dadurch bedingten *sozialen Konflikten* aus. AV – insbesondere von Kindern und Jugendlichen – ist hiernach vor allem dann zu erwarten, wenn der Prozeß des Hineinwachsens in die Gesellschaft (d. h. die Internalisierung gesellschaftlicher Normen) und die Orientierung an geltenden Werten und Normen durch gesamtgesellschaftliche Entwicklungen erschwert werden. Als Bedingungen des AV als Massenerscheinung werden daher genannt: soziostrukturelle Veränderungen der Institution Familie, rascher sozialer Wandel, Wertepluralismus und Normkonflikte, aber auch technische und wirtschaftliche Veränderungen, die die Entwicklung der kindlichen Persönlichkeits- und Verhaltensstrukturen nachweislich stark beeinflussen (z. B. die Entwicklung des Fernsehens und der Trabantenstädte).

2.4 Der ›Labeling-Approach‹: Die oben vorgestellten ätiologischen Erklärungsansätze sind – was die wissenschaftliche Forschung in der Bundesrepublik Deutschland anbetrifft – seit ungefähr 1970 in zunehmendem Maße kritisiert worden. Die Ausgangspunkte dieser Auseinandersetzungen lassen sich im wesentlichen auf zwei Quellen zurückführen:

Zum einen hatte die Dunkelfeldforschung den unbestreitbaren Nachweis erbracht, daß die – z. B. in Kriminalstatistiken – offiziell registrierte Devianz nur ein stark verkleinertes und verzerrtes Abbild der tatsächlichen, jedoch weitgehend unentdeckt bleibenden Devianz darstellt. Die registrierte Devianz ist also das Ergebnis von Selektionsprozessen. Damit aber stellt sich die Frage, welche ›Gesetzmäßigkeiten‹ diesen Selektionsprozessen zugrunde liegen und wie diese sich erklären lassen. Die empirische Forschung, die sich bis dahin fast ausschließlich mit Personen befaßt hatte, die bereits durch bestimmte, als ›abweichend‹ definierte Handlungen aufgefallen waren, und diese dann auf besondere körperliche, psychische und soziale Merkmale hin untersucht hatte, wandte sich nun in zunehmendem Maße jenen Institutionen zu, die mit der Entdeckung, Beurteilung und Korrektur abweichenden Verhaltens befaßt sind: den *Institutionen sozialer Kontrolle* (Sozialarbeit, Polizei, Justiz, Strafvollzug). Entsprechend interessierte sich die Forschung nun in zunehmendem Maße für die pragmatischen Alltagstheorien der Kontrolleure (→ *Implizite Theorien*), für gesetzliche Vorschriften, Organisationsstrukturen, Entscheidungs- und Verwaltungsroutinen, um die beobachteten Selektionsprozesse zu erklären. Die bisherigen Theorien und empirischen Forschungsergebnisse, die von der offiziell bekanntgewordenen Devianz ausgegangen waren, erschienen nun in zunehmendem Maße als höchst fragwürdig, denn viele der empirisch nachgewiesenen Zusammenhänge (etwa zwischen Schichtzugehörigkeit, Familienstruktur und AV) erweisen sich weitgehend als Resultate genau jener Selektionsprozesse, die von den älteren Erklärungsansätzen ausgeklammert worden waren.

Die Kritik an den ätiologischen Erklärungsansätzen wurde zum anderen aber auch durch verschiedene theoretische Ansätze – insbesondere aus dem Umfeld des Symbolischen Interaktionismus – getragen, die unter der Bezeichnung *Labeling-Approach* (auch: Definitionsansatz, Stigmatisierungsansatz, Etikettierungsansatz, Interaktionstheorie, Theorie der sozialen Reaktion) zusammengefaßt worden sind. Becker, einer der wohl bekanntesten Vertreter dieses neuen Erklärungsansatzes, hat das ›Programm‹ des Labeling-Approach so formuliert: »Gesellschaftliche Gruppen (schaffen) AV dadurch, daß sie Regeln aufstellen, deren Verletzung AV konstituiert, und daß sie diese Regeln auf bestimmte Menschen anwenden, die sie zu Außenseitern abstempeln. Von diesem Standpunkt aus ist AV keine Qualität der Handlung, die eine Person begeht, sondern vielmehr eine Konsequenz der Anwendung von Regeln durch andere und der Sanktionen gegenüber einem ›Missetäter‹. Der Mensch mit AV ist ein Mensch, auf den diese Bezeichnung erfolgreich angewandt worden ist; AV ist Verhalten, das Menschen so bezeichnen« (Becker 1973, S. 8). Geht man von diesem ›Programm‹ des Labeling-Approach aus, so sind insbesondere folgende Ebenen und Perspektiven für die Erklärung des AV von Bedeutung:

(a) Was in einer Gesellschaft als AV gilt, bemißt sich zunächst einmal an den in dieser Gesellschaft geltenden sozialen Normen, insbesondere den staatlichen Gesetzen sowie deren Konkretisierungen in ministeriellen Erlassen, behördlichen Verordnungen und Verfügungen. AV ist insofern das Resultat vielfältiger komplexer Definitions- und Entscheidungsprozesse auf ›allerhöchster Ebene‹ und damit nicht zuletzt ein politisches Phänomen, d. h. Ausdruck gesellschaftlicher Macht- und Herrschaftsstrukturen. Hier stellt sich also die Frage, wer an der Entstehung und Durchsetzung dieser gesellschaftlichen Normen mitwirken kann bzw. wer davon ausgeschlossen ist und welche alternativen sozialen Normen erfolgreich verhindert werden konnten. Dabei bezieht sich die Analyse der Normgenese sowohl auf allgemeine *Verhaltensnormen,* die festlegen, was als ›abweichend‹ gelten soll (z. B. StGB), als auch auf *Sanktionsnormen,* die vorschreiben, wie mit Abweichlern zu verfahren ist (z. B. StPO), und *Organisationsnormen,* die die Strukturen der Institutionen sozialer Kontrolle bestimmen.

(b) Die Konstituierung von AV ist außerdem abhängig von gesellschaftlichen Vorurteilen, Stereotypen und pragmatischen alltagstheoretischen Wissensbeständen, von Generalisierungen also, die als kognitive und affektive Komponenten von → *Einstellungen* und Verhaltensdispositionen die konkreten – formellen und informellen – Interaktionen zwischen Menschen und damit die Wahrnehmung, Bewertung und Behandlung bestimmter Verhaltensweisen als ›deviant‹ in vielfältiger und nachhaltiger Weise beeinflussen (→ *Interaktion*).

(c) Von besonderer Bedeutung für die Konstituierung von AV sind die Institutionen der formellen Sozialkontrolle, und zwar unabhängig davon, ob ihre Grundorientierung nun prophylaktischer, therapeutischer oder repressiver Art ist. Rekrutierung, Ausbildung und Bewußtsein (Wissen, Einstellungen, Selbstverständnis) der Mitarbeiter dieser Institutionen sind daher für den Labeling-Ansatz ebenso zentrale Themen wie die institutionelle Absicherung des Handlungsspielraumes, der Definitionsmacht und der Handlungskompetenz der Kontrolleure, die Organisationsstrukturen dieser Institutionen sowie die Regelung ihrer Zuständigkeiten und Kooperationsverpflichtungen.

(d) Die öffentliche Zuschreibung des Etiketts ›abweichend‹ und die sich daran anschließenden Prozesse der Stigmatisierung, selektiven Sanktionierung und sozialen Ausgliederung (Segregation) bestimmen schließlich auch die weiteren Handlungschancen und die soziale Identität der betroffenen Personen, so daß diese über kurz oder lang die ihnen angesonnenen ›Deviantenrollen‹ und die damit einhergehende ›Devianten-Identität‹ übernehmen, mit der Konsequenz, daß die ihnen verfügbaren Möglichkeiten, sich normkonform zu verhalten, noch weiter reduziert und abweichende Verhaltensweisen zunehmend stabilisiert werden. AV ist insofern vielfach ›sekundäre Devianz‹, d. h. das Resultat eskalierender und fehlschlagender sozialer Kontrollprozesse.

Folgt man der Perspektive des Labeling-Approach, dann ist AV also kein ›punktuelles Ereignis‹, sondern das Ergebnis zahlreicher Interaktionsprozesse im Verlauf – teilweise recht langer – ›krimineller Karrieren‹, an denen außer den Devianten selbst viele andere Personen und Institutionen beteiligt sind. Ob jedoch ein bestimmtes Verhalten schließlich erfolgreich als ›abweichend‹ definiert werden kann oder nicht, das hängt von ›sozialen Kontingenzen‹ wie dem sozialen Status, der sozialen Macht und der Handlungskompetenz der miteinander interagierenden Personen ab, so daß auf diese Weise bestimmte Personen eher als ›deviant‹ definiert werden können als andere.

3. *Schule und abweichendes Verhalten:* Mit der Rezeption des Labeling-Ansatzes in der Bundesrepublik Deutschland wurde auch die Schule als eine Institution entdeckt, in der bereits wichtige Weichenstellungen für das Entscheidungshandeln nachgeschalteter Institutionen sozialer Kontrolle (Jugendhilfe; Familienfürsorge; Erziehungsberatung; Jugendgerichtshilfe; Gericht) getroffen werden. Neben der Vermittlung spezifischer Wissensinhalte und ›cultural skills‹ sowie der Verteilung gesellschaftlicher Statuschancen trägt die Schule über vielfältige schulinterne Prozesse der Typisierung, der Stigmatisierung und der selektiven Sanktionierung entscheidend dazu bei, daß bestimmte Schüler oder Schülergruppen zu Außenseitern gestempelt werden und so schließlich in die Mühlen des öffentlichen Kontrollapparats geraten (vgl. Brusten/Hurrelmann 1976; Brusten 1979).

Die Schule, deren Aufsicht die Kinder und Jugendlichen über viele Jahre hinweg tagtäglich unterliegen, ist durch einen relativ einheitlichen normativen Code gekennzeichnet, nach dem Lehrer und Schüler ihre schulalltäglichen Interaktionen abwickeln. Dieser normative Code umfaßt folgende für die Schüler verbindlichen Verhaltensverpflichtungen:

(a) *Die Erfüllung schulspezifischer Leistungsstandards:* Die Schüler sollen den vordefinierten formalen Leistungskriterien nachkommen und eine entsprechende → *Leistungsmotivation* entwickeln.

(b) *Ein leistungsbezogenes Arbeitsverhalten:* Von den Schülern wird erwartet, daß sie ›fleißig‹, ›ordentlich‹, ›aufmerksam‹ und ›gewissenhaft‹ arbeiten.

(c) *Ein angepaßtes Sozialverhalten:* Die Schüler sollen sich schließlich im Raum der Schule ›gehorsam‹, ›ruhig‹, ›aufgeschlossen‹, und ›diszipliniert‹ benehmen.

Wer diesen normativen Ansprüchen genügt, ist im Urteil der Lehrer in der Regel ein ›guter Schüler‹. Wer sich dagegen diesen Verhaltensregeln des schulischen Systems nicht anpaßt, sich ihnen widersetzt oder sich ihnen zu entziehen versucht und so den reibungslosen Ablauf der Unterrichtsroutinen behindert, der wird vom Lehrer als ›fehlangepaßt‹, ›störend‹, und ›sozial auffällig‹ wahrgenommen und als ›Problemschüler‹ eingeschätzt (→ *Schulerfolg und Schulversagen;* → *Lernschwierigkeiten*). Neuere Untersuchungen haben nachgewiesen, daß die Chancen schulischen Erfolgs bzw. die Risiken schulischen Versagens für Schüler unterschiedlicher sozialer Herkunft ungleich verteilt sind. So ist die Anpassung an die Normen und Werte der Schulkultur für Kinder der Mittelschicht relativ problemlos möglich, da sie bereits im Verlauf der familiären Sozialisation Interaktions- und Orientierungsschemata erwerben können, die für die Bewältigung schulischer Anforderungen funktional sind. Zugleich ist von seiten der Lehrer die Bereitschaft gegenüber Kindern der Mittelschicht größer, ›problematisches‹ Verhalten als »Übermut«, »Unachtsamkeit« oder »einmaligen Fehltritt« zu normalisieren. Bei Kindern der Unterschicht dagegen führt die Diskrepanz zwischen der unterschichtspezifischen familiären Sozialisation und der weitgehend mittelschichtgeprägten schulischen Sozialisation zu besonderen Belastungen und Anpassungsproblemen. Diese durch die Organisation der Schule geschaffenen Probleme aber führen zu Problemlösungsversuchen, die als ›unangemessenes‹ Verhalten wahrgenommen und beurteilt werden.

Viele Beobachtungen und Analysen der Schulwirklichkeit zeigen, daß die Lehrer – eingespannt in vielfältige berufliche Zwänge – häufig nicht in der Lage sind, die eigentlichen Ursachen des AV von Schülern zu erkennen. Notwendige pädagogische Hilfestellungen, die die Chronifizierung des AV in den Anfangsstadien verhindern könnten, unterbleiben daher vielfach (→ *Intervention und Prävention*); statt dessen werden Problemschüler oft mit negativen Etiketten wie ›verhaltensgestört‹, ›verwahrlost‹ oder ›kriminell gefährdet‹ versehen und als schulische Außenseiter behandelt. Solche sich immer weiter verschärfenden Prozesse der Stigmatisierung, der selektiven Sanktionierung und der sozialen Ausgliederung (Segregation) führen aber allmählich zur Zuschreibung von ›Devianten-Rollen‹; diese werden dann von den betroffenen Problemschülern im Verlauf schulinterner Interaktionen schließlich in das eigene Selbstbild (→ *Selbstkonzept*) übernommen. Sowohl die zugeschriebene abweichende Rolle als auch die sich daraus entwickelnde abweichende Identität reduzieren aber die weiteren schulischen und außerschulischen Sozialchancen der betroffenen Schüler (z. B. Ausgliederung in eine Sonderschule oder in ein Heim; Nichterreichung eines qualifizier-

ten Schulabschlusses) und schreiben damit ihre diskriminierende soziale Position fest (→ *Sonderpädagogik;* → *Heimerziehung*).
Die Schule verfügt zugleich aber auch über vielfältige Kontakte zu anderen Institutionen der örtlichen Sozialkontrolle (Jugendamt, Polizei, Justiz). Ein wichtiges Bindeglied zwischen der Schule und diesen nachgeschalteten Institutionen sind die Berichte, die Lehrer – meist auf Anforderung – über einzelne ›sozial auffällige‹ Schüler anfertigen und die dann den anderen Institutionen als Informationsgrundlage und Entscheidungshilfe dienen. Eine erste Analyse der Kooperationspraxis zwischen Schule und Jugendamt (vgl. Brusten/ Herriger 1978) ergab, daß diese ›Schulberichte‹ über Problemschüler zumeist Definitionen und Beurteilungen enthalten, die stigmatisierenden und – insbesondere Schüler aus unteren Sozialschichten – diskriminierenden Charakter haben. Diese in den ›Schulberichten‹ zusammengefaßten Definitionen und Beurteilungen werden jedoch von den nachgeschalteten Kontrollbehörden in der Regel als Tatsachenberichte und als qualifizierte pädagogische Fachgutachten betrachtet. So gehen die in den Berichten notierten Definitionen und Beurteilungen sehr häufig unmodifiziert in das Entscheidungshandeln nachgeschalteter Institutionen der sozialen Kontrolle ein und beeinflussen dieses zumeist zuungunsten der betroffenen Kinder und Jugendlichen, ohne die Ursachen ihrer Verhaltensprobleme zu beseitigen (→ *Diagnostik*).

Manfred Brusten
Norbert Herriger

Literatur
Arbeitskreis Junger Kriminologen (Hrsg.): Kritische Kriminologie. Positionen, Kontroversen, Perspektiven. München 1974. – *Becker, H. S.:* Außenseiter. Zur Soziologie abweichenden Verhaltens. Frankfurt/M. 1973. – *Brusten, M.:* Prozesse der Stigmatisierung in der Schule. Ergebnisse einer empirischen Untersuchung. In: *Asmus, H.-J./Peuckert, R.* (Hrsg.): Abweichendes Schülerverhalten. Heidelberg 1979, S. 52–64. – *Brusten, M./Hurrelmann, K.:* Abweichendes Verhalten in der Schule. Eine Untersuchung zu Prozessen der Stigmatisierung. München 1976. – *Brusten, M./Herriger, N.:* Lehrerurteile und soziale Kontrolle im ›Schulbericht‹. Eine empirische Untersuchung über die Kooperation zwischen Schule und Jugendamt. In: Zeitschrift für Pädagogik (1978), S. 497–514. – *Herriger, N.:* Verwahrlosung. Eine Einführung in Theorien sozialer Auffälligkeit. München 1979. – *Kerscher, I.:* Sozialwissenschaftliche Kriminalitätstheorien. Eine Einführung. Weinheim/Basel 1977. – *Keupp, H.:* Psychische Störungen als abweichendes Verhalten. Zur Soziogenese psychischer Störungen. München/Berlin/Wien 1972. – *Keupp, H.:* Abweichung und Alltagsroutine. Die Labeling-Perspektive in Theorie und Praxis. Hamburg 1976.

Aggression

1. Einleitung: Über Struktur und Funktion von Aggression (A) und deren Genese existieren äußerst mannigfaltige und kontroverse theoretische Vorstellungen. Aus diesem Grunde begegnet die Formulierung einer einheitlichen, umfassenden Definition von A, die der Vielfalt unterscheidbarer und funktional unterschiedlicher Verhaltensweisen im Human- und Tierbereich gerecht würde, einer Vielzahl konzeptueller Probleme. Dennoch läßt sich zur allgemeinen Charakterisierung sagen, daß relativ übereinstimmend als A (a) ein manifestes Verhalten bezeichnet wird, dessen Ziel in der (intendierten) körperlichen oder symbolischen Schädigung/Verletzung von Personen, Tieren oder Objekten besteht; sowie (b) auch die überdauernde, latente Bereitschaft zu aggressivem Verhalten (= Aggressivität), die aus dem Verhalten erschlossen wird und theoretisch entweder als Trieb, als Gewohnheit oder als Motiv (persönlichkeitspsychologisch verstanden als eine hochgeneralisierte, wie ein Bezugssystem wirkende Bewertungsdisposition) aufgefaßt werden kann. Auf die Definitionsproblematik wird in Abschnitt 2.4 noch eingegangen.

2. Grundlegende theoretische Ansätze und Forschungsergebnisse: Das Phänomen der A im Sinne von Angriffsverhalten oder -lust wurde erst mit Beginn des 20. Jahrhunderts Gegenstand eingehender wissenschaftlicher Betrachtung, und zwar von verschiedenen theoretischen Ausgangspunkten her.

2.1 Psychoanalyse: In einer 1908 veröffentlichten Schrift führte Adler den Begriff des A-Triebs ein. Diesen faßte er als alle Triebe Verbindendes auf, »in das die unerledigte Erregung einströmt, sobald einem anderen Trieb die Befriedigung verwehrt ist«. Organische Grundlage und Funktionsweise des A-Triebs hielt er für angeboren. Ähnliche Vorstellungen einer inneren Dynamik, die aus Schwierigkeiten und Hemmungen bei der Befriedigung von solchen Trieben entsteht und in A zum Ausdruck kommt, finden sich parallel bei Sigmund Freud. Er behandelte in seinen frühen Schriften (bis ca. 1915) A nur als Komponente des Sexualtriebs, als besondere Ausdrucksform oder Begleitphänomen libidinöser Triebe. Später (ab 1915) faßte er A als Reaktion auf Unlustempfindungen, Deprivation und Versagung auf, ohne jedoch eine eigene biologische Energiequelle dafür anzunehmen. A stellte danach eine Reaktion des Ich dar, die auf Beseitigung der Quelle der Unlust gerichtet ist (hieran knüpfte später die Frustrations-Aggressions-Theorie an). Im Jahre 1920 vollzog Freud eine theoretische Revision von einer monistischen zu einer dualistischen Trieblehre und postulierte neben dem Eros, der die libidinösen und Ich-Triebe zusammenfaßte, einen eigenständigen Todes- oder A-Trieb, dessen Ziel die Rückkehr in einen spannungslosen, d. h. anorganischen Zustand (Tod) sei. Da diesem die Lebenstriebe entgegenstehen, richtet sich der A-Trieb auf Objekte außerhalb des eigenen Selbst; insofern ist er also eine aus Hemmung gegenüber dem ursprünglichen Triebziel (Tod des eigenen Selbst) erwachsene Ableitung der Triebenergie über die Muskulatur auf die Außenwelt.

Die Annahme eines Todestriebs wurde bis heute nur von wenigen Psychoanalytikern so übernommen (z. B. Mitscherlich). Der Begriff der A hat in der Tiefenpsychologie nachfolgender Zeit einen starken Bedeutungswandel erfahren, der wieder – teils modifiziert – an die mittlere Phase der theoretischen Auffassung bei Freud anknüpft (besonders Horney, Reich, Fromm), und er ist bis heute auch im Hinblick auf daraus sich ergebende erzieherische und therapeutische Konsequenzen aktuell geblieben (Bernfeld, Bettelheim, Neill, Zulliger) (→ *Psychoanalytische Pädagogik*).

2.2 Weiterführende Aggressions-(und Frustrations-)Forschung: In den 20er und 30er Jahren ist die Entwicklung nur relativ langsam weitergekommen. Dafür wurden in dieser Zeit aber bereits erste sorgfältige empirische und experimentelle Forschungsarbeiten durchgeführt, die zu Unrecht fast in Vergessenheit geraten sind. Ihre theoretische und forschungspraktische Bedeutung wurde erst in heutiger Zeit wieder erkannt, als auf sie im Rahmen komplexer kognitiver Ansätze der A zurückgegriffen wurde. Hierzu zählen (a) die experimentelle Ärgeraffekt- und Aggressionsforschung der Lewin-Schule, (b) die frühe entwicklungspsychologische Forschung dieser Zeit, vor allem zum Trotz (Bühler, Winkler, Gesell), an die später Meili und Kemmler anknüpften, und (c) die frühen Arbeiten zur Frustration von Rosenzweig sowie von Barker, Dembo, Lewin und Wright (vgl. Kornadt 1981a).

2.3 Frustrations-Aggressions-Theorie: Die grundlegende Hypothese dieses vor allem von Dollard et al. (1939) verfolgten Ansatzes besagt, es bestehe ein unmittelbares Ursache-Wirkungs-Verhältnis zwischen einer Frustration (= innerer Zustand bei einer Behinderung) und aggressiven Handlungen. A sei immer die Folge von F, und umgekehrt führe die Existenz einer F immer zu einer Form von A. Das Postulat einer quasi gesetzmäßigen F-A-Verknüpfung wurde von den Autoren kurze Zeit später selbst aufgegeben (Miller 1941). Der zweite Teil der Hypothese wurde dahin revidiert, daß F auch andere Reaktionen als A nach sich ziehen kann, und es wurde klargestellt, daß F einen Anreiz bzw. die Tendenz zu A bewirken könne, ohne immer auch eine aggressive Reaktion nach sich zu ziehen. Der erste Teil der F-A-Hypothese wurde später von Bandura/Walters (1963) in Frage gestellt, als gezeigt wurde, daß aggressive Reaktionen auch durch bloße Nachahmung gelernt werden, ohne daß vom Aggressor eine F erlebt wurde.

Trotz aller Einwände, die die generelle Gültigkeit der F-A-Theorie zwar eingeschränkt, nicht aber völlig entwertet haben, ist Dollard et al. mit ihrem Versuch, den ganzen Bereich aggressiven Verhaltens theoretisch geschlossen darzustellen, eine eindrucksvolle Synthese von psychoanalytischen Ideen (besonders der reaktiven Natur der A) und experimentell fundierter Verhaltenstheorie gelungen, die das weitere Denken der Forscher auch in Nachbargebieten nachhaltig beeinflußte und die insbesondere für die empirisch-experimentelle A-Forschung der Nachkriegszeit wegweisend wurde. Nach dem Zweiten Weltkrieg fächerte sich die A-Forschung mehr und mehr auf. Die folgenden Entwicklungslinien lassen sich dabei als die wichtigsten nachzeichnen:

2.4 Prüfung und Weiterentwicklung der F-A-Theorie: Einschlägige Arbeiten gehen vor allem auf Berkowitz und Buss zurück. Berkowitz (1965; 1974) wandte sich gegen eine unmittelbare Beziehung zwischen F und A, die er als reaktives Verhalten mit dem Ziel, einer Person oder einem Objekt zu schaden oder Schmerz zuzufügen, definierte. Er nahm einerseits Ärger als eine angeborene, primäre Reaktion auf F an, betonte andererseits aber die Rolle von Lernprozessen, indem er als weiteren aggressionsauslösenden oder -erleichternden Faktor situative Hinweisreize (cues) als notwendig annahm, die durch einen klassischen Konditionierungsprozeß mit A verknüpft würden (→ *Lernen und Lerntheorien*). Seine theoretischen Annahmen konnte Berkowitz in einer beeindruckenden Serie experimenteller Studien absichern. Parallel dazu legte Buss (1961) theoretische Überlegungen und empirische Befunde vor, die über den Rahmen der klassischen F-A-Theorie hinausgingen. Er beschäftigte sich auch mit Definitionsproblemen und versuchte, eine objektive, rein behavioristische Definition von A zu liefern: Er definierte A (synonym auch Angriff) als Reaktion, die einen schädigenden Reiz für einen anderen Organismus darstellt, und klammerte dabei die Intention bewußt aus. Eine →*Bekräftigung* von A kann durch den Anblick des zugefügten Schmerzes oder Schadens sowie auch durch andere Formen oder auch Arten der Belohnung (sog. instrumentelle A) erfolgen. Der Verzicht auf die Einbeziehung der Intention in die Definition von A hat aber zur Folge, daß dann auch das rein zufällige Zufügen von Schaden sowie aggressiv aussehendes Handeln aus prosozialen Motiven (z. B. medizinische Eingriffe, elterliche Strafmaßnahmen) nicht von aggressiven Handlungen unterschieden werden können. Indem Buss diese beiden letztgenannten Sachverhalte aus der Kategorie aggressiven Verhaltens ausdrücklich ausklammert, wird seine Definition aber zirkulär: Nicht zufällige Schädigung wird absichtlich durch Verhalten herbeigeführt. Eine *Differenzierung* des A-Begriffs wurde von Feshbach (1970) versucht. Er unterschied zwei motivationstheoretisch verschiedene Arten von A: (a) »hostile aggression«, d.h. Handlungen mit dem Ziel zu verletzen, und (b) »instrumental aggression«, d. h. solche, die irgendeinem anderen Ziel dienen, dessen Erreichung jedoch mit einer Schädigung verbunden ist. Weiterhin unterschied Feshbach noch zwischen »aggressive drive«, einem durch Lernprozesse aufgebauten Bedürfnis zu verletzen (to hurt) und sog. »innate aggressive reactions«, die zu einer Art »expressiver A« führen; damit ist die primäre (und relativ primitive) Ärgerreaktion gemeint, die auf unmittelbaren Affektausdruck gerichtet ist (to hit) und nicht auf das (kognitiv kompliziertere) Ziel zu verletzen. Die letztere Unterscheidung ist vor allem für das Problem der Einflüsse der → *Erziehung* auf die Aggressivitätsgenese von Bedeutung, da sie das Wirksamwerden und die Verflechtung von Lern- und Motivationsprozessen für den Aufbau einer Verletzungsintention impliziert (Kornadt 1981b) (→ *Motivation und Motiventwicklung*).

2.5 Klassische und soziale Lerntheorie der Aggression: Die Lerntheorien hatten als allgemeines theoretisches Bezugssystem auch für die Aggressionsforschung eine besondere Bedeutung. Wie bereits erwähnt, rekurrierte Berkowitz im Rahmen seiner theoretischen Vorstellungen über A u.a. auf das klassische Konditionierungsparadigma. In Untersuchungen im Rahmen der bekräftigungstheoretischen Deutung der A konnte vielfach belegt werden, daß auch nach den Prinzipien des instrumentellen Konditionierens in der Tat aggressives Verhalten aufgebaut und eine Klasse von Auslösern dafür gelernt werden kann (z. B. Patterson et al. 1967). Dies zeigt in Bezug auf die A-Genese, daß Erfahrungs- und Erziehungsbedingungen darin unterschiedlich sein können, wieviel Gelegenheit zum Lernen von A und wieviel Erfolge sie dafür vermitteln (Kornadt 1966, 1981b) (→ *Erziehungsstile*).

Den eigentlichen Aufschwung hat die lerntheoretische Deutung der A durch die Entdeckung des Prinzips des Imitationslernens durch Bandura genommen, wobei gezeigt werden konnte, daß allein das Beobachten zum Aufbau neuer, gerade auch aggressiver Verhaltensweisen führen kann, und zwar ohne daß dieses Verhalten zuvor ausgeführt oder bekräftigt worden sein muß, wie das nach der Theorie klassischen und operanten Konditionierens bislang gefordert war. Damit wurde die Frage aufgeworfen, ob nicht A-Darstellungen in Massenmedien einen A-steigernden Effekt haben. Umfangreiche Forschungsarbeiten hierzu haben jedoch keine einfache Antwort erbracht (vgl. Geen 1976). Auf der Basis vielfältiger empirisch-experimenteller Forschungen hat Bandura (1973) eine sehr differenzierte soziale Lerntheorie der A entwickelt, in der neben aversiven Erlebnissen vor allem die antizipierten Konsequenzen der eigenen Handlungen eine entscheidende, verhaltenssteuernde Rolle spielen. Bei den vorweggenommenen Folgen eigenen Handelns spielen neben fremdverabreichten Bekräftigungen auch Selbstbekräftigungen, die von persönlich verbindlichen Verhaltensstandards abhängen, eine entscheidende Rolle, so daß unter gleichen äußeren Umständen statt A auch eine ganz andere Handlung gewählt werden kann (z. B. Rückzug, Abhängigkeit u. a.). Den Ärgeraffekt betrachtet Bandura dabei nicht mehr als wesentlich für die Entstehung von A, sondern lediglich als nachträglich spezifisch gedeutete, primär unspezifische Erregung (→ *Gefühl*). Theoretisch bedeutsam ist, daß nicht mehr der Druck (push) aversiver Zustände, sondern vor allem der Anreiz (pull) erwarteter positiver Ergebnisse das aggressive Verhalten bedingt. Insgesamt stellt Banduras vielgliedrige theoretische Auffassung eine Verbindung lerntheoretischer und kognitivistisch-motivationstheoretischer Traditionen dar, aus der heraus auch umfangreiche Methoden zur Modifikation und Kontrolle aggressiven Verhaltens entwickelt wurden (Bandura 1973) (→ *Abweichendes Verhalten;* → *Verhaltensmodifikation*).

Im Rahmen der in 2.4 und 2.5 geschilderten Ansätze nahm auch die experimentelle A-Forschung im Labor ihren Aufschwung, die bis heute im wesentlichen mit drei verschiedenen *Forschungsparadigmen* arbeitet: (a) mit der sogenannten Aggressionsmaschine von Buss (1961), bei der – eingebettet in ein angebliches Lernexperiment – A durch das abgestufte Verabreichen von elektrischen Schocks operationalisiert wird; (b) mit einer leichten Abwandlung dieser Prozedur, die auf Berkowitz (1962) zurückgeht, bei der die Vpn die Leistungen anderer Personen (meist eines Vertrauten des Vl) beurteilen und dies durch Erteilung bestimmter Schockintensitäten zum Ausdruck bringen müssen; (c) mittels einer weiteren Abwandlung der Schockprozedur von Taylor (1967), bei der im Rahmen einer Wetteifersituation zwischen zwei Vpn bei einer Reaktionszeitaufgabe Schockintensitäten für den Fall gewählt werden, daß der andere verliert. Dabei werden die Schocks in der Regel (Ausnahme Taylor) nicht tatsächlich verabreicht; typische Bedingungsvariationen sind z. B. die Erwartung, daß die Rollen später getauscht werden, oder die Provokation durch den Partner. Die Gültigkeit dieser Paradigmen für die A-Forschung ist in den letzten Jahren zunehmend in Frage gestellt und die Forderung nach »ökologisch validen« Forschungsansätzen erhoben worden (Kornadt 1981a; sowie allgemein hierzu Baron 1977) (→ *Methoden;* → *Wissenschaftstheorie*).

2.6 Ethologische Forschung – Neuaufleben der Triebtheorie: Ein alternatives theoretisches Bezugssystem zur Erklärung von A-Phänomenen stellt die Entwicklung der neuen, auf Tierverhaltensbeobachtungen gestützten, triebtheoretischen Konzepte der ethologischen Forschung dar, besonders durch Konrad Lorenz (1963). Er definierte A als Angriffsverhalten unter Artgenossen auf organischer Grundlage. Ohne angemessene Auslösereize kann sich die aggressive Triebenergie auch spontan entladen; eine Hinderung der Entladung führt zur Stauung, die gefährliche Auswirkungen haben könne. Eine Übertragung seiner theoretischen Anschauungen über das Wesen der A auf den Menschen hält Lorenz ausdrücklich für möglich. Die Konsequenz aus dieser Theorie, daß das Ausleben von A die A-Tendenz vermindere (sog. Katharsishypothese) und deshalb in Erziehung und Therapie dazu Gelegenheit gegeben werden müsse, steht allerdings in krassem Gegensatz zu den Konsequenzen, die etwa aus der F-A-Theorie oder der sozialen Lerntheorie der A abzuleiten sind, wonach gerade dies als Lerngelegenheit zum Aufbau von A führe (zur Kontroverse vgl. Kornadt 1981b; Zumkley 1978).

2.7 Physiologische Grundlagen: Untersuchungen über die vielschichtigen physiologischen Grundlagen der A wurden in den letzten Jahren (überwiegend, aber nicht ausschließlich an Tieren) verstärkt durchgeführt. Der Bogen ist dabei sehr weit gespannt von der Untersuchung hirnphysiologischer Grundlagen und neurologischer Substrate der A, über die Einflüsse von Drogen, Hormonen und Chromosomenanomalien auf A bis zur Schlüsselfrage nach erbgenetischen Determinanten der A. Über deren Existenz (zumindest bei Tieren) kann inzwischen wohl kein Zweifel mehr bestehen, auch wenn die Entwicklung der A mit Sicherheit eine differenzierte Lerngenese hat und außerdem komplizierte psychophysiologische Wechselwirkungen bestehen, die ein noch weitgehend unerschlossenes Forschungsfeld darstellen. Der konkrete Beitrag solcher Arbeiten für menschliche A ist heute noch schwer abzuschätzen.

2.8 Kognitive Theorieansätze: In neuerer Zeit eröffnet die Entwicklung kognitiver Theorieansätze der A-Forschung neue Perspektiven. Ausgangspunkt für diese Entwicklung waren zunächst Einzelphänomene, die die Bedeutung kognitiver Bewertungsprozesse im Zusammenhang mit A deutlich machten, wie z. B. die Intention, die dem Angreifer zugeschrieben wird, Erwartung von Zielerreichung und von Vergeltung auf eigene A, Berechtigung empfundener Frustration und eigener A (u. a. Quitt-Sein), Befriedigungswert erzielter A-Effekte, Selbst- und Fremdbewertung u.a.m. (vgl. Baron 1977). Im Hinblick auf erzieherische Konsequenzen ist dabei die Beziehung zwischen A und Moral von zentraler Bedeutung (→ *Moralische Entwicklung und Erziehung*). Mit zunehmender Berücksichtigung solcher komplexer kognitiver Prozesse der Abwägung und Bewertung eigener Handlungsmöglichkeiten, der Bewertung des sozialen Handlungs- und Interaktionsfeldes und sozialer und individueller Bezugsnormen wird der theoretische Rahmen im Sinne einer Motivationstheorie der A ganz wesentlich erweitert und damit wohl endgültig auch das Stadium monokausaler Theorien der A verlassen (Bandura 1973; Feshbach 1974; Kornadt 1981a, b) (→ *Handlung und Handlungstheorien*).

3. *Ausblick:* Damit stellt sich die Aufgabe, eine neue integrierende Einordnung der Fakten in ein umfassendes, vielfältig und auch in anderen Forschungsbereichen empirisch verankertes Theoriesystem vorzunehmen. Hierzu bieten die auf McClelland und Atkinson zurückgehenden Rahmenvorstellungen einer kognitiven Motivationstheorie einen Ansatz, der auch das Dilemma der bisherigen A-Forschung, bisher bevorzugt nur Situationsfaktoren differenziert und Personfaktoren vernachlässigt zu haben, lösen helfen könnte, da man dabei von einer grundsätzlichen Interaktion von situativen und individuell überdauernden Faktoren ausgehen muß. Hierzu liegen erste *konstrukttheoretische Ansätze,* die von der Gegenüberstellung von aggressiven und aggressionshemmenden Tendenzen ausgehen, sowie auch Meßinstrumente, die auf diesen Konzepten basieren, vor (Olweus 1978, Kornadt 1981b). Wir stehen hier am Anfang einer Entwicklung in der A-Forschung, für die sicher eine Abkehr von jenem Typ steriler Laborexperimente traditioneller Art erforderlich ist, bei dem das, was als ›Aggression‹ angesehen wird, Teil des wohlgeordneten und vorher vereinbarten Versuchsablaufs ist. Die dabei wirksame motivationale Handlungsstruktur hat vermutlich wenig Ähnlichkeit mit den destruktiven Akten, die das »normale« alltägliche A-Verhalten ausmachen und die die A zu einem so brennenden sozialen Problem werden lassen. Nötig wären statt dessen lebensnähere, ökologisch valide Experimente und Felduntersuchungen sowie kulturvergleichende und entwicklungsorientierte Studien. Trotz einiger ermutigender Ansätze zur Motivkonzeption der A muß all dies im wesentlichen erst noch geleistet werden.

Hans-Joachim Kornadt
Horst Zumkley

Literatur
Adler, A.: Der Aggressionstrieb im Leben und in der Neurose. In: Fortschritte der Medizin 26 (1908), S. 577–584. – *Bandura, A.:* Aggression. Englewood Cliffs, N.J. 1973. – *Bandura, A./Walters, R.:* Social learning and personality development. New York 1963. – *Baron, R.:* Human aggression. New York 1977. – *Berkowitz, L.:* Aggression. New York 1962. – *Berkowitz, L.:* The concept of aggressive drive: Some additional considerations. In: Berkowitz, L. (Hrsg.): Advances in experimental social psychology. Vol. 2. New York 1965, S. 301–329. – *Berkowitz, L.:* Some determinants of impulsive aggression. In: Psychological Review 81 (1974), S. 165–176. – *Buss, A.:* The psychology of aggression. New York 1961. – *Dollard* et al.: Frustration and aggression. New Haven 1939. – *Feshbach, S.:* Aggression. In: Mussen, P. (Hrsg.): Carmichael's manual of child psychology. Vol. 2. New York 1970, S. 159–259. – *Feshbach, S.:* The development and regulation of aggression: Some research gaps and a proposed cognitive approach. In: de Wit, J./Hartup, W. (Hrsg.): Determinants and origins of aggressive behavior. Paris 1974, S. 167–191. – *Geen, R. G.:* Observing violence in the mass media: Implications of basic research. In: Geen, R. G./O'Neal, E. C.: Perspectives on aggression. New York 1976, S. 193–234. – *Kornadt, H.-J.:* Einflüsse der Erziehung auf die Aggressivitätsgenese. In: Herrmann, T. (Hrsg.): Psychologie der Erziehungsstile. Göttingen 1966, S. 170–180. – *Kornadt, H.-J.:* Die Entwicklung der Frustrations- und der Aggressionsforschung. In: Kornadt, H.-J. (Hrsg.): Aggression und Frustration als psychologisches Problem. Bd. 1. Darmstadt 1981a. – *Kornadt, H.-J.:* Aggressionsmotiv und Aggressionshemmung. Bern 1981 b. – *Lorenz, K.:* Das sogenannte Böse. Wien 1963. – *Miller, N.:* The frustration-aggression hypothesis. In: Psychological Bulletin 48 (1941), S. 337–342. – *Olweus, D.:* Aggression in the schools. New York 1978. – *Patterson, G.* et. al.: Assertive behavior in children. In: Monographs of the society of research in child development. 32 (1967), No. 113, S. 1–43. – *Taylor, S.:* Aggressive behavior and physiological arousal as a function of provocation and the tendency to inhibit aggression. In: Journal of Personality 35 (1967), S. 297–310. – *Zumkley, H.:* Aggression und Katharsis. Göttingen 1978.

Aktivation

1. Einführung: Die Erforschung der Aktivation (A) hat im Laufe ihrer Entwicklung einige Probleme geklärt, die für das Verständnis von Emotion und Motivation, physiologischer Erregung und kognitiver Einschätzung bei Reizkonstellationen, von grundlegenden Erlebnisweisen (speziell Furcht und Angst) und Verhaltensweisen (speziell Vermeidungsverhalten und → *Aggression*) von Bedeutung sind. Sie hat darüber hinaus durch die Integration von Emotions- und Lernpsychologie die Grundlagen erarbeitet für eine Streßprävention bzw. -immunisierung und damit zugleich auch für eine lernpsychologisch und psychophysiologisch fundierte Psychotherapie (A-therapie). Diese Therapie ist von besonderer pädagogischer Relevanz, da sich aus ihr gewisse Erkenntnisse und Prinzipien für eine effektive Interaktion in Erziehungs- und Unterrichtssituationen ableiten lassen. Die A-theorie versucht in ihrer heutigen Form, Ergebnisse der Neuropsychologie, der Streß- und Emotionspsychologie (→ *Gefühl*) mit denen der Kognitions- und Lernpsychologie zu verbinden (→ *Lernen und Lerntheorien*). Trainings- und Therapieinterventionen (→ *Intervention und Prävention*), die sich auf die A-theorie beziehen, bedienen sich zumeist noch zusätzlich des Modells der Handlungstheorie (→ *Handlung und Handlungstheorien*). Portele (1975) weist in seiner Theorie des intrinsisch motivierten Lernens der A eine Schlüsselstellung zu.

Die Begriffe *Erregung* und *Aktivierung* tauchen mit Beginn der wissenschaftlichen Psychologie auf. Zur Beschreibung der Emotion verwendete Wilhelm Wundt (1874) bereits zwei Dimensionen: Erregung–Beruhigung; Lust–Unlust. Um die Mitte der zwanziger Jahre versuchte man den *vorwissenschaftlichen* Begriff der Emotion aufzulösen (Avelung 1926; Bartlett 1927) und durch den Erregungsbegriff zu ersetzen. Duffy (1962) erklärt Emotion und Motivation durch (physiologische) Aktivierung des Verhaltens nach Intensität und Richtung. Sie schließt damit an Cannon (1931) an, der zentralnervöse Verarbeitungsmechanismen als wesentliche Determinanten herausstellt.

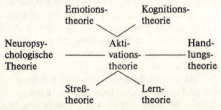

2. Periphere und kortikale Aktivation: Im Fortgang der weiteren neurophysiologischen und -psychologischen Forschungen sah man sich gezwungen, das einheitliche A-konzept aufzulösen und durch zwei Arten der A zu ersetzen, die unabhängig voneinander ein verschieden hohes Niveau aufweisen können: die *periphere* und die *kortikale* A. Die periphere A gibt das Ausmaß der Freisetzung von im Organismus gespeicherter Energie durch Stoffwechselprozesse in den Geweben an. Damit rücken physiologische Indikatoren (Spannung der Skelettmuskulatur, periphere Durchblutung, elektrischer Hautwiderstand) in den Mittelpunkt der A-forschung (Malmo 1952). Verschiedene A-gebiete werden unterschieden; sie erstrecken sich über das Zwischenhirn, Stammhirn, limbische System und die Retikularformation im unteren Hirnstamm. Lindsley (1960) spricht der Retikularformation die größte Bedeutung zu. Nach Berlyne (1974) wirken Reize von höherem A-Potential als Schlüsselreize für das Erkundungs- und Neugierverhalten. Die neuere A-theorie rückt die zentralnervösen Funktionen gegenüber den viszeralen Affektkorrelationen ins Zentrum der Forschung.

3. Aktivation und Kognition: Nach Schachter (1966) kann derselbe physiologische A-grad je nach situativem Kontext (Information) vom Individuum als Freude, Angst oder Ärger interpretiert werden. Die wahrgenommene körperliche Erregung wird von dem Betroffenen gemäß seiner situativen Lage (Vorbereitung, → *Einstellung*, Erwartung) so interpretiert, daß sinnvolles Handeln möglich wird.

Während Schachter an einer reizunspezifischen physiologischen A festhält, die erst durch kognitive Deutung zum Gefühl wird, haben weitere Untersuchungen das bisherige A-konzept mit seiner Uniformitätshypothese korrigiert. Es lassen sich neuerdings aufgrund der physiologischen Korrelate verschiedene Elementaremotionen unterscheiden (Fahrenberg 1965; Lang 1973). Heute nimmt man die Koexistenz mehrerer voneinander unabhängiger somatischer Erregungssysteme an, die nur unter bestimmten Bedingungen kovariieren. Ein bedeutender Vertreter dieser Auffassung ist Lazarus (1966; 1971). Physiologische Reaktionen sind nach ihm eng mit kognitiven Aspekten der Emotion verbunden und besitzen dementsprechend qualitative Spezifität. Tritt das Individuum in eine aktuelle Reizkonstellation ein, so wird die Situation von ihm eingeschätzt (→ *Wahrnehmung*) einmal im Hinblick auf das individuelle Bedeutungssystem (primäre Einschätzung), zum an-

Aktivation

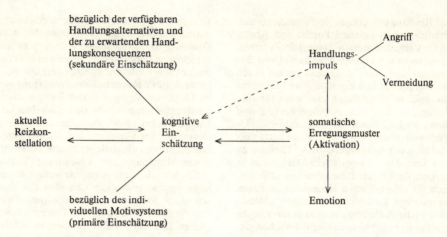

deren bezüglich der verfügbaren Handlungsalternativen und der zu erwartenden Handlungskonsequenzen (sekundäre Einschätzung). Diese Einschätzung führt zu bestimmten somatischen Erregungsmustern, die Grundlage der Emotion und bestimmter Handlungsimpulse sind. Je nachdem, ob die Handlungsimpulse auf Angriff oder Vermeidung ausgerichtet sind, wirken diese wiederum in je besonderer Weise auf die Erregungsmuster und die Emotion zurück.

Ausgang und Grundlage der Emotion ist also die kognitive Situationsbewertung. Wir schätzen Situationen (Begegnungen, Anforderungen) stets nach zwei Bedeutungen ein: Wir fragen zunächst, *ob uns das etwas angeht,* und dann, *ob wir die Situation mit unseren Fähigkeiten direkt bewältigen können* (Angriff oder Flucht). Können unmittelbare Bewältigungsprozesse (coping) nicht eingesetzt werden, entsteht Angst, deren Handlungsrelevanz nach Lazarus (1966) aus einer allgemeinen Streßtheorie abzuleiten ist. Mögliche Streßfaktoren sind Informationsverarmung (Monotoniestreß), Informationsüberschuß (Leistungsstreß) und Informationswechsel bzw. -widerspruch (Entscheidungsstreß). *Streßanfällig* sind vor allem Personen, die belastende Situationen mit ineffektiven Bewältigungsstrategien beantworten (Streßreagibilität) und die Allgemeinsituationen im voraus als belastend ansehen und damit ihre Bewältigungspotentiale einengen (Streßsensibilität). Dabei werden die bestehenden Möglichkeiten einer Bewältigung oft nicht hinreichend bedacht: zweckmäßige Vorbereitungen, Erkundung von Zugängen, Durchspielen von Vorgehensweisen, Inanspruchnahme von Hilfsmitteln, Entscheidung für ein versuchsweises Vorgehen. Die blockierenden Kognitionen tragen die Tendenz zur Selbstverstärkung in sich. Nicht vorübergehende Unzulänglichkeit wird erlebt, sondern Unfähigkeit. Die blockierende Erregung wird auf Mängel der Persönlichkeit bezogen und damit die einschränkende Angst immer ›überzeugender‹ gerechtfertigt. Das gelingt am leichtesten, wenn die gestellte Aufgabe als besonders schwierig eingeschätzt wird und so die Inaktivität begründet. Den Mechanismus dieses Selbsteinschränkungsprozesses macht sich die Aktivationstherapie beim Abbau selbstschädigender und beim Aufbau förderlicher Einstellungen und Verhaltensweisen zunutze.

4. Training – Therapie: Als Streßprävention, aber auch als Therapie haben sich folgende Maßnahmen bewährt: *Entspannung* und mentale *Zielkonzentration, Leistungstraining* bzw. *Kompetenzerweiterung, Selbstbehauptungstraining* und *Einübung in Selbstkontrolle* (→ *Intervention und Prävention*). Bei Entspannung ist das Individuum gegenüber Belastungen nicht so leicht irritierbar. In der mentalen Konzentration befaßt man sich gedanklich mit den verschiedenen Möglichkeiten von Zielerreichungen. Die Bewältigung von Anforderungen setzt bestimmte Fähigkeiten und Fertigkeiten voraus, die man nach einem individuell abgestuften Plan therapie-intern in Imaginations-, Interaktions- und Rollenspielen und -extern in Verhaltensproben über wöchentliche *Hausaufgaben* in privater und beruflicher Umwelt trainieren kann. Durch Leistungszuwachs, aber in besonderem Maße durch ein Selbstbehauptungstraining, wird

Aktivation

das Selbstwertgefühl gesteigert. Durch Selbstkontrolle, die hauptsächlich durch Beherrschung der Selbstgespräche entwickelt wird, ist das Individuum in höherem Maße befähigt, sich auf schwierige Aufgaben zu konzentrieren, sie zu analysieren und effektive Bewältigungskräfte gezielt zu mobilisieren. Für das Training z. B. der Selbstbehauptung oder der sozialen Kompetenz hat sich die *handlungstheoretische Fundierung* als zweckmäßig erwiesen. Die Handlungstheorie befaßt sich vor allem mit dem Verhältnis von Kognition und Handlung, besonders mit der Steuerung des Handelns durch Kognitionen (Hacker 1973; Miller/Galanter/Pribram 1973; Volpert 1974; Lazarus 1971; Semmer/Pfäfflin 1978) (→ *Handlung und Handlungstheorien*). Im Zusammenspiel von Kognition und Handlung sind zwei Prinzipien von besonderer Bedeutung: das *Prinzip der Rückmeldung (Feedback)* und das der *hierarchischen Steuerung*. (a) Die Bedeutung des Feedback wurde zunächst bei biologischen Regelprozessen erkannt (z. B. Temperaturregelung des Organismus, Ausbalancieren der Körperhaltung usw.). Das Prinzip fand dann in der Regeltechnik (Kybernetik) und in der Lernforschung weitverbreitete Anwendung. So wird Lernen von Wiener (1952) als ein Rückmeldungsprozeß verstanden. Für den Lerntheoretiker (→ *Lernen und Lerntheorien*) ist Feedback die Rückmeldung eines Verhaltensergebnisses, das die Auftretenswahrscheinlichkeit eben dieses Verhaltens beeinflußt. In der *Handlungstheorie* wird Feedback als ein die Handlung begleitender Informationsprozeß

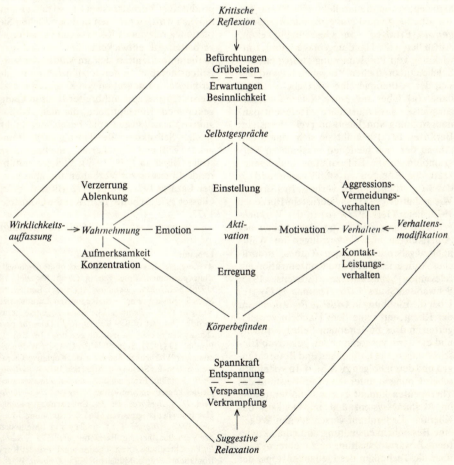

Modell der Aktivationstherapie

betrachtet, der sie im Hinblick auf die Zielerreichung ständig kontrolliert und korrigiert. Die Grundeinheit solcher Rückmeldungen ist nach Miller/Galanter/Pribram (1973) die Test-Operate-Test-Exit-Einheit (TOTE-Einheit) bzw. nach Hacker die Vergleichs-Veränderungs-Rückkoppelungs-Einheit (VVR-Einheit). (b) Die Handlungstheorie geht von einer *hierarchischen Organisation des Handelns* aus. Die jeweils höhere Ebene steuert, kontrolliert und überwacht die niedere, die allerdings eine gewisse Autonomie besitzt. Hacker unterscheidet drei Ebenen: die sensomotorische Ebene mit der Ausbildung von *Fertigkeiten,* die zum Teil ohne Beteiligung des Bewußtseins wirksam werden, die perzeptiv-begriffliche Ebene mit dem Aufbau von *Können,* also der Bildung allgemeiner Handlungsmuster und der verbalen Fassung von Signalen, sowie die intellektuelle Ebene der Ausarbeitung von *Verallgemeinerungsoperationen* (Erfassen von Gesetzmäßigkeiten, Aufstellen von Handlungsplänen und Entwicklung von Problemlösungsstrategien).

Solchen theoretischen Vorgaben folgend legt sich der A-therapie eine vierfache Strategie nahe: (a) Über *suggestive Relaxation*, vorzugsweise das muskuläre Tiefenentspannungstraining von Jacobson (vgl. Bernstein/Berkovec 1975) bemüht sie sich, durch den Abbau der verschiedenen muskulären Verkrampfungen die Entspannung und Spannkraft der Klienten zu stabilisieren und so das Körperbefinden zu verbessern (Stokvis/Wiesenhütter 1971; Bernstein/Berkovec 1975; Peter/Gerl 1977). (b) In der *Wirklichkeitsauffassung* geht es um den Abbau der Ablenkungen und Verzerrungen im Wahrnehmungsbereich und den Aufbau förderlicher Aufmerksamkeit und Konzentration auf relevante Schlüsselreize (Stevens 1975; Schwäbisch/Siems 1976; Thomas 1973). (c) Über die Einübung in *kritische Reflexion* lernt der Klient, auf seine dem Handeln vorgelagerten und es begleitenden Selbstgespräche und die darin vorkommenden negativen Einschätzungen, die Grübeleien und Befürchtungen und deren Folgen zu achten. In systematischen Übungen unter dem Lernbeistand des Therapeuten kommt es zur Umorientierung im Meinungssystem und im Denkstil des Klienten. Er lernt auf verschiedenen Wegen eine Besinnlichkeitshaltung und eine aktivierende Erwartungshaltung einzunehmen, z. B. über die Techniken des Gedankenstops, der Implosion, der Desensibilisierung, des Flooding, des Habituationstrainings, der kognitiven Modifikation (Anleitungen zum Problemerkennen, -lokalisieren, -bewerten und zur Folgenanalyse, Alternativpeilung, Ziel- und Vollzugsplanung) und in diesem Zusammenhang auch über die systematische Konfrontation (Butollo 1979). Durch diese therapeutischen Interventionen erweist sich die A-therapie als eine kognitive Therapie, wie sie u. a. von Ellis (1977), Mahoney (1977), Hoffmann (1979), Quekelberghe (1979) und Beck (1979) vertreten wird. (d) Der vierte Schwerpunkt der A-therapie ist mit der systematischen → *Verhaltensmodifikation* gegeben. Der Klient lernt über therapeutische Dialoge und Diskurse, Interaktionsspiele und Verhaltensproben einerseits den Abbau seines Aggressions- und/oder Vermeidungsverhaltens und andererseits den Aufbau bionomer Haltungen und produktiver Verhaltensweisen, so daß es ihm möglich wird, in privaten und beruflichen Situationen relevantes Kontakt- und Leistungsverhalten zu entwickeln. Dieser Teil der A-therapie orientiert sich am Modell der Verhaltenstherapie. In den letzten Jahren ist allerdings eine Integration von Kognitions- und Verhaltenstherapie auf breiter Basis in Gang gekommen, Konzeptionen, die man als ›kognitive Verhaltenstherapie‹ bezeichnet. In ihr spielen Selbstkontrolle (Hartig 1975; Reinacker 1978) und Modellernen eine besondere Rolle (Bandura 1976; 1979). Weitere einführende Literatur zur Verhaltenstherapie u. a. bei: Lazarus 1971; Wolpe 1972; Blöschl ³1972; Glasser 1972; Schulte ²1976; Kanfer/Goldstein 1977.

Heinz-Rolf Lückert

Literatur

Avelung, F.: The conative indications of the psychogalvanic phenomen. Proc. 8th in Congr. Psychol. 18 (1926), S. 227–234. – *Bandura, A.* (Hrsg.): Lernen am Modell. Ansätze einer sozialkognitiven Lerntheorie. Stuttgart 1976. – *Bandura, A.:* Sozial-kognitive Lerntheorie. Stuttgart 1979. – *Bartlett, R. J.:* Does the psychogalvanic phenomen indicate emotion? In: Brit. J. Psychol. 19 (1927), S. 30–50. – *Beck, A. T.:* Wahrnehmung der Wirklichkeit und Neurose. Kognitive Therapie emotionaler Störungen. München 1979. – *Berlyne, D. B.:* Konflikt, Erregung und Neugier. Zur Psychologie der kognitiven Motivation. Stuttgart 1974. – *Bernstein, D. A./Berkovec, Th. D.:* Entspannungstraining. Handbuch der progressiven Muskelentspannung. München 1975. – *Blöschl, L.:* Grundlagen und Methoden der Verhaltenstherapie. Bern/Stuttgart ³1972. – *Butollo, W.:* Chronische Angst. Theorie und Praxis der Konfrontationstherapie. München 1979. – *Cannon, W. B.:* Against the James-Lange and the thalamic theories of emotion. In: Psychol. Rev. 38 (1931), S. 281–295. – *Duffy, E.:* Activation and behavior. New York 1962. – *Ellis, A.:* Die rational-emotive Therapie. Das innere Selbstgespräch bei seelischen Problemen und seine Veränderung. München 1977. – *Fahrenberg, J.:* Zur Frage einer differentiellen Physiologie der Affekte. In: Psychologische Forschung 28 (1965), S. 422–438. – *Glasser, W.:* Realitätstherapie. Neue Wege der Psychotherapie. Weinheim 1972. – *Hacker, W.:* Allgemeine Arbeits- und Ingenieurpsychologie. Berlin 1973. – *Hartig, M.* (Hrsg.): Selbstkontrolle. Lerntheoretische und verhaltenstherapeutische Ansätze. München ²1975. – *Hoffmann, N.* (Hrsg.): Grundlagen kognitiver Therapie. Bern/Stuttgart 1979. – *Kanfer, F. H./Goldstein, A. P.:* Möglichkeiten der Verhaltensänderung. München 1977. – *Lang, P. J.:* Die Anwendung psychophysiologischer Methoden in der Psychotherapie und Verhaltensmodifikation. In: *Birbaumer, N.* (Hrsg.): Neuropsychologie der Angst. München 1973, S. 11–79. – *Lazarus, R. S.:* Psychological stress and the coping process. New York 1966. – *Lazarus, R. S.:* Behavior therapy and beyond. New York 1971. – *Lindsley, D. B.:* Attention, consciousness, sleep and wakefulness. In: *Field, J./Magoun, H. W./Hall, V. E.:* Handbook of Physiology. Sect 1, Neurophysiology. Vol. III. Washington 1960. – *Mahoney, M. J.:* Kognitive Verhaltenstherapie. München 1977. – *Malmo, R. B.:* Activation. In: *Bachrath, A. J.* (Hrsg.): Experimental foundations of clinical psychology. New York 1962, S. 386–422. – *Miller, G. A./Galanter, E./Pribram, K. H.:* Strategien des Handelns. Stuttgart 1973. – *Peter, B./Gerl, W.:* Entspannung. Das umfassende Training für Körper, Geist, Seele. München 1977. – *Portele, G.:* Lernen und Motivation. Weinheim 1975. – *Quekelberghe, R. van:* Systematik der Psychotherapie. Vergleich und kognitive Grundlegung psychologischer Therapien. München 1979. – *Reinacker, H.:* Selbstkontrolle. Verhaltenstherapeutische und kognitive Grundlagen, Techniken und Therapiemethoden. Salzburg 1978. – *Schachter, S.:* The interaction of cognitive and physiological determinants of emotional state. In: *Spielberger, Ch.* (Hrsg.): Anxiety and behavior. London/New York 1966, S. 193–224. – *Schulte, D.* (Hrsg.): Diagnostik in der Verhaltenstherapie. München ²1976. – *Schwäbisch, L./Siems, M.:* Selbstentfaltung durch Meditation. Hamburg 1976. – *Semmer, N./Pfäfflin, M.:* Streß und das Training sozialer Kompetenz. In: *Bösel, R.* u. a.: Streß. Einführung in die psychosomatische Belastungsforschung. Hamburg 1978, S. 188–203. – *Stevens, J. O.:* Die Kunst der Wahrnehmung. Übungen zur Gestalttherapie. München 1975. – *Stokvis, B./Wiesenhütter, E.:* Der Mensch in der Entspannung. Lehrbuch autosuggestiver und übender Verfahren der Psychotherapie und Psychosomatik. Stuttgart ³1971. – *Thomas, K.:* Meditation in Forschung und Erfahrung. Stuttgart 1973. – *Volpert, W.:* Handlungsstrukturanalyse. Köln 1974. – *Wiener, N.:* Mensch und Menschmaschine. Frankfurt 1952. – *Wolpe, J.:* Grundlagen und Methoden der Verhaltenstherapie. Bern/Stuttgart ³1972. – *Wundt, W.:* Grundzüge der physiologischen Psychologie. Leipzig 1874.

Angst

1. Begriff und Diagnose: Angst (A) ist ein Gefühlszustand, der subjektiv als unangenehm empfunden wird. Er tritt normalerweise auf, wenn eine Gefahr wahrgenommen wird. Die Erwartung oder Wahrnehmung von Gefahrenreizen spielt sich als kognitiver Vorgang ab, bei dem der Grad der Bedrohung, z. B. der körperlichen Unversehrtheit oder des Selbstbildes, subjektiv eingeschätzt wird. Die Verbindung einer solchen Kognition mit Erregung wird im allgemeinen als A bezeichnet, wobei je nach theoretischer Orientierung die erste oder die zweite Komponente für wichtiger gehalten wird (vgl. Birbaumer 1977; Krohne 1975; Schachter 1978). Umstritten ist die Abgrenzung von A und Furcht. Furcht kann ein begleitendes Gefühl beim Fluchtverhalten sein; einer anderen Auffassung zufolge tritt Furcht als Konsequenz eines Sicherheitssignals auf, das eine Gefahr ankündigt. Der A-Zustand (state anxiety) wird begrifflich unterschieden von der korrespondierenden Eigenschaft, die als *Ängstlichkeit* bezeichnet wird (trait anxiety). Die Annahme eines solchen Persönlichkeitsmerkmals dient der Beschreibung und Erklärung von interindividuellen Unterschieden in der Verhaltensbereitschaft, angesichts kritischer Situationen ängstlich zu reagieren. Der A-Zustand ergibt sich demnach als Wechselwirkungsprodukt aus situativen und personalen Faktoren. Die Verhaltensdisposition Ängstlichkeit kann darüber hinaus für bestimmte Situationen besonders ausgeprägt sein. Soziale Ängstlichkeit z. B. bedeutet die erhöhte A-Bereitschaft in sozialen Kontexten. Im Bildungswesen ist vor allem die Leistungsängstlichkeit, also die erhöhte A-Bereitschaft in leistungsthematischen Situationen, Gegenstand pädagogisch-psychologischer Untersuchungen.

Die Diagnose von A muß drei Meßebenen berücksichtigen, da es sich hier um unvollständig miteinander gekoppelte Reaktionsweisen handelt: (a) verbale Mitteilung eigenen Erlebens, (b) Beobachtung von Vermeidungsverhalten, (c) Registrieren physiologischer Zustandsänderungen. Die Interpretation des Gesichtsausdrucks kann eventuell als vierte Ebene betrachtet werden. Diese Komponenten sind Indikatoren für eine Angstreaktion, treten allerdings nicht unbedingt gleichzeitig auf, was für die Diagnostik ein Gültigkeitsproblem aufwirft. Die meisten pädagogisch-psychologischen Untersuchungen beschränken sich auf die Erfassung nur eines Indikators. Der Unterscheidung von A und Ängstlichkeit entsprechend erfolgt die Diagnose entweder prozeßhaft in einer angstauslösenden Situation oder statusmäßig über Selbstaussagen. Im ersten Fall werden A-Reaktionen beobachtet und in Beziehung zu Reizen gesetzt, wie z. B. bei der Verhaltensanalyse, während im zweiten Fall ein Fragebogen vorgegeben wird, der von den Probanden eine Rückerinnerung auf die Häufigkeit und Intensität früherer A-Erfahrungen verlangt (→ *Diagnostik*).

2. Ursachen von Angst: A gehört zu den meistuntersuchten Phänomenen in der Psychologie, was zur Bildung einer Reihe von Theorien geführt hat. Dabei wird – in historischer Reihenfolge – unterschieden zwischen psychoanalytischen A-Auffassungen (→ *Psychoanalytische Pädagogik*), Reiz-Reaktions-Theorien und kognitiven Theorien der A (Krohne 1976). Letztere dominieren heute (Krohne 1980), weshalb nur auf diese eingegangen werden soll.

2.1 Kognition und Erregung: Die kognitiv-physiologische Emotionstheorie von Schachter (1978) geht von der Annahme aus, daß Emotionen sowohl von Kognitionen als auch von körperlicher Erregung abhängig sind. Das Zusammenwirken beider Faktoren macht den Gefühlszustand aus. Versetzt man Personen durch Eingabe von Medikamenten in einen Erregungszustand, dann reicht dies noch nicht aus, um emotional wirksam zu werden. Die Personen haben ein Bedürfnis nach Bewertung der bei ihnen ablaufenden Vorgänge. Sie wollen ihre Körperwahrnehmung interpretieren und suchen zu diesem Zweck Hinweise aus der Situation, die eine Erklärung für die Erregung liefern. Diese Hinweise bestimmen dann den Charakter der Emotion, also ob die Erregung z. B. als A, Ärger, Freude oder Überraschung gedeutet wird. Die Erregung stellt somit den unspezifischen Faktor dar, während die Kognition den spezifischen Faktor ausmacht. Grundlegend für die Theorie sind folgende Annahmen (vgl. Grabitz/Gniech 1978).

(a) Hat die Person keine Erklärung für ihren Erregungszustand, dann verwertet sie Informationen aus der jeweiligen Situation, mit denen sie ihren Zustand etikettiert (cognitive labeling). Verschiedene situative Umstände erlauben also in diesem Fall verschiedene Emotionen bei ein und demselben Erregungszustand.

(b) Hat die Person bereits eine Erklärung für ihren Erregungszustand, so ist eine weitere Informationssuche nicht mehr erforderlich.

(c) Hat die Person Kognitionen, die erfahrungsgemäß zu Emotionen führen, so tritt der erwartete Gefühlszustand erst dann auf, wenn auch die körperliche Erregung vorhanden ist.

Die Arbeiten von Lazarus u. a. (1974) gehen über die kognitiv-physiologische Emotionstheorie von Schachter insofern hinaus, als sie die Bedeutung der körperlichen Erregung abwerten und die der Kognition in den Vordergrund stellen. Insbesondere die Attributionstheorie hat die Entwicklung dahin begünstigt, so z. B. bei Weiner/Russell/Lerman (1978), die sich mit → *Gefühlen* im Rahmen ihrer Theorie der → *Leistungsmotivation* beschäftigen. Nach Auffassung der Autoren ist Erregung nicht erforderlich, um Gefühlszustände entstehen zu lassen. Vielmehr sind Kognitionen notwendige und hinreichende Bedingungen für Emotionen. Mit Kognitionen sind in diesem Falle Kausalattributionen gemeint (→ *Attribuierung*). Wenn jemand seine Erfolge der eigenen → *Begabung* zuschreibt, wird er ein Gefühl der Kompetenz erleben. Schreibt er seine Erfolge dagegen der Hilfe anderer Personen zu, wird er eher ein Gefühl der Dankbarkeit erleben. Erregung ist dafür nicht erforderlich. Die Art und Weise der Attribution entscheidet allein über die Intensität und Richtung des Affekts. Die Vielfalt der möglichen Gefühle in Abhängigkeit von Ursachenzuschreibungen haben die Autoren in einer Untersuchung ermittelt. So führt z. B. Mißerfolg dann zu einem Gefühl der Inkompetenz, wenn fehlende Begabung verantwortlich gemacht wird, zu Schuldgefühl, wenn fehlende Anstrengung als Ursache wahrgenommen wird, und zu → *Aggression*, wenn andere Personen als schuldig angesehen werden. Dieses Gebiet ist bisher kaum erforscht, und die genannten Ergebnisse sind daher auch nur begrenzt gültig. Heckhausen (1978; 1980) hat bei einer ähnlichen Fragestellung und bei mündlichen Prüfungen etwas andere Zusammenhänge ermittelt. Danach sind Prüflinge z. B. dann ängstlich, wenn sie erwarten, sich nicht konzentrieren zu können oder abhängig zu sein von der körperlichen Verfassung, dem Prüfer und dem Zufall. Auch Heckhausen ist der Meinung, daß Kognitionen notwendig und hinreichende Bedingungen für das Auftreten von Emotionen darstellen.

2.2 Bedrohungsbewältigung: Die transaktionale Streßkonzeption von Lazarus liefert Erklärungen für die A-Entstehung und A-Verarbeitung. Die Bewältigung (coping) von Streßsituationen bildet das Kernstück dieses Ansatzes (vgl. Lazarus/Averill/Opton 1974). Das Entstehen von A-Reaktionen ist danach ein Spezialfall von Reaktionsweisen im Rahmen eines kognitiven Prozesses. Irgendwelche Reize werden als mehr oder weniger bedrohlich bewertet (erste Einschätzung), und die eigenen Gegenmaßnahmen werden auf ihre Angemessenheit hin überprüft (zweite Einschätzung), bis schließlich eine Neueinschätzung den Ablauf beendet. Die Ursache von A liegt demnach auf mehreren Ebenen. Zunächst ist es erforderlich, daß eine Situation vorliegt, die subjektiv als bedrohlich wahrgenommen werden kann. Weiterhin ist auf der Personenseite ein gewisser Ausprägungsgrad von Dispositionen (z. B. Ängstlichkeit) erforderlich. Nun ist die A-Reaktion nicht das Ergebnis einer statisch gedachten Person-Situation-Interaktion. Vielmehr versteht Lazarus seinen Ansatz als *transaktional* (vgl. Lazarus u. a. 1974). Während eine Interaktion als einseitig gerichtete Ursache-Wirkungs-Beziehung verstanden wird, ist eine Transaktion eine reziproke Verursachung, bei der die Umwelt ständig aufs neue verändert wird (→ *Wechselwirkung*). Person- und Situationsvariablen erzeugen Reaktionen, die dann ihrerseits auf Person und Situation zurückwirken. Auf die Verursachung von A angewendet, zeigt sich hier die Bedeutung von angemessenen Bewältigungsstrategien. Die als bedrohlich wahrgenommene Umwelt wird durch kognitive Prozesse verändert, so daß beim nächsten Durchlaufen der Verarbeitungsschleife andere Einschätzungen vorgenommen werden. Welche konkreten Situationen angstauslösend sind, ist nicht Gegenstand der Arbeiten von Lazarus. Er betont allgemeine Charakteristika von Situationen, wie z. B. deren Mehrdeutigkeit, Ungewißheit und Unmittelbarkeit. Liegen diese Merkmale vor, dann besteht eine besonders große Wahrscheinlichkeit dafür, daß Situationen subjektiv als bedrohlich bewertet werden, wobei natürlich die Abhängigkeit dieser Einschätzung von Personmerkmalen gesehen werden muß. Eine in diesem Zusammenhang wichtige Verhaltensdisposition ist das Konstrukt Repression-Sensitization, mit dem individuell verschiedene Aufmerksamkeitsveränderungen bei der A-Abwehr beschrieben werden (Krohne/Rogner 1980).

2.3 Hilflosigkeit: In seiner Theorie der gelernten Hilflosigkeit beschreibt Seligman (1979) einen psychischen Zustand bei Menschen und Tieren, der durch Passivität, A und Depression charakterisiert ist und der sich als Folge des Erlernens von Reaktions-Konsequenzen-Unabhängigkeit erklären läßt. Hilflosigkeit entsteht, wenn Ereignisse als unkontrollierbar wahrgenommen werden. Kontrolle ist die willentliche Beeinflussung der Umwelt durch eigenes Handeln. Wenn jemand glaubt, daß seine Tätigkeiten in keinem Zusammenhang mit den Ereignissen seiner Umwelt stehen, nimmt er *Unkontrollierbarkeit* wahr. Objektive Handlungs-Ergebnis-Unabhängigkeit ist eine Voraussetzung für die Entstehung von Hilflosigkeit, doch kommt es auf die subjektive Wahrnehmung der Nichtkontingenz an. A-Emotionen bestehen, sofern noch keine Gewißheit über die Unkontrollierbarkeit erreicht ist. Wenn Gewißheit vorliegt, wandelt sich die A in Depression. Der Hilflose wird passiv, apathisch und resignativ. Er erlebt Kontrollverlust.

Vorhersagbarkeit und Kontrollierbarkeit sind verwandte Konzepte. Meistens sind Situationen, die wir unter Kontrolle bringen, auch vorherzusehen. Es ist ein großes Bedürfnis des Menschen, solche Ereignisse, die sich nicht ganz unter Kontrolle bringen lassen, zumindest vorherzusagen, weil damit eine Reduktion von Unsicherheit und Angst verbunden ist.

Die *Sicherheitssignal-Hypothese* von Seligman (1979, S. 107) besagt, daß durch die Kontingenz von Signal und Ereignis die Vorhersagbarkeit definiert wird und daß bei Nicht-Kontingenz – also Unvorhersagbarkeit – A und Hilflosigkeit entstehen. Besteht Kontingenz, dann führt das Ausbleiben des Signals zu Sicherheit und das Auftreten des Signals zu Furcht. In diesem Zusammenhang nimmt Seligman eine Unterscheidung zwischen Furcht und A vor. A ist danach ein eher chronischer Zustand, der bei andauernder Bedrohung hervorgerufen wird, was wiederum der Fall ist, wenn subjektiv gefährliche Ereignisse bevorstehen, die unvorhersagbar sind. Furcht dagegen ist ein vorübergehender Zustand, der zwischen dem Signal und dem gefährlichen Ereignis liegt. Solange das Signal ausbleibt, lebt der Mensch in Sicherheit: Gefahrensituationen werden durch Sicherheitssignale vorhersagbar.

Die erste Formulierung der Theorie der gelernten Hilflosigkeit war überwiegend an

Prinzipien des → *Bekräftigungs*lernens orientiert sowie an der kognitiven Repräsentation von Kontingenzen. Das war noch nicht hinreichend, um eine Vielzahl von Fragen zu klären, die mit bestimmten Umständen der Entstehung von Hilflosigkeit, A und Depression zusammenhingen. Die Neuformulierung der Theorie (Abramson/Seligman/Taesdale 1978) bezog Erkenntnisse der Attributionstheorie mit ein. Es erwies sich als nützlich, zwischen der → *Wahrnehmung* gegenwärtiger und der Erwartung zukünftiger Nichtkontingenz ein Element hinzuzufügen. Die Umwandlung von Wahrnehmungen in Erwartungen erfolgt unter Rückgriff auf Ursachenzuschreibungen. Wenn jemand keinen Zusammenhang von Reaktionen und Konsequenzen wahrnimmt, wird er sich nach dem Grund dafür fragen und z. B. überlegen, ob nur er selbst nicht über die angemessenen Reaktionen verfügt, um die gewünschten Konsequenzen zu erzielen, oder ob es auch sonst niemanden gibt, der diese Reaktion zur Verfügung hat. Je nach der Art der gewählten Kausalattribution wird über die Situationsverallgemeinerung, über die Dauer und über die spätere Selbstwertschätzung entschieden.

Der Ablauf der Hilflosigkeitsentstehung erhält damit folgende Gestalt: (a) Objektive Nichtkontingenz; (b) Wahrnehmung von gegenwärtiger und vergangener Nichtkontingenz; (c) Attribution der gegenwärtigen und vergangenen Nichtkontingenz; (d) Erwartung zukünftiger Nichtkontingenz; (e) Symptome von Hilflosigkeit.

Die *Situationsgeneralität* ist abhängig davon, wie weitreichend jemand die Konsequenzenlosigkeit seines Handelns attribuiert. Nimmt er nur eine relativ enge Zuschreibung auf eine bestimmte Situation vor, so wird er auch nur über spezifische Erwartungen von Nichtkontingenz verfügen. Entsprechend unterscheidet man spezifische und globale Hilflosigkeit.

Die *Zeitstabilität* ist ebenfalls abhängig davon, mit welchen Kausalattributionen die Wahrnehmung von Nichtkontingenz versehen wird. Schreibt jemand die Vergeblichkeit seiner Bemühungen mangelnder eigener Fähigkeit oder widrigen Umständen zu (stabil), wird er auch für die Zukunft Mißerfolge erwarten. Sieht er aber nur den Zufall oder die im Augenblick unzureichende Anstrengung als ursächlich an (variabel), dann sind seine Erwartungen positiver. Entsprechend unterscheidet man chronische und akute Hilflosigkeit. Die *Universalität* als dritte Dimension schließlich beruht auf der Verantwortlichkeitswahrnehmung von Unkontrollierbarkeit. Macht jemand sich persönlich für die Konsequenzenlosigkeit seines Handelns verantwortlich, indem er glaubt, nur er allein hätte die erforderlichen Reaktionen nicht in seinem Verhaltensrepertoire, dann wäre das eine internale Attribution. Wird dagegen im sozialen Vergleich auch bei anderen Personen das Fehlen der erforderlichen Reaktionen wahrgenommen, kann die Ursache external zugeschrieben werden. Die Erwartung der Unkontrollierbarkeit von Konsequenzen ist demnach universell, was für die Selbsteinschätzung (→ *Selbstkonzept*) weniger beeinträchtigend ist. Entsprechend unterscheidet man persönliche und universelle Hilflosigkeit. Der schwerste Zustand liegt bei gleichzeitig persönlicher, globaler und chronischer Hilflosigkeit vor.

Die Theorie der gelernten Hilflosigkeit liefert wichtige Bestimmungsstücke zur Erklärung von A: (a) Unvorhersagbarkeit ist für einen Dauerzustand von A verantwortlich; (b) Sicherheitssignale beseitigen A und erzeugen situativ eingegrenzte und vorübergehende Furcht; (c) Unkontrollierbarkeit ist, solange über sie keine Gewißheit herrscht, Ursache für A; (d) persönliche im Gegensatz zu universeller Hilflosigkeit ruft eine Selbstwertbedrohung hervor, die ihrerseits zu ängstlichen Reaktionen führen dürfte.

3. Schulbezogene Leistungsängstlichkeit: Für die Pädagogische Psychologie ist A im Zusammenhang mit schulischen Lernprozessen ein wichtiges Thema (→ *Schulerfolg und Schulversagen*). Schulangst wird vor allem als schulbezogene Leistungsängstlichkeit verstanden, d. h., Schüler lassen sich unterscheiden im Ausprägungsgrad der überdauernden Tendenz, in leistungsthematischen Schulsituationen ängstlich zu reagieren. Diese Ängstlichkeit wird im Laufe der schulischen → *Sozialisation* weitgehend erworben, wozu allerdings eine genaue Erforschung noch aussteht. Die Schüler machen eine Reihe von Erfahrungen in der Auseinandersetzung mit Leistungsanforderungen, die direkt vom Lehrer gestellt und indirekt durch die Leistungsergebnisse der Mitschüler vermittelt werden. Die Verarbeitung von Mißerfolg, sowie die Erwartung von Situationen, in denen die eigenen Leistungsergebnisse ungewiß sind, stellen kognitive Prozesse dar, deren Ausgang mit A-Reaktionen verbunden sein kann. Mißerfolg ist dabei relativ zu anderen Schülern, zu eigenen früheren Leistungen oder zu sachlichen Anforderungsnormen zu setzen. Die soziale Bezugsnormorientierung überwiegt meistens, so daß auch leistungsgute Schüler ihren Erfolg als Mißerfolg wahrnehmen können, indem sie einen sozialen Vergleich mit noch leistungsbesseren Mitschülern anstellen. Die kognizierte Bedrohung ist demnach eine *Selbstwertbedrohung.* Da in der Schule nicht Ehrlichkeit, Schönheit oder Sauberkeit, sondern Leistung den zentralen Wert ausmacht, ist jedes relativ minderwertige Leistungsergebnis eine potentielle Bedrohung des Selbstkonzepts eigener Fähigkeit. Diese Bedrohung wird von verschiedenen Schülern unterschiedlich erfolgreich bewältigt. Die Leistungsbeurteilung (→ *Schulleistungsbeurteilung*) ist so organisiert, daß sie soziale Vergleichsprozesse, die ohnehin ständig ablaufen, noch verschärft. Nicht die an übergeordneten Maßstäben zu beurteilende Leistung des Schülers ist entscheidend für die subjektive Wahrnehmung von Selbstwertbedrohungen, vielmehr kommt es auf die Fremdeinschätzung vor allem seitens des Lehrers, aber auch der Mitschüler und Eltern an, die eine Leistung anhand jeweils bevorzugter Bezugsnormorientierung beurteilen (Rheinberg 1980). A entsteht, wenn z. B. soziale Vergleichskognitionen subjektiv gesehen ungünstig ablaufen, wenn die Selbstwertbedrohung aufgrund fehlender Bewältigungsstrategien nicht angemessen verarbeitet werden kann und wenn Ungewißheit über das Eintreten von aversiven Ereignissen oder über die eigene Wirksamkeit besteht. Die Verarbeitung von relativen Mißerfolgen muß in Abhängigkeit von Kausalattributionen gesehen werden. Bei internal-stabiler Attribution wird die mangelnde eigene Fähigkeit als ursächlich für das Leistungsergebnis gesehen, was die Selbstwertbedrohung erhöhen dürfte. Hält sich der Schüler dagegen für seine ungünstige Leistungsposition nicht für verantwortlich oder verfügt er über Anstrengungsreserven, erleichtert das seinen Bewältigungsprozeß. Nicht nur Prüfungen und Klassenarbeiten sind also Auslösesituationen für Schulangst, vielmehr muß schon immer dann mit emotionalen Beeinträchtigungen gerechnet werden, wenn Fremdeinschätzungen eigener Leistungen subjektiv wahrgenommen oder antizipiert werden. Fremdeinschätzungen können auch nonverbal kommuniziert werden, so daß unzählige Elemente der alltäglichen → *Lehrer-Schüler-Interaktion* für den Schüler den Gesamteindruck einer bedrohlichen Lernumwelt vermitteln können.

Die empirischen Befunde zur Schulangst hinken hinter dem theoretischen Erkenntnisstand her. So ist z. B. erwiesen, daß Schüler mit schlechten Zensuren im Durchschnitt andere Ängstlichkeitswerte erhalten als Schüler mit besseren Zensuren (Schwarzer 1975). Auch im Längsschnitt erweisen sich Ängstlichkeitswerte als geeignet zur Vorhersage (→ *Prognose*) von späteren Schulleistungen. So wurde gezeigt, in welchem Maße Schüler, die in der 4. Klasse als hoch- oder niedrigängstlich identifiziert waren, in der 6. Klasse gute oder schlechte Leistungen erzielten. Hochängstliche Grundschüler schnitten zwei Jahre später in der Sekundarstufe bei der Bearbeitung von Deutsch- und Mathematiktests im Durchschnitt schlechter ab als ihre Mitschüler (Schwarzer 1979a).

Pädagogisch bedeutsam sind Vergleichsuntersuchungen über die unterschiedliche Ausprägung der mittleren Leistungsängstlichkeit in verschiedenen Lernumwelten. Gesamtschulen erzielen bei solchen Vergleichen meistens günstigere Werte als die herkömmlichen Schulen. Innerhalb der traditionellen Schulformen ist die Belastung bei den Realschülern und Gymnasiasten am größten. Das hängt allerdings von der Klassenstufe ab (Jacobs/Strittmatter 1979). In Längsschnittuntersuchungen wird die Entwicklung schulbezogener Ängstlichkeit erforscht (Schwarzer/Royl 1979). Bezugsgruppeneffekte dürften hierbei eine Rolle spielen. Manche Schulen sind flexibler organisiert, sie gestatten ihren Schülern die Teilhabe an verschiedenen Gruppierungen (Fachleistungskurse, Wahlkurse, Neigungskurse usw.). Dadurch entsteht die Möglichkeit, aus sozialen Kontexten, die zu emotionalen Beeinträchtigungen führen, zumindest kognitiv auszuweichen und anderswo soziale Vergleichsprozesse vorzunehmen (Schwarzer 1979b).

4. Angstprävention in der Schule: Die emotionalen Beeinträchtigungen von Schülern sind teilweise vermeidbar. Maßnahmen zur Verminderung von Angst in der Schule lassen sich nach zwei Dimensionen ordnen: nach der Beratungsperspektive und nach der Eingriffsebene. Bei der → *Beratung* ist zu fragen, ob sie systemorientiert an den Strukturen und Organisationsabläufen ansetzt (Systemberatung) oder ob sie auf einzelne Schüler oder Schülergruppen gerichtet ist (Individualberatung). Dem entspricht die Unterscheidung von Bedingungs- gegenüber Personmodifikationen. Die Eingriffsebene läßt sich nach Primär-, Sekundär- und Tertiärprävention differenzieren: Man kann vorbeugen mit dem Ziel, eine Entstehung oder eine Verfestigung von Schulangst nicht erst eintreten zu lassen; man kann aber auch hilfreich eingreifen, nachdem sich die Angst störend bemerkbar gemacht hat (→ *Intervention und Prävention*).

Die individuumsorientierte Intervention erfolgt nach der Methode der → *Verhaltensmodifikation* oder anderer Verfahren, die sich in der klinischen Psychologie bewährt haben. Eine entsprechende Indikationsstellung ist bei eng umschriebenen Ängsten, z. B. bei der Schulphobie, gegeben. Die aktuellen Probleme liegen jedoch mehr bei der relativ unspezifischen Leistungsangst, für deren Verursachung die Art und Weise der Umsetzung von Leistungsanforderungen mitverantwortlich ist. Die Modifikation muß demnach besonders auf situativer Seite ansetzen. Die Frage, warum angesichts einer für alle Schüler gleichermaßen bedrohlichen oder angenehmen → *Lernumwelt* (→ *Ökologie*) trotzdem interindividuelle Unterschiede existieren, soll vorweg beantwortet werden. Die Bedrohlichkeit ist auch abhängig von subjektiven Wahrnehmungsvoreingenommenheiten, und außerdem gibt es tatsächliche Unterschiede im Grad der Selbstwertbedrohung innerhalb einer Schulklasse, da die sozialen Vergleichsprozesse zwangsläufig nicht für alle Schüler identisch sind und gerade bei großer Leistungsstreuung für die lernschwachen Schüler eine Verschärfung der Situation gegeben ist. Soweit überhaupt individuell interveniert werden soll, geht es um den Erwerb von Bewältigungskompetenz, um den Schülern kognitive Strategien an die Hand zu geben, die ihnen die Anpassung an die Situation erleichtern. Dieser Gedanke bezieht sich auf die Streßkonzeption von Lazarus, nach der auf die Reizeinschätzung eine Einschätzung der eigenen Bewältigungsmittel erfolgt. Die Schaffung solcher Strategien kann z. B. durch Attributionsangebote, durch Setzen realistischer Ziele und durch Auswahl günstiger Vergleichskognitionen erreicht werden. Insgesamt fällt dieser pädagogischen Beeinflussung die Rolle einer flankierenden Maßnahme zu.

Entscheidend für eine generelle A-Verminderung in der Schule ist die systemorientierte Prävention. Sie ist darauf gerichtet, die kognizierte Selbstwertbedrohung der Schüler zu reduzieren. Das geschieht z. B. durch Einflußnahme auf soziale Vergleichskognitionen. Lehrer mit individueller Bezugsnormorientierung vermindern aufgrund der längsschnittlichen Urteilsperspektive den Vergleich der Mitschüler untereinander (Rheinberg 1980). Von allen Situationen der → *Lehrer-Schüler-Interaktion* sind die Leistungsbeurteilungssituationen mit der größten Valenz für Bedrohungswahrnehmungen ausgestattet. Eine Entdramatisierung ist durch Variation von Bezugsnormen und durch strukturelle Maßnahmen möglich. Wenn die Schüler inhaltlich mehr Erfolgsfelder zur Verfügung haben und sich zugleich in mehreren Lerngruppen befinden, sind damit situative Voraussetzungen für die Relativierung von Leistungsergebnissen gegeben. Das Vorhandensein verschiedener Bezugsgruppen erleichtert den Schülern das kognitive Ausweichen aus einer einzigen, geradezu verbindlichen sozialen Vergleichssituation. Folgt man der Theorie der gelernten Hilflosigkeit, so ist kognitive Kontrolle über die Lernumwelt wichtig für ein gutes Selbstwertgefühl und die Wahrnehmung von Sicherheit. Schüler müssen erfahren, daß sie selbst etwas bewirken können und über Handlungsweisen verfügen, welche im Anwendungsfall die gewünschten Konsequenzen herbeiführen. Dazu trägt auch die Schaffung von Vorhersagbarkeit bei. Nach der Sicherheitssignal-Hypothese läßt sich A beseitigen, wenn ein Signal vereinbart ist, das ein unangenehmes Ereignis ankündigt. Wenn der Lehrer unvermeidbare Leistungsprüfungen regelmäßig ankündigt, schafft er ein solches Signal.

Ralf Schwarzer

Literatur
Abramson, L. Y./Seligman, M. E. P./Teasdale, J. D.: Learned helplessness in humans: Critique and reformulation. In: *Journal of abnormal Psychology* 87 (1978), S. 49–74. – *Birbaumer, N.:* Angst. In: *Herrmann, T./ Hofstätter, P. R./Huber, H. P./Weinert, F. E.* (Hrsg.): Handbuch psychologischer Grundbegriffe. München 1977, 27–37. – *Grabitz, H.-J./Gniech, G.:* Die kognitiv-physiologische Theorie der Emotion von Schachter. In: *Frey, D.* (Hrsg.): Kognitive Theorien der Sozialpsychologie. Bern 1978, S. 161–191. – *Heckhausen, H.:* Kommentar zum Beitrag von Weiner, Russel und Lerman. In: *Görlitz, D./Meyer, W.-U./Weiner, B.* (Hrsg.): Bielefelder Symposium über Attribution. Stuttgart 1978, S. 175–180. – *Heckhausen, H.:* Task-irrelevant cognitions during an exam: Incidence and effects. In: *Krohne, H. W./Laux, L.* (Eds.): Achievement, stress and anxiety. Washington 1980. – *Jacobs, B./Strittmatter, P.:* Der schulängstliche Schüler. München 1979. – *Krohne,*

H. W.: Angst und Angstverarbeitung. Stuttgart 1975. – *Krohne, H. W.:* Theorien zur Angst. Stuttgart 1976. – *Krohne, H. W.:* Angsttheorie: vom mechanistischen zum kognitiven Ansatz. In: Psychologische Rundschau 31 (1980), S. 1–17. – *Krohne, H. W./Rogner, J.:* Repression – sensitization as a central construct in coping research. In: *Krohne, H. W./Laux, L.* (Eds.): Achievement, stress and anxiety. Washington 1980. – *Lazarus, R. S./Averill, J. R./Opton, E. M.:* The Psychology of Coping: issues of research and assessment. In: *Coelho, G. V./Hamburg, D. A./Adams, J. E.* (Eds.): Coping and adaption. New York 1974, S. 249–315. – *Rheinberg, F.:* Leistungsbewertung und Lernmotivation. Göttingen 1980. – *Schachter, S.:* The interaction of cognitive and physiological determinants of emotional state. In: *Berkowitz, L.* (Ed.): Cognitive theories in social psychology. New York 1978, S. 401–432. – *Schwarzer, R.:* Schulangst und Lernerfolg. Düsseldorf 1975. – *Schwarzer, R.:* Was wird aus ängstlichen Grundschülern? In: Zeitschrift für Entwicklungspsychologie und Pädagogische Psychologie 11 (1979), S. 261–271. (a) – *Schwarzer, R.:* Bezugsgruppeneffekte in schulischen Umwelten. In: Zeitschrift für empirische Pädagogik 3 (1979), S. 153–166. (b) – *Schwarzer, R./Royl, W.:* Die Entwicklung der Leistungsängstlichkeit von Gesamt- und Regelschülern. In: Psychologie in Erziehung und Unterricht 26 (1979), S. 259–266. – *Seligman, M. E. P.:* Erlernte Hilflosigkeit. München 1979. – *Strang, L./Smith, M. D./Rogers, C. M.:* Social comparison, multiple reference groups and the self-concepts of academically handicapped children before and after mainstreaming. In: Journal of Educational Psychology 70 (1978), S. 478–479. – *Weiner, B./Russell, D./Lerman, D.:* Affektive Auswirkungen von Attributionen. In: *Görlitz, D./Meyer, W.-U./Weiner, B.* (Hrsg.): Bielefelder Symposium über Attribution. Stuttgart 1978, S. 139–174.

Attribuierung

1. Grundlagen der Attributionsforschung

1.1 Zum Gegenstand der Forschung: Gegenstand der Attributionsforschung sind jene subjektiven Deutungen, mit deren Hilfe der Alltagsmensch sich das (kausale) Zustandekommen von Umweltereignissen und Handlungseffekten zu erklären versucht. In allgemeinster Form meint der Begriff *Kausalattribuierung* die Zuordnung einer oder mehrerer Ursachen zu einem Ereignis (insbesondere Handlung oder Handlungseffekt). Es gibt keine einheitliche Auffassung darüber, welche Prozesse dieser Zuordnungsvorgang impliziert. Die Zuordnung selbst braucht nicht mehr zu sein als ein Denkakt, eine Entscheidung oder ein Urteil, über dessen Zustandekommen der Attribuierende oft selbst keine Auskunft geben könnte. Aus der Einstellungs- und Vorurteilsforschung, aus der kognitiven Psychologie und der Wahrnehmungspsychologie weiß man jedoch, daß auch einem Attribuierungsurteil → *Wahrnehmungen,* Hypothesenbildung, Explorationen, Informationsverarbeitung, Schlußfolgerungen und Erfahrungskontrollen vorausgehen *müssen,* zumindest in der Phase der Entwicklung von Attribuierungsmustern und in definitions- und erklärungsbedürftigen Situationen. Es besteht allerdings noch weitgehende Unklarheit im Hinblick darauf, (a) welche Komplexitätsgrade von Attribuierungsprozessen vorkommen können; (b) welche Bewußtseinsgrade die (Teil-)Prozesse haben können; (c) ob und inwieweit Attribuierungen immer (bewußt) intendiert (und kontrolliert) sind; (d) welche Zeiterstreckungsgrade man unterscheiden kann; (e) wie sich Erfahrungsanteile und normative Anteile (z. B. stereotype Erwartungen) zueinander verhalten. Als Forschungsgegenstand gehören Attribuierungen (A) in den Bereich der »Interpersonellen Wahrnehmung« und hier speziell zur Eindrucks- und Urteilsbildung in alltäglichen interpersonellen Interaktionen. Attributionsforschung fragt nach dem Zustandekommen und der Wirkungsweise handlungsleitender »naiver Theorien« über Verhaltensbedingungen. Die Erhebung des Konzept-Repertoires, mit Hilfe dessen Individuen kausale Relationen zwischen Handlungsbedingungen, Handlungen und Handlungseffekten herstellen, betrifft den *strukturellen* Aspekt von A. Der *prozessuale* Aspekt betrifft den Ablauf des Zuschreibungsvorgangs, der sich zwischen den Extrempolen einer momenthaften, automatisierten, »unbewußten« Ursachenzuschreibung und einem aktiven, bewußt kontrollierten Explorations-, Deutungs- und Entscheidungsprozeß von beliebiger Zeiterstreckung bewegt.

Gegenstand der Forschung muß sowohl die *biographische Genese* (einschließlich der Frage nach Gruppenunterschieden) von A-Tendenzen sein wie auch die *Aktualgenese* von Zuschreibungen. Zu beiden gehört die Frage nach Art und Grad von Generalisierung vs. Situationsspezifität der A. Auch für A-Tendenzen und -muster muß »Bereichsspezifität« (Seiler 1973) unterstellt werden. Generalisierung findet nicht automatisch statt. A-Tendenzen lassen sich weder von den Situationen und Beziehungsstrukturen ablösen, in denen sie sich habituell verfestigt haben, noch sind sie unabhängig von den Situationsklassen, in denen die Notwendigkeit von Kausalerklärungen auftritt.

Gleichgültig, ob »naive« Ursachenzuschreibungen richtig oder falsch sind: Sie können unser Handeln beeinflussen und sind insofern auch vom Wissenschaftler ernst zu nehmen. Der Beziehung zwischen »wahrgenommenen« und »tatsächlichen« Handlungsbedingungen ist in der Forschung bisher kaum Aufmerksamkeit geschenkt worden. Keinesfalls sind subjektive Ursachenerklärungen etwas Privat-Beliebiges, da sie sich stets in der Auseinandersetzung mit tradierten, öffentlich angebotenen oder auch »wissenschaftlichen« Ursachenerklärungen entwickeln und äußern (vgl. z. B. den »Begabungs«-Begriff als öffentlich und privat eingesetzten Ursachenfaktor; → *Begabung*). In jeder Gesellschaft gibt es bestimmte explizite und implizite Regeln, nach denen einem Verhalten bzw. Verhaltenseffekt persönliche Verantwortung zugeschrieben wird (vgl. Bierbrauer 1978). Oft führen weniger persönliche Erfahrungen oder empirische Befunde als vielmehr die Kenntnis bestimmter Erwartungen, Normen und »Theorien« zu spezifischen A-Urteilen.

1.2 Leitende Annahmen: Für die Entwicklung der Attributionsforschung sind zwei schon bei ihrem Begründer Fritz Heider (1958; 1978) fixierte Ausgangspunkte – in nicht immer vorteilhafter Weise – leitend gewesen:

a. Die gestaltpsychologische Orientierung an Konstanz-, Stabilitäts- und Gleichgewichtsphänomenen (vgl. auch Ulich 1979, S. 34 ff.): Ausgehend von der Wahrnehmungspsychologie postulierte Heider, daß sich auch die Wahrnehmung und Erschließung kausaler Relationen nach den Prinzipien der Ähnlichkeit und Nähe bzw. des Kontrasts vollziehe. »Teile, die in irgendeiner Beziehung zueinander stehen, sollten zueinander passen, miteinander harmonieren«, also in einem Gleichgewicht zueinander stehen (Heider 1978, S. 28). Derartige Strukturierungsvorgänge, die ausdrücklich einer Balancetendenz folgen, verleihen der phänomenalen (kognitiv repräsentierten) Welt stabile Strukturen, die dann eine notwendige Handlungsgrundlage abgeben. Es wird unterstellt, daß der »Alltagsmensch« oder »naive Psychologe« eigenes und fremdes Verhalten in dispositionellen Begriffen (stabile Merkmale der Persönlichkeit/der Umwelt) erklärt. Es interessieren seit Heider nicht nur die stabilisierenden Elemente in der Umwelt, der Beziehung zur Umwelt und in unseren → *Interaktionen* mit anderen, sondern es interessieren vor allem die dazu korrespondierenden, unsere Vorstellungen von der phänomenalen Welt *stabilisierenden Kognitionen*. Von den attributionssteuernden Konzept-Repertoires wird offenbar noch heute angenommen, daß sie nach den formalen Prinzipien der Symmetrie, der Dichotomie, Addition, Multiplikation, »Kompensation«, also nach Gleichgewichtsprinzipien, aufgebaut sind (vgl. z. B. das bekannte Schema von Weiner 1976). Hinreichende empirische Nachweise stehen bisher noch aus. Bei der Suche nach allgemeinen Strukturierungsprinzipien gingen der konkrete Situationsbezug von Attribuierungen sowie die genetische Fragestellung tendenziell verloren.

b. Die Annahme der Universalität eines Attribuierungs-»Bedürfnisses« (vgl. Meyer/Schmalt 1978, S. 100): Die Einsicht, Orientierung sei ein allgemeines Merkmal lebendiger Aktivität, ist banal. Weniger banal wäre die Frage, unter welchen Bedingungen welche Personen überhaupt motiviert und in der Lage sind, durch Herstellung kausaler Relationen Regelhaftigkeiten zu konstruieren und so ihre Umwelt und ihr Handeln kognitiv besser (und das heißt auch: realitätsgerechter) kontrollieren zu können. Anstatt angeborenen Wissensdurst oder eine bestimmte kognitive »Grundausstattung« des Menschen zu unterstellen, sollte man besser und intensiver die Entstehung individueller Kontroll-*Intentionen* einschließlich A-Absichten und -Tendenzen untersuchen. – Auf die historische Entwicklung und Abfolge der Theorien von Heider, Jones/Davis (1965) und Kelley (1973) gehen Weiner (1976) und Meyer/Schmalt (1978) ein. Über Forschungsergebnisse und Theoriediskussion berichten die Sammelbände von Jones u. a. (1971), Harvey u. a. (1976) und Görlitz u. a. (1978).

1.3 Zur Präzisierung des theoretischen Konstrukts: Zum Zwecke der Präzisierung des theoretischen Konstrukts A sollte beachtet werden: (a) Es ist zu unterscheiden zwischen überdauernden A-Tendenzen (A-Präferenzen i. S. von Zuschreibungs-»Dispositionen«), A-Mustern (den eingesetzten kognitiven Dimensionen und Kategorien), dem A-Verhalten als Prozeß der Exploration und Hypothesenprüfung sowie schließlich dem A-Urteil, das z. B. durch die Wahl zwischen alternativen Kausalkategorien zustande kommt. (b) A sind auf konkrete Situationen von angebbarer Zeiterstreckung und Bereichsspezifität bezogen; sie sind als aktive Versuche der Problembewältigung anzusehen. (c) A-Prozesse sind Teil kognitiver Kontrolle und damit zugleich immer auch in übergeordnete Realitätsdeutungssysteme eingebettet. Sie sind mit unterschiedlichen Ebenen der Handlungsregulation (Planung, Antizipation, Bewertung) verknüpft. (d) A haben einerseits erfahrungsabhängige (z. B. sozialisationsgeschichtlich begründete) und andererseits konventionell-normative Komponenten (z. B. Stereotype, »Hintergrundwissen«), die sich allerdings nur analytisch trennen lassen.

2. Forschungsinteresse, Ergebnistrends und Anwendungsbereiche der Attributionsforschung

2.1 Gegenwärtiges Forschungsinteresse: Ziel der Attributionsforschung ist die Beschreibung und Erklärung derjenigen Ursachenzuschreibungen, die Individuen vornehmen, um sich Ereignisse und Handlungseffekte in ihrem Zustandekommen erklären zu können. Der Forschung geht es gegenwärtig vor allem um die Erfassung subjektiver Erklärungskonzepte bzw. der individuellen Entscheidungen zwischen derartigen Konzepten, bezogen auf einen irgendwie als erklärungsbedürftig erkannten oder unterstellten Sachverhalt. Diese Dimensionen und Kategorien kausaler Erklärung machen einen Teil naiver »Alltagspsychologie« aus und strukturieren als quasi apriorische Erkenntniskategorien interpersonale Wahrnehmung, Beurteilung und Interaktion vor (→ *Implizite Theorien*). Heckhausen (1976, nach Heider) sieht die grundlegendsten dieser universellen Erklärungsalternativen in dem Begriffspaar »can« (Können, Fähigkeit, Begabung) und »try« (Bemühen, Anstrengung, Motivation). Weiner (1976) hat die (wahrgenommenen) Determinanten leistungsbezogenen Verhaltens unterschieden in Kausalfaktoren (wie Begabung, Anstrengung, Aufgabenschwierigkeit, Zufall, Stimmungslage, Ermüdung) und in kausale Dimensionen. Primäre Kausaldimensionen sind Personenabhängigkeit (internale vs. externale Verursachung) und Stabilität über die Zeit (stabil vs. variabel); sekundäre Kausaldimensionen sind willentliche Kontrolle (intentional vs. nicht-intentional) und interpersonale Stabilität (stabil vs. variabel); über sie erfährt man leider sehr wenig (vgl. jedoch Ross 1977). Schwerpunktmäßig konzentriert sich die Forschung vor allem in Deutschland gegenwärtig auf die Untersuchung der Rolle von Attributionsurteilen bei der Steuerung des Leistungsverhaltens, sowohl bei Fremd- wie bei Selbst-Attributionen (vgl. 2.3).

2.2 Ergebnistrends: Vorgehensweisen und Ergebnistrends der Forschung lassen sich in folgenden Punkten zusammenfassen: (a) Gegenstand der Forschung ist nicht der gesamte komplexe Prozeß der Kausalattribuierung; untersucht werden meist nur punktuelle Urteile, nämlich die Entscheidungswahlen zwischen bestimmten Erklärungsalternativen. Liegen die Ursachen z. B. eher innerhalb oder eher außerhalb der Person? Sind sie als eher stabil oder als eher beeinflußbar anzusehen? (b) Kausalattribuierungen werden vor allem als »intervenierende Kognitionen« aufgefaßt: Die Meinungen, die jemand über Ursache-Wirkungs-Zusammenhänge hat, kanalisieren die subjektive (und kollektive) Umweltauffassung und beeinflussen – neben anderen Steuerungsfaktoren – das Verhalten. (c) In der Ursachenerklärung werden bestimmte typische Kategorien häufig eingesetzt, z. B. → *Begabung* und Anstrengung zur Erklärung von Erfolg und Mißerfolg im Leistungsverhalten. (d) Kausalattributionen haben in bezug auf die Verhaltenssteuerung und die Beziehungen des Individuums zur Umwelt Orientierungs-, Kontroll- und Entlastungsfunktionen. (e) Unterschiede zwischen Individuen gibt es im Hinblick auf die Bevorzugung und Gewichtung der kausalen Kategorien. Eine Minderheit von Lehrern gibt z. B. der Kategorie »Anstrengung« ein ebenso großes oder größeres Gewicht als der Kategorie »Begabung« bei der Erklärung schulischen Leistungsverhaltens (→ *Schulerfolg und Schulversagen*). (f) Weiterhin unterscheiden sich Individuen unter differentialpsychologischem, aber auch unter klinisch-psychologischem Aspekt im Hinblick auf die Erwartung, Umweltbedingungen im Sinne eigener Handlungsziele beeinflussen zu können. Die Erwartung, keinen Einfluß ausüben zu können, also abhängig von fremden Interessen und Handlungen zu sein, führt zu Hilflosigkeit und Depression (Seligman 1979; → *Angst*). (g) Es scheint »typische« Attributionsfehler zu geben (vgl. Ross 1977). Beobachter nennen tendenziell andere Ursachen als die Akteure selber. Besonders verbreitet scheint der »fundamental attribution error« zu sein, der in einer Überschätzung der dispositionellen Eigenschaften des Akteurs bei gleichzeitiger Unterschätzung situativer Bedingungen besteht. Dies führt in manchen Situationen zu einer Überschätzung persönlicher Entscheidungsfreiheit bei Unterschätzung von situativen und Rollenzwängen.

2.3 Kausalattribuierung und Leistungsmotiva-

tion: Die Erkenntnis, daß Kausalattribuierungen verhaltenssteuernde Wirkungen haben, führte zu Erweiterungen der Theorie der → *Leistungsmotivation* (vgl. Weiner 1976, Heckhausen 1976). Man stellte fest, daß die Ursachenerklärung von Erfolg und Mißerfolg nicht nur eine wichtige Bedingung der Anspruchsniveausetzung und der Leistungsmotivation ist, sondern sogar selbstbekräftigende Wirkung hat. Sowohl die Selbstbewertung wie auch die Anstrengungsbereitschaft werden davon beeinflußt, inwieweit sich eine Person als Verursacher der Handlungsergebnisse fühlt. Damit zusammen hängt die Auffassung über die Stabilität der fördernden oder hemmenden internalen oder externalen Einflußfaktoren. Erfolgsmotivierte scheinen Erfolge eher sich selbst zuzuschreiben und Mißerfolg eher auf externe oder variable Faktoren (z. B. mangelnde Anstrengung) zurückzuführen. Bei Mißerfolgsängstlichen ist es umgekehrt: Sie schreiben Erfolge externen Faktoren zu, z. B. der Leichtigkeit der Aufgaben. Nach Mißerfolg suchen sie die Gründe eher bei sich, vor allem im Mangel eigener Fähigkeit.

2.4 Kausalattribuierung und Lehrer-Schüler-Interaktion: Untersuchungen über den Zusammenhang zwischen Lehrererwartungen, → *Lehrer-Schüler-Interaktionen* und Schülerleistungen haben ergeben, daß die Erwartungen des Lehrers unter bestimmten Umständen das Schülerverhalten beeinflussen. Man versuchte nun diesen Erwartungseffekt mit Hilfe der »self-fulfilling-prophecy«-Hypothese zu erklären: Die Lehrer verhalten sich ihren Erwartungen entsprechend unterschiedlich zu den Schülern und bewirken damit die Leistungsunterschiede. Wie wurden aber die Lehrererwartungen an den Schüler vermittelt, wie änderten sie dessen Verhalten? Durch Einführung attributionstheoretischer Annahmen konnte der Zusammenhang zwischen kognitiven Vermittlungsprozessen und Verhaltensänderung geklärt werden: Zunächst führen die (induzierten) höheren Leistungserwartungen einem Schüler gegenüber dazu, daß der Lehrer seine A-Strategie ändert: Mißerfolge werden nicht mehr auf mangelnde Fähigkeiten, sondern auf mangelnde Anstrengung zurückgeführt. Wenn der Schüler merkt, daß der Lehrer ihm bessere Leistungen zutraut, verändert er allmählich sein Selbstbild. Auch er verändert seine A-Strategie, er wird erfolgszuversichtlicher und anstrengungsbereiter. Die reale Leistung verbessert sich tatsächlich, wodurch das neue Selbstbild des Schülers und die veränderten Erwartungen des Lehrers bestätigt werden (vgl. Heckhausen 1976; → *Selbstkonzept*).

3. Methodische Probleme und künftige Forschungsaufgaben
3.1 Methodische Probleme: Die häufig geübte Forschungspraxis, lediglich A-Urteile als persönliche Meinungen zu irgendwelchen Sachverhalten abzufragen, geht u. a. auf die Schwierigkeit zurück, den Prozeßcharakter von A methodisch angemessen zu erfassen. Ein direkter Schluß von der »reporting response«, also dem A-Urteil, auf die zugrundeliegenden Prozesse der Informationssuche, -verarbeitung und Urteilsbildung ist jedenfalls unzulässig. Die zu untersuchenden Prozesse sind, wie kognitive Prozesse überhaupt, nicht direkt beobachtbar. In der – etwa durch den Experimentator provozierten – Selbstwahrnehmung wirken zahlreiche unkontrollierbare Faktoren mit (vgl. Nisbett/Wilson 1977), die auch die Kommunizierbarkeit von Kausalattributionen beeinträchtigen. Es ist sogar denkbar, daß individuelle Kausalattributionen erst aufgrund des Aufforderungscharakters einer Experimental- oder Interviewsituation zustande kommen (vgl. Wortman/Dintzer 1978). Es können Meßartefakte in mehrerer Hinsicht entstehen: Verzerrung im Hinblick auf soziale Erwünschtheit, nachträgliche Rationalisierung eigenen Verhaltens, Übernahme von Kategorien vom Versuchsleiter usw. Natürlich sind auch die zu erfassenden Prozesse nie rein »kognitiv«; sie sind z. B. Ausdruck von Bewältigungsversuchen, in denen kognitive, emotionale und motivationale Faktoren interagieren (vgl. Lazarus u. a. 1974). Der Prozeß der Kausalattribuierung muß also durch Analyse *rekonstruiert* werden (vgl. Mayring 1979). Dabei handelt es sich oft nicht um einen schon abgeschlossenen Interpretations- und Schlußfolgerungsprozeß. Fragen des Forschers können einen noch in Gang befindlichen Deutungsprozeß beeinflussen, beschleunigen oder auch zu einem vorzeitigen Abschluß bringen. In diesem Zusammenhang ist zwischen retrospektivem und prospektivem Material zu unterscheiden, das man nicht gleich interpretieren darf. In der Regel, d. h. in durchschnittlichen Alltagssituationen, handelt es sich bei Kausalattribuierungen um die routinierte Anwendung von vorfabrizierten, früher entwickelten oder übernommenen kausalen Schemata oder Kategorien und weniger um einen Prozeß der Informationsverarbeitung mit den expliziten

Phasen der Exploration, Hypothesenprüfung und Urteilsbildung. Gerade die zuerst genannten kognitiven Vorgänge sind methodisch sehr schwer zugänglich, da sie nur selten auf der bewußten Ebene ablaufen. Weitere Probleme können hier nur kurz angesprochen werden (vgl. Ulich/Hausser 1979): (a) Die Verwendung von Attributionsurteilen als Prädiktoren (z. B. von Leistungs- oder Interaktionsverhalten) impliziert genauere Kenntnisse über die intra-individuelle Konsistenz und die inter-individuelle Variabilität kognitiver Deutungsmuster, als sie zur Zeit vorliegen. (b) Die Beziehungen zwischen kognitiven Deutungsmustern und Verhalten müssen spezifiziert werden, damit man eindeutigere Vorhersagen machen kann (als paralleles Beispiel vgl. die → *Einstellung*sforschung). (c) Um die externe oder »ökologische« Validität zu erhöhen, sollten Kausalattribuierungen in Situationen erhoben werden, die von persönlicher Bedeutsamkeit für die Versuchspersonen selbst sind. (d) Zur genaueren Erforschung der Aktualgenese von A sollten Modelle und Methoden aus der Denkpsychologie eingesetzt werden (vgl. z. B. Donohew u. a. 1978; Rimoldi 1955). Dabei müßten allerdings auch bestimmte Interviewtechniken zum Einsatz kommen, mit Hilfe derer man z. B. »lautes Denken« provozieren kann (→ *Denken und Problemlösen*).

3.2 Künftige Forschungsaufgaben: Die in den letzten Jahren im Vergleich zu anderen Bereichen der Sozialpsychologie ungewöhnlich produktive Forschungstätigkeit konnte bisher das Theoriedefizit nicht beseitigen (vgl. auch Bierbrauer 1979). Anstatt die Anwendungsbereiche ständig weiter auszudehnen, sollte man sich stärker um eine Klärung des komplexen Prozeßcharakters und der Entwicklungs- und Lernbedingungen von A bemühen (vgl. Ulich 1980; 1981). Angesichts der genannten Ungeklärtheiten scheint der gegenwärtig so häufige Einsatz von A-Urteilen als Verhaltensprädiktoren etwas verfrüht zu sein. In Zukunft sollten vor allem folgende Aufgaben verstärkt angegangen werden: (a) Das theoretische Konzept der Kausalattribuierung muß so revidiert und präzisiert werden, daß sowohl der strukturelle wie besonders auch der prozessuale Aspekt besser operationalisiert werden können. (b) Um die (mögliche) Komplexität von A-Vorgängen erfassen zu können, empfiehlt sich die Untersuchung dieser kognitiven Vorgänge in Nicht-Routine-Situationen, in denen Kausalattribuierung als Prozeßglied der aktiven Bewältigung von Problemen erforscht werden kann. (c) Um Kausalattribuierungen als (Lern-)Produkte der aktiven Auseinandersetzung mit der sozialen und dinglichen Umwelt verstehen zu können, muß der Realitätsbezug von A-Urteilen sowohl in biographisch-genetischer wie auch in aktualgenetischer Hinsicht problematisiert und untersucht werden.

Dieter Ulich

Literatur

Bierbrauer, G.: Die Zuschreibung von Verantwortlichkeit. Eine attributions-theoretische Analyse. In: *Hassemer, W./Lüderssen, K.* (Hrsg.): Sozialwissenschaften im Studium des Rechts. Bd. III. München 1978, S. 130–152. – *Bierbrauer, G.:* Zur Diskussion der Ergebnisse der Arbeitsgruppe »Aktuelle Trends in der deutschsprachigen Attributionsforschung«. In: *Eckensberger, L.* (Hrsg.): Ber. 31. Kongr. d. Dtsch. Ges. f. Psychologie. Göttingen 1979, S. 432–433. – *Donohew, L.* u. a.: Analysis of information-seeking strategies. In: Journalism Quarterly. Spring 1978, S. 25–31. – *Görlitz, D./Meyer, W.-U./Weiner, B.* (Hrsg.): Bielefelder Symposium über Attribution. Stuttgart 1978. – *Harvey, D. L.* u. a. (Hrsg.): New directions in attribution research. New Jersey 1976. – *Heckhausen, H.:* Kausalattribuierung und Leistungsmotivation. In: *Weinert, F. E.* u. a. (Hrsg.): Pädagogische Psychologie. Bd. IV. Weinheim 1976, S. 98–120. – *Heider, F.:* The psychology of interpersonal relations. New York 1958. (dt.: Stuttgart 1977). – *Heider, F.:* Über Balance und Attribution. In: *Görlitz, D./Meyer, W.-U./Weiner, B.* (Hrsg.): Bielefelder Symposium über Attribution. Stuttgart 1978, S. 19–28 – *Jones, E. E./Davis, K. E.:* From acts to dispositions: The attribution process in person perception. In: *Berkowitz, L.* (Hrsg.): Advances in experimental social psychology. Vol. 2. New York 1965, S. 219–266. – *Jones, E. E.* u. a. (Hrsg.): Attribution: Perceiving the causes of behavior. New York 1971. – *Kelley, H. H.:* The process of causal attribution. In: American psychologist 28 (1973), S. 107–128. – *Lazarus, R. S./Averill, J. R./Opton, E. M.:* The psychology of coping: Issues or research and assessment. In: *Coelho, G. V.* u. a. (Hrsg.): Coping and adaptation. New York 1974, S. 249–315. – *Mayring, Ph.:* Überlegungen zur Prozeßanalyse von Kausalattribution in Teil kognitiver Kontrolle in Krisensituationen. Unveröff. Projektpapier. München 1979. – *Meyer, W.-U./Schmalt, H.-D.:* Die Attributionstheorie. In: *Frey, D.* (Hrsg.): Kognitive Theorien der Sozialpsychologie. Bern/Stuttgart 1978, S. 98–136. – *Nisbett, R. E./Wilson, T. D.:* Telling more than we can know: Verbal reports on mental processes. In: Psychological Review 84 (1977), S. 231–259. – *Rimoldi, H. J. A.:* A technique for the study of problem solving. In: Educational and psychological measurement 15 (1955), S. 450–461. – *Ross, L.:* The intuitive psychologist and his shortcomings: Distortions in the attribution process. In: *Berkowitz, L.* (Hrsg.): Advances in experimental social psychology. Bd. 10. New York 1977, S. 173–220. – *Seiler, Th. B.:* Die Bereichsspezifität formaler Denkstrukturen. In: *Frey, K./Lang, M.* (Hrsg.): Kognitionspsychologie und naturwissenschaftlicher Unterricht. Bern/Stuttgart 1973, S. 249–285. – *Seligman, M. E. P.:* Erlernte Hilflosigkeit. München 1979. – *Ulich, D.:* Rationalismus und Subjektivismus in ›kognitiven‹ Motivationstheorien: In: Zeitschrift für Pädagogik 25 (1979), S. 21–41. – *Ulich, D.:* Prozeßorientierte versus produktorientierte Erforschung von Attribuierungen. In: *Silbereisen, R.* (Hrsg.): Bericht über die Tagung Entwicklungspsychologie in Berlin 1979. Berlin 1980. – *Ulich, D.:* Produktorientierte und prozeß-orientierte Ansätze in der Attributionsforschung. In: *Görlitz, D.* (Hrsg.): Entwicklungspsychologische Beiträge zur Attributionsforschung. Weinheim 1981. – *Ulich, D./Hausser, K.:* Methodologische Probleme bei der Untersuchung kognitiver Kontrolle. In: *Eckensberger, L.* (Hrsg.): Ber. 31. Kongr. d. Dtsch. Ges. f. Psychologie. Göttingen 1979, S. 512–515. – *Weiner, B.:* Theorien der Motivation. Stuttgart 1976. – *Wortman, C. B./Dintzer, L.:* Is an attributional analysis of the learned helplessness phenomenon viable? In: Journal of abnormal psychology 87 (1978), S. 75–90.

Attribute-Treatment-Interaction (ATI)

1. Einführung: Nicht alle lernen – unter ansonsten gleichen Umständen – gleich viel, schnell und gut. Unter Lehr-Lern-Bedingungen jedoch, die auf sie zugeschnitten sind, können viele ihre → Lernschwierigkeiten erheblich verringern und ihren Lernerfolg merklich verbessern. Welche Personen unter welchen Bedingungen dabei besser lernen, ist für Schule und Unterricht von besonderer Bedeutung. Diese versuchen nämlich schon immer, Ausbildungsgänge, Lerngruppen, Lehrverfahren und Leistungsanforderungen auf manifeste Fähigkeits- und Motivunterschiede ihrer Schüler abzustimmen. Systematisch beschäftigt sich aber auch die Pädagogische Psychologie seit ihren Anfängen mit dem ebenso offenkundigen wie trivialen Sachverhalt interindividueller Unterschiede im Lernverhalten. Ihr Interesse an einer differenzierten Beschreibung, Erklärung, → *Prognose* und Kontrolle dieser Unterschiede wird zudem durch die Unergiebigkeit einer nur psychometrischen vs. experimentellen Zugangsweise verstärkt, welche die empirische Forschungspraxis in diesem Bereich bisher bestimmte (vgl. Cronbach 1957). Die Befunde derartiger Untersuchungen belegten häufig jedoch zweierlei: zum einen, daß sich die Bedeutung einzelner Personmerkmale für individuelles Lernverhalten auch nach den Bedingungen der jeweiligen Lernumwelt richtet (differentielle Validität); und zum anderen, daß eine gegebene → *Lernumwelt* (→ *Ökologie*) nicht bei allen Lernenden gleichermaßen wirksam ist (differentielle Effektivität). In Kenntnis dieser empirischen Ergebnisse häufen sich seither Vorschläge, diese beiden separat organisierten Problemlösungsansätze zu einem einheitlichen Forschungsprogramm zusammenzulegen. In ihm sollte nicht mehr – wie bisher – der Einfluß entweder nur von umschriebenen Personmerkmalen des Lernenden oder alternativen Lernumweltbedingungen auf den individuellen Lernerfolg, sondern deren Zusammenwirken (→ *Wechselwirkung* oder Interaktion) aufgeklärt werden (zum Person-Umwelt-Interaktionismus vgl. Hunt 1975). Das dafür erforderliche Analyseschema entspricht der aus dem varianzanalytischen Modell her bekannten Wechselwirkung (interaction) von Personmerkmalen (attributes) und Experimentalbedingungen (treatments) und wird deshalb auch, zumindest in der amerikanischen Literatur, als attribute-treatment-interaction oder, abgekürzt, als ATI bezeichnet. Andere Formulierungen, wie aptitude-treatment-, trait-treatment- oder trait-trait-interaction, sind hingegen inhaltlich voraussetzungsvoller und auch sonst weniger geläufig. Dies gilt auch für Flammers (1975) Vorschlag einer »Wechselwirkung zwischen Schülermerkmal und Unterrichtsmethode« (WSU).

2. Forschungsfragen, Prüfkriterien, Ergebnistrends: Die typische Forschungsfrage einer ATI-Analyse heißt demnach: Unter welchen Bedingungen zeigen welche Lernende welches Lernverhalten? Antworten auf diese Frage sind dabei sowohl von theoretischem wie anwendungsbezogenem Interesse (vgl. Berliner/Cahen 1973).
Inzwischen ist eine Vielzahl von Instruktionsexperimenten, curricularen Evaluationsstudien (→ *Evaluation*), Felduntersuchungen in Schulen und Schulklassen, Fallstudien und Sekundäranalysen auf diese Fragestellungen eingegangen. Für die Wechselwirkungsanalyse individuellen Lernverhaltens konnten diese Arbeiten auf eine prinzipiell unbegrenzt erweiterungsfähige Matrix von Lerner- und Lernumwelt-Merkmalen zurückgreifen. Trotz der Vielzahl berücksichtigenswerter Klassifikations- und Kombinationsmöglichkeiten von Lerngruppen und Instruktionsvarianten haben sich die meisten dieser Untersuchungen jedoch vor allem auf die in Tab. 1 genannten ATI-Kombinationen konzentriert (vgl. Treiber/Petermann 1976 b).

Die Verknüpfung dieser Personmerkmale und Lernbedingungen erfolgte zudem in einem stark vereinfachten Analyseschema, das häufig nur zwei unabhängige (Person- bzw. Treatment-) Variablen in einen theoretisch plausiblen Wechselwirkungszusammenhang zu einer abhängigen Variablen (Lernerfolg) bringt. (Beispiel: Von einem deduktiven Unterrichtsstil sollen vor allem niedrig ängstliche Schüler profitieren, hoch ängstliche Schüler hingegen eher von einem induktiven Lehrervortrag.)

Eine solche ATI-Annahme kann empirisch also dann als gesichert gelten, wenn Schüler mit hoher Merkmalsausprägung (z. B. hoher Ängstlichkeit) unter Methode A (Beispiel: induktiver Lehrervortrag) eine vergleichbar bessere Kriteriumsleistung aufweisen als Schüler mit niedriger Merkmalsausprägung (also niedriger Ängstlichkeit) unter Methode B (Beispiel: deduktiver Unterrichtsstil), während Schüler mit hoher Merkmalsausprägung unter Methode B ebenso schlecht abschneiden wie Schüler mit niedriger Merkmalsausprägung unter Methode A (Schwarzer/Steinhagen 1975).

Die grafische Darstellung der Lernergebnisse einer entsprechenden empirischen ATI-Untersuchung gibt die folgende Abbildung wieder:

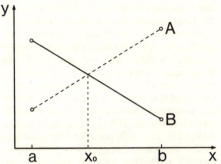

Abb. 1: Ergebnismuster von ATI-Untersuchungen mit einem Schülermerkmal X (mit den Ausprägungen a und b) und einer Unterrichtsmethode (mit den Bedingungsstufen A und B).

Dieses Ergebnismuster sich kreuzender Regressionsgeraden des Lernerfolgs auf ein Schülermerkmal unter Treatment A vs. B entspricht einer *disordinalen* Interaktion. Nur in dieser Form bestätigen die Ergebnisse auch die Annahme einer Wechselwirkung von Schülermerkmal und Unterrichtsmethode auf den Lernerfolg. Während ATI-Annahmen demnach durch disordinale Interaktionen bestätigt werden, sind *ordinale* Interaktionen

Tab. 1: Wichtige ATI-Beschreibungsdimensionen von Unterrichtsmethoden und Schülermerkmalen

Unterrichtsmethode	Schülermerkmal
entdeckendes vs. darstellendes Lehren	deduktives vs. induktives Denken
anschauliche vs. symbolische Mathematikinstruktion	räumliche vs. symbolische Fähigkeiten
phonetischer vs. synthetischer Leseunterricht	verbale vs. visuelle Fähigkeiten
	hohe vs. niedrige sprachliche Fähigkeiten
strukturierte vs. unstrukturiert-flexible Lehrmethode	hohe vs. niedrige Ängstlichkeit
	Impulsivität – Reflexivität
komplexer vs. einfach strukturierter Unterrichtsstil	niedrige vs. hohe Ängstlichkeit
visuelle vs. auditive Unterrichtsmedien, z. B. im Fremdsprachenunterricht	visuelle vs. auditive Lernpräferenzen
Einzel- vs. Kleingruppenarbeit	niedriges vs. hohes Affiliationsmotiv
leistungshomogene vs. -heterogene Lerngruppen	hohes vs. niedriges Leistungsniveau
Art und Häufigkeit von Lob und Tadel	Extraversion – Introversion
	hohe vs. niedrige Leistungsmotivation oder Ängstlichkeit
deduktiver vs. induktiver Unterricht	hohe vs. niedrige Intelligenz

(mit nicht-parallelen, aber sich nicht kreuzenden Regressionsgeraden) als empirische Prüfinstanzen weniger eindeutig zu bewerten. Sie können zwar das Vorliegen einer disordinalen Interaktion nahelegen, die aber (z. B. aus Verteilungs- oder Skalierungseigenschaften in Merkmal X oder im Lernkriterium Y) maskiert bleibt, was dann in Folgestudien zu klären sein wird. Andererseits geben ordinale Interaktionen, für sich gesehen, noch keinen Aufschluß über differentielle Merkmal-Methoden-Zusammenhänge, wie sie in ATI-Annahmen unterstellt werden. Die Entscheidung darüber, wie eine ordinale Interaktion in ATI-Studien zu bewerten ist, wird deshalb von zusätzlichen Prüfkriterien abhängig zu machen sein. So wird schon der Ausgang von Signifikanztests zur Überprüfung von Wechselwirkungsannahmen z. B. bestimmt vom Modus der → *Veränderungsmessung* für die abhängige Variable, von der Kontrolle des Meßfehlers in der (den) unabhängigen Personvariablen und des Versuchsfehlers im Versuchsplan, von der Stichprobengröße und der Höhe des gewählten Signifikanzkriteriums (vgl. Treiber 1977). Hinzu kommt, daß die Unterscheidung zwischen individuellen vs. schulklassenspezifischen Wechselwirkungen, wie sie Mehrebenenanalysen schulischen Lernens erfordern, auch deren Überprüfung komplizierter und deren Bestätigung schwieriger gestaltet (Snow 1977). Die Sicherung und Bestätigung (semi-)disordinaler Wechselwirkungen erweist sich damit als besonders voraussetzungsvoll; in bisherigen ATI-Untersuchungen gelang sie auch nur selten. Für die Beibehaltung von ATI-Annahmen müssen deshalb häufig auch schon ordinale Interaktionen als empirisches Ersatzkriterium aushelfen. Aber auch bei Verwendung liberalisierter Bewährungskriterien konnten die meisten ATI-Annahmen bisher (noch) nicht hinreichend häufig bestätigt und in der Folge systematisch repliziert werden. Dies gilt selbst für den Vergleich von sehr unterschiedlichen Personpopulationen (z. B. lernbehinderten vs. normalen Schülern) unter verschiedenen Instruktionsbedingungen (vgl. Hessler/Sosnowsky 1979; → *Instruktionstheorie*). Die Mehrzahl der ATI-Arbeiten verknüpft zudem heterogene Personmerkmale und Lernweltbedingungen auf schwer vergleichbare, wenig kohärente und z. T. widersprüchliche Weise. Ein überschaubarer Fundus empirisch bewährter Wechselwirkungsannahmen hat sich bisher denn auch nicht akkumulieren

können. Allenfalls einige wenige Beschreibungsdimensionen der Schülerperson und Lernumwelt gehören zum festen Bestandteil einzelner Analyseserien: Auf der Seite der Personvariablen sind dies Ängstlichkeit (→ *Angst*) und Allgemeine → *Intelligenz,* auf der Lernweltseite Art und Ausmaß der Systematik und Strukturiertheit induktiver Lernvorgaben und Lernhilfen (→ *Didaktik*). Nur in Analysen dieser Person-Lernumwelt-Wechselwirkungen zeigte sich auch vergleichsweise übereinstimmend, daß für intelligentere und weniger ängstliche Schüler eher ein deduktiver, temporascher, verbal voraussetzungsvoller und neugierinduzierender Unterrichtsstil von Vorteil ist, der dem Lernenden Gelegenheit zu selbstgesteuerten Aneignungsbemühungen läßt oder diese mehr oder minder notwendig macht. Leistungsschwächeren oder ängstlichen Schülern kommt hingegen eher ein stark strukturierter, straff organisierter, verständlichkeitsfördernder und ordnungsstiftender Unterricht mit vielfachen Demonstrations-, Illustrations-, Übungs- und Drillgelegenheiten sowie Fehlerkorrekturen zugute (vgl. Cronbach/Snow 1977; Snow 1977; Tobias 1976).

3. *Anwendungsformen für ATI-Ergebnisse:*
Das dennoch erhebliche Forschungsinteresse an ATI-Ergebnissen erklärt sich im wesentlichen daraus, daß Wechselwirkungen im Falle ihrer Bestätigung über verschiedene Handlungsmöglichkeiten bei der pädagogischen Plazierung von Schülern und der didaktischen Gestaltung von Lernumwelten informieren (vgl. Salomon 1972; Treiber/Petermann 1976a,b; → *Instruktionstheorie*).

3.1 Differentielle Schülerplazierung in alternative Lernumwelten: Diese ATI-Anwendungsform ist die für individualisierte Instruktionsmodelle bisher attraktivste und zugleich voraussetzungsvollste. Für den einfachsten Fall (nur eines Schülermerkmals) impliziert sie folgendes: Aus dem Schnittpunkt der beiden Regressionsgeraden des Lernerfolgs Y auf das Schülermerkmal X unter Methode A vs. B (s. Abb. 1) ergibt sich das Zuordnungskriterium X_o für die Aufteilung von Schülern auf die für sie geeignete Unterrichtsmethode. Danach werden begabungsschwächere Schüler z. B. der Methode B, begabtere Schüler der Methode A zugewiesen. Die Mißerfolgsrate schwächerer Schüler, wie sie bei einheitlicher Unterrichtung unter Methode A zu erwarten ist, läßt sich so erheblich verringern, der Leistungsdurchschnitt insgesamt anheben und die Schülervariation merklich einschränken. Zur Reduzierung von Fehlentscheidungen ist es dabei in der Regel aber ratsam, nur Schüler in den beiden Extrembereichen von Eingangsmerkmal X (niedrig vs. hoch) jeweils Methode A bzw. B zuzuweisen, während Schüler mit mittlerer Merkmalsausprägung hingegen wahlweise in einer der beiden Instruktionsalternativen unterkommen. Vielfach wurde der unterrichtspraktische Nutzwert von ATI-Befunden bisher denn auch nur in der Begründung einer solchen homogenen Schülergruppierung unter äußerer → *Differenzierung* gesehen.

3.2 Schülerpräferentielle Nutzung diversifizierter Lernumwelten: Ist der Mittelbereich auf dem Eingangsmerkmal X nun aber besonders breit, bietet es sich an, Merkmale der Instruktionsalternativen A und B zu vermischen und insbesondere dem Schüler aus dem Mittelbereich die individuelle Nutzung eines derart diversifizierten Instruktionsangebots selbst zu überlassen (vgl. Gehlbach 1979). An die Stelle eines rationalen Plazierungskriteriums tritt damit die subjektive Präferenz der Schüler in der Auswahl und Ausgestaltung eines selbst zu konstruierenden Systems von Lehr-Lern-Bausteinen. Prominentes Anwendungsbeispiel hierfür ist das Adaptive Learning Environments Model (vgl. Wang 1976).

3.3 Remediale Vorauskorrektur als Schüleranpassung an vorgegebene Lernumwelten: Vielfach mag ein Wechselwirkungszusammenhang zwar bekannt sein, doch kann – etwa schon aus Kostengründen – nur eine Methode (z. B. A) realisiert werden. Ist das Schülermerkmal X dabei zugleich eine notwendige und durch Unterricht beeinflußbare Bedingung für das Erreichen des Lehrziels Y (z. B. als Vorkenntnis- oder Motivparameter), so ist es für eine Verbesserung des Lernerfolgs nötig, Schüler mit niedriger Merkmalsausprägung (z. B. mit ungenügenden Vorkenntnissen) durch Zusatzinstruktion dahin zu bringen, daß sie zu Beginn des eigentlichen Unterrichts unter Methode A zumindest einen kritischen Minimalwert im Merkmal X erreichen. Dafür müssen dann z. B. ihre Vorkenntnislücken behoben werden. Erst dann führt die für alle Schüler gleiche Methode A zu einer Anhebung des Leistungsdurchschnitts und zur Reduzierung der Schülerdifferenzen auf der Kriteriumsvariable. Diese ATI-Anwendungskonsequenz wird meist in zielerreichenden Lehr-Lern-Systemen gezogen (s. Block/Burns 1977; → *Zielerreichendes Lernen*).

3.4 Fundierung der Kritik an schulischen Selektionsentscheidungen und einheitlicher Unterrichtung: ATI-Ergebnisse können schließlich kritisch gegen bislang noch vorherrschende Selektions- und Unterrichtspraktiken herangezogen werden. So werden zum einen nämlich schulische Selektionsentscheidungen (z. B. zur Einschulung, Versetzung, Zulassung etc.) von → *Prognosen* über den zu erwartenden Lernerfolg beim Vorliegen bestimmter Personvoraussetzungen (vor allem Fähigkeiten oder Kenntnisse) in einer als interindividuell konstant angesetzten Lernumwelt A abhängig gemacht. Bleibt der vorhergesagte Lernerfolg eines Schülers dabei unterhalb eines bestimmten kritischen Minimalkriteriums, wird er abgelehnt (also z. B. nicht eingeschult oder versetzt etc.; → *Schulerfolg und Schulversagen*). In Kenntnis von ATI-Befunden kann sich diese Selektion aber als unzulässig erweisen, da sie Auswirkungen einer Lernumweltvariation zwischen Schülern außer acht läßt: So zeigt sich, daß unter Methode B der kritische Punktwert für die Selektionsentscheidung niedriger liegt als unter Methode A. Welche und wieviel Schüler mithin zugelassen oder abgelehnt werden, ergibt sich dann aus der jeweiligen Unterrichtung der Schüler entweder unter Methode A oder B. Geht diese Information nicht in die Selektionsentscheidung ein, resultiert eine unfaire Behandlung einzelner Schüler oder ganzer Schülergruppen (vgl. Simons/Möbus 1976). Andererseits lernen Schüler vor allem in Jahrgangsklassen oft nur nach einer einheitlichen Unterrichtsmethode (z. B. A). Es ist dann aber weniger die Qualität des unter A angebotenen Unterrichts als die vor Unterrichtsbeginn bereits vorgefundene Schülervariation hinsichtlich Merkmal X, die den Lernerfolg im Verlauf bzw. am Ende dieser Unterrichtseinheit bestimmt. Dies illustriert der Steigungswinkel der Regressionsgerade unter Methode A in Abb. 1. Der bei einheitlicher Unterrichtung demnach im voraus absehbare Mißerfolg einzelner (z. B. begabungsschwächerer) Schüler könnte bei alternativer Unterrichtsgestaltung oder differentieller Schülerzuweisung jedoch vermieden werden.

4. Abschließende Bewertung: ATI-Ergebnisse sind häufig noch immer nicht verläßlich genug, um unterrichtspraktisch nutzbar zu sein, und für die Erklärung individuellen Lernverhaltens, dessen Aufgaben-, Person- und Situationsparameter sie im Zeitverlauf nur unzulänglich ausleuchten können, sind sie nicht hinreichend aufschlußreich (Flammer 1978). Rückblickend markiert das ATI-Forschungsprogramm demnach eine Übergangs- oder Durchgangsphase bei der Rekonstruktion schulischen Lernens, in der sich eine forschungshistorisch unergiebige Verschränkung globaler Lernkriterien mit stabilen Schülerdispositionen und einigen wenigen nominalen Unterrichtsalternativen auflöst zugunsten der individualisierten Erklärung und Optimierung kognitiver Lernverläufe in differenzierten Lehr-Lern-Systemen (Cronbach 1975). Darauf deuten Verschiebungen im Forschungsschwerpunkt neuerer ATI-Arbeiten, die zunehmend auf die Bedeutung von zeitvariablen Wechselwirkungen höherer Ordnung hinweisen (Garten 1977) und diese theoretisch, in Prozeß-, Komponenten- und Aufgabenanalysen, zu entwirren versuchen (Snow 1980). Es besteht andererseits ein zunehmendes Interesse an der Entwicklung adaptiver Lehr-Lern-Systeme, die bisherige Anwendungsformen von ATI-Befunden (also vor allem die differentielle Zuweisung homogener Schülergruppen zu einzelnen Unterrichtsvarianten) für eine weiterreichende Individualisierung und Differenzierung von Lernumwelten umfunktionieren (Glaser 1977). Das ATI-Forschungsprogramm ist dabei nur als ein – wenn auch wichtiger – Zwischenschritt zu sehen.

Bernhard Treiber

Literatur
Berliner, D. C./Cahen, L. S.: Trait-treatment interaction and learning. In: *Kerlinger, F. N.* (Ed.): Review of Research in Education. Vol. 1. Itasca, Ill. 1973, S. 58–94. – *Block, J. H./Burns, R. B.:* Mastery learning. In: *Shulman, L. S.* (Ed.): Review of Research in Education. Vol. 4. Itasca, Ill. 1977, S. 3–49. – *Cronbach, L. J.:* The two disciplines of scientific psychology. In: American Psychologist 12 (1957), S. 671–684. – *Cronbach, L. J.:* Beyond the two disciplines of scientific psychology. In: American Psychologist 30 (1975), S. 116–127. – *Cronbach, L. J./Snow, R. E.:* Aptitude and instructional methods: a handbook for research on interactions. New York 1977. – *Flammer, A.:* Wechselwirkungen zwischen Schülermerkmalen und Unterrichtsmethoden. In: *Schwarzer/Steinhagen* 1975, S. 27–41. – *Flammer, A.:* Wechselwirkungen zwischen Schülermerkmalen und Unterrichtsmethoden – eine zerronnene Hoffnung? In: *Mandl, H./Krapp, A.* (Hrsg.): Schuleingangsdiagnose. Göttingen 1978, S. 113–120. – *Garten, H.-K.:* Wechselwirkungen zwischen Schülermerkmalen und Lernbedingungen. Weinheim 1977. – *Gehlbach, R. D.:* Individual differences: implications for instructional theory, research, and innovation. In: Educational Researcher 8 (1979, 4), S. 8–14. – *Glaser, R.:* Adaptive education: individual diversity and learning. New York 1977. – *Hessler, G. L./Sosnowsky, W. P.:* A review of aptitude-treatment interaction studies with the handicapped. In: Psychology in the Schools 16 (1979), S. 388–394. – *Hunt, D. E.:* Person-Environment interaction: a challenge found wanting before it was tried. In: Review of Educational Research 45 (1975), S. 209–230. – *Salomon, G.:* Heuristic models for the generation of aptitude-treatment-interaction hypotheses. In: Review of Educational Research 42 (1972), S. 327–343. (Übersetzt in: *Schwarzer/Steinhagen* 1975, S. 127–145). – *Schwarzer, R./Steinhagen, K.* (Hrsg.): Adaptiver Unterricht. München 1975. – *Simons, H./Möbus, C.:* Untersuchungen zur Fairness von Intelligenztests. In: Zeitschrift für Entwicklungspsychologie und Pädagogische Psychologie 8 (1976), S. 1–10. – *Snow, R. E.:* Research on aptitudes: A progress report. In: *Shulman, L. S.* (Ed.): Review of Research in Education, Vol. 4. Itasca, Ill. 1977, S. 50–105. – *Snow, R. E.:* Aptitude processes. In: *Snow, R. E.* u. a. (Eds.): Aptitude, learning, and instruction: Cognitive process analyses. Hillsdale 1980. – *Tobias, S.:* Achievement treatment interactions. In: Review of Educational Research 46 (1976), S. 61–74. – *Treiber, B.:* Untersuchungen zur Interaktion von Lehrmethode und Schülermerkmal: Reanalyse der Teststärke. In: Zeitschrift für Entwicklungspsychologie und Pädagogische Psychologie 9 (1977), S. 29–35. – *Treiber, B./Petermann, F.:* Probleme der Unterrichtsdifferenzierung aus der Sicht des ATI-Forschungsprogramms. In: Zeitschrift für Pädagogik 22 (1976a), S. 526–546. – *Treiber, B./Petermann, F.:* Zur Interaktion von Lernermerkmalen und Lehrmethoden: Rekonstruktion und Normierung des ATI-Forschungsprogramms. Bericht Nr. 4 aus dem Psychologischen Institut der Universität Heidelberg. Heidelberg 1976b. – *Wang, M. C.* (Ed.): The self-schedule system for instructional-learning management in adaptive school learning environments. Pittsburgh: University of Pittsburgh Learning Research and Development Center 1976.

Aufmerksamkeit und Konzentration

1. Begriffsklärung: Wenn von Aufmerksamkeit (A) und Konzentration (K) gesprochen wird, ist je nach dem Kontext völlig Unterschiedliches gemeint. Theoretische verbale und operationale *Definitionen* unterschiedlicher Herkunft haben z. T. kaum Berührungspunkte, pädagogisch-psychologische Praxisbegriffe, testdiagnostische und psychiatrische Konzepte und theoretische Konstrukte aus Laborforschungen sind in hohem Maße widersprüchlich. Die Schwierigkeiten einer A-Definition werden auch darin deutlich, daß prominente Psychologen die Zweckmäßigkeit des Begriffs überhaupt bestreiten. A sei ein naiv-realistischer Begriff, A meine keine eigene psychische Leistungskategorie und bezeichne nur eine Intensivierung von Erkenntnisvorgängen, sei etwas ziemlich Unbestimmtes und nicht Einheitliches. In der *Umgangssprache* erscheint der Sachverhalt A und K meist im Zusammenhang mit Lernproblemen: Zum einen werden auf der Verhaltensebene A-Probleme beschrieben als Ablenkbarkeit, Unruhe, geringe Ausdauer, Trödeln, mangelnde Mitarbeit, unregelmäßige Aufgabenzuwendung, vermutetes Desinteresse bis hin zu → *Disziplin*-Schwierigkeiten; zum andern werden daneben Auswirkungen auf der Produktebene angesprochen: Minderleistungen, ungenaues, fehlerhaftes Arbeiten, Leistungsabfall besonders bei erhöhten Anforderungen an genaues Arbeiten, »Flüchtigkeitsfehler« selbst bei »gutem Willen« (→ *Lernschwierigkeiten*). Im *wissenschaftlichen Sprachgebrauch* ist der Begriffsumfang enger, aber nicht weniger vielgestaltig. Als phänomenbeschreibender Begriff hat A bis zum Ende des 17. Jh. alle ihre Attribute erworben: So werden der A zugeschrieben die Attribute des Umfangs (enger vs. weiterer Umfang der A), der Tätigkeit (A hat etwas mit Aktivität zu tun), der Klarheit (Hinwendung der A auf einen Gegenstand bewirkt größere Klarheit der Auffassung), der Fixation (Eindrücke werden durch die A festgehalten) und der Lenkung der Auffassung von Gegenständen (es liegt der Auswahl eine Motivation zugrunde; nach Neumann 1971). Als Erklärungsbegriff hat A bis zum Ende des 19. Jh. die drei entscheidenden Ausprägungen erfahren (nach Neumann 1971): (a) als Zustand »erhöhter Tätigkeit der Seele« oder des »Willens« (voluntaristischer Ansatz); (b) als empfänglicher, bewußtseinsklarer Zustand der Gesamtpsyche (sensualistisch-dispositionaler Ansatz); und (c) als psychische Aktivität und zugleich primär kognitives Phänomen (»Apperzeptions«-Begriff; A als zentrale kognitive Funktion). Neuere A-Modelle aus der Forschungsrichtung der funktionalen Analyse kognitiver Vorgänge (kognitive Analyse kurzzeitig dargebotener Wahrnehmungsreize, Prozesse im Kurzzeitgedächtnis; → *Gedächtnis*) beschreiben die A als diejenige kognitive Funktion, die der selektiven Verarbeitung von Reizen zugrunde liegt: Es wird zum einen ein relativ peripheres, wahrnehmungsnahes Niveau der Reizverarbeitung bzw. -Speicherung angenommen (präattentive Prozesse), zum andern wird auf einem höheren Verarbeitungsniveau die A als ein aktiv selegierender Filter oder eine Bewertungsinstanz vorgestellt (fokale A).

In *pädagogisch-psychologischen A- und K-Begriffen* sind alle angeführten phänomenbeschreibenden Bestimmungsstücke vorfindbar. Oft wird K als eine aktivere, willentlich gesteuerte, intensivere Form der A definiert. Verschiedene Aspekte von A werden herausgestellt, so von Smirnow (1960): die Selektivität, die »unwillkürliche« gegenüber der »willkürlichen« A (z. B. Orientierungsreflex gegenüber organisierter Tätigkeit), und an Besonderheiten: der Grad der Konzentration der A, ihre Intensität, ihre Verteilung (bei Mehrfachtätigkeiten), ihre Beständigkeit, ihre Umschaltbarkeit, ihre »Zerstreutheit«. Nach Langhorst (1976) müssen die folgenden »Aspekte oder Leistungskomponenten für die Beurteilung individualtypischer K-Leistungen herangezogen werden: Ablenkbarkeit, Leistungsgüte (Auffassungs- und Verarbeitungsschärfe), Leistungsmenge (Arbeitstempo), Ausdauer, Leistungsverlauf und Umfang des A-Feldes« (S. 235).

2. *Diagnostik:* In der psychologischen → *Diagnostik* nehmen die Testautoren eine K-»Fähigkeit« an, die, obwohl z. T. weiter gefaßt, auch auf historische Erklärungskonzepte zurückverweist und die als → *Test*-Leistung strikt operationalisiert ist. So erhebt der Konzentrations-Leistungstest (KLT) von Düker/Lienert (1965) den Anspruch, K-Fähigkeit und psychische Leistungsfähigkeit im Sinne von Belastbarkeit, Ausdauer und Ermüdungs-Resistenz zu erfassen: »Die Fähigkeit zur Anspannung zum Zwecke der Koordination (von Einzeltätigkeiten, wie Rechnen, Merken, Addieren oder Subtrahieren, Wollen und Vorstellen; d. Ref.) wird als K-Fähigkeit definiert« (S. 3). Der einfachere Aufmerksamkeits-Belastungstest (d 2) von Brickenkamp (1967) wird bezeichnet als »intelligenzunabhängiger Detail-Diskriminations-Versuch zur Prüfung der visuellen A-Anspannung und – im weiteren Sinne – der K-Fähigkeit« (S. 6). Beim Konzentrations-Verlaufstest (KVT) von Abels (1965) wird »Tempo bei Sorgfaltsarbeiten« erfaßt, bei Beteiligung »regulierender Willenskräfte« (S. 10).

Bei K-Tests wird durchweg eine unterschiedliche regelgeleitete Beachtung und Auswertung einfachster Informationen verlangt und, bei allen Verschiedenheiten, die Produktion genauer Ergebnisse in angemessener Zeit, wobei meist Zeit und Fehler und z. T. Verlaufskurven bewertet werden. Zur Validität wird meist angeführt, es sei eine logische oder praktische Gültigkeit gegeben, z. B. nach eingehender Selbstbeobachtung, oder es werden Außenkriterien wie Lehrerurteil oder Ausbildungsbewährung erhoben. Daß ein Rückschluß von der Testleistung auf sinnvolle Tätigkeiten erlaubt sei, wird allerdings gern bezweifelt.

Nach faktorenanalytischen Untersuchungen kann K-Fähigkeit nicht als einheitliches Konzept aufgefaßt werden, da die »verschiedenen K-Tests je nach Aufgabenart deutlich Unterschiedliches erfassen« (Sommer 1973, S. 73). So fand Süllwold (1954) in zehn K-Tests drei verschiedene Faktoren (I: Mengen- oder Umfangs-Faktor; II: Erwartungs- oder Vorwegnahme-Faktor – beide in Suchaufgaben; III: »Isolierungs«-Faktor – bei mehr geistigen Tätigkeiten wie Kombinieren). Brickenkamp (1967) gesteht ein, daß es unklar sei, welcher Art die mit den K-Tests gemessenen Verhaltensmerkmale und die ihnen zugrundeliegenden psychischen Prozesse seien.

Ursprünglich entwickelt zur Auslese von Personen für Berufe mit erhöhten Anforderungen an die Sorgfalt im Detail, werden die K-Tests heute auch bei Schülern angewendet, ja sogar analoge Tests für Kinder ab 5 Jahren wurden entwickelt und »als Durchstreichtests (für) inhaltlich gültig« erklärt (Frankfurter Tests für Fünfjährige – Konzentration, Beltz-Prospekt »Tests für die Schule« 78/79, S. 30). Die überwiegend monotonen, z. T. komplexen K-Tests mit oft enger Zeitbegrenzung lassen allerdings bei Kindern mit schulischen K-Problemen keine hinreichende Differenzierung zu.

Hier dürfte die Diagnose sog. → *kognitiver Stile* der Informationsverarbeitung bedeutsam werden, deren Relevanz für Schul- und Intelligenztest-Leistungen aufgezeigt wurde. Definitionen der kognitiven Stile ähneln in hohem Maße den A-Definitionen, und zumindest Kagans Matching Familiar Figures Test (MFF) zur Erfassung der kognitiven Stile Impulsivität-Reflexivität ermöglicht über die Registrierung von Blickbewegungen auch die Beobachtung von A-Strategien (Wagner 1976). So sehen Boursma/Muir (1975) – bei einer reinen A-Thematik – sowohl sensorische wie kognitive Aspekte der A im Blickverhalten repräsentiert. Die Analyse des unterschiedlichen Blickbewegungsverhaltens und der Selbstinstruktionsprozesse bei impulsiven und reflexiven Kindern hat zur Begründung systematischer Trainingsverfahren für aufmerksamkeitsgestörte Kinder geführt (Meichenbaum/Goodman 1971; Wagner 1976).

Für die Erfassung des globalen A-Verhaltens wird man sich je nach Untersuchungsanlaß weiterhin auf systematische → *Verhaltensbeobachtung*, -analysen und -beurteilung sowie auf die Befragung von Eltern und Lehrpersonen stützen müssen, um Anlaß, Art und Entstehung der Unaufmerksamkeit erkennen und ggf. behandeln zu können. Bei einem Schüler, der wegen K-Problemen vorgestellt wird, mag ein sog. K-Test keine verwertbaren Ergebnisse bringen – er wäre dann mit dem sonstigen diagnostischen Instrumentarium weiter zu untersuchen. Hier ist eine ausführliche, auch auf Motive und Kenntnisse bezogene → *Diagnostik* vonnöten, die auch Genese und Situationsfaktoren berücksichtigt. Der Anteil eventueller konstitutioneller und physiologischer Faktoren an der individuellen A-Problematik (z. B. bei sog. hyperaktiven Kindern) ist darüber hinaus durch zusätzliche ärztliche Diagnostik zu klären.

3. Entwicklung und Behandlung von Aufmerksamkeitsstörungen: Die Entstehung von A-Störungen und störende Einflüsse dabei werden sowohl in der klinisch-psychologischen als auch in der pädiatrischen und der psychiatrischen Fachrichtung erforscht. Im *normalen Entwicklungsverlauf* beim Kind wird ein anfänglich pathisches, mehr feldgesteuertes Aufnehmen von Eindrücken allmählich durch ein aktiveres, zielgesteuert-kognitives (strategisches) Analysieren der Umweltgegebenheiten abgelöst. So können sich Kinder im Verlauf des Grundschulalters zunehmend besser auf aufgabenrelevante, »wichtige« Aspekte konzentrieren und ablenkende Informationen ignorieren. Situation und Aufgabentyp spielen hierbei eine große Rolle. Die Aufmerksamkeitsspanne, die Dauer konzentrierten Aufmerkens, wächst allmählich. Die Flexibilität, die Genauigkeit und die Effizienz der Selektionsleistung in der Aufmerksamkeitsanpassung steigen mit dem Alter, mit dem Niveau der kognitiven Entwicklung und, zumindest bis zum Ende des Grundschulalters, mit der Reflexionsneigung des Kindes (→ *Denkentwicklung;* → *Gedächtnisentwicklung*). Jede Art von physischer oder psychischer Beeinträchtigung kann kurz- oder langfristig auf die A-Leistungen einwirken. Über den langfristigen Einfluß von Erziehungsfaktoren (→ *Erziehungsstile*) ist noch wenig bekannt. Mütter impulsiver bzw. hyperaktiver Kinder sind häufig besonders lebhafte Frauen, die häufig in die Aktivitäten ihrer Kinder eingreifen (Wagner 1976). Die Voraussetzungen und die Prozesse im Individuum ebenso wie die Reizgegebenheiten und die Erziehungsfaktoren in der Umwelt können demnach im individuellen Fall zu praktischen A-Problemen beitragen.

Viele Faktoren spielen bei der *Steuerung der A* eine Rolle: die Abwesenheit physikalischer Störreize, die Attraktivität der Aufgabe bzw. ablenkender innerer oder äußerer Reize, das Interesse an der Aufgabe (→ *Motivation und Motiventwicklung*), Vorkenntnisse und die Kompetenz zur Lösung der Aufgabe, darunter die grundlegende Fähigkeit, sich selbst die richtigen steuernden Instruktionen zu geben (Mediatisierung). Verschiedene Techniken der Aufmerksamkeitssteuerung konnten erfolgreich an »kognitiv impulsive« Vor- und Grundschulkinder individuell und in Kleingruppen vermittelt werden, u. a. durch »Lernen vom Vorbild« (Meichenbaum/Goodman 1971; Wagner 1976). Im Schulunterricht kann der Lehrer vor allem durch gute Unterrichtsstrukturierung und -steuerung sowie durch flexible Planung A-Probleme erheblich reduzieren (→ *Didaktik*). Es gibt inzwischen in der Literatur ausgezeichnete Hilfen für die Ausbildung der Managementkompetenz des Lehrers: aus der Denkpsychologie, aus der Motivationsforschung, aus der →*Unterrichtsforschung* und aus der →*Verhaltensmodifikation* (→*Lerntherapie*).

Ingeborg Wagner

Literatur
Abels, D.: Der Konzentrations-Verlaufstest (KVT). Göttingen ²1965. – *Boursma, F. J./Muir, W.:* Eye movements and information processing in mentally retarded children. Rotterdam 1975. – *Brickenkamp, R.:* Der Aufmerksamkeits-Belastungstest. Göttingen 1967. – *Düker, H./Lienert, G. A.:* KLT-Handanweisung. Göttingen 1965. – *Langhorst, E.:* Konzentration, Ausdauer und Belastbarkeit. In: Heller, K. u. a.: Psychologie in der Erziehungswissenschaft. Bd. 1. Stuttgart 1976, S. 234–246. – *Meichenbaum, D. H./Goodman, J.:* Training impulsive children to talk to ththemselves. A means of developing selfcontrol. In: Journal of Abnormal Psychology 77 (1971), S. 159–170. – *Neumann, O.:* Aufmerksamkeit. In: *Ritter, J.* u. a.: Historisches Wörterbuch der Philosophie. Bd. 1. Basel 1971, S. 635–645. – *Radatz, H.:* Individuum und Mathematikunterricht. Hannover 1976. – *Smirnow A. A.:* Psychologie. Berlin (DDR) 1960. – *Sommer, G.:* Die Problematik der Erfassung von »Konzentration«, dargestellt am KLT. Diagnostica 19 (1973), S. 62–75. – *Süllwold, F.:* Ein Beitrag zur Analyse der Aufmerksamkeit. In: Zeitschrift für Experimentelle und Angewandte Psychologie 2 (1954), S. 495–513. – *Wagner, I.:* Aufmerksamkeitstraining mit impulsiven Kindern. Stuttgart 1976. – *Wagner I.:* Wahrnehmung und kognitive Stile. In: *Klauer, K. J.* (Hrsg.): Handbuch der Pädagogischen Diagnostik. Bd. 2. Düsseldorf 1978, S. 367–375.

Begabung

1. Begriff: Obwohl der Begriff Begabung (B) in der neueren wissenschaftlichen Literatur zur Pädagogischen Psychologie eine allenfalls untergeordnete Rolle spielt, besitzt er im pädagogischen und bildungspolitisch bedeutsamen Alltagshandeln noch immer einen relativ hohen Stellenwert. Individuelle und institutionelle Entscheidungen über schulische und berufliche Karrieren (→ *Beratung*), Reformmaßnahmen des Bildungssystems (z. B. Einführung der Gesamtschule), bildungspolitisch bedeutsame Strategien (z. B. Ausschöpfen der sog. »B-Reserven«) und nicht zuletzt weltanschaulich umkämpfte Grundpositionen von Bildung und Erziehung (z. B. → *Chancengleichheit*) werden vielfach mit dem Hinweis auf vorhandene, fehlende, naturgegebene oder veränderbare B begründet. In der öffentlichen Diskussion wird dabei gelegentlich der Anschein erweckt, als beschreibe der B-Begriff ein wissenschaftlich eindeutiges und empirisch abgesichertes Konstrukt. Tatsächlich wird er jedoch auch in der wissenschaftlichen Literatur auf sehr vielfältige und z. T. widersprüchliche Weise verwendet.

Viele Autoren im Umfeld der Pädagogischen Psychologie verwenden den Begriff B synonym zum Begriff → *Intelligenz*. Soweit spezielle Fragen der B-Theorie diskutiert werden, z. B. Struktur und Entwicklung der B, bezieht man sich auf einschlägige Theorien und Befunde der Intelligenzforschung. Einzelne Autoren versuchen die Konzepte Intelligenz und B voneinander abzugrenzen, wobei je nach Sichtweise eine andere hierarchische Relation unterstellt wird. Einerseits wird B als umfassenderes Konzept interpretiert, weil damit auch andere als nur kognitiv-intellektuelle Leistungsbereiche angesprochen werden (z. B. künstlerische B); andererseits wird B auch als der engere und Intelligenz als der weitere Begriff angesehen, weil B eine thematisch eingeengte, Intelligenz dagegen eine relativ unspezifische allgemeine geistige Fähigkeit bezeichnet (vgl. Heller 1976).

2. Begabung als Disposition: Sowohl im Alltagsverständnis als auch im wissenschaftli-

Begabung

chen Sprachgebrach wird B in typischer Weise als individuelle Fähigkeit, Eigenschaft oder Persönlichkeitsdisposition interpretiert. Aus dem Vorhandensein oder Fehlen bestimmter Leistungen in einem Gebiet bzw. aufgrund der in diesem Gebiet gezeigten Lernbereitschaft und Lernfähigkeit wird auf eine entsprechende, »dahinterliegende« Disposition geschlossen. Dabei wird vielfach unterstellt, daß es sich um eine »natürliche Anlage«, eine durch Erbfaktoren determinierte Persönlichkeitskonstante handelt. Diese Auffassung entspricht nicht nur dem traditionellen Denkmodell der Differentiellen Psychologie (→ *Persönlichkeitstheorien*), sondern auch der naiv-vorwissenschaftlichen Interpretation hoher oder geringer Leistungsergebnisse. Untersuchungen zur Kausalattribuierung deuten darauf hin, daß neben den »Ursachen« Anstrengung, Aufgabenschwierigkeit und Zufall vor allem die dem Individuum zugeschriebene B eine wichtige Rolle bei der »Erklärung« eigenen und fremden Leistungsverhaltens spielt (→ *Attribuierung*). Dieses im Alltagsgeschehen und in der wissenschaftlichen Auseinandersetzung gleichermaßen nachweisbare Denkschema, das im Sinne einer »hypothetischen Konstruktion« aus wiederholt beobachteten Leistungen auf eine verborgene, nicht unmittelbar beobachtbare Disposition in der Persönlichkeitsstruktur des Individuums schließt, besitzt für die unreflektierte Einschätzung menschlichen Verhaltens hohe Plausibilität und Überzeugungskraft. Nur so ist zu erklären, daß im Alltagsgeschehen und in vielen pädagogischen und psychologischen Praxisfeldern am traditionellen erbdeterministischen B-Konzept festgehalten wird, obwohl man sich in der wissenschaftlichen Diskussion mehr und mehr davon entfernt.
3. *Begabung und Eignung:* Im Kontext anwendungsbezogener Projekte und Forschungsvorhaben wird der Begriff B z. T. durch das Konzept der *Eignung* ersetzt. Im Rahmen der Pädagogischen Psychologie spricht man von Eignung vor allem in der Schullaufbahnberatung (→ *Schulpsychologie*) sowie bei institutionellen und individuellen Entscheidungen über Schuleintritt (— *Schulfähigkeit – Schulreife*) und Schulwechsel (z. B. Übertritt an weiterführende Schulen). Gegenüber einer naiv-eingeengten B-Konzeption, die hohe oder geringe Leistungen in einem bestimmten Gebiet primär als Ergebnis ungleich verteilter B interpretiert, hat der psychologische Eignungsbegriff den Vorteil, daß er die multivariate Bedingtheit konkreten Leistungsverhaltens unterstreicht. In der sogenannten Eignungsdiagnostik versucht man deshalb das gesamte Umfeld der für einen bestimmten Leistungsbereich wichtigen Bedingungsfaktoren zu erfassen. Die intellektuellen Fähigkeiten (B im Sinne von Intelligenz) sind in der Regel nur ein Faktor unter vielen anderen kognitiven, motivationalen und individuell-konstitutionellen Eignungsbedingungen. Ein ähnliches Denkmodell liegt übrigens den Analysen über »Bedingungsfaktoren des Schulerfolgs« zugrunde (Krapp 1973; 1976). Hier hat man längst das unscharfe und wissenschaftlich nicht haltbare Konzept der »Schul-B« durch mehr oder weniger komplexe Theorien über die Ursachen von → *Schulerfolg und Schulversagen* ersetzt. Ähnliches gilt für die Erklärung und Identifikation der sogenannten Hochbegabten (Bartenwerfer 1978). Auch Modelle und Theorien der Eignung sind – wie das traditionelle B-Konzept – eigenschafts- oder dispositionsorientiert. Dies gilt vor allem für solche Eignungsmodelle, die im Kontext institutioneller (selektiver) Entscheidungsstrategien entstanden sind und im Rahmen solcher Entscheidungen eingesetzt werden (→ *Diagnostik*).
4. *Die »dynamische« Begabungskonzeption:* Im Umfeld pädagogischer Auseinandersetzungen hatte die von Heinrich Roth (1952; 1966) propagierte Unterscheidung nach statischer und dynamischer B-Konzeption großen Einfluß. Nach seiner Auffassung, die in den 60er Jahren von vielen Pädagogen und bildungspolitisch einflußreichen Gruppierungen übernommen wurde (vgl. Schlüter 1970), sollte man B als eine veränderbare, durch Umwelteinflüsse und Lernprozesse hervorgerufene individuelle Leistungsbereitschaft interpretieren. Obwohl diese Auffassung in der wissenschaftlichen Literatur teilweise sehr differenziert und abwägend behandelt wurde (vgl. Roth 1968), provozierte sie in der breiten Bildungsöffentlichkeit dennoch die falsche Erwartung, daß bei entsprechender Gestaltung von Erziehung und Unterricht jedem Kind alle Kenntnisse und Fähigkeiten in gleicher Weise vermittelt und damit → *Chancengleichheit* auch im Sinne von »Zielchancengleichheit« (Krapp 1977) vollständig hergestellt werden können. Die in den letzten Jahren vergleichsweise hohe Bereitschaft zur Reformierung des öffentlichen Bildungswesens, die sich u. a. in zahlreichen Programmen und

Modellen der kompensatorischen Frühförderung (Bronfenbrenner 1974) oder auch in den Auseinandersetzungen zur Einführung der Gesamtschule (Haenisch/Lukesch 1980) äußerte, kann u. a. als Ergebnis der »dynamischen« B-Konzeption interpretiert werden.

Aus der Sicht der Pädagogischen Psychologie mußte der Einfluß dieser pädagogischen »Bewegung« Erstaunen auslösen, denn spätestens seit der »Konvergenztheorie« von Stern (1914) war man sich in der Fachdisziplin darüber einig, daß an der Entwicklung individueller Merkmale und Fähigkeiten sowohl Anlage- als auch Umweltfaktoren beteiligt sind (→ *Genetik*).

Außerdem hatte man längst erkannt, daß Stabilität oder Veränderbarkeit individuellen Verhaltens (Bloom 1971) nicht allein vom Grad erblicher Determiniertheit abhängt. Deshalb war für die Psychologie weniger die »Anlage-Umwelt-Kontroverse« (Krapp 1980) ein Anlaß zur Veränderung der traditionellen B-Konzeption als vielmehr die Frage, *wie* das Zustandekommen hoher oder geringer Leistungen erklärt, vorhergesagt und ggf. gezielt beeinflußt werden kann. So betrachtet ist B ein entwicklungstheoretisches Problem. Es stellt sich die Frage, wie sich im Verlauf der individuellen Entwicklung Fähigkeitsunterschiede etablieren, welche Faktoren daran direkt oder indirekt beteiligt sind und wie der Einfluß dieser Faktoren erklärt werden kann. Die kausale Aufklärung, die »Frage nach dem Wie« (Anastasi 1973), betrifft nicht nur die Wirkungsweise normaler bzw. gestörter genetischer Grundlagen, sondern ebenso die Wirkungsweise ökologischer Bedingungen der familiären und schulischen → *Lernumwelt*. Neben traditionellen Formen humangenetischer und psychologischer Entwicklungsforschung spielen hier »präskriptive« Forschungsansätze (Klauer 1975) eine wichtige Rolle, die z. B. im Rahmen von → *Unterrichtsforschung* oder »Instruktionspsychologie« (Glaser/Resnick 1972) der Frage nachgehen, wie unter gegebenen individuellen und ökologischen Ausgangsbedingungen Erziehungs- und Unterrichtseinflüsse so gestaltet werden können, daß bestimmte Entwicklungsziele auch tatsächlich erreicht werden. Dies erfordert u. a. neue Interpretationsmuster über Struktur und Prozeßcharakteristika jener Verhaltensbereiche, die gezielt verändert werden sollen. Relativ weit fortgeschritten sind solche Entwicklungen im Bereich der intellektuell-kognitiven B.

5. *Neuere Entwicklungen im Bereich intellektuell-kognitiver Begabung:* B im Sinne intellektuell-kognitiver Fähigkeit wird in der traditionellen Pädagogischen Psychologie üblicherweise anhand statisch-struktureller Intelligenzmodelle bzw. mit Hilfe standardisierter Intelligenztests konkretisiert (→ *Intelligenz*). In diesem Bereich gibt es inzwischen eine Reihe neuer Modellvorstellungen, die die ursprünglichen Intelligenztheorien entweder thematisch erweitern (z. B. → *Kreativität*) oder das Phänomen kognitiv-intellektueller Fähigkeitsunterschiede neuartig interpretieren (z. B. Theorien der → *Kognitiven Komplexität*). Aus pädagogisch-psychologischer Sicht ist in diesem Zusammenhang außerordentlich bedeutsam, daß viele neuere Untersuchungen und Theorien weniger an den (hypothetischen) Strukturkomponenten intellektueller Fähigkeiten interessiert sind als vielmehr an der Funktionsweise und damit am Prozeß kognitiv-geistigen Handelns. Stellt man heute die Frage nach der »Natur der menschlichen Intelligenz« (Resnick 1976), so muß man u. a. auch danach fragen, wie Informationsprozesse aufgenommen, verarbeitet und gespeichert werden. In diesem Zusammenhang gewinnen Theorien und Modelle aus dem Bereich des → *Denkens und Problemlösens* und der sich rasch entwickelnden → *Gedächtnis*-Forschung zunehmend an Bedeutung. Während die Mehrzahl der traditionellen und neueren Forschungsansätze relativ inhaltsneutral an der Beschreibung und Erklärung struktureller und dynamischer Aspekte des intellektuell-kognitiven Verhaltens interessiert ist, betonen z. B. marxistische Ansätze der »kritischen« bzw. sowjetischen Psychologie die wechselseitige Abhängigkeit von gesellschaftlich vermittelter Realität und individueller B-Struktur (Holzkamp 1974; Leontjew 1973; Seidel/Ullmann 1978).

6. *Ausblick:* Obwohl der B-Begriff außerordentlich vorbelastet ist, sollte man ihn in der Pädagogischen Psychologie beibehalten, denn nur so besteht die Möglichkeit, Mißverständnisse, Fehlinterpretationen und einseitige Festlegungen allmählich zu korrigieren. Allerdings erscheint es nicht sinnvoll, nur eine bestimmte B-Konzeption als wissenschaftlich legitimierbar zuzulassen. Man sollte vielmehr davon ausgehen, daß je nach Fragerichtung und Anwendungsperspektive unterschiedliche Modellvorstellungen herangezogen werden müssen. Eine dispositionsorientierte Auffassung von B ist im Kontext selektions-

orientierter Handlungsstrategien (Pawlik 1976) nach wie vor sinnvoll, sofern man die Ziele dieser Strategie akzeptieren kann. Es ist allerdings mehr als fragwürdig, ob die vordringliche Aufgabe der Pädagogischen Psychologie weiterhin darin gesehen werden soll, individuelle Ausprägungen von bereits entwickelter B möglichst exakt zu identifizieren und vergleichend zu bewerten, um damit »richtige« Auswahl- und Zuordnungsentscheidungen treffen zu können. In der Tat scheint sich gegenwärtig auch in der Pädagogischen Psychologie die Überzeugung durchzusetzen, daß es primär darauf ankommt, individuelle B zu entwickeln, zu fördern und besonders gravierende (genetisch oder ökologisch bedingte) Benachteiligungen zu kompensieren (→ *Behinderung*). Orientiert man sich in diesem Sinn an sogenannten Modifikationsstrategien (Pawlik 1976), dann sind dispositionsorientierte Formen der B-Interpretation weitgehend wertlos. Was die Pädagogische Psychologie braucht – und was das Ziel zukünftiger B-Forschung sein sollte –, sind Theorien, Konzepte und Verfahrensweisen, die den Prozeß der B-Entwicklung erfassen und zielorientiert steuern helfen.

Andreas Krapp

Literatur
Anastasi, A.: Vererbung, Umwelt und die Frage: »Wie?«. In: *Skowronek, H.* (Hrsg.): Umwelt und Begabung. Stuttgart 1973, S. 9–26. – *Bartenwerfer, H.:* Identifikation der Hochbegabten. In: *Klauer, K. J.* (Hrsg.): Handbuch der Pädagogischen Diagnostik. Bd. 4. Düsseldorf 1978, S. 1059–1069. – *Bloom, B. S.:* Stabilität und Veränderung menschlicher Merkmale. Weinheim 1971. – *Bronfenbrenner, U.:* Wie wirksam ist kompensatorische Erziehung? Stuttgart 1974. – *Glaser, R./Resnick, L. B.:* Instructional Psychology. In: Annual Review of Psychology 23 (1972), S. 207–276. – *Haenisch, H./Lukesch, H.:* Ist die Gesamtschule besser? München 1980. – *Heller, K.:* Intelligenz und Begabung. München 1976. – *Holzkamp, K.:* Begabung – Intelligenz. In: *Wulf, Ch.* (Hrsg.): Wörterbuch der Erziehung. München 1974, S. 44–49. – *Klauer, K. J.:* Auswege aus der Jensen-Debatte. In: Psychologie Heute 2 (1975), S. 26–35. – *Krapp, A.:* Bedingungen des Schulerfolgs. München 1973. – *Krapp, A.:* Bedingungsfaktoren der Schulleistung. In: Psychologie in Erziehung und Unterricht 23 (1976), S. 91–109. – *Krapp, A.:* Zur Dimensionalität des Begriffs Chancengleichheit. In: *Klauer, K. J./Kornadt, H. J.* (Hrsg.): Jahrbuch für Empirische Erziehungswissenschaft. Düsseldorf 1977, S. 128–149. – *Krapp, A.:* Anlage und Umwelt. In: *Asanger, R./Wenninger, G.* (Hrsg.): Handwörterbuch der Psychologie. Weinheim 1980, S. 26–30. – *Leontjew, A. N.:* Probleme der Entwicklung des Psychischen. Frankfurt 1973. – *Pawlik, K.:* Diagnose der Diagnostik. Stuttgart 1976. –

Resnick, L. B. (Hrsg.): The nature of intelligence. Hillsdale 1976. – *Roth, H.:* Begabung und Begaben. In: Die Sammlung 7 (1952), S. 395–407. – *Roth, H.:* Pädagogische Anthropologie. Band I. Hannover 1966. – *Roth, H.* (Hrsg.): Begabung und Lernen. Stuttgart 1968. – *Schlüter, J.:* Begabung, Bildsamkeit und Leistung. In: *Speck, J./Wehle, G.* (Hrsg.): Handbuch pädagogischer Grundbegriffe. Bd. I. München 1970, S. 55–81. – *Seidel, R./Ulmann, G.:* Ansätze zu einem neuen Konzept der Intelligenz. In: *Schmid, R.* (Hrsg.): Intelligenzforschung und pädagogische Praxis. München 1978. – *Stern, W.:* Psychologie der frühen Kindheit. Leipig 1914.

Behinderung

Erziehung und Entwicklung sind physischen und sozialen Beeinträchtigungen ausgesetzt. Man spricht allgemein von Behinderung, und zwar jeweils von demjenigen Aspekt her, für den ein *Handicap* relevant wird, so etwa für die alltäglichen Lebensverrichtungen, für den Bereich der sozialen Hilfe, der Schule, besonders des Lernens, der medizinischen Versorgung, der psychologischen Beratung. Diese verschiedenartige Verwendung des allgemeinen Begriffs der B bringt es mit sich, daß er wissenschaftlich nur schwer faßbar wird. Dies wird vor allem dann deutlich, wenn individuell zwischen B und Nicht-B unterschieden werden soll. Eine weitere Erschwerung der begrifflichen Verständigung entsteht durch die gleichzeitige Verwendung anderer Bezeichnungen für z. T. identische Sachverhalte, so z. B. Entwicklungshemmungen (Moor 1965), Fehlentwicklungen, Invalidität, Krankheit, Schädigung, soziale Benachteiligung u. a. Es soll hier insbesondere die pädagogisch-psychologische Dimension des B-Begriffes aufgezeigt werden. In diesem Sinn ist B auf den Erziehungsprozeß bezogen, der unter dem Einfluß individueller und sozialer abweichender Faktoren belastet, erschwert, kompliziert, gehemmt wird, so daß eine Spezifizierung der Erziehung notwendig wird (Bleidick 1978).
1. Genese und Begriff: B ist die Folge einer *Schädigung*, gilt also nicht als die Schädigung selber, da für die Erziehung nicht irgendein organischer Defekt an sich bestimmend ist, sondern vielmehr das, was er möglicherweise für das Lernen, die Entwicklung eines Kindes und die gesellschaftliche Teilhabe bedingt und bedeutet. Ein organischer Defekt selber, z. B. ein steifer Arm, eine Schalleitungsstörung des inneren Ohres oder eine Schädigung

des Sehnervs, ist primär von medizinischer Relevanz. Vom sozialwissenschaftlichen Aspekt her interessiert nicht primär die Schädigung selbst, sondern das, was sie im sozialen Feld bewirkt, d. h., in welcher Weise sie die Lebensführung erschwert oder blockiert. *Schädigungen* oder *Mängel* können sich auf die verschiedenen Funktionen des Organismus, seien sie mehr physisch oder psychisch bestimmt, beziehen, so etwa auf die Bewegung, die Sinnesfunktionen, das Sprechen, die Kognition und Emotionalität. Aber auch physiognomische Entstellungen und chronische Erkrankungen können zu B führen. Die Verursachungen derartiger Schädigungen können sehr verschieden sein. In Betracht kommen insbesondere Verletzungen, Infektionen, Vergiftungen, ererbte Deformationen, Stoffwechselstörungen u. a. Sie können sich auf die Funktionabilität des Gehirns ebenso auswirken wie auf die einzelnen Sinnes- oder Bewegungsorgane. Emotionale und kognitive Beeinträchtigungen können auch auf soziale → *Deprivation* zurückgeführt werden. Ein einzelnes kausales Ereignis kann zu mehrfachen Schädigungen führen, z. B. eine Hirnschädigung zu Bewegungs-, Sprach- und Intelligenzbeeinträchtigungen.

B ist als *Zustand* und als *Prozeß* zu verstehen. Letzterer wird durch ein schädigendes Ereignis ausgelöst, z. B. durch eine angeborene Gliedmaßenfehlbildung oder durch eine krankhafte Veränderung der Hirnfunktion. Auf diese organischen Veränderungsprozesse kann medizinisch-therapeutisch und apparativ eingewirkt werden: diätetisch auf Stoffwechselstörungen, prothetisch auf fehlende Gliedmaßen, krankengymnastisch auf zerebrale Bewegungsstörungen, medikamentös auf Anfallskrankheiten, operativ auf Spaltbildungen (Gaumenspalte), apparativ (Hörgeräte) auf Hörschädigungen. Die Auswirkungen von Schädigungen und Mängeln können aber auch durch pädagogische Förderung eingedämmt oder abgebaut werden, z. B. durch Hörspracherziehung oder durch das Erlernen der Blindenschrift. Darüber hinaus beansprucht die Verhinderung (Prophylaxe) und frühe Erkennung von Schädigungen besonderes Augenmerk (→ *Intervention und Prävention*). Aufgrund des in den ersten Lebensjahren noch nicht abgeschlossenen Hirnreifungsprozesses und der hohen Lernfähigkeit in dieser Frühphase liegen hier besondere Chancen einer Begrenzung und Abmilderung des schädigenden Prozesses und seiner Auswirkungen als B. Dadurch kann vermieden werden, daß eine sich abzeichnende, drohende B zu einer ausgeprägten B wird.

B als *komplexer Entwicklungsprozeß (→ Entwicklung)* erstreckt sich nicht nur auf die zugrundeliegende Schädigung, sondern – unter pädagogischem Aspekt in entscheidendem Maße – auf die einzelne *Person* in ihren sozialen Bezügen. Durch eine B wird eine Veränderung des → *Selbstkonzeptes,* der Identität (Haeberlin 1978), der → *Kommunikation,* der Handlungskonzepte und -möglichkeiten, aber auch eine Umstrukturierung des sozialen Feldes in Gang gebracht. Dabei bleibt zunächst die Frage offen, welches die spezifischen Wirkfaktoren dieses Wechselwirkungsprozesses zwischen Person und sozialer Umwelt und wie sie im einzelnen gewichtet sind. *Auslöser* ist interaktionstheoretisch gesehen eine bestimmte Abweichung vom Üblichen oder Erwarteten, eine Schädigung oder ein diskreditierendes Attribut, z. B. eine physische Unzulänglichkeit oder Schulversagen (→ *Schulerfolg und Schulversagen).* Goffman (1967) spricht von *Stigma.* B wird zur sozialen Belastung im doppelten Sinne des Wortes, einer Belastung für die soziale Umwelt wie auch für den einzelnen durch die soziale Umwelt. Letztere wird vom einzelnen im allgemeinen als schwerwiegender erfahren denn die zugrundeliegende Schädigung selbst. Ein körperbehinderter Jugendlicher kann unter der sozialen Diskreditierung und Desintegration mehr leiden als unter seiner Bewegungsbeschränkung. Ein behinderter Mensch kann aber auch eine so stabilisierende Identität aufbauen, daß er einen konstruktiven Widerstand gegen seine abwertende Umwelt aufbaut. Er ist als Person den anderen gegenüber nicht schlechthin ausgeliefert (Keupp 1972, S. 190ff.), nicht bloßes Stigmatisierungsopfer. Die jeweilige B wird individuell unterschiedlich empfunden. Dabei spielen das Bewußtsein von der eigenen B und die Möglichkeit, sich mit ihr konstruktiv auseinanderzusetzen, eine wesentliche Rolle. Unterschiede des Erlebens und Verarbeitens ergeben sich aber auch aus dem persönlichen Entwicklungszeitabschnitt: Ein Kleinkind z. B. erlebt seine B »unbefangener« als ein Berufsanwärter mit einem Rollstuhl, ein lernbehindertes Kind ist im wesentlichen nur als Sonderschüler »lernbehindert«. Was eine Behinderung vom *sozialen Feld* her mitbestimmt, ist die Gesamtheit und Spezifität gesellschaftlicher Kontrollen und interpersonaler Einstellungen und Reaktionen. Eine B ist stets auch Ergebnis der sozialen → *Interaktion,* der ein irgendwie geschädigter Mensch ausgesetzt ist, oder direkte Folge schädigender sozialer Bedingungen, wie etwa im Falle von Dissozialität (→ *Abweichendes Verhalten*). Die Komplexität dieser Wirkzusammenhänge innerhalb der Gesellschaft ist groß. Unterschiede ergeben sich je nach der individuellen physischen Abweichung, nach der familialen Struktur, nach sozio-ökonomischen Bedingungen, nach kulturellen Standards, nach Struktur und Differenziertheit der institutionalisierten Systeme (z. B. Schulsysteme und Normen).

Die dynamische, interaktionale und mehrdimensionale Struktur von B läßt theoretisch verschiedene *Erklärungsansätze* zu. Bleidick (1976) unterscheidet aus der Sicht der Behindertenpädagogik deren vier: (a) einen personorientierten Ansatz, bei dem im Sinne des medizinischen Modells B als individuelle Kategorie und als irreversibler Defekt gesehen wird; (b) einen interaktionistischen Ansatz, bei dem B das Ergebnis eines stigmatisierenden Zuschreibungsprozesses darstellt (Etikettierungs- oder Labeling-Theorie); (c) einen systemorientierten Ansatz, bei dem B durch die Institutionen und Organisationskriterien und -regeln bestimmt wird (z. B. Schulversagen durch die Leistungsanforderungen eines bestimmten Schulpflichtsystems); (d) einen gesellschaftstheoretischen Ansatz, nach welchem B durch die Bedingungen sozio-ökonomischer Benachteiligung hervorgerufen wird und damit die Gesellschaft B produziert (Jantzen 1974).

Jedes dieser Erklärungsmodelle ermöglicht als spezifische Perspektive ein differenzierteres Verständnis von B unter bestimmten Bedingungen, bleibt aber einseitig und erreicht dadurch nicht das Ganze und Allgemeine, auf das hin es konzipiert zu sein vorgibt. Für eine Handlungsorientierung in ihren verschiedenen Dimensionen des Therapeutisch-Erzieherischen, des Organisatorischen und Gesellschaftlichen ist darüber hinaus ein umfassender und zugleich offener B-Begriff im Sinne einer Verknüpfung zunächst konkurrierender Modelle notwendig. Ein Kind, das eine körperliche B aufweist, muß komplex und differenziert unter individual-, interaktions-, organisations- und gesellschaftstheoretischen Gesichtspunkten zugleich gesehen werden können.

2. *Klassifizierung:* Die hier angesprochene begriffliche Problematik wird evident unter dem Aspekt der *Klassifizierung* (und → *Diagnostik*). So ist eine klare, operationalisierbare Trennung zwischen behindert und nichtbehindert nicht möglich. Es handelt sich vielmehr jeweils um ein Kontinuum, das von schwerster bis zu kaum mehr in Erscheinung tretender B reicht, wobei sich wiederum Unterschiedlichkeiten subjektiver und objektiver Bewertung ergeben. Eine objektive Einstufung erfordert z. B. unter organisationsbezogenem Ansatz die Zumessung einer adäquaten Hilfe, die Aufnahme in eine bestimmte Institution. Von daher gesehen erweist sich als praktikables Definitionskriterium für die Feststellung einer B die Notwendigkeit einer besonderen Hilfe. In diesem Sinne wird auch in den Empfehlungen der Bildungskommission des Deutschen Bildungsrates von 1973 definiert: »Als behindert im erziehungswissenschaftlichen Sinn gelten alle Kinder, Jugendlichen und Erwachsenen, die in ihrem Lernen, im sozialen Verhalten, in der sprachlichen Kommunikation oder in den psychomotorischen Fähigkeiten so weit beeinträchtigt sind, daß ihre Teilhabe am Leben der Gesellschaft wesentlich erschwert ist. Deshalb bedürfen sie besonderer pädagogischer Förderung« (Deutscher Bildungsrat 1973, S. 32). Dieser weite B-Begriff, wie ihn auch Bleidick (1978) vertritt, wird von anderer Seite, insbesondere von Bach (1979), als differentiell unzulänglich abgelehnt und durch eine Stufung nach Schweregraden ersetzt, die unter dem Oberbegriff der *Beeinträchtigungen* zusammengehalten wird und bei der B den gravierendsten Teil bildet. Folgende Klassifizierung wird vorgenommen: Sozialrückständigkeit, Gefährdungen, Störungen, B (Bach 1979, S. 11). Als B werden Beeinträchtigungen eines Menschen hinsichtlich seiner Personalisation und → *Sozialisation* eingestuft, die von umfänglicher, schwerer und langfristiger Art sind, während hiervon *Störungen* als geringer umfänglich, geringer schwer und weniger langfristig unterschieden werden (S. 20). Zu denken wäre etwa an Lese-Rechtschreib-Störungen (→ *Legasthenie*). Für eine derartige Klassifizierung nach quantitativen Kriterien sprechen gewisse Bedürfnisse und Zwänge unter dem Aspekt der Organisation adäquater pädagogischer Förderung. Die Differenzierung des Sprachgebrauchs kommt auch dem landläufigen Unterscheidungsbedürfnis von schwereren und leichteren Beeinträchtigungen entgegen. Die Scheu ist verständlich, jedes Problemkind als

behindert zu bezeichnen, führte dies doch u. U. dazu, daß die Hälfte aller Kinder und Jugendlichen so einzustufen wäre. Auf der anderen Seite aber verlagert eine Stufung von *Beeinträchtigungen* das genannte Problem der begrifflichen Unschärfe nur ins Detail: Eine *Störung* ist im Grunde genausowenig scharf von einer B zu unterscheiden wie Beeinträchtigungen von Nicht-Beeinträchtigungen. Das Problem der Abgrenzung läßt sich jeweils nur mit Hilfe einer offenen Pragmatik lösen.

B (oder Beeinträchtigungen) unterliegen Klassifikationserfordernissen auch im Hinblick auf die *Funktionsbereiche,* die betroffen sind. Grob lassen sich körperliche, geistige und seelische B unterscheiden, im Einzelfall z. B. Beeinträchtigungen der Bewegung oder der Sprache. In Wirklichkeit handelt es sich jeweils um einen individuell differenzierten Komplex, bei dem eine bestimmte Funktion oder ein Funktionsbündel kennzeichnend für eine B werden, insbesondere in bezug auf die Zuordnung zu adäquaten Institutionen der Förderung und Hilfe. Von den verschiedenen beruflichen Handlungsfeldern und wissenschaftlichen Disziplinen her wird dabei z. T. unterschiedlich verfahren. So hat beispielsweise für die Fachmedizin das differentialdiagnostisch ermittelte Krankheitsbild eine bestimmende Einteilungsfunktion (orthopädischer, ophthalmologischer, phoniatrischer, psychiatrischer Bereich), wobei die Zuweisung jeweils zeitlich (pro Behandlung) begrenzt ist und auch kombiniert erfolgen kann, wenn verschiedene fachärztliche Behandlungen notwendig werden. Unter dem Aspekt der Sozialhilfe (vgl. Bundessozialhilfegesetz – BSHG) werden Klassifizierungen unter dem Aspekt der Verteilung und Zuteilung von »Eingliederungshilfe« vorgenommen. Nach dem Gesetz zur Sicherung der Eingliederung Schwerbehinderter in Arbeit, Beruf und Gesellschaft (vgl. Schwerbehindertengesetz – SchwbG) gelten als schwerbehindert Personen, die infolge ihrer körperlichen, geistigen oder seelischen B in ihrer Erwerbsfähigkeit nicht nur vorübergehend um wenigstens 50% gemindert sind (§ 1).

Von gravierender, generalisierender Bedeutung für das Kind ist die *pädagogische* Klassifizierung der B. Das Sonderschulwesen der Bundesrepublik ist beispielsweise nach neun B-Arten aufgeteilt: Demnach werden unterschieden: Blinde 0,012%; Sehbehinderte 0,30%; Gehörlose 0,05%; Schwerhörige 0,30%; Geistigbehinderte 0,6%; Körperbehinderte (einschließlich langfristig Kranker) 0,5%; Sprachbehinderte 0,7%; Lernbehinderte 2,5%; Verhaltensgestörte 1,0%. Bei den angegebenen Schätzanteilen an der Gesamtzahl Schulpflichtiger (Deutscher Bildungsrat 1973) handelt es sich um hochgerechnete und aus verschiedenen, z. T. hochvarianten Teilberechnungen angenäherte *Sollwerte* (Sander 1973), die sich ausschließlich auf Sonderschulbedürftigkeiten beziehen. Der Gesamtanteil behinderter Kinder einschließlich der lerngestörten ist wesentlich höher einzuschätzen (→ *Sonderpädagogik*).

Die Aufteilung nach Einzelbehinderungsarten indiziert die Frage nach den sogenannten *Mehrfach-B* (Solarova 1975). Die hier angesprochene Unterscheidung ist insofern eine irreführende, als in der Regel jede B als Mehrfachbehinderung auftritt. Ein geistigbehindertes Kind ist in typischer Weise komplex, nicht nur kognitiv behindert, und ein sprachbehindertes Kind hat es nicht nur mit Problemen seines Sprechens zu tun, sondern z. B. auch mit der Veränderung seines Kommunikationsfeldes usw. Der Terminus *Mehrfach-B* ist auch insofern problematisch, als er eine bloße Addition verschiedener Funktionsbeeinträchtigungen beim Individuum annehmen läßt. In Wirklichkeit handelt es sich jeweils um eine spezifische B-Komplexität, bei der eine oder mehrere Teilkomponenten existentiell dominant werden können. Dies kann z. B. auf dem Boden einer Sprach-B eine Verhaltensstörung sein.

3. *Sonderschulbedürftigkeit:* Das Verhältnis von B und *Sonderschulbedürftigkeit* ist von besonderer und aktueller Bedeutung. In der Vergangenheit einer sich von behinderten Mitmenschen weitgehend distanzierenden Gesellschaft galten beide Begriffe gleich. Behindertenspezifische Förderung erfolgte nur in speziellen Schulen und Anstalten. Der inzwischen eingetretene Wandel der gesellschaftlichen Normen, der pädagogischen Institutionen und die Ausweitung des B-Begriffs haben zu einer weitgehenden Loslösung beider Begriffe voneinander geführt. Abgesehen davon, daß behinderungsadäquate Hilfen nicht nur im Rahmen der Schule angezeigt sind, sondern auch vor und außerhalb des schulischen Kompetenzfeldes, kann von einer entsprechenden → *Differenzierung* und Ausstattung des allgemeinen Schulwesens erwartet werden, daß Kinder mit bestimmten Formen, Arten und Schweregraden von B auch innerhalb der Regelschule adäquat gefördert

werden können. Sonderschulbedürftigkeiten als Zuteilungs- und Selektionserfordernisse sind weitgehend von den allgemeinen Schulnormen abhängig. Nicht jedes behinderte Kind muß eine Sonderschule besuchen. Gefordert ist jedoch eine spezielle Erziehung (Förderung). B ist also eine das Lehren und Lernen in entscheidender Weise verändernde Größe. Ihre Spezifität und Gewichtigkeit bedeuten aber nicht, daß der ganze Mensch, alles an ihm und für ihn behindert ist. Ein behindertes Kind ist nicht nur behindert.

Otto Speck

Literatur
Bach, H. u. a.: Sonderpädagogik im Grundriß. Berlin ⁶1979. – *Bleidick, U.*: Metatheoretische Überlegungen zum Begriff der Behinderung. In: Zeitschrift für Heilpädagogik 27 (1976), S. 408–415. – *Bleidick, U.*: Pädagogik der Behinderten. Grundzüge einer Theorie der Erziehung behinderter Kinder und Jugendlicher. Berlin ³1978. – *Deutscher Bildungsrat.* Empfehlungen der Bildungskommission: Zur pädagogischen Förderung behinderter und von Behinderung bedrohter Kinder und Jugendlicher. Bonn 1973. – *Ferber, C. v.*: Zum soziologischen Begriff der Behinderung. In: Zeitschrift für Heilpädagogik 27 (1976), S. 416–423. – *Goffman, E.*: Stigma. Über Techniken der Bewältigung beschädigter Identität. Frankfurt/M. 1967. – *Haeberlin, U.*: Identität und Behinderung. In: Zeitschrift für Heilpädagogik 29 (1978), S. 723–735. – *Jantzen, W.*: Sozialisation und Behinderung. Studien zu sozialwissenschaftlichen Grundlagen der Behindertenpädagogik. Gießen 1974. – *Keupp, H.*: Psychische Störungen als abweichendes Verhalten. Zur Soziogenese psychischer Störungen. München/Berlin/Wien 1972. – *Moor, P.*: Heilpädagogik. Ein pädagogisches Lehrbuch. Bern/Stuttgart 1965. – *Sander, A.*: Die statistische Erfassung von Behinderten in der Bundesrepublik Deutschland. In: Sonderpädagogik 1. Behindertenstatistik, Früherkennung, Frühförderung. Bd. 25 der Gutachten und Studien der Bildungskommission. Stuttgart 1973, S. 13–109. – *Solarova, S.*: Mehrfachbehinderte – Ursachen, Erscheinungsformen und Auswirkungen. In: Sonderpädagogik 5. Bd. 52 der Gutachten und Studien der Bildungskommission. Stuttgart 1975, S. 225–272. – *Thimm, W.* (Hrsg.): Soziologie der Behinderten. Neuburgweier/Karlsruhe 1972. – *Thomas, D.*: The social psychology of childhood disability. London 1978.

Bekräftigung

In vielen Lerntheorien (→ *Lernen und Lerntheorien*) bezeichnet Bekräftigung (B) oder das Synonym Verstärkung (reinforcement) einen für Lernen zentralen Vorgang, bei dem Stimuli, die mit verhaltensauslösenden Stimuli einhergehen oder einem Verhalten (response) nachfolgen, erhöhte Wahrscheinlichkeit der späteren Wiederholung, Form und/oder Intensität dieses Verhaltens in vergleichbaren Stimulussituationen bestimmen. Von unterschiedlichen theoretischen Ansätzen aus wird B als hinreichende oder nur als notwendige Bedingung, aber auch als bedeutungslos dafür angesehen, daß Lernen stattfindet. Die Argumentation wird auf verschiedenen theoretischen Ebenen geführt; es ist zu unterscheiden zwischen B als einer experimentellen Prozedur und den dabei angenommenen psychischen Prozessen sowie den Funktionen der B.

1. Experimentalprozeduren der Bekräftigung
1.1 Stimulus-Bekräftigung: In Lernexperimenten nach dem Modell des klassischen Konditionierens (Pawlow 1955) wird ein konditionierter Reflex dadurch aufgebaut, daß der konditionierte Stimulus (CS) wiederholt in engem zeitlichen Zusammenhang (Kontiguität) mit einem unkonditionierten Stimulus dargeboten wird, der eine unkonditionierte Reaktion (UR) auslöst, bis schließlich auf den CS allein eine ähnliche Reaktion (CR) erfolgt. Der CS muß im weiteren Verlauf des Experiments immer wieder einmal mit US gekoppelt werden, da andernfalls die CS-CR-Verknüpfung allmählich auslöscht. US bekräftigt den konditionierten Reflex.

1.2 Verhaltens-Bekräftigung: Beim Lernen nach dem Modell des operanten Konditionierens (Skinner 1953) wird Verhalten bekräftigt, indem kontingent auf dieses Verhalten ein bestimmter aus der Klasse der als *Verstärker* bekannten Stimuli dargeboten wird. Prozeduren der Verhaltens-B werden nach verwendeten Verstärkern bzw. nach Regeln der Kontiguität von Verhalten und Verstärkern unterschieden.

Sowohl appetitive wie aversive Stimuli dienen zur B. Stimuli, die in Kontiguität mit Verstärkern auftreten, können selbst zu *konditionierten Verstärkern* werden. Sind sie mit mehr als einem primären Verstärker gekoppelt worden, z. B. Geld oder soziale Wertschätzung, spricht man von *generalisierten Verstärkern*. Nach dem Premack-Prinzip (1965) ist die Relation der Anwendungswahrscheinlichkeit von Verhaltensweisen im Repertoire eines Individuums entscheidend: Häufiger geäußertes Verhalten bekräftigt weniger häufig produziertes, wenn es in Kontiguität mit diesem zugelassen wird. Bei *positiver B* folgt auf die Äußerung eines Verhaltens ein (appetitiver) Stimulus, bei *negativer B* endet auf die Äußerung eines Verhaltens hin ein (aversiver) Stimulus. *B-Pläne* variieren die Bedingungen für Darbietung von Verstärkern: *Kontinuierliche B* folgt auf jedes (Ziel-)Verhalten, *intermittierende B* wird nach festen Quoten (Zahl der Verhaltensäußerungen) bzw. Intervallen (Zeitraum seit der letzten B) oder variablen (nur Durchschnittswerte festgelegt) Quoten bzw. Intervallen verabreicht. Feste Quoten bzw. Intervalle bewirken diskontinuierliche Verhaltensproduktion; unmittelbar nach der B sinkt die Verhaltenshäufigkeit vorübergehend. Variable Pläne bewirken Verhaltenskontinuität, wobei Quoten-B die Verhaltensfrequenz maximiert, Intervall-B stabilisiert. *Differentielle B* wird beim Aufbau neuen Verhaltens benutzt. B ist dabei abhängig von der Relation des geäußerten Verhaltens zu einem Zielverhalten. Kriterium ist Annäherung an dieses Zielverhalten.

2. Theorien der Bekräftigung

2.1 Bekräftigung als mechanischer Prozeß: Pawlow (1909, in 1955) erklärte die Stimulus-B mit zentral-nervösen Prozessen. Neben direkten Schaltungen zur dauerhaften Verknüpfung von Stimulation und Reaktion gibt es die Möglichkeit der Schließung und Unterbrechung von Reizleitungen zur Herstellung zeitweiliger Verbindungen entsprechend den sich ändernden Bedingungen der Stimulus-Situation. Thorndike (1911) führte im Effektgesetz Verhaltens-B darauf zurück, daß durch die Verknüpfung der Situation mit in ihr möglichen Verhaltensweisen jenes Verhalten verstärkt wird, das zu einem befriedigenden Zustand führt. Hull (1952) versuchte, den physiologischen Erklärungsansatz Pawlows und die psychologische (Motivations-)Erklärung Thorndikes zu kombinieren: B beruht auf der Befriedigung physiologischer Bedürfnisse (primäre B), wobei die Veränderung der Verhaltenswahrscheinlichkeit dadurch bedingt ist, daß der auf ein Verhalten kontingent folgende Verstärker die (bedürfnisabhängige) Stärke bestimmter Anreize verringert. Gegenwärtig werden experimentelle Befunde diskutiert (Hearst 1975), die es nahelegen, sowohl Stimulus-B als auch Verhaltens-B zumindest bei Verwendung aversiver Stimuli (negative B) auf ein gemeinsames »Effekt«-Prinzip zurückzuführen. CS geht als Signal dem US voraus; das Individuum kann durch Vorbereitungsreaktionen die US-Wirkung abschwächen. Walker (1969) befürwortet, auf den Begriff der B zu verzichten, da mit den zur Erklärung von B nötigen Annahmen von Bedürfnissen und Gewohnheiten des Individuums sowie Anreizen aus der Umwelt bereits die der B zugeschriebenen Effekte hinreichend erklärt werden können.

2.2 Bekräftigung als kognitiver Prozeß: Die psychologischen Vorgänge bei der B korrespondieren nicht notwendig mit den beobachteten oder experimentell hergestellten Stimulus-Response-Kontiguitäten (Bolles 1975). Sie sind gute Voraussetzungen für Lernen, aber weder notwendig noch hinreichend; denn das Individuum kann selbst aktiv Beziehungen herstellen auch zwischen zeitlich und/oder räumlich getrennten Ereignissen. B-Prozeduren erleichtern es nach Bolles (1972), die Erwartung spezifischer Stimulus- bzw. Verhaltenskonsequenzen aufzubauen. Ein Individuum, das über solche Erwartungen verfügt, ist in einer gegebenen Situation in der Lage, von seinem Verhalten unabhängige oder abhängige Umweltveränderungen zu antizipieren und seine Verhaltensweisen dazu passend auszuwählen. Bekräftigte Verhaltensweisen werden nach dem »Instrumentalitätsgesetz« (Nuttin 1976) nur dann mit größerer Wahrscheinlichkeit wiederholt, wenn das Individuum in der gegebenen Situation erwarten kann, daß dieses Verhalten ein Instrument zur Realisierung eines angestrebten Ergebnisses darstellt. Der B-Effekt eines Stimulus hängt demnach von seiner individuellen kognitiven Verarbeitung ab. B muß im Zusammenhang mit Aufmerksamkeits-, Kodierungs- und Speicherungsleistungen des Individuums erforscht werden.

3. Funktionen der Bekräftigung

Skinner (1953) verzichtet auf eine theoretische Begründung der B und beschreibt nur die funktionale Relation von Verhalten und Verstärker. Jeder Stimulus, der die Wahrscheinlichkeit vorausgehenden Verhaltens erhöht, ist ein Verstärker. Da diese Stimulus-Funktion sich aber nur als begrenzt generalisierbar erwiesen hat, ist die Formulierung zirkulär. Die B-Funktion wird häufig unabhängig von experimentellen B-Prozeduren beobachtet. Nicht objektiv-physikalische, sondern subjektiv wahrgenommene oder konstruierte Kontiguität ist die entscheidende Lernbedingung (Nuttin 1976). Solchen B-Kontingenzen werden zwei Funktionen zugeschrieben: *Information* über Stimulus-Zusammenhänge und Verhaltenseffekte in der Umwelt sowie *Motivation* zur Beachtung der Umweltbedingungen und zur Reproduktion von Verhalten (→ *Motivation und Motiventwicklung*) (Bolles 1972;

1975; Nuttin 1976; Bandura 1979). Die Funktionen der B sind in Phasen der Aneignung (Lernen als Aufnahme und Speicherung von Information) und Anwendung (Wiederabruf und Nutzung von Information) von Verhalten verschieden. Bei Aneignung ist die Informationsfunktion Voraussetzung, die Motivationsfunktion steuert die Aufmerksamkeit. Anwendung von Verhalten setzt Motivation voraus. *Extrinsische* Verabreichung von B für eigenes Verhalten ist für ihre Funktionen nicht notwendig. Lernen ist auch durch *intrinsische B* möglich, bei der das Individuum B-Kontingenzen selbst reguliert oder konstruiert (Bandura 1979). Die Anwendung von Verhalten ist durch die Motivationsfunktion der *Selbst-B* von extrinsischer B unabhängig. Das Individuum setzt dabei erwartete oder erfahrene Konsequenzen seines Verhaltens zu selbstgewählten Standards in Beziehung, bewertet die Relation und verabreicht sich selbst Konsequenzen. Das Postulat kognitiver Vermittlungsprozesse hat zahlreiche nur durch Operationalisierung eingeführte begriffliche Unterscheidungen fragwürdig gemacht. B und ihre Funktionen werden daher zunehmend im Kontext von Problemen der Informationsverarbeitung, Emotion (→ *Gefühl*) und Motivation untersucht.

Günter L. Huber

Literatur
Bandura, A.: Sozial-kognitive Lerntheorie. Stuttgart 1979. – *Bolles, R. C.:* Reinforcement, expectancy, and learning. In: Psychological Review 79 (1972), S. 394–409. – *Bolles, R. C.:* Learning, motivation, and cognition. In: *Estes, W. K.* (Hrsg.): Handbook of learning and cognitive processes. Vol. 1. Hillsdale 1975, S. 249–280. – *Hearst, E.:* The classical-instrumental distinction: Reflexes, voluntary behavior, and categories of associative learning. In: *Estes, W. K.* (Hrsg.): Handbook of learning and cognitive processes. Vol. 2. Hillsdale 1975, S. 181–223. – *Hull, C. L.:* A behavior system. New Haven 1952. – *Nuttin, J. R.:* Motivation and reward in human learning: A cognitive approach. In: *Estes, W. K.* (Hrsg.): Handbook of learning and cognitive processes. Vol. 3. Hillsdale 1976, S. 247–281. – *Pawlow, I. P.:* Ausgewählte Werke. Berlin 1955. – *Premack, D.:* Reinforcement theory. In: *Levine, D.* (Hrsg.): Nebraska symposium on motivation 1965. Lincoln 1965, S. 123–180. – *Skinner, B. F.:* Science and human behavior. New York 1953. – *Thorndike, E. L.:* Animal intelligence. New York 1911. – *Walker, E. L.:* Reinforcement – »The one ring«? In: *Tapp, J. T.* (Hrsg.): Reinforcement and behavior. New York 1969, S. 47–62.

Beratung

Beratung (B) ist *im Lebensalltag* eine Form mitmenschlicher Hilfeleistung. Sie setzt auf seiten des Ratgebenden Erkennen der Schwierigkeit oder der Problemlage des anderen sowie entsprechende Lebenserfahrungen und Wissen voraus. In der im natürlichen Lebenszusammenhang vollzogenen B sind bereits die wichtigsten Elemente professioneller B enthalten: die Diagnose und Prognose, die Raterteilung und mitmenschliche Hilfeleistung. B beschränkt sich nicht auf Auskunft oder Information; sie ist auch keine Belehrung.

1. Beratung als soziale Dienstleistung: Sie tritt in unserer arbeitsteiligen, industrialisierten Gesellschaft in fast allen Lebensbereichen, auch in der modernen Wirtschafts- und Arbeitswelt auf (z. B. Berufs-, Unternehmens-, Verbraucher-B etc). (a) *B in der Erziehung ist zum einen als Form erzieherischen Handelns* anzusehen. Ihr kommt, wenn sie sich auf psychisch tieferliegende Probleme des jungen Menschen erstreckt (z. B. Konflikt mit einem Elternteil, Zerwürfnis mit einem Freund, Probleme mit dem andersgeschlechtlichen Partner), existentielle Bedeutung zu (Bollnow 1959). Als helfende Einflußnahme, bei der der einzelne in seiner Individualität, Entscheidungsfreiheit und in seinen Intentionen der Selbstverwirklichung und Lebensgestaltung respektiert wird, ist B als nicht-reglementierte Form erzieherischen Handelns zu verstehen, bei der Druck und Einengung gleich welcher Art vermieden werden sollen. (b) Zum anderen hat sich im Verlauf weiterer Differenzierungen und Professionalisierungen von Erziehungstätigkeiten und -berufen *B als eine von besonders ausgebildeten Fachleuten* (Erziehungsberatern, Jugendberatern, Schulpsychologen oder B-Lehrern) *praktizierte Form pädagogisch-psychologischer Hilfeleistung* für Kinder und Jugendliche herausgebildet; sie erfolgt mit Hilfe wissenschaftlicher Theorien, Verfahren und Methoden und erfordert deren sachkundige Anwendung.

1.1 Hilfe zur Selbsthilfe: Der Berater sucht zwischen dem subjektiven Verständnis des ratsuchenden Kindes/Jugendlichen und auch dem der ratsuchenden Eltern (›naives Selbstkonzept‹) und den pädagogisch-psychologischen Erkenntnissen über die Persönlichkeit des Kindes und seine psychischen Probleme zu vermitteln. In der Regel werden die Eltern in den B-Prozeß einbezogen. Ebenso ist eine enge Zusammenarbeit mit dem Erzieher oder Lehrer des betreffenden Kindes bzw. Jugendlichen notwendig. *B zielt auf Selbsthilfe* und sucht in Erziehungssituationen des Familienalltags wie auch öffentlicher Erziehungseinrichtungen Kindern und Jugendlichen *Aussprache-, Klärungs-, Orientierungs- und Entscheidungshilfe* zu geben. Mehrdeutigkeit und Vielfalt des B-Vorganges und auch sein Spannungsreichtum beruhen nicht nur auf unterschiedlichen Zielsetzungen und Grundeinstellungen der Berater. Sie ergeben sich ebenso aus der Problemlage, der Eigenart, Schwere und Komplexität des jeweiligen psychischen Problems und den realen Möglichkeiten mitmenschlicher Einflußnahme und Hilfeleistung. Die einzelnen *Hauptschritte des B-Vorganges* (Diagnose, Prognose, Beratungsgespräch, Ermittlung der Erziehungshilfen zur Problemlösung, Anleitung zu ihrer Anwendung, nachgehende Betreuung und Kontrolle des Beratungserfolges) sind eng miteinander verbunden. Mißverständnisse entstehen oft dadurch, daß der B-Prozeß nur auf den Vorgang des Beratens, d. h. des Beratungsgesprächs und der konkreten Raterteilung, begrenzt und nicht das Ganze der Schritte, Aufgabenfelder und Funktionen gesehen wird, die zur fachlich fundierten und möglichst erfolgreichen B erforderlich sind.

1.2 Entstehung von Beratungseinrichtungen: Dem Aufbau von B-Diensten lag insbesondere in den Nachkriegsjahren das Motiv der sozialen und sozialpädagogischen Hilfeleistung und der Lebenshilfe für Kinder und Jugendliche zugrunde. Als weitere entscheidende Motive kamen die der Psychohygiene und der rechtzeitigen Vorbeugung hinzu (→ *Intervention und Prävention*); damit wurde den möglichen Bedingungsfeldern und Entstehungsursachen von Erziehungsschwierigkeiten mehr Beachtung geschenkt, stärker auf die Verbesserung von Erziehungssituationen und die Reform von Erziehungseinrichtungen abgezielt. Schließlich hat der Prozeß der zunehmenden → *Differenzierung* des Schulwesens, von Schullaufbahnen, beruflichen Bildungsgängen wie auch des Hochschulstudiums und der Weiterbildung und das damit verbundene Motiv, die künftigen Lebens- und Sozialchancen durch bestmögliche Nutzung der angebotenen Bildungs- und Weiterbildungsmöglichkeiten zu verbessern, entscheidend zum Ausbau von Beratung beigetragen (→ *Chancengleichheit*). Neben den stärker sozial und sozialerzieherisch ausgerichteten Erziehungsberatungsstellen haben sich so *Bildungsberatungsdienste* entwickelt.

2. Beratung in der Schule: Das Bildungswesen, vor allem der Schulbereich, ist zu einem wichtigen Tätigkeitsfeld von B geworden. Zu den im Unterricht vom Klassen- und Fachlehrer wahrgenommenen Formen der B zählt vor allem die individuelle Lern-B, die sich auf die Diagnose des Lernvorgangs, insbesondere der bestehenden → *Lernschwierigkeiten*, sowie auf die Hilfeleistung bei ihrer Überwindung bzw. bei der Lösung einer Aufgabe durch entsprechende didaktisch-methodische Hinweise (→ *Didaktik*) und auf die Förderung von Selbstkontrolle erstreckt. Ferner berät der Lehrer bei der Studienplangestaltung und in Fragen, die die Schullaufbahn betreffen (Wahl oder Abwahl von Fächern, Schulübergang, Schulabschlüsse u. a.). Die wichtigste B-Funktion des Lehrers besteht jedoch in der Hilfeleistung bei sozialpsychologischen und -pädagogischen Problemen des Schulalltags wie auch vor allem bei den persönlichen, oft außerschulisch bedingten Schwierigkeiten eines Schülers. Der letztgenannte Aufgabenbereich kann auch als psychologisch orientierte erzieherische Betreuung bezeichnet werden (pastoral care).

Aufgabenfelder: (a) Schullaufbahn-B: Darunter werden alle B-Tätigkeiten verstanden, die sich auf die Information und Orientierung über schulische Bildungsgänge, auf die Ermittlung der für sie erforderlichen Lern-, Eignungs- und Fähigkeitsvoraussetzungen, auf die Wahl, Planung, Gestaltung und den Wechsel einer Schullaufbahn, die Wahl und Abwahl von Unterrichtsfächern und -kursen sowie auf die mit einer Schullaufbahn verbundenen Abschlußmöglichkeiten erstrecken. Schullaufbahn-B vollzieht sich auch auf dem Wege der Individual-B; sie ist nicht nur als Gruppenuntersuchung oder Schulklassen-B zu sehen. In den Aufgabenbereich der Schullaufbahn-B wird meist die ›berufswahlbezogene B‹ eingeschlossen; darunter werden alle B-Interventionen erfaßt, die sich auf Orientierung über berufliche Ausbildungsmöglichkeiten und damit zusammenhängende berufliche Tätigkeiten erstrecken und für die Lernbemühungen des einzelnen und die Gestaltung seiner Schullaufbahn zu entsprechenden Konsequenzen – so z. B. zum Wechsel der Schullaufbahn, zur Abwahl bestimmter Fächer, Neuwahl anderer oder zur Bildung von Lernschwerpunkten in bestimmten Fächern oder Fächerkombinationen –

führen. In dem hier definierten Sinne ist die berufswahlbezogene B von der *Berufs-B,* für die die Einrichtungen der Arbeitsverwaltung zuständig sind, abzugrenzen.

(b) Einzelfallhilfe: Darunter werden alle Formen der B verstanden, die primär auf Behebung individueller → *Lernschwierigkeiten,* von Schulversagen (→ *Schulerfolg und Schulversagen*), Verhaltensstörungen (→ *Abweichendes Verhalten*), psychischen Konflikten und Problemen abzielen und der Wiederherstellung oder Verbesserung der Lernfähigkeit des einzelnen Schülers sowie der Normalisierung seines Verhaltens in der schulischen Lerngruppe (Schulklasse, Kurs u. a.) und im außerunterrichtlichen Bereich dienen und bei denen deshalb die Fragen der Schullaufbahngestaltung erst in zweiter Linie relevant sind oder zurücktreten.

(c) Systembezogene B: Darunter sind alle B-Tätigkeiten zu verstehen, die sich auf Funktionsträger der Schule als Institution beziehen. Aufgrund der Auswertung von B-Erfahrungen in den ersten beiden Aufgabenfeldern liegen innovatorische Aktivitäten des Beraters nahe. Dazu gehören im einzelnen: Verbesserung schulischer Lernsituationen; psychologisch-pädagogisch wirksamere und humane Gestaltung von Unterrichtsprozessen und des Schulgeschehens im ganzen; die systembezogene B richtet sich vor allem an das Lehrerkollegium, ebenso an Fachleiter, pädagogisch-didaktische Leiter, Vertreter der Schulleitung und Schulverwaltung.

Die drei Aufgabenbereiche (a, b, c) finden sich auch in anderen Formen institutionalisierter B, z. B. in der Ausbildungs- und Studien-B.

3. Der Beratungsprozeß: Die *Planung der B-Tätigkeit* wird durch den B-Anlaß, durch die Art und Weise der bestehenden pädagogischen und psychischen Problematik und durch das Aufgabenfeld der B, in deren Bereich der jeweilige Einzelfall theoretisch einzuordnen ist, sowie durch die damit gegebenen Zielsetzungen bestimmt. Für die Planung und Durchführung von B kann somit nur ein allgemeiner formaler theoretischer Bezugsrahmen im Sinne eines praxeologischen Systems gegeben werden, innerhalb dessen die einzelnen für die Haupt- und Teilschritte relevanten Theorieansätze einzubringen sind. Damit ist zugleich die Voraussetzung dafür gegeben, daß der B-Prozeß systematisch erfolgen, kritisch reflektiert und methodisch kontrolliert ausgeführt werden kann. Praxeologische Systeme haben offenen Charakter; erst im Vollzug der einzelnen Untersuchungs- und Arbeitsschritte ist es durch sorgfältige Auswertung der jeweils methodisch gewonnenen Ergebnisse möglich, den nächsten Schritt genauer zu planen sowie die konkreten Ziele (Förder- oder Behandlungsintentionen) genauer zu bestimmen. Die einzelnen *Planungskonzepte* für B unterscheiden sich in den ihnen zugrunde gelegten Ansätzen und in ihren Zielrichtungen (u. a. Diagnose-Prognose-Therapie-Modell, sozialpsychologisch-kommunikationstheoretischer, lernpsychologisch-verhaltenstheoretischer und lerntheoretisch-didaktischer Ansatz), im Grad der Einbeziehung von Teiltheorien, die zur Aufhellung psychologischer und pädagogischer Problemsachverhalte notwendig sind, und im Grad der methodischen Überprüfung und Absicherung der Einzelschritte, ihrer Arbeitshypothesen und Ergebnisse.

Zu den *wichtigsten Schritten des B-Vorgangs* gehören: Problemanalyse und -diagnose (einschließlich der dazu notwendigen Untersuchungen), Erarbeitung der Problemlösung (Prognose); Problemhilfe; pädagogisch-psychologische Förderung und, wo es notwendig ist, Behandlung; Erfolgs- und Bewährungskontrolle; ggf. erneute oder ergänzende Problemanalyse und -diagnose, weitere B, Förderung oder Behandlung aufgrund des bisherigen B- und Förderungsverlaufs und der neu hinzugewonnenen Einsichten. Entsprechend dem Charakter und der Zielsetzung von B (Informative B, Einzelfallhilfe, Schullaufbahn-B) können sich typische Verlaufsformen ergeben (siehe schematische Darstellungen), die jedoch im konkreten Einzelfall modifiziert werden müssen. Innerhalb der einzelnen Arbeitsschritte und je nach Anlaß und Zielrichtung der B kann das Gewicht der beraterischen Tätigkeit hauptsächlich auf der Information, auf der Aufklärungs- und Entscheidungshilfe und auf der Hilfe zur Realisierung der Problemlösung bzw. Behebung der Erziehungsschwierigkeit und der mit ihr verbundenen psychischen Störung liegen.

4. Probleme der B-Theorie: Es gibt weder eine einheitliche *Theorie der B,* noch ist bis jetzt ein geschlossenes theoretisches Gesamtkonzept für die B-Tätigkeit vorhanden. Vielmehr gibt es verschiedenartige B-Konzepte und -strategien; die Vielfalt theoretischer Ansätze und Vorgehensweisen für beraterisches Handeln beruht auf der Vielgestaltigkeit und Vielschichtigkeit menschlicher Wirklichkeit, welt-

Beratung

Planungskonzepte zur Durchführung von Beratung

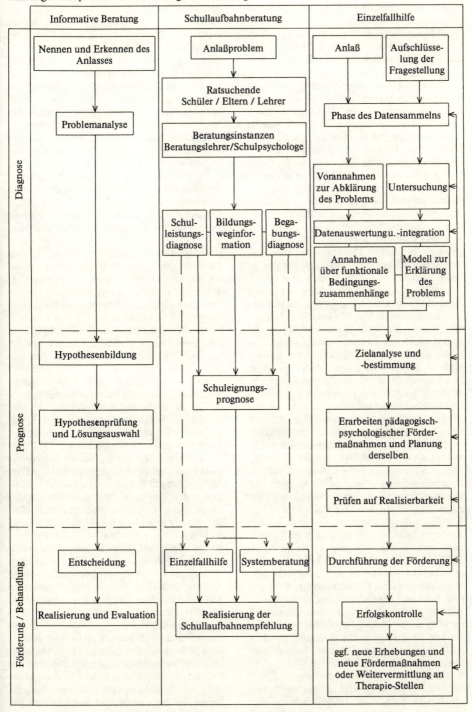

anschaulicher und wissenschaftstheoretischer Positionen sowie auf der Unterschiedlichkeit menschlicher Entwicklungsprozesse, psychischer Beeinträchtigungen und Konflikte, verschiedenartiger diagnostischer Zugangs- und pädagogisch-psychologischer Förder- und Eingreifmöglichkeiten.

B-Theorien können nach verschiedenen Kriterien geordnet werden, so vor allem nach der Art des verwendeten Theoriekonstrukts (z. B. Persönlichkeitsmodell, Selbstkonzept) und der mit ihrer Hilfe zu erklärenden psychischen und Erziehungs-Grundsachverhalte, nach der bevorzugten Methode oder Strategie pädagogisch-psychologischer Einflußnahme (z. B. direktive, nicht-direktive, verhaltenstherapeutische, analytische) oder auch nach den dominanten Aufgabenfeldern (Familien-, Jugend-, Schulberatung ... u. a.). Ein und dasselbe B-Problem stellt sich so je nach gewählter Theorie unterschiedlich dar und wird auf verschiedenen Wegen zu lösen gesucht.

Die pädagogisch-psychologische B war in den zurückliegenden Jahrzehnten am Vorbild des klinisch-medizinischen Modells von *Diagnose-Prognose-Therapie* ausgerichtet, das sie für ihre Zwecke entsprechend modifizierte. Die vorbeugenden Aufgaben wie auch die der systembezogenen B kamen dabei zu kurz. Auch waren die institutionellen und methodischen Möglichkeiten pädagogisch-psychologischer Förderung und Behandlung relativ begrenzt. Erst in den vergangenen fünfzehn Jahren ist eine Vielzahl von Förder- und Behandlungsmethoden, u. a. gruppendynamische Methoden (→ *Gruppendynamik*), nicht-direktive Verfahren, → *Verhaltensmodifikation* (Gesprächstherapie) entwickelt worden, die zum Ausbau und zur Intensivierung der Therapie führten. In neuester Zeit wurden zur Erklärung des B-Vorgangs, der schon früher sozialpsychologisch analysiert und theoretisch aufzuhellen versucht wurde (Bergius 1955), kommunikations- und interaktionstheoretische Ansätze (u. a. Watzlawick) herangezogen, die zur Kritik bisheriger B-Praxis beitrugen und bereits bekannte Kommunikationsschwierigkeiten und ihre Ursachen schärfer sehen ließen. Ferner wird B wieder stärker als pädagogische Aufgabe gesehen und als erziehungswirksamer Prozeß verstanden (Aurin 1981; Martin 1974).

5. *Berufsethische Grundeinstellung und Kritik:* Der Ratsuchende oder zu Beratende – wie schwer ihn auch sein Problem belasten und sein Lern- oder Gemeinschaftsverhalten auch gestört sein mag – ist stets als Selbstentscheidender, zur Selbstbestimmung und Selbststeuerung Fähiger und gegenüber sich selbst Verantwortlicher, als Subjekt und Partner im Beratungsprozeß anzusehen und in den bestehenden, wiederherzustellenden und zu fördernden Möglichkeiten seiner aktiven Mitwirkung bei Problemlösungen ernst zu nehmen. Darüber hinaus setzt die Tätigkeit des Beraters die Bereitschaft zur Hilfe (altruistische Einstellung) voraus, ferner eine auf der eigenen inneren Sicherheit beruhende vertrauensvolle, vorurteilsfreie und unverkrampfte Zuwendung zum Ratsuchenden und die Fähigkeit, von ihm, von seinen Problemen zu lernen. Ebenso sind Kontaktfähigkeit und Zugang zum Ratsuchenden sowie Einfühlungsvermögen/Empathie erforderlich. Dazu gehört die Achtung der Intimsphäre des anderen, das heißt, Taktgefühl und Geduld dafür aufzubringen, bis der Ratsuchende sich selbst mitteilt und dazu bereit ist, sich darüber zu äußern, was ihn bedrückt und worin er die Ursachen für seine Schwierigkeiten oder sein Problem sieht. (Zur Verletzung von Privatgeheimnissen siehe auch das Einführungsgesetz zum Strafgesetzbuch, Teil I, § 203, 1. und 2., wo der Psychologe ausdrücklich genannt ist.)

B hat in letzter Zeit wiederholt *Kritik* erfahren. Sicher gilt es vieles zu verbessern; dazu gehört vor allem die Intensivierung der vorbeugenden Arbeit, die Verbesserung der pädagogisch-psychologischen Behandlungsmethoden wie auch der Kooperation der B-Dienste untereinander. Schließlich ist stärker als bisher der Gefahr zu begegnen, daß der Ratsuchende durch B ›etikettiert‹ oder ›stigmatisiert‹, d. h. durch B erst zum spezifischen psychologischen Problemfall gemacht wird, der er nicht ist und auch nicht werden will (→ *Abweichendes Verhalten*), – oder daß der Ratsuchende von Beratungsstelle zu Beratungsstelle weitergeleitet wird und nirgendwo wirksame und durchgreifende Hilfe erfährt. Andere Kritik ist wieder ungerechtfertigt: Seit Jahren schon arbeiten Erziehungs- und Schul-B wie auch beide Einrichtungen mit den Stellen der Jugend- und Sozialarbeit und mit der Berufs-B und mit dem Arzt zusammen. Allerdings mußte die Kooperation manchenorts weiter ausgebaut und intensiver betrieben werden. Die Gefahr der Ausgliederung von Erziehungsaufgaben und B-Funktionen aus dem Unterricht und damit seines pädagogischen Funktionsverlustes wird gesehen; sie ist in der Praxis nicht so groß, wie die Kritiker es annehmen. Hier liegt u. a. weniger ein Problem der B-Dienste als eines der überforderten Schule vor.

Kurt Aurin

Literatur
Aurin, K./Gaude, P./Zimmermann, K.: Bildungsberatung, Perspektiven ihrer Entwicklung in der Bundesrepublik Deutschland. Frankfurt 1973. – *Aurin, K./Stark, G./Stobberg, E.:* Beratung im Schulbereich. Weinheim 1977. – *Aurin, K./Olbrich, Ch.:* Theoretischer Bezugsrahmen für die Tätigkeit des Beratungslehrers. Studienbrief 15, DIFF Tübingen 1978. – *Aurin,. K.* (Hrsg.): Beratung als pädagogische Aufgabe. Wiesbaden 1981. – *Barclay, J. R.:* Foundations of counseling strategies. New York u. a. 1971. – *Bergius, R.:* Die Beratungssituation als sozialpsychologisches Problem. In: Psych. Rundschau (1955), S. 159–161. – *Bollnow, O. F.:* Existenzphilosophie und Pädagogik. Stuttgart 1959. – *Ertle, Ch.:* Erziehungsberatung. Stuttgart 1965. – *Heller, K.* (Hrsg.): Handbuch der Bildungsberatung. 3 Bde. Stuttgart 1975/76. – *Hornstein, W.* u. a.: Beratung in der Erziehung. 2 Bde. Frankfurt 1977. – *Hornstein, W.* u. a.: Interaktion und Organisation in der pädagogischen Beratung – Theoretische Ansätze und Planungen. In: Zeitschrift für Pädagogik 13. Beiheft 1977. – *Hruschka, E.:* Versuch einer theoretischen Grundlegung des Beratungsprozesses. Meisenheim am Glan 1969. – *Hughes, F. M.:* Beratung in der Schule. Stuttgart 1974. – *Ingenkamp, K.:* Pädagogische Diagnostik. Weinheim 1975. – *Martin, L. R.:* Bildungsberatung in der Schule. Bad Heilbrunn 1974. – *Mollenhauer, K./Müller, C. W.:* »Führung« und »Beratung« in pädagogischer Sicht. Heidelberg 1965. – *Patterson, C. H.:* Theories of counseling and psychotherapy. New York u. a. ²1973. – *Pfistner, H.-J.:* Erziehungsberatung. Koblenz 1968. – *Schmidt, J.:* Einführung in die Erziehungsberatung. Darmstadt 1978. – *Schwarzer, R.* (Hrsg.): Beraterlexikon. München 1977. – *Watzlawick, P./Beavin, J. H./Jackson, D. D.:* Menschliche Kommunikation. Bern/Stuttgart 1967. – *Weinert, F. E.:* Pädagogisch-psychologische Beratung als Vermittlung zwischen subjektiven und wissenschaftlichen Verhaltenstheorien. In: Arnhold, W. (Hrsg.): Texte zur Schulpsychologie und Bildungsberatung. Bd. 2. Braunschweig 1977.

Bildungsforschung

1. Aufgaben der Bildungsforschung: Die Bildungsforschung (B) ist im Wissenschaftssystem als Programm und Institution erst in jüngster Zeit eingeführt worden. Sie steht als Beispiel für jenen Typ von Wissenschaftsentwicklung, die nicht von der innerdisziplinären Dynamik theoretischer und methodischer Konzepte vorangetrieben wird, sondern ihr Entstehen außerwissenschaftlichen Interessen an den Ergebnissen von Forschung verdankt (Daele u. a. 1979). Im Fall der B entstammen diese außerwissenschaftlichen Interessen jenen unter dem Anspruch von »Bildungsreform« wirksam gewordenen politischen Forderungen und Innovationsstrategien, die auf eine Veränderung der Lernformen, der Lerninhalte und der Selektionsmechanismen des Bildungssystems drängen.

Diese Bildungsreform als Teil der Modernisierung gesellschaftlicher Strukturen hat unter verschiedenen Vorzeichen seit dem Zweiten Weltkrieg in allen Industriestaaten eingesetzt und wurde zentraler Teil jener Strategien, mit denen Länder der dritten Welt ihre Unterentwicklung zu überwinden suchen. Es liegt an diesem politischen Gehalt von Bildungsreform und ihrer Prägung durch die jeweiligen sozio-kulturellen Bedingungen, zu deren Wandel sie mobilisiert wurde, daß man auch nicht von einem universellen Begriff von B sprechen kann. Sie wird als anwendungsorientiertes wissenschaftliches Feld geprägt durch die jeweiligen nationalen ökonomischen Entwicklungsstadien, durch die Eigenheiten der politischen Entscheidungsprozesse und Machtverteilungen, durch den Aufbau der Verwaltungen sowie durch die wirksamen Ideologien und Bildungstraditionen (Legrand 1974).

Daher wäre es auch verfehlt, Bildungsforschung mit der angloamerikanischen Übersetzung des Begriffs »educational research« bedeutungsmäßig ineinszusetzen. Zwar hat dieser Terminus insbesondere in den USA eine weit vor den Beginn der Bildungsreformidee zurückreichende Geschichte, doch er stand dort zunächst weitgehend synonym für »applied psychology« – eine Gleichsetzung, die auch heute noch für die disziplinären Schwerpunkte der amerikanischen B zutrifft (Friedrich 1975; Suppes 1978), sich aber nicht übertragen läßt auf den faktischen disziplinären Gehalt der in der Bundesrepublik betriebenen B. Ähnlich den Forschungsprogrammen internationaler Wissenschaftsagenturen, z. B. der UNESCO oder der OECD, und in starkem Maße von diesen beeinflußt, ist es für diese B charakteristisch, daß in ihr nicht die angewandte Pädagogische Psychologie dominiert, sondern unter einem interdisziplinären Anspruch den Sozialwissenschaften der Vorrang eingeräumt wird.

Die Entwicklung der B ist so von zwei Komponenten gekennzeichnet: zum einen von den an sie herangetragenen forschungspolitischen

Erwartungen, Instrumente einer direkten Problemlösung zu liefern, zum anderen von dem Versuch, diese Problemlösungen zu erzeugen durch einen interdisziplinären Forschungsprozeß, der die Sozialwissenschaften – entgegen dem ihnen inhärenten Bezug zur theoretisch-kritischen Reflexion und nicht zur Handlungsanweisung – in seine Pragmatik einbeziehen will. Prägnant wird dieser Doppelanspruch in der Definition des Deutschen Bildungsrates formuliert, der sich nicht nur durch seine Einbeziehung von Wissenschaftlern verschiedenster Disziplinen in die Politikberatung als eine wirksame Steuerungsinstanz der B erwiesen hat (Becker 1975), sondern auch den Versuch unternommen hat, den Stand der Wissenschaftsentwicklung in der B festzustellen (Deutscher Bildungsrat 1975) und Empfehlungen für ihren Ausbau zu formulieren: »Man kann Bildungsforschung in einem weiteren und engeren Sinne auslegen. Im engeren Sinne hat es sie als Unterrichtswissenschaft immer schon gegeben (→ *Unterrichtsforschung*). Im weiteren Sinn kann sie sich auf das gesamte Bildungswesen und seine Reform im Kontext von Staat und Gesellschaft beziehen, einschließlich der außerschulischen Bildungsprozesse. Wie weit oder eng aber auch die Grenzen gezogen werden, es sollte nur dann von B gesprochen werden, wenn die zu lösende Aufgabe, die Gegenstand der Forschung ist, theoretisch oder empirisch auf Bildungsprozesse (Lehr-, Lern-, Sozialisations- und Erziehungsprozesse), deren organisatorische und ökonomische Voraussetzungen bezogen ist. Nach dieser Definition kann jede Wissenschaft einen Beitrag zur B leisten, wenn sie sich auf die Lösung von Problemen ausrichtet, die das Bildungswesen, die Bildungsprozesse und deren Reform betreffen. So gibt es Pädagogische Psychologie, Soziologie des Bildungswesens, Bildungsökonomie, Bildungsverwaltungswissenschaft und so weiter. Diese Disziplinen werden aber, wenn sie sich auf B einlassen, durch die pädagogische Ausrichtung und Zielsetzung modifiziert: Sie werden dann auf pädagogische Fragen angewandte Wissenschaften. Dabei spielt die Erziehungswissenschaft eine Sonderrolle. Soweit sie als selbständige Disziplin facheigene Kategorien entwickelt, ist sie nur eine unter den Wissenschaften, die B betreiben« (Deutscher Bildungsrat 1974, S. 16).

2. *Die institutionellen Strukturen der Bildungsforschung:* Die B ist in der Bundesrepublik innerhalb der Humanwissenschaften die bedeutsamste – gemessen am finanziellen Einsatz und an der Zahl des wissenschaftlichen Personals – wissenschaftliche Spezialität, die unter einem politischen Steuerungsanspruch etabliert worden ist. In der seit 1971 geführten Datenbank über sozialwissenschaftliche Forschungsprojekte des Informationszentrums Sozialwissenschaften entfallen zeitlich kaum verändert ca. 40% der Projekte auf Themen der B im weiteren Sinne (Informationszentrum für Sozialwissenschaften 1971ff.). Die Institutionalisierung dieser Spezialität nahm ihren Anfang zu Beginn der sechziger Jahre und wurde markiert durch die Gründung des Max-Planck-Instituts für Bildungsforschung in Berlin, dessen Name zugleich der Spezialität ihre dann allgemein verwendete Bezeichnung gab. Diese Institutsgründung und die später anlaufenden weiteren Förderungsprogramme wurden entscheidend von der Prämisse bestimmt, daß die gewünschte Form problemorientierter Forschungspraxis innerhalb des universitären Wissenschaftssystems nicht wirkungsvoll initiiert werden könne und nur durch außeruniversitäre Neugründungen zu erreichen sei. Dafür sprach, daß die Erziehungswissenschaft als die vorhandene auf Bildungsprozesse spezialisierte Disziplin an den Hochschulen bis dahin nur ein geringes Forschungspotential entwickelt hatte, das außerdem einem stärker geisteswissenschaftlich-hermeneutischen Methodenprogramm verpflichtet war und nur geringe Ansätze erfahrungswissenschaftlichen Vorgehens aufwies. Die Förderungsprogramme der B zielten dagegen auf empirisch-analytisch prozedierende Forschung, die in ihrem Methodeninstrumentarium eine auf konkrete Probleme konzentrierte Großforschung – vergleichbar ähnlichen Förderungsprogrammen in den Naturwissenschaften – ermöglichen sollte. Die entsprechende betriebsförmige Organisation von Forschung war an den Hochschulen nicht zu leisten.

Im Förderungsprogramm der B lassen sich drei Typen der Institutionalisierung von Wissenschaft unterscheiden:

(a) eine *Institutsförderung*, aus der Forschungsorganisationen mit langfristigeren und theorieorientierten Aufgaben entstanden. Dies waren insbesondere das Deutsche Institut für Internationale Pädagogische Forschung, das Max-Planck-Institut für Bildungsforschung und der Sonderforschungsbereich Bildungsforschung an der Universität Konstanz;

(b) eine *Projektförderung,* die anfangs vor allem von der Stiftung Volkswagenwerk mit dem Schwergewicht auf einer anwendungsorientierten Forschung betrieben wurde (Ausbildungsförderung für Mathematiker und Naturwissenschaftler, Dokumentationssysteme, Curriculumentwicklung, Hochschuldidaktik und Fernstudien) (→ *Curriculum*). Als weitere wichtige Instanz der Projektförderung fungierte das Bundesministerium für Bildung und Wissenschaft, dessen Forschungsförderung auf zentrale Eingriffsstellen für innovatorische Veränderungen im Bildungssystem abgestellt war, in dem die Bundespolitik aufgrund der Kulturhoheit der Länder nur wenige Aktionsparameter vorfindet (zum Beispiel Modell- und Versuchsprogramme im Vorschulbereich und in der Curriculumentwicklung). Ein breites Spektrum von Projekten deckt die Förderung durch die Deutsche Forschungsgemeinschaft ab, und in Einzelfällen (zum Beispiel der Aufbau von Regionalen Pädagogischen Zentren) hat sich auch der Stifterverband für die Deutsche Wissenschaft in der B engagiert;

(c) *Verwaltungsinstitute* der Bundesländer, die zum Teil aus bildungstechnologischen Instituten einzelner Kultusministerien hervorgingen und heute stärker auf Probleme einer allgemeinen wissenschaftlichen Unterstützung der Bildungsverwaltung, insbesondere in der Curriculumentwicklung, abgestellt sind. Über derartige Institute verfügen heute alle größeren Bundesländer. Vergleichbare Funktionen nehmen das von Bundesministerien eingerichtete Bundesinstitut für Berufsbildung und das Institut für Arbeitsmarkt- und Berufsforschung wahr.

Für diesen vornehmlich außeruniversitären Bereich der B wurden 1977 Förderungsmittel in Höhe von 139,9 Millionen DM bereitgestellt. Seit 1975 haben sich diese Förderungsressourcen jährlich um weniger als fünf Prozent erhöht, so daß es wegen der steigenden Personalausgaben zu einer realen Stagnation der Forschungsförderung gekommen ist, nachdem in den Jahren zuvor die Förderungsmittel rasch gewachsen waren (1967: 20,9 Millionen DM; 1972: 76,7 Millionen DM). Mit der Stagnation der Förderung ging eine Umverteilung der Ressourcen unter den drei Förderungsarten einher, die zu einer Stärkung der verwaltungsnahen Forschung führte (1972: 56,9%; 1977: 62,5%) und den Anteil der Projektförderung (26,8 bzw. 24,3%) und der Institutsförderung (16,3 bzw. 13,2%) kürzte (alle Zahlen vgl. Homann 1979).

Der große und steigende Anteil von Verwaltungsinstituten an der außeruniversitären B ist ein Indikator dafür, daß diese wissenschaftliche Spezialität einer relativ unmittelbaren politischen Steuerung ihrer institutionellen Strukturen unterworfen ist. Außerdem ist daraus der Schluß zu ziehen, daß in ihr wissenschaftsinterne, primär an Standards von Theorien und Methoden festgemachte Bewertungsverfahren nur in bestenfalls einem Drittel der Forschungseinrichtungen vorherrschen. Darin kommen sicherlich auch methodische Konflikte zum Ausdruck, denen die B als angewandte Humanwissenschaft ausgesetzt ist, so unter anderem, daß die B zunächst nach dem Konzept von Großforschung in Instituten außerhalb der Universitäten und außerhalb der Verwaltung eingerichtet wurde, womit die instrumentellen Voraussetzungen einer empirisch verfahrenden Grundlagenforschung geschaffen wurden; dabei ging aber tendenziell der institutionell zu sichernde Anwendungsbezug verloren, der, wie es scheint, neuerdings durch eine stärkere Anbindung der Forschungspraxis an die Verwaltung wiedergewonnen werden soll. Ein forschungspolitischer Schritt in diese Richtung war auch die Auflösung des Deutschen Bildungsrates als einer eher wissenschaftsorientierten Vermittlungsinstanz zwischen Bildungspolitik und B und seine Ersetzung durch die eher verwaltungsorientierte Bund-Länder-Kommission für Bildungsplanung.

3. Die kognitiven Strukturen der Bildungsforschung: Dieser Wandel des institutionellen Rahmens der B ist jedoch vor allem vor dem Hintergrund ihrer sich ändernden Problemstellungen zu sehen, die sich kurz so zusammenfassen lassen: Das in der Bundesrepublik bis Ende der fünfziger Jahre nicht ernsthaft diskutierte hochgradig selektive dreigliedrige allgemeinbildende Schulsystem, die exklusive Hochschulausbildung und die diskriminierenden Bedingungen des für die Mehrheit der Jugendlichen zuständigen dualen Berufsbildungssystems wurden im Verlauf der sechziger Jahre durch eine Reihe von zum Teil voneinander unabhängigen Entwicklungen problematisiert. Die legitimationskräftigste dieser Entwicklungen war ein aus verschiedenen Gründen verstärkter Bedarf an bestimmten Gruppen qualifizierten Personals (zum Beispiel Techniker, Ärzte, Lehrer) – eine Beobachtung, die ausgehend von nationalökonomischen Theorien innerhalb der neuen

Subdisziplin Bildungsökonomie theoretisch verallgemeinert wurde zu einer Erklärung von Bildungsexpansion durch die Kategorie der *Leistung* (Schmitz 1973).

Dies war der erste Ansatz einer Integration von Sozialwissenschaften in die bis dahin vor allem von der Erziehungswissenschaft und der Pädagogischen Psychologie bestimmte Forschung über Bildungsprozesse. Die Integration der Soziologie erfolgte im Zuge der bereits sehr alten, aber bis dahin in der Öffentlichkeit kaum auf Resonanz stoßenden liberalen Kritik an der Selektivität des Schulsystems und an seiner Funktion bei der Reproduktion sozialer Ungleichheit (→ *Chancengleichheit*). Über diese Frage wurde ein Interesse erweckt an der soziologischen Sozialisationsforschung und ihren Theorien und Befunden für die Konstitution von → *Begabung* unter dem Einfluß der Faktoren des sozialen Umfeldes der Heranwachsenden (→ *Sozialisation*). Die damit entfachte Debatte über die Determination von Begabung durch nature oder nurture endete sowohl im wissenschaftlichen als auch im bildungspolitischen Feld mit einer deutlichen Diskreditierung genetischer Begabungstheorien, die bis dahin in den pädagogischen Theorien und im Alltagsverständnis von Erziehung vorgeherrscht hatten (Roth 1969). Im wissenschaftlichen Feld schlossen sich daran Versuche an, die die Sozialisationstheorie zu einer allgemeineren Theorie der Bildungsprozesse als dem paradigmatischen Kern einer eigenständigen Disziplin Bildungsforschung weiterentwickeln wollen (Oevermann 1976; 1979), bislang jedoch nicht verwirklicht wurden. Für die Bildungspolitik ergaben sich aus der Sozialisationstheorie diejenigen Argumentationsstrukturen, mit denen die Mechanismen einer über die Bestimmung von Begabung und Lernerfolg stattfindenden schulischen Selektion kritisiert und verändert werden konnten.

Hiervon gingen die bildungspolitischen Initiativen und Forschungsprojekte aus, die über die Expansion der Schülerzahlen und über steigende Übergangsquoten zu weiterführenden Schulen sowie über eine äußere und innere Schulreform nach dem Modell der Gesamtschule einen Abbau sozialer Ungleichheit zum Ziel hatten. Der Charakter dieser Forschungspraxis war »komplexitätssteigernd« (Edding/Hüfner 1975), weil sie Alternativen in der öffentlichen Wahrnehmung schulischer Erziehungsprobleme eröffnete. Sie geriet dadurch aber zugleich unter den Einfluß bildungspolitischer Interessenkonflikte und wurde mit im eigentlichen Sinne politischen Legitimationsaufgaben, so bei der Begründung der Gesamtschule und in der Curriculumreform, belastet. Diese Beweislast hatten auch jene Ende der sechziger Jahre in Gang gesetzten Forschungsprojekte zu tragen, die im Sinne einer positiven Konstruktion Instrumente zur Implementation der Schulreform, z. B. Testkonstruktion, didaktische Handlungsmodelle oder Modelle innerer Schuldifferenzierung, erarbeiteten (→ *Instruktionstheorie*; → *Differenzierung*).

Die Phase vornehmlich qualitativer Probleme von Bildungspolitik und -forschung wird aktuell überlagert von einer an die ursprüngliche Bedarfsproblematik in mancher Hinsicht anknüpfenden erneuten Phase quantitativer Probleme, die entstanden sind aus den budgetären Beschränkungen der Bildungsfinanzierung, aus Engpässen im Verhältnis von Bildungssystem und Arbeitsmarkt sowie aus internen Friktionen, die von der Bildungsreform zum Teil erst ausgelöst wurden. Daraus hat sich ein Typus stärker »komplexitätsreduzierender« B ergeben, der die Aufgabe zufällt, Möglichkeiten einer unter gesetzten Randbedingungen machbaren Politik zu prüfen. Die Berufsbildungspolitik und Beschäftigungsprobleme haben zu einer Renaissance bildungsökonomischer Forschung beigetragen. Auf der anderen Seite dominieren aber Themen der inneren Gestaltung von Unterricht, der verwaltungsmäßigen Steuerung von Schule und der subjektiven Folgen sich verschärfender Auslese- und Arbeitsbedingungen schulischen Lernens. Es läßt sich ein stärkeres Interesse an verhaltenstheoretischen Themen feststellen, die der Psychologie ein größeres Gewicht in der B verleihen, während sich soziologische Projekte auf das Unterrichtsgeschehen als eine Struktur des sozialen Handelns in eher beschreibender Absicht konzentrieren.

Versucht man trotz der nur wenigen systematischen Einsichten in die disziplinäre Entwicklung der B eine Einschätzung zu formulieren, so läßt sich mit einiger Triftigkeit vermuten, daß die B den Status einer stark anwendungsbezogenen Forschungspraxis beibehalten hat, die ihre Themen, unter anderem wegen der hochgradig verwaltungsnahen Forschungsorganisation und der Abhängigkeit von der Auftragsforschung, entsprechend sich laufend ändernder bildungspolitischer Problemlagen vorgegeben erhält. Eine disziplinäre Eigenständigkeit, die sich durch ein spezialisiertes Repertoire von Theorien und Methoden ausweist (Luhmann 1974), konnte die B nicht entfalten, obwohl beachtet werden muß, daß von ihr wichtige Impulse zu einer erfahrungswissenschaftlichen Modernisierung der Erziehungswissenschaft und der Lehrerausbildung ausgingen. Auch institutionelle Voraussetzungen disziplinärer Eigenständigkeit, wie z. B. ein über Fachzeitschriften verlaufendes disziplinäres Kommunikationssystem oder disziplinspezifische Verfahren für die Rekrutierung des wissenschaftlichen Nachwuchses, hat die B in der Bundesrepublik – im Gegensatz zur B in den USA – bislang nicht entwickeln können.

Enno Schmitz

Literatur
Becker, H.: Beitrag und Einfluß der Bildungsforschung auf die Bildungsratsarbeit. In: Zeitschrift für Pädagogik 21 (1975), S. 159–172. – *Deutscher Bildungsrat*: Empfehlungen der Bildungskommission – Aspekte für die Planung der Bildungsforschung. Stuttgart 1974. – *Deutscher Bildungsrat*: Gutachten und Studien der Bildungskommission – Bildungsforschung: Probleme, Perspektiven, Prioritäten. 2 Bde. Stuttgart 1975. – *Daele, W. v. d.* u. a.: Die politische Steuerung der wissenschaftlichen Entwicklung. In: diess. (Hrsg.): Geplante Forschung. Frankfurt/M. 1979, S. 11–63. – *Edding, F./Hüfner, K.*: Probleme der Organisation und Finanzierung der Bildungsforschung. In: *Deutscher Bildungsrat* 1975, S. 417–453. – *Friedrich, D.*: Bildungsforschung in den USA. In: Neue Sammlung 1975, S. 353–371. – *Homann, U.*: Anhang: Bildungsfinanzierung in der Bundesrepublik Deutschland. In: *Lüschen, G.* (Hrsg.): Deutsche Soziologie seit 1945 – Entwicklungsrichtungen und Praxisbezug. Köln/Opladen 1979, S. 310–315. – *Informationszentrum für sozialwissenschaftliche Forschung*: Forschungsarbeiten in den Sozialwissenschaften – Dokumentation 1971ff. – *Legrand, L.*: Les politiques de la recherche en éducation – Analyse de seize reports nationaux. In: Europarat, Bulletin-Information Nr. 2 (1974), S. 61–74. – *Luhmann, N.*: Theoretische und praktische Probleme der anwendungsbezogenen Sozialwissenschaften – Zur Einführung. Vervielf. Ms. Wissenschaftszentrum Berlin 1974. – *Oevermann, U.*: Programmatische Überlegungen zu einer Theorie der Bildungsprozesse und zur Strategie der Sozialisationsforschung. In: *Hurrelmann, K.* (Hrsg.): Sozialisation und Lebenslauf. Reinbek 1976, S. 34–52. – *Oevermann, U.*: Ansätze zu einer soziologischen Sozialisationstheorie und ihre Konsequenzen für die allgemeine soziologische Analyse. In: Kölner Zeitschrift für Soziologie und Sozialpsychologie, Sonderheft 21 (1979), S. 143–168. – *Roth, H.* (Hrsg.): Begabung und Lernen – Ergebnisse und Folgerungen neuer Forschungen. Gutachten im Auftrage der Bildungskommission des Deutschen Bildungsrates. Stuttgart 1969. – *Schmitz, E.*: Was kommt nach der Bildungsökonomie? Zu den Versuchen mit einer politischen Ökonomie des Bildungswesens. In: Zeitschrift für Pädagogik 19 (1973), S. 799–820. – *Suppes, P.* (Hrsg.): Impact of Research on Education: Some Case Studies. National Academy of Education. Washington D. C. 1978.

Bildungsplanung

1. Begriff, Aufgabe und Entwicklung: Bildungsplanung (B) ist die durch die → *Bildungsforschung* unterstützte systematische Umsetzung der dem Bildungswesen vorgegebenen inneren und äußeren Ziele in eine Folge aufeinander bezogener Maßnahmen und die Kontrolle ihres Erfolgs. B ist insofern ein ungenauer Begriff, als nicht die Bildung geplant werden soll, sondern die institutionellen Bedingungen, unter denen sie eintreten soll. Die Praxis des Planens im Bildungsbereich ist so alt wie ein organisiertes Bildungswesen selbst, weil das gezielte Ingangbringen von Prozessen, vor allem der Lernprozesse, die im vor- und außerschulischen Raum weitgehend ungeplant und zufällig ablaufen, ein Bildungssystem überhaupt erst konstituiert. Das traditionelle Aufstellen von Lehrplänen, Bildungsplänen, Stundenplänen u. ä. wurde aber noch nicht als B verstanden. Dieser Begriff taucht als Übersetzung von Educational Planning erst nach 1945 auf, als Modellvorstellungen anderer Bereiche, vor allem der Wirtschaftstheorie, auf das Bildungswesen übertragen wurden und auch die äußeren Strukturen des Bildungssystems und sein Gesamtzusammenhang unter den Anspruch der Durchrationalisierung gestellt wurden (Schulstandortplanung, Kapazitätsplanung, regionale Bildungsplanung, Schülertransportplanung, Innovationsplanung).

Die Theorie der B bringt, indem sie von angrenzenden Disziplinen methodisch befruchtet wird, bisher wenig beachtete Seiten des Bildungssystems ins öffentliche Bewußtsein, vor allem seine Verflechtung mit der Wirtschaft und dem Arbeitsmarkt. Indem ökonomische Effekte des Bildungswesens in den Vordergrund rücken, wird theoretisch und methodisch aufgearbeitet, was sich als Einstellungsveränderung in der Bevölkerung in den letzten Jahrzehnten feststellen läßt: An den Angeboten des Schulwesens ist weitaus weniger interessant, wie sie durch bildungstheoretische Überlegungen gerechtfertigt sind, als die faktischen Wirkungen, die sie für die Chancen des beruflichen und sozialen Aufstiegs besitzen (→ *Chancengleichheit*). Die Parallelität einer Einstellungsveränderung der Öffentlichkeit dem Bildungswesen gegenüber mit einer thematischen und methodischen Umorientierung der dem Bildungswesen zugeordneten wissenschaftlichen Disziplinen kann nicht die Frage verdecken, ob B durchweg eine pädagogische Disziplin ist oder nicht. Sie operiert nämlich, indem sie den Zusammenhang mit anderen Bereichen beachtet, an der Grenze pädagogischer Phänomene und kann statt dessen auch einen ins Bildungswesen vorgetriebenen Ausläufer der Wirtschaftswissenschaft, Regionalwissenschaft oder Sozialwissenschaft darstellen. Der methodisch fruchtbare Ansatz, das Bildungswesen in Analogie zu einer Produktionseinrichtung zu verstehen, um die hochentwickelten Instrumente der Ökonomie zur Datenerfassung, Systembeschreibung, Kalkulation, Effizienzmessung für einen neuen Gegenstandsbereich nutzen zu können, wird spätestens dann preisgegeben, wenn die konstitutiven Leit- und Zielgrößen des ökonomischen Bereichs zu den dominierenden Wertvorstellungen auch für den Bildungsbereich gemacht werden, gegen die dann die eigenen Normen und Zielsetzungen des pädagogischen Feldes (persönliche Entfaltung ermöglichen statt dem wirtschaftlichen Nutzen dienen) keine Chance der Durchsetzung mehr haben. Unbeschadet dieser Gefahr erbrachte aber der Ausbau wissenschaftlich fundierter B unbestreitbare Vorteile, vor allem die Erweiterung des Repertoirs zur Durchsetzung politisch legitimierter Ziele und die Erhöhung der für ein demokratisches Bildungswesen wichtigen Durchsichtigkeit und Kontrollierbarkeit der laufenden Entwicklungen.

2. Bildungsplanung und Bildungspolitik: In der B wirken Wissenschaft und Bildungspolitik eng zusammen. Formal liegt die Entscheidung über die Gestaltung und Veränderung des Bildungssystems in der Zuständigkeit der Parlamente und der zur Exekutive ermächtigten Verwaltung. Die Anforderung an eine zeitgemäße Bildungspolitik bedingt aber, daß sie ihre Entscheidungen auf wissenschaftliche Vorklärung der Sachverhalte stützt. Sie erteilt den Auftrag an wissenschaftliche Gremien, Maßnahmenpläne vorzubereiten, für die sie die Ziele und Rahmenbedingungen vorgibt. Zwischen Politik und Wissenschaft besteht ein Spannungsverhältnis derart, daß Politiker versuchen, von der Wissenschaft statt unvoreingenommener Analysen Argumentationshilfen für bereits gefällte Entscheidungen zu erhalten, während die Wissenschaftler gelegentlich danach streben, die politische Entscheidung auszuschalten und ihre Ergebnisse als unausweichlich darzustellen. Im sachgerechten Zusammenwirken von Wissenschaft und Politik ist B immer alternative B, d. h., es werden unterschiedliche Möglichkeiten durchgespielt, und dabei wird dargelegt, welche Vor- und Nachteile, Risiken, Kosten und voraussichtlichen Folgen mit möglichen Entscheidungen verbunden sind.

3. Klassische Planungsansätze: Die klassischen Modelle der B der ersten Phase sind der sogenannte Bedarfsansatz (Manpower-Ansatz) und der Nachfrage-(Social-Demand-)Ansatz. Auf zwei Wegen wird dabei versucht, in Anlehnung an eine vorwiegend ökonomische Betrachtungsweise des Bildungswesens, der Bildungspolitik und Bildungsverwaltung Hinweise auf notwendige Maßnahmen zu geben.

(a) *Der Bedarfsansatz* geht von dem für eine moderne Wirtschaftsgesellschaft abschätzbaren bzw. berechenbaren Bedarf an Arbeitskräften verschiedener Qualifikationshöhe aus, bezieht die Bedarfsprognosen kritisch auf den »Ausstoß« des Bildungswesens und liefert so der Bildungspolitik Hinweise auf Fehlbestände, Überproduktionen, Engpässe, zeitliche Verzögerungen und andere Disproportionalitäten. Entscheidende Anstöße und Arbeiten lieferten, im Anschluß an die Initiativen der OECD, vor allem Bombach (1963) und seine Schüler Widmaier (1971) und Riese (1967). Die berechtigte Kritik der Einseitigkeit dieses Ansatzes und der Hinweis auf Fehlprognosen führten zu einer Verfeinerung der Methode und zu einer Verbindung mit der Gegenposition, dem Nachfrageansatz.

(b) *Der Nachfrageansatz* (Social-Demand-Position) geht von dem Sachverhalt aus, daß die Bevölkerung das Bildungswesen nutzt, um ihre Vorstellungen von beruflichem Aufstieg und sozialer Sicherung für den Nachwuchs ohne Rücksicht auf die objektive Bedarfslage durchzusetzen. Zweifellos ist dieser Ansatz der pädagogischen Zweckbestimmung des Bildungssystems, das nach dem Grundgesetz jedem die seiner Begabung und Neigung entsprechende Entfaltung der Persönlichkeit zu gewährleisten hat, wobei eine Restriktion nach der gesellschaftlichen Bedarfslage nicht vorgenommen werden darf, eher angemessen als ein extremer Bedarfsansatz. Die dem

Nachfrageansatz zugeordnete Forschung sucht die Determinanten unterschiedlichen Bildungsverhaltens freizulegen, um der Bildungspolitik und Bildungsverwaltung zuverlässige Prognosen über die Entwicklung der Nachfrage zu liefern. Für die makroökonomische Planung bedeuten diese Prognosen wichtige Informationen darüber, mit welchen Zahlen an Ausgebildeten der Arbeitsmarkt in der Zukunft rechnen kann. Die Verbindung beider Ansätze wird schon deshalb nahegelegt, weil Bildung und Ausbildung nicht als Selbstzweck nachgefragt werden. Vielmehr erwarten die Ausgebildeten, daß ihnen durch eine entsprechende Bildungspolitik auch in ihrer Ausbildungshöhe angemessener Arbeitsplatz zur Verfügung gestellt wird. Die B muß daher von der Variabilität und die Bildungspolitik von der Beeinflußbarkeit sowohl der Nachfrage als auch des Bedarfs ausgehen, um Bildungssystem und Beschäftigungssystem in ein einigermaßen ausgewogenes Verhältnis zu bringen.

(c) *Der Infrastrukturansatz* entspricht dem Arbeitskontakt mit der Raumordnungstheorie und der Landesplanung, an den sich Schulstandortplanung, Schülertransportplanung, Medienplanung und Kapazitätsplanung unmittelbar anschließen können. Dem Ansatz liegt die Entscheidung zugrunde, daß die eigentlich pädagogischen Akte, nämlich der Umgang des Lehrers mit den Schülern (→ *Lehrer-Schüler-Interaktion*), von Rücksichten auf gesellschaftlichen Bedarf und quantitative Entwicklung der Nachfrage soweit als möglich frei bleiben sollen. Dies ist nur möglich, wenn die planbaren Verhältnisse des Bildungswesens bestmöglich geordnet sind. Hierzu wird das Bildungswesen als ein System betrachtet, dessen Elemente miteinander in Zusammenhang stehen, so daß die Veränderung eines Faktors Rückwirkung auf die übrigen hat. Als Primärelemente der Infrastruktur des Schulwesens gelten die Schulen, das sie verbindende Transportsystem, der Unterrichtstransport in Form mediengetragener Angebote und schulisches Personal. Zu diesen Primärelementen tritt eine Reihe wichtiger Sekundärelemente: An erster Stelle stehen → *Beratung* und → *Schulpsychologie*. Sie verbessern nicht nur als individuelle Bildungsberatung im engeren Sinn die Erfolgschancen der einzelnen Schüler, indem sie Schwierigkeiten abbauen helfen, sondern können als Schullaufbahnberatung zu einer besseren und eignungsgerechteren Nutzung der vorhandenen Bildungsangebote führen. Werden die Beratungsdienste gegenläufig zu dem natürlichen Trend, sich in städtischen Bereichen zu verdichten, verstärkt in schwach strukturierten Regionen eingesetzt, so kann dies zu einem regionalen Ausgleich der Bildungschancen führen. Zu den Sekundärelementen der Infrastruktur gehören weiter unterrichtsrelevante Dienste wie Einrichtungen zur → *Curriculum*-Entwicklung und Medienzentren, die → *Lehrerfortbildung,* Schulversuchsprogramme, wissenschaftliche Dienste und Planungstätigkeit sowie administrative und rechtliche Vorgaben, z. B. Richtziffern für die Lehrerzuteilung, Festlegung der Lehrer-Schüler-Relation u. ä. Da das Bildungswesen nicht nur dem Anspruch untersteht, zeitgerecht sein, d. h. unter Einbeziehung aller modernen Möglichkeiten effektiv arbeiten zu müssen, sondern auch unter der Forderung, seine Chancen ohne soziale Beeinträchtigung allen Gruppen zu eröffnen, spielen für die Infrastrukturbetrachtung besonders regionale Unterschiede eine Rolle. Infrastrukturelle Analysen signalisieren der Bildungspolitik, daß zwischen den Elementen der Infrastruktur eine kompensatorische Beziehung besteht, daß z. B. Standortnachteile durch Veränderung der Lehrer-Schüler-Relationen oder durch Ausbau des Schülertransports ausgeglichen werden können. Sie weisen auch nach, daß die Infrastruktur nur eine begrenzte innere Elastizität besitzt, d. h., daß bei extremer Veränderung der Grunddaten, z. B. beim drastischen Rückgang der Schülerzahlen, die vorhandene Infrastruktur die Belastungen nicht mehr flexibel verarbeiten kann.

4. *Forschungsabhängigkeit der B:* Jeder Planungsansatz ist auf eine intensive Zusammenarbeit mit der → *Bildungsforschung* angewiesen. Ein positives Nebenergebnis der Betonung des Planungsgedankens in den letzten Jahrzehnten waren der Aufbau planungsbezogener Forschungseinrichtungen neben der Hochschulforschung und ein intensiver Ausbau der planungsrelevanten hochschuleigenen Forschung. Beides hat zur Bereitstellung der wissenschaftlichen Voraussetzungen für eine erfolgreiche B geführt, nämlich zum Aufbau von Datensätzen, Verlaufsstatistiken, Prognosemodellen und auch zu monographischen Untersuchungen der Zusammenhänge wichtiger Elemente des Bildungssystems, etwa der Ursachen unterschiedlichen Schulwahlverhaltens der sozialen Gruppen. Diese

Forschungsarbeiten haben die anfänglich an außerpädagogischen Bereichen orientierte B in den pädagogischen Raum zurückgeholt und ihr die von Anfang an gesuchte erziehungswissenschaftliche Orientierung gegeben.

5. *Zukunftsaufgaben:* Die bisherigen Erfahrungen mit der B haben eine interessante Entwicklungsaufgabe freigelegt. B ist in der expansiven Phase des Bildungswesens der 60er Jahre institutionell etabliert und methodisch entwickelt worden. Ihr wurden unreflektiert die Verhältnisse der Entstehungsphase als Konstanten zugrunde gelegt, nämlich ein andauerndes Wirtschaftswachstum, die gleichbleibende Steigerung des Bruttosozialprodukts, die Stabilität der demographischen Größen, vor allem der Schülerzahlen, und auch eine der Planung aufgeschlossene, an Reform und Verwissenschaftlichung interessierte Öffentlichkeit. Die Entwicklung seit 1972 legt nahe, von der Annahme, B sei grundsätzlich Ausbauplanung, Abschied zu nehmen. Sie muß ihren Charakter verändern, seit wirtschaftliche Rezession eingetreten ist, der Arbeitsmarkt nicht mehr alle Ausbildungssuchenden und Ausgebildeten aufnehmen kann, sich die Haushaltsanteile für Bildung rückläufig entwickeln und vor allem sich die Schülerzahlen auf nahezu die Hälfte reduziert haben.

Unter stagnativen Verhältnissen kann auch der Abbau von institutionellen Bildungsangeboten, z. B. die Aufhebung von Schulen, die Reduktion der Mehrzügigkeit, die Einstellung von Kursangeboten u. ä. zur Aufgabe der B werden. Planung bleibt auch dieser Vorgang, indem es gilt, die dem Bildungswesen vorgegebenen Ziele unter ungünstigen Außenverhältnissen festzuhalten.

Die Fähigkeit der B, alle Elemente des Bildungssystems in plausiblen Zusammenhang zu bringen und die in der Demokratie vorgegebenen Ziele des Bildungswesens, nämlich Modernisierung und →*Chancengleichheit* unter grundlegend verwandelten Außenverhältnissen festzuhalten, führt dann zu einer Revision der Methoden und zu einer differenzierteren Planungstheorie.

Alfons O. Schorb

Literatur

Back u. a.: Stichwort »Regionale Bildungsplanung«. In: Handwörterbuch der Raumforschung und Raumordnung. Bd. III. Hrsg. von der Akademie für Raumforschung und Landesplanung. Hannover 1970, Sp. 2586–2610. – *Bombach, G. S.:* Die Voraussetzung des langfristigen Bedarfs und der langfristigen Nachfrage nach hochqualifizierten Arbeitskräften in Beziehung zum Wirtschaftswachstum. Ein Beitrag zur rationalen Vorbereitung der Bildungspolitik. OECD. Paris 1963. – *Edding, F.* u. a. (Hrsg.): Internationales Seminar über Bildungsplanung. Max-Planck-Institut für Bildungsforschung. Berlin 1967. – *Edding, F.:* Ökonomie des Bildungswesens. Lehren und Lernen als Haushalt und als Investition. Freiburg 1963. – *Hofner, K.:* Traditionelle Bildungsökonomie und systemorientierte Bildungsplanung. Stuttgart 1971. – *OECD* (Hrsg.): Long-Range-Policy Planning. In: Education. Paris 1973. – *Phillips:* Education and Development. In: UNESCO, Economic and social aspects of educational planning. Paris 1964. – *Riese, H.:* Die Entwicklung des Bedarfs an Hochschulabsolventen in der Bundesrepublik Deutschland. Wiesbaden 1967. – *Schorb, A. O.:* Aufriß einer Theorie der Infrastruktur des Schulwesens. In: Infrastruktur im Bildungswesen. Forschungsberichte des Arbeitskreises »Regionale Bildungsplanung«. Veröffentlichung der Akademie für Raumforschung und Landesplanung. Forschungs- und Sitzungsberichte. Bd. 107. Hannover 1976, S. 7–21. – *Schorb, A. O.* (Hrsg.): Bildungsplanung und Bildungspolitik. Frankfurt/M. 1970. – *Schultz, Th. W.:* The economic value of education. New York/London 1963. – *Spies, W. E.:* Bildungsplanung in der Bundesrepublik. Kastellaun 1976. – *Stachowiak, H.* (Hrsg.): Werte, Ziele und Methoden der Bildungsplanung. Paderborn 1977. – *Straumann, P. R.* (Hrsg.): Neue Konzepte der Bildungsplanung. Reinbek 1974. – *Weizsäcker, C. v.:* Simulationsmodell für Bildungssysteme. Weinheim 1972. – *Widmaier, H. T.* u. a.: Hochqualifizierte Arbeitskräfte in der BRD bis 1980. Sozioökonomische Analyse und Prognose. Hrsg. vom Bundesminister für Bildung und Wissenschaft. Bergisch Gladbach 1971. – *Zedler, P.:* Einführung in die Bildungsplanung. Stuttgart 1979.

Chancengleichheit

»Chancengleichheit« (Ch) ist ein dehnbarer Begriff, hinter dem wertgeladene Bedeutungen miteinander im Widerstreit liegen, aber stets zu einem gewissen Ausgleich gebracht werden müssen. Was jemand meint, der diesen Begriff benutzt, läßt sich nur an den Forderungen ablesen, die er mit diesem Begriff begründen will. Politisch entzündet haben sich solche Forderungen in hochindustrialisierten Ländern vor allem an ungleichen Bildungsangeboten für verschiedene Teile einer Bevölkerung, der sonst als der Gemeinschaft aller Bürger eines Staates die gleichen Grundrechte verfassungsmäßig verbürgt sind. Die politische Begriffsentfaltung der Forderungen nach gleichen Bildungschancen ist noch kein Jahrhundert alt. Vorreiter waren die USA, in denen die kommunale Organisation des Bildungswesens sowie dessen Rassentrennung die Unterschiedlichkeit der Bildungsangebote in hohem Maße sichtbar machten. In der Bundesrepublik Deutschland sind Forderungen nach gleichen Bildungschancen erst sehr verspätet öffentlich wirksam geworden. Um so abrupter setzte ihre bildungspolitische Schubkraft gegen Ende der 60er Jahre ein. Inzwischen ist das Bildungswesen beträchtlich ausgebaut, die Zugänglichkeit zu weiterführender Bildung erweitert, die Übergangsauslese entschärft, die Überwindung der Dreigliedrigkeit des Schulwesens durch Gesamtschulen an vielen Orten erprobt und eine Reihe postsekundärer Studiengänge mit unterschiedlichen Anforderungen wenn nicht vereinigt, so doch angenähert oder zumindest für »gleichwertig« erklärt worden. Waren und werden diese Tendenzen mit Ch begründet, so wird neuerdings zunehmend auch das Anhalten, ja die Umkehrung dieser Tendenzen, ebenfalls im Namen der Ch oder seines Synonyms, der *Chancengerechtigkeit,* gefordert. Derart widersprüchliche Forderungen mit dem gleichen Begriff zu begründen erscheint nur deshalb paradox, weil in der Bundesrepublik die bildungspolitische Verwendung des Begriffs in hohem Maße plakativ geblieben ist (im Unterschied zu den USA, vgl. Coleman u. a. 1966; Deutsch 1975; Rescher 1966). Ch rührt alle Probleme der zuteilenden Gerechtigkeit *(iustitia commutativa)* an, d. h. Wertprinzipien bei der Zuteilung knapper gesellschaftlicher Güter, die für die individuelle Lebenserfüllung wie für das Gemeinwohl begehrenswert erscheinen. Drei Wertprinzipien der zuteilenden Gerechtigkeit müssen miteinander abgewogen werden und zu ihrem Recht kommen, wenn im konkreten Fall Zuteilungen gerecht erscheinen sollen. Es sind Bedürftigkeit, Billigkeit und Gleichheit.

1. Drei Wertprinzipien zuteilender Gerechtigkeit: Das *Bedürftigkeitsprinzip* besagt, daß jedem ein gewisses Mindestmaß an materiellen und kulturellen Lebenschancen zu garantieren ist, sofern er selber diese Lebenschancengüter noch nicht (zu jung), nicht mehr (zu alt), überhaupt nicht (unfähig) oder vorübergehend nicht (Not) sichern kann. Was noch im vorigen Jahrhundert privater Mildtätigkeit überlassen blieb, ist inzwischen einlösbarer Anspruch gegenüber dem Sozialstaat. Bis zu welchem Sockelniveau der Existenzsicherung das Bedürftigkeitsprinzip einzutreten hat, unterliegt unablässig der sozialpolitischen Entwicklung. Das *Prinzip der Billigkeit* (lat.: *aequitas;* engl.: *equity)* besagt, daß die Ergebnisse gemeinsamer Handlungsbemühungen, seien es Erträge oder Verluste, nach persönlichem Verdienst aufgeteilt werden, d. h. nach dem anteiligen Beitrag jedes einzelnen. Die Beiträge werden an Unterschieden der eingebrachten Fähigkeiten, Verantwortlichkeiten, Anstrengungen, Zeitaufwendungen, Kosten und Entbehrungen bemessen. In leistungsorientierten Handlungsbereichen ist das Billigkeitsprinzip mit dem sogenannten Leistungsprinzip identisch (vgl. Heckhausen 1974; Lenk 1976; Wiedemann 1979). Hier sehen die Zuteilungen von allen leistungsfremden Kriterien ab, wie überkommenen Statusprivilegien (soziale Herkunft, Geschlecht), Gruppenzugehörigkeiten (Partei, Konfession) und sonstigen, wie Bedürftigkeit oder Losverfahren. Sie richten sich vielmehr allein nach erwiesenen Leistungsunterschieden und den daraus erschlossenen Ausprägungen an Fähigkeit und Motivation (→ *Leistungsmotivation;* → *Motivation und Motiventwicklung).* In seiner leistungsorientierten Version verbindet sich das Billigkeitsprinzip leicht mit Werten, die nicht zum Bereich der Gerechtigkeit gehören, nämlich mit Effizienz und Nutzen für das Allgemeinwohl. Demjenigen soll ein Mehr an weiterführenden Bildungschancen, an Verantwortlichkeit, an Entscheidungsfreiheit, an Produktionsmitteln usw. zugeteilt werden, der daraus mehr machen kann als andere. Andernfalls würden knappe Ressourcen ineffizient vergeudet, und im Gesamtergebnis käme dem Allgemeinwohl weniger zugute. Nach dem *Gleichheitsprinzip* erhält jeder die gleiche Zuteilung an Ressourcen und Chancen, die nicht knapp und allen garantiert sind, und zwar ganz unabhängig davon, in welchem Maße der einzelne die Zuteilungen nutzen mag. Aber auch bei knappen Gütern wird das Gleichheitsprinzip wirksam, wenn aufgrund des Bedürftigkeits- oder des Leistungsprinzips Unterschiede der Zuteilung ein Maß erreichen, das die gegenseitige Solidarität innerhalb der Gruppe der Zuteilungsempfänger zu gefährden und aufzuheben droht.

Jedes der drei Zuteilungsprinzipien fußt auf einem elementaren Gerechtigkeitsempfinden. So erfolgt schon im frühen Kindesalter die Gewinnaufteilung innerhalb einer Gruppe nicht nach dem bloßen Egoismus, sondern nach dem Gleichheitsprinzip, schwach überlagert vom Billigkeits- oder Leistungsprinzip (Lerner 1974). In den darauffolgenden Lebensjahren wird das Leistungsprinzip ausschlaggebender. Die Ausgeprägtheit des Gleichheitsprinzips nimmt zu, wenn sich die Gruppenmitglieder als solidarisches Arbeitsteam verstehen. Die Neigung, dem Bedürftigkeitsprinzip zu folgen, wird bestärkt, wenn der Bedürftige für seine Lage nicht selbst verantwortlich zu machen ist (Ickes/Kidd 1976). Die drei Wertprinzipien lassen sich nicht auf einen gemeinsamen Nenner harmonisieren. Bestimmt eines allein die Zuteilung knapper Chancen, so verletzt es die beiden anderen. Eine Verabsolutierung von Gleichheit läßt die Gerechtigkeitsansprüche von Bedürftigkeit und Billigkeit außer acht. Eine Verabsolutierung von Billigkeit zerstört das Gleichheitsempfinden einer Solidargemeinschaft und mißachtet die Not der Bedürftigen. Eine Verabsolutierung von Bedürftigkeit untergräbt die Effizienz selbstverantworteter Tüchtigkeit und ließe die Nicht-Bedürftigen als unterprivilegiert erscheinen.

Ch bedeutet, die Wertforderungen aller drei Gerechtigkeitsprinzipien in das ausgewogene Spannungsverhältnis eines Kompromisses zu bringen, in dem jedes einzelne Prinzip durch die beiden anderen am Ausufern gehindert wird. Im übrigen gilt es, für unterschiedliche Kompromißverhältnisse der drei Wertprinzipien sensibel zu werden, um hinter die schlagwortartige Verwendung des Begriffs der Ch – etwa im Meinungsstreit der Parteien – zurückgehen zu können. Denn Schlagworte zeichnen sich nicht nur durch Unklarheit aus, sondern auch dadurch, daß hinter ihnen fundamentale Wertüberzeugungen unterschiedlicher Akzentuierung einen Ausdruck suchen.

2. Kompromißverhältnisse und Anwendung der Zuteilungsprinzipien: Voraussetzung für das Wirksamwerden aller drei Wertprinzipien der zuteilenden Gerechtigkeit ist ein Zusammengehörigkeitsgefühl der beteiligten Menschen, als Mitglieder einer Arbeitsgruppe, Angehörige eines Bevölkerungsteils oder schließlich Bürger eines Staatsvolkes. Eine Wirksamkeit über Staatsgrenzen und Kontinente, etwa zwischen Industrie- und Entwicklungsländern, beginnt sich erst abzuzeichnen. An den einzelnen Wertprinzipien, je isoliert für sich betrachtet, entzündet sich kaum ein Meinungsstreit; dagegen weit eher an der Akzentuierung eines Wertprinzips zum leitenden Prinzip im Kompromißverhältnis zu den anderen. Aber das politische Ringen um mehr Ch erschöpft sich nicht in theoretischen Diskussionen über die gerechteste Gewichtsverteilung der drei Werte. Entscheidender sind häufig die praktischen Folgerungen, die aus jedem Wertprinzip gezogen werden. Hier ist nach Deutsch (1975) zwischen den Wertprinzipien und den daraus abgeleiteten Zuteilungsregeln und wiederum zwischen den Zuteilungsregeln und ihrer konkreten Anwendung (Implementation) zu unterscheiden. Man mag das Kompromißverhältnis der Wertprinzipien als gerecht empfinden, nicht aber die daraus abgeleiteten Zuteilungsregeln, oder auch die Zuteilungsregeln als gerecht, nicht aber deren konkrete Anwendung. Ein Beispiel: Jemand mag für die Sekundarstufen-Bildung eine Akzentuierung des Gleichheitsprinzips für maßgebend halten und daraus die Zuteilungsregel einer gesamtschulartigen Organisation in der Allokation von Bildungsangeboten ableiten. Ein anderer mag die Schlüssigkeit dieser Ableitung bestreiten und eher das Bedürftigkeitsprinzip akzentuiert, weil zuteilungswirksamer, sehen. Ob das eine oder das andere oder keins von beiden zutrifft, hängt entscheidend von der konkreten Implementation ab, etwa von der Individualisierung des Unterrichts durch innere und äußere → *Differenzierung* oder vom Grad der *Durchlässigkeit* bei horizontalen und vertikalen Übergängen.

Die Schwierigkeiten und Vergeblichkeiten mancher bildungspolitischen Diskussionen um Ch rühren daher, daß die drei Ebenen – Wertgewichtungen, Zuteilungsregeln und Implementation – nicht genügend auseinandergehalten werden, daß man auf die höheren Ebenen ausweicht, Wertbekenntnisse mit einer bestimmten Zuteilungsregel ineinssetzt und deren Implementation nicht oder nicht scharf genug auf erwünschte und unerwünschte Folgen und Nebenfolgen im Sinne der vorgenommenen Wertgewichtung erörtert. Außerdem werden die präferierten Wertgewichtungen und Zuteilungsregeln leicht und unbesehen über ganz verschiedene Anwendungsfälle (z. B. unterschiedliche Altersstufen im Bildungsgang wie *Gesamtschule* und *Gesamthochschule*) generalisiert. Häufig ist in neuerer Zeit die Betonung des Zuteilungsprinzips der Leistung im Bildungswesen kritisiert worden, weil damit Individualismus, Wettbewerb und Durchsetzungskraft zuteilungswirksamer werden als entspannte Partnerbeziehungen, Kooperation und Solidarität. Sampson (1975) sieht darin das Übergreifen einer exzessiven ökonomischen Effizienzorientierung auf nicht-wirtschaftliche Lebensbereiche wie das Bildungswesen. Ob dies in kapitalistischen Ländern besonders ausgeprägt ist, läßt ein Vergleich mit den sozialistischen Ländern allerdings fraglich erscheinen (für die Volksrepublik China vgl. Hung-Lin 1978). Auch hier sind nicht so sehr das Wertprinzip als solches (von Überbetonung abgesehen) als vielmehr seine Zuteilungsregeln und deren Implementation in Frage zu ziehen; etwa die Zuteilungsregeln für die Vergabe von Noten, von denen die besseren künstlich knapp gehalten werden (Deutsch 1979). Bedenklich ist auch die kumulative Natur schulischen Erfolgs durch eine Implementationspraxis, die den Erfolgreichen zu einem *resource attractor* (Shapiro 1974) macht und zunehmend mit weiteren Chancen überhäuft. Schließlich geraten die Erfolgreichen mehr und mehr in die Rolle derjenigen, die über die Chancenzuteilung an andere zu befinden haben. Solche Machtbefugnisse können korrumpieren, wenn sie bei der Definition von Zuteilungsregeln und bei der Gestaltung der Implementationspraxis zur Sicherung eigener Interessen mißbraucht werden. (Zur Kritik und Gegenkritik am Leistungsprinzip vgl. Heckhausen 1974; Lenk 1976.)

Der moralische Charakter der Wertprinzipien läßt sich an einer besonderen Komplikation der Ursachenzuschreibung von Leistungsergebnissen als entweder anstrengungszentriert oder fähigkeitszentriert exemplifizieren. Hinsichtlich eines Leistungsergebnisses kann man nur insoweit verantwortlich gemacht und auch durch äußere Anreize beeinflußt werden, als es dem eigenen Wollen unterliegt, d. h. auf Anstrengung oder Ausdauer und nicht auf Fähigkeit zurückgeführt wird (→ *Attribuierung*). Deshalb ist in der Bewertung durch andere eine Anstrengungszuschreibung von Erfolg oder Mißerfolg affektwirksamer als eine Fähigkeitszuschreibung (Weiner/Kukla 1970); übrigens im Unterschied zur Selbstbewertung (Heckhausen 1980, Kap. 11). Dennoch richtet sich die Zuteilungsregel (etwa bei der Zensurenvergabe oder Gehaltseinstufung) in aller Regel nicht nach dieser Differenzierung der Ursachenzuschreibung, sondern nach dem erzielten Ergebnis. Die Gründe dafür scheinen auf der Hand zu liegen. Abgesehen davon, daß erreichte Fähigkeitskompetenzen zu einem guten Teil das Entwicklungsprodukt vorauslaufender Bemühungen sind, gilt es einerseits, durch Anreize die überdurchschnittlichen Leistungsbeiträge der Befähigteren verfügbar zu machen, und andererseits, durch Begünstigung müheloser Fähigkeitsniveaus einen Mindestgrad an effizienter, d. h. lohnkostengünstiger Produktivität zu sichern (wer wäre schon bereit, für eine bestimmte Leistung um so mehr zu bezahlen, je unfähiger der Ausführende ist und entsprechend mehr Zeit benötigt?).

Die drei Wertprinzipien prallen weder allerorts als gleichberechtigt konkurrierende Maximen aufeinander, noch ist eines von ihnen durchgängig dominant, wie es das Schlagwort von der *Leistungsgesellschaft* nahelegt. Deutsch (1975) hat darauf hingewiesen, daß jedes Wertprinzip der Ch in einem besonderen Lebensbereich seine Basis hat und dort dominant ist. So ist Bedürftigkeit das dominante Prinzip in Lebensbereichen und Institutionen, in denen die Förderung der Persönlichkeitsentwicklung und des persönlichen Wohlergehens das gemeinsame Ziel ist, also in den Bereichen der Familie, des elementaren Bildungssystems, der Kirchen und Wohlfahrtseinrichtungen. Gleichheit ist das dominante Zuteilungsprinzip in allen Lebensbereichen, in denen es um die Förderung und Aufrechterhaltung befriedigender zwischenmenschlicher Beziehungen und um die allgemeinen Bürgerrechte geht, so in geselligen Freizeiteinrichtungen, in fachlichen und politischen Vereinigungen. Leistung ist das dominante Zuteilungsprinzip in allen Bereichen, in denen es um die wirtschaftliche, technische, kulturelle und wissenschaftliche Produktivität geht. Die bereichsspezifischen Dominanzen dürfen jedoch nicht darüber hinwegtäuschen, daß die Dominanz des einen Prinzips stets durch die beiden anderen eingegrenzt wird, so daß die Zuteilung knapper Güter innerhalb eines Lebensbereichs eher ein labiler, sich wandelnder und historisch sich entfaltender Spannungszustand als ein unumstößliches Normengefüge ist. So ist das gegenwärtige Wirtschaftssystem hochentwickelter Industrieländer weit davon entfernt, Arbeitsvergütungen rein nach dem Leistungsprinzip zuzuteilen. Für das Sockelniveau der untersten Lohngruppen macht sich das Bedürftigkeitsprinzip der Existenzsicherung geltend. Einer sehr weit gestaffelten Vergütungsskala und Urlaubsregelung für unterschiedlich qualifizierte Tätigkeiten steht das Gleichheitsprinzip im Wege usf. Immer neu empfundene Verteilungsungerechtigkeiten verlangen nach ständiger Korrektur der Zuteilungsregelungen, die in Verhandlungen und Arbeitskampfmaßnahmen der Tarifparteien wie auch

Chancengleichheit

in der Sozialgesetzgebung immer neue Zwischenlösungen finden (Wiedemann 1979). Die Gewichtung der drei Wertprinzipien zuteilender Gerechtigkeit, und damit die jeweils realisierte oder teilrealisierte Kompromißform von Ch, ändert sich auch mit dem gesellschaftlichen Wandel, und zwar einmal mit dem zeithistorischen Stand der Begriffsentfaltung von Ch als politischer Gerechtigkeitsforderung und zum anderen aber auch mit dem jeweiligen Verhältnis zwischen Chancen-Angebot und Chancen-Nachfrage, das durch die ökonomische Entwicklung und die jeweilige Relation von Bildungs- und Beschäftigungssystem beeinflußt wird. Was das letztere betrifft, so verschärfen sich z. B. bei wachsender Zahl qualifizierter Bewerber um eine gleichbleibende Menge von Stellen (Ressourcen) die Maßstäbe für die Zuteilung im Sinne des Leistungsprinzips. Bei zunehmender akademischer Arbeitslosigkeit mag es auf zunehmend bessere Abschlußnoten ankommen. Das zuvor selbstverständliche Leistungsprinzip erscheint dann als wachsender Konkurrenzkampf und ruft zum Ausgleich eine stärkere Betonung der Prinzipien der Gleichheit und der Bedürftigkeit (Lebenschancen) hervor, weil innerhalb der Gesamtgruppe grundsätzlich qualifizierter Bewerber deren Homogenität als Berufsgruppe, und damit Solidarität und gegenseitige Achtung voreinander, so verletzt ist, daß das Gleichheitsprinzip herausgefordert wird. Auch Änderungen auf der Seite der Chancen-Angebote sorgen dafür, daß die Gewichtskonstellation der Wertprinzipien chancengleicher Zuteilung nicht ein für allemal fixiert bleibt. So begünstigt stetes Wachstum eher das Leistungsprinzip, weil zunehmend mehr Menschen an knappen Ressourcen (Berufspositionen) partizipieren können. Nullwachstum verschiebt dagegen die Gewichte zugunsten des Gleichheitsprinzips, weil bei Stagnation der Zuteilungsmasse die Ungleichheit der Besitzstände sich aufdrängt und nach Ausgleich verlangt.

3. *Begriffshistorische Entfaltung im Bildungswesen:* Die sich wandelnden Rollen der drei Zuteilungsprinzipien in ihrem gegenseitigen Spannungsverhältnis treten am deutlichsten in der Entfaltung des Begriffs der Gleichheit der Bildungschancen und der entsprechenden Entwicklung des Bildungswesens hervor (vgl. Coleman 1968; Husén 1975). In der vorindustriellen Gesellschaft konnte der Begriff noch nicht gedacht werden. Die Großfamilie kam als Produktionseinheit für Ausbildung, Tätigkeit und Wohlergehen aller ihrer Mitglieder auf. Erst mit dem Aufkommen der Industrialisierung wurden die Kinder beruflich mobil. Ausbildung und soziale Fürsorge wurden zu öffentlichen Aufgaben. Allgemeine Schulpflicht und kostenlose Ausbildung nach einheitlichem Lehrplan waren die Folgen. Hinsichtlich weiterführender Bildung bestand die Gleichheitsforderung darin, daß jeder die gleiche Chance haben sollte, seine Zuteilungswürdigkeit nach dem Leistungsprinzip unter Beweis stellen zu können. (Über Zwecke und Formen der Leistungsbeurteilung in der Entwicklung des deutschen Schulwesens vgl. Furck 1961). Es war die Sache des potentiellen Zuteilungsempfängers, sich um weiterführende Chancen zu bewerben. Aus der Sicht der chancenzuteilenden Institutionen ging es nur darum, für alle Bewerber *Angebotsgleichheit* herzustellen. Bedürftigkeit spielte noch kaum eine Rolle.

Das änderte sich in dem Maße, wie deutlich wurde, daß eine an die soziale Herkunft gebundene Aufteilung der Schülerströme in allgemeine und weiterführende Bildungsgänge (einschließlich einer vom Arbeitsmarkt nahegelegten Zwischenform der *Mittelschule*) nicht mehr der sozialschichtüberschreitenden Mobilität im Beschäftigungssystem entsprach. Daraus entstanden zunächst Forderungen nach besser realisierter Angebotsgleichheit, die noch Anfang der sechziger Jahre sich in der Bundesrepublik in Bildungswerbung und dem Abbau äußerer Bildungsbarrieren erschöpften. Statt des Bedürftigkeitsprinzips einer Mindestentfaltung individueller Entwicklungspotenzen war der nationale und wirtschaftliche Bedarf an Erschließung von *Begabungsreserven* maßgebend (Picht 1964). Die begrenzten Erfolge dieser Aktionen haben hochgespannte Erwartungen enttäuscht und so nicht zuletzt dazu beigetragen, daß in der breiteren Öffentlichkeit eine weitere Stufe des Ch-Begriffs zur Entfaltung kam: *Zuteilungsgleichheit* von Bildungschancen muß nicht nur und nicht erst zum Zeitpunkt der Leistungsbewährung bestehen, sondern auch schon in den vorauslaufenden Lebensaltersspannen, während der sich Fähigkeiten entwickeln. Jetzt geht es auch um die Gleichheit der *Entwicklungschancen*.

Damit hat sich zweierlei geändert. Einmal ist es die zeitliche Betrachtungsperspektive, denn weniger im zeitlichen Querschnitt als im Längsschnitt der → *Entwicklung* jedes einzelnen ist auf Gleichheit der Bildungschancen zu achten. Zum anderen wird die Verantwortlichkeit umlokalisiert. Sie liegt nicht mehr beim einzelnen, der um Chancen nachsucht, sondern bei jenen, die staatlicherseits an der Gestaltung der Entwicklungsumwelten mitwirken und für die Bildungseinrichtungen zuständig sind. Wo vom Elternhaus her ungenügende Entwicklungschancen bestehen, sieht sich nun die Schule verantwortlich gemacht, sie auszugleichen, um gleiche *Startchancen* herzustellen. Dazu muß die Schule nach dem Bedürftigkeitsprinzip die verschiedenen Kinder ungleich behandeln, um Gleichheit der Entwicklungschancen für sie anzustreben. Husén hat dies in eine scheinbar paradoxe Forderung gekleidet: »Every child should have equal opportunity to be treated unequally« (1972, S. 24). Zugleich wird die Gleichheitsforderung abgewandelt. Sie legt den Schulen nun auf, möglichst gleiche Bildungsergebnisse am Ende der Pflichtschulzeit zu erzielen. Wegweisend für diese neuere Stufe der Begriffsentfaltung wurde ein Urteil des Obersten Gerichtshofes der USA im Jahre 1954, das die Rechtfertigung des bis dahin geltenden Grundsatzes »separate but equal« für die getrenntrassischen Schulen in den Südstaaten verwarf. Erhebungen über sozialschichtspezifische Ungleichheiten der Bildungsbeteiligung gab es bereits seit den vierziger Jahren (vgl. den Überblick von Husén 1972). Das neue, über das Erschließen von *Begabungsreserven* hinausgehende Verständnis von Ch schuf im sogenannten Coleman-Report (Coleman u. a. 1966) einen ursachenanalytisch angelegten Untersuchungstyp, der Benachteiligungsfaktoren auf verschiedenen Ebenen zu isolieren gestattete. Wer erwartet hatte, daß besonders äußere Bildungsbarrieren ins Gewicht fielen, mußte von den Ergebnissen überrascht sein. Für die gefundenen Unterschiede der Bildungsergebnisse waren Angebotsvariablen der Schulen (Ausstattung, Lehrpläne, Lehrerqualifikation) weit weniger verantwortlich als das, was die Schüler *mit in die Schule bringen,* wie die soziale Herkunft (→ *Schulerfolg und Schulversagen*). Damit setzte eine Ernüchterung der anfänglich hochfliegenden Erwartungen über die schulischen Möglichkeiten des Chancenausgleichs ein, die durch Nachuntersuchungen der Effekte schulischer Förderungsprogramme (→ *Vorschulerziehung*) noch verstärkt wurde und ihren Höhepunkt in Analyseergebnissen von Jencks u. a. (1973) erreichte, nach welchen es reine Illusion sei, durch Gleichheit der Bildungschancen eine Verringerung sozialer Ungleichheit (gemessen am Einkommen) zu erwarten. Jencks' Analyse und Schlußfolgerungen sind allerdings vielfach kritisiert worden (vgl. Harvard Educational Review 43, 1973, Heft 1).

Welchen Stellenwert in dem jüngsten Verständnis von Bildungs-Ch das Leistungsprinzip neben der Betonung von Bedürftigkeit und Gleichheit hat, ist eng mit der (naiv)psychologischen Begabungstheorie verbunden, der man anhängt (→ *Begabung*). Glaubt man, daß die beträchtlichen Schulleistungsunterschiede Gleichaltriger eher durch genetische als durch Umweltfaktoren bedingt sind (z. B. Herrnstein 1973), wird man weniger hohe Erwartungen an die Möglichkeiten der Schule zum Chancenausgleich stellen, entsprechend das Leistungsprinzip stärker gewichten und ein differenziertes Bildungssystem mit mehr Auslese befürworten, als wenn man Schulleistungsunterschiede eher auf Umweltfaktoren denn auf genetische Faktoren zurückführt (z. B. Hunt 1961, 1969). Der beträchtliche begabungstheoretische Interpretationsspielraum läßt sich auch durch sogenannte Erblichkeitsschätzungen (→ *Genetik*) der Testintelligenz (→ *Intelligenz*), wie es Jensen (1969) versucht hat, nicht genügend und verläßlich einschränken (Heckhausen 1976), um nicht Anlaß zu leidenschaftlichen Kontroversen zu geben. In einer solchen Situation kann es deshalb auch nicht verwundern, wenn die begabungstheoretische Position bei Wissenschaftlern und vor allem bei Bildungspolitikern eher von dem bestimmt ist, was sie erst *wissenschaftlich* begründen wollen, nämlich von den Wertgewichten, die sie den Prinzipien der Billigkeit (Leistung) und Gleichheit beimessen.

Unbestreitbar ist hingegen, daß Lernen und Entwicklung kumulativ sind und daß anfängliche Unterschiede der schulischen Leistungstüchtigkeiten in aller Regel zunehmend größer werden. Zwar ist schon deshalb Start-Ch für alle nie zu erreichen, aber man darf nicht aus dem Auge verlieren, daß die Ungleichheit der Entwicklungschancen noch weit größer wäre, wenn es keine Schulen mit ihren chancenausgleichenden Bemühungen gäbe. Eine Fortentwicklung des Begriffs der Ch und der daraus abgeleiteten Zuteilungsregeln sollte sich deshalb weniger von individuellen Unterschieden als von absoluten Standards (*Sockelniveaus der Bildung*) leiten lassen, die jeder erreichen sollte. Damit werden die Wertgewichtungen der drei Zuteilungsprinzipien von den aufeinanderfolgenden Abschnitten des Bildungsganges abhängig (Heckhausen 1974). Am Anfang des Bildungsgangs wird die Ch-Forderung vom Bedürftigkeitsprinzip, von dem Satz *Wer nicht leisten kann, dem wird gegeben* geleitet, also von einer genauen Umkehrung des Leistungsprinzips. Wer bedürftiger ist, mehr Hilfe braucht, um ein gewisses Sockelniveau zu erreichen, sollte mehr Chancen, d. h. mehr Unterrichtsaufwand, erhalten. Jenseits dieses Sockelniveaus, am Ende des Bildungsgangs, folgt die Zuteilung dagegen eher dem Satz *Wer leistet, dem wird gegeben*, um knappere weiterführende Bildungschancen nach erwiesener Leistungsfähigkeit im Hinblick darauf zu vergeben, daß sie auch effizient genutzt werden können.

Der inzwischen erreichte Entfaltungsstand des Begriffs der Bildungs-Ch ist nicht nur begrifflich anspruchsvoll, sondern schafft auch hinsichtlich seiner Zuteilungsregeln und Implementationen in der Organisation von Schule und Unterricht eine Fülle von Problemen, denen die Praxis nur in immer wieder neu zu suchenden Kompromißbildungen gerecht werden kann. Heckhausen (1974) hat sie als ein zehnfaches Dilemma spezifiziert. Ein Beispiel ist das erwähnte Sockelniveau, das für die Umgewichtung von Bedürfnis vs. Leistungsprinzip maßgebend sein sollte. Je niedriger das Sockelniveau angesetzt wird, um so eher wird eine Gleichheit an Grundbildung für alle erreicht, allerdings unter Verzicht auf anspruchsvollere Bildungsniveaus, die für die Gesamtheit der heranwachsenden Generation wünschenswert wären. Je höher man dagegen das Sockelniveau festlegt, um so unrealistischer wird der hohe Anspruch, so daß man eine wachsende Ungleichheit in den Niveaus an Grundbildung in Kauf nehmen muß. In diesem Konflikt zwischen Wunsch und Wirklichkeit überrascht es nicht, daß es bis heute statt konkreter Niveaufestlegung nur breite und unscharf gelassene Übergangsfelder gibt und daß man eher in formale Scheinlösungen, wie die Neufestsetzung der Pflichtschulzeit, ausweicht.

Um mehr Ch in den Grundabschnitten des Bildungsgangs zu erreichen, bieten sich die folgenden Implementationsansätze an: Multiversität der Lebensraum-Ankopplung bei vorschulischer Förderung (→ *Vorschulerziehung*) und Erstunterricht, soziale Integration und zugleich Individualisierung in einer gesamtschulartigen Unterrichtsorganisation (→ *Differenzierung*), kriteriumsorientierte Leistungsbeurteilung zur Chancenzuweisung nach dem umgekehrten Leistungsprinzip (→ *Test;* → *Zielerreichendes Lernen*), anspruchsvolles, aber erreichbares Sockelniveau an Bildung für alle, horizontale Chancenausweitung zur stärkeren Förderung der breiten Vielfalt menschlicher Fähigkeiten und Tüchtigkeiten, wiederkehrende Bildung (*recurrent education,* nicht zuletzt zur Entschärfung der intergenerationellen Chancenungleichheit, die wohl noch nie so ausgeprägt war wie gegenwärtig), Revision des Berechtigungswesens und der Laufbahnordnungen (z. B. Abbau unbegründeter Leistungskriterien der Auslese, berufsständischer Privilegien und Schutzklauseln).

Heinz Heckhausen

Literatur
Coleman, J.: The concept of equality of educational opportunity. In: Harvard Educational Review 38 (1968), S. 7–22. – *Coleman, J.* u. a.: Equality of educational opportunity. Washington 1966. – *Deutsch, M.:* Equity, equality, and need: What determines which value will be used as the basis of distributive justice? In: Journal of Social Issues 31 (1975), S. 137–149. – *Deutsch, M.:* Education and distributive justice: Some reflections on grading systems. In: American Psychologist 34 (1979), S. 391–401. – *Furck, C.-L.:* Das pädagogische Problem der Leistung in der Schule. Weinheim 1961. – *Heckhausen, H.:* Leistung und Chancengleichheit. Göttingen 1974. – *Heckhausen, H.:* Anlage und Umwelt als Ursachen von Intelligenzunterschieden. In: *Weinert, F. E.* u. a. (Hrsg.): Pädagogische Psychologie. Teil III: Sozialisation. Weinheim 1976, S. 1–26. – *Heckhausen, H.:* Motivation und Handeln. Heidelberg 1980. – *Herrnstein, R.:* IQ in the meritocracy. Boston 1973. – *Hung-Lin, Li:* Das sozialistische Verteilungsprinzip »Jedem nach seiner Leistung«. In: Peking-Rundschau 7 (21. 2. 1978), S. 6–7, 10. – *Hunt, J. McV.:* Intelligence and experience. New York 1961. – *Hunt, J. McV.:* Has compensatory education failed? Has it been attempted? In: Harvard Educational Review 39 (1969), S. 278–300. – *Husén, T.:* Social background and educational career. Paris 1972. – *Husén, T.:* Begabung und Begabungspolitik. Hannover 1975. – *Ickes, W. J./Kidd, R. F.:* An attributional analysis of helping behavior. In: *Harvey, W. J.* u. a. (Hrsg.): New directions in attribution research. Hillsdale 1976, S. 311–334. – *Jencks, C. S.* u. a.: Chancengleichheit. Reinbeck 1973. – *Jensen, A. R.:* How much can we boost IQ and scholastic achievement? In: Harvard Educational Review 39 (1969), S. 1–123. – *Lenk, H.:* Sozialphilosophie des Leistungshandelns. Stuttgart 1976. – *Lerner, M. J.:* The justice motive: »Equity« and »parity« among children. In: Journal Personality and Social Psychology 29 (1974), S. 539–550. – *Picht, G.:* Die deutsche Bildungskatastrophe. Olten 1964. – *Rescher, N.:* Distributive justice. New York 1966. – *Sampson, E. E.:* On justice as equali-

ty. In: Journal of Social Issues 31 (1975), S. 45–64. – *Shapiro, M. H.:* Who merits merit? In: Southern California Law Review 48 (1974), S. 318–370. – *Weiner, B./ Kukla, A.:* An attributional analysis of achievement motivation. In: Journal of Personality and Social Psychology 15 (1970), S. 1–20. – *Wiedemann, A.:* Leistungsprinzip und Tarifvertragsrecht. In: *Gamillscheg, F.* u. a. (Hrsg.): 25 Jahre Bundesarbeitsgericht. München 1979, S. 635–660.

Curriculum

1. Einzugsbereich: Der Begriff ›Curriculum‹ (C) umfaßt die Gebiete Bildungsziele, Lernobjekte, Lernorganisation und Lernauswirkungen.
Das curriculare Feld umfaßt alle Prozesse von der Entscheidung, eine Lernsituation zu schaffen, bis zur Realisierung des Lernprozesses und zur Beurteilung oder Untersuchung (→ *Evaluation*) ihrer Auswirkungen. Dabei kann sich die Lernsituation über einige Minuten (z. B. bei einem Lehrprogramm oder einem 8-mm-Filmstreifen), eine Unterrichtseinheit mit mehreren Stunden, einen Lehrgang im Betrieb, einen Kurs in der Gemeinwesenarbeit oder einen ganzen Bildungsbereich (z. B. obligatorisches Schulwesen, Hochschulstudiengang) erstrecken. In C-Forschung und -Entwicklung erhält die Definition von C im Sinne eines wissenschaftlichen Konstruktes unterschiedliche Akzente (Überblick: Reisse 1975).
Die Bearbeitung der einzelnen Gebiete im curricularen Prozeß (Lernzielfindung, Auswahl von Lernobjekten usw.) unterliegt der curricularen Grundfrage: Wie können Lernsituationen entwickelt, verwirklicht und evaluiert werden, welche im Horizont ihrer gesellschaftlichen und dinglichen Umwelt wie der individuellen Selbstinterpretation des Lernenden gerechtfertigt sind und zugleich die Selbstentfaltung aller Betroffenen (Lehrende, Lernende, Abnehmer, Kontaktpersonen usw.) vor, während und nach dem anvisierten Lernprozeß optimal garantieren?
Diese curriculare Grundfrage hat in der Geschichte der Pädagogik verschiedene Ausdifferenzierungen, Akzentuierungen und Antworten erhalten. Einige Ansätze werden im folgenden dargestellt.
2. Curriculare Ansätze
(a) Die klassische deutsche → *Didaktik* hat die Bildungs*inhalte* unmittelbar selbst zum Thema gemacht. Weniger hat in seiner Lehrplantheorie (1951) den Prozeß der Inhaltsfindung und -zielsetzung als ›Kampf geistiger Mächte‹ angesehen, sich selbst als Didaktiker jedoch der unmittelbaren Vorbereitung von Unterricht zugewandt. Seine ›Lehrplantheorie‹ wendet sich wie die ›grundlegende Geistesbildung‹ von Flitner (1965) oder die ›Didaktik als Bildungslehre‹ von Willmann (1909) der *Ausgestaltung des Bildungsbegriffes* zu, welche dann von sich aus die Strukturierung von Bildungsinhalten und die Herausarbeitung des Bildungsgehaltes von Themen (etwa in der didaktischen Analyse von Klafki 1964) mit ermöglicht.
(b) Die sogenannte lehrtheoretische Berliner Didaktik (Heimann/Otto/Schulz 1968) zentriert die curricularen Fragen unmittelbar auf den Unterricht. Sie stellt sich als Strukturtheorie zur Analyse und Planung von Unterricht dar, auch in der Variante von Peterssen (1973).
(c) Die zwei genannten Ansätze weisen zahlreiche Differenzierungen und Verzweigungen auf. Eine vollständige Beschreibung der deutschen Didaktik müßte viele andere Modelle aufnehmen (vgl. Blankertz 1969; Frey 1976). Die Didaktik befaßt sich wie die C-Theorie mit beabsichtigten Lernsituationen. Sie konzentriert sich aber auf eine thematische Behandlung (Bildungsbegriff, Bildungsgehalt, didaktische Analyse von Kulturobjekten, Gebietsbeschreibung durch Strukturgitter usw.).
(d) Dagegen berücksichtigen Robinsohn und seine Mitarbeiter bei ihrem Ansatz, den sie als ersten ausdrücklich als ›curricular‹ bezeichnet haben, den *Prozeßaspekt*. Die Verfahrensweisen bei der Auswahl, Bestimmung, Aufbereitung und Evaluation von Lernprozessen rücken mit in den Mittelpunkt der C-Theorie. Nach Robinsohn (1967) und seinen Mitarbeitern gehören zum curricularen Feld drei Bereiche: (a) die Ermittlung von Kriterien; (b) die Konstruktion geeigneter methodischer Verfahrensweisen; (c) die Bestimmung von Instanzen, auf die sich diese Verfahren beziehen. Im Robinsohnschen Ansatz ist mit eingeschlossen, daß jeweils das *gesamte C* für einen Bildungsbereich (obligatorisches Schulwesen, Universitätsstudiengang o. ä.) bearbeitet werden muß, um nachher einzelne Teilcurricula (Fächer oder Lernbereiche) zu strukturieren. Diesen gesamtcurricularen Anspruch lehnen Blankertz (1969), Achtenhagen (1971) und andere Didaktikforscher ab und setzen dagegen eine *mittelfristige Thematisierung von C-Arbeit.* Sie versteht sich weit-

gehend fachdidaktisch. Den Ausgangspunkt bilden Lerngebiete (z. B. Fremdsprachen, Physik, Politik). Diese Gebiete sind durch einzelne Autoren oder Personengruppen mit Hilfe gesellschaftlicher Ziele oder Grundbegriffe strukturiert und zu Gittern (didaktische Strukturgitter) entwickelt. Bei dem Strukturgitteransatz gehen schon curriculare Teile ein, insofern als die Entwicklung in verschiedenen Phasen (Konkretisierung des Strukturgitters) vorgesehen ist.

(e) Ein weitergehender Thematisierungsversuch versteht das curriculare Feld wesentlich als Prozeß, der Inhalte konstituiert und vermittelt, indem Personen in Interaktion durch Einbringung ihrer eigenen Ziele und Kompetenzen innerhalb eines curricularen Rahmens Lernsituationen schaffen, verwirklichen und beurteilen. Hinter dieser Thematisierung stehen unter anderem: (a) die Hypothese, daß Personen und ihre Interaktionsformen die Inhalte mitbestimmen; (b) das Konzept der notwendigen Rechtfertigung geplanter Lernsituationen durch verständigende Mitentscheidung der Beteiligten und (c) die Annahme der Wechselwirkung individueller Lernsituationen und Makrostrukturen (z. B. Schulorganisation, Wissenskodifikation) (Aregger/Frey 1971; Frey 1975; 1979; auch Flechsig/Haller 1973; Moser 1976).

3. *Curriculumkonstruktion als Teil des Curriculumprozesses:* Der bekannteste Ausschnitt aus dem C-Prozeß ist die C-Konstruktion. Auf dem Hintergrund des beschriebenen C-Ansatzes ist die C-Konstruktion folgendermaßen einzuordnen: Entstehung und Verwirklichung von Curricula werden von den verschiedensten Prozessen getragen. Sie reichen von der allgemein-politischen Meinungsbildung in breiten Bevölkerungskreisen bis hin zu den Bewilligungen finanzieller Mittel und der gewerkschaftlichen Fixierung von Arbeitszeiten. Diese Prozesse gehören zum C-Ablauf im weiteren Sinne. Sie sind bei der C-Prozeß-Organisation mit ins Kalkül zu ziehen, heben sich aber von einem anderen Typ von Prozessen ab, die man als C-Konstruktion im engeren Sinne bezeichnen könnte. Eine *erste Form* der C-Konstruktion verzichtet auf die Kodifizierung und eine schriftliche Planung des Lernprozesses. Das C entsteht nach der Art einer »Aktualentwicklung« aus dem Zusammenwirken von Lehrenden und Lernenden in einer bestimmten Situation. Die außercurricularen Sozialisationswirkungen (→ *Sozialisation*) und die situativen Bedingungen nehmen als Konstituenten Einfluß auf das C. Im übrigen entwickelt sich das C im Verlauf des Lernprozesses. Die ausgeprägteste Art dieser C-Konstruktion bieten der Projektunterricht, gruppendynamisch initiierte und hochindividualisierte Lernformen (→ *Gruppendynamik*). Eine *zweite Form* von C-Konstruktion läuft über die Planung des Lehrerverhaltens und der Lernbedingungen in der räumlichen, zeitlichen, gegenständlichen Anordnung der Lernsituation. Industrie, Handel und Verwaltung haben diesen Typ von C-Entwicklung ausgebildet. Im Schulbereich hat er über die expliziten Formen von Lehrerverhaltenstraining Eingang gefunden. Wenn der Lebenssituationsansatz zu einem methodischen Prinzip der Unterrichtsgestaltung wird (z. B. C soziales Lernen), kommt ein ähnlicher Konstruktionstyp zustande. Eine *dritte Konstruktionsform* konzentriert sich auf die Entwicklung von Lernmaterial in Form von Unterrichtseinheiten, Lehr- und Lernpaketen, C-Materialsystemen usw. Die Herstellung programmierten Lernmaterials und computerunterstützter Instruktion basiert im wesentlichen auf Prinzipien der Lernökonomisierung. Je nach den Hypothesen über die zielbezogene Ökonomisierung und Optimierung von Lehr-/Lernprozessen verfolgt die Konstruktion unterschiedliche Wege, z. B. nach *Skinner, Atkinson, Frank* (→ *Externe Lernregelung*). Eine *vierte Konstruktionsform* zielt auf die Herstellung von Lehrbüchern oder Unterrichtseinheiten mit mehr oder weniger stark strukturiertem Lernmaterial. Häufig beginnt die C-Materialkonstruktion mit einer Entscheidung für ein unterrichtsmethodisches Konzept (entdeckendes Lernen, problemlösendes Lernen, einsichtiges Lernen, Gruppenarbeit). Oft fällt auch die Entscheidung für einen bestimmten → *kognitiven Stil*. Die implizierten Lernziele werden dann mit Lernobjekten verbunden und in einem Plan für einen Unterrichtsablauf zusammengestellt (Lernsequenz). In den letzten Jahren hat sich daneben ein *fünfter Konstruktionsansatz* ausgebreitet: Er setzt mit der Formulierung von Lernzielen ein, denen Lernobjekte, Methoden und Evaluationsverfahren zugeordnet werden. Der C-Konstrukteur »dimensioniert« (Meyer) die Lernziele nach unterschiedlichen Abstraktionsstufen (Möller 1973), nach verschiedenen psychologisch definierten Schwierigkeitsgraden (psychologischen Taxonomien), nach Inhaltsbereichen (z. B. Taxonomie der sinnvollen

Lernbereiche von Phenix) oder nach Gebieten von Disziplinen. Die weitere Konstruktion des Unterrichts orientiert sich dann an derart formulierten Lernzielen.

Die fünf genannten Konstruktionsmuster weisen kein einheitliches Schema für die einzelnen Arbeitsschritte auf. Alle unterliegen aber der curricularen Grundfrage und damit der notwendigen Legitimation, C-Prozeß-Organisation, C-Struktur und Sequenzbildung.

4. *Spezifische Fragen der Pädagogischen Psychologie:* Besonders im Vollzug konkreter C-Konstruktion kommen Fragen vor, die mit der Pädagogischen Psychologie in Verbindung stehen. Von grundsätzlicher Bedeutung ist jene nach der Lernfähigkeit, allgemeiner formuliert, nach der → *Begabung.* Die C-Konstrukteure sind grundsätzlich in zweifacher Weise auf das Phänomen interindividueller und intraindividueller Begabungsunterschiede eingegangen. Einmal haben sie Begabungsschwerpunkte identifiziert, um sie in besonderer Weise zu fördern, zum anderen haben sie Begabungsschwerpunkte zu kompensieren versucht. Ein besonderes Thema ist die Lernfähigkeit in verschiedenen Altersstufen. Oft ist die Lernfähigkeit in einem bestimmten Alter als einziger Befund der Pädagogischen Psychologie in die C-Planung eingegangen, sei es über pragmatische Erfahrungen, über Unterrichtsevaluationen von Programmen (z. B. Nuffield Chemistry O-Level) oder aber über Anwendung von Hypothesen der Pädagogischen Psychologie bzw. Entwicklungspsychologie. Das bekannteste Beispiel ist der Übergang vom mehr handlungsüberformten (operatorischen) zum mehr formalen Denken bei 8- bis 12jährigen. Die behauptete oder nachgewiesene Fähigkeit zu formalem Denken ist bei einer ganzen Generation von Schulbüchern und Curricula im Gebiet der Realien (Physik, Chemie, Geographie, Biologie und Verwandtem) zum Kriterium für die Auswahl bestimmter Stoffgebiete gemacht worden. In einigen speziellen Gebieten ist versucht worden, auf die individuellen Differenzen durch das → *ATI*-Schema, durch → *Zielerreichendes Lernen (Mastery Learning)* oder durch Individualisierung einzugehen (z. B. Ärzteausbildung, Eingangsstufenprogramme, Lesenlernen). Ein großes Überschneidungsgebiet von C-Entwicklung bzw. -Forschung und Pädagogischer Psychologie betrifft die Anordnung von Bildungsinhalten bzw. Lernschritten, und zwar im Mikrobereich, z. B. beim Erlernen eines Begriffes oder eines Bewegungsablaufes im Sport, wie auch im Makrobereich, so z. B. beim Aufbau eines mehrjährigen Fach-C. Bei derartigen Sequenzierungen wird u. a. versucht, den kognitiven Strukturen der Lernenden gerecht zu werden. Die C-Theorie hat eine Reihe von Mustern zur Sequenzierung und Strukturierung von Curricula hervorgebracht (Frey/Isenegger 1975). Ein anderes Gebiet betrifft die Identifikation von → *Interesse* und Motivationen von Lernenden sowie deren Berücksichtigung in der Vorbereitung von C-Situationen (→ *Motivation und Motiventwicklung*). Aber auch in der Testkonstruktion in den letzten Jahren, vor allem in der Variante lernzielorientierter Tests (LOT), gehen Teile der Pädagogischen Psychologie in C-Forschung über und umgekehrt.

5. *Einbau von Ergebnissen der Pädagogischen Psychologie in den C-Prozeß:* Hier liegt ein offenes Problem. Wie bereits angedeutet, werden viele C-Situationen ohne Berücksichtigung von Erkenntnissen der Pädagogischen Psychologie gestaltet. Besonders gravierend ist der seltene Einbau *empirischer* Resultate. Die Motive für diesen Sachverhalt mögen vielfältig sein. Auf jeden Fall ist es nicht prinzipiell ausgeschlossen, selbst Resultate aus klassisch-empirischem Design, das etwa dem H-O-Schema verpflichtet erscheint, in den C-Prozeß einzubringen. Allerdings muß dies durch curriculare Rechtfertigung geschehen. Ein Ansatz in dieser Richtung ist die didaktische Rekonstruktion im elementaren Diskurs (Frey 1975). Dabei wird das wissenschaftliche Wissen als Informationsangebot formuliert (z. B. an die Lehrplankommissionen, die Schulbuchautoren, Lehrer-Studenten-Gruppen). Das Informationsangebot ist elementarisiert, d. h., es wird in Entstehung, gegenwärtigem Zustand und möglichen Auswirkungen so beschrieben oder dargestellt, daß die Adressaten (Teilnehmer) den Sachverhalt verstehen und daß sie nachfragen können. Letzteres ist entscheidend. Denn die am C-Prozeß Beteiligten sollen das wissenschaftliche Wissensangebot in seiner Essenz für die möglichen curricularen Verwendungssituationen herausarbeiten können. In der ersten Phase werden hauptsächlich Nachfragen gestellt, um die Tragweite des Informations- bzw. Wissensangebotes für sich abklären zu können. Die zweite Phase dient primär dem Vergleich mit den Betätigungsabsichten im unterrichtlichen Zusammenhang, dem Äußern von Lernabsichten und -bedingungen,

um in der dritten Phase unter Berücksichtigung der Phasen eins und zwei das Informationsangebot in Unterrichtsabsicht zu rekonstruieren. Im Rekonstruieren wird das Informationsangebot oder ein Teil davon für den Unterricht neu aufbereitet. In der ausführlichen Beschreibung des Ansatzes sind verschiedene Bedingungen, Regeln für Handlungsformen und Ansprüche an die diskursive Arbeitsweise beschrieben.

Um einen derartigen Einbau Pädagogischer Psychologie in C-Prozesse zu ermöglichen, sind verschiedene Maßnahmen erforderlich: Für Lehrplankommissionen, C-Gruppen, Schulbuchautoren, Fachdidaktiker und andere Instanzen sind Sammlungen geeigneter Wissensbestände bereitzustellen, die in der beschriebenen Art elementarisiert sind. Dazu könnten durchaus Teile aus gegenwärtigen Unterrichtslehren, Pädagogischen Psychologien und ähnlichen Werken verwendet werden (z. B. Heller/Nickel 1976; Weinert 1969; Gage/Berliner 1977). Der Einbau kann aber auch grundsätzlich über einen anderen Ansatz erfolgen, indem z. B. im Sinne von Bronfenbrenner (1977) oder Oerter (1979) Forschung an ökologischer Validität oder in besonderen Bereichen an Prinzipien der Deweyschen Pragmatik (Westmeyer 1974) orientiert wird.

Karl Frey

Literatur
Achtenhagen F./Menck, P.: Langfristige Curriculumentwicklung und mittelfristige Curriculumforschung. In: *Achtenhagen, F./Meyer, H. L.* (Hrsg.): Curriculumrevision – Möglichkeiten und Grenzen. München 1971. – *Aregger, K./Frey, K.:* Curriculumtheoretische Ansätze in einem Entwicklungsprojekt. EBAC-Bericht 5. Basel 1971. – *Blankertz, H.:* Theorien und Modelle der Didaktik. München 1969. – *Bronfenbrenner, U.:* Toward an experimental ecology of human development. In: American Psychologist 32 (1977), S. 513–531. – *Flechsig, K.-H./Haller, H.-D.:* Entscheidungsprozesse in der Curriculumentwicklung. Stuttgart 1973. – *Flitner, W.:* Grundlegende Geistesbildung. Heidelberg 1965. – *Frey, K./Isenegger, U.:* Bildung curricularer Sequenzen und Strukturen. In: *Frey, K.* u. a.: Curriculum-Handbuch. Bd. II. München 1975. – *Frey, K.:* Rechtfertigung von Bildungsinhalten im elementaren Diskurs. In: *Künzli, R.* (Hrsg.): Curriculumentwicklung – Begründung und Legitimation. München 1975. – *Frey, K.* u. a.: Developmental Strategy and Evaluation of a New School, Paper presented at the Annual Conference of AERA. Washington 1975. – *Frey, K.:* Curriculum. In: *Roth, L.* (Hrsg.): Handlexikon zur Erziehungswissenschaft, München 1976. – *Frey, K.:* Prozeß und Makrostruktur als grundlegende Teile curricularer Modelle. In: *Amini, B./* *Künzli, R.* (Hrsg.): Didaktische Modelle in der Unterrichtsvorbereitung. Kiel 1979. – *Gage, N. L./Berliner, D. C.:* Pädagogische Psychologie. Lehrerhandbuch. Erziehungswissenschaftliche Grundlagen für die Unterrichtspraxis. München 1977. – *Heimann, P./Otto, G./ Schulz, W.:* Unterricht, Analyse und Planung. Hannover ^{3}1968. – *Heller, K./Nickel, H.* (Hrsg.): Psychologie in der Erziehungswissenschaft. Stuttgart 1976. – *Klafki, W.:* Didaktische Analyse als Kern der Unterrichtsvorbereitung. In: *Roth, H./Blumenthal, A.* (Hrsg.): Auswahl. Grundlegende Aufsätze aus der Zeitschrift Die Deutsche Schule. Hannover 1964. – *Möller, Chr.:* Technik der Lehrplanung. Weinheim ^{2}1973. – *Moser, H.:* Handlungsorientierte Curriculumforschung. Weinheim ^{2}1976. – *Oerter, R.:* Welche Realität erfaßt Unterrichtsforschung? In: Unterrichtswissenschaft 7 (1979), S. 24–43. – *Peterssen, H. W.:* Didaktik als Strukturtheorie des Lehrens und Lernens. Ratingen 1973. – *Reisse, W.:* Verschiedene Begriffsbestimmungen von »Curriculum«: Überblick und Ansätze zur Präzisierung. In: *Frey, K.* in Zusammenarbeit mit *Achtenhagen, F.* u. a. (Hrsg.): Curriculum-Handbuch I. München/Zürich 1975, S. 46–78. – *Robinsohn, S. B.:* Bildungsreform als Revision des Curriculum. Neuwied 1967. – *Weinert, F.* (Hrsg.): Pädagogische Psychologie. Köln/Berlin ^{4}1969. – *Weniger, E.:* Didaktik als Bildungslehre. Teil I: Die Theorie der Bildungsinhalte und des Lehrplans. Weinheim 1951. – *Westmeyer, H.:* Wissenschaftstheoretische Grundlagen klinischer Psychologie. In: *Baumann, U./ Berbalk, H./Seidenstücker, G.* (Hrsg.): Klinische Psychologie. Trends in Forschung und Praxis. Bd. 1. Bern/Stuttgart/Wien 1974, S. 108–132. – *Willmann, O.:* Didaktik als Bildungslehre. Braunschweig 1909.

Denkentwicklung

1. Zum Begriff: Die Denkentwicklung (D) kann als Teilbereich der kognitiven → *Entwicklung* gesehen werden und umfaßt zum einen die wachsende Fähigkeit »internen« Handelns als Probehandeln (Freud 1940) oder als Komponente von Handlungsvollzügen mit externen und internen Anteilen, zum andern Strukturen, die in unterschiedlich komplexer Form Denkhandlungen leiten und selbst wiederum das Ergebnis von Denkhandlungen sind (→ *Denken und Problemlösen*).

2. Entwicklung von Repräsentation und Mediation: Piaget (1946) hebt die D als neuen großen Abschnitt gegenüber der Entwicklung sensumotorischer Intelligenz ab, wobei er als Trennkriterium die Ablaufgeschwindigkeit, die Bewußtheit und die Überwindung räumlich-zeitlicher Distanzen anführt. Letztlich möglich aber wird das Denken erst durch die Repräsentation, die Piaget zunächst als innere Nachahmung in Form der Akkommodation motorischer Schemata an Ereignisse der Umwelt erklärt. Noch bevor Begriffe zum

Denkinhalt werden, vermag das Kind (mit etwa 2 bis 3 Jahren) mit Symbolen für Dinge der Umwelt umzugehen. Die Fiktions-(bzw. Illusions-)spiele sind ebenfalls ein Indikator für (noch stark an das Umgehen mit äußeren Gegenständen gebundene) symbolische Repräsentationen. Das präoperative Denken fußt auch später noch auf dem bildhaften Charakter der Repräsentation, die die Beweglichkeit und Geschwindigkeit des Denkens einschränkt sowie dessen Unidirektionalität und Zentrierung bedingt (s. u.). Bruner (in Bruner u. a. 1966) versucht die der D sensu Piaget korrespondierenden Repräsentationsniveaus zu präzisieren und nimmt drei Niveaus an: die enaktive Repräsentation (der Akkomodation sensumotorischer Schemata am nächsten), die imaginative Repräsentation (die dem anschaulichen Denken im Alter von ca. 4 bis 6 Jahren zugrunde liegt) und die sprachlich-symbolische Repräsentation (die das operative Denken ermöglicht). Diese Niveaus werden kumulativ und nicht disjunktiv verstanden, niedrigere Niveaus gehen nach Erreichen der höheren Niveaus nicht verloren (Beispiel für enaktive Repräsentationsleistungen im Erwachsenenalter: auswendig Klavier spielen; im Nebel Ski fahren). Die sprachlich-symbolische Ebene der Repräsentation scheint mit 7 bis 8 Jahren ausgebildet zu werden. Hinweise liefern neben den indirekten Hinweisen aus den Aufgaben zum operativen Denken von Piaget und Mitarbeitern (Piaget/Inhelder 1969; 1971; Piaget/Inhelder/ Szeminska 1948) Untersuchungen zur Begriffsbildung (z. B. Olver/Hornsby in Bruner u. a. 1966).

Die Annahme des relativ späten Auftretens von Repräsentationsleistungen läßt sich vermutlich nicht aufrechterhalten. Viele Anzeichen, vor allem Spiegelversuche (Lewis 1972; Papoušek/Papoušek 1980) sprechen dafür, daß das Kind mit 8 bis 9 Monaten den Kurzzeitspeicher aufbaut und frühere Eindrücke, die es reaktiviert, mit neuen vergleicht (→ *Gedächtnis*).

In S-R-Theorien (→ *Lernen und Lerntheorien*) präsentiert sich das Repräsentationsproblem als Vermittlungsprozesse zwischen S und R (Mediation). Am eindrucksvollsten belegen die Kendler-Experimente (Kendler/ Kendler 1962; Kendler u. a. 1960) das allmähliche Auftreten von Mediation in der Entwicklung. Ihre scharfsinnige und originelle Analyse sagt vorher, daß bei unmittelbarer S-R-Koppelung sogenannte nonreversal shifts beim Umlernen leicht sein müßten (z. B. Umlernen von der Dimension der Helligkeit auf die Dimension der Größe), weil Merkmale der neuen Dimension mitverstärkt werden. Hingegen müßten der Aufbau vermittelnder Prozesse, das Umlernen innerhalb der gleichen Dimension (z. B. von Schwarz auf Weiß bei der Dimension Helligkeit) Individuen, die über vermittelnde Prozesse verfügen, leichter fallen, da der Mediator alle Ausprägungsgrade einer Dimension (z. B. von Weiß bis Schwarz) kodiert. Kendlers Befunde sind bei kleinen Kindern (unter 5 Jahren) und bei Erwachsenen eindeutig, aber immer noch ein Drittel der 10jährigen bevorzugt beim Umlernen die andere Dimension (Kendler/ Kendler 1962). S-R-Theoretiker sehen in dem Auftreten von Mediationsprozessen ein entscheidendes Kriterium bei der phylogenetischen Entwicklungsreihe und im Tier-Mensch-Übergangsfeld. Menschliche kognitive Leistungen, vor allem die Benutzung von sprachlichen Bedeutungen (Osgood 1963), die Begriffsbildung (Staats 1961) und das Denken selbst (Weir 1964) werden von den S-R-Theoretikern auf Vermittler zurückgeführt (→ *Sprache*). Entwicklungssequenzen und Alterszuordnungen rücken allerdings dabei in den Hintergrund.

3. *Strategien und Operationen:* Strategien als Modi des Problemlösens lassen sich entwicklungspsychologisch wiederum (wenn auch eingeschränkt) auf der Basis der S-R-Theorien untersuchen. Weir (1964) untersuchte Strategien beim Auffinden eines Wahrscheinlichkeitszusammenhanges zwischen dem Drücken einer von drei Tasten und dem Herausfallen einer Kugel. Während 3- bis 4-jährige Kinder sich ohne Vermittlerprozeß am unmittelbaren Erfolg orientierten, bildeten Erwachsene Hypothesen und prüften diese. In einem Übergangsstadium benutzten 7- bis 11jährige stereotype Strategien (Drücken der Tasten in immer gleicher Reihenfolge). Die Korrespondenz des Lösungsverhaltens ändert sich selbstredend mit dem Schwierigkeitsgrad der Aufgabe. Ein fündiger Entwicklungsaspekt ist die zunehmende Ökonomie der Problemlösestrategie. Olson (in Bruner u. a. 1966) konnte dies bei Problemen des Auffindens von Mustern zeigen. Während die jüngste Gruppe (3jährige) das Problem noch nicht richtig verstand und die nächste Gruppe das Muster durch Abprüfen aller Möglichkeiten zu finden suchte, schloß die Gruppe der 9jährigen bereits systematisch die Prüfungsmög-

lichkeiten aus, die keine Information über das Muster lieferten. Daß auch hier keine absolute Alterskorrespondenz zu Strategieniveaus bestand, konnte Olson durch Änderung der Versuchsanweisung (Lösungsfindung mit möglichst wenig Schritten) belegen. Wie hier, so läßt sich die Denkstrategie in fast allen vorliegenden Untersuchungen als Sukzession und Qualität von Hypothesenbildung und -prüfung operationalisieren. Im Anschluß an die Begriffsbildungsexperimente von Bruner u. a. (1956) prüfte *Nadiraschwili* (1965) in einer Querschnittsuntersuchung (→ *Entwicklung*) die Strategie bei der Nutzung von Information. Dabei zeigte sich als unterstes Prüfniveau die Handhabung (selbstgewählter) positiver Beispiele. Die systematische Einbeziehung negativer Beispiele weist auf ein höheres Strukturniveau (s. u.) hin. Am schwersten handhabbar ist (auch noch für Erwachsene) das widerlegte negative Beispiel.

Für das Jugendalter gibt es noch kaum entwicklungspsychologische Untersuchungen über Denkstrategien. Dreher/Dreher (in Oerter u. a. 1977) fanden im Problemlöseverhalten bei einer Organisationsaufgabe in zweierlei Hinsicht eine entwicklungsabhängige Veränderung im Jugendalter. Zum einen wählten höhere Altersstufen eher Verzweigungsstrategien und Gesamtplanungsentwürfe, während Jüngere das Organisationsproblem Schritt für Schritt bis zum Ende durchprobierten, um bei Mißerfolg wieder von vorne zu beginnen. Zum anderen konnte das Problemlöseverhalten formal als zunehmende Differenzierung (Vermehrung der einbezogenen Dimensionen), Diskrimination (unterschiedliche Gewichtung der Dimensionen) und Integration (Organisation der beteiligten Dimensionen) charakterisiert werden. Als wesentlich erwies sich allerdings hierbei die Verflechtung mit den in die Aufgabe einbezogenen Umweltaspekten, so daß die Entwicklung zugleich von unmittelbarer Einbeziehung der Umweltaspekte zu deren flexiblerer und distanzierterer Handhabung verlief.

Die genannten formalen Kriterien der Differenzierung, Diskrimination und Integration sind Merkmale der → *kognitiven Stile* bzw. der → *kognitiven Komplexität* (Harvey/Hunt/Schroder 1961). Dort werden sie aber weniger als entwicklungspsychologische Dimension, sondern mehr unter differentiellem Aspekt betrachtet. Piaget (1946; 1976) verwendet weniger den Begriff der Strategie, sondern versucht, (logisches) Denken als operatives Denken zu kennzeichnen, bei dem die Operationen als »Gruppierung« ein Gleichgewichtssystem bilden. Während das voroperative Denken nur zentrierte, einseitig gerichtete (nonreversible) Aktionen kennt, werden die Prozesse beim konkret-logischen Denken (ab etwa 7 Jahren) zu reversiblen dezentrierten »Operationen«. Ihre »Reversibilität« ermöglicht die Rückkehr zum Ausgangspunkt und damit die Überprüfung der Lösungsschritte bzw. des Resultats. Ihre »Dezentrierung« besteht im gleichzeitigen Einsatz mehrerer Operationen und somit im Zusammenbringen mehrerer Aspekte, die für die Lösung eines Problems beachtet werden müssen. Das formallogische Denken des beginnenden Jugendalters läßt sich mit Flavell (1979) als *inter*propositional (Verknüpfung und Auswerten von mehreren Aussagen im Vergleich zum bisherigen *intra*propositionalen Denken) und hypothetisch-deduktiv (Ableitung von Konsequenzen und Vorhersagen aus angenommenen Prämissen) kennzeichnen. Die bewußte systematische *Kombination* und *Permutation* von Operationen vollenden den Aufbau effizienter Strategien. *Piaget* charakterisiert zugleich die höchste Beweglichkeitsform des Denkens durch die Integration von *Inversion* (Umkehrung der Operation) und *Kompensation* (reziproke Operation: Aufhebung oder Ausgleich einer anderen Operation) (→ *Transfer*).

4. *Strukturen:* Die traditionelle Psychologie trennt gewöhnlich zwischen →*Gedächtnis* sowie → *Denken und Problemlösen* als funktionalen Einheiten. Die Organisation dieser Einheiten wird durch den Strukturbegriff definiert, so daß das eine Mal von Denkstrukturen (Organisation der Denkoperationen), das andere Mal von Wissensstrukturen (Gedächtnisstrukturen) die Rede ist. Das qualitative Niveau von Denkstrukturen determiniert die eingesetzten Strategien und die Effizienz und/oder Ökonomie des Problemlösens. Wenn eine vorhandene kognitive Struktur zur Bewältigung eines Problems nicht ausreicht, so kann unter geeigneten Bedingungen eine höhere Form der Denkstruktur entstehen, die fortan Probleme der genannten Art meistert. Diese Betrachtungsweise setzt die Annahme voraus, daß Denkstrukturen nicht nur die aktuelle Organisation von Operationen, sondern eine substantielle, bleibende Organisation bilden. Von dieser Annahme gehen Piaget und seine Mitarbeiter aus.

Die Struktur des präoperationalen Denkens

kennt vorwiegend isolierte Operationseinheiten, weshalb die simulante Berücksichtigung von Bedingungen und das sich ergänzende Zusammenwirken von Operationen noch nicht möglich sind. Die Struktur (bzw. Strukturen) des konkret-logischen und formallogischen Denkens werden von Piaget als Gleichgewichtssysteme aufgefaßt, wobei er schon frühzeitig den Begriff der »Gruppierung« (groupement) in Analogie zur mathematischen Gruppe für das Zusammenwirken und die Wechselseitigkeit der Operationen wählt. Diese logische Struktur der Operationen erzeugt nun wieder charakteristische Begriffsstrukturen, bei denen Denkoperationen und Denkinhalt in der Weise verknüpft sind, daß Erkenntnisleistungen neuer Art möglich werden. So entwickelt sich aus dem bisher schon vorhandenen voroperationalen (aktionalen) Gegenstandsbegriff der logische Gegenstand mit dem Invarianzkriterium, aus dem topologischen Raumverständnis der euklidische Raumbegriff und analog aus prälogischen Begriffen der logische Zahl- und Zeitbegriff. Diesen Erklärungsbegriffen einer äußeren Realität gesellen sich der Identitätsbegriff (Invarianz des Ich) und der Moralbegriff (konventionelle Moral im Sinne von Kohlberg 1969) zu (→ *Moralische Entwicklung und Erziehung*).
Die für die formallogischen Denkstrukturen bereits genannten neuen Kriterien erzeugen neue Begriffsstrukturen, so den Proportionsbegriff, den logischen Begriff von Zufall und Kausalität und den Funktionsbegriff. Letzteren sehen Piaget u. a. (1977) als eine Gesamtstruktur an, innerhalb derer sich alle übrigen Denkleistungen und Begriffsstrukturen des Erkennens zusammenordnen lassen.
Die Substantialität von Denk- bzw. Begriffsstrukturen ist in der Entwicklungstheorie von Piaget besonders problematisch, da Untersuchungen immer wieder zeigen, daß sie erst während des Denk- bzw. Problemlöseprozesses entstehen (Aebli 1963: Elaborationsprozeß) und keineswegs immer eine logisch perfekte Form besitzen. Vermutlich ist es vorteilhafter, die von *Piaget* als psychologisch existent postulierten Strukturen als logisches Ordnungssystem (Entwicklungsmodell) aufzufassen, an dem Entwicklung des Denkens wie kognitive Entwicklung überhaupt gemessen werden kann.
Die Universalität der genannten Strukturen wird im Anschluß an Piaget von Kohlberg (1974), Feffer (1970) und z. T. von Flavell (1979) sowohl bezüglich ihrer kulturunabhängigen Entwicklung als auch bezüglich der Bereiche ihrer Anwendung angenommen. Die Entwicklung der Identität und des → *Selbstkonzeptes* als Denkstruktur wurde von den genannten Autoren ebenso durch die in den jeweils erreichten Strukturen grundgelegten kognitiven Voraussetzungen erklärt wie die Entwicklung der sozialen Kognition und des moralischen Urteils. Für letzteres leitet Kohlberg die Korrespondenz zwischen präoperationalem Denken und präkonventioneller Moral, konkret-logischem Denken und konventioneller Moral sowie formallogischem Denken und postkonventioneller Moral ab. Die jeweils erreichte allgemeine kognitive Struktur sensu Piaget ist dabei jedoch als notwendige, aber nicht hinreichende Bedingungen definiert. Was bei diesen Bemühungen gesehen wird, ist die theoretische Notwendigkeit, für kognitive Entwicklungsniveaus qualitative Strukturen auszumachen, die eindeutige Kennzeichnungen darstellen und vom jeweils früheren und späteren Niveau abgehoben sind.
Oerter (1979; 1980) leitet von diesem Gedanken drei prinzipielle Entwicklungsniveaus ab, die unter dem Aspekt der D als Ebenen des Gegenstandsbezuges gekennzeichnet werden. Während das unterste Niveau noch keine klare Trennung zwischen Akteur und Gegenstand kennt, wird auf der nächsten Ebene durch die endgültige Trennung von Subjekt und Objekt der Gegenstandsbegriff als Gebrauchsgegenstand mit festumrissenen Eigenschaften und einer inhaltlich (gesellschaftlich) definierten Funktionalität konzipiert. Das letzte Niveau konstruiert den abstrakten, von inhaltlichen und spezifischen Zügen befreiten Gegenstand, der nun eine formale Struktur besitzt, auf den sich das Denken in qualitativ neuer Weise beziehen kann. Das erste Niveau ermöglicht Handlungsstrukturen des Umgehens, des »Zuhandenseins« (Werner 1959) von Gegenständen. Das zweite Niveau gewährleistet das Verständnis und die gesellschaftlich adäquate (sozialisierte) Handhabung von Gegenständen, vor allem deren in sie hineinverlegte Funktionalität. Das letzte Niveau schließlich ermöglicht die Konzeption der in unserer Kultur bedeutsamen generellen Begriffe der Person und der (unter Absehung von Inhalten) gegebenen Gleichheit von Personen, generell den Gegenstandsbegriff als von Akzidenzien befreiten Substanzbegriff (Aristoteles) und das Verständnis formalisier-

ter Sozialbeziehungen in Politik, Rechtsprechung und Verwaltung. Unter einer Reihe von Perspektiven wurde der Arbeitsbegriff näher untersucht, wobei sich im zweiten Lebensjahrzehnt strukturelle Veränderungen dieses Begriffes beobachten ließen (Oerter u. a. 1977). Dabei ließen sich Denk– und Wissensstrukturen nicht voneinander trennen. Vielmehr zeigte sich, daß die D wie überhaupt die kognitive Entwicklung in wechselseitiger Abhängigkeit zu inhaltlichen Umweltstrukturen (genereller wie spezifischer Art) steht.

5. Zur Entwicklung von Planung: Pläne sind alle hierarchischen Prozesse, welche die Ordnung, gemäß der eine Reihenfolge von Operationen ausgeführt wird, kontrollieren (Miller u. a. 1960, S. 16). Sobald Repräsentationsleistungen und damit die Handhabung von Handlungsschritten im Denken möglich werden, werden Pläne durch das Denken mitentworfen und in ihrer Realisation durch das Denken mitgesteuert. Planen als gedanklicher Vorausentwurf der Handlung tritt eindeutig schon im Vorschulalter auf. Hetzer (1931) beschrieb bereits bei ihren drei Stufen der Materialbehandlung (des Werkzeuggebrauchs) die Genese von Planung. Während zunächst etwa keine Darstellungsabsicht beim Kneten oder Zeichnen vorliegt und die Benennung der Darstellung nachträglich bzw. während der Handlung erfolgt, benennt das Kind schließlich (mit 5 bis 6 Jahren) sein Vorhaben, um es danach zu realisieren. Der Fortschritt in der Planung läßt sich formal durch die wachsende Anzahl der antizipierten Schritte (von einem einzigen Handlungsschritt über zwei zu immer mehr Schritten), durch die Verlängerung des zeitlichen Umfangs des geplanten Vorhabens und durch die wachsende Komplexität des Planes (Anzahl der berücksichtigten Dimensionen, Hierarchie der Planungsschritte) kennzeichnen. Entscheidende Sozialisationsfunktion scheint Planung spätestens im Jugendalter zu gewinnen. Dreher/Dreher (in Vorb.) konnten bei der Planung von Alltagshandeln (→ *Handlung und Handlungstheorien*) in einer kontrollierten Versuchssituation drei generelle entwicklungsabhängige Niveaus beobachten: (a) Planung als einfache Ausführung von zuvor vorliegenden Aufträgen gemäß ihrer Valenz; (b) Planung von Handlung als Organisation von Aufträgen unter Absehen ihrer aktuellen Valenz nach übergeordneten Planungsgesichtspunkten; (c) Planung von Planung als systematische Berücksichtigung möglicher Planungskriterien und anschließender Bewertung des optimalen Planes. Im individuellen Leben des Erwachsenen wie in der Gesamtkultur (vor allem im Arbeitsleben und Produktionsprozeß) gewinnt Planung eine Vorrangstellung.

6. Ökologie und D: Mehrfach wurde auf die funktionale Wechselwirkung von D und der Entwicklung von Wissensstrukturen hingewiesen. Sie geht unter ökologischer Perspektive auf die charakteristischen Individuum-Umwelt-Beziehungen zurück, die in einer gegebenen Kultur typisch sind (→ *Ökologie*). Handeln, auch internalisiertes Handeln, ist immer zugleich Individuum-Umwelt-Bezug, weshalb auch bei der D die Komponenten der Umwelt, auf die sich das Denken bezieht, nicht außer acht gelassen werden können. Der in der Psychologie vorherrschenden Methode der Formalisierung von Erscheinungen stehen Dokumente und Einzelstudien gegenüber, die die Andersartigkeit von Denkvollzügen in deutlich von uns verschiedenen Kulturen belegen (Serpell 1977; McDermott/Pratt 1976; Klausner 1979).

Als umfassende Leistung des Denkens erweisen sich möglicherweise nicht bestimmte Niveaus von Strategien und Strukturen, sondern die Realitätskonstruktionen des einzelnen wie der Gesellschaft (Garfinkel 1967; Schütz 1932; Mehan/Wood 1975). So verstanden ist die von Piaget und Mitarbeitern beschriebene Entwicklung des Erkennens ein Ausschnitt aus dem Gesamtprozeß der sukzessiven und nie endenden Realitätskonstruktion des Individuums in seiner Welt.

Rolf Oerter

Literatur

Aebli, H.: Über die geistige Entwicklung des Kindes. Stuttgart 1963. – Bruner, J. S./Goodnow, J. J./Austin, G. A.: A study of thinking. New York 1956. – Bruner, J. S./Olver, R. R./Greenfield, P. M.: Studies in cognitive growth. New York 1966. – Dreher, M./Dreher, E.: Dimensionen der Handlungsorganisation im Kontext kognitiver Sozialisation. In Vorb. – Feffer, M.: Developmental analysis of interpersonal behavior. In: Psychological Review 77 (1970), S. 197–214. – Flavell, J. H.: Kognitive Entwicklung. Stuttgart 1979. – Freud, S.: Neue Folge der Vorlesungen zur Einführung in die Psychoanalyse. Ges. Werke. Band XV (1933). London 1940. – Garfinkel, H.: Studies in ethnomethodology. New York 1967. – Harvey, O. J./Hunt, D. E./Schroder, H. M.: Conceptual systems and personality organization. New York 1961. – Hetzer, H.: Kind und Schaffen. Jena 1931. – Kendler, T. S./Kendler, H. H./Wells, D.: Reversal and nonreversal shifts in nursery school children. In: Journal of Comparative Physiological Psychology 53 (1960), S. 83–88. – *Kendler, H. H./Kendler, T. S.:* Vertical and horizontal processes in problem solving. In: Psychological Review 69 (1962), S. 1–16. – *Klausner, S. Z.:* Über den Zusammenhang von Gesellschaft und physikalischer Umgebung: ein sozial-ökologischer Ansatz. In: *Walter, H./Oerter, R.* (Hrsg.): Ökologie und Entwicklung. Donauwörth 1979. – *Kohlberg, L.:* Stages in the development of moral thought and action. New York 1969. – *Kohlberg, L.:* Zur kognitiven Entwicklung des Kindes. Frankfurt 1974. – *Lewis, M.:* Introduction. Cross-cultural studies of mother–infant interaction: Description and consequence. In: Human Development 15 (1972), S. 75–76. – *McDermott, R. P./Pratt, M.:* Attribution theory and social interaction: some ethnographic accounts. In: The Quarterly Newsletter of the Institute for Comparative Human Development, September 1976, Vol. 1, S. 3–5. – *Mehan, H./Wood, H.:* The reality of ethnomethodology. New York 1975. – *Miller, G. A./Galanter, E./Pribram, K. H.:* Plans and the structure of behavior. New York 1960. – *Nadiraschwili, S.:* Über die Modellierung von Verallgemeinerungsprozessen. In: Zeitschrift für Psychologie 171 (1965), S. 196–203. – *Oerter, R.:* Ein ökologisches Modell kognitiver Sozialisation. In: *Walter, H./Oerter, R.* (Hrsg.): Ökologie und Entwicklung. Mensch-Umwelt-Modelle. Donauwörth 1979. – *Oerter, R.:* Interaktion als Individuum-Umwelt-Bezug. Vorpublikation Universität Augsburg 1980. – *Oerter, R./Dreher, E./Dreher, M.:* Kognitive Sozialisation und subjektive Struktur. München 1977. – *Osgood, C. E.:* Psycholinguistics. In: *Koch, S.* (Ed.): Psychology: A study of science. New York 1963, VI, S. 244–316. – *Papoušek, H./Papoušek, M.:* Lernen im ersten Lebensjahr. In: *Montada, K.* (Hrsg.): Brennpunkte der Entwicklungspsychologie. Stuttgart 1980. – *Piaget, J.:* Psychologie der Intelligenz. Zürich 1946. – *Piaget, J.:* Die Äquilibration der kognitiven Strukturen. Stuttgart 1976. – *Piaget, J./Inhelder, B./Szeminska, A.:* La géométrie spontanée de l'enfant. Paris 1948. – *Piaget, J./Inhelder, B.:* Die Entwicklung der physikalischen Mengenbegriffe beim Kinde. Stuttgart 1969. – *Piaget, J./Inhelder, B.:* Die Entwicklung des räumlichen Denkens beim Kinde. Stuttgart 1971. – *Piaget, J./Grize, J.-B./Szeminska, A./Bang, V.:* Epistemologie und Psychologie der Funktion. Stuttgart 1977. – *Schütz, A.:* Der sinnhafte Aufbau der sozialen Welt. Eine Einleitung in die verstehende Soziologie. Wien 1932. – *Serpell, R.:* Strategies for investigation intelligence in its cultural context. In: The Quarterly Newsletter of the Institute for Comparative Human Development, June 1977, Vol. 1, S. 11–15. – *Staats, A. W.:* Verbal habit families, concepts, and the operant conditioning of word classes. In: Psychological Review 68 (1961), S. 190–204. – *Weir, M. W.:* Developmental changes in problem solving strategies. In: Psychological Review 71 (1964), S. 473–490. – *Werner, H.:* Einführung in die Entwicklungspsychologie. München 1959.

Denken und Problemlösen

1. Einleitung: Zum Ende des vergangenen Jahrhunderts hat die experimentelle Psychologie die Erforschung von Denkvorgängen aufgenommen. Bis zu diesem Zeitpunkt erklärte man das Zustandekommen geistiger Leistungen überwiegend durch Gesetze der Assoziationspsychologie. Gedanken hielt man für Verknüpfungen aus Vorstellungen, denen man den Charakter anschaulicher Wahrnehmungsinhalte zuschrieb. Die umfangreichen introspektionistischen Analysen von Denkprozessen durch die sogenannte Würzburger Schule im ersten Jahrzehnt unseres Jahrhunderts (Külpe, Marbe, Ach, Messer, Bühler, Selz) machten jedoch darauf aufmerksam, daß Denkabläufe nicht ungerichtet geschehen, wie es der Assoziationismus nahelegte. Die Entdeckung der sogenannten »determinierenden Tendenzen« warf Fragen zur Organisation geistiger Prozesse auf. Sie konnten nur mit theoretischen Entwürfen über Aufbau und Verlauf von Denkprozessen beantwortet werden. Selz, Duncker und Wertheimer – um nur einige wichtige Namen zu nennen – erarbeiteten subtile Beschreibungen für psychische Prozesse, die dem sogenannten produktiven Denken zugrunde liegen sollten. Die Ergebnisse der Würzburger Schule sowie der Gestaltpsychologie erlebten in den USA in den fünfziger Jahren eine Renaissance. Interdisziplinär arbeitende Computerwissenschaftler realisierten Systeme auf Rechnern, die intelligente Leistungen vollbringen konnten. Dabei griff man auf die Arbeiten der Würzburger und der Gestaltpsychologen – vor allem auf Dunckers Psychologie des produktiven Denkens – zurück. Es entstanden die sogenannten künstlichen Intelligenzen, die Muster erkennen konnten, logische Theoreme zu beweisen in der Lage waren (Newell/Shaw/Simon 1957) und Denksportaufgaben lösten. Darüber hinaus hielt man sie für Modelle der menschlichen Denktätigkeit. Aus diesen ersten Ansätzen entwickelte sich eine rege Forschungstätigkeit. Untersuchungsgegenstand war nicht mehr das Denken allgemein, sondern das *Problemlösen.* Dieser Begriff wurde als neutraler empfunden, da er nicht mit der jahrhundertelangen philosophischen Forschungstradition befrachtet ist. Problemlösen läßt sich klar definieren als ein Transformationsprozeß eines unbefriedigenden Anfangszustandes in einen erwünschten Zielzustand unter Überwindung einer Barriere (Süllwold 1960). Die Problemlösepsychologie ist inzwischen Gegenstand vieler wissenschaftlicher Publikationen geworden. Über sie liegen Sammelreferate vor, die den Forschungsstand bis in die neueste Zeit zusammenfassen (Erickson/Jones 1978; Lüer/Putz-Osterloh 1978; Simon 1979). Gegenwärtig begegnet man verstärkt Bemühungen, einen Rahmen für die Erforschung der komplexen geistigen Tätigkeit beim Menschen zu finden. Unter dem Begriff »kognitive Prozesse« werden alle menschlichen Erkenntnisprozesse (vor allem für das Wahrnehmen und das Denken) zusammengefaßt. Es bleibt abzuwarten, ob eine derartig mentalistisch orientierte Kognitionspsychologie die in sie gesetzten Hoffnungen erfüllen kann.

2. *Die Problemsituation:* Im einfachsten Fall gehören zu einer Problemsituation das zu bewältigende Problem und der Problemlöser selbst. Nach Dörner (1976) läßt sich ein Problem von einer Aufgabe unterscheiden. Eine *Aufgabe* liegt immer dann vor, wenn der Problemlöser über die Mittel zu ihrer Bewältigung bereits verfügt (Beispiel: schriftliche Division). Bei einem *Problem* muß der Problemlöser die für eine Lösung notwendigen Mittel erst suchen. Sie sind ihm nicht unmittelbar geläufig (Beispiel: Beendigung einer vorgegebenen Schachpartie in drei Zügen). Eine angemessene Beschreibung für Probleme muß der Vielfalt vorkommender Problemstellungen gerecht werden. Sie soll die strukturellen Eigenschaften der Probleme unterscheiden und klassifizieren. Unterschiedliche strukturelle Beschreibungen sollten unterschiedlichen Vorgehensweisen von Problemlösern entsprechen. Ob ein Zustand als Problem erkannt wird oder nicht, hängt in erster Linie vom Problemlöser selbst ab. Er muß die Eigenschaften der Problemsituation, d. h. die Eigenschaften von Anfangs- und Zielzustand und die Unterschiede zwischen ihnen, erkennen und klassifizieren. Der Problemlöser schafft sich damit ein Abbild von der Problemsituation. Nach dem Erkennen der Problemsituation benötigt er Handlungsmöglichkeiten zur Beseitigung der Unterschiede zwischen Anfangs- und Zielzustand. Mit Vergleichs- und Prüfprozessen muß er zudem feststellen können, ob die von ihm herbeigeführte Zustandsänderung der Lösung entspricht, eine Annäherung an sie bedeutet oder nicht zur Problemlösung beigetragen hat.

Neben der theoretischen Problembeschreibung benötigt man eine Theorie über die Struktur, den Ablauf und die Funktion von kognitiven Prozessen bei Problemlösern. Das empirisch beobachtbare Vorgehen kann mit den Möglichkeiten der Problemlösung innerhalb der Problemstruktur verglichen und bewertet werden. Die Beschreibung und Klassifikation von Problemen steht damit in Wechselbeziehung zu Theorien über Problemlöseprozesse.

3. *Klassifikation für Probleme:* Nur in wenigen Fällen haben wir es mit Problemen zu tun, für die alle Lösungswege in den Verzweigungen eines Lösungsbaumes darstellbar sind. Das Scheibenspiel »Turm von Hanoi« (Klix 1971) ist hierfür ein Beispiel. Ein vollständiger Lösungsgraph kann für alle möglichen Spielzustände angegeben werden. Schon beim Halmaspiel und erst recht beim Schachspiel (man schätzt die Anzahl unterschiedlicher Spielkonstellationen auf etwa 10 Milliarden) versagt diese Möglichkeit. Beschreibungssysteme für Probleme berücksichtigen deshalb nicht die möglichen Lösungswege, sondern Dimensionen zur Beschreibung von Problemzuständen. Das bekannteste System dieser Art unterscheidet zwischen gut definierten (geschlossenen) und schlecht definierten (offenen) Problemzuständen (Mc Carthy 1956). Kombiniert man diese bivalente Dimension mit der bivalenten Dimension »Anfangszustand – Zielzustand«, so ergeben sich vier Problemtypen. Bourne/Ekstrand/Dominowski (1971) erweitern dieses Schema, indem sie drei bivalente Dimensionen benennen: (a) der Zielzustand ist offen oder geschlossen; (b) das Problem hat eine oder mehrere Lösungen; (c) die Problemlösung kann aus dem Gedächtnis abgerufen werden oder muß neu gefunden werden. Speedie/Treffinger/Houtz (1976) versuchten die verschiedenen in der Literatur vorhandenen Problemklassifikationen zu integrieren. Sie benennen die Dimensionen: (a) Eigenschaft der Problemrealität mit den Valenzen Mehrdeutigkeit, Anzahl von Lösungen, Komplexität, Quantität von geforderten Gedächtnisleistungen; (b) geforderte Prozesse mit den von Johnson (1972) formulierten Valenzen Problemvorbereitung, Produktion und Bewertung; (c) Ergebnismaße mit den Valenzen Anzahl von Lösungen, Lösungszeit, Qualität der Lösung und Maße über den Lösungsprozeß. Um Einteilungsgesichtspunkte nach den geforderten Veränderungen bemüht sich Sydow (1972). Er führt die Dimensionen Klassi-

fikations-, Kompositions- und Transformationsprobleme ein. In ähnliche Richtung weist Greenos (1977) Typologie für Probleme, die als wesentliche Problemkomponenten unterscheidet: (a) Transformationsprobleme; (b) Strukturierungsprobleme; (c) Anordnungsprobleme. Neben diesen Idealtypen treten sogenannte Mischtypen auf: Hier sind Strukturierung und Transformation, Transformation von Anordnungen oder Strukturierung von Anordnungsproblemen erforderlich. Eine Unterscheidung von Problemtypen nach der Art der zu überwindenden Barriere nimmt Dörner (1976) vor. Seine Unterscheidungsdimensionen »Bekanntheitsgrad der Mittel« und »Klarheit der Zielkriterien« haben jeweils die Valenzen »hoch« und »gering«. Die dadurch klassifizierbaren Barrieren für Problemlösungen sind als Probleme mit Interpolationsbarriere, mit dialektischer Barriere, mit Synthesebarriere und mit dialektischer und Synthesebarriere identifizierbar. Überall dort, wo eine vollständige Aufzählung bzw. Darstellung vorkommender Problemzustände nicht möglich ist, bieten die zitierten Klassifikationssysteme Anhaltspunkte für die Typisierung von Problemen. Damit zeichnet sich die Möglichkeit ab, zumindest eine grobe Landkarte vorkommender Problemarten anzufertigen.

4. *Kognitive Struktur:* Die Dimensionen und Valenzen der Problemzustände müssen vom Problemlöser intern repräsentiert werden. Die Gesamtheit der psychischen Prozesse, die Erkennung, Speicherung, Bearbeitung und Veränderung der Problemmerkmale nennt man *kognitive Struktur*. Diese kognitive Struktur ist als geistiger Apparat zu verstehen, mit dessen Hilfe Lösungen für Probleme gefunden werden können. Über Aufbau, Umfang und Arbeitsweise der kognitiven Struktur sind in den vergangenen 15 Jahren viele theoretische und empirische Arbeiten erschienen (→ *Kognitive Komplexität*).

4.1 *Ebenen der kognitiven Struktur:* Dem anfänglich großen Optimismus, vollständige und realitätsnahe Simulationsmodelle für die kognitive Struktur menschlichen Problemlösens konstruieren zu können, ist Ernüchterung gefolgt. Man erkannte, daß Simulationsmodelle für kognitive Prozesse nicht ausschließlich nach Optimalitätsgesichtspunkten konstruiert werden dürfen, wenn sie für psychologische Theorienbildungen Bedeutung besitzen sollen. Das führte zur Trennung der Forschungsziele der künstlichen Intelligenz von den Bemühungen, Simulationsmodelle für menschliches Problemlösen zu realisieren (Klix 1979). Zu den wesentlichen Erkenntnissen der Simulationsforschung ist die Unterscheidung von zwei Ebenen der heuristischen Struktur zu rechnen. So trennen Newell/Simon (1972) in dem Modell des »General Problem Solvers« die Bearbeitung von Problemeigenschaften von der Exekutive mit heuristischen Methoden. Die bei Norman/Rumelhart (1978) vorgenommene Unterscheidung von Datenbasis und exekutivem Prozeß ist eine weitere Realisation der Zwei-Ebenen-Hypothese. Kluwe (1979) gibt eine Übersicht über die postulierten Teilstrukturen der geistigen Ausstattung. Es ist das Verdienst von Dörner (1976), diese Zwei-Ebenen-Hypothese zu einem integrativen psychologischen Theorieentwurf für die kognitive Struktur ausformuliert zu haben. Seine Unterscheidung zwischen *epistemischer Struktur* (ES, Wissensstruktur) und *heuristischer Struktur* (HS, Verfahrensbibliothek) hat das Verständnis komplexer kognitiver Prozesse gefördert. Sowohl die ES als auch die HS bestehen aus → *Gedächtnissen* und darin abgespeicherten Sachverhalten. Während die ES Wissen über Merkmale von Problemzuständen sowie Handlungsmöglichkeiten (Operatoren) zu deren Änderung enthält, verfügt die HS vornehmlich über Konstruktionsmittel. Mit ihnen werden Merkmale zu neuen Sachverhalten miteinander verknüpft. Ebenso können mehrere Operatoren zu neuen Handlungsketten zusammengefügt werden. Während also die ES Daten über die Realität enthält, verfügt die HS über Programme, mit denen diese Daten »gehandhabt« werden können.

a. *Epistemische Struktur (Wissensbasis):* In der neueren Problemlösepsychologie wird der Bedeutung von Gedächtnisspeichern große Aufmerksamkeit geschenkt. Im Vordergrund der Forschung stehen Modalitäten der Speicherung und Hypothesen über die Funktionen der Gedächtnisse. Aus der Linguistik sind Formen semantischer Verknüpfungen bekannt, die man als Netzwerke mit Knoten und Verbindungen kennzeichnen kann. Man stellt sich vor, daß Gedächtnisse aus solchen Netzwerken bestehen. Jeder Knoten repräsentiert ein Datum der Realität, die Verbindungen im Netz bilden Assoziationen zwischen den Daten, wobei unterschiedliche Verbindungen in Form qualitativ unterscheidbarer Relationen angenommen werden. Solche Netzwerke sind sowohl für Objekte als auch für sprachliche

Begriffe definierbar, wobei das sprachliche Netzwerk über dem Netzwerk der Objekte vorstellbar ist (Klix 1971; Dörner 1976). Ergebnisse der Konzepterwerbs- und Begriffsbildungsexperimente belegen dieses. Von der Funktion der Gedächtnisse her unterscheidet Dörner (1976) den Afferenzteil (Gedächtnis für Sachverhalte) vom Efferenzteil (Gedächtnis für Handlungen). Jeder Teil untergliedert sich weiterhin in eine Komplexionshierarchie (Strukturbildungen aus Einzelteilen) und Abstraktionshierarchie (Bildung von Begriffen und Konzepten). Zu den Vorzügen des Modells der ES gehört es, daß Handlungen in der gleichen Weise gedächtnismäßig gespeichert sind wie Sachverhalte. Daraus ergibt sich eine umfangreiche und komplexe Wissensbasis, aus der jedoch allein, also ohne steuernde Programme, keine komplexen kognitiven Leistungen entstehen können.

b. *Heuristische Struktur:* Sobald ein Problemlöser auf eine »Barriere« stößt, die ihm den Zugang zur Lösung versperrt, setzt er Mittel und Wege zur Zielerreichung in Gang. Dabei wird ihm in der Regel auch bewußt, daß das gestellte Problem mit den bisher von ihm angewendeten Möglichkeiten nicht zu lösen ist (sonst wäre es eine Aufgabe, deren »Lösung« in der ES schon vorhanden ist). Experimentell ist vielfach belegt, daß Problemlöser nicht zufällig nach Lösungen suchen. Vielmehr gehorcht ihr Lösungsverhalten einem erkennbaren Plan. Hier wird die Wirkung der heuristischen Struktur erkennbar, in der – wiederum gedächtnismäßig – Pläne für das Vorgehen abgespeichert sind. Die Wirkung solcher Heurismen beim Problemlösen ist schon von Gestaltpsychologen ausführlich beschrieben worden (Duncker 1935). Ihre Bedeutung wurde ebenfalls von Autoren erkannt, die Simulationsmodelle für kognitive Prozesse konstruiert haben. Da es schon allein aus speichertechnischen Gründen nicht möglich war, Computer alle möglichen Kombinationen von Daten und Handlungen durchführen zu lassen, mußten allgemeinere Programme (Heurismen) zur Steuerung der Lösungsfindung entwickelt werden. Es gibt inzwischen eine größere Anzahl von empirischen Belegen für das Vorkommen heuristischer Strategien beim Problemlösen. Beispiele solcher planenden Vorgehensweisen sind: Zwischenzielbildung (Anstreben von Problemzuständen, die noch nicht die Lösung selber, wohl aber zielnähere Eigenschaften beinhalten); systematisches Durchprobieren (nur möglich bei einer geringen Anzahl von Alternativen bei der Lösungsfindung); Umformung und Vereinfachung des gesuchten Zielzustandes; Rückwärtsplanung (vom Ziel aus wird gefragt, wie konnte ein derartiger Ergebniszustand herbeigeführt werden) usw. Auch in den Simulationsmodellen finden sich Beispiele für Heurismen: So verfügt der »General Problem Solver« (Newell/Simon 1972) über die Heuristik der Mittel-Ziel-Analyse. Über die Bildung immer neuer Zwischenschritte wird sukzessive die Erreichung des angestrebten Zielzustandes versucht. Ein grundlegender und einfacher Heurismus ist die sogenannte TOTE-Einheit nach Miller/Galanter/Pribram (1960), die aus der Sequenz: Prüfen (Test) – Handlung (Operate) – Prüfen (Test) – Ausgang (Exit) besteht und, mit mehreren anderen TOTE-Einheiten zusammengeschaltet, ein komplexes Verarbeitungssystem ergeben kann (→ *Handlung und Handlungstheorien*). Es ist anzunehmen, daß es eine Hierarchie von Heurismen gibt, die nach dem Grad der Anwendungsspezifität geordnet ist. Dem Heurismus »Versuch und Irrtum« wird ein geringerer Grad an Spezifität zugeordnet als etwa eine Mittel-Ziel-Analyse.

4.2 Organisation der kognitiven Struktur: Sowohl aus theoretischen Simulationsstudien als auch aus empirischen Analysen von Daten über das Problemlösen sind Sequenzen von Informationsverarbeitungseinheiten bekannt, die in Problemlöseprozessen immer wieder vorkommen (Lüer 1973; Putz-Osterloh 1981). Dennoch kann eine feste Organisationsform nicht als Regelfall angenommen werden. Das gilt zumindest dann, wenn Problemlöser noch ungeübt in einem Problembereich nach Lösungen suchen. In diese Deutung lassen sich auch die von Sternberg (1977) vorgelegten Ergebnisse einbeziehen. Er fand bei hochgeübten Probanden eine feste Abfolge von Problemlösungsschritten für das Lösen von Analogieaufgaben.

Innerhalb von kürzeren Zeiträumen hat man in den Daten von Problemlöseprozessen immer wieder Systematiken oder Grundrhythmen (Lüer 1973) gefunden, die zumindest punktuell das Vorhandensein fester Organisationsformen nahelegen. Genauso allerdings bei der Untersuchung längerer Problemlöseprozesse immer wieder Wechsel im »strategischen Konzept« nachzuweisen. Derartige Änderungen treten besonders in sehr komplexen Problemsituationen auf, wie sie von Dörner/Reither (1978) untersucht werden. Zwar findet man in Problemlösemodellen für unterschiedliche Problembereiche immer wieder dieselben oder doch sehr ähnliche Elemente der Informationsverarbeitung, offensichtlich sind die Kompositionsregeln, nach denen sie angeordnet sind, aber problemspezifisch (vgl. Putz-Osterloh/Lüer 1977). Schließlich konnte auch gezeigt werden, daß unterschiedlichste Verknüpfungsformen derselben Prozesse zum gleichen Resultat führen können. Faktorenanalytische → *Intelligenz*-Forschung (Jäger 1967; Pawlik 1968), Mathematische Psychologie (Spada 1976), Problemlösepsychologie als Informationsverarbeitung (Klix 1971; Newell/Simon 1972; Dörner 1976) u. a. Forschungsrichtungen zum Gegenstandsbereich menschlicher Geistesprozesse haben unser Wissen über den Bestand der Elemente und Prozesse beim Denken bereichert. Eine allgemeine Grammatik, nach der diese Elemente und Prozesse geordnet sind, besitzen wir nicht. Es ist auch zweifelhaft, ob sie jemals aufgefunden werden kann.

5. Logisches und nichtlogisches Denken: Die Annahme, nach der jedes Denken logisches Denken ist, ist mit den Ergebnissen einer empirischen Problemlösepsychologie nicht vereinbar. Konstruiert man ein Vierfelder-Schema mit den Spalten logisches Denken/nichtlogisches Denken und den Zeilen richtige Lösung/falsche Lösung, wird man für alle vier möglichen Kombinationen ohne Schwierigkeiten Belege finden. Daß logisches Denken zu richtigen Lösungen führen kann, bedarf keiner weiteren Erläuterung. Chapman/Chapman (1959) sowie Henle (1962) lieferten Ergebnisse über die Entstehung fehlerhafter Lösungen bei logisch falschem Vorgehen. Dörner (1973) konnte zusätzlich Bedingungen aufzeigen, unter denen es zu nichtlogischen Lösungsableitungen kommt. Daß logisches Problemlösen trotzdem zu falschen Ergebnissen führen kann, liegt z. B. in Fehlern begründet, die Problemlöser im Wahrnehmungsprozeß oder beim Antwortgeben begehen. Logisches Denken ist hier niemals verletzt worden. Und daß schließlich auch unsinnige Regelableitungen zu richtigen Lösungen führen können, konnte Putz-Osterloh (1979) gerade bei Problemen zeigen, die sogenanntes abstrakt-logisches Denken erfordern sollen (Raven-Aufgaben). Bearbeiten Problemlöser Sachverhalte, für die ihre Wissensbasis nicht ausreicht und/oder auf die sie z. B. die heuristische Strategie der abstraktiven Verkürzung (Klix 1971) anwenden müssen, ist mit Fehlern bei der Anwendung von Operationen zu rechnen. Vergleicht man solches Problemlösen mit dem eigentlich notwendigen und richtigen Vorgehen, hält man es leicht für nichtlogisches Denken. Dabei wird nicht selten übersehen, daß die Voraussetzungen für logisches Denken beim Problemlöser gar nicht gegeben waren. Das interne Abbild der Problemsituation kann so unscharf und unvollständig gewesen sein, daß eine Kongruenz der subjektiven und objektiven Problemstruktur nicht gegeben war. Billigt man dem logischen Denken normativen Charakter zu, so kann die Problemlösepsychologie helfen, die Bedingungen für alogisches Denken zu erkennen und zu vermeiden. Interessante Möglichkeiten eröffnen sich auch bei der Erforschung pathologischer Denkstörungen. Es scheint nicht unmöglich, Syndrome wie Ideenflucht oder schizophrene Denkstörungen innerhalb einer kognitiven Struktur genauer zu lokalisieren (→ *Lernschwierigkeiten*).

6. Veränderung der kognitiven Struktur: Die Fähigkeit, Probleme zu lösen, beruht nach Klauer (1978) auf einem »System für den Notfall«. Dieses System läßt sich durch gezielte Einwirkungen verändern und verbessern. Folgt man der Zwei-Ebenen-Hypothese der kognitiven Struktur, so läßt sich die Dichotomie epistemisches Training /heuristisches Training angeben. Beide Formen haben ihren Nutzen. Sie verbreitern entweder die Wissensbasis oder vergrößern den Bestand an heuristischen Strategien. Die Pädagogische Psychologie wird deshalb für ein vernünftiges Gleichgewicht in der Förderung beider Ebenen plädieren.

Veränderungen der ES, also der Wissensbasis, sind auf verschiedene Arten denkbar. Für den Bereich der Früh- und Vorschulförderung (→ *Vorschulerziehung*) diskutiert Klauer (1978) unterschiedlichste Ansätze. Zunächst liegt es nahe, den reinen Wissensbestand zu erweitern. Nach allem, was heute darüber bekannt ist, ist die Konzentration auf diesen Aspekt allein von keinem nachhaltigen Erfolg für die Steigerung der Problemlösefähigkeit begleitet. Kognitive Förderung wird dabei über den Weg der Vergrößerung der »Sensibilität für die Aspektmannigfaltigkeit« (Süllwold 1960) erfolgreich verlaufen. Dazu gehört es, auf die strukturellen und relationalen Eigenschaften der Wissensbasis Rücksicht zu nehmen und sie dem Problemlöser nahezubringen. Dabei steht der Gedanke, den Problemlöser an der Entstehung seines semantischen Netzes bewußt zu beteiligen, in das man Wissen in einer reichhaltigen Verzweigung einspeichern läßt, im Vordergrund. Die von Dörner (1976) aufgezeigten Prinzipien möglicher Organisationsformen der ES können hier hilfreich sein. Kenntnisse über die Wirkung der ES sollten den Problemlöser befähigen, seine Wissensbasis über Problembereiche ständig mit der Realität zu vergleichen, um Lücken zu erkennen und zu beseitigen.

Von möglicherweise größerer Bedeutung für das Problemlösen sind Veränderungsmöglichkeiten der heuristischen Struktur. Die Verfügbarkeit über möglichst viele Verfahrensvorschriften (Heurismen) zum Umgang mit neuen Sachverhalten wirkt sich entscheidend auf den Erfolg in Problemsituationen aus. Wer darüber hinaus auch neue adäquate Heurismen entwickeln kann, wird bei der Überwindung der Barriere entscheidende Vorteile haben. Aus dieser Sicht läßt sich kreatives Denken mit dem Ausbau der Verfügbarkeit über heuristische Strategien gleichsetzen (→ *Kreativität*). Trainingsmethoden zur Förderung der heuristischen Struktur sind in den unterschiedlichsten Formen vorgeschlagen und angewendet worden. Am verbreitetsten sind sogenannte Übungsverfahren, bei denen Fähigkeiten, denen man aufgrund intelligenzpsychologischer Forschungen grundlegende Bedeutung zubilligt, an langen Aufgabenreihen geübt werden. Neben der erhofften Ausprägung und Verfestigung solcher grundlegenden Fähigkeitskomponenten erwartet man gleichzeitig eine qualitative Verbesserung der → *Intelligenz*-Struktur, wofür Klauer (1975) empirische Belege vorlegen konnte. Direkte Einflußnahme auf die Entwicklung heuristischer Strategien gelingt noch eher bei der Einübung von Teilen des Problemlöseprozesses oder auch ganzer Abläufe. Untersuchungen von Putz-Osterloh (1974), Putz-Osterloh/Lüer (1977), Reither (1977), Hesse (1979) und Anzai/Simon (1979) zeigen anhand sorgfältiger empirischer Kontrollen einen nachweisbar positiven Einfluß auf die Problemlösefähigkeit nach einem derartigen Training. Zwar ist die Anzahl einschlägiger Untersuchungen zu diesem Gebiet noch gering. Bisherige Befunde legen aber nahe, daß unspezifische Trainingsformen, z. B. das Reflexionstraining (der Problemlöser gibt sich selber ständig Rechenschaft über den Standort bei der Lösungsfindung), sorgfältig eingeübten Strategieanweisungen anhand von Flußdiagrammen leicht überlegen sind.

7. Ausblick: Die Erforschung kognitiver Prozesse hat in den vergangenen zwei Jahrzehnten erhebliche Fortschritte gemacht. Eine ursprünglich vorwiegend theoretisch ausgerichtete Forschungsrichtung hat in zunehmendem Maße zur empirischen Überprüfung zurückgefunden und damit die vielfältigen Möglichkeiten der experimentellen Psychologie genutzt. Die dabei erzielten neuen Erkenntnisse haben zur Neuformulierung theoretischer Erklärungsversuche geführt. Von einer umfassenden Theorie geistiger Vorgänge beim Menschen sind wir noch weit entfernt. Ob die Komplexität des Gegenstandes und die Instabilität der zu erklärenden Strukturen eine derartige Formulierung jemals ermöglichen, kann bezweifelt werden. Postulate wie die Zwei-Ebenen-Hypothese der kognitiven Struktur, für die es inzwischen empirische Evidenz gibt, haben jedoch geholfen, den möglichen Bauplan geistiger Prozesse zu verstehen.

Gerd Lüer

Literatur

Anzai, Y./Simon, H. A.: The theory of learning by doing. In: Psychological Review 86 (1979), S. 124 bis 140. – *Bourne, L. E./Ekstrand, B. E./Dominowski, R. L.:* The psychology of thinking. Englewood Cliffs 1971. – *Chapman, L. J./Chapman, J. P.:* Atmosphere effect re-examined. In: Journal of experimental Psychology 58 (1959), S. 220–226. – *Dörner, D.:* Illegal thinking. In: *Elithorn, A./Jones, D.* (Eds.): Artificial and human thinking. Amsterdam 1973, S. 310–318. – *Dörner, D.:* Problemlösen als Informationsverarbeitung. Stuttgart 1976. – *Dörner, D./Reither, F.:* Über das Problemlösen in sehr komplexen Realitätsbereichen. In: Zeitschrift für experimentelle und angewandte Psychologie 15 (1978), S. 527–551. – *Duncker, K.:* Zur Psychologie des produktiven Denkens. Berlin 1935. – *Erickson, J. R./Jones, M. R.:* Thinking. In: Annual Review of Psychology 29 (1978), S. 61–90. – *Greeno, J. G.:* Natures of problem solving abilities. In: *Estes, W. K.* (Ed.): Handbook of learning and cognitive processes. Hillsdale 1977. – *Henle, M.:* On the relation between logic and thinking. In: Psychological Review 69 (1962), S. 366–378. – *Hesse, F. W.:* Alternative Ansätze zur Entwicklung heuristischer Strategien für den Bereich des schlußfolgernden Denkens. In: *Ueckert, H./Rhenius, D.* (Hrsg.): Komplexe menschliche Informationsverarbeitung. Bern/Stuttgart/Wien 1979, S. 153–161. – *Jäger, A. O.:* Dimensionen der Intelligenz. Göttingen 1967. – *Johnson, D. M.:* Systematic introduction to the psychology of thinking. New York 1972. – *Klauer, K. J.:* Intelligenztraining im Kindesalter. Weinheim/Basel 1975. – *Klauer, K. J.:* Kognitive Förderung. In: *Dollase,*

R. (Hrsg.): Handbuch der Früh- und Vorschulförderung. Düsseldorf 1978. – *Klix, F.:* Information und Verhalten. Bern 1971. – *Klix, F.* (Ed.): Human and artificial intelligence. Amsterdam 1979. – *Kluwe, R.:* Wissen und Denken. Stuttgart 1979. – *Lüer, G.:* Gesetzmäßige Denkabläufe beim Problemlösen. Weinheim 1973. – *Lüer, G./Putz-Osterloh, W.:* Problem solving. In: German Journal of Psychology 2 (1978), S. 240–258. – *Mc Carthy, J.:* The inversion of functions defined by Turing machines. In: *Shannon, D. E./Mc Carthy, J.* (Eds.): Automata studies. In: Annals of Mathematical Studies 34 (1956), S. 177–181. – *Miller, G. A./Galanter, E./Pribram, K.:* Plans and the structure of behavior. New York 1960. – *Newell, A./Shaw, J. C./Simon, H. A.:* Empirical explorations with the logic theory machine. In: Proc. West. Joint Comput. Conf. 15 (1957), S. 218–239. – *Newell, A./Simon, H. A.:* Human problem solving. Englewood Cliffs 1972. – *Norman, D. A./Rumelhart, D. E.:* Strukturen des Wissens. Stuttgart 1978. – *Pawlik, K.:* Dimensionen des Verhaltens. Bern 1968. – *Putz-Osterloh, W.:* Über die Effektivität von Problemlösungstraining. In: Zeitschrift für Psychologie 182 (1974), S. 253–276. – *Putz-Osterloh, W.:* Problemlöseprozesse und Intelligenzleistung. Bern 1981. – *Putz-Osterloh, W./Lüer, G.:* Über das Problemlösen bei der Konstruktion elektrischer Stromkreise. In: Zeitschrift für Psychologie 185 (1977), S. 61–85. – *Reither, F.:* Formales Problemlösen im Unterricht. In: *Tack, W. H.* (Hrsg.): Ber. 30. Kongreß DGP in Regensburg. Göttingen 1977, S. 144–145. – *Simon, H. A.:* Information processing models of cognition. In: Annual Review of Psychology 30 (1979), S. 363–396. – *Spada, H.:* Modelle des Denkens und Lernens. Bern 1976. – *Speedie, S. M./Treffinger, D. T./Houtz, J. C.:* Classification and evaluation of problem solving tasks. In: Contemporary Educational Psychology 1 (1976), S. 52–75. – *Sternberg, R. J.:* Component processes in analogical reasoning. In: Psychological Review 84 (1977), S. 353–378. – *Süllwold, F.:* Bedingungen und Gesetzmäßigkeiten des Problemlösungsverhaltens. In: *Thomae, H.* (Hrsg.): Ber. 22. Kongreß der DGP in Heidelberg 1959. Göttingen 1960, S. 96–115. – *Sydow, H.:* Zur Klassifikation von Problemen und Lösungsprozeduren. In: *Klix, F./Krause, B./Sydow, H.* (Hrsg.): Kybernetik-Forschung 2. Berlin 1972, S. 11–27.

Deprivation

1. Geschichte der Deprivationsforschung: Obwohl die Kinder, die wir heute als depriviert bezeichnen, offensichtlich zu allen Zeiten und in allen Gesellschaften existierten, entwickelte sich die wissenschaftliche Erforschung der psychischen Deprivation (D) eigentlich erst nach dem Zweiten Weltkrieg. Die gesellschaftliche Bedeutung der D war nämlich für lange Zeit durch andere brennende soziale Probleme in den Hintergrund gedrängt, z. B. durch die erschreckende Sterblichkeit der Heimkinder. Eine starke Anregung für die Erforschung der D bedeutete der Weltkrieg, durch den viele Kinder ohne Eltern geblieben sind. Gleichzeitig wurde die Erforschung der D durch die Fortschritte der Methodologie ermöglicht. Die ersten bahnbrechenden Arbeiten aus den vierziger und fünfziger Jahren (z. B. Spitz 1945, Goldfarb 1945, Bowlby 1951) betonten die Erheblichkeit und Irreversibilität der Schäden, die besonders bei Kleinkindern, welche in Heimen aufwachsen, in den Vordergrund treten. Spätere Studien haben eine kritische Würdigung dieser ursprünglichen Befunde gebracht: Einerseits hat sich gezeigt, daß das Kind auch in seiner eigenen Familie durch D leiden kann, andererseits haben manche Forscher die Möglichkeit einer späteren Wiedergutmachung der D-Schäden mehrmals belegt. Damit war die ursprüngliche Dringlichkeit abgeschwächt. Eine neue, umfassende Auffassung der D, die den heutigen Erkenntnissen der Psychologie entspricht, ist offensichtlich notwendig (→ *Entwicklung*; → *Sozialisation*).

2. Terminologie und begriffliche Abgrenzung: Die wissenschaftliche Untersuchung in diesem Gebiet ist dadurch erschwert, daß einerseits viele Forscher den Ausdruck D in verschiedenem Sinne benutzen und andererseits für den gleichen oder nahe verwandten Begriff ganz verschiedene Termini gebraucht werden (z. B. Verkümmerung, Hospitalismus, seelische Unterernährung, psychische Karenz usw.). Der Hauptnenner aller Versuche, den Begriff D genauer abzugrenzen, besteht in der Betonung der schwerwiegenden und langfristigen Nichtbefriedigung von grundlegenden psychischen Bedürfnissen. Dabei ist dieser Begriff bei einzelnen Forschern noch enger begrenzt, je nachdem, welches Bedürfnis sie als wichtigstes betrachten. Die ersten Studien haben besonders betont, daß das Kind im frühen Alter vor allem eine intime und dauerhafte Beziehung zur Mutter (oder zu einer Ersatzperson) haben muß. Spätere Arbeiten legten ein größeres Gewicht auf das Bedürfnis des Kindes, sich altersgemäß von den Eltern und anderen Pflegepersonen loszumachen und Autonomie zu gewinnen. Andere, mehr experimentell orientierte Studien haben auf das Bedürfnis nach einer gewissen Reizversorgung bzw. Reizanordnung verwiesen. Theoretisch verschieden orientierte Forscher haben somit jeweils andere Aspekte der Interaktion des Kindes mit seiner Umwelt in Zeit und Raum in den Vordergrund gerückt. Auf folgende psychische

Grundbedürfnisse wurde dabei Bezug genommen: (a) das Bedürfnis nach Variabilität (d. h. nach einer gewissen Menge und Veränderlichkeit von Reizen) und das polare Bedürfnis nach Stabilität (d. h. nach Ordnung, Gesetzmäßigkeit und Kontinuität der Erfahrung); (b) das Bedürfnis nach Abhängigkeit (d. h. nach Bindung zur Außenwelt, besonders zu wichtigen Personen) und das polare Bedürfnis nach Unabhängigkeit (Autonomie). Die Nichtbefriedigung des einen oder anderen Bedürfnisses führt zu sensorischer, kognitiver, emotionaler oder persönlich-sozialer D. Es liegt auf der Hand, daß die Folgen solcher verschiedener Mangelzustände auch mannigfaltig sein müssen.

3. Die wichtigsten Bedingungen der D-Schädigungen

3.1 Äußere Lebensbedingungen: Die ersten Arbeiten haben einen besonderen Nachdruck auf die Situation des Kindes gelegt, das außerhalb seiner Familie (gewöhnlich in einem Heim) lebt. Eine solche Situation (→ *Heimerziehung*) kann in gewissem Sinne als Prototyp der D gelten, besonders wenn wir die Entwicklung des Kindes im frühen Alter betrachten. In einem Heim hat das Kind zumeist wenig Gelegenheit, stabile und intensive emotionale Beziehungen aufzubauen. Jedoch muß die Heimsituation nicht unbedingt zu D führen, und es gibt andererseits viele andere Lebensumstände, die ebenfalls stark bedrohend sind. Heute mehren sich z. B. Fälle von D in der Familie (Familienhospitalismus) (→ *Familie*; → *Erziehungsstile*).

3.2 Im Individuum angelegte Bedingungen der D: Das Kind ist nicht nur ein passives Opfer der äußeren Umstände: Es trägt auch zur Herstellung spezifischer Interaktionsmuster mit seiner Umgebung bei. So finden wir z. B. in ein und demselben Heim Kinder, welche zu Lieblingen der Erzieher werden, und andere, die als ›widerwärtig‹ erlebt und deshalb eher abgelehnt und vernachlässigt werden. Die aktive Rolle des Kindes und sein Einfluß auf den Erzieher wird heute wieder mehr betont.

4. Die Folgezustände der D: Aus dem Gesagten ergibt sich, daß die Folgezustände verschiedener deprivierender Bedingungen mannigfaltig sein müssen. Deshalb sind generalisierende Begriffe wie *D-Syndrom* oder *Hospitalismus* inadäquat, da sie unterstellen, daß es sich um eine einheitliche Gruppe pathologischer Merkmale bzw. um ein gleichförmiges Krankheitsbild handelt. Schon in Säuglingsheimen konnte man wenigstens zwei voneinander abweichende Gruppen unterscheiden: Einige Kinder sind eher hypoaktiv, apathisch, ohne Interesse, andere sind demgegenüber hyperaktiv, unruhig und zerstreut, mit überspanntem Interesse an allen Ereignissen. Später, zwischen dem ersten und dritten Lebensjahr, kann man unter den hyperaktiv deprivierten Kindern mehrere Erscheinungsbilder abgrenzen: (a) den allgemein hyperaktiven Typus mit einer ungerichteten Aktivität und Unruhe, die weder ein konstruktives Spiel noch einen sinnvollen sozialen Kontakt ermöglichen; (b) den Typus mit einer erhöhten Aktivität, die vor allem auf die sachliche Umgebung gerichtet ist mit Interesse am Einzelspiel und ohne Teilnahme an sozialen Tätigkeiten; (c) die sozial hyperaktiven Kinder mit einem übertriebenen, undifferenzierten Interesse für alle von Menschen kommenden Reize; (d) die hinsichtlich spezifischer Bindung hyperaktiven Kinder, bei denen man ein verstärktes Bemühen beobachtet, in der physischen Nähe der Bezugsperson zu bleiben; ihr aggressives Verhalten gegenüber den Konkurrenten unter den übrigen Kindern kann man als soziale Provokation bezeichnen. Auch wenn man jeden Versuch einer solchen Typologisierung mit Vorbehalt betrachtet, zeigt sich doch klar, daß man mit sehr verschiedenen Folgezuständen der D rechnen muß.

5. Die Bedeutung der D-Forschung für die pädagogisch-psychologische Praxis: Die ersten Arbeiten haben relativ einseitige Maßnahmen empfohlen, z. B. die Aufhebung der Kinderheime. Wenn wir die Mannigfaltigkeit der D-Umstände und deren Folgen betrachten, ist es klar, daß es kein Allheilmittel geben kann. Es sollte eher eine breite Palette differenzierter Möglichkeiten für bedrohte oder geschädigte Kinder geschaffen werden. Manche entwickeln sich am besten in Adoptivfamilien, andere gedeihen besser in Pflegefamilien, wo die emotionalen Bindungen weniger intensiv entwickelt werden, für wieder andere sind Kinderheime mit Familienanordnung oder gar traditionelle Heime optimal. Unter der Voraussetzung einer differenzierten Beurteilung des individuellen Entwicklungsstandes kann eine Typologie wie die obige bei Entscheidungen über die Auswahl geeigneter Maßnahmen von Nutzen sein.

6. Der heutige Stand und die wichtigsten Trends der D-Forschung: Die Erforschung der D würde in eine Sackgasse geraten, wenn sie sich nur mit den Zusammenhängen zwischen verschiedenen D-Situationen und den Folgen beim einzelnen Kind beschäftigte. Die zukünftige Forschung sollte sich vor allem auf den *Prozeß der D* richten, d. h, die Interaktion zwischen dem Kind und seiner sozialen und sachlichen Umgebung fortlaufend analysieren. Fortschritte wissenschaftlicher Methodik und Theoriebildung erlauben es heute, die Entwicklung des Kindes in dyadischen Begriffen zu studieren; die Techniken der Sequenzanalyse (→ *Statistik*) ermöglichen die Beschreibung der Zeit-Raum-Beziehungen in der Interaktion des Kindes mit seinen Bezugspersonen. Auch wenn eine solche Forschung mühsam und mit manchen Schwierigkeiten verbunden ist, erlaubt sie doch, neue Fragen zu stellen und Lösungen zu finden, die für eine zukünftige soziale Praxis und für die psychologische Theoriebildung gleichermaßen wichtig sind.

Josef Langmeier

Literatur
Bowlby, J.: Maternal care and mental health. Genève 1951. – *Goldfarb, W.:* Effects of psychological deprivation in infancy and subsequent stimulation. In: American Journal of Psychiatry 102 (1945), S. 18–33. – *Graumann, C. F.:* Einführung in die Psychologie. Bd. 1. Motivation. Frankfurt/M. 1969. *Langmeier, J./Matějček, Z.:* Psychische Deprivation im Kindesalter. München 1977. – *Meierhofer, M./Keller, W.:* Frustration im frühen Kindesalter. Bern ²1970. – *Rutter, M.:* Maternal deprivation reassessed. Baltimore 1972. – *Spitz, R. A.:* Hospitalism: an inquiry into the genesis of psychiatric conditions in early childhood. In: Psychoanalytic Study of the Child 1 (1945), S. 53–74. – *Yarrow, L. J.:* Maternal deprivation: toward an empirical and conceptual re-evaluation. In: Psychological Bulletin 58 (1961), S. 450–490.

Diagnostik

1. Begriff und Gegenstandsbereich der Diagnostik: Der Begriff Diagnose oder Diagnostik (D), der sich von diagnosis (auseinanderhalten, unterscheiden) herleitet, bezeichnet ursprünglich in Anlehnung an den medizinischen Sprachgebrauch eine Aussage, die »nach erfolgter Untersuchung . . . die Ursache oder die Bezeichnung und Ursache eines abnormen Verhaltens, einer Krankheit oder Störung zum Inhalt hat« (Drever/Fröhlich 1967, S. 56). In der (Angewandten) Psychologie wird der Begriff D von Anfang an weiter gefaßt, denn psychologische D beschäftigt sich nicht nur mit abnormen Verhaltensreaktionen, sondern mit der gesamten Variationsbreite individuellen Verhaltens. Nicht in allen Fällen will psychologische D kausale oder quasikausale Aufklärung des Verhaltens erreichen. Die ältere Psychodiagnostik hatte in der Tradition der sogenannten Charakterkunde vor allem das Ziel, die Persönlichkeitskonstitution, d. h. die für eine Person charakteristischen Eigenschaften, Fähigkeiten und Merkmalssyndrome, zu identifizieren und in Form strukturierter Persönlichkeitsgutachten festzuhalten. Diese Auffassung von psychologischer D war in erster Linie an der deskriptiven Darstellung der individuellen Besonderheiten bzw. den interindividuellen Verhaltensunterschieden interessiert. Die Frage nach dem Bedingungsgefüge der möglicherweise situationsspezifisch variierenden Verhaltenstendenzen blieb weitgehend ausgeklammert. In diesem Sinn definierte Hörmann (1964, S. 8): »Diagnostizieren steht im Dienst der praktischen Psychologie; es richtet sich auf Unterschiede zwischen den Menschen und involviert ein Hinausgehen über das unmittelbar Gegebene.« Das traditionelle Verständnis von psychologischer bzw. pädagogischer D wurde in den letzten Jahren durch den Einfluß verschiedener Strömungen in der Klinischen und Pädagogischen Psychologie zunehmend in Frage gestellt. Ein wichtiger Ausgangspunkt dieser Bewegung ist die Veränderung der vorherrschenden bzw. für sinnvoll erachteten Handlungs- und Entscheidungsstrategien (Pawlik 1976b; Krapp 1978). Standen früher z. B. im Rahmen von → *Beratung* und Eignungsdiagnostik Selektions- und Zuordnungsentscheidungen im Vordergrund, so gewinnen heute sogenannte Modifikationsstrategien (Pawlik 1976b) immer mehr an Gewicht (s. u.). Diese veränderungsorientierten Strategien erfordern eine hinsichtlich Zielrichtung und Aufgabenstellung veränderte D. Aus den theoretischen Analysen zur »Diagnose der Diagnostik« (Pawlik 1976a) und den vielfältigen Diskussionen um eine Neuorientierung psychologischer D (z. B. Schulte 1974) ist allerdings noch kein neues, allgemein akzeptiertes Selbstverständnis der D erwachsen.
In Anlehnung an die angloamerikanische Bezeichnung »educational measurement« werden die dem Arbeitsgebiet der Pädagogik bzw. Pädagogischen Psychologie zugehörigen diagnostischen Aufgaben, Probleme und Methoden mit dem Begriff *»Pädagogische Diagnostik«* umschrieben. Es gibt inzwischen ver-

schiedene Definitionsvorschläge mit unterschiedlicher Eingrenzung der Aufgabenfelder der Pädagogischen D. Da jedoch die Abgrenzung und Klassifikation pädagogisch-diagnostischer Aufgaben der permanenten Diskussion und Weiterentwicklung bedarf (s. u.), sollte man sich nach Klauer (1978b) mit einem formalen Definitionsansatz begnügen. Demnach ist »*Pädagogische D das Insgesamt von Erkenntnisbemühungen im Dienste aktueller pädagogischer Entscheidungen*« (Klauer 1978b, S. 5). Diese Definition macht deutlich, daß es der D um praktisch relevante Erkenntnis geht. Im Gegensatz zu den allgemeinen wissenschaftlichen Erkenntnisbemühungen (→ *Wissenschaftstheorie*; → *Methoden*) ist die Gewinnung diagnostischer Daten nicht primär auf die Entdeckung genereller Zusammenhänge, sondern auf die Analyse und Bewältigung konkreter (aktueller) Probleme gerichtet.

2. Abgrenzung und Klassifikation pädagogisch-diagnostischer Aufgaben: Interpretiert man diagnostisches Handeln als (notwendigen) Bestandteil einer rational geplanten Handlung, so kann eine erste grobe Klassifikation pädagogisch-diagnostischer Aufgabenfelder dadurch erreicht werden, daß man typische pädagogisch relevante Handlungs- und Entscheidungssituationen voneinander abgrenzt. Darüber hinaus besteht die Möglichkeit, situations- und handlungstypübergreifende diagnostische Aufgaben in einem Prozeßmodell (pädagogischen) Handelns idealtypisch zu beschreiben.

2.1 Aufgaben der D im Kontext verschiedener Handlungs- und Entscheidungssituationen: Wie an anderer Stelle näher begründet wurde (vgl. Krapp 1978, Krapp/Prell 1978), fehlt bislang eine für pädagogische Anwendungsbereiche verwendbare Typologie pädagogisch relevanter Handlungs- und Entscheidungssituationen. Die von Cronbach/Gleser (1965) vorgeschlagene »Taxonomie der Entscheidungsprobleme« ist auf den relativ schmalen Ausschnitt institutioneller Entscheidungen eingeengt. Begriffe wie Selektion, Klassifikation und Plazierung sind zwar für die Charakterisierung solcher (institutioneller) Entscheidungen nützlich, führen aber zu Mißverständnissen und gelegentlich zu terminologischer Verwirrung, wenn man alle pädagogisch bedeutsamen Handlungsweisen danach klassifizieren will. Ein relativ differenziertes, speziell für pädagogische Situationen entwickeltes Klassifikationsschema hat Krapp (1979, S. 100) vorgeschlagen. Es enthält fünf allgemeine Beschreibungs- und Klassifikationsdimensionen, die durch folgende Fragen charakterisiert werden können: (a) Sind die Objekte der Entscheidung Personen oder externe Bedingungen? (b) Orientiert sich die Bewertung einer Maßnahme oder Entscheidung an institutionellen oder individuellen Bewertungsmaßstäben? (c) Welche Handlungsstrategie steht im Vordergrund? (d) Betrifft die Handlungsebene organisatorische Rahmenbedingungen (z. B. Schulorganisation) oder einzelne pädagogische Interaktionen? (e) Sind die Effekte der Entscheidungsalternativen in Bezug auf definierte Zielkriterien gleichwertig?

Die dritte Dimension berücksichtigt die für den pädagogischen Bereich außerordentlich wichtige Unterscheidung von Selektions- bzw. Zuordnungsstrategien auf der einen und Modifikationsstrategien auf der anderen Seite. Damit lassen sich nicht nur Interventionsstrategien der Angewandten Psychologie (Pawlik 1976b), sondern auch Maßnahmen und Handlungstypen im Bereich von Ausbildung und Schule idealtypisch unterscheiden. Die in allen differenzierten Schul- und Ausbildungssystemen erforderlichen Aufnahmeprozeduren ebenso wie die meisten Schullaufbahnentscheidungen (Versetzung, Umschulung) zählen – zumindest aus der Perspektive der davon Betroffenen – zu den Selektionsstrategien. Die mit Unterricht, → *Zielerreichendem Lernen*, → *Lerntherapie* oder → *Intervention und Prävention* verbundenen Maßnahmen verwenden dagegen weitgehend oder ausschließlich Modifikationsstrategien. Die meisten pädagogisch-diagnostischen Aufgaben können auf der Basis dieser Dichotomie in zwei große Gruppen eingeteilt werden. Zur ersten Gruppe zählen alle diagnostischen Verfahrensweisen, die im Dienst von Zuordnungs- und/oder Selektionsentscheidungen stehen. Dazu gehören z. B. traditionelle Formen der Einschulungs-D (vgl. Krapp/Mandl 1977) (→ *Schulfähigkeit – Schulreife*), die D als Entscheidungshilfe für den Übergang zu weiterführenden Schulen (Heller 1978), zu Sonderschulen (Kautter 1978) und zur Hochschule (Amelang 1978). Zur zweiten Gruppe zählen vor allem diagnostische Modelle und Methoden zur Steuerung des Lehr-Lern-Prozesses (Klauer 1978c) (→ *Instruktionstheorie*; → *Prozeßdiagnostik*), die Diagnostik im Rahmen der pädagogischen → *Verhaltensmodifikation* (Holtz 1978; Schulte 1974; → *Einzel-*

Diagnostik

Ein Prozeßmodell pädagogischen Handelns

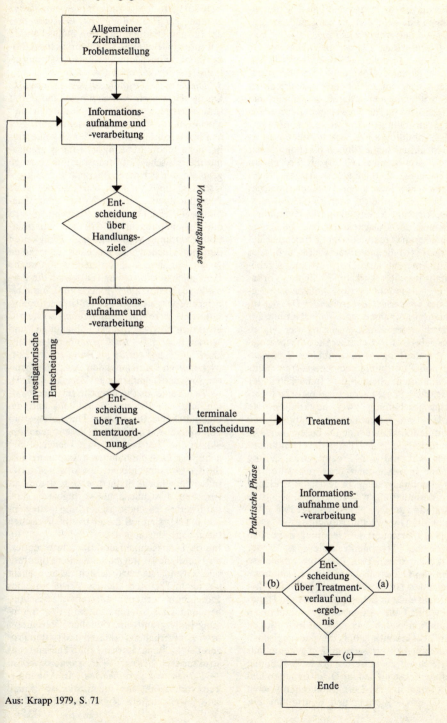

Aus: Krapp 1979, S. 71

fallanalyse), die Defizit-D (Kornmann 1978) und diagnostisch-prognostische Untersuchungen mit dem Ziel präventiver Intervention (→ *Intervention und Prävention).*
2.2 Diagnostische Phasen im Handlungsverlauf: Unter formalem Gesichtspunkt haben rational geplante Handlungen und Entscheidungen trotz unterschiedlicher Zielrichtung und Problemlage eine durchaus gemeinsame Verlaufsstruktur, an der sich generalisierbare Aufgabenstellungen der D festmachen lassen. In der Abbildung auf S. 79 ist in Anlehnung an das »Strukturschema klinisch-psychologischer Arbeit« von Kaminski (1970) ein »Prozeßmodell pädagogischen Handelns« dargestellt. Es unterscheidet zwei große Handlungsphasen: (a) die Vorbereitungs- oder Problemlösungsphase; sie dient der Festlegung der Handlungsziele und der Entscheidung über geeignete Maßnahmen (Treatments) zur Erreichung dieser Ziele; (b) die praktische Phase, in der das Treatment realisiert, überprüft und gegebenenfalls revidiert wird. Innerhalb der Vorbereitungsphase gibt es zwei Anlässe zu sogenannter »treatmentvorbereitender D«: die Informationsaufnahme und -verarbeitung zur Auswahl oder Konkretisierung der Handlungsziele (z. B. → *Lehrziele)* und die Informationsbeschaffung zur Auswahl bzw. Entwicklung und Zuordnung geeigneter Treatments (Treatmententscheidung). Innerhalb der praktischen Phase hat die diagnostische Informationsbeschaffung zwei Funktionen; sie werden mit »treatmentbegleitende« und »treatmentabschließende D« bezeichnet. Die *treatmentbegleitende D* liefert dem Handlungsträger während der Treatmentrealisierung laufend Informationen über relevante, für den Handlungsverlauf bedeutsame Ereignisse, Veränderungen, Teilergebnisse usw. Durch die zumeist subjektiv ausgeübte »Adäquatheits-Überwachungsdiagnose« (Kaminski 1976) steuert der Handlungsträger den Prozeß der Treatmentrealisierung. In der didaktisch orientierten Literatur wird diese Form von D auch als »formative Evaluation« bezeichnet. Die *treatmentabschließende D* hat am Ende einer in sich abgeschlossenen Handlungseinheit die Aufgabe der »summativen Evaluation«, d. h., es sind Informationen über das Gesamtergebnis der pädagogischen Maßnahme zu erfassen und gegebenenfalls vergleichend zu bewerten. Die im Rahmen treatmentabschließender D gewonnenen Daten können in Lehr-Lern-Situationen sowohl zur Charakterisierung und Beurteilung der individuellen oder gruppenspezifischen Schülerleistungen (→ *Schulleistungsbeurteilung)* als auch zur Beurteilung bzw. → *Evaluation* der für das Treatmentergebnis maßgebenden Faktoren (z. B. Lehrerverhalten, Lehrmethode, didaktisches Modell, schulische Organisationsstruktur) verwendet werden.
3. Theoretische Grundlagen der Diagnostik: Da die D je nach Anwendungssituation mit sehr verschiedenen Zielen, Strategien und Verfahrensweisen verknüpft sein kann, gibt es für das gesamte Umfeld der D keine einheitliche theoretische Basis. Eine gemeinsame theoretische Plattform war nur so lange gegeben, wie sich psychologische und pädagogische D ausschließlich als statusbezogene Persönlichkeits-, Eigenschafts- oder Eignungs-D verstand, deren Zielstellung sich darin erschöpfte, stabile, d. h. zeit- und situationsinvariante Merkmale und Fähigkeiten der individuellen Persönlichkeit zu erfassen (s. o.). Für diese Aufgabe hat die traditionelle Persönlichkeitsforschung (Differentielle Psychologie) praktikable Modelle zur Charakterisierung der gesamten Persönlichkeitsorganisation (→ *Persönlichkeitstheorien)* sowie zur Strukturierung zentraler Fähigkeiten und Merkmale (z. B. → *Intelligenz)* bereitgestellt. Darüber hinaus wurde im Rahmen der Entwicklung und zunehmenden Ausdifferenzierung psychodiagnostischer Verfahren (z. B. → *Tests)* eine testtheoretische Basis geschaffen, die den Konstruktionsablauf und die Qualitätskontrolle solcher Diagnosemethoden weitgehend normierte. Diese sogenannte »klassische Testtheorie« (vgl. Lienert 1967) geht von Grundannahmen (Axiomen) aus, die den Grundpositionen der statisch-strukturellen Persönlichkeitstheorie weitgehend entsprechen. Fast alle heute verfügbaren standardisierten psychologischen und pädagogischen Tests sind auf dieser testtheoretischen Grundlage entstanden.
Für die D im Rahmen modifikationsorientierter Handlungsstrategien sind andere theoretische Grundlagen erforderlich. Man braucht vor allem Theorien, die das Verhalten eines Individuums nicht nur (differentiell) beschreiben und klassifizieren, sondern den Bedingungshintergrund individuellen Verhaltens bzw. Fehlverhaltens erklären und so den Prozeß des Lehrens, Lernens und Therapierens strukturieren helfen (→ *Instruktionstheorie;* → *Lernen und Lerntheorien).* In Abhängigkeit vom konkreten diagnostischen Anlaß sind jeweils andere objekttheoretische Mo-

delle und Aussagensysteme heranzuziehen. Darüber hinaus benötigt eine explizit modifikationsorientierte D eine gegenüber der klassischen Testtheorie veränderte testtheoretische Grundlage. Im Zusammenhang mit der Diskussion um lehrziel- oder kriteriumsorientierte Leistungsmessung (→ *Schulleistungsbeurteilung;* → *Test*) sind hier neue Ansätze entwickelt worden, die für die Konstruktion solcher Tests durchaus praktikable Vorschläge enthalten (vgl. Herbig 1976); in ihrer Summe begründen sie bislang allerdings noch keine in sich geschlossene (neue) Testtheorie (Fricke 1974). Neben der Auswahl und Entwicklung von Theorien, die für konkrete diagnostische Anlässe von unmittelbarer Bedeutung sind, gibt es übergeordnete theoretische Überlegungen, die die D insgesamt betreffen. Dazu gehören nach Pawlik (1976b, S. 36) u. a. »normative und entscheidungstheoretische Modelle des Rückkoppelungskreises von Diagnose und Behandlung«. Hierzu hat Westmeyer in verschiedenen Veröffentlichungen (z. B. 1972; 1976) auf der Basis wissenschaftstheoretischer Modellvorstellungen Grundlagen einer »normativen D« entwickelt. Eine sehr differenzierte Analyse der vielfältigen Funktionen und Komponenten diagnostischer Datengewinnung im Ablauf klinisch-psychologischer Arbeit gibt Kaminski (1970). Hinweise zur Funktion der D im Rahmen rationaler Entscheidungen finden sich u. a. bei Cronbach/Gleser (1965), Tack (1976), Wieczerkowski/Oeveste (1978), Krapp (1978; 1979).

4. *Diagnostische Methoden:* Das Spektrum der für die diagnostische Datengewinnung verfügbaren Methoden ist sehr breit. Es reicht von wenig strukturierten Verfahrensweisen der Gelegenheitsbeobachtung und sporadischen Befragung in natürlichen Gesprächssituationen bis zu hochgradig standardisierten Verfahrensweisen (z. B. → *Tests).* Übersichten und ausführliche Darstellungen finden sich in diagnostischen Lehr- und Handbüchern (vgl. z. B. Brickenkamp 1975; Klauer 1978a). Auch die Bewertung der konkreten Verfahrensweisen hängt letztlich vom Zweck der D ab. Langfristig wirksame Entscheidungen (z. B. selektive Laufbahnentscheidungen) erfordern andere Methoden als rasch zu treffende und leicht revidierbare Entscheidungen innerhalb eines didaktischen oder therapeutischen Handlungsablaufes. Diese Einsicht war u. a. Ausgangspunkt für eine Welle kritischer Auseinandersetzungen mit traditionellen Formen der D. Autoren mit explizitem Interesse für pädagogisch-didaktische bzw. therapeutische Probleme forderten eine für gezielte Veränderungsprozesse taugliche → *Prozeßdiagnostik,* die die Situationsabhängigkeit und vielfältige Determiniertheit individuellen Verhaltens in konkreten Situationen deutlich macht (→ *Einzelfallanalyse).* In diesem Zusammenhang wurden die Methoden der eigenschaftszentrierten »Status«- D als weitgehend wertlos eingestuft und statt dessen diagnostische Verfahrensweisen gefordert, die einen unmittelbaren Zugang zu den interessierenden Phänomenen ermöglichen (z. B. → *Verhaltensbeobachtung,* Interview, subjektive Beurteilungsverfahren). Mit ähnlicher Argumentationsrichtung wurde auch die übliche Form der → *Schulleistungsbeurteilung* kritisiert: Anstelle der sogenannten normorientierten Leistungsmessung, die die in einer Lerngruppe vorhandenen Leistungsunterschiede zur Grundlage der Bewertung macht, wird eine sogenannte lehrziel- oder kriteriumsorientierte Messung gefordert, deren Bezugsnorm ein sachliches Kriterium (Lehrziel) ist.

5. *Zusammenfassung und Ausblick:* Die Diskussion um Ziele, Theorien und Methoden der D ist in den letzten Jahren in Bewegung geraten. Im Rahmen dieser Auseinandersetzungen hat sich einerseits das Aufgabenfeld der D differenziert: Vertreter der Klinischen Psychologie reklamieren für sich eine eigene »verhaltensorientierte« D, und im Arbeitsgebiet von Pädagogen und Pädagogischer Psychologie hat sich die sogenannte Pädagogische D als eigene Fachdisziplin mit zahlreichen spezifischen Fragestellungen und Problemen entwickelt. Ihr neugewonnenes Selbstverständnis dokumentiert sich u. a. in zahlreichen neueren Publikationen, die sich um eine Zusammenfassung und Integration der bisher geleisteten theoretischen Modellentwicklungen und empirischen Forschungsarbeiten bemühen (z. B. Hopf 1975; Ingenkamp 1975; Schwarzer 1979). Besonders hervorzuheben ist hier das vierbändige Handbuch der Pädagogischen Diagnostik von Klauer (1978a). Trotz dieser vielfältigen Aktivitäten gibt es zahlreiche offene Probleme. Dazu gehört u. a. das starke Auseinanderklaffen der theoretisch argumentierten und unter Wissenschaftlern weitgehend akzeptierten Zielsetzungen für eine sinnvolle (modifikationsorientierte) D und der Alltagsrealität in Schule und schulnahem Beratungswesen

Didaktik

(→ *Beratung;* → *Schulpsychologie*). Obwohl unzureichende Ausbildung, mangelnde Informiertheit und gelegentlich Desinteresse von Bedeutung sind, darf nicht übersehen werden, daß es vielfach institutionalisierte Gewohnheiten, Normen und Zwänge sind, die notwendige Veränderungen der diagnostischen Praxis verhindern. Dies ist nicht nur deshalb bedauerlich, weil auf diese Weise u. U. die Effektivität pädagogisch-psychologischer Maßnahmen beeinträchtigt wird, sondern weil scheinbar wissenschaftlich begründete und deshalb von den Betroffenen als objektiv gültig eingestufte diagnostische »Feststellungen« in vielen Fällen irreversible Fehlentscheidungen in Schule, Beruf und Therapie legitimieren helfen (Rheinberg 1978).

Andreas Krapp

Literatur
Amelang, M.: Der Hochschulzugang. In: *Klauer, K. J.* (1978a), S. 1013–1022. – *Brickenkamp, R.* (Hrsg.): Handbuch psychologischer und pädagogischer Tests. Göttingen 1975. – *Cronbach, L. J./Gleser, G. C.:* Psychological tests and personnel decisions. Urbana ^{2}1965. – *Drever, J./Fröhlich, W.:* Wörterbuch zur Psychologie. München ^{4}1967. – *Fricke, R.:* Kriteriumsorientierte Leistungsmessung. Stuttgart 1974. – *Heller, K.:* Der Übergang zu weiterführenden Schulen. In: *Klauer, K. J.* (1978a), S. 965–976. – *Herbig, M.:* Praxis lehrzielorientierter Tests. Düsseldorf 1976. – *Hörmann, H.:* Aussagemöglichkeiten psychologischer Diagnostik. Göttingen 1964. – *Holtz, K.-L.:* Diagnostik im Rahmen der Pädagogischen Verhaltensmodifikation. In: *Klauer, K. J.* (1978a), S. 873–890. – *Hopf, D.:* Forschungsstand, Forschungsschwerpunkte und Institutionalisierung der Pädagogischen Diagnostik. In: *Roth, H./Friedrich, D.* (Hrsg.): Gutachten und Studien der Bildungskommission, Nr. 51: Bildungsforschung. Stuttgart 1975, S. 219–267. – *Ingenkamp, K. H.:* Pädagogische Diagnostik. Weinheim 1975. – *Kaminski, G.:* Verhaltenstheorie und Verhaltensmodifikation. Stuttgart 1970. – *Kaminski, G.:* Rahmentheoretische Überlegungen zur Taxonomie psychodiagnostischer Prozesse. In: *Pawlik, K.* (Hrsg.) (1976a), S. 45–70. – *Kautter, H.:* Der Übergang zu Sonderschulen. In: *Klauer, K. J.* (1978a), S. 977–988. – *Klauer, K. J.* (Hrsg.): Handbuch der pädagogischen Diagnostik. 4 Bände. Düsseldorf 1978a. – *Klauer, K. J.:* Perspektiven der Pädagogischen Diagnostik (1978b). In: *Klauer, K. J.* (1978a), S. 3–14. – *Klauer, K. J.:* Diagnostik im Lehr-Lern-Prozeß (1978c). In: *Klauer, K. J.* (1978a), S. 857–872. – *Kornmann, R.:* Strategien der Defizitdiagnostik. In: *Klauer, K. J.* (1978a), S. 1045–1058. – *Krapp, A.:* Zur Abhängigkeit der pädagogisch-psychologischen Diagnostik von Handlungs- und Entscheidungssituationen. In: *Mandl, H./Krapp, A.* (Hrsg.): Schuleingangsdiagnose. Göttingen 1978, S. 43–65. – *Krapp, A.:* Prognose und Entscheidung. Weinheim 1979. – *Krapp, A./Mandl, H.:* Einschulungsdiagnostik. Weinheim 1977. – *Krapp, A./Prell, S.:* Klassifikation pädagogisch-diagnostischer Aufgaben. In: *Klauer, K. J.* (1978a), S. 831–854. – *Lienert, G. A.:* Testaufbau und Testanalyse. Weinheim ^{2}1967. – *Pawlik, K.* (Hrsg.): Diagnose der Diagnostik. Stuttgart 1976a. – *Pawlik, K.:* Modell- und Praxisdimensionen psychologischer Diagnostik (1976b). In: *Pawlik, K.* (1976a), S. 13–43. – *Rheinberg, F.:* Gefahren Pädagogischer Diagnostik. In: *Klauer, K. J.* (1978a), S. 27–38. – *Schulte, D.:* Diagnostik in der Verhaltenstherapie. München 1974. – *Schwarzer, Ch.:* Einführung in die Pädagogische Diagnostik. München 1979. – *Tack, W. H.:* . Diagnostik als Entscheidungshilfe. In: *Pawlik, K.* (1976a), S. 103–130. – *Westmeyer, H.:* Logik der Diagnostik. Stuttgart 1972. – *Westmeyer, H.:* Grundlagenprobleme psychologischer Diagnostik. In: *Pawlik, K.* (1976a), S. 71–101. – *Wieczerkowski, W./Oeveste, H.:* Zuordnungs- und Entscheidungsstrategien. In: *Klauer, K. J.* (1978a), S. 919–951.

Didaktik

1. Begriffsfeld: Didaktik (D) ist eine Disziplin im Grenzbereich von Pädagogik und Psychologie; sie befaßt sich mit Lehr- und Lernprozessen, und zwar zunächst ohne Einschränkung auf bestimmte Gebiete oder Stufen. Der Begriff D wird fast nur im deutschsprachigen Raum verwendet; in der angloamerikanischen Forschung sind die Begriffe »teaching theory« oder »instructional science« üblich (→ *Instruktionstheorie*); die Problemfelder der Didaktik werden dort auch häufig im Rahmen der Pädagogischen Psychologie behandelt (z. B. Gage/Berliner 1977). Unabhängig von diesen Zuordnungsunterschieden geht es in der D um die Frage, wie durch Lehrprozesse Lernprozesse angestoßen und in Gang gehalten werden können. Lehren ist jedoch nicht einfach ein Spiegelbild des Lernens, vielmehr müssen Theorien des Lehrens eigens entwickelt werden (Gage 1970). Auch wenn die Selbststeuerung durch den Lernenden intendiert ist, sind dazu entsprechende Bedingungen von seiten der Lehre zu schaffen. Die Merkmale der Systematik, Institutionalisierung und Professionalisierung gegenüber zufälligem und spontanem Lehren und Lernen werden von einigen Didaktikern dem Begriff Unterricht vorbehalten. Lehr-Lern-Prozesse in bestimmten Gebieten untersuchen die Fachdidaktiken (z. B. Didaktik der Physik), auf bestimmten Schul- oder Altersstufen die Stufendidaktiken (z. B. Grundschuldidaktik).

2. Wissenschaftstheoretische Positionen: Die deutsche D stellte sich in der Vergangenheit als eine Vielzahl von unterschiedlichen Ansätzen dar. Diese »Modelle der D« werden im folgenden zusammenfassend im Hinblick auf ihre wissenschaftstheoretischen Grundlagen erörtert (→ *Wissenschaftstheorie*).

2.1 D als Prinzipienlehre: Es gab in der D häufig Versuche, alle unterrichtlichen Maßnahmen von einer zentralen Norm abzuleiten. Ein Beispiel dafür ist die D von Comenius (1657), in der Prinzipien des Lehrens mit Analogien aus der Natur legitimiert wurden. In solchen »normativen D« spielte die Erfahrung der Unterrichtswirklichkeit eine nachgeordnete Rolle; weil einige dieser didaktischen Regeln recht plausibel sind, haben sie auch heute noch Gültigkeit. Ähnliches gilt für die sogenannten »Unterrichtslehren«, in denen erfahrene Praktiker Handlungsanweisungen für Lehrer zusammenstellten. Häufig wurden diese Empfehlungen als durchgängige Prinzipien formuliert (z. B. das Anschauungsprinzip). Obwohl den normativen D und den Unterrichtslehren erfahrungswissenschaftliche Grundlagen fehlen, waren und sind sie weit verbreitet, weil sie scheinbar eindeutige Praxisanleitungen geben.

2.2 D als Geisteswissenschaft: Die geisteswissenschaftliche D mit ihrer hermeneutischen Methode prägte jahrzehntelang die didaktische Diskussion. Ihre »D im engeren Sinne« verstand sich vorwiegend als »Theorie der Bildungsinhalte und des Lehrplans« (Weniger 1962). Die wichtigste Ausformulierung der geisteswissenschaftlichen Didaktik liegt in der Theorie der »kategorialen Bildung« vor (Klafki 1970). Für die Schulpraxis erlangte dieser Ansatz große Bedeutung durch die »Didaktische Analyse«, mit deren Hilfe Unterrichtsthemen einem bestimmten Fragenkatalog unterzogen wurden (z. B.: Welches ist die Struktur des Inhalts?). In jüngster Zeit entwickelte Klafki (1977) die bildungstheoretische Konzeption zu einer »kritisch-konstruktiven D« weiter; danach müssen die gesellschaftlichen Voraussetzungen und Folgen didaktischer Einrichtungen und Dokumente ideologiekritisch untersucht werden. »Konstruktiv« verweist auf das Handlungs- und Veränderungsinteresse der didaktischen Theorie.

2.3 D als empirische Wissenschaft: Trotz erster Versuche einer empirischen D um die Jahrhundertwende (Meumann; Lay) kam es in Deutschland erst in den 60er Jahren zu einem Aufschwung erfahrungswissenschaftlicher didaktischer Forschung. Erste Ansätze dazu lieferte die »Pädagogische Psychologie des Lehrens und Lernens« von Roth (1957). Mit ausdrücklichem Bezug auf erfahrungswissenschaftliche Methoden stellte Heimann (1962) ein Strukturmodell von Unterricht vor, das als »Berliner Didaktik« bekannt wurde: Unterricht umfaßt die sechs Elementarstrukturen Intentionen, Inhalte, Methoden, Medien, anthropologische und soziokulturelle Voraussetzungen. Als Gegensatz zum Bildungsbegriff der geisteswissenschaftlichen D wurde die »Berliner Didaktik« als »lerntheoretisch« bezeichnet. Diese Bezeichnung ist jedoch irreführend, da hier keine psychologischen Lerntheorien (→ *Lernen und Lerntheorien*) verarbeitet werden. Schulz (1971) belegte den Ansatz mit dem Terminus »lehrtheoretisch«. Trotz des erfahrungswissenschaftlichen Anspruchs lieferte die »Berliner D« keine inhaltlich-empirischen Beschreibungs- und Erklärungsaussagen von Unterricht. Ähnliches gilt für einen Ableger dieser Konzeption, die informationstheoretische oder kybernetische D. Erst Untersuchungen, die sich an Vorbildern der amerikanischen → *Unterrichtsforschung* orientierten, brachten Ergebnisse, die als Bausteine eines Aussagesystems einer empirischen D gelten können. Die *empirische D* ist zunächst an der Gewinnung deskriptiver Aussagen über Unterricht interessiert. Dazu zählen die Beschreibung und die Erklärung von Phänomenen in Lehr-Lern-Prozessen. Der eigentliche Sinn empirisch-didaktischer Forschung liegt jedoch in der Formulierung präskriptiver Aussagen. Damit sind Zweck-Mittel-Aussagen vom Typ »Wenn Ziel A, dann Methode X« gemeint. Die Erklärungsaussagen der deskriptiven D können zu diesem Zweck in prognostische und technologische Aussagen umgewandelt werden. Neben der Erarbeitung einer *Theorie* hat die empirische D auch die Aufgabe der *Entwicklung* von Lehrgängen, Unterrichtseinheiten, Lehrmaterialien usw. Da es die empirische D nicht nur mit Aussagen zum Typ »Wenn Ziel A ...«, sondern auch mit der Frage, »Ob Ziel A oder Ziel B oder Ziel C«, zu tun hat, kann sie normative Aspekte nicht ausklammern. Lehrmethodische Entscheidungen müssen z. B. auf verschiedene Grundnormen bezogen werden (Wissensvermittlung? Persönlichkeitsentwicklung?). Zur Legitimation von Normen werden verschiedene Verfahren, z. B. Nutzwertanalysen, vorgeschlagen (König 1975).

3. Didaktische Entscheidungsfelder: Didaktische Entscheidungen fallen auf verschiedenen Ebenen. Auf einer Makroebene werden bildungspolitische und schulische Rahmenbedingungen gesetzt. Auf einer mittleren Ebene entscheiden Schuladministratoren und Curriculumersteller über weitere organisatorische Fragen bzw. über Lehrpläne. Auf der Mikroebene entscheiden Lehrer über Detailfragen des Unterrichts, die jedoch mit übergeordneten Entscheidungen, z. B. zu Erziehungszielen, zusammenhängen.

3.1 Lehrziele/Lehrinhalte: Die Auswahl und Anordnung von → *Lehrzielen* und -inhalten für den Unterricht ist primär eine Frage der Begründung normativer Entscheidungen. Die wissenschaftliche D stellt dazu Kriterien auf (z. B. Stimmigkeit zwischen Teil- und Globalzielen), sie stellt aber auch weitergehende, empirisch überprüfbare Strukturierungsmuster zur Verfügung. Solch ein Verfahren ist die Hierarchisierung von Lehrzielen/Lehrinhalten, bei der geprüft wird, welches Lehrelement Voraussetzung für ein anderes ist. Es konnte mehrfach nachgewiesen werden, daß die Beachtung von Lernhierarchien lernerleichternd wirkt. Mit diesem Verfahren kann auch das Problem, welches Thema exemplarisch für andere ist, objektiv gelöst werden. Eine systematische Zuordnung von Lehrzielen und Lehrinhalten erlauben Inhalts-Verhaltens-Matrizen, z. B. nach Tyler (1973). Es werden sinnvolle Kombinationen und die planmäßige Berücksichtigung aller Bereiche ermöglicht. Der Objektivierung und intersubjektiven Vergleichbarkeit dienen auch Taxonomien von Lehrzielen (Bloom u. a. 1972; Krathwohl u. a. 1975). Es handelt sich um Klassifikationen von Zielen nach unterschiedlichen Komplexitäts- bzw. Internalisierungsgraden. Taxonomien können als Suchraster zur Entdeckung bisher vernachlässigter psychischer Dispositionen verwendet werden.

3.2 Lehrmethoden: Auf dem Sektor der Lehrmethoden weist die D den differenziertesten Forschungsstand auf. Stand zunächst die (erfolglose) Suche nach der globalen Überlegenheit bestimmter Lehrmethoden (z. B. der Diskussionsmethode) im Mittelpunkt, fragte man später nach der Wirksamkeit von Lehrmethoden auf spezifische Lehrziele und Lernvoraussetzungen hin (ATI). Im Bereich der *Lehrverfahren* sind so Aussagen über die Bedeutung eines entdeckenlassenden vs. darbietenden, eines deduktiven vs. induktiven, eines analytischen vs. synthetischen Vorgehens möglich. Das Entdeckungsverfahren eignet sich z. B. für komplexe → *Transfer-*Aufgaben, leistungsschwächere Schüler haben jedoch Schwierigkeiten bei diesem Vorgehen. Da die Verfahren nicht immer auf Einzelschüler abgestimmt werden können, sind Kombinationen (z. B. analytisch-synthetisch beim Erstleseunterricht) günstig. Zum Problem der *Gruppierung* bzw. → *Differenzierung* der Schüler liegen ebenfalls spezifizierende Studien vor (Gruppen- und Partnerarbeit, Tutoring-System u. a.). Zur methodischen Gestaltung der → *Lehrer-Schüler-Interaktion* gibt es vorwiegend deskriptive Analysen (z. B.: Mit welchen Schülern interagieren Lehrer vorwiegend?), die aber auch zu Änderungen des Lehrerverhaltens Anlaß geben können. Im Bereich der → *Medien* ist die Forschungslage noch widersprüchlich und verwirrend, da hier relativ theorielos und oft anhand äußerer Kriterien Vergleichsuntersuchungen angestellt wurden (z. B. Farbfilm vs. Schwarzweißfilm). Erst in jüngster Zeit ist die Mediendidaktik stärker theorieorientiert und sucht nach Korrespondenzen zwischen medialen Gestaltungsmerkmalen und entsprechenden psychischen Prozessen.

3.3 Lernbeurteilung: Die Beurteilung des Lernzuwachses nach Abschluß eines Lehrganges hängt von der Funktion ab. Traditionell hat diese Beurteilung eine selektive Funktion (Zugang zu weiterführenden Schulen); dem entspricht eine pauschale, undifferenzierte Beurteilung mit Ziffernnoten anhand des Vergleichsmaßstabes der Leistungen der Mitschüler (→ *Schulleistungsbeurteilung*). Bei einer pädagogischen Funktion der Beurteilung kommt es auf eine möglichst differenzierte Diagnose des Lernzuwachses an; die Beurteilung muß Hinweise für weitere didaktische Interventionen, z. B. zusätzliche Lernschleifen, geben. Dazu ist als Beurteilungsmaßstab der Lehrzielkatalog des Lehrgangs heranzuziehen. Die Beurteilung macht dann Aussagen über die Erreichung/Nichterreichung der einzelnen Lehrziele (→ *Diagnostik;* → *Instruktionstheorie*).

4. Psychologische Kriterien didaktischer Entscheidungen: In Anlehnung an historische Vorbilder (z. B. Herbart) ist die Vorstellung anzutreffen, die D stelle Ziele und Inhalte für den Unterricht auf, und die Psychologie liefere die entsprechenden Methoden zu ihrer Vermittlung. Diese Vorstellung ist simplifizierend, da bei der Anwendung psychologischer Theorien im Unterricht zusätzliche pädagogische und didaktische Entscheidungen notwendig sind. Bei Beachtung dieser Einschränkung können jedoch psychologische Erklärungen weitreichend das didaktische Handeln begründen.

4.1 D und Psychologie: Didaktische Maßnahmen sind nicht einfach aus psychologischen Aussagen abzuleiten, da die Psychologie in erster Linie deskriptive Aussagen macht, die zumeist ohne Verwendungsabsicht gewonnen werden. So ist z. B. die Aussage, daß Kinder in einem früheren Lebensalter als bisher angenommen lesen lernen können, noch keine Empfehlung, daß man dies auch verwirklichen solle. Ähnlich können Lerngesetze den Unterricht nicht insgesamt fundieren; sie sind nur ein Element für eine umfassende Unterrichtstheorie. Vor allem wird eine generalisierende Anwendung einzelner Lerntheorien (z. B. der Verhaltenstheorie; → *Lernen und Lerntheorien*) den komplexen Bedingungen des Unterrichts nicht gerecht. Im Unterricht muß die Angemessenheit der Lerntheorie für die Lernaufgabe geprüft werden, außerdem sind die Aussagen in entsprechende Maßnahmen der Lehre umzusetzen. Die häufig beklagte Irrelevanz der Lerntheorien für das Lehren hat ihre Ursache in der Situationsverschiedenheit von Lernforschung und Unterrichtspraxis. Neben der Grundlagenforschung, die oft nur langfristig Ergebnisse für die Praxis erbringt, sind für den Unterricht vor allem Ansätze bedeutsam, die auf die Strukturähnlichkeit zwischen Lernsituation und Unterrichtssituation achten. Andererseits ist aber auch die D aufgefordert, ihre Praxis zu überprüfen und Unterricht stärker auf die Aussagen der Psychologie hin zu konzipieren. So kann z. B. gegenüber Trainingsmethoden zur → *Denkentwicklung* nicht argumentiert werden, diese seien wegen der Stoffülle nicht realisierbar; vielmehr ist zu erwägen, ob nicht auf anspruchslose Inhalte zugunsten des Denktrainings verzichtet werden kann. Eine Verbindung beider Aussagensysteme stellen die Ansätze einer »Psychologischen D« (z. B. Aebli 1963) dar. Aebli bestätigt oder widerlegt Handlungsanweisungen der traditionellen D anhand der psychologischen Forschungsergebnisse von Piaget (z. B. 1948) und entwickelt weiterführende Unterrichtsmethoden. Mit Hilfe dieser »Brücke« zwischen Psychologie und D wurde die Unterrichtspraxis nachhaltig beeinflußt, etwa in Form eines stärkeren Einbezugs aktiver Methoden, der Berücksichtigung des Interiorisationsprozesses, der operatorischen Übung u. a. m. (→ *Pädagogische Psychologie als Ausbildungsinhalt*).

4.2 Lern- und kognitionspsychologische Kriterien: Die Rede von der kognitiven Wende in der Psychologie drängt die Befunde der assoziationistischen Lerntheorien etwas in den Hintergrund, obwohl sich hier eine Reihe von Hinweisen für den Unterricht ergeben. So sind Ergebnisse der älteren → *Gedächtnis*forschung (häufige Wiederholung am Anfang, Variation der Übungssituation) direkt auf schulisches Lernen anwendbar. Experimente zur selbständigen vs. vorgegebenen Strukturierung von Lernmaterial stellen die Bedeutung der Selbsttätigkeit des Lernenden heraus. Befunde der → *Transfer*forschung können bei Überlegungen zum Lehrplanaufbau Eingang finden. Aussagen aus den Konditionierungstheorien dürfen nicht unreflektiert in Unterrichtstechniken umgesetzt werden, da die darin enthaltenen Fremdsteuerungselemente übergeordneten Erziehungszielen widersprechen. Sie können jedoch zur Erklärung emotionaler Prozesse (z. B. → *Angst* in bestimmten Unterrichtssituationen) herangezogen werden; das Verstärkungsgesetz findet Anwendung im Programmierten Unterricht und bei der Rückmeldung über Lernergebnisse (→ *Externe Lernregelung*).

Die Kognitionstheorien werden in zunehmendem Umfang als Kriterien für didaktische Entscheidungen herangezogen; sie orientieren sich an sinnvollen Lerninhalten und sind deshalb direkter auf das Schullernen anzuwenden. Neben den schon erwähnten einflußreichen Arbeiten Piagets (→ *Entwicklung*) handelt es sich vor allem um die Theorien von Bruner (1974), Ausubel (1974) und Hunt (1975). Am Beispiel von Bruner und Ausubel zeigt sich freilich, wie ähnliche psychologische Annahmen zu unterschiedlichen Präskriptionen für den Unterricht führen können. Beide postulieren eine klare kognitive Strukturiertheit als entscheidend für den Lernerfolg. Während jedoch Bruner die selbständige Entdeckung der Strukturen durch die Lernenden empfiehlt, tritt Ausubel für eine Vorstrukturierung durch vorlaufende Organisationshilfen (advance organizer) durch die Lehrenden ein. Hunt weist sehr unterrichtsnah Zusammenhänge zwischen der → *kognitiven Komplexität* des Individuums und der optimalen Gestaltung von Lernumwelten nach. Diese Lernumwelten müssen sich je nach Lernstil unterscheiden. Wie bei der Entscheidung zwischen assoziationistischen und kognitiven Ansätzen und zwischen einzelnen Konzepten der Kognitionspsychologie kommt es auf einen problemspezifischen Einsatz der Theorien an.

5. D und Methodik: Neben der Vorstellung von D als einer alle Faktoren des Unterrichts umfassenden Wissenschaft gibt es auch Versuche, zwischen D als der Frage nach dem *Was* und Methodik als der Frage nach dem *Wie* des Unterrichts zu unterscheiden. Diese Aufteilung ist dem didaktischen Handeln nicht angemessen; sie wirkt jedoch bis in die neuere Unterrichtsforschung hinein.

5.1 Das Interdependenzproblem: Die Konzipierung einer eigenen Methodik geht auf Lehrerausbildungspraktiken zurück, in denen den Studierenden Unterrichtsmethoden als beliebig einsetzbares Handwerkszeug vermittelt wurden. Die geisteswissenschaftliche D hat den »Primat der D« gegenüber der Methodik damit begründet, daß man das Ziel kennen müsse, um über den Weg entscheiden zu können (Klafki 1970, S. 86). Die »Berliner D« bestritt diesen Primat und behauptete die Gleichwertigkeit der anderen Unterrichtsfaktoren (z. B. der Methoden oder Medien); die Faktoren stünden in einem Interdependenzverhältnis zueinander. Für diese Sichtweise spricht, daß Ziele und Inhalte nicht festgelegt werden können, wenn man nicht weiß, welche Vermittlungsformen zur Verfügung stehen. Auch ein erkenntnistheoretisches Argument bestätigt die Interdependenzannahme: Inhalte werden erst durch methodische Anstrengungen kognitiv konstruiert, »denkbar«. Daß die Methoden von den Zielen und Inhalten nicht abgekoppelt werden dürfen, zeigen die Ergebnisse der Methodenforschung: Sinnvolle und widerspruchsfreie Aussagen ergeben sich nur im Kontext der übrigen Unterrichtsfaktoren. Die Wahl einer Methode erfolgt nicht um ihrer selbst willen; man hat vielmehr – wenn man sich z. B. für Gruppenarbeit entscheidet – eine bestimmte Absicht. Klafki (1976) hat deshalb zu Recht den Primat des Inhalts als »Primat der Zielentscheidungen« präzisiert.

5.2 Probleme der Methodenforschung: In Zusammenstellungen der ursprünglichen Methodenvergleiche zeigte sich häufig ein »Patt« (z. B. konventioneller vs. Programmierter Unterricht). Diese Situation ergab sich durch eine gewisse Theorielosigkeit der Forschung, aber auch durch die Mißachtung der »Faktorenkomplexion« Unterricht. Ergiebiger ist die Forschung, die Unterrichtsmethoden auf spezifische Ziele, Inhalte, Fächer, Altersstufen, Merkmale des Lernenden usw. hin entwirft und überprüft (→ *Unterrichtsforschung*). Man kommt dann zu komplexen Matrizen, wie sie z. B. für den Ziel-Methoden-Zusammenhang schon vorliegen (Gage/Berliner 1977, S. 468). Die D gewinnt durch dieses Forschungsparadigma immer feinere und spezifischere Aussagen. Das ist gewiß ein Vorteil, weil dadurch gezielte Handlungsempfehlungen für die Unterrichtsplanung möglich werden. Andererseits stellen sich jedoch neue praktische und theoretische Probleme: Der Einsatz unterschiedlicher Methoden ist wegen der Vielzahl von Entscheidungskriterien und von individuellen Unterschieden praktisch nur schwer zu realisieren. Die didaktische Theorie enthält kaum mehr Aussagen mit hohem Generalitätsgrad. Dies ist ein Zeichen für den wissenschaftlichen Fortschritt in der D; andererseits besteht aber ein berechtigter Anspruch auf allgemeine Aussagen, da sonst didaktische Entscheidungen zu kompliziert werden.

Wolfgang Einsiedler

Literatur

Aebli, H.: Psychologische Didaktik. Stuttgart 1963. – *Ausubel, D. P.:* Psychologie des Unterrichts. Bd. 1 u. 2. Weinheim/Basel 1974. – *Bloom, B. S.* u. a.: Taxonomie von Lernzielen im kognitiven Bereich. Weinheim/Basel 1972. – *Bruner, J. S.:* Entwurf einer Unterrichtstheorie. Düsseldorf 1974. – *Comenius, J. A.:* Didactica magna. 1657. – *Gage, N. L.:* Paradigmen für die Unterrichtsforschung. In: *Ingenkamp, K.* (Hrsg.): Handbuch der Unterrichtsforschung. Teil I. Weinheim/Basel 1970, Sp. 269–366. – *Gage, N. L./Berliner, D. C.:* Pädagogische Psychologie. München/Wien/Baltimore 1977. – *Heimann, P.:* Didaktik als Theorie und Lehre. In: Die Deutsche Schule 54 (1962), S. 407–427. – *Hunt, D. E.:* Person-environment interaction: a challenge found wanting before it was tried. In: Review of Educational Research 45 (1975), S. 209–230. – *Klafki, W.:* Studien zur Bildungstheorie und Didaktik. Weinheim/Basel ¹⁰1970. – *Klafki, W.:* Zum Verhältnis von Didaktik und Methodik. In: Zeitschrift für Pädagogik 22 (1976), S. 77–94. – *Klafki, W.:* Zur Entwicklung einer kritisch-konstruktiven Didaktik. In: Die Deutsche Schule 69 (1977), S. 703–715. – *König, E.:* Theorie der Erziehungswissenschaft. Bd. 2. Normen und ihre Rechtfertigung. München 1975. – *Krathwohl, D. R.* u. a.: Taxonomie von Lernzielen im affektiven Bereich. Weinheim/Basel. 1975. – *Piaget, J.:* Psychologie der Intelligenz. Zürich 1948. – *Roth, H.:* Pädagogische Psychologie des Lehrens und Lernens. Hannover 1957. – *Schulz, W.:* Didaktik. Umriß der lehrtheoretischen Konzeption einer erziehungswissenschaftlichen Disziplin. In: *Röhrs, H.* (Hrsg.): Didaktik. Frankfurt 1971, S. 17–29. –

Tyler, R. W.: Curriculum und Unterricht. Studien zur Lehrforschung. Bd. 4. Düsseldorf 1973. – *Weniger, E.:* Didaktik als Bildungslehre. Teil I. Theorie der Bildungsinhalte und des Lehrplans. Weinheim/Basel ⁴1962.

Differenzierung (schulische)

1. Differenzierungsbegriff: Unter schulischer Differenzierung (D; englisch »grouping«) versteht man die Einteilung bzw. Zugehörigkeit von Schülern einer organisatorischen Grundgesamtheit zu Lerngruppen nach bestimmten D-Kriterien. Je nach Größe der Grundgesamtheit werden die drei *D-Ebenen* der Unterrichtsdifferenzierung, der Schuldifferenzierung und der Schulsystemdifferenzierung unterschieden. *D-Kriterien* (wie z. B. Leistung oder persönliche Beziehung) sind Merkmale, in denen sich Schüler unterscheiden und aufgrund derer Schüler den verschiedenen Lerngruppen einer D-Ebene angehören – wie z. B. Hauptschule und Gymnasium auf der Ebene der Schulsystemdifferenzierung (sozialpsychologischer Gruppenbegriff). Schulische D erfolgt grundsätzlich auf manifestem oder latentem *D-Weg:* Unter *manifester* D versteht man eine organisatorisch offenkundige Einteilung bzw. Zugehörigkeit von Schülern zu Lerngruppen (z. B. Leistungskurs A im Fach Englisch einer Hauptschule); dagegen wird mit *latenter* D eine organisatorisch nicht unmittelbar ersichtliche D auf dem Wege der interaktiven pädagogischen Behandlung bezeichnet (z. B.: Alle Ausländerkinder besuchen einen B-Kurs, der im Lauf der Zeit als »Ausländerkurs« gilt). Ein latentes D-Kriterium (hier: Nationalität) kann mit einem manifesten (hier: Leistung) einhergehen; latente D kann jedoch auch in einer organisatorisch nicht weiter strukturierten Lerngruppe erfolgen (z. B. unterschiedliche pädagogische Behandlung aufgrund starrer Schülerrollen wie Klassenkaspar oder Klassenprimus; vgl. Haußer 1980a).
Im folgenden ist mit D grundsätzlich »schulische D«, mit »D-Theorie« grundsätzlich »Theorie schulischer D« gemeint.
2. Gegenstand der D-Theorie: Wissenschaftsgeschichtlich gesehen herrschte bis Ende der 70er Jahre eine pädagogische Auffassung von D-Theorie vor, die neuerdings durch eine psychologische Auffassung erweitert wird. Während die Pädagogik (Schulpädagogik) vor allem die Forschungsfragestellung nach D-Modellen als Bedingung für den kognitiven Lernerfolg von Schülern verfolgt (vgl. Hopf 1976; Bönsch 1976; Kaiser 1976), geht es der (Pädagogischen) Psychologie auch um die Untersuchung von D-Modellen als Bedingung für → *soziales Lernen* von Schülern im Sinne von Sozialverhalten und Einstellungserwerb (vgl. Haußer 1980a; Ulich 1979, Kap. 3 und 4). Ziel pädagogischer D-Forschung sind demnach Erkenntnisse zur Erhöhung des individuellen und des allgemeinen Leistungsstands von Schülern, zur Steigerung der Durchlässigkeit zwischen Lerngruppen, zur Vermeidung von schichtspezifischer Auslese und zur Herstellung von → *Chancengleichheit*. Darüber hinaus werden in neuerer Zeit verstärkt aus pädagogisch-psychologischer Sicht Erkenntnisse angestrebt über die Förderung nichtdiskriminierenden Sozialverhaltens und Einstellungserwerbs, basierend auf der Analyse sozialen Lernens durch D (Haußer 1980a; Keim 1979). Auf diese pädagogisch-psychologische Perspektive wird im folgenden insbesondere eingegangen. Bezüglich der genannten eher pädagogischen Fragestellungen sei verwiesen auf Morawietz (1979), Keim (1979), Bönsch (1976).
Die pädagogisch-psychologische Perspektive von D beruht auf *Sozialpsychologie* (Theorie der Gruppe, Theorie des Einstellungserwerbs) und Sozialisationstheorie (Theorie biographischer und ökologischer Bedingungen der Persönlichkeitsentwicklung) als Grundlagendisziplinen. Zu untersuchen ist demnach (a) der Prozeß schulischer Gruppenkonstituierung und Gruppenzugehörigkeit, (b) die hierbei zugrundeliegenden Differenzierungskriterien und die Art der Schülermerkmale, auf die sie sich beziehen, (c) die durch die angewandten D-Kriterien bewirkte soziale → *Interaktion* und (d) der unter bestimmten weiteren Sozialisationsbedingungen in Gang gebrachte Einstellungserwerb von Schülern (→ *Sozialisation;* → *Einstellung).* Die Pädagogische Psychologie kann aus diesem Grund die verbreitete Auffassung von D als einer didaktischen oder schuladministrativen Maßnahme (Bönsch 1976; Hopf 1976; Kaiser 1976) nicht übernehmen; für sie steht die *prinzipielle Unumgänglichkeit von D* – sei es auf manifestem oder latentem Weg – auf allen drei D-Ebenen fest (Haußer 1980a; Schiefele 1964). Dieses erweiterte Gegenstandsverständnis wird zusehends auch von der Schulpädagogik geteilt (Morawietz 1979; Keim 1979).

Differenzierung (schulische)

Differenzierungskriterien und die Art der Lerngruppenkonstituierung

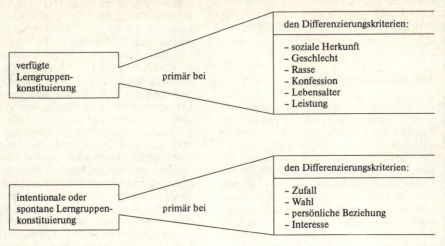

Nach: Haußer 1980a, S. 39

Soziales Lernen durch D bezeichnet im psychologischen Sinn (vgl. Haußer 1980a; Ulich 1979; Zinnecker 1975) den Umstand, daß Zugehörigkeit zu bzw. Ausgeschlossensein von einer schulischen Lerngruppe auf jeder D-Ebene zum sozialen Erfahrungsbereich eines Schülers zählt. Damit sind all jene durch D in Gang gesetzten interaktionalen Lernprozesse gemeint, die sich in den Beziehungen in und zwischen Lerngruppen niederschlagen und denen ein hoher Übertragungswert für angepaßtes Sozialverhalten auch in außerschulischen Situationen zukommt (vgl. Ulich 1979, S. 205).

3. *Soziales Lernen aufgrund angewandter D-Kriterien:* D beginnt mit der Lerngruppenkonstituierung. Jede Lerngruppenkonstituierung auf der Ebene der Unterrichts-, Schul- oder Schulsystemdifferenzierung erfolgt nach einer Reihe von D-Kriterien. Ein Hauptschüler einer 8. Klasse zum Beispiel, der im Unterricht vorübergehend einem leistungsschwachen Mitschüler als Tutor zugewiesen wird, gehört je nach D-Ebene verschiedenen Lerngruppen an: den leistungsstarken Schülern seiner Klasse (D-Kriterium Leistung), einer Jahrgangsklasse (D-Kriterium Lebensalter und Leistung) und einer Leistungsschulart des traditionellen Schulsystems (D-Kriterium Leistung und – latent – soziale Herkunft). Die Art der angewandten D-Kriterien bestimmt den Prozeß der Lerngruppenkonstituierung wie auch die Inhalte des sozialen Lernens in der Gruppe.

Aufgrund der sozialpsychologischen Theorie der Gruppe (Ulich 1977; Sader 1976; Kruse 1972) lassen sich *drei Arten der Gruppenkonstituierung* unterscheiden: »Bei intentionaler Gruppenkonstituierung treten die Gruppenmitglieder aus eigener Absicht und Planung zusammen. Bei spontaner Gruppenkonstituierung geschieht dies situativ ohne geplanten Entschluß aus der momentanen Verfassung der Gruppenmitglieder heraus. Bei verfügter Gruppenkonstituierung bestimmt eine Machtinstanz (Person oder Institution) die Bildung einer Gruppe und deren Mitglieder« (Haußer 1980a, S. 36). Die in der Geschichte und Gegenwart im Schulsystem eingesetzten D-Kriterien lassen sich einerseits der verfügten, andererseits der intentionalen oder spontanen Lerngruppenkonstituierung zuordnen (vgl. Abb.).

Verfügte Lerngruppenkonstituierung bringt im schulischen und außerschulischen Interaktionsfeld eine hierarchische Etikettierung der Schüler als Lerngruppenmitglieder mit sich. Eine soziale Bewertung von Schülern als Lerngruppenmitgliedern wird impliziert, wenn D-Kriterien wie hohe/niedrige Schichtzugehörigkeit, bevorzugtes/benachteiligtes Geschlecht, dominierende/unterdrückte Rasse, vorherrschende/mißliebige Konfession, höheres/niedrigeres Lebensalter oder höhere/

geringere Leistung zur Anwendung kommen. Diese hierarchische Etikettierung im Sinne einer Höher- bzw. Niedrigerbewertung kann auf seiten der Schüler zu Überlegenheits- bzw. Unterlegenheitsgefühlen führen. Die durch soziales Lernen erfahrenen Interaktionsregeln innerhalb und zwischen Lerngruppen werden unter bestimmten Bedingungen zu → *Einstellungen* der Über- bzw. Unterlegenheit gegenüber der Fremdgruppe kognitiv generalisiert (Haußer 1980a; Meinefeld 1977; Schmidt u. a. 1975).

Ob und inwieweit ein Erwachsener zum Beispiel seine Alltagstheorie (→ *Implizite Theorien*) über den Zusammenhang von Geschlecht und Begabung samt ihrer rechtfertigenden bzw. kritischen Funktion gegenüber bestehenden gesellschaftlichen Verhältnissen durch soziales Lernen in der Schule erworben hat, hängt jedoch nicht von der Schule allein ab. Entscheidend hierfür ist das Zusammenwirken und die kognitive Verarbeitung der verschiedensten schulischen, vor-, außer- und nachschulischen Sozialisationseinflüsse (Geulen/Hurrelmann 1980; Haußer 1980a). Im Gegensatz zur verfügten Lerngruppenkonstituierung mit ihrer hierarchischen Etikettierung und ihrem sozial diskriminierenden Einstellungserwerb stehen die D-Kriterien Zufall, Wahl, persönliche Beziehung und → *Interesse*. Es ist anzunehmen, daß D nach diesen Kriterien eher allgemeinen Zielen wie Selbstbestimmung, selbständigem Lernen und Engagement von Schülern entspricht und nicht die negativen Erscheinungen einer bürokratisierten Schule zeigt (Haußer 1980a, Kap. 4; Bönsch 1976).

Der *Prozeß sozialen Lernens als Wirkung angewandter D-Kriterien* ist für das gegenwärtig meistverwendete D-Kriterium der *Leistung* am besten untersucht (→ *Schulerfolg und Schulversagen*). »Leistung« als Bewertung erbrachter Arbeitsergebnisse stellt schon aus begabungstheoretischer Sicht ein höchst fragwürdiges Differenzierungskriterium für die Organisation künftiger Lernprozesse dar (→ *Begabung*). Unterrichtsanalysen über den Einfluß von Lehrererwartungen auf Schülerleistungen belegen die Problematik manifester und latenter Unterrichtsdifferenzierung nach Leistung (Brophy/Good 1976; vgl. Haußer 1980b). Die Fragwürdigkeit von Leistungsdifferenzierung auf allen D-Ebenen attestieren amerikanische und deutsche Forschungsergebnisse sowohl für den Leistungsbereich wie auch für den Bereich sozialen Lernens (Fend u. a. 1976a; b; Klafki/Stöcker 1976, S. 499ff.; Esposito 1973; Prell/Schiefele/Ulich 1972).

Wenn im gegenwärtigen Schulalltag dennoch Leistung das D-Kriterium par excellence darstellt, so nicht aus Gründen erwiesener pädagogischer oder psychologischer Effektivität, sondern wegen ihrer instrumentellen Funktion für schulische Selektion und ihrer Legitimationsfunktion für soziale Ungleichheit (→ *Chancengleichheit*; vgl. Keim 1979; Schiefele 1964). Zieht man den historischen Funktionswandel des Schulsystems in Betracht, so läßt sich die Geschichte der Schule differenzierungstheoretisch als Abfolge sich in ihrer Dominanz ablösender D-Kriterien auffassen (Haußer 1980a, Kap. 2; Keim 1979, Kap. III).

4. *D-Modelle:* Unter D-Modellen versteht man angewandte Modelle der Unterrichts-, Schul- und Schulsystemdifferenzierung (Haußer 1981). Im folgenden wird ein kurzer Überblick gegeben über ausgewählte D-Modelle der drei D-Ebenen. Dabei wurden vor allem solche D-Modelle ausgewählt, die pädagogisch-psychologischen Qualitätsmerkmalen genügen. (a) Als *kognitives* Qualitätsmerkmal eines D-Modells gilt dessen Orientierung an einem dynamischen Begabungskonzept (→ *Begabung*) sowie die optimale Passung des Lehr-Lern-Prozesses mit den individuellen Lernvoraussetzungen der Schüler (→ *ATI*; → *Didaktik*) zum Zwecke → *Zielerreichenden Lernens.* (b) Als *soziales* Qualitätsmerkmal eines D-Modells gilt dessen Orientierung an einem nichtdiskriminierenden Prozeß sozialen Lernens im Sinne der Vermeidung des Erwerbs generalisierter Überlegenheits-/Unterlegenheitseinstellungen bei Schülern. Der Nachweis, daß die folgenden ausgewählten D-Modelle eher als andere diesen Qualitätsmerkmalen entsprechen, kann hier nicht erbracht werden.

4.1 *Unterrichtsdifferenzierung* (auch »innere D«): Als Alternative zur ebenso verbreiteten wie in ihrer Effektivität fragwürdigen *Frontalunterrichtsmethode*, die problematische latente D-Prozesse mit sich bringt (Brophy/Good 1976), wurden Modelle des *Gruppenunterrichts* entwickelt. Hervorzuheben sind insbesondere die Varianten der Partner- und Kleingruppenarbeit sowie die Modelle Helfersystem, Projektmethode und offener Unterricht (Morawietz 1980; Vettiger 1977; Klafki/Stökker 1976; Bönsch 1976).

4.2 *Schuldifferenzierung:* Das meistverbreitete Modell der Schuldifferenzierung ist die aus bürokratischen Gründen im 19. Jahrhundert eingeführte *Jahrgangsklasse* mit den D-Kriterien Lebensalter und Leistung. Ein bei kleiner Schulgröße organisatorisch bestechendes und sozialpsychologisch vielversprechendes Gegenmodell aus der Zeit der Reformpädagogik stellt die »Jena-Schule« nach Petersen (1974) dar. Für große Schulen setzt sich im Rahmen der Gesamtschulbewegung in den letzten Jahren zusehends das *Team-Kleingruppen-Modell* als Alternative zum Fachleistungskurssystem (»setting«) und Leistungsklassensystem (»streaming«) durch (Brandt/Liebau 1978).

4.3 Schulsystemdifferenzierung: Mit der staatlichen Durchsetzung der Schulpflicht im Zeitalter der Industrialisierung wurde in Deutschland das Modell grundständiger Standesschulen (D-Kriterium: soziale Herkunft) etabliert, dem vor allem die deutsche Einheitsschulbewegung das Modell der Stufenschulen (D-Kriterien: Lebensalter und Leistung) entgegenhielt. Seit der Weimarer Verfassung 1919 beginnt das deutsche Schulsystem mit einer Stufenschule (Grundschule) – allerdings unter Abtrennung der Sonderschule – und verzweigt sich anschließend in Standesschulen (Hauptschule und Berufsschule, Realschule, Gymnasium). In der Bundesrepublik differenziert das *traditionelle Schulsystem* aufgrund der Übertrittsauslese Zehnjähriger manifest nach Leistung und latent nach wie vor nach sozialer Herkunft; es besteht nur eine geringe Aufstiegsdurchlässigkeit zwischen den Schularten zur Korrektur von Schullaufbahnen (Haußer 1980a; Keim 1979; Fend u. a. 1976a). Als Alternativmodell der Schulsystemdifferenzierung wird seit Ende der 60er Jahre parallel zum traditionellen Schulsystem auf der Sekundarstufe die *Gesamtschule* für alle Schüler eingeführt. Die Gesamtschule verfolgt das Doppelziel einer allgemeinen Leistungssteigerung aller Schüler und einer sozialen Integration im Sinne der Vermeidung schichtspezifischer Auslese (Deutscher Bildungsrat 1972; Keim 1976). Ergebnisse der vergleichenden Schulbegleitforschung deuten auf Vorzüge des Gesamtschulsystems im Bereich des kognitiven wie auch des sozialen Lernens hin (Fend u. a. 1976a; b).

Für die D-Theorie stellt sich in den 80er Jahren eine bisher vernachlässigte Forschungsaufgabe: Neben dem *»Systemvergleich«* wird innerhalb und zwischen Modellen der Schulsystemdifferenzierung ein *»Variantenvergleich«* immer dringlicher (Fend 1976). Varianten der Schul- und Unterrichtsdifferenzierung wurden in den letzten Jahren vor allem an Gesamtschulen und Orientierungsstufen geplant und erprobt (Haußer 1981; Schlömerkemper 1979; Brandt/Liebau 1978; Arbeitsgruppe Orientierungsstufe 1978).

Karl Haußer

Literatur

Arbeitsgruppe Orientierungsstufe (Hrsg.): Differenzierung in der Orientierungsstufe. Das »Beispiel Niedersachsen« im Spannungsfeld bildungspolitischer und pädagogischer Möglichkeiten und Grenzen. Hannover 1978. – *Bönsch, M.:* Differenzierung des Unterrichts. Methodische Aspekte. München ³1976. – *Brandt, H./ Liebau, E.:* Das Team-Kleingruppen-Modell. Ein Ansatz zur Pädagogisierung der Schule. München 1978. – *Brophy, J. E./Good, Th. L.:* Die Lehrer-Schüler-Interaktion. München 1976 (Originalausgabe: New York 1974). – *Deutscher Bildungsrat* (Hrsg.): Strukturplan für das Bildungswesen. Empfehlungen der Bildungskommission. Stuttgart ⁴1972. – *Esposito, D.:* Homogeneous and heterogeneous ability grouping: principal findings and implications for evaluating and designing more effective educational environments. In: Review Educational Research 43 (1973), S. 163–179. – *Fend, H.:* Zwischenbilanz eines Schulversuchs. Arbeitsmaterialien 8/1976, hrsg. von der Gemeinnützigen Gesellschaft Gesamtschule. Bochum 1976. – *Fend, H./Knörzer, W./Nagl, W./Specht, W./Väth-Szuszdziara, R.:* Gesamtschule und dreigliedriges Schulsystem. Eine Vergleichsstudie über Chancengleichheit und Durchlässigkeit. Stuttgart 1976a. – *Fend, H./Knörzer, W./Nagl, W./ Specht, W./ Väth-Szuszdziara, R.:* Sozialisationseffekte der Schule. Soziologie der Schule II. Weinheim 1976b. – *Geulen, D./Hurrelmann, K.:* Zur Programmatik einer umfassenden Sozialisationstheorie. In: Hurrelmann, K./Ulich, D. (Hrsg.): Handbuch der Sozialisationsforschung. Weinheim 1980, S. 51–67. – *Haußer, K.* (Hrsg.): Modelle schulischer Differenzierung. München 1981. – *Haußer, K.:* Die Einteilung von Schülern. Theorie und Praxis schulischer Differenzierung. Weinheim 1980a. – *Haußer, K.:* Zur Sozialpsychologie schulischer Differenzierung. In: Spiel, W. (Hrsg.): Die Psychologie des 20. Jahrhunderts. Band XII: Konsequenzen für die Pädagogik. München 1980b. – *Hopf, D.:* Differenzierung in der Schule. Stuttgart ²1976. – *Kaiser, E.:* Stichwort »Differenzierung und Integration«. In: Roth, L. (Hrsg.): Handlexikon zur Erziehungswissenschaft. München 1976, S. 105–111. – *Keim, W.:* Schulische Differenzierung. Eine systematische Einführung. Kronberg ²1979. – *Keim, W.* (Hrsg.): Gesamtschule. Bilanz ihrer Praxis. Hamburg ²1976. – *Klafki, W./Stökker, H.:* Innere Differenzierung des Unterrichts. In: Zeitschrift für Pädagogik 22 (1976), S. 497–523. – *Kruse, L.:* Gruppen und Gruppenzugehörigkeit. In: *Graumann, C. F.* (Hrsg.): Sozialpsychologie. 7. Band, 2. Halbband, des Handbuchs der Psychologie. Göttingen 1972, S. 1493–1593. – *Meinefeld, W.:* Einstellung und soziales Handeln. Reinbek 1977. – *Morawietz, H.:* Unterrichtsdifferenzierung. Ziele, Formen, Beispiele und

Forschungsergebnisse. Weinheim 1980. – *Petersen, P.:* Der kleine Jena-Plan. Weinheim ⁵⁵1974. – *Prell, S./Schiefele, H./Ulich, D.:* Leistungsdifferenzierung und individuelle Förderung. Die Untersuchung eines Schulversuchs und seine Probleme. München 1972. – *Sader, M.:* Psychologie der Gruppe. München 1976. – *Schiefele, H.:* Sozialpsychologie der Schulklasse. In: Welt der Schule 17 (1964), S. 337–341 und S. 385–398. – *Schlömerkemper, J.:* Stichworte »Unterrichtsdifferenzierung« und »Wahldifferenzierung«. In: *Edelhoff, Ch./Mittelberg, E.* (Hrsg.): Kritische Stichwörter zur Gesamtschule. München 1979, S. 261–270 und S. 280–284. – *Schmidt, H. D./Brunner, E. J./Schmidt-Mummendey, A.:* Soziale Einstellungen. München 1975. – *Ulich, D.:* Pädagogische Interaktion. Theorien erzieherischen Handelns und sozialen Lernens. Weinheim ²1979. – *Ulich, D.:* Gruppendynamik in der Schulklasse. Möglichkeiten und Grenzen sozialwissenschaftlicher Analysen. München ⁶1977. – *Vettiger, H.:* Gruppenunterricht. Düsseldorf 1977. – *Zinnecker, J.* (Hrsg.): Der heimliche Lehrplan. Untersuchungen zum Schulunterricht. Weinheim 1975.

Disziplin

1. Begriff: Der Begriff leitet sich vom Lateinischen her: discapere = klar auffassen; discaptare = etwas erörtern; discipulus = Schüler; disciplina = Unterricht, Lehre, Wissenschaft. *Disciplina* meint ein umgrenztes Fachgebiet und dessen Darstellung in der Lehre; im Spätlatein erhält der Begriff auch die Bedeutung von *Ordnung* und *Zucht* (Ell 1966). Im modernen Sprachgebrauch hat der Begriff vergleichbare Bedeutungen: (a) Bezeichnung eines Fachgebietes (z. B. wissenschaftliche oder sportliche Disziplin); (b) Entsprechung gegenüber der *sachlichen* Ordnung eines Fachgebietes (diszipliniertes Denken, das ausschließlich der Struktur des Gegenstandes folgt, nicht etwa Launen, Wünschen, Meinungen); (c) Entsprechung gegenüber der *sittlichen* Ordnung eines Sozialgebildes (diszipliniertes Verhalten, das sich an die Sitten, Gesetze, Normen eines Sozialgebildes wie z. B. Familie oder Schule hält). Das letztere Verständnis von Disziplin (D) ist für pädagogisch-psychologisches Handeln bedeutsam.

2. Legitimation: (a) *Pädagogisches* Handeln stellt sich dar in den Formen von Unterricht und → *Erziehung*. Wenn nun Unterricht die Entfaltung sachlich richtigen *Wissens* und die Erziehung die Entwicklung sittlich begründeter *Haltung* zum Ziele haben (Petzelt 1955), spielen die oben genannten Formen der Entsprechung gegenüber sachlichen und sittlichen Ordnungen eine zentrale Rolle. Unterricht reduziert sich nicht auf die Vermittlung von Wissen, er will darüber hinaus Entfaltung eines sachgerechten, disziplinierten Denkens. Erziehung ist nicht bloße Verhaltensänderung, sondern eine qualifizierte Form: Verhalten soll im Sinne von Haltung *versittlicht* werden, d. h. bestimmten Regulativen folgen. (b) Die *Anthropologie* weist darauf hin, daß der Mensch durch Bildsamkeit und Bildungsbedürftigkeit ausgezeichnet ist. Er muß sich »selbst den Plan seines Verhaltens machen« (Kant). Der Mensch ist das nicht festgestellte Wesen, das den Spielraum der Freiheit gestaltet und zuvor gestalten lernen muß. Freiheit ist Voraussetzung, wenn der Mensch Ordnungen entwerfen und sich verbindlich machen soll. Aber Freiheit des Subjekts allein reicht im Erziehungsprozeß nicht aus: Ordnungen ergeben sich nicht von selbst, der einzelne Mensch erwirbt sie durch die Begegnung und Auseinandersetzung mit Ordnungen, die er vorfindet (Russell 1935). Für die Menschwerdung spielt Disziplinierung in diesem Sinne eine wesentliche Rolle. (c) *Pragmatisch* läßt sich D für Gemeinschaften und Institutionen auch in der Weise begründen, daß diese erfahrungsgemäß nicht ohne einen legalen/juristischen Rahmen auskommen, der ein geordnetes Zusammenleben sicherstellt (→ *Sozialisation;* → *soziales Lernen*). (d) Das *Hauptproblem* bei allen Begründungen für die Notwendigkeit von D liegt darin, ob die zweifellos erforderlichen Ordnungen in ihrer Geltung unumstößlich vorausgesetzt werden und sich das Subjekt ihnen unterwerfen muß oder ob das Subjekt selbst – eventuell in Übereinkunft mit anderen – diese Ordnungen zeithaft und für sich selbst zur Geltung bringt.

3. Positionen: Wir begegnen unterschiedlichen Verständnisweisen von D: (a) Die eine Auffassung versteht darunter die »planvoll eingeschulte, präzise, alle eigene Kritik bedingungslos zurückstellende Ausführung des empfangenen Befehls« (Weber 1968, S. 5). D bedeutet hier die Unterwerfung unter vorgegebene, heteronome Ordnungen. Die Anpassung an sie obsiegt, blinder Gehorsam wird geleistet, eigene Entscheidungen werden nicht getroffen oder unterdrückt. Die entsprechenden Mittel zur Schaffung solcher D sind vorwiegend positive und negative Sanktionen (→ *Bekräftigung;* Belohnung; Strafe). Das Ergebnis solcher Disziplinierung ist – je nach den näheren Bedingungen – u. a. Unterwürfigkeit, äußerlich legales und angepaßtes

Verhalten, Weitergabe des Disziplinierungsdrucks an andere, Ausbruchsversuche (→ *Aggression),* Widerstand in verschiedenster Form (→ *Abweichendes Verhalten).* (b) Gegen diese »Funktionalisierung des Gehorsams durch das Einüben ordnungsgemäßer und legaler Verhaltensweisen« (Röhrs 1968, S. 4) wurde besonders von seiten einer emanzipatorischen Pädagogik zu Recht opponiert: Hier werde die kritische Potenz des Subjekts suspendiert, in ihrer Entfaltung verhindert, zugleich die Verbesserung der bestehenden gesellschaftlichen Strukturen in Richtung auf mehr Selbstverwirklichung und weniger Unmündigkeit und Entfremdung des Menschen blockiert. Deshalb solle Erziehung ›disfunktional‹ sein (Mollenhauer 1968) und zum Ungehorsam aufrufen (Bott 1970). Das Verdienst dieser Position liegt darin, daß sie auf die Entmachtung und Manipulation des Subjekts durch die autoritäre Disziplinierung (wieder) hinwies. Sie ist problematisch, sofern sie in der bloßen Opposition verharrt und vernunftgeleitetes Zusammenleben (und Erziehen) nicht positiv bestimmt. (c) Will man einerseits der Notwendigkeit von sachlichen und sittlichen Ordnungen Rechnung tragen und zugleich das Subjekt nicht gängeln oder entmündigen, so scheiden die eben besprochenen Verständnisweisen aus. Wird D dagegen als *Selbst-D* verstanden, so ist sie nicht mehr allein das Werk äußerer Mächte, sondern *Werk meiner selbst* (Pestalozzi). Diese Position ist mit einem Pädagogik- und Erziehungsbegriff verbunden, dessen regulative Idee die Entfaltung von Mündigkeit im Subjekt in Beziehung zu den gesellschaftlichen Bedingungen ist. Das bedeutet, daß D der Forderung nach Mündigkeit genügen muß, folglich letzten Endes und idealiter auf Selbst-D hinausläuft (→ *Selbstkonzept);* ferner, daß sich die geforderte Mündigkeit in einem bestimmten gesellschaftlichen Rahmen realisiert, folglich nicht ohne dessen Kenntnis und Durchdringung auskommt (→ *Sozialisation).* Das Subjekt wird sich in diesem Verständnis von D den Ordnungen außer ihm weder blindlings unterwerfen noch sie blindlings ablehnen können; vielmehr bestimmt es aus eigener Entscheidung über Zustimmung, Modifikation oder Ablehnung. Solche Entscheidung will Erziehung ermöglichen. Es geht ihr also nicht primär um die Durchsetzung irgendwelcher konkreter Ordnungen an sich, sondern um die Ermöglichung und *Anbahnung des Ordnens im Subjekt,* wobei notwendig an der Begegnung und Auseinandersetzung mit konkreten Ordnungen angesetzt wird.

4. Konkretisierung: Selbst-D als Ziel des pädagogischen Prozesses hat Konsequenzen für dessen konkrete Gestaltung: (a) Die Entfaltung von Ordnungsfähigkeit im Subjekt ist ein *gestufter Prozeß:* Er geht aus von der Setzung von und Bindung an (vernünftige) Ordnungen; er schreitet weiter über die Verdeutlichung der Begründungen dieser Ordnungen; er führt zur Problematisierung und Relativierung; er eröffnet schließlich den Freiraum zur eigenständigen Akzeptierung, Modifizierung oder Ablehnung. Es handelt sich also – wie im Pädagogischen überhaupt – um einen Prozeß zunehmender Freisetzung. (b) Die erzieherischen Bemühungen dürfen nicht beim äußeren Verhalten stehenbleiben (Makarenko 1968, S. 26), sondern müssen sich auf die zugrundeliegenden *Motive* richten. Sieht man auf die Wertigkeit der Motive, so kommen als *Disziplinierungsmittel* kaum noch Sanktionen in Betracht, sondern anfangs (begründete) Gewöhnung, letztlich aber nur die stichhaltige *Argumentation.* Als Appell an mögliche Vernünftigkeit geht die Argumentation weit über einen Mitteleinsatz hinaus. In gleicher Weise ist für die Grundlegung von Selbst-D beim zu Erziehenden die Achtung, Liebe, Wertschätzung des Erziehers Voraussetzung (→ *Erziehungsstile).* Zur abstrakten Vernünftigkeit von Ordnungen gelangt der junge Mensch über deren vorbildhafte Repräsentanten (Fehlbarkeit mit einbezogen). (c) Mittel und Techniken der Disziplinierung verlieren mit zunehmender Selbstdisziplin des Subjekts an Bedeutung, weil *interne Steuerung* an die Stelle externer Maßnahmen tritt. (d) Angesichts der Selbständigkeit und psychischen Aktivität des Subjekts haben sogenannte Disziplinierungsmaßnahmen ohnehin keine eindeutige, quasi kausale *Wirkung;* das Subjekt nimmt ihnen gegenüber Stellung, antwortet auf sie in je eigener Weise. Von daher erklärten sich auch die Möglichkeit des Scheiterns solcher Maßnahmen und das häufige Auftreten sogenannten → *Abweichenden Verhaltens* (Domke 1973).

5. Verwirklichungsbedingungen: D hängt in ihrer Realisierung von verschiedenen Bedingungen ab. (a) Sie ist einbezogen in den gesamten gesellschaftlichen Normenrahmen. Nicht jede Staats- und Gesellschaftsform läßt das skizzierte D-Verständnis zu (Fischer 1968, S. 14ff). (b) Darüber hinaus sind zu beachten: die äußeren Bedingungen der pädagogischen Institutionen (→ *Familie;* Vorschule), die Erzieherrolle, der Stil der → *Interaktion,* Art und Verbindlichkeit der Ordnungen, der Grad der Partizipation an Entscheidungen usw. (c) Eine besondere Problematik ergibt sich aus der Tatsache, daß die meisten pädagogischen Institutionen nicht nur genuin pädagogischen, sondern auch a-pädagogischen (z. B. rechtlichen, organisatorischen, ökonomischen) Regulativen folgen.

Heinz-Jürgen Ipfling

Literatur
Bott, G. (Hrsg.): Erziehung zum Ungehorsam. Frankfurt/M. 1970. – *Clarizio, H. F.:* Disziplin in der Klasse. München 1979. – *Domke, H.:* Lehrer und abweichendes Schülerverhalten. Donauwörth 1973. – *Dreikurs, R./Cassel, P.:* Disziplin ohne Strafe. Ravensburg 1974. – *Ell, E.:* Disziplin in der Schule. Freiburg 1966. – *Fischer, A.:* Der Begriff der Disziplin. In: *Röhrs, H.* (Hrsg.), 1968, S. 14–25. – *Hagemeister, U.:* Die Schuldisziplin. Weinheim 1968. – *Ipfling, H. J.* (Hrsg.): Disziplin ohne Zwang. München 1976. – *Kant, I.:* Ausgewählte Schriften zur Pädagogik. Besorgt von *H. H. Groothoff.* Paderborn 1963. – *Makarenko, A. S.:* Disziplin und Lebensordnung. In: *Röhrs, H.* (Hrsg.), 1968, S. 26–32. – *Mollenhauer, K.* Erziehung und Emanzipation. München 1968. – *Petzelt, A.:* Wissen und Haltung. Freiburg 1955. – *Röhrs, H.* (Hrsg.): Die Disziplin in ihrem Verhältnis zu Lohn und Strafe. Frankfurt 1968. – *Russell, B.:* Education and Discipline. London 1935. – *Tausch, R./Tausch, A. M.:* Effektive Verhaltensformen in Konfliktsituationen. In: *Weinert, F.* (Hrsg.): Pädagogische Psychologie. Köln ^{5}1970. – *Weber, M.:* Die Disziplinierung und die Versachlichung der Herrschaftsformen. In: *Röhrs, H.* (Hrsg.), 1968, S. 5–13. – *Züghart, E.:* Disziplinkonflikte in der Schule. Hannover ^{4}1970.

Einstellung

1. Begriff und allgemeine Charakteristika von Einstellungen: Die bekannteste Definition von (sozialer) Einstellung (E; attitude) hat Allport (1935) gegeben: »Eine E ist der psychische und physische Bereitschaftszustand, der durch Erfahrung organisiert ist und einen lenkenden oder dynamischen Einfluß auf die Reaktion des Individuums ausübt, die sich auf alle mit der E verbundenen Objekte und Situationen bezieht.« Thurstone (1928), der als erster einen – den affektiven – Aspekt dieses zentralen sozialpsychologischen Konzeptes im Sinne der neueren Meßtheorie zu quantifizieren versuchte, beschreibt anschaulich den üblichen Gebrauch dieses Begriffes: »Der Begriff ›Einstellung‹ soll hier benutzt werden, um die gesamte Summe der Neigungen und Gefühle eines Menschen zu bezeichnen, seines Vorurteils und seiner Verzerrungen, seiner vorgefaßten Meinungen, Vorstellungen, Befürchtungen, empfundenen Bedrohungen und Überzeugungen über jedes bestimmte Thema. So bedeutet hier die E eines Menschen zum Pazifismus alles, was er über Frieden und Krieg fühlt und denkt. Das ist zugegebenermaßen eine subjektive und persönliche Angelegenheit.« Im einzelnen werden in der Literatur relativ übereinstimmend folgende Charakteristika von E genannt: (a) E *beziehen sich auf soziale Objekte* (auch Einstellungsobjekte genannt, z. B. »die Schule«) – dies im Gegensatz zu Persönlichkeitseigenschaften, die nicht auf spezifische Objekte bezogen sind (→ *Persönlichkeitstheorien);* (b) E sind *relativ stabil,* meistens zeitlich konstanter als Motive und weniger stabil als Persönlichkeitszüge. Im Gegensatz zu Bedürfnissen können sich E zwar auch im Verhalten ausdrücken und dieses determinieren, sie drängen jedoch nicht zur Befriedigung oder zur Wiederherstellung von physiologisch bestimmbaren Gleichgewichtszuständen (→ *Motivation und Motiventwicklung);* (c) E sind *erlernt* (→ *Lernen und Lerntheorien);* (d) E sind *allgemeine Orientierungen zu verschiedenen Aspekten* des gleichen E-Objektes oder zu verschiedenen Objekten des gleichen Bereiches. So kann man z. B. in der Regel erwarten, daß eine positive E zum Schulfach Französisch auf den Lehrer, die Schüler des gleichen Kurses, auf das Land Frankreich usw. mehr oder weniger generalisiert, je nachdem, wie die Ähnlichkeitsbeziehungen von der jeweiligen Person als E-Träger gesehen werden. (e) E weisen *Struktur* auf. Diese Aussage meint sowohl qualitativ unterschiedliche Orientierungen gegenüber dem Objekt, wie sie in der Dreikomponententheorie angenommen werden, nämlich einer kognitiven, affektiven und intentionalen Seite der Orientierung, als auch eine differenzierte Repräsentation des E-Objektes in seinen einzelnen Bestandteilen oder Aspekten.

2. E-Objekt: Ein E-Objekt kann nach Thurstone (1946) ». . . jedes Symbol, jede Person, Aussage, Schlagwort oder jede Vorstellung sein, denen gegenüber Menschen sich je nach ihrem positiven oder negativen Affekt unterscheiden können. Dabei ist gleichgültig, ob das Symbol dieselbe kognitive Bedeutung für alle Personen hat oder ob das Objekt überhaupt existiert.« Damit wir von einem E-Objekt sprechen, muß ein Bedeutungsträger – ein reales Objekt oder ein Symbol im weitesten Sinne des Wortes – in der kognitiven Struktur eines Individuums wenigstens so weit repräsentiert sein, daß die Person es identifizieren und wiedererkennen kann. Dieses Objekt muß Gegenstand einer Präferenzbewertung oder einer affektiven Orientierung sein. Gegenüber einer Praxis, etwa in repräsentativen Stichproben E zu einer Vielzahl von Objekten zu erheben, muß betont werden, daß man nicht unterstellen kann, jeder Befragte habe zu allem eine Einstellung, wobei auch nur die eben erwähnten Minimalbedingungen erfüllt sind.

3. *E-Forschung:* Die E-Forschung hat sich, leider fast völlig ohne Verbindung zwischen den Fragestellungen, zum einen mit der Problematik befaßt, wie E gemessen werden können, zum anderen mit verschiedenen inhaltlichen Schwerpunkten. Die klassischen Verfahren der *E-Messung,* die mit den Namen Thurstone, Likert und Guttman verbunden sind, stellen die erste Generation dar; im zweiten Schub wurden in den letzten beiden Jahrzehnten Meßmodelle und Skalierverfahren aller Art, die meist in anderen Bereichen der Psychologie entwickelt wurden, auch zur E-Messung angewandt (→ *Test*). Die klassischen Verfahren stellen interindividuelle Unterschiede auf einer Dimension dar, z. B. einer pro-contra-Dimension. Sie gewinnen Informationen über die Ausprägung eines Aspektes der E, indem sie Antworten auf Items in Einstellungsfragebögen auf ein Meßmodell beziehen (einführend: Dawes 1972; Aufsatzsammlungen: Fishbein 1967; Summers 1970; Handbucharartikel: Süllwold 1969; Scott 1968). Neuere Ansätze verwenden beispielsweise die aus der Psychophysik übernommene Methode der Größenschätzung (z. B. Lodge et al. 1975), die zuerst für Intelligenzmessung verwandte Rasch-Skalierung (z. B. Wakenhut 1974) oder multidimensionale Skalierung (z. B. Feger 1974, Feger/Wieczorek 1980). Die wichtigsten *inhaltlichen Probleme* der E-Forschung können ebenfalls nur aufgezählt werden. Am intensivsten wurden Möglichkeiten untersucht, wie man E *ändern* kann und welche theoretischen Annahmen über die Natur von E sich aus bestimmten Beeinflussungsmöglichkeiten ableiten lassen (McGuire 1969). Ein weiterer Schwerpunkt liegt in der Erforschung von *E-Strukturen,* sowohl beim einzelnen Individuum als dem Träger von Einstellungen (Feger 1979) als auch bei Gruppen oder sozialen Schichten, die ihren Angehörigen eine gemeinsame Sozialisationsgeschichte und somit auch Ähnlichkeiten in der E-Struktur vermitteln (Eysenck/Wilson 1978). Da sich – im Gegensatz zu naiven Erwartungen – Verhaltensvorhersagen nicht sonderlich gut aus E-Messungen ableiten ließen, ist der Zusammenhang von *E und Verhalten* ein immer wieder aufgegriffenes Thema (z. B. Six 1975). Schließlich findet spätestens seit der Konzeption des Typus der autoritären Persönlichkeit durch Adorno u. a. (1950) die Frage Interesse, ob eine bestimmte Art von E (Vorurteile) objektspezifisch, z. B. nur gegen Schwarze gerichtet, oder relativ generell und somit ein Persönlichkeitszug sei, dessen jeweilige Ausprägung dann zu erklären wäre. Die empirische Forschung hat die Annahmen Adornos weitgehend nicht bestätigen können (Schäfer 1975).

Abschließend seien einige E-Objekte erwähnt, deren Untersuchung besondere Aufmerksamkeit gefunden hat: Es sind gesellschaftlich-politische E, insbesondere zu Parteien und Regierungsformen, zum Krieg, zu anderen Völkern und ethnischen Minderheiten, zu sozialen Institutionen wie Schule, Kirche, Gewerkschaften, E zu den→*Geschlechtsrollen,* zur Geburtenregelung und neuerdings zu Fragen der Umweltverschmutzung; Sammlungen von E-Fragebögen finden sich z. B. in Shaw/Wright (1967), deutsche bei Sauer (1976). Oskamp (1977) faßt die inhaltlichen Fragen auf neuestem Stand zusammen.

Hubert Feger

Literatur
Adorno, T. W./Frenkel-Brunswik, E./Levinson, D. J./Sanford, R. N.: The authoritarian personality. New York 1950. – *Allport, G. W.:* Attitudes. In: *Murchison, C. A.* (Ed.): A handbook of social psychology. Worcester, Mass. 1935, S. 798–844. – *Dawes, R. M.:* Fundamentals of attitude measurement. New York 1972 (deutsch: Grundlagen der Einstellungsmessung. Weinheim 1977). – *Eysenck, H. J./Wilson, G. D.* (Eds.): The psychological basis of ideology. Lancaster 1978. – *Feger, H.:* Die Erfassung individueller Einstellungsstrukturen. In: Zeitschrift für Sozialpsychologie 5 (1974), S. 242–254. – *Feger, H.:* Einstellungsstruktur und Einstellungsänderung: Ergebnisse, Probleme und ein Komponentenmodell der Einstellungsobjekte. In: Zeitschrift für Sozialpsychologie 10 (1979), S. 331–349. – *Feger, H./Wieczorek, Th.:* Multidimensionale Skalierung in der Einstellungsmessung. In: *Petermann, F.* (Hrsg.): Einstellungsmessung, Einstellungsforschung. Göttingen 1980, S. 153–174. – *Fishbein, M.* (Ed.): Readings in attitude theory and measurement. New York

1967. – *Lodge, M./Cross, D./Tursky, B./Tanenhaus, J.*: The psychophysical scaling and validation of a political support scale. In: American Journal of Political Science 19 (1975), S. 611–649. – *McGuire, W. J.*: The nature of attitudes and attitude change. In: *Lindzey, G./Aronson, E.* (Eds.): The handbook of social psychology. Vol. 3. Reading, Mass. ⁴1969, S. 136–314. – *Oskamp, S.*: Attitudes and opinions. Englewood Cliffs 1977. – *Sauer, C.*: Umfrage zu unveröffentlichten Fragebogen im deutschsprachigen Raum. In: Zeitschrift für Sozialpsychologie 7 (1976), S. 98–119. – *Schäfer, B.*: Klassifikation vorurteilsvoller versus xenophiler Personen. In: *Schweitzer, C. C./Feger, H.* (Hrsg.): Das deutsch-polnische Konfliktverhältnis seit dem Zweiten Weltkrieg. Boppard 1975, S. 314–346. – *Scott, W. A.*: Attitude measurement. In: *Lindzey, G./Aronson, E.* (Eds.): The handbook of social psychology. Vol. II. Reading, Mass. 1968, S. 204–273. – *Shaw, M. E./Wright, J. M.*: Scales for the measurement of attitudes. New York 1967. – *Six, B.*: Die Relation von Einstellung und Verhalten. In: Zeitschrift für Sozialpsychologie 6 (1975), S. 270–296. – *Süllwold, F.*: Theorie und Methodik der Einstellungsmessung. In: *Graumann, C. F.* (Hrsg.): Handbuch der Psychologie. Band 7. 1. Halbband. Sozialpsychologie. Göttingen 1969, S. 475–514. – *Summers, G. F.* (Hrsg.): Attitude measurement. Chicago 1970. – *Thurstone, L. L.*: Attitudes can be measured. In: American Journal of Sociology 33 (1928), S. 529–554. – *Thurstone, L. L:* Comment. In: American Journal of Sociology 52 (1946), S. 39–40. – *Wakenhut, R.*: Messung gesellschaftlich-politischer Einstellungen. Bern 1974.

Einzelfallanalyse (Einzelfalluntersuchung)

1. Begriff und Zweck: Untersuchungen können danach unterschieden werden, ob in ihnen *ein* Fall (Einzelfall = E) oder *mehrere* Fälle analysiert werden. Entsprechend wird von *E-Untersuchung* (E-Analyse, E-Studie, Fallstudie) oder von *Gruppenuntersuchung* gesprochen. Ob die eine oder andere Möglichkeit realisiert wird, hängt vom Zweck der Untersuchung ab: Interessiert ein Fall an und für sich – eine Person, eine Institution, eine Gruppe –, dann kommt eine E-Untersuchung in Betracht, interessiert ein Fall nur als Element einer Klasse (Population, Aggregat, Untersuchungseinheit), dann wird die Gruppenuntersuchung gewählt. Die Grenzen sind allerdings fließend. Abb. 1 (s. u.) veranschaulicht die Unterschiede und Gemeinsamkeiten.

Bei der E-Untersuchung fallen Untersuchungseinheit und Merkmalsträger zusammen. Die Gesamtheit aller vorkommenden Merkmale stellt das ›Universum der Merkmale‹ dar. Da eine Vollerhebung auch hier in der Regel nicht möglich ist, wird aus dem Universum der Merkmale eine Merkmalstichprobe gezogen, die die Grundlage für die Schätzung der Parameter des E abgibt. Bei der Gruppenuntersuchung ist der Merkmalsträger ein Element der Untersuchungseinheit, z. B. ein ›Schüler‹ der Untersuchungseinheit ›Klasse‹ oder ein ›Phobiker‹ der Untersuchungseinheit ›Phobie‹. Bei Gruppenuntersuchungen stehen unter diesem Aspekt faktisch zwei Stichprobenentscheidungen an: die Auswahl der Merkmalsträger und die Auswahl der Merkmale. Die Daten dieser Untersuchungsart können für zwei Zwecke verwendet werden: zur Beschreibung eines Aggregates von Fällen mit Hilfe von Mittelwerten, Varianzen, Trends, statistischen Strukturen etc. oder zur Generalisation auf jene E, von denen angenommen wird, daß sie zur Klasse der untersuchten Fälle gehören (→ *Methoden*).

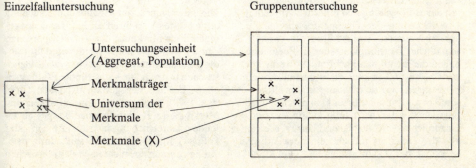

Abb. 1: Gemeinsamkeiten und Unterschiede von Einzelfalluntersuchung und Gruppenuntersuchung

Einzelfallanalyse (Einzelfalluntersuchung)

Diese beiden Möglichkeiten werden häufig verwechselt. Insbesondere werden Aussagen über Aggregate zu Aussagen über Merkmalsträger umgewandelt, z. B.: Der Befund ›die Schule A zeigt bessere Leistungen als die Schule B‹ wird interpretiert mit ›die Schüler der Schule A sind besser als die der Schule B‹. Diese Transformation ist nicht zulässig.

In der Literatur ist die These verbreitet, E-Untersuchungen seien dann am Platze, wenn Gruppenuntersuchungen nicht oder nur schwer durchgeführt werden können, etwa weil die erforderliche Stichprobenbildung nicht möglich, der Sachverhalt zu komplex, der Aufwand zu hoch sei oder weil es ethische Erwägungen nicht erlauben (Huber 1978; Dukes 1977). Abb. 1 zeigt, daß diese Überlegung prinzipiell nicht zutrifft. »Die beiden Untersuchungsformen konkurrieren direkt gar nicht miteinander, nur in besonderen Fällen können sie einander ersetzen. (. . .) E-Analysen sind die Methode der Wahl bei der Prüfung aller Hypothesen, die direkt Aussagen über einzelne Individuen und nicht über Personenaggregate bzw. – bei individuumsbezogener Interpretation – fiktive, statistische Durchschnittspersonen machen« (Westmeyer 1979, S. 21). Da sich Erziehungswissenschaft und Psychologie – im Unterschied zur Soziologie – vor allem für Aussagen über Individuen interessieren, überrascht es, daß in beiden Disziplinen die Gruppenuntersuchung nahezu vollständig vorherrscht. Lediglich in der klinisch-psychologischen Literatur findet sich die E-Untersuchung etwas häufiger und nur in einem Bereich dominiert sie: in der verhaltenstheoretisch orientierten Forschungstradition, wo sie weitgehend auch entwickelt wurde (siehe z. B. Journal of Applied Behavior Analysis) (→ *Verhaltensmodifikation*). Ein Grund für die ungleiche Verteilung der beiden Untersuchungsansätze besteht in der traditionellen Unterschätzung der Möglichkeiten der E-Forschung und einer traditionellen Überschätzung der Gruppenforschung. Zu der verbreiteten Ansicht über die ›wissenschaftliche Wertlosigkeit‹ der E-Forschung haben die nicht quantifizierenden, wenig zuverlässigen und unkontrollierten Fallstudien beigetragen, wie sie nicht nur in der älteren, sondern auch in der derzeitigen psychotherapeutischen Literatur häufig zu finden sind. Unzureichende Kontrolle und Unzuverlässigkeit der Daten ist jedoch kein notwendiges Merkmal der E-Untersuchung. Die Überschätzung der Gruppenstudien hängt mit der genannten Vermengung von Aussagen über Aggregate (Aggregatshypothesen) und universellen Aussagen über E (allgemeine Hypothesen) zusammen. Sie führt zu der Ansicht, daß die Ergebnisse von Gruppenstudien eine hinreichende Grundlage zur Lösung praktischer, z. B. pädagogischer oder therapeutischer, E-Probleme darstellen. Die Effekte, die in einer Gruppenuntersuchung festgestellt werden, können jedoch nicht einschränkungslos auf E übertragen werden, auch nicht, wenn man sie als aggregierte E-Untersuchungen interpretiert. Ein Beispiel mag das verdeutlichen: Trotz positiven Effektes einer Behandlung auf den Gruppenmittelwert kann sich in der Analyse der Einzelwerte zeigen, daß einzelne Merkmalsträger nach der Behandlung absolut schlechtere Werte zeigen als davor (Yates 1976).

2. Forschungstechnische Probleme der E-Untersuchung: Die E-Untersuchung orientiert sich an den gleichen Standards wie die Gruppenuntersuchung. Einzelne sich damit stellende Probleme muß sie forschungstechnisch jedoch anders lösen: Es sind Probleme der Entwicklung von Datenerhebungsinstrumenten, des Untersuchungsdesigns, der Datenanalyse und Probleme der Generalisierung der Befunde.

2.1 Datenerhebungsinstrumente: Die Instrumente der Gruppenforschung müssen als Verfahren konzipiert werden, die es ermöglichen, das den Gruppen bzw. den Versuchspersonen *Gemeinsame* trennscharf zu erfassen. Die E-Forschung kennt dieses Problem nicht. Sie entwickelt Instrumente, die es ihr erlauben, die interessierenden *individuellen* Merkmale zu erfassen, unabhängig davon, ob die Besonderheiten auch bei anderen Fällen zu beobachten sind. Das schließt natürlich nicht aus, daß dann die spezifischen Instrumente im Lichte einer allgemeinen Theorie entwickelt werden.

Die im Rahmen der Gruppenuntersuchung entwickelten Verfahren zur Erfassung der gemeinsamen Merkmale der Versuchspersonen – und das sind die heute verfügbaren oft standardisierten Untersuchungs- bzw. testdiagnostischen Instrumente – sind für die E-Untersuchung deshalb von geringem Nutzen (Frey u. a. 1979). Soweit überhaupt auf allgemeine Merkmale (z. B. Persönlichkeitszüge) abzielende Untersuchungsinstrumente in der E-Forschung von Interesse sind, dürfen sie, streng genommen, nicht nach der klassischen

Testtheorie (normorientiert) konstruiert, sondern müssen populationsunabhängig und kriteriumsorientiert entwickelt sein (Rollett 1979) (→ *Test*).

2.2 Untersuchungsdesigns: Auch bei den E-Untersuchungen wird zwischen deskriptiven und experimentellen Untersuchungen unterschieden. Bei einer *deskriptiven* E-Untersuchung handelt es sich um die Beschreibung eines E, z. B. des Verhaltens eines Schülers und dessen Veränderung über einen bestimmten Zeitraum hinweg. Solche deskriptiven Längsschnittuntersuchungen können auf unterschiedlichem Niveau erfolgen: explizit oder nur implizit theoriegeleitet, mehr oder weniger zuverlässig, und sie können lang- oder kurzfristig sein; die interessierenden Merkmale können auf unterschiedlichem Skalenniveau erhoben werden, nur qualitativ oder darüber hinaus quantitativ. Die Datenerhebung und ihre Verarbeitung mögen jedoch noch so differenziert und gültig sein, im Rahmen von deskriptiven Studien helfen sie nur, Sachverhalte zu beschreiben, Probleme zu bestimmen und Hypothesen zu finden, sie vermögen jedoch nichts zu erklären.

Quasi-experimentelle oder experimentelle E-Untersuchungen sind quasi-experimentelle oder experimentelle Zeitreihenuntersuchungen (Hersen/Barlow 1976). Es geht in diesen Untersuchungen darum, Varianz von Zeitreihen eines E aufzuklären. Interessiert sich die herkömmliche Gruppenuntersuchung für die Varianz innerhalb und zwischen Experimentier- und Kontroll*gruppe*, so interessiert sich die experimentelle E-Untersuchung für die Varianzaufklärung innerhalb und zwischen der Experimentier- und Kontroll*phase* einer Zeitreihe, z. B. für die Varianz des Verhaltens eines pädagogisch oder therapeutisch Behandelten. Die Kontrollgröße, die in der Vergleichsgruppenuntersuchung die Kontrollgruppe ist, ist somit in der E-Untersuchung die Zeitreihe vor der Behandlung bzw. die Phase ohne Behandlung.

Die Grundform des experimentellen E-Designs ist der sogenannte *A-B-Plan:* ›A‹ symbolisiert eine Reihe von Beobachtungen vor dem Treatment (Grundrate, Baseline), ›B‹ symbolisiert eine Reihe von Beobachtungen nach dem Treatment (Treatmentrate). Ein A-B-Design kann zu einem Befund wie in Abb. 2 führen.

Mit einem solchen Design kann zwar zuverlässig festgestellt werden, daß z. B. eine Veränderung mit dem Treatment eintrat. Es er-

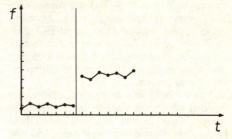

Abb. 2: A-B-Grundplan

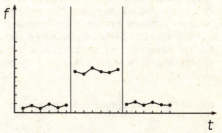

Abb. 3: A-B-A-Plan: Ausblendungsdesign

laubt jedoch nicht, gültig zu beurteilen, welche Bedingungen – das Treatment oder ›Störfaktoren‹ – die Veränderung bewirkten (→ *Veränderungsmessung*).

Der Kontrolle solcher möglichen Störfaktoren dient das sogenannte *Ausblendungsdesign,* in der das Treatment in einer weiteren Phase ausgeblendet, d. h. eine zweite A-Phase eingeführt wird.

Wenn die Zeitreihe in der zweiten A-Phase wieder auf das Niveau der Grundrate zurückfällt, kann weitgehend als gesichert gelten, daß das Treatment für die Veränderung in der B-Phase verantwortlich ist. Sofern in der pädagogisch-psychologischen Praxis bzw. in der angewandten Forschung die experimentelle Kontrolle durch Ausblendung des Treatments erfolgt, wird der sogenannte A-B-A-B-Plan angewandt, d. h., das Experiment wird mit einer B-Phase beendet. Von allen möglichen E-Designs ist dieser Plan am verbreitetsten (Ma 1979). Von dem A-B-Grundplan gibt es darüber hinaus die verschiedenartigsten Variationen. Er kann längere Zeit fortgesetzt werden zwecks vertiefter Kontrolle (z. B. A-B-A-B-A-B-A-B), oder es können neben dem Treatment B weitere Treatments, z. B. ›C‹ und ›D‹, eingesetzt werden. Mehrere Treatments können *nacheinander,* immer unterbrochen durch A-Phasen, eingesetzt werden (z. B. A-B-A-C-A-D-) oder *miteinander* als Treatmentpakete und dann nacheinander ausgeblendet werden (z. B. A-BCD-A-BC-A-B usw.). Mit Hilfe derartiger Treatments ist es prinzipiell möglich, Wechselwirkungen von Treatments im Rahmen von E-Experimenten zu prüfen.

Bei den *Plänen mit multiplen Grundkurven* handelt es sich um Untersuchungspläne, die einige Nachteile des Ausblendungsdesigns und seiner Variationen vermeiden und die insbesondere das ethische Problem lösen helfen, das mit der Ausblendung des Treatments verbunden sein kann. Im Unterschied zu den obengenannten Designs müssen hier mehrere Baselines erhoben werden. Das Treatment setzt jedoch nicht bei allen Zeitreihen zum gleichen Zeitpunkt ein, sondern nacheinander versetzt, wie es die folgende Abb. 4 veranschaulicht.

Abb. 4: Plan mit multiplen Grundkurven

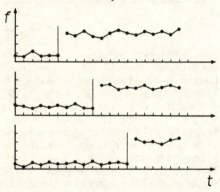

Vorausgesetzt, die drei Zeitreihen sind nicht untereinander korreliert, erlaubt dieses Design eine um so gültigere Kontrolle, je mehr Zeitreihen nacheinander erfolgreich verändert werden. Die Zeitreihen können sich bei diesem Design auf *verschiedene Verhaltensweisen* einer Person in einer Situation, auf eine Verhaltensweise *verschiedener Personen* in gleichen Situationen oder auf eine Verhaltensweise einer Person in *verschiedenen Situationen* beziehen. Diese Designart kann auch zur Kontrolle von Generalisierungseffekten – z. B. der Generalisierung auf andere Verhaltensweisen, Situationen, Personen – herangezogen werden.

Neben den beiden genannten Designarten gibt es weitere Designs – z. B. das Umkehrdesign oder das Design mit multiplen Kontingenzen –, auf die hier lediglich hingewiesen werden soll wie auf eine Fülle von Mischformen, die aus den verschiedenen Grundtypen gebildet werden können (Hersen/Barlow 1976; Kratochwill 1978; Leitenberg 1977).

2.3 Analyse von Zeitreihendaten: Zeitreihendaten können deskriptiv und zufallskritisch analysiert werden. Deskriptive Analysen sind üblich, zufallskritische sind umstritten. Der deskriptiven Analyse dienen die auch in den Gruppenuntersuchungen üblichen Verfahrensweisen: Die qualitativen oder quantitativen Daten – sie stammen häufig aus Zeitstichprobenbeobachtungen – werden je nach Skalenniveau zu absoluten und relativen Häufigkeiten oder Durchschnittswerten (bezogen auf die Beobachtungseinheiten, z. B. eine Schulstunde) zusammengefaßt und grafisch dargestellt wie etwa in den Abb. 2–4 (Parsonson/Baer 1978). Wenn es das Datenniveau erlaubt, können die Zeitreihen mit korrelationsstatistischen Methoden analysiert werden, z. B. mit der Q- oder T-Technik der Faktorenanalyse (Petermann 1978).

Von besonderer Bedeutung sind die sogenannten *Zeitreihenanalysen*. Sie ermöglichen Trendberechnungen, und sie erlauben insbesondere, die Abhängigkeit der aufeinanderfolgenden Daten einer Zeitreihe zu beurteilen, die sogenannte serielle oder Autokorrelation (Dahme 1979). Bei nominellen Daten kann die Abhängigkeit aufeinanderfolgender Daten durch Übergangsmatrizen (Markow-Ketten) beschrieben werden (Gottman/Notarius 1978). Die Urteile über die Treatmenteffekte gründen in der Literatur in der Regel auf grafischen Darstellungen der Beobachtungsbefunde. Ein häufig benutztes, sehr einfaches Hilfsmittel ist hierbei die sogenannte Split-Middle-Methode, bei der die Logik der Medianermittlung auf die einzelnen Phasen der Zeitreihen angewandt wird. Die Einstellung zur zufallskritischen Analyse des Zeitreihenverlaufs zwischen verschiedenen Treatmentphasen hängt vom Interesse an praktischer (klinischer, pädagogischer) oder statistischer Signifikanz ab. Praktiker, die nur an eindeutigen, großen Effekten interessiert sind, nehmen oft an, auf statistische Prüfungen verzichten zu können. Gegen den Verzicht auf eine zufallskritische Analyse wird angeführt, daß auch scheinbar praktisch hochbedeutsame Differenzen zufallsbedingt sein können und daß bestimmte Zeitreihenverläufe sich einer gültigen visuellen Beurteilung entziehen (Kazdin 1976). Zur zufallskritischen Prüfung werden in der älteren Literatur die herkömmlichen Verfahren (t-Test, Varianzanalyse), u. U. nach gewissen Variationen, angewandt (→ *Statistik*). Dagegen wird eingewandt, daß sich hierbei aufgrund der fast ausnahmslos vorhandenen Abhängigkeit der Zeitreihendaten voneinander – also hoher serieller Korrelation – Fehlschätzungen ergeben. Es wird vorgeschlagen, durch Transformation der Daten die erforderliche Voraussetzung zur Anwendung der herkömmlichen Verfahren zu schaffen. Solche Transformationen erfordern allerdings längere Beobachtungsreihen als in der klinischen oder pädagogischen Praxis heute üblich (Glass u. a. 1978; Cook/Campbell 1979; Dahme 1979). Neben der Zeitreihenanalyse wurden einige designorientierte Verfahren zur zufallskritischen Überprüfung der Treatmenteffekte entwickelt (zusammenfassend Kazdin 1976).

2.4 Zum Generalisierungsproblem: Das Generalisierungsproblem – Übertragung der Befunde auf andere singuläre Fälle – kann im Rahmen der E-Forschung bis zu einem gewissen Grad durch Wiederholung gelöst werden. Zwei Arten von Wiederholungen werden in diesem Zusammenhang unterschieden: ›direkte‹ und ›systematische‹ (Hersen/Barlow 1976). Bei der direkten Wiederholung gleichen sich sämtliche Untersuchungsbedingungen, bei der systematischen werden die interessierenden Untersuchungsbedingungen variiert: z. B. die Versuchsleiter, das Treatment, die Rahmenbedingungen. Die erste Methode entspricht dem einfaktoriellen, die zweite dem mehrfaktoriellen Kontrollgruppendesign mit homogenen Gruppen. Allerdings sind die Informationen aus Wiederholungen von E-Untersuchungen insgesamt aufschlußreicher als die Informationen, die mit Kontrollgruppenuntersuchungen gewonnen werden können. Im Rahmen der E-Forschung liegt somit eine Möglichkeit vor, die bis zu einem gewissen Grad Generalisierungen auf die gleichen Fälle erlaubt. Die Geltung einer allgemeinen Hypothese kann sich aus diesem Verfahren natürlich nicht ergeben. Es wird leicht übersehen, daß in der Gruppenforschung dasselbe praktiziert wird: Da in einer echten Zufallsstichprobe von Versuchspersonen die Streuung zu groß ist, um mit den Ergebnissen wenigstens annähernd etwas für E-Probleme anfangen zu können, wird überwiegend mit homogenen Gruppen experimentiert, deren Grenzfall die E-Untersuchung ist. Damit verbietet sich aber die *statistische* Generalisierung, und wie in der E-Forschung ist lediglich die Übertragung auf gleiche Fälle möglich. Ist die in einer E-Untersuchung geprüfte singuläre Hypothese aus einer allgemeinen Hypothese abgeleitet, dann vermag das Ergebnis die allgemeine Hypothese prinzipiell in der gleichen Weise zu stützen oder zu entkräften – nicht zu falsifizieren, wie oft irrtümlich angenommen wird – wie Prüfungen im Rahmen der Gruppenforschung. Vor die Frage gestellt, ob man allgemeine Hypothesen im Rahmen einer E-Untersuchung oder einer Gruppenuntersuchung durchführen soll, wird empfohlen, allgemeine Hypothesen zunächst in wenig aufwendigen E-Untersuchungen einer ersten Prüfung zu unterziehen und erst nach einiger Bewährung zu den aufwendigen und weniger flexiblen Gruppenuntersuchungen überzugehen (Westmeyer 1979) (→ *Wissenschaftstheorie*).

Volker Krumm

Literatur
Cook, Th. D./Campbell, D. T.: Quasi-Experimentation. Chicago 1979. – *Dahme, B.:* Statistische Analyse kurzer Zeitreihen in der klinischen Effektprüfung. In: *Petermann, F./Hehl, F.J.:* Einzelfallanalyse. München 1979, S. 251–265. – *Dukes, W. F.:* N = 1. In: *Petermann, F.* (Hrsg.): Methodische Grundlagen der Klinischen Psychologie. Weinheim 1977, S. 55–63. – *Frey, S./ Zerssen, D. v./Hansen, W./Harders, S.:* Probleme der Verhaltensmessung in Einzelfalluntersuchungen. In: *Petermann, F./Hehl, F. J.:* Einzelfallanalyse. München 1979, S. 159–182. – *Glass, G. V./Gottman, J. M.:* Analysis of interrupted time-series experiments. In: *Kratochwill, Th. R.* (Hrsg.): Single subject research. New York 1978, S. 197–236. – *Gottman, J. M./Notarius, C.:* Sequential analysis of observational data using Markov chains. In: *Kratochwill, Th. R.* (Hrsg.): Single subject research. New York 1978, S. 237–286. – *Hersen, M./ Barlow, D. H.:* Single case experimental designs. New York 1976. – *Huber, H. P.:* Kontrollierte Fallstudie. In: *Pongratz, L. J.* (Hrsg.): Handbuch der Psychologie. Band 8.2. Halbband. Klinische Psychologie. Göttingen 1978, S. 1153–1199. – *Kazdin, A. E.:* Statistical analysis for single-case experimental designs. In: *Hersen, M./ Barlow, D. H.* (Hrsg.): Single case experimental designs. New York 1976, S. 265–316. – *Kratochwill, Th. R.* (Hrsg.): Single subject research. New York 1978. – *Krumm, V.* (Hrsg.): Zur Handlungsrelevanz der Verhaltenstheorien. Über den Zusammenhang von Verhaltenstheorien und Pädagogischer Verhaltensmodifikation. Beiheft 2 der Unterrichtswissenschaft. München 1979. – *Leitenberg, H.:* Einzelfallmethodologie in der Psychotherapieforschung. In: *Petermann, F./ Schmook, C.* (Hrsg.): Forschungsfragen der klinischen Psychologie. Bern 1977, S. 167–290. – *Ma, H.:* Die experimentelle Einzelfalluntersuchung in der erzie-

hungswissenschaftlichen Forschung. Diss. Düsseldorf 1979. – *Parsonson, B. S./Baer, D. M.:* The analysis and presentation of graphic data. In: *Kratochwill, Th. R.* (Hrsg.): Single subject research. New York 1978, S. 101–166. – *Petermann, F.:* Veränderungsmessung. Stuttgart 1978. – *Petermann, F./Hehl, F. J.:* Einzelfallanalyse. München 1979. – *Revenstorf, D./Keeser, W.:* Zeitreihenanalyse von Therapieverläufen – ein Überblick. In: *Petermann, F./Hehl, F. J.:* Einzelfallanalyse. München 1979, S. 183–228. – *Revenstorf, D./Vogel, B.:* Zur Analyse qualitativer Verlaufsdaten – ein Überblick. In: *Petermann, F./Hehl, F. J.:* Einzelfallanalyse. München 1979, S. 229–250. – *Rollett, B.:* Norm- vs. kriterienorientierte Diagnostik. In: *Petermann, F./Hehl, F. J.:* Einzelfallanalyse. München 1979, S. 90–106. – *Scholz, B.:* Therapieplanung des Einzelfalls – Voraussetzungen, Methoden, Anwendungen. In: *Petermann, F./Hehl, F. J.:* Einzelfallanalyse. München 1979, S. 266–285. – *Westmeyer, H.:* Wissenschaftstheoretische Grundlagen der Einzelfallanalyse. In: *Petermann, F./Hehl, F. J.:* Einzelfallanalyse. München 1979, S. 17–34. – *Yates, A. J.:* Research methods in behavior modification – a comparative evaluation. In: *Hersen, M.* (Hrsg.): Progress in behavior modification. Volume 2. New York 1976, S. 279–307.

Entwicklung

1. Konzepte und Gesetzmäßigkeiten der Entwicklung

1.1 Entwicklungsbegriff: Das Verständnis von E weist in der geisteswissenschaftlichen Tradition eine lange Geschichte und einen großen Facettenreichtum auf (s. die Auflistung des E-Begriffes bei Thomae 1959, im Anschluß an Rickert 1929). Die wichtigsten Kennzeichen sind dabei die folgenden: (a) E als Veränderungsreihe; (b) E als einmaliger, nicht wiederholbarer Vorgang; (c) E als wertgerichteter Werdegang, der von niedrigeren (weniger wertvollen) Zuständen zu höheren (wertvolleren) führt; (d) E als teleologische Veränderungsreihe, die auf bestimmte Ziele gerichtet ist. Der naturwissenschaftliche E-Begriff orientiert sich ausschließlich an der kausalen Verknüpfung der einzelnen Glieder oder Zustände in der Veränderungsreihe. Nur so glaubt man, allgemeine E-Gesetze aufstellen und E-Zustände vorhersagen zu können. Nach dem zeitlichen Umfang lassen sich mit *Schmidt* (1970) vier Arten von Veränderungsreihen unterscheiden: die Phylogenese (umfaßt die stammesgeschichtliche Entwicklung der Arten von den Einzellern bis zum Menschen), die Anthropogenese (E des Menschen als homo sapiens von den Anfängen bis zur Gegenwart), die Ontogenese (umfaßt die individuelle E eines Menschen von der Konzeption bis zum Tod) und die Aktualgenese (Entstehung von Einzelleistungen und Handlungen, z. B. Mikrogenese eines Wahrnehmungseindruckes). Im folgenden liegt das Schwergewicht auf der Untersuchung der Ontogenese.

Es empfiehlt sich nach wie vor, einen weitgefaßten E-Begriff beizubehalten, dafür aber Definitionsmerkmale zur klaren Abgrenzung gegenüber verwandten Prozessen (Lernen, Wachstum) zu verwenden. E kann als nicht zufällige, erklärbare Veränderungsreihe gefaßt werden, die sich auf die Gesamtpersönlichkeit wie auf Teilbereiche der Persönlichkeit bezieht und mit dem individuellen Lebenslauf verknüpft ist. Aus dieser Definition ergeben sich folgende Konsequenzen: (a) Das jeweilige spätere E-Stadium soll aus früheren E-Zuständen erklärbar und ableitbar sein. Das bedeutet allerdings nicht, daß *alle* Phänomene eines nachfolgenden Zustandes aus den vorhergehenden ableitbar wären. (b) Veränderungsreihen im individuellen Lebenslauf beinhalten Veränderung und Konstanz gleichermaßen. Während man bis vor kurzem vor allem an dem Wandel von Phänomenen interessiert war, beachtet man gegenwärtig durchaus auch ihre Konstanz über die Zeit hinweg (Thomae 1978; Lehr 1977). (c) E bezieht sich auf intraindividuelle Konstanz und Variabilität während des gesamten Lebenslaufes. Sie ist also mit der individuellen Biographie aufs engste verknüpft.

1.2 Allgemeine Gesetzmäßigkeiten: Über alle Theorien und Perspektiven hinweg lassen sich einige allgemeine Gesetzmäßigkeiten bei der menschlichen E ausmachen, die sich auf die Verursachung, Steuerung und den strukturellen Verlauf der E beziehen.

(a) Reifung und Lernen: Sie bilden sowohl Bedingungen wie Steuerungsfaktoren der E. Reifung liegt dann vor, wenn Verhaltens- oder morphologische Veränderungen ausschließlich aus dem in den Genen vorprogrammierten körperlichen Wachstum resultieren (→ *Reifung und sensible Phasen*). Streng genommen läßt sich Reifung nur durch Ausschließen von Umwelteinflüssen kontrollieren (z. B. Tierversuche von Carmichael 1926). Reifungsvorgänge beim Menschen liegen am ehesten in der sensorischen und motorischen E im ersten Lebensjahr vor. Weiterhin steuern sie Körperwachstum und Geschlechtsreife sowie körperliche Alternsprozesse (für letztere verwendet man allerdings nicht mehr diesen Ausdruck). Belegt sind

Reifungsvorgänge unter anderem beim Greifen (Schenk-Danzinger 1965) und Gehen (Dennis/Dennis 1940). Reifungsvorgänge (auch vorgeburtliche) bilden die Voraussetzung für Lernen, das generell als Verhaltensänderung durch Umwelteinflüsse während des E-Prozesses nach vollzogener Funktionsreife einsetzt oder einsetzen kann. Menschliche E ist bei Kindern und Jugendlichen besonders durch diese Verschränkung von Reifung und Lernen gekennzeichnet (Üben motorischer und sensumotorischer Leistungen, Regulierung der Ausscheidungsorgane, Spracherwerb). Andererseits kann zwischen Funktionsreife und Funktionsnutzung ein gesellschaftlich-kulturell determinierter zeitlicher Abstand treten (z. B. Geschlechtsreife im Jugendalter und Wahl des Geschlechtspartners).

(b) Selbstregulation, Eigenaktivität: Lernen ist nicht allein als einseitig gerichtete Wirkung der Umwelt auf das Individuum aufzufassen, sondern wesentlich ein Prozeß, bei dem das Individuum selbst aktiv ist. Für die menschliche E bedeutet das, daß von einem sehr frühen Zeitpunkt an das Individuum seine E mitsteuert. Dieser Umstand ist einerseits von den Psychoanalytikern, vor allem von Freud (1923; 1946), erkannt worden, andererseits in den kognitiven E-Theorien berücksichtigt. Unter anderem zeigt sich diese selbstregulierende Aktivität von E bei Vorgängen der Identifikation und Imitation (Bandura/Walters 1963), bei der Geschlechtsrollenidentifikation (Kohlberg 1974) und beim Aufbau (»Erlernen«) von Erklärungsbegriffen für die Welt (Raum, Zeit, Gegenstand, Kausalität, Funktionalität; Piaget 1976). Die Eigenaktivität ist vollends der entscheidende Faktor, wenn es um den teleologischen Aspekt von E geht. Sofern nämlich das Individuum E-Ziele vor Augen hat und sich auf ihre Erreichung richtet, wird es, innerhalb einer begrenzten Zahl von Freiheitsgraden, zum Gestalter seiner eigenen E.

(c) Erfahrung und kritische Lebensereignisse: Da E immer als Geschehnisabfolge im individuellen Lebenslauf verstanden wird, sind alle Kausalfaktoren wichtig, die eben diesen individuellen E-Verlauf bestimmen. Zu ihnen gehören die ›critical life events‹, die der E einen entscheidenden Impuls verleihen, sei es als Beschleunigung einer bereits angelaufenen E-Richtung, als Realisation eines lang gehegten und folgenreichen Vorhabens oder als Wende in der bisherigen E (Konversionen, Berufswechsel, Auswanderung, Verlust der Eltern). Kritische Lebensereignisse können ganze Gruppen (z. B. Generationen, Schichten, Jahrgänge, Schulklassen) betreffen und sich dann objektiv leicht bestimmbar. Sie können aber auch objektiv bedeutungslose Ereignisse darstellen und erhalten dann ihre entwicklungsdynamische Funktion durch die subjektive Interpretation des Individuums selbst. Generalisiert man den Begriff der ›critical life events‹, so lassen sie sich zu einem Kontinuum von sehr bedeutsamen und folgenschweren Situationen bis zu immer wiederkehrenden Alltagssituationen, die nur aufgrund ihrer Häufigkeit wirksam werden, anordnen. Das Individuum wertet solche Ereignisse während seines Lebenslaufes ständig oder gelegentlich aus und läßt sie als Erfahrung in Handlungspläne und -realisationen einfließen. Erfahrung kann somit entwicklungspsychologisch dem Lernen im engeren Sinne gegenübergestellt werden. Erstere stellt eine auswertende und resümierende kognitive Aktivität dar, die Einzelereignisse über längere Zeitstrecken hinweg erfaßt, letzteres ist ein Mikroprozeß, der durch Kumulierung oder durch Wiederholung Effekte bewirkt, die für die Entwicklung Bedeutung gewinnen (→ *Lernen und Lerntheorien*).

(d) E- und Sozialisationsaufgaben: E kann nur begrenzt als Abfolge von Zuständen aufgefaßt werden, bei denen das jeweils spätere Stadium durch die jeweils vorausgegangenen Stadien determiniert ist. Vielmehr erweist sich E als zielgerichtet und somit durch Zustände, die in der Zukunft liegen, mitbestimmt. Zukünftige Zustände können als E- und Sozialisationsaufgaben gefaßt werden. Die Gesellschaft stellt Anforderungen und hegt Erwartungen bezüglich des E-Verlaufes. Darüber hinaus sind E-Aufgaben denkbar, die wegen gemeinsamer Kennzeichen des menschlichen Lebenslaufes universell sind. Solche allgemeinen Aufgaben sieht Erikson (1974) in acht Lebenskonflikten, die von früher Kindheit bis zum hohen Alter der Reihe nach durchlaufen und im Falle einer gelungenen E positiv gelöst werden. Havighurst (1972) orientiert sich stärker an den konkreten E-Aufgaben der amerikanischen Gesellschaft und kommt so für sechs Altersstufen vom Kleinkind bis zum hohen Alter zu einer Reihe von E-Aufgaben. Das Konzept der E-Aufgabe wurde von Oerter (1978) weitergeführt, wobei er der soziokulturellen E-Norm die individuelle Leistungsfähigkeit

gegenübersteht und E-Aufgabe als die individuelle Anspruchsniveau- bzw. Zielsetzung faßt.

(e) Strukturelle E-Veränderungen – Differenzierung, Integration und Kanalisierung: Für die Gesamtentwicklung der Persönlichkeit wie für Einzelbereiche gibt es strukturelle Kennzeichen von E. Sehr generell scheint die E-Tendenz der zunehmenden Differenzierung und Integration (Zentralisation) zu sein, die Werner (1959) nicht nur für die Ontogenese, sondern auch für andere E (kulturelle E, Phylogenese, Aktualgenese) in Anspruch nimmt. E verläuft einerseits in Richtung zunehmender Ausgliederung von Teilen aus einem ungegliederten Ganzen, andererseits als Zentralisation, Integration und Hierarchisierung, die angesichts der wachsenden Vielfalt von Einzelfunktionen und -leistungen nötig wird. Beide E-Komponenten bewirken eine fortlaufende Verbesserung. Im Alter muß in vielen Bereichen, z. B. in der allgemeinen → *Intelligenz*, mit einem gegenläufigen Trend der E-Differenzierung gerechnet werden (Baltes 1976). Weniger beachtet, aber pädagogisch relevanter ist die Strukturierungstendenz der Kanalisierung, die als Einengung, Verfestigung bzw. Festlegung der E in bestimmten kulturell vorgegebene Bahnen und Handlungsbereiche immer zugleich einen Verlust an Freiheitsgraden bedeutet. Sowohl pädagogische Zielsetzungen, die von außen an das Individuum herangetragen werden, als auch seine eigenen Zielsetzungen führen im Zuge ihrer Verwirklichung zu Festlegungen, die andere Möglichkeiten von E ausschließen. Gerade diese Entscheidungen prägen andererseits den Lebenslauf als Persönlichkeitsentwicklung, in der Festlegung, Engagement und Bindung die positive Seite der Kanalisation darstellen (→ *Persönlichkeitstheorien*). Reaktionen gegen Verfestigung und Kanalisation sind unter anderem die subkulturellen Gegenbewegungen der Jugend und die Krise der Lebensmitte.

2. E-Theorien: E-Theorien sollen einerseits Aussagen über zukünftige E-Zustände machen und damit Vorhersagen treffen, andererseits spätere Zustände aus früheren kausalgenetisch ableiten können. Die Stufen- und Phasen-Theorien (Kroh 1944; Bühler 1933; Tumlirz 1927) legten zwar die Reihenfolge von E-Zuständen fest, aber sie gaben keine Erklärungsprinzipien für das Zustandekommen eines E-Fortschrittes an, vor allem nicht für das Verlassen einer E-Stufe zugunsten eines höheren E-Niveaus. Allenfalls könnte man die manchmal nur implizit zugrundeliegende Annahme einer endogenen Vorprogrammierung als Erklärung für E-Verläufe annehmen. Die letztgenannte Perspektive, aus welchem Grund das Individuum sich mit einem erreichten E-Zustand nicht zufriedengibt und höhere Niveaus aufbaut, ist eine »Gretchenfrage« der E-Psychologie. Offenkundig scheint es schwierig, den E-Fortschritt auf nicht-endogene Ursachen zurückzuführen, zugleich aber festliegende Etappen im E-Gang zu postulieren, die sich als E-Skala (s. u., 3.4) ordnen lassen. Im folgenden werden einige Theorien kurz erläutert, die den beiden Kriterien, Vorhersagbarkeit und Erklärbarkeit, genügen.

2.1 Die E-Theorie von Freud: Freud (1905; 1917; 1946) versuchte, das Universum psychischer Erscheinungen stringent aus wenigen Grundursachen abzuleiten. Zentral für seine psychoanalytische Theorie ist einmal die Rückführung aller Phänomene auf die Libido (Energie des Sexualtriebes, später spricht er auch von der Triebenergie des Todestriebes), zum andern der Versuch, alle Phänomene aus ihrer Genese zu erklären. Damit wird *Freud* zum E-Theoretiker par excellence. Wie kaum jemand nach ihm verstand er es, einen bestimmten gegenwärtigen Zustand als Gewordenes zu erklären, in dem die früheren Zustände integriert sind und weiterwirken.

Zwei generelle theoretische Leitlinien lassen sich im E-Denken *Freuds* ausmachen, der Aufbau eines hierarchischen Systems der Persönlichkeit mit der E des Ich als Focus und die E und Wandlung von Trieben als »Triebschicksal«. Der Aufbau eines hierarchischen Systems geschieht als Herausbildung von Instanzen aus der jeweils schon vorhandenen Instanz. Den Ausgangspunkt bildet das Es, in dem die Triebe beheimatet sind und das die konstitutionelle Grundausstattung des Organismus von der Geburt an ausmacht. Es ist zugleich die Instanz des Unbewußten und gehorcht weder den Gesetzen der Logik noch der Moral. Da das Es ausschließlich dem Lustprinzip gehorcht und die rücksichtslose blinde Befriedigung der Triebe ohne Beachtung irgendwelcher Konsequenzen anstrebt, wäre der Organismus nicht lebensfähig, wenn sich nicht eine Instanz, die sich mit der Realität der Außenwelt und ihren Anforderungen auseinandersetzt, herausbilden würde. Diese Instanz ist das Ich, das aus der Rindenschicht des Es entsteht. Es gehorcht dem Realitätsprinzip und bildet (oder sollte bilden) das Zentrum der Persönlichkeit. Abwehrmechanismen (z. B. Verdrängung, Triebsublimierung, Projektion, Identifikation) sorgen dafür, daß das Ich sowohl den Anforderungen der Realität wie des Es gerecht werden kann. Aus der Instanz des Ich bildet sich, vor allem durch den Ödipuskomplex, das Über-Ich (Gewissen) aus, das nun fortan unabhängig von der Außenwelt, aber deren Forderungen vertretend, die Wertmaßstäbe für das Ich setzt. *Freuds* Anliegen in einer lebenslangen E geht dahin, das Ich gegenüber den übermächtigen Kräften des Es, des Über-Ich und auch der Außenwelt zu stärken. Die zweite theoretische Leitlinie, nämlich die E und Wandlung der Triebenergie, führt *Freud* zur Aufstellung von fünf Phasen bis zur reifen Persönlichkeit: der oralen (erstes Lebensjahr), der analen (zweites und drittes Lebensjahr), der phallischen (bis sechstes Lebensjahr), der Latenz (mittlere Kindheit) und der genitalen Phase (Jugendalter). Die Phasen folgen anfänglich lediglich der Reifung von Zonen sexueller Lust (Mund, Anus, Genitalien), führen aber zwischen drei und sechs Jahren zu einem charakteristischen Konflikt, bei dem der Junge als Rivale des Vaters und das Mädchen als Rivalin der Mutter Liebesentzug und Kastration befürchten. Dieser sog. Ödipuskomplex (bzw. Elektra-Komplex, von *Freud* aber nicht genauer beschrieben) wird verdrängt und leitet zur Latenzphase ohne sexuelle Interessen und Aktivitäten über. Die genitale Phase schließlich hat die Integration der bisher nur als Partialtriebe ausgebildeten Sexualität zu leisten und sie ihrem eigentlichen Zweck, der Fortpflanzung, zuzuführen. Individuelle (Charakter-)Unterschiede werden von *Freud* als unterschiedliche Triebschicksale (z. B. Fixierung oder Betonung einer bestimmten frühkindlichen Phase) gedeutet. Da *Freuds* Ansatz zugleich als Basis für eine Theorie der → *Sozialisation* gelten kann, hat er großen Einfluß auch auf Soziologen ausgeübt (z. B. auf Parsons, vgl. Baldwin 1974) (→ *Psychoanalytische Pädagogik*).

2.2 E-Theorien des Behaviorismus (S-R-Theorien): E vollzieht sich nach Ansicht der Behavioristen nicht anders als Lernen überhaupt, nämlich als die Koppelung von Reizen (S) mit Reaktionen (R). Während Reize (Reizmuster, Reizsituationen) mehr oder minder beliebig ausgewählt werden können, handelt es sich bei den Reaktionen grundsätzlich um bereits vorhandene Reaktionen, die lediglich ausgewählt, verknüpft und gefestigt werden können. Die Verhaltenselemente sind entweder angeboren (vor allem bei der klassischen Konditionierung) oder entstammen der Zufallsproduktion »operanten« Verhaltens. E als Verhaltensänderung ist somit ausschließlich durch die Neukombination von vorhandenen Verhaltenselementen erklärbar, die einerseits zu fast unendlich vielen neuen Möglichkeiten führt, andererseits den Aufbau komplexeren und hierarchisierten Verhaltens durch die Verbindung einer wachsenden Anzahl von Reaktionseinheiten bewirkt. Da Verhalten nie durch die Reaktionsseite allein, sondern immer durch die Koppelung mit Reizen definiert ist, bleibt jeder Verhaltensfortschritt situationsspezifisch, d. h., daß jedes Verhalten nur in Gegenwart spezifischer konkreter Situationen, eben derjenigen, die mit dem Verhalten assoziiert sind, auftritt (→ *Lernen und Lerntheorien*). Meist (aber nicht ausschließlich) ist der E-Fortschritt als Aufbau neuer Verhaltensweisen verknüpft mit dem Auftreten neuer Situationen. Die Ursache für die Verknüpfung zwischen S und R wird von den meisten Behavioristen im Verstärkungsmechanismus gesucht, wobei Verstärkung am allgemeinsten als Verhaltenskonsequenz aufgefaßt wird, die die Wahrscheinlichkeit des Auftretens dieses Verhaltens erhöht und die Wahrscheinlichkeit anderer Verhaltensweisen verringert (→ *Bekräftigung*). Weitere für die Erklärung von E wichtige Prinzipien sind die Reiz- und Reaktionsgeneralisation und -diskrimination (sie sorgen für den Aufbau von Verhaltensklassen und -hierarchien), → *Transfer* (Übertragung von gelerntem Verhalten auf neue Reize, von assoziierten Reizen auf neue Reaktionen) und die habit-family-hierarchy (Hierarchie von »Gewohnheiten«, d. s. R-S-Koppelungen). Ein Teil der Behavioristen (Hull 1943; Miller/ Dollard 1941; Sears 1947) führen Triebe bzw. Motive als Faktoren für E ein. Menschliche E ist nach Ansicht dieser Autoren durch den Aufbau sekundärer Motivation sowie, wohl übereinstimmend bei der Mehrzahl der S-R-Theoretiker, durch die Wirkung sekundärer Verstärkung bestimmt (Skinner 1953; Bijou/ Baer 1961) (→ *Motivation und Motiventwicklung*). Die Rolle von Reifungsprozessen wird übrigens von den S-R-Theoretikern nicht geleugnet, sie schaffen Voraussetzungen für Lernen, und zwar bezüglich der Einführung neuer Verstärker (z. B. sexuelle Verstärkung

Entwicklung

im Jugendalter), der Kombination von Reaktionen (die erst gereift sein müssen) und der Reifung von Funktionen der Sinnesorgane (als Voraussetzung für die Wirkung von Reizen).

Die E wird gewöhnlich nicht durch inhaltlich bestimmte Etappen beschrieben, noch mit bestimmten Altersstufen verknüpft. Daß dennoch eine generellere Reihenfolge in der E beobachtbar ist, wird durch biologische Reifung, durch die Gleichförmigkeit von Reiz- und Verstärkungsbedingungen (vor allem in der frühen Kindheit), durch die sachimmanente Logik (Heckhausen 1964, übertragen auf S-R-Theorien: manche Verhaltensweisen lassen sich leichter lernen als andere, manche sind Voraussetzung für andere) und durch sozial genormte Vorstellungen der Sozialisatoren über die Reihenfolge von Lernprozessen erklärt.

2.3 Kognitive E-Theorien: Gegenwärtig scheint die E-Theorie von Piaget den größten Einfluß auf die entwicklungspsychologische Forschung auszuüben. Ihr Hauptinteresse gilt dem Aufbau des Erkennens. Piaget (1946; 1969) leitet sie aus allgemeinen biologischen Gleichgewichtsprozessen der Assimilation (Anpassung der Umwelt an den Organismus) und Akkommodation (Angleichung des Organismus an die Umwelt) ab. E ist eine Folge von nicht umkehrbaren (logisch notwendigen) Gleichgewichtszuständen auf immer höherem Niveau der Anpassung an und Bewältigung von Umweltbedingungen. Die treibende Kraft für (kognitive wie biologische) E ist also das Äquilibrationsprinzip. Gleichgewicht ist ein dynamischer Zustand, der permanent Prozesse (zunächst nur Aktionen, später »Operationen«) zu seiner Aufrechterhaltung benötigt. Weiterhin treten in der Auseinandersetzung mit der Umwelt bei einem erreichten Äquilibrationsniveau Situationen auf, in denen Gleichgewicht entsteht, das nicht mehr durch ein erreichtes Niveau bewältigt werden kann und zum Aufbau der nächst höheren Form von Gleichgewicht führt. Als substantielles Resultat von Gleichgewichtsprozessen sind Strukturen oder Schemata anzusehen, die Handlungen steuern und Umweltbewältigung auf immer höheren Niveaus ermöglichen. Die Struktur ist »die interne und organisierte allgemeinste Form einer spezifischen Erkenntnistätigkeit ... die auf analoge Situationen angewandt werden« kann (zit. nach Trautner 1978, S. 322). Beim Aufbau solcher Strukturen unterscheidet Piaget zwei voneinander deutlich abgegrenzte E-Reihen: die E der sensumotorischen Intelligenz (in den ersten beiden Lebensjahren) und die E des Denkens (während der Kindheit und Jugend). Während die sensumotorische Intelligenz gänzlich ohne Repräsentationsleistungen (Vorstellungen, Gedanken) arbeitet, steht bei der E des Denkens dieser Prozeß im Mittelpunkt, wobei die immer flexibler werdende Handhabung von repräsentierten Inhalten, die ihrerseits immer allgemeiner und abstrakter werden, ein wesentliches Kennzeichen ausmacht. Nach Durchlaufen von Vorstufen wird das Niveau der konkret-logischen Operationen (mit etwa 7 Jahren) erreicht, das den Aufbau von (logischen) Gegenstands-, Raum-, Zeit- und Zahlbegriffen ermöglicht. Das formallogische Denken als höchstes E-Niveau des Erkennens, das unter anderem die Handhabung des Funktions-, Kausalitäts-, Zufalls- und Proportionsbegriffes leistet, wird im frühen Jugendalter erreicht. Empirische Untersuchungen zeigen allerdings, daß dieses Niveau nur von einem Teil der Jugendlichen aufgebaut wird und daß auch viele Erwachsene nicht über diese Leistung des Denkens verfügen (Karplus/Karplus 1973). Weiterhin scheinen die logischen Operationen bereichsspezifisch zu sein (Seiler 1973).

Während sich die Theorie von Piaget auf die Erkenntnis der physikalischen und biologischen Außenwelt konzentriert (obgleich Piaget sich auch mit der E des psychologischen Denkens und moralischen Urteils befaßt hat), versuchten Flavell und vor allem Kohlberg (1969), die kognitive E-Theorie auf soziale Kognition und auf die E des moralischen Urteils zu übertragen (→ *Moralische Entwicklung und Erziehung*).

2.4 Neuere theoretische Ansätze

(a) Auf dem Tätigkeitsbegriff basierende E-Theorien: In der sowjetischen Psychologie wird E der Persönlichkeit aus dem Begriff der Tätigkeit und dem aus ihr resultierenden Bewußtsein der »Widerspiegelung« abgeleitet. Leontjew (1977) hat unter Einbeziehung der wichtigsten Ideen zur E des Menschen dieser psychologischen Richtung eine recht umfassende Ableitung der E gegeben, wobei allerdings die Konzepte und ihre Beziehungen nicht präzise herausgearbeitet sind. Das konstituierende Merkmal der Tätigkeit wird in ihrer Gegenständlichkeit gesehen, wobei der Gegenstandsbezug das Primäre und der Übergang Tätigkeit – subjektives Produkt der

Tätigkeit sekundär ist. Ausgangs- und Hauptform ist die äußere Tätigkeit, aus der sich die »innere« Tätigkeit (die psychischen Prozese im engeren Sinne) entwickelt. Die allgemeine Struktur der Tätigkeit wird von Leontjew hierarchisch verstanden. Der Tätigkeitsebene selbst entspricht das Motiv, das auf einen Gegenstand gerichtet ist. Die Handlungen bilden Komponenten der Tätigkeit, sie sind auf Ziele gerichtet. Komponenten der Handlung wiederum, die zur Zielerreichung erforderlich sind, bilden die Operationen. Letztere beziehen sich auf Bedingungen. Leontjew versucht nun, die E der Gesamtpersönlichkeit aus dem Tätigkeitsbegriff abzuleiten. Als wichtigste Besonderheit zu Beginn der E wird die Vermitteltheit der Beziehungen zwischen Kind und Umwelt durch die Eltern und andere Bezugspersonen herausgestellt (→ *Familie*). Die Trennung der Beziehungen zur Welt der Dinge und der Beziehungen zu den Mitmenschen führt zum Phasenwechsel zwischen gegenständlich-praktischer und kommunikativer Tätigkeit. Zugleich wird E durch einen Motivwechsel und den Aufbau einer Motivhierarchie (die ihrerseits im Laufe der lebenslangen E wechselt) bestimmt. Im Jugendalter setzt Leontjew die »zweite Geburt« der Persönlichkeit an, die durch die Bewußtheit der Persönlichkeitsentwicklung gekennzeichnet ist. Die Beziehungen zu den Menschen werden immer mehr durch objektive Beziehungen in der Gesellschaft vermittelt. Eine weitere Transformation sieht Leontjew in der Herausbildung der »Klassenbesonderheit« der Persönlichkeit, die von der Sozialstruktur der Gesellschaft abhängt. Als letzten wichtigen E-Trend schließlich nennt Leontjew die freie Verfügbarkeit über vergangene Erfahrung. Der Mensch kann Vergangenes umwerten und die »Last seiner Biographie« abwerfen (S. 97). So ist die Persönlichkeitsstruktur die »relativ beständige Konfiguration der motivationalen Hauptlinien, die untereinander hierarchisch angeordnet sind« (S. 100), und ihren Brennpunkt in einem oder mehreren (unverbundenen) Lebenszielen haben.

(b) Die experimentelle Ökologie Bronfenbrenners: Bronfenbrenner (1978; 1979) kritisiert die traditionelle E-Psychologie wegen ihrer Weltfremdheit als »Wissenschaft fremdartigen Verhaltens von Kindern in fremden Situationen mit fremden Erwachsenen in kürzestmöglichen Zeitabschnitten« (1978, S. 33). Er schlägt daher vor, die → *Ökologie* menschlicher Entwicklung in den Mittelpunkt der Untersuchung zu stellen. Er versteht sie als »Untersuchung der fortschreitenden, lebenslangen wechselseitigen Anpassung von einem sich entwickelnden menschlichen Organismus und der sich verändernden unmittelbaren Umwelt, in der er lebt . . .« (1978, S. 35). Bei dieser Wechselwirkung zwischen Individuum und Umwelt unterscheidet er ineinander verschachtelte Systeme, die immer umgreifender werden: Mikrosysteme (z. B. Eltern-Kind-System in einem konkreten setting), Mesosysteme (Systeme der wechselseitigen Beeinflussung von Mikrosystemen), Exosysteme (umfassendere ökologische Einheiten, wie Gemeinde) und Makrosysteme (alle übrigen Systeme beeinflussende und prägende Wirkungen, wie z. B. die Arbeitsstruktur moderner Industrieländer). Den Wert von entwicklungspsychologischen Untersuchungen bemißt er nach ihrer ökologischen Validität, verzichtet aber dennoch nicht auf das Experiment, das er allerdings als ökologisches Experiment, insbesondere als »Veränderungsexperiment« umgeformt sehen will. Die bisherigen empirischen Untersuchungen der Bronfenbrenner-Gruppe entsprechen allerdings noch nicht den selbstauferlegten theoretischen Forderungen.

(c) E als Herstellung von Isomorphie zwischen Umwelt- und Individuumstruktur: Oerter (1979; 1980) und Oerter u. a. (1977) versuchen den Tätigkeitsbegriff mit dem ökologischen Ansatz zu vereinen und stellen der objektiven Struktur (die durch gesellschaftliches Handeln hergestellte Realität) die subjektive Struktur als Ordnung individueller Handlungsmöglichkeiten gegenüber. Zwischen objektiver und subjektiver Struktur wird Isomorphie postuliert, die auf immer höheren Ebenen (prinzipiell lassen sich drei Hauptebenen des Gegenstandsbezugs unterscheiden) durch die Wechselwirkung zwischen Individuum und Umwelt hergestellt wird. Als dynamische Antriebskraft von E wird die Handlung (dem Leontjewschen Tätigkeitsbegriff verwandt) angesehen (→ *Handlung und Handlungstheorien*), als Regulationsprinzip dient das Isomorphie-Konzept (analog der Äquilibration, allerdings als gerichtetes Prinzip). Damit ist die psychische Struktur des Individuums von vornherein systematisch auf die Umwelt bezogen, und damit wird die Unterscheidung von E und → *Sozialisation* aufgehoben. Empirische Untersuchungen liegen vor allem für das Jugendalter vor (Oerter u. a. 1977).

3. Methodische Aspekte

3.1 Die entwicklungspsychologische Perspektive als Denkmethode: Sowohl innerhalb der Psychologie wie für Disziplinen, die die Psychologie als Hilfswissenschaft benötigen, ist die entwicklungspsychologische Perspektive als Denk- und Orientierungsansatz unentbehrlich. Psychische Phänomene lassen sich besser aus ihrer Genese verstehen. Da die E-Psychologie weiterhin den Prozeßcharakter psychischer Phänomene akzentuiert (und zwar vor allem bei Makroprozessen), wird sie dem Gegenstand der Psychologie in besonderem Maße gerecht. Die Perspektive von E als lebenslangem Prozeß führt darüber hinaus eine neue Dimension in psychologische Teilbereiche ein, die als Vertikale auf der Ebene des psychologischen Datenfeldes gedacht werden kann und die Geschichtlichkeit eines jeglichen Phänomens betont. Diese Perspektive ermöglicht auch eine bessere theoretische Ordnung von Fragestellungen und Daten angesichts der gegenwärtigen Willkür von Einzelmodellen und -untersuchungen. Schließlich vermag die Perspektive von E als lebenslangem Prozeß Psychologie und gesellschaftliche Realität besser zu verbinden, da zwangsläufig relevante Probleme in den Mittelpunkt der Fragestellung rücken.

3.2 Varianzaufklärung: Die Suche nach Kausalzusammenhängen zwischen früheren und späteren Zuständen führte zunächst zur Verwendung von Querschnittsvergleichen (Erfassung verschiedener Altersstufen zum gleichen Meßzeitpunkt), in USA aber bald zu Längsschnittvergleichen (Erhebungen an der gleichen Stichprobe zu verschiedenen Meßzeitpunkten). Für bestimmte Fragestellungen reichen diese beiden Methoden weiterhin aus, sie sind jedoch überfordert, wenn es um generelle Varianzaufklärung von Daten verschiedener Altersstufen, Kohorten (Generationen) und Meßzeitpunkte geht. Schaie (1965) entwickelte ein Sequenzmodell, bei dem die Varianzeffekte von Alter, Kohorte und Zeitpunkt systematisch kontrolliert werden können. Damit die Effekte darüber hinaus erklärbar sind, führte Schaie Alterseffekte auf neurophysiologische (genetisch vorprogrammierte) Reifungsprozesse, Kohorteneffekte auf genetische sowie generelle Umweltunterschiede und Meßzeiteffekte auf säkulare kulturelle Vereinbarungen zurück. Diese Annahmen sind offenkundig nicht haltbar (Baltes 1967). Baltes legte bereits 1966 unter Verzicht auf den Faktor Testzeit ein Zweifaktoren-Modell unter Berücksichtigung der Faktoren Alter und Kohorte vor (Baltes 1966). Der Autor betont, daß es auch hierbei nur um Varianzaufklärung, nicht aber um ein theoretisches Erklärungsmodell von E geht (Baltes u. a. 1977). Will man ein ganzes System von Variablen in seinem E-Verlauf untersuchen, so eignen sich spezifische Verfahren der Faktorenanalyse und der Cluster-Analyse. Recht präzise Aussagen lassen sich gewinnen, wenn in einer Längsschnittuntersuchung zu einer Reihe von Meßzeitpunkten Datensätze vorliegen, die dem Kriterium der Homogenität (Rasch-Modell) entsprechen. Sie erlauben die Einschätzung struktureller Veränderungen mit Hilfe komplexer Faktorenanalysen (z. B. Jöreskog 1977). Eine weitere, aber zum Teil schwer interpretierbare Methode ist die trimodale Faktorenanalyse (Bentler 1973; Lohmöller 1979).

3.3 Experiment und quasi-experimentelle Versuchspläne: Da eine präzise Kontrolle von bedingenden Variablen nur über das Experiment möglich ist, versuchte man es auch in der E-Psychologie zu nutzen (Zusammenstellung von Arten des Experiments vgl. Wohlwill 1977). Die Hauptschwierigkeiten dabei sind (a) der Zeitaspekt (E vollzieht sich in längeren Zeiträumen, das Experiment ist kurzzeitig), (b) die Laboratoriumssituation (s. o., Bronfenbrenners Kritik). Für entwicklungspsychologische Fragen eignet sich unter bestimmten Voraussetzungen das Simulationsexperiment, das theoretisch postulierte E-Bedingungen in der natürlichen E durch kontrollierte Einführung in relativ kurzzeitige kontrollierbare Versuchssituationen auf ihre Wirkung prüft. Quasi-experimentelle Versuchspläne versuchen dem Experiment nahezukommen, aber die natürliche E-Situation möglichst beizubehalten. Vor und nach dem Treatment (der theoretisch postulierten entwicklungsbedingenden Maßnahme: X) wird eine größere Zahl von Beobachtungen (Messungen: O) durchgeführt: $O_1\ O_2\ O_3\ X\ O_4\ O_5\ O_6$, während eine Kontrollgruppe kein Treatment erhält, sondern lediglich zu den gleichen Zeitpunkten erfaßt wird. Die Cross-lagged Panel Analyse dient dem Nachweis einer Kausalbeziehung zwischen zwei Variablen (X und Y) zu zwei Meßzeitpunkten (1 und 2), wobei die Kreuzkorrelationen (r_{x1y2}, r_{y1x2}) der Korrelationen (r_{x1x2}, r_{y1y2}) die entscheidende Aussage über Kausalzusammenhänge erbringen.

3.4 E-Skalen: Die Zuordnung eines individuellen E-Standes sowie die Darstellung eines allgemeinen E-Gesetzes lassen sich mit Hilfe der E-Skala ermöglichen, die auf einer Ordinalskala transitiv E-Zustände auf einer oder mehreren Dimensionen ordnet. Bei kumulativen E-Skalen werden früher durchlaufene Niveaus beibehalten und bilden stets Grundlagen für ein aktuell produziertes Niveau. Bei disjunktiven E-Skalen werden die einmal durchlaufenen E-Zustände wieder verlassen. Wohlwill (1977) nennt als Beispiel für eine disjunkte Skala die jeweils bevorzugten Komplexitätsniveaus von Spielen im Kindes- und Jugendalter (→ *Spiel und Spieltheorien*), als Beispiel für eine kumulative Skala die Abstraktionsniveaus in der Begriffsentwicklung (→ *Denkentwicklung*). Einführungen und Überblicke über methodische Fragen der E-Psychologie geben unter anderem Wohlwill (1977), Baltes u. a. (1977), Rudinger/Lantermann (1978).

4. *E-Psychologie als Hilfswissenschaft der Pädagogik:* Für pädagogische Fragestellung ist die entwicklungspsychologische Perspektive nicht nur fruchtbar, sondern auch unentbehrlich. Dabei lassen sich mindestens fünf Aspekte unterscheiden:
(a) Berücksichtigung von Lernbereitschaften. Erziehungs- und Bildungsprozesse fußen je nach E-Stand auf unterschiedlichen Lernbereitschaften und sind daher diesen anzupassen (→ *ATI*).
(b) E als aktive Umweltbewältigung eines »Problemlösers« beinhaltet als Konsequenz neben der alten Forderung, → *Erziehung* müsse in Selbsterziehung münden, die Perspektive, daß schon von Geburt an die Eigeninitiative des sich Entwickelnden entscheidend ist.
(c) Die teleologische Perspektive des Anstrebens von E-Aufgaben führt zu einer Erweiterung der Reflexion von Erziehungszielen (→ *Lehrziel*), während der Aspekt der kritischen Ereignisse im Lebenslauf die prinzipiell unterschiedliche Wirkung von Erziehungseinflüssen von einer anderen Warte beleuchtet.
(d) Die Erkenntnis lebenslanger E sowie deren Modifizierbarkeit beinhaltet als Konsequenz einen prinzipiellen Erziehungsoptimismus und setzt neue Akzente für die Erwachsenenbildung sowie für das Alternsproblem.
(e) Schließlich betont die ökologische Perspektive von E als stetigem Wechselwirkungsprozeß zwischen Individuum und sich wandelnden Umwelten, daß E-Förderung bei alleiniger Konzentration von Planungen oder Maßnahmen auf das Individuum zu kurz greift und der Umweltveränderung als Ganzem erhöhte Aufmerksamkeit schenken muß.

Rolf Oerter

Literatur
Baldwin, A. L.: Theorien primärer Sozialisation. Band I und II. Weinheim 1974. – *Baltes, P. B.:* Sequenzmodelle zum Studium von Altersprozessen: Querschnitts- und Längsschnittsequenzen. Ber. 25. Kongr. d. Dtsch. Ges. f. Psychol. Münster. Göttingen 1966, S. 423–430. – *Baltes, P. B.:* Längsschnitt- und Querschnittsequenzen zur Erfassung von Alters- und Generationseffekten. Phil. Diss. Saarbrücken 1967. – *Baltes, P. B.* et al.: Toward an explanation of multivariate structural changes in development: A simulation. In: *Shanan, J.* (Hrsg.): Transitional phases in human development. New York 1976. – *Baltes, P. B./Reese, H. W./Nesselroade, J. R.:* Life-span Developmental Psychology: Introduction to Research Methods. Monterey 1977. – *Bandura, A./Walters, R. H.:* Social learning and personality development. New York 1963. – *Bentler, P. M.:* Assessment of developmental factor change at the individual and group level. In: *Nesselroade, J. R./Reese, H. W.* (Hrsg.): Life-span developmental psychological issues. New York/London 1973. – *Bijou, S. W./Baer, D. M.:* Child development. Vol. 1: A systematic and empirical theory. New York 1961. – *Bronfenbrenner, U.:* Ansätze zu einer experimentellen Ökologie menschlicher Entwicklung. In: *Oerter, R.* (Hrsg.): Entwicklung als lebenslanger Prozeß. Hamburg 1978. – *Bronfenbrenner, U.:* The ecology of human development. Cambridge 1979. – *Bühler, Ch.:* Der menschliche Lebenslauf als psychologisches Problem. Leipzig 1933. – *Carmichael, L.:* The development of behavior in vertebrates experimentally removed from the influence of external stimulation. In: Psychol. Rev. 33 (1926), S. 51–58. – *Dennis, W./Dennis, M. G.:* The effect of cradling practices upon the onset of walking in Hopi children. In: J. Genet. Psychol. 56 (1940), S. 77–86. – *Erikson, E. H.:* Identität: Jugend und Krise. Stuttgart 1974. – *Freud, S.:* Drei Abhandlungen zur Sexualtheorie. In: Ges. Werke. Band V. 1905. London 1942. – *Freud, S.:* Vorlesungen zur Einführung in die Psychoanalyse. In: Ges. Werke. Band XI. 1917. London 1940. – *Freud, S.:* Das Ich und das Es. In: Ges. Werke. Band XIII. London 1923. – *Freud, A.:* The ego and the mechanisms of defense. New York 1946. – *Havighurst, R. J.:* Developmental tasks and education. New York ³1972. – *Heckhausen, H.:* Wachsen und Lernen in der Genese von Persönlichkeitseigenschaften. Ber. 24. Kongr. d. Dtsch. Ges. f. Psychol. Wien 1964, S. 125–132. – *Hull, C. L.:* Principles of behavior. New York 1943. – *Jöreskog, K. G.:* Statistical estimation of structure models in longitudinal-developmental investigation. In: *Nesselroade, J. R./Baltes, P. B.* (Hrsg.): Longitudinal research in the behavioral sciences: Designs and analysis. Final Report 1977. – *Karplus, R./Karplus, E. F.:* Ratio: A longitudinal study. In: *Frey, E./Lang, M.* (Hrsg.): Kognitive Psychologie und naturwissenschaftlicher Unterricht. Bern 1973. – *Kohl-*

berg, L.: Stages in the development of moral thought and action. New York 1926. – *Kohlberg, L.:* Zur kognitiven Entwicklung des Kindes. Frankfurt 1974. – *Kroh, O.:* Psychologie der Oberstufe. Langensalza 1944. – *Lehr, U.:* Psychologie des Alterns. Heidelberg 1977. – *Leontjew, A. N.:* Tätigkeit, Bewußtsein, Persönlichkeit. Stuttgart 1977. – *Lohmöller, J.-B.:* Die trimodale Faktorenanalyse von Tucker: Skalierungen, Rotationen, andere Modelle. In: Arch. Psychol. 1979, S. 131–166. – *Miller, N. E./Dollard, J.:* Social learning and imitation. New Haven 1941. – *Oerter, R./Dreher, E./Dreher, M.:* Kognitive Sozialisation und subjektive Struktur. München 1977. – *Oerter, R.:* Zur Dynamik von Entwicklungsaufgaben im menschlichen Lebenslauf. In: *Oerter, R.* (Hrsg.): Entwicklung als lebenslanger Prozeß. Hamburg 1978. – *Oerter, R.:* Ein ökologisches Modell kognitiver Sozialisation. In: *Walter, H./ Oerter, R.* (Hrsg.): Ökologie und Entwicklung. Mensch-Umwelt-Modelle. Donauwörth 1979. – *Oerter, R.:* Interaktion als Individuum-Umwelt-Bezug. Vorpublikation Universität Augsburg 1979. – *Piaget, J.:* Psychologie der Intelligenz. Zürich 1946. – *Piaget, J.:* Das Erwachen der Intelligenz beim Kinde. Stuttgart 1969. – *Piaget, J.:* Die Äquilibration der kognitiven Strukturen. Stuttgart 1976. – *Rickert, H.:* Die Grenzen der naturwissenschaftlichen Begriffsbildung. Tübingen 1929. – *Rudinger, G./Lantermann, E.-D.:* Probleme der Veränderungsmessung in individuellen gruppentypischen Entwicklungsverläufen. In: *Oerter, R.* (Hrsg.): Entwicklung als lebenslanger Prozeß. Hamburg 1978. – *Schaie, K. W.:* A general model for the study of developmental problems. In: Psychol. Bull. 64 (1965), S. 93–107. – *Schenk-Danzinger, L.:* Latente Reifung. Die kritische Zeitspanne bei mangelnder Funktionsübung. Ber. d. 24. Kongr. d. Dtsch. Ges. f. Psychol. Göttingen 1965, S. 112–119. – *Schmidt, H. D.:* Allgemeine Entwicklungspsychologie. Berlin 1970. – *Sears, R. R.:* Child Psychology. In: *Dennis, W.* et al. (Hrsg.): Current trends in psychology. Pittsburg 1947, S. 50–74. – *Seiler, T. B.* (Hrsg.): Kognitive Strukturiertheit. Stuttgart 1973. – *Skinner, B. F.:* Science and human behavior. New York 1953. – *Thomae, H.:* Entwicklungspsychologie. Handbuch der Psychologie. Bd. 3. Göttingen 1959. – *Thomae, H.:* Zur Problematik des Entwicklungsbegriffs im mittleren und höheren Erwachsenenalter. In: *Oerter, R.* (Hrsg.): Entwicklung als lebenslanger Prozeß. Hamburg 1978, S. 21–30. – *Trautner, H.-M.:* Lehrbuch der Entwicklungspsychologie. Göttingen 1978. – *Tumlirz, O.:* Einführung in die Jugendkunde. Leipzig 1927. – *Werner, H.:* Einführung in die Entwicklungspsychologie. München 1959. – *Wohlwill, J. F.:* Strategien entwicklungspsychologischer Forschung. Stuttgart 1977.

Erziehung

Es gibt keinen allgemein anerkannten Erziehungsbegriff. Vielmehr ist es durchaus üblich, daß jeder Autor einen speziellen Erziehungsbegriff verwendet. Es kommt sogar vor, daß mit dem Wort Erziehung (E) in ein und demselben Text an verschiedenen Stellen verschiedene Bedeutungen belegt werden, und das gilt nicht nur für den deutschen (Weber 1969), sondern auch für den englischen Sprachraum (Peters 1967). Die E-Begriffe lassen sich aber in bestimmte Klassen ordnen, und es ist durchaus kennzeichnend, welche Klasse von E-Begriffen ein Autor verwendet. Eine erste Übersicht bietet die Einteilung in deskriptive, präskriptive und normative E-Begriffe (Klauer 1973).

1. Klassifikation der E-Begriffe: Ein *normativer* E-Begriff enthält die Angabe einer Norm, eines anzustrebenden Zieles als definierendes Merkmal. So entsteht immer ein Begriff der Anti-E, etwa als Manipulation oder Dressur oder Verführung bezeichnet, von dem sich die »wahre« E durch die angestrebten Ziele unterscheidet. Der nach Groothoff (1972, S. 734) heute vorherrschende E-Begriff ist ein normativer. Danach ist E ein Handeln »am werdenden Menschen zugunsten dessen späterer Mündigkeit«. Wer dann etwas anderes anstrebt, erzieht nicht, sondern manipuliert. Ähnlich die Festlegung von Ogorodnikow und Schimbirew: »Unter E versteht man den Prozeß der Herausbildung des kommunistischen Bewußtseins ...« (1954, S. 11). Normative E-Begriffe setzen bestimmte Wertungen voraus. Sie eignen sich deshalb wenig für eine empirische Wissenschaft.

Ein *präskriptiver* E-Begriff enthält Handlungsvorschriften oder Handlungsempfehlungen, die dem Erzieher sagen, was er tun soll. Dabei handelt er sich stets um Mittel, mit deren Hilfe man vorgegebene Ziele erreichen will. E wird technologisch verstanden, E-Wissenschaft als eine Technologie, als eine Wissenschaft, die die Mittel zur Erreichung bestimmter gegebener Ziele untersucht. So definiert Frank die E-Wissenschaft als »System aller möglichen Methoden, einen Menschen aus irgendeiner körperlich-seelisch-geistigen Situation S_1 in eine andere vorgegebene Situation S_2 überzuführen« (1962, S. 7f.). Impliziert wird damit, daß E selbst eine Methode oder die Anwendung einer Methode ist.

Der präskriptive E-Begriff setzt ebenfalls bestimmte Ziele voraus, die angestrebt werden sollen. Überdies beschränkt er sich nur auf Mittel, die geeignet sind, solche Ziele zu erreichen. »Denn wenn man fragt: Wie macht man den Menschen herrschsüchtig oder geizig? so wollen wir keine Antwort darauf haben in unserer Pädagogik« (Schleiermacher 1813; 1902, S. 420). Ist man aber der Mei-

nung, daß die E-Wissenschaft oder die Pädagogische Psychologie darauf doch eine Antwort geben können soll, so empfiehlt sich ein deskriptiver E-Begriff.
Deskriptive E-Begriffe sind wertfrei. Sie meinen mit E etwas, das man in der Realität vorfindet und deshalb wie andere Wirklichkeiten auch empirisch erforschen kann. Solche Begriffe lassen die Möglichkeit zu, daß auch zu unerfreulichen Ergebnissen erzogen werden kann, also etwa zur Aggressivität, zur Unterwürfigkeit oder zum Neid. Sie ermöglichen damit zu erforschen, unter welchen Bedingungen welche Ergebnisse zu erwarten sind. Die traditionelle geisteswissenschaftliche Pädagogik verwendet häufig einen deskriptiven E-Begriff, bei dem E eine Praxis bezeichnet, ein Handeln oder Tun des Erziehers. Im Rahmen der Pädagogischen Psychologie stößt man öfter auf einen deskriptiven E-Begriff, bei dem E ein Geschehen, einen Vorgang meint, der zwischen Menschen oder innerhalb eines Menschen stattfindet.
Das führt zu der differenzierten Klassifikation der E-Begriffe von Brezinka (1971). Dieser Autor unterscheidet vier Gegensatzpaare von E-Begriffen: (a) Prozeß- vs. Produktbegriffe; (b) deskriptive vs. programmatisch-präskriptive; (c) Absichts- vs. Wirkungsbegriffe; (d) Handlungs- vs. Geschehensbegriffe.
Prozeßbegriffe der E verstehen unter E einen Vorgang, ein Geschehen, z. B. das Handeln des Erziehers oder die Formung der Persönlichkeit junger Menschen. Das *Ergebnis* solcher Vorgänge wird mitunter ebenfalls als E bezeichnet. Dann handelt es sich um einen *Produktbegriff*. E ist dann eine Wirkung, ein Ergebnis, ein erreichter Zustand. Ähnlich wird auch der Begriff der Bildung mal als Vorgang, mal als Zustand aufgefaßt. Der Zustand kann auch als ein noch zu erreichender angesehen werden. Dann erscheint E (oder Bildung) als ein Ziel (→ *Lehrziel*). *Deskriptive* und *programmatisch-präskriptive* E-Begriffe wurden oben bereits unterschieden. Wer unter E ein Handeln versteht, das bestimmte Absichten verfolgt, z. B. den jungen Menschen zu fördern, der verwendet einen *Absichtsbegriff* von E. Die absichtliche Handlung der E kann Erfolg haben oder nicht, und entsprechend kann die E wirkungsvoll sein oder wirkungslos. Umgekehrt gehört die eingetretene Wirkung zum Definitionsmerkmal der *Wirkungsbegriffe* von E. Ein solcher Begriff läßt es nur dann zu, von E zu sprechen, wenn das gewünschte Ziel erreicht ist. Wirkungslose Handlungen können dann nicht das Prädikat »erzieherisch« bekommen, so daß man immer erst hinterher entscheiden kann, ob E vorgelegen hat oder nicht. Auf der andern Seite können aber irgendwelche Einflüsse die erwünschten Ergebnisse erzielen, die dann »erzieherisch« heißen müssen. E im Sinne des Wirkungsbegriffs kann also auch durch irgendwelche unbeabsichtigten oder unbemerkten Einflüsse stattfinden. Der *Handlungsbegriff* von E meint in etwa das, was man als intentionale E bezeichnet hat, der *Geschehensbegriff* in etwa das, was man als funktionale E bezeichnet hat. Wenn man unter E ein Handeln versteht, also ein Verhalten, das durch Absicht gesteuert ist – und zwar hier durch Förderabsicht –, so verwendet man den *Handlungsbegriff*. Versteht man dagegen unter E einen Prozeß der Formung junger Menschen, der zu einem Teil durch absichtliches Handeln beeinflußt sein kann, zum Teil aber auch beeinflußt sein kann durch unbeabsichtigte Verhaltensweisen oder durch Verhalten, das andere Absichten verfolgte und unbeabsichtigte Nebenwirkungen auf junge Menschen hatte, oder nimmt man gar an, daß noch ganz andere Einflüsse sozialer, ökologischer oder sonstiger Art erzieherisch wirksam sein können, so verwendet man einen *Geschehensbegriff* von E. Unter E versteht man dann die Gesamtheit jener Vorgänge, die den jungen Menschen formen.
Angesichts dieser verwirrenden Vielfalt von E-Begriffen ist es notwendig, sich auf einen Begriff festzulegen. Dabei ist eine Reihe von Gesichtspunkten zu beachten, etwa der vorherrschende Sprachgebrauch oder Zweckmäßigkeitsüberlegungen. Diese Gesichtspunkte können hier nicht weiter erörtert werden; wohl aber ist es möglich, die beiden klarsten Festsetzungen der Gegenwart vorzustellen und miteinander zu vergleichen.
2. Festsetzungen des E-Begriffs: Die folgenden zwei Konzeptualisierungen sind im Hinblick auf empirisch-theoriegeleitetes Vorgehen entwickelt und erscheinen für erfahrungswissenschaftliche pädagogische Arbeit am wichtigsten.
2.1 Das Konzept von Brezinka: Brezinkas (1971; 1974) E-Begriff ist zunächst ein Handlungsbegriff. E meint eine bestimmte Klasse von Handlungen oder Tätigkeiten, die Menschen ausüben. Diese Festsetzung liegt in etwa auf der Linie des allgemeinen Sprachgebrauchs, aber auch des Sprachgebrauchs der geisteswissenschaftlichen pädagogischen Tra-

dition, für die E eine vorfindbare Praxis darstellt, die die E-Wissenschaft aufhellen soll. E ist nach Brezinka ferner eine soziale Handlung, also eine Handlung, die nur zwischen Personen stattfinden kann. Diese Handlung ist eine gerichtete Handlung (A erzieht B), wobei der Erzieher eine bestimmte Absicht verfolgt. Die Absicht besteht darin, daß der Erzieher die »psychischen Dispositionen« des jungen Menschen verändern möchte. Die Absicht, nicht der Erfolg der Absicht, ist dabei entscheidend für die Begriffsbildung. Insofern kommt diesem E-Begriff »Versuchscharakter« zu. E braucht von der Definition her nicht erfolgreich zu sein. Die Rede von der erfolglosen E ist zulässig. Betrachtet man den Inhalt der Absicht genauer, so geht es um die Veränderung der psychischen Dispositionen. Der Erzieher will danach nicht punktuelles Verhalten ändern, sondern die Voraussetzungen des Verhaltens, Persönlichkeitskonstrukte (→ *Persönlichkeitstheorien*). Die sogenannte → *Verhaltensmodifikation* will im Grunde dasselbe: nicht singuläres Verhalten ändern, sondern Persönlichkeitskonstrukte, »psychische Dispositionen«. Die Änderung von Dispositionen geschieht durch Lernvorgänge (→ *Lernen und Lerntheorien*). Insofern ist E nach Brezinka eine Art Lernhilfe. Allerdings differenziert er die Absicht noch genauer: Nicht immer sollen Dispositionen geändert werden, also wünschenswerte aufgebaut und andere abgebaut werden. Andere sollen auch stabilisiert, d. h. gegenüber Änderungseinflüssen immunisiert werden. Und schließlich geschieht die Arbeit an den Dispositionen anderer Menschen, wenn sie E heißen soll, in der Absicht, den anderen Menschen in irgendeiner Weise zu verbessern oder zu fördern. Wer einen andern Menschen dauerhaft benachteiligen, beeinträchtigen möchte, erzieht demnach nicht, auch wenn er dieselben Verhaltensweisen wie Erzieher verwendet. Die Förderabsicht, die *gute* Absicht, die der Erzieher verfolgt, bringt die Wertung in Brezinkas E-Begriff, ohne daraus einen normativen Begriff zu machen. Es wird nämlich nur *formal*, nicht *material* auf Wertungen zurückgegriffen: Es wird kein bestimmter Wert vorgegeben, von dem zu sagen wäre, daß allein die Absicht, ihn anzustreben, aus einer Handlung E machen würde. Statt dessen wird nur festgesetzt, daß das erzieherische Handeln darauf gerichtet ist, die psychischen Dispositionen zu verbessern, wertvoller zu machen – und zwar nach den jeweiligen Wertmaßstäben des Erziehers. Insofern ist danach christliche E ebensogut möglich wie kommunistische. Zusammenfassend definiert Brezinka (1974, S. 95): »Unter E werden soziale Handlungen verstanden, durch die Menschen versuchen, das Gefüge der psychischen Dispositionen anderer Menschen in irgendeiner Hinsicht dauerhaft zu verbessern oder seine als wertvoll beurteilten Komponenten zu erhalten.« Und kürzer: »Als E werden Handlungen bezeichnet, durch die Menschen versuchen, die Persönlichkeit anderer Menschen in irgendeiner Hinsicht zu fördern.«

2.2 Das Konzept von Klauer: Klauer (1973) leitet den Begriff der E aus den Begriffen des Lehrens und Lernens ab und definiert folglich ein kleines System zusammenhängender Begriffe: Lehren, Lernen, E. Unter *Lehren* versteht er eine bestimmte Klasse von Tätigkeiten, die nicht nur Lehrer, sondern auch Eltern und Erzieher ausüben, die beobachtbar, definitorisch abgrenzbar und einübbar sind. Der Begriff des Lehrens wird von seiner Einengung auf schulnahe Kontexte befreit, so daß beispielsweise auch im affektiven Bereich gelehrt werden kann, etwa durch Bereitstellung geeigneter Modelle (→ *Verhaltensmodifikation*; → *Trainingsmethoden*). Beispiele für Lehrtätigkeiten sind also: Information darbieten, korrigieren, prüfen, loben, vormachen, ermahnen usw. Soziologisch gesehen ist all diesen Tätigkeiten gemeinsam, daß sie zum Rollenverhalten von Lehrern, Eltern und Erziehern, Meistern usw. gehören. Psychologisch gesehen ist den Tätigkeiten gemeinsam, daß sie mit der Wahrscheinlichkeit größer als Null Lernen erwarten lassen. Lehrtätigkeiten sind also nicht mit Notwendigkeit, sondern nur mit einer gewissen Wahrscheinlichkeit lernwirksam. Wäre nämlich Lehren immer ein Lernenmachen (Willmann 1889), so wäre nicht entscheidbar, ob Lehren vorliegt, wenn ein Kind etwas lernt, während ein anderes Kind in der gleichen Situation nichts lernt. Für die empirische Forschung wäre ein solcher Begriff ungeeignet. Klauers Begriff des Lehrens hat eine gewisse Beziehung zu Brezinkas E-Begriff. Beide meinen Tätigkeiten, die nicht von Erfolg gekrönt sein müssen, denen somit Versuchscharakter zukommt. Der wichtigste Unterschied besteht darin, daß der Begriff des Lehrens nicht durch die Förderabsicht gekennzeichnet wird, so daß also auch unbeabsichtigte Lehre definitorisch zugelassen ist. Jemand kann ohne jede Absicht eine Lehrtätigkeit ausüben, beispielsweise etwas vormachen, aber nach Brezinka kann niemand ohne Absicht erziehen. Die deutsche Sprache läßt es zu, mit *Lernen* ebenfalls Tätigkeiten zu bezeichnen, z. B. Studieren, Zuhören, Üben und Wiederholen. Die Lernpsychologie verwendet dagegen einen andern Begriff des Lernens, für sie ist Lernen eine Art internaler Vorgang oder Prozeß, eine Art von Konstruktänderung oder Dispositionsänderung (→ *Lernen und Lerntheorien*). Klauer verwendet diesen Begriff des Lernens. Lernen ist danach ein theoretischer Begriff, der der Operationalisierung bedarf. Die übliche operationale Definition des Lernens bestimmt es als eine Art von Verhaltensänderung: Lernen selbst ist nicht beobachtbar, aber die Konstruktänderung äußert sich in Verhaltensänderungen.

Beide Begriffe, Lehren und Lernen, werden im *E-Begriff* miteinander verknüpft. Klauers allgemeinste Definition lautet: »E ist der Prozeß der Wechselwirkung (→ *Interaktion*) von Lehren und Lernen« (S. 47). E ist danach keine Handlung, sondern ein Prozeß, ein Geschehen, das stattfindet oder nicht. Darüber hinaus handelt es sich nicht um einen einlinigen Prozeß, etwa von A nach B, sondern um eine wechselseitige Beeinflussung von Lehrereignissen und Lernvorgängen (bzw. Verhaltensänderungen): Eines beeinflußt das andere und umgekehrt. Von den Trägern der Prozesse aus gesehen beeinflußt der Lehrende den Lernenden und umgekehrt der Lernende die Tätigkeiten des Lehrenden. Ein solcher interaktiver E-Begriff gehört zur Klasse der Wirkungsbegriffe, insofern in der E Konstruktänderungen – also Persönlichkeitsformungen – stattfinden. Das bedeutet aber auch, daß man nie vorher und auch nicht immer nachher wissen kann, ob E stattfindet bzw. stattgefunden hat, wenn man sich in den Interaktionsprozeß einläßt. Der E-Begriff ist also ein theoretischer Begriff. Operational ist er definiert als Interaktion von Lehrtätigkeiten und Verhaltensänderungen. Das E-Verhalten kann demnach als ein Lehr-Lern-Interaktionsgeschehen verstanden werden. E-Forschung läßt sich insofern auch als Lehr-Lern-Forschung, E-Theorie als Lehr-Lern-Theorie bezeichnen, wie dies nach amerikanischem Vorbild neuerdings auch im deutschen Sprachraum geschieht (Eigler 1978).

2.3 Einige Vergleiche: Die E-Begriffe von Brezinka und Klauer haben drei wichtige Eigenschaften gemeinsam. In beiden Fällen handelt es sich zunächst um deskriptive Begriffe. Sie meinen eine Realität, aber keine Handlungsvorschriften, und sie implizieren keine bestimmten Wertungen, sind also weder präskriptiv noch normativ. Darüber hinaus sind beide Prozeßbegriffe. Und schließlich sind beide präziser definiert als andere E-Begriffe. Beide sind deshalb geeignet für eine empirische E-Forschung, sei es im Rahmen der Pädagogischen Psychologie, sei es im Rahmen der E-Wissenschaft. Neben den Gemeinsamkeiten gibt es auch einige Verschiedenheiten: Der eine ist ein Handlungsbegriff, der andere ein Interaktionsbegriff und zugleich ein Geschehensbegriff; der eine ist ein Absichtsbegriff, der andere ein Wirkungsbegriff. Deutlicher heben sich die Unterschiede jedoch heraus, wenn man gewisse Sonderfälle ins Auge faßt.

Für Brezinka gehört eine bestimmte Absicht zu den Definitionsmerkmalen des E-Begriffs. Demzufolge kann es definitionsgemäß keine unbeabsichtigte E geben. Gleichermaßen können unbeabsichtigte Wirkungen erzieherischer Handlungen nicht als E-Effekte bezeichnet werden. Damit ist jener ganze Komplex herausgenommen, den man als funktionale E bezeichnet hat und dem nach Meinung mancher Autoren eine größere Bedeutung zukommt als dem Komplex der intentionalen E. Die Absicht, die der Erzieher verfolgt, muß nach Brezinka ferner eine gute Absicht, eine Förderabsicht sein, wenn es sich um E handeln soll. Dieser nur formale Wertbegriff von E hat einige Konsequenzen: Jeder Mensch, der in subjektiv guter Absicht jene sozialen Handlungen ausübt, die E heißen sollen, erzieht dann. Wenn einer darunter ist, der aber nach *meiner* Überzeugung objektiv abzulehnende, weil schlechte Absichten verfolgt, erzieht er von *meinem* Standpunkt aus nicht. Also erzieht er und erzieht nicht, je nach subjektivem Standpunkt. Damit hängt ein weiterer Punkt zusammen. Wenn erzieherische Handlungen laut Definition nur von guter Absicht geleitet sind, so können unerwünschte Nebeneffekte dieser Handlungen nicht als E-Effekte bezeichnet werden. Der große Bereich der Fehl-E und der E-Fehler müßte umbenannt werden, weil es sich dabei nicht um E handelt, bzw. nicht um erzieherische Einwirkungen oder Effekte. Ferner müßte der Begriff der Selbst-E aufgegeben werden. Wenn E als soziale Handlung definiert ist, als Handlung, die zwischen Menschen stattfindet, so kann es keine Selbst-E geben. Was damit sinnvoll gemeint ist, wäre

anders zu bezeichnen, etwa als eine Art des Lernens.
Für den E-Begriff von Klauer gibt es ebenfalls einige Schwierigkeiten. Die Selbst-E stellt für den Interaktionsbegriff der E einen Problemfall oder zumindest einen Grenzfall dar. Gemeint ist jener Grenzfall, bei dem ein Lernender sich selbst lehrt, für sich selbst Lehrfunktionen übernimmt, wie etwa beim autodidaktischen Lernen. Die Schwierigkeiten des Interaktionsbegriffs von E liegen aber vor allem im sprachlichen Sektor. Das transitive Verb »erziehen« (»A erzieht B«) ist hier nicht zulässig, wohl aber bei Brezinka. E ist danach ein Interaktionsprozeß, ein Geschehen, E findet statt oder nicht. Es bleibt höchstens, in dem erweiterten Sinn von Lehren, zu sagen: »A lehrt B.« Wenn B infolge der Lehrtätigkeit dann auch lernt, so läßt sich sagen, daß zwischen A und B E stattgefunden habe, sofern A nun auch anders auf B reagiert. Der Interaktionsprozeß der E ist als solcher auch nicht zielgerichtet. Insofern kann man dann nicht von E-Zielen sprechen. Selbstverständlich können Lehrende wie Lernende in diesem Prozeß Ziele verfolgen, die dann auch → *Lehrziele* bzw. Lernziele heißen mögen.
Betrachtet man alles in allem, so ergeben sich hier wie da Schwierigkeiten. Nach Klauer müßte man insbesondere mit der Verwendung des Verbs »erziehen« sehr viel zurückhaltender sein als üblich. Nach Brezinka dürfte man dagegen das Substantiv E nur sehr viel seltener als üblich verwenden.

Karl Josef Klauer

Literatur
Brezinka, W.: Über Erziehungsbegriffe. In: Zeitschrift für Pädagogik 17 (1971), S. 567–615. – *Brezinka, W.:* Grundbegriffe der Erziehungswissenschaft. München/Basel 1974. – *Eigler, G.:* Die lehr-lern-theoretische Konzeption. In: *Eigler, G./Straka, G.:* Mastery Learning. Lernerfolg für jeden? München 1978. – *Frank, H.:* Kybernetische Grundlagen der Pädagogik. Baden-Baden 1962. – *Groothoff, H. H.:* Erziehung. In: *Ritter, J.* (Hrsg.): Historisches Wörterbuch der Philosophie. Bd. 2. Darmstadt 1972. – *Klauer, K. J.:* Revision des Erziehungsbegriffs. Düsseldorf 1973. – *Ogorodnikow, J. J./Schimbirew, P. N.:* Lehrbuch der Pädagogik. Berlin ⁶1954. – *Peters, R. S.* (Hrsg.): The concept of education. London 1967 – *Schleiermacher, F. W. D.:* Zur Pädagogik. 1813. In: *Platz, C.* (Hrsg.): Schleiermachers Pädagogische Schriften. Langensalza ³1902. – *Weber, E.* (Hrsg.): Der Erziehungs- und Bildungsbegriff im 20. Jahrhundert. Bad Heilbrunn 1969. – *Willmann, O.:* Didaktik als Bildungslehre nach ihren Beziehungen zur Sozialforschung und zur Geschichte der Bildung. Bd. 2. Braunschweig 1889.

Erziehungsstile

1. Aufgaben und Probleme der Erziehungsstilforschung: Jeder Mensch wird durch den sozialen Umgang mit anderen Menschen in seinen Verhaltens- und Erlebensweisen beeinflußt. Für Kinder und Jugendliche sind dabei Erzieher, mit denen sie unter den verschiedensten institutionellen Bedingungen (Familie, Kindergarten, Schule, Freizeitorganisationen, Betrieb, Militär, Universität) zusammentreffen, von besonderer Wichtigkeit. Diese Erzieher wirken in systematischer Weise auf die ihnen anvertrauten Kinder und Jugendlichen ein, nicht nur, weil sie in intentionaler Weise versuchen, kindliche Verhaltensweisen und die diesen Verhaltensweisen zugrundeliegenden Dispositionen nach bestimmten Zielvorstellungen zu verändern, abzubauen und zu verstärken, sondern auch, weil allein von der Qualität des sozialen Umganges Wirkungen auf Heranwachsende ausgehen, die nicht vorausgeplant sind bzw. den Zielvorstellungen des Erziehers sogar zuwiderlaufen können. Die Frage, welche Wirkungen auf Kinder durch bestimmte Verhaltensmerkmale von Erziehern ausgeübt werden, oder positiv formuliert, was man tun könnte, um Heranwachsende in spezifischer Weise zu fördern, war demgemäß immer wieder Anstoß der Erziehungsstilforschung. Allerdings ist die Beantwortung solcher Fragen mit der Bearbeitung von mindestens vier Problemen verknüpft (Lukesch 1975 b). (a) Es muß je nach Problemstellung eine begrifflich und operational hinreichende Klärung des Konstruktes *Erziehungsstil* (E) erarbeitet werden. (b) Es müssen die äußeren (situationalen) und inneren (psychischen) Determinanten des Erzieherverhaltens offengelegt und damit die Genese von bestimmten E. geklärt werden. (c) Die spezifischen Wirkungen des Erzieherverhaltens – sowohl unmittelbar in der Situation wie auch auf längere Sicht – für alle an der Interaktionssituation beteiligten Personen müssen nachgewiesen werden. (d) Letztlich müssen Methoden (→ *Trainingsmethoden*) der gezielten Beeinflussung des Erzieherverhaltens (z. B. Eltern-, Lehrertraining) erarbeitet werden, damit die vorher erwähnten Prozesse nicht nur als Selbstzweck beschrieben und erklärt werden, sondern Hinweise für eine unter bestimmten Zielsetzungen optimale Gestaltung von Erzieher-Kind-Beziehungen gewonnen werden, welche sowohl in präventiver wie auch korrektiver Sicht eingesetzt werden können (→ *Intervention und Prävention*).

2. Definition von E: Spricht man von E., so denkt man zumeist an typische, inhaltlich voneinander abgrenzbare Umgangsformen zwischen Erziehern und Kindern bzw. Jugendlichen. Dabei vergißt man aber, die Frage zu stellen, ob das Erzieherverhalten, einschließlich seiner kognitiven und erlebnismäßigen Komponenten, so wie es in realen Situationen der → *Interaktion* vorfindbar ist, durch typologische Klassifikationen überhaupt adäquat erfaßbar ist. Obwohl vermutlich nicht intendiert, ist die typologische Betrachtungsweise durch die Lewinschen Modelluntersuchungen (Lewin u. a. 1939) über Führungsstile in Kindergruppen und deren Auswirkungen in die pädagogisch-psychologische Diskussion eingebracht worden. Diese Forscher sind von einer sehr handlichen und heute schier nicht mehr auszumerzenden Typisierung des Erzieherverhaltens nach den drei Konzepten *autoritär, demokratisch* und *laissez-faire* ausgegangen, wobei diese Typenkonzepte nach der Art der vorherrschenden Entscheidungsstruktur, des Planungshorizontes, der Aufgabenverteilung und der vom Gruppenleiter verwendeten Techniken der *Verstärkung* konzipiert wurden. Wendet man diese Begriffe aber einfach auf das Erzieherverhalten im pädagogischen Feld an, so läßt man fälschlicherweise außer acht, daß diese Konzepte ursprünglich für das rollenmäßig einstudierte Führungsverhalten in einer experimentellen Situation eingeführt worden sind und daß damit nicht eine Abbildung konkreter → *Erziehung*, wie sie in nichtexperimentellen Situationen vorfindbar ist, intendiert war.

Für die Beschreibung von Erzieherverhalten in natürlichen Situationen wurde in der Folge ein anderer Weg gewählt: Man ging von Einzelmerkmalen des Erzieherverhaltens aus und versuchte, aus der Art der Kovariation dieser Einzelmerkmale mittels verschiedener statistischer Verfahren auf Grunddimensionen oder Merkmalskomplexe des E. zurückzuschließen. Da die als Ausgangsmaterial bei diesem Vorgehen verwendeten Daten sich in ihrer Konkretheit (z. B. Häufigkeit des Blickkontaktes bis hin zu globalen Verhaltensratings etwa über *dominierendes* Verhalten), hinsichtlich ihres begrifflichen Bezugspunktes (z. B. Erziehungseinstellungen, Erziehungsziele, elterliche Ziel-Mittel-Vorstellungen) und der Datenquelle (Kindangaben über Eltern, Selbsteinschätzungen von Erziehern, Beobachtungsdaten von Dritten) unterschieden haben, ist es nicht verwunderlich, daß ein einheitliches Beschreibungssystem auf diese Weise nicht gewonnen werden konnte. Die Zahl der für wesentlich erachteten E-Dimensionen variiert so zwischen zwei (z. B. Schaefer 1959, »love–hostility«, »autonomy–control«), drei (z. B. Becker 1964, »warmth–hostility«, »permissiveness–restrictiveness«, »calm detachment–anxious emotional involvement«), über zehn (Schneewind u. a. 1974) bis zu achtzehn (Dielman u. a. 1971). Der wesentliche neue Gesichtspunkt war dabei, das Verhalten von Erziehern nicht einigen Typenkonzepten zuzuordnen, sondern nach einzelnen, quantitativ variierenden Merkmalen zu beschreiben. Allerdings ist dieser Ansatz bis heute nicht über pragmatisch einsetzbare Dimensionierungen (z. B. Tausch/Tausch 1978: »einfühlendes, nicht-wertendes Verstehen«, »Achtung–Wärme–Rücksichtnahme«, »Echtheit«, »Dirigierung vs. fördernde, nicht-dirigierende Tätigkeiten«) hinausgekommen.

Aufgrund dieses Erkenntnisstandes sei folgender Definitionsvorschlag gemacht: *Unter E soll der strukturierte Komplex aller Verhaltens- und Erlebnisweisen eines Erziehers verstanden werden, der, gerichtet oder ungerichtet, in bewußt intendierter Weise oder unreflektiert, mittelbar oder unmittelbar auf Kinder und Jugendliche (Edukanden) bezogen ist.*

Im einzelnen bedeutet dies: (a) Zur adäquaten Beschreibung des E. einer Erzieherperson müssen sowohl deren konkrete kindbezogene Verhaltensweisen (Erzieherverhalten, Erziehungspraktiken) als auch deren kindbezogene Kognitionen und Emotionen (Erziehungseinstellungen, Erziehungsziele, Alltagstheorien über Erziehung, → *Implizite Theorien*) herangezogen werden. Eine Beschreibung des E. im Sinne eines strengen behavioristischen Verhaltensbegriffes, der sich nur auf offene motorische Verhaltensweisen beschränkt, ist ebenso unzulänglich wie auch jede Konzeptualisierung, welche nur die inneren kognitiv-emotionalen Vorgänge (Motive, Haltungen gegenüber dem Kind) der Erzieherperson berücksichtigt. (b) Diese kindbezogenen Verhaltens- und Erlebnisweisen sind nicht zufällig zusammengewürfelt, sondern es bestehen zwischen den einzelnen Merkmalen des E. eines Erziehers Interdependenzen und *Strukturen*. Dabei ist der Aufweis korrelativer Beziehungen zwischen einzelnen Merkmalen des E kein Ersatz für die hier geforderte Erstellung von Modellen des E, sondern nur ein möglicher Hinweis für die Art ihrer Konzipierung. Diese Beziehungen sind im Zuge der Theorienbildung auf empirischer und theoretischer Ebene aufzuhellen. Etwa ist »die Funktionalität elterlicher Erziehungspraktiken erst dann nachvollziehbar, wenn man weiß, aus welcher Einstellung zum Kind sich eine konkrete elterliche Maßnahme ableitet und welches Ziel eine Elternperson damit verfolgt« (Schneewind 1975, S. 15). (c) Als *gerichtet* sollen alle Verhaltensweisen eines Erziehers bezeichnet werden, die direkt an das Kind herangetragen werden, als *ungerichtet* hingegen solche, welche zwar in Anwesenheit des Kindes erfolgen, aber nicht direkt auf das Kind bezogen sind. (d) Mit der Unterscheidung in *bewußt intendierte* und in *unreflektiert* vollzogene Verhaltensweisen wird betont, daß unter dem E eines Erziehers nicht nur seine in erzieherischer Absicht gesetzten Handlungen zu verstehen sind (Erziehungspraktiken im eigentlichen Sinn), sondern daß dazu auch alle anderen kindbezogenen Verhaltens- und Reaktionsweisen gehören, die vom Erzieher aus gesehen nicht unter ein Zweck-Mittel-Schema fallen. (e) Mit der Unterscheidung der E-Merkmale in *mittelbare* und *unmittelbare* ist gemeint, daß diese Verhaltens- und Erlebensweisen in Ab- oder Anwesenheit des Kindes geäußert werden können. Es sind vor allem forschungsmethodische Gründe, die es angezeigt erscheinen lassen, etwa Dritten gegenüber geäußerte Meinungen über Kinder oder Aussagen über das eigene Erzieherverhalten ebenfalls zur Charakterisierung des E zu verwenden.

Dieser an formalen Kriterien orientierte Definitionsvorschlag macht deutlich, wie vielfältig und komplex die Ebenen sein können, auf denen der E einer Person beschrieben werden kann. Zugleich kann dies als Warnung davor gewertet werden, Angaben über einen eingeschränkten Aspekt mit *dem* E einer Person gleichzusetzen. Die Vielfalt der Beschreibungsmöglichkeiten macht es außerdem nötig, bei empirischen Forschungsunternehmen auf eine Theorie Bezug zu nehmen, welche Hinweise auf die Selektion und Operationalisierung erfolgversprechender Merkmale des E gibt, und nicht in einem blinden Versuchs- und Irrtumsverfahren mehr oder minder zufällige Aspekte auszuwählen.

3. Perspektiven der E-Forschung: Obwohl die vom *Braunschweiger Symposion über E* (Herrmann 1966) ausgegangenen Impulse eine beträchtliche Intensivierung der Forschungstätigkeit in diesem Gebiet zur Folge hatten (Stapf u. a. 1972; Lukesch 1975a; b; Schneewind/Lukesch 1978; Lukesch/Perrez/Schneewind 1980), infolgedessen kein Mangel an empirischen Einzelergebnissen mehr zu beklagen ist, bestehen beträchtliche Unsicherheiten im Hinblick auf die theoretische Fundierung und Integration vorhandener Befunde. Einige der wesentlichen Probleme werden im folgenden näher dargestellt.

3.1 Situationsunabhängigkeit vs. Situationsspezifität: Der allgemeinen Orientierung der Psychologie folgend, wurde bei der Erfassung von E zumeist von situationsunabhängigen Konzepten Gebrauch gemacht. Diese basieren auf der Annahme, es gebe in jedem Erzieher allgemeine Tendenzen der Orientierung und des Verhaltens gegenüber Kindern und Jugendlichen, welche situationsübergreifend zum Ausdruck kommen. Allerdings weisen die bislang entwickelten Konzepte und Verfahren – ähnlich wie die herkömmliche eigenschaftsorientierte Persönlichkeitsdiagnostik (→*Diagnostik;* →*Prognose*) – nur einen geringen Vorhersagewert auf. Die Prognosedefizite der herkömmlichen klassifikatorisch-taxonomisch orientierten Konzepte des E abzubauen und diese näher an die Verhaltensebene heranzubringen könnte durch die stärkere Berücksichtigung von konkreten Erzieher-Kind-Situationen geschehen. Die Notwendigkeit eines solchen Schrittes wird durch die Tatsache mangelnder Konsistenz der Verhaltens- und Erlebensweisen von Erziehern über einzelne Situationen hinweg belegt (Genser u. a. 1980; Baumgärtel 1980; Perrez u. a. 1980).

Der erste Schritt eines solchen Ansatzes müßte in der systematischen Betrachtung von E-Merkmalen in unterschiedlichen Situationen bestehen. Als typische Situationen könnten solche fungieren, in denen im allgemeinen eine hohe Dichte der → *Interaktion* zwischen Erziehern und Kindern anzunehmen ist oder in denen besonders intensive Anforderungen an das Handeln eines Erziehers bestehen.

Auch das mehrmals thematisierte Problem der Wirkrichtung bzw. der interaktive Aspekt gegenseitiger Beeinflussung von Erzieher und Kind (Bell/Harper 1977; Schneewind 1975) findet in der situationsspezifischen Betrachtungsweise eine Lösung. Das Ziel müßte also dabei eine an generellen Dimensionen orientierte Situationstypologie oder -klassifikation sein. Davon ausgehend, könnte das bekannte Lewinsche Postulat, wonach Verhalten als eine Funktion von Person und Situation anzusehen sei, eine inhaltliche Bestimmung erhalten.

3.2 Modelle des E: Eine rein klassifikatorische Aufzählung von Komponenten des E. (z. B. Erziehungsziele unterschiedlicher Generalität oder Spezifität, alltägliche Ziel-Mittel-Vorstellungen, Erziehungspraktiken, Erzieherverhalten), wie sie z. T. auch in neueren faktorenanalytischen Deskriptionsversuchen (Engfer u. a. 1973) erarbeitet wurde, ist nur ein erster Schritt zur Klärung des Konstruktes E. Als nächstes müßten inhaltliche Modelle über das dynamische Zusammenwirken dieser bislang zumeist isoliert erfaßten Komponenten erarbeitet werden, wie dies in entscheidungstheoretischen Ansätzen (Brim u. a. 1962) versucht wurde. Dabei ist die individuelle Lebensgeschichte des Erziehers als bedeutsame Determinante der in einer konkreten Situation verhaltensbestimmenden Parameter anzusehen, wie dies von der sozialen Lerntheorie nahegelegt wird (Schneewind 1979).

3.3 Wirkungen von E: Eine zentrale Frage betrifft die Auswirkungen des Erzieherverhaltens.

Diese Frage könnte durch einen Rekurs auf die lerntheoretischen Paradigmen des klassischen und operanten Konditionierens oder des Modellernens beantwortet werden (→ *Lernen und Lerntheorien*). Dabei wird die methodische Frage tangiert, ob E konstruktspezifisch oder konstruktunspezifisch konzipiert werden sollen. Aufgrund der lerntheoretischen Position liegt es nahe, daß nur eine möglichst konstruktspezifische Erfassung von E angebracht ist. Wenn z. B. Heymans (1980) als wesentliche Bedingung für soziale Kognition (verstanden als Fähigkeit zur Rollenübernahme und zu Rollenverständnis; → *soziales Lernen*) die erlebte Diskrepanz zwischen einer momentan vorhandenen sozialkognitiven Struktur und der sozialen Wirklichkeit sieht, welche im Organismus einen Konfliktzustand hervorruft *(epistemische Neugier),* den es zu ändern gilt, so ist es nur konsequent, wenn das Erzieherverhalten daraufhin analysiert wird, inwieweit es solche Konflikte produziert, und sich die Analyse nicht auf unspezifische Verhaltensqualitäten im Sinne von *Wärme* oder *Lenkung* richtet.

In diesem Zusammenhang ist ein weiteres methodisches Problem zu erwähnen. Zumeist werden solche Untersuchungen als *Korrelations- oder Feldstudien* geplant und nicht als *Interventionsstudien,* die in experimentell kontrollierter Weise Bedingungswissen zu generieren imstande sind (Perrez 1977). Korrelationsstatische Untersuchungen können zwar, wenn konsistente und replizierbare Ergebnisse vorliegen, in Richtung auf kausale Abhängigkeiten interpretiert werden, dabei wird aber immer ein Schritt über das Datenmaterial hinaus getan, und es besteht die Gefahr, historisches Tatsachenwissen in Richtung auf Bedingungswissen überzuinterpretieren.

3.4 E-Forschung und die Schulung von Erziehern: Wenn die Untersuchung von bestimmten Aspekten des Erzieherverhaltens methodisch gesichertes Bedingungswissen erbracht hat, so ist es konsequent, dieses Wissen für eine unter bestimmten Zielsetzungen als optimal erachtete Gestaltung des Erzieher-Kind-Verhältnisses umzusetzen (→ *Trainingsmethoden*). Allerdings muß davor gewarnt werden, daß nicht allein das Wissen um die Effekte einzelner Erzieherverhaltensweisen *(erziehungstechnologisches Wissen)* genügt, um eine Veränderung des Erzieherverhaltens zu bewirken. Vielmehr muß dazu *implementierungstechnologisches Wissen* hinzukommen, also Wissen, auf welche Art und Weise, unter welchen Bedingungen und mit welchen Verfahren Erzieher dazu gebracht werden können, erziehungstechnologische Tatbestände in die eigene Erziehungspraxis umzusetzen (Büchel/Perrez 1980). Im Hinblick auf diese Fragestellung erscheinen besonders Interventionsstudien etwa im familiären (B. Minsel 1978) oder im schulischen Bereich (W.-R. Minsel 1979) erfolgversprechend.

Helmut Lukesch

Literatur

Baumgärtel, F.: Zur Struktur der Motivation von Müttern in Erziehungssituationen. In: *Lukesch, H.* u. a. 1980, S. 135–143. – *Becker, W.C.:* Consequences of different kinds of parental discipline. In: *Hoffman, M. L./Hoffman, L. W.* (Hrsg.): Review of child development research. New York 1964, S. 169–208. – *Bell, R. Q./Harper, L. V.:* Child effects on adults. New York 1977. – *Brim, O. G.:* Personality and decision process. Stantford 1962. – *Büchel, W./Perrez, M.:* Implementierung eines verhaltenstheoretischen Mediatorensystems. In: *Lukesch, H.* u. a. 1980, S. 461–480. – *Dielman, T. E.* u. a.: A check on the structure of parental reports of childrearing practices. In: Child Development 42 (1971), S. 893–903. – *Engfer, A./Schneewind, K. A./Filipp, U.-D.:* Die Entwicklung eines Fra-

Evaluation

gebogens zur Erhebung selbstperzipierter Erziehungseinstellungen. Forschungsbericht 22 des SFB 22 der Universität Erlangen-Nürnberg. Nürnberg 1973. – *Genser, B./Brösskamp, C./Groth, A. -P.:* Instrumentelle Überzeugungen von Eltern in hypothetischen Erziehungssituationen. In: *Lukesch H.* u. a. 1980, S. 145–160. – *Herrmann, Th.* (Hrsg.): Psychologie der Erziehungsstile. Göttingen 1966. – *Heymans, P. G.:* Erziehungsstile als Kodeterminanten der sozial-kognitiven Entwicklung. Eine konzeptionelle Analyse. Vortrag auf dem Symposium über Erziehungsstilforschung in Trier 1976. – *Lewin, K./Lippitt, R./White, R. K.:* Pattern of aggressive behavior in experimentally created »social climates«. In: Journal of Social Psychology 10 (1939), S. 271–299. – *Lukesch, H.:* Erziehungsstile. Pädagogische und psychologische Konzepte. Stuttgart 1975a.– *Lukesch, H.:* Erziehungsstile als abhängige und unabhängige Variable. In: *Lukesch, H.* (Hrsg.): Auswirkungen elterlicher Erziehungsstile. Göttingen 1975b, S. 8–13. – *Lukesch, H./Perrez, M./Schneewind, K. A.* (Hrsg.): Familiäre Sozialisation und Intervention. Bern 1980. – *Minsel, B.:* Ausbildung von Trainern für die Elternarbeit. In: *Schneewind, K. A.* u. a. (Hrsg.) 1978, S. 313–323. – *Minsel, W.-R.:* Erziehungstraining für Lehrer unter curricularen und evaluativen Aspekten. In: *Brandtstätter, J./Reinert, G./Schneewind, K. A.* (Hrsg.): Pädagogische Psychologie. Stuttgart 1979, S. 403–416. – *Perrez, M.:* Implementierung neuen Erziehungsverhaltens: Interventionsforschung im Erziehungsstil-Bereich. Fribourg 1977 (Berichte zur Erziehungswissenschaft, Nr. 1). – *Perrez, M./Ischi, N./Patry, J.-L.:* Verhaltenstheoretische Analyse der Erzieher-Kind-Interaktion im Feld unter Berücksichtigung mehrerer Interaktionspartner des Kindes. In: *Lukesch.* u. a. 1980, S. 65–79. – *Schaefer, E. S.:* A circumplex model for maternal behavior. In: Journal of Abnormal and Social Psychology 59 (1959), S. 241–246. – *Schneewind, K. A.:* Auswirkungen von Erziehungsstilen. In: *Lukesch, H.* (Hrsg.): Auswirkungen elterlicher Erziehungsstile. Göttingen 1975, S. 14–27. – *Schneewind, K. A.:* Erziehungs- und Sozialisationsprozesse in der Perspektive der sozialen Lerntheorie. In: *Brandtstädter, J./Reinert, G./Schneewind, K. A.* (Hrsg.): Pädagogische Psychologie. Stuttgart 1979, S. 153–180. – *Schneewind, K. A./Engfer, A./Fillipp, U.-D.:* Zur Struktur selbstperzipierter elterlicher Erziehungseinstellungen. Forschungsbericht 59 des SFB 22 der Universität Erlangen-Nürnberg. Nürnberg 1974. – *Schneewind, K. A./Lukesch, H.* (Hrsg.): Familiäre Sozialisation. Stuttgart 1978. – *Stapf, K. H.* u. a: Psychologie des elterlichen Erziehungsstils. Stuttgart 1972. – *Tausch, R./Tausch, A.-M.:* Erziehungspsychologie. Göttingen 1978.

Evaluation

1. Begriffsklärung: Der Begriff Evaluation (E) wird in unterschiedlichen Kontexten verschieden definiert. In jedem Fall meint E mehr als nur → *Diagnostik* oder → *Schulleistungsbeurteilung.* E ist ein integraler Bestandteil (rationaler) Entscheidungsprozesse auf verschiedenen Ebenen des Bildungssystems (vgl. Stufflebeam 1972), z. B. im Zusammenhang von → *Bildungsplanung* und → *Curriculum-*Entwicklung (Cronbach 1972). Eine formale Definition von E gibt Scriven (1972, S. 61): E besteht »im Sammeln und Kombinieren von Verhaltensdaten mit einem gewichteten Satz von Skalen, mit denen entweder vergleichende oder numerische Beurteilungen erlangt werden sollen; und in der Rechtfertigung (a) der Datensammlungsinstrumente, (b) der Gewichtungen und (c) der Kriterienauswahl«. Nach Cronbach (1972) ist E Bestandteil jeder → *Curriculum-*Entwicklung. E bezieht sich ebenso auf Unterrichts- und Bildungsprozesse, wenn intendiert wird, »die Schüler über Widerstände, Lern- und Kooperationshemmungen sowie personale und soziale Abhängigkeiten *aufzuklären*, ihnen Arbeits- und Lernhilfen zu geben und (sie) bezüglich der Entwicklung sozialer Beziehungen und Lernstrategien zu *beraten*« (Heipcke 1975, S. 607f.). Im weitesten Sinn geht es in der E darum, »Innovationen zu verbessern, zu legitimieren und über sie zu entscheiden« (Wulf 1975, S. 582). Der Begriff E wird im Kontext von → *Bildungsplanung* und Reformmaßnahmen im Bildungssystem häufig synonym verwendet mit Begleit-, Kontroll- oder Effizienzforschung. Er meint hier die Leistungs- oder Bewährungskontrolle von Modellversuchen des Bildungswesens (Schulversuche), die Feststellung der Wirksamkeit eines Treatments, die Begutachtung von Unterricht (→ *Instruktionstheorie*), die Überprüfung des zweckdienlichen Einsatzes von → *Medien* und Unterrichtstechnologien, die Verbesserung der Lehreraus- und → *Lehrerfortbildung,* einschließlich der dabei verwendeten → *Trainingsmethoden,* die Bewertung eines Therapie- oder Beratungserfolges sowie spezieller Lernhilfen.

E ist ein unverzichtbarer Ablaufschritt jeder rational geplanten Handlung von Lehrern, Erziehern, Schulpsychologen, Therapeuten, Sozialarbeitern, Bildungsplanern und Schulbegleitforschern. E soll bei der Vorbereitung, Auswahl und Steuerung pädagogischer Maßnahmen kontrollieren, gegebenenfalls modifizieren, optimieren und *bewerten.* Jeder E geht eine *Systemdiagnose* des jeweiligen Handlungsfeldes voraus, und sie impliziert »pädagogische Eingriffe«, um erkannte Mängel oder Defizite zu beheben, d. h., der Evaluator sollte, zusammen mit den Betroffenen im pädagogischen Feld, Maßnahmen erarbeiten und ihnen bei der Verbesserung der Reformarbeit behilflich sein. Häufig müssen Alternativen erprobt werden, um herauszufinden, welche die bessere ist. Hierbei sind als Rahmenbedingungen oft bildungspolitische und -planerische Vorgaben sowie administrative, institutionelle und finanzielle Restriktionen zu beachten und im E-Bericht als solche zu kennzeichnen (→ *Bildungsplanung;* → *Bildungsforschung*). Entscheidungsträger erwarten im allgemeinen von den Ergebnissen der E Aufschlüsse für weitere Reformen, denn Entscheidungsträger und Evaluatoren sind vielfach nicht identisch.

2. *Aufgabengebiete der E:* E-Tätigkeiten sind immer gebunden an spezifische Aufgabenstellungen und Entscheidungsfelder. Eine Klassifikation von Aufgaben kann daher unter verschiedenen Aspekten erfolgen. Eine wichtige Aufgabe hat die E bei der Kontrolle von Schulversuchen, seien es (a) *Strukturversuche,* die dem Aufbau des Schulwesens als Ganzes dienen (z. B. Einführung der Gesamtschule oder einer Orientierungsstufe), oder (b) *Unterrichtsversuche,* die sich auf didaktische und methodische Neuerungen beziehen (Prell/Schiefele 1976; vgl. hierzu die Projektbeschreibungen für Reformen im Elementar-, Primar-, Sekundar- und Weiterbildungsbereich des Bildungswesens der Bund-Länder-Kommission 1974, S. 78–115). Von Wulf (1975) stammt die Unterscheidung von praxisorientierter, entwicklungsorientierter und theorieorientierter E. In der (a) *praxisorientierten* E geht es um die Verbesserung der schulischen Lehr-, Lern- und Lebenspraxis, z. B. durch praxisnahe Curriculumentwicklung, Formen flexibler → *Differenzierung,* Lehrertraining (→ *Trainingsmethoden*) etc. E ist hier mehr handlungsorientiert und zielt auf punktuelle Verbesserungen der Praxis. Die (b) *entwicklungsorientierte* E zielt auf die Optimierung curricularer Produkte (Programmierte Materialien, Kurse, → *Medien* und dgl.) im Sinne einer »intrinsischen E«. Verbesserungsmaßstab ist hier eine entsprechende Theorie des Curriculums. Die (c) *theorieorientierte* E dient der Analyse von Konzepten, Methoden und Instrumenten bisheriger E-Praxis auf dem Hintergrund sozialwissenschaftlicher Theoriebildung (vgl. hierzu die Analyse von Forschungsstrategien und Organisationsmustern wissenschaftlicher Begleitung bei bildungspolitischen Innovationen von Mitter/Weishaupt 1977).

Als typische pädagogisch-evaluative Aufgaben werden von Krapp/Prell (1978) unterschieden: (a) *Überprüfung von* (vertikalen und horizontalen) *Laufbahnentscheidungen* (z. B. Einschulungs-, Übertrittsentscheidungen, horizontale Differenzierung bzw. flexible Gruppierung in der Klasse). Für gegebene Treatments sollen die geeigneten Schüler ausgesucht bzw. zugewiesen werden. Die E ermittelt hier die Gültigkeit entsprechender Zuweisungsentscheidungen auf der Basis einer Analyse individueller Erfolgswahrscheinlichkeiten unter Berücksichtigung laufbahnspezifischer Anforderungskriterien. Wichtig ist vor allem die Beschreibung und Bewertung verschiedener Formen der Fehlentscheidung bzw. Fehlklassifikation. (b) *Vorbereitung* und *Kontrolle modifikationsorientierter* didaktischer bzw. therapeutischer Maßnahmen (→ *Intervention und Prävention*). Bei diesen mehr lernprozeßbedingten Entscheidungen sollen durch Änderungen situativer und organisatorischer Bedingungen bessere Lernvoraussetzungen geschaffen werden. E hat hier die Aufgabe, die Wirksamkeit der Instruktion, individueller Förderungsprogramme bzw. spezieller therapeutischer Treatments und Lernhilfen zu überprüfen und zu verbessern. Bewertungsmaßstab ist hier die individuelle Bezugsnorm. (c) *E von* (pädagogischen) *Institutionen, Organisationsformen und Systemen,* die im weitesten Sinne als Rahmenbedingungen für konkretes pädagogisches und pädagogisch-psychologisches Handeln gelten können. Die E geht hier immer vergleichend vor, z. B. Vergleich neuer Systemmodelle mit traditionellen Schulformen. Dies schließt die Bewertung, *was* als die *bessere* Alternative anzusehen ist, ein. Eine weitergehende Aufgabenstellung der System-E besteht darin, die nachgewiesene Effektivität oder Ineffektivität eines Treatments *aufzuklären,* um auf diese Weise wünschenswerte Innovationen gezielter ansteuern zu können (Blankertz 1976).

3. *E-Modelle:* In E-Modellen wird evaluatives Handeln je nach Aufgabenstruktur, Strategie und Ausführungsplan differenziert. Das E-Modell von Stake (1972) spezifiziert drei Felder: Voraussetzungen (Vorfeld des Unterrichts), Prozesse (Aktionsfeld) und Ergebnisse (Feld der Wirkungen). Für die E selbst wird eine Matrix mit zwei Beschreibungskategorien (Intentionen und Beobachtungen) sowie zwei Urteilskategorien (Normen und Urteile) vorgeschlagen. Dadurch entsteht eine zwölf-

Evaluation

feldige E-Matrix. Im Rahmen der E werden Kontingenzen zwischen Voraussetzungen, Prozessen und Ergebnissen sowie die Kongruenz zwischen Intentionen und Beobachtungen festgestellt (Prüfkriterien). Von Provus (1969) stammt das »Diskrepanz«-Modell der E. Die E eines Curriculums durchläuft hier fünf Phasen: (a) Definition des Curriculums; (b) Einführung in die Schule; (c) curriculare Prozesse; (d) Fertigstellung als Produkt; (e) Kosten- und Effektivitätsberechnung. Die E-Tätigkeiten beziehen sich jeweils auf die Eingabe als Festlegung der Norm, den Prozeß als der Diskrepanzfeststellung zwischen Curriculum und Norm sowie auf das Ergebnis relativ zu Zeit und Geld. Im Entscheidungsmodell der E von Stufflebeam (1972) werden die E-Gegenstände (Planung, Programmgestaltung, Implementation, modifizierte Programmwiederholung) mit vier E-*Strategien* kombiniert: Context, Input, Process, Product (CIPP-Modell). Daraus resultieren folgende Formen der E: (a) Kontext-E, die während der ersten Phase der Projektplanung stattfindet; (b) Input-E, die bei der spezifischen Planung des Programms erfolgt; (c) Prozeß-E, die während der Implementation des Projekts stattfindet; (d) Produkt-E, die nach der Beendigung des Projekts erfolgt. Als Richtlinien für die Planung der E werden spezifiziert: Festlegung von E-Schwerpunkten, Informationssammlung, -organisation, -analyse, -bericht sowie Administration der E.

4. Prüffelder der E: Für jede Art von E lassen sich Prüffelder unterscheiden mit jeweils unterschiedlichen Akzentuierungen, je nachdem, ob sich die E auf Schulversuche, einzelne didaktische Treatments, → *Trainingsmethoden* oder spezielle Lernhilfen bezieht. Wichtige Prüffelder sind: (a) *Zielevaluation:* Sie umfaßt die Legitimation der Ziele, ausgehend von einer Schulreform-, Curriculum- oder Beratungstheorie. Durch unterschiedliche Interpretationsmuster von Adressatengruppen (Kultusadministration, Lehrer, Eltern, Evaluatoren) können »Zielbrechungen« entstehen, die herausgearbeitet werden müssen. Bei unveränderlichen Rahmenbedingungen bzw. nach unbefriedigenden Optimierungsversuchen muß E eine Zielrevision nahelegen. Der Innovationsversuch ist dann mittels Restriktionsanalyse als nicht mehr mit der ursprünglichen Zielsetzung übereinstimmend zu rekonstruieren (Ideologiekritik). (b) *Feststellung der Konsistenz des Ergebnisses:* Hierbei geht es um die »summative« E, d. h. die Funktionsprüfung eines Systems, und zwar im Hinblick darauf, was dieses hinsichtlich seiner Zielsetzung leistet und was es z. B. nach externen Kriterien für andere Systeme leistet. Es wird festgestellt, *was* als Output gelten soll und inwieweit Prüfitems eines Meßinstruments zielrepräsentativ ausgewählt wurden (Operationalisierung). Für die Überprüfung von Reformzielen wie → *Chancengleichheit* etc. müssen Normäquivalente hergestellt werden, was eine Aufschlüsselung des Output nach sozialen Schichtkriterien, individuellen Inputfaktoren (Lernvoraussetzungen), Infrastrukturmerkmalen und dgl. verlangt. Für die »summative« E erweisen sich auch → *Tests* für allgemeine Fähigkeiten als sinnvoll, wenn man wissen will, welche allgemeinen Veränderungen ein Treatment verursacht hat. (c) *Absicherung der Treatmentwirkung:* E überprüft hier die Wirksamkeit von Maßnahmen. Es muß geklärt werden, wie und ggf. unter welchen Voraussetzungen Treatments zum Erfolg geführt haben. Denn das Treatment soll ja die einzige systematisch zu variierende unabhängige Variable sein, über die man Aussagen machen will. Bei Treatmentvergleichen müssen hier oft Gruppenmittelwerte aufgrund einer Theorie von Einflußfaktoren »adjustiert« werden, um den Einfluß unterschiedlicher Ausgangsbedingungen von der eigentlichen Systemwirkung zu trennen (Kovarianzanalyse). Dabei ist auch zu überprüfen, ob die betreffenden Maßnahmen in einer wünschenswerten Ziel-Mittel-Relation stehen. (d) *Optimierung des Treatments bezüglich seiner Zielerwartungen:* Dies entspricht der »formativen« E, die schon im Prozeß der Entwicklung einer Innovation einsetzt und versucht, diese laufend, anhand von Daten aus Lehr- und Lerndefizitanalysen (→ *Prozeßdiagnostik*), im Sinne einer Zielannäherung zu beeinflussen. Sie impliziert daher immer die Entwicklung von Alternativen für den Fall unbefriedigender Ergebnisse sowie unterstützender Maßnahmen bei der Entwicklung innovativer Modelle. E gelangt hier auch zu einer Abschätzung der Kriterien der internen Belastetheit oder ungünstiger Rahmenbedingungen in der → *Lernumwelt* (→ *Ökologie*), z. B. bei der Durchführung von Schulversuchen. Ohne Optimierungsversuche ist eine Zielrevision in der E-Empfehlung nicht zu verantworten. (e) *Rechtfertigung der Kriterienauswahl und der Beurteilungsnormen:* Die Bewertung eines Schulversuchs oder einer Reformmaßnahme setzt testbare

Kriterien voraus. Die Setzung der Kriterien und ihre Gewichtungen müssen begründet werden können (Legitimationsproblem). Die Maßstäbe sowie die normativ gesetzten Bewertungsgrenzen für die Klassifikation der E-Befunde nach den Kategorien gut–schlecht sind explizit zu machen. Wenn auch die Kriterienauswahl und Aufstellung des Maßstabes in der Regel Sache des Evaluators ist, so müssen doch »interne« wissenschaftliche von »externen« bürokratischen Kriterien unterschieden und in der E offengelegt werden. Die Bewertung ist dabei immer eine vergleichende, denn auch die sogenannte »nichtvergleichende Bewertung« erfolgt nach ›impliziten‹ Maßstäben einer Eichstichprobe, schließt also immer Vergleiche hinsichtlich eines Durchschnitts ein. (f) *Bildung des Gesamturteils:* Die E orientiert sich an Entscheidungsregeln für die Berechnung des Gesamtnutzens der jeweiligen Treatmentalternativen bzw. für die Bewertung einer Alternative als der vergleichsweise besseren. Um die Alternativen miteinander vergleichen und gegeneinander abwägen zu können, bedarf es einer Bewertung der verschiedenen Treatmentkonsequenzen nach einheitlichen Kriterien. Die E bestätigt das Auftreten bestimmter Konsequenzen im jeweiligen Fall und ordnet jedem Ergebnis einen Nutzenswert zu. Die Bestimmung des Nutzens muß sich an vorgegebenen Zielerwartungen orientieren. Unter dem Gesichtspunkt der Optimierung der Ziel-Mittel-Auswahl ist die zieladäquateste Handlungsmöglichkeit zu identifizieren. Allerdings ist zu beachten, daß es in der Entscheidungstheorie stets mehrere, durchaus verschiedene rationale Entscheidungsprinzipien für die Berechnung des Gesamtnutzens gibt (Jungermann 1976).

5. *Forschungstypen der E:* Im Rahmen wissenschaftlicher E-Untersuchungen kommen verschiedene Forschungstypen wie Experiment, Ex-post-facto-Studie, Survey-Studie, Korrelationsstudie, → *Einzelfallanalyse* oder Untersuchungsverfahren nach dem Modell der Handlungsforschung zur Anwendung. Im Forschungstyp wird jeweils festgelegt, wie der Evaluator über Ziele, Rahmenbedingungen, Auswahl der Stichprobe, Treatments, Durchführungsbedingungen, Situationsvariablen, Meßinstrumente und Kriterien verfügen kann. Als wünschenswerte Maximen jeder E gelten ausreichende Eingriffs-, Kontroll- sowie Kommunikationsmöglichkeiten (Prell 1980). (a) Die Dimension des *Eingriffs* legt fest, inwieweit der Evaluator mitgestaltend, d. h. konstituierend, oder nur meßtechnisch deskriptiv einwirken kann. Mitgestaltende Eingriffe liegen beim E-Typ des »klassischen« Experiments und bei der Handlungsforschung vor (Gruschka 1976). Die Einzelfall-Studie, oft als schuleigene Begleitforschung durchgeführt, ist gekennzeichnet durch mitgestaltende Eingriffe bezüglich des Treatments im Rahmen allgemeiner Zielvorgaben. Bei Ex-post-facto-Studien sowie deskriptiven bzw. explanatorischen Survey-Studien sind oft nur meßtechnisch deskriptive Eingriffe mit Hilfe statistischer Kontrolltechniken möglich (vgl. Gesamtschul-E). (b) Die Dimension der *Kontrolle* beinhaltet versuchstechnische und statistische Maßnahmen, die der Sicherung der »internen« und »externen« Validität eines Versuchs und damit der Aufdeckung von Ursachen und Wirkungen dienen: Nur die untersuchten Treatmentvariablen sollen ja von kausaler Relevanz für die Variation der Outputvariablen sein (→ *Statistik*). Besonders bei E-Typen wie Survey-Studie, → *Einzelfallanalyse* und Handlungsforschung ist der Grad der Kontrolle im Vergleich zum Experiment relativ gering. Werden ganze Schulklassen als »experimentelle Einheiten« verwendet, so kann das erwünschte Zufallsprinzip bei der Auswahl und Zuordnung von Schülern zu Treatments meist nicht eingehalten werden. Damit ist der Nachweis einer Treatmentwirkung vielfach gefährdet. Wegen der mangelnden Repräsentativität der Stichprobeneinheiten ist auch die Generalisierbarkeit der Ergebnisse erschwert. (c) Die Dimension der *Kommunikation* beschreibt die Art des Informationsaustauschs zwischen Evaluator und Betroffenen hinsichtlich der Explikation von Normen und Zielen, der → *Beratung* bei der Auswahl und Durchführung von Treatments, der »formativen« E, der Erstellung der E-Instrumente, der Auswahl von Kriterien sowie einer möglichen Zielrevision. Die Kommunikation soll eine Interessenartikulation der Betroffenen ermöglichen und verhindern, daß über die Köpfe der »Forschungssubjekte« hinweg E erfolgt. Die Kommunikationsprozesse können mehr evaluatorzentriert oder mehr dialogisch ablaufen. Handlungsforschung ist ein Beispiel für dialogische Kommunikationsprozesse. Bei der schuleigenen Begleitforschung als Einzelfall-Studie erstreckt sich die dialogische Kommunikation oft nur auf den Treatmentprozeß. Survey-Studien beinhalten häufig nur evalua-

torzentrierte meßtechnisch mittelbare Kommunikationsprozesse ohne differenziertes Feedback (Kontrollforschung).

6. *Offene Probleme:* E läuft – vor allem, wenn sie als Auftragsforschung betrieben wird – immer Gefahr, bildungspolitische Entscheidungen im nachhinein als wissenschaftlich begründbare oder begründete zu legitimieren. Damit wissenschaftliche Ergebnisse von Entscheidungsträgern nicht beliebig vereinnahmt werden können, hat der Evaluator auch eine ideologiekritische Funktion. Er muß gegebenenfalls die Meß- und Erhebungstechniken für die Gewinnung von Daten (Beobachtungssätze) kritisieren, um potentielle Einwendungen zurückweisen zu können. Er sollte außerdem immer eine Bedingungskontrolle zur Überprüfung zusätzlich zum Treatment wirkender Faktoren, die in ihrem Gewicht abgeschätzt werden müssen, vornehmen. Darüber hinaus gilt es, spezifische Restriktionen aufzuklären, die der Grund sind, warum ein Ergebnis u. U. nur zum Teil als gültiges Modell einer erwünschten Reformtheorie anzusehen ist. Der Evaluator muß schließlich bei der Diskussion der Kriterienfrage den Wert schulinterner curricularer Ziele sowie von öffentlich-politischen Reformzielen sowie von externen Kriterien (z. B. bürokratische Kosten-Nutzen-Vergleiche) unterscheiden und die Unterschiede in der öffentlichen Diskussion auch darlegen (vgl. Berlak 1970). Erfolg und Scheitern von E-Versuchen sind letztlich nur unter diesen Gesichtspunkten zu betrachten (→ *Bildungsforschung;* → *Bildungsplanung*).

Siegfried Prell

Literatur
Berlak, H.: Values, goals, public policy and educational evaluation. In: Review of Educational Research 40 (1970), S. 261–278. – *Blankertz, H.:* Was heißt ›Erfolg‹ oder ›Scheitern‹ von Bildungsreformen? – Zur Wissenschaftstheorie und Ideologiekritik pädagogischer Evaluation. In: Gesellschaft zur Förderung pädagogischer Forschung (Hrsg.): Organisationsprobleme der wissenschaftlichen Begleitforschung (GFPF-Materialien 8). Frankfurt/M. 1976 (Juli), S. 90–100. – *Bund-Länder-Kommission* für Bildungsplanung und Forschungsförderung: Informationsschrift über Modellversuche im Bildungswesen (außer tertiärer Bereich). Bonn 1974. – *Cronbach, L. J.:* Evaluation zur Verbesserung von Curricula. In: *Wulf, C.* (Hrsg.) 1972, S. 41–59. – *Frey, K.* (Hrsg.): Curriculum-Handbuch. 3 Bde. München/Zürich 1975. – *Gruschka, A.* (Hrsg.): Ein Schulversuch wird überprüft – Das Evaluationsdesign für die Kollegstufe NW als Konzept handlungsorientierter Begleitforschung. Kronberg 1976. – *Heipcke, K.:* Probleme der Evaluation in der praxisorientierten Curriculumentwicklung. In: *Frey, K.* (Hrsg.) 1975, Bd. 2, S. 600–614. – *Jungermann, H.:* Rationale Entscheidungen. Psychologisches Kolloquium. Bd. 10. Bern/Stuttgart/Wien 1976. – *Krapp, A./Prell, S.:* Klassifikation pädagogisch-diagnostischer Aufgaben. In: *Klauer, K. J.* (Hrsg.): Handbuch der Pädagogischen Diagnostik. Bd. 4. Düsseldorf 1978, S. 831–854. – *Mitter, W./Weishaupt, K.* (Hrsg.): Ansätze zur vergleichenden Analyse der wissenschaftlichen Begleitung bildungspolitischer Innovationen. Weinheim 1977. – *Prell, S./Schiefele, H.:* Schulversuche und ihre wissenschaftliche Begleitung. In: *Roth, L.* (Hrsg.): Handlexikon zur Erziehungswissenschaft. München 1976, S. 361–369. – *Prell, S.:* Grundlagen der Schulbegleitforschung. Düsseldorf 1981 – *Provus, M.:* Evaluation of ongoing programs in the public school system. In: *Tyler, R. W.:* Educational evaluation: New roles, new means. The sixteighth yearbook of the National Society for the Study of Education Part II. Chicago 1969. – *Scriven, M.:* Die Methodologie der Evaluation. In: *Wulf, C.* (Hrsg.) 1972, S. 60–91. – *Stake, R. E.:* Verschiedene Aspekte pädagogischer Evaluation. In: *Wulf, C.* (Hrsg.) 1972, S. 92–112. – *Stufflebeam, D. L.:* Evaluation als Entscheidungshilfe. In: *Wulf, C.* (Hrsg.) 1972, S. 113–145. – *Wulf, C.* (Hrsg.): Evaluation. Beschreibung und Bewertung von Unterricht, Curricula und Schulversuchen. München 1972. – *Wulf, C.:* Funktionen und Paradigmen der Evaluation. In: *Frey, K.* (Hrsg.) 1975. Bd. 2, S. 580–600.

Externe Lernregelung

1. Zum Begriff »externe Lernregelung«: Der Begriff externe Lernregelung (EL) beschreibt Lernprozesse, die von außen geregelt werden. Die Regelung von Lernprozessen kann durch einen (personal anwesenden) Lehrer oder durch ein (nicht-personales) *Medium,* z. B. durch ein Lehrprogramm in Buchform, eine Lehrmaschine oder einen Computer erfolgen.

Regelung geschieht, wenn ein Prozeß nach den Prinzipien des Regelkreises verläuft. Das Regelkreisprinzip entstammt der Technik. Heute wird es – weit über den Rahmen der Technik hinaus – zur Beschreibung von Phänomenen in verschiedenen Wirklichkeitsbereichen herangezogen (Wiener 1948).

Das einfache Beispiel des Zerschneidens eines Brettes durch einen geraden Schnitt möge das Prinzip des Regelkreises verdeutlichen (Ducrocq 1959, S. 18): Zunächst gibt es ein *Ziel* (das Brett durch einen geraden Schnitt zu trennen). Danach wird ein *Programm* aufgestellt (entlang einem geraden Strich zu sägen). Bei der Durchführung des Programms werden stets *Sollwert* (gerader Strich) und *Istwert* (Sägeschnitt) miteinander *verglichen.* Werden Abweichungen festgestellt, erfolgt eine *Regelung* des Schnittvorgangs (die Hand führt die Säge auf den Strich zurück). Die *Rückkopplung* (feed-back) durch den ständigen Soll-Istwert-Vergleich und entsprechende Steuerungsmaßnahmen können dabei das Erreichen des gesteckten Zieles garantieren.

Auch das Lernen läßt sich als Vorgang deuten, auf den das Prinzip des Regelkreises anwendbar ist (Frank 1962, S. 13). Auch hier gibt es ein Ziel: das → *Lehrziel*. Um dieses Ziel zu erreichen, stellt der Lehrer beim herkömmlichen Unterricht einen Unterrichtsplan zusammen. Daran schließt sich die Durchführung des Unterrichts an. Unter regeltheoretischem Aspekt ist dabei die Frage des Soll-Istwert-Vergleichs besonders wichtig. Soll-Istwert-Vergleiche führen Lernende und Lehrer dann durch, wenn sie nach einzelnen Lernschritten feststellen, ob die Informationen im Hinblick auf das Lehrziel richtig verarbeitet und verstanden wurden (→ *Diagnostik*). Im herkömmlichen Unterricht erfolgt der *Soll-Istwert-Vergleich* und damit die *Rückkopplung* vor allem durch Fragen des Lehrers an die Lernenden und umgekehrt sowie durch Klassenarbeiten und andere Prüfungsformen. Die Rückkopplung bleibt jedoch – bezogen auf den einzelnen Lernenden – relativ sporadisch.

Anders ist es bei der sogenannten Programmierten Unterweisung. Hier wird der Lehrstoff in kleine Lehrschritte aufgeteilt und als Lehrprogramm in Buchform oder durch eine apparative Lehrhilfe präsentiert. Jeder Lehrschritt besteht aus einer *Information* und einer *Aufgabe* sowie aus der vorgegebenen *richtigen Antwort*. Das Lernen geschieht dabei durch (a) Lesen und Überdenken der Information, (b) Lösen der Aufgabe, (c) Vergleich der Antwort; bei richtiger Antwort wird der nächste Lehrschritt bearbeitet, bei falscher Antwort sind Information und Aufgabe noch einmal zu überdenken, u. U. werden auch zusätzliche Hilfen durch das Programm angeboten. Bei diesem Vorgehen kommt es nach jedem Lehrschritt für jeden Lernenden zu einer Rückkopplung, so daß der Lernvorgang jedes einzelnen Lernenden im Hinblick auf vorgegebene Ziele geregelt werden kann. Insofern läßt sich die Programmierte Unterweisung als klassisches Beispiel für EL bezeichnen. Deshalb sollen im folgenden zunächst einige Hinweise zu theoretischen Grundlagen der Programmierten Unterweisung gegeben werden.

2. *Theoretische Grundlagen der Programmierten Unterweisung*

2.1 Der behavioristisch-lernpsychologische Ansatz: Die Programmierte Unterweisung entstand als Anwendung rein psychologisch fundierter Lerntheorien (→ *Lernen und Lerntheorien*). Ihre Entwicklung ist vor allem mit dem Namen des amerikanischen Psychologen Skinner verbunden. Skinner (1954) hatte in zahlreichen Tierversuchen erkannt, daß man bei den Tieren mit Hilfe geeigneter Methoden in kurzer Zeit jede nur mögliche Verhaltensweise ausbilden kann. Die entscheidende These, die Skinner aus den Tierversuchen ableitete und auf den menschlichen Lernprozeß übertrug, lautet: Alles Verhalten wird durch die Folgen bestimmt, die es hervorruft. Ein Verhalten, das Erfolg zeigt, tritt in Zukunft häufiger auf. Eine zentrale Bedeutung kommt dabei der *Verstärkung* (→ *Bekräftigung;* reinforcement) zu. Die Verstärkung einer Verhaltensform tritt dann ein, wenn eine Verhaltensform durch Erfolgserlebnisse wahrscheinlicher gemacht wird. Beim Lernvorgang soll die Verstärkung als Bestätigung der richtigen Antwort möglichst schnell auf diese folgen, weil dann die Wirkung der Verstärkung am größten ist.

Nach Skinner hat sich das Lernen demnach in einer Reihe kleiner Schritte zu vollziehen. Es sind stets so viele Hilfen zu geben, daß die gewünschten richtigen Reaktionen in Form frei konstruierter Antworten (Konstruktionsantworten) mit hoher Wahrscheinlichkeit erfolgen. Lernen vollzieht sich in einer Reiz-Reaktion-Verstärkungskette. Verzweigungen sind im Programm nicht vorgesehen. Man bezeichnet deshalb die Programme, die nach dem Skinnerschen Schema aufgebaut sind, auch als *lineare Programme*.

Neben der Skinnerschen Art der Programmierung gibt es einen weiteren behavioristisch orientierten Ansatz zur Programmierung von Lehrstoffen. Er beruht auf der Auswahlantworttechnik und ist vor allem mit dem Namen Crowder verbunden. Crowder (1959) ist – entgegen Skinner – der Meinung, daß man beim Lernen nicht von vornherein alle Fehler auszuschalten habe. Fehler sollen im Lernprozeß möglich sein. Es kommt nur darauf an, auf die Fehler einzugehen und den Lernenden vom Fehler zur richtigen Antwort zu führen. Realisiert wird diese Auffassung bei Crowder durch ein System von Verzweigungen im Programm. Der Ausgangspunkt jeder Verzweigung ist eine Auswahlantwort.

Je nach gewählter Antwort wird der Lernende auf eine andere Information verwiesen, bis er die richtige Antwort findet. Dann kommt es ebenfalls zu einer Verstärkung. Ihr ist jedoch – im Gegensatz zu der Skinnerschen Programmierung – unter Umständen ein Versuch-und-Irrtum-Verfahren vorgelagert.

2.2 Der kybernetische Ansatz: Der kybernetische Ansatz zur Programmierten Unterweisung hat diese vor allem im Aspekt des Regelkreises gedeutet (s. o.). Darüber hinaus beabsichtigt er, die Regelung wirkungsvoller zu gestalten, und versucht, bestimmte Faktoren des Lernprozesses, z. B. die Lernmethode und die Lernvoraussetzungen, mit Hilfe von Modellvorstellungen zu formalisieren und quantitativ zu beschreiben. Formalisierung und Quantifizierung knüpfen dabei an informationstheoretische Überlegungen (Frank 1962; von Cube 1965) und algorithmentheoretische Ansätze (Landa 1963) an.

2.3 Der pädagogisch-anthropologische Ansatz: Der pädagogisch-anthropologische Ansatz, wie ihn vor allem Zielinski und Schöler (1965) vorgetragen haben, wird zunächst als Kritik an den damals bestehenden Programmierungsmethoden verständlich: Die Lehrprogramme der Skinnerschen und Crowderschen Richtung mußten dem Pädagogen häufig als eine erhebliche Reduzierung dessen erscheinen, was Unterricht sein kann und sein soll. Der pädagogisch-anthropologische Ansatz ist demgegenüber vor allem durch zwei Auffassungen gekennzeichnet: (a) Es wird jeder einseitigen Deutung des Lernprozesses eine Absage erteilt und versucht, eine Auffassung vom Lernen zu gewinnen, die der Bedeutung des Lernens für den Menschen gerecht wird. Lernen wird aus anthropologischer Sicht gesehen und ist nicht schlechthin als Verhaltensänderung oder Verhaltenstraining zu verstehen, sondern als das »Bereitstellen von Dispositionen künftigen Handelns« (Zielinski/Schöler 1965, S. 50). (b) Der Erfahrungsschatz der traditionellen → *Didaktik* und Methodik ist für die Programmierte Unterweisung fruchtbar zu machen. Äußerlich zeigt sich das durch die Wahl der Bezeichnung »Programmierter Unterricht«. Durch das Programm wird Lehren simuliert, Lernen wird in Gang gebracht. Insofern ist das Programm eine Sonderform des *Unterrichts* (→ *Instruktionstheorie*). Aus dieser Grundeinstellung ergeben sich eine Reihe von Vorstellungen und praktischen Gesichtspunkten für die Gestaltung von Lehrprogrammen, von denen im folgenden nur drei genannt werden sollen: (a) Die Aufgaben in den Lehrschritten dürfen nicht einfach auf ein mechanisches Einprägen von Begriffen und Sachverhalten abzielen. Sie sollen ein einsichtiges Lernen bewirken. Es kommt auf ein denkendes Erfassen der Informationsgehalte an. (b) Je nach den speziellen Erfordernissen können die Programmstrecken linear oder verzweigt programmiert werden. Bei dem Einbau von Sprungelementen (Verzweigungen) geht es nicht nur darum, Versuch und Irrtum zu ermöglichen. Es soll vielmehr eine Individualisierung nach verschiedenen Lernbedingungen erfolgen, zum Beispiel nach dem → *Interesse,* nach der Fähigkeit zum produktiven Denken, nach der Intelligenz usw. (c) Besonderes Gewicht ist auf die Motivation zu legen. Außer der ständigen Motivation durch die Reihe der Erfolgserlebnisse sollen durch interessante Beispiele, Texte und Aufgaben Spannung erweckt und Lernfreude und -bereitschaft gesteigert werden (→ *Motivation und Motiventwicklung*).

3. Präsentationsmodi für Lehrprogramme

3.1 Buchprogramme: Das Buchprogramm ist – vom technischen Aufwand her gesehen – die einfachste Form der Programmdarbietung. Bei allen Unterschieden in der Gestaltung von Buchprogrammen (vgl. Tulodziecki 1975, S. 51 ff.) läßt sich generell folgendes sagen: Die Darbietung der Information erfolgt beim Buchprogramm auf gedruckten Buchseiten. Außer der Schrift können Bilder aller Art (Zeichnungen, Grafiken, Fotografien, Skizzen usw.) verwendet werden. Die Antworten werden vom Lernenden ins Programm selbst oder auf Sonderblätter geschrieben bzw. dort angekreuzt. Der Antwortvergleich wird vom Lernenden selbst durchgeführt. Er hat die Möglichkeit, die vorgegebene Antwort einzusehen, bevor er seine eigene Antwort gibt. Die Steuerung geschieht durch Steuerhinweise im Programm. Die Ausführung liegt beim Lernenden. Er kann die Steuerhinweise befolgen, muß es jedoch nicht. Im Prinzip ist ihm jeder Lehrschritt zu jeder Zeit zugänglich. Im Prinzip ist aber auch jede noch so komplizierte Steueranweisung möglich und durchführbar.

3.2 Computerunabhängige apparative Lehr- und Lernhilfen: Angestoßen durch die Entwicklungen im Bereich der Programmierten Unterweisung kam es am Ende der fünfziger und in den sechziger Jahren zu außerordentlich vielen Entwicklungen im Bereich apparativer Lehrhilfen. Sie schienen häufig jedoch mehr an den technischen Möglichkeiten als an pädagogisch-methodischen Forderungen orientiert. Dabei beruhen sie – wie es nachträglich scheint – einerseits auf einer Unterschätzung der Buchprogrammöglichkeiten und andererseits auf einer Überschätzung der Programmierten Unterweisung überhaupt. So ist es kein Wunder, daß viele Entwicklungen erst gar nicht bis zu einer serienmäßigen Produktion kamen und vorher abgebrochen wurden.

Im folgenden sei nur auf die Tendenzen der Entwicklung hingewiesen: (a) Die Informationsdarbietung sollte nicht nur über Schrift und Bild erfolgen, sie sollte auch über Ton und Film möglich werden. (b) Von den apparativen Lehrhilfen wurde gewünscht, daß sie nicht nur eine Antwortart – etwa nur Auswahlantworten oder nur Konstruktionsantworten – zuließen, sondern mehrere Möglichkeiten böten. (c) Die Entwicklungen zielten darauf, den Antwortvergleich durch die Lehrgeräte ausführen zu lassen. Dies war jedoch nur bei Auswahlantworten möglich. Der Vergleich von Konstruktionsantworten mußte beim Lernenden bleiben. (d) Im Hinblick auf die Steuerung der Lehrschrittfolge wurde eine möglichst große Flexibilität angestrebt. Vor allem sollten Verzweigungen aufgrund der Antworten des Lernenden möglich sein.

3.3 Computerabhängige apparative Lehrhilfen: In den USA versuchte man schon relativ früh, Lehren und Lernen mit Hilfe des Computers durchzuführen. Eine der ersten Entwicklungen wurde an der Universität von Illinois in Urbana von Bitzer u. a. (1961) erarbeitet. Das System ist unter dem Namen PLATO bekanntgeworden. PLATO ist die Abkürzung für »Programmed Logic for Automatic Teaching Operations«. Über eine Tastatur ist der Lernende mit einem Computer verbunden. Dieser steuerte bei der ersten Ausführung des Systems einen Diawähler (das sogenannte elektronische Buch) und einen Speicher (die sogenannte elektronische Tafel). Von dort gelangten die Informationen über einen Bildschirm an den Lernenden. Für das PLATO-System und weitere Entwicklungen ist folgendes charakteristisch: (a) Informationsträger beim PLATO-System ist zunächst nur das Dia. Weitere Entwicklungen verwenden – wie bei den computerunabhängigen Lehrhilfen – auch den Film, das Tonband sowie den elektronischen Bildschirm bzw. die Videotechnik als Informationsträger. (b) Die Antworten können als Auswahlantworten oder als Konstruktionsantworten über die alphanumerische Tastatur eingegeben werden und erscheinen über die elektronische Tafel auf dem Bildschirm. Weitere Entwicklungen verwenden zur Antworteingabe noch zusätzlich einen elektronischen Griffel, mit dem der Lernende direkt auf dem Bildschirm – beispielsweise eine Auswahlantwort – markieren kann. (c) Die Antwort wird – ob Konstruktions- oder Auswahlantwort – vom Rechner mit der richtigen Antwort verglichen und als »richtig« oder »falsch« beurteilt. Das Urteil wird dem Lernenden mitgeteilt. (d) Die Steuerung der Lehrschrittabfolge ergibt sich durch ein Zusammenspiel von Entscheidungen des Lernenden aufgrund von »Empfehlungen« des Systems (wobei die Antwort des Lernenden berücksichtigt wird) oder durch direkte Lehrschrittpräsentationen aufgrund von Antworten des Lernenden. Weitere Entwicklungen sind besonders bemüht, bei den »Empfehlungen« für den weiteren Lernweg oder bei den direkten Lehrschrittpräsentationen nicht nur die letzte Antwort des Lernenden zu berücksichtigen, sondern jeweils den ganzen bisherigen Lernweg im Rahmen des Programms. Darüber hinaus soll durch Diagnoseverfahren bereits die Auswahl des Programms auf die individuellen Lernbedingungen abgestimmt werden (→ *ATI*). Lernbedingungen sollen dabei nicht nur aufgrund gemachter Fehler ermittelt werden. Es geht auch um Lernzeiten und psychologische Faktoren wie → *Intelligenz,* Neigung zu aggressivem Verhalten, stärkere oder schwächere Lernmotivation usw. (Stolurow 1967, S. 58).

4. Entwicklungstendenzen im Bereich EL: In den vorhergehenden Punkten wurden teilweise bereits Entwicklungstendenzen im Bereich EL angesprochen. Hier soll auf der Basis von grundlegenden Problemen der EL nur noch auf drei übergeordnete Gesichtspunkte verwiesen werden:

(a) EL ermöglicht zwar ein *selbsttätiges* Lernen, dieses ist jedoch immer nur in vorgegebenen Lernspuren möglich. Insofern wird die Fähigkeit zu *selbständigem* Lernen nicht ausgebildet, unter Umständen sogar verhindert. Aus diesem Kritikpunkt erwächst u. a. die Tendenz, EL teilweise nicht mehr mit Hilfe durchprogrammierter Lehrprogramme zu realisieren, sondern mit Hilfe von Leitprogrammen, die durch Arbeitsanweisungen und Aufgaben dem Lernenden Hilfe geben wollen, Texte oder sonstige Informationsquellen

Familie

zu erschließen (→ *Textlernen*). Dabei besteht die Hoffnung, daß sich die Lernenden immer mehr von den Anleitungen lösen und schließlich Texte und Informationsquellen selbständig im Sinne autonomen Lernens bearbeiten (Weltner/Wiesner 1973).
(b) EL zielt vor allem auf den individuell Lernenden. Dies kann zur Vereinzelung führen und unter Umständen die Fähigkeit zur → *Kommunikation* mit anderen beeinträchtigen. Diesem Problem wird tendenziell in dreifacher Weise Rechnung getragen: Es wird zunehmend empfohlen, für schulische Lernprozesse immer nur kurze Ausschnitte aus Lehrprogrammen zu verwenden und diese in personale Kommunikationsformen einzubetten. In diesem Sinne werden auch offene Lehrprogramme, die personale Kommunikation in der Lerngruppe vorbereiten sollen, und Kurzprogramme entwickelt, die nur für eine kurze Phase des Unterrichtsprozesses konzipiert sind, z. B. für die Erarbeitung eines überschaubaren Sachverhalts. Für das Fernstudium wird die Bedeutung von Präsenz- oder Sozialphasen zunehmend erkannt und als notwendige Ergänzung und Erweiterung individuellen Lernens diskutiert. Im Bereich des computerunterstützten Lernens gibt es Entwicklungen zur Unterstützung von Gruppenlernprozessen durch den Computer (Lansky/Scharmann 1976).
(c) EL bedeutet unter anderem die Vorgabe von Zielen für den Lernprozeß. Dabei besteht die Gefahr, daß sich der Lernende daran gewöhnt, Ziele für seinen Lernprozeß generell als vorgegeben zu akzeptieren. Demgegenüber wird zunehmend eine Sichtweise vertreten, Lehrprogramme als *Angebot* für den Lernenden zu sehen. Er soll letztlich darüber entscheiden, welche Lehrziele er erreichen möchte, und dann aus dem Angebot an Lehrprogrammen oder anderen → *Medien* auswählen. Bei dieser Sichtweise können Lehrprogramme und Medien letztlich als Hilfen für ein autonomes Lernen betrachtet werden (→ *Differenzierung*).

Gerhard Tulodziecki

Literatur
Bitzer, D. L./Braunfeld, P./Lichtenberger, W.: PLATO: An automatic Teaching Device. In: IRE Transaction on Education, E-4 (1961) 4, S. 157–161. – *Crowder, N. A.*: Automatic Tutoring by Means of Instrinsic Programming. In: *Galanter, E.* (Hrsg.): Automatic Teaching. The State of Art. New York 1959. – *Cube, F. von*: Kybernetische Grundlagen des Lernens und Lehrens. Stuttgart 1965. – *Ducrocq, A.*: Die Entdeckung der Kybernetik. Über Rechenanlagen, Regelungstechnik und Informationstheorie. Frankfurt a. M. 1969. – *Frank, H.*: Kybernetische Grundlagen der Pädagogik. Eine Einführung in die Informationspsychologie und ihre philosophischen, mathematischen und physiologischen Grundlagen. Baden-Baden/Paris 1962. – *Landa, L. N.*: Die Ausbildung der Schüler in den Methoden des rationellen Denkens und das Problem der Algorithmen. In: Psychologische Beiträge. Kybernetische Probleme in Pädagogik und Psychologie 3 (1963), S. 43–69. – *Lansky, M./Scharmann, Th.*: Programmierter Gruppenunterricht. Konzepte – Entwicklungen – Ergebnisse. Hannover/Paderborn 1976. – *Skinner, B. F.*: The science of learning and the art of teaching. In: The Harvard Educational Review 24 (1954) 2, S. 86–97. – *Stolurow, L. M.*: Idiographisches Programmieren. In: *Issing, L. J.* (Hrsg.): Der programmierte Unterricht in den USA heute. Weinheim 1967, S. 51–60. – *Tulodziecki, G.*: Einführung in die Theorie und Praxis objektivierter Lehrverfahren. Materialien zur Mediendidaktik. Band 4. Stuttgart 1975. – *Weltner, K./Wiesner, H.*: Förderung von Selbstinstruktionstechniken im Hochschulunterricht durch integrierende Leitprogramme. In: Unterrichtswissenschaft 2 (1973) 2/3, S. 111–120. – *Wiener, N.*: Cybernetics or control and communication in the animal and the machine. Paris 1948. – *Zielinski, J./Schöler, W.*: Methodik des Programmierten Unterrichts. Zum Problem der Mikrostrukturen von Lehren und Lernen. Ratingen 1965.

Familie

1. Definition und Strukturdaten: Die Familie (F) wird in allen Staaten der Welt als gesellschaftliche Grundeinheit anerkannt. Der Inhalt des Begriffs F ist jedoch nicht eindeutig. Er variiert je nach ökonomischen, ethnischen, sozialen und kulturellen Bedingungen und ist abhängig vom sozialen Wandel. F kann in einem sehr weiten Verständnis die Gruppe von Menschen bezeichnen, die miteinander verwandt oder verschwägert sind, gleichgültig ob sie zusammen oder getrennt leben. Im engeren Sinn wird F heute übereinstimmend als biologisch-soziale Gruppe von Eltern mit ihren ledigen, leiblichen und/oder adoptierten Kindern vestanden.
In der Bundesrepublik gab es 1979 7,6 Mill. vollständige F (= 89,9%) mit 13,5 Mill. Kindern und 850000 unvollständige F (= 10,1%) mit 1,3 Mill. Kindern. Von den unvollständigen F haben 1979 1,3% der Kinder einen männlichen F-Vorstand (128400 Väter) und 7,5% der Kinder einen weiblichen F-Vorstand (721700 Mütter); der Hauptanteil der unvollständigen F ist geschieden bzw. die Eltern leben getrennt, nur ein

knappes Drittel entfällt auf verwitwete Elternteile. Stark zugenommen hat in den letzten Jahren der Anteil der unverheiratet Zusammenlebenden. Nach Schätzungen des Statistischen Bundesamtes bewegt sich dieser Anteil für die 18–30jährigen zwischen 15% und 20%; diese Verbindungen sind überwiegend kinderlos.

F in der Bundesrepublik und in ganz Europa sind zahlenmäßig kleiner geworden. In allen europäischen Staaten haben sich die Geburten stark verringert, in der Bundesrepublik haben sie sich seit den 60er Jahren halbiert. 1968 wurden 924 877 deutsche Kinder geboren, 1978 waren es nur noch 501 475. Der Anteil der ausländischen Geburten lag 1968 bei 44 948 und 1978 bei 74 985. Die Mehrheit aller Kinder wächst in Zwei-Kinder-F auf, wobei die Quote der Ein-Kind-F in den letzten Jahren besonders stark anstieg. Drei und mehr Kinder sind heute weniger in sozial- bzw. einkommensschwachen F anzutreffen, sondern mit zunehmender Tendenz in einkommensstarken F.

2. Groß-F und Kern-F: Es trifft nicht zu daß sich die moderne industrielle Klein-(Kern)-F aus der vorindustriellen Groß-F entwikkelt hat. In der Entwicklung der europäischen Kultur hat es in den letzten tausend Jahren immer beide F-Formen nebeneinander gegeben. Groß- und Klein-F sind vielmehr bestimmten Bevölkerungsgruppen zuzuordnen. Groß-F, d. h. Zusammenschlüsse zu größeren Haushaltseinheiten, gab es überwiegend in agrarischen Strukturen. Zutreffend ist, daß in der Vergangenheit Eltern und Kinder häufiger als heute mit anderen verwandten oder auch fremden Personen in einem gemeinsamen Haushalt gelebt und gewirtschaftet haben. F war zugleich Produktions- und Lebensgemeinschaft, neben den Angehörigen (Großeltern, Tanten, Onkeln) zählten Hausgestellte und andere Arbeitskräfte zum landwirtschaftlichen oder auch gewerblichen Betrieb. In der Mehrgenerationen-Groß-F der Vergangenheit bildete die Kern-F den Kristallisationspunkt des Haushalts. Auf einer ökonomischen Vollstelle (Bauernhof, Handwerksbetrieb) durfte nur ein verheiratetes Paar leben (Mitterauer 1979). Mit der Groß-F der Vergangenheit ist die Groß-F der Gegenwart nur sehr bedingt vergleichbar. Sie umfaßt in der Regel mehrere Erwachsene einer Generation: Ehepaare, Alleinstehende oder unverheiratet Zusammenlebende und eventuell Kinder. Das Ausmaß an Gemeinsamkeiten ist im einzelnen sehr unterschiedlich; gemeinsames Wohnen, Wirtschaften und Kochen, gemeinsame Kindererziehung und Freizeitgestaltung können die Grundlage der Groß-F sein, aber in vielen Fällen bestehen innerhalb der Wohngemeinschaft abgegrenzte Bereiche für die einzelne F (Cyprian 1976). Auch das Zusammenleben in der Kern-F bietet kein einheitliches Bild. Je nach Schichtzugehörigkeit und Kinderzahl unterscheiden sich die (ökonomischen) Lebensbedingungen. Der Beruf des Vaters und die F-Tradition bestimmen das jeweilige Leitbild und den Lebensstil. Neben dem traditionsorientierten F-Typ verstärkt sich der pragmatisch-gegenwartsbezogene F-Typ; nach wie vor besteht neben neuen Formen partnerschaftlicher Paar- sowie Eltern-Kind-Beziehungen die patriarchalisch ausgerichtete Beziehung zwischen den F-Mitgliedern (Neidhardt 1971; Wurzbacher 1977).

3. Sozialisation und Erziehung in der F: Unter den verschiedenen Aufgaben, die F wahrnimmt oder die von ihr erwartet werden, kommt der →*Sozialisation* ein besonderer Stellenwert zu. Sozialisation umfaßt das breite Spektrum familialer und außerfamilialer Umwelteinflüsse auf das Kind sowie deren Auswirkung auf die Persönlichkeitsentwicklung (Wurzbacher 1968; Baumgärtel 1979). → *Erziehung* verstanden als planvolles Handeln mit und am Kind geht in den Sozialisationsprozeß ein. Sozialisation und Erziehung sind abhängig von unterschiedlichen F-Strukturen und Lebenslagen, dem inneren Gefüge der F sowie den Erwartungen der Gesellschaft an die familialen Erziehungsleistungen. Die Sozialisationsfunktion der F beschränkt sich nicht auf die ersten Lebensjahre, sondern bezieht sich auch auf die ebenso entscheidenden Entwicklungsphasen in Pubertät und Adoleszenz (→ *Entwicklung*).

3.1 Familiale Sozialisation – Schwerpunkt einer interdisziplinär ausgerichteten Sozialisationsforschung: Sozialisation und Erziehung in der F sind nicht nur ein wiederentdeckter Schwerpunkt, sondern ein zentraler Bereich interdisziplinär orientierter Sozialisationsforschung. Neben Pädagogik und Psychologie sind vor allem Soziologie, Sozialgeschichte, Demographie und Rechtswissenschaft beteiligt. Die vielfältigen Forschungsansätze stehen in einem relativ engen Zusammenhang mit dem öffentlichen Interesse an diesem Aufgabenbereich (vgl. F-Berichte und Jugendberichte). Für Sozialisations- und Erziehungsfragen haben sich folgende theoretische Ansätze als besonders relevant erwiesen: (a) der strukturell-funktionale Ansatz, der Zusammenhänge und Wechselwirkungen zwischen familialen und gesellschaftlichen Strukturen und Funktionsbereichen untersucht (Parsons 1955; Neidhardt 1970; Plake 1974); (b) der interaktionstheoretische Ansatz, der unter Berücksichtigung gesellschaftlicher Einflußfaktoren sein primäres Interesse auf das innere Gefüge der F richtet, auf die interpersonellen Beziehungen zwischen den F-Mitgliedern. Untersucht werden die Interaktions- und Kommunikationsformen in der F (Watzlawick 1977; Mollenhauer 1976); (c) der klinisch-therapeutische Ansatz, der den Zusammenhängen zwischen F und seelischer Krankheit nachgeht und Störungen in der Persönlichkeitsentwicklung untersucht (Richter 1970; Strotzka 1976; Bateson 1972). Von besonderer Bedeutung für die Einsichten in die Zusammenhänge zwischen frühen Lernprozessen und nachfolgender Persönlichkeitsentwicklung sind Psychoanalyse und Lerntheorie geworden (→ *Lernen und Lerntheorien*; → *Psychoanalytische Pädagogik*). Seit den 70er Jahren wurde insbesondere die historische F-Forschung verstärkt, der wichtige Aufschlüsse über Wandlungen der Eltern-Kind-Beziehungen zu verdanken sind (Aries 1973; De Mause 1976; Shorter 1977).

In den Studien der ersten Hälfte der siebziger Jahre dominierten Analysen zur abnehmenden Sozialisationsfähigkeit der F. Im Mittelpunkt des Interesses stand die Auseinandersetzung mit den Sozialisationsdefiziten der Klein-F und den eingeschränkten Entwicklungschancen von Kindern in Unterschicht-F. Leistungsbeeinträchtigungen wurden und werden zurückgeführt auf die zunehmende Trennung von F und Arbeitswelt, die Verarmung sozialer Bezüge in der Kern-F mit ein bis zwei Kindern, die Instabilität der F aufgrund der hohen Zahl an Ehescheidungen, die geschlechtsspezifische Rollenfixierung, die geringe Außenorientierung und Isolation der Klein-F, die geringe Professionalität der Eltern bei gleichzeitig gestiegenen Anforderungen an die Lern- und Leistungsfähigkeit der nachwachsenden Generation. Die Kritik bezog sich auf die Funktionsverluste, die Traditionsorientierung und den Modernitätsrückstand. Als wichtige Variablen für Sozialisationsprozesse, Erziehungsziele und Erziehungsstile wurden untersucht: Schichtzugehörigkeit (Einkommen, Berufsposition und Bildung), Arbeitsplatzsituation des Vaters, F-Struktur (vollständige und unvollständige F), F-Größe (Kinderzahl), Geschlecht des Kindes und die unterschiedliche Funktion und Rolle von Mutter und Vater in der Entwicklung des Kindes. In den verschiedenen Untersuchungen (vgl. Sammelberichte bei Hurrelmann 1975; Baumgärtel 1979; Mollenhauer 1969) wird davon ausgegangen, daß ein Zusammenhang zwischen äußeren Lebensbedingungen, familienstrukturellen Faktoren und der Eltern-Kind-Interaktion (Kreppner 1980) besteht. Die Befunde zu unterschiedlichen Wertorientierungen und Erziehungsauffassungen in Mittel- und Unterschicht (Mollenhauer 1969) haben das Bemühen um detaillierte Analysen zur differenzierten Erfassung des Bedingungsgefüges und der Wechselwirkungen sowie der Gewichtung binnenfamilialer Faktoren im Vergleich zu schichtspezifischen Einflußfaktoren noch verstärkt (Hurrelmann 1976; Jürgens/Lengsfeld 1977; Müller 1975).

Neben den ständig weiter entwickelten Ansätzen in der Erziehungsstilforschung (→ *Erziehungsstile*) sind entscheidende Impulse vom ökologischen Forschungsansatz Bronfenbrenners (1978) ausgegangen (→ *Ökologie*).

Voneinander abweichende Bewertungen der Stabilität und Krise der F-Erziehung und der F (Cooper 1972; Shorter 1977; Perrez 1978) sind auf unterschiedliche gesellschaftliche Positionen zurückzuführen. Kritiker der Klein-F wenden sich unter Berufung auf marxistische, psychoanalytische und Kritische Theorie gegen die partriarchalischen, autoritären Strukturen der bürgerlichen Klein-F (Rosenbaum 1973; Caesar 1972). Die Kritik bezieht sich ferner auf die ungleiche Erziehung der → *Geschlechter,* die Fixierung der Mädchen auf die F-Rolle, die privatistischen Grundhaltungen der F. Der F wird kritisch entgegengehalten, sie erziehe Kinder zu Gehorsam und Anpassung, zu Leistung und Wohlverhalten, statt zu Selbständigkeit, Kritikfähigkeit und Individualität.

3.2 Die Rolle der F als Sozialisationsinstanz: Nach einer Phase intensiver Förderung der außerfamilialen Erziehungs- und Bildungseinrichtungen wächst erneut – gestützt auf Ergebnisse der Sozialisations- und Bildungsforschung in Kindergärten und Schulen – die Einsicht, daß die F jener zentrale und bisher nicht ersetzbare Lebensbereich ist, in dem über die primäre Sozialisation die Grundlagen für die »sozio-kulturelle Persönlichkeit« geschaffen werden (Claessens 1972, S. 79ff). Familienbedingte Defizite in der kognitiven, affektiven und sozialen Entwicklung von Kindern können über außerfamililale Erziehung nur bedingt ausgeglichen werden. Ohne die Beteiligung der Eltern bleibt kompensatorische Erziehung (→ *Vorschulerziehung*) weitgehend ineffektiv. F nimmt über die ersten Lebensjahre hinaus nachhaltigen Einfluß auf die emotional-soziale und kognitive Entwicklung, auf die Wert- und Normorientierung des Heranwachsenden sowie auf die Ausprägung geschlechtstypischer Einstellungen und Verhaltensweisen (Baumgärtel 1979; Kreppner 1980).

Trotz aufweisbarer Tendenzen zur Spezialisierung ist F noch immer ein übergreifender Lebenszusammenhang, eine Gegenwelt zu den zweck- und leistungsbezogenen, anonymen und durchrationalisierten öffentlichen Organisationen und Institutionen. Als besonders günstig für die Entwicklung von Kindern werden folgende Merkmale beurteilt: die Überschaubarkeit der Kleingruppe und die damit gegebene Unmittelbarkeit der Beziehungen, das emotionalisierte Binnenklima, die Abgrenzung nach außen als positive Voraussetzung für die Vermittlung von Geborgenheit, Intimität und Abwehr sozialer Kontrolle, die strukturelle Gewährleistung stabiler Bezugspersonen, der prinzipiell unbefristete Verbleib in der F. Lernen kann in der F in einem entspannten Feld, in Orientierung an Vorbildern, mit einer relativ großen Flexibilität in bezug auf individuelle Schwankungen erfolgen und Identifikation mit Bezugspersonen erleichtern. F ermöglicht zuverlässige Versorgung und gewährleistet eher als öffentliche Einrichtungen Geborgenheit und emotionale Zuwendung durch vertraute und stabile Bezugspersonen, die unabdingbar sind für die Entwicklung von Sicherheit, Selbständigkeit und Bindungsfähigkeit.

3.3 Erziehung in der F: Eltern befähigen Kinder nicht nur zur Teilnahme am F-Leben, sondern vermitteln den Zugang zu außerfamilialen Lebenswelten, zu Nachbarschaft, Kindergarten, Schule. Die mit der Elternrolle verbundenen Aufgaben und Erwartungen unterscheiden sich grundlegend vom Erziehungs- und Bildungsauftrag der außerfamilialen Erziehungs- und Bildungseinrichtungen. Die Verantwortung der Eltern ist im Vergleich zu der der Erzieher und Lehrer in Kindergarten und Schule eine umfassende. Während Kindergarten und Schule zeitlich befristete Durchgangsstationen sind, stellt die F ein Kontinuum dar, von dem aus Übergänge vollzogen werden, in die das Kind aber auch jeweils zurückkehrt. Eltern sind im Unterschied zu außerfamilalen Erziehern in der Regel dauerhafte Bezugspersonen. Einstellungen, Umgangsformen, Kenntnisse und Fertigkeiten werden in der F weitgehend informell über das Zusammenleben und das Miteinanderhandeln vermittelt. Die erzieherische Aufgabe besteht nicht primär darin, ein gesellschaftlich vorgegebenes Wert- und Normensystem an die junge Generation weiterzugeben, sondern in der F Lebensraum für die individuelle Eigenart eines Kindes zu schaffen. Das Erziehungsverhältnis zwischen Eltern und Kindern ist kein Subjekt-Objekt-, sondern ein Subjekt-Subjekt- (Ich-Du)-Verhältnis, es handelt sich um ein *Gegenseitigkeitsverhältnis* (Mollenhauer 1976), nicht um eine einseitige Abhängigkeit des Kindes von den Eltern.

Die Ergebnisse der Erziehungsstilforschung (→ *Erziehungsstile*) zeigen ebenso wie die sozialgeschichlichen Befunde zum Wandel der Eltern-Kind-Beziehungen eine deutliche Umorientierung aller Schichten von einer normkonformen Erziehung zu einer stärker individualitätsfördernden Erziehung, bei der besonderer Wert auf Förderung der Eigeninitiative und Eigenaktivität des Kindes, auf Berücksichtigung der individuellen Bedürfnisse und → *Interessen* und die Bereitstellung einer anregungsreichen Umwelt gelegt wird (→ *Lernumwelt*).

Soziale Elternschaft muß im Unterschied zur biologischen erworben werden. Elterliche Kompetenz entwickelt sich zu einem wesentlichen Teil über Beobachtung und Erfahrung. Eltern verfügen aufgrund ihres intensiven Umgangs mit dem Kind über ein bestimmtes Beobachtungs- und Erfahrungswissen, das der Bestätigung, der Korrektur und der Erweiterung bedarf durch den Austausch zwischen Eltern, durch selbstbestimmtes situationsorientiertes Lernen in der Eltern- und F-Bildung oder in bestimmten problematischen Fällen durch gezielte → *Beratung* (Süssmuth 1978; Sprey 1978).

Die Erfüllung der elterlichen Erziehungsaufgaben wird erschwert durch eine geringe Wertschätzung familialer Erziehungskompetenz, durch eine verwirrende Vielzahl unterschiedlicher Erziehungskonzepte und Elternratgeber, durch die Notwendigkeit einer permanenten Suche nach handlungsanleitenden und stabilisierenden Orientierungen. Die Anforderungen an die Leistungen der F-Erziehung haben sich durch den Ausbau der vorschulischen und schulischen Erziehung nicht verringert, sondern einschneidend erhöht, da die Wirksamkeit der außerfamilialen Erziehung und Bildung in hohem Maße abhängig ist von den unterstützenden Leistungen der F. F gerät zunehmend mehr unter den Druck der Außenorientierung, da Eltern gezwungen sind, sich den Einstellungs- und Verhaltensnormen der außerfamilialen Erziehungsinstitutionen anzupassen, wenn sie die Bildungschancen ihrer Kinder nicht beeinträchtigen wollen. Spielräume für eigenständige Entscheidungen über Erziehungsstile und Erziehungsziele sind stark eingeschränkt. Mit erheblichen Belastungen ist zu rechnen, wenn der Alltag des Kindes und der der Eltern, z. B. bei Berufstätigkeit von Alleinerziehenden, nur unzureichend aufeinander abgestimmt werden kann (Buchhofer 1980). Erwerbstätigkeit beider Eltern oder des Alleinerziehenden muß nicht zu Entwicklungsschäden führen, diese werden aber in der Regel nur dadurch vermieden, daß Mütter erhöhte physische und psychische Belastungen auf sich nehmen (Lehr 1978; Beck-Gernsheim 1980).

3.4 Mutter- und Vater-Kind-Interaktion in den ersten Lebensjahren: In den ersten Lebensjahren ist das Kind auf die individuelle Zuwendung seiner nächsten Bezugspersonen angewiesen, denn Bindung kann nur durch regelmäßige → *Interaktion* mit den zentralen Bezugspersonen aufgebaut werden. In den jüngeren Untersuchungen zur Vater-Kind-Interaktion (Lamb 1976; Parke 1978) zeigt sich, daß Väter ebenso sensibel auf Äußerungen des Kindes reagieren wie Mütter und daß in bezug auf das Bindungsverhalten keine Unterschiede zwischen Mutter-Kind- und Vater-Kind-Bindung bestehen. Unterschiedlich ist jedoch das Anregungsverhalten von Müttern und Vätern. Die kognitive Entwicklungsförderung des Kindes ist eingebunden in die emotional-soziale. Kinder werden in dem Maße kompetent und erwerben ein positives Selbstwertgefühl, wie über einen sensiblen und einfühlsamen Umgang die Interessen des Kindes verstanden und befriedigt werden (→ *Selbstkonzept*). Mängelerscheinungen treten dann auf, wenn Kontinuität und Stabilität nicht gewährleistet sind, Sinnzusammenhänge nicht gestiftet werden bzw. Willkür im Verhalten der Eltern

Sinnerfassung erschwert oder verhindert (→ *Deprivation*). Ausbildung von Qualifikationen erfolgt über die aktive Auseinandersetzung des Kindes mit seiner Realität im Rahmen eines vorgegebenen und zu entdeckenden Regelsystems (Kreppner 1980; Langmeier/Matějček 1977), wobei Eltern den Alltag für das Kind strukturieren und über Regelhaftigkeit Orientierung ermöglichen.

4. Aufgaben der Eltern in bezug auf die außerfamiliale Sozialisation: F hat eine auf die außerfamiliale Erziehung vorbereitende und diese begleitende Funktion. Von den in der Familie vermittelten Qualifikationen hängt die soziale und kognitive Entwicklung im außerfamilialen Erziehungs- und Bildungsbereich entscheidend ab. Eltern aller Schichten haben inzwischen ein hohes Aspirationsniveau für ihre Kinder entwickelt, treten für eine möglichst lange und qualifizierte Schulausbildung ein. Sie setzen sich unterstützend bei der Hausaufgabenmithilfe und der Vorbereitung von Klassenarbeiten ein und sind bemüht, → *Leistungsmotivation,* Arbeitshaltung und Konzentrationsfähigkeit bei ihren Kindern aufzubauen. Außerdem fallen Schulversagen (→ *Schulerfolg und Schulversagen*), Schulapathie und Überforderung auf die F zurück; sie hat sowohl entlastend als auch stabilisierend aktiv zu sein. Eltern steht in Anbetracht ihrer umfassenden Erziehungsverantwortung nicht nur ein Mitwirkungsrecht, sondern ein advokatives Recht im außerfamilialen Erziehungs- und Bildungswesen zu.

Rita Süssmuth

Literatur
Ariès, P.: Geschichte der Kindheit. München 1975. – *Bateson, G./Jackson, D. D./Haley, J./Weakland, J.:* Toward a theory of schizophrenia. In: Benak Science 1 (1956), S. 251–264. – *Bateson, G.:* The logical categories of learning and communication. In: *Bateson, G.* (Hrsg.): Steps to an ecology of mind. Fragmore 1973. S. 250–279. – *Baumgärtel, F.* (Hrsg.): Familiensozialisation. Probleme – Daten – Aufgaben. Braunschweig 1979. – *Beck-Gernsheim, E.:* Das halbierte Leben. Frankfurt 1980. – *von Braunmühl, E.:* Zeit für Kinder. Frankfurt/M. 1978. – *Bronfenbrenner, U.:* Ökologische Sozialisationsforschung. Stuttgart 1976. – *Buchhofer, B.:* Die Soziale Lage der Ein-Elternteil-Familie. Weinheim 1980. – *Caesar, B.:* Autorität in der Familie. Reinbek 1972. – *Claessens, D.:* Familie und Wertsystem. Berlin ³1972. – *Cloer, E.* (Hrsg.): Familienerziehung. Bad Heilbrunn 1979. – *Conze, W.* (Hrsg.): Sozialgeschichte der Familie in der Neuzeit Europas. Stuttgart 1976. – *Cooper, D.:* Der Tod der Familie. Reinbek 1972. – *(Zweiter) Familienbericht:* Familie und

Sozialisation. Leistungen und Leistungsgrenzen der Familie hinsichtlich des Erziehungs- und Bildungsprozesses der jungen Generation. Bonn 1975. – *(Dritter) Familienbericht:* Die Lage der Familie in der Bundesrepublik Deutschland. Bericht der Sachverständigenkommission. Bonn, Drucksache 8/3121, 20. 8. 1979. – *Hurrelmann, K.:* Erziehungssystem und Gesellschaft. Reinbek 1975. – *Hurrelmann, K.* (Hrsg.): Sozialisation und Lebenslauf. Empirie und Methodik sozialwissenschaftlicher Persönlichkeitsforschung. Reinbek 1976. – *Kolliadis, E.:* Mütterliche Erwerbstätigkeit und kindliche Sozialisation. Weinheim 1975. – *Kreppner, K.:* Sozialisation in der Familie. In: *Hurrelmann, K./Ulich, D.:* Handbuch der Sozialisationsforschung. Weinheim/Basel 1980, S. 395–423. – *Laing, R. D.:* Phänomenologie der Erfahrung. Frankfurt/M. 1972. – *Laing, R. D.:* Die Politik der Familie. Reinbek 1979. – *Lamb, M. E.* (Hrsg.): The role of the father in child development. New York 1976. – *Langmeier, J./Matějček, Z.:* Psychische Deprivation im Kindesalter. Kinder ohne Liebe. München 1977. – *Lehr, U.:* Die Rolle der Mutter in der Sozialisation des Kindes. Darmstadt ²1978. – *de Mause, L.* (Hrsg.): Hört ihr die Kinder weinen. Eine psychogenetische Geschichte der Kindheit. Frankfurt/M. 1977 (Engl.: The history of childhood. London ²1976). – *Mollenhauer, K.:* Sozialisation und Schulerfolg. In: *Roth, H.* (Hrsg.): Begabung und Lernen. Stuttgart 1969, S. 269–296. – *Mollenhauer, K./Brumlik, M./Wudtke, H.:* Die Familienerziehung. München 1976. – *Neidhardt, F.:* Die Familie in Deutschland. Opladen 1970. – *Neidhardt, F.:* Systemtheoretische Analyse zur Sozialisationsfähigkeit der Familie. In: *Neidhardt, F.* (Hrsg.): Frühkindliche Sozialisation. Stuttgart 1975. – *Parke, R. D.:* Perspectives on father-infant interaction. In: *Osofsky, J. D.* (Hrsg.): Handbook of infancy. New York 1978. – *Parsons, T./Bales, R. F.:* Family, sozialisation and interaction process. Glencoe/Ill. 1955. – *Perrez, M.* (Hrsg.): Krise der Kleinfamilie? Bern 1979. – *Plake, K.:* Familie und Schulanpassung. Soziologische Aspekte zum Verhältnis von primärer und sekundärer Sozialisation. Düsseldorf 1974. *Richter, H. E.:* Eltern, Kind und Neurose. Reinbek 1969. – *Richter, H. E.:* Patient Familie. Reinbek 1972. – *Richter, H. E./Strotzka, H./Willi, J.:* Familie und seelische Krankheit. Reinbek 1976. – *Rosenbaum, H.* (Hrsg.): Familie und Gesellschaftsstruktur. Frankfurt/M. 1978. – *Shorter, E.:* Die Geburt der modernen Familie. Reinbek 1977. (Amerik.: The making of the modern family. 1975). – *Sprey, Th.* (Hrsg.): Theory und Praxis der Eltern- und Familienbildung. München 1978. – *Süssmuth, R.:* Eltern als Erzieher. In: Bildung und Erziehung 4 (1977) S. 125–135. – *Süssmuth, R.:* Familiale Kompetenz – eine vernachlässigte Dimension der Familienerziehung. In: Vierteljahrsschrift für die wissenschaftliche Pädagogik 2 (1978), S. 228–242. – *Watzlawick, P./Beavin, J. H./Jackson, D. D.:* Menschliche Kommunikation. Stuttgart/Wien 1969. – *Watzlawick, P.:* Die Möglichkeit des Andersseins. Bern 1977. – *Wurzbacher, G.* (Hrsg.): Die Familie als Sozialisationsfaktor. Stuttgart 1968.

Gedächtnis

1. Übersicht: Mit Gedächtnis (G) wird die Fähigkeit von Organismen bezeichnet, aufgenommene Informationen mehr oder minder lange Zeit aufbewahren zu können. G ist somit eine notwendige Voraussetzung für jedes Lernen, wenn auch eine systematische psychologische G-Forschung bisher nur im Bereich der Psychologie des Verbalen Lernens betrieben wurde (→ *Lernen und Lerntheorien*). Bevorzugt ist also das sprachgebundene G untersucht worden. Erst neuerdings zeichnet sich die Tendenz ab, im Rahmen der Erforschung der → *G-Entwicklung* auch G-Prozesse beim Säugling zu untersuchen (vgl. Cohen/Gelber 1975). Neben dem schon beträchtliche Ausmaße annehmenden Forschungsprogramm »G-Entwicklung« (vgl. die Übersichten bei Naus/Halasz 1979; Sydow 1979) zeichnet sich als weiterer Schwerpunkt neuerer Forschung die Untersuchung konstruktiver und rekonstruktiver Prozesse ab, nachdem lange Zeit reproduktive Prozesse schwerpunktmäßig Gegenstand der Untersuchungen waren. Diese neueren Forschungen sind auf den Engländer F. C. Bartlett (1932) zurückzuführen, der erstmals untersucht hat, wie die Details einer Geschichte gemäß einer generellen Idee rekonstruiert werden. Neben Ebbinghaus (1885), auf den die Erforschung reproduktiver Prozesse zurückzuführen ist, kann Bartlett (1932) als Begründer der psychologischen G-Forschung angesehen werden.

Die G-Leistung eines Menschen hängt außer vom Zeitpunkt der Behaltensprüfung noch von folgenden Bedingungen ab (vgl. Bransford 1979):

(a) Welche Aktivitäten werden während der Einprägung des Lernmaterials ausgeübt? Auf die Bedeutsamkeit dieser *Verarbeitungsprozesse* wird im nächsten Abschnitt eingegangen.

(b) Wie wird die G-Leistung erfaßt? Besteht z. B. das Lernmaterial aus einer Reihe von Wörtern, so kann die G-Leistung einer Versuchsperson (Vp) auf verschiedene Art und Weise geprüft werden. Ihr können, nachdem eine bestimmte Zeitspanne seit der Darbietung der Wörter verstrichen ist (Behaltensintervall), dieselben Items zusammen mit anderen gezeigt werden, und die Vp soll angeben, welche Wörter ihr schon einmal dargeboten worden sind (Methode des Wiedererkennens, WE). Bei dieser Art der G-Prüfung wird die

Gedächtnis

Leistung der Vp höher liegen, als wenn die Wörter in beliebiger Reihenfolge reproduziert werden müssen (Methode der Freien Reproduktion, FR). Der Unterschied in der G-Leistung ist auf verschiedene *Abrufinformationen* während der Behaltensprüfung zurückzuführen, deren Rolle für die G-Leistung in Abschnitt 3 beschrieben wird.
(c) Eine dritte Bedingung der G-Leistung, auf die in Abschnitt 4 eingegangen wird, sind bestimmte Merkmale des *Lernmaterials*. In diesem Artikel wird nur sprachliches Material wie Wörter, Sätze und Texte berücksichtigt.
(d) Schließlich bestimmen die *Vorkenntnisse* eines Lernenden wesentlich das Zustandekommen einer G-Leistung mit, worauf im letzten Abschnitt einzugehen ist.
2. *Verarbeitungsprozesse:* Eine frühe Untersuchung von Peterson/Peterson (1959) zeigt, wie wichtig das *Memorieren* (Wiederholen) der Items für eine kurzfristige G-Leistung ist; unter kurzfristig soll ein Behaltensintervall von höchstens 30 Sekunden verstanden werden. Die Autoren boten ihren Vpn ein konsonantisches Trigramm wie LTR dar; daraufhin sollten sie innerhalb eines Zeitintervalls von 3 bis 18 Sekunden in Dreier-Schritten (z. B. 120, 117, 114...) rückwärts zählen, damit das Item nicht memoriert werden konnte. Nach Ablauf der Zeitspanne sollte es reproduziert werden. Es folgt dann die Darbietung des zweiten Trigramms usw. Wesentliches Ergebnis dieses Experiments ist, daß schon nach 3 Sekunden die Reproduktionswahrscheinlichkeit nur 0.55 beträgt und bereits nach 18 Stunden geringer als 0.10 ist. Dieses Experiment hat viele Untersuchungen angeregt, die insbesondere klären sollten, warum das Vergessen bei Verhinderung des Memorierens so schnell eintritt (zusammenfassend Klimesch 1979). Einerseits kommt ein mit der Zeit fortschreitender Zerfall der G-Spur in Frage. Andererseits konnten Keppel/Underwood schon 1962 zeigen, daß *Interferenzen* zwischen verschiedenen Items wenigstens zum Teil das Vergessen determinieren. Sie wiesen nach, daß unabhängig von der Länge des Behaltensintervalls die Reproduktionswahrscheinlichkeit um so geringer war, je mehr Items zuvor gelernt worden waren (proaktive Hemmung). Darüber hinaus haben Waugh/Norman (1965) gezeigt, daß die Reproduktionswahrscheinlichkeit um so geringer ist, je mehr Items einem zu reproduzierenden Item im Behaltensintervall folgen (retroaktive Hemmung). Da in diesen Experimenten die Zahl der intervenierenden Items unabhängig vom Behaltensintervall variiert wurde, läßt sich zunächst sagen, daß ein autonomer Spurenzerfall nicht allein für das schnelle Vergessen verantwortlich gemacht werden kann. Neben Interferenzen ist auch die begrenzte Verarbeitungs*kapazität* bei Kurzzeitgedächtnis-Aufgaben für das schnelle Vergessen verantwortlich. Erstmals hat dies Ebbinghaus (1885), der Begründer der psychologischen G-Forschung, gezeigt. Während er in der Lage war, sechs sogenannte sinnlose Silben (Konsonant-Vokal-Konsonant-Silben wie POR) nach einem einzigen Lernversuch richtig zu reproduzieren, benötigte er z. B. für zehn Silben wenigstens vier Versuche. Dies zeigt, daß ohne Memorieren sechs Silben kurzfristig reproduziert werden können; ist der Umfang des Lernmaterials jedoch größer, so bedarf es des Memorierens, um die Items fehlerlos reproduzieren zu können. Eine andere Möglichkeit, deren Aktualisierung von der Art des Lernmaterials und dem Wissen einer Vp (vgl. Abschnitt 5) abhängig ist, besteht in der reduktiven Kodierung der Items. Z. B. dürfte es niemandem möglich sein, ohne diese die Gedächtnisbelastung reduzierende Kodierung die Zahlenfolge 0,1,1,1,0,1,0,0,1,1,1,0,0,1,1,0 richtig zu reproduzieren. Anders sieht es aus, wenn bei der Einprägung der Schlüssel 00=1, 01=2, 10=3, 11=4 angewendet wird, so daß die Zahlenfolge 2,4,2,1,4,3,2,3 gelernt und bei der Reproduktion wieder in 0,1,1,1,0,1,0,0,1,1,1,0,0,1,1,0 entschlüsselt wird. Miller (1956) hat gezeigt, daß die Verarbeitungskapazität im Paradigma der unmittelbaren G-Spanne (Reproduktion der richtigen Reihenfolge der Items sofort nach ihrer Darbietung) unabhängig von der Art der Items etwa 7 ± 2 Einheiten beträgt; der Umfang der Einheiten ist jedoch durch reduktives Kodieren erweiterbar, wie das obige Beispiel zeigt. Dieser Tatbestand ist auch aus der alltäglichen Erfahrung bekannt. Die kurzfristige Reproduktion einer langen auswärtigen Telefonnummer gelingt, wenn die Zahlen z. B. in Zweiergruppen memoriert werden (z. B. 05 51 96 38 78).
Die bisher referierten Ergebnisse und andere hier nicht erörterte Befunde lassen sich in ein *G-Modell* einordnen, das drei verschiedene G-Speicher und zwischen ihnen eine sequentielle Informationsübertragung annimmt. Zuerst gelangt die Information in die sogenannten *sensorischen Register,* wo sie sehr kurzzei-

tig für einige 100 Millisekunden als Vorstellungsbild aufbewahrt wird. Sofern die Information nicht schon an diesem Punkt ihrer Fortpflanzung vergessen wird, wird sie in den *Kurzzeitspeicher* (KZS) übertragen, der eine begrenzte Speicherkapazität hat. Eine Schätzung für diese Kapazität ist Millers (1956) magische Zahl 7 (s. o.). Ohne Memorieren gehen die Informationen aus diesem Speicher schnell verloren. Das Memorieren gewährleistet die Übertragung in den *Langzeitspeicher* (LZS), der eine nahezu unbegrenzte Kapazität hat und in dem die Informationen sehr lange verbleiben. Können sie dennoch nicht erinnert werden, so liegt das daran, daß die Informationen nicht wieder aufgefunden werden können (vgl. Abschnitt 3). Durch den Transfer in den LZS wird Platz für neue Informationen geschaffen, die von den sensorischen Registern den KZS erreichen usw. Leider hat sich dieses einfache G-Modell nicht bewährt. Craik (1973) führt hierfür u. a. folgende Befunde an: (a) Die Kapazitätsschätzungen für KZS differieren je nach dem verwendeten Pardigma; z. B. ergeben FR-Untersuchungen andere Schätzungen als die Ermittlung der unmittelbaren G-Spanne. (b) In dem oben referierten G-Modell soll der KZS ein akustischer, der LZS ein semantischer Speicher sein. Es gibt aber Befunde, die zeigen, daß auch im KZS schon eine semantische Informationsverarbeitung stattfindet (z. B. Wippich/Bredenkamp 1979). Ein weiterer Befund, der sich mit dem oben skizzierten G-Modell nicht vereinbaren läßt, verdeutlicht die Notwendigkeit der Unterscheidung verschiedener Typen des Memorierens. Danach ist die längerfristige Reproduktionswahrscheinlichkeit nicht davon abhängig, wie oft ein Item memoriert wurde (Craik/Watkins 1973). Memorieren meint hier ein Wiederholen der Items; als solches ist es als ein maintenance rehearsal oder Typ-I-Memorieren von einem elaborative rehearasal oder Typ-II-Memorieren abzugrenzen, bei dem die Beziehungen zwischen Items gebildet, Vorstellungsbilder generiert werden usw. Im Unterschied zum Typ-I-Memorieren begünstigt das elaborative Kodieren (Memorieren) das langfristige Erinnern.

Der *levels-of-processing*-Ansatz von Craik/Lockhart (1972) ist eine G-Konzeption, die dieser Unterscheidung Rechnung trägt. Wesentlich für diesen Ansatz ist das Postulat eines Kontinuums der kognitiven Verarbeitungstiefe, dessen Endpunkte sensorische Verarbeitungsprozesse einerseits und semantische Elaborationen andererseits sind. Die Tiefe der Verarbeitung ist von der Aufmerksamkeitszuwendung und der Kompatibilität der Informationen mit der kognitiven Struktur des Lernenden abhängig (→ *Kognitive Komplexität*). Je tiefer die Verarbeitung ist, desto besser wird behalten. Craik (1973) hat versucht, diese wesentliche Aussage experimentell zu stützen. Bevor den Versuchspersonen 0.2 Sekunden lang jeweils ein Wort dargeboten wurde, von dem sie nicht wußten, daß es erinnert werden sollte (inzidentelles Lernen), wurden sie mit einer von fünf folgenden Fragen konfrontiert, die unterschiedliche Verarbeitungstiefen induzieren sollten: (a) Wird ein Wort dargeboten? (b) Ist das Wort in großen oder kleinen Buchstaben geschrieben? (c) Reimt sich das Wort mit . . .? (d) Paßt das Wort in die Kategorie: . . .? (e) Paßt das Wort in den folgenden Satz: . . .? Nachdem alle Wörter dargeboten worden waren, folgte für die Vpn überraschend ein WE-Test, der in Übereinstimmung mit dem levels-of-processing-Ansatz zu dem Ergebnis führte, daß die G-Leistung um so besser war, je tiefer vermutlich die Verarbeitung gewesen ist. Seit der Ausarbeitung der levels-of-processing-Konzeption ist dieser Ansatz kontinuierlich weiterentwickelt worden, um bestimmten Befunden gerecht werden zu können (vgl. Craik 1977). Verdienstvoll an diesem Ansatz ist, daß er als entscheidend für langfristige G-Leistungen bestimmte Aktivitäten des Lernenden herausstellt, die weit effektiver zu sein scheinen als etwa die Konstruktion neuer Lehrtexte nach bestimmten Prinzipien (→ *Externe Lernregelung*). Eine semantische Verarbeitung kann z. B. beim → *Textlernen* durch den Lernenden selbst erreicht werden, wenn etwa textbezogene Fragen eingestreut werden (vgl. auch die Untersuchungen zum mathemagenischen Verhalten durch Rothkopf 1970). Kritisch zum levels-of-processing-Ansatz haben sich Postman u. a. (1978) geäußert.

3. *Die Bedeutsamkeit der Abrufinformationen:* In Abschnitt 1 wurde ausgeführt, daß bessere G-Leistungen in einer WE- als in einer FR-Aufgabe erzielt werden. Das liegt daran, daß zum Zeitpunkt der Erfassung der G-Leistung beim WE Abrufinformationen vorliegen, die auch während der Einprägung präsent waren, während bei der FR die Abrufinformationen erst generiert werden müssen. Zahlreiche Befunde bestätigen die Hypo-

these der Enkodierungsspezifität (Tulving/Thomson 1973): Je mehr sich die Informationen zum Zeitpunkt der Einprägung und des Abrufs überlappen, um so besser ist die G-Leistung. So überrascht es nicht, daß eine besondere Spielart der FR-Aufgabe, der cued recall, zu besseren G-Leistungen führen kann als das WE. Ein Experiment von Tulving/Thomson (1973) zeigt dies deutlich. Die Vpn enkodierten präexperimentell schwach assoziierte Wortpaare wie Glas–hart, Gedächtnis–langsam usw. Danach wurden Wörter präsentiert, die stark mit den später zu erinnernden Zielwörtern hart, langsam usw. assoziiert sind (weich, schnell). Zu diesen Items sollten andere Wörter aufgeschrieben werden, und daraufhin kreuzten die Vpn die aus der Einprägungsphase wiedererkannten selbst generierten Wörter an. Diese WE-Leistung war sehr viel schlechter als die Reproduktion der Items, wenn die »zugehörigen« Substantive als Abrufinformationen dargeboten wurden. Die Wirksamkeit der Überlappung zwischen den Informationen in der Einprägungs- und Abrufphase legt die Vermutung nahe, daß es auch Situationen gibt, in denen die G-Leistung nach einer im Sinne des levels-of-processing-Ansatzes oberflächlichen Verarbeitung besser als nach einer kognitiv tiefen Enkodierung ist. Stein (1978) hat diese Vermutung bestätigen können. Lagen während der G-Prüfung Abrufinformationen vor, die der oberflächlichen Verarbeitung entsprachen, war die G-Leistung nach einer oberflächlichen Enkodierung überlegen. Wurden jedoch Abrufinformationen geboten, die der kognitiv tiefen Verarbeitung entsprachen, so war die G-Leistung der Personen überlegen, die semantisch enkodiert hatten.

Das Konzept der Abrufinformation ist wichtig für das Verständnis des Vergessens. Frühere Untersuchungen von Tulving/Pearlstone (1966) zeigen bereits, daß nicht reproduzierte Items nicht auch schon als vergessen angesehen werden können. Bei der Präsentation relevanter Abrufinformationen wurde ein Teil der zuvor nicht erinnerten Items jetzt richtig reproduziert. Das Nicht-reproduzieren-Können von Informationen kann wenigstens zum Teil verhindert werden, wenn der Lernende während der Einprägung und der Prüfung überlappende Informationen angeboten bekommt.

4. *Eigenschaften von Lernmaterialien:* Bestimmte Eigenschaften von Wörtern, wie ihre Auftrittshäufigkeit in der Sprache und die Leichtigkeit, mit der sie sprachliche Assoziationen (Bedeutungshaltigkeit) und Vorstellungsbilder (Bildhaftigkeit) auslösen, sind bedeutsame Prädiktoren der G-Leistung. Insbesondere ist die Variable Bildhaftigkeit in einer Theorie der Informationsverarbeitung verankert, der ein hoher integrativer Wert bei der Erklärung verschiedener Befunde zukommt (Paivio 1971). Erste Ergebnisse von Wippich/Bredenkamp (1979) deuten jedoch an, daß diese Variable ihre prädiktive Kraft dann verliert, wenn ganze zusammenhängende Texte das Lernmaterial konstituieren und die G-Leistung danach beurteilt wird, wie gut der Sinngehalt eines Textes getroffen wurde (vgl. Bredenkamp/Wippich 1977).

Theoretisch wie praktisch schwerwiegende Befunde haben sich in Untersuchungen eingestellt, in denen den Vpn eine Menge von semantisch aufeinander bezogenen Sätzen dargeboten wird. Z. B. enthält der Satz »Das Mädchen, das nebenan wohnt, zerbrach das große Fenster in der Veranda« folgende einfachen Ideen: »Das Mädchen wohnt nebenan«, »Das Mädchen zerbrach das Fenster«, »Das Fenster war groß«, »Das Fenster war in der Veranda«. Diese einfachen Sätze enthalten einen Teil der gesamten Information. Mehr Information enthalten Zweier-Sätze wie »Das Mädchen, das nebenan wohnt, zerbrach das Fenster« sowie Dreier-Sätze wie »Das Mädchen zerbrach das große Fenster in der Veranda«. Bietet man nun den Vpn einige einfache Sätze, Zweier und Dreier dar, aus denen die gesamte Information konstruiert werden kann, so zeigt sich beim WE-Test, daß mit großer subjektiver Sicherheit der komplexe Vierer-Satz »wiedererkannt« wird, obwohl er niemals dargeboten wurde. Aus diesem Befund und weiteren Ergebnissen haben Bransford/Franks (1971) geschlossen, daß Vpn ganzheitliche semantische Strukturen, die das Wesentliche enthalten, konstruieren und speichern, während das G für spezifische Sätze verlorengeht. Neuere Befunde führen allerdings zur Einschränkung der allgemeinen Gültigkeit dieser Aussage (vgl. Bransford 1979; Wippich/Bredenkamp 1979). Immerhin zeigen die Untersuchungen zur Konstruktionshypothese, daß mehr als eine Menge spezieller Sätze erworben wird. Der Konstruktionshypothese kommt besondere Relevanz für das → *Textlernen* zu (vgl. Abschnitt 5), während dies für die syntaktische Komplexität von Sätzen nicht gilt (Bransford 1979), sofern nicht bestimmte Sätze eines Textes zu reproduzieren sind, sondern der Sinngehalt wiedergegeben werden muß.

5. *Die Rolle der Vorkenntnisse:* Die Vpn in psychologischen G-Experimenten sind meistens Erwachsene oder Kinder, die schon über ein Wissen verfügen, das sie bei der Bewältigung der gestellten G-Aufgaben einsetzen können. Beim Lernen sogenannter sinnloser Silben oder von Wortpaaren manifestiert sich dies in der Anwendung bestimmter Strategien zur Lösung des Problems. Ohne dieses Wissen wäre auch ein sinnzentriertes Lernen von Texten nicht möglich. Während der Rezeption eines Textes setzt die Vp ihr Wissen ein und konstruiert ganzheitliche Strukturen, die zu den vorhandenen Kenntnissen passen (Konstruktionshypothese). Diese Konstruktionen werden später erinnert, und die Details einer Geschichte werden gemäß dieser generellen Idee rekonstruiert (Bartlett 1932). Ein Experiment von Snyder/Uranowitz (1978) zeigt, daß das eingesetzte »Wissen« in Form von sozialen Stereotypen erheblich zu einer Verzerrung der Rekonstruktion in Richtung auf die bestehende Auffassung und damit zu ihrer Fixierung beitragen kann. Unerwünschte Konsequenzen, die nicht einmal durch einen Lügendetektor aufdeckbar sein dürften, hat die Rekonstruktion auch für den Wahrheitsgehalt von Zeugenaussagen vor Gericht. Die Kenntnisse, die eine Vp mit in das Laboratorium des Psychologen bringt, ihr »Wissen um die Welt«, konstituieren das *semantische* G. Die Aneignung dieser Kenntnisse läßt sich zeitlich nicht datieren. Vom semantischen G. zu unterscheiden ist das *episodische* G (Tulving 1972), das gedächtnispsychologisch bisher hauptsächlich untersucht worden ist. In diesen Experimenten verarbeitet der Lernende Informationen über zeitlich datierte Episoden (Aneignung und Reproduktion bzw. Rekonstruktion von Wortlisten und Texten). Neuerdings ist das semantische G ein eigenständiges Forschungsgebiet geworden, in dem Modelle über die Struktur des Wissens aufgestellt und geprüft werden (→ Denken und Problemlösen). Hervorragend orientiert über den augenblicklichen Stand der Forschung Smith (1978). Die Erforschung des semantischen G ist eine außerordentlich wichtige Aufgabe der Psychologie. Von den Ergebnissen dieser Forschungen ist ein besseres Verstehen der Funktionsweise des menschlichen G (auch des episodischen) abhängig.

Jürgen Bredenkamp

Literatur
Bartlett, F. C.: Remembering: A study in experimental and social psychology. London 1932. – *Bransford, J. D.:* Human cognition. Belmont 1979. – *Bransford, J. D./Franks, J. J.:* The abstraction of linguistic ideas. In: Cognitive Psychology 2 (1971), S. 331–350. – *Bredenkamp, J./Wippich, W.:* Lern- und Gedächtnispsychologie. Stuttgart 1977. – *Cohen, L. B./Gelber, E. R.:* Infant visual memory. In: *Cohen, L. B./Salapatek, P.* (Hrsg.): Infant perception: From sensation to cognition. Bd. 1. New York 1975. – *Craik, F. I. M.:* A »levels of analysis« view of memory. In: Pliner u. a. (Hrsg.): Communication and affect: Language and thought. New York 1973, S. 45–65. – *Craik, F. I. M.:* Depth of processing in recall and recognition. In: Dornic, S. (Hrsg.): Attention and performance. Bd. 6. Hillsdale 1977, S. 679–697. – *Craik, F. I. M./Lockhart, R. S.:* Levels of processing: A framework for memory research. In: Journal of Verbal Learning and Verbal Behavior 11 (1972), S. 671–684. – *Craik, F. I. M./Watkins, M. J.:* The role of rehearsal in short-term memory. In: Journal of Verbal Learning and Verbal Behavior 12 (1973), S. 599–607. – *Ebbinghaus, H.:* Über das Gedächtnis. Leipzig 1885 (Nachdruck Darmstadt 1971). – *Keppel, G./Underwood, B. J.:* Proactive inhibition in short-term retention of single items. In: Journal of Verbal Learning and Verbal Behavior 1 (1962), S. 153–161. – *Klimesch, W.:* Vergessen: Interferenz oder Zerfall? In: Psychologische Rundschau 30 (1979), S. 110–131. – *Miller, G. A.:* The magical number seven, plus or minus two: Some limits on our capacity for processing information. In: Psychological Review 63 (1956), S. 81–97. – *Naus, M. J./Halasz, F. G.:* Developmental perspectives on cognitive processing and semantic memory structure. In: *Cermak, L. S./Craik, F. I. M.* (Hrsg.): Levels of processing in human memory. New York 1979. – *Paivio, A.:* Imagery and verbal processes. New York 1971. – *Peterson, L. R./Peterson, M. J.:* Short-term retention of individual verbal items. In: Journal of experimental Psychology 58 (1959), S. 193–198. – *Postman, L.* u. a.: The interpretation of encoding effects in retention. In: Journal of Verbal Learning and Verbal Behavior 17 (1978), S. 681–705. – *Rothkopf, E. Z.:* The concept of mathemagenic activities. In: Review of Educational Research 40 (1970), S. 325–336. – *Smith, E. E.:* Theories of semantic memory. In: *Estes, W. K.* (Hrsg.): Handbook of learning and cognitive processes. Bd. 6. Hillsdale 1978, S. 1–56. – *Snyder, M./Uranowitz, S. W.:* Reconstructing the past: Some cognitive consequences of person perception. In: Journal of Personality and Social Psychology 36 (1978), S. 941–950. – *Sydow, H.:* Probleme und Ergebnisse der kinderpsychologischen Gedächtnisforschung. In: Probleme und Ergebnisse der Psychologie 69 (1979), S. 81–95. – *Stein, B. S.:* Depth of processing reexamined: The effects of precision of encoding and test appropriateness. In: Journal of Verbal Learning and Verbal Behavior 17 (1978), S. 165–174. – *Tulving, E.:* Epidsodic and semantic memory. In: *Tulving, E./Donaldson, W.* (Hrsg.): Organization of memory. New York 1972, S. 328–403. – *Tulving, E./Pearlstone, Z.:* Availability versus accessibility of information in memory for words. In: Journal of Verbal Learning and Verbal Behavior 5 (1966), S. 381–391. – *Tul-*

ving, E./Thomson, D. M.: Encoding specificity and retrieval processes in episodic memory. In: Psychological Review 80 (1973), S. 352–373. – *Waugh, N. C./Norman, D. A.:* Primary memory. In: Psychological Review 72 (1965), S. 89–104. – *Wippich, W./Bredenkamp, J.:* Bildhaftigkeit und Lernen. Darmstadt 1979.

Gedächtnisentwicklung

1. Gegenstand der entwicklungspsychologischen Gedächtnisforschung: In Übereinstimmung mit grundlegenden theoretischen Umorientierungen der Allgemeinen Psychologie (von der Dominanz behavioristischer Lerntheorien zur Bevorzugung kognitiv orientierter Theorien der menschlichen Informationsverarbeitung) beschäftigt sich die entwicklungspsychologische Gedächtnisforschung mit der sehr breit definierten Analyse jener im Verlauf des Lebens sich verändernden Bedingungen, Prozesse und Produkte der Informationsaufnahme, -verarbeitung, -speicherung und -reaktivierung, die für die gleichzeitige oder spätere Nutzung dieser Informationen von Bedeutung sind (Weinert 1979). Wenn von Gedächtnisentwicklung gesprochen wird, so meint man damit also keineswegs nur die Beschreibung alterstypischer Behaltens- und Erinnerungsleistungen, sondern in erster Linie deren Erklärung durch (theoretisch postulierte) Veränderungen der kognitiven Merkmale und Systeme. Den theoretischen Leitgedanken der gegenwärtigen Forschungsaktivität auf diesem Gebiet hat John Flavell bereits 1971 umschrieben: »What is memory development the development of? It seems in large part to be the development of intelligence structuring and storage of input, of intelligent search and retrieval operations, and of intelligent monitoring and knowledge of these storage and retrieval operations – a kind of metamemory, perhaps. Such is the nature of memory development« (S. 277). Die einheitstiftende Fragestellung der neueren entwicklungspsychologischen Gedächtnisforschung ist also, welche hypothetisch angenommenen Strukturen und Prozesse der Informationsaufnahme, -verarbeitung, -speicherung und -nutzung sich wie verändern, wenn viele Lern- und Gedächtnisleistungen im Verlauf von Kindheit und Jugend ansteigen und einige davon im Erwachsenenalter wieder abnehmen. Leider konzentriert sich die Mehrzahl der vorliegenden empirischen Studien auf die Altersspanne zwischen dem 4. und 20. Lebensjahr; es mangelt an Untersuchungen über die Gedächtnisentwicklung in der frühesten Kindheit und im Erwachsenenalter.

2. Veränderung der Gedächtnisleistungen: Ausgangspunkt vieler Forschungsarbeiten ist die unbestrittene, vielfach replizierte, aber erklärungsbedürftige Beobachtung, daß sich die Leistungen beim Erlernen, Behalten und Erinnern im Verlauf des Kindes- und Jugendalters verbessern. Charakteristisch dafür ist die *Gedächtnisspanne,* d. h. die Anzahl unverbundener Elemente, die jemand unmittelbar nach einmaliger Darbietung fehlerfrei wiedergeben kann. Unabhängig davon, ob man Bilder, Ziffern, Buchstaben oder Worte verwendet, stets erweist sich die Leistung Erwachsener bei dieser Aufgabe (7 ± 2 Items) im Durchschnitt als doppelt so groß wie die von Vorschulkindern. Was liegt näher, als diese und andere Leistungssteigerungen als Folge der reifungsabhängigen Zunahme der Gedächtniskapazität zu erklären? Es handelt sich dabei um den zwar verbreiteten, wissenschaftlich aber wenig befriedigenden Versuch, Leistungsveränderungen mehr oder minder tautologisch auf postulierte Veränderungen zugrundeliegender Leistungsfähigkeiten zurückzuführen. Demgegenüber konnte in einer Reihe neuerer Untersuchungen demonstriert werden, daß altersspezifische Unterschiede und Veränderungen der Gedächtnisspanne mit Differenzen des relevanten Wissens, der Vertrautheit mit dem Lernmaterial und der Verfügbarkeit bzw. Nutzung effektiver Einprägungsstrategien erklärbar sind (Chi 1976; 1978; Huttenlocher/Burke 1976). Bei Kontrolle oder Ausschaltung entwicklungsabhängiger Einflußfaktoren zeigten sich, ähnlich wie bei der Gedächtnisspanne, auch für das sensorische Gedächtnis (Sheingold 1973) und für die basale Fähigkeit des Wiedererkennens (Cohen/Gelber 1975; Brown/Scott 1971; vgl. Kail 1979) zumindest vom 3. Lebensjahr an keine alterstypischen Veränderungen, so daß Reese (1979) in Übereinstimmung mit Ornstein (1978) und vielen anderen zu der Schlußfolgerung gelangt, »daß die strukturellen Aspekte des Gedächtnisses vermutlich bereits sehr früh im Leben ausgereift sind und danach ihre Funktionstüchtigkeit bewahren (außer natürlich, wenn die zugrundeliegende neurophysiologische Struktur ernsthaft geschädigt wird)« (S. 95).

3. Entwicklung des autonomen Einprägens: Mit der teilweisen und vorläufigen Zurück-

weisung der Hypothese, daß die Verbesserung der Gedächtnisleistungen im Kindes- und Jugendalter auf eine Steigerung der strukturellen Gedächtniskapazität zurückgeführt werden kann, kommt der Analyse entwicklungsabhängiger Prozesse der Informationsverarbeitung besondere Bedeutung zu.
Dabei betrachtet die überwiegende Mehrzahl der auf diesem Gebiet arbeitenden Entwicklungspsychologen in Übereinstimmung mit den grundlegenden Annahmen Jean Piagets schon das junge Kind sowohl in natürlichen wie in experimentell gestalteten Lernsituationen als einen aktiv und konstruktiv Handelnden (→ *Entwicklung*). Um die intraindividuellen Unterschiede und Veränderungen der Lernaktivitäten und der damit verbundenen Gedächtnisleistungen theoretisch zu rekonstruieren, hat es sich als nützlich erwiesen, zwischen automatisch-unwillkürlichen Einprägungsprozessen und absichtlich-willkürlichen Lernprozessen zu unterscheiden. (Brown 1979; Naus/Halasz 1979). Als automatisch-unwillkürlich werden all jene Einprägungsvorgänge bezeichnet, die ohne eine Lernabsicht, ein Lernziel und eine bewußte Lernstrategie immer dann stattfinden, wenn eine Person mit einer für sie sinnvollen Umwelt interagiert. Von absichtlich-willkürlichen Prozessen spricht man, wenn Lernen mehr oder minder bewußt als strategisches Mittel bei der Realisierung eines zielgerichteten Handlungsplanes eingesetzt wird (zur Problematik der Unterscheidung vgl. Reese 1979, S. 93). Nach der gegenwärtigen Forschungslage ist zu vermuten, daß diese beiden Klassen von Lern- und Gedächtnisaktivitäten wenigstens teilweise einen unterschiedlichen Entwicklungsverlauf aufweisen.
Präsentiert man z. B. Kindern unterschiedlichen Alters den Inhalt verschiedener Geschichten ohne jede Lerninstruktion, so hängen Aufnahme, Verständnis, Speicherung und Nutzung der enthaltenen Informationen von der Schwierigkeit des Textes im Vergleich zur Art des bereichsspezifischen Wissens und des Entwicklungsstandes der Fähigkeit ab, einzelne Teile der Geschichte zu verknüpfen, Lücken zu erkennen und inhaltliche Schlußfolgerungen zu ziehen. Die Integration von Informationen und implizite Inferenzen sind bereits bei jüngeren Kindern die kritischen Komponenten des automatisch unwillkürlichen Lernens bei der Auseinandersetzung mit einer sinnvollen Umweltsituation. Als entwicklungsabhängig erwiesen sich lediglich die Inhalte des semantischen Gedächtnisses (Aebli 1979) und das Strukturniveau der logischen Operationen (Paris 1975). Piaget/Inhelder (1974) haben dazu zwei forschungsstimulierende Hypothesen formuliert: Zum einen nehmen sie an, daß die Art und Weise, wie etwas eingeprägt und erinnert wird, vom kognitiven Entwicklungsstand des Lernenden abhängt; und zum anderen gehen sie davon aus, daß sich auch bereits gespeicherte Informationen entsprechend der allgemeinen Entwicklung kognitiver Strukturen verändern. Während die erste Hypothese in den letzten Jahren immer wieder bestätigt werden konnte, blieb die zweite Vermutung bis heute umstritten. In jedem Fall sprechen vielfältige entwicklungspsychologische Forschungsergebnisse zum automatischen inzidentellen Lernen für die theoretische Annahme, »that memorization is an active constructive process, that is based upon, i. e. determined by the nature of current knowledge« (Naus/Halasz 1979, S. 278). Ann Brown (1979) spricht in diesem Zusammenhang von »head fitting« und versteht darunter das Verhältnis zwischen dem, was jemand bereits weiß, und dem, was er jeweils aktuell hinzulernen kann.

4. *Entwicklung von Gedächtnisstrategien:* Wenn unabsichtliches Einprägen als nichtstrategisches Lernen bezeichnet wird, so ist damit keineswegs ausgesagt, daß dabei keine Lernstrategien verwendet werden. Sowohl bei der Informationsintegration wie beim schlußfolgernden Hinausgehen über die gegebene Information wird eine Vielzahl automatisierter Verarbeitungsstrategien benutzt. Sie stellen jedoch keine bewußt eingesetzten Mittel zur Erreichung eines bestimmten Lernziels dar. Jugendliche und Erwachsene verfügen aber über ein sehr umfangreiches Repertoire an Einprägungs-, Organisations-, Speicherungs- und Abrufstrategien, die im Verlauf des Schulalters aufgebaut werden (vgl. Kail/Hagen 1977). Jede dieser gezielt und bewußt einsetzbaren Strategien muß im Verlauf der Entwicklung also erworben werden. Dies vollzieht sich jeweils in einer typischen Sequenz von drei Schritten: (a) Ist eine Lern- und Abrufstrategie noch nicht erworben, so kann sie auch nicht durch äußere Hinweise oder ein kurzzeitiges Training verfügbar gemacht werden (Entwicklungs- oder Elaborationsdefizit). (b) Nachdem die Strategie prinzipiell verfügbar ist, wird sie zwar oft spontan nicht genutzt, kann aber durch entsprechende

Anregungsbedingungen zugänglich gemacht werden (Nutzungsdefizit). (c) Die Strategie ist verfügbar und wird auch spontan in angemessener Weise verwendet (Flavell 1970). So lernt z. B. schon das jüngere Kind, daß es sich die Zahlen einer Telefonnummer merken kann, wenn es sie permanent oder wenigstens mehrfach wiederholt; es muß aber gleichzeitig lernen, daß diese Wiederholungsstrategie nur dann zweckmäßig und effektiv ist, wenn es sich um eine kleine Anzahl unzusammenhängender Items handelt, die kurzfristig reproduziert werden müssen. Dieses introspektive Wissen, wann, wo und wie Strategien aufgabenspezifisch verwendet werden können, bezeichnet man als Metagedächtnis (Flavell/Wellman 1977; Brown 1978). Die damit gekennzeichneten Fähigkeiten, eine Lernsituation als solche zu erfassen, sie zu klassifizieren, mit den eigenen Lernfähigkeiten in Beziehung zu setzen, Schwierigkeiten zu antizipieren und entsprechende Strategien auszuwählen und sequentiell einzusetzen, verbessern sich im Verlaufe der Schulzeit deutlich.

5. Anwendungsmöglichkeiten der Forschungsergebnisse: Sowohl inter- wie intrakulturelle Untersuchungen sprechen im übrigen dafür, daß die Schule als Ort absichtlichen, zielgerichteten und planmäßigen Lernens, eine wichtige Rolle bei der Entwicklung des Metagedächtnisses und der Gedächtnisstrategien spielt (Cole/Scribner 1977; Wagner 1978). Diese Befunde lassen pädagogische Anwendungsmöglichkeiten der entwicklungspsychologischen Gedächtnisforschung erkennen: Neben dem planmäßigen Aufbau strukturellen Wissens und der Anpassung neuer Lerninhalte an die jeweiligen individuellen Wissensvoraussetzungen (Ausubel 1974) besteht eine wichtige Aufgabe des Unterrichts darin, Lern- und Abrufstrategien aufzubauen, in variablen situativen Kontexten zu üben und durch gezielte Förderung des Metagedächtnisses effektiv nutzbar zu machen (Brown 1978). Durch eine solche inhaltliche und formale Bildung des sich entwickelnden Gedächtnisses kann eine bedeutsame Transferwirkung auf künftige Lernaktivitäten und Lernleistungen erwartet und die notwendige Voraussetzung für das von vielen Pädagogen geforderte selbstgesteuerte Lernen geschaffen werden (→ Transfer). Solche pädagogisch-psychologischen Nutzenerwägungen müssen allerdings vage und spekulativ bleiben, weil wir zwar inzwischen einiges über altersinvariante und über entwicklungsabhängige Merkmale des Gedächtnisses von Kindern und Jugendlichen wissen, aber leider über zuwenig Erkenntnisse über stabile und beeinflußbare interindividuelle Differenzen der Gedächtnisentwicklung, über die ökologische Variabilität (→ *Ökologie*) der Lern- und Gedächtnisaktivitäten und über die Bedingungen und Mechanismen der Entwicklung des menschlichen Gedächtnisses im Verlaufe des Lebens verfügen. Die vorliegenden, sehr abstrakten theoretischen Deutungen der Gedächtnisentwicklung betonen in erster Linie die Bedeutung sachstrukturell geordneter, kumulativer Lernprozesse (Case 1978), die Rolle von Assimilations- und Akkommodationsprozessen im Rahmen eines Äquilibrationsmodells (Piaget/Inhelder 1974) oder das dialektische Verhältnis der zunehmenden Automatisierung von Strategien, die einem Gedächtnisziel dienen und deren Koordination zu immer komplexeren, zunehmend selbstregulierten Handlungen (Zaporozhets/Elkonin 1971; Meacham 1977; Reese 1979) führt. Es ist zu vermuten, daß eine produktive Neu- und Weiterentwicklung solcher Erklärungskonzepte auch vom Theorietransfer verbesserter pädagogisch-psychologischer Studien auf die entwicklungspsychologische Gedächtnisforschung abhängt.

Franz E. Weinert

Literatur
Aebli, H.: Elemente einer post-piagetschen Konzeption der Entwicklung in den Theorien des semantischen Gedächtnisses. In: *Montada, L.* (Hrsg.): Brennpunkte der Entwicklungspsychologie. Stuttgart 1979, S. 103–118. – *Ausubel, D. P.:* Psychologie des Unterrichts. Weinheim 1974. – *Brown, A. L.:* Knowing when, where, and how to remember: A problem of metacognition. In: *Glaser, R.* (Hrsg.): Advances in instructional psychology. Vol. 1. Hillsdale 1978, S. 77–165. – *Brown, A. L.:* Theories of memory and the problems of development: Activity, growth, and knowledge. In: *Cermak, L. S./Craik, F. J. M.* (Hrsg.): Levels of processing in human memory. Hillsdale 1979, S. 225–258. – *Brown, A. L./Scott, M. S.:* Recognition memory for pictures in preschool children. In: Journal of Experimental Child Psychology 11 (1971), S. 401–412. – *Case, R.:* Intellectual development from birth to adolescence: A neo-Piagetian interpretation. In: *Siegler, R. S.* (Hrsg.): Children's thinking: What develops? Hillsdale 1978, S. 37–71. – *Chi, M. T. H.:* Short-term memory. Limitations in children: Capacity of processing deficits? In: Memory and Cognition 4 (1976), S. 559–572. – *Chi, M. T. H.:* Knowledge structure and memory development. In: *Siegler, R. S.* (Hrsg.): Children's thinking: What develops? Hillsdale 1978, S. 73–96. – *Cohen, L. B./Gelber, E. R.:* Infant visual memory. In: *Cohen, L. B./Salapatek, P.* (Hrsg.): Infant perception: From

sensation to cognition. Vol. 1. New York 1975, S. 347–403. – *Cole, M./Scribner, S.:* Cross-cultural studies of memory and cognition. In: *Kail, R. V./Hagen, J. W.* (Hrsg.): Perspectives on the development of memory and cognition. Hillsdale 1977, S. 239–271. – *Flavell, J. H.:* Developmental studies of mediated memory. In: *Reese, H. W./Lipsitt, L. P.* (Hrsg.): Advances in child development and behavior. Vol. 5. New York 1970, S. 182–211. – *Flavell, J. H.:* What is memory development the development of? In: Human Development 14 (1971), S. 272–278. – *Flavell, J. H./Wellman, H. M.:* Metamemory. In: *Kail, R. V./Hagen, J. W.* (Hrsg.): Perspectives on the development of memory and cognition. Hillsdale 1977, S. 3–33. – *Huttenlocher, J./Burke, D.:* Why does memory span increase with age? In: Cognitive Psychology 8 (1976), S. 1–31. – *Kail, R. V.:* Die Entwicklung des Gedächtnisses. In: *Montada, L.* (Hrsg.): Brennpunkte der Entwicklungspsychologie. Stuttgart 1979, S. 77–89. – *Kail, R. V./Hagen, J. W.* (Hrsg.): Perspectives on the development of memory and cognition. Hillsdale 1977. – *Meacham, J. A.:* A transactional model of remembering. In: *Datan, N./Reese, H. W.* (Hrsg.): Life-span developmental psychology: Dialectical perspectives on experimental research. New York 1977, S. 261–283. – *Naus, M. J./Halasz, F. G.:* Developmental perspectives on cognitive processing and semantic memory structure. In: *Cermak, L. S./Craik, F. J. M.* (Hrsg.): Levels of processing in human memory. Hillsdale 1979, S. 259–288. – *Ornstein, P. A.:* Introduction: The study of children's memory. In: *Ornstein, P. A.* (Hrsg.): Memory development in children. Hillsdale 1978, S. 1–20. – *Paris, S. G.:* Integration and inference in children's comprehension and memory. In: *Restle, F.* u. a. (Hrsg.): Cognitive theory. Vol. 1. Hillsdale 1975, S. 223–246. – *Piaget, J./Inhelder, B.:* Gedächtnis und Intelligenz. Olten 1974. – *Reese, H. W.:* Gedächtnisentwicklung im Verlauf des Lebens: Empirische Befunde und theoretische Modelle. In: *Montada, L.* (Hrsg.): Brennpunkte der Entwicklungspsychologie. Stuttgart 1979, S. 90–102. – *Sheingold, K.:* Developmental differences in intake and storage of visual information. In: Journal of Experimental Child Psychology 16 (1973), S. 1–11. – *Wagner, D. A.:* Universals and culture-specifics in human memory: A cross-cultural test of memory models. In: Cognitive Psychology 10 (1978), S. 1–28. – *Weinert, F. E.:* Entwicklungsabhängigkeit des Lernens und des Gedächtnisses. In: *Montada, L.* (Hrsg.): Brennpunkte der Entwicklungspsychologie. Stuttgart 1979, S. 61–76. – *Zaporozhets, A. V./Elkonin, D. B.* (Hrsg.): The psychology of preschool children. Cambridge/Mass. 1971.

Gefühl

Der verhaltenswissenschaftlich orientierten Psychologie war das Phänomen Gefühl (G) lange Zeit suspekt, war die empirische Erforschung dessen, was mit dem uneinheitlich und ungenau verwendeten Begriff »Gefühl« (engl. emotion) abgedeckt wurde, doch zu einem großen Teil angewiesen auf → *Methoden* wie z. B. die Introspektion, deren Objektivität man anzweifelte. Diese Situation hat sich auch Ende der 70er Jahre noch nicht grundlegend gewandelt: Zwar gibt es mittlerweile eine empirisch fundierte Emotionsforschung, doch – verglichen mit anderen klassischen Bereichen der Psychologie wie Denken (Kognition) und Wollen (Motivation), in denen Theoriebildung und Methodenentwicklung in jüngerer Zeit beträchtlich vorangetrieben wurden – sind entsprechende Forschungsanstrengungen im Bereich des G singulär und fragmentarisch geblieben.

1. Begriffsbestimmung: G oder Emotion wurde von verschiedenen Wissenschaftlern immer wieder unterschiedlich definiert; problematisch ist bis auf den heutigen Tag die Abgrenzung von anderen emotionalen psychischen Variablen geblieben, ein Hinweis dafür, daß die Frage, was ein G ist, wie es entsteht, sich verändert und vergeht, letztlich noch nicht befriedigend beantwortet werden kann. Ewert (1965) grenzt G in sehr differenzierter, deskriptiv orientierter Weise von Stimmung und Erlebnistönung ab, indem er Unterscheidungen klassischer, z. T. introspektiv und phänomenal ausgerichteter Psychologen wie F. Krueger, P. Lersch, T. Lipps oder W. Wundt aufgreift und weiterentwickelt: *Stimmungen* sind umfassende, diffuse, ungegliederte Gesamtbefindlichkeiten des Menschen, möglicherweise konstitutionell und vital begründete »Dauertönungen des Erlebnisfeldes« (Ewert 1974, S. 224); als »*Erlebnistönung*« bezeichnet er »Reaktionen des Wahrnehmenden auf Erlebnisinhalte« (Ewert 1974, S. 224); solche Erlebnistönungen sind zu einem gegebenen Zeitpunkt qualitativ einheitlich, haben, wie Stimmungen, relativ übergreifenden »Grund«-Charakter, von dem sich andere Bewußtseinsinhalte als »Figur« abheben, verändern sich jedoch mit wechselnden Erlebnisinhalten; ihre qualitative Verschiedenartigkeit »wird einzig durch die mögliche Zahl verschiedenartiger Gesamtbewußtseinszustände, deren jeweilige Integration sie darstellen, begrenzt« (Ewert 1965, S. 240). *G im engeren Sinne«* dagegen sind abgehobene Bewußtseinsinhalte mit »Figur«-Charakter, haben eine typische zeitliche Verlaufsform, beziehen sich als Zuwendung oder Abwendung auf die erlebte Umwelt (Person-Situation-Objekt-Zusammenhang) und sind im wesentlichen »soziale Phänomene, bei denen sowohl Anlässe wie Ausdrucks-

Gefühl

formen auf dem Weg → *sozialen Lernens* vermittelt werden« (Ewert 1974, S. 224). In der Literatur wurde eine Reihe von anderen Abgrenzungen und Klassifikationen vorgelegt; Ewerts definitorische Klärung ist praktikabel, weil mit ihrer Hilfe zahlreiche Ergebnisse der Emotionsforschung eindeutiger entweder den Erlebnistönungen oder den G im engeren Sinne zugeordnet werden können.
2. *Ergebnisse der Emotionsforschung:* Im folgenden werden nur die Ergebnisse der Emotionsforschung behandelt, denen aus pädagogisch-psychologischer Sicht Bedeutung beizumessen ist.
2.1 Psychophysiologische Emotionsforschung: In der psychophysiologischen Gefühlsforschung wurde, über W. James (1920) und Cannon (1927) bis zu Pribram (1968) und Lindsley (1970), immer deutlicher herausgearbeitet, daß Erlebnistönungen und G im engeren Sinne als Resultat eines komplexen Wechselspiels zwischen zentralnervösen Zentren (im Thalamus/Hypothalamus und Kortex), peripheren Veränderungen (z. B. Blutdruck, Herzschlag, Schweißsekretion) und rezeptiven Prozessen (Wahrnehmung) aufzufassen sind.
2.2 Aktualgenetische psychologische G-Theorien: Mit der aktuellen Entstehung und Veränderung von G haben sich – implizit oder explizit – fast alle bedeutenden psychologischen Theoriebildungen beschäftigt. Von den Lerntheorien, die G als vererbte (McDougall 1933) oder auf der Basis spezifischer Lernprinzipien wie Konditionierung (→ *Bekräftigung*) oder Imitationslernen (vgl. z. B. Skinner 1953 oder Dollard/Miller 1950) erworbene Reaktionsmuster interpretieren, über die *Psychoanalyse* (→ *Psychoanalytische Pädagogik*), in der G insbesondere als affektartige Entladungen es-hafter Triebenergien verstanden werden (Freud 1948), bis zu modernen *kognitiven Emotionstheorien* (insbesondere von Schachter und Mitarbeitern; vgl. dazu die monographische Darstellung von Grabitz/Gniech 1978), die die Relevanz von → *Attribuierungen* bei der Aktualgenese von G herauszuarbeiten versuchen, existiert eine große Zahl verschiedenartiger, teilweise divergierender, teilweise konvergierender Erklärungsansätze.
2.3 Ontogenetische G-Theorien: Die frühkindliche → *Entwicklung* von G ist methodisch nur schwer von der Entwicklung anderer psychischer Funktionen wie → *Intelligenz* oder → *Wahrnehmung* zu trennen. Aufbauend insbesondere auf den Untersuchungen von Bridges (1931) und Spitz/Wolf (1962), besteht heute weitgehend Übereinstimmung darin, daß sich die verschiedenen G-Arten wie → *Angst,* → *Aggression,* Freude usw. aus einem ursprünglich undifferenzierten Erregungszustand allmählich ausgliedern. Eine *Entwicklungsabfolge* über Unlust–Lust (2. Lebensmonat), Ärger, Abscheu, Furcht (6. Lebensmonat), Fröhlichkeit, Gehobenheit, Liebe (12. Lebensmonat), Eifersucht (15. Lebensmonat), Entzücken, Freude (20. Lebensmonat) wurde durch subtile Längsschnittbeobachtungen des Ausdrucksverhaltens wahrscheinlich gemacht (vgl. Werner 1959). Im Verlauf der weiteren Entwicklung nimmt der *Einfluß der sozialen Umwelt* (→ *Ökologie*) auf das G-Erleben mehr und mehr zu; die fortschreitende Ausdifferenzierung immer spezifischerer G-Arten kann verglichen werden mit der zunehmenden Ausdifferenzierung anderer psychischer und psychophysischer Funktionen und ist vermutlich von analogen → *Reifungs-* und Lernprozessen abhängig, über deren genaue Beschaffenheit jedoch noch wenig Einigkeit besteht.
Relativ ausführlich wurden von Kinderpsychologen → *Angst* und Furcht (z. B. »Achtmonatsangst«) untersucht. Im Verlaufe der ersten acht Lebensjahre verändern sich die angstauslösenden Bedingungen immer mehr; stehen anfänglich konkrete physische Auslöser (laute Geräusche, unbekannte Personen) im Vordergrund, so wächst später die angstauslösende Wirkung von weniger manifesten und sozial determinierten Bedingungen (Dunkelheit, Tod; eigene Phantasieprodukte und Imaginationen; soziale Normen und Sanktionen). Auch die Entwicklung von Ärger und Wut, vor allem der Erwerb aggressiver Reaktionsmuster (→ *Aggression*) durch Beobachtungslernen (vgl. Bandura u. a. 1963), war Gegenstand vieler Untersuchungen.
Die Analyse der Entstehung von *affektiver Zuwendung* und Abhängigkeit (Liebe und Sympathie) steht im Mittelpunkt eines eigenen Forschungsbereiches, der »Attachment«-Forschung (vgl. Alloway u. a. 1977).
Piagets (1951) Konzeptualisierung der Entwicklung *affektiver Schemata* (Destillate typischer Erfahrungen, die in der Interaktion mit den Bezugspersonen in Kindheit und Jugend erworben wurden) in Analogie zur Bildung und Veränderung kognitiver Schemata könnte einen Bezugsrahmen abgeben, in den sich

die verschiedenen Ergebnisse der empirischen, ontogenetisch orientierten Emotionsforschung u. U. integrieren lassen.

2.4 Empathie und emotionale Ansprechbarkeit: In jüngerer Zeit findet im Rahmen der Altruismus- und Rollenübernahmeforschung *Empathie*, d. h. die Fähigkeit, sich in die emotionale Verfassung einer anderen Person einzufühlen, verstärkt Beachtung. Im Unterschied zur *emotionalen Ansprechbarkeit*, einer Persönlichkeitsvariablen, deren genetische Verwurzelung – bei Akzeption der Wirksamkeit von Sozialisationseinflüssen – nicht in Zweifel gezogen wird, scheint Empathie eine Größe zu sein, deren Abhängigkeit von aktuellen, situativ-interaktionalen, geschlechtsrollen- und erziehungsbedingten Einflüssen deutlicher ausgeprägt ist (vgl. Chandler 1977).

3. *Zusammenfassung:* Viele pädagogisch-psychologisch bedeutsame Fragen in der Emotionsforschung, z. B. die Probleme der aktual- und ontogenetischen Entstehung von G, können zum gegenwärtigen Zeitpunkt noch nicht befriedigend beantwortet werden; in der empirischen Analyse wurden die sozialisatorischen Bedingungen inadäquat oder gar nicht berücksichtigt. Dementsprechend bleiben integrative theoretische G-Konzepte in den traditionellen psychologischen Disziplinen fragmentarisch und sind nur selten anzutreffen.

Hartmut Kasten

Literatur
Alloway, T. u. a. (Hrsg.): Advances in the study of communication and affect: Attachment behavior. Vol. 3. New York 1977. – *Bandura, A.* u. a.: Imitation of film-mediated aggressive models. In: Journal of Abnormal and Social Psychology 66 (1963), S. 3–11. – *Bridges, K. M. B.:* The social and emotional development of the pre-school child. London 1931. – *Cannon, W. B.:* The James-Lange theory of emotions: A critical examination and an alternative. In: American Journal of Psychology 39 (1927), S. 106–124. – *Chandler, M.:* Social cognition. In: *Overton, W. F./McCarthy Gallagher, J.* (Hrsg.): Knowledge and development. Vol. 1, Advances in research and theory. New York 1977, S. 93–147. – *Dollard, J./Miller, N. E.:* Personality and psychotherapy. New York 1950. – *Ewert, O.:* Gefühle und Stimmungen. In: *Thomae, H.* (Hrsg.): Handbuch der Psychologie. 2. Band. Allgemeine Psychologie. Göttingen ²1965, S. 229–271. – *Ewert, O.:* Gefühl. In: *Wulf, C.* (Hrsg.): Wörterbuch der Erziehung. München/Zürich 1974, S. 223–226. – *Freud, S.:* Die Libidotheorie. Gesammelte Werke. Vol. 9. London 1948. – *Grabitz, H. J./Gniech, G.:* Die kognitiv-physiologische Theorie der Emotion von Schachter. In: *Frey, D.* (Hrsg.): Kognitive Theorien der Sozialpsychologie. Bern 1978, S. 161–190. – *James, W.:* Psychologie. Leipzig 1920. – *Krueger, F.:* Das Wesen der Gefühle. Entwurf einer systematischen Theorie. Leipzig 1928. – *Lersch, Ph.:* Aufbau der Person. München 1956. – *Lindsley, D. B.:* The role of nonspecific reticulo-thalamocortical systems in emotion. In: *Black, P.* (Hrsg.): Physiological correlates of emotion. New York 1970, S. 201–225. – *Lipps, Th.:* Grundtatsachen des Seelenlebens. Bonn 1883. – *McDougall, W.:* The energies of men. New York 1933. – *Piaget, J.:* Play, dreams and imitation in childhood. New York 1951. – *Pribram, K. H.:* Brain and behavior. Middlesex 1968. – *Schachter, S.:* The assumption of identity and peripheralist–centralist controversies in motivation and emotion. In: *Arnold, M. B.* (Hrsg.): Feelings and emotions. New York 1970, S. 190–213. – *Skinner, B. F.:* Science and human behavior. New York 1953. – *Spitz, R. A./Wolf, K. M.:* The smiling response: a contribution to the ontogenesis of social relations. In: Genetic Psychology Monographs 34 (1962), S. 57–125. – *Werner, H.:* Einführung in die Entwicklungspsychologie. München ⁴1959. – *Wundt, W.:* Grundriß der Psychologie. Leipzig 1913.

Gemeindepsychologie

Gemeindepsychologie (G) stellt den Versuch dar, eine Handlungsperspektive für die Psychologie zu entwickeln, in der die psychosozialen Probleme von Individuen im Kontext ihrer sozialen Lebenswelt verständlich gemacht und behandelt werden sollen.

1. G als neue Perspektive
1.1 Das Verhältnis zur Psychologie: Der Begriff G hat sich etabliert, obwohl er denkbar ungeeignet ist, jene Impulse, Konzepte und Handlungsmuster auszudrücken, die mit ihm zusammengefaßt werden sollen. Seine ohnehin schon mangelhafte begriffliche Präzision wird auch dadurch noch zusätzlich beeinträchtigt, daß G zwar eine wörtliche Übersetzung von »community psychology« darstellt, aber dessen Bedeutungsgehalte nicht voll zu übermitteln vermag. Im soziokulturellen Kontext der USA bedeutet »community« nicht das, was der Begriff »Gemeinde« im sozialgeschichtlichen Kontext Deutschlands auszudrücken vermag.

G ist keine Bindestrich-Psychologie, deren Gegenstand die psychologische Analyse von Gemeinden bildet, so wie die Betriebspsychologie psychologische Probleme im Betrieb untersucht. Sie ist auch nicht das psychologische Pendant zur Gemeindesoziologie, die städtische oder dörfliche Siedlungsformen unter soziologischer Perspektive analysiert. Ein Blick in gemeindepsychologische Texte zeigt, daß sie sehr viel weniger als Texte in anderen

Teilgebieten der Psychologie von Methoden und Konzepten bestimmt sind, die sie mit der Psychologie als Stammdisziplin gemeinsam hat. G ist angewandte Psychologie in dem Sinne, daß sie nach psychologischen Problemlösungsansätzen in gesellschaftlichen Problemfeldern sucht. Aber sie tut das nicht im traditionellen Sinne von angewandter Psychologie (vgl. Schultz 1979) dadurch, daß sie etablierte psychologische Konzepte und Technologien in einem neuen Problemfeld einsetzt. Sie stellt vielmehr den Versuch dar, angewandte Psychologie von der Spezifik der Problemmuster her zu entwickeln, für die psychologische Lösungen oder psychologische Beiträge zu einer umfassenderen Lösung zu entwickeln sind. Sie geht von der Einschätzung aus, daß psychische Probleme von Menschen nur in fragwürdiger methodischer Isolation und in theoretischer Abstraktion aus dem Zusammenhang mit den spezifischen Strukturen der Lebenswelt dieser Individuen zu lösen sind. Sie aber genau in diesem Zusammenhang zu betrachten, hält die G für eine unabdingbare Voraussetzung für adäquate Problemlösungen. Die G sucht bei aller Skepsis gegenüber dem Selbstverständnis der akademischen Psychologie (vgl. Rappaport 1977) doch nach konzeptuellen Anleihen im pluralistischen Angebot der Psychologie: vor allem bei der Klinischen, der Sozial-, der ökologischen und der Organisations-Psychologie. Doch stützt sie sich ebenso auf Ansätze der → *Sozialpädagogik,* der Sozialpsychiatrie, der Sozialepidemiologie, der Devianzforschung, der Verwaltungssoziologie und der Sozialpolitikforschung. Aus dieser multidisziplinären Verankerung oder – wenn man das Anliegen der G weniger wohlwollend einzuschätzen bereit ist – aus diesem undisziplinierten Eklektizismus ist die Entwicklung eines stringenten Paradigmas oder einer verbindlichen disziplinären Struktur kaum vorstellbar. Doch ist das auch gar nicht intendiert. G ist viel eher eine spezifische Sichtweise psychosozialer Probleme als eine neue Teildisziplin der Psychologie (Bender 1976). Sie ist der Versuch, für psychologische Berufstätigkeit eine neue Identität zu entwickeln, die ihren positiven Kern nicht in erster Linie aus dem kompetenten Beherrschen psychologischer Theorien und Technologien bildet, sondern durch ihren Bezug zu den Problemen und Bedürfnissen der Betroffenen in ihrer Alltagswelt.

1.2 Die »externe Geschichte« der G: G ist nicht das Resultat eines allmählichen Ausdifferenzierungsprozesses innerhalb der disziplinären Matrix der Psychologie. Ihre Geschichte ist vielmehr eng verklammert mit einem tiefgreifenden Wandel in der Sozialpolitik der spätkapitalistischen Industriegesellschaften in den letzten Jahrzehnten, mit einem Entwicklungsschub in den USA der 60er Jahre. Bis zu diesem Zeitpunkt richteten sich die sozialpolitischen Strategien zur Kontrolle → *abweichenden Verhaltens* auf segregative Institutionalisierung (z. B. psychiatrische Kliniken, Sonderschulen) und auf kompensatorische Maßnahmen (z. B. in den Systemen sozialer Sicherheit). Für eine Minderheit der devianten Populationen gab es kurative Angebote. Entlang dieser Segregationslinien und zur Übernahme kurativer Funktionen entwickelten sich spezifische Professionen (z. B. die Psychiatrie, die → *Sonderpädagogik,* die Sozialarbeit, die Klinische Psychologie). Diese profilierten sich über die Entwicklung immer differenzierterer diagnostischer Methoden, um Segregationsprozesse zu optimieren, und spezifischer Interventionsverfahren, die zu einer besseren Wahrnehmung kurativer Aufgaben qualifizieren sollten. Gemeinsames Merkmal dieser Professionen war (und ist) ihre Konstituierung als Teil des Prozesses der gesellschaftlichen Ausgliederung von abweichenden Individuen und Populationen in Sondereinrichtungen bzw. einer konditionalen Reintegration, die über therapeutische Modifikationen individueller Handlungsstrukturen erfolgt (→ *Intervention und Prävention*). In den Konzepten, die in diesen Professionen handlungsleitend wurden, spiegelt sich diese Gemeinsamkeit wider. Sie enthalten Annahmen über die den abweichenden Individuen und Gruppen zurechenbaren Gründe für ihre Devianz. Die Handlungsstrategien dieser Professionen suchen in erster Linie Ansatzpunkte am individuellen Verhalten.

Wandlungen im Selbstverständnis der psychosozialen Berufsgruppen erhielten eine reelle Chance im Zuge einer einschneidenden Transformation des sozialpolitischen Grundmusters in der Reaktion auf das massenhafte Vorkommen psychosozialer Probleme. Die bislang vorherrschenden Strategien hatten bestenfalls zu einer Verwaltung, nicht aber zu einer wirksamen Eindämmung dieser Probleme geführt. Vor allem die explosiven sozialen Krisenherde in den USA haben dort zu einem sozialpolitischen Reformdruck geführt, der sich in den Versuch einer Politik der »Entkerkerung« und »Deinstitutionalisierung« umsetzte (vgl. Scull 1980). Abweichenden Populationen sollten Alternativen zu ihren Sondereinrichtungen in den ländlichen und urbanen Lebensfeldern geschaffen werden. Abweichendes Verhalten sollte in den sozialen Kontexten seines Entstehens präventiv, therapeutisch und rehabilitativ bearbeitet werden. Grundlegend für den neuen Typus von Sozialpolitik wurde die Erkenntnis, daß psychosoziale Probleme in einem ursächlichen Verhältnis zu den allgemeinen gesellschaftlichen Lebensbedingungen stehen. In den 60er Jahren kam es in den USA zu der »Community Mental Health-Bewegung« und zu einer durch sie forcierten Gesetzgebung, die sozialintegrative psychosoziale Programme erheblich unterstützte (Bloom 1977). Psychosoziale Aktivitäten sollten sich jetzt um die spezifischen Lebensbedingungen in Stadtteilen und Regionen (die sogenannten »Standardversorgungsgebiete«) und die ihnen zuordenbaren psychischen Belastungen organisieren und nicht um Krankheitsbilder, die von diesen Bedingungen abstraktiv isoliert wurden. Eingelagert in diese Bewegung in Richtung auf eine Sozialpolitik, die an den konkreten Lebenslagen und Bedürfnissen der Individuen in einem abgrenzbaren Lebenszusammenhang ansetzt, entstand die Idee der G als Identitätsentwurf für Psychologen, die sich positiv auf diesen neuen sozialpolitischen Trend beziehen wollten (vgl. Keupp 1980).

1.3 Merkmale eines gemeindepsychologischen Selbstverständnisses: Da sich eine gemeindepsychologische Orientierung wesentlich durch ihren expliziten gesellschaflichen Außenbezug bestimmt, entwickelt sich ihr Selbstverständnis in kritischer Auseinandersetzung mit der psychologischen Tradition, die um den Beweis der Eigenständigkeit psychischer Prozesse bemüht ist und dabei deren Analyse als integraler Bestandteil gesellschaftlicher Lebensprozesse vernachlässigt. Die Konsequenzen eines so begründeten psychologischen Selbstverständnisses sind die kritischen Ausgangspunkte einer gemeindepsychologischen Perspektive (vgl. zum folgenden: Keupp 1978).

(a) Sollen psychosoziale Dienstleistungen adäquate Antworten auf die objektiven Lebenslagen der Menschen und die auf sie bezogenen Belastungen und Bedürfnisse sein, dann reichen die professionellen Definitionen von Hilfsbedürftigkeit und der Notwendigkeit professioneller Hilfen nicht aus. Diese Definitionen beinhalten in erster Linie das Interesse der Experten, ihre Kompetenz zu signalisieren und sich beruflich zu reproduzieren. Die Informationen, die man als Grundlage zur Planung und Entwicklung einer adäquaten psychosozialen Infrastruktur benötigt, sind aus den Bedarfsprognosen professioneller Helfer nur höchst unzureichend zu ermitteln. Entwickelt werden muß eine Methodologie, durch die die lebensweltlich geprägten Bedürfnisse und Belastungen ausdrucksfähig werden.

(b) Psychosoziale Dienstleistungen werden in der Regel von einer »klinischen Perspektive« (Sarason 1976) oder dem »psychologischen Blick« (v. Kardorff 1978) dominiert. Diese Grundeinstellungen sind nicht nur Filter für die psychologisch relevanten Sachverhalte, sondern enthalten auch die Tendenz der Klinifizierung und Psychologisierung von Problemlagen. Im Unterschied hierzu kommt es darauf an, die Diskriminationsfähigkeit dafür zu entwickeln, welche Probleme sich als psychologische verselbständigt haben und deshalb legitimerweise mittels psychologischer Methoden bearbeitet werden sollten und welche zwar psychologische Komponenten haben, aber nicht auf diese reduziert werden können (z. B. die Situation von Arbeitslosigkeit und deren psychische Konsequenzen).

(c) Psychologische Berufspraktiker definieren sich meist über ihre Kompetenz in der Anwendung spezifischer psychologisch begründeter Technologien. Problematisch an dem psychologischen Technizismus ist der aus ihm resultierende Reduktionismus. Er erschließt sich konkrete Lebenssituationen nach Kriterien, die nach seiner jeweiligen methodischen Ausrichtung erfüllt sein müssen, damit wirksame Änderungen im Verhalten und Erleben in Gang gesetzt werden können. Eine solche Orientierung beinhaltet zugleich das Prinzip der Arbeitsteilung hochspezialisierter Expertenkompetenzen (z. B. der sozialarbeiterischen, der ärztlichen, der psychotherapeutischen), die für das Individuum eine Zergliederung eines komplexen, aber ungeteilten Erfahrungszusammenhanges bedeuten kann. Demgegenüber käme es darauf an, Probleme und ihre individuellen Verarbeitungsformen aus dem gesellschaftlichen Lebenszusammenhang heraus zu verstehen und erst aus einem solchen Kontextverständnis abgeleitet und mit den Betroffenen entwickelt Veränderungen zu erwirken.

(d) Als Grundqualifikation für psychologische Tätigkeit wird aus gemeindepsychologischer Perspektive eine Kompetenz für Lebenszusammenhänge gefordert, die sich in einer sensiblen Analyse alltagsweltlicher Strukturen realisiert. Es geht um die Entwicklung naturalistisch-ökologischer Sichtweisen, um die Aneignung der Strukturen spezifischer Lebenswelten, also um ein Verständnis dessen, was Arbeiten, Wohnen, Essen, Natur, Kultur etc. für die Menschen bedeuten, mit denen man professionell zu tun hat. Dabei entsteht die Möglichkeit, die unterschiedlichen Selbsthilfepotentiale in verschiedenen gesellschaftlichen Gruppen realistisch einzuschätzen (vgl. Dörner u. a. 1979). Das hierdurch entstehende Wissen über die Existenz und Funktionsfähigkeit von sozialen Netzwerken und Unterstützungssystemen verstärkt den Zweifel an der professionellen Allzuständigkeit (Gartner/Riessman 1977).

(e) Die Forderung, daß Prävention gegenüber therapeutisch-kurativer Tätigkeit den Vorrang erhalten sollte, hat in Psychologie und Psychiatrie zwar eine lange Tradition, hat aber bislang kaum zu realisierbaren Projektvorschlägen oder konkreten Aktivitäten geführt. Es herrscht weitgehend eine programmatische Attitüde vor. Mit der stärkeren Einbindung psychosozialer Tätigkeit in die Strukturen des gesellschaftlichen Alltags werden Möglichkeiten zu Veränderungen in den objektiven Lebenslagen und den daraus folgenden Belastungen und Restriktionen erkennbar. Vor allem wachsen dadurch die Chancen der Betroffenen, solche Veränderungen in ihrer Lebenswelt mitzutragen, die für sie relevant sind. Dadurch ließen sich auch die beiden Ebenen vermitteln, auf denen präventive Aktivitäten ansetzen: der Kompetenz- und der Systemebene (vgl. Cowen 1977).

(f) Psychologie und Politik werden meist als getrennte Tätigkeitsbereiche definiert, oder sie werden höchstens in sehr grundsätzlich ansetzenden sozialphilosophischen Entwürfen in Zusammenhang gebracht. In der G wird für den Psychologen eine politische Rolle gefordert (Bender 1976, S. 126). Es geht um den Erwerb und die Anwendung von Kompetenzen für praktische Sozialpolitik. Psychosoziale Tätigkeit mit Bezug auf die konkrete Lebenswelt spezifischer Bevölkerungsgruppen bedeutet aktive Beteiligung an und Initiierung von lokalen Politikprozessen. Solche Prozesse beziehen sich sowohl auf die Bedingungen der eigenen Tätigkeit (Finanzierung, Koordination) als auch auf die Veränderungen von Lebensbedingungen durch Teilnahme an Bürgerinitiativen und an Kommunal- und Regionalpolitik. Die Arbeit im sozialen Feld (im Stadtteil, in der Schule, in der Administration) führt zu einer Konfrontation mit der politischen Bedeutung und den Konsequenzen der eigenen professionellen Tätigkeit. In diesem Sinne fordert eine gemeindepsychologische Perspektive eine reflexive Politisierung des Praxisfeldes.

(g) Das Verhältnis von Wissenschaft und Forschung zur psychologischen Praxis hat sich in der Psychologie als deduktives entwickelt: Die praktische Tätigkeit wird als Anwendung von Wissen bestimmt, das sich unter experimentellen Bedingungen erhärten ließ. Das entsprach zwar selten den wirklichen Bedingungen psychologischer Berufspraxis (vgl. exemplarisch für den Bereich psychologischer → *Beratung:* Breuer 1979), aber erst aus einer gemeindepsychologischen Perspektive wird eine Umorientierung unabdingbar. Gefordert ist eine wissenschaftliche Analyse der institutionellen Bedingungen psychologischer Tätigkeit und der Möglichkeiten ihrer Veränderung in Richtung auf eine stärkere Bezugnahme auf die Bedürfnisse der Betroffenen (vgl. Keupp/Zaumseil 1978). In der Forschungsmethodologie werden qualitative → *Methoden* im Sinne einer explorativen Sozialforschung (Gerdes 1979) und einer projektorientierten Handlungsforschung (Muñoz u. a. 1979) präferiert. Für die notwendige → *Evaluations*-Forschung gilt das gleiche Prinzip wie für die praktische Tätigkeit der Psychologen in ihrem Verhältnis zu den Betroffenen: Die Beurteilungskriterien müssen gemeinsam erarbeitet werden.

2. Arbeitsfelder und Handlungstypen gemeindepsychologisch orientierter Projektarbeit: Zu den *Arbeitsfeldern*, in denen sich gemeindepsychologische Orientierungen bisher am stärksten realisiert haben, gehören die folgenden (vgl. als Übersichtsreferate hierzu: Zax/Specter 1974; Heller/Monahan 1977; Nietzel u. a. 1977; Mann 1978; Sommer u. a. 1978):

(a) Erziehungs- und Bildungsbereich mit Elternarbeit, → *Schulsozialarbeit* und weitere Aktivitäten im Vorschul- und Schulbereich (hierzu speziell: Allen u. a. 1976) und im Hochschulsektor; (b) Projektarbeit mit einzelnen Risikopopulationen (z. B. Drogenabhängigen, Alkoholikern) und bezogen auf einzelne psychosoziale Dienstleistungstypen (z. B. »therapeutische Gemeinschaften« in psychiatrischen Stationen; Aufbau ambulanter psychosozialer Kontaktstellen in einzelnen Stadtteilen); (c) Prävention von Jugend- und Erwachsenenkriminalität sowie Maßnahmen bezogen auf Resozialisierung und Verminderung des Rückfallrisikos; (d) Entwicklung von Modellen einer offenen, sozialintegrativen Behindertenarbeit (→ *Behinderung*); (e) Einwirkung auf ökologische Bedingungen von Wohnen, Arbeit und Freizeit (z. B. Stadtplanung, Architektur); (f) die Arbeitswelt als ein Lebensbereich, in dem durch eine gezielte Verminderung erkannter Risikofaktoren (wie Monotonie, Arbeitshetze, Konkurrenz, Rationalisierung, Arbeitslosigkeit) ein entscheidender Ansatz für wirksame Prävention liegt.

Bei den *Handlungstypen* lassen sich entsprechend der Systematik in der Literatur zur primären Prävention (vgl. Albee/Joffe 1977) zwei Haupttypen unterscheiden: solche Maßnahmen, die an sozialen Systemen verändernd ansetzen (z. B. Schule, Gefängnis, Arbeitsplatz, Verwaltung), und solche, die Individuen mit solchen Kompetenzen auszustatten versuchen, die sie zu einer adäquaten Bewältigung ihrer Lebensbedingungen in der Lage versetzen sollen (Cowen 1977). Diese Haupttypen gewinnen aber selten eine reine institutionelle Form. Sie realisieren sich mit unterschiedlichen Schwerpunktsetzungen in zum Teil neuartigen Projekten. Hierzu zählen ambulante sozialpsychiatrische Dienste oder psychosoziale Kontaktstellen, die in multiprofessioneller Zusammensetzung vielfältige Beratungsaufgaben bei einzelnen Risikopersonen und -gruppen sowie die Koordination und → *Beratung* vorhandener Dienste in einem Stadtteil zu übernehmen haben. Wichtig ist der Bereich der Krisenintervention geworden als eine spezifische Form der frühen sekundären Prävention (→ *Prognose*), die Individuen und → *Familien* bei der Bewältigung schwerer psychischer Krisen so weit zu helfen versuchen, daß eine Hospitalisierung vermieden werden kann. Zunehmend wird die Rolle der Experten durch die Einbeziehung von Mediatoren und Multiplikatoren (z. B. Eltern, Lehrer, Primärärzte) und Laiengruppen wesentlich modifiziert und zum Teil eingeschränkt. Der Entwicklung von Selbsthilfegruppen wird große Bedeutung beigemessen. Eine gemeindepsychologische Orientierung fordert auch Versuche zur planvollen Beeinflussung der Systembedingungen individueller Reproduktion durch die aktive Teilnahme an sozialer Infrastrukturplanung, an sozialpolitischen Innovationen und an der beständig zu leistenden → *Evaluation* von Projekten unter dem leitenden Gesichtspunkt, inwieweit es mit ihnen gelingt, den Bedürfnissen der Betroffenen gerecht zu werden bzw. sie mit ihnen gemeinsam zu vertreten.

Heinrich Keupp

Literatur
Albee, G. W./Joffe, J. M. (Hrsg.): Primary prevention of psychopathology. Vol. I. Hanover 1977. – *Allen, G. J.* u. a.: Community psychology and the schools. A behaviorally oriented multilevel preventive approach. New York 1976. – *Bender, M. P.:* Community psychology. London 1976. – *Bloom, B. L.:* Community mental health. A general introduction. Monterey 1977. – *Breuer, F.:* Psychologische Beratung und Therapie in der Praxis. Heidelberg 1979. – *Cowen, E. L.:* Baby-steps toward primary prevention. In: American Journal of Community Psychology 5 (1977), S. 1–22. – *Dörner, K.* u. a.: Gemeindepsychiatrie. Gemeindegesundheit zwischen Psychiatrie und Umweltschutz. Stuttgart 1979. – *Gartner, A./Riessman, F.:* Self-help in the human services. San Francisco 1977. – *Gerdes, K.* (Hrsg.): Explorative Sozialforschung. Einführende Beiträge aus »Natural sociology« und Feldforschung in den USA. Stuttgart 1979. – *Heller, K./Monahan, J.:* Psychology and community change. Homewood 1977. – *Kardorff, E. v.:* Modellvorstellungen über psychische Störungen: Gesellschaftliche Entstehung, Auswirkungen, Probleme. In: *Keupp, H./Zaumseil, M.* (Hrsg.): Die gesellschaftliche Organisierung psychischen Leidens. Frankfurt 1978, S. 539–589. – *Muñoz, R. F.* u. a. (Hrsg.): Social and psychological research in community settings. San Francisco 1979. – *Keupp, H.:* Gemeindepsychologie als Widerstandsanalyse des professionellen Selbstverständnisses. In: *Keupp, H./Zaumseil, M.* (Hrsg.): Die gesellschaftliche Organisierung psychischen Leidens. Frankfurt 1978, S. 180–220. – *Keupp, H.:* Sozialisation in Institutionen der psychosozialen Versorgung. In: *Hurrelmann, K./Ulich, D.* (Hrsg.): Handbuch der Sozialisationsforschung. Weinheim 1980, S. 577–602. – *Keupp, H./Zaumseil, M.* (Hrsg.): Die gesellschaftliche Organisierung psychischen Leidens. Frankfurt 1978. – *Mann, P. A.:* Community psychology. Concepts and applications. New York 1978. – *Nietzel, M. T.* u. a.: Behavioral approaches to community psychology. New York 1977. – *Rappaport, J.:* Community psychology. Values, research, and action. New York 1977. – *Sarason, S. B.:* Community psychology, networks, and Mr. Everyman. In: American Psychologist 31 (1976), S. 317–328. – *Scull, A. T.:* Die Anstalten öffnen? Frankfurt/M. 1980 (engl. 1977). – *Schultz, D. P.:* Psychology in use. An introduction to applied psychology. New York 1979. – *Sommer, G./Ernst, H.* (Hrsg.): Gemeindepsychologie. München 1977. – *Sommer, G.* u. a.: Gemeindepsychologie. In: Handbuch der Psychologie. Band 8. Klinische Psychologie. Göttingen 1978, S. 2913–2979. – *Zax, M./Specter, G. A.:* An introduction to community psychology. New York 1974.

Genetik (Anlage–Umwelt)

Genetik (G), ursprünglich ein Zweig der Biologie, ist die Wissenschaft von der Vererbung. Sie ist eine noch junge Disziplin: Die Entdeckung der Gesetzmäßigkeiten für die Vererbung einfacher Merkmale um 1865 durch Mendel markiert ihren ersten Höhepunkt; der genetische »Code«, d. h. die Verschlüsselung der Erbinformation in speziellen Eiweißmolekülen (DNS und RNS) des Zellkerns, wurde erst 1953 durch Watson und Crick aufgeklärt. Inzwischen gibt es zahlreiche Spezialisierungen innerhalb der G selbst. Davon sind hier die Humangenetik (bzw. Medizinische Genetik) und die Verhaltensgenetik zu nennen. Schwerpunkte der Humangenetik sind die Erforschung erblicher Krankheiten und die Begutachtung und Beratung in Einzelfällen. Ziel der Verhaltensgenetik ist die Klärung des Zusammenhangs von Anlage und Verhalten bei Mensch und Tier. Im Schnittpunkt beider Disziplinen wird das *Anlage-Umwelt-Problem* behandelt, wie es für die Pädagogische Psychologie von Interesse ist.

1. Das Problem und seine Geschichte: Die Fragestellung lautet: Welche Bedeutung haben Umwelt (U) und ererbte Anlagen (A) für die spätere Ausbildung von individuellen Merkmalen und – insbesondere geistigen – Fähigkeiten (→ *Begabung*). Die engere und vieldiskutierte Fassung dieser Fragestellung lautet: Wird der Intelligenzquotient des erwachsenen Menschen, d. h. die relative Höhe seiner → *Intelligenz* im Vergleich zu anderen Menschen weitgehend von erblichen Faktoren bestimmt (Anlage, »nature«), oder kommt der U (»nurture«) entscheidende Bedeutung zu? Eine solche Fragestellung konnte erst in einer Gesellschaft wichtig werden, in der geistige Leistung bzw. Intelligenz zum Auslesekriterium geworden war. Eine entsprechende Situation wurde im britischen Empire erreicht, als 1855 allgemeine Aufnahmeprüfungen für Führungskräfte im öffentlichen Dienst eingeführt wurden. So war ein englischer Privatgelehrter, Sir Francis Galton (1822–1911), ein Cousin Darwins, der erste, der das Anlage-Umwelt-Problem umfassend behandelte. Mit der Methode des Zwillingsvergleichs (s. u.) und der Technik der Verwandtenstudie entwickelte er die Grundlagen der modernen Forschung auf diesem Gebiet. Dennoch hält sein Vorgehen in »Hereditary Genius« (1869), worin er zu beweisen suchte, daß geistige Leistung überwiegend erblich bedingt sei, moderner Kritik nicht stand, da er die massiven schichtspezifischen Selektionsmechanismen des damaligen Schulsystems völlig außer acht ließ. Galtons Einfluß auf die Genetik war mehr organisatorischer Art: Er gründete eine »Gesellschaft für Eugenik« und bewirkte die Einrichtung eines entsprechenden Lehrstuhls. (Um diese Zeit nahm die G ihren großen Aufschwung, nachdem um die Jahrhundertwende die schon 1865 von Gregor Mendel formulierten Gesetzmäßigkeiten der Vererbung wiederentdeckt worden waren.) Galtons Einfluß auf die Psychologie hingegen ist kaum zu überschätzen (vgl. Boring 1950). Es ist daher kein Wunder, daß die »Londoner Schule« der Psychologie, vor allem Charles Spearman (1863–1945), Sir Cyril Burt (1883–1971), sowie Raymond B. Cattell (geb. 1905) und Hans-Jürgen Eysenck (geb. 1916), als die bedeutsamste Forschungstradition auf dem Gebiet der Anlage-Umwelt-Forschung gilt.

In der Zeit zwischen den beiden Weltkriegen war die Diskussion des Themas von schroffen Gegenpositionen geprägt, wobei besonders der radikale Behaviorismus (J. B. Watson) und auch russische Psychologen und Genetiker (Lyssenko) die Ansicht vertraten, allein die U »mache« den Menschen. In Deutschland hingegen maß man der Vererbung schier alles zu; überwiegend geriet die verhaltensgenetische Forschung ins Fahrwasser rassistischer Politik. Die eugenischen »Maßnahmen« und die Judenverfolgung unter der nationalsozialistischen Herrschaft hatten auch zur Folge, daß »Anlage–Umwelt« als Forschungsthema nach dem Zweiten Weltkrieg in Verruf geraten war. Die Diskussion wurde neu entfacht durch einen langen und kämpferischen Artikel des Harvard-Pädagogen A. R. Jensen (1969). Beachtung fand dabei weniger die kompetente, wenn auch einseitige Darstellung einschlägiger Forschungsergebnisse, als vielmehr Jensens deutliche Absage an pädagogische Bestrebungen kompensatorischer Art (→ *Chancengleichheit*; → *Vorschulerziehung*).

Die Brisanz der A-U-Forschung liegt darin, daß ihre Ergebnisse meist vorschnell zu bildungspolitischen Argumenten formuliert werden. So war es schon um 1870, als Galtons Buch (1869) den Konservativen in England zur Stützung ihrer gegen die Einführung der allgemeinen Schulpflicht gerichteten Politik diente; so war es um 1960, als Burt und auch

Eysenck in den »Black Papers on Education« sich gegen die comprehensive school aussprachen; und wiederum so war es 1969 mit den Attacken Jensens und Herrnsteins gegen das Projekt »Headstart« (ein nationales Programm zur Förderung kompensatorischer Vorschulerziehung).
Gegen die einseitige Interpretation von Ergebnissen der genetischen Forschung hat sich in den letzten Jahrzehnten allgemein eine gemäßigte Auffassung durchgesetzt, die den Gedanken des Zusammenwirkens von Anlage und Umwelt in den Mittelpunkt stellt. Überdies ist die Position derer, die allein Vererbung für die ausschlaggebende Ursache von Intelligenzunterschieden halten, in neuester Zeit diskreditiert worden. Nicht nur, wie bisher schon, die oft überzogene Interpretation der Daten, sondern die Datenbasis selbst geriet ins Zwielicht, als vier Jahre nach Burts Tod entdeckt wurde, daß er offenkundig systematisch Daten gefälscht oder frei erfunden hatte – ein wichtiger Befund, da gerade die von Burt publizierten Daten stets die höchsten Koeffizienten für die Wirkung der Erbanlagen lieferten.

2. *Theoretische Modelle der Wirkung von Anlage und Umwelt:* Die eingangs formulierte Fragestellung ist eine differentielle: Sie gilt den Unterschieden zwischen Menschen (→ *Persönlichkeitstheorien*). Im Mittelpunkt des Interesses steht daher die interindividuelle Varianz (→ *Statistik*) eines Merkmals, meist die des Intelligenzquotienten. Der einfachsten Modellvorstellung zufolge ist diese Varianz (die Gesamtvarianz des Merkmals in der untersuchten Population) zu zerlegen in einen Anteil, der den Einfluß der Erbfaktoren repräsentiert (die genetische Varianz), und in einen weiteren, der U-Einflüsse widerspiegelt (U-Varianz):

$s^2_{gesamt} = s^2_{genetisch} + s^2_{Umwelt}$

Dieses Modell impliziert, daß keine wechselseitige Beeinflussung zwischen A und U stattfindet. Eine solche Wechselwirkung liegt aber ohne Frage vor; sie wird in der G mit dem Begriff der »Reaktionsbreite« bzw. der »Reaktionsnorm« angesprochen. Aus den zahlreichen Untersuchungen dazu ein Beispiel: Neugeborene Ratten aus einem auf Höchstleistung im Labyrinthlernen gezüchteten Stamm und solche aus einem »labyrinthdummen« Stamm wurden in eingeschränkter, in »normaler« und in besonders anregender Umgebung großgezogen. Nachfolgende Prüfungen im Labyrinth ergaben, daß die in »normaler« Umgebung aufgezogenen »klugen« Ratten wesentlich schneller den richtigen Weg durch das Labyrinth lernten als die »dummen« Ratten – ganz wie es zu erwarten war. In eingeschränkter U aufgewachsene Ratten machten wesentlich mehr Fehler – und zwar gleich viele, egal, ob sie dem »klugen« oder dem »dummen« Rattenstamm angehörten. Auch die in anregender U aufgezogenen Ratten beider Stämme unterschieden sich kaum voneinander: Beide machten nur wenig Fehler (Cooper/Zubek 1958).

Da es noch zahlreiche weitere Einwände gegen die einfache Aufteilung in genetische und in U-Varianz gibt, sind wesentlich differenziertere Modelle entwickelt worden, die (a) zumindest die genetische Varianz weiter zerlegen, z. B. in additive Genwirkung, Dominanzeffekte der Gene, Gen-Interaktion, Selektionseffekte durch gezielte Partnerwahl usw., die (b) der Wechselwirkung zwischen A und U Rechnung tragen (gleiche A wirken sich in verschiedener U verschieden aus; dieselbe U ist für bestimmte A günstiger als für andere) und die (c) die Kovarianz zwischen A und U berücksichtigen, d. h. die Tatsache, daß verschiedene A (»Genotypen«) in verschiedenen U unterschiedlich häufig anzutreffen sind. Außerdem ist natürlich die Fehlervarianz der jeweils verwendeten Intelligenzmessung zu berücksichtigen (auf das Problem der Vergleichbarkeit verschiedener Intelligenztests sei dabei nur am Rande verwiesen; → *Intelligenz*). Derartig differenzierte Modelle finden sich etwa bei Burt/Howard (1956) oder bei Jensen (1969). Das umfangreichste Modell hat Cattell (1960) entwickelt, doch enthält es in beiden Versionen mehr unbekannte theoretische Größen, als aufgrund empirischer Daten berechnet werden können. Hieran wird ein Grundproblem der A-U-Forschung deutlich: Zahlen lassen sich nur gewinnen anhand reduzierter (und damit unzureichender) theoretischer Modelle; wenn das theoretische Modell komplex genug ist, um dem Wirkungsgefüge von A und U angemessen zu sein, ist es schon zu kompliziert, als daß es in allen Stücken empirisch überprüft werden könnte.

3. *Methoden und Ergebnisse der Forschung:* Das sicher ungenügende einfache Modell der Varianzzerlegung in einen genetischen und einen U-Anteil ist zur Grundlage der meisten Untersuchungen geworden. Holzinger (1929) entwickelte ein Verfahren, um durch den Vergleich eineiiger mit zweieiigen Zwillingen

das Varianzverhältnis
$h^2 = s^2_{genetisch} : s^2_{gesamt}$
zu bestimmen. h^2 wird als *Heritabilität,* manchmal auch mißverständlich als Erblichkeit bezeichnet; die Höhe von h^2 ist abhängig vom gemessenen Merkmal, von der Meßmethode, vom theoretischen Modell, nach dem es berechnet wird, und von der Personenstichprobe, die untersucht worden ist. Die Logik des Zwillingsvergleichs nach Holzinger beruht auf der Überlegung, daß bei eineiigen Zwillingen, die ja per definitionem genetisch identisch sind, nur die U verantwortlich sein kann für Unterschiede zwischen den beiden Zwillingen eines Paares. Zweieiige Zwillinge hingegen sind einander genetisch nicht ähnlicher als Geschwister es sind; Unterschiede zwischen ihnen können also durch U-Einflüsse und durch verschiedene genetische A bewirkt werden.

Eine andere Variante der Zwillingsmethode besteht darin, daß man eineiige Zwillinge sucht, die möglichst frühzeitig nach der Geburt getrennt wurden und in verschiedener U aufgewachsen sind. Da alle Unterschiede zwischen den beiden Zwillingen eines Paares umweltbedingt sind – die A sind bei eineiigen Zwillingen ja gleich –, spiegelt ihre Ähnlichkeit (gemessen als Intraklassen-Korrelation; → *Statistik*) den Einfluß der ihnen gemeinsamen A wider. Diese Methode ist der Theorie nach die beste, stößt aber sehr schnell an die Grenzen der Durchführbarkeit, denn solche Zwillingspaare sind sehr selten. (Daher sind in die Literatur auch Zwillinge eingegangen, die z. B. erst im Alter von neun Jahren getrennt wurden, oder auch solche, die in benachbarten Häusern aufwuchsen; vgl. Shields 1962.)

Die Tabellen 1 und 2 zeigen einige Ergebnisse, wie sie bisher für das Merkmal »allgemeine Intelligenz« bzw. für die »Primärfaktoren« der Intelligenz nach Thurstone errechnet wurden. Ins Auge fallen dabei die starken Schwankungen der Heritabilitätskoeffizienten selbst innerhalb ein und desselben Testverfahrens (vgl. »numerische Intelligenz« in Tab. 2 oder die Zahlen von Burt und Jencks in Tab. 1).

Die Interpretation von Heritabilitätskoeffizienten ist deshalb so schwierig, weil sie, wie schon angedeutet, populationsbezogen und also stichprobenabhängig sind. $h^2 = 0.80$ bedeutet also nicht etwa, daß 80 Prozent der Intelligenz erblich sind, sondern daß – unter der fragwürdigen Annahme der Gültigkeit des einfachen theoretischen Modells – 80% der Varianz des gemessenen Merkmals in der untersuchten Stichprobe »genetische« Varianz im Sinne des theoretischen Modells darstellt. Verallgemeinerungen solcher Befunde sind daher höchst riskant. Angesichts z. T. winziger Stichproben ist die Verläßlichkeit

Tab. 1: Heritabilitäten für allgemeine Intelligenz

Untersuchung	Testverfahren	h^2
Holzinger 1929	Binet	.68
Newman / Freeman / Holzinger 1937	Binet	.69
dies.	Otis	.84
Husén 1959	Schwed. Armeeeingangstest	.67
Shields 1962	Dominoes / Mill Hill	.51
Gottesman 1963	Cattell HSPQ-B	.05
ders.	Otis	.62
Nichols 1965	NMSQT	.65
Burt 1966	Stanford-Binet	.84
Jencks et al. 1972	Stanford-Binet	.45

Nach: Strube 1977, S. 912; ergänzt

Tab. 2: Heritabilitäten der Primärfaktoren der Intelligenz

Intelligenzfaktor	Untersuchung			
	Blewett 1954	Thurstone 1955	Vandenberg 1962	1965
Verbale Intelligenz	.68	.64	.62	.43
Räumliche Vorstellung	.51	.76	.59	.72
Numerische Intelligenz	.07	.34	.61	.56
Schlußfolgerndes Denken	.64	.26	.28	.09
Wortflüssigkeit	.64	.59	.61	.55

Nach: Thurstone aus Vandenberg 1972

vieler Heritabilitätskoeffizienten ohnehin gering: Getrennt aufgewachsene eineiige Zwillinge z. B. gibt es in der Literatur keine hundert (ohne die bei Burt [1966] angeführten 53 Paare). Vollends unmöglich sind aber Schlüsse auf andere Populationen, wie sie etwa Jensen (1969) zieht, der aufgrund von Daten vornehmlich weißer Mittelschichtkinder Aussagen über die Heritabilität der Intelligenz bei schwarzen Unterschichtkindern abgeleitet hat. Scarr-Salapatek (1971) hingegen fand große Unterschiede der Heritabilitäten zwischen Rassen und sozialen Schichten in den USA.

Man kann die Methode des Zwillingsvergleichs ausweiten, indem man die Ähnlichkeit von Menschen verschiedenen Verwandtschaftsgrades bezüglich des fraglichen Merkmals (z. B. Intelligenz) mißt und mit den Werten vergleicht, die aufgrund theoretischer Annahmen errechnet wurden. Tabelle 3 zeigt Korrelationen aufgrund empirischer Daten im Vergleich mit Korrelationen, die anhand zweier unterschiedlicher Modelle der Vererbung von Intelligenz errechnet wurden. Die Übereinstimmung ist im ganzen recht gut. Man wird also annehmen dürfen, daß interindividuelle Unterschiede im Merkmal »allgemeine Intelligenz« in der weißen Bevölkerung moderner Industriestaaten unter den dort normalen Bedingungen zu einem erheblichen Teil auf genetische Faktoren zurückgehen. Die auf fast allen bisherigen Untersuchungen basierende Studie von Jencks u. a. (1972) schätzt die Heritabilität auf 45 Prozent der Merkmalsvarianz.

Daß hohe Heritabilität gleichbedeutend sei mit pädagogischer Unbeeinflußbarkeit, ist, wie Merz/Stelzl (1977) ausführlich belegen, ein leider populäres Mißverständnis. Die Relevanz des Themas A-U für die pädagogische Diskussion ist nur auf dem Boden ideologi-

Tab. 3: Korrelationen für intellektuelle Fähigkeiten: empirische und theoretische Werte

Korrelationen zwischen	Zahl der Untersuchungen	r	Rho 1	Rho 2
nicht verwandte Personen:				
Getrennt aufgewachsene Kinder	4	.01	.00	.00
Pflegeeltern und Kind	3	.20	.00	.00
Zusammen aufgewachsene Kinder	5	.24	.00	.00
Kollaterale Verwandtschaft:				
Vettern 1. Grades	1	.16	.14	.063
Vettern 2. Grades	3	.26	.18	.125
Onkel (Tante) und Neffe (Nichte)	1	.34	.31	.25
Geschwister, getrennt aufgewachsen	33	.47	.52	.50
Geschwister, gemeinsam aufgewachsen	36	.55	.52	.50
Zweieiige Zwillinge, verschiedengeschlechtlich	9	.49	.50	.50
Zweieiige Zwillinge, gleichgeschlechtlich	11	.56	.54	.50
Eineiige Zwillinge, getrennt aufgewachsen	4	.75	1.00	1.00
Eineiige Zwillinge, zusammen aufgewachsen	14	.87	1.00	1.00
Direkte Linie:				
Großeltern und Enkel	3	.27	.31	.25
Eltern (als Erwachsene) und Kind	13	.50	.49	.50
Eltern (als Kind) und Kind	1	.56	.49	.50

Die Tabelle enthält folgende Werte: r = Median der in den verschiedenen Untersuchungen gefundenen Korrelationen; Rho 1 = theoretischer Wert unter Annahme gezielter Partnerwahl und partieller Dominanz; Rho 2 = theoretischer Wert unter Annahme zufälliger Partnerwahl und additiver Gene, d. h. einfachstes polygenes Modell.

Aus: Jensen 1969, dt. bei: Skowronek 1973, S. 88

scher Auseinandersetzung gegeben, nicht aber von der Sache her. Wo bildungspolitische Entscheidungen anstehen, z. B. Gesamtschule oder gegliedertes Schulwesen, ist es völlig unerheblich, zu wieviel Prozent unter den gegenwärtigen Bedingungen die Populationsvarianz des Intelligenzquotienten »genetische Varianz« darstellt.

Diese Mißdeutung hängt mit der anderen zusammen, daß der Heritabilitätskoeffizient Grenzen des U-Einflusses aufzeige. Doch h^2 kann bestenfalls angeben, welchen Einfluß die U bei den untersuchten Personen gehabt hat; über die Auswirkungen künftiger U-Veränderungen kann h^2 keine Auskunft geben. Gezielte Förderungsmaßnahmen können durchaus deutliche Änderungen bewirken (vgl. Skodak/Skeels 1949). Die Diskussion über den relativen Einfluß von A und U auf die geistigen Fähigkeiten ist also noch immer offen. Die neuere genetische Forschung hat aus der Vieldeutigkeit der berichteten Ergebnisse die Konsequenz gezogen, sich vorrangig mit der Frage zu befassen, *wie* psychische Merkmale vererbt werden, anstatt mit immer neuen Zahlen den Streit um das »Wieviel« in Gang zu halten. Greifbare Ergebnisse liegen indes noch nicht vor.

Gerhard Strube

Literatur
Boring, E. G.: A history of experimental psychology. New York ²1950. – *Burt, C.:* The genetic determination of differences in intelligence: a study of monozygotic twins reared together and apart. In: British Journal of Psychology 57 (1966), S. 137–153. – *Burt, C./Howard, M.:* The multifactorial theory of inheritance and its application to intelligence. In: British Journal of Statistical Psychology 8 (1956), S. 95–131. – *Cattell, R. B.:* The Multiple Abstract Variance Analysis equations and solutions: for nature – nurture research on continuous variables. In: Psychological Review 67 (1960), S. 353–372. – *Cooper, R. M./Zubek, J. P.:* Effects of enriched and restricted early environments on the learning ability of bright and dull rats. In: Canadian Journal of Psychology 12 (1958), S. 159–164. – *Galton, F.:* Hereditary genius. London 1869. – *Gottesman, I. I.:* Heritability of personality: a demonstration. In: Psychological Monographs 77/IX (1963). – *Herrnstein, R.:* IQ in the meritocracy. Toronto 1971 (dt.: Chancengleichheit eine Utopie. Stuttgart 1974). – *Holzinger, K. J.:* The relative effect of nature and nurture influences on twin differences. In: Journal of Educational Psychology 20 (1929), S. 241–248. – *Husén, J.:* Psychological Twin Research. Stockholm 1959. – *Jencks, C.* et al.: Inequality. New York 1972. Deutsche Teilausgabe: Chancengleichheit. Reinbek 1973. – *Jensen, A. R.:* How much can we boost I. Q. and scholastic achievement? In: Harvard Educational Review 39 (1969), S. 1–123. Deutsch (gekürzt) in: Skowronek 1973, S. 63–155. – *Merz, F./Stelzl. I.:* Einführung in die Erbpsychologie. Stuttgart 1977. – *Newman, H. H./Freeman, F. N./Holzinger, K. J.:* Twins. A study of heredity and environment. Chicago 1937. – *Nicols, R. C.:* The national merit twin study. In: *Vandenberg, S. G.* (Hrsg.): Methods and goals in human behavior genetics. London 1965, S. 231–244. – *Scarr-Salapatek, S.:* Race, social class, and I. Q. In: Science 174 (1971), S. 1285–1295. – *Shields, J.:* Monozygotic twins brought up apart and brought up together. London 1962. – *Skodak, M./Skeels, H. M.:* A final follow-up study of one hundred adopted children. In: Journal of Genetic Psychology 75 (1949), S. 85–128. – *Skowronek, H.* (Hrsg.): Umwelt und Begabung. Stuttgart 1973. – *Strube, G.:* Die umstrittene Bedeutung genetischer Faktoren. In: *Strube, G.* (Hrsg.): Binet und die Folgen. (Die Psychologie des 20. Jahrhunderts. Bd. V). Zürich 1977, S. 890–928. – *Vandenberg, S. G.:* The future of human behavior genetics. In: *Ehrman, L./Omenn, G. S./Caspari, E.* (Hrsg.): Genetics, environment, and behavior. New York 1972, S. 276–295.

Geschichte der Pädagogischen Psychologie

Liest man einige der zahlreichen Abhandlungen zur Geschichte der Pädagogischen Psychologie (PP), so kann man den Eindruck gewinnen, es handle sich um historische Darstellungen verschiedener wissenschaftlicher Disziplinen. Diese Unterschiede sind nicht nur (aber auch) auf nationale oder persönliche Voreingenommenheiten der Autoren, auf differierende Deutungen und Bewertungen von Ereignissen zurückzuführen, sondern erklären sich vor allem aus der Variabilität der Entwicklungslinien dieses Fachgebietes und aus einigen generellen Schwierigkeiten, die Geschichte der PP zu rekonstruieren.

Ein erstes Problem ergibt sich aus der ungeklärten Gegenstandsbestimmung dieses Teilgebiets der Psychologie. Soll es sich dabei um die Sammlung und Auswahl jener psychologischen Erkenntnisse handeln, die für den praktisch tätigen oder theoretisch interessierten Pädagogen von Nutzen sein könnten (Stössner 1909; Mietzel 1973; Weinert u. a. 1974), um das Anwendungsgebiet psychologischer Methoden auf pädagogische Sachverhalte (Kemsies 1899), »um ein spezielles Teilgebiet der Psychologie, das sich mit der Art, den Bedingungen, den Ergebnissen und der Evaluation des schulischen Lernens und Behaltens beschäftigt« (Ausubel 1972, S. 257), oder um die Entwicklung, Vermittlung und Anwendung psychologischer Erkenntnisse zur Beschreibung, Erklärung, Optimierung und

→ *Evaluation* aller institutionellen wie außerinstitutionellen Sozialisations-, Erziehungs- und Unterrichtsprozesse (Brandtstädter u. a. 1974)?

Eine zweite Schwierigkeit ergibt sich aus den Diskrepanzen zwischen der Produktion pädagogisch-psychologischer (pp) Forschungsergebnisse, ihrer Rezeption durch Pädagogen (McDonald 1964) und ihrer professionellen Realisation (z. B. durch praktisch tätige Lehrer, in schulorganisatorischen Modellen, durch Schulpsychologen, Erziehungsberater usw.).

Eine dritte Gruppe von Gründen hängt mit der Beobachtung zusammen, daß bestimmte Sichtweisen, Fragestellungen und Lösungsmuster im Verlaufe der Entwicklung des pp Denkens immer wiederkehren. Ursachen dafür sind unterschiedliche anthropologische Kernannahmen über die Natur des Menschen und der psychischen Entwicklung, die sowohl die Forschung wie die Anwendung der Forschungsergebnisse maßgeblich beeinflussen. Dementsprechend erwiesen sich psychoanalytische, humanistisch-reformpädagogische, kognitivistische und behavioristische Positionen in den vergangenen Jahrzehnten als weitgehend invariant. Eine der grundlegenden pp Kontroversen beschrieb bereits Meumann: »Fassen wir die Entwicklung mehr als eine passive Anpassung an Umgebungsbestandteile auf, so werden unsere Maßnahmen das Kind auch mehr als ein empfangendes, passiv bestimmtes Wesen behandeln; wenn wir sie dagegen mehr als ein aktives Verarbeiten der Umgebungseinflüsse betrachten, so gewinnt die ganze Erziehung den Charakter einer bloßen Wegleitung für diese Aktivität des Kindes, zu der nur noch der Schutz des Kindes vor Irrwegen, Irrtümern, unzweckmäßigem Verhalten und Gefahren aller Art kommt« (1914, S. 423). Seit den klassischen Auseinandersetzungen zwischen Thorndike und Dewey, zwischen Watson und Gesell, zwischen Skinner und Chomsky ist offenkundig, daß Forschungsfragen unterschiedlich gestellt, Forschungsresultate verschieden interpretiert werden – je nachdem, ob man Entwicklung als Ergebnis, als Voraussetzung oder als Ziel der → *Erziehung* ansieht (Weinert 1979). Und es ist nicht nur – wie Messick (1975) meint – ein Produkt des Zeitgeistes, das »die Verhaltenstherapie in der Klinischen Psychologie, den Lernziel-Ansatz in der PP, die verhaltensdefinierten Kriterien in der Lehrerausbildung, die input-output-Orientierung bei der Programmevaluation und die Nutzenkalkulation in der Erziehungsadministration hervorgebracht hat – insgesamt also eine Produkt-Ergebnis-orientierte Ideologie« (S. 959).

Eine vierte Schwierigkeit für eine vereinheitlichende historische Darstellung der PP resultiert aus der Vielzahl und Vielfalt der wissenschaftlichen Fragestellungen, die jeweils im Zeitquer- wie im Zeitlängsschnitt bearbeitet wurden. Die Einflüsse unterschiedlicher Richtungen und Teildisziplinen der Psychologie, die Erwartungen und Rezeptionsmuster der Pädagogen und die variablen Anforderungen heterogener Erziehungs- und Bildungssysteme waren und sind in der Regel stärker als die fachinterne Logik der Forschung. Insofern muß sich auch die vorliegende Darstellung darauf beschränken, einige grobe Entwicklungslinien der PP zu skizzieren.

1. Die Gründerzeit der PP (1890–1920): Bis Ende des 19. Jahrhunderts haben Philosophen und Erzieher ihre pädagogischen Ideen und ihr praktisches Handeln in der Regel durch psychologisches Überzeugungswissen und durch spekulative psychologische Theorien begründet und gerechtfertigt. Trotz der großen Differenzen untereinander imponieren die einzelnen Systeme der Erziehung und des Unterrichts durch die von Epigonen oft verstärkte Einheitlichkeit des Welt- und Menschenbildes, der pädagogischen Ideale und der didaktischen Handlungsanweisungen wie ihre psychologische Begründung. Comenius, Rousseau, Pestalozzi, Schleiermacher, Herbart und Fröbel sind einige wenige, besonders prominente Beispiele für die praktische Fruchtbarkeit pp Beobachtungen und Spekulationen und für den epochalen oder lokalen Einfluß, den sie auf Erziehung und Unterricht ausgeübt haben. So bildete die von Herbart entworfene psychologische Theorie der Aneignung verbalen Wissens im Rahmen eines erziehenden Unterrichts, dessen Ziel die Vielfalt der → *Interessen* und die Charakterstärke der Sittlichkeit bei den Schülern sein sollte, in vergröberter Form die Grundlage der Volksschulpädagogik des 19. Jahrhunderts in Deutschland.

Der Übergang von der idiosynkratischen Gewinnung pp Wissens durch Gelegenheitsbeobachtung und Spekulation zu systematischen Forschungsaktivitäten im Rahmen einer eigenen Disziplin wurde eingeleitet mit der Begründung einer naturwissenschaftlich orien-

Geschichte der Pädagogischen Psychologie

tierten, experimentell arbeitenden physiologischen Psychologie durch Wilhelm Wundt und durch die Entfaltung der von Charles Darwin stark beeinflußten, auf systematischer → *Verhaltensbeobachtung* begründeten Kinderpsychologie. Bereits um die Jahrhundertwende werden Begriffe wie ›PP‹, ›Angewandte Psychologie‹, ›Psychotechnik‹, ›Experimentelle Pädagogik‹ und ›Experimentelle Didaktik‹ verwendet. Programmatisch formulierte Kemsies: »Solange der gesetzmäßige Zusammenhang zwischen der erzieherischen Einwirkung und den einfachsten sowohl als kompliziertesten Phänomenen der Kinderseele nicht klargelegt ist, kann von wissenschaftlicher Lösung des Problems nicht die Rede sein. Dies ist die Kardinalfrage der PP« (1899, S. 2). Dabei gilt es, ».... den ursächlichen Zusammenhang der Dinge so zu erforschen, daß wir für jeden Fall die eintretenden Erscheinungen aus den gegebenen Bedingungen im voraus bestimmen können« (S. 18). Aufgabe der PP wie der Experimentellen Pädagogik sollte die Erforschung der durchschnittlichen und der individuellen → *Entwicklung* von Kindern und Jugendlichen sein, die Analyse interindividueller Differenzen, insbesondere im Begabungsbereich, die Untersuchung des Lernens bzw. der geistigen Arbeit und das experimentelle Studium des Lehrens und Lernens in den einzelnen Unterrichtsfächern, die Wirkungsanalyse von Erziehungsmitteln, -materialien und -methoden, die Erkundung der Einflüsse sozialer, kultureller und organisatorischer Bedingungen auf Erziehung und Unterricht und schließlich die Prüfung der Erziehungsziele (→ *Lehrziel*) »unter dem zweifachen Gesichtspunkt: 1. ihrer Angemessenheit oder Anpassung an die Entwicklung des jugendlichen Menschen; 2. die Bedingungen ihrer Verwirklichung unter diesem Gesichtspunkt« (Meumann 1914, S. 40). Dabei betonte besonders Lay (1902), im Gegensatz zu Münsterbergs Konzeption einer Psychotechnik (1903) und zur Vorstellung Thorndikes (1903; 1913) über die pädagogische Anwendbarkeit psychologischer Erkenntnisse, die Bedeutung der Lebensnähe und der Übereinstimmung mit den alltäglichen Unterrichtsbedingungen bei der Planung pädagogischer und didaktischer Experimente.
Die Zeit zwischen 1890 und 1920 war für die PP eine Zeit des Aufbruchs. Die Faszination der neuen empirischen → *Methoden* »systematische Beobachtung, Statistik und Experiment« (Lay), die Überzeugung vom praktischen Nutzen wissenschaftlicher Arbeit, die zum großen Teil beachtliche theoretische Orientierung der Forschung, ebenso weit entfernt von »laxer Erfahrung« wie von »rohem Empirismus« (Lay), und die vielfach enge Verbindung zwischen pp Arbeit und erziehungs- oder schulreformerischen Impulsen begünstigten weltweit die Gründung vieler entwicklungspsychologischer, pp und experimentell-pädagogischer Institute und Zeitschriften sowie die Publikation einer ungewöhnlich großen Zahl einschlägiger wissenschaftlicher Studien (vgl. dazu Bühler/Hetzer 1929; Ewert 1979). Auch heute noch immer wieder zitierte Beispiele für die Forschungsaktivitäten der Gründerjahre sind die von Thorndike formulierten Lerngesetze der Bereitschaft, der Übung, des Erfolgs und der spezifischen → *Transfer*-Wirkung, die Studien zur Messung der → *Intelligenz*-Entwicklung von Binet/Simon (1905), die Vergleiche verschiedener Unterrichtsmethoden in unterschiedlichen Schulfächern (Lay 1902; Meumann 1914), die Untersuchungen über Zusammenhänge zwischen Prüfung und Leistung (Lopsien 1905), erste Analysen von Lernleistungen, die einzeln und unter Gruppenbedingungen erzielt wurden (Mayer 1904), und pädagogisch relevante Befunde zur Entwicklung im Kindes- und Jugendalter (Claparède 1909; Hall 1904; Stern 1907). Der für die Gründerjahre der PP charakteristische Forschungsenthusiasmus darf allerdings nicht darüber hinwegtäuschen, daß schon damals sehr unterschiedliche Erwartungen hinsichtlich der pädagogischen Anwendungsmöglichkeiten psychologischer Forschungsergebnisse bestanden, Differenzen, die auch für die heutige Diskussion noch typisch sind.

2. PP zwischen Psychologie und Pädagogik (1920–1950): In den folgenden Jahrzehnten geriet die so hoffnungsvoll begründete PP in eine fundamentale wissenschaftliche Krise. Entscheidende Gründe dafür waren, daß die dominierenden Trends in der Psychologie und in der Pädagogik zunehmend divergierten. Die Psychologie veränderte sich vor allem unter dem Einfluß behavioristischer Auffassungen zu einer streng naturwissenschaftlich orientierten »hard science« (Glaser 1978), während die Ausrichtung der Pädagogik entweder geisteswissenschaftlich oder praktisch-didaktisch war (→ *Wissenschaftstheorie*). Die Folgen für die PP waren verheerend: Anstelle einer theoretisch geleiteten

150

empirischen Erforschung der Bedingungen, Prozesse und Ergebnisse pädagogischer Einflüsse kam es zu einer eklektizistischen und trivialisierenden Übertragung lerntheoretischer Ergebnisse (→ *Lernen und Lerntheorien*), zur Verwendung deskriptiver Befunde und Modelle der Entwicklungspsychologie für die scheinbar wissenschaftlich begründete Plazierung von Erziehungs- und Unterrichtsanforderungen, zu einem weitgehend kontextfreien empiristischen Vergleich der relativen Effektivität verschiedener Unterrichtsmethoden (→ *Didaktik*) und zur Entwicklung einer allgemein- und entwicklungspsychologisch ungesicherten, pädagogisch fragwürdigen, hochspezialisierten Testtechnologie (→ *Test*). Auf dem Hintergrund dieser Trends konnten auch einzelne theoretisch interessante und empirisch ergiebige Arbeiten den akademischen Prestigeverlust der PP und die Enttäuschung der meisten Praktiker gegenüber dieser Disziplin nicht verhindern.

3. *PP als Entwicklung psychologischer Theorien zur Beschreibung, Erklärung und Optimierung pädagogischer Praxis (1950–1980):* Weltweite sozial- und bildungspolitische Erwartungen gegenüber dem praktischen Nutzen der wissenschaftlichen Psychologie, starke öffentliche Impulse zu einer Reform des Erziehungs- und Schulsystems, zunehmende Anwendungsinteressen von in der Grundlagenforschung arbeitenden Psychologen, die Überwindung theoretischer Barrieren (vor allem der Abbau des Gegensatzes zwischen experimentell-analytischer und psychometrisch-korrelationsstatistischer Forschungstradition, vgl. Cronbach 1957; 1975; der Übergang von behavioristischen zu kognitivistischen Modellen, vgl. Anderson/Spiro/Montague 1977), die Verbesserung des theoretischen und methodologischen Instrumentariums, der institutionelle Ausbau der PP und die stimulierenden Effekte der in den 50er Jahren mit überzogenen Hoffnungen entwickelten neuen Unterrichtstechnologien (Melton 1957; Skinner 1954) (→ *Externe Lernregelung*) veränderten die wissenschaftliche Szene und führten in den letzten Jahrzehnten zu einer starken Expansion der PP. Sie läßt sich inhaltlich durch folgende Tendenzen beschreiben:

(a) Von der Anwendung lernpsychologischer Ergebnisse zur Entwicklung einer speziellen Lehr-Lern-Forschung (→ Instruktionstheorie): Besonders unter dem Einfluß von Bruner (1966), Gage (1963), Gagné (1965) und Glaser (1976) wurde die pädagogisch nutzbare beschreibende und erklärende Lernforschung zu einer präskriptiven Instruktionspsychologie erweitert. Sie soll für mehr oder minder spezielle Lerninhalte und → *Lehrziele*, für wohldefinierte Populationen und unter Berücksichtigung situativer Kontexte angeben, welche Bedingungen geschaffen oder verändert werden müssen, um es Schülern mit gegebenen Lernvoraussetzungen zu ermöglichen, bestimmte Lernkriterien zu erreichen. Eine zunehmende Rolle spielen dabei Komponentenanalysen von Lern- und Problemlösungsaufgaben (→ *Denken und Problemlösen*), Modelle des Verstehens von Texten (→ *Textlernen*), die Entwicklung von Lehrstrategien zur Vermittlung von Kenntnissen und zum Aufbau von Fähigkeiten sowie kognitive Theorien der Lernmotivation (→ *Motivation und Motiventwicklung*). Im Hinblick auf solche Fragestellungen läßt sich gegenwärtig eine allmähliche Annäherung dieser stärker experimentell arbeitenden Instruktionspsychologie und der eher psychometrisch orientierten → *Unterrichtsforschung* (Quantität und Qualität der Instruktion) beobachten (vgl. Glaser 1978; Treiber 1980). Eine Integration dieser Arbeitsrichtungen bleibt allerdings eine Aufgabe der Zukunft.

(b) Von der Erziehungsstilforschung zur Analyse von Lernumwelten und pädagogisch bedeutsamen sozialen Interaktionen: Bereits in den 30er Jahren hatten Lewin/Lippitt/White (1939) durch die Wirkungsanalyse verschiedener Führungsmodi Anregungen zu einer Entwicklung der Erziehungs- und Unterrichtsstilforschung gegeben (Herrmann 1966; Lukesch 1975; Tausch/Tausch 1973) (→ *Erziehungsstile*). Diese Tradition wurde inzwischen ergänzt und z. T. abgelöst durch die systematische Analyse von →*Lehrer-Schüler-Interaktionen* (Eltern-Kind-Interaktionen), durch die Skalierung objektiver und erlebter Lernumwelten (→ *Ökologie*), durch die differenzierte Erfassung von Gruppenstrukturen und Gruppenprozessen (→ *Gruppendynamik*) und durch die Analyse der Auswirkungen von institutionellen und individuellen Erwartungen, von Erfolgen und Mißerfolgen, von rückkoppelnden Informationen und Sanktionen auf das subjektive → *Selbstkonzept*, die bevorzugte Ursachenzuschreibung (→ *Attribuierung*) bei variablen Handlungsausgängen und die weitere Motiventwicklung.

(c) Von der deskriptiven Kinderpsychologie zur Analyse und Förderung lebenslanger Ent-

wicklungsprozesse: Mit der Überwindung der normativen Kinderpsychologie Arnold Gesells (1952) durch die genetische Epistemologie Jean Piagets (1970), mit der internationalen Rezeption und Weiterentwicklung dieser Theorie und mit der Konzipierung einer die gesamte Lebenslaufspanne umfassenden Entwicklungspsychologie wurden die Voraussetzungen dafür geschaffen, um spezielle Veränderungsprozesse, Zusammenhangsmuster und Beeinflussungsmöglichkeiten zu untersuchen. Zwar sind viele der entwicklungspsychologischen Trainings- und Förderungsprogramme gescheitert, doch läßt sich allmählich eine Verknüpfungsmöglichkeit zwischen dem »developmental approach« in der Instruktionspsychologie und dem »instructional approach« in der Entwicklungspsychologie konstatieren (Case 1978).

(d) Von der rein programmatischen und diagnostischen Anwendung der PP zur Entwicklung von Beratungs-, Präventions- und Interventionsmethoden: In den letzten Jahren wurden mehr und mehr psychologische Beratungsmodelle, pp Förderungsprogramme, präventive Maßnahmen zur Optimierung von Lernumwelten, Trainingskurse für Eltern und Lehrer und vielfältige Techniken der →*Verhaltensmodifikation* (und Motivänderung) entwickelt. Obwohl der Mehrzahl dieser Technologien und Techniken eine ausreichende theoretische Basis und eine hinreichende empirische Bewährung fehlt, sind sie erste Hinweise für die Notwendigkeit und Möglichkeit einer Verknüpfung von Grundlagenforschung, Technologieentwicklung, der systematischen Weitergabe psychologischer Erkenntnisse an Laien zur Verbesserung der pädagogischen Orientierungs- und Handlungskompetenz und der professionellen Nutzung pp Theorien und Techniken durch Erziehungsberater (→ *Beratung*), Schulpsychologen usw. Der internationale Aufschwung und die latente Krise der → *Schulpsychologie* sind Zeichen einer progressiven Entwicklung, aber auch vieler ungelöster Probleme der PP (Weinert 1980).

Franz E. Weinert

Literatur
Anderson, R. C./Spiro, R. J./Montague, W. E. (Hrsg.): Schooling and the acquisition of knowledge. Hillsdale 1977. – *Ausubel, D. P.:* Is there a discipline of educational psychology? *In: Stones, E.* (Hrsg.): Educational objectives and the teaching of educational psychology. London 1972, S. 257–277. – *Binet, A./Simon, H.:* Méthodes nouvelles pour le diagnostic du niveau intellectuel des anormaux. In: Année Psychologique 11 (1905), S. 191–244. – *Brandtstädter, J.* u. a.: Entwurf eines heuristisch-taxonomischen Schemas zur Strukturierung von Zielbereichen pädagogisch-psychologischer Forschungen und Lehre. In: Zeitschrift für Entwicklungspsychologie und Pädagogische Psychologie 6 (1974), S. 1–18. – *Bruner, J. S.:* Toward a theory of instruction. Cambridge/Mass. 1966. – *Bühler, C./Hetzer, H.:* Zur Geschichte der Kinderpsychologie. In: *Brunswik, E.* u. a. (Hrsg.): Beiträge zur Problemgeschichte der Psychologie. Jena 1929, S. 204–224. – *Case, R.:* Piaget and beyond: Toward a developmental based theory and technology of instruction. In: *Glaser, R.* (Hrsg.): Advances in instructional psychology. Vol. 1. Hillsdale 1978, S. 167–228. – *Claparède, E.:* Psychologie de l'enfant et pédagogie expérimentale. Genève ²1909. – *Cronbach, L. J.:* The two disciplines of scientific psychology. In: American Psychologist 12 (1957), S. 671–684. – *Cronbach, L. J.:* Beyond the two disciplines of scientific psychology. In: American Psychologist 30 (1975), S. 116–127. – *Ewert, O. M.:* Zum Selbstverständnis der Pädagogischen Psychologie im Wandel der Geschichte. In: *Brandtstädter, J./Reinert, G./Schneewind, K. A.* (Hrsg.): Pädagogische Psychologie; Probleme und Perspektiven. Stuttgart 1979, S. 15–28. – *Gage, N. L.:* Paradigms for research on teaching. In: *Gage, N. L.* (Hrsg.): Handbook of research on teaching. Chicago 1963, S. 94–141. – *Gagné, R. M.:* The conditions of learning. New York 1965. – *Gesell, A.:* Säugling und Kleinkind in der Kultur der Gegenwart. Bad Nauheim 1952. – *Glaser, R.:* Components of a psychology of instruction: Toward a science of design. In: Review of Educational Research 46 (1976), S. 1–24. – *Glaser, R.:* Introduction: Toward a psychology of instruction. In: *Glaser, R.* (Hrsg.): Advances in instructional psychology. Hillsdale 1978, S. 1–12. – *Hall, St.:* Adolescence. Vols. 1 u. 2. New York 1904. – *Herrmann, T.* (Hrsg.): Psychologie der Erziehungsstile. Göttingen 1966. – *Kemsies, I.:* Fragen und Aufgaben der Pädagogischen Psychologie. In: Zeitschrift für Pädagogische Psychologie 1 (1899), S. 1–21. – *Lay, W. A.:* Experimentelle Didaktik. Leipzig 1902. (⁴1920). – *Lewin, K./Lippitt, R./White, R. K.:* Patterns of aggressive behavior in experimentally created ›social climate‹. In: Journal of Social Psychology 10 (1939), S. 271–299. – *Lopsien, M.:* Examen und Leistung. Leipzig 1905. – *Lukesch, H.:* Auswirkungen elterlicher Erziehungsstile. Göttingen 1975. – *Mayer, L.:* Über Einzel- und Gesamtleistung des Schulkindes. Leipzig 1904. – *McDonald, F. C.:* The influence of learning theories on education. In: *Hilgard, E. R.* (Hrsg.): Theories of learning and instruction. Chicago 1964, S. 1–26. – *Melton, A. W.:* Military psychology in the United States of America. In: American Psychologist 12 (1957), S. 740–746. – *Messick, S.:* The standard problem: Meaning and values in measurement and evaluation. In: American Psychologist 30 (1975), S. 955–966. – *Meumann, E.:* Abriß der experimentellen Pädagogik. Leipzig 1914. – *Mietzel, G.:* Pädagogische Psychologie. Göttingen 1973. – *Münsterberg, H.:* Grundzüge der Psychotechnik. Leipzig 1913. – *Piaget, J.:* Piaget's theory. In: *Mussen, P. H.* (Hrsg.): Carmichael's manual of child psychology. Vol. 1. New York 1970, S. 703–732. – *Skinner, B. F.:* The science of learning and the art of teaching. In: Harvard Educatio-

nal Review 24 (1954), S. 86–97. – *Stern, C./Stern, W.:* Die Kindersprache. Leipzig 1907. – *Stössner, A.:* Lehrbuch der pädagogischen Psychologie. Leipzig 1909. – *Tausch, R./Tausch, A.:* Erziehungspsychologie. Göttingen ⁷1973. – *Thorndike, E. L.:* Educational psychology. New York 1903. – *Thorndike, E. L.:* Educational psychology. Bde. 1–3. New York 1913. – *Treiber, B.:* Qualifizierung und Chancenausgleich in Schulklassen. Bde. 1 und 2. Frankfurt/M. 1980. – *Weinert, F. E.* u. a. (Hrsg.): Funk-Kolleg Pädagogische Psychologie. 2 Bde. Frankfurt 1974. – *Weinert, F. E.:* Über die mehrfache Bedeutung des Begriffes ›entwicklungsangemessen‹ in der pädagogisch-psychologischen Theorienbildung. In: *Brandtstädter, J./Reinert, G./Schneewind, K. A.* (Hrsg.): Pädagogische Psychologie: Probleme und Perspektiven. Stuttgart 1979, S. 181–207. – *Weinert, F. E.:* Schulpsychologie zwischen Wissenschaft, Ideologie und Praxeologie. In: Bildung und Erziehung 33 (1980), S. 206–218.

Geschlechter (Geschlechtsrolle)

Der Begriff der *Geschlechtsrolle* (G) wird in verschiedenen Bedeutungen gebraucht (vgl. Spence/Helmreich 1978). Anthropologisch ist im allgemeinen die geschlechtsspezifische Arbeitsteilung angesprochen, soziologisch der Prozeß der Rollenübernahme und Sozialisation, psychologisch Unterschiede zwischen Männern und Frauen in Verhalten und Persönlichkeit.
1. Unterschiede zwischen den Geschlechtern: Auf den letzten Aspekt soll im folgenden zunächst eingegangen werden. Dabei ist zu trennen zwischen *Stereotypen* (S), also mehr oder weniger verbreiteten Vorstellungen über das, was Männer und Frauen voneinander unterscheidet, und *empirisch auffindbaren* Unterschieden. Zu den stereotypen Erwartungen, die an Männer und Frauen gerichtet werden, zählen als Teil des maskulinen S Aktivität, Aggressivität, Unabhängigkeit sowie fachliche und intellektuelle Kompetenz. Als Teil des femininen S gelten Passivität, Abhängigkeit, Nachgiebigkeit, Emotionalität sowie fehlende intellektuelle und fachliche Kompetenz (vgl. Lehr 1979). Beide Sichtweisen haben sich im Alltag in der Rede von der »männlichen Überlegenheit« und dem »schwachen Geschlecht« niedergeschlagen. Entsprechend diesen S wurden auch in der wissenschaftlichen Forschung lange Zeit Maskulinität und Femininität als Gegensätze angesehen, die einander ausschlossen. Als Ziel einer gelungenen G-Entwicklung wurde die Übernahme der maskulinen G durch den Jungen und der femininen G durch das Mädchen angesehen. Diese Sichtweise hat sich inzwischen dahingehend verändert, daß Maskulinität und Femininität als voneinander unabhängige Dimensionen gelten. Gleichzeitig wird die Auffassung vertreten, daß nicht mehr Maskulinität *oder* Femininität als Idealziel der menschlichen Entwicklung anzusehen seien, sondern *Androgynie,* also die Vereinigung beider Geschlechtsrollen.

Betrachtet man die oben beschriebenen S, so erhebt sich natürlich die Frage, inwieweit diese der Realität entsprechen, d. h., ob sich männliche und weibliche Personen tatsächlich in dieser charakteristischen Weise unterscheiden. Untersuchungen über Geschlechtsunterschiede in Intelligenz, Persönlichkeitsmerkmalen und Sozialverhalten, die vor allem im angloamerikanischen Raum durchgeführt wurden, konnten die geschlechtsspezifischen S nur teilweise bestätigen. Vergleicht man S und empirische Befunde, so zeigen sich Unterschiede im Hinblick auf Aggression und mathematische Fähigkeiten (größer bei männlichen Personen) und auf verbale Fähigkeiten (größer bei weiblichen Personen), während die Ergebnisse hinsichtlich Abhängigkeit, Emotionalität, Selbstwertgefühl und Einfühlungsvermögen uneinheitlich sind oder Unterschiede nur bei bestimmten Meßinstrumenten erkennen lassen (Maccoby/Jacklin 1975; Ruble 1978). Die bisherigen Befunde zeigen darüber hinaus, daß die Unterschiede *zwischen* den Geschlechtern deutlich geringer ausfallen als die *innerhalb* eines Geschlechts. Es fragt sich, wie sich die S, die Grundlage von Rollenvorschriften und Erwartungen an männliche und weibliche Personen sind, trotzdem so hartnäckig halten können und wie es kommt, daß Kinder schon relativ frühzeitig nicht nur ein Bewußtsein ihrer Geschlechtsgruppenzugehörigkeit entwickeln, sondern auch der dazugehörigen Erwartungen an maskulines bzw. feminines Verhalten, also der G.
2. Erwerb und Veränderung der G: Für den pädagogischen Bereich ist besonders die Frage von Bedeutung, ob und wie geschlechtsspezifische Verhaltensweisen vermittelt bzw. verändert werden können. Grundsätzlich ist davon auszugehen, daß weder rein biologische noch rein lerntheoretische Erklärungen ausreichen (vgl. auch die Anlage-Umwelt-Kontroverse in der Entwicklungspsychologie; → *Genetik;* → *Reifung und sensible Phasen*). Vielmehr ist eine interaktionistische Sichtweise vorzuziehen, wonach jede menschliche → *Entwicklung,* so auch die der G, als Resultat der

Interaktion von Anlage und Umwelt anzusehen ist. So läßt sich etwa die größere Aggressivität männlicher Personen zum einen mit angeborenen biologischen Mechanismen (z. B. Hormone, allgemeines Aktivitätsniveau) und zum anderen mit bestimmten Lernerfahrungen (z. B. Erziehungspraktiken wie stärkere physische Bestrafung) erklären. Zur Frage des Erwerbs der G wurden bisher verschiedene Ansätze geschlechtsspezifischer Sozialisation diskutiert. Die wichtigsten erklären Geschlechtsunterschiede mit Nachahmungslernen, Bekräftigungslernen (→ *Lernen und Lerntheorien;* → *Bekräftigung*) und/oder kognitiven Mechanismen (vgl. Bierhoff-Alfermann 1977, Kap. 4; Merz 1979). Aus pädagogischer Sicht erscheint besonders der Aspekt des Modell- und des Bekräftigungslernens von Bedeutung. Beim *Modellernen* geht es um die Frage, inwieweit durch direkte oder indirekte Beobachtung von Personen geschlechtsspezifische Verhaltensweisen und Persönlichkeitsmerkmale erworben werden. Dabei wurde ursprünglich von der psychoanalytischen Theorie ein Prozeß der Identifikation mit dem gleichgeschlechtlichen Elternteil angenommen. Ein solcher Identifikationsmechanismus ist aber keine notwendige Bedingung für Modellernen. Wenn auch die systematische Nachahmung gleichgeschlechtlicher Modelle in bisherigen experimentellen und korrelativen Studien nicht schlüssig nachgewiesen werden konnte, so gibt es doch Bereiche, in denen durch Modelle zumindest bereits vorhandenes geschlechtstypisches Verhalten noch vertieft zu werden scheint. Ein solcher Bereich ist die Darstellung von Jungen und Mädchen bzw. Männern und Frauen in → *Medien*. In der pädagogisch-psychologischen Forschung haben hierbei insbesondere Fernsehen und Literatur Beachtung gefunden. Dabei stellte sich heraus, daß die eingangs erwähnten Geschlechterstereotype sowohl in Fernsehsendungen wie in Lesebüchern ihren Niederschlag gefunden haben (Bittmann 1978). Insbesondere fällt immer wieder auf, daß männliche Darsteller über- und weibliche unterrepräsentiert sind. Zudem spielen Mädchen und Frauen meist eine eher passive und dienende Rolle. Der Einfluß von Medien auf G-Lernen konnte in Interventionsstudien an Kindern aufgezeigt werden, in denen die Präsentation gleichgeschlechtlicher Modelle, die geschlechtsuntypisches Verhalten zeigten, nachhaltigen Einfluß auf die Kinder hatte (McArthur/Eisen 1976). Beim *Bekräftigungslernen* geht es darum, inwieweit durch systematisches Bekräftigen eine Verhaltensformung in Richtung der maskulinen bzw. femininen G stattfindet. Für das elterliche Erziehungsverhalten (→ *Erziehungsstile*) liegen hierzu bisher keine eindeutigen Ergebnisse vor (Maccoby/Jacklin 1975). Der schulische Bereich hat erst in jüngster Zeit stärkere Berücksichtigung gefunden. Als relevante Indizes sind in erster Linie Beobachtungsergebnisse der → *Lehrer-Schüler-Interaktion* und Aussagen über das Schülerbild von Lehrer(inne)n heranzuziehen.

3. Geschlechtstypisches Verhalten in der Schule: Betrachtet man die verbalen Aussagen von Lehrkräften, so zeichnet sich ein Bild ab, wonach Jungen als ungehorsamer, fauler, aggressiver und undisziplinierter als Mädchen geschildert werden, während umgekehrt den Mädchen eine größere Anpassung zugeschrieben wird. Die Beobachtungsergebnisse, die unmittelbar Einblick in die Bekräftigungskontingenzen in der Klasse geben, lassen sich dahingehend zusammenfassen, daß Jungen eher als Mädchen getadelt und bestraft werden. Diese negative Bekräftigung bezieht sich aber überwiegend auf → *Disziplin* und Betragen der Jungen. Somit wird der wahrgenommenen größeren Verhaltensauffälligkeit der Jungen auch eine häufigere Bestrafung entgegengesetzt. Dabei ist zwar sicher eine Verminderung der Aggressivität intendiert (*Bestrafung* von geschlecht*stypischem* Verhalten!), aber der Effekt könnte genau umgekehrt ausfallen: Aus der größeren Beachtung, die damit verbunden ist, könnte im Endeffekt eine (nicht gewollte) Bekräftigung resultieren (→ *Verhaltensmodifikation*). Dem häufigeren (disziplinbezogenen) Tadel der Jungen steht auf der anderen Seite eine häufigere (fachbezogene) Interaktion mit den Lehrer(inne)n gegenüber, als es bei den Mädchen der Fall ist (→ *Lehrer-Schüler-Interaktion*). Zusammenfassend ist festzustellen, daß Jungen als schwieriger im Umgang angesehen werden und daß mit dieser Sichtweise auf der Verhaltensebene eine häufigere Bestrafung der Jungen korrespondiert, die sich überwiegend auf ihr Betragen bezieht. Gleichzeitig weisen einige Befunde auf eine häufigere intellektuelle Beachtung der Jungen hin (Bierhoff-Alfermann 1977, Kap. 5). Nach Dweck u. a. (1978) unterscheiden sich die Unterrichtserfahrungen von Jungen und Mädchen in der Weise, daß Mädchen aus dem Tadel einer Lehrkraft eher Rückschlüsse auf mangelnde

→ *Begabung*, Jungen auf schlechtes Betragen ziehen müssen. Daraus dürften sich langfristig negative Auswirkungen auf das Selbstvertrauen der Mädchen in neuen Leistungssituationen ergeben (→ *Leistungsmotivation*). Aus diesen Beispielen zum Modell- und Bekräftigungslernen läßt sich ersehen, daß schulische → *Sozialisation* durchaus ihren Anteil am G-Lernen hat. Versuche zur Bewußtmachung und Veränderung traditioneller G im schulischen Bereich stellen zum einen Interventionsstrategien dar (→ *Intervention und Prävention*), zum anderen Unterrichtsreihen über G, wie sie z. B. von Wagner u. a. (1978) entwickelt wurden.

Dorothee Bierhoff-Alfermann

Literatur
Bierhoff-Alfermann, D.: Psychologie der Geschlechtsunterschiede. Köln 1977. – *Bittmann, F.:* Geschlechtsrollenspezifisches Verhalten in den Geschichten deutscher Lesebücher – Inhaltsanalyse von Lesebuchgeschichten in Lesebüchern für das 4. und 7. Schuljahr. In: Psychologie in Erziehung und Unterricht 25 (1978), S. 261–271. – *Dweck, C. S./Davidson, W./Nelson, S./Enna, B.:* Sex differences in learned helplessness: II. The contingencies of evaluative feedback in the classroom and III. An experimental analysis. In: Developmental Psychology 14 (1978), S. 268–276. – *Lehr, U.:* Stereotypie und Wandlung der Geschlechtsrollen. In: *Heigl-Evers, A.* (Hrsg.): Die Psychologie des 20. Jahrhunderts. Bd. 8. Zürich 1979, S. 264–275. – *Maccoby, E. E./Jacklin, C. N.:* The psychology of sex differences. London 1975. – *McArthur, L. Z./Eisen, S. V.:* Achievements of male and female storybook characters as determinants of achievement behavior by boys and girls. In: Journal of Personality and Social Psychology 33 (1976), S. 467–473. – *Merz, F.:* Geschlechterunterschiede und ihre Entwicklung. Göttingen 1979. – *Ruble, D.:* Sex differences in personality and abilities. In: *Frieze, I. H./Parsons, J./Johnson, P. B./Ruble, D. N./Zellman, G. L.* (Eds.): Women and sex roles. New York 1978, S. 45–68. – *Spence, J. T./Helmreich, R. L.:* Masculinity & Femininity. Austin 1978. – *Wagner, A. C./Frasch, W./Lamberti, E.:* Mann–Frau. Rollenklischees im Unterricht. München 1978.

Gruppendynamik

Der Begriff der Gruppendynamik (G) ist zunächst eine Sammelbezeichnung für die Prozesse und sozialen Interaktionen in Gruppen mit all ihren gefühlsmäßigen, verbalen und nonverbalen Begleiterscheinungen. Innerhalb dieses Gegenstandsbereiches können zwei Interessenschwerpunkte unterschieden werden. (a) Die *sozialpsychologische Kleingruppenforschung* will durch die empirische Untersuchung des Gruppengeschehens – oft reduziert auf das Geschehen in Zweierbeziehungen (Dyaden) – und seiner externen und internen Bedingungen allgemeine Gesetzmäßigkeiten im Rahmen von zumeist kognitiv oder verhaltenstheoretisch orientierten Modellen (→ *Verhaltensmodifikation*) aufstellen.
(b) Die *gruppendynamischen Trainingsformen* dagegen sind Techniken des Aufbaues und der Veränderung von sozialen Wahrnehmungen, → *Einstellungen* und Verhaltensweisen der jeweiligen Gruppenmitglieder.

1. Der Begriff der Gruppe: In der Umgangssprache wird jede abgehobene Menge von Personen als Gruppe bezeichnet. Sozialpsychologen hingegen fordern in der Regel das Vorhandensein weiterer Merkmale als Bestimmungsstücke einer »echten« Gruppe. Die wichtigsten in der Literatur vorfindbaren Gruppenmerkmale sind (Crott 1979; Sader 1976): (a) die Zahl der Mitglieder: Zwei Personen bilden bereits eine Gruppe; Angaben über die obere Grenze schwanken zwischen acht und dreißig; (b) räumliche und/oder zeitliche Abhebung von anderen Individuen der Umgebung; (c) die relative Häufigkeit der Interaktionen (Homans 1960): Die Mitglieder einer sozialen Gruppe sollen dabei untereinander häufiger interagieren als mit außenstehenden Personen; (d) das Vorkommen von Kontakten von Angesicht zu Angesicht (face-to-face-Kontakte); (e) die Entwicklung eines »Wir-Gefühls«: Nach diesem Kriterium sollen die Mitglieder sich als zusammengehörig erleben oder sich gar explizit als zusammengehörig definieren; (f) das Vorhandensein gemeinsam angestrebter Ziele; (g) die Ausbildung von Normen und Verhaltensvorschriften für bestimmte Verhaltensbereiche; (h) das Bestehen eines bestimmten Grades an Strukturierung und Rollendifferenzierung.

Ein anderer Zugang zur Bestimmung der »Gruppenhaftigkeit« sozialer Gebilde besteht im Versuch, verschiedene Arten von Gruppen aufgrund von bedeutsam erscheinenden differentiellen Aspekten zu bestimmen. Die Unterscheidung zwischen *Primär- und Sekundärgruppen* verweist dabei auf den Aspekt der mehr oder weniger freiwilligen Teilhabe: Primärgruppen sind in diesem Falle etwa die → *Familie*, Spielgruppen in der Nachbarschaft, Schulklassen oder Gemeinden, im wesentlichen also die Sozialisationsinstanzen. Innerhalb von Organisationen drängt sich die Unterscheidung in *formelle* und *informelle* Gruppen auf: Formelle Gruppen sind durch die

Ziele der Organisation vorgegeben, informelle Gruppen können sich innerhalb eben dieses Rahmens aufgrund subjektiver Präferenzen herausbilden und die Erreichung der formell vorgesehenen Ziele stützen oder beeinträchtigen. Argyle (1972) unterscheidet aufgrund von Arbeits- oder Interessenschwerpunkten fünf Arten von Kleingruppen: (a) die Familie; (b) Gruppen Jugendlicher (»peer-groups«); (c) Arbeitsgruppen in Organisationen; (d) Ausschüsse, Problemlösegruppen und kreative Gruppen; (e) Trainings- und Therapiegruppen. Eine weitere Unterscheidung anhand derselben Leitidee führt zur Trennung zwischen *Laborgruppen* und *»echten« Gruppen*. Diese Differenzierung verweist u. a. auf das Problem der Übertragbarkeit von Befunden zu Gruppenprozessen, welche zumeist unter Laborbedingungen und damit in vereinfachten Standardsituationen zustande kommen. Gegenwärtig setzt sich die Einsicht durch, daß die aufgezeigten definitorischen und klassifikatorischen Bemühungen keine notwendige Voraussetzung zur wissenschaftlichen Erforschung von zwischenmenschlichen Prozessen sind. Vielmehr wird künftig das Forschungsinteresse vermehrt auf die spezifischen Abläufe selbst zu richten sein. Die Gruppe ist dann nicht als Gegenstand der Untersuchung zu verstehen, sondern als Ort des interessierenden Geschehens. Klassifikatorische Überlegungen werden damit nicht bedeutungslos, ihre Funktion ist jedoch nicht mehr eine systematisch-ästhetische, sondern eine theoretische: Sie dienen zur Spezifizierung von Variablen ökologischer Art, indem bedeutsam erscheinende Aspekte der sozialen Umwelt thematisiert und in Untersuchungen überprüft werden. Für den problemlösenden Praktiker können solche Unterscheidungsmerkmale Elemente von Denk- und Analysestrukturen bilden und zu differenzierterem Frage- und Informationsbeschaffungsverhalten führen. Eben diese Funktion schreibt auch Sader (1976) den verschiedenen Paradigmen in der Kleingruppenforschung schlechthin zu.

2. G als sozialpsychologische Kleingruppenforschung: Die eingangs festgestellte Zweiteilung der G in Kleingruppenforschung und in gruppendynamische Trainings- und Therapieformen kann im wesentlichen auf die gemeinsame Ausgangsbasis der amerikanischen Untersuchungen zu Arbeitsgruppen und deren Strukturierung, Atmosphäre und Effizienz zurückgeführt werden, welche von Kurt Lewin und seinen Schülern in den dreißiger Jahren durchgeführt worden sind. Sehr bald gerieten dabei die Fragen nach der betrieblichen, pädagogischen und therapeutischen Verwertbarkeit von Befunden und nach dem Aufbau geeigneter Technologien aus dem Blickfeld der akademisch orientierten Gruppendynamiker. Die Suche nach den allgemeinen Gesetzmäßigkeiten des Gruppengeschehens begann die Forschungsszene zu beherrschen und fand dabei hauptsächlich nach drei unterschiedlichen thematischen Orientierungen statt.

2.1 Der genetische Aspekt der Kleingruppenforschung: Erfahrungsgemäß sind soziale Gruppen unterschiedlich funktionstüchtig. Verschiedene Autoren erwarten nun von der Beantwortung der Frage nach den Prozessen der Gruppenbildung Hinweise für die Optimierung der Zielerreichung. Dabei scheint es einleuchtend, daß Freizeit- oder Interessengruppen andere Gründungsmodi, Verpflichtungsmittel und Phasenabläufe aufweisen als etwa Zweckverbände wie Arbeits- oder Unterrichtsgruppen. Sherif (1968) unterscheidet vier wesentliche Prozesse, welche simultan oder in einer problem- bzw. gruppenspezifischen Reihenfolge ablaufen sollen, ehe eine Gruppe funktionstüchtig ist: (a) die Phase der *Gruppengründung* auf der Basis individueller Motivationen: Es wird angenommen, daß die Konstituierung einer Gruppe nur dann erfolgt, wenn die potentiellen Mitglieder Ziele realisieren wollen, die in der Gruppe besser oder ausschließlich zu erreichen sind; (b) die Phase der *Gruppenstrukturierung:* In einer Gruppe muß durch Status- und Rollenzuweisung eine Rangordnung entstehen, wobei zunächst die Extrempositionen festgelegt werden; (c) die Phase der *Bildung von Gruppennormen:* Es müssen Verhaltensrichtlinien entwickelt und allenfalls mit Sanktionen verknüpft werden; (d) die Phase der *Aufgabenbestimmung und -bewältigung:* Die Aufgaben müssen bestimmt und gegebenenfalls redefiniert werden; es muß ein Konsens über die einzusetzenden Mittel der Zielerreichung gefunden werden. – Neben diesem Einteilungsversuch sind eigentliche Phasenmodelle erarbeitet worden. Darin wird jeweils ein bestimmter zeitlicher Ablauf der verschiedenen Phasen postuliert. Diese Modelle sind zugeschnitten auf bestimmte Typen von Gruppen und spiegeln die »sachimmanente Entfaltungslogik« (Crott 1979, S. 220) einer Gruppenentscheidungssituation wider. So unterscheidet etwa Tuckman (1965) die vier Phasen der Formierung, Sturm und Drang, der Normierung und der Aufgabenorientierung. Es darf angenommen werden, daß die Aufrechterhaltung einer Gruppe durch die Wiederholung der erwähnten Prozesse gewährleistet wird, so etwa durch die Definition neuer Ziele, durch Veränderung des Normsystems etc.

2.2 Der strukturelle Aspekt von kleinen Gruppen: Der Begriff der Gruppenstruktur erweist sich bei näherem Hinsehen als abstrakte Formel, die es zu spezifizieren gilt. Ausgehend von der allgemein anerkannten Definition einer Gruppe als bestehend aus Elementen (Gruppenmitglieder) und Relationen (Beziehungen) zwischen den Elementen, müssen die Arten der möglichen Relationen bestimmt werden. Drei Arten von Beziehungen und damit von Gruppenstrukturen stehen dabei im Vordergrund: (a) *Die Interaktionsstruktur* (→ *Interaktion*): Sie ist dadurch gegeben, daß Gruppenmitglieder Verhaltensweisen zeigen, welche auf andere Mitglieder gerichtet sind und welche als wechselseitig gesteuert interpretiert werden können (etwa gemeinsame Arbeitstätigkeiten). Eine umfassende Übersicht zu Ansätzen der Interaktionsanalyse liefern Merkens/Seiler (1978). (b) *Die Kommunikationsstruktur* (→ *Kommunikation*): Kommunikationen können zunächst als ein Spezialfall von Interaktionen verstanden werden und als solche untersucht und in Modellen dargestellt werden. Kommunikative Beziehungen zeichnen sich jedoch zusätzlich durch die spezifische Funktion der Übermittlung von Informationen und Bedeutungen aus, Interaktionen sind dazu lediglich das notwendige Vehikel. So konzentrieren sich denn die Modelle der kommunikativen Beziehung weniger auf die Darstellung der bestehenden Kommunikationskanäle und -netze als auf die Konzeptualisierung der Teilprozesse, Bedingungen und Auswirkungen der Informationsübertragung. Eine Übersicht gängiger Modelle gibt Graumann (1969), ein Beispiel für gruppendynamische Arbeit zur Verbesserung von Kommunikationen geben Fittkau u. a. (1977). (c) *Die Struktur der affektiven Beziehungen:* Die Struktur gegenseitiger Gefühle, wie sie mittels der Technik der Soziometrie (Moreno 1954) erfaßt und dargestellt werden kann, gilt vielerorts als die Gruppenstruktur schlechthin. Die Soziometrie basiert auf der Befragung der Gruppenmitglieder über ihre Beziehung zu den andern, wobei sich der Inhalt der Frage (soziometrisches Kriterium) zumeist auf die entgegengebrachte Sympathie bezieht. Die erhobenen Daten können in grafischer Form (Soziogramm) oder in Matrixform dargestellt, die Auswertung kann auf die Gruppe wie auch auf den einzelnen hin vorgenommen werden (Dollase 1973). Die Entwicklung in diesem Bereich verläuft einerseits in Richtung einer differenzierten formalisierten Auswertung zur Auffindung von Subgruppen (Cliquen) im multikriterialen Beziehungsraum, andrerseits auf eine vermehrte Berücksichtigung des Wahrnehmungsaspektes sozialer Gegebenheiten hin, zur Darstellung also der internen Repräsentation der Beziehungsstrukturen durch die einzelnen Gruppenmitglieder. Dagegen behandeln die Attraktionstheorien (Mikula 1977) die Frage nach dem Warum der Aufnahme von Beziehungen.

2.3 Der Aspekt der Kontrolle und der Beeinflussung: Das konkrete zwischenmenschliche Geschehen wird vorwiegend im Rahmen der eben dargestellten drei Beziehungsdimensionen untersucht und in Modellen unterschiedlicher thematischer und theoretischer Orientierung dargestellt. Generalthema ist dabei die Frage nach den Bedingungen und Folgen interpersoneller Beeinflussung. Die sozialpsychologischen *Machttheorien* stellen gemeinhin einen konzeptuellen Rahmen zur Analyse der gegenseitigen Beeinflussungsversuche zur Verfügung; die Paradigmen der Verhaltensanalyse, der Ergebniskontrolle (Austauschtheorien) und des sozialen Vergleichs sind die wichtigsten Ansätze (Piontkowski 1976, S. 209ff.). Die Unterscheidung von fünf Arten von Macht aufgrund ihrer Quelle durch French/Raven (1959) in (a) Belohnungsmacht (reward power); (b) Druckmacht (coercive power); (c) Bezugsmacht (reference power); (d) Expertenmacht (expert power); (e) legitimierte Macht (legitimate power) ist ein Beispiel für den Charakter der wissenschaftlichen Bemühungen in diesem Bereich. Die *Führungsmodelle* greifen letztlich ebenfalls zurück auf machttheoretische Konzeptionen (Lukasczyk 1960), während die *Attraktionstheorien* (Mikula 1977) die Frage nach den Gründen gegenseitiger Präferenzen thematisieren und damit die Erkenntnisbasis einer wesentlichen Quelle von Einfluß liefern. Ebenso erweisen sich die Untersuchungen zur sozialen *Beeinflussung von Urteilen* in der Tradition der Experimente von Sherif und Asch – bekannt auch als Untersuchungen zum konformen Verhalten – als zentriert auf das Problem der Kontrolle des einzelnen durch die Gruppe. Neuerdings treten vermehrt die Fragen nach der Reaktion auf Beeinflussungs- und Einschränkungsversuche in den Blickpunkt des Interesses, etwa in der Reaktanztheorie von Brehm (1972), wie überhaupt das Problem der Autonomie des einzelnen an Bedeutung zu gewinnen scheint.

3. Gruppendynamische Trainingsformen: Boediker/Lange (1975) unterscheiden drei Hauptformen der trainingsorientierten Gruppenarbeit: das *Sensitivity-Training*, die *Encountergruppen* und die verschiedenen Formen des gruppendynamischen *Verhaltenstrainings*. Dabei muß festgehalten werden, daß die zahlreichen Angebote an entsprechenden Veranstaltungen in den meisten Fällen Mischformen darstellen, welche oft nur schwer auf einen eindeutigen theoretischen Hintergrund zurückführbar sind. Allen diesen Formen gemeinsam ist das Prinzip des Erfahrungslernens (→ *Lernen und Lerntheorien*), welches auf der Erkenntnis beruht, daß wirksames Lernen sowohl auf verstandesmäßiger Einsicht (kognitiver Ebene) wie auch auf dem Erleben (emotionaler Ebene) und der persönlichen Betroffenheit und entsprechendem Handeln (aktionaler Ebene) beruht (→ *Trainingsmethoden*).

Das *Sensitivity-Training* in seiner klassischen Form (T-Gruppen) entwickelte sich aus der Human-Relations-Bewegung der Arbeitspsychologie. Neben dieser leistungsorientierten und oft auf fachliche Bezugsgruppen (z. B. Balint-Gruppen für Ärzte) ausgerichteten Form gewinnen die personorientierten Trainings in Selbsthilfegruppen oder die TZI-Methode (Themenzentrierte Interaktion nach Cohn 1975) zunehmend an Bedeutung. Die Verbesserung der Sensitivität als primäres Ziel bedeutet zunächst größere Wahrnehmungsfähigkeit, bessere Einsicht in eigene und fremde Einstellungen und Verhaltensweisen sowie realistischere Einschätzung von Verhaltenskonsequenzen (→ *Humanistische Psychologie*). Darüber hinaus wird vor allem in der »emanzipatorischen« Gruppendynamik die Einsicht in gesellschaftliche Abhängigkeiten erwartet; die Inselsituation der Gruppen verhindert jedoch in vielen Fällen das Erreichen solch langfristiger und übergreifender Ziele.

Encounter-Gruppen sind individuumzentriert, die optimale Entfaltung der Persönlichkeit und der Umgang mit sich selbst sollen durch Gespräch und vor allem durch expressive Aktionen wie auch durch Wahrnehmungsübungen in allen sensoriellen Bereichen gefördert werden. Gestaltgruppen, Bioenergetik und Psychodrama sind die wohl gegenwärtig bekanntesten Arbeitsformen in diesem Bereich.

Verhaltenstrainings in Gruppen zeichnen sich aus durch ihre lerntheoretische Grundlage und durch eine dementsprechend rationale Vorgehensweise zur Erzielung von Verhaltensänderungen im Bereich des Sozialverhaltens. Die beziehungsorientierten Formen zielen dabei ab auf die schrittweise und individuell programmierte Veränderung von Kommunikationsverhalten (Fittkau u. a. 1977) und Interaktionsverhalten (vgl. etwa Vopel 1976), dies sehr oft in spezifischen Kooperations- oder Konflikttrainings. Aufgabenorientierte Formen dagegen sollen die Effizienz in Planungs- oder Entscheidungssituationen fördern oder Kreativität und Innovationsfähigkeiten entwickeln. Techniken der → *Verhaltensmodifikation*, Rollenspiele wie auch Elemente aus Sensitivity- und Encounterformen bilden das Methodenarsenal.

Für die Unterrichtspraxis (→ *Lehrer-Schüler-Interaktion*) scheinen vor allem Elemente des gruppendynamischen Verhaltenstrainings etwa bei der Realisierung sozialer Curricula (→ *Soziales Lernen*) angezeigt sowie die Arbeit nach den Leitideen der TZI-Methode.

Markus Allemann

Literatur
Argyle, M.: Soziale Interaktion. Köln 1972. – *Boediker, M.-L./Lange, W.:* Gruppendynamische Trainingsformen. Reinbek 1975. – *Brehm, J. W.:* Responses to loss of freedom. A theory of psychological reactance. Morristown 1972. – *Cohn, R.:* Von der Psychoanalyse zur Themenzentrierten Interaktion. Stuttgart 1975. – *Crott, H.:* Soziale Interaktion und Gruppenprozesse. Stuttgart 1979. – *Dollase, R.:* Soziometrische Techniken. Weinheim 1973. – *Fittkau, B.* u. a.: Kommunizieren und umlernen. Braunschweig 1977. – *French, J. R. P./Raven, B. H.:* The bases of social power. In: *Cartwright, D.* (Hrsg.): Studies in social power. Ann Arbor 1959, S. 607–623. – *Graumann, C. F.:* Interaktion und Kommunikation. In: *Graumann, C. F.* (Hrsg.): Handbuch der Psychologie. Bd. 7. 2. Halbband. Sozialpsychologie. Göttingen 1972, S. 1109–1262. – *Homans, G. C.:* Theorie der sozialen Gruppe. Köln 1960. – *Lukasczyk, K.:* Zur Theorie der Führerrolle. In: Psychologische Rundschau 11 (1960), S. 179–188. – *Merkens, H./Seiler, H.:* Interaktionsanalyse. Stuttgart 1978. – *Mikula, G.:* Interpersonale Attraktion: Ein Überblick über den Forschungsgegenstand. In: *Mikula, G./Stroebe, W. V.* (Hrsg.): Sympa-

thie, Freundschaft und Ehe. Bern 1977, S. 13–40. – *Moreno, J. L.:* Die Grundlagen der Soziometrie. Köln 1954. – *Piontkowski, U.:* Psychologie der Interaktion. München 1976. – *Sader, M.:* Psychologie der Gruppe. München 1976. – *Sherif, M.:* Group formation. In: *Stills, D. L.* (Hrsg.): International encyclopedia of the social sciences. Vol. VI. New York 1968, S. 276–283. – *Tuckman, B. W.:* Development sequence in small groups. In: Psychological Bulletin 63 (1965), S. 384–389. – *Vopel, K. W.:* Handbuch für Gruppenleiter. Zur Theorie und Praxis der Interaktionsspiele. Hamburg 1976.

Handlung und Handlungstheorien

1. Der Begriff der Handlung und das Verhalten des Lehrers: Handlung (H) wird verstanden als eine zielgerichtete Tätigkeit, in der ein Handelnder mit ihm geeignet und akzeptabel erscheinenden Mitteln versucht, einen für ihn befriedigenden Zustand zu erreichen oder zu erhalten. Wesentlich für den H-Begriff ist die Möglichkeit der Wahl, also das subjektive Vorhandensein von mehr als einer H-Alternative. H kann auch dann gegeben sein, wenn etwas unterlassen wird, wenn geäußertes Tun nicht vorliegt. Sie ist nicht an einen bestimmten zeitlichen Erstreckungsgrad gebunden. Sie bezeichnet sekundenlanges Reagieren in einer Situation ebenso wie längerfristig konzipierte Verhaltensstrategien. Die Analyse der H kann auf verschiedenen Ebenen erfolgen. Eine Einzeltätigkeit kann als eigene H oder aber als Teil einer umfassenderen H-Sequenz aufgefaßt werden. Die H läßt sich in Anlehnung an die Klassifikation von → *Einstellungs*-Komponenten systematisch nach drei Gesichtspunkten betrachten: nach dem geäußerten (motorischen) und damit sinnlich wahrnehmbaren Verhalten, nach verhaltensbezogenen kognitiven sowie begleitenden affektiven Phänomenen. H-Theorien sind ein Feld interdisziplinärer Anstrengungen geworden (Lenk 1977/1979). Verschiedene Wissenschaften bemühen sich um einen theoretischen Zugang zur menschlichen H. Neben der Psychologie finden sich Forschungsansätze vor allem in der Philosophie und der Soziologie. Die H-Philosophie zielt primär auf die Konstruktion idealer H-Folgen ab. Sie unterscheidet sich von anderen Versuchen, die primär das empirische Subjekt zum Gegenstand wissenschaftlicher Beschreibung machen, in der normativen Ausrichtung. Spezielle Ansätze zur Entscheidungstheorie werden in den Wirtschaftswissenschaften entwickelt. Auch Entscheidung kann unter normativem und deskriptivem Aspekt betrachtet werden.

Das Interesse an der Erforschung der *Lehrer-H* geht von der impliziten Annahme aus, daß im Pädagogen eine wichtige Quelle des Einflusses auf das Kind gegeben ist. Nun werden immer wieder Zweifel an der Bedeutung des Erziehers laut. Angesichts der großen Zahl unterschiedlicher Einflüsse auf Schüler und der Instabilität vieler Lehrerverhaltensweisen verwundert es nicht, wenn selten mehr als zehn Prozent der Varianz von Schülerleistungen durch Lehrervariablen aufgeklärt werden. Dies kann dennoch als Größe von beachtlicher gesellschaftlicher Bedeutung gewertet werden (Gage 1979). Hinzu kommt, daß sich Lehrereinfluß indirekt über den Einsatz von Ressourcen und über die Lernorganisation auswirkt. Den meisten Definitionen des Begriffs *Lehre* ist gemeinsam, daß sie eine pädagogische Absicht unterstellen. Lehre kann definiert werden als die Menge jener H, durch die versucht wird, psychische Dispositionen in Richtung auf Annäherung an gesteckte Lernziele zu verändern (Brezinka 1971; → *Didaktik*). Der erzieherischen Handlung wird zugestanden, im Einzelfall auch keine oder unerwünschte Effekte zu erreichen. Wenngleich die Zahl denkbarer Personengruppen, die pädagogisch handeln, sehr umfangreich ist, hat sich die pädagogisch-psychologische Forschung entsprechend ihrem Hauptinteresse vornehmlich mit dem Verhalten und der H des Lehrers befaßt.

Soziale H ist ohne Einbezug der jeweiligen H des Partners nie vollständig beschreibbar. Lehren ist ein interaktiver, ein sozialer Akt. Der Schüler ist nicht Werkstück, sondern ebenfalls handelnde Person. Bellack/Smith (1974) beschreiben einen Lehrzyklus als eine Kombination von pädagogischen »Spielzügen«: Strukturieren (des Lehrers), Auffordern (des Lehrers), Reagieren (des Schülers), Fortführen (des Lehrers). Insofern ist die Lehrerhandlung immer nur unter dem Aspekt der Abfolge von kommunikativen Akten mit dem/den Schüler(n) zu begreifen (→ *Lehrer-Schüler-Interaktion*).

Mit der Erfassung des Lehrerverhaltens hat sich die amerikanische Forschung über Jahrzehnte beschäftigt. Es wurde versucht, die Gesamtheit der Lehrtätigkeiten zu beobachten, zu klassifizieren und Zusammenhänge zwischen Lehrerverhaltensweisen und Schülervariablen empirisch aufzufinden. Die Erfassung von Lehrerverhalten durch *Beobach-*

tung ist einer Reihe von Problemen ausgesetzt (→ *Verhaltensbeobachtung*). Beobachtungsstudien stützen sich vielfach auf Auszählungen der Häufigkeit, mit der eine Variable auftritt, mit der Implikation, je häufiger (oder je seltener) sie auftritt, um so stärker ist ihr Effekt auf eine abhängige Variable. Häufig ist jedoch nicht wesentlich, wie oft eine Verhaltensweise auftritt, sondern wann. Neuerdings werden verstärkt »ökologisch-naturalistische« → *Methoden* zur Erfassung pädagogischer Verhaltensweisen entwickelt. Dabei wird versucht, der Komplexität der Vorgänge durch teilnehmende und langfristige Verhaltensbeobachtung in natürlichen Situationen Rechnung zu tragen (Smith 1979).

Lehren läßt sich in vier Aspekte aufgliedern: Planung, Instruktion, Kontrolle und Beurteilung (→ *Instruktionstheorie*). Beispielsweise in der Instruktionsphase können eine Reihe weiterer Einzeltätigkeiten als »logische Operationen« unterschieden werden: Definieren, Beschreiben, Bezeichnen, Aussagen, Berichten, Vergleichen und Kontrastieren, Ersetzen, Klassifizieren, Meinung Äußern, Bewerten, Schließen und Erklären (Smith u. a. 1967). Ein Ziel deskriptiver Forschung der Lehrerhandlung besteht darin, eine Klassifikation zu erstellen, in der alle denkbaren, auftretenden und effektiven pädagogischen Verhaltensweisen erfaßt und eingeordnet werden können (Becker 1975). Das Letztziel dieser Forschung besteht in der Ermittlung von *Relationen* zwischen Lehrerverhalten und Schülerleistungen. Die in dem Bericht von Dunkin/Biddle (1974) zusammengefaßten Ergebnisse lassen die Bemühungen als unterschiedlich erfolgreich erscheinen.

2. *Zur Soziologie der H:* Jede H wird mitbestimmt durch die Rolle des Handelnden, seine Stellung und Position innerhalb des unmittelbaren sozialen Rahmens, in dem er agiert. Die Lehrer-H ist eingebettet in das System der *schulischen Hierarchie*. Das Schulwesen wird der klassischen Form der Verwaltungsbürokratie zugerechnet. Theoretisch besteht eine lückenlose Möglichkeit der Kontrolle von oben. Nach dem geltenden Recht steht der Schulverwaltung jederzeit die Möglichkeit des Eingriffs in die Maßnahmen von Lehrern offen. Daß damit die ohnehin zur »relativen« beschnittene pädagogische Autonomie weiter eingeschränkt ist, erscheint unzweifelhaft. Die These, daß die konkrete H von den Kräften des Feldes beeinflußt wird, in dem sich der Handelnde begreift, ist im Rahmen sozialpsychologischer Forschung unter den Stichworten Norm, Konformität und Gehorsam vielfach empirisch belegt. Dem Lehrer verbleibt allerdings im Rahmen des Schulrechts dennoch ein vergleichsweise erheblicher und nicht zu unterschätzender Ermessensspielraum bei der Ausübung seiner Tätigkeit: etwa bei der Auswahl des Stoffes, der Gestaltung des Unterrichts und bei der → *Schulleistungsbeurteilung*. Der Handelnde trägt auch den *Erwartungen* Rechnung, denen er sich im weiteren sozialen Kontext ausgesetzt fühlt. In der Position des Lehrers treffen Erwartungen einer Reihe von Bezugsgruppen zusammen: innerschulische (Rektor, Kollegen, Schüler) und außerschulische (Eltern, Gemeinde, Wirtschaft, politische Parteien, Hochschule, Lehrerverbände, Verlage, Medien usw.). Eine Position im Schnittpunkt so vieler, u. U. konträrer oder zumindest nur partiell kompatibler, z. T. schwer erkennbarer und falsch verstandener Erwartungen und Interessen birgt Quellen für Belastungen und Intra-Rollenkonflikte in sich. Rollenträger versuchen, den Erwartungen gerecht zu werden bzw. diese auszubalancieren, indem sie sich u. a. an der Legitimität der Erwartungen sowie an den perzipierten Sanktionsmöglichkeiten der Bezugsgruppen orientieren. Aus der Sicht des Lehrers decken sich die Erwartungen an ihn und sein diesbezügliches Verhalten (Biddle u. a. 1964). In der Pädagogik dient der Begriff der »pädagogischen Selbstrolle« (Mollenhauer 1968) dazu, dem Erzieher einen Gewinn an H-Freiheit durch Rückzug auf pädagogische Gedankengänge zu verschaffen. Die Betrachtung des Einflusses der beruflichen und sozialen Umwelt auf die Lehrer-H zeigt die Grenzen auf, denen individuelles Handeln unterliegt. Doch auch Rollenverhalten ist zielgerichtet und damit Gegenstand von H-Theorien (Opp 1970). Der Begriff der H-Freiheit ist relativ. Jede H ist bestimmt durch Zielvorstellungen und Normen, die nicht eindeutig entweder dem Individuum oder aber der Gesellschaft zugeschrieben werden können.

Mit dem Prozeß der *Rollenübernahme* bei Lehrern hat sich die Einstellungsforschung in der Bundesrepublik Deutschland befaßt. Das Gesellschaftsbild des Lehrers war in den 60er Jahren noch weitgehend durch konservative Merkmale dominant gekennzeichnet. In den 70er Jahren erfolgte in der Lehrermentalität ein deutlicher Wandel zu mehr kritischem Bewußtsein. Als gesichertes Ergebnis empirischer Forschung kann angesehen werden, daß sich die gesellschaftlichen und berufsbezogenen → *Einstellungen* der Lehrer relativ bald nach Beginn der Berufstätigkeit von einer während des Studiums vorherrschenden liberalen zu einer mehr konservativen Ausprägung verändern. Die Übernahme der Rolle des Lehrers erfolgt nicht bruchlos. Die während des Studiums erworbenen Einstellungen erweisen sich partiell als unrealistisch und treten in Widerspruch zu den Erfordernissen des beruflichen Alltags. Es entstehen kognitive Dissonanzen, die auch als Widerstreit zwischen persönlicher und sozialer Identität im Sinne des Symbolischen Interaktionismus (→ *Soziale Interaktion*) aufgefaßt werden können. In der bildungspolitischen Diskussion wird dieses Phänomen auch als »Praxisschock« bezeichnet. Die *Berufszufriedenheit* von Lehrern steigt denn auch mit zunehmendem Alter an. An Sachverhalten, die die Berufszufriedenheit fördern, werden Faktoren der Beziehung mit Kindern genannt (»gute Lerneinstellung der Schüler, gute Mitarbeit«). Und gleichzeitig sind es vor allem Probleme mit Kindern, die zum Streß und zur Belastung beitragen.

Für Lehrer ergibt sich die Anforderungsstruktur ihrer Tätigkeit vor allem aus der Integrationsfunktion, der Qualifikationsfunktion und der Selektionsfunktion der Schule. Das Erreichen dieser Ziele ist auch vom Schüler abhängig, dem eigenständige → *Motivationen* (Interesse, Faulheit) und Intentionen unterstellt werden. Als bewältigt wird die Situation etwa im Hinblick auf die Qualifikationsfunktion dann angesehen, wenn der Schüler vom Zustand der Unfähigkeit in den Zustand der Beherrschung überführt ist. → *Angst* entsteht dann, wenn die Nichtbewältigung einer Situation antizipiert wird. Die meisten angstauslösenden Mißerfolgsantizipationen sind so zwangsläufig auf den Schüler bezogen. Typisch für angstvolle Situationen sind die → *Gefühle* der Bedrohung, der Ungewißheit und Hilflosigkeit. Fußend auf der von Miller u. a. (1973) entnommenen H-Theorie hat Weidenmann (1978) eine Systematik von Angststrukturen erarbeitet, in der insgesamt zehn verschiedene Bereiche thematisiert werden. Dieser Ansatz zeigt sehr deutlich die Nützlichkeit handlungstheoretischer Vorstellungen zur Beschreibung des Handelns als einer beruflichen Tätigkeit einschließlich der dabei auftretenden affektiven Erscheinungen.

3. Psychologische H-Theorie: Zum Hauptproblem gegenwärtiger Forschung ist die theoretische Konzeptualisierung und empirische Begründung der *H als eines Systems von aufeinander bezogenen Kognitionen, Gefühlen und Verhaltensweisen* geworden. H-Theorien versuchen, eine differenzierte Abbildung der handlungsleitenden Vorgänge und ihre Formalisierung zu leisten. Alisch/Rössner (1977) verwenden die Prädikatenlogik, um eine Präzisierung und Differenzierung der Begriffe und ihrer Relationen zur Erklärung menschlichen Verhaltens zu erreichen.

3.1 Der Ort von H-Theorien in der Psychologie: Psychologische H-Theorien entspringen einer Auffassung, in der menschliches Verhalten als Produkt einer Auseinandersetzung der Person mit ihrer Umwelt aufgefaßt wird. In den → *Persönlichkeitstheorien* trifft diese Sichtweise auf die traditionelle Auffassung, in der menschliches Verhalten als durch stabile, generalisierte und zeitlich überdauernde Persönlichkeitseigenschaften bestimmt gesehen wird. Im Anschluß an Mischel (1973) wird situationsbezogenen Kognitionen handlungsleitender Charakter zugesprochen. Die *Klinische Psychologie* betrachtet psychologische Störungen zunehmend unter handlungstheoretischem Aspekt. Sie leitet daraus für die Therapie von z. B. Depressionen teilweise erfolgversprechende spezifische Maßnahmen ab (→ *Intervention und Prävention*). In der *Motivationspsychologie* haben handlungstheoretische Vorstellungen zur Erklärung motivierten Verhaltens bislang am intensivsten Verwendung gefunden (→ *Motivation und Motiventwicklung*). Vor allem die Theorie der → *Leistungsmotivation* bedient sich des Grundgedankens der Entscheidungstheorie, daß die Wahl einer Verhaltensweise als (mathematisches) Produkt aus den Faktoren »subjektiver Wert einer Verhaltenskonsequenz« und »subjektive Wahrscheinlichkeit des Erreichens der betreffenden Konsequenz« vorherzusagen ist. Die »Aussichten-mal-Wert-Theorien« sind am klarsten formuliert und ausgiebig empirisch überprüft worden. Die umfangreichste theoretische Konzeption hat Heckhausen (1977) vorgelegt. Die meisten handlungstheoretischen Vorstellungen der Psychologie lassen sich auf die Konzeption von Miller u. a. (1973) zurückführen. Sie beschreiben einen Informationsverarbeitungs- und einen Entscheidungsvorgang.

Die wesentlichen Elemente von H-Theorien sind die folgenden: (a) Der Handelnde verfügt über eine Soll-Vorstellung. Er hält es für wichtig und möglich, daß bestimmte Ergebnisse eintreten bzw. Zustände realisiert werden. (b) Der Handelnde diagnostiziert, d. h. nimmt den Ist-Zustand wahr. Er verarbeitet das aus der Wahrnehmung über die Realität gewonnene Bild, indem er einen Vergleich des Ist-Zustandes mit dem Soll-Zustand vornimmt. (c) Im Falle einer Diskrepanz sucht der Handelnde nach Verhaltensweisen, die er als grundsätzlich akzeptabel/infragekommend ansieht. (d) Wird die Menge der in Betracht gezogenen Möglichkeiten als ausreichend beurteilt, so wird daraus die bevorzugte Verhaltensweise ausgewählt. Bevorzugt heißt, daß sie als tauglich zum Herbeiführen des gewünschten Zustandes betrachtet wird (instrumentelle Bewertung) und daß die Realisation vom Individuum als Mittel akzeptiert wird (etwa mit Bezug auf Aufwand und/oder Nebenfolgen). (e) Die ausgewählte H-Alternative wird realisiert. (f) Die H wird abgeschlossen, wenn die Ausführung der präferierten Verhaltensweise zur Zielerreichung führt bzw. der anschließende Zustandsvergleich das Auflösen der Diskrepanz anzeigt (vgl. Alisch/Rössner 1977; Werbik 1978). Jede Wahrnehmung des Handelnden ist auf eine Diagnose (→ *Diagnostik*) gerichtet. Und jede H ist diagnose-spezifisches Verhalten, das auf die Reduktion von (antizipierten) Diskrepanzen gerichtet ist. Eine Diskrepanzreduktion kann auch bewirkt werden durch H, die nicht äußerlich beobachtbar sind. Etwa dann, wenn sie durch Veränderung des Soll-Zustandes erreicht wird. Die Entscheidung des Lehrers, den konstant hohen Lärmpegel in der Klasse zu akzeptieren, ist auch als H aufzufassen. Weiter ist Unterlassung dann Handeln, wenn es als erwogene H-Alternative Produkt einer Entscheidung ist (z. B. Ignorieren als pädagogische Strategie).

3.2 Der Lehrer als Entscheider: Die Tätigkeit des Lehrers kann als zielgerichtete H aufgefaßt werden. Der Lehrer wirkt aktiv auf seine Umwelt ein. Er ist ein zukunftbezogenes Wesen, das sich selbst Ziele setzt und Hypothesen über seine Umwelt aufstellt und überprüft. Shulman/Elstein (1975) haben das Forschungsparadigma der menschlichen Informationsverarbeitung auf den Lehrerberuf übertragen. »Die Rolle des Lehrers ist jener des Arztes vergleichbar – als eines klinischen Informationsverarbeiters, der plant, antizipiert, urteilt, diagnostiziert, verschreibt und Probleme löst« (S. 35). Konkretes H wird als Folge oder Konsequenz einer Entscheidung aufgrund vorangegangener Informationsverarbeitung gesehen (Eggleston 1979). Dieses Paradigma einer rationalen H erscheint – auch wenn es nicht den Anspruch auf umfassende Gültigkeit für die Erklärung des Lehrerverhaltens erheben kann – unter dem Aspekt des Lehrens als einer verantwortlichen Tätigkeit angemessen.

Die Besonderheit der Lehrer-H besteht zunächst darin, daß als Ziele bestimmte Verhaltensweisen anderer fungieren bzw. daß das Ausführen eines bestimmten Verhaltens durch andere Personen für die Zielerreichung notwendig ist. Schüler sind aktive Systeme, die auch ohne H-Einwirkung Veränderungen zeigen können und denen darüber hinaus durch den Lehrer eigene Möglichkeiten und eigenes Zutun unterstellt werden. Weiter ist die Unterrichtssituation eine Zwangssituation insofern, als ein »Aussteigen« aus der Interaktion für den Lehrer nicht möglich ist. Diesen Besonderheiten sucht ein Analyseschema von Hofer/Dobrick (1978) gerecht zu werden. Es wird angenommen, daß der Pädagoge zu einem je diagnostizierten Ist-Zustand (Ereignis) Folgen antizipiert. Diese erwarteten Folgen sind es neben dem Ist-Zustand selbst, die mit dem Soll-Zustand verglichen werden und gegebenenfalls zur Generierung von H-Entwürfen auffordern. Um eine Antizipation der Folgen eines Ereignisses zu erklären, wird u. a. der Rückgriff auf die vermuteten Ursachen des Ereignisses unterstellt. Der Einbezug der Kausalattribuierungstheorie (→ *Attribuierung*) scheint für die Erklärung pädagogischer H unerläßlich zu sein. Die Abbildung auf S. 163 enthält die Darstellung des Analyseschemas. In dem Modell werden attributions- und instrumentalitätstheoretische Erwägungen miteinander verbunden. Das Modell ist sowohl im Präzisionsgrad der Formulierung als auch in der Differenziertheit der Ausgestaltung suboptimal, ermöglicht jedoch einen empirischen Zugriff.

3.3 Die Elemente einer Handlung: Handeln als regelgeleitetes Tun setzt die interne Repräsentation eines Systems von pädagogischen Zielen (oder Soll-Vorstellungen; → *Lehrziel*) beim Lehrer voraus. Die Erforschung von *Zieldimensionen* ist noch nicht weit gediehen. Auf Befragung präferieren Lehrer in der Regel bestimmte Merkmale bei Schülern (z. B. Verständnis), denen jedoch in der täglichen unterrichtlichen Auseinandersetzung nur wenig Aufmerksamkeit geschenkt wird. Der Er-

Schematische Darstellung des Lehrerverhaltens

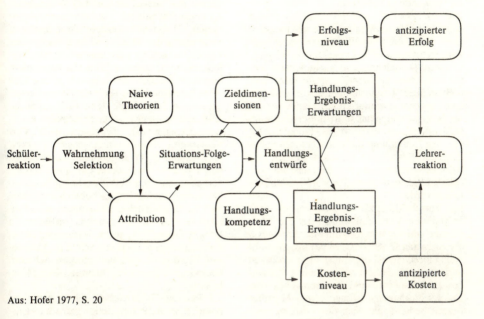

Aus: Hofer 1977, S. 20

folg von H mit Bezug auf die Zielerreichung ist im Unterricht meist an bestimmte Bedingungen der Situation gebunden, die häufig nicht gegeben sind (z. B. → *Disziplin*). Bei engem Anwendungsbereich von H werden den Endzielen Zwischenziele vorgeordnet (Dörner 1976). Dabei kann es zu einer Akzentuierung/Verselbständigung einzelner dominanter Zwischenziele (wie z. B. Disziplin) kommen. Die *Informationsaufnahme* als Wahrnehmung der »Ist-Lage« erfolgt durch den Filter von Einstellungen, Erwartungen und situations- sowie persönlichkeitsspezifischen Besonderheiten. Vermutlich sind es → *implizite Theorien,* die einer gegebenen Situation für den Lehrer eine bestimmte Charakteristik/Färbung verleihen (Hofer 1974). Die erlebte Zugehörigkeit des betreffenden Schülers zu einem Schülertyp beeinflußt die subjektive Interpretation eines objektiven Ereignisses. Jede Situation erhält ihre Bedeutung dadurch, daß sie in irgendeiner Weise mit Zieldimensionen verknüpft ist. Die Frage, wie Lehrer Informationen zu einem Urteil integrieren, greifen Shavelson/Atwood (1977) auf. Für die Ausbildung von Erwartungen über die Weiterentwicklung der Situation (Wird-Lage) wird eine Rückführung der Si-

tuation auf vermutete Ursachen angenommen. Bei der *Ursachenattribution* spielt vor allem die Dimension Variabilität/Stabilität eine Rolle. Bei einer variablen Ursache kann mit baldiger Beendigung des Ereignisses gerechnet werden. Stabile Ursachen lassen ein Andauern des Ist-Zustandes erwarten (Weiner 1976). Je nach Attribution werden unterschiedliche H-Entwürfe in Erwägung gezogen. Zum Zusammenhang zwischen Ursachenerklärung und H-Intention ist bekannt, daß Lehrer unterschiedliche Sanktionsintentionen zeigen, je nachdem, ob eine Schülerleistung mehr auf → *Begabung* des Schülers oder auf dessen Anstrengung zurückgeführt wird (Weiner/Kukla 1970). Im Prozeß der *Informationsverarbeitung* kommt es zu einem Vergleich des beobachteten bzw. erwarteten Zustandes mit dem Soll-Zustand. Dabei kann das Individuum auf Schwierigkeiten stoßen: Es ist sich des Ergebnisses des Vergleichsprozesses nicht sicher oder beurteilt es als unexakt. Alisch/Rössner (1977) sprechen von »Exaktifizieren«, wenn das Individuum die Informationen vervollständigt, um über eine sichere Basis für die Generierung von H-Entwürfen zu verfügen. Dies kann beim Lehrer in verschiedenster Weise erfolgen, durch nochmaliges, genaueres Hinsehen oder auch durch die Anwendung von Tests.

Die Aktivierung von *H-Entwürfen* erfolgt dann, wenn das Individuum sich selbst auffordert, eine Zielkonstellation zu erreichen. Alisch/Rössner (1977) klassifizieren Wissens- und Reaktionselemente in Verhaltensweisen, (a) von denen das Individuum für wahr hält, daß bei ihrer Realisation der erwünschte Zustand eintritt (rational kluges Handeln); (b) deren Anwendung das Individuum als erfolgreich erlebt hat (»vernünftiges Handeln«); (c) die vom Individuum quasi mechanisch in bestimmten Situationen realisiert werden und habitualisiert ablaufen; (d) die quasi automatisch infolge institutioneller Vorschriften realisiert werden.

Die Entscheidung für die Realisierung einer bestimmten Verhaltensweise setzt die Aktivierung von *Erwartungen über die Ergebnisse der einzelnen H-Alternativen* voraus. Sie sieht auch eine Gegenüberstellung ihrer positiven und negativen Folgen anhand eines Maßstabes (Erfolgsniveau und Kostenniveau) vor. Bei der Vorhersage pädagogischer H-Präferenzen bedient man sich der instrumentalitätstheoretischen Fassung des Prinzips der Maximierung subjektiv erwarteten Nutzens (Krampen/Brandstätter 1978). Dabei werden für jede H-Alternative die Instrumentalitäten erhoben, die das Individuum der H für die Erreichung gewünschter Ziele sowie unerwünschter Folgen zuschreibt. Weiter wird nach den Valenzen gefragt, die das Individuum mit den vorgegebenen Zielen/Folgen verbindet. Man erwartet, daß das Individuum jene Alternative präferiert, die die höchste Summe der Produkte aus den beiden erhobenen Werten ergibt. Die Präferenzfunktion impliziert, daß das Individuum bei der Auswahl von H nach den kognizierten H-Folgen und der Bewertung der Folgen fragt bzw. H-Entwürfe danach beurteilt, inwieweit sie zur Herbeiführung einer gewünschten Situation beitragen.

3.4 Grenzen handlungstheoretischer Vorstellungen: H-Theorien stoßen auf Schwierigkeiten bei der Frage nach ihrer empirischen Bewährung. Dabei sind vor allem technische Probleme hervorzuheben, die u. a. bei der Messung des subjektiven Nutzens von H-Folgen auf einer Intervallskala entstehen. Darüber hinaus werden jedoch auch grundsätzliche Einwände gegen eine stark kognitiv orientierte H-Forschung geltend gemacht. Bislang vorliegende Befunde weisen auf eine Begrenztheit der Informationsverarbeitungskapazität des Menschen hin. Bei Wahrscheinlichkeitsschätzungen, Informationsintegrationen, Diagnosen werden die Leistungen mathematischer Modelle nicht erreicht. Der Handelnde verfügt nicht über ein stabiles Präferenzsystem, und er wählt in der Regel nicht optimale, sondern befriedigende H aus. Der »Beschränktheit« der Rationalität wird in der kognitiven Psychologie denn auch durch die Konzeption »heuristischer Prinzipien« Rechnung getragen (z. B. Repräsentativität, Verfügbarkeit, Ankerbildung, nach Tversky/Kahnemann 1974). Ergebnisse zur pädagogischen H lassen vermuten, daß auch Lehrerverhalten nur zum Teil als rational beschrieben werden kann. Lehrer behandeln Schüler im Einklang mit ihren pädagogisch ausgestalteten Kognitionen und proaktiv (im Sinne von Brophy/Good 1974) nur in bestimmten Situationen und bei bestimmten Schülern. In anderen Situationen und bei anderen Schülern überwiegt reaktives und habitualisiertes Verhalten.

3.5 Planung: Pädagogische H ist nicht auf unmittelbar in der Interaktion getroffene Entscheidungen reduzierbar. Lehrer entwerfen in der *Planungsphase* ein Entscheidungsgefüge für den Unterricht, das den pädagogischen Prozeß mehr oder weniger vorstrukturieren soll. Es bestehen große Unterschiede zwischen Lehrern in dem Ausmaß und der Art der »Vorbereitung«. Die Frage ist, inwieweit sich Planung als günstig für die Qualität des Unterrichts erweist. Didaktische H-Empfehlungen sind in Lehrerbegleitheften zu Schulbüchern nur bruchstückhaft vorzufinden. Unklar ist, in welchem Ausmaß geplante Entscheidungen des Lehrers im Unterricht überhaupt zum Tragen kommen. Weitgehend unerforscht ist das Zusammenwirken von situativen und plangemäßen Entscheidungen. Situativ gesteuertes Verhalten neigt eher dazu, korrektiv und reaktiv zu sein. Die Funktion der Planung besteht dagegen in der systematischen Vorbereitung von präventiven und proaktiven H. In die Planung gehen Informationen und Erfahrungen über vielfältige Unterrichtscharakteristika ein, die der Lehrer der Situation entnimmt und die für ihn von prognostischem Gehalt sind.

4. Lehrertraining als Beratung: Lehrertraining hat zum Ziel, daß Lehrer jene Verhaltensweisen realisieren, von denen nachgewiesen ist, daß sie positive Wirkungen auf Schülervariablen ausüben (→ *Trainingsmethoden*). Dabei

ist weder zu erwarten, daß reine Wissensvermittlung über die Wirksamkeit bestimmter Verhaltensweisen zu dauerhaften Änderungen führt, noch, daß die im Zuge des Microteaching anzutreffende Übung isolierter Verhaltenselemente ausreicht, professionelle H aufzubauen. Voraussetzungen für die wissenschaftlich gezielte Beeinflussung von Lehrerverhalten im Rahmen der pädagogischen Aus- und Weiterbildung sind begründete Vermutungen über die Struktur der pädagogischen H. Die Theorie des Lehrertrainings begreift Training zunehmend als beraterische Veränderung bestehender Verhaltensweisen *und* der mit diesen zusammenhängenden Meinungen. Lehrertraining ist ein Prozeß der Transformation subjektiver in objektive Meinungen (Fenstermacher 1979). Für eine theoretisch fundierte Beeinflussung der Meinungen ist die Kenntnis der kognitiven und affektiven Struktur von H Voraussetzung. Eine Lehrertrainingskonzeption, die handlungstheoretisch geleitet ist, legt die folgenden Schritte nahe: (a) die Auswahl/Festlegung/Begründung der Trainingsziele; (b) die Festlegung des vom Lehrer tatsächlich realisierten Verhaltens; (c) eine wichtige Frage gilt dem Kognitionen und Affekten, die beim Lehrer mit dem veränderungsbedürftigen Verhalten verknüpft sind; (d) in dem eigentlichen Trainingsschritt erfolgt die Transformation der subjektiven Theorie in die objektive/wissenschaftliche. Für die Bereitstellung der wissenschaftlichen Theorie ist allerdings mehr erforderlich als die üblicherweise angebotene Erkenntnis, die Lehrerverhaltensweisen X_1 und X_2 führen zu den gewünschten Effekten Y_3 und Y_4 bei Schülern. Hofer (1977) hat versucht, grundlegende Komponenten zu identifizieren, die in dem Austauschprozeß vermittelt werden müssen. Es sind dies: Verfügen über H-Ziele, Diskrimination zwischen relevanten Situationen, Diskrimination zwischen relevanten H, Verfügen über die H bzw. deren aktives Beherrschen, Verfügen über handlungsadäquate Einstellungen, Attributionen und Erwartungen (bezogen auf Situationen, H, Erfolgsniveau und Kostenniveau).
Austausch heißt, in einem Dialog mit Hilfe wissenschaftlicher Befunde, alltäglicher Beispiele und Erfahrungen sowie sachlogischer Argumente eine Einsicht in die Unangemessenheit der vertretenen Kognitionen zu schaffen. Gleichzeitig muß es möglich sein, anstelle der erschütterten Eigen-Theorie die Komponenten der wissenschaftlichen aufzubauen.

Training ist nicht schematische Beeinflussung, sondern differentielle → *Beratung*.

Manfred Hofer

Literatur
Alisch, L. M./Rössner, L.: Grundlagen einer generellen Verhaltenstheorie. München/Basel 1977. – *Becker, G.:* Auf dem Weg zu einer Taxonomie des Lehrverhaltens. In: Unterrichtswissenschaft 4 (1975), S. 35–54. – *Bellack, A./Smith, H.:* Die Sprache im Klassenzimmer. Düsseldorf 1974. – *Biddle, B. J.* u. a.: Studies in the role of public school teacher. Vol. 2. Columbia/Mass. 1964. – *Brezinka, W.:* Von der Pädagogik zur Erziehungswissenschaft. Weinheim 1971. – *Brophy, J./Good, T. L.:* Teacher-student relationships. Causes and consequences. New York 1974. – (Dt.: Die Lehrer-Schüler-Interaktion. München 1976) – *Dörner, D.:* Problemlösen als Informationsverarbeitung. Stuttgart 1976. – *Dunkin, M./Biddle, B. J.:* The study of teaching. New York 1974. – *Eggleston, J.* (Hrsg.): Teacher decision-making in the classroom. London/Boston/Henley 1979. – *Fenstermacher, G. D.:* A philosophical consideration of recent research in teacher effectiveness. In: *Shulman, L. S.* (Hrsg.): Review of Research in Education 6 (1978), Itasca 1979, S. 157–185. – *Gage, N. L.:* Unterrichten – Kunst oder Wissenschaft? München 1979. – *Heckhausen, H.:* Achievement motivation and its constructs: A cognitive model. In: Motivation and emotion 1 (1977), S. 283–329. – *Hofer, M.:* Die Schülerpersönlichkeit im Urteil des Lehrers. Weinheim ³1974. – *Hofer, M./Dobrick, M.:* Die Rolle der Fremdattribution von Ursachen bei der Handlungssteuerung des Lehrers. In: *Görlitz, D.* u. a. (Hrsg.): Bielefelder Symposium über Attribution. Stuttgart 1978, S. 51–63. – *Hofer, M.:* Entwurf einer Heuristik für eine theoretisch geleitete Lehrer- und Erzieherbildung. Diskussionspapier Nr. 10. Heidelberg 1977. – *Krampen, G./Brandtstädter J.:* Instrumentalitätstheoretische Vorhersage pädagogischer Handlungspräferenzen. In: Zeitschrift für Entwicklungspsychologie und Pädagogische Psychologie 10 (1978), S. 8–17. – *Lenk, H.* (Hrsg.): Handlungstheorien – interdisziplinär. Band I–IV. München 1977/1979. – *Miller, G. A.* u. a.: Strategien des Handelns. Stuttgart 1973. – *Mischel, W.:* Toward a cognitive social learning reconceptualization of personality. In: Psychological Review 80 (1973), S. 252–283. – *Mollenhauer, K.:* Erziehung und Emanzipation. München 1968. – *Opp, K.-D.:* Soziales Handeln, Rollen und soziale Systeme. Stuttgart 1970. – *Shavelson, R. L./Atwood, N. K.:* Teachers' estimates of student ›states of mind‹. In: British Journal of Teacher Education 3 (1977), S. 131–138. – *Shulman, L. S./Elstein, A. S.:* Studies of problem solving, judgment and decision making: implications for educational research. In: *Kerlinger, F. N.* (Hrsg.): Review of Research in Education 3 (1975), Itasca (1975), S. 13–42. – *Smith, B. O.* u. a.: A study of the strategies of teaching. Urbana 1967. – *Smith, L. M.:* An evolving logic of participant observation, educational ethnography, and other case studies. In: *Shulman, L. S.* (Hrsg.): Review of Research in Education 6 (1978) Itasca 1979, S. 316–377. – *Tversky, A./Kahnemann, D.:* Judgments under uncertainty.

Heuristics and biases. In: Science 185 (1974), S. 1124–1131. – *Weidenmann, B.:* Lehrerangst. München 1978. – *Weiner, B.:* Attributionstheoretische Analyse von Erwartung x Nutzen-Theorien. In: *Schmalt, H. D./Meyer, W. U.* (Hrsg.): Leistungsmotivation und Verhalten. Stuttgart 1976, S. 81–100. – *Weiner, B. / Kukla, A.:* An attributional analysis of achievement motivation. In: Journal of Personality and Social Psychology 15 (1970), S. 1–20. – *Werbik, H.:* Handlungstheorien. Stuttgart 1978.

Heimerziehung

1. Grundsätzliches: Im Ausdruck Heimerziehung (H) kommen zwei letztlich antagonistische Auffassungen auf den gleichen Begriff: (a) Im einen Fall wird H als mindestens vollwertige, wenn nicht sogar bessere, primäre Sozialisationsstruktur im Vergleich zur modernen Kernfamilie verstanden und entsprechend empfohlen. Die wie auch immer in den Einzelheiten geartete Zielvorstellung einer »communauté d'enfants«, einer erzieherischen Lebensgemeinschaft oder eines pädagogischen Kollektivs, ist die handlungsleitende Idee (Jouhy 1964, S. 51). Dabei beruft man sich gerne auf Erfahrungen der israelischen Kibbuzerziehung in der Pionierphase oder auf Gewährsleute einer gemeinschaftsbezogenen (z. B. Lietz; Geheeb) oder einer sozialistisch-kollektivistischen Pädagogik (Bernfeld; Makarenko). (b) Im andern Fall wird H verstanden als Einrichtung temporärer oder dauernder außerfamiliärer → *Sozialisation* (Erziehung und Schulung) und als Bereich der Jugendhilfe betrachtet. Dabei sind zwei Hauptfunktionen zu unterscheiden. H ist substitutive Instanz primärer Sozialisation, wenn die → *Familie* den etwa im Jugendwohlfahrtsgesetz (JWG) verankerten Anspruch des Kindes auf Erziehung nicht (mehr) gewährleistet. H ist ferner organisatorischer Rahmen für dauernde sondererzieherische und therapeutische Maßnahmen in all jenen Fällen, wo die infrastrukturellen Gegebenheiten wie auch die spontan-erzieherischen Möglichkeiten der Familie angesichts der schweren pädagogisch-therapeutischen und pflegerischen Aufgabe dauernd nicht zu genügen vermögen, z. B. im Falle schwerer evtl. mehrfacher körperlicher und geistiger → *Behinderung*. Der angedeutete Antagonismus läßt sich auf die Formel reduzieren, daß das Heim im Fall (a) das Bessere in Abhebung von der Familie ist, im Falle (b) jedoch mangels eines Besseren in den Vordergrund tritt. Die nachfolgenden Ausführungen beziehen sich nur noch auf H im Sinne von (b) und stellen dabei die substitutive Funktion in den Vordergrund.

2. Entwicklungslinien: Die Geschichte der christlich-caritativen Bemühungen um den Armen und Verwahrlosten reicht weit zurück und soll hier nicht rekapituliert werden (Scherpner 1966). Hingegen ist ein Rückblick auf die letzten ca. 200 Jahre und die während dieser Zeitspanne wirkenden Tendenzen für das Verständnis gegenwärtiger Probleme und Strömungen aufschlußreich.

2.1 H unter dem Einfluß von Aufklärung und Romantik: Sie ist für die Moderne (ca. ab 1750) für gewisse Phasen ebensosehr ein die Sozial- und Kulturkritik herausforderndes Skandalon wie für andere Zeiten der Inbegriff der sozialpädagogischen Institution überhaupt. Waren seit altersher, und unter der kumulativen Wirkung von Merkantilismus und Absolutismus verstärkt, Kinder, Jugendliche und Erwachsene entweder als Waisen oder als von der sozialen Norm Abweichende in oft miteinander verbundenen Waisen-, Arbeits- und Zuchthäusern mit mehr oder weniger repressiven Verfahren zur Arbeit durch Arbeit »erzogen« worden, so postulierte Pestalozzi mit Nachdruck zwei Differenzierungen: Trennung der Erwachsenen von den Kindern und Halbwüchsigen einerseits, Trennung der Anfälligen und Gefährdeten von den bereits Verwahrlosten und Straffälligen anderseits. Ferner beschrieb er im »Stanserbrief« die für den Erziehungsprozeß unter erschwerten Verhältnissen erst recht bedeutsame Komplementarität von »Vaterkraft« und »Mutterauge« (Pestalozzi 1799/1946, S. 98). Gleichzeitig erregte in Deutschland der »Waisenhausstreit« ein aufgeklärtes und philanthropisch engagiertes Publikum. Veranlassung dazu boten die im Zuge einer demographischen Studie zunächst als Nebenresultate gemachten Feststellungen über die erhöhte Kindersterblichkeit in den städtischen Waisenhäusern (Sauer 1979). Vermutlich handelt es sich bei den die Kritik herausfordernden Befunden um erste Wahrnehmungen dessen, was im 20. Jahrhundert im Anschluß an die Forschungen von Spitz, Bowlby und Meierhofer (Eckensberger 1971, S. 48–74) als psychischer Hospitalismus bekannt wurde (→ *Deprivation*). Zwei Tendenzen erhielten dadurch starken Auftrieb: (a) die Familienpflege wurde als die pädagogisch wirksamere und ökonomisch günstigere Alternative erstmals auf breiterer Basis erkannt und gefördert, was zu einer Welle von Waisenhausaufhebungen führte; (b) unter dem Einfluß physiokratischer Ideen und frühromantischer antiurbaner Tendenzen wurden ländliche Standorte zunächst für Pflegefamilien, bald aber auch für Erziehungsanstalten gefördert und sehr bald auch in großer Zahl verwirklicht. Unter dem Einfluß des süddeutschen Pietismus und der ganz Deutschland ins Auge fassenden »Inneren Mission« kam es ab ca. 1820 zu einer Art sozialpädagogischen Gründerzeit, die zur Errichtung von Dutzenden von »Rettungsanstalten« führte. In der Schweiz wirkte neben den pietistischen Initiativen als zusätzlicher Ausstrahlungspunkt die in den Erziehungsstaat Ph. E. von Fellenbergs in Hofwil bei Bern integrierte Armenschul- und Armenerziehungsanstalt unter ihrem Leiter J. J. Wehrli in starkem Maße anregend (Voelter 1845; Wichern 1868; Chmelik 1978). Der pietistische Rettungsgedanke beruhte auf einer letztlich theologischen Interpretation der Verwahrlosung als mikro- und makrosozialem Symptom der Entchristlichung des einzelnen, der Familie und der übergreifenden sozialen Ordnungen. Die Rettungsanstalt wurde zur pädagogisch durchgestalteten Insel paradigmatischer christlicher Sozial- und Lebensordnung (Voelter 1845, S. 14–76). Getragen von den Impulsen einer konservativen Kulturkritik entwickelten sich die Heime zu sozialen Systemen, deren Umweltbezug im Übergang vom 19. ins 20. Jahrhundert zunehmend anachronistischer wurde.

2.2 H um die Jahrhundertwende: Mit der Ende des 19. Jahrhunderts breiter wirksam werdenden Wende des pädagogischen Denkens zu einer säkularistisch-anthropologischen Betrachtungsweise (z. B. »Pädagogik vom Kinde aus«) wurde die latente Spannung immer deutlicher. Verschärfend wirkten sich ferner drei Entwicklungen aus: (a) Das zeitliche Zusammenfallen reformpädagogischer Strömungen mit der Jugendbewegung vermochte eine heranwachsende Generation in historisch einmaliger Weise für neue sozialpädagogische Aufgaben zu sensibilisieren und zu motivieren. (b) Der sozialpolitisch aktiver werdende Staat schuf über eine sich allmählich entwickelnde Jugendgesetzgebung neue institutionelle Rahmenbedingungen für das Zusammenwirken von staatlichen und privaten Trägerschaften auf dem Gebiete der H unter Beachtung des Subsidiaritätsprinzips. H wurde so zu einem Bereich öffentlicher Erziehung. Geschützt durch das Subsidiaritätsprinzip konnten sich auch sozialpädagogische Dachverbände unterschiedlicher Gesinnungs- und Interessenrichtung auf privatrechtlicher Basis, aber mit quasi offiziösem Status, entwickeln und wirksam werden. (c) Der Verzicht auf theologische Basisoptionen erforderte anthropozentrisch oder soziozentrisch orientierte Erklärungskonzepte für verschiedene Formen auffälligen und → *abweichenden Verhaltens.* Im Rahmen solcher innerweltlichen Deutungen dominierten zunächst die psychiatrisch-psychologischen Ansätze, von denen der psychoanalytische mit seinen Weiterentwicklungen besonders nachhaltig wirkte (→ *Psychoanalytische Pädagogik).* Später kamen soziologisch-sozialpsychologische (→ *Interaktion*) und verhaltenstheoretisch-lernpsychologische Konzepte hinzu (Wilfert 1969; Trieschmann 1975) (→ *Verhaltensmodifikation*).

2.3 Einflüsse der Reformpädagogik und der Sozialkritik: Diese bis in die Gegenwart hineinreichenden Impulse haben die Praxis der H im 20. Jahrhundert in unterschiedlicher Weise geprägt. Zweimal, im Laufe der 20er Jahre und im Übergang der 60er zu den 70er Jahren, wurde H zum Angriffspunkt pädagogisch-sozialkritischer Heimkampagnen mit dem Ziel der Veränderung einer in ihrer Grundstruktur als repressiv bezeichneten Gesellschaft. Von diesen klar politisch motivierten Attacken heben sich die reformpädagogischen Kritiken ab, die in den 20er Jahren den bewußten methodischen Einbezug neuer Formen des pädagogischen Umgangs in der H forderten, die vornehmlich aus spontanpädagogischen Elementen der Jugendbewegung hervorgingen und in einigen Experimenten leider nur kurzfristig erprobt werden konnten (S. Bernfeld, Kinderheim Baumgarten Wien 1919–20; K. Wilker, Lindenbaum Berlin ab 1917; C. Bondy/W. Herrmann, Jugendgefängnis Hahnöfersand 1. Hälfte 1920er Jahre). Während der von der studentischen Jugend getragenen sozialkritischen Bewegung seit Ende der 60er Jahre tauchen sowohl analoge ideologisch-klassenkämpferische als auch reformpädagogische Ansätze erneut auf und bewirken einen kurzfristig bemerkenswertes Ausmaß annehmenden Schub von Alternativexperimenten (Kommunen, Wohngemeinschaften etc.), deren Auswirkungen auf die Strukturen der überkommenen Praxis eindeutig feststellbar sind (Brosch 1971; Liebel 1972; Baeuerle/Markmann 1974).

2.4 Differenzierung von Einrichtungen und Ausbildungswesen: Neben diesen Heimkampagnen, die frustrierend und innovativ zugleich waren, sind andere von mehr oder weniger großer Kontinuität zeugende Bewegungen bemerkenswert. So ist die H des 20. Jahrhunderts durch eine zunehmende Differenzierung der Heimtypen charakterisiert, in der sich eher der Pendelschlag sich ablösender Lehrmeinungen hinsichtlich des pädagogisch-therapeutischen Konzeptes spiegelt als die Folge systematischer Planung. Versuche zur Klassifikation der Heime gelangen höchstens mit mehrdimensionalen Einteilungen zu zeitlich beschränkt brauchbaren Überblicken (z. B. Einteilung nach Altersklassen, nach Geschlecht, nach Kliententypen, nach Organisationsstrukturen etc.), illustrieren aber eindrücklich die Vielfalt der jeweils bestehenden Angebote und zudem, wie in der Schweiz durchgeführte Erhebungen zeigen, auch die starke Fluktuation bei den Institutionen: H ist zumindest seit den 60er Jahren in bedeutend größerem Ausmaß in struktureller Bewegung als etwa das Schulsystem, auch wenn die Öffentlichkeit davon kaum Notiz nimmt. Schließlich hat sich ein Ausbildungswesen für H entwickelt, das in der Bundesrepublik Deutschland weitgehend von den Fachhochschulen für Sozialpädagogik/Sozialarbeit versehen wird, in der Schweiz und auch in Österreich jedoch aufgesplittert ist in allgemeine Ausbildungsgänge für Sozialpädagogik/Sozialarbeit und in punktuelle Ausbildungen für H allein. Die Intensivierung des Ausbildungswesens für H ist die Folge von zeitlich zusammenfallenden, aber unterschiedlich starken Einflußgrößen: (a) Zumal für schweizerische Verhältnisse gilt, daß mit dem um 1950 einsetzenden und sich verstärkenden Lehrermangel die kombinierte Unterrichts- und Erziehungsarbeit für überzählige Volksschullehrer in der H innerhalb weniger Jahre an Anziehungskraft verlor. Die als Erzieher ausfallenden Lehrer mußten aus anderen Nachwuchsreserven ersetzt werden. Da gleichzeitig in der H der Übergang zum Gruppensystem einsetzte und, wo schon vorhanden, eine Reduzierung der Gruppengrößen angestrebt wurde (Fice 1967), entstand eine ausgesprochene und jahrelang anhaltende Mangellage, der mit der Vermehrung von Ausbildungsplätzen nur allmählich begegnet werden konnte. Gleichzeitig wurde in Heimen mit Klienten im Pflichtschulalter die Trennung von Unterrichtsfunktionen und außerschulischen Pflege- und Erziehungsfunktionen endgültig vollzogen. H wurde zum Beruf. (b) Innerhalb dieser Entwicklung vollzog sich auch eine Umschichtung in der Zusammensetzung des pädagogischen Mitarbeiterstabes, indem sich nun zusehends auch mehr Männer dem neu sich abzeichnenden Erzieherberuf zuwandten. Damit entstand aber auch eine neue berufspolitische Dynamik, wurden nun doch Probleme der beruflichen Karriereplanung (Fort- und Weiterbildung, Aufstiegsmöglichkeiten etc.) sowie der im übrigen gesellschaftlichen Leben praktisch vollzogenen Trennung von Berufs- und Privatsphäre aktuell. Beruflich geübte → *Sozialpädagogik* in stationären Verhältnissen erhielt angesichts der in der übrigen Gesellschaft sich abspielenden Verkürzung der Arbeitszeit und insbesondere etwa im Vergleich mit den schulpädagogischen Berufen eine anachronistische Note. (c) Neben der strukturellen Differenzierung entwickelte sich auch eine pädagogisch-therapeutische Differenzierung. Das Heim der Gegenwart verfügt über einen multidisziplinär zusammengesetzten Mitarbeiterstab, der teils stationär, teils ambulant tätig ist. Das führt einerseits zu beträchtlichen betriebsorganisatorischen Problemen, wie etwa erhöhtem Informations- und Koordinationsbedarf, und anderseits zu einer neuen sozialpsychologischen Dynamik innerhalb von Heimen sowie in der ganzen H-Praxis als solcher (Davis 1970; Kupffer 1977; Gamma 1979; Winiker 1979).

3. Gegenwärtige Situation: Faßt man die entwicklungsgeschichtlichen Linien zusammen, so ergibt sich ein Bild mit z. T. antagonistischen Zügen. Auf struktureller Ebene wird der Ausbau aller Einrichtungen im sogenannten Vorfeld der H postuliert und teilweise auch aktiv vorangetrieben im Sinne des Ausbaus der ambulanten Beratungs- und Behandlungsangebote. Wegleitend ist dabei der Gedanke, die Probleme gestörter Sozialisation dort anzupacken, wo sie entstehen. Typen von Ersatzfamilien aller Arten sowie neue Formen von sozialpädagogischen Wohngemeinschaften oder heilpädagogischen Großfamilien usw. bieten sich dabei als neue Strukturen von überschaubarer Größe an. Immer stärker wird das Heim dabei zur ultima ratio, zur letzten Station, die entweder den Charakter der pädagogisch-therapeutischen Intensivstation annimmt oder als Trainings- oder Disziplinierungsanstalt sich in Richtung des Jugendgefängnisses entwickelt. Infolge des infrastukturellen Ausbaus vieler Heime (Differenzierung der pädagogisch-therapeutischen Behandlungsangebote, Supervision, Stellenvermehrung bedingt durch innere Differenzierung und durch Arbeitszeitverkürzung, Verbesserung der Besoldung) ist allerdings eine »Kostenexplosion« in der H zu registrieren (Junker 1974), die die öffentlichen Haushaltmittel knapper werden läßt. Darin liegt sowohl eine Gefährdung als auch eine Chance für die künftige Entwicklung auf struktureller Ebene. Die Gefährdung liegt darin, daß die sich anbahnende mäßige Dezentralisierung mit dem Hinweis auf die finanziellen Konsequenzen verzögert und zum Stillstand gebracht werden könnte. Andererseits besteht für den ordnungspolitischen Einfluß staatlicher Jugendhilfepolitik die Chance, zugunsten eines Verbundsystems außerfamiliärer Sozialisation zu intervenieren, in dem die H nur eine unter mehreren möglichen Lösungen darstellt (→ *Gemeindepsychologie*). Dies braucht nicht mit einer notorischen Diskreditierung der bisherigen Leistungen von H verbunden zu sein. Bemerkenswert ist, daß im Zuge der heute propagierten und betriebenen Dezentralisierung der konventionellen H in funktionell weitgehend autonome Gruppen eine neue Wertschätzung der kleinen, überschaubaren Lebensgruppe mit quasi-familiären Zügen einhergeht. Es kommt dazu, daß der pädagogische Optimismus, der sich mit der Wiederentdeckung der Pflegefamilie als Möglichkeit der Fremdunterbringung von Kindern und Jugendlichen verbindet, mit der seit Jahren vorgetragenen sozial- und erziehungswissenschaftlichen Kritik an der schwindenden Erziehungsfähigkeit der bürgerlich-industriellen Kernfamilie wenig kompatibel ist (Sauer 1979). Vieles spricht im gegenwärtigen Zeitpunkt dafür, daß die außerfamiliäre Sozialisation von Kindern und Jugendlichen in Zukunft die praktikable Balance zwischen drei Gruppen von antagonistischen Tendenzen finden muß: (a) zwischen der als »totale Institution« verschrienen Großinstitution Heim und der quasi-familiären Lebens- oder Wohngemeinschaft anarchisch-idyllischen Zuschnitts, die allen soziopsychischen Instabilitäten und Gefährdungen ebenso ausgesetzt ist wie die moderne Kleinfamilie; (b) zwischen der heute kritisierten Monopolstellung der H in der Fremdunterbringung von Kindern und Jugendlichen und einem in sozialpädagogische Ambulatorien (→ *Beratung*), Ersatzfamilien, Verbundsysteme mit dezentralen Lebens- und Wohngemeinschaften und zentralen Dienstorganisationen, klinisch-therapeutischen Intensivstationen (→ *Intervention und Prävention*) oder gefängnisnahen Nacherziehungsanstalten (→ *Abweichendes Verhalten*) reich segmentierten System von Jugendhilfe; (c) zwischen einer neuen Generation von Sozialpädagogen, die gesteigerte professionelle Ansprüche und subjektive Bedürfnisse eines modernen »undiakonischen« Lebensstiles angesichts der ebenfalls gesteigerten psychosozialen Bedürfnisbefriedigungsdefizite ihrer Klientel auf einen für beide Gruppen auf die Dauer erträglichen gemeinsamen Nenner bringen müssen (Lempp u. a. 1978).

Heinrich Tuggener

Literatur
Bäuerle, W./Markmann, J. (Hrsg.): Reform der Heimerziehung. Weinheim/Basel 1974. – *Bonderer, E.:* Heimeintritt oder Heimversorgung? Integrationshilfe oder Separationsverfügung. Berlin 1979. – *Bonhoeffer, M./ Widemann, P.* (Hrsg.): Kinder in Ersatzfamilien. Stuttgart 1974. – *Brosch, P.:* Fürsorgeerziehung, Heimterror und Gegenwehr. Frankfurt 1971. – *Bettelheim, B.:* Der Weg aus dem Labyrinth. Zürich 1978. – *Chmelik, P.:* Armenerziehungs- und Rettungsanstalten. Erziehungsheime für reformierte Kinder in der deutschsprachigen Schweiz. Zürcher Diss. 1978. – *Davis Jones, H.:* Leadership in Residential Child Care. National Children's Home Association. London 1970. – *Eckensberger, D.:* Sozialisationsbedingungen der öffentlichen Erziehung. Frankfurt/M. 1971. – *FICE, Fédération Internationale des Communautés d'Enfants* (Hrsg.): Struktur der Gruppe in Kinderdörfern und Heimen. Recherches et témoignages No. 3. Wien/München 1967. – *Gamma, Anna:* Personalprobleme im Heim. Möglichkeiten ihrer Bearbeitung. Luzern 1979. – *IGfH, Internationale Gesellschaft für Heimerziehung, Sektion Bundesrepublik Deutschland* (Hrsg.): Zwischenbericht Kommission Heimerziehung der Obersten Landesjugendbehörden und der Bundesarbeitsgemeinschaft der Freien Wohlfahrtspflege. Heimerziehung und Alternativen. Analysen und Ziele für Strategien. Frankfurt/M. 1977. – *Jouhy, E.:* Das Kind im Heim. In: *Arbeitskreis der Fédération Internationale des Communautés d'Enfants FICE* (Hrsg.): Heimerziehung in der modernen Gesellschaft. Frankfurt/M. 1964, S. 45–60. – *Junker, R.:* Gestaltung der Kosten der Heimerziehung. Aspekte zur öffentlichen Sozialisation. Internationale Gesellschaft für Heimerziehung FICE. Frankfurt/M. 1974. – *Kupfer, H.* (Hrsg.): Einführung in Theorie und Praxis der Heimerziehung. Heidelberg 1977. – *Lempp, Chr. u. a.:* Arbeitszeit in Kinder- und Jugendheimen. Internationale Gesellschaft für Heimerziehung FICE, Sektion Bundesrepublik Deutschland. Frankfurt/M. 1978. – *Pestalozzi, H.:* Brief an einen Freund über seinen Aufenthalt in Stans 1799. In: *Baumgartner, P.* (Hrsg.): H. Pestalozzi. Werke in acht Bänden. Bd. VI. Erlenbach/Zürich 1946, S. 91–124. – *Sauer, M.:* Heimerziehung

und Familienprinzip. Neuwied/Darmstadt 1979. – *Scherpner, H.:* Geschichte der Jugendfürsorge. Göttingen 1966. – *Trieschmann, A. E. u. a.:* Erziehung im therapeutischen Milieu. Freiburg/B. 1975. – *Voelter, L.:* Geschichte und Statistik der Rettungsanstalten für arme verwahrloste Kinder in Württemberg. Mit Erörterungen und Vorschlägen. Ein Beitrag zur Lösung der Frage des Pauperismus. Stuttgart 1845. – *Wichern, J. H.:* Rettungsanstalten als Erziehungshäuser in Deutschland 1868. In: *Meinhold, P.* (Hrsg.): *J. H. Wichern.* Sämtliche Werke. Bd. VII. Hamburg 1975, S. 374–534. – *Wilfert, O.:* Das Erziehungsheim gestern, heute, morgen. Beiträge zur Theorie der Heimerziehung. Neuwied/Berlin 1969. – *Winiker, J.:* Das Erziehungsheim als soziale Organisation. Luzern 1979.

Humanistische Psychologie

1. Geschichtlicher Überblick: Die Entwicklung der modernen Psychologie in der ersten Hälfte des 20. Jahrhunderts wurde von zwei Denkansätzen geprägt, die zugleich theoretische Weltbilder und praktische Zielrichtungen der Menschenbeeinflussung waren. Zunächst schuf der Arzt Sigmund Freud Ende des vergangenen Jahrhunderts mit der Psychoanalyse ein ganz vom medizinischen Denken beeinflußtes Modell, welches die seelische Verfassung des Menschen – im Sinne Darwins – als Resultat eines Entwicklungsprozesses versteht (→ *Entwicklung),* wobei biologische Kräfte (Triebdynamik: Sexualität und → *Aggression*) und soziokulturelle Kräfte (z. B. »Familienroman«, Ödipus-Konflikt, Über-Ich) diese Entwicklung fördern. Freuds und seiner Nachfolger Konzept kann, grob vereinfacht, als kausal-mechanistisch bezeichnet werden, ganz im Sinne des damals vorherrschenden Ideals einer wertneutralen, streng naturwissenschaftlich orientierten Forschung. Die praktische Umsetzung der Trieb- und sozialpsychologischen Hypothesen Freuds in Form einer Psychotherapie und Tiefenpsychologie war weniger »eng«, aber stark krankheits- bzw. symptomorientiert, also eher eine medizinisch-biologische denn eine psychologische Methode seelischer Heilung (→ *Psychoanalytische Pädagogik).* War die Psychoanalyse außerhalb der offiziellen Universitätsinstitute entstanden, ja sogar in bewußtem Gegensatz zur akademischen Psychologie, so berief sich der *Behaviorismus,* begründet von J. Watson, später revidiert von B. F. Skinner u. a., ganz auf die akademische Tradition der in Europa von Weber/Fechner und Wundt begründeten experimentellen Laboratoriumspsychologie. Im Denkansatz ähnlich mechanistisch und kausalistisch wie die Psychoanalyse, zeichnet sich der Behaviorismus – und die aus ihm entstandene → *Verhaltensmodifikation* – aus durch ein noch reduzierteres Menschenbild, was ihm von Kritikern den Vorwurf eingetragen hat, er sei, wegen seiner Ableitung vor allem aus Tierversuchen, eine »Ratten-Psychologie«. Enger als der Denkansatz und Handlungsspielraum der Psychoanalyse ist der Behaviorismus zusätzlich noch dadurch, daß viele seiner Vertreter das Begriffskonstrukt des von Freud so genannten Unbewußten nicht zur Kenntnis nehmen bzw. deutlich ablehnen. Ziemlich genau mit dem Zweiten Weltkrieg fällt eine neue Entwicklung zusammen, die ganz wesentlich zur Entstehung des »dritten Weges« einer Humanistischen Psychologie (HP) beigetragen hat. Der 1933 aus dem nationalsozialistischen Deutschland emigrierte Gestaltpsychologe Kurt Lewin begründete in den USA eine neue Methode, mit Gruppen zu arbeiten, die → *Gruppendynamik.* Ging es Lewin vor allem um sogenannte Arbeitsgruppen, die die Produktions- und schöpferischen Möglichkeiten von Teams in der industriellen und institutionellen Arbeitswelt verbessern sollten, so entwickelten parallel dazu Psychotherapeuten der psychoanalytischen und verwandter Richtungen Modelle der Gruppentherapie, welche die Zweierbeziehung Arzt–Patient ergänzten und sich in vielen Fällen sogar als günstiger erwiesen.

2. Theoretische Grundlagen: Gruppendynamiker und Gruppentherapeuten sowie Therapeuten, die den Freudschen Ansatz weiterentwickelt und modifiziert hatten (*Gestalttherapie* nach Fritz Perls; *Transaktionale Analyse* nach Eric Berne; *Bioenergetik* nach Wilhelm Reich; *existentielle Therapie* nach Victor Frankl und Rollo May), schlossen sich schließlich zusammen und gründeten in praxisorientierten Seminaren, die gleichzeitig der beruflichen *und* der persönlichen (Selbsterfahrung) Weiterentwicklung dienten, die – seit 1969 so benannte – *Association for Humanistic Psychology.* Deren erster Präsident, J. F. T. Bugenthal, hat folgende fünf Postulate angeführt, welche die HP kennzeichnen und worin sie sich deutlich von Psychoanalyse und Behaviorismus unterscheidet: (a) Der Mensch ist mehr als nur die Summe seiner Teile. (b) Die einzigartige Natur des Menschen wird bestimmt von seinem Zusammenleben mit anderen Menschen in irgendwie gearteten Gruppen. (c) Der Mensch mag sich nicht all seiner Fähigkeiten und Möglichkeiten bewußt sein, aber Bewußtsein ist ein wesentlicher Bestandteil seiner Existenz. (d) Der Mensch hat die Fähigkeit zu wählen und zu entscheiden; er ist sich gleichzeitig bewußt, daß seine Entscheidungen etwas bewirken, daß er nicht nur passiver Zuschauer, sondern aktiver Teilnehmer seiner Erfahrung ist. (e) Der Mensch lebt zielgerichtet (intentional), sein Leben wird durch Werte und Sinngebung bestimmt und dadurch, daß er Bedeutung schafft und erkennt. Auf der Basis dieser *Intentionalität* baut er seine Identität (→ *Selbstkonzept*) auf und unterscheidet sich von anderen Arten. Kritiker sowohl aus dem psychoanalytischen wie aus dem behavioristischen Bereich haben diese Kennzeichnungen als zu vage, zu unwissenschaftlich bezeichnet – aber es handelt sich ja, ganz im Sinne der Zielsetzungen der HP, auch um nicht weiter abzuleitende und ableitbare Grundelemente (Postulate), um bewußt wertende, also nichtobjektive Maßstäbe, nicht nur um wissenschaftliche Hypothesen – im Sinne der → *Wissenschaftstheorie* –, die sich falsifizieren oder einem Test der Bewährbarkeit unterziehen lassen könnten. Das wissenschaftliche Gerüst der HP steht sowohl auf dem Boden der Psychoanalyse wie auch der behavioristischen Lerntheorien, soweit sie sich als mit den Postulaten vereinbar erwiesen haben. Vor allem bei der praktischen Anwendung, beispielsweise in Selbsterfahrungs- oder Therapie-Situationen (Zweierbeziehung, Gruppe), werden Elemente der Verhaltensmodifikation eingesetzt, um neu erworbene Einsichten eines Klienten einzuüben und zu verstärken; desgleichen werden psychoanalytische Erkenntnisse über das Unbewußte, die Übertragung, die Triebdynamik übernommen. Nicht übernommen hat die HP hingegen all jene Elemente, die sich mit ihren Grundprinzipien nicht vereinbaren lassen; zum Beispiel das psychoanalytische Verfahren der *Deutung* von Verhaltensweisen oder von Träumen. Man überläßt es statt dessen viel stärker dem Klienten, seine eigene Interpretation zu finden (die allerdings durch die Reaktionen der Gruppe oder des Therapeuten bzw. Gruppenleiters verstärkt bzw. korrigiert werden kann): zentrale Rolle des *feedback,* im Sinne einer kybernetischen Rückkoppelung.

3. Weitere Einflüsse: Stark beeinflußt haben die Entwicklung der HP Autoren und Forscher wie Carl Rogers (Klientenzentrierte Therapie, Encounter-Gruppen) und Abraham Maslow (Erstellung einer Rangliste von Motivationen nach dem Gewicht ihrer Bedeutung für das Individuum und seine Entwicklung) (→ *Motivation und Motiventwicklung*). Andere Impulse kamen, zum Teil auf indirektem Weg, von Alfred Adler (Bedeutung des sozialen Umfelds und der Machtproblematik, Frage des Lebenssinnes) und vom Existentialismus. Letzteres allerdings nur geringfügig im Sinne Sartres oder Heideggers, sondern mehr in der praxisorientierten Form der existentiellen Therapie (Binswanger; Frankl; May). Eine nicht zu unterschätzende Rolle bei der Entstehung der HP hat offenbar das Trauma des Dritten Reiches und der Emigration jüdischer Psychologen gespielt. Anders als Behaviorismus und Psychoanalyse hat die HP dementsprechend ausgesprochen politische Züge entwickelt. Dies zeigt sich sehr deutlich bei der zwar in den USA entwickelten, aber vor allem in Europa immer wichtiger werdenden Themenzentrierten Interaktion (TZI). Ruth C. Cohn, die dieses Verfahren der Gruppenarbeit entwickelt und vor allem in den deutschsprachigen Ländern eingeführt hat (Workshop Institutes for Living-Learning-W.I.L.L.-Europa), weist (1975) ausdrücklich darauf hin, daß die Mißachtung menschlicher Werte durch Hitler und seine Anhänger eines der maßgeblichen Motive ihres Versuches war, mit Menschen in therapeutischen und arbeitsorientierten Situationen anders als bisher umzugehen. Die Stärkung der gesunden Persönlichkeitszüge im Sinne von: »Be your own Chairman« (etwa: »Du bist für dich selbst verantwortlich, niemand kann dir diese Verantwortung abnehmen, also steh' auch dazu, indem du nicht allgemein sprichst, sondern Ich-Aussagen machst«) ist ihr zentrales Postulat, das keineswegs im Sinne eines übertriebenen Egozentrismus und Egoismus zu verstehen ist.

4. Verschiedene Ausprägungsformen: Die TZI – wie die HP überhaupt, für die die TZI nur als besonders anschauliches Beispiel dienen soll – strebt eine Balance an zwischen vier Kraftfeldern, die in einer Gruppe wirksam werden, wenn man sie nicht künstlich bremst: zwischen dem *Ich* (das Individuum mit seinen Bedürfnissen und Fähigkeiten), dem *Wir* (die gesamte Gruppe mit ihrer eigenen Struktur und ihren eigenen Gesetzen), dem *Es* (dem gemeinsamen Thema, an dem gearbeitet wird), unter ständiger Berücksichtigung des *globe* (des materiellen und soziokulturellen

Umfeldes). Während die TZI vor allem in Arbeitsgruppen (Schule, Betriebe, Behörden, Kirchen, politische Parteien) Anwendung findet, beginnt eine andere Ausprägung der HP stark das Gesicht der Psychotherapie zu verändern. Die Assymmetrie, wie sie sowohl in der Psychoanalyse wie auch in der Verhaltenstherapie zwischen Arzt und Patient bzw. Psychologe und Klient besteht (der Patient ist in einer Art Kindposition, der Therapeut ein überlegenes, mehr wissendes Elternsurrogat), wird bei den Erlebnistherapien (auch: Experientielle Therapie) abgelöst durch eine stärker partnerschaftliche Beziehung. Hinzu kommt noch, daß vermehrt der Körper und Gruppenprozesse die therapeutische Arbeit mit dem »Kopf« ergänzen, ganz im Sinne der ganzheitlichen (holistischen) Zielsetzung der HP. Ein zentraler Begriff sowohl der TZI wie der Erlebnistherapien (Psychodrama, Gestalttherapie, Bioenergetik, Transaktionale Analyse, Yoga) ist die *Authentizität* (Echtheit), mit der sowohl Patient/Klient wie Therapeut/Gruppenleiter die ihnen bewußt werdenden Gefühle, Ängste, Phantasien über sich selbst wie über andere in der Gruppe/Zweierbeziehung äußern, wobei Ruth C. Cohn nachdrücklich darauf hinweist, daß es nicht um totale Authentizität geht (die ja u. U. sehr aggressiv gegen andere bzw. selbstzerstörerisch ausfallen kann), sondern um *selektive* Authentizität. Ein weiteres Anliegen beider Ausprägungen der HP ist es, dies ebenfalls in Abhebung von Psychoanalyse und Behaviorismus, mit möglichst lebensnahen Situationen und Annahmen zu arbeiten und einen besseren *Transfer* des in der Selbsterfahrung bzw. Therapie Gelernten auf die Welt des Alltags, in Beruf und Freizeit anzustreben.

Ein weiterer, »vierter« Weg ist die in den siebziger Jahren von Vertretern der HP entwickelte *Transpersonale Psychologie*. Hier geht es um die Integration einer zusätzlichen Dimension, die die Ich- und Gruppen-Zentrierung der HP erweitert durch den spirituellen Aspekt. Dies geschieht durch Einbeziehung teils uralter (Yoga, Sufismus, Taoismus, Schamanismus) psychologischer Systeme, teils modernster Forschungsrichtungen (Parapsychologie, Meditation, Halluzinogen-Experimente). Das individuelle Bewußtsein wird erweitert gesehen um das *kosmische* Bewußtsein, von dem auch alle Religionen handeln. Magie und Esoterik (vom Scheidt 1980) spielen hierbei ebenfalls eine Rolle. Interessant ist, daß hierdurch die Arbeiten C. G. Jungs über Archetypen und das Kollektive Unbewußte neue Aktualität gewinnen.

Jürgen vom Scheidt

Literatur
Brown, G. I.: Gefühl und Aktion. Frankfurt/M. 1978. – *Bühler, Ch./Allen, M.:* Einführung in die Humanistische Psychologie. Stuttgart 1974. – *Cohn, R. C.:* Von der Psychoanalyse zur Themenzentrierten Interaktion. Stuttgart 1975. – *Jacoby, R.:* Soziale Amnesie. Frankfurt/M. 1978. – *Maslow, A. A.:* Psychologie des Seins. München 1973. – *Perls, F.:* Gestalttherapie in Aktion. Stuttgart 1974. – *Rogers, C. R.:* Encounter-Gruppen. München 1974. – *Sargent, S. St.:* The Humanistic Approach to Personality. In: *Wolman, B.* (Hrsg.): Handbook of General Psychologie. New Jersey 1973, S. 817–825. – *Scheidt, J. v.:* Hilfen für das Unbewußte. – Esoterische Wege der Selbsterfahrung. München 1980. – *Tart, Ch. T.:* Transpersonale Psychologie. Freiburg/Br. 1979. – *Theis, W.:* Angewandte Gruppendynamik: Was kommt nach dem Boom? In: psychologie heute (2) 1979, S. 45–53.

Implizite Theorien

1. Relevanz impliziter Theorien: Die wissenschaftliche Erforschung impliziter Theorien (I) wird von mehreren Annahmen getragen: Erstens geht man davon aus, daß Eltern, Erzieher, Lehrer und Berater Besitzer von I sind; zweitens ist man der Ansicht, diese Theorien seien wesentliche Variablen bei der Steuerung des Handelns; drittens schließlich hält man I für unzulänglich und fehlerhaft, wenn nicht gar gefährlich, da ihnen – im Gegensatz zu wissenschaftlichen Theorien – z. B. mangelnde begriffliche Präzision und ungenügende empirische Verankerung anhaften sollen. So wurde häufig untersucht, welche Rolle I bei der Persönlichkeits- oder Leistungsbeurteilung von Kindern oder Schülern spielen (→ *Diagnostik*), wie → *abweichendes Verhalten* durch die I von Eltern und Lehrern nicht nur aufrechterhalten, sondern geradezu hervorgerufen wird und wie soziale Konflikte durch das ungünstige, über I gesteuerte Verhalten von Erziehern verschärft werden können. Daraus resultierte zwangsläufig die Forderung, I durch wissenschaftlich-psychologische Theorien zu ersetzen. Dies geschah und geschieht noch in der pädagogischen und psychologischen Ausbildung von Erziehern, Lehrern und Beratern, vereinzelt auch in Elterntrainings. Es ist also bedeutsam, sich mit I zu beschäftigen, auch wenn man der bisherigen Forschungstätigkeit und Ausbildungspraxis auf diesem Gebiet recht skeptisch gegenüberstehen muß. Denn einmal ist »implizit« keinesfalls mit »fehlerhaft« gleichzusetzen, und zum anderen sind die derzeitigen wissenschaftlich-psychologischen Theorien nicht von der Beschaffenheit, daß sie sich problemlos in erzieherisches oder unterrichtliches Handeln umsetzen ließen bzw. I ersetzen könnten. Es ist deshalb notwendig, das Verhältnis von »naiver Psychologie« zu »wissenschaftlicher Psychologie« neu zu bestimmen.

2. *Begriffsklärung:* Implizite psychologische Theorien sind reflexive Kognitionssysteme, die z. B. in → *sozialen Interaktionen,* im didaktischen Bereich (→ *Instruktionstheorie*) und im Urteilsbereich (→ *Schulleistungsbeurteilung*) wirksam werden. Für sie gibt es eine Reihe konkurrierender Bezeichnungen wie etwa »naive Verhaltenstheorie«, »psychologisches Alltagswissen«, »pragmatische Alltagskonzepte«, »erzieherische Berufstheorien«, »Unterrichtstheorien« usw. Gemeinsam ist diesen Bezeichnungen einmal der Gegenstandsbereich, den man im weitesten Sinne als pädagogisch oder psychologisch bezeichnen kann (etwa im Gegensatz zu naiven Theorien über physikalische oder medizinische Sachverhalte), zum anderen sind diese Kognitionssysteme implizit, d. h., es handelt sich um mitgemeinte, inbegriffene, mitgedachte oder nicht formulierte Theorien. Der Gegensatz ist in den expliziten, also wissenschaftlich-psychologischen Theorien zu sehen. Beispielsweise vergleicht Hofer (1969) ausdrücklich die gefundene Faktorenanzahl der Impliziten Persönlichkeitstheorie mit jener der wissenschaftlich-psychologischen Persönlichkeitstheorie. Wissenschaftstheoretische Überlegungen lassen anstelle des Begriffspaares »implizit«–»explizit« aber eher das Begriffspaar »subjektiv«–»objektiv« als begründet erscheinen. Bei der Verhältnisbestimmung von alltagspsychologischen zu wissenschaftlich-psychologischen Theorien gehen etwa Groeben/Scheele (1977) davon aus, daß Alltagsmensch und Wissenschaftler in vergleichbarer Weise Hypothesen generieren und prüfen. Diese Strukturparallelität beinhaltet, daß die Bezeichnungen »subjektive Theorie« und »objektive Theorie« idealtypisch die beiden Enden eines Kontinuums benennen, auf dem psychologische Theorien, ganz gleich welcher Herkunft, danach beurteilt werden, in welchem Grade sie die von der → *Wissenschaftstheorie* aufgestellten Kriterien bzw. regulativen Zielideen erfüllen. Unter subjektiven psychologischen Theorien verstehen wir damit jene reflexiven Kognitionssysteme von Eltern, Erziehern, Lehrern und Beratern, die zwar deren Urteile und deren Verhalten gegenüber anderen Personen steuern, die aber die von der Wissenschaftstheorie an sie angelegten Kriterien nur teilweise erfüllen.

3. *Die Rolle subjektiver psychologischer Theorien bei der Steuerung und Erklärung menschlichen Verhaltens:* Bei der Bewältigung der täglichen Interaktionen (z. B.: Die Eltern wollen ausgehen, das Kind will nicht zu Bett; die Erzieherin bemerkt, wie ein Kind dem anderen das Spielzeug verweigert; der Lehrer wird durch aufkommende Unruhe in seinem didaktischen Plan gestört) bleibt oft nur wenig Zeit, eine angemessene Handlung auszuwählen. Es ist erforderlich, schnell und ökonomisch die Lage zu beurteilen, ohne dabei die Verhaltenssicherheit zu verlieren. Wegen der Kapazitätsbegrenzungen bei menschlichen Informationsverarbeitungsprozessen sind deshalb Systeme notwendig, die es erlauben, die Komplexität des Interaktionsgeschehens so zu reduzieren, daß unmittelbares Reagieren möglich wird. Subjektive psychologische Theorien scheinen solche Systeme zu sein. Sie spielen an verschiedenen Stellen der Handlungssteuerung eine Rolle (→ *Handlung und Handlungstheorien*). Erstens sind sie entscheidend am Gruppieren und Kodieren der einfließenden Information beteiligt und tragen zur *Beurteilung der Situation* bei, z. B., ob diese eher positiv oder negativ zu bewerten ist, welchen weiteren Verlauf die Situation nehmen wird, ob Eingreifen erforderlich ist oder nicht usw. Empirische Untersuchungen zu Einzelaspekten der Situationsauffassung sind zahlreich. Zu erinnern ist an die Arbeiten zur sozialen Wahrnehmung (→ *Wahrnehmung*), an die Erforschung der Impliziten Persönlichkeitstheorie sowie an die im Zusammenhang mit der Erfassung pädagogischer → *Einstellungen* und Erwartungen gewonnenen Ergebnisse. Zweitens sind subjektive psychologische Theorien an der *Auswahl von Handlungsmöglichkeiten* beteiligt. Sie stellen Hypothesen bereit über den Anwendungsbereich von Handlungsmöglichkeiten, über deren Wirkungssicherheit, über eventuelle günstige und ungünstige Nebenwirkungen der Handlungsmöglichkeiten sowie über die materiellen und zeitlichen »Kosten«. Empirische Untersuchungen zu Einzelaspekten der Handlungsauffassung sind überraschend selten. Man findet einige Arbeiten in der Ein-

stellungsforschung, die sich mit der Bevorzugung oder Ablehnung bestimmter Handlungsmöglichkeiten befassen, daneben noch solche, die sich mit der Koppelung von Situationsauffassung und Handlungsauffassung beschäftigen, zum Beispiel: wie Erwartungen und Interaktionsqualität zusammenhängen (→ *Lehrer-Schüler-Interaktion*) oder wie die Zuschreibung von Persönlichkeitseigenschaften bzw. anderer Ursachenfaktoren das Handeln beeinflußt (→ *Attribuierung*). Drittens sind subjektive psychologische Theorien an der *Bewertung der erzielten Handlungsergebnisse* beteiligt. Sie stellen Hypothesen bereit über die Verursachung der Handlungsergebnisse, über die Zuschreibung von Verantwortlichkeit und über die zu erwartenden weiteren Konsequenzen. Besonders bekannt geworden sind hier Forschungsarbeiten zur → *Leistungsmotivation*, die sich hauptsächlich mit Attribuierungs-Voreingenommenheiten beschäftigen.

Subjektive psychologische Theorien sind aber nicht nur bei der Handlungssteuerung unter Orientierungsdruck wichtig. Sie sind auch bedeutsam bei der Vorwegnahme von Schwierigkeiten bis hin zu ausführlichen Problemlöseaktivitäten. Hierbei werden die obengenannten Schritte, also Situations- und Handlungsauffassung, sehr intensiv und mehrfach durchlaufen. Schließlich spielen subjektive psychologische Theorien eine wichtige Rolle bei der nachträglichen Rechtfertigung von Handlungen. Da jetzt der zeitliche Druck geringer ist, können kognitive Schemata in reichem Maße entfaltet werden. Richtungweisend für die Rechtfertigung ist, wem gegenüber eine Person sich rechtfertigen muß und welche Konsequenzen gelungene bzw. mißlungene Rechtfertigungsversuche haben. Dieser Aspekt ist vor allem für jene psychologischen Forschungsmethoden von Bedeutung, bei denen Eltern, Erzieher, Lehrer oder Berater mündliche oder schriftliche Auskünfte über ihre »Erwartungen«, »Einstellungen«, »Attribuierungen« oder »Impliziten Persönlichkeitstheorien« geben. Es ist anzunehmen, daß die zur Handlungssteuerung unter Zeitdruck herangezogenen subjektiven psychologischen Theorien sich erheblich von denjenigen unterscheiden, die in Befragungs- oder Auskunftssituationen zur nachträglichen Erklärung oder Rechtfertigung von Handlungen benutzt bzw. ohne direkten Bezug zu einer konkreten Handlung abgegeben werden.

4. Bisherige Forschungsbemühungen: Subjektive psychologische Theorien wurden in der wissenschaftlichen Psychologie lange ignoriert. Sie galten eher als Störgröße in streng kontrollierten psychologischen Experimenten denn als eigener Untersuchungsgegenstand. Das rührt unter anderem von der eigentümlichen Trennung her, die wissenschaftliche Psychologen zwischen ihrer eigenen Art der Theorienbildung und jener des Alltagsmenschen zu vollziehen pflegten. Während sie den Alltagsmenschen als auf Umweltreize reagierend konstituierten, gestanden sie sich selbst einen weit stärker rationalen und reflexiven Status zu. Aus dem therapeutischen Bereich kommend, übt Kelly (1955) intensive Kritik an dieser Trennung. Mit seiner Theorie der personalen Konstrukte stellt er die Begriffssysteme des Alltagsmenschen an die Stelle der Hypothesen des Psychologen. Er versteht den Alltagsmenschen analog dem Wissenschaftler als seine Erfahrungen eigenständig ordnend und interpretierend. Diese subjektiven psychologischen Theorien will er rekonstruieren und entwickelt dazu den Role Construct Repertory Test. Unabhängig von Kelly versucht Heider (1958) einen ganz anderen Zugang. In gestaltpsychologischer Tradition stehend, ist er daran interessiert, wie der Alltagsmensch das Bild seiner sozialen Umwelt aufbaut. Er weist hier der naiven Psychologie den zentralen Platz zu. Um die subjektiven psychologischen Theorien zu rekonstruieren, analysiert er soziale Situationen auf die am häufigsten wiederkehrenden Konzepte hin. Seine Quelle ist die Alltagssprache, der er durch Interpretation die Matrix der I entnimmt. Hieraus sollen dann die wissenschaftlich-psychologischen Theorien langsam hervorwachsen. Heider versteht seinen eigenen Beitrag als Anregung und Hilfe, von impliziten zu expliziten psychologischen Theorien vorzustoßen. Ein dritter früher Forschungsansatz ist die Implizite Persönlichkeitstheorie. Bruner/Taguiri (1954) und Cronbach (1955) wollen herausfinden, wie der Alltagsmensch beim Wahrnehmen und Beurteilen einer anderen Person durch Schlußfolgerungsprozesse Teilinformationen vervollständigt. Sie postulieren ein kognitives Gefüge zueinander in Beziehung stehender Eigenschaften und bezeichnen es als Implizite Persönlichkeitstheorie. In den folgenden Jahrzehnten (vgl. z. B. das Sammelreferat von Schneider 1973) wird versucht, mit Fragebogen, semantischen Differentialen, Schätzskalen, Paarvergleichen, mehrdimensionaler Skalierung usw. die Implizite Persönlichkeitstheorie verschiedener Personengruppen zu erfassen. Im deutschsprachigen Raum ist hier vor allem die Arbeit von Hofer (1969) bekannt geworden, der die Implizite Persönlichkeitstheorie beschreibt, die Lehrer gegenüber ihren Schülern besitzen. Während die Rekonstruktionsbemühungen von Kelly und Heider hauptsächlich auf Interpretationen beruhen und von daher gar nicht den Anspruch erheben, mathematisch prüfbar zu sein, liegt der Fall bei der Impliziten Persönlichkeitstheorie ganz anders. Hier wird versucht, hauptsächlich mit Faktoren- und Clusteranalysen (→ *Statistik*), die wesentlichen Dimensionen mit hoher Exaktheit herauszufinden. Darüber wird vergessen, die diesen Verfahren zugrundeliegenden Annahmen theoretisch zu explizieren und diese Annahmen empirisch zu überprüfen. Das führt zu unzulässigen Vorgehensweisen bei der Datengewinnung und zu erheblichen Auswirkungen der statistischen Verfahren auf die Art und die Anzahl der gefundenen impliziten Persönlichkeitsdimensionen. So können die bisherigen Ergebnisse der Erforschung Impliziter Persönlichkeitstheorien eher als Artefakte denn als angemessene Abbildungen der subjektiven psychologischen Theorie über Eigenschaftszusammenhänge aufgefaßt werden (vgl. etwa Huber/Mandl 1979). Vergleichbares gilt für die im Anschluß an Heider aufblühende Attributionsforschung. Hier bringt es eine Reduktion der reichhaltigen Ursachenerklärungen, über die der Alltagsmensch verfügt, auf wenige in Fragebogen vorgelegte Ursachenfaktoren mit sich, daß sich die so gewonnenen Befunde immer weiter von Abbildungen der konkreten Handlungssteuerung und Handlungsrechtfertigung entfernen (→ *Attribuierung*). Einen Versuch, alle obengenannten Forschungsbemühungen zu integrieren, unternimmt erstmals Laucken (1974). Vor dem Hintergrund einer sehr elaborierten Handlungstheorie (vgl. Kaminski 1970) arbeitet er das Konzeptrepertoire heraus, mit dem im alltäglichen Lebensvollzug das Verhalten der Mitmenschen erklärt und vorhergesagt wird. Er fügt die von ihm in Dispositions- und Prozeßkonstrukte unterteilten Konzepte zu einer geschlossenen naiven Verhaltenstheorie zusammen und analysiert deren formal-konstruktive Merkmale. Gleichzeitig weist er den bisherigen Forschungsansätzen einen Platz innerhalb der naiven Verhaltenstheorie zu, nicht ohne deren Lücken und Einseitigkeiten zu benennen. Laucken regt damit zu neuer Forschungstätigkeit an, die durch veränderte wissenschaftstheoretische Auffassungen (vgl. die Forderung nach einer »Psychologie des reflexiven Subjekts« durch Groeben/Scheele 1977) und durch ein Vordringen naturalistischer Forschungsmethoden zusätzlichen Auftrieb erhält (→ *Methoden*).

5. *Umrisse eines Forschungsprogrammes zur Rekonstruktion subjektiver psychologischer Theorien:* Die Erforschung subjektiver psychologischer Theorien steht erneut am Anfang. Die bisherigen empirischen Befunde sind wenig brauchbar, da die theoretischen und methodischen Voraussetzungen, unter denen sie gewonnen wurden, in der Regel unzureichend waren. Insbesondere wurde der Nachweis nicht erbracht, die rekonstruierten Theorien würden das Handeln von Eltern, Erziehern, Lehrern und Beratern steuern.

Die künftige Erforschung subjektiver psychologischer Theorien sollte deshalb die Beziehung zwischen alltäglichem Handeln und den diese Handlungen steuernden Kognitionen in den Mittelpunkt stellen. Als *theoretische Basis* verspricht hier die Handlungstheorie den meisten Erfolg (→ *Handlung und Handlungstheorien*). Die von Laucken begonnenen Überlegungen sind dahingehend fortzuführen, daß die Rolle subjektiver psychologischer Theorien bei der Beurteilung von Situationen, der Auswahl von Handlungsmöglichkeiten, der Bewertung der erzielten Handlungsergebnisse und der Erklärung bzw. Rechtfertigung von Handlungen immer stärker theoretisch präzisiert wird. Bei der *Entwicklung von Forschungsmethoden* ist von einer Subjekt-Subjekt-Relation zwischen Forscher und Alltagsmensch auszugehen. Der Alltagsmensch wird vergleichbar dem Wissenschaftler als Besitzer von Theorien angesehen. Die angemessenen Forschungsverfahren bestehen deshalb weniger in Täuschungsexperimenten oder im Versenden von Fragebogen, sondern mehr in einem Einbeziehen von Eltern, Erziehern, Lehrern und Beratern in den gesamten Forschungsprozeß. Von daher gewinnen Dialogformen an Bedeutung, bei denen der Alltagsmensch in engem Bezug zum konkreten Handeln Auskünfte über seine subjektiven psychologischen Theorien gibt (vgl. Wahl 1979). Derartige Dialoge sollten mindestens einen unstrukturierten Gesprächsabschnitt enthalten, um dem Theorienbesitzer die Möglichkeit zu geben, die subjektiven psychologischen Theorien unbeeinflußt darzustellen und damit der Gefahr, Artefakte zu produzieren, entgegenzuwirken. Die anderen Gesprächsabschnitte sollten dadurch strukturiert sein, daß der Forscher gezielt nach den aus theoretischer Sicht ablaufenden kognitiven Prozessen fragt. Unterstützt werden sollte dies durch Introspektionshilfen, weil subjektive psychologische Theorien ja auch dadurch charakterisiert sind, daß sie dem Besitzer nicht voll bewußt sind. Bei derartigen Dialogen ist zu beachten, daß Auskünfte über die tatsächlich handlungsleitenden Theorien durch handlungsrechtfertigende Kognitionen überlagert werden. Von daher sind Gesprächstechniken wichtig, die es erlauben, handlungsleitende und handlungsrechtfertigende Kognitionen schon während des strukturierten Dialoges voneinander zu trennen. Bei der *Datenabsicherung* wird die neue Rollenverteilung besonders deutlich: Gemeinsam versuchen Forscher und Alltagsmensch, einen Konsens über die rekonstruierten subjektiven psychologischen Theorien herzustellen. Dessen Ergebnisse können dann als Ausgangspunkt für weitere Gültigkeitsprüfungen dienen.

In zwei *Inhaltsbereichen* sollten subjektive psychologische Theorien zunächst untersucht werden: einmal im Bereich unmittelbaren Reagierens unter Handlungsdruck, da hier die handlungssteuernde Leistung dieser Theorien besonders deutlich hervortreten kann; zum andern ist es besonders interessant, herauszufinden, welche Rolle subjektive psychologische Theorien bei der Bewältigung länger anhaltender und belastender Probleme spielen. Eine Beantwortung dieser Frage ist für die Konzeption von Eltern-, Erzieher-, Lehrer- und Beratertrainings sehr relevant (→ *Beratung*; → *Trainingsmethoden*). Hier wird die Fruchtbarkeit des ganzen Forschungszweiges daran zu messen sein, ob ein doppeltes Unterfangen gelingt: nämlich einmal, die Konstrukte der wissenschaftlichen Psychologie so zu modifizieren, daß sie in das System handlungsleitender Kognitionen integriert werden können und sich dort auch bei der Alltagsbewältigung bewähren; und zum anderen, die Rationalität pädagogisch-psychologischen Handelns dadurch zu erhöhen, daß man subjektive psychologische Theorien in Richtung objektiver psychologischer Theorien verändert und zugleich die Handlungsfähigkeit erhält.

Diethelm Wahl

Literatur

Bruner, J. S./Taguiri, R.: The perception of people. In: *Lindzey, G.* (Hrsg.): Handbook of social psychology. Vol. II. Cambridge/Mass. 1954, S. 634–654. – *Cronbach, L. J.:* Processes affecting scores on »understanding of others« and »assumed similarity«. In: Psychological Bulletin 52 (1955), S. 177–193. – *Groeben, N./Scheele, B.:* Argumente für eine Psychologie des reflexiven Subjekts. Paradigmawechsel vom behavioralen zum epistemologischen Menschenbild. Darmstadt 1977. – *Heider, F.:* The psychology of interpersonal relations. New York 1958. Dt.: Psychologie der interpersonalen Beziehungen. Stuttgart 1977. – *Hofer, M.:* Die Schülerpersönlichkeit im Urteil des Lehrers. Weinheim 1969. – *Huber, G. L./Mandl, H.:* Spiegeln Lehrerurteile über Schüler die Implizite Persönlichkeitsstruktur der Beurteiler oder der Beurteilungsbögen? In: Zeitschrift für Entwicklungspsychologie und Pädagogische Psychologie 11 (1979), S. 218–231. – *Kaminski, G.:* Verhaltenstheorie und Verhaltensmodifikation. Entwurf einer integrativen Theorie psychologischer Praxis am Individuum. Stuttgart 1970. – *Kelly, G. A.:* The psychology of personal constructs. Bd. 1 und 2. New York 1955. – *Laucken, U.:* Naive Verhaltenstheorie. Stuttgart 1974. – *Schneider, D. J.:* Implicit personality theory: A review. In: Psychological Bulletin 79 (1973), S. 294–309. – *Wahl, D.:* Methodische Probleme bei der Erfassung handlungsleitender und handlungsrechtfertigender subjektiver psychologischer Theorien von Lehrern. In: Zeitschrift für Entwicklungspsychologie und Pädagogische Psychologie 11 (1979), Heft 3, S. 208–217.

Instruktionstheorie

Instruktion (I) als Wissenschaft strebt ein System von überprüfbaren Aussagen an, die angeben, wie durch Lehrprozesse Lernen initiiert, gefördert, optimiert und in den Ergebnissen gesichert werden kann. Eine *I-Theorie* stellt den Versuch einer expliziten »präskriptiven« Handlungssteuerung des Unterrichts dar. Sie soll dem Lehrer eine rationale Handlungsplanung ermöglichen. Dafür gilt es Komponenten einer I-Handlung in einem *I-Modell* darzustellen.

1. Forschungsmethodologische Überlegungen: Nach allgemeiner Übereinstimmung gibt es keine Universalmethode des Unterrichts. Dies hat verschiedene Gründe: (a) In den Sozialwissenschaften lassen sich keine All-Aussagen von allgemeiner, d. h. person- und situations*unabhängiger*, Gültigkeit für Erklärungen z. B. von Unterrichtsphänomenen aufstellen, sondern nur Wahrscheinlichkeitsaussagen (→ *Wissenschaftstheorie*). (b) Dem System wissenschaftlicher Erkenntnisgewinnung fehlt im allgemeinen gesehen die Vermittlungsfähigkeit für die Praxis. Lernexperimente im Labor sind nicht ohne weiteres auf die Schulklasse übertragbar. (c) Lernen selbst ist kein einheitlicher Prozeß (→ *Lernen und Lerntheorien*). Je nach Lernart, Lerntyp, Lerninhalt und Lernsituation unterscheiden sich die erklärenden Prozesse und Maßnahmen ihrer Herstellung. An sich gegenstandsgleichgültige Erklärungsprinzipien, z. B. Kontiguität, → *Bekräftigung* oder Einsicht, unterliegen immer einer Bewertung hinsichtlich einer Lernabsicht. (d) Das Medium des Lernens, in dem Lerngegenstände repräsentiert werden (Bücher, Folien, Filme, Lernmaterialien etc.), enthält selbst wieder eine Theorie der Informationsvermittlung. (e) Die Anwendung von Erkenntnissen der Lehr-Lernforschung stellt ein Problem der *Einzelfallgeneralisierung* dar. Je nach Referenzrahmen der gewonnenen Erkenntnisse und dem Bezugssystem anzuwendender Ergebnisse im pädagogischen Feld (Schulart, Schulstufe, Schulorganisation, Lernziele, → *Curriculum*, Schülereingangsvariable, Lehrerpersönlichkeit und Situation) muß die Gültigkeit eines Treatments, einer Methode oder Lehrstrategie unter spezifischen Bedingungen oft erst hergestellt werden, müssen nicht beabsichtigte Nebeneffekte der Anwendung von spezifischen Lerntheorien mitbedacht werden.

2. Handlungstheoretische Grundlagen von I: Trotz dieser Probleme müssen Lehrer täglich unterrichten, beurteilen Seminarleiter und Schulräte Unterricht und entwickeln Unterrichtsforscher Modellannahmen über Ablauf und Funktion von Unterricht (→ *Unterrichtsforschung*). Unterricht wird immer schon geplant, vorstrukturiert, in sequentielle Schrittfolgen zerlegt und inszeniert, und zwar aufgrund allgemeiner Heuristiken, d. h. intuitiver Zweck-Mittel-Annahmen über die beste Art zu lehren. Sie sind Ausdruck ›impliziter‹ didaktischer Theorien (→ *Implizite Theorien*). Für die Konzipierung von heuristischen Ablaufschemata über Unterricht sind u. a. insbesondere handlungs- und entscheidungstheoretische Erwägungen maßgebend (→ *Handlung und Handlungstheorien*). Handlungstheorien beschreiben im allgemeinen einen normativen Ablauf von Prozessen zur Herstellung einer Handlungswirkung. Der Mittelwahl für das Erreichen einer gewünschten Konsequenz liegt eine empirisch begründete bzw. rational erwartete subjektive Prognose eines Handlungserfolges zugrunde. Die Wahl der Mittel ist abhängig vom subjektiven »Nutzen« einer Handlungskonsequenz; dies schließt immer eine Ziel-Mittel-Argumentation mit ein. ›Präskriptive‹ Modelle für Handlungs- und Entscheidungssituationen lassen sich auch in anderen Bereichen finden: z. B. in der Vorgabe verbindlicher Standards im Rahmen einer »normativen Diagnostik« (Westmeyer 1972; 1976, S. 71), in der Ausarbeitung allgemeiner Handlungsmodelle für die klinisch-psychologische Arbeit (Kaminski 1970) oder etwa in der Formulierung von Standardhypothesen für die Schulbegleitforschung (→ *Evaluation*).

I stellt ebenfalls eine spezifische Ausprägung dieser allgemeinen Handlungsbedingungen dar. I-Handeln unterscheidet sich z. B. von Manipulation, Verführung, Propaganda, Gehirnwäsche, Indoktrination, Mißhandlung etc. in mehrfacher Hinsicht: (a) Die Zielsetzung ist eine spezifisch pädagogische. Sie enthält eine Norm, einen Sollzustand für bestimmte Adressaten (Schüler). (b) Die Lernziele der Schüler müssen in Dispositionen umgesetzt werden. (c) Der Lehrer soll so handeln, daß der Schüler befähigt wird, das ihm gesetzte Ziel soweit wie möglich zu verwirklichen (→ *Lehrziel*). (d) Das unterrichtliche Handeln muß einer »formativen« Evaluation zu unterwerfen, um die schrittweise Annäherung der Lernzielerreichung zu kontrollieren. (e) Die Lernzieldiagnose erfordert eine ständige Intervention und Modifikation, nach dem Prinzip größtmöglicher Lernerfolge für möglichst alle Schüler (→ *Zielerreichendes Lernen*). (f) Die Maßnahmen zur Herstellung einer Zielerwartung (Treatment, Methode, Unterrichtsstrategie) müssen eine normative Rückbindung erfahren (Ziel-Mittel-Verträglichkeit) und auf unerwünschte Nebenwirkungen (Streß, Selbstwertgefährdung, psychosomatische Auswirkungen) hin kontrolliert werden. (g) Prüfkriterien der → *Evaluation* müssen eingehalten werden.

3. Vorläufer von I-Theorien: In der Geschichte der Pädagogik gibt es Vorläufer von I-Theorien (→ *Didaktik*). Dazu gehört z. B. die »naturgemäße Methode« des Comenius, wie sie in der »Didactica magna« beschrieben ist. Sie enthält Grundsätze für eine kombinierte Lehr-Lerntheorie. Die ›I-Regeln‹ werden Entwicklungsprinzipien aus der Natur sowie Beispielen aus dem Handwerkerstand entnommen. Die Unterrichtswirklichkeit wird nach diesen ›präskriptiven‹ Annahmen modelliert (vgl. »Orbis pictus« als Lehrbuch). Bekannt sind die Herbartschen Formalstufen: Klarheit, Assoziation, System und Methode

Instruktionstheorie

Instruktionsmodell

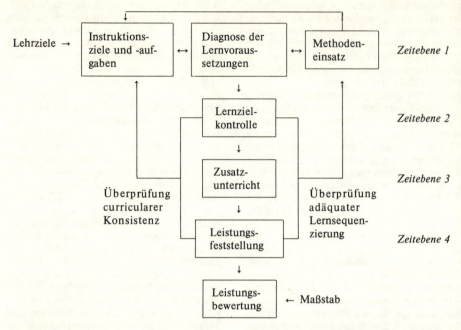

als unterrichtspraktische Transformationsversuche seiner »Allgemeinen Pädagogik«. Durch die »Herbartianer« Ziller, Dörpfeld, Stoy und Rein haben sie das Unterrichtsverhalten ganzer Lehrergenerationen bestimmt. Eine neuere Stufenlehre stammt von Heinrich Roth (1957). Nach diesem Modell durchläuft der Schüler bei jedem erfolgreichen, einsichtigen und produktiven Lernprozeß die Stufen der Motivation, der Schwierigkeit, der Lösung, des Tuns und Ausführens, des Behaltens und Einübens und eine Stufe der Bereitstellung, der Übertragung und der Interpretation des Gelernten. Die Abfolge der Stufen in einem I-Modell muß dabei stets variabel erfolgen. Als Strukturschema einer planmäßigen I ist das Modell des »Berliner Arbeitskreises Didaktik« (Heimann/Otto/Schulz 1968) bekannt geworden. In diesem Modell werden individuelle (anthropogene) und soziokulturelle Voraussetzungen (Bedingungsfelder) von darauf bezugnehmenden interdependenten Entscheidungsfeldern hinsichtlich Intention des Unterrichts, Themen, Verfahren und Medien sowie von individuellen und sozialen Folgen unterschieden. Die Konzeption von Entscheidungsfeldern deutet zwar auf eine rationale Handlungsplanung hin, jedoch nicht auf Überprüfung der Gültigkeit deskriptiver Theorien der Lehr-Lernforschung für den Methodeneinsatz. Mehr handlungstheoretisch ausgerichtet sind I-Modelle der Gegenwart, die auch ausdrücklich den Begriff I hervorheben. So hat Glaser (1962) ein einfaches I-Modell für die *I*ndividually *P*rescribed *I*nstruction (IPI) entworfen. Eine implizite I-Theorie enthält der »Entwurf einer Unterrichtstheorie« von Bruner (1974). Explizite I-Empfehlungen sind bei Glaser/Resnick (1972), Gagné/Briggs (1974), Mc Keachie (1974) sowie bei Wittrock/Lumsdaine (1977) zu finden. I-Modelle für Unterricht wurden u. a. von Weinert (1976), Hofer (1977) und Prell (1978) vorgeschlagen.

4. *Strukturelle Merkmale von I*

4.1 *I-Modell:* Das obige Modell beschreibt strukturelle Gesichtspunkte von I. Dabei werden insbesondere die Stellen gekennzeichnet, die unter pädagogisch-diagnostischen Aspekten bedeutsam sind (→ *Diagnostik*). Die darin aufgezeigten Strukturmerkmale sind für jede Form von Unterricht verbindlich. Das sogenannte »entdeckende Lernen«, das »fragend-entwickelnde Verfahren«, der »offene Unterricht«, die »Freiarbeitsphase« in der Montessori-Schule, der »Projektunterricht«, die »innere Differenzierung und Individualisierung« etc. können als spezifische Modelle eines gemeinsamen »Strukturkerns« von allgemeinen Instruktionsprinzipien und -regeln angesehen werden. Je nach Metanormen für Unterricht (allgemeine Erziehungsziele, → *Persönlichkeitstheorien* des Schülers, Selbstverständnis der Lehrer) wird es sich dann um verschiedene *I-Theorien* handeln.

4.2 Die I im zeitlichen Verlauf: Der Handlungsverlauf der I läßt sich in mehrere Zeitebenen unterteilen: Zeitebene 1 umfaßt die Unterrichtsplanung, die in aller Regel eine Informationsbeschaffung und -aufbereitung zum Zwecke der Verwirklichung einer Handlungsabsicht darstellt (treatmentvorbereitende Diagnostik). Zeitebene 2 beinhaltet die Durchführung des eigentlichen Unterrichtsprozesses, wobei in dieser Phase der »Treatmentapplikation« das Prinzip der Lernzielkontrolle (»formative Evaluation«) eine besondere Bedeutung für die individuelle Diagnose des Lernprozesses beim einzelnen Schüler erlangt (treatmentbegleitende Diagnostik; → *Prozeßdiagnostik*). Auf der Zeitebene 3 werden die Konsequenzen aus der Lernzielkontrolle beschrieben. Sie bestehen z. B. in anschließenden Übungsdurchgängen eines differenzierten Zusatzunterrichts, um für möglichst alle Schüler die Erreichung eines Basiscurriculums zu ermöglichen. Auf der Zeitebene 4 findet die eigentliche Leistungsmessung und Leistungsbewertung im Sinne einer »summativen Evaluation« statt (treatmentabschließende Diagnostik).

5. Komponenten der I-Handlung

5.1 Lehrziele und ihre Operationalisierung: Jeder Unterricht ist auf Ziele hin entworfen. Die gängigen Zielformulierungen sind oft abstrakt; sie kennzeichnen eine allgemeine Soll-Vorschrift, die Gestalt gewinnt durch die Beschreibung des Verhaltens, das der Schüler nach Durchlauf des Unterrichts zeigen soll. Dies ist das Problem der sogenannten Operationalisierung von → *Lehrzielen* (Klauer 1974; Blankertz 1975; Aregger/Frey/Strittmatter 1978).

In der Tyler-Matrix (Tyler 1973) werden Lehrziele nach Inhalts- und Verhaltensaspekten aufgegliedert. Der Sinn einer Lehrzielbeschreibung in Matrizenform liegt einerseits in einer heuristischen Funktion für die Planung des Unterrichts. Der Schnittpunkt einer Inhalts- mit einer oder mehreren Verhaltensklassen markiert stundenübergreifende Themen für Unterrichtseinheiten. Andererseits bietet sie die Möglichkeit einer objektiven Überprüfung der Unterrichtseinheit durch ein lernzielorientiertes Prüfverfahren (→ *Test*). Dabei kann der Lehrer die Konsistenz der Zuordnung seiner Prüfungsinhalte zu Inhalts- und Verhaltensklassen überprüfen. In diesem Zusammenhang sind die sogenannten »*Lehrzieltaxonomien*« (Bloom 1972; Krathwohl/Bloom/Masia 1975) als Inventare psychischer Dispositionen anzusehen; sie können dazu verwendet werden, eine nützliche Typologie von Testaufgaben zu entwickeln. Darüber hinaus hat eine Lehrzielmatrix eine diagnostische Hilfsfunktion bei der Lernzielkontrolle. Die daran orientierten Ergebnisse aus Leistungsprüfungen zeigen, in welchen Zellen, d. h. bei welchen Inhalten und Verhaltensklassen, nur unzureichende Lernerfolge erzielt wurden. Sie bieten auf diese Weise dem Lehrer Hilfen bei der Analyse von Lehr- und Lerndefiziten (→ *Lerntherapie*).

5.2 I-Ziele und -Aufgaben: Die Bestimmung der I-Ziele und I-Aufgaben geht über eine Matrixbeschreibung hinaus; sie spezifiziert bereits den Prozeßcharakter des Unterrichts, wie der Schüler durch »Abarbeiten« am Gegenstand (→ *Curriculum*) am besten lernt. Hierbei ist zwischen »Sequenzieren« und »Hierarchisieren« zu unterscheiden (Minsel 1978). *Sequenzieren* meint die Gliederung einer Lehrstoffstruktur in ein zeitliches Nacheinander von einzelnen Lektionen, wobei jedoch eine bestimmte Abfolge von Zielen, Themen und Methoden die größte lernpsychologische Wirkung verspricht. Je nach Lernvoraussetzungen der Schüler können unterschiedliche Sequenzanordnungen eine differentielle Wirkung haben. Lehrstoffelemente können also nicht in beliebiger Weise sequenziert werden. *Hierarchisieren* meint eine Anordnung der Lehrstoffelemente nach dem Grad der Komplexität. Unter der Annahme, daß Lernen psychologisch eine kognitive Struktur besitzt und nicht aus einer additiven Reihung von Elementen besteht, folgt, daß im Lernenden eine Hierarchie von Fähigkeiten aufgebaut wird. Durch Hierarchisieren wird geprüft, welches Lehrstoffelement jeweils Voraussetzung für ein anderes ist. Wird in diesem Konzept eine untergeordnete Fähigkeit nicht gelernt, dann kann die darüberliegende Fähigkeit nicht erworben werden. Es sind jeweils die Fähigkeiten zu unterrichten, die einen größtmöglichen → *Transfer* erlauben (Prinzip der Lernerleichterung und des Exemplarischen). Die Lernzielhierarchisierung nach Gagné (vgl. Eigler 1976) erweist sich als besonders wichtig für die Erstellung individualisierter Lernsequenzen, z. B. zur Selbsterarbeitung der Lernziele im differenzierten Unterricht. Hier muß der Weg vom Einfachen zum Schwierigen mittels eines Algorithmus von Arbeitsschritten den jeweiligen Lernvoraussetzungen der Schüler angepaßt sein, und zwar sowohl im Sinne einer Lernzeit- wie einer Niveaudifferenzierung. Bei der Gestaltung einer I-*Aufgabe* im Detail sind daher vielfältige, sich ergänzende Sichtweisen zu beachten, z. B. Ergebnisse aus Informationstheorien, Entscheidungsregeln für den Prozeß des Problemlösens, Dekodierungsregeln zur Sinnentnahme sprachlicher Texte, Aneignungsregeln für den Wissenserwerb etc. Diesen Sichtweisen liegen jeweils unterschiedliche Lernbegriffe zugrunde.

5.3 Diagnose der Lernvoraussetzungen: Der Gegenstand selbst erlaubt noch kein Lernen; er muß erst in Operationen umgeformt, in ein Tätigkeitskonzept umgesetzt werden. Der Schüler muß beim »einsichtigen« Lernen durch Selbsttätigkeit ein »kognitives Netz« von bedeutungsbezogenen Elementen, Beziehungen und Funktionen erfahren und aufbauen. Das kognitive Netz soll ja zu einem Verhaltensschema werden, mit dessen Hilfe der Schüler Wissen reproduzieren, mit Gegenständen operieren und das selbständige Lösen von Problemen angehen kann. Dies erfordert für jede Art von Unterricht eine Diagnose der Lernvoraussetzungen der Schüler. Eine Diagnose der Lernvoraussetzungen vornehmen heißt, aus Fragen und Antworten der Schüler, aus Ergebnissen von Lernzielkontrollen und Leistungsmessungen u. a. den Informationsstand, spezielle Fähigkeiten (z. B. → *Kognitive Stile*), Arbeitstechniken sowie das jeweilige Niveau im Sachfach zu erschließen, um von dieser Basis aus die neue Unterrichtsstunde oder -phase zu beginnen. Dabei kann es sich als nötig erweisen, fehlende Lernvoraussetzungen vorher zu trainieren (vgl. den Begriff des vorausgehenden »Nachhilfeunterrichts« bei Weinert 1976).

5.4 Methodenwahl: Vom Lehrer gehen Lehrakte aus, die bestimmte Lernprozesse bei den Schülern bezwecken. Die Aufgabe der Methode besteht darin, den curricularen Elementen in der Lernhierarchie ein System von Lerntätigkeiten auf seiten des Schülers gegenüberzustellen und durch ein spezifisches Handlungsmuster des Unterrichts Lernen zu bewirken. Jede Methode besteht in der Kombination bestimmter Lehrverfahren als »formale Stufen« der Lernprozeßstrukturierung mit bestimmten Lehrformen und Lehrstrategien (Lehrerfrage, Unterrichtsgespräch, Selbsterarbeitung, Schülerexperiment etc.). Darüber hinaus beeinflussen Organisationsformen wie → *Differenzierung* und Sozialformen wie Frontalunterricht, Gruppen- oder Partnerarbeit sowie der Medieneinsatz (→ *Medien*) die Wirkmöglichkeiten einer Methode. Die Frage nach der Methode kann nicht unabhängig vom Lehrziel und der Auswahl der I-Aufgaben behandelt werden. Der Lehrer hat sich immer zu fragen, wie sich durch eine Kombination von Methodenelementen eine psychologische Lernstruktur am besten aufbauen läßt, denn es gibt keine Universalmethode, die inhaltsgleichgültig und unabhängig von der Lernsituation gleichermaßen mit Erfolg anzuwenden wäre (→ *ATI*). Dieses forschungsmethodologische Handicap mangelnder allgemeiner Gültigkeit von Methoden wird dadurch umgangen, daß im Prozeß der »Treatmentapplikation« die Einzelfallgeneralisierung von Methoden in ihren Auswirkungen ständig überprüft und durch Lernzielkontrollen mit anschließenden »Lernschleifen« modifiziert wird.

5.5 Lernzielkontrolle: In der Lernzielkontrolle vergewissert sich der Lehrer, ob es seiner Methode gelungen ist, bei den Schülern ein Lernen zu bewirken, mit dem ein kognitives Schema zur Reproduktion von Wissen, zur selbständigen Problemlösung und eigenständigen Bewertung etc. entsteht. Die Lernzielkontrolle muß daher auf alle notwendigen Elemente, Beziehungen, Bedeutungen und Operationen ausgerichtet sein und sie auf ihre Vollständigkeit hin prüfen. Diese Phase sollte angstfrei gestaltet werden. Nicht die Stoffdurchnahme hat Vorrang, sondern der individuelle Lernprozeß und die Wahrnehmung der Hindernisse, die einzelne Schüler dabei haben. Die Zeit sollte reichlich bemessen sein. Diese Phase sollte auch durch eine deutliche Zäsur im Unterrichtsablauf vom Üben und Lernen auf Leistung hin abgehoben werden. Mit der Lernzielkontrolle ist zugleich auch eine Lehr- und Lerndefizitfeststellung verbunden, die das Ziel hat, den Unterricht zu verbessern (Prell 1977). Die Möglichkeiten der Lernzielkontrolle lassen sich nach folgenden Dimensionen klassifizieren: (a) Formen der Lernzielkontrolle z. B. durch Augenschein, Zwischenfragen, Lehrgespräch, Lernzielkontrollblatt, Schülerdemonstration einer Lösung, Schülerselbstkontrolle; (b) Ebenen des Curriculum wie z. B. Basiswissen, Fallanwendungen, Problemlösen und Transfer; (c) intervenierende Hilfen, z. B. frontal für die ganze Klasse, Unterricht mit Kleingruppen oder speziellen Fördergruppen an der Tafel, individuelle Hilfe für den einzelnen Schüler. An die Lernzielkontrolle schließen sich in der Regel Interventionsmaßnahmen, z. B. Übungsdurchgänge eines differenzierten Zusatz- oder Förderunterrichts für einzelne Schüler oder Schülergruppen an (Phase der »curricularen Modifikation«). Innerhalb jeder Lernzielkontrolle werden zwei wichtige diagnostische Funktionen unterschieden: die Überprüfung der »curricularen Konsistenz« sowie die Überprüfung der »adäquaten Lernsequenzierung«.

(a) Überprüfung der curricularen Konsistenz: Dieses Prüfkriterium besagt, inwieweit die einzelnen Prüffragen konsistent diejenigen Lehrziele und I-Inhalte widerspiegeln, die der Lehrer durch den Unterricht vermitteln wollte. Dieser wichtige Nachweis entscheidet über Angemessenheit oder Unangemessenheit eines vorangegangenen Unterrichts. Soll die Lernzielkontrolle (dies gilt auch für die Leistungsmessung; s. u.) eine Stichprobe des gesamten Unterrichts darstellen, dann müssen die Prüfitems repräsentativ sein, was das Anforderungsniveau der Schwierigkeit und der kognitiven Leistungsebene des Schülers betrifft.

(b) Überprüfung der Lernsequenzierung: Hier wird das Ergebnis des Unterrichtsprozesses betrachtet im Hinblick auf die Angemessenheit der Methode bzw. im Hinblick auf die Zeit- und Übungsfaktoren für bestimmte Anforderungsstufen kognitiver Kategorien. Kommen z. B. viele Schüler mit den Arbeitsanweisungen in Alleinarbeit zurecht, dann kann dies ein Hinweis auf eine inadäquate Lernsequenzierung sein. Mit einem inadäquaten Methodeneinsatz ist zu rechnen, wenn die gesamte Schülergruppe oder einzelne Teilgruppen (z. B. Fördergruppen) ein bestimmtes Lernziel nicht erreicht haben – curriculare Konsistenz vorausgesetzt. Der Lernprozeß war dann nicht optimal sequenziert, das Bedingungsgefüge von Methodenelementen nicht adäquat auf die Lernvoraussetzungen der Schüler abgestimmt. Verzichtet man auf das Kriterium der angemessenen Lernsequenzierung, dann fördert man eine falsche → *Attribuierung* bei Lehrern: Erfolge von guten Schülern werden der eigenen Methode zugeschrieben (die in Wirklichkeit unangemessen gewesen sein kann), Mißerfolge oder schlechte Leistungen jedoch mangelnden »Begabungsfaktoren« der Schüler.

5.6 Leistungsmessung und Leistungsbewertung: Erst wenn das basale Lernen stattgefunden hat, die curriculare Konsistenz sowie die Lernsequenzierung überprüft und aufgrund der Lernzielkontrolle diagnostische Lernschleifen als Wiederholungen, Übungsphasen oder Vertiefungen in den Unterricht eingebaut worden sind, darf Leistungsmessung stattfinden. Die Leistungsmessung grenzt sich damit von der Lernzielkontrolle deutlich ab. Hier geht es um die Feststellung der erzielten Ergebnisse. Grundlage und Bewertungskriterium ist das zu Beginn des Handlungsgeschehens aufgestellte Lehrziel. Von der Leistungsmessung ist die *Leistungsbewertung* zu unterscheiden. Der Bewertungsmaßstab ist dabei eindeutig am Curriculum zu orientieren (kriteriumsorientierte Leistungsmessung). Dies schließt jedoch nicht aus, daß die Interpretation der Ergebnisse auch normorientiert erfolgen kann. Maßstab der Leistungsbewertung sind dann die Leistungen einer Vergleichsgruppe (interindividuelle oder gruppenbezogene Norm). Die Funktionalität dieser Form von Rangplatzzuteilungen für selektive Entscheidungen ist offensichtlich. Für den Unterrichtsprozeß ist sie jedoch irrelevant, weil sie keine Information für eine weiterführende Förderung der Schüler enthält. Bewertende Aussagen über die Leistungen eines Schülers sollten daher nur dann gemacht werden, wenn die individuelle Ausgangslage des Schülers und der Anteil an Fördermaßnahmen abgeschätzt werden können (→ *Schulleistungsbeurteilung*).

6. Probleme der I-Optimierung: Bei der Wahl eines geeigneten Lehrverfahrens für die I geht es nicht nur um *eine* Methode, sondern immer um eine Vielzahl methodischer Einzeltätigkeiten, die eine Handlungsabsicht widerspiegeln und deren aufeinanderfolgende Tätigkeiten sich selbst wieder zu korrigieren imstande sein sollen (»curriculare Lernschleife«). Die Verwendung von z. T. widersprüchlichen Ergebnissen der Lehr-Lernforschung in Form »parzellierter« Methodenmatrizen (vgl. Lehrmethoden-Lehrziel-Matrix von Gage/Berliner 1975, S. 488) ist nicht frei von »interpretierenden Bezugssystemen« über Unterricht. Diese strukturieren das Handlungsmodell für Unterricht vor, z. B. in den I-Zielen für entdeckendes vs. rezeptives vs. kommunikatives Lernen. Die Wahl der Unterrichtsorganisation (Schulklasse, flexible Gruppierung, äußere oder innere → *Differenzierung*) ist eine weitere Variable, die eine differentielle Gültigkeit bedingt. Daher können die Ergebnisse aus empirischen Untersuchungen immer nur Handlungs*empfehlungen* bedeuten, deren Gültigkeit im jeweiligen Fall auf dem Hintergrund eines ›präskriptiv‹ vorgegebenen I-Modells erst hergestellt werden muß. Zum anderen ist der Einsatz spezifischer Maßnahmen auch von der besonderen → *Lehrer-Schüler-Interaktion* abhängig. Dennoch gibt es informationstheoretisch wie kognitionstheoretisch und sozialpsychologisch fundierte Hilfen der I-Optimierung, die als allgemeingültige I-Regeln zu beachten sind (vgl. u. a. Aebli 1963; Ausubel 1974; Gagné/Briggs 1974; Einsiedler 1976; Weinert 1976). Die Kontrolle *durch* I bedarf jedoch immer einer Kontrolle *der* I, die auch die »*verfahrens*inhärenten« Zielimplikationen verhinderter oder unterdrückter Eigensteuerung bei den Schülern stets mitbedenkt.

Siegfried Prell

Literatur

Aebli, H.: Psychologische Didaktik. Stuttgart 1963. – *Aregger, K./Frey, K./Strittmatter, A.:* Das Generative Leitsystem: Ein Modell für die offene Entwicklung von Curriculumprozessen. Weinheim/Basel 1978. – *Ausubel, D. P.:* Psychologie des Unterrichts. Weinheim 1974. – *Blankertz, H.:* Analyse von Lebenssituationen unter besonderer Berücksichtigung erziehungswissenschaftlich begründeter Modelle: Didaktische Strukturgitter. In: *Frey, K.* (Hrsg.): Curriculum-Handbuch. Bd. 2. München/Zürich 1975, S. 202–214. – *Bloom, B. S.* (Hrsg.): Taxonomie von Lernzielen im kognitiven Bereich. Weinheim 1972. – *Bruner, J.:* Entwurf einer Unterrichtstheorie. Düsseldorf 1974. – *Eigler, G.* (Hrsg.): Lernhierarchien. In: Unterrichtswissenschaft 4 (1976), S. 285–336. – *Einsiedler, W.:* Lehrstrategien und Lernerfolg. Weinheim 1976. – *Gage, N. L./Berliner, D. C.:* Educational psychology. Chicago 1975. – *Gagné, R. M./Briggs, L. J.:* Principles of instructional design. New York 1974. – *Glaser, R.:* Psychology and instructional technology. In: *Glaser, R.* (Ed.): Training research and education. Pittsburgh 1962, S. 1–30. – *Glaser, R./Resnick, L. B.:* Instructional psychology. In: Annual Review of Psychology 23 (1972), S. 207–276. – *Heimann, P./Otto, G./Schulz, W.:* Unterricht – Analyse und Planung. Hannover 1968. – *Hilgard, E. R./Bower, G. H.:* Theorien des Lernens. Stuttgart 1971. – *Hofer, M.:* Instruktion. In: *Herrmann, Th.* u. a. (Hrsg.): Handbuch psychologischer Grundbegriffe. München 1977, S. 202–213. – *Kaminski, G.:* Verhaltenstheorie und Verhaltensmodifikation. Stuttgart 1970. – *Klauer, K. J.:* Methodik der Lehrzieldefinition und Lehrstoffanalyse. Düsseldorf 1974. – *Krathwohl, D. R./Bloom, B. S./Masia, B. B.:* Taxonomie von Lernzielen im affektiven Bereich. Weinheim/Basel 1975. – *Mc Keachie, W. J.:* Instructional psychology. In: Annual Review of Psychology 25 (1974), S. 161–193. – *Minsel, W.-R.:* Sequenzieren und Hierarchisieren von Lehrinhalten. In: *Minsel, W.-R.* (Hrsg.): Curriculum und Lehrplan. Studienprogramm Erziehungswissenschaft. Bd. 2. München 1978, S. 105–123. – *Prell, S.:* Zur Entwicklung und Konstruktion von Lernzielschätzskalen als Beitrag differenzierter Leistungsfeststellung und Leistungsbewertung. Pädagogisch-Psychologische Arbeiten des Seminars für Empirische Pädagogik und Pädagogische Psychologie der Universität München 1977. – *Prell, S.:* Der Instruktionsprozeß im curricularen Modell. In: *Schorb, A. O./Simmerding, G.* (Hrsg.): Lehrerkolleg. Wider den Schulstreß: Lernzielkontrolle und Leistungsmessung. Dokumentation. München 1978, S. 17–22. – *Roth, H.:* Pädagogische Psychologie des Lehrens und Lernens. Hannover 1957. – *Tyler, R. W.:* Basic principles of curriculum and instruction. Chicago 1973. – *Weinert, F. E.:* Instruktion als Optimierung von Lernprozessen. Teil 1: Lehrmethoden. In: *Weinert, F. E.* u. a. (Hrsg.): Funkkolleg Pädagogische Psychologie. Bd. 2. Frankfurt 1976, S. 797–826. – *Westmeyer, H.:* Logik der Diagnostik. Stuttgart 1972. – *Westmeyer, H.:* Grundlagenprobleme psychologischer Diagnostik. In: *Pawlik, K.* (Hrsg.): Diagnose der Diagnostik. Stuttgart 1976, S. 71–101. – *Wittrock, M. C./Lumsdaine, A. A.:* Instructional psychology. In: Annual Review of Psychology 28 (1977), S. 417–459.

Intelligenz

1. Zum Begriff der Intelligenz: Intelligenz (I) ist praktisch jedem ein Begriff. Trotzdem fällt es schwer, eine allgemein verbindliche, wissenschaftliche Definition zu finden. Im Zusammenhang damit muß auch die Vielzahl unterschiedlicher Theorien und Modelle der I gesehen werden.
Die meisten Definitionsversuche enthalten zwei Wesensmerkmale: I als *geistige Anpassungsfähigkeit* des Menschen *an neue* (also nicht gelernte) *Aufgaben und Problemsituationen* der sozialen Umwelt. Daneben findet sich häufig noch der Hinweis, daß I ein integraler Bestandteil der Persönlichkeit sei, so etwa in der berühmten Definition von W. Stern (1912 bzw. 1935): »I ist die personale Fähigkeit, sich unter zweckmäßiger Verfügung über Denkmittel auf neue Forderungen einzustellen.« Ähnlich betonte später der amerikanische Psychiater Wechsler die I als *allgemeine Denkfähigkeit*, während in der neueren Definition von Groffmann (1964, S. 190) ein anderes Konzept sichtbar wird: »I ist die Fähigkeit des Individuums, anschaulich oder abstrakt in sprachlichen, numerischen und raum-zeitlichen Beziehungen zu denken;

sie ermöglicht erfolgreiche Bewältigung vieler komplexer und mit Hilfe jeweils besonderer Fähigkeitsgruppen auch ganz spezifischer Situationen und Aufgaben.« Demnach wäre I keine eindimensionale Größe und die Rede von *der* I irreführend. Auch Beobachtungen über den Schul-, Studien- oder Berufserfolg sprechen eher für ein differentielles und somit mehrdimensionales Konzept der I (→ *Schulerfolg und Schulversagen*). Charakteristisch für den I-Begriff ist ferner, daß der durch ihn bezeichnete Gegenstand direkter Beobachtung unzugänglich ist, d. h., I ist ein hypothetisches Konstrukt. So erfassen I-Tests immer nur *Verhaltensleistungen* (z. B. im Umgang mit sprachlichen oder numerischen Aufgabenmaterialien), deren Ergebnis Rückschlüsse auf bestimmte Fähigkeitsausprägungen gestattet. Solche Hypothesen über Fähigkeiten oder andere Persönlichkeitsmerkmale sind allerdings sehr nützlich, lassen sich doch damit menschliche Verhaltensweisen erklären bzw. prognostizieren (→ *Prognose*). Schließlich gilt es, I gegenüber verwandten Begriffen abzugrenzen. Häufig werden in diesem Zusammenhang Intelligenz und → *Begabung* mehr oder weniger synonym verwendet, etwa bei Binet, Wenzl oder Gottschaldt. Sofern man jedoch eine Begriffsdifferenzierung beibehält, meint I mehr einen unspezifischen (kognitiven) Fähigkeitskomplex und Begabung auf bestimmte Betätigungsfelder gerichtete Dispositionen (z. B. Mathematikbegabung, technische Begabung), wenngleich sich gelegentlich auch die umgekehrte Bedeutungsakzentuierung findet. Eindeutiger ist hingegen die Unterscheidung zwischen I und → *Kreativität*, deren Merkmale (Originalität, Flexibilität, Ideenproduktion usw.) durch traditionelle I-Tests kaum erfaßbar sind. Auch das Begriffspaar Denken und I wird vielfach bedeutungsgleich verwendet, obwohl die Denkpsychologie und die Intelligenzforschung jeweils ihre eigene Tradition haben. Während Denken, Problemlösungsverhalten u. ä. Prozesse darstellen, interessieren die Psychologie der I vor allem die Ergebnisse solcher Vorgänge, also die Denkprodukte. In den jüngeren Forschungsansätzen deutet sich eine gewisse Konvergenz beider Richtungen an (→ *Denken und Problemlösen*; vgl. Resnick 1976).

2. I-Theorien: Die zahlreichen Erklärungsversuche zur I lassen sich hinsichtlich des Ergebnisses im wesentlichen in zwei Gruppen einteilen: die philosophisch-phänomenologisch bzw. psychologisch-deskriptiv fundierten Theorien und die empirisch-operational gewonnenen Modell- bzw. faktorenanalytischen Hypothesen.

2.1 Phänomenologisch orientierte I-Theorien: Stellvertretend für die Repräsentanten dieser Richtung seien hier die inhaltlich verwandten I-Theorien von Gottschaldt und Wenzl kurz dargestellt. Wenzl (1934) hebt den Strukturcharakter der I im Sinne eines hierarchischen Aufbaus hervor. Dabei kommt der *Begabungskapazität* (mit ihrer Höhen-, Breiten- und Tiefendimension), dem *I-Temperament* (Ansprechbarkeit, Spontaneität, Denktempo usw.) und dem → *Gedächtnis* zentrale Bedeutung zu. I ist Bestandteil des gesamtpersonalen Gefüges; bei der Aktualisierung von I-Leistungen wird den → *Interessen* eine Schlüsselrolle zuerkannt. Gottschaldts I-Modell enthält in der ursprünglichen Fassung vier Hauptfunktionen: Begabungskapazität (sensu Wenzl), abstrahierende Denkform und intuitives Denkverhalten sowie Gedächtnis und Lernen (als Anpassungsfunktionen). Dahinter steht die Modellvorstellung von der Persönlichkeit als »Wirkungsgefüge von Funktionsbereichen« (→ *Persönlichkeitstheorien*). In einer späteren Veröffentlichung (Gottschaldt 1968) werden die *Kapazität der Informationsaufnahme* (Weite und Umfang der Informationsverarbeitung in einer konkreten Anforderungssituation) und *abstrakt-rationale Denkhaltungen* (Denkniveaus) als *allgemeine intellektuelle Leistungsdispositionen* hervorgehoben. Demgegenüber haben die *Leistungsdynamik* (mit der Vitalaktivität, der Verhaltens- bzw. Willenssteuerung und den Anspruchsniveauverschiebungen als dynamischen Grundlagen realer Denkverläufe) sowie die *sozial-mentale Lagebefindlichkeit* (Interessen, inhaltliche Zuwendung usw.) eher unterstützende Funktion beim Aufbau der »begabten« Persönlichkeit. Analog dazu spricht Mierke von der Kern- oder Grundintelligenz sowie deren Hilfs- oder Stützfunktionen.

2.2 Faktorenmodelle der I: Die folgenden Theorieansätze basieren auf korrelationsstatistischen Methoden, genauer der sogenannten Faktorenanalyse (→ *Statistik*). Ausgehend von der Mannigfaltigkeit intellektueller Phänomene (Leistungsvariablen) und deren Wechselwirkung (Korrelation) soll die Anzahl der unabhängigen Dimensionen (Faktoren) rechnerisch ermittelt werden, um so ein Ordnungssystem der untersuchten Wechselwirkungen zu erhalten (vgl. Pawlik 1968). Das

Ergebnis ist jedoch von der Anzahl und Art der Untersuchungsvariablen, der Stichprobe(n) und der verwendeten Analysemethode nicht unabhängig, woraus sich zu einem guten Teil die verschiedenen Modellhypothesen zur I erklären lassen.

Die älteste Faktorentheorie stammt von Spearman (1904; 1927). Darin wird zwischen einem allgemeinen (general) Denkfaktor und einer Reihe spezifischer (special) Faktoren unterschieden, weshalb man dieses Modell – nicht ganz korrekt – auch als *Zweifaktorentheorie* bezeichnet. Während im g-Faktor eine zentrale mentale Energie (Kernintelligenz) vermutet wird, die bei allen I-Handlungen beteiligt ist, sollen die s-Faktoren jeweils nur für spezifische Leistungsformen verantwortlich sein. Inzwischen wurde dieser Ansatz vor allem durch Burt (1940) und Vernon (1950) zu einem *hierarchischen* Faktorenmodell weiterentwickelt. Kennzeichnend hierfür sind mehrere Generalitätsebenen: Unter dem beibehaltenen g-Faktor der *allgemeinen I* werden – in hierarchischer Ordnung – Faktoren von zunehmend geringerer Breitenwirkung bis hin zu einer Vielzahl von s-Faktoren an der Basis angesiedelt. Echte Zweifaktorentheorien wurden von Cattell und Jensen vorgeschlagen. Cattell (1965) entwickelte die Spearmansche Generalfaktorentheorie weiter und gelangte zur Annahme zweier g-Faktoren, dem General Fluid Ability (GF) und dem General Crystallized Ability (GC) Faktor. Der *Flüssigkeitsfaktor* GF repräsentiert eine allgemeine, weitgehend angeborene geistige Leistungskapazität zur Relationserfassung, die sich vor allem beim Neulernen und Problemlösen (unter Zeitdruck) auswirkt. Seine Objektivierung gelingt am ehesten durch sogenannte kulturfreie (Speed-)Tests, z. B. Cattells Culture Free Test (CFT) oder Ravens nonverbalen Progressiven Matrizen-Test (PMT). In der *kristallisierten I* (GC), die kulturabhängig gesehen wird, ist die Summe aller Einzelfähigkeiten in bezug auf spezielle Leistungsbereiche thematisiert. Sie »ist gewissermaßen das Endprodukt dessen, was flüssige I und Schulbesuch gemeinsam hervorgebracht haben« (Cattell 1973, S. 268). Der GC-Faktor ist bei Problemlösungsaufgaben, die andauernde Zuwendung erfordern, im Spiel und wird am besten durch sogenannte Niveau- oder Power-Tests (zeitlich nicht befristete Prüfungsaufgaben) erfaßt. Jensen (1969) unterscheidet in seiner *Zweistufentheorie* einen Level I für »niedere« assoziative bzw. mechanische Lernprozesse und einen Level II für »höhere« Lernleistungen, z. B. abstraktes oder begriffliches Lernen bzw. Problemlösen. Daraus abgeleitete Hypothesen über die sozialschichtspezifische Verteilungsform von Level II verursachten heftige Kontroversen um pädagogische und bildungspolitische Maßnahmen der Begabungsförderung (→ *Vorschulerziehung*).

In den folgenden Faktorenmodellen spielt die Frage nach der *allgemeinen* I keine Rolle mehr. Nachdem Thurstone (1938) sein *Modell der Primärfähigkeiten* vorgestellt hatte, schien damit endlich ein für die *differentielle* I- und Eignungsdiagnostik brauchbares theoretisches Konzept vorzuliegen. Darin wird die Existenz mehrerer unabhängiger (Gruppen-)Faktoren der I angenommen: z. B. *V*erbal comprehension (Fähigkeit zur sprachlichen Bedeutungs- und Beziehungserfassung), *W*ord fluency (Wortflüssigkeit), *R*easoning (komplexer Denkfaktor), *N*umber (Rechenfertigkeit), *S*pace (räumliches Vorstellungsvermögen), *P*erceptual speed (Auffassungsgeschwindigkeit). Die einzelnen Gruppenfaktoren werden hier als gleichwertige, relativ unabhängige Fähigkeitsbereiche interpretiert, die individuell in unterschiedlicher Ausprägung und Kombination vorkommen können.

Während die Praktikabilität der multiplen Faktorentheorie Thurstones für diagnostische Zwecke unbestritten bleibt, hat das *morphologische I-Strukturmodell* von Guilford (1956) eher heuristischen Wert im Hinblick auf die Systematisierung der inzwischen sehr zahlreichen faktorenanalytischen Modellhypothesen. Das bekannte dreidimensionale Würfelmodell gestattet die Ordnung der I-Struktur unter drei Aspekten: den Denkinhalten, Denkoperationen und Denkprodukten. Die Unterteilung der produktiven Denkkategorie in konvergentes und divergentes Denken ist vor allem für die Kreativitätsforschung sehr anregend gewesen (→ *Kreativität*). Von den 120 theoretisch postulierten I-Faktoren konnten inzwischen immerhin rund 100 empirisch bestätigt werden (vgl. Guilford/Hoepfner 1971).

Neben dem experimentalpsychologischen Ansatz Jägers (1967), dessen Bemühungen weniger auf die Entwicklung einer weiteren I-Theorie als vielmehr auf die strenge Überprüfung vorliegender Modellhypothesen abzielten, verdienen noch einige auf dem Moderatorkonzept basierende faktorenanalytische

Hypothesen zur I hier Erwähnung. Als *Moderatoren* bezeichnet man seit Saunders jene Variablen, die den Zusammenhang zwischen I bzw. Prädiktor einerseits und Kriteriumsvarianz (z. B. Schul- oder Studienleistung) andererseits verändern. Mit Hilfe des Moderatoransatzes, der sich in der → *Prognose*forschung zunehmender Beliebtheit erfreut (vgl. Heller/Rosemann/Steffens 1978), erhofft man sich nun Aufschlüsse über systematische Abhängigkeiten der individuellen Fähigkeitsstruktur von weiteren Persönlichkeitsmerkmalen wie Geschlecht, Bildungsgrad, Extraversion usw. Am gründlichsten ist in diesem Zusammenhang bisher die Moderatorvariable »Alter« untersucht worden. So besagt die sogenannte *Altersdifferenzierungshypothese,* daß sich der zunächst einheitliche Faktor g erst mit zunehmendem Lebensalter ausdifferenziere, d. h., die Zahl der I-Faktoren ansteigt. Die zahlreichen empirischen Belege pro und contra halten sich in etwa die Waage, so daß eindeutige Aussagen über die Konstanz individueller Faktorenstrukturen noch nicht möglich sind. Von daher ergeben sich auch gewisse Vorbehalte gegenüber der (vom qualitativen Ansatz her bestimmten) Theorie Piagets (1947), die praktisch eine Altersabhängigkeit intellektueller Fähigkeiten unterstellt (→ *Entwicklung*). Während nach der obigen Differenzierungshypothese die I-Struktur mit zunehmendem Alter durch spezifische Faktoren angereichert wird, spricht die *Divergenzhypothese* nach Wewetzer (1958) den höher Begabten (z. B. Gymnasiasten im Vergleich zu Hauptschülern) eine differenziertere Faktorenstruktur – unabhängig vom Alter – zu. Lienerts genetische Interpretation der Divergenzhypothese berücksichtigt demgegenüber sowohl das Alter als auch das I-Niveau als Moderatoren. Gegen diese und andere Modellvarianten können jedoch prinzipiell die gleichen Einwände wie oben vorgebracht werden (vgl. Schön-Gaedike 1978, S. 40ff.).

Zusammenfassend ist zu sagen, daß die meisten I-Theorien von einer mehr oder weniger großen Zahl intellektueller Fähigkeiten ausgehen, deren Abhängigkeit sowohl untereinander als auch von sogenannten Moderatorvariablen noch weithin ungeklärt ist.

3. *I-Messung:* I-Messungen sind eine unerläßliche Voraussetzung zur Informationsgewinnung bei der Ermittlung des sozialen und regionalen Begabungsbestandes (Aurin 1967; Heller 1970), bei entwicklungs- und lernpsychologischen Untersuchungen zur I (Roth 1968; Lückert 1972; Klauer 1975; Heller 1976) einschließlich der Anlage-Umwelt-Problematik (→ *Genetik*) sowie differentialpsychologischen Fragestellungen (Anastasi 1958; Wewetzer 1972; Süllwold 1976). Darüber hinaus hat die I-Diagnostik ein weites Anwendungsfeld in der Berufspraxis gefunden, wobei hier nur die Erziehungs- und Schulberatung erwähnt seien (→ *Beratung*; → *Schulpsychologie*).

I-Tests gehören zu den ältesten psychodiagnostischen Verfahren. Bereits um die Jahrhundertwende haben Binet und Simon die ersten Testreihen zur Früherfassung retardierter Schüler entwickelt. Die dabei verwendeten Staffel- oder Stufentests enthielten alters(jahrgangs)spezifische Prüfungsaufgaben, mit deren Hilfe das *I-Alter* (IA) erfaßt wurde. Zur Verbesserung dieses I-Maßes hat W. Stern später den *I-Quotienten* (IQ) eingeführt, in dem das IA zum Lebensalter (LA) in Beziehung gesetzt wird. Wegen meßtheoretischer Unzulänglichkeiten wird dieser IQ in neueren I-Tests kaum mehr verwendet; an seine Stelle ist der – erstmals von Wechsler benutzte – sogenannte Abweichungs-IQ getreten. Mit Hilfe dieses IQ-Maßes wird die individuelle Merkmalsausprägung in Form der Abweichung vom Durchschnitt der jeweiligen Bezugsgruppe bestimmt. Das Hauptproblem der I-Messung liegt in der Frage nach der Gültigkeit (Validität) entsprechender Testwerte. So stimmen erfahrungsgemäß die Aussagen einzelner I-Meßverfahren nicht ohne weiteres überein. Ferner kann ein und derselbe → *Test* auch bei verschiedenen Untersuchungspopulationen (z. B. Jungen oder Mädchen) zu unterschiedlichen Ergebnissen führen, d. h., I-Tests sind *differentiell valide,* was oft übersehen wird. Dieser Tatbestand berührt wieder die oben angeschnittene Frage der Moderatorwirkung und im weiteren Sinne das Konstanzproblem (→ *Persönlichkeitstheorien*).

4. *Konstanz vs. Veränderbarkeit der I:* Die Frage nach der Konstanz der I im Laufe der Ontogenese ist in zahlreichen Längsschnittstudien untersucht worden, worüber Anastasi (1958) und vor allem Bloom (1964) ausführlich berichten. Demnach wird der IQ erst ab dem 8. Lebensjahr zunehmend stabilisiert, bis dann im Alter zwischen 17 und 20 Jahren die »Erwachsenen«-I bei den meisten Menschen erreicht wird. Allerdings entwickeln sich die einzelnen Fähigkeitsbereiche unterschied-

lich. Charakteristisch für die Entwicklungskurve der I ist ihre negative Beschleunigung mit fortschreitendem Lebensalter. Gegen diese Befunde ist vielerlei Kritik laut geworden, die sich einmal auf die *Methode* bzw. einige damit verknüpfte Vorannahmen und zum anderen auf *Interpretationshypothesen* erstreckt. So wurde die unterschiedliche Skalenqualität der verwendeten I-Tests (Faktorenstruktur, fehlender absoluter Nullpunkt usw.) ebenso kritisiert wie die zur Berechnung der Altersparameter herangezogene Überlappungshypothese von Anderson (deren Voraussetzungen nicht oder unzureichend erfüllt sein sollen). Ferner bezweifelte man die Richtigkeit der aus den Untersuchungsergebnissen hergeleiteten Hypothese des·*Infantildeterminismus*. Diese unterstellt, daß das Entwicklungstempo und die Beeinflußbarkeit intellektueller Fähigkeitsmerkmale koinzidieren, was in letzter Konsequenz zu einer pessimistischen Haltung gegenüber schulpädagogischen Möglichkeiten der I-Förderung führen müßte (vgl. Krapp/Schiefele 1976).

Angesichts der vorliegenden Dateninformationen und unter Berücksichtigung der erörterten Methodenkritik läßt sich folgendes Fazit ziehen: Die Entwicklungskurven der I weisen durchgängig eine negative Beschleunigung auf. Diese Beobachtungen sowie die – in ihrem Aussagewert allerdings zu relativierenden – Entwicklungsparameter Blooms (Prozentsätze der zu verschiedenen Zeitpunkten der Ontogenese entwickelten Erwachsenenintelligenz) weisen darauf hin, daß die individuelle Merkmalsvariablilität mit ansteigendem Lebensalter zurückgeht, d. h., die Rangplätze der Jugendlichen in bezug auf die I-Höhe und damit die sogenannten interindividuellen Differenzen stabilisieren sich zunehmend. Dabei können allerdings je nach Fähigkeitsdimension sehr unterschiedliche Entwicklungsverläufe eintreten, die nicht als einfache Wachstumskurven (fehl-)interpretiert werden dürfen. Vielmehr ist davon auszugehen, daß Erziehungs- und Bildungseinflüsse neben endogenen Reifungsprozessen hier eine entscheidende Rolle spielen; wie anders wäre sonst z. B. die Diskrepanz im Entwicklungstempo zwischen im engeren Sinne kognitiven (vermutlich stärker anlagebedingten) und sprachlichen (bildungsabhängigen) Intelligenzdimensionen zu erklären? Berücksichtigt man außerdem noch affektive und körperlich-dynamische Entwicklungsgrundlagen, dann stellt sich die Intelligenzentwicklung als ein sehr komplexer, keineswegs nur altersabhängiger Prozeß dar. Somit kann auch der Infantildeterminismus-Hypothese allenfalls eingeschränkte Gültigkeit zuerkannt werden, d. h., pädagogischer Fatalismus in bezug auf die schulischen Möglichkeiten der Begabungs- und Bildungsförderung ist fehl am Platze (vgl. Roth 1968; Schiefele 1971; Lükkert 1972). Frühkindliche Fördermaßnahmen (→ *Vorschulerziehung*) sind sicher nützliche, für die I-Entwicklung jedoch kaum hinreichende Voraussetzungen; der Schule als Sozialisationsinstanz kommt hier aufs Ganze gesehen vielleicht eine größere Bedeutung zu als der → *Familie* bzw. außerschulischen Lernumwelt (→ *Ökologie*), deren Bedeutung schon wegen der kumulativen Wirkung von Lernprozessen natürlich nicht unterschätzt werden darf. Immerhin konnte Anastasi (1958) belegen, daß zwischen der Länge des Schulbesuchs und der I-Höhe relativ enge (korrelative) Zusammenhänge (von $r = 0.7$ bis $r = 0.8$) bestehen.

Die Zeitstabilität der I betrifft auch ein diagnostisches Problem: die Zuverlässigkeit (Retest-Reliabilität) von I-Tests. Nach den Bloomschen Befunden wären I-Testaussagen vor dem 4. Lebensjahr wegen der Inkonstanz des IQ zu diesem Zeitpunkt wenig sinnvoll; einigermaßen gesicherte, d. h. längerfristig gültige Meßwerte sind erst später – etwa ab dem 8./9. Lebensjahr – zu erwarten.

Neben der quantitativen Forschungsrichtung hat die Entwicklungstheorie Piagets einen entscheidenden Beitrag zur Erhellung der I-Struktur und ihrer Bedeutung für die menschliche Entwicklung geleistet (→ *Entwicklung*).

5. Ausmaß und Verteilung intellektueller Leistungsfähigkeit: Die I-Testergebnisse einer unausgelesenen Population sind normal (gemäß der Gaußschen Glockenkurve) verteilt. Dies bedeutet, daß rund 68% aller Fälle im breiten Mittelbereich zwischen IQ = 85 und IQ = 115 liegen. Darüber (IQ $\geq$ 115) verteilen sich die 16% gut bis sehr gut Begabten, darunter (IQ < 85) die 16% schwächer Begabten. Gerade die Extremgruppen sind häufig Gegenstand von I-Untersuchungen, teils aus praktischen Gründen (z. B. der Talentförderung oder sonderpädagogischen Betreuung), teils aus wissenschaftlichem Interesse (erhofft man sich doch hiervon besonders reiche Aufschlüsse über die Bedingungsstruktur intellektuellen Verhaltens).

Vor allem in der → *Sonderpädagogik* werden mit dem Begriff *I-Schwäche* oder *Minderbegabung* jene I-Grade bezeichnet, die unterhalb der Bandbreite statistischer Normalität liegen. Man unterscheidet zwischen leichter Minderbegabung oder *Debilität* (IQ = 80 bis IQ = 60) und Schwachsinn verschiedener Schweregrade: *Imbezillität* (IQ = 60 bis IQ = 45) und *Idiotie* (IQ $\leq$ 45). Die angegebenen IQ-Bereiche dürfen nur als grobe Anhaltspunkte verstanden werden, die im Einzelfall etwas variieren können. Außerdem steckt hinter diesem *psychometrischen* Klassifikationsschema – implizit – eine monokausale (I-)Theorie, weshalb sich dessen ausschließliche Verwendung nicht empfiehlt.

Weit verbreitet ist die Klassifikation der subnormalen I-Formen nach *ätiologischen* Kriterien, d. h. unter Berücksichtigung der Ursachenfaktoren. So unterscheidet man *exogene* und *endogene* Ursachen bzw. entsprechende Erscheinungsformen der Minderbegabung. Auch bei diesem Vorgehen stellt sich eine Reihe von Methodenproblemen, etwa die Gefahr einseitiger Erklärungsversuche (ohne Berücksichtigung interaktioneller Zusammenhänge) oder die methodische Schwierigkeit eindeutiger Dependenzanalysen (→ *Methoden*). Trotzdem weist die ätiologische Systematik den bisher differenziertesten Kriterienkatalog zur Erfassung von I-Schwächen auf. Als *exogene Ursachen* der Minderbegabung kommen in Frage: organische Erkrankungen oder Anomalien (z. B. pränatale, perinatale und postnatale Noxen), Persönlichkeitsstörungen nichtintellektueller Art (Perzeptionsstörungen, zentralnervöse oder endokrine Funktionsstörungen, psychotische bzw. neurotische Fehlhaltungen usw.) und Milieuschäden (sozio-kulturelle → *Deprivation*). Zu den *endogenen Ursachen* der Minderbegabung zählen sowohl erbbedingte I-Minderungen (sogenannter idiopathischer und metabolischer Schwachsinn) als auch Chromosomenanomalien (Chromosomenaberrationen) und einige Sonderformen der endogenen Gruppe (→ *Genetik*). Praktisch rechnet man hierzu alle *primär* verursachten, d. h. nicht auf äußere Noxen zurückführbaren Erscheinungsformen der Minderbegabung (vgl. Heller 1976, S. 85ff.; → *Lernschwierigkeiten*). *Kurt A. Heller*

Literatur
Anastasi, A.: Differential psychology. New York ³1958. Dt. Übers.: Differentielle Psychologie. Weinheim 1976. – *Anderson, J. E.:* The prediction of terminal intelligence from infant and pre-school test. In: Yearbook of the National Society for the Study of Education 39 (1940), S. 385–403. – *Aurin, K.:* Begabungsbestand und Bildungsbereitschaft. In: *Widmaier, H. P.* (Hrsg.): Begabung und Bildungschancen. OECD 1967, S. 187–240. – *Binet, A./Simon, T.:* Application des méthodes nouvelles au diagnostic du niveau intellectual chez des enfants normaux et anormaux d'hospice et d'école primaire. In: Année psychologique 11 (1905), S. 245–336. – *Bloom, B. S.:* Stability and Change in Human Characteristics. New York 1964. Dt. Übers.: Stabilität und Veränderung menschlicher Merkmale. Weinheim 1971. – *Burt, C.:* The factors of the mind. London 1940. – *Cattell, R. B.:* The Scientific Analysis of Personality. Chicago 1965. Dt. Übers.: Die empirische Erforschung der Persönlichkeit. Weinheim 1973. – *Gottschaldt, K.:* Begabung und Vererbung. In: *Roth, H.* (Hrsg.): Begabung und Lernen. Stuttgart 1968, S. 129–150. – *Groffmann, K. J.:* Die Entwicklung der Intelligenzmessung. In: *Heiss, R.* (Hrsg.): Psychologische Diagnostik. Handbuch der Psychologie. Bd. 6. Göttingen 1964, S. 147–199. – *Guilford, J. P.:* The structure of intellect. In: Psychological Bulletin 53 (1956), S. 267–293. – *Guilford, J. P./Hoepfner, R.:* The Analysis of Intelligence. New York 1971. Dt. Übers.: Analyse der Intelligenz. Weinheim 1976. – *Heller, K.:* Aktivierung der Bildungsreserven. Bern 1970. – *Heller, K.:* Intelligenz und Begabung. München 1976. – *Heller, K./Rosemann, B./Steffens, K.:* Prognose des Schulerfolgs. Weinheim 1978. – *Jäger, A. O.:* Dimensionen der Intelligenz. Göttingen 1967. – *Jensen, A. R.:* How much can we boost IQ and scholastic achievement? In: Harvard Educational Review 39 (1969), S. 1–123. Dt. Übers. in: *Skowronek, H.* (Hrsg.): Umwelt und Begabung. Stuttgart 1973, S. 63–155. – *Klauer, K. J.:* Lernen und Intelligenz. Weinheim ²1975. – *Krapp, A./Schiefele, H.:* Lebensalter und Intelligenzentwicklung. München 1976. – *Lienert, G. A.:* Überprüfung und genetische Interpretation der Divergenzhypothese von Wewetzer. In: Vita Humana 4 (1961), S. 112–124. – *Lückert, H.-R.* (Hrsg.): Begabungsforschung und Bildungsförderung als Gegenwartsaufgabe. München ²1972. – *Pawlik, K.:* Dimensionen des Verhaltens. Bern 1968. – *Piaget, J.:* Psychologie der Intelligenz. Zürich 1947. – *Resnick, L. B.* (Ed.): The nature of intelligence. Hilsdale 1976. – *Roth, E./Oswald, W. D./Daumenlang, K.:* Intelligenz. Stuttgart 1972. – *Roth, H.* (Hrsg.): Begabung und Lernen. Stuttgart 1968; ¹⁰1976. – *Schiefele, H.:* Schule und Begabung. München 1971. – *Schön-Gaedike, A.-K.:* Intelligenz und Intelligenzdiagnostik. Weinheim 1978. – *Spearman, C.:* General intelligence objectively determined and measured. In: American Journal of Psychology 15 (1904), S. 201–292. – *Spearman, C.:* The abilities of man. London 1927. – *Stern, W.:* Die psychologischen Methoden der Intelligenzprüfung und deren Anwendung an Schulkindern. Leipzig 1912. – *Stern, W.:* Allgemeine Psychologie auf personalistischer Grundlage. Den Haag 1935. – *Süllwold, F.* (Hrsg.): Begabung und Leistung. Hamburg 1976. – *Thurstone, L. L.:* Primary mental abilities. Chicago 1938. – *Vernon, P. E.:* The structure of human abilities. London

1950. – *Wenzl, A.:* Theorie der Begabung. Leipzig 1934; Heidelberg ²1957. – *Wewetzer, K.-H.:* Zur Differenzierung der Leistungsstrukturen bei verschiedenen Intelligenzgraden. In: *Wellek, A.* (Hrsg.): Bericht 21. Kongreß der Deutschen Gesellschaft für Psychologie. Göttingen 1958. – *Wewetzer, K.-H.:* Intelligenz und Intelligenzmessung. Darmstadt 1972.

Interaktion (soziale)

1. Zum Gegenstandsbereich des Interaktionskonzepts: Die Begriffe (soziale) Interaktion (I) und → *Kommunikation* werden häufig als miteinander austauschbar verwendet; es besteht aber in der sozialwissenschaftlichen Literatur ein tendenzieller Konsens darüber, I als den weiteren Begriff anzusehen, unter den die verbale wie die nichtverbale Kommunikation begrifflich zu subsumieren sind (Graumann 1972; → *Wechselwirkung*). Einigkeit besteht auch weitgehend darüber, in der sozialen I den grundlegenden Gegenstand der Sozialpsychologie zu erblicken.

Versteht man unter I das wechselseitige aufeinander bezogene Verhalten von zwei oder mehr Personen, so tauchen allerdings bei der genaueren Konzeptualisierung des Gegenstandes erhebliche Differenzen auf: Während einige Sozialpsychologen sich ausschließlich mit interpersonellen Verhaltensereignissen beschäftigen, somit nach den Bedingungen fragen, die zu einem Einfluß bei anderen Subjekten führen, wie auch nach den Auswirkungen, die Beeinflussungsprozesse beim beeinflußten I-Partner haben, sind andere Sozialpsychologen bemüht, auch die soziokulturelle und historische Geprägtheit sozialen Verhaltens und sozialer Interaktionen mit zu erfassen (Mertens/Fuchs 1978). Diese sozialpsychologische Perspektive, die Untersuchung von Bedingungen und Auswirkungen sozialer I in verschiedenen sozialen Zusammenhängen, wird seit einigen Jahren auch in anderen Teilgebieten der Psychologie und in anderen Wissenschaftsdisziplinen (z. B. in der Wissenschaftsgeschichte) zu einer immer wichtigeren Orientierung für das angemessene Begreifen eines bestimmten Gegenstandes. Die Entwicklung der → *Sprache*, des Denkens (→ *Denkentwicklung*), der → *Wahrnehmung* u. a. m. läßt sich nicht mehr – wie noch vor einigen Jahrzehnten üblich – in einem a-sozialen Raum verorten, sondern kann nur noch als durch soziale I vermittelt adäquat begriffen werden. Aus einer meta-methodologischen Sichtweise lassen sich sogar die herkömmlichen sozialwissenschaftlichen → *Methoden* (wie z. B. Befragung, Experiment) auf bislang nicht genügend berücksichtigte Interaktionsprozesse zwischen Forscher und Befragtem bzw. Versuchsperson untersuchen, was unweigerlich Konsequenzen für eine sozialwissenschaftliche Methodologie hat (Müller 1979).

Eine materiale Analyse sozialer I führt zu dem Ergebnis, daß eine Vielzahl von Faktoren und Problemkreisen impliziert ist, die den Gegenstand nahezu unüberschaubar machen. So werden z. B. zu den Voraussetzungen sozialer I bestimmte Motive (→ *Motivation und Motiventwicklung*) wie Affiliation, Sexualität, Dominanz, → *Aggression,* Neugierde usf. gezählt, ebenso kognitive Variablen wie soziale → *Wahrnehmung,* Erwartungsmuster, → *Einstellungen,* implizite Persönlichkeitstheorien (→ *Implizite Theorien*) usf. Als Prozeßvariablen fungieren nonverbale und verbale Kommunikation, die als Medium des aufeinander bezogenen Verhaltens zu begreifen sind. Die Konsequenzen von I können wiederum als intrapsychische Faktoren wie Einstellungen, I-Repräsentanzen, Selbstsysteme konzeptualisiert werden. Da soziale I immer in einem soziokulturellen und gesellschaftlichen Raum stattfinden, ist eine Einbeziehung situativer Kontextvariablen, institutioneller, kultureller, normativer und ökonomischer Faktoren angezeigt. So bemüht sich etwa eine sozialwissenschaftlich konzipierte Sozialisationsforschung (→ *Sozialisation*), interpersonelle Handlungsstrategien und Verhaltensorientierungen als Konsequenzen von I-Prozessen zu thematisieren. Die theoretische Konzeptualisierung von I macht eine Differenzierung der verschiedenen Ebenen erforderlich. Dementsprechend existiert auch eine Vielzahl von Einzelbefunden und Minitheorien zu den verschiedenen Bereichen.

2. Theorien sozialer I: Nach Jones/Gerard (1967) lassen sich vier Klassen sozialer I unterscheiden: Pseudo-I, asymmetrische, reaktive und wechselseitige I. Diese Einstellung erfolgt gemäß dem Kriterium »Handeln nach eigener Intention« und »Handeln unter Berücksichtigung des Verhaltens des Interaktionspartners«.

Bei der *Pseudo-I* liegt keine eigentliche Wechselwirkung vor; Handeln unter Berücksichtigung des Verhaltens des anderen findet kaum statt; jeder der beiden I-Partner verfolgt seine eigene Absicht. Bei der *asymmetrischen* I handelt einer der Partner überwiegend nach eigener Absicht, während der andere sein Verhalten primär nach dem Verhalten des ersten Partners ausrichtet und somit nur schwache Beeinflussungsmöglichkeiten hat. Die *reaktive* I bezeichnet einen Grenzfall interpersonellen Verhaltens, bei dem die Reaktionen beider Partner ohne eigene Intentionen vonstatten gehen, sondern vielmehr nur Reflexe auf das Verhalten des anderen darstellen. Erst die *wechselseitige* I stellt die symmetrische, wechselseitig aufeinander bezogene Interaktion dar: Jeder der beiden Partner richtet sein Verhalten sowohl nach seiner eigenen Intention als auch nach dem tatsächlichen oder zu erwartenden Verhalten des anderen aus.

Untersucht man eine I-Sequenz symmetrisch reziproken Verhaltens, so sind zwei Fragenkomplexe von vorrangiger Bedeutung: (a) Wie kommt eine dyadische I oder eine I von mehreren Menschen überhaupt zustande, und (b) was läßt den Fortgang der I für die Betreffenden als befriedigend erleben? Theorieansätze zur Erklärung des Zustandekommens von (nicht systematisch organisierten und institutionalisierten) I müssen die Frage beantworten können, warum sich I-Partner gegenseitig so attraktiv finden, daß sie daran interessiert sind, einer zunächst zeitlich begrenzten Begegnung Dauer und Stabilität zu verleihen. In der Nachfolge von Heider entwickelte Newcomb (1961) seine *Balancetheorie*. Nach dieser Theorie herrscht ein Balance-Zustand zwischen zwei Menschen vor, wenn diese gemeinsame Einstellungen gegenüber einem Objekt haben. Ähnliche Einstellungen erzeugen interpersonelle Attraktion. Winch (1958) hat die Hypothese aufgestellt, daß komplementäre Bedürfnisse interpersonelle Attraktion entstehen lassen. Jeder der I-Partner findet seinen Partner vor allem deshalb attraktiv und damit auch die I für sich befriedigend, weil sich gegenseitig ergänzende Verhaltensweisen geäußert werden können, die auf komplementäre Bedürfnisse zurückgehen.

Die *Austauschtheorie* von Thibaut/Kelley (1959), Homans (1961), Blau (1964) versucht, I als eine Form von Austauschprozessen aufzufassen. Unter Sozialpsychologen ist diese Theorie vor allem deshalb sehr beliebt, weil sich mit ihrer Hilfe sehr heterogene soziale Prozesse beschreiben lassen (Bierhoff 1973). Die Autoren gehen davon aus, daß die Wahrscheinlichkeit des Auftretens von sozialem Verhalten zunimmt, wenn dieses positiv verstärkt wird (→ *Bekräftigung*). Die Kosten der Ausübung eines Verhaltens bezeichnen die negativen Konsequenzen einer I. Im Unterschied zu lerntheoretischen Verstärkungstheorien wird nach Ansicht der Austauschtheoretiker das I-Verhalten jedoch nicht ausschließlich durch positive und negative Konsequenzen kontrolliert, sondern Erwartungen und Zielsetzungen spielen als kognitive Variablen eine erhebliche Rolle. Diese kognitive Dimension läßt sich auch mit attributionstheoretischen Analysen (→ *Attribuierung*) noch weiter erschließen.

Das Interaktionsmodell der Austauschtheoretiker ist für Ulich (1976) Ausdruck eines »stabilitäts-orientierten Paradigmas sozialer I«, weil eine Untersuchung der Konstitutionsbedingungen austauschorientierten I-Verhaltens unterbleibt und erforschte Regelmäßigkeiten als Naturgesetze betrachtet werden.

Ein anderes methodologisches Vorgehen wird innerhalb der auf G. H. Mead zurückgehenden Chicagoer Schule des *Symbolischen Interaktionismus* praktiziert. Aus der inhaltlichen Bestimmung von sozialer I als einem Prozeß des Definierens, Interpretierens und Aushandelns von Handlungsabsichten und Handlungen folgt, daß bei der Untersuchung sozialer I der Konstituierungsprozeß von Handlungsentwürfen und das darauf folgende Handeln genau erforscht werden müssen. Dazu ist ein sehr präzises Kennenlernen der jeweiligen Situation aus dem Blickwinkel des zu erforschenden Individuums notwendig. Die Forderung nach einem empathischen Kennenlernen der Innenperspektive interagierender Individuen verlangt methodologisch die Suspendierung einer szientistischen Methodenpraxis, die aus einer Außenperspektive heraus – von apriorischen Theorieentwürfen und operationalisierten Konzepten ausgehend, mit Hilfe von Experiment und Beobachtung – intersubjektiv überprüfbare Sachverhalte erforscht, wobei die »Entsubjektivierung« der Versuchsperson nachgerade die oberste methodologische Norm darstellt (Mertens 1975; → *Methoden*). Wichtig für die von Mead und seinen Schülern gegründete Schulrichtung des Symbolischen Interaktionismus, der vor allem in der BRD für sozialisationstheoretische, familiensoziologische und klinisch-psychologische Fragestellungen »wiederentdeckt« wurde (vgl. z. B. Krappmann 1971; Mertens 1974; Marmon 1979), ist die Beschäftigung mit der Konstituierung von Identität (→ *Selbstkonzept*) aufgrund von gesellschaftlich vermittelter Erfahrung. Das menschliche Selbstverständnis setzt sich gemäß dieser Theorie aus zwei Faktoren zusammen, nämlich dem »I« und dem »me«. Während das »me« jene Vorstellungen repräsentiert, wie andere einen sehen und wie man sich nach ihren interpretativ erfaßten Erwartungen zu verhalten hat, stellt das »I« eine »impulsive« Residualkategorie dar, die nicht in den Verhaltenserwartungen der anderen aufgeht. Handlungen in sozialen Interaktionen geschehen stets auf der Folie dieses – letztlich gesellschaftlich vermittelten – Selbstverständnisses.

Die *moderne Psychoanalyse,* die sich von den Beschränkungen eines in Analogie zur Naturwissenschaft des 19. Jahrhunderts konzipierten Denkens in Kraft- und Energie-Begriffen allmählich zu lösen beginnt (Mertens 1981) und damit zu einer sozialwissenschaftlich orientierten Disziplin wird, ist geeignet, einige wichtige Ergänzungen zu den obenerwähnten, eher kognitiven Theorien beizusteuern (z. B. Blanck/Blanck 1978; Mahler u. a. 1978; Sandler/Sandler 1978; Stolorow u. a. 1978; Kohut 1979). Denn anders als in der Austauschtheorie, aber auch im Symbolischen Interaktionismus wird den gefühlshaften Zuständen (→ *Gefühl*) ein entscheidender Stellenwert eingeräumt (→ *Psychoanalytische Pädagogik*). Bilden zu Beginn des Lebens diffus erlebte Emotionen zunächst eine Matrix für alle weiteren Wahrnehmungen und Erlebnisse des kleinen Kindes, so werden diese Emotionen später – vor allem mit dem Beginn der Sprachentwicklung – stärker kognitiv konturiert. Gefühlszustände werden an Interaktionen festgemacht und – intrapsychisch – als I-Repräsentanzen oder als Objektbeziehungsvorstellungen dem Individuum verfügbar. Mit Hilfe bestimmter Objektbeziehungsvorstellungen werden äußere Gegebenheiten und I-Partner mit bestimmten gefühlshaften Anmutungsqualitäten ausgestattet, »emotional konstruiert«. Aus psychoanalytischer Sicht beinhaltet letztlich jede Realitätskonstruktion eine emotionale Fundierung, die ihren Ursprung in früheren, tatsächlich erlebten I und daraus resultierenden Objektbeziehungsvorstellungen und -phantasien hat, die sehr häufig dem eigenen Selbstverständnis nicht mehr zugänglich sind. Gegenüber kognitiven und soziologisch-phänomenologischen Ansätzen besitzt ein Individuum nach psychoanalytischer Auffassung keine absolute Freiheit in der Konstruktion seiner Welt, sondern ist in seinen Konstruktionsmöglichkeiten teilweise bestimmt durch lebensgeschichtlich vorausgegangene I-Erfahrungen mit kognitiven und emotionalen »Erlebnisniederschlägen«, die der Kognition der Realität eine spezifische emotionale Tönung verleihen. Die lebensgeschichtliche Thematisierung verinnerlichter I-Repräsentanzen kann deutlich machen, daß viele Objektbeziehungen mit den damit einhergehenden Vorstellungen und Phantasien im Verlauf der → *Sozialisation* für unser Selbstverständnis nicht mehr akzeptabel sind, weil sie z. B. mit dem Rollenverständnis eines Heranwachsenden oder Erwachsenen nicht in Übereinstimmung zu bringen sind; solche überwiegend aus der Primärsozialisation stammenden I-Phantasien (wie z. B. die wunschhafte Vorstellung, von einer anderen Person über Gebühr bewundert zu werden, oder die ängstliche Phantasie, von anderen Mitmenschen nur aufgrund von Leistungen akzeptiert zu werden) werden zwar in der Regel mit der Zeit modifiziert, in wechselndem Umfang aber auch nur teilweise verdrängt, so daß sie in unterschiedlichem Ausmaß als – dem eigenen Selbstverständnis nicht mehr zugängliche – Erwartungen in I-Situationen virulent bleiben können. Methodologisch folgt hieraus, daß eine an vorfixierten Konzepten orientierte Methodologie und eine an Kriterien der Standardisierbarkeit und Reproduzierbarkeit ausgerichtete Methodenpraxis (wie z. B. Beobachtung, Befragung, Experiment) die idiosynkratischen und dem Bewußtsein zum Teil verborgenen Handlungsgründe nicht erfassen können. Vielmehr ist hierzu eine methodologische Orientierung erforderlich, welche die Potenz hat, die individuumsspezifischen Fehlattribuierungen, mangelhafte und verzerrte Zuschreibungen von Handlungsgründen zu bestimmten Handlungen zu erforschen. Bei der Anwendung der psychoanalytischen Methodologie ergibt sich allerdings das Problem, daß diese auf ein spezifisches Setting beschränkt ist und deshalb auf andere Forschungsfelder nur begrenzt übertragen werden kann.

3. *I-Theorien in der Pädagogischen Psychologie:* In der Pädagogischen Psychologie wird Erziehung – unter dem Einfluß der Rezeption sozialpsychologischer Theorieansätze – als eine soziale I definiert, die das Ziel hat, Änderungen des Verhaltens und Erlebens von Individuen zu bewirken (z. B. Tausch/Tausch 1970; Fend 1971). Ulich (1976) hat, ausge-

hend von der Thematisierung des Unterrichts als einer sozialen I und den Auswirkungen dieser I auf die Beteiligten, folgende Problemkreise aufgezählt, die mittlerweile erforscht worden sind (S. 115): »(a) Interpersonelle Wahrnehmung und Erwartungen; (b) Effektivität bestimmter Einflußnahmen (›Lehrer-Effektivität‹); (c) Erziehungs- und Führungsstile; (d) verbale I; (e) Unterrichts-Beobachtung und Unterrichtsanalyse; (f) Schulklasse als Gruppe; (g) soziometrische Ermittlung von Rangreihen und Gruppenstrukturen.« Die Analyse der diesen Forschungsthemen zugrunde gelegten Auffassungen über soziale I ergibt, daß häufig I-Theorien lerntheoretischer/austauschtheoretischer Herkunft als Erklärungsgrundlage Verwendung finden. In der neueren Pädagogischen Psychologie werden aber immer mehr Zweifel darüber laut, ob die dieser Modellvorstellung zugrundeliegende Methodologie geeignet ist, die Erziehungswirklichkeit angemessen zu erfassen.

Das grundlegende Interesse symbolisch-interaktionistisch orientierter Forscher richtet sich in Forschungsfeldern der Pädagogischen Psychologie auf Prozesse der Situationsdefinition, auf die situative Relevanz der verschiedenen Aspekte des Unterrichtsgeschehens (Mollenhauer 1972). Wichtig wird hierbei vor allem die Frage, wie es den an der I Beteiligten gelingt, sich mit sich selbst als identisch zu erleben, ohne sich hierbei starr gegen die Anforderungen und Erwartungen der anderen (z. B. des Lehrers) abzugrenzen oder in den Erwartungen und Verhaltenszuschreibungen der I-Partner aufzugehen. Schwierig ist dieser Prozeß der Identitätsbalance (vgl. Krappmann 1971) im Unterrichtsgeschehen vor allem deshalb, weil der Lehrer – aufgrund institutioneller Zwänge und seiner größeren sozialen Macht – Definitionsspielräume festlegt, auf normgerechte Rollenausübung Wert legt, sich zuwenig in die Erwartungen seiner Schüler einfühlen kann und Metakommunikation über Beziehungsklärungen und -definitionen verhindert (→ *Lehrer-Schüler-I*).

Psychoanalytische Perspektivierungen schulischer Sozialisationsprozesse richten ihr Hauptaugenmerk vor allem auf bewußte und unbewußte emotionale I-Vorgänge. Schüler und auch Lehrer aktualisieren frühere I-Erfahrungen mit Eltern und Geschwistern und bringen diese I-Muster als Erwartungen und Ansprüche in konkrete I-Situationen ein. Die überwiegend kognitive Ausrichtung des herkömmlichen Unterrichts- und Erziehungsgeschehens hat jedoch weitgehend eine Nichtbeachtung psychoanalytischen Gedankenguts zur Folge gehabt. Deshalb existieren bis jetzt kaum brauchbare Analysen der schulischen I unter psychoanalytischen Gesichtspunkten (z. B. Fürstenau 1964; Singer 1970; Wellendorf 1973; Klinkers 1975; Beier u. a. 1979; → *Psychoanalytische Pädagogik*). Wichtige Forschungsfragen, etwa die Möglichkeit einer Kompensation familiär vermittelter Sozialisationsdefizite durch schulische I, sind deshalb auch noch nicht beantwortet (→ *Vorschulerziehung*).

Wolfgang Mertens

Literatur
Beier, R./Büttner, Ch./Orban-Plasa, M.: Aggression und Apathie. Wiesbaden 1979. – *Bierhoff. H. W.:* Kosten und Belohnung: Eine Theorie sozialen Verhaltens. In: Zeitschrift für Sozialpsychologie 4 (1973), S. 297–317. – *Blanck, G./Blanck, R.:* Angewandte Ich-Psychologie. Stuttgart 1978. – *Blau, P. M.:* Exchange and power in social life. New York 1964. – *Fend, H.:* Schulorganisation als Makroorganisation von Lernprozessen. In: Messner, R./Rumpf, H. (Hrsg.): Didaktische Impulse. Wien 1971, S. 197–237. – *Fürstenau, P.:* Zur Psychoanalyse der Schule als Institution. In: Argument 6 (1964). – *Graumann, C. F.:* Interaktion und Kommunikation. In: Graumann, C. F. (Hrsg.): Handbuch der Psychologie. Bd. VII/2 (Sozialpsychologie). Göttingen 1972, S. 1109–1262. – *Homans, G. G.:* Elementarformen sozialen Verhaltens. Köln/Opladen 1968 (amerik. 1961). – *Jones, E. E./Gerard, H. B.:* Foundations of social psychology. New York 1967. – *Klinkers, J.:* Das Verhältnis von Emotion und Kognition in psychoanalytischer Sicht. In: Oerter, R./Weber, E. (Hrsg.): Der Aspekt des Emotionalen in Unterricht und Erziehung. München 1975, S. 129–149. – *Kohut, H.:* Die Heilung des Selbst. Frankfurt/M. 1979. – *Krappmann, L.:* Soziologische Dimensionen der Identität. Stuttgart 1971. – *Mahler, M./Pine, F./Bergmann, A.:* Die psychische Geburt des Menschen. Frankfurt/M. 1978. – *Marmon, E.:* Konzepte der Erziehungsberatung. Weinheim/Basel 1979. – *Mead, G. H.:* Mind, self, and society. Chicago [13]1965 (dt. 1973). – *Mertens, W.:* Erziehung zur Konfliktfähigkeit. München 1974; [2]1978. – *Mertens, W.:* Sozialpsychologie des Experiments. Hamburg 1975. – *Mertens, W.* (Hrsg.): Neue Perspektiven der Psychoanalyse. Stuttgart 1981. – *Mertens, W./Fuchs, G.:* Krise der Sozialpsychologie? München 1978. – *Mollenhauer, K.:* Theorien zum Erziehungsprozeß. München 1972. – *Müller, U.:* Reflexive Soziologie und empirische Sozialforschung. Frankfurt a. M./New York 1979. – *Newcomb, T. M.:* The acquaintance process. New York 1961. – *Sandler, J./Sandler, A.-M.:* On the development of object-relationships and affects. In: The International Journal of Psycho-Analysis 59 (1978), S. 285–296. – *Singer, K.:* Lernhemmung, Psychoanalyse und Schulpädagogik. München 1970. – *Stolorow, R./*

Atwood, G.: Faces in a cloud: subjectivity in personality theory. New York 1978. – *Tausch, R./Tausch, A.:* Erziehungspsychologie. Göttingen ⁵1970. – *Thibaut, J. W./Kelley, H. M.:* The social psychology of groups. New York 1959. – *Ulich, D.:* Pädagogische Interaktion – Theorien erzieherischen Handelns und sozialen Lernens. Weinheim/Basel 1976. – *Wellendorf, F.:* Schulische Sozialisation und Identität. Weinheim/Basel 1973. – *Winch, R. F.:* Mate-selection: A study of complementary needs. New York 1958.

Interesse

Der Begriff Interesse (I) spielt in der pädagogischen Zieldiskussion und in pädagogisch-psychologischen Überlegungen zur Lernmotivation seit jeher eine gewichtige Rolle, wenn auch in verschiedenen theoretischen Zuordnungen. Bereits in der ersten systematischen Bearbeitung bei Herbart wird die pädagogische Doppelbedeutung von I herausgestellt: I als Ziel (→ *Lehrziel*) und als Voraussetzung des Lernens. In diesem pädagogisch-systematischen Wortgebrauch bezeichnet der Begriff von Anfang an die besondere Beziehung zwischen einem Sachverhalt (einem Gegenstand), aus dem heraus und auf den zu I sich bilden, und einer Person, die sich auf eben diesen Gegenstand richtet. Gerade jenes Dazwischen- bzw. Dabeisein bezeichnet das lateinische Stammwort inter-esse.

1. Begriffsgeschichtliche Skizze: Ursprünglich wurde das Wort im ökonomischen Sinne gebraucht. I bezeichnete Zinsen, die geschuldet, bzw. Gewinne, die erwartet wurden. Darin wurzelt der heute bereits veraltete Wortsinn von Vorteil, Eigennutz und Egoismus; entsprechend ist von I-Vertretern, Privat-I, I-Politik etc. die Rede. Die pädagogische relevante Wortbedeutung entwickelte sich aus dem Französischen im Sinne von Anteilnahme, Vorliebe, Gerichtetsein.

1.1 I in pädagogischen Denkzusammenhängen: Bei Rousseau tritt »der I-Begriff selbst erstmals in der Bedeutung auf, die er seitdem behielt: eine seelische Hinneigung zu einem Gegenstand oder zu einer Beschäftigung aus Lust und Wertschätzung« (Lunk 1926, S. 71). Im Zusammenhang mit seiner Gesellschaftslehre unterscheidet er I der Allgemeinheit und der einzelnen Person; ihr Zusammenhang und ihre gegenseitige Zuordnung werden erfragt und als pädagogische Aufgabe formuliert. Herbart hält I als Normen und als methodische Bedingungen deutlich auseinander und setzt sie zueinander in systematische Beziehung. Geissler bezeichnet als die wichtigsten Themen des Herbartschen Denkens, »wie erstens der Verstand des Menschen so instand gesetzt werden kann, daß er zu unvoreingenommenen Erkenntnissen kommt und daraus sachlich angemessene Urteile und Schlüsse abzuleiten in der Lage ist, wie zweitens der Wille des Menschen so entwickelt werden kann, daß er die den genannten Einsichten gemäßen Handlungen durchzuführen bereit und fähig ist« (1979, S. 239). Tugend ist das allgemeine pädagogische Leitziel und bezeichnet die Anbindung des Wollens an die Einsicht. Deswegen ist Unterricht so wichtig, weil in ihm der Gedankenkreis erarbeitet werden muß, an dem erst der Wille sich orientieren kann (erziehender Unterricht). Ohne geordnetes Wissen um die Bedingungen der Handlungsfelder eines Menschen kann es ihm auch nicht gelingen, den Willen an Einsicht zu binden: Erziehung setzt gewissermaßen immer schon einen Vorsprung an Unterricht voraus. In diesem Zusammenhang wird I zu einem zentralen Begriff von Herbarts pädagogischer Theorie. Bereits erworbenes Wissen wirkt im Gedächtnis als Apperzeptionsinstanz. Neue Erfahrungsinhalte treffen auf vorgegebene (durch Lernen entwickelte) Ordnungsstrukturen (Apperzeptionsmasse), denen sie eingefügt werden. »Solche Apperzeption nennen wir, sobald sie auf ein Sachgebiet bezogen konstant bleibt, mit einem anderen Ausdruck I« (Geissler 1979, S. 243). Dieses I soll vielseitig sein. So ist dafür gesorgt, daß für eine lange Zeit neue und unvorhersehbare Welterfahrungen ergriffen und sachrecht geordnet werden können. Der I-Begriff verschwindet seitdem nicht mehr aus der deutschen Pädagogik, aber keiner der Späteren geht in seiner begrifflichen Konzeption über den Altmeister hinaus. Das gilt für Willmann, für die Reformpädagogik, für Dewey und viele andere.

1.2 I in der psychologischen Theoriebildung: Die Psychologie schloß von Anfang an die Normenfrage aus ihren Überlegungen aus und behandelte I ausschließlich als Motivationsproblem (→ *Motivation und Motiventwicklung*). Lersch (1962) bezeichnet I als eine Form geistiger Bedürfnisse; er nennt sie »Strebungen der wissenden Teilhabe«. Im I will der Mensch Sachverhalte der Wirklichkeit erfassen, nicht um sie als Mittel zu anderen Zwecken zu gebrauchen, sondern in wertführender Teilhabe, in zweckfreiem Streben nach Erkenntnis. Rubinstein (1958; 1965), der an vielen Stellen seines Buches pädagogische Überlegungen mit einbezieht, schreibt: »Die I sind sowohl die Voraussetzungen des Bildungsprozesses wie dessen Resultat. Der Bildungsprozeß stützt sich auf die I der Kinder und formt sie. Sie dienen darum einerseits als Mittel, das der Lehrer anwendet, um den Unterricht wirksamer zu gestalten, andererseits sind sie und ihre Ausformung das Ziel der pädagogischen Arbeit.« Und ganz im Sinne Herbarts, wenn auch ohne Bezugnahme auf ihn, fährt er fort: »Die Ausbildung vollwertiger I ist die wesentlichste erzieherische Aufgabe des Unterrichts« (1965, S. 142). Die Spur des I-Begriffs in der hier angedeuteten Form verliert sich in behavioristischer Theoriebildung, versandet in funktionalistischen Motivationstheorien, wird gelegentlich sichtbar in bestimmten Motivationskonzepten (intrinsischer, epistemischer, Kompetenz-Motivation) und ist nicht mehr zu unterscheiden auf den theoretisch ausgebauten Wegen der → *Leistungsmotivation*, die einen großen Teil qualifizierter Forschung und Entwicklung angeregt und in ihren Systemzusammenhang integriert hat.

2. Grundlagen einer weiterführenden Theorie des Interesses: Der Versuch einer pädagogisch-psychologischen Regeneration des I-Konzepts wird an den Punkten ansetzen, die von der Entwicklung in Erziehungswissenschaften und Psychologie bisher erreicht worden sind. Neuere gesellschaftstheoretische Positionen sind einzubeziehen, dementsprechend die *Bedingungen* der Möglichkeit wissender Teilhabe und die *Folgen* der notwendigen und zum Teil erzwungenen Beschränkung zu untersuchen. Die folgende Skizze wird zeigen, daß Herbart nach wie vor wichtige Anknüpfungspunkte liefert.

2.1 I als Zielbegriff: Geht man davon aus, daß die Verwirklichung der Grundrechte unserer Verfassung unter anderem das Gebot in sich schließt, im Bereich der Erziehung Chancengleichheit herzustellen, Selbstbestimmung der Person zu entwickeln, dann muß I mit solchen übergreifenden Zielbestimmungen zusammenhängen. Anderenfalls wäre es als Norm nicht begründbar. Wenngleich pädagogische Zielbestimmungen sich grundsätzlich auf das Handeln bzw. auf Handlungsdispositionen von Personen beziehen, so wird doch offenbar, daß ihre Verwirklichung institutionelle Veränderungen erfordern kann. Eine nötige (wenngleich nicht zureichende) Voraussetzung der Selbstbestimmung ist die Erfassung gegenständlicher und soziokultureller Beziehungszusammenhänge und der darin beschlossenen Handlungsalternativen (→ *Ökologie*). Im Sinne einer Idealnorm kann gesagt werden: »Gestützt auf Einsicht, auf eigenständiges, rationales Urteil kann der Mensch sich selbst und sein Handeln definieren und mit anderen so zusammenwirken, daß deren personales Selbstverständnis respektiert wird« (Schiefele 1978, S. 106). Der Mensch erarbeitet sich im Laufe seiner Entwicklung Sach- und Sinnzusammenhänge, Bedeutungssysteme (nach Herbart den Gedankenkreis), er erschließt sich Verhaltensfelder, erarbeitet Beziehungszusammenhänge zwischen Erkenntnissen, Bewertungen des kognitiv Erfaßten und Handlungen. Es kann jedoch nicht davon ausgegangen werden, daß jeder Mensch in allen seinen Lebensbereichen dasselbe Niveau an Selbstbestimmung verwirklichen kann bzw. daß dies verschiedenen Menschen in gleicher Weise gelingt.

In diesen notwendig globalen und abstrakten Formulierungen sind bereits die Grundelemente einer pädagogischen Theorie des I enthalten: (a) *Reflexivität* als subjektive Sinnorientierung, bezogen auf die je erfaßte Situation. Die Reflexion richtet sich einmal auf den Wert der Handlungsalternative, die in einer Situation erkannt wird, und zum anderen auf die Erwartung, unter gegebenen Umständen eine wünschenswerte Handlungsalternative realisieren zu können. (b) *Engagement* als emotionale Beteiligung und Intentionalität, als → *Aktivation* von Handlungstendenzen (→ *Gefühl*). Unter I soll also die Tendenz verstanden werden, »sich intentional und reflexiv mit je gegebenen Wirklichkeitsbereichen einzulassen. Die so entstehenden Person-Umwelt-Beziehungen werden aufgeklärt, kognitiv erschlossen, emotional bewertet« (Schiefele u. a. 1979, S. 17).

2.2 Handeln aus I: Jede pädagogische Zieltheorie hat zukünftiges Handeln der zu Erziehenden im Blick, und I ist eine besondere Voraussetzung menschlichen Handelns. Handeln aus I ist zu unterscheiden von Handlungen, denen andere Bedingungen zugrunde liegen. I-geleitetes Handeln erscheint in solchen Tätigkeiten, in denen der Mensch seine subjektive Stellungnahme und Beteiligung betont thematisiert. Es erfolgt aus Sachkompetenz, differenzierten Wertentscheidungen und Ergebnis-Folge-Erwartungen, die ihrerseits emotionales Engagement bedingen. Im I erfolgt die Zuspitzung personaler Eigenstän-

Interesse

digkeit auf spezifische Tätigkeitsfelder. Einen bestimmten Gegenstand zu erfassen, Wissen über ihn zu erwerben, ihn gedanklich zu durchdringen, mit ihm einsichtig umgehen zu können erscheint wertvoll. In seinen I lebt der Mensch sein eigenes Selbstverständnis; er wird für sich und für andere darin begreiflich. Letztlich ist die Ausbildung von I, ihre Differenzierung und Verfestigung ein subjetiv gesteuerter Prozeß, in dem die Person ihr → *Selbstkonzept* entwickelt, teils in Ausarbeitung schon bestehender, d. h. lebensgeschichtlich bereits entstandener kognitiver Kompetenz und emotionaler Beteiligung, teils im Eingehen auf neue Engagements mit dem Ziel, über bisher unbedeutende Umweltbereiche Kenntnisse und die Fähigkeit zu sachgerechtem Handeln zu erwerben. Man kann auch sagen: In der Ausbildung von I profiliert die Person ihre Identität. Freilich: Nicht allein durch I verwirklicht der Mensch Selbstbestimmung, wenn auch sicher nicht ohne I. Andere Ziele müßten daneben angestrebt werden: die Entwicklung notwendiger, obwohl zuweilen ›uninteressanter‹ Fähigkeiten, der Erwerb soziokulturell bedeutsamer Wissensbestände und Fertigkeiten, der Aufbau von Kooperationsfähigkeit, die Herausbildung von Hilfsbereitschaft, Solidarität u. a. m. Sind I einmal zur Voraussetzung von Handeln geworden, dann werden auch einzelne Handlungselemente entsprechend thematisiert: Bewußtsein und Absicht, Rationalität und Realitätsorientierung, die Feststellung von Alternativen, Entschlußfassung und Selbstaufforderung, aktive Einwirkung (Werbik 1978).

2.3 Elemente interessegeleiteten Handelns: Die Begriffe Reflexivität (Bewertung bzw. Beurteilung) und Engagement (emotionale Beteiligung und Aktivierung) bezeichnen jene Bedingungskomplexe, denen, je nach Reflexionsniveau und Gefühlsqualität, das Handeln folgt. Handlungseinheiten lassen sich aus dem Verhaltenskontinuum herauslösen, wenn man den Eintritt in eine Situation, d. h. in eine unterscheidbare Phase im Ablauf der Person-Umwelt-Interaktion als Schwelle betrachtet. Ergänzend ist daran zu erinnern, daß jede Situation immer schon in der Folge anderer Umweltgegebenheiten steht und die Person Erfahrungen aus vielen Situationen gespeichert hat. Insbesondere letzterer Sachverhalt ist für differentielle Fragestellungen einer I-Theorie von Belang (→ *Persönlichkeitstheorien*).

Wie schon erwähnt, bedeutet *Reflexivität* einmal die Bewertung einer wahrgenommenen Situation; Kriterien: die gefühlmäßig positive Möglichkeit der Erkundung bzw. der kognitiven Auseinandersetzung und die Bedeutung von Handlungsalternativen hinsichtlich ihres Vollzugs, ihrer Ergebnisse und/oder des Selbstkonzepts einer Person. Zum anderen bedeutet *Reflexivität* die Beurteilung der Realisierungschancen von Handlungsmöglichkeiten (= Erwartungsbildung); Kriterien: situative Gegebenheiten wie Forderungen, Zwänge, Konsequenzen etc. und personale Voraussetzungen wie Fähigkeiten, Kenntnisse, Selbsteinschätzungen etc. Es ist ferner zu beachten, daß die reflexiven Prozesse person- und gegenstandspezifisch nach Niveau zu differenzieren sind, je nach Thematik, Kompetenz, Strukturierungsgrad, Spezifität der eingesetzten Kriterien. Von naiven, gefühlhaft impulsiven Bewertungen und undifferenziert kurzfristigen Handlungskalkülen reichen sie bis zu mehrdimensionalen hierarchischen Bewertungen und antizipatorisch kalkulierten Erwartungen über große Zeiträume (→ *Kognitive Komplexität*). Dementsprechend unterscheiden sich die daraus folgenden Zustände des *Engagements* (Neugier und Wißbegier; wertbewußte Handlungstendenz; Valenzen entsprechend subjektiver Kriterien; Instrumentalität und Selbstkonzept) mit den darin eingeschlossenen Selbstaufforderungen zum Handeln (einfache Impulshandlung, wertbewußtes, erwartungsgeleitetes Handeln, selbstbestimmtes Handeln aus wert- und zielreflexiver Erwartung).

3. Fragestellungen einer pädagogischen Theorie des I: Auf der Grundlage *normativer* Argumentation und Entscheidung entfaltet sich die Problematik *deskriptiv* und *präskriptiv* (Heiland/Prenzel 1980). I als pädagogisch-normative Vorgabe wurde bereits angesprochen. Die deskriptive Aufgabe richtet sich auf die Feststellung bestehender I. Voraussetzungen ihrer Entwicklung sind auszumachen. Im engeren Bereich planmäßiger Erziehung sind Anleitungen zu erarbeiten und zu überprüfen, welche Vorgehensweisen, Unterrichts- und Erziehungsmittel, welche lernorganisatorischen Maßnahmen (→ *Instruktionstheorie*) zweckmäßig erscheinen, um das begründete Ziel zu erreichen (Präskription).

3.1 Deskriptive I-Theorie: Die Aufgaben liegen in der Beschreibung vorgefundener I bei verschiedenen Menschengruppen und im Aufweis der Defizite. Wichtiger als Beschreibung ist die Aufgabe der Erklärung des Zustandekommens von I, sowohl aktualgenetisch in verschiedenen Situationen und in Bezug auf unterschiedliche Gegenstandsbereiche als auch ontogenetisch in der → *Entwicklung* und Veränderung von Wertkriterien, Erwartungen und Selbstkonzepten (→ *Sozialisation*). Zunächst ist wohl davon auszugehen, daß die bekannten lerntheoretischen Erklärungsprinzipien (→ *Lernen und Lerntheorien*) auch im Zusammenhang einer I-Theorie heranzuziehen sind, mit einem Schwerpunkt allerdings bei kognitiven und personspezifischen Ansätzen. Es ist sicher eine wichtige Aufgabe, Vorhandensein oder Fehlen von I zu diagnostizieren, um daran Wahlentscheidungen (Unterrichtsfächer, Berufe) auszurichten; es ist wichtig, Zusammenhänge von I mit Bedürfnissen, Fähigkeiten, Schulleistungen, Erziehungsstilen und dergleichen aufzudecken (Todt 1978). Ein pädagogisches Desiderat bleibt jedoch die Erforschung der I-Genese als interaktionale Vermittlung von Gegenstandsbezügen unter je gegebenen sozialen und situativen Bedingungen.

3.2 Präskriptive I-Theorie: Obwohl durch Deskription erst Grundlagen für pädagogische Handlungsanleitungen geschaffen werden müssen, sind doch bereits interessenrelevante Ansätze von der Unterrichtstheorie entwickelt worden. In der Lehrplantheorie wird das Problem des Fächerangebots und der individuellen Gegenstandswahl (→ *Differenzierung*) seit langem diskutiert. Projektunterricht sowie exemplarisches Lehren und Lernen sind didaktische Vorgehensweisen, die immer auch an vorgegebene Lebenszusammenhänge der Lernenden und ihre I anzuknüpfen versuchen und/oder durch besonders intensive Gegenstandsbeziehungen I zu wecken hoffen. Kooperation in der Gruppe der Gleichaltrigen und die Modellwirkung des engagierten Lehrers sind ebenfalls als interessenfördernde Gegebenheiten erkannt und vielfach beschrieben. Die im Rahmen der → *Curriculumtheorie* erhobene Forderung nach offenen Curricula kann ebenso in den Zusammenhang einer präskriptiven I-Theorie gebracht werden wie der Anspruch, → *Zielerreichendes Lernen* zu ermöglichen und nichtdiskriminierende Leistungsdifferenzierung durchzuführen, die sich an I-Schwerpunkten der Wahl von Lerngegenständen orientiert. Selbstverständlich müssen solche Bruchstücke aus verschiedenen Theoriezusammenhängen in einen übergreifenden interessentheoretischen Strukturzusammenhang eingeordnet werden. Dazu ist allerdings ein umfangreicheres Erklärungswissen nötig, als es derzeit zur Verfügung steht. Die unter 2.3 skizzierten Prozeßvariablen interessegeleiteten Handelns können als ein erster Integrations- und Ordnungsansatz betrachtet werden.

4. I zwischen Neigung und Pflicht: I sind selektiv. Damit ist schon angedeutet, daß sich nicht alles Lernen und Handeln von Menschen auf I beziehen kann. In aller Regel wird jeder Mensch mehr wissen und auch anderes leisten müssen, als im Handlungsfeld seiner I liegt. Zwar kann er immer neue I entwickeln und sich weitere I-Felder erschließen, aber eine Differenz bleibt wohl notwendig, und dann führen andere Voraussetzungen zur Handlung oder verhindern sie. Dennoch sei abschließend vor einem Mißverständnis gewarnt: Der Interessierte ist nicht der Irrationalität seines Gefühlslebens ausgeliefert; I ist nicht verantwortungsloses Belieben nach dem Gebot des Lustprinzips. Wie bereits dargestellt, werden emotionale Beteiligung und Aktivierung von Handlungstendenzen als Folge von Situationswahrnehmungen, der kognitiven Beurteilung nach Kriterien des Wertes und der Erwartung verstanden. Mag die lustvolle Betätigung mit Umweltgegenständen und Personen auch am Beginn der Entwicklung von I stehen, so ist ihr Ausbau im weiteren Fortgang doch notwendig an Bewertungsprozesse der oben beschriebenen Art gebunden. Deshalb kann der Pflichtbewußte sehr wohl aus I handeln; er kann unter erheblicher Anstrengung große Leistungen vollbringen. Nicht die Lust ist das entscheidende Kriterium, sondern die emotional aktivierende Wertentscheidung, mit der die Person zugleich ein Stück ihrer Selbstbestimmung leistet: ein Mensch zu sein, dem diese gegenstandsbezogene Handlung, diese umweltspezifische Kompetenz und Leistung wesensmäßig zuzurechnen ist.

Hans Schiefele

Literatur

Berlyne, D. E.: Conflict, arousal and curiosity. New York 1960. – *Birbaumer, N.* (Hrsg.): Neuropsychologie der Angst. München 1973. – *Geissler, E. E.:* Johann Friedrich Herbart. In: *Scheuerl, H.* (Hrsg.): Klassiker der Pädagogik I. München 1979, S. 234–248. – *Habermas, J.:* Erkenntnis und Interesse. Frankfurt 1973. – *Haußer, K./Krapp, A.:* Wissenschaftstheoretische und methodologische Implikationen einer pädagogischen Theorie des Interesses. In: Zeitschrift für Pädagogik 1 (1979), S. 61–79. – *Heckhausen, H.:* Leistung und

Chancengleichheit. Göttingen 1974. – *Heckhausen, H.:* Achievement motivation and its constructs: a cognitive model. Motivation and Emotion (1977), Vol. 1, No. 4, S. 283–329. – *Heiland, A./Prenzel, M.:* Überlegungen zum Verhältnis von Norm und Theorie in der Pädagogik. Seminar für Empirische Pädagogik und Pädagogische Psychologie. München 1980. – *Lazarus, R. S./ Averill, J. R./Opton, E. M.:* Ansatz zu einer kognitiven Gefühlstheorie. In: *Birbaumer* 1973, S. 158–183. – *Leontjew, A. N.:* Probleme der Entwicklung des Psychischen. Frankfurt 1973. – *Lersch, Ph.:* Aufbau der Person. München 1962. – *Lewin, K.:* Feldtheorie in den Sozialwissenschaften. Bern 1963. – *Lunk, G.:* Das Interesse. 2 Bde. Leipzig 1926/27. – *Rheinberg, F.:* Bezugsnormen und die Wahrnehmung eigener Tüchtigkeit. In: *Filipp, S.-H.* (Hrsg.): Selbstkonzeptforschung. Stuttgart 1979, S. 249–264. – *Rubinstein, S.:* Grundlagen der Allgemeinen Psychologie. Berlin 1958. – *Rubinstein, S.:* Die Interessen. In: *Thomae* 1965, S. 136–144. – *Schachter, S./Singer, J. E.:* Cognitive, social and physiological determinants of emotional state. Psychological Revue (1962), 69, S. 379–399. – *Schiefele, H.:* Lernmotivation und Motivlernen. München 1978. – *Schiefele, H./Haußer, K./Schneider, G.:* »Interesse« als Ziel und Weg der Erziehung. In: Zeitschrift für Pädagogik 1 (1979), S. 1–20. – *Schneider, G./Haußer, K./Schiefele, H.:* Bestimmungsstücke und Probleme einer pädagogischen Theorie des Interesses. In: Zeitschrift für Pädagogik 1 (1979), S. 43–60. – *Thomae, H.* (Hrsg.): Die Motivation menschlichen Handelns. Köln 1965. – *Todt, E.:* Das Interesse. Stuttgart 1978. – *Werbik, H.:* Handlungstheorien. Stuttgart 1978.

Intervention und Prävention

1. Einleitung: Von den beiden Begriffen ist Intervention (I) der weitere, weil jede Maßnahme I genannt werden kann, mit der ein bestimmtes Ziel erreicht werden soll. Präventives Handeln ist daher auch intervenierendes Handeln, mit der speziellen Aufgabe, das Entstehen von negativen Zuständen, etwa Erkrankungen, psychische Störungen oder Abnormitäten, zu verhindern. Üblicherweise wird der Begriff der I jedoch in einem engeren Sinn gebraucht; im Bereich der psychologischen und pädagogischen Einflußnahme versteht man darunter Maßnahmen zur Heilung, Beseitigung oder Linderung von bereits vorhandenen Fehlentwicklungen, wie etwa Verhaltensstörungen oder emotionalen Problemen.

2. I im psychologisch-pädagogischen Bereich: Es ist eine umstrittene Frage, ob psychologische I, also Psychotherapie, klar abgegrenzt werden kann von pädagogischer I, also → *Erziehung* und Unterricht. Der allgemeine Sprachgebrauch scheint nahezulegen, daß sich Psychotherapie mit Abweichungen von eher naturhaften Normen beschäftigt, etwa mit Neurosen und Geisteskrankheiten, während die Pädagogik die Verwirklichung von zivilisatorischen Normen (→ *Lehrziel*) anstrebt, etwa die Vermittlung von formalem Wissen und Handlungsfertigkeiten. Da jedoch »Normalität« stets ein historisch-kulturell definierter Zustand ist, muß auch die Psychotherapie weitgehend als eine Form der Pädagogik betrachtet werden. Eine eindeutige Abgrenzung ist jedenfalls nicht möglich. Wenn also im folgenden die Begriffe psychologische I oder Psychotherapie verwendet werden, so ist dies nur eine Vereinfachung; gemeint sind damit psychologische und/oder pädagogische Einflußnahmen.

2.1 Therapeutische Methoden: Es gibt gegenwärtig Hunderte von psychotherapeutischen Richtungen bzw. Techniken. Damit stellt sich sowohl ein praktisches wie ein theoretisches Problem. Das praktische besteht darin, daß der Hilfesuchende kaum noch herausfinden kann, welches Verfahren für ihn das geeignetste ist. Das theoretische besteht in der Schwierigkeit, eine wissenschaftliche Analyse und Überprüfung dieser Verfahren durchzuführen. Dies beginnt schon bei dem Versuch, Ordnung in die Vielfalt zu bringen, d. h., die verschiedenen Methoden nach sinnvollen Gesichtspunkten zu klassifizieren.

Eine eher unter pragmatischen Gesichtspunkten vorgenommene Einteilung klassifiziert in Hinsicht darauf, welche Personen unmittelbarer oder mittelbarer Zielpunkt der I sind. So unterscheiden etwa Minsel/Hinz (1978) direkte Methoden, intermediäre Methoden, sowie institutionelle und gemeinschaftsorientierte Methoden. Bei den *direkten* Methoden werden die hilfebedürftigen Individuen unmittelbar angesprochen. Dazu gehören die meisten Formen der üblichen Einzel- und Gruppentherapie. Bei den *intermediären* Methoden werden relevante Bezugspersonen der eigentlichen Zielgruppe zum Gegenstand der I. Hierher gehören die verschiedenen Formen von Eltern- und Lehrertraining (→ *Trainingsmethoden*), Training von Pflegepersonal, ferner der Ausbildung von Therapeuten und Kotherapeuten. Bei den *institutionellen* und *gemeinschaftsorientierten* Methoden geht es um die Gestaltung von hilfreichen Umwelten, seien dies spezielle Unterrichtsformen in der Schule, die Organisation von Kliniken, die Bereitstellung von Einrichtungen der Gesundheitsversorgung bis hin zur – noch weit-

gehend utopischen – Strukturierung ganzer Gesellschaften.
Eine ebenfalls pragmatische Unterscheidung ist die von *Fremdtherapie* und *Selbsttherapie*. Dabei ist der Ausdruck Fremdtherapie ungebräuchlich, da es sich hierbei um die übliche Form handelt, die Therapie durch andere Personen. Bei der Selbsttherapie ist der Klient sein eigener Therapeut. In der Tiefenpsychologie kennt man z. B. die Selbstanalyse (Horney 1942), im Bereich der Verhaltenstherapie die Selbstkontrolle oder Selbstmodifikation (Hartig 1973). Ebenso werden häufig *Einzeltherapie* und *Gruppentherapie* voneinander unterschieden.
Diese Differenzierungen nach Ursprung und Empfänger therapeutischer Maßnahmen sind unter bestimmten Gesichtspunkten zwar nützlich, aber sie geben wenig Auskunft über das, was in diesen Therapien wirklich passiert und warum es passiert. Hier eine angemessene Einteilung zu finden ist erheblich schwieriger, da es eine Unzahl von zugrundeliegenden Theorien gibt, über die Natur des Menschen, über das Wesen psychischer Erkrankungen und Abnormitäten, über den Prozeß der Änderung. Diese Theorien sind zu einem großen Teil widersprüchlich, unvollständig und verworren. Der Versuch, eine grobe Ordnung in die Mannigfaltigkeit zu bringen, muß deshalb als provisorisch und stark vereinfachend betrachtet werden.
2.2 Grundlegende Annahmen: Es gibt offenbar zwei fundamental verschiedene Auffassungen von der Entwicklung des Individuums. Auf der einen Seite stehen diejenigen, die an ein gewissermaßen naturhaft vorgebenes Entwicklungsziel glauben, das im Lebenskampf erreicht werden muß. Sie vertreten *essentialistische* Anthropologien. Dem stehen gegenüber die Anhänger *nicht-essentialistischer* Anthropologien; sie betrachten Entwicklung als einen Prozeß der Formung, sei es durch die Umwelt, sei es durch die Person selbst. Das Ziel ist dabei nicht von vornherein festgelegt, sondern abhängig von der jeweiligen physischen und sozialen Wirklichkeit oder determiniert durch Selbstbestimmung. Die Essentialisten fassen psychische Störungen primär als Blockierungen eines vorgebenen Weges auf, die dann therapeutisch beseitigt werden müssen; die Nicht-Essentialisten konzeptualisieren psychische Störungen eher als die Abwesenheit von notwendigen Kompetenzen und Fertigkeiten, so daß die Therapie primär als eine Art Nachlernprozeß zu gelten hat. Die wichtigsten Therapien bzw. Familien von Therapien aus der ersten Gruppe sind folgende:

(a) Die Psychoanalyse Sigmund Freuds: Hier ist das vorgegebene Ziel die Entwicklung des sogenannten genitalen Charakters, einer Person, die alle Partialtriebe unter der Primat der genitalen, reifen Sexualität integriert hat und so voll liebesfähig, erlebnisfähig und arbeitsfähig geworden ist. Blockiert werden kann diese Entwicklung durch Fixierungen auf frühe Stufen der Sexualität (der infantilen Triebentwicklung), was zu Abwehrmaßnahmen und damit zur Entstehung neurotischer Symptome führen kann. Diese Fixierung wird in der psychoanalytischen Arbeit (also durch freie Assoziation, Traumdeutung und Übertragungsanalyse) aufgelöst und öffnet somit den Weg zur Verwirklichung einer reifen und ausgewogenen Persönlichkeit.

(b) Die klientzentrierte (oder nicht-direktive) Gesprächstherapie von C. R. Rogers: Das vorgegebene Ziel wird durch die sogenannte Aktualisierungstendenz des Menschen repräsentiert, eine natürlich vorgegebene Entwicklung in Richtung auf Entfaltung aller Kräfte, auf Personwerdung. Blockiert werden kann dies durch Inkongruenz, das Auseinanderfallen von Selbstkonzept und dem Erleben des Individuums. Die Konsequenz ist ein Verlust richtiger Wahrnehmung der inneren und äußeren Realität, so daß die Aktualisierungstendenz an diesen falsch eingeschätzten Realitäten stets scheitert. Die Technik der Gesprächstherapie zielt darauf hin, im nicht-direktiven, klärenden Dialog die verlorengegangene Kongruenz wiederherzustellen und so der Aktualisierungstendenz erneut freie Entfaltungsmöglichkeiten zu geben (Rogers 1974).

(c) Die körperbezogenen Therapien in der Nachfolge von W. Reich: Hier bewegt man sich schon fast im Bereich esoterischer Vorstellungen; es ist daher Vorsicht geboten. Das natürliche Ziel scheint der aufrechte Mensch zu sein, der je nach Situation der Spannung und Entspannung mächtig ist und in dessen Körper die psychische Energie frei sich entfalten kann. Blockiert werden kann diese Entwicklung durch chronische Anspannungen und Verkrampfungen, die zu dem sogenannten ›Charakterpanzer‹ führen. Unmittelbare Aufgabe der Therapie ist die Auflösung und Beseitigung dieser Panzerung, wobei physische Mittel eingesetzt werden, zum Beispiel Muskel- und Bindegewebsmassagen oder

Übungen der forcierten Atmung. Mittelbares Ziel ist die Befreiung der Energie, nach Reich eine Voraussetzung für den eigentlichen Lebenszweck, die Orgasmusfähigkeit (Reich 1970; Lowen 1975).

Zur zweiten, nicht-essentialistisch orientierten Gruppe von Psychotherapien gehören unter anderem

(a) Die existentielle Analyse Sartres: Sartre (1943) vertritt von allen den extremsten Standpunkt, da nach seiner Auffassung der Mensch weder eine vorgegebene Natur besitzt, noch von der Gesellschaft »gemacht« wird. Vielmehr macht sich der Mensch in völliger Freiheit selbst zu dem, was er ist. Ebenso wählt er, diese Tatsache zu leugnen, was zu innerer Unwahrhaftigkeit (mauvaise foi) führt. Die Therapie soll zur Erkenntnis dieser Gegebenheit führen, letztlich zur Erkenntnis der Absurdität, da jeder Lebensentwurf nicht nur frei, sondern damit auch willkürlich und beliebig ist.

(b) Die Verhaltenstherapien: In diesem Bereich können wenigstens zwei verschiedene Ansätze voneinander abgegrenzt werden. Die eine Richtung beschäftigt sich in erster Linie mit emotionalen Fehlentwicklungen, hauptsächlich mit excessiven Ängsten. Die Therapie besteht hier in einer Umkonditionierung, zum Beispiel durch systematische Desensibilisierung oder Reizüberflutung. Die andere Richtung konzentriert sich auf den Aufbau von nicht oder nur unzureichend vorhandenen, aber erwünschten Fähigkeiten. Der Gegenstandsbereich solcher I umfaßt zum Beispiel das Training fundamentaler Fertigkeiten bei retardierten Kindern (→ *Behinderung*), das Training sozialen Verhaltens bei Psychotikern, Arbeitstraining bei Schülern und Studenten (→ *Aufmerksamkeit und Konzentration*), Selbstsicherheitstraining bei gehemmten Personen, Kommunikationstraining für Partner, Sprechtraining beim Stottern, Training adäquaten sexuellen Verhaltens, Aktivierung von Depressiven, u. U. Kontrolle von Schmerzzuständen usw. Grundprinzipien der angewandten Techniken sind die allmähliche Annäherung an das erstrebte Zielverhalten durch Übungen gestufter Schwierigkeitsgrade (sukzessive Approximation), die differenzielle Belohnung oder Verstärkung richtigen Verhaltens (→ *Bekräftigung*), das Lernen am Beispiel (Modell-Lernen) sowie die Steuerung des Verhaltens durch leitende Selbstinstruktionen (→ *Lernen und Lerntheorien*). Es ist deutlich, daß pädagogische I im engeren Sinn hauptsächlich in diese Gruppe von I fallen (ein extremes Beispiel sind die Lernmaschinen).

(c) Die kognitiven Therapien: Ihr Grundgedanke ist, daß eine der wichtigsten Fähigkeiten des Menschen das richtige Denken ist und Störungen dann entstehen, wenn man falsch denkt. Denken kann inhaltlich falsch sein (z. B., wenn man glaubt, man müsse von allen geliebt werden, man müsse in allem perfekt sein, man müsse sich stets glücklich und vital fühlen), aber es gibt auch formale Denkstörungen, etwa falsche Verallgemeinerungen (weil mir eine Sache danebengegangen ist, bin ich überhaupt unfähig; wenn mich ein paar Leute hassen, mag mich keiner) oder falsche Schlußfolgerungen (weil ich krank bin, bin ich ein Versager). Die Therapie konzentriert sich im ersten Schritt auf die Entdeckung und Analyse falscher Denkinhalte oder -prozesse, im zweiten Schritt auf deren Richtigstellung durch ständig wiederholte Korrektur und Gegenpropaganda (vgl. Ellis 1962; 1978; Beck 1976; Hoffmann 1979).

Zum Abschluß dieses kursorischen Überblicks über gängige I-Verfahren bleibt zweierlei zu betonen: Erstens sind die zugrundeliegenden Interpretationen des Menschen zum Teil miteinander unvereinbar und ebenso die abgeleiteten Therapiemethoden; zweitens werden in der Praxis verschiedene Ansätze häufig miteinander kombiniert. Das zeigt, daß das Problem der Entstehung und effektiven Behandlung von Abnormitäten bislang nur unvollständig verstanden wird.

3. Prävention: Man kann nicht alle Menschen vor allen denkbaren Fehlentwicklungen schützen, so daß sich Prävention (P) in der Regel an bestimmte, in der einen oder anderen Hinsicht gefährdete Zielgruppen richtet, es sei denn, man betrachtet die allgemeine Schulpflicht als P von Analphabetismus. Die bekannteste Klassifikation präventiver Maßnahmen nach pragmatischen Gesichtspunkten stammt von Caplan (1961). Das unterscheidende Merkmal ist der Zeitpunkt, zu dem die Maßnahme eingeleitet wird. Von *primärer* P spricht man, wenn eine I vor dem Auftreten einer Störung durchgeführt wird und deren Erscheinen überhaupt verhindern soll. Das klassische Beispiel aus dem medizinischen Bereich sind Schutzimpfungen, etwa gegen Pocken im Kindesalter, im pädagogischen Bereich die kompensatorische Erziehung. Unter *sekundärer* P versteht man Maßnahmen zur Früherkennung und Frühbehandlung sich entwickelnder Abnormitäten, etwa bei der Krebsvorsorge. Ein anderes Beispiel sind Programme zur Behandlung auffälliger Schüler. Die *tertiäre* P hat das Ziel, Nachfolgeschäden eines schon eingetretenen Defekts abzuwehren oder zu lindern; der Begriff ist nahe verwandt mit dem der → *Rehabilitation*. Ein Beispiel sind etwa bestimmte Bewegungsübungen für Herzinfarktpatienten. Sekundäre und tertiäre P gehören eher in das Gebiet der I im engeren Sinn, deshalb soll die folgende Darstellung auf primäre P beschränkt bleiben, zumal dies auch dem in der Literatur sich niederschlagenden Interesse entspricht. In eine andere Richtung geht die von Ernst (1977) vorgeschlagene Ordnungsschema, in dem personorientierte und systemorientierte P-Aktivitäten gegenübergestellt werden, sowie spezifische (d. h. auf die Verhinderung bestimmter Störungen zielende) und unspezifische (d. h. die Verbesserung einer allgemeinen psychischen Widerstandsfähigkeit anstrebende Aktivitäten). Von der inhaltlichen Betrachtung her lassen sich – in gewisser Parallelität zu den beiden Gruppen von I – zweckmäßigerweise Defizienzprävention und Traumatisierungsprävention unterscheiden.

(a) Defizienzprävention richtet sich auf Gruppen, von denen befürchtet werden muß, daß sie auf die eine oder andere Weise im Prozeß der → *Sozialisation* zu kurz kommen. Ein bekanntes Beispiel ist das Projekt von Heber (1978), welches sich mit Risikokindern von Müttern mit einem Intelligenzquotienten von 75 und weniger beschäftigte. Es handelte sich um ein zehnjähriges Langzeitprogramm, das unmittelbar nach Geburt der Kinder einsetzte. In den ersten fünf Jahren verbrachten die Kinder jeden Wochentag in einem Versorgungszentrum, während ein Trainer den Müttern Kinderpflege beibrachte und sie auch in sonstigen alltäglichen Fertigkeiten unterwies. Die so betreuten Kinder hatten im Alter von sieben Jahren einen durchschnittlichen Intelligenzquotienten von 121, die Kinder der Kontrollgruppe einen IQ von nur 87. Ein vergleichbares Programm wurde von Johnson (1976) beschrieben, der mit unterprivilegierten mexikanisch-amerikanischen Familien arbeitete.

(b) Traumatisierungsprävention strebt an, die negativen Auswirkungen emotionaler Belastungen zu verhindern. Die antiautoritäre Erziehung kann als ein solcher Versuch angesehen werden, mit dem Ziel, es überhaupt nicht erst zu dem Auftreten von Belastungen kommen zu lassen. Dem entgegengesetzt ist das Konzept der »Streß-Impfung« (Poser 1970), bei dem davon ausgegangen wird, daß sich Belastungen aus dem Leben grundsätzlich nicht entfernen lassen. Es komme vielmehr darauf an, eine plötzliche und nicht mehr zu bewältigende Überschwemmung mit emotionalem Streß zu vermeiden. Dies geschehe am besten dadurch, daß man Personen allmählich immer schwierigeren Situationen aussetzt und ihnen angemessene Bewältigungstechniken beibringt. Ein Beispiel dafür ist das von Wallerstein/Kelly (1978) durchgeführte Programm für präventive I bei Kindern, deren Eltern im Begriff standen, sich scheiden zu lassen. Das zentrale Anliegen war es, ein plötzliches Auseinanderbrechen der Kinder-Eltern-Beziehung zu verhindern. Das Programm kombinierte therapeutische Maßnahmen bei den Kindern mit Hilfen für die Eltern, ihre Beziehung zu den Kindern während und nach der Trennung aufrechtzuerhalten. Untersuchungen nach fünf Jahren bestätigten den Erfolg dieser Maßnahmen.

Abschließend muß darauf hingewiesen werden, daß die Idee der primären P zwar attraktiv ist, daß sich bei ihrer Verwirklichung jedoch große Probleme ergeben. Einige Gründe dafür liegen in der Komplexität der Materie, den Schwierigkeiten des Erfolgsnachweises sowie der eher mangelnden Nachfrage (Ernst 1977).

Christoph Kraiker

Literatur
Albee, G. W./Joffe, J. M. (Eds.): Primary prevention of psychopathology. Vol. I. Hanover N. H. 1977. – *Beck, A. T.*: Cognitive therapy and the emotional disorders. New York 1976. – *Bower, E. M.*: Primary prevention in a school setting. In: *Caplan*, G. (Ed.) 1961, S. 353–377. – *Caplan, G.* (Ed.): Prevention of mental disorders in children. New York 1961. – *Caplan, G./Grunebaum, H.*: Perspektiven Primärer Prävention (Perspectives on primary prevention). In: *Sommer, G./Ernst, H.* (Hrsg.) 1977, S. 51–69. – *Ellis, A.*: Reason and emotion in psychotherapy. New York 1962. – *Ellis, A.* (Hrsg.): Handbook of rational-emotive psychotherapie. New York 1978. – *Ernst, H.*: Primäre Prävention: Möglichkeiten und Grenzen einer Strategie. In: *Sommer, G./Ernst, H.* (Hrsg.) 1977, S. 40–50. – *Feser, H.*: Angewandte Prävention. In: *Pongratz, L. J.* (Hrsg.) 1978, S. 3208–3231. – *Galinski, A.*: Probleme einer Prävention von Lernbehinderung im frühen Kindesalter. Unveröff. Magisterarbeit. Universität München. 1979. – *Garmezy, N.*: Vulnerability research and the issue of primary prevention. In: American Journal of Orthopsychiatry 41 (1971), S. 101–116. – *Hartig, M.*

(Hrsg.): Selbstkontrolle. Lerntheoretische und verhaltenstherapeutische Ansätze. München 1973. – *Heber, F. R.:* Sociocultural mental retardation: a longitudinal study. In: *Forgays, D. G.* (Ed.): Primary prevention of psychopathology. Hanover N. H. 1978. – *Hoffmann, N.* (Hrsg.): Grundlagen kognitiver Therapie. Bern 1979. – *Horney, K.:* Self-analysis. New York 1942. – *Johnson, D.:* Final report. Houston parent-child development center. Houston 1976. – *Kraiker, C.* (Hrsg.): Handbuch der Verhaltenstherapie. München 1974. – *Lowen, A.:* Bioenergetics. New York 1975. (Dt.: Bioenergetik. München 1976). – *Mednick, S. A./Witkin-Lanoil, G. H.:* Intervention in children at high risk for schizophrenia. In: *Albee, G. W./Joffe, J. M.* (Eds.) 1977, S. 153–163. – *Minsel, W.-R./Hinz, I.:* Therapeutische Interventionen im Bereich der Schule. In: *Pongratz, L. J.* (Hrsg.) 1978, S. 2873–2912. – *Murphy, L. B./Frank, C.:* Prevention: The Clinical Psychologist. In: Annual Review of Psychology 30 (1979), S. 173–207. – *Pongratz, L. J.* (Hrsg.): Handbuch der Psychologie. Bd. 8. Klinische Psychologie. 2. Halbband. Göttingen 1978. – *Poser, E. G.:* Towards a theory of »behavioral prophylaxis«. In: Journal of Behavior Therapy and Experimental Psychiatry 1 (1970), S. 39–43. – *Reich, W.:* Charakteranalyse. Köln ³1970. – *Rogers, C. R.:* Client-centered therapy. 1951. (Dt.: Die klient-bezogene Gesprächstherapie. München 1974). – *Sanford, N.:* The prevention of mental illness. In: *Wolman, B. B.* (Ed.): Handbool of Clinical psychology. New York 1965, S. 1378–1400. – *Sartre, J. P.:* L'être et le néant. Paris 1943. – *Seubert, H.:* Gegenwärtiger Stand der Präventionsforschung. In: *Pongratz, L. J.* (Hrsg.) 1978, S. 3172–3207. – *Sommer, G.:* Kompetenzerwerb in der Schule als Primäre Prävention. In: *Sommer, G./Ernst, H.* (Hrsg.) 1977, S. 70–98. – *Sommer, G./Ernst, H.* (Hrsg.): Gemeindepsychologie – Therapie und Prävention in der sozialen Umwelt. München 1977. – *Wallerstein, J. S./Kelly, J. B.:* Children of divorce: Preventions in parent–child relationships. 1978.

Kognitive Komplexität

Die Theorie der Kognitiven Komplexität (K) wurde von ihren Begründern als Theorie menschlicher Informationsverarbeitung (Human Information Processing; vgl. Schroder/Driver/Streufert 1975; Schroder/Suedfeld 1971), als Begriffssystemtheorie (Conceptual System Theory; vgl. Harvey/Hunt/Schroder 1961), als Theorie konzeptueller Niveaus (Hunt 1971; 1975) und auch als Theorie begrifflicher Komplexität (Conceptual Complexity; vgl. Schroder 1971) bezeichnet. In der deutschsprachigen Literatur wurde die Theorie der K (Mandl/Huber 1978) auch als Theorie kognitiver Strukturiertheit (Seiler 1973; Krohne 1977) benannt.
1. Bedeutsamkeit der Theorie Kognitiver Komplexität: Die Prozesse der Informationsverarbeitung hängen einerseits von der Komplexität der kognitiven Systeme ab, die einer Person zur Verfügung stehen, andererseits sind diese Prozesse auch abhängig von der Komplexität der zu verarbeitenden Information bzw. der informationserzeugenden Umwelt. Kognitive und Umwelt-Strukturen stehen dabei in einem dynamischen Wechselwirkungsverhältnis (→ *Wechselwirkung*). Neuartige Information aus der Umwelt kann akkommodative Prozesse in Gang setzen, welche die kognitiven Strukturen verändern. Die Analyse von Umweltbedingungen und Handlungsmöglichkeiten mit den verfügbaren Kategorien des kognitiven Systems führt zu Aktionen in der Umwelt, die diese verändern können. Die Theorie der K versucht, multidimensionale Perspektiven von Person und Umwelt zu integrieren (Streufert/Streufert 1978). Damit können Grundlagen für die komplexere Strukturierung von Aufgaben und Organisationen bereitgestellt werden. Schroder (1978) hat in diesem Zusammenhang auf dysfunktionale Effekte (Abbau individueller Motivation und von Aufgabenorientierung in Gruppen) komplexitätsreduzierender Organisationsmodelle verwiesen. Der theoretische Ansatz fordert Forschungsstrategien, die von der Komplexitätsreduktion durch hypothetische Modelle unilateraler Beziehungen zwischen empirischen Variablen absehen und statt dessen kognitive Phänomene bei der Verfolgung subjektiv bedeutungsvoller Aktivitäten unter natürlichen Umweltbedingungen erfassen (vgl. Neisser 1976).
2. Theorie der K: Die Theorie der K versucht den Grad der Strukturiertheit (Komplexität) der bei der Informationsgewinnung und -verarbeitung benutzten Wahrnehmungen, Denkoperationen, Einstellungen, Motive etc. zu analysieren. Der Theorie geht es weniger um Inhalte als um generelle Struktureigenschaften, die die Art und Weise der Informationsverarbeitung kennzeichnen. Es werden charakteristische Niveaus der Strukturiertheit oder Komplexität herausgestellt, die aber als Verdichtungen gradueller Abstufung auf einem Kontinuum zu verstehen sind. Höhere integrative Komplexität unterscheidet sich von niedrigerer durch mehr grundlegende Dimensionen zur → *Wahrnehmung* oder Skalierung und mehr bzw. umfassende Regeln zur Organisation der Teile. Kognitive Systeme, die der Informationsgewinnung und -verarbeitung dienen, werden bei der Strukturanalyse durch die Begriffe (Komponenten) Diffe-

renziertheit, Diskriminiertheit und Integriertheit beschrieben. *Differenziertheit* ist definiert als Anzahl der elementaren Dimensionen (z. B. Beurteilungs- und Unterscheidungskategorien) in einer komplexen Struktur (z. B. multidimensionale Wahrnehmung). *Diskriminiertheit* bedeutet Feinheit der Unterscheidung der Stimuli auf einer Dimension. *Integriertheit* stellt die Anzahl der möglichen Verbindungen bzw. alternativen Verknüpfungen der Dimensionen dar, die ein Individuum in einer Urteilssituation vollziehen kann. Diese drei Komponenten der K sind zwar als Dispositionen konzipiert; entsprechend dem interaktionistischen Ansatz der Theorie (Harvey/Hunt/Schroder 1961; Schroder/Driver/Streufert 1975) wird das aktuelle Niveau der Informationsverarbeitung durch den Grad der Umweltkomplexität beeinflußt. Das aktuelle Niveau der Informationsverarbeitung erscheint dabei je nach Ausprägung der Disposition und dem Grad der Umweltkomplexität unterschiedlich hoch, wobei die Relation zwischen dispositionellen und Umweltmerkmalen durch eine umgekehrt u-förmige Funktion repräsentiert wird. Das Komplexitätsniveau eines Individuums ist zwar dispositionell, aber keine unveränderliche Größe; es ist entwicklungsfähig, wobei günstigere oder ungünstigere Sozialisationsbedingungen das Komplexitätsniveau mehr oder weniger positiv, aber auch negativ beeinflussen.

Die Theorie der K stellt einen Fortschritt gegenüber Informationsverarbeitungsmodellen dar, die den Menschen als ein System betrachten, das in eine beliebige Umwelt gestellt werden kann und dort beliebige Aufgaben mit immer den gleichen Prozeduren bewältigt. Der interaktive Ansatz, der die Wechselbeziehung zwischen dem Grad der K des Individuums und dem Grad der Umweltkomplexität besonders betont, ist auf dem Hintergrund der traditionellen kognitiven Psychologie als ein sehr weitreichendes Rahmenkonzept anzusehen.

Generelle Kritik richtet sich gegen die unzureichende Definition der Konstrukte und Begriffe sowie gegen das zwischen den Konstrukten zuwenig scharf gefaßte Beziehungsnetz (Seiler 1973; Kluck 1978; Krohne/Laucht 1978; Huber/Mandl 1978). Im Rahmen des theoretischen Konzepts wurde auch zuwenig herausgearbeitet, daß K nicht als eine generelle Eigenschaft angesehen werden kann, die sich unabhängig vom jeweiligen angesprochenen Bereich in immer gleicher Weise auswirkt (→ *Persönlichkeitstheorien*).

3. Operationalisierungsprobleme: Das zentrale Problem der angemessenen Operationalisierung der Konstrukte und der zwischen ihnen postulierten Beziehungen und Abhängigkeiten läßt sich nur lösen, wenn eine umfassende theoretische Analyse der Konstrukte vorangeht. Im häufig verwendeten Satzergänzungstest (Schroder/Streufert 1962) z. B. werden Versuchspersonen aufgefordert, angefangene Sätze wie z. B. »Wenn ich kritisiert werde . . .« zu vollenden und drei oder vier weitere Sätze dazuzuschreiben. Die Satzanfänge sind so ausgewählt, daß die Konfliktsituationen bei den Versuchspersonen unterschiedliche Reaktionen provozieren. Die Antworten werden im Hinblick auf Differenziertheit und Integriertheit ausgewertet. Die verschiedenen Verfahren zur K unterscheiden sich stark nach Aufbau, Anwendung und Auswertung und verweisen auf theoretisch unterschiedlich akzentuierte Auffassungen von Komplexität (vgl. S. C. Streufert 1978). So zeigen die empirischen Untersuchungen im allgemeinen sehr niedrige Korrelationen zwischen den einzelnen Verfahren (Huber/Mandl 1978). Im allgemeinen lassen die aufgeführten Meßverfahren hinsichtlich der klassischen Gütekriterien wie Objektivität, Reliabilität und Validität zu wünschen übrig.

4. Weiterentwicklung der Theorie der K: Streufert/Streufert (1978) gehen von einer Interaktion zwischen der durch Komplexität und Inkongruität determinierten Informationsverarbeitung aus, bei der Komplexität die Fähigkeit, mit Inkongruität umzugehen, beeinflussen kann und bei der bestimmte Höhen eines Inkongruitätserlebens zu bestimmten Graden der Multidimensionalität führen können (Wechselwirkung). Während also wenig erfahrene und wahrgenommene Inkongruität wenig multidimensionale Differenzierung und Integration nach sich zieht, führt die selbst erlebte Inkongruität zu den strukturellen Prozessen der Diskriminierung, Differenzierung und Integration. Von Seiler (1978) wurde eine kognitionstheoretische Fundierung des Konstrukts der K versucht, indem er das Konstrukt durch die theoretische Analyse kognitiver Strukturen zu präsentieren versuchte. Er geht davon aus, daß sich die Komplexität des Struktursystems eines Individuums nur von einer expliziten Kognitionstheorie her erfassen läßt. Eine Weiterentwicklung der Theorie der K ist durch die Integration neuerer Ansätze aus dem Bereich der Informationsverarbeitungstheorie und des semantischen → *Gedächtnisses* möglich, beispielsweise durch die Informationsverarbeitungstheorie von Dörner (1976; → *Denken und Problemlösen*) und die Kognitionstheorie von Norman/Rumelhart (1975). Ferner ist die Anwendung der Theorie der K in Versuchen zur Beeinflussung menschlicher Entwicklungsverläufe unter den komplexen Bedingungen der natürlichen Umwelt von Bedeutung (Bronfenbrenner 1977). Dies könnte andererseits wichtige Einsichten in bisher mit unbefriedigenden bereichsspezifischen Befunden belegte Zusammenhänge der theoretischen Konstrukte liefern, andererseits durch nachdrückliche Nötigung zur sorgfältigen, naturalistischen Beobachtung, Registrierung, Klassifikation von Handlungsmustern, die nicht durch die Instrumente des Versuchsleiters determiniert sind, einige Probleme der Messung von K mit fremdartigen Papier- und Bleistiftverfahren in unklaren Situationen und unter starker Zeitbeschränkung vermeiden helfen (→ *Methoden*).

4.1 Niveaus kognitiver und situativer Komplexität: Harvey/Hunt/Schroder (1961) postulierten ein Modell des Aufbaus kognitiver Strukturen mit vier charakteristischen Stufen: Eine Person auf der *ersten Stufe* orientiert sich an Regeln und Standards, die sie als bedingungslos gültig auffaßt. Sie nimmt Situationen nur von einem von möglichen alternativen Standpunkten aus wahr. In der → *sozialen Interaktion* ist sie um Zustimmung der Bezugspersonen bemüht. Die *zweite Stufe* ist durch zunehmende Differenziertheit gekennzeichnet; die Person erfaßt Mehrdeutigkeiten von Regeln oder situativen Bedingungen, ohne allerdings alle Aspekte integrieren zu können. Sie bezieht einen Standpunkt des Entweder/Oder, wobei sie die eigenen Aktionsmöglichkeiten durch Negation vorhandener Standards erweitert. Die *dritte Stufe* bringt Fortschritte in der Integration kognitiver Strukturelemente; die Person integriert relativistisch, indem sie den sozialen Kontext von Handlungsmöglichkeiten, Bewertungen etc. berücksichtigt. Sie orientiert sich in sozialen Beziehungen pragmatisch an der Tatsache wechselseitiger Abhängigkeit und versucht, Ablehnung zu vermeiden. Die *vierte Stufe* ist durch die Möglichkeit der Synthese differenzierter Gesichtspunkte zu einer neuen Interpretation der Situation ausgezeichnet. Die Person wird damit positiv (im Gegensatz zum Negativismus der zweiten Stufe) unabhängig von externen Vorgaben. Die Komplexität der Umwelt wird mit vier Ausprägungsformen beschrieben, die mit den personalen Komplexitätsstufen korrespondieren. In *zuverlässig-unilateralen Umwelten* werden Ziele und Verfahrensweisen für eine Person oder Gruppe willkürlich von außen gesetzt. Diese Setzungen werden durch Lob für zielgerichtete Handlungen bzw. Tadel für von den Vorschriften → *abweichendes Verhalten* zuverlässig aktualisiert. In *unzuverlässig-unilateralen Umwelten* ist die Person ebenfalls externaler Beeinflussung ausgesetzt, deren Effekte allerdings unzuverlässig kontrolliert werden, d. h., Rückmeldungen für Verhalten erfolgen unregelmäßig und unter Bezug auf variable, oft auch übertrieben anspruchsvolle Standards. Dabei wird die Person überwiegend über Regelverletzungen und Normabweichungen unterrichtet. Eine *behütend-interdependente Umwelt* reduziert die Komplexität der Aufgaben weitgehend und modifiziert die Situation so, daß von vornherein Anlässe für Fehler und unangenehme Konsequenzen weitgehend ausgeschaltet werden. Rückmeldungen sind an zielgerichteten Verhaltensweisen, nicht nur an den Ergebnissen ausgerichtet. In *informierend-interdependenten Umwelten* wird die Komplexität der Situation dem Entwicklungsstand der Person angepaßt, so daß sie unabhängig von äußeren Vorgaben die Bedingungen der Situation kennenlernen und sich mit Schwierigkeiten auseinandersetzen kann. Dabei erfährt die Person Rückmeldung in Form von Hilfestellung bei der Reflexion über die Verhaltenskonsequenzen, die sie erlebt hat, gleichgültig, ob diese in Erfolg oder Mißerfolg bestehen.

4.2 K als Voraussetzung und Ergebnis von Unterricht: Hunt (1975) hat in einem »Entwicklungs-Modell« K der Person als spezifische Lernvoraussetzung und Komplexität der Unterrichtssituation präskriptiv zugeordnet. Zuwenig wie zu sehr komplexer Unterricht tragen nicht zur Entwicklungsförderung bei. Generell gilt, daß ein solches Komplexitätsniveau der Lernsituation am förderlichsten für kognitive Entwicklung ist, das Konflikt mit den bestehenden kognitiven Strukturen auslöst und so Differenzierungs- und Integrationsprozesse in Gang setzt. Zu hohe Umweltkomplexität erschwert es, Konflikt zu erleben; zu geringe Komplexität des Unterrichts läßt zwar Unterschiede zur eigenen kognitiven Struktur erkennen, löst aber keine

Veränderungen aus, da der Lernende bereits über angemessenere Formen der Informationsverarbeitung verfügt. Zahlreiche Untersuchungen bestätigen Wechselwirkungseffekte zwischen personaler und situativer Komplexität in Lernsituationen (Mandl/Huber 1977). Schüler mit niedriger K lernen danach am besten in klar vorstrukturierten, d. h. wenig komplexen Umwelten, während Schüler mit hoher K zwar komplexe Lernsituationen bevorzugen, sich jedoch auch extern vorstrukturierten Instruktionsbedingungen erfolgreich anpassen können (→ *ATI*). Streufert/Streufert (1978) machen darauf aufmerksam, daß hohe K nicht als absolut »gut« und niedrige K nicht als absolut »schlecht« zu bewerten ist. Vielmehr kommt es darauf an, daß die Person lernt, ihre Art und Weise der Informationsverarbeitung an den situativen Bedingungen zu orientieren (z. B. ist unter dem Entscheidungsdruck sozialer Konfliktsituationen langes Abwägen aller Alternativen oft nicht angezeigt).

4.3 K als Determinante von Interaktionsprozessen: Die Bedeutung der K für schulische Interaktion (→ *Lehrer-Schüler-Interaktion*) wurde in der Mehrzahl der Untersuchungen nur unilateral erfaßt. Es zeigte sich, daß Lehrer mit hoher K eher bereit und fähig sind, Interaktionsbedingungen zu realisieren, die eine informierend-interdependente Umwelt kennzeichnen. Diese wiederum fördert die interne Kontrolle der Verhaltenseffekte durch Schüler und flexibel-konstruktive im Gegensatz zu hierarchisch-reproduktiven Integrationsleistungen (Streufert/Streufert 1978; Mandl/Huber 1977). Untersuchungen über den Zusammenhang elterlichen → *Erziehungsstils* und kindlicher → *Entwicklung* bestätigen die Hypothese, nach der Eltern mit geringer K eher durch Strenge, Kontrolle, Willkür und Abhängigkeit gekennzeichnete Erziehungsumwelten schaffen (Harvey/Felknor 1970).

4.4 K in Beratungs- und Therapiesituationen: Sameroff (1975) postuliert Zusammenhänge zwischen der K von Müttern bei der Interpretation kindlichen Verhaltens und der Verursachung kindlicher Verhaltensstörungen. Mütter mit geringer K fühlen sich von ihrem Kind zurückgewiesen und entfremdet, wenn es ihren eng umrissenen konkreten Erwartungen nicht entspricht. Über Etikettierungsprozesse (→ *Abweichendes Verhalten*) übernimmt das Kind die Eigenschaft, »schwierig« zu sein, in sein → *Selbstkonzept* und erfüllt so die elterlichen »Prophezeiungen«. Mütter mit hoher K nehmen das Verhalten ihrer Kinder im Kontext räumlicher und zeitlicher Bedingungen wahr. Sie erleben unerwartetes Verhalten nicht als störende Wesensart des Kindes, sondern als alters- und/oder situationsspezifisches Phänomen. In → *Beratungs*-Situationen haben Berg/Stone (1977), Stein/Stone (1977) Klienten und Interventionsumwelt nach Komplexität einander zugeordnet. Klienten mit hoher K waren in komplexen Situationen (z. B. bei nondirektiver Gesprächsführung) zufriedener und berichteten höheres Selbstbewußtsein als in wenig komplexen Situationen. Wenig komplexe Klienten waren dagegen in wenig komplexen, d. h. weitgehend strukturierten Beratungssituationen zufriedener und erlebten die Berater als hilfreicher. Brill (1977) berichtet von Abnahme interaktiver Probleme und Rückfallquoten, wenn jugendliche Straffällige und betreuende Sozialarbeiter einander nach K passend zugeordnet wurden.

Heinz Mandl
Günter L. Huber

Literatur
Berg, K. S. / Stone, G. L.: Effects of conceptual level and supervision structure on counsellor training. Paper presented at the symposium »Matching Model Approach Applied to Counseling«. American Educational Research Association. New York 1977. – *Brill, R.:* Implications of the conceptual level matching model for treatment of delinquents. Paper presented at the 1st Conference of the International Differential Treatment Association. Rensselaerville, N. Y. 1977. – *Bronfenbrenner, U.:* Toward an experimental ecology of human development. In: American Psychologist 32 (1977), S. 513–531. – *Dörner, D.:* Problemlösen als Informationsverarbeitung. Stuttgart 1976. – *Harvey, O. J. / Hunt, D. E. /Schroder, H. M.:* Conceptual systems and personality organization. New York 1961. – *Harvey, O. J. / Felknor, C.:* Parent-child relations as an antecedent to conceptual functioning. In: *Hoppe, R. A. / Milton, G. A. / Simmel, E. C.* (Hrsg.): Early experience and the processes of socialization. New York/London 1970, S. 167–206. – *Huber, G. L. / Mandl, H.:* Differenziertheit und Integriertheit des Konstrukts der kognitiven Komplexität. Zum Problem der Operationalisierung des Konstrukts. In: *Mandl, H. / Huber, G. L.* (Hrsg.): Kognitive Komplexität. Göttingen 1978, S. 219–247. – *Hunt, D. E.:* Matching models in education. Toronto 1971. – *Hunt, D. E.:* Person-environment interaction: A challenge found wanting before it was tried. In: Review of Educational Research 45 (1975), S. 209–230. – *Kluck, M.-L.:* Einige Probleme bei der Messung von Integration. In: *Mandl, H. / Huber, G. L.* (Hrsg.): Kognitive Komplexität. Göttingen 1978, S. 249–262. – *Krohne, H. W.:* Kognitive Strukturiertheit als Bedingung und Ziel schulischen Lernens. Zeitschrift für Entwicklungspsychologie und Pädagogi-

sche Psychologie 10 (1977), S. 54–75. – *Krohne, H. W. / Laucht, M.*: Zur Operationalisierung des Konstrukts der kognitiven Strukturiertheit. In: *Mandl, H. / Huber, G. L.* (Hrsg.): Kognitive Komplexität. Göttingen 1978, S. 193–217. – *Mandl, H. / Huber, G. L.*: Förderung und Hemmung kognitiver Komplexität in der Schule. Zeitschrift für Pädagogik 23 (1977), S. 195–210. – *Mandl, H. / Huber, G. L.* (Hrsg.): Kognitive Komplexität. Bedeutung, Weiterentwicklung, Anwendung. Göttingen 1978. – *Neisser, U.*: Cognition and Reality. New York 1976. – *Norman / Rumelhart.*: Explorations in cognition. San Francisco 1975. – *Sameroff, A.*: Early influences on development: fact or fancy? In: Merrill-Palmer Quarterly 21 (1975), S. 267–293. – *Schroder, H. M. / Streufert, S.* The measurement of four systems of personality structure varying in level of abstractness: Sentence completion method. Princeton University: ONR Technical Report No. 11, 1962. – *Schroder, H. M. / Suedfeld, P.* (Hrsg.): Personality theory and information processing. New York 1971. – *Schroder, H. M.*: Conceptual complexity and personality organization. In: *Schroder, H. M. / Suedfeld, P.* (Hrsg.): Personality theory and information processing. New York 1971. – *Schroder, H. M. / Driver, M. J. / Streufert, S.*: Menschliche Informationsverarbeitung. Weinheim 1975. – *Schroder, H. M.*: Trainingsmethoden zur Leistungsförderung in komplexen Umwelten. In: *Mandl, H. / Huber, G. L.* (Hrsg.): Kognitive Komplexität. Göttingen 1978, S. 311–326. – *Schroder, H. M.*: Die Bedeutsamkeit von Komplexität. In: *Mandl, H. / Huber, G. L.* (Hrsg.): Kognitive Komplexität. Göttingen 1978, S. 35–50. – *Seiler, Th. B.*: Überlegungen zu einer kognitionstheoretischen Fundierung des Konstrukts der Kognitiven Komplexität. In: *Mandl, H. / Huber, G. L.* (Hrsg.): Kognitive Komplexität. Göttingen 1978, S. 111–139. – *Seiler, Th. B.* (Hrsg.): Kognitive Strukturiertheit. Stuttgart 1973. – *Stein, M. L. / Stone, G. L.*: Effects of conceptual level and structure on initial interview behavior. Paper presented at the symposium »Matching Model Approach Applied to Counseling«. American Educational Research Association. New York 1977. – *Streufert, S. / Streufert, S. C.*: Behavior in the complex environment. Washington 1978. – *Streufert, S.*: Zum Stand der Kognitiven Komplexitätstheorie. In: *Mandl, H. / Huber, G. L.* (Hrsg.): Kognitive Komplexität. Göttingen 1978, S. 85–96. – *Streufert, S. C.*: Ein kurzer Überblick über die Verfahren zur Erfassung kognitiver Komplexität. In: *Mandl, H. / Huber, G. L.* (Hrsg.): Kognitive Komplexität. Göttingen 1978, S. 171–178.

Kognitive Stile

1. Definition kognitiver Stile: Kognitive Stile (KS) sind hypothetische Konstrukte, in denen intraindividuell zeitlich relativ stabile, jedoch in Relation zu spezifischen Umweltsegmenten unterschiedlich ausgeprägte Formen der Informationsverarbeitung beschrieben werden. Damit sollen interindividuelle Unterschiede/Übereinstimmungen des Handelns unter gleichartigen/verschiedenartigen Umweltbedingungen erklärt werden (Fröhlich 1972; Goldstein/Blackman 1978). Stilkonstrukte beschreiben nicht Inhalte (z. B. spezifisches Wissen), sondern Prozeß- und Strukturmerkmale der Informationsverarbeitung, d. h. nicht das Was, sondern das Wie der kognitiven Prozesse. Messick (1976) zählt in einer Literaturübersicht 19 verschiedene KS auf. *Selektive Stile* der Informationsaufnahme sind Feldabhängigkeit vs. Feldunabhängigkeit, Element- vs. Formartikulation, Extensität und Intensität der Aufmerksamkeitszuwendung (scanning), Toleranz für ungewöhnliche Erfahrungen, eingeschränkte vs. flexible Aufmerksamkeitskontrolle, Präferenz für unterschiedliche Sinnesmodalitäten. *Organisierende Stile* der Informationstransformation sind bevorzugte Begriffsstile (relational, analytisch-deskriptiv, kategorial-schlußfolgernd), Bandbreite oder Kategorisierungsumfang, konzeptuelle Differenzierung, diskrete Kategorisierung (compartmentalization), konzeptuelle Artikulation, konzeptuelle Integration, → *kognitive Komplexität*, Nivellierung vs. Akzentuierung von Gedanken bei der Speicherung, konvergentes vs. divergentes Denken (→ *Denken und Problemlösen*). *Handlungsleitende Stile* der Informationsanwendung sind Reflexivität vs. Impulsivität, Risikobereitschaft vs. Vorsichtigkeit, hohe vs. niedrige Automatisierung sowie konzeptuelle vs. perzeptuelle Dominanz.

2. Generalität vs. Spezifität kognitiver Stile: Die Annahme intraindividuell wenig variierender Formen der Informationsverarbeitung als Kern der Definitionen von KS kann das Konstrukt in die Nähe des Eigenschaftsbegriffs rücken. Aus relativ stabilen Merkmalen kognitiver Prozesse werden generelle Merkmale von Personen, mit denen die individuelle Verhaltenskonsistenz bei einem bestimmten Persönlichkeitstypus in vielfältigen Bereichen der Person-Umwelt-Relationen über längere Zeiträume erklärt bzw. vorhergesagt werden kann (→ *Persönlichkeitstheorien*). Tatsächlich sind einige KS theoretisch eher als generelle Kapazitäten der Person, andere dagegen eher als spezifische Strategien konzipiert; ersteres gilt besonders für Selektionsstile, z. B. Feldabhängigkeit/Feldunabhängigkeit, letzteres für Organisationsstile (Kogan 1976a). KS als Modi der Informationsverarbeitung sind in ihrer Generalität grundsätzlich eingeschränkt, sie sind bereichsspezifisch (Seiler 1978). Empirische Bestimmungen der

Spezifität sind selten und nur für einige KS vorgenommen worden, da der Generalitätsgrad eines KS mehr interessiert hat. Streufert/Streufert (1978) schlagen vor, wenigstens zwischen → *Wahrnehmung* und Handeln in sozialen und nicht-sozialen Umweltausschnitten als vier spezifischen Bereichen zu unterscheiden. Die Ähnlichkeit von KS mit willkürlich aktivierten Strategien der Informationsverarbeitung kann zur Verwechslung mit Fähigkeitskonstrukten und pädagogisch-präskriptiv zur Förderung ausgewählter KS führen. Messick (1976) betont jedoch, daß man KS nicht wie Fähigkeiten gerichtet bewerten darf. Ob stärkere oder geringere Ausprägung eines KS vorteilhaft oder nachteilig für eine Person ist, kann man nicht generell entscheiden, denn dies hängt ab von der spezifischen Umwelt, deren Anforderungen die Person sich anzupassen hat. KS sind bipolar konzipiert, während Fähigkeiten zwischen einem Minimum und einem Maximum variieren; daher werden mit KS typische kognitive Prozesse beschrieben, mit Fähigkeiten dagegen maximale Leistungsniveaus angegeben. Außerdem sind Fähigkeiten immer inhalts- oder produktorientiert (Köstlin-Gloger 1974).

3. *Stabilität vs. Variabilität kognitiver Stile:* In der KS-Forschung sind zwei Ansätze vorherrschend: Es wird entweder versucht, Individuen aufgrund kognitiver Prozeßmerkmale nach Typen zu ordnen, um sie in anderen Verhaltensmerkmalen und/oder spezifischen Umweltbedingungen mit dem Ziel zu vergleichen, stabile interpersonale Unterschiede aufzudecken, oder man versucht, durch → *Trainingsmethoden* Veränderung eines typischen individuellen KS herbeizuführen. Die positiven Befunde beider Ansätze lassen sich verknüpfen, wenn man KS interaktiv von individuellen und Umweltunterschieden abhängig konzipiert. Beispielsweise begünstigt geringe soziokulturelle Strukturierung und Rollendifferenzierung eher Feldabhängigkeit, während hochstrukturierte Gesellschaften feldunabhängige Informationsverarbeitung fördern; eine wenig differenzierte Umwelt (→ *Ökologie*) gestattet undifferenzierte Informationsverarbeitung, doch verwenden kognitiv wenig differenzierte Personen auch zur Strukturierung hochdifferenzierter Situationen nur wenige Dimensionen. Mit Hilfe des Äquilibrationsprinzips Piagets in der Interpretation von Case (1978) können Stabilität *und* Variabilität von KS integriert werden. Äquilibration als Problemlösungsprinzip in Situationen kognitiven Konflikts führt in der assimilativen Form zur Stabilisierung der Wissensstruktur durch Anpassung widersprüchlicher Information an das kognitive System, in Form von Akkommodation zur Veränderung dieses Systems. Entscheidend ist das Ausmaß an Konflikt, dem das System durch neuartige Umweltereignisse ausgesetzt ist. Konflikt entsteht aus der Konfrontation von Erwartungen und kognitiv repräsentierten Umweltbedingungen. Wahrgenommene Anregungen und Anforderungen der Umwelt decken sich selten völlig mit Erwartungen und Zielen der Person; Konflikt und die Möglichkeit problemlösender Variation kognitiver Prozesse sind die Regel (Seiler 1978). Leider liegen nur wenige Untersuchungen zu Bedingungen und Verlauf der → *Sozialisation* von KS vor. Die Konstrukte der epistemologischen Entwicklungstheorie Piagets sind für solche Untersuchungen bedeutsam, denn diese Theorie ist auf die individuellen Organisationsformen (im Unterschied zu den Inhalten) des Wissens ausgerichtet, die wiederum mit der Art des Person-Umwelt-Bezugs erklärt werden. Dieser Bezug müßte allerdings transaktional erfaßt werden, d. h., die empirischen Ansätze müßten vom Phänomen ständiger wechselseitiger Veränderung ausgehen und versuchen, die relative Stabilität von KS zu erklären, nicht umgekehrt. Stabilität der KS ist in Situationen zu erwarten, für die die Person über umfangreiche, wohlgeordnete Erfahrungen verfügt. Mit diesem Vorgehen ließe sich die Forderung Kogans (1976b) einlösen, KS nicht eindimensional zu untersuchen, sondern ein multidimensionales System von KS vorauszusetzen; man würde dann nicht einen linearen Entwicklungsablauf von KS erfassen, sondern unter der Annahme simultaner, jedoch bereichsspezifisch unterschiedlich ausgeprägter Verfügbarkeit *aller* KS aus ihre intraindividuelle Balance und ihr Muster im Zusammenhang mit spezifischen Umweltbedingungen untersuchen. Soziale Einflüsse auf Stabilisierung bzw. Flexibilität erscheinen dabei besonders bedeutsam (→ *Entwicklung*).

4. *Pädagogische Implikationen:* Zwei Arten pädagogischer Schlußfolgerung sind häufig: Von der Annahme stabiler KS aus kann unter Orientierung an erwünschten Lernprodukten die für einen KS optimale Lernumwelt mit dem Ziel geplant werden, Lernerfolg zu maximieren (→ *Schulerfolg und Schulversagen*). Beispielsweise würde man für kognitiv impulsive Kinder von entdeckendem Lernen abra-

ten, weil ihre Tendenzen zu unvollständiger Informationsaufnahme und vorschneller Hypothesenbildung hier die Wissensaneignung beeinträchtigen würden; Darbietung der zu lernenden Begriffe und Regeln könnte ihren Lernerfolg steigern. Unter dem Aspekt der Optimierung von Lernprozessen dagegen wird nach Lernumwelten gesucht, in denen Lernende ihre KS in wünschenswerter Weise verändern können (Hunt 1975; → *ATI*). Eine Spezifikation des zweiten Ansatzes ist das Training bestimmter KS bzw. Lernstrategien (→ *Lerntherapie*).

KS werden also einmal als Voraussetzungen, zum anderen als Ergebnis von Lernerfahrungen angesehen. In pädagogisch orientierten Arbeiten über KS (z. B. Hunt 1978; Kogan 1976a) wird der zweite Ansatz unter Berücksichtigung des ersten bevorzugt. Will man inhaltlich umschriebene Lernergebnisse *und* Entwicklung von KS optimieren, muß die Lernsituation Unterstützung für die Anpassung kognitiver Prozesse an unterschiedliche Forderungen bereithalten. Case (1977) folgert aus der Analyse von Mißerfolgen, daß Kinder meist nicht falsche, jedoch an der Aufgabenkomplexität gemessen zu einfache kognitive Strategien verwenden; denn die angemessene Strategie würde das Arbeitsgedächtnis (→ *Gedächtnis*) überlasten. Für Entwicklungsförderung von KS kommt es darauf an, Kinder dabei zu unterstützen, auf bisher getrennt verarbeitete Information simultan zu achten bzw. kognitive Strategien zu automatisieren. Letzteres wird beim Training von Lernstrategien mit angestrebt. Kolb (1971) hat eine zyklische Folge von konkreter Erfahrung, Reflexion, Generalisierung und Überprüfung von Implikationen in Lernprozessen beschrieben. Demnach muß der ideale Lerner über KS für unterschiedliche Lernphasen verfügen (vgl. Kogan 1976b). Daraus ergibt sich wieder die Forderung nach multidimensionaler KS-Forschung. Sie kann aufgaben- bzw. entwicklungsorientiert durch Berücksichtigung von Anforderungen bzw. Selbstkontroll- und Selbststeuerungsmöglichkeiten notwendige Merkmale der informationsverarbeitenden Prozesse verknüpfen. Beide Richtungen würden die Komplexität pädagogischer Handlungsfelder und soziale Einflüsse stärker berücksichtigen. Voraussetzung ist die Lösung der Operationalisierungsprobleme der verschiedenen KS-Konstrukte.

Günter L. Huber

Literatur

Case, R.: Implications of developmental psychology for the design of effectiv instruction. Invited address presented at the NATO Conference on Cognitive Psychology and Instruction. Amsterdam, June 1977. – *Case, R.*: Piaget and beyond: Toward a developmentally based theory and technology of instruction. In: *Glaser, R.* (Hrsg.): Advances in instructional psychology. Vol. 1. Hillsdale 1978, S. 167–228. – *Fröhlich, W. D.*: Sozialisation und kognitive Stile. In: *Graumann, C. F.* (Hrsg.): Handbuch der Psychologie. Bd. 7. Sozialpsychologie. 2. Halbbd. Göttingen 1972, S. 1020–1039. – *Goldstein, K. M.* / *Blackman, S.*: Cognitive style. New York 1978. – *Hunt, D. E.*: Person–environment interaction. A challenge found wanting before it was tried. In: Review of Educational Research 2 (1975), S. 209–230. – *Hunt, D. E.*: Theorie und Forschung über konzeptuelle Niveaus als Wegweiser zur Erziehungspraxis. In: *Mandl, H.* / *Huber, G. L.* (Hrsg.): Kognitive Komplexität. Göttingen 1978, S. 293–310. – *Köstlin-Gloger, G.*: Sozialisation und kognitive Stile. Weinheim 1974. – *Kogan, N.*: Educational implications of cognitive styles. In: *Lesser, G. S.* (Hrsg.): Psychology and educational practice. Glenview 1976(a), S. 242–292. – *Kogan, N.*: Cognitive styles in infancy and early childhood. New York 1976(b). – *Kolb, D. A.*: Individual learning styles and the learning process. MIT-Working Paper 535–71. Cambridge/Mass. 1971. – *Messick, S.*: Individuality in learning. San Francisco 1976. – *Seiler, Th. B.*: Überlegungen zu einer kognitionstheoretischen Fundierung des Konstrukts der kognitiven Komplexität. In: *Mandl, H.* / *Huber, G. L.* (Hrsg.): Kognitive Komplexität. Göttingen 1978, S. 111–140. – *Streufert, S.* / *Streufert, S. C.*: Behavior in the complex environment. Washington 1978.

Kommunikation

Der Begriff Kommunikation (K) wird wissenschaftlich in großer Bandbreite genutzt. Während eine Mehrzahl von Autoren K in erster Linie als Synonym für ›miteinander sprechen‹ benutzt, hat sich die Beschäftigung mit dem Begriff so weit ausgefächert, daß es bereits eine eigene Disziplin dafür gibt, die sogenannte K-Wissenschaft. Je nach Standort des Autors, so läßt sich in einem groben Überblick sagen, wird unter K nahezu alles verstanden, von der Beschreibung eines Phänomens bis hin zum basalen Konstituens einer sozialen Theorie. Das Dilemma der Bedeutungsbreite des Begriffs spiegelt sich auch auf der Ebene der Wissenschaften Psychologie, Soziologie usw., deren (eine) zentrale Aufgabe die theoretisch-praktische Auseinandersetzung mit dem K-Begriff ist. Im Jahre 1968 machte die National Society for the Study of Communication in den USA unter ihren Mitgliedern eine Umfrage. Sie legte ihnen eine

Reihe möglicher Definitionen vor und erhielt als Ergebnis keinerlei Übereinstimmung unter den Antworten (Baacke 1973).

1. Zum K-Begriff: Zu der Bedeutungsvielfalt des Begriffs K tritt innerhalb der Literatur bei einer Reihe von Autoren noch die grundsätzliche Unterscheidung zwischen personaler und apersonaler K bzw. K und Massen-K. Diese Unterscheidung will vor allem der Tatsache Rechnung tragen, daß sich die direkte K zwischen lebenden Individuen qualitativ und auch formal unterscheidet von den Formen der K, die (primär technischer) Mittel bedürfen. Da diese Unterscheidung allerdings in den meisten deskriptiven wie erklärenden Ansätzen nicht durchgehalten wird, soll sie im folgenden nur dort vollzogen werden, wo sie in den Ansätzen selbst expliziert ist. Gemeinsam ist den meisten K-Theorien, daß sie zwar in erster Linie, aber nicht ausschließlich davon ausgehen, daß sich menschliche K in → *Sprache* und Schrift symbolisiert. Neben dem nicht in Sprache gefaßten Ton (Geräusch, Musik), dem nicht zum Begriff abstrahierten Bild (Gemälde, Fotografie) kann K auch via Gebärden und Gesten, aber auch durch wortloses Handeln erfolgen: nonverbale K (Hinde 1972). Im folgenden soll die Darstellung exemplarischer Ansätze durch eine Einschätzung ihrer pädagogischen Bedeutung und ihrer vermutbaren Folgen für die pädagogische Praxis ergänzt werden.

In den verschiedenen sozialwissenschaftlichen Disziplinen fand der Begriff K, wie so viele andere, Eingang über die Rezeption US-amerikanischer empirischer Forschungen. Zurück geht der Begriff auf das lateinische Verb communicare bzw. das Substantiv communicatio. Communicare bedeutet ›eine Mitteilung machen‹ und ›etwas gemeinsam machen, etwas gemein machen‹, das abgeleitete Substantiv bedeutet ›Mitteilung‹. Von der Begriffsbedeutung her ist also K immer schon ein sozialer Vorgang bzw. der Vorgang, der eine Sache zu einer sozialen macht, in den sozialen Raum vermittelt oder dort als sozialen Akt vollzieht. Innerhalb der Bedeutungsbreite des Begriffs variieren auch die sozialwissenschaftlichen K-Theorien. Die Interpretation von K reicht von der Auffassung, K konstituiere soziale Vorgänge bis zur Annahme, K sei primär ein sozialtechnischer Übermittlungsvorgang. Letztere Position nehmen die funktionalen Beschreibungsansätze ein (vgl. Badura/Gloy 1972; Reimann 1968; Schramm 1964).

2. Funktionale Ansätze: Erste Ansätze einer systematisierten Beschreibung dessen, was sich unter dem Begriff K fassen läßt, gingen mit informationstheoretischen Entwicklungen einher, den Versuchen, menschliche Denk- und Handlungsprozesse mathematisch zu verarbeiten. K wird verstanden als Übertragung einer Botschaft (message) durch einen Vermittler (transmitter) an einen Empfänger, der die Botschaft entschlüsselt. Dieses Modell ist das Grundmodell. Im Laufe der Differenzierung des Modells wurde allerdings eine Reihe weiterer Bedingungen entdeckt, die als Voraussetzung mit in die technische Beschreibung eingehen müssen. Die entscheidende Feststellung besteht darin, daß ein Beschreibungsmodell, das von einem linear einseitigen K-Fluß ausgeht, die Realität menschlicher K nicht zu erfassen vermag. K-Prozesse sind ebenso abhängig von der Rückkopplung durch den Empfänger. Erst die Rückkopplung, die Antwort des Empfängers auf die Botschaft, schafft einen K-Prozeß. Sie gibt dem Sender Auskunft, ob seine Nachricht angekommen ist, wie sie entschlüsselt wurde, ob sie gestört war. Die Antwort oder Rückkopplung löst auch die nächste K-Folge aus, die gleichen Gesetzen wie der erste Schritt folgt. Weitere Differenzierungen ergeben sich aus der Feststellung, daß die Decodierung einer Mitteilung zwar bedeutet, daß der Empfänger die Botschaft verstanden hat, aber nicht, daß er sie akzeptiert. ›Verstehen‹ bedeutet hier allerdings nicht unbedingt, daß der vom Sender gemeinte Inhalt decodiert wurde, sondern nur, daß der Empfänger eine Information (vielleicht das, was er hören wollte) entschlüsselt. Dies ist vor allem dort von Bedeutung, wo zwischen intentionaler und nicht-intentionaler K unterschieden wird. Eine Botschaft, deren eigentlicher Zweck es ist, eine Intention weiterzugeben, hat diesen nicht erreicht, wenn sie zwar verstanden, aber nicht angenommen wird.

Mit dem sogenannten sleeper-effect wird das Phänomen bezeichnet, daß Inhalt und Intention einer Botschaft verstanden und spontan abgelehnt werden (weil z. B. die Botschaft von einem Sender kam, den man ablehnt, da er eine konträre politische Position repräsentiert), daß aber nach einiger Zeit und in einem anderen K-Kontext, wenn sich der damalige Empfänger der Botschaft nicht mehr an den Sender erinnern kann, er eben diese abgelehnte Intention als die seine vertritt. Diese und weitere Differenzierungen, die die Psychologie der K immer komplexer und unüberschaubarer werden ließen, versucht die kybernetische Theorie innerhalb eines Feldmodells zu integrieren. Gehen die mathematisch orientierten Theorien vereinfacht von ›Wenn-Dann‹-Relationen aus, so ist in dem kybernetischen Modell der Tatsache Rechnung getragen, daß sich menschliche Aktion und Reaktion nicht auf Verhaltenskonstanten reduzieren lassen, daß die Summe menschlichen Einzelverhaltens mehr und ein qualitativ anderes als deren bloßes Additionsergebnis ist. Innerhalb eines Regelkreises, so das kybernetische Modell, treffen Sollwerte, Botschaften, auf bereits vorhandene intrapsychische Elemente (Einstellungen, Erfahrungen etc.), gegliedert in Haupt- und Nebensysteme, die die Verarbeitung der Botschaft steuern und einen Istwert generieren. Der K-Vorgang selbst ist in diesem Modell bestimmt durch die Interdependenz von Sollwerten und Steuerungsmechanismen.

Der Versuch, K als Funktion zu bestimmen, wurde in gleicher Weise bei den Phänomenen der Massen-K unternommen. Seit 1948 kennen wir Lasswells gängige Formel: ›Wer sagt was auf welchem Wege zu wem mit welcher Wirkung?‹ Auch dieses Modell eines eingleisigen Mitteilungsvorgangs hat inzwischen eine Reihe von Modifikationen erfahren (vgl. Aufermann u. a. 1973). So wurde beispielsweise festgestellt, daß Massen-K schon in ihrem Ausgangspunkt selektiv verläuft. Was gesendet wird, bestimmen sogenannte *gatekeeper*, die unter der theoretisch unbegrenzten Zahl von Informationen ›relevante‹ auswählen. Wen etwas mit welcher Wirkung erreicht, ist nicht allein abhängig vom Inhalt der Botschaft und dem vermittelnden Medium, sondern wird wiederum selegiert von sogenannten *opinion-leaders*, die moderierenden Einfluß auf die Akzeptanz von Botschaften haben (vgl. Holzer 1973). Schließlich kann auch bei massenkommunikativen Vorgängen nicht einfach von einer Eingleisigkeit ausgegangen werden; verschiedene Personengruppen haben differenzierte Eingriffsmöglichkeiten. Die Besitzer von Kapital und die Inhaber von Macht können direkt auf massenmediale K-Prozesse Einfluß nehmen, ›Normalkonsumenten‹ stehen – zugegebenermaßen weitgehend wirkungslos – Mittel der indirekten Rückkoppelung zur Verfügung: Annahmeverweigerung (Ausschalten, Nichtkaufen), Rückmeldung (Anrufen, Briefeschreiben) etc. (→ *Medien*).

In die Pädagogik haben funktionale K-Theorien vor allem dort Eingang gefunden, wo, gekoppelt an die behavioristische Lerntheorie, Lernen als einfacher Vermittlungsvorgang begriffen wurde (→ *Lernen und Lerntheorien*). Modelle der programmierten Unterweisung, des (weitgehend) lehrerunabhängigen, an Lernprogramme und -maschinen gebundenen Lernens, z. T. auch Funk- und Fernsehkollegs, basieren auf den Sender-Empfänger-Modellen. An den Modifikationen der → *Externen Lernregelung* läßt sich die mangelnde Reichweite funktionaler K-Theorien zeigen. Ihnen ist es zwar möglich, K auf einen technischen Vorgang mit bestimmbaren Variablen zu reduzieren, zu beschreiben und dort, wo eindeutige Regeln angebbar sind (beispielsweise in der Computertechnik), auch zu initiieren, aber sie sind auf technische Konstanten angewiesen und können nicht dem Faktum Rechnung tragen, daß menschliche K von handelnden Individuen in einem sozialen und individuellen, historischen und aktuellen Kontext je qualitativ neu und anders ist.

3. Pragmatische Ansätze: Den größten Einfluß in der Pädagogik gewann die Theorie von Bernstein (1972), der K allerdings auf Sprechen reduziert (→ *Sprache*). Bernstein geht davon aus, daß sich das Sprechen in industrialisierten Gesellschaften in Codes fassen läßt. Der Grad der Beherrschung des jeweiligen Codes bestimmt die Position des Individuums innerhalb der gesellschaftlichen Hierarchie (→ *Sozialisation*). Die Mittel- und Oberschicht, also die Führungsschicht einer Gesellschaft, bedient sich eines elaborierten Codes, der es ermöglicht, Sachverhalte in einen Zusammenhang zu stellen, zu planen und zu erklären. Der Unterschicht steht nur ein restringierter Code zur Verfügung, der es ihr erlaubt, Sachverhalte und einfache Vorgänge zu beschreiben und zu reproduzieren. Voraussetzung für einen Positionswechsel innerhalb der Gesellschaft, für einen Aufstieg von der Unter- in die Mittelschicht, ist die Beherrschung des elaborierten Code. Direkter Ausfluß dieser Theorie waren am Ende der sechziger und zu Beginn der siebziger Jahre die Versuche, eine ›kompensatorische Erziehung‹ zu etablieren, die die Sprechdefizite der Unterschicht und so die Klassenunterschiede beseitigen sollte (→ *Vorschulerziehung*).

Von Watzlawick wird K primär unter dem Aspekt ihrer Leistung betrachtet. Sein Grundaxiom lautet: »Man kann nicht nicht kommunizieren« (Watzlawick u. a. 1972, S. 53). Damit ist einmal gesagt, daß *Grundlage* sozialen Verhaltens K ist, und zum anderen, daß jede *Form* des sozialen Verhaltens K ist. Der K-Vorgang selbst beinhaltet nicht nur die Übertragung einer Information, den Inhaltsaspekt, sondern er stiftet zugleich eine Beziehung, indem der Sender dem Empfänger mitteilt, wie er die Information verstanden wissen will (etwa durch den Tonfall der Stimme). Dieser Beziehungsaspekt ist eine Form der Meta-K, insofern er den Inhalt interpretiert. Die Modalitäten der K sind digital oder analog. Digitale K zeichnet sich durch einen hohen Grad an Eindeutigkeit aus, indem z. B. einem realen Objekt (einem Schreibtisch) ein Begriff zugeordnet wird (›Schreibtisch‹); sie dient zur Übertragung von Sachinformationen. Analoge K (etwa ein bedrohliches Stirnrunzeln) bestimmt eher den Beziehungsaspekt. Beide Modalitäten sind in realen K-Abläufen ineinander verwoben. Schließlich hält Watzlawick fest:»Zwischenmenschliche K-Abläufe sind entweder symmetrisch oder komplementär, je nachdem, ob die Beziehung zwischen den Partnern auf Gleichheit oder Unterschiedlichkeit beruht« (S. 70). Die pragmatische Absicht und die Leistung dieses Modells von Watzlawick, der aus der klinischen Psychologie kommt, besteht darin, in Abgrenzung zur Freudschen Psychoanalyse psychische Krankheiten nicht mehr als Abnormitäten vom Normfall der K zu kennzeichnen (und zu behandeln), sondern ihre Regeln zu erkennen und an diesen anzusetzen (→ *Intervention und Prävention*). Deutlich machen läßt sich dies an seinem dritten Axiom: »Die Natur einer Beziehung ist durch die Interpunktion der K-Abläufe seitens der Partner bedingt« (S. 16). Dieses Axiom meint, daß K-Abläufe an einem bestimmten Anfangspunkt von den beteiligten Partnern gesetzt werden und daß sich aufgrund dieser Setzung und in Abhängigkeit von sozialen und individuellen Normen dann kommunikatives Verhalten organisiert. Sind diese Interpunktionsabläufe gestört, ist auch die Beziehung gestört, etwa in dem Fall der Mutter, die zu ihrem Kind sagt:»Wenn du gute Noten schreibst, habe ich dich lieb«, und das Kind antwortet:»Wenn du mich lieb hast, schreibe ich gute Noten.« Direkten Eingang in die Pädagogik hat die pragmatische K-Theorie noch nicht gefunden. Indirekt hat sie dort ihre Auswirkungen, wo z. B. bei der Beschreibung des ›hidden curriculum‹ der Schule konstatiert wird, daß das Lehrer- und Schülerverhalten neben den ›eigentlichen‹ Lehr- und Lernvorgängen zusätzliche Auswirkungen und Nebeneffekte für die Erziehung und deren Ergebnisse hat.

4. Handlungsorientierte Ansätze: Handlungsorientierte kommunikationstheoretische Ansätze gehen in modifizierten Formen von der Marxschen Theorie aus. Die zentrale Kategorie dieser Theorie ist die Arbeit. Arbeit, die tätige Auseinandersetzung des Menschen mit der ihn umgebenden Natur, ist für den Menschen die Voraussetzung der Sicherung seiner Reproduktion. Im Gegensatz zum Tier ist der Mensch jedoch, um für seine Reproduktion zu sorgen, auf die Kooperation seiner Artgenossen angewiesen. War der Arbeits- bzw. Produktionsprozeß zu Beginn der Geschichte der Menschheit noch ein gemeinsamer, so wird er mit der Ausweitung der Produktion, dem technischen und geistigen Fortschritt der Menschheit zu einem arbeitsteiligen. Es bilden sich Gruppen von Produzenten, die die Entäußerung ihrer Arbeit, die Produkte austauschen. Die Aufgabe, Arbeit und Produktverteilung zu organisieren und letztlich kollektive Arbeit zu ermöglichen, hat die K. Sie, so läßt sich verkürzt sagen, organisiert soziale Beziehungen in Abhängigkeit von den Verhältnissen der Produktion. Erklärungen von Formen und Deformationen menschlicher K, im Bereich der personalen K wie auch im Bereich der Massen-K, müssen sich demnach auf die historisch entstandenen gesellschaftlichen Verhältnisse beziehen. Menschliche Produktion und menschliche K stehen in einem sich jeweils bedingenden Verhältnis, die Veränderung des einen bedingt Veränderungen des anderen. Im Zentrum handlungsorientierter Theorien steht demnach nicht die Frage nach den Phänomenen und Regeln menschlicher K, sondern nach deren Entstehungsbedingungen und Veränderbarkeit.

Die wichtigste Modifikation der marxistischen Theorie in diesem Bereich leistete Habermas. Neben die zentrale Kategorie Arbeit stellt er die der → *Interaktion*. Hier erhält auch der Begriff der K als sprachliches Handeln konstitutive Bedeutung. K, die sich bei Habermas primär auf Sprechakte bezieht, legt den Sinn bzw. Wahrheitsgehalt von Handeln fest. Wahrheit aber, so Habermas, läßt sich nur durch einen Konsens herstellen und festlegen, innerhalb eines herrschaftsfreien Diskurses: »Die Idee des wahren Konsensus verlangt von den Teilnehmern eines Diskurses die Fähigkeit, zwischen Sein und Schein, Wesen und Erscheinung, Sein und Sollen zuverlässig zu unterscheiden und kompetent die Wahrheit von Aussagen, die Wahrhaftigkeit von Äußerungen und die Richtigkeit von Handlungen zu beurteilen« (Habermas 1972, S. 231). Um diese Kompetenz, von ihm kommunikative Kompetenz benannt, zur Geltung zu bringen, bedarf es äußerer Bedingungen, der idealen Sprechsituation: »Ideal nennen wir im Hinblick auf die Unterscheidung des wahren vom falschen Konsensus eine Sprechsituation, in der die K nicht nur nicht durch äußere kontingente Einwirkungen, sondern auch nicht durch Zwänge behindert wird, die aus der Struktur der K selbst sich ergeben« (S. 232). Regeln des Diskurses sind es, die letztlich die ideale Sprechsituation und damit die Herstellung des wahren Konsensus ermöglichen. Die wichtigste dieser Regeln verlangt eine symmetrische Verteilung der Chancen zur K, als Bedingung für die Elimination jedweder Herrschaftsansprüche.

Die handlungsorientierten Ansätze haben unter dem Begriff der kommunikativen Kompetenz auch Eingang in Pädagogik und Pädagogische Psychologie gefunden. Umstritten ist allerdings, inwieweit der Bestimmung von Habermas gefolgt werden kann, daß sich der Diskurs auf kommunikatives Handeln zu beschränken habe und von realen ›Handlungszwängen‹ freizusetzen sei. Baacke (1973) beschreibt kommunikative Kompetenz als Fähigkeit, die, zielgerichtet auf Emanzipation, alle Formen ›intentional gesteuerter Interaktion‹ umfaßt. Noch deutlicher wird der Handlungsbezug – auch als Grundkonzept für Pädagogik – dort, wo kommunikative Kompetenz bestimmt wird als die Fähigkeit zum zielgerichteten, reflexiven und kollektiven Handeln (Schorb/Mohn/Theunert 1980; → *Handlung und Handlungstheorien;* → *Methoden*). Kommunikative Kompetenz als Handlungskompetenz bedarf der Diskussion und Reflexion des Handelns in kommunikativen Akten, die jedoch nicht allein an Sprache gebunden sein müssen. Sie erschöpft sich nicht in Sprechsituationen, sondern diese sind auf Handeln ausgerichtet, gleich wie sich in ihnen Handeln rückvermittelt. Als Postulat verlangt dies eine Pädagogik, die sozialen Individuen Lernen in kognitiv-reflexiven ebenso wie in aktivierenden Bezügen ermöglicht (→ *Interesse*).

Bernd Schorb

Literatur
Aufermann, J. / Bohrmann, H. / Sülzer, R.: Gesellschaftliche Kommunikation und Information. 2 Bde. Frankfurt 1973. – *Baacke, D.:* Kommunikation und Kompetenz. Grundlegung einer Didaktik der Kommunikation und ihrer Medien. München 1973. – *Badura, B. / Gloy, K.:* Soziologie der Kommunikation. Stuttgart 1972. – *Bernstein, B.:* Studien zur sprachlichen Sozialisation. Düsseldorf 1972. – *Habermas, J.:* Vorbereitende Bemerkungen zu einer Theorie der kommunikativen Kompetenz. In: *Holzer, H. / Steinbacher, K.* (Hrsg.): Sprache und Gesellschaft. Hamburg 1972. – *Hinde, R. A.* (Hrsg.): Non-verbal Communication. Cambridge 1972. – *Holzer, H.:* Kommunikationssoziologie. Reinbek 1973. – *Reimann, H.:* Kommunikationssysteme. Tübingen 1968. – *Schramm, W.* (Hrsg.): Grundfragen der Kommunikationsforschung. München 1964. – *Schorb, B. / Mohn, E. / Theunert, H.:* Sozialisation durch Massenmedien. In: *Hurrelmann, K. / Ulich, D.* (Hrsg.): Handbuch der Sozialisationsforschung. Weinheim 1980. – *Watzlawick, P. / Beavin, J. H. / Jackson, D. D.:* Menschliche Kommunikation. Bern/Stuttgart/Wien 1972.

Kreativität

1. Zur Entwicklung der Kreativitätsforschung: Die Anfänge der Kreativitätsforschung der fünfziger und sechziger Jahre waren stark von den damaligen gesellschaftlichen und wirtschaftlichen Interessen der USA bestimmt. Das herkömmliche Intelligenzkonzept der Psychologie (→ *Intelligenz*) genügte nicht mehr den Anforderungen einer hochindustrialisierten Gesellschaft: Intelligentes Handeln verlangte nun weniger Gedächtnisleistungen und Faktenwissen als Flexibilität und Bereitschaft zum Experimentieren. Die üblichen Intelligenztests überprüften nur »konvergentes« (gradliniges) Denken, also das schnelle Finden der allgemein anerkannten korrekten Lösung zu einem Problem, und nicht »divergentes« (in verschiedene Richtungen strebendes) Denken, welches Probleme erst definiert und nach neuen Lösungswegen sucht. Die von Guilford (1950) eingeführte Differenzierung in konvergentes und divergentes Denken und die Integration beider Denkprozesse in ein einheitliches »Intelligenz-Strukturmodell« bilden bis heute die Grundlage der neueren Kreativitätsforschung. Der Druck öffentlicher Interessen setzte allerdings bei der Kreativitätsforschung der Nachkriegsjahre einen Schwerpunkt, der weniger auf wissenschaftlich-theoretischer Auseinandersetzung mit kreativen Prozessen – im Sinne früherer Grundlagenforschung der

Gestaltpsychologie zu Fragen des »produktiven Denkens« –, sondern auf schneller Anwendung und Umsetzung von Erkenntnissen lag. Viele der später bekannten amerikanischen Kreativitätsforscher, wie Guilford, Torrance, MacKinnon, Barron, Crutchfield und Osborn, hatten zuvor als Psychologen in der Wirtschaft und Industrie gearbeitet und nicht an Universitäten; das prägte die Art ihres pragmatischen Vorgehens.

2. Begriff und theoretische Konzepte: Der Begriff der Kreativität (K) wurde zunächst vor allem im Zusammenhang mit der Auffindung, Beschreibung und Selektion kreativer Produkte gebraucht. Die allgemeine Festlegung auf »Neuheit« und »Nützlichkeit« (oder »Problemadäquatheit«) als Kriterien kreativer Leistung schränkte den Beurteilungsraum auf der einen Seite ein (origineller Unsinn war kein Untersuchungsgegenstand), schaffte aber auf der anderen Seite eine Fülle von Unsicherheitsfaktoren; denn die Urteilsdimensionen »neu – alt« und »brauchbar – unbrauchbar« sind immer person-, situations- und zeitabhängig zu sehen: »Eine Idee wird von einem sozialen System als kreativ akzeptiert, wenn sie in einer bestimmten Situation neu ist oder neuartige Elemente enthält und wenn ein sinnvoller Beitrag zu einer Problemlösung gesehen wird« (Preiser 1976, S. 5). Erschwerend für die K-Forschung ist, daß sie bis heute noch keine einheitliche Konzeption, sondern nur verschiedene – teilweise sich sogar widersprechende – theoretische Ansätze beinhaltet. Einige dieser Ansätze sind vor allem deswegen bekannt geworden, weil sie die für die Diagnostik notwendige Operationalisierung (→ *Test*) kreativer Leistungen vornehmen. Neben dem Intelligenz-Strukturmodell von Guilford steht der assoziationstheoretische Ansatz von Mednick, in dem K als Umformung assoziativer Elemente zu neuen Kombinationen definiert ist. Entscheidend für Anzahl und Art der Assoziationen sind Zeit und Entspannung: Zeitliche Ruhe und entspannte Atmosphäre fördern die Produktion kreativer Assoziationen. Guilford dagegen postulierte und überprüfte mit Hilfe des statistischen Verfahrens der Faktorenanalyse (→ *Statistik*) eine Anzahl von Fähigkeiten (Denkoperationen), deren Ausmaß der Produktion kreativer Ideen bestimmt. Die drei wichtigsten sind die »Flüssigkeit«, die »Originalität« und die »Flexibilität« im Denken, d. h. die Fähigkeit zu vielen und zu ungewöhnlichen Ideen sowie die Fähigkeit zur Umstrukturierung und zur kognitiven Differenzierung. Aber auch der Bezug auf Prozesse des Problemlösens wird im Zusammenhang mit kreativen Leistungen diskutiert. Kreatives Verhalten wird dabei als eine besondere Art des Problemlöseverhaltens gesehen, das sich durch Problemsensitivität bei der Auseinandersetzung mit der Umwelt, aber auch durch Neuheit, Ungewöhnlichkeit und Ausdauer bei der Problemfindung auszeichnet. Dieser Ansatz erscheint vielversprechend, doch weist er gewisse Einschränkungen auf, deren Einbezug gerade für das Verständnis kreativer Leistungen unabdingbar ist: die Ausklammerung affektiver Phänomene (→ *Gefühl*). Sicher ist, daß affektive Momente wie Überraschung, Befriedigung und Stimulation sowohl bei der Entstehung kreativer Produkte als auch bei ihrer Beurteilung eine Rolle spielen. Solange Problemlöseverhalten allerdings wie bisher als rein kognitiver Prozeß gesehen wird, kann sich eine Theorie der K nur schwerlich auf diese Konzeption des Denkens allein stützen (Krause 1977; → *Denken und Problemlösen*).

3. Diagnostik: Die noch fehlende einheitliche Theorie der K führte darüber hinaus zu einer Vielfalt der unterschiedlichsten diagnostischen Erfassungsmethoden. Die Verwendung von K-Tests erscheint in der Anwendung wohl die einfachste, sie ist aber nicht die unproblematischste Methode zur Identifikation kreativer Personen. Kennzeichen der meisten K-Tests ist, daß sie verschiedene Lösungsmöglichkeiten auf eine Frage zulassen oder sogar erwünschen und ohne Zeitdruck durchgeführt werden. Die Auswertung orientiert sich zumeist an den K-Faktoren von Guilford: Die Höhe der »Flüssigkeit« ist bestimmt durch die Anzahl der Ideen; die Höhe der »Flexibilität« ist abhängig vom Ausmaß der inhaltlichen Differenzierung der genannten Ideen; das Ausmaß der »Originalität« wird als statistische Seltenheit einer Antwort im Vergleich zu einer Stichprobe definiert. Zu fragen bleibt aber, in welchem Ausmaß sich kreative Prozesse in einer standardisierten Testsituation einfangen lassen.

4. Intelligenz und K: Die Beziehung zwischen Intelligenz als rein konvergentes Denken (s. o.) und K stand lange Zeit im Mittelpunkt der K-Forschung. Allerdings kam es weniger zu einer grundsätzlichen theoretischen Diskussion um das Intelligenzkonzept, im Sinne einer »kreativen« Modifizierung und Ergänzung, sondern zu weitschweifigen empirischen Abgrenzungsversuchen. So erbrachte die Fülle der Interkorrelationen zwischen Intelligenztests und – teilweise mit großen testtheoretischen Mängeln behafteten – K-Tests keine Klärung zum Problem, sondern nur widersprüchliche Ergebnisse. Inzwischen hat man erkannt, daß die betonte Trennung zwischen divergentem und konvergentem Denken zu Mißverständnissen und Fehlern führte. Beide Denkprozesse schließen sich nicht aus, sie ergänzen sich: ».. . die Arbeit des divergenten Denkens besteht darin, die Grenzen des Konvergenten zu erweitern und vorhandene Strukturen vor Verfestigung zu bewahren« (Kossolapow 1972, S. 147).

5. *Persönlichkeitspsychologische Aspekte:* Ein weiterer Bereich zur Untersuchung kreativer Phänomene ist die Persönlichkeitspsychologie, denn es hat sich gezeigt, daß die Realisierung kreativen Potentials eng mit einigen Persönlichkeitsmerkmalen verknüpft ist. Genannt werden vor allem die Variablen der Ich-Stärke, der Unabhängigkeit, der Konflikt- und Frustrationstoleranz, der Spontaneität, der Risikobereitschaft und der Freude an Komplexität (Preiser 1976). In diesem Zusammenhang stellt sich auch die Frage nach den Bedingungen der Entwicklung der kreativen Persönlichkeit. Die nachgewiesene Bereitschaft kreativer Menschen zur aktiven Auseinandersetzung mit ihrer Umwelt ist eine Frage früher Anregungen und Handlungsmöglichkeiten (→ *Ökologie*). Pädagogisch interessant sind also Untersuchungen der Anregungsbedingungen in der sozialen und materiellen Umwelt des Kindes zu Hause (vgl. Bishop/Chace 1971) und in der Schule (vgl. Torrance 1975). Allgemein hat sich ein Erziehungs- bzw. Unterrichtsstil (→ *Erziehungsstile*) als förderlich erwiesen, der das Kind frühzeitig zum selbständigen entdeckenden Lernen und zur freien Entscheidung ermutigt, bei dem aber auch gleichzeitig Kenntnisse und Anregungen vermittelt sowie Strukturen gesetzt werden, auf denen das Kind schöpferisch aufbauen kann. Auf diesen pädagogischen Leitlinien aufbauend, wurden in den USA spezielle K-Programme für Kinder und Jugendliche entwickelt, die sich auch in den allgemeinen Schulunterricht integrieren lassen (Caesar 1981). Allerdings ist es nicht bekannt, in welchem Umfang sie außerhalb des Forschungsbereiches in amerikanischen Schulen durchgeführt werden. Aber auch in der Bundesrepublik Deutschland hat man mit der Konzeption und Durchführung von Lehrplänen begonnen, die fachgebunden oder fachübergreifend mehr kreative Fähigkeiten beim Schüler ansprechen wollen (vgl. z. B. Deutscher Bildungsrat 1974; Holzheuer 1979).

Sylvia-Gioia Caesar

Literatur
Bishop, D. W. / Chace, C. A.: Parental conceptual systems, home play environment, and potential creativity in children. In: Journal of Experimental Child Psychology 12 (1971), S. 318–338. – *Caesar, S.-G.:* Über Kreativitätsforschung. In: Psychologische Rundschau 1981 (im Druck). – *Deutscher Bildungsrat* (Hrsg.): Spiel und Kommunikation in der Sekundarstufe II. Gutachten und Studien der Bildungskommission. Stuttgart 1974. – *Guilford, J. P.:* Creativity. In: American Psychologist 5 (1950), S. 444–454. Dt.: Kreativität. In: *Mühle, G./Schell, C.* (Hrsg.): Kreativität und Schule. München 1970. – *Holzheuer, R.:* Musik- und Bewegungserziehung. In: *Heuss, G. E. / Rabenstein, R.* (Hrsg.): Handbuch der Fachdidaktik. Fachdidaktisches Studium in der Lehrerbildung. Grundschuldidaktik. München 1979. – *Kossolapow, L.:* Kreativität. In: *Hundertmarck, G. / Ulshoefer, H.* (Hrsg.): Kleinkindererziehung. Bd. 2. München 1972. – *Krause, R.:* Produktives Denken bei Kindern. Weinheim 1977. – *Preiser, S.:* Kreativitätsforschung. Darmstadt 1976. – *Torrance, E. P.:* Creativity research in education: still alive. In: *Taylor, I. A. / Getzels, J. W.* (Eds.): Perspectives in creativity. Chicago 1975.

Legasthenie

1. Der Legastheniebegriff: In der psychologisch-pädagogischen Forschung wurde der Bereich des Lesens und Lesenlernens häufig unter dem Aspekt der Leseschwierigkeiten untersucht, die als »Legasthenie« (L) oder »Lese-Rechtschreibschwäche« bezeichnet werden. Obgleich die Untersuchung gestörter Leselernprozesse bereits über hundert Jahre zurückreicht, besteht heute weniger denn je Einigkeit darüber, was L ist. Ursprünglich bezog sich der Begriff auf alle Fälle von Lesestörungen, wurde später aber eingeschränkt auf solche Kinder, die nur beim Lesenlernen und nicht auch in anderen Bereichen Schwierigkeiten haben. Diese Sichtweise einer isolierten Schwäche bildete die Grundlage der L-Forschung in den letzten Jahrzehnten und bestimmt auch die sogenannte »moderne L-Forschung« seit etwa 1970 (Schlee 1976), die sich an operationalen Definitionskriterien orientiert (vgl. Valtin 1973; Angermaier 1974). Seit Linder (1951, S. 133) wird L definiert als eine ».. . spezielle, aus dem Rahmen der übrigen Leistungen fallende Schwäche im Erlernen des Lesens (und indirekt auch des selbständigen orthographischen Schreibens) bei sonst intakter oder im Verhältnis zur Lesefähigkeit relativ guter Intelligenz«. Diese Diskrepanzannahme wurde zumeist an einem Intelligenztest und einem Rechtschreib- und/oder Lesetest operationalisiert. Man sprach nur dann von L oder Lese-Rechtschreibschwäche, wenn ein Kind neben schwachen Lese-Rechtschreibleistungen (z. B. Prozentrang ≤15) mindestens durchschnittliche Intelligenzwerte (z. B. IQ≥90) erzielte (→ *Intelligenz*). Dieses Konzept führte dazu, daß nicht alle Kinder mit Leselernschwierigkeiten besondere schulische Fördermaßnahmen erhielten, sondern nur die Schüler, bei denen eine solche »isolierte Schwäche« diagnostiziert wurde.

2. *Kritik am traditionellen L-Konzept:* Seit etwa 1975 setzte eine heftige Kritik am L-Konzept ein. Es wurde kritisiert, daß die operationalen Kriterien der L-Definition theoretisch nicht begründbar sind und daß nur von Fehlern und Schwierigkeiten, nicht aber vom Prozeß des Lesenlernens ausgegangen wird. Erst aus der Kenntnis dieses Prozesses wären Erklärungen und sinnvolle Behandlungsschritte für Kinder mit Leselernschwierigkeiten ableitbar (vgl. Schlee 1976). Darüber hinaus wurde der »naive Empirismus« der L-Forschung kritisiert, der zu einer theorielosen Ansammlung unterschiedlichster Ursachenhypothesen führte (Schlee 1976). Letztlich erwies sich der Begriff der L als eine »Leerformel«, die das Lesen und Schreiben als bloße Fertigkeiten und nicht als einen »schriftsprachlichen Kommunikationsprozeß« auffaßt (Spitta 1977). Da die These einer isolierten L nicht haltbar ist, sollte der L-Begriff nicht mehr in Form einer Diskrepanz zu anderen kognitiven Leistungen definiert werden, sondern sollte nach einem Vorschlag Weinerts (1977) alle Schwierigkeiten beim Erwerb und Gebrauch der Schriftsprache umfassen. In der pädagogischen Praxis hätte dies zur Konsequenz, daß alle Kinder, die beim Erlernen der Schriftsprache Probleme haben, zusätzliche Fördermaßnahmen erhalten und nicht nur solche, deren sonstige Schulleistungen und/oder deren Intelligenzwerte mindestens durchschnittliches Niveau erreichen.

3. *L als Störung der schriftsprachlichen Kommunikation:* Wenn man das Lesen und Schreiben als einen Prozeß der Verarbeitung schriftsprachlicher Informationen auffaßt, lassen sich die Teilprozesse der perzeptuellen Aufnahme, der zentralen Verarbeitung und der sprech- und schreibmotorischen Wiedergabe geschriebener Informationen unterscheiden. An jedem dieser Teilprozesse können Störungen oder Schwierigkeiten auftreten. Hierzu liegen innerhalb wie außerhalb der L-Forschung zahlreiche Einzelergebnisse vor, die aber zumeist ohne theoretischen Rahmen unverbunden nebeneinanderstehen. Das Modell der Informationsverarbeitung könnte einen Integrationsansatz dieser Befunde darstellen.

Unter dem Aspekt der *Aufnahme von Informationen* sind sowohl visuelle wie auditive Diskriminationsleistungen untersucht worden, die beide für den Lernprozeß wichtig sind. Darüber hinaus müssen beim Lesen die Sinnesbereiche von Auge und Ohr wie auch die Fähigkeit, Bewegungen der Hand wahrzunehmen, miteinander in Beziehung gesetzt und aufeinander abgestimmt werden. Solche Koordinationsleistungen sind notwendige Voraussetzungen, um einen Text als solchen zu erkennen, ihn zu verstehen und um das Gelesene richtig wiedergeben zu können.

Auf der Ebene der *zentralen Verarbeitung* schriftsprachlicher Informationen wurden die beiden Aspekte »Gedächtnis« und »zentralnervöse Prozesse« untersucht. Die Funktion des → *Gedächtnisses* besteht darin, daß das Gelesene mit dem bisherigen Wissen verglichen wird. Dadurch wird es verstanden und in die kognitive Struktur eingeordnet. Wenn ein Kind Gedächtnisprobleme hat, wird ihm dieser Vergleich schwerfallen oder gar mißlingen. Es versteht nicht, was es gelesen hat, und kommt zu falschen Deutungen des Textes.

Lange Zeit galt der Bereich der neuropsychologischen Prozesse, die beim Lesen und Schreiben ablaufen, als der wichtigste Ursachenbereich für schriftsprachliche Störungen, wobei man in erster Linie an angeborene Ursachen dachte (→ *Genetik*). Hier sind in den letzten Jahren Hypothesen diskutiert worden, die von einer umweltbedingten Veränderbarkeit zentralnervöser Prozesse ausgehen. Dies bedeutet, daß nicht alle hirnorganisch verursachten Lernstörungen angeboren sind. Zumindest ein Teil der zentralnervösen Defekte ist durch Unterricht und Therapie beeinflußbar (→ *Lernschwierigkeiten;* → *Lerntherapie*).

Unter dem Aspekt der *Wiedergabe von Informationen* wird neuerdings den psycho- oder sensomotorischen Teilprozessen des Lesens und Schreibens sehr viel Bedeutung beigemessen. Bislang liegen jedoch erst wenige gesicherte Befunde vor. Es scheint z. B. erwiesen, daß psychomotorische Abläufe eng mit emotionalen Prozessen zusammenhängen. Dies betrifft sowohl grob- als auch feinmotorische Prozesse. Sichere Bewegungsabläufe können z. B. das Selbstsicherheitsgefühl stabilisieren, motorische Unsicherheiten führen gelegentlich zu emotionalen Verunsicherungen. Psychomotorische Therapiekonzepte zur Behebung legasthener Lernschwierigkeiten, die auf diese Koppelung Rücksicht nehmen, haben z. T. beachtliche Erfolge erzielt (vgl. Eggert 1975).

4. Ursachenbereiche der L: Versucht man, die vielfältigen Verursachungsmöglichkeiten schriftsprachlicher Kommunikationsstörungen zu ordnen, lassen sich im wesentlichen folgende Bereiche nennen: ontogenetische Entwicklung, Unterricht und familiäre Faktoren. Bereits die Entwicklung der Lautsprache ist von großer Bedeutung für das Lesenlernen. Kinder, die beim Sprechenlernen Schwierigkeiten haben, lassen auch Probleme beim Lesen- und Schreibenlernen erwarten. Offensichtlich beruhen beide Prozesse – das Erlernen der Laut- und der Schriftsprache – auf ähnlichen Lernvoraussetzungen. So machen z. B. Legastheniker beim Lesenlernen ähnliche Fehler wie Kinder beim Sprechenlernen (Jung 1976). Da legasthene Störungen teilweise auf die Art des Leseunterrichts sowie die gesamte schulische Lernumwelt zurückgeführt werden können, sprechen manche Autoren von L als einer »Lehrschwäche« (Spitta 1977). Die Ursache für entsprechende Lernstörungen wird nicht mehr im Schüler selbst, sondern in seiner schulischen Umwelt gesucht. Neben den schulischen sind auch familiäre bzw. schichtspezifische Faktoren wie Sprachverhalten, Angebot von Lesematerial usw. von Bedeutung, die zu Stigmatisierungen (→ *Abweichendes Verhalten*) und emotionalen Belastungen des Schülers führen. So zeigt sich etwa, daß Legastheniker eher unsicher, impulsiv, ablenkbar, unselbständig und weniger selbstsicher als andere Kinder sind. Insgesamt ist anzunehmen, daß den emotionalen Faktoren als Ursachen wie als Folgen schriftsprachlicher Störungen eine große Bedeutung beizumessen ist (Trempler 1976).

5. Ausblick: Die in der Forschung erarbeiteten Diagnoseinstrumente der L basieren weitgehend auf der Diskrepanzannahme einer isolierten Schwäche (Lese-Rechtschreib- und Intelligenztests). In Zukunft wird aber stärker auf die obengenannten Aspekte zu achten sein, um ein für kompensatorische und therapeutische Ansätze brauchbares Bild von der individuellen Lernschwierigkeit zu erhalten. Auf der therapeutischen Ebene sind daher neben den unmittelbaren Lese- und Schreibübungen sowie dem akustischen und visuellen Wahrnehmungstraining auch die emotionalen und familiären Faktoren zu berücksichtigen (vgl. Trempler 1976; Niemeyer 1978). Letztlich muß jeder Diagnose- und Therapieansatz von der Kommunikationsfunktion (→ *Kommunikation*) der Schriftsprache ausgehen, indem Lesen und Schreiben als »Kommunikationshandlungen« des Individuums im Sinne einer »aktiven Sinnkonstruktion« begriffen werden (Spitta 1977). Dies wurde von der bisherigen L-Forschung zuwenig beachtet. Erst eine solche Sichtweise aber wird der Komplexität der schriftsprachlichen Kommunikation und ihrer Störungsmöglichkeiten gerecht (vgl. Zimmermann 1980).

Achim Zimmermann

Literatur
Angermaier, M.: Legasthenie – Verursachungsmomente einer Lernstörung. Weinheim/Basel ³1974. – *Eggert, D.* (Hrsg.): Psychomotorisches Training. Weinheim/Basel 1975. – *Jung, U. O. H.:* Legasthenie als linguistisches Defizit. In: Linguistische Berichte 41 (1976), S. 22–38. – *Linder, M.:* Über Legasthenie (spezielle Leseschwäche). In: Zeitschrift für Kinderpsychiatrie 17 (1951), S. 97–143. – *Niemeyer, W.:* Lese- und Rechtschreibschwäche: Theorie, Diagnose, Therapie und Prophylaxe. Stuttgart 1978. – *Schlee, J.:* Legasthenieforschung am Ende? München 1976. – *Spitta, G.* (Hrsg.): Legasthenie gibt es nicht . . . Was nun? Kronberg/Ts. 1977. – *Trempler, D.* (Hrsg.): Legasthenie – neue Wege der Heilung. Freiburg/Brsg. 1976. – *Valtin, R.:* Legasthenie – Theorien und Untersuchungen. Weinheim/Basel ²1973. – *Weinert, F.:* Legasthenieforschung – defizitäre Erforschung defizitärer Lernprozesse? In: Psychologie in Erziehung und Unterricht 24 (1977), S. 164–173. – *Zimmermann, A.:* Legasthenie und schriftsprachliche Kommunikation. Ansätze zur Neuorientierung eines fragwürdigen Konzepts. Weinheim/Basel 1980.

Lehrerfortbildung

1. Begriffsbestimmung: In der älteren Literatur wird fast durchweg der Begriff Lehrerweiterbildung verwendet. In neuerer Zeit wird dagegen zwischen Lehrerweiterbildung und Lehrerfortbildung (L) unterschieden. Gemeinsam ist, daß es sich um Bildungsbestrebungen handelt, die erst nach der Grundausbildung vollzogen werden. *Lehrerweiterbildung* umfaßt alle Bildungsbestrebungen, welche den Lehrer zu einer neuen Befähigung und damit auch zu einer neuen institutionalisierten Position berechtigen: z. B. Wechsel in einen andern, meist höhern Schultypus durch Zusatzstudium, Wechsel in eine Schule heilpädagogischer Art, Qualifikation zu einer definierten Sonderaktivität wie Legasthenielehrer, Lehrerberater, »Spezialist« für Sonderaufgaben wie Medienpädagogik, Sexualpädagogik, Theaterpädagogik in einem örtlich umschriebenen Schulbereich. L dient der Vertiefung oder der Erweiterung der Kompetenzen im eigenen Handlungsfeld, ohne daß eine mittelbare Veränderung in der institutionellen Position daraus erwächst. Für die *Lehrerweiterbildung* bestehen viele Möglichkeiten, die je nach Land, nach bildungspolitischen Überlegungen, nach Institution unterschiedlich sind. Sie werden berufsbegleitend oder berufsunterbrechend strukturiert und entweder an den Ausbildungsstätten der Grundausbildung oder in eigens eingerichteten Institutionen durchgeführt. Wir wenden uns in den kommenden Ausführungen dem Problem der L zu.

2. *Notwendigkeit der L:* Die Grundausbildung, auch wenn sie in den letzten Jahren vertieft und erziehungswissenschaftlich verbessert worden ist, genügt nicht. Fortbildung als *éducation permanente* ist für Lehrer aller Stufen, aller Schultypen und jeden Alters unbedingt notwendig. Von vielen möglichen Begründungen seien nur einige stichwortartig aufgezählt:

2.1 Notwendigkeit aus anthropologischer Sicht: Grundsätzlich gilt für den Lehrer, wie für jeden Menschen, daß die Auseinandersetzung und Begegnung mit der Welt und sich selbst ein immanenter Auftrag des Menschseins ist. Bildung führt zu einem immer erkenntnisreicheren In-der-Welt-Sein und damit zu einem zunehmend dynamischeren und gestalthafteren Zu-sich-selbst-Sein.

2.2 Notwendigkeit aus der gesellschaftlichen Situation der Schule: Die Schule ist ein Subsystem unserer pluralistischen Gesellschaft. Sie ist zu einem immer empfindlicheren Seismographen divergierender Probleme geworden. Von der Wirtschaft, von der Politik, von kulturellen Verbänden und von Eltern wird Kritik geübt. Gleichzeitig werden immer neue Anforderungen gestellt und der Schule Aufgaben übertragen, welche früher die → *Familie* übernahm, heute jedoch nicht mehr zu vollziehen vermag: Wirtschaftskunde, Freizeiterziehung, Friedenserziehung, Berufsvorbereitung, Medienerziehung, Verkehrserziehung, Sexualerziehung, staatsbürgerlicher Unterricht, um nur einige zu nennen. So steht die Schule im Widerstreit sich gegenseitig polarisierender Normen und Werte, im Widerstreit zwischen Tradition und Zukunftsforderungen, im Dilemma zwischen Ansprüchen der Gesellschaft einerseits und berechtigten altersbedingten und individuellen Ansprüchen und Bedürfnissen der Schüler andererseits. – Grundlagen der Bildungsinhalte sind deren wissenschaftliche Basiserkenntnisse und deren gesellschaftliche Relevanz. Beide Faktoren ändern sich in rascher Folge. Mit Recht spricht man vom wissenschaftlichen und vom gesellschaftsbedingten »Halbzeitwert« alles Wissens. Insofern Schule »für das Leben« vorbereiten muß, erheben neue Einsichten der Wissenschaft und Änderungen gesellschaftlicher Bedürfnisse den Anspruch darauf, Eingang in die Schule zu finden. – Es ist auch an die veränderte gesellschaftliche Position des Lehrers zu denken. Vom »Schulknecht« des 18. und 19. Jahrhunderts hat er sich über den »Bildungspriester« der Reformzeit zum professionellen, bezahlten und damit austauschbaren »Bildungsbeamten« entwickelt. Wenn er in diesem gesellschaftlichen Werdegang auch mehr Freiheiten erhalten hat, so muß er doch immer mehr Rollen übernehmen, und nach wie vor haftet ihm das Stigma »Lehrer« an, das von ihm konformes Verhalten in allen nichtschulbedingten sozialen Feldern erwartet, z. B. als Mitbewohner in einem Miethaus, als Mitglied einer Kirche oder einer Partei.

2.3 Notwendigkeit aus der internen Situation der Schule: Im Binnenraum der Schule steht der Lehrer unter wechselnden Bedingungen. Die Triade Lehrer–Unterrichtsstoff–Schüler hat wenig Konstanten. Der Lehrer ändert seine Einstellungen und sein Verhalten aufgrund neuer Erfahrungen. Kein Beruf hat Selbstreflexion, Neuanpassung, Umstrukturierung, Besinnung, Mut zu Neuerungen so nötig wie der des Lehrers. Wir wissen, daß sich die junge Generation in einem anderen Tempo und in einem anderen Rhythmus entwickelt als frühere Generationen und daß unter dem Einfluß äußerer Bedingungen nicht nur die Norm- und Wertmuster sich ändern, sondern sogar Einwirkungen auf die körperliche Entwicklung erfolgen. Massenmedien,

Streßsituationen, Lärm prägen das Erleben und Verhalten der Schüler, die dadurch nicht lernfreudiger und lernbereiter, sondern eher motorisch unruhiger, unkonzentrierter, apathischer geworden sind.

3. *Trends der L in der Gegenwart:* (a) In vielen Ländern entstanden mehr oder weniger eigenständige Institutionen: Akademien, Institute usw.; (b) Professionalisierung als Zielsetzung; (c) wissenschaftliche Erfassung der Fortbildungsbedürfnisse; (d) Umsetzung curricularer Erkenntnisse in die Zielsetzung, Planung, Durchführung und Evaluation; (e) Abkehr vom traditionellen Kurssystem und Erprobung neuer didaktischer Modelle wie Projektunterricht, handlungsforschungsorientierte Fortbildung, Fortbildung in zeitlichen Blöcken; (f) Partizipation und damit Mitbestimmung und Mitsprache der Teilnehmer in allen Phasen der Fortbildung; (g) Zusammenarbeit mit Eltern und Behörden.

4. *Ziele der L in den Kompetenzbereichen des Lehrers:* Der primäre Auftrag der L liegt darin, einen Beitrag zum Erwerb einer umfassenden Handlungskompetenz des Lehrers zu leisten (→ *Handlung und Handlungstheorien*). Unter der Kompetenz sei die Qualifikation verstanden, welche den Kompetenzträger befähigt, sich in definierten Situationen sachadäquat zu verhalten. Die L hat dem Lehrer zu einer umfassenden Handlungskompetenz in den Aktivitätsfeldern Schulklasse, Schule, Staat und Gesellschaft zu verhelfen.

4.1 Das Verhältnis von Grundausbildung und Fortbildung: Die L unterscheidet sich von der Grundausbildung in folgenden Akzentsetzungen: Die Grundausbildung hat den Junglehrer zu befähigen, die unmittelbaren Probleme der → *Didaktik* und der → *Lehrer-Schüler-Interaktion* im Klassenzimmer zu bewältigen. Die L übernimmt hier Ergänzungs-, Vertiefungs- und Kompensationsfunktion. Neu und ausgeprägt sind die Problemfelder »Schule als Subsystem der Gesellschaft« und »Staat und Gesellschaft«, ihr Einfluß auf die Schule und die damit verknüpften Rollenprobleme und Rollenkonflikte des Lehrers. – Eine besondere Modifikation erfährt die L durch den Einbezug der konkreten Erfahrungen der Teilnehmer. Diese Erfahrungen müssen reflektiert, aufgearbeitet und in die Kursplanung und Durchführung integriert werden. Vermittelt die Grundausbildung die Basiskompetenzen, so liegt ein zentraler Auftrag der L in der Befähigung und in der Motivierung zu Innovationen und Schulreformen. L ist im Schulsystem einer demokratischen Gesellschaft die Bedingung der Möglichkeit für Schulreform und Innovation.

4.2 Kompetenzerweiterung im Handlungsfeld Schulklasse: Sie betrifft die Gestaltung der Lernprozesse *(fachlich-didaktische Kompetenz),* die Gestaltung der zwischenmenschlichen Kommunikation *(pädagogische Kompetenz),* das Verstehen seiner selbst, der Schüler und der Gruppenprozesse *(psychologische Kompetenz).*

Es seien paradigmatisch einige *Ziele* der L formuliert: (a) *Im unterrichtlichen Auftrag:* Fachkenntnisse durch die neuen Erkenntnisse der entsprechenden Wissenschaft ergänzen und die neuen »Stoffe« didaktisch aufarbeiten; die Bildungsinhalte auf ihre gesellschaftlichen und anthropologischen Bedingungen und Auswirkungen befragen; den Mut zu Neuerungen wecken; Bereitschaft, neuere Erkenntnisse der Erziehungswissenschaft (z. B. in den Dimensionen → *Lernen und Lerntheorien,* → *Curriculum,* → *Didaktik*) aufzuarbeiten und in Fragestellungen der Unterrichtspraxis zu transferieren; den eigenen Unterricht legitimieren unter Berufung auf gesellschaftliche, wissenschaftliche und pädagogische Bedingungen (Begründungskompetenz). (b) *Im pädagogischen Auftrag:* eine positive Kommunikation herbeiführen unter Mithilfe neuerer Formen der L wie → *Gruppendynamik,* Transaktionsanalyse, Lehrerverhaltenstraining usw.; den Schüler pädagogisch zur Mündigkeit im Sinne der Rollenreflexion, der Rollendistanz, der Begegnungsbereitschaft und der Verantwortungsbereitschaft hinführen; pädagogische Ziele (→ *Lehrziele*) formulieren, begründen und »Verhaltensstrategien« entwickeln können. (c) *Im Auftrag der Personerfassung:* Entwicklung der sozialen → *Wahrnehmung* zur Beobachtung, Beschreibung und Beurteilung des Gruppenverhaltens und des Verhaltens des einzelnen Schülers; die Verlaufsphase der Entwicklung des Schülers erfassen und didaktische und pädagogische Verhaltenskonsequenzen ziehen; Lern- und Verhaltensstörungen erkennen, nach Ursachen fragen und geeignete Maßnahmen treffen (→ *Lernstörungen;* → *Abweichendes Verhalten*); das eigene Verhalten beobachten, Stigmatisierungen und Erwartungshaltungen erkennen.

4.3 Kompetenzerweiterung im Handlungsfeld Schule: Das Tätigkeitsfeld »Schule« umfaßt den Aktivitätsraum des Lehrers, in dem Interaktionen mit Eltern, Kollegen, Schulbehör-

den und mit jenen gesellschaftlichen Verbänden geschehen, die auf die Schule Einfluß nehmen.
Aus den divergierenden Rollenerwartungen mit einem hohen Konfliktpotential ergeben sich für die L etwa folgende *Ziele:* das komplexe Rollenset durchschauen (Selbstbild und Fremdbild); durch Abbau von Angst Verhaltenssicherheit entwickeln; den Rollendruck »Lehrer-Sein« interpretieren und ihn konfrontieren mit dem eigenen personalen und pädagogischen → *Selbstkonzept;* mit Kollegen und Eltern ein Bezugsverhältnis der gegenseitigen Solidarität, Hilfsbereitschaft, Konfliktlösebereitschaft und gegenseitiger Achtung aufbauen (auch Mut gegen die »Diktatur des Lehrerzimmers«).

4.4 Handlungskompetenz in »Staat und Gesellschaft«: Seit eh und je wurde der Schule die Vermittlung zwischen Individuum und Familie einerseits und Staat und Gesellschaft andererseits in Auftrag gegeben. Konfliktfelder des Lehrers, weil er Lehrer und zugleich Bürger des Staates und Mitglied der Gesellschaft ist, wurden bis heute häufig aus der L ausgeklammert. *Ziele* der politisch-gesellschaftlichen Kompetenzerweiterung des Lehrers können sein: die Verflechtungen der Schule mit politischen, wirtschaftlichen, ideologischen und kulturellen Gegebenheiten durchschauen und begründbare Stellung dazu beziehen; den eigenen Wissens- und Interessenhorizont erweitern durch politische, wissenschaftliche, kulturelle, wirtschaftliche und religiöse Fragestellungen; gesellschaftliche und politische Prozesse in ihrer historischen Dimension durchschauen und ihre Macht- und Legitimationsmechanismen verstehen; an gesellschaftlichen, politischen, wirtschaftlichen und kulturellen Gegebenheiten aktiv teilnehmen, sich aus Überzeugung engagieren oder, durch Reflexion begründet, Widerstand leisten.

5. Das Theorie-Praxis-Problem in der L: Wir definierten den Beitrag der L als Erwerb einer umfassenden Handlungskompetenz, welche sich im Aktivitätsfeld Schulklasse, aber auch im Aktivitätsfeld der Schule als System der Gesellschaft und des Staates auswirkt. Der normative Terminus »Professionalisierung« ist dann berechtigt, wenn damit der Erwerb einer umfassenden Handlungskompetenz, gestützt auf wissenschaftliche Erkenntnisse und auf reflektierte Erfahrung, gemeint ist. Damit aber taucht das Problem des Theorie-Praxis-Verhältnisses auf, formuliert in der Frage, ob, wie und unter welchen Bedingungen das in der Ausbildungssituation Gelernte umgesetzt wird in die konkreten Tätigkeitsfelder.

Zur Überwindung der Kluft zwischen Fortbildungssituation und Praxis müssen *zwei Postulate* verwirklicht werden: (a) Theorie und Ausbildung sind so praxisnah wie möglich zu gestalten; (b) Theoriebedürftigkeit und Weiterbildungsnotwendigkeit seiner Praxis müssen dem Lehrer bewußt sein. Dazu einige Hinweise: Einerseits hängt die Transformation von der Fortbildungssituation auf die Praxis ab von der Bereitschaft des Lehrers zu Verhaltensänderung und Innovation, ebenso von seiner Befähigung und Intelligenz. Andererseits können auch interaktionale oder institutionale Hindernisse auftreten, z. B. von seiten der Kollegen, der Eltern und der Behörden, von obligatorischen Curricula und Lehrmitteln, von Organisationsstrukturen und Verwaltungsbestimmungen. Der Anwendungsprozeß ist auch bedingt durch die unterschiedliche Distanz zwischen Theorie und Praxis: In projektorientierter L, in L in Form der Aktionsforschung (Planungssequenzen unmittelbar umgesetzt in Handlungs- und Evaluationssequenzen) oder in L mit simulierter Schülersituation gibt es kaum Umsetzungsprobleme. Schwierig wird die Umsetzung, wo neues fachliches Wissen didaktisch erarbeitet werden muß. Besonders problematisch wird der Theorie-Praxis-Bezug dort, wo theoretisches Wissen über erziehungswissenschaftliche, kommunikationstheoretische Erkenntnisse in die psychologische und in die pädagogische Kompetenz einzuarbeiten ist, ebenso dort, wo die L nicht auf abrufbares Wissen, sondern auf die Veränderung von Einstellungen und Haltungen hinzielt und nicht unmittelbar in beobachtbare Verhaltensänderung überführt werden kann.

L, die eine umfassende Handlungskompetenz anstrebt, muß daher in allen Phasen umsetzungsorientiert vorgehen. (a) *Planungsphase:* Erfassen der Fortbildungsbedürfnisse; Entwicklung eines Zielkataloges aus den Bedürfnissen; Vorinformation der Teilnehmer über Ziele, Inhalte und Gestaltung unter Mitsprache und Mitbestimmung; Aufforderung, Fallstudien, kritische Entscheidungssituationen aus der Praxis mitzubringen. (b) *Durchführungsphase:* Anknüpfen an die Eigenprobleme; praxisbezogen zuhören, mitdenken und mitgestalten; deduktive Mitgestaltung als Anwendung theoretischer Erkenntnis auf die mitgebrachten Praxisprobleme oder induktive Gestaltung als Entwicklung theoretischer Erkenntnisse und Lösungsstrategien anhand mitgebrachter Praxisfragen; einschalten von zeitlichen Zwischenphasen mit gezielten Anwendungsaufgaben. (c) *Praxisphase:* Anwendungspläne entwerfen; Schwierigkeiten der Veränderung einkalkulieren und Lösungsmöglichkeiten erdenken; Supervision und Mithilfe in der Anwendung durch die Ausbildner; Durchführung einer Evaluation erst nach Praxisbewährung.

6. Zukunftsaufgaben der L: Neben dem noch weitgehend ungelösten, oft auch vernachlässigten Problem der Umsetzung von der Ausbildungssituation in die Praxis ergeben sich einige Aufgaben für die Forschung und für die Verbesserung der L: Da es noch keine allgemein anerkannte Theorie der Schule gibt, kann auch noch nicht von einer Theorie der L gesprochen werden. Notwendig wird die theoretische Reflexion der Probleme der L, die zu einer Systematisierung führt. – Ungelöst scheint die Koordination der Konzepte der L mit denen der Grundausbildung. Ein Gesamtkonzept der Lehrerbildung muß entwickelt werden. – Viele Institutionen vollziehen erfolgreich L. Hilfreich wäre gegenseitige Unterstützung in der Planung, Durchführung und Evaluation, in der Diskussion um Grundsatzfragen, im Erfahrungsaustausch und im Austausch von Angeboten. – In der bildungspolitischen Diskussion erscheinen drei Fragen ungelöst: Soll L auf freiwilliger Basis beruhen, oder gibt es die Notwendigkeit einer obligatorischen L? Ist L ganz in die Freizeit des Lehrers zu verlegen, oder soll sie ganz oder teilweise während der Dienstzeit erfolgen? Soll die erfolgreich absolvierte L auf die Besoldung Einfluß haben; soll also der um seine Fortbildung Bemühte besser besoldet werden als der Lehrer, der sich auf ein Minimum von Berufsaktivitäten beschränkt?

Konrad Widmer

Literatur
Aregger, K. (Hrsg.): Lehrerfortbildung. Projektorientierte Konzepte und neue Berichte. Weinheim 1976. – *Böwer, Chr.* (Hrsg.): Zur Didaktik und Methodik der Lehrerfortbildung. Weinheim 1978. – *Fuhr, R. / Kayser, B.:* Entwicklung und Erprobung eines didaktischen Modells für Lehrerfortbildung. In: Göttinger Monographien zur Unterrichtsforschung 1976/2. – *Holzapfel, G.:* Professionalisierung und Weiterbildung bei Lehrern und Ausbildnern. Weinheim 1975. – *Kaiser, L.:* Die Fortbildung der Volksschullehrer in der Schweiz. Weinheim 1975. – *Platte, H. K.:* Die Weiterbildungsbereitschaft der Lehrer an Grund- und Hauptschulen. Düsseldorf 1976. – *Weibel, W.* (Hrsg.): Lehrerfortbildung – Variante CH. Zürich 1979. – *Widmer, K.:* Die Weiterbildung des Lehrers – eine dringliche Aufgabe. Liestal 1966. – *Widmer, K.:* Fortbildung als Beitrag zu einer umfassenden Handlungskompetenz des Lehrers. In: *Weibel, W.* (Hrsg.): Lehrerfortbildung – Variante CH. Zürich 1979. – *Widmer, K.* (Hrsg.): Bildungsplanung und Schulreform. Zürcher Beiträge zur Erziehungswissenschaft. Frauenfeld 1976.

Lehrer-Schüler-Interaktion

Unter *Lehrer-Schüler-Interaktion* (L) kann man verstehen die Gesamtheit der im Unterricht stattfindenden Prozesse wechselseitigen Wahrnehmens, Beurteilens, Kommunizierens und Beeinflussens intendierter und nicht-intendierter, verbaler und nicht-verbaler, symmetrischer wie komplementärer Art (Ulich 1978, S. 568). Interaktion ist bedingt durch Variablen der gesellschaftlichen und familiären Umwelt, der schulischen Situation, der Persönlichkeit der Partner und deren kognitiver Prozesse.

1. Wissenschaftliche Zugänge: In *sozialpsychologischer Sicht* verläuft ein Großteil schulischer Interaktion nach dem Muster asymmetrischer Kontingenz, da das Verhalten des Lehrers weitgehend geplant ist und den Partner festlegt, während der Schüler sein Verhalten weniger steuert und die Interaktion kaum mitgestaltet. Solche Interaktionen treten in hierarchischen Organisationen auf und sind in der Regel recht unstabil. Nach übereinstimmenden Befunden zum Ausmaß des Sprachverhaltens von Lehrern und Schülern ist unterrichtliche Interaktion nur zum geringen Teil reziprok kontingent. Dort beeinflußt jeder Partner in gleicher Weise partiell das Verhalten des anderen nach seinem Wunsche (→ *Interaktion*). Der Lehrer ist zwar formeller Leiter der Klasse, aber nicht ihr Führer im sozialpsychologischen Sinne. Er vertritt nur bedingt Werthaltungen der Schüler, und seine Handlungen sind nicht darauf ausgerichtet, ein Höchstmaß an Befriedigung für die Gruppenmitglieder zu erreichen. Er verfügt über Macht durch Legitimation, Wissen und Belohnung (Bestrafung), jedoch nicht durch Identifikation. Der sozialpsychologische Ansatz ist zur Beschreibung von Prozessen im sozialen System der Klasse sehr wertvoll und stellt im Bereich der L die vorherrschende Betrachtungsweise dar.

Der *Symbolische Interaktionismus* bietet ein Interpretationsmuster für Erscheinungen

schulischer Interaktionen an. Er versucht, den Prozeß und die Bedingungen zu beschreiben, unter denen die Identität des Individuums sich entwickelt und aufrechterhalten wird (→ *Selbstkonzept*). Kernpunkt ist die Aussage, daß Identität immer Produkt sozialer Interaktionen ist. Ich-Identität wird aufgefaßt als Balance zwischen der Erwartung, so zu sein wie von anderen gewünscht (soziale Identität), und dem Wunsche, so zu sein wie kein anderer, also einzigartig (persönliche Identität). Die Befriedigung eigener Wünsche erfolgt nach Maßgabe des Gleichgewichts zwischen persönlicher und sozialer Identität. Wellendorf (1979) untersucht die L unter dem Gesichtspunkt, inwieweit im Bedeutungszusammenhang des Schulsystems eine Identitätsbalance der beteiligten Personen möglich ist. Er kommt zu dem Schluß, daß eine ungebrochene Darstellung der persönlichen Identität in der Schule nur unzureichend möglich ist, da die individuellen Bedürfnisse der beteiligten Personen, Lehrer und Schüler, in das Arrangement schulischer Realität »als bewußt kommunizierbare Bedeutungen« nicht eingehen (S. 49). Hauptcharakteristika pädagogischer Interaktionen sind eingeschliffene »Rituale«. Ihre Funktion besteht darin, Macht und die Bedeutung von Leistung zu demonstrieren. In den Ritualen kommen Charakteristika des Schulsystems symbolisch zum Ausdruck. Sie verhindern jedoch Rollendistanz und Identitätsdarstellung als Voraussetzung zur Verwirklichung der Identitäts-Balance.
2. Erhebungsmethoden: Vorwiegend im englischsprachigen Raum anzusiedeln ist das mühsame, aber notwendige Geschäft der Entwicklung von *Beobachtungsverfahren* zur Erfassung von L (Amidon/Hough 1967; → *Verhaltensbeobachtung*). Die meisten Systeme verwenden eine größere Zahl von Kategorien für Lehreräußerungen und eine geringere für Schüleräußerungen. In vielen Systemen findet als Grundmuster der Lehrzyklus »Frage–Antwort–Kommentar« Verwendung. Infolge der Regelbestimmtheit des Unterrichtsgeschehens sticht dieser als eine Kommunikationseinheit hervor. Auch die dyadische Interaktion zwischen dem Lehrer und Einzelschülern wird zum Gegenstand der Beobachtung gemacht. Differenzierte Zugänge bedienen sich neben quantitativer Methoden auch *qualitativer Analysen* der Kommunikationsverläufe. *Ethnographisches Vorgehen* (Smith 1979), von rigorosen Methodikern wegen Verlustes an Exaktheit und Verallgemeinerungsfähigkeit lange abgelehnt, gewinnt daneben zunehmend an Bedeutung (→ *Methoden*). Die deutschsprachige Forschung bediente sich lange Zeit der Methode der *Beurteilung* sprachlicher Lehreräußerungen durch sogenannte kompetente Beurteiler. Sie hat versucht, die globale Beschreibung von »Führungsstilen« (sozial-integrativ, autokratisch, laissez-faire) in ein Koordinatensystem einzuordnen, das von den Dimensionen »emotionale Wärme vs. emotionale Kälte«, »Kontrolle vs. Planlosigkeit« und »Aktivität vs. Passivität« aufgespannt wird (Tausch/Tausch 1977). Die *Methoden zur Erhebung von Kognitionen* sind vielfältig und bedienen sich experimenteller Anordnungen sowie verschiedener Fragebogen- und Auswertungstechniken. Es wird versucht, Verfahren zu entwickeln, die möglichst »nahe« an interaktive Handlungen herankommen (Wahl 1979). Dabei werden Video-Aufzeichnungen von natürlichen Unterrichtssequenzen benutzt, an die sich intensive und gerichtete Interviews mit den Interaktionspartnern anschließen.
3. Emotionale Faktoren: Auf den Lehrer bezogen kommt der oben dargestellten Auffassung Wellendorfs vermutlich nur eine beschränkte Gültigkeit zu. Neuere empirische Befunde zur *Berufszufriedenheit von Lehrern* zeichnen im Gegensatz noch zu den sechziger Jahren ein vergleichsweise ausgeglichenes Bild (Merz 1979) von der Stimmungslage des Berufsstandes. Dasselbe kann von Schülern nicht behauptet werden. In einer großen Zahl von Untersuchungen wird übereinstimmend aufgezeigt, daß *Schüler* bei der Lehrerbeurteilung neben Faktoren wie Unterrichtsqualität und fachliche Beschlagenheit vor allem auch auf menschliche Komponenten wie die Wärme des Lehrers, dessen soziale Kompetenz und das Eingehen auf ihre Belange achten (Gerstenmaier 1975). Schüler wünschen sich im Lehrer vor allem ein menschliches Vorbild und einen Kameraden. Lehrer werden von Schülern im fachlichen Bereich in der Regel positiv eingeschätzt. Die Befunde lassen jedoch darauf schließen, daß ein Vermissungserlebnis im Bereich der emotionalen Dimension liegt. In jüngster Zeit lebt die Frage nach der seelischen Verfassung der Schüler unter dem Thema »*Schulangst*« vehement auf (→ *Angst*). Die Forschungslage verweist trotz gegensätzlicher Positionen und unterschiedlicher Schuldzuweisungen auf einen erheblichen Verbreitungsgrad von Erscheinungen

schulischer Beanspruchung hin. Eine genauere Kennzeichnung jener Dimensionen, die Schüler bei Lehrern wahrnehmen, gibt Fend (1977). Es sind Leistungsdruck, Disziplindruck, Interaktionsaspekte (restriktive Kontrolle), Mitbestimmung und der Beziehungsaspekt, die in ihrer jeweiligen Ausprägung für die Schüler das erlebte *Klassen-(oder Schul-)Klima* ausmachen. Bei der Klimaforschung wird angeknüpft an eine lange amerikanische Tradition. Angesichts der trotz Schülermitverwaltung stark einengenden schulischen Umwelt (→ *Lernumwelt*) stellt die Forschung die Frage nach den interpersonalen und intrapersonalen *Taktiken* (Heinze 1976), derer sich Schüler bedienen, um die Schule als quasi-totale Institution so zu definieren, daß sie ihre Identität bewahren können. Die meisten Taktiken dienen dazu, Langeweile im Unterricht zu kaschieren (abgeschirmtes Engagement) oder auszudrücken (geistige Absence, Vermeiden des Blickkontaktes, Selbst-Engagement). Nebenkommunikation im Unterricht kann als Herstellen von Rollendistanz begriffen werden. Trotz Nebenkommunikation mag durchaus meist das notwendige Ausmaß an »Dabeisein« gegeben sein. Doch werden die meisten dieser Verhaltensweisen von den Lehrern in der Regel als störend aufgefaßt, da diese sich in der Verfolgung ihrer Ziele behindert fühlen. Das Streben der Schüler nach Identitätsbalance kann so zu *Disziplinproblemen* führen (→ *Disziplin*). Die Lehrer erleben diese Probleme als Belastung und greifen zu Maßnahmen aus dem gesamten Instrumentarium von legitimierter Machtausübung bis zur → *Verhaltensmodifikation*. Für den Schüler kann Unterricht ein ständiges Wechselbad von Langeweile und Angst sein. Und für den Forscher ein Beispiel für die Institutionalisierung gestörter → *Kommunikation*. Der Etikettierungsansatz spricht von der Produktion → *abweichenden Verhaltens* durch das soziale System, wenn nicht-erwartungsgemäßes Verhalten als persönlich anzulastende Abweichung aufgefaßt wird.

4. *Störungen der Lehrer-Schüler-Interaktion:* Die Psychologie der L zeigt eine Reihe weiterer Fälle auf, in denen Kommunikationsstörungen stattfinden. Daß Lehrer ihre *Noten* nicht nur an dem objektiven Leistungsstand orientieren, ist als »Fragwürdigkeit der Zensurengebung« in die Literatur eingegangen (→ *Schulleistungsmessung*). Sie versuchen z. T., die Noten als pädagogisches Instrument einzusetzen (Heckhausen 1976). Mit der Vergabe von Noten verbinden sie u. a. die Absicht, bei Schülern erhöhte Anstrengung auszulösen bzw. zu bewahren (→ *Leistungsmotivation*). Die Motivierungsabsicht beruht auf zwei impliziten Annahmen: Schüler würden (a) bei positivem Fähigkeitsselbstbild schlechte Noten auf mangelnde Anstrengung zurückführen. Und sie würden (b) eine Verbesserung durch vermehrten Fleiß für möglich halten. Diese Voraussetzungen sind unter der vorherrschenden sozialen Bezugsnorm-Orientierung des Lehrers nicht gegeben. In den Noten schlagen sich relative Leistungen, nicht Leistungsfortschritte nieder. Die Wirkung kann eine genau gegenteilige sein. Im Prozeß der Anstrengungskalkulation erscheint dem Schüler ein erhöhter Einsatz nicht als aussichtsreich. Ein weiterer Bereich bezieht sich auf den Einsatz von *Lob und Tadel*. Die zu widersprüchlichen Ergebnissen gelangenden Untersuchungen über die Wirkung von Lob basieren analog der impliziten Annahme des Lehrers auf der Hypothese, Lob habe eine bekräftigende Wirkung auf das vorausgegangene Verhalten bei Schülern. Nun sind jedoch paradoxe Wirkungen von Lob festzustellen (Meyer 1978). Der Schüler vermutet – durchaus zu Recht –, daß Lehrer verstärkt Lob jenen Schülern zukommen lassen, die bei geringer Begabung ihre Leistungen durch einen erhöhten Einsatz zu erreichen scheinen. Sie ziehen dementsprechend im Falle eines Lobes, das ihnen zuteil wird, vor allem bei leichten Aufgaben den Schluß, der Lehrer schätze ihre Fähigkeit niedrig ein. Auch für den Lehrer ist es mitunter schwierig, in der Kommunikation mit Schülern zu einem Verständnis der Lage zu kommen. Lehrer unterschätzen ganz erheblich den Prozentsatz an Schülern, die sich um eine Versetzung Sorge machen. Es scheint sogar schwierig für sie zu sein, im Unterricht an nonverbalen Hinweisen zu erkennen, ob der Schüler eine Frage verstanden hat oder nicht. Bei der Fülle möglicher Störungen der Interaktion in der Schule ist es notwendig, nach Möglichkeiten des *partnerschaftlichen Diskurses* zu suchen (Lohmann/Prose 1975). Das von Lehrern in den Vereinigten Staaten erprobte Verfahren, sich selbst durch ihre Schüler beurteilen zu lassen, hat sich als Methode der Veränderung des Lehrerverhaltens im deutschen Sprachbereich noch nicht durchgesetzt.

5. *Die Rolle der Erwartung in der Lehrer-Schüler-Interaktion:* Breiten Raum nimmt in

der Forschung die Frage ein, wie sich Erwartungen des Lehrers manifestieren und auf Schüler auswirken. *Erwartungen*, die Interaktionspartner voneinander besitzen, können zu einer Verfälschung der Wahrnehmung in der Interaktion führen. Zillig (1928) überprüfte, wie viele Fehler Lehrer in Deutschheften bei guten und schlechten Schülern anstreichen. 15 der 18 untersuchten Lehrer haben im Mittel 88 Prozent der Fehler beim schlechtesten Schüler, aber nur 61 Prozent beim besten angestrichen. Dies mag einer vernünftigen, nicht-absichtlichen Fehler-Entdeckungsstrategie des Lehrers gleichkommen. Doch erfährt der schlechte Schüler in der Regel eine Benachteiligung. Die Leistungen werden überdifferenziert erfaßt. Die von Rosenthal/Jacobson (1971) vorgelegte Untersuchung, in der als Folge einer geänderten Leistungserwartung der Lehrer einige Intelligenzsteigerungen seitens der betreffenden Schüler auftraten, ist zu Recht heftig kritisiert worden. Doch hat sich die Arbeit in mehrfacher Hinsicht als äußerst fruchtbar für die weitere Forschung erwiesen. Sie verwies auf die Notwendigkeit der Betrachtung der dyadischen Interaktion neben der Interaktion Lehrer–Klasse. Sie führte zu der Vorstellung, daß das Verhalten des Erziehers auch als Reaktion auf das Verhalten der Kinder zu beschreiben ist. Sie regte die Frage an, in welcher Weise sich Lehrererwartungen dem Schüler vermitteln (»Pygmalions Medium«). Sie leitete so eine radikale Umorientierung der theoretischen Position ein.

6. *Kognitive Prozesse in der L:* Das Interesse richtet sich nun mehr auf jene *kognitiven Prozesse*, die interaktives Verhalten bei Lehrern und Schülern bedingen. In der neueren Forschung hat es sich als nützlich erwiesen, zur Klärung von L-Prozessen die Theorie der Ursachenattribution (→ *Attribuierung*) heranzuziehen. Ursachenerklärungen können *auf der Seite des Lehrers* als Sender dadurch verhaltensrelevant werden, daß dieser z. B. meint, der Schüler könne mehr leisten. Er führt unter anderem Mißerfolge weniger auf mangelnde Fähigkeit, mehr auf nicht ausreichende Anstrengung zurück. Neben Attributionen müssen wahrscheinlich noch andere Kognitionen des Lehrers einbezogen werden (Hofer/Dobrick 1978): z. B. dessen Führungstheorie (»der Schüler muß gefordert werden«), Zieldimensionen und sein Erfolgsniveau (→ *Handlung und Handlungstheorien*). Intra- und interindividuelle Unterschiede in den Kognitionen führen vermutlich zu unterschiedlichen L. Es sind vor allem vier Bereiche, in denen sich Lehrer gegenüber Schülern, von denen sie hohe Leistungen erwarten, *anders verhalten* als bei jenen, die sie als wenig leistungsfähig einschätzen: Sie scheinen ihnen ein wärmeres sozio-emotionales Klima zu schaffen, mehr Rückmeldung über ihre Leistungen zu geben, mehr Anforderungen an sie zu stellen und ihnen mehr Gelegenheit zu Frage und Antwort einzuräumen.

Auf der Seite des Schülers als Empfänger sind vermutlich die folgenden Prozesse anzusetzen (vgl. auch Heckhausen 1976): (a) Die angenommene Fremdwahrnehmung der → *Begabung:* Der Schüler nimmt wahr, daß der Lehrer seine Fähigkeit höher einschätzt. (b) Das Selbstkonzept: Er übernimmt die Einschätzung des Lehrers. Sein Selbstbild hellt sich auf (→ *Selbstkonzept*). (c) Die Attribution: Er attribuiert seine Leistungen entsprechend verändert. (d) Die Leistungserwartung: Er erwartet zukünftig bessere Leistungen von sich. (e) Die Anstrengungskalkulation: Er hält Anstrengung auch bei schwierigen Aufgaben für lohnend. (f) Motiviertes Verhalten: Er nimmt stärker Anteil an leistungsbezogenen Tätigkeiten. (g) Leistung: Auf Dauer verbessern sich auch die Leistungen, jede Verbesserung bestärkt die neue Selbsteinschätzung.

Unzureichend für die Beschreibung von L scheint allerdings die Dichotomisierung in gute und schlechte Schüler zu sein. Die → *implizite Theorie* der Lehrer von der Schülerpersönlichkeit ist sicherlich mehrdimensional, doch nehmen Lehrer nicht jeden Schüler ihrer Klasse als einmaliges und unverwechselbares Individuum wahr. In der Regel unterscheiden Lehrer zwischen drei bis fünf *Haupttypen* von Schülern: dem Primus, dem Arbeiter, dem Introvertiert-sensiblen, dem Extravertierten und dem schlechten Schüler. Verschiedene Schüler unterscheiden sich erheblich in ihrem unterrichtlichen Verhalten. Mit Hilfe von Beobachtungsinstrumenten zur Erfassung der dyadischen Interaktion ist es möglich, Lehrerverhalten, das als reine Reaktion auf Schülerverhalten zu werten ist, zu trennen von schülerspezifischen Handlungen unter sonst gleichen Bedingungen. Hierbei kann man proaktives Verhalten feststellen, wobei der Lehrer versucht, bestehende Schülerunterschiede auszugleichen (etwa indem er schlechte und zurückhaltende Schüler häufiger drannimmt und gute und extravertierte bremst). Zum anderen sind auch überreaktive Momente zu beobachten. So dann, wenn Lehrer bei schlechten Schülern weniger lange auf eine Antwort warten als bei guten. Dies mag aus der Sicht des Lehrers »vernünftig« sein. Die bestehenden Unterschiede zwischen Schülern werden aber hervorgehoben und weiter vergrößert. Brophy/Good (1974) liefern hierzu vielfältiges, auch widersprüchliches und nicht immer leicht zu interpretierendes empirisches Material. Es scheint so zu sein, daß proaktives Handeln vom Lehrer eine ständige kognitive Präsenz erfordert, die meist nur zu Beginn einer Interaktionssequenz aufrechterhalten werden kann, im Verlaufe des Eingebundenseins in Interaktionen aber zunehmend zurücktritt zugunsten unmittelbarerer reaktiver Verhaltensweisen.

Manfred Hofer

Literatur
Amidon, E. J. / Hough, J. B. (Hrsg.): Interaction analysis: Theory, research and application. Reading 1967. – *Brophy, J. E. / Good, T. L.:* Teacher-student-relationships. Causes and consequences. New York 1974. – *Fend, H.:* Schulklima: Soziale Einflußprozesse in der Schule. Weinheim 1977. – *Gerstenmaier, J.:* Urteile von Schülern über Lehrer. Weinheim 1975. – *Heckhausen, H.:* Lehrer-Schüler-Interaktion. In: *Weinert, F. E.* u. a. (Hrsg.): Pädagogische Psychologie. Teil IV. Weinheim 1976, S. 85–124. – *Heinze, Th.:* Unterricht als soziale Situation. Zur Interaktion von Schülern und Lehrern. München 1976. – *Hofer, M. / Dobrick, M.:* Die Rolle der Fremdattribution von Ursachen bei der Handlungssteuerung des Lehrers. In: *Görlitz, D.* u. a. (Hrsg.): Bielefelder Symposium über Attribution. Stuttgart 1978, S. 51–63. – *Lohmann, Ch. / Prose, F.:* Organisation und Interaktion in der Schule. Möglichkeiten und Grenzen des Diskurses. Köln 1975. – *Merz, J.:* Berufszufriedenheit von Lehrern. Weinheim 1979. – *Meyer, W.-U.:* Der Einfluß von Sanktionen auf die Begabungsperzeptionen. In: *Görlitz, D.* u. a. (Hrsg.): Bielefelder Symposium über Attribution. Stuttgart 1978, S. 71–87. – *Rosenthal, R. / Jacobson, L.:* Pygmalion im Unterricht. Weinheim 1971. – *Smith, L. M.:* An evolving logic of participant observation, educational ethnography, and other case studies. In: *Shulman, L. S.* (Hrsg.): Review of Research in Education 6 (1978). Itasca 1979, S. 316–377. – *Tausch, R. / Tausch, A.-M.:* Erziehungspsychologie. Göttingen ^{8}1977. – *Ulich, D.:* Interaktionen im Unterricht. In: *Klauer, K. J.* (Hrsg.): Handbuch der Pädagogischen Diagnostik. Düsseldorf 1978, S. 567–586. – *Wahl, D.:* Methodische Probleme bei der Erfassung handlungsleitender und handlungsrechtfertigender subjektiver psychologischer Theorien von Lehrern. In: Zeitschrift für Entwicklungspsychologie und Pädagogische Psychologie 11 (1979), S. 208–217. – *Wellendorf, F.:* Schulische Sozialisation und Identität. Weinheim 1979. – *Zillig, M.:* Einstellung und Aussage. In: Zeitschrift für Psychologie 106 (1928), S. 58–106.

Lehrziel

Anstelle des Ausdrucks »Lehrziel« (L) findet man häufig Bezeichnungen wie »Lernziel«, »Erziehungsziel«, »Bildungsziel« oder »Unterrichtsziel«. Die beiden letzteren brauchen hier nicht näher behandelt zu werden, da sie zum Teil als Synonyme anderer Bezeichnungen, zum Teil zur Benennung von Spezialfällen verwendet werden.

1. Zur Terminologie: Es hängt vom Begriff der → *Erziehung* ab, ob man sinnvoll von Erziehungszielen sprechen kann. Versteht man unter Erziehung eine bestimmte Art absichtlich durchgeführter Handlungen (Brezinka 1971; 1974), so ist es zweckmäßig, das Ziel dieser Handlungen Erziehungsziel zu nennen. Versteht man allerdings unter Erziehung ein Interaktionsgeschehen zwischen Lehrendem und Lernendem (Klauer 1973), so ist es wenig sinnvoll, vom Erziehungsziel zu sprechen, weil ein solcher Interaktionsprozeß in keiner Weise als zielgerichtet aufgefaßt werden kann. Wohl können Lehrende und Lernende mit eigenen Zielvorstellungen in den Prozeß eintreten. In diesem Sinne kann man dann zwischen L als den Zielen des Lehrenden und Lernzielen als den Zielen des Lernenden unterscheiden. Allerdings ist der (zeitweilig sogar erfolgreiche) Versuch unternommen worden, nur noch von Lernzielen zu sprechen, also Begriffe wie Erziehungsziel oder Unterrichtsziel oder L durch den des Lernziels zu ersetzen (Chr. Möller 1969). Danach sollen nicht nur die vom Lehrer vorgegebenen Ziele Lernziele heißen, vielmehr sollte auch der Lehrplan (→ *Curriculum*) nicht aus L, sondern aus Lernzielen bestehen. An dieser Ausweitung des Begriffs »Lernziel« wurde mehrfach Kritik geübt (z. B. Schulz 1970; Klauer 1972; 1973; Heipcke/Messner 1973; Brezinka 1974; Fuchs 1975). Die wichtigsten Argumente sind folgende: (a) Die Lernpsychologie versteht unter Lernen einen nicht beobachtbaren Prozeß, dem in keiner Weise Ziele innewohnen. Verwendet man den Lernbegriff der Psychologie, so kann man nicht von Lernzielen sprechen. Der Lernprozeß kann allerdings von außen – vom Lehrenden wie vom Lernenden – gesteuert, gezielt beeinflußt werden (→ *Lernen und Lerntheorien*). (b) Die Umgangssprache verwendet noch einen anderen Begriff des Lernens, der ein Verhalten, eine Tätigkeit des Lernenden meint, etwa im Sinne des Übens, Einprägens oder Wiederholens. Diese Lerntätigkeit, die nicht immer

Lernen im Sinne der Lernpsychologie zum Erfolg haben muß, kann durchaus zielgerichtet sein. Es ist ohne Schwierigkeiten möglich, Ziele dieser Tätigkeiten als Lernziele zu bezeichnen, denn es handelt sich um die Ziele, die jemand für seine Lerntätigkeit setzt. Über diese Ziele verfügt aber kein Lehrer und kein Curriculum, kein Lehrplan. Mitunter wird der überdehnte Gebrauch des Wortes Lernziel durch folgende Überlegung zu rechtfertigen versucht: Jedes Lehr- oder auch Erziehungsziel müsse, wenn es wirksam werden soll, vom Lernenden als dessen Lernziel übernommen werden. Diese Überlegung ist aber nachweislich falsch. So verstandene Lernziele sind weder eine notwendige noch eine hinreichende Bedingung für das Zustandekommen von Lernen, ja, sie sind noch nicht einmal immer hilfreich, wie die Forschungen zum intentionalen Lernen und zum Lernen bei Säuglingen und Kleinkindern zeigen.
(c) »Lernziel« kann auch nicht als Ziel *für* das Lernen oder *für* den Lernenden gedeutet werden. Ein Lehrplan, der so verstandene »Lernziele« enthält, täuscht eine Verfügbarkeit über den Lernprozeß bzw. über den Lernenden vor, die nicht existieret (Brezinka 1974, S. 131). Die Ziele des Lehrplans sind an den Lehrer adressiert, es sind Ziele für den Lehrer, die er übernehmen und in den Lehr-Lern-Prozeß einbringen soll. Sie sind deshalb zweckmäßig als L zu bezeichnen.
Wie zum Stichwort → *Erziehung* ausgeführt, werden mit L nicht nur schulnahe Ziele gemeint, sondern alle Ziele, die sich Lehrer, Eltern oder Erzieher vornehmen können, insbesondere also auch die Ziele des affektiven und sozialen Bereichs.

2. Die L-Definition
2.1 Was unter L zu verstehen ist: Ziel einer Handlung ist das, was mit der Handlung angestrebt wird. Ein L ist dementsprechend ein Ziel, das – in dem weiten Sinne verstanden – durch Lehrtätigkeiten zu erreichen angestrebt wird. Die bislang kürzeste und allgemeinste Definition des L lautet: *L ist ein bestimmter Ausprägungsgrad eines Persönlichkeitsmerkmals* (Klauer 1978, S. 238). Diese Definition bedarf jedoch der Erläuterung.
L beziehen sich also auf Persönlichkeitsmerkmale, wobei jedem Persönlichkeitsmerkmal ein Ausprägungsgrad zuzuordnen ist (→ *Persönlichkeitstheorien*). Der Ausprägungsgrad hat einen unteren Grenzwert, bei dem das Merkmal praktisch überhaupt nicht vorhanden ist, und einen oberen Grenzwert, bei dem es sich in allen irgendwie relevanten Situationen bemerkbar macht. L ist nun, diesen Ausprägungsgrad zu verändern. Meist soll er angehoben werden, wenn das Kind nämlich etwas lernen soll. Manchmal soll er auch abgebaut werden, wenn das Kind nämlich etwas *ver*lernen soll. Um die Erreichung eines L prüfen zu können, etwa durch einen lehrzielorientierten → *Test*, ist es notwendig, den angestrebten Ausprägungsgrad oder Kompetenzgrad zuvor festzulegen (s. u.).

Der Ausprägungsgrad ist der quantitative Aspekt des L. Der qualitative Aspekt des L bezieht sich auf die Persönlichkeitseigenschaft bzw. auf deren Definition. In der Literatur ist unter dem Einfluß des Behaviorismus längere Zeit diskutiert worden, ob L nicht mit Bezug auf beobachtbares Verhalten definiert werden sollten (Mager 1965; Möller 1969). Das wäre aber ein unrealistisches L, denn der Pädagoge kann nicht konkretes zukünftiges Verhalten bestimmen, weil es immer auch von (nicht vorhersehbaren) situativen Faktoren abhängt. Zukünftiges Verhalten kann er nur mittelbar beeinflussen, nämlich über die daran beteiligten Persönlichkeitsmerkmale des Kindes. Ziel des Pädagogen ist also nicht die Verhaltensformung, sondern die Persönlichkeitsformung. Ein extremer Vorschlag zielt darauf ab, das beobachtbare Testverhalten selbst zum L zu erklären (Mager 1965). Dieser ultraoperationale Vorschlag ist abzulehnen (Cronbach 1969). Er hätte nämlich zur Konsequenz, daß die Frage nach der Validität des Testes sinnlos geworden wäre. Ein solcher Test wäre nicht gut oder schlecht oder verbesserungsfähig, weil er selbst das L darstellt. Erst wenn das L als Persönlichkeitsmerkmal definiert wird, das durch Tests operational zu erfassen ist, stellt sich die Frage nach der Güte und Verbesserungsfähigkeit von Tests. Dadurch bekommt die Definition des Persönlichkeitsmerkmals eine zentrale Rolle. Vorläufig sei definiert: Ein Persönlichkeitsmerkmal ist die durchschnittliche bedingte Wahrscheinlichkeit einer bestimmten Verhaltensklasse in einer gegebenen Situationsklasse. Persönlichkeiten unterscheiden sich darin, wie sie sich in gegebenen Situationen verhalten. Der Ausprägungsgrad des Persönlichkeitsmerkmals ist gleich dieser bedingten Wahrscheinlichkeit. Eine Situation, in der ein bestimmtes Verhalten erwartet wird, kann auch als *Aufgabe* bezeichnet werden. Mitunter handelt es sich um den Leistungsbereich, daß ein Problem vorgegeben und dessen Lösung erwartet wird. Es kann sich aber auch um andere Bereiche handeln, etwa wenn eine Aussage über die Todesstrafe vorgegeben und eine Stellungnahme dazu erwartet wird. Eine Klasse von Aufgaben ist gleich einer Klasse von Situationen, in denen Reaktionen mit einer bestimmten Eigenschaft erwartet werden. Wir können nun besser definieren: Ein Persönlichkeitsmerkmal ist die »Lösungswahrscheinlichkeit« bei einer Aufgabenmenge. Persönlichkeitsmerkmale werden also durch Aufgabenmengen faßbar. An einer Aufgabe lassen sich immer zwei Aspekte unterscheiden, nämlich (a) was wie vorgelegt wird (Inhaltsaspekt und situativer Rahmen) und (b) was an der Vorlage zu tun erwartet wird (Verhaltensaspekt).

Auf sehr elegante Weise geschieht dies durch die Tyler-Matrix (Abb. 1; vgl. auch Schott 1975a). Jede Zelle der Matrix kann eine Aufgabenmenge enthalten.

Abb. 1: Beispiel einer Tylermatrix

		VERHALTEN		
		Wissen	Verständnis	Anwendung
I N H A L T	Zeichensetzungsregel A			
	Zeichensetzungsregel B			

Die Aufgabenmenge ist das, was der Schüler zu beherrschen lernen soll. Traditionell heißt sie der Lehrstoff. Der Lehrstoff hat demnach zwei Komponenten, die Verhaltenskomponente und die Inhaltskomponente, zu der auch der situative Rahmen gehört. Bei vielen schultypischen Lehrstoffen spielt der situative Rahmen eine untergeordnete Rolle. Abb. 2 gibt die Zusammenhänge schematisch wieder. Wenn der Lehrinhalt (einschließlich des situativen Rahmens) und das erwartete Verhalten präzisiert sind, so hat man den Lehrstoff definiert, der eine Aufgabenmenge darstellt. Fügt man noch Angaben über den erwarteten Kompetenzgrad hinzu, so ist ein L definiert.

2.2 Wie L zu operationalisieren sind: Wenn es darum geht, einen lehrzielorientierten Test oder ein lehrzielorientiertes Unterrichtsprogramm zu entwickeln, so kommt es darauf an, das L entsprechend präzise zu definieren. Abb. 2 zeigt die Grundzüge des Verfahrens. Daraus geht hervor, daß zunächst der Kom-

Abb. 2: Vom Lehrinhalt zum Lehrziel

petenzgrad und die Aufgabenmenge – der Lehrstoff – zu bestimmen sind. Der angestrebte Beherrschungsgrad ist seiner Natur nach ein Wahrscheinlichkeitswert, der festzusetzen ist. Die Aufgabenmenge kann durch vollständige Angabe aller Elemente der Menge oder durch Angabe der mengenstiftenden Merkmale definiert werden. Diese Aufgabenmenge heißt fortan Grundmenge. Die Definition der Grundmenge durch mengenstiftende Merkmale bereitet einige Schwierigkeiten. Zunächst ist der Lehrinhalt oder Sachverhalt zu präzisieren, was erheblich problematischer ist als bislang angenommen (Schott 1975b). Sachverhalte können auf mindestens zwei verschiedene Arten dargestellt werden, nämlich durch Aussagen oder Aussageformen (Klauer 1978; 1979). Nur durch Aussagen sind viele historische, geographische und ähnliche Sachverhalte darzustellen. Viele mathematische und physikalische Sachverhalte lassen sich dagegen einfacher durch Aussageformen präzisieren. Die Verhaltenskomponente (und z. T. der situative Rahmen) wird durch die Aufgabenform oder Itemform festgelegt. Man kann sich das an der Itemform Mehrfachwahlaufgabe leicht klarmachen. Deswegen kommt der Festlegung der Itemform eine wichtige Funktion zu. Man kann sich dazu auch der Bloomschen Taxonomie bedienen (Bloom 1972). Diese Taxonomie enthält kognitive Verhaltensziele in einer nach der Komplexität der geforderten Prozesse geordneten Folge, wobei jeder Kategorie geeignete Itemformen zugeordnet sind. Die Anwendung der Itemform auf die Darstellung des Sachverhalts, also auf die Aussagen oder die Aussageform, führt zur Grundmenge von Items (Abb. 3, S. 225). Damit ist die *erste* Stufe der mehrstufigen L-Operationalisierung abgeschlossen.

Die *zweite* Stufe dient der Bildung repräsentativer Aufgabenstichproben. Dazu wird die Grundmenge zunächst in Teilmengen zerlegt. Wenn dies geschehen ist, muß das Repräsentationsverhältnis bestimmt werden. Es kann

Abb. 3: Mehrstufige Lehrzieloperationalisierung

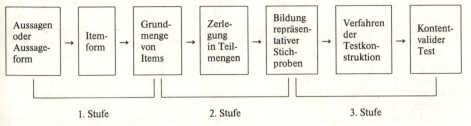

sinnvoll sein, die Teilmengen in der Testmenge gleichmäßig zu repräsentieren, wenn nämlich alle Teilziele gleich gut beherrscht werden sollen. Es kann aber auch sinnvoll sein, von der Gleichverteilung abzuweichen, wobei man sich nach der Mächtigkeitsverteilung in der Grundmenge oder nach der relativen Auftretenshäufigkeit in einem Realitätsbereich richtet (Klauer 1978).

Wendet man auf die repräsentative Itemstichprobe Vorschriften zur Testkonstruktion an, so entsteht in der *dritten* Stufe ein kontentvalider Test. Je nach dem gewählten Verfahren entsteht ein normorientierter oder ein kriteriumsorientierter (lehrzielorientierter) Test, ein klassisch oder probabilistisch konstruierter Test. In der dritten Stufe könnte man statt dessen aber auch die Verfahren zur Konstruktion eines Lehrprogramms oder einer Unterrichtseinheit anwenden. Dann entstünden lehrzielvalide Lehrprogramme oder Unterrichtseinheiten. Eine differenziertere und genauere Darstellung dieses Verfahrens findet man bei Klauer (1978).

3. L-Analyse: Nach Abb. 2 wird die L-Analyse identisch mit der Lehrstoffanalyse, wenn man den angestrebten Kompetenzgrad außer acht oder ihn für alle Versuchspersonen und Teilziele konstant läßt. Unter diesen Bedingungen ist es dasselbe, ob man von L- oder Lehrstoffanalyse spricht. Das Verfahren von Abb. 3 enthält bereits eine Form der L-Analyse, die bei allen denkbaren L möglich ist. Es handelt sich nämlich um die Zerlegung eines L in Teilziele. Bei dieser *Teilzielanalyse* empfiehlt es sich, eine vollständige und überlappungsfreie Aufteilung des Gesamtzieles vorzunehmen. Prinzipiell ist es darüber hinaus möglich, jedes Teilziel erneut als übergeordnetes Gesamtziel zu setzen und es seinerseits einer Analyse in Teilziele zu unterziehen. Im Ergebnis entsteht eine hierarchisch geordnete Baumstruktur, geordnet nach der Relation ». . . ist Teilziel von . . .«. Die so gewonnene

L-Hierarchie läßt sich teils logisch, teils empirisch überprüfen (Klauer 1974; Lühmann 1979).

Betrachtet man die kognitive Struktur solcher Menschen als L, welche den in Rede stehenden Lehrstoff beherrschen, so besteht die L-Analyse in der Analyse kognitiver Strukturen. Das führt zu sogenannten *psychometrischen Hierarchien* (Resnick 1973; Klauer 1974). Sie zeigen die Zusammenhänge zwischen den einzelnen Zielkomponenten, wie man sie typischerweise bei Menschen antrifft, die den fraglichen Lehrstoff bereits beherrschen.

Eine dritte Form der L-Analyse besteht in der Entwicklung von *Lernhierarchien* (Gagné 1962; Klauer 1974; Eigler/Straka 1978). Bei der Lernhierarchie wird jeweils durch Lernexperimente, genauer: durch → *Transfer*-Experimente überprüft, inwieweit das Erlernen eines untergeordneten Hierarchieelements eine Hilfe für das Erlernen eines übergeordneten Elements darstellt. Lernhierarchien stellen also hierarchisch geordnete Baumstrukturen dar, geordnet nach der Relation ». . . ist Lernvoraussetzung für . . .« oder nach der Relation ». . . ist Lernhilfe für . . .«.

Sämtliche Hierarchieformen sind didaktisch von großem Wert. Die Analyse eines L in ein System von Teilzielen löst das Problem, wie man ein allgemeines Ziel in speziellere Teilziele zerlegen kann. Darüber hinaus sind sämtliche drei Hierarchieformen geeignet, um auf ihrer Basis Lehrsequenzen oder Lehrpläne (Curricula) zu entwickeln, die die im Lehrstoff gegebenen Beziehungen berücksichtigen, um die große Zahl theoretisch möglicher Lehrsequenzen zu vermindern (Klauer 1974; Weltner 1974; Lühmann 1979). Dazu sind die Lernhierarchien besonders geeignet. Da sie aber sehr forschungsaufwendig sind, versucht man, zunächst einmal mit psychometrischen Hierarchien auszukommen.

Mit diesen neueren Methoden sind einige Probleme lösbar geworden, die der → *Didaktik* große Schwierigkeiten bereitet haben. Dazu gehört insbesondere der nachvollziehbare und nachprüfbare Übergang von einem allgemeinen zu einem speziellen Ziel. Christine Möller (1969) hatte eine hierarchische Ordnung vom »Richtziel« über »Grobziele« zu »Feinzielen« vorgesehen, wobei nur die letzteren präzise definiert sein sollten. Die Grobziele und mehr noch die Richtziele sollten nur die ungefähre Richtung andeuten und zunehmend weniger Alternativen ausschließen. Konkret bedeutete das, daß sich jeder zu einem Richtziel – etwa zur »Emanzipation« – denken konnte, was er wollte. Es ist klar, daß von einer solchen Position aus keine Möglichkeit besteht, methodisch zwingend von einem übergeordneten allgemeinen Ziel zu untergeordneten speziellen Zielen zu gelangen. Das Problem wurde als das »ungelöste Deduktionsproblem« bezeichnet, ja sogar als prinzipiell unlösbar deklariert (Meyer 1971). Das Problem ist künstlich herbeigeführt worden, und zwar dadurch, daß der Ausgangspunkt, das übergeordnete Ziel, undefiniert blieb. Mit einem undefinierten Ziel kann man in der Tat nichts anfangen. Werden aber auch die übergeordneten Ziele präzise definiert, so sind die genannten Analyseprozeduren anwendbar. Auf anderem Wege kommt Zecha (1978) zur selben Wertung des »ungelösten Deduktionsproblems«.

4. Entscheidung über L: L sind begründbar (Zecha 1979) und kritisierbar (Klauer 1981). Deswegen wird man sich nur für solche L entscheiden, die der Kritik standhalten, indem sie sich als begründet erweisen lassen. L sind aber immer nur relativ zu begründen und zu kritisieren, nämlich relativ auf ein übergeordnetes Ziel. Es handelt sich also um eine bedingte Begründung oder Kritik, geltend unter der Bedingung der Geltung eines übergeordneten Ziels. Absolute oder unbedingte Begründung und Kritik ist nicht möglich. Im Begründungszusammenhang muß man letzten Endes bei bestimmten grundlegenden Zielen, den Basiszielen, stehenbleiben und sie als gegeben hinnehmen. Diese Basisziele heißen auch Grundnormen, Basisnormen (Brezinka 1978; Zecha 1979) oder Soll-Axime (Klauer 1973), wenn sie als Sollsätze formalisiert sind.

Die Basisziele, von denen alle übrigen abhängen, können notwendigerweise nicht selbst wieder begründet werden. Dennoch braucht man sie nicht ungeprüft oder gar willkürlich-dezisionistisch – hinzunehmen: (a) Das System der Soll-Axiome muß nämlich zunächst in sich widerspruchsfrei sein, eines darf das andere nicht ausschließen. (b) Jedes Soll-Axiom muß auch hinsichtlich seiner Konsequenzen geprüft werden, denn es darf sich nicht, soweit erkennbar, durch seine Konsequenzen oder Implikationen selbst aufheben. (c) Die Soll-Axiome haben einen deutlich unterschiedlichen Bezug zu den verschiedenen weltanschaulichen und religiösen Sinndeutungen. Die Verträglichkeit oder Unverträglichkeit eines Soll-Axioms mit einer bestimmten Religion oder Weltanschauung ist einer der möglichen Entscheidungsgründe.

Die Entscheidung über die Basisziele der Erziehung mündet also letzten Endes in philosophisch-ethische bzw. religiöse Fragestellungen; ohne philosophische oder religiöse Verankerung ist sie nicht begründet herbeizuführen. Dennoch sind empirische Disziplinen wie die Pädagogische Psychologie und die empirische Pädagogik mit unverzichtbaren Aufgaben an der L-Entscheidung beteiligt. L müssen definiert werden, wenn man überhaupt sinnvoll über sie sprechen will. Sie müssen meßbar oder erfaßbar – also operationalisiert – werden, wenn man ihre empirischen Konsequenzen prüfen will. Den Implikationen oder Konsequenzen eines übergeordneten L kommt man durch die Methoden der L-Analyse oder Lehrstoffanalyse auf die Spur. Dabei dürfte der Analyse der kognitiven Struktur und allgemeiner der Persönlichkeitsstruktur besonderes Gewicht zukommen. Mit Hilfe solcher Forschungen wird erkennbar, mit welchen – erwünschten wie unerwünschten – Korrelaten bestimmter Ziele zu rechnen ist. Selbstverständlich wird man sich nicht nur auf den kognitiven Bereich beschränken. Beispielsweise zeigt die empirische Wertpsychologie wichtige Zusammenhänge auf, die zu beachten sind (Oerter 1970). Eine ausführliche Darstellung des Grundsatzproblems der L-Forschung findet man an anderer Stelle (Klauer 1981).

Karl Josef Klauer

Literatur

Bloom, B. S. (Hrsg.): Taxonomie von Lernzielen im kognitiven Bereich. Weinheim 1972. – *Brezinka, W.*: Über Erziehungsbegriffe. In: Zeitschrift für Pädagogik 17 (1971), S. 567–615. – *Brezinka, W.*: Grundbegriffe der Erziehungswissenschaft. München/Basel 1974. – *Brezinka, W.*: Metatheorie der Erziehung. München/Basel 1978. – *Cronbach, L. J.*: Validation of educational measures. In: Proceedings of the 1969 Invitational Conference on Testing Problems. New Jersey 1969. – *Eigler, G. / Straka, G. A.:* Mastery Learning. Lernerfolg für jeden? München 1978. – *Fuchs, R.:* Lehrziele und Lernziele als Determinanten des Lehrer- und Lernerverhaltens. In: *Kornadt, H.-J.:* Lehrziele, Schulleistung und Leistungsbeurteilung. Düsseldorf 1975. – *Gagné, R. M.:* The acquisition of knowledge. In: Psychological Review 68 (1962), S. 355–365. – *Heipcke, K. / Messner, R.:* Curriculumentwicklung unter dem Anspruch praktischer Theorie. In: Zeitschrift für Pädagogik 19 (1973), S. 351–374. – *Klauer, K. J.:* Einführung in die Theorie lehrzielorientierter Tests. In: *Klauer, K. J.* u. a.: Lehrzielorientierte Tests. Düsseldorf 1972; ³1975. – *Klauer, K. J.:* Revision des Erziehungsbegriffs. Düsseldorf 1973. – *Klauer, K. J.:* Methodik der Lehrzieldefinition und Lehrstoffanalyse. Düsseldorf 1974. – *Klauer, K. J.:* Kontentvalidität. In: *Klauer, K. J.* (Hrsg.): Handbuch der Pädagogischen Diagnostik. Band 1. Düsseldorf 1978. – *Klauer, K. J.:* Lehrtextbezogene Tests: Transformation von Lehrtexten in Universa von Testaufgaben. In: *Klauer, K. J. / Kornadt, H.-J.* (Hrsg.): Jahrbuch für empirische Erziehungswissenschaft 1979. Düsseldorf 1979. – *Klauer, K. J.:* Über Notwendigkeit, Möglichkeiten und Grenzen pädagogischer Lehrzielforschung. In: *König, E. / Zedler, P.* (Hrsg.): Erziehungswissenschaftliche Forschung. München 1981. – *Lühmann, R.:* Lehrzielhierarchien. Diss. der Phil. und Sozialwiss. Fakultät der TU Braunschweig. Braunschweig 1979. – *Mager, R. F.:* Lernziele und programmierter Unterricht. Weinheim 1965. – *Meyer, H. L.:* Das ungelöste Deduktionsproblem. In: *Achtenhagen, F. / Meyer, H. L.* (Hrsg.): Curriculumrevision, Möglichkeiten und Grenzen. München 1971. – *Möller, Chr.:* Technik der Lernplanung. Weinheim 1969. – *Oerter, K.:* Struktur und Wandlung von Werthaltungen. München 1970. – *Resnick, L. B.* (Hrsg.): Hierarchies in children's learning. A symposium. In: Instructional Science 2 (1973), S. 311–362. – *Schott, F.:* Zur Präzisierung von Lehrzielen durch zweidimensionale Aufgabenklassen. In: *Klauer, K. J.* u. a.: Lehrzielorientierte Tests. Düsseldorf ³1975 a. – *Schott, F.:* Lehrstoffanalyse. Düsseldorf 1975 b. – *Schulz, W.:* Drei Argumente gegen die Formulierung von »Lernzielen« und ihre Widerlegung. In: *Mager, R. F.:* Lernziele und programmierter Unterricht. Weinheim 1970. – *Weltner, K.:* Lernen im Zusammenhang: Ein Versuch zur Ermittlung optimaler Lehrstoffanordnungen. In: Grundlagenstudien aus Kybernetik und Geisteswissenschaften 15 (1974), S. 103–110. – *Zecha, G.:* Irr- und Umwege der neueren Didaktik: Die Lösung des »ungelösten Deduktionsproblems in der Curriculumforschung«. In: *Marhold, M.* u. a. (Hrsg.): Österreichische Beiträge zur Bildungsforschung. Wien 1978. – *Zecha, G.:* Pädagogische Wert- und Normenforschung. In: *Schaller, K.* (Hrsg.): Erziehungswissenschaft der Gegenwart. Bochum 1979.

Leistungsmotivation

1. Begriff und erste Konzeptualisierung

1.1 Begriff: Als *leistungsmotiviert* bezeichnet man ein Verhalten dann, wenn es auf die Auseinandersetzung mit Gütemaßstäben gerichtet ist, wenn also eine Person versucht, einen subjektiv verbindlichen Mengen- oder Gütegrad zu erreichen oder zu übertreffen (McClelland u. a. 1953; Atkinson 1964; Heckhausen 1963). *Leistungsmotivation* (LM) selbst wird dabei als hypothetisches Konstrukt gedacht, das bestimmte Regelhaftigkeiten eines solchen Verhaltens erklären soll. Im besonderen gilt es, inter- und intraindividuelle Unterschiede der Richtung, der Intensität und Ausdauer leistungsthematischen Handelns verständlich und vorhersagbar zu machen.

1.2 Konzeptualisierung: Hinsichtlich der Theoriebildung zur LM lassen sich, grob unterteilt, mindestens drei Theorieentwicklungsstufen unterscheiden, auf die wir im folgenden eingehen und ihre jeweiligen Anwendungsaspekte für die Pädagogische Psychologie skizzieren. Der Beginn der hier einschlägigen Forschung (McClelland u. a. 1953) war mit einer Abkehr von der damals vorherrschenden biologisch-trieborientierten Motivationsforschung verbunden (Heckhausen 1980) und mit einer Neuorientierung an z. T. klinisch ausgerichteter Untersuchungsmethodik, wie sie von Murray (1938) vorgezeichnet war. Experimentell untersucht wurde zunächst, wie leistungsthematische Gedankenstichproben (Phantasien) von Merkmalen der Situation und der Person beeinflußt werden. Damit waren schon zu Beginn zwei Charakteristika der Theoriebildung und Untersuchungspraxis gegeben, die noch heute die LM-Forschung (und inzwischen viele andere Forschungsbereiche) kennzeichnen: (a) Kognitionen erhalten eine zentrale Stellung bei der Verhaltenserklärung. (b) Verhalten wird in der Tradition Lewins (1944) interaktionistisch, d. h. als Funktion von Situation und Person aufgefaßt (Schmalt/Meyer 1976). Beides wird deutlich im sogenannten *Risikowahl-Modell* (Atkinson 1964), das die Bevorzugung von Aufgabenschwierigkeiten auf der Basis von Person- und Situationsfaktoren vorhersagt. Dieses Modell gab der LM-Forschung entscheidenden Auftrieb. Situationsseitig ist es eine Variante der Erwartung x Wert-Theorien (Tolman 1932), bei der der Wert seinerseits von der Erwartung abhängt (→ *Motivation und Motiventwicklung*). Im einzelnen wird angenommen, daß die subjektive Wahrscheinlichkeit, eine Aufgabe lösen zu können, mit der wahrgenommenen Aufgabenleichtigkeit zunimmt. Je größer aber die Erfolgswahrscheinlichkeit wird, um so mehr nimmt der erlebte Wert des Erfolges ab. Da nun beides, Erwartung und Wert des Erfolges, multiplikativ miteinander verknüpft sind, ergibt sich, daß mittelschwere Aufgaben am stärksten motivieren: Die Aufgabe ist noch so leicht, daß man glaubt, sie vielleicht schaffen zu können, andererseits ist sie noch so anspruchsvoll, daß ihre Bewältigung Stolz auf die eigene Tüchtigkeit verspricht. Die erfolgsaufsuchende Tendenz des Leistungsmotivs ist maximal angeregt. Analoges gilt, wenn man die Wahrscheinlichkeit und den (negativen) Wert von Mißerfolg bei der Aufgabe ins Auge faßt, so daß auch die mißerfolgsmeidende Tendenz bei mittelschweren Aufgaben maximal angeregt wird (s. im einzelnen Schneider 1973). Sie soll sich generell leistungshemmend auswirken. Letzteres ist bis heute umstritten (vgl. Heckhausen 1980). Ob nun die situativ mehr oder weniger stark angeregte erfolgsaufsuchende oder mißerfolgsmeidende Tendenz die Verhaltenssteuerung übernimmt, das hängt im Modell von einem Personfaktor ab, nämlich dem *Leistungsmotiv*. Man kann Personen danach unterscheiden, ob sie in Leistungssituationen generell den Wert eines möglichen Erfolges (»Erfolgsanreiz«) stärker oder aber schwächer gewichten als den (negativen) Wert eines möglichen Mißerfolges (»Mißerfolgsanreiz«). Diese Motivunterschiede müssen aber erst situativ angeregt sein, um verhaltenswirksam zu werden. Bei sehr leichten und sehr schweren Aufgaben geschieht das nicht oder kaum, wohingegen bei subjektiv mittelschweren Aufgaben Personen mit überwiegendem Mißerfolgsmotiv die stärkste Meiden- und Personen mit überwiegendem Erfolgsmotiv die stärkste Aufsuchentendenz zeigen sollten.

Selbst in diesem einfachen Grundmodell ist der (erfolgszuversichtlich) »Leistungsmotivierte« also keineswegs als Person konzipiert, die anpassungswillig jede ihr angetragene Aufgabe eifrig zu erledigen sucht. Ob sie sich anstrengt oder nicht oder sich »unzuverlässig« mit ganz anderen Dingen beschäftigt, hängt hier ab von der Schwierigkeit der Aufgabe, die ihr zugewiesen wurde. Es ist von daher auch unangemessen, situationsblind die simple Sequenz: hoch erfolgszuversichtliches Leistungsmotiv bewirkt hohe (Lern-)Motivierung bewirkt hohe (Schul-)Leistung anzunehmen, wie das mitunter in der Sekundärliteratur geschehen ist (s. im einzelnen Rheinberg 1976; 1980). Unter Bedingungen freier Aufgabenwahl hat sich empirisch allerdings gut bestätigen lassen, daß überwiegend erfolgszuversichtliche Personen bevorzugt Aufgaben wählen, die (für sie) mittelschwer sind. Sie versorgen sich offenbar selbst mit Anregungsbedingungen, die für sie motivierend sind – sofern die Situation das zuläßt. Überwiegend mißerfolgsmotivierte Personen zeigen bei freier Wahlmöglichkeit dagegen keine klaren Bevorzugungen von Aufgabenschwierigkeiten und weichen somit auch häufiger auf Aufgaben aus, die (für sie) zu leicht oder zu schwer sind.

1.3 Anwendung: Im Hinblick auf Untersuchungen im pädagogisch-psychologischen Bereich legt das Risikowahl-Modell Studien nahe, die zeigen müßten, daß je nach subjektiver Aufgabenschwierigkeit, die ein Unterricht bietet, sich erfolgs- und mißerfolgsmotivierte Schüler mal stärker oder schwächer in ihrer Lernmotivierung unterscheiden. Die Befundlage hierzu ist uneinheitlich, was allerdings nicht notwendig zu Lasten des Modells geht. Soweit wir sehen, prüften nämlich die durchgeführten Untersuchungen das Modell meist nur indirekt, d. h., Ergebnisse wurden über einige, teils ungeprüft plausible Zwischenannahmen mit Modellvorhersagen in Zusammenhang gebracht. Zudem wurden mitunter problematische Kriterien herangezogen, insbesondere Leistungs- statt Motivierungsindikatoren (z. B. O'Connor u. a. 1966; Gjesme 1971). Implizit wurde dabei offenbar eine lineare Beziehung zwischen »Leistung« und LM angenommen, was zumindest bei kurzfristigen Leistungsvollzügen nicht unkritisch ist (Atkinson 1974). Für die motivationale Optimierung von Unterricht brachte das Modell ein besonderes Problem. Stellte ein Lehrer individuell mittelschwere Aufgaben (was ja auch aus methodisch-didaktischen Gründen naheliegt), so würde er für erfolgsmotivierte Schüler besonders günstige, aber für mißerfolgsmotivierte Schüler besonders bedrohliche Anregungsbedingungen schaffen (s. o.). Da beim damaligen Theoriestand das Leistungsmotiv als globales, d. h. nicht weiter aufgeschlüsseltes Personkonstrukt gedacht wurde, dessen Anregung allein von der wahrgenommenen (subjektiven) Aufgabenschwierigkeit abhing, boten sich auch kaum Anhaltspunkte, durch welche zusätzlichen Maßnahmen Mißerfolgsbefürchtungen unter mittlerem Risiko von ihrer bedrohlichen und hemmenden Erlebnisqualität befreit werden können.

2. Leistungsmotiv als Selbstbekräftigungssystem

2.1 Konzeptualisierung: Solche Anhaltspunkte ergaben sich, als zu Beginn der siebziger Jahre im Zuge einer »Kognitiven Wende« (Heckhausen/Weiner 1972) das globale Motivkonstrukt hinsichtlich verschiedener kognitiver und affektiver Teilsysteme analysiert wurde (Heckhausen 1972; Weiner 1972; Meyer 1973; vgl. Halisch 1976). So fanden sich bei mißerfolgsmotivierter im Vergleich zu erfolgszuversichtlicher Motivausprägung nicht nur eine Bevorzugung *unrealistischer Schwierigkeitsgrade* (s. o.), sondern auch die motivspezifische *Attribuierungsvoreingenommenheit,* eigenen Mißerfolg mangelnder Fähigkeit zuzuschreiben und eigenen Erfolg zu externalisieren. Aus letzterem resultiert wiederum eine *negative Selbstbewertungsbilanz,* nämlich vom eigenen Mißerfolg stärker betroffen (Attribution: »mangelnde Begabung«) als vom eigenen Erfolg angetan zu sein (Attribution: »Glück«, »leichte Aufgabe«) (Heckhausen 1972; → *Attribuierung*). Solche und andere Analysen des Motivsystems boten Möglichkeiten, theoriegeleitet in das Motivationsgeschehen Mißerfolgsmotivierter einzugreifen, indem nicht nur realistische Zielsetzungsstrategien (= Bevorzugung mittelschwerer Aufgaben), sondern auch angemessene Verursachungserlebnisse sowie günstige Selbstbewertungsstrategien trainiert wurden (Krug 1976; Krug/Hanel 1976). Das Leistungsmotiv wurde also nicht mehr lediglich als Personkonstante und unabhängige Variable gesehen, sondern als ein »Selbstbekräftigungssystem« (Heckhausen 1972), das sich durch geeignete Maßnahmen verändern läßt.

2.2 Anwendung: Solche *Motivtrainingsprogramme* wurden mit Schülern, allerdings meist außerhalb des Unterrichts, durchgeführt und erwiesen sich als effektiv. Im Hinblick auf die Anwendung im pädagogisch-psychologischen Feld gewann ein unterrichtsspezifischer Ansatz an Bedeutung, der einem Lehrerunterschied, nämlich der sogenannten *Bezugsnorm-Orientierung* (Rheinberg 1980) nachging. Nach Heckhausen (1974) kommt der individuellen Bezugsnorm, also dem Leistungsvergleich mit sich selbst, ein motivationaler Primat zu. Es zeigte sich in der Tat, daß Lehrer, die im Unterricht nicht nur soziale Leistungsvergleiche (»besser oder schlechter als der Klassendurchschnitt?«), sondern auch individuelle Vergleiche (»besser oder schlechter als bisherige Resultate des Schülers?«) einbringen, ein Lernklima schaffen, das die *Leistungsmotiventwicklung* ihrer Schüler günstig beeinflußt (Rheinberg u. a. 1978; 1979; Rheinberg 1979). Genauere Analysen zeigten, daß diese Lehrer auch hinsichtlich anderer Unterrichtsvariablen im Anregungsklima schaffen, das dem der außerschulischen Motivtrainingsprogramme (s. o.) ähnelt (zusammenfassend Rheinberg 1980). Aus der Analyse solcher Lehrer- bzw. Unterrichtsunterschiede und ihrer Effekte wurden inzwischen einige Vorschläge zur motivational förderlichen Gestaltung von Unterricht möglich (Rheinberg 1980). Einige der in der LM-Theorie Heckhausens (1972; 1974) verankerten Unterrichtsempfehlungen finden interessanterweise zurück zu Positionen, wie sie u. a. bereits von Herbart (1831) oder Ziller (1884) vertreten wurden. Das gilt besonders für die nunmehr empirisch begründete Forderung, dem Schüler Leistungsrückmeldungen im zeitlichen Längsschnitt seiner individuellen Tüchtigkeitsentwicklung zu geben (individuelle Bezugsnorm), statt den Unterricht mit sozialen Vergleichen zu überfrachten.

3. Auflösung des Motivkonstrukts

3.1 Konzeptualisierung: In jüngster Zeit zeichnet sich eine dritte Phase der Konzeptentwicklung zum Leistungsmotiv ab. Heckhausen (1977) hat ein »erweitertes kognitives Modell« der LM vorgestellt, in dem das Personmerkmal Leistungsmotiv vorerst unberücksichtigt bleibt. Statt dessen werden an verschiedenen Stellen einer vorweggenommenen oder schon laufenden Handlungssequenz jeweils individuelle Unterschiede postuliert, ohne die Annahme zu machen, daß diese individuellen Unterschiede zu einem einheitlichen Motivsystem organisiert sein müssen. Im Kern enthält dieses Modell (a) eine *Situation* mit verschiedenen Hinweisreizen, (b) eine (mögliche) *Handlung* und (c) ein *Ergebnis,* das aus der Sicht der Person mit bestimmter Wahrscheinlichkeit von der Situation und/oder dem eigenen Handeln abhängen kann. Das »eigentlich motivierende« sind (d) die vorweggenommenen *Folgen,* die das Ergebnis mit einer bestimmten (vermuteten) Wahrscheinlichkeit nach sich zieht oder verhindert (»Instrumentalität« des Ergebnisses). Dabei können die Folgen für die Person verschieden stark positiv oder negativ gewichtet sein. Neben der Anreicherung mit verschiedenen Erwartungstypen ist das Modell offen für verschiedenthematische Handlungsanregungen. Ergebnisbezogenes (Leistungs-)Handeln ist danach nicht mehr nur auf Selbstbewertungsfolgen eingeengt, sondern kann im Modell mit verschiedensten kurz- und langfristigen Folgen verknüpft werden. Damit wird zugleich die Möglichkeit eröffnet, (Leistungs-)Handeln eingebettet in zeitlich weitreichende *Oberziel-* und *Interessenstrukturen* (Schneider u. a. 1979) zu analysieren (→ *Interesse*).

3.2 Anwendung: Im Hinblick auf die Anwendung im pädagogisch-psychologischen Feld gibt es z. Z. kaum empirische Hinweise auf die vermutlich hoch zu veranschlagende Fruchtbarkeit dieses komplexen und integrationsfähigen Modells. Eine erste Fallstudie (Heckhausen/Rheinberg 1980) zeigt allerdings schon, daß sich auf der Grundlage dieses Modells Lernmotivationsunterschiede zwischen Schülern besser als bisher verständlich machen lassen. Inwieweit aus solchen Analysen Hinweise zur Verbesserung der Motivierungspraxis abzuleiten sind, unterliegt *pädagogischer Entscheidung,* liegt mithin außerhalb dieses psychologischen Modells. Wenn z. B. die Motivationsanalyse ergibt, daß Schüler einer bestimmten Klasse sich am stärksten durch die Ergebnisfolge »Zeugniszensur« anregen lassen müßten, würde man dem Pädagogen schwerlich empfehlen können, diese Folge zwecks Motivationssteigerung besonders häufig im Unterricht zu thematisieren. Für die Motivierungspraxis scheint z. Z. noch am ehesten der Theoriestand verwertbar, wie er durch die Empfehlungen zum Unterricht unter individueller Bezugsnorm beschrieben ist (s. o.).

4. LM-Theorie und Pädagogische Psychologie: In pädagogisch orientierten Publikationen zu Motivationsphänomenen wird besonders den älteren Konzepten zur Leistungsmotivation (›Risikowahl‹ und ›Selbstbekräftigungs-Modell‹, s. o.) mitunter ein vielleicht unangebrachtes Übergewicht beigemessen (vgl. Schiefele u. a. 1979). Schließlich gibt es sicher eine Vielzahl anderer Dinge als Selbstbewertungsfolgen, die Schüler zum Lernen anregen, nicht zuletzt Anreize, die im Lerngegenstand selber liegen (Schiefele 1963). Solche und andere heterogenen Anreizstrukturen lassen sich im oben skizzierten erweiterten Motivationsmodell (Heckhausen 1977) mittlerweile mit »rein« leistungsthematischen Anreizen verknüpfen, womit dieses Modell auf vielfältige Motivationsphänomene anwendbar scheint – auch für solche im pädagogischen Bereich. Des ungeachtet mag aus pädagogischer Sicht zu erwägen sein, ob man auf solche psychologischen Motivationsmodelle verzichten will und statt dessen ein spezifisch pädagogisches Motivationskonzept präzisieren sollte (z. B. Interessentheorie; Schiefele u. a. 1979). Zu letzterem wird man abwarten müssen, inwieweit es mit einer solchermaßen genuin pädagogischen Motivationstheorie künftig gelingen wird, die unterschiedlichen Motivationsphänomene in Schule und Unterricht scharf zu beschreiben, vorherzusagen und zu beeinflussen. Bis dahin werden wohl die erweiterten LM-Konzepte auch im Bereich pädagogisch-psychologischer Forschung eine Rolle spielen, und es wird deshalb darauf ankommen, dem Mißverständnis zu begegnen, Unterricht, der erfolgszuversichtliche Auseinandersetzung mit Aufgaben zum Ziel habe, sei Erziehung zum Konkurrenzdenken. Gerade in Konzepten der LM (Heckhausen 1974) und damit verwandten Unterrichtsempfehlungen (z. B. Rheinberg 1980) wird nicht dem Vergleich mit anderen, sondern dem Vergleich mit dem, was der Person individuell möglich war, der motivationale Primat eingeräumt. Diese Primatsetzung scheint nicht nur für Schule und Unterricht, sondern auch für ökologische Einflüsse (→ *Ökologie*) empirisch begründbar, die vom Elternhaus ausgehen (Trudewind/Husarek 1979).

Falko Rheinberg

Literatur
Atkinson, J. W.: An introduction to motivation. New York 1964. – *Atkinson, J. W.:* Motivational determinants of intellective performance and cumulative achievement. In: *Atkinson, J. W. / Raynor, J. O.* (Hrsg.): Motivation and achievement. Washington 1974, S. 193–218. – *Gjesme, T.:* Motive to achieve success and motive to avoid failure in relation to school performance for pupils of different ability levels. In: Scandinavian Journal of Educational Research 15 (1971), S. 81–99. – *Halisch, F.:* Die Selbstregulation leistungsbezogenen Verhaltens: Das Leistungsmotiv als Selbstbekräftigungssystem. In: *Schmalt, H.-D. / Meyer, W.-U.* (Hrsg.): Leistungsmotivation und Verhalten. Stuttgart 1976, S. 137–164. – *Heckhausen, H.:* Hoffnung und Furcht in der Leistungsmotivation. Meisenheim 1963. – *Heckhausen, H.:* Die Interaktion der Sozialisationsvariablen in der Genese des Leistungsmotivs. In: *Graumann, C. F.* (Hrsg.): Handbuch der Psychologie. Bd. 7 (2). Göttingen 1972, S. 955–1019. – *Heckhausen, H.:* Leistung und Chancengleichheit. Göttingen 1974. – *Heckhausen, H.:* Achievement motivation and its constructs: A cognitive model. In: Motivation and Emotion I (1977), S. 283–329. – *Heckhausen, H.:* Motivation und Handeln. Göttingen 1980. –

Heckhausen, H. / Weiner, B.: The emergence of a cognitive psychology of motivation. In: *Dodwell, P. C.* (Hrsg.): New horizons in psychology. Harmondsworth 1972, S. 126–147. – *Heckhausen, H./Rheinberg, F.:* Lernmotivation im Unterricht, erneut betrachtet. In: Unterrichtswissenschaft 8 (1980), S. 7–47. – *Herbart, J. F.:* Pädagogische Briefe oder Briefe über die Anwendung der Psychologie auf die Pädagogik (1831). Osterwick/Leipzig 1913. – *Krug, S.:* Förderung und Änderung des Leistungsmotivs: Theoretische Grundlagen und deren Anwendung. In: *Schmalt, H.-D. / Meyer, W.-U.* (Hrsg.): Leistungsmotivation und Verhalten. Stuttgart 1976, S. 221–248. – *Krug, S. / Hanel, J.:* Motivtraining: Erprobung eines theoriegeleiteten Trainingsprogrammes. In: Zeitschrift für Entwicklungspsychologie und Pädagogische Psychologie 8 (1976), S. 274–287. – *Lewin, K. / Dembo, T. / Festinger, L. / Sears, P. S.:* Level of aspiration. In: *Hunt, McV. J.* (Hrsg.): Personality and the behavior disorders. Vol. I. New York 1944, S. 333–378. – *McClelland, D. C. /Atkinson, J. W. / Clark, R. A. / Lowell, E. L.:* The achievement motive. New York 1953. – *Meyer, W.-U.:* Leistungsmotiv und die Ursachenerklärung bei Erfolg und Mißerfolg. Stuttgart 1973. – *O'Connor, P. A. / Atkinson, J. W. / Horner, M.:* Motivational implications of ability grouping in schools. In: *Atkinson, J. W. / Feather, N. T.* (Hrsg.): A theory of achievement motivation. New York 1966, S. 231–248. – *Rheinberg, F.:* Situative Determinanten der Beziehung zwischen Leistungsmotiv und Schul- und Studienleistung. In: *Schmalt, H.-D. / Meyer, W.-U.* (Hrsg.): Leistungsmotivation und Verhalten. Stuttgart 1976, S. 249–264. – *Rheinberg, F.:* Leistungsbewertung und Lernmotivation. Göttingen 1980. – *Rheinberg, F.:* Bezugsnormen und die Wahrnehmung eigener Tüchtigkeit. In: *Filipp, S.-H.* (Hrsg.): Selbstkonzeptforschung. Stuttgart 1979, S. 237–252. – *Rheinberg, F. / Schmalt, H.-D. / Wasser, J.:* Ein Lehrerunterschied, der etwas ausmacht. In: Zeitschrift für Entwicklungspsychologie und Pädagogische Psychologie 10 (1978), S. 3–7. – *Rheinberg, F. / Kühmel, B. / Dusche, R.:* Experimentell variierte Schulleistungsbewertung und ihre motivationalen Folgen. In: Zeitschrift für empirische Pädagogik 3 (1979), S. 1–12. – *Schiefele, H.:* Motivation und Unterricht. München 1963. – *Schiefele, H.:* Lernmotivation und Motivlernen. München ²1978. – *Schiefele, H. / Haußer, K. / Schneider, G.:* »Interesse« als Ziel und Weg der Erziehung. In: Zeitschrift für Pädagogik 25 (1979), S.1–20. – *Schmalt, H.-D. / Meyer, W.-U.:* Leistungsmotivation und Verhalten. Stuttgart 1976. – *Schneider, G. / Haußer, K. / Schiefele, H.:* Bestimmungsstücke und Probleme einer pädagogischen Theorie des Interesses. In: Zeitschrift für Pädagogik 25 (1979), S.43–60. – *Schneider, K.:* Motivation unter Erfolgsrisiko. Göttingen 1973. – *Tolman, E. C.:* Purposive behavior in animals and men. New York 1932. – *Trudewind, C. / Husarek, B.:* Mutter-Kind-Interaktion bei der Hausaufgabenanfertigung und die Leistungsmotiventwicklung im Grundschulalter – Analyse einer ökologischen Schlüsselsituation. In: *Oerter, R. / Walter, H.* (Hrsg.): Ökologie und Entwicklung. Stuttgart 1979, S. 229–246. – *Weiner, B.:* Theories of motivation. Chicago 1972. – *Ziller, T.:* Grundlegung zur Lehre vom erziehenden Unterricht. Leipzig ²1884.

Lernen und Lerntheorien

1. Begriffe des Lernens und Gegenstand der Lerntheorien: Unter Lernen (L) versteht man in der Alltagssprache gemeinhin den Erwerb einer Fähigkeit. So lernen Kinder das Gehen, die Sprache, oder Erwachsene lernen Auto fahren. Eine zweite, weit verbreitete alltagssprachliche Bedeutung bezieht sich auf das schulische L im weiteren Sinne. Schüler lernen Vokabeln oder Texte. Hier meint die Alltagssprache mit L Auswendiglernen bzw. das L von Denkstrukturen. Beide Bedeutungen beinhalten Elemente wissenschaftlicher Lernbegriffe. Im ersten Fall geht es darum, psychomotorische bzw. affektive Verhaltensdispositionen zu erwerben; im zweiten geht es darum, Dispositionen zu kognitivem Verhalten zu erwerben. Die alltagssprachlichen Lernbegriffe sind jedoch im Unterschied zu den wissenschaftlichen Lernbegriffen in ihrem Bedeutungsgehalt zu weit, wie am Beispiel des Gehenlernens ersichtlich ist, da am Aufbau des aufrechten Ganges neben Lern- auch Reifungsprozesse (→ *Reifung und sensible Phasen*) beteiligt sind.

In der Lernpsychologie wird unter L der Aufbau (bzw. Abbau beim Verlernen) von relativ stabilen Verhaltensdispositionen im weitesten Sinne verstanden, also Dispositionen zu offenem (direkt beobachtbarem) und/oder verdecktem, zu psychomotorischem, affektivem, kognitivem und vegetativem Verhalten aufgrund von Erfahrung. Unter einer Verhaltensdisposition versteht man die Bereitschaft des Organismus, sich unter mehr oder weniger spezifischen (in Grenzfällen generellen) Bedingungen in einer bestimmten Weise zu verhalten; also z. B. Gedächtnisinhalte abrufen bzw. bestimmte Probleme lösen zu können oder mit Angst zu reagieren (Herrmann 1973). Wenn der Dispositionsaufbau auf Reifungs- oder Alterungsprozesse oder auf den Einfluß von Pharmaka etc. zurückzuführen ist, sprechen wir nicht von L, ebensowenig bei kurzfristigen somatischen Anpassungsprozessen.

2. Laborparadigmen des L: Die Lernprozesse, wie sie der Alltagserfahrung zugänglich sind, vollziehen sich unter natürlichen und hochkomplexen Bedingungen. Die Psychologie versucht, diese Prozesse präziser zu untersuchen unter den leichter kontrollierbaren Bedingungen des Labors. Wir nennen deshalb die verschiedenen Erklärungsversuche, die meistens auch unterschiedliche Lernvorgänge (Explananda) zum Gegenstand haben, Laborparadigmen des Lernens. Damit wird deutlich, daß die Lerntheorien (LT) nicht von vornherein die hochkomplexen Lernprozesse, wie sie uns in der Alltagserfahrung begegnen, zum Gegenstand haben und deshalb auch nicht ohne weiteres auf diese übertragbar sind. Diese Laborparadigmen sind nach verschiedenen Kriterien einteilbar. Montada (1975) nennt fünf Gesichtspunkte, nach denen man Lerntheorien gruppieren kann: (a) nach den Modellvorstellungen über Strukturen (kognitive vs. Assoziationstheorien), (b) nach der Funktion der Erfahrung (empiristische vs. konstruktivistische Theorien), (c) nach dem Modus der Erfahrungsaufnahme (Beobachtung vs. Praxis), (d) nach den Lernbedingungen (Kontiguität vs. Effekt) und (e) nach dem Niveau der analysierten Einheiten (molekular vs. molar). Gagné (1975) unterscheidet in seiner Lernhierarchie zwischen verschiedenen Gegenständen des L, die sich in der Komplexität unterscheiden. Die folgende Darstellung der Lernparadigmen orientiert sich an dieser Einteilung, ohne ihr jedoch vollständig zu folgen.

2.1 *Klassisches Konditionieren:* Verhaltensdispositionen können wir nun genauer definieren als die bedingte Wahrscheinlichkeit, mit welcher der Organismus auf bestimmte Reize mit einem bestimmten Verhalten antwortet (vgl. Klauer 1974, S. 38ff.). Reize seien definiert als »physikalisch-energetische Veränderungen innerhalb oder außerhalb eines Organismus, welche auf das afferente Nervensystem über die sogenannten Rezeptoren einwirken können« (Roth 1972, S. 160). Die Theorie des klassischen Konditionierens versucht zu erklären, warum bestimmte Reize, die nicht angeborenerweise verhaltensauslösende Qualität besitzen, die Eigenschaft erhalten, bestimmte Reaktionen auszulösen. Pawlow (1849–1936) stellte fest, daß solche Reize durch räumliche und zeitliche Assoziation mit dem unkonditionierten Reiz (dem angeborenen Auslöser) reaktionsauslösende Qualität erlangen. Wird der konditionierte Reiz über längere Zeit (ohne Koppelung an den unkonditionierten Reiz) dargeboten, so erfolgt eine Abschwächung *(Löschung)* der konditionierten Reaktion in bezug auf ihre Intensität und Häufigkeit. Die *Reizgeneralisation* besagt, daß nicht nur die konditionierten Reize, die bei der Konditionierung systematisch mit bestimmten unkonditionierten gepaart wurden (z. B. ein akustisches Signal von 1000 Hz), sondern auch ähnliche (z. B. ein Ton von 950 Hz etc.) die konditionierte Reaktion auslösen. Je geringer die Ähnlichkeit des Reizes auf der Dimension des sensorischen Kontinuums des konditionierten Reizes (z. B. Differenz in Hz bei akustischen Signalen), desto schwächer ist die reaktionsauslösende Qualität. Demgegenüber bezeichnet man mit dem Begriff der *Diskrimination* (bzw. des Diskriminationslernens) den Konditionierungsprozeß, durch den der Organismus lernt, ähnliche Reize voneinander zu unterscheiden. Wenn konditionierte Reize wiederum mit neutralen Reizen gekoppelt werden, entstehen konditionierte Reize und konditionierte Reaktionen höherer Ordnung, die allerdings leichter löschbar sind (Angermeier/Peters 1973).

Durch den Prozeß der klassischen Konditionierung wird die Orientierungsfähigkeit des Organismus erhöht, die Koordination zur Umwelt optimiert, da die konditionierten Reize antizipatorische Reaktionen erlauben, bevor z. B. eventuelle schädliche unkonditionierte Reize zur Verhaltensregulation führen. Dieses erste Signalsystem, das Menschen und Tiere zur elementaren Umweltorientierung ein Stück weit gemeinsam besitzen, wird beim Menschen nach Pawlow durch ein *zweites Signalsystem*, die Sprache, ergänzt. Dieses System vermag das erste symbolisch zu repräsentieren. Die durch die sprachliche Repräsentationsfähigkeit gewonnene Distanzierung zur Realität verschafft dem Menschen die außerordentlich reiche, flexible Orientierungs- und symbolische Konstruktionsfähigkeit, aber auch die große Irrtumsfähigkeit (vgl. Pawlow 1973, S. 114 und S. 271). Die Pawlowsche Theorie selber eignet sich allerdings weder zur Erklärung der Aneignung wichtiger Merkmale der Sprache (z. B. grammatikalische Merkmale) noch zur Erklärung der Organisation der Sprache (Chomsky 1959). Die einschlägige Laborforschung hat besonders im Bereich emotionaler und vegetativer Reaktionen entsprechende Befunde geliefert (Prokasy 1965).

Für Watson bilden einfach konditionierte Reflexe die Elemente komplexerer *Gewohnheiten* (habits); komplexe Phänomene, wie psychomotorische Bewegungsabläufe, versuchte er systematisch auf dieser Basis zu erklären (Watson 1930; 1976, S. 212ff.). Gewohnheitsbildung erklärte er durch das Prinzip der Häufigkeit, d. h. der Übung und der Neuheit. Analog zu Pawlow unterschied er allgemeine (= unkonditionierte) und spezifische oder sekundäre (= konditionierte) Reize (Watson 1930). Guthrie (1935) hat in seiner *Kontiguitätstheorie* des L, die die zeitliche Nähe von Reiz und Reaktion als Erklärungsprinzip postuliert, das assoziative L als universelles Lernprinzip vertreten.

Als Synonyme werden für den Begriff des klassischen Konditionierens auch die Begriffe »Reiz-Reaktionslernen (= S-R-Lernen)«, »Signallernen« oder »assoziatives Lernen« verwendet.

2.2 Operantes Konditionieren: Hier stehen die *Folgen* von Verhaltensweisen im Vordergrund. Als Explananda gelten jene Dispositionsänderungen, deren Erklärung den Einbezug spezifischer (positiver oder negativer) Verhaltenskonsequenzen erfordert. Nach Thorndike folgt das *Versuchs- und Irrtum-Lernen* (»trial and error learning«) dem Gesetz des Erfolges (»law of effect«; Thorndike 1932). Reiz-Reaktions-Verbindungen (»connection«) werden dann gestärkt, wenn die Reaktion eine Spannung reduziert, also erfolgreich ist und einen positiven Nacheffekt aufweist. Dieses *»Effekt-Gesetz«* betrachtet Thorndike als das primäre Lerngesetz (→ *Bekräftigung, Verstärkung*). Hatte bereits Thorndike interessante Hypothesen über die Bedeutung der Verhaltenskonsequenzen für die Reiz-Reaktions-Verbindungen entwickelt, so war es besonders Skinner, der die Prozesse des operanten Konditionierens eingehend untersuchte und ein umfangreiches begriffliches und theoretisches System darüber vorlegte (vgl. z. B. Holland/Skinner 1961). Skinner unterscheidet zwei Arten von Reaktionen: Die *Antwortreaktionen* (respondentes Verhalten), die durch Reize ausgelöst werden, und die *Wirkreaktionen* (operantes Verhalten), deren Auftreten nicht durch Reize allein vorhersagbar ist. Auf die Antwortreaktionen bezieht sich das klassische Konditionieren, das er als Konditionierung vom Typ S bezeichnet, da hier Stimuli (Reize) verstärkt werden. Die Veränderung der Auftretenswahrscheinlichkeit von Wirkreaktionen erklärt er durch die Gesetze der Konditionierung vom Typ R. Hier bezieht sich die Verstärkung (reinforcement) als Verhaltenskonsequenz auf die Reaktion. Die für die Erforschung des operanten Konditionierens typische Versuchsanordnung besteht in einer Box (»Skinner-Box«), die eine runde Scheibe und ein Futtermagazin enthält. Das Picken des Versuchstieres (Taube) gegen die Scheibe bewirkt je nach Verstärkungsplan (s. u.) die Freisetzung einer kleinen Futtermenge. Die experimentelle Anordnung erlaubt zu prüfen, wieweit die Reaktionsfrequenz (Picken) in einem funktionalen Zusammenhang zu den verstärkenden Ereignissen steht.

»Verstärkung« bezeichnet bei Skinner die Erhöhung der Auftretenswahrscheinlichkeit einer Reaktion aus einer Reaktionsklasse R aufgrund ihrer Konsequenzen. Konsequenzen, die die Eigenschaft besitzen, die Auftretenswahrscheinlichkeit einer Reaktion aus einer Reaktionsklasse R zu erhöhen (bzw. zu erniedrigen), nennt er positive (bzw. negative) Verstärker. Die theoretisch möglichen Reaktions-Konsequenz-Konstellationen (= Kontingenzen) sind in folgendem Schema dargestellt (Holland/Skinner 1971, S. 245).

	Darbietung	Beseitigung
positiver Verstärker	positive Verstärkung	Bestrafung
negativer Verstärker	Bestrafung	negative Verstärkung

Die positive und negative Verstärkung erhöhen die Auftretenswahrscheinlichkeit der verstärkten Reaktionsklasse, während die beiden Arten der Bestrafung diese erniedrigen. Verstärker, die ohne vorausgegangenen Lernprozeß wirken, nennt man *primäre Verstärker*. Dazu gehören z. B. Nahrung oder Bewegung als positive primäre Verstärker, starke akustische Reize oder elektrische Schläge usw. als negative primäre Verstärker. Die *sekundären Verstärker* sind konditionierte Verstärker. Sie haben ihre Qualität als Verstärker durch die Paarung mit primären Verstärkern (im Sinne des klassischen Konditionierens) erhalten. Skinner hat verschiedene Verstärkungspläne entwickelt. Bei *kontinuierlicher* Verstärkung wurde jede gezeigte Reaktion des definierten Typs verstärkt. Sie erweist sich beim Aufbau, also in der Anfangsphase der Acquisition, als besonders günstig. Wenn die Reaktionen nur gelegentlich verstärkt werden (nach fixierter oder variabler Quote), sprechen wir von *intermittierender* Verstärkung. So entstandene Reaktionen erweisen sich als löschungsresistenter denn solche, die unter der Kontrolle der kontinuierlichen Verstärkung stehen. Die Tatsache, daß hier die Veränderung von Verhaltensdispositionen (Veränderung der Wahrscheinlichkeit, daß ein Organismus von einem bestimmten Reaktionstyp Gebrauch macht) durch die Konsequenzen erklärt wird, besagt nicht, daß Reize, die dem Verhalten vorausgehen, keine verhaltensbeeinflussende Bedeutung erlangen können. Wenn einer Reaktions-Konsequenz-Abfolge regelmäßig bestimmte Reize vorausgehen, erlangen diese Reize Hinweisfunktion. Skinner nennt diese Reize »*diskriminative Stimuli*«. Ein diskriminativer Stimulus (S^D) ist ein Reiz, der »die Gelegenheit kennzeichnet, bei der Reaktionen verstärkt werden« (Holland/Skinner 1971, S. 139), und negative Hinweisreize (S^a) zeigen an, wenn eine Reaktion *nicht* verstärkt wird. Diskriminative Reize (S^D) erhöhen die Wahrscheinlichkeit, daß die Wirkreaktion gezeigt wird. Auch hier treten Stimulus-Generalisationen auf. *Reaktionsdifferenzierung* tritt auf, wenn der Organismus lernt, die positive Verstärkung mit bestimmten Kriterien der Reaktion zu assoziieren. Durch die *differenzielle Verstärkung* werden gezielt jene Reaktionen verstärkt, die ein bestimmtes Kriterium erfüllen, während Reaktionen, die das Kriterium nur schlecht approximieren, nicht verstärkt werden. Wird dieses Kriterium allmählich verändert, sprechen wir von der sukzessiven Differenzierung oder sukzessiven Verhaltensformung (shaping). Über dieses Prinzip der kleinen Schritte können komplexe Verhaltensmuster aufgebaut werden. Skinner (1962) konnte beispielsweise Tauben durch Reaktionsdifferenzierung das Pingpongspielen beibringen.

Die Erklärungskraft des operanten Lernparadigmas ist als fragwürdig zu betrachten, wenn ein Verstärkungsbegriff zugrunde gelegt wird, der zirkulär definiert ist (»Ein Ereignis ist dann ein Verstärker, wenn es die Auftretenswahrscheinlichkeit einer vorausgegangenen Reaktion erhöht«), da dies einer Immunisierung der Theorie gleichkommt. Westmeyer (1973) hat einen Vorschlag zur Lösung dieses Problems vorgelegt, der die Skinnersche Theorie als Heuristik interpretiert zur Generierung von idiographischen Verstärkerhypothesen, die dann prinzipiell kritisierbar sind. Eine andere Einschränkung bezieht sich auf den Gegenstandsbereich der Theorie, der sukzessiv eingeschränkt wurde, da die allzu schnelle Extrapolation des Laborparadigmas auf alle möglichen menschlichen Verhaltensbereiche sich nicht als haltbar erwies (vgl. das Beispiel der Sprache: Chomsky 1959). Den zentralen Thesen des operanten Konditionierens in der Gestalt der Arbeiten von Thorndike hat bereits in den 30er Jahren Tolman (1932) widersprochen. Er machte auf das sogenannte latente L aufmerksam, das sich ohne Belohnung vollzieht: Das Verhalten zeigt sich erst unter motivierenden Bedingungen. Selbst die Erklärung einfacher Lernprozesse – wie z. B. das Verhalten der Ratte im Versuchslabyrinth – erfordert die Berücksichtigung kognitiver Elemente. Nach Tolman lernt der Organismus nicht Bewegungsfolgen in Funktion von Reizen, sondern die Beziehung zwischen Zeichen und Bezeichnetem (»sign-significate«). Am Beispiel des Ortslernens hat er anschaulich demonstriert, daß offenbar selbst Ratten eine Art Plan erlernen, der die Richtungsorientierung erlaubt. Mit dem Zeichen-L ist das *L der Erwartung* eng verbunden. Der Organismus verhält sich *zielgerichtet* und wird dabei durch erworbene Erwartungen, Hypothesen (in Funktion der bisherigen Zielerreichungen) geleitet.

Noch vor den wichtigen Arbeiten von Skinner zum Verstärkungslernen hat Hull (1943) ein geniales theoretisches System entwickelt, das die *klassische Konditionierung* und das *Verstärkungslernen* – damals bezogen auf die Arbeiten von Thorndike – integrierte und durch die explizite Berücksichtigung des Organismus als zwischen Reizen und Reaktionen *intervenierender Variable* Ansätze zur Erklärung interindividueller Differenzen beim L sowie zur Erklärung komplexer Lernvorgänge lieferte. Zentrale Bedeutung hat bei Hull (1952) der Begriff der *Gewohnheitsstärke* (habit). Er faßt dieses Konstrukt als intervenierende Variable auf und interpretiert sie als Verbindung von Reizen und Reaktionen, die durch Verstärkungen in der Vergangenheit des Organismus gefestigt wurden.

2.3 Modellernen: Beziehen sich das klassische und das operante Konditionieren auf die Veränderung elementarer, einfacher Verhaltensdispositionen – wie z. B. auf bestimmte Reize mit einer hohen Wahrscheinlichkeit mit → *Angst* zu reagieren oder mit höherer Wahrscheinlichkeit eine bestimmte Wirkreaktion zu zeigen –, so haben die Modellerntheorien auch den Erwerb *komplexerer Verhaltensdispositionen* zum Gegenstand. Dabei ist es bis heute umstritten, ob dafür ein eigenes Erklärungsprinzip notwendig sei. Verwandte und von vielen Autoren als synonym verwendete Begriffe sind »Beobachtungslernen«, »Nachahmungslernen«, »Imitationslernen«, »soziales Lernen«, »stellvertretende Konditionierung«. Rein beschreibend charakterisieren sich so benannte Lernprozesse dadurch, daß der Erhöhung der Auftretenswahrscheinlichkeit einer Reaktion oder eines Reaktionsmusters einer Person die Beobachtung dieser Reaktion oder dieses Reaktionsmusters bei einer anderen Person, bei einem Modell, vorausgegangen ist. Das Modellverhalten kann dabei direkt, über Film oder sprachlich vermittelt sein. Die verstärkungstheoretische Interpretation dieses Vorganges sieht darin nur eine Anregung, das beobachtete Verhalten durch den Beobachter zu äußern, und postuliert, daß eine Dispositionsänderung davon abhängig sei, ob der Beobachter für das von ihm nachgeahmte Verhalten verstärkt werde oder nicht (Miller/Dollard 1941). Dabei wird angenommen, daß der Beobachter die Reaktionskompetenz bereits im Repertoire habe und nicht erst neu lerne. Lediglich die Äußerungswahrscheinlichkeit wird verändert (Gewirtz/Stingle 1968). Demgegenüber sieht Bandura (1963; 1976) im Beobachtungslernen eine eigene Lernart, die andere Erklärungsprinzipien erfordert. Nach ihm können über Modellernen neue Reaktionen und auch komplexere Reaktionsmuster erworben werden. Für die Erklärung dieses Vorganges unterscheidet er die »Aneignungsphase« (acquisition) und die »Äußerungsphase« (performance). Für die *Aneignung* werden beim Beobachter Aufmerksamkeitsprozesse und Gedächtnisprozesse (sprachliche oder bildhafte Repräsentation des Beobachteten) als bedeutsam betrachtet. Auf der Seite des Modells sind es Eigenschaften wie die Prägnanz seiner gezeigten Handlung, die beobachteten Folgen der Handlung (stellvertretende Konditionierung) des Modells und seine Ausstrahlungskraft und Macht, die einen Einfluß ausüben. Bei der *Äußerungsphase*, die durch einen längeren Zeitraum von der Aneignungsphase getrennt sein kann, können *symbolisch repräsentierte Hinweisreize* die motorische Reproduktion des früher beobachteten und nun kognitiv modellierten Verhaltens auslösen. Ebenso werden hier Verstärkungs- und Motivationsprozesse als bedeutsam dafür angenommen, ob eine Person das modellierte Verhalten äußert oder nicht. Andere Interpretationen für das Modellernen haben vor allem Mowrer (1960) durch seine affektive Feedback-Theorie und Piaget (1945) durch seine Theorie der Entwicklung der kognitiven Schemata vorgelegt.

2.4 Verbales L: Bereits im Zusammenhang mit dem operanten Konditionieren (Tolman; Hull), aber noch deutlicher beim Beobachtungs- oder Modellernen (Bandura 1979), zeigte sich die Bedeutung symbolischer Repräsentation. Diese steht nun im Zentrum des verbalen L, wo es um den Erwerb, das Behalten und Vergessen sprachlichen Materials geht. Vor ca. 100 Jahren unternahm Hans Ebbinghaus (1885) seine Untersuchungen zum L, Behalten und Vergessen (→ *Gedächtnis*). Er und nach ihm andere verwendeten dabei sinnfreie Silben (etwa MUB, GOB, TEG). Verschiedene Lerngesetze wurden formuliert. Von Ebbinghaus selber stammt das Gesetz, wonach die Zahl der Wiederholungen, die nötig sind, um einen Stoff zu lernen, nicht proportional zum Lernstoff, sondern unverhältnismäßig viel stärker ansteigt (»Gesetz von Ebbinghaus«). Er entdeckte auch die sogenannte Vergessenskurve, d. h. die Tatsache, daß der Organismus unmittelbar nach dem L am meisten, dann aber immer weniger vergißt. Schließlich stellte er fest, daß *verteiltes L* zu besseren Ergebnissen führte als *massiertes L*. Weitere Untersuchungen (Foppa 1965, S. 151) ergaben, daß verteiltes L bei umfangreicherem Lernmaterial größere Vorteile bringt. Wenn eine Serie von Items gelernt wird, besteht die Tendenz, daß die zuerst vorkommenden Items besonders gut erinnert werden; die zuletzt auftretenden Items aber werden noch immer besser erinnert als die mittleren (Positionseffekt; Pauli/Wenzl 1935). Wenn sich die Items des Lernmaterials bezüglich einer Eigenschaft (in einer Dimension) unterscheiden, dann läßt sich ein ähnlicher Effekt relativ zu dieser Dimension feststellen: die Items, die die Extremwerte dieser Dimension repräsentieren, werden eher erinnert (Haubensak 1972; 1973).

Als weiteres klassisches Paradigma zur Untersuchung des verbalen L diente das *Paar-Assoziationen-Lernen:* Es wird eine Liste von Wortpaaren dargeboten, die zu lernen ist. Die Wiedergabe erfolgt dann so, daß jeweils ein Wort des Paares vorgegeben wird und das damit assoziierte Wort von der Versuchsperson angegeben werden soll (→ *Transfer*). Miller (1956) zeigt, daß die *Gedächtnisspanne* beschränkt ist, aber mittels »chunking«, d. h. durch Organisieren der eingekommenen Information unter einem einheitlichen Aspekt, erweitert werden kann, weil der Mensch nicht passiv Informationen aufnimmt, sondern sie aktiv in bestehende Strukturen integriert (Assimilation nach Piaget) und diese Strukturen nach Bedarf den Bedingungen anpaßt (Akkommodation nach Piaget). Generell gilt: Je größer die *Kompatibilität* eines zu lernenden Stoffes mit den existierenden kognitiven Strukturen, desto besser können die Elemente zur Verarbeitung mittels »chunking« gruppiert werden (Postman 1975, S. 309) (→ *Gedächtnis*).

2.5 Begriffsbildung, Regellernen: Man kann davon ausgehen, daß nie zweimal genau die gleiche Reizkonfiguration auftritt. Trotzdem werden Reizkonfigurationen als identisch erlebt, weil von gewissen Unterschieden abstrahiert wird: Es werden Klassen von Reizkonfigurationen gebildet, die Gemeinsamkeiten aufweisen, d. h., es findet Begriffsbildung oder Kategorisierung statt. Ein Begriff ist »die gedankliche Widerspiegelung einer Klasse von Individuen oder von Klassen auf der Grundlage ihrer invarianten Merkmale, d. h. Eigenschaften oder Bezeichnungen« (Klaus/Buhr 1972, S. 178). Begriffe können, müssen aber nicht notwendigerweise verbaler Art sein; so fassen wir durchaus Gegenstände oder Handlungen etc. als »gleich« oder »verwandt« auf, ohne das Gemeinsame mit einem verbalen Etikett versehen zu können. Dabei lassen sich konkrete Begriffe von solchen abgrenzen, die Relationen implizieren.

Es soll im weiteren vor allem auf konkrete Begriffe eingegangen werden, und zwar insbesondere auf die kurzfristige Aneignung aufgrund experimenteller Interventionen, da sich diese im Labor relativ leicht untersuchen lassen. Das Grundparadigma einer solchen Untersuchung besteht darin, der Vp eine Anzahl von Reizen bzw. Reizkonfigurationen (z. B. chinesische Schriftzeichen, geometrische Formen in verschiedener Anzahl und Farbe, Bausteine verschieden nach Form, Größe und Gewicht) vorzugeben und sie nach gewissen Merkmalen gruppieren zu lassen. Die jeweiligen Eigenschaften können verschieden *kombiniert* werden, um eine Klasse (einen Begriff) zu bilden (Posner 1977, S. 127), sei es, daß ein einziges Merkmal genügt, sei es, daß mehrere Merkmale kombiniert werden. Bruner/Goodnow/Austin (1956, S. 41 f.) unterscheiden u. a. *konjunktive Begriffe* (gleichzeitige Anwesenheit von Eigenschaften, die sich auf verschiedene Aspekte beziehen, etwa grün *und* Kreuz oder drei rote Kreise etc.), und *disjunktive Begriffe* (mindestens eine der Eigenschaften: rot *oder* Kreise etc.). Mit Karten mit farbigen Formen und Rändern in verschiedener Anzahl untersuchten Bruner/Goodnow/Austin (1956), welche *Strategien* die Vpn verwenden, um Begriffe zu finden, wobei einerseits die Selektionsmethode und andererseits die Rezeptionsmethode verwendet wurden. Bei der *Selektionsmethode* ist der Vp das Prinzip der konjunktiven Begriffe, mit denen gearbeitet wird, bekannt. Der Vl legt eine Karte, auf die der zu findende Begriff zutrifft, auf den Tisch, und die Vp muß nun aus dem Kartensatz solche auswählen, die ihm helfen, diesen Begriff zu finden, wobei der Vl jedesmal sagt, ob auf diese Karte der Begriff zutrifft oder nicht. Zur Lösung dieser Aufgabe können die Vpn verschiedene Strategien anwenden. Die optimale Strategie besteht darin, simultan alle möglichen Hypothesen zu prüfen; dies ist für die Vp kaum zu leisten (S. 85). In einer zweiten möglichen Strategie werden die Hypothesen (z. B. bei vorgegebenen drei roten Kreisen »rote Kreise«) einzeln geprüft, ohne weitere Informationen zu suchen oder zu benützen. Eine dritte Strategie bezieht sich darauf, daß systematisch ein Element geändert wird, um so den eigentlichen Begriff einzukreisen. In der vierten Strategie werden mehrere Elemente geändert; wenn die Vp Glück hat, kommt sie dabei schnell voran, wenn sie Pech hat, muß sie auf andere Strategien rekurrieren. Bei der *Rezeptionsmethode* wird der Vp sukzessive eine Karte nach der anderen vorgelegt und ihr gesagt, ob diese den Begriff beinhalte oder nicht. Nach jeder Karte gibt die Vp ihre Hypothese für den Begriff an. Auch hier gibt es unterschiedliche Strategien, die gewisse Analogien zu jenen bei der Selektionsmethode aufweisen, ohne mit diesen völlig übereinzustimmen.

Eine *Regel* beherrschen heißt fähig sein, auf eine Klasse von Objekten mit einer Klasse von Beziehungen zu antworten (Gagné/Briggs 1974, S. 43). Grundlage dafür ist, daß die Vp die jeweils benötigten Begriffe und Beziehungen kennt. In diesem Sinne ist Regellernen eine Erweiterung des Begriffslernens, indem Begriffe kombiniert oder verkettet werden (Gagné 1975). Dabei bedarf es nicht immer der verbalen Repräsentation der Begriffe oder Regeln. Es gibt Regeln, die völlig internalisiert sind und automatisch angewendet werden.

Manchmal sind nicht alle Regeln bekannt, oder bekannte Regeln müssen mittels neuer Regeln höherer Ordnung zur Lösung einer Aufgabe kombiniert werden. Gagné/Briggs (1974) nennen das Beispiel eines Wagens mit

Reifenschaden, der mittels verschiedener ursprünglich nicht dafür vorgesehener Gegenstände angehoben werden soll. Die Grundregeln (hier etwa das Hebelgesetz) sind bekannt, wenn auch nicht notwendigerweise verbalisiert. Diese Regeln werden mittels neuer Regeln höherer Ordnung kombiniert, die ad hoc »erfunden« bzw. systematisch gesucht werden. Wir sprechen in solchen Fällen von Problemlösen (→ *Denken und Problemlösen*). Es ist offensichtlich, daß sich die drei von Gagné (1975) unterschiedenen Bereiche Begriffslernen, Regellernen und Problemlösen nicht ohne weiteres trennen lassen. Anders als beim offenen Verhalten, wo unterschiedliche Lernmechanismen auch experimentell eindeutig unterschieden werden können, gehen im Kognitiven die Bereiche ineinander über.

Ein anderer, nicht in jeder Hinsicht mit den obengenannten Theorien kompatibler Ansatz wird von Piaget vertreten (Piaget 1969; 1967). Ihn interessiert primär die entwicklungspsychologische Determination kognitiven Verhaltens, während das L von zweitrangiger Bedeutung ist. Dennoch hat u. a. seine Theorie vom Gleichgewicht zwischen *Assimilation* (Integration von Objekten oder Verhaltensweisen in bereits bestehende kognitive Denk- und Verhaltensschemata) und *Akkommodation* (Änderung dieser Schemata in Funktion der Umwelt) viele Lernpsychologen (etwa Bruner) nachhaltig beeinflußt. Obwohl das Werk von Piaget sehr wenig vom L und von den LT handelt, ist es für das L von großer Bedeutung, soweit es nämlich auf eine Theorie der kognitiven Strukturen abzielt. Dies gilt auch für andere Arbeiten zur kognitiven Strukturiertheit (→ *Kognitive Komplexität*).

3. *Lernmodelle:* Die Untersuchungsergebnisse und Theorien zum L, wie sie oben dargestellt wurden, haben viele Forscher zum Versuch angeregt, Aspekte des L im Modell nachzubilden. Häufig sind diese Modelle mathematisch formalisiert und bedienen sich elektronischer Datenverarbeitung, was die Konzeption äußerst komplexer Modelle ermöglicht. Meist werden im Modell *eine Umgebung* (systemexterne Faktoren) mit bestimmten *Inputs*, gewisse *Grundregeln* zur Verarbeitung der Information sowie ein *Output* einbezogen. Dieser Output ist das Verhalten, das »gelernt« wird. Es gibt Modelle, die unter sehr unterschiedlichen Randbedingungen funktionicren, wie das GPS (General Problem Solver; Ernst/Newell 1969). Die meisten Modelle haben jedoch nur einen relativ eingeschränkten Anwendungsbereich, dem Laboratorium bei der Untersuchung des lernenden Organismus vergleichbar. Dabei gibt es Modelle, die mit dem Ziel entwickelt wurden, dem Menschen gewisse mehr oder weniger komplexe Aufgaben abzunehmen. Das Ziel von Schachprogrammen beispielsweise besteht darin, in diesem spezifischen Spiel dem Menschen überlegen zu sein, und in bezug auf den durchschnittlichen Schachspieler wurde dieses Ziel bereits erreicht, wobei bei diesem Typ von Modellierung nicht die Simulation menschlichen Verhaltens angestrebt wird. In vielen Fällen geht es jedoch darum, bei gleichem Input wie demjenigen eines (lernenden) Organismus den gleichen Output (gleiches Verhalten) wie bei diesem zu erhalten, wobei In- und Outputparameter genau zu formalisieren sind. Die Qualität des Modells wird dann z. B. in Experimenten überprüft. Dabei kann man wiederum unterscheiden zwischen Modellen, die einfach bei gleichem Input den gleichen Output wie beim Organismus ergeben, und solchen, bei denen die Art, wie dieser Output erzeugt wird, zumindest *Ähnlichkeiten mit dem Verarbeitungsprozeß* im Organismus aufweisen soll. Letztere erlauben Hypothesen, die dann in psychologischen Experimenten überprüft werden können; dies kann auch bei ersteren der Fall sein; zumeist dienen sie jedoch hauptsächlich der Frage, ob die Parameterzahl und -auswahl der Komplexität des Gegenstandes angemessen sind (z. B. Hirsig 1973), während der psychologische Gehalt gering ist.

Der erste Versuch, auch psychologisch sinnvolle Aussagen in die Modellbildung einzubeziehen, stammt von Estes (1950). Es handelt sich eigentlich um eine ganze Reihe von Modellen, die unter dem Stichwort »Reiz-Stichproben-Theorie« (SST: Stimulus Sampling Theory) zusammengefaßt sind. Grundsätzlich geht es darum, daß der Organismus (das Modell) pro Lerndurchgang aus der Reizvielfalt eine bestimmte Menge von Reizen wahrnimmt und darauf reagiert. War die Reaktion »korrekt«, bleibt die Reiz-Reaktions-Verbindung bestehen. War sie »falsch«, wird dem Reiz mit einer gewissen Wahrscheinlichkeit eine andere Reaktion zugeordnet. Durch Rückkopplung (analog zur Verstärkung) wird somit das Verhalten verändert. Fast gleichzeitig mit den Modellen von Estes wurden die sogenannten *linearen Modelle* entwickelt (Bush/Mosteller 1951 a; 1951 b), bei denen davon ausgegangen wird, daß die Wahrscheinlichkeit einer Reaktion beim Lerndurchgang eine lineare Transformation der Wahrscheinlichkeit derselben Reaktion beim vorhergehenden Lerndurchgang (n-l) ist. Je nach Anzahl möglicher Reaktionen, gewählten Versuchssituationen und (damit verbunden) Anzahl der linearen Transformationen können sehr komplexe Modelle entstehen. Einen anderen Typ repräsentieren die *logistischen Modelle*, welche auf dem Meßmodell von Rasch (1960) und seinen Weiterentwicklungen beruhen. Grundlage dieser Modelle ist, daß zwischen einem Personen- und einem Situationsparameter unterschieden wird. Es genügt ein einziger Parameter, der in unterschiedlichen Situationen verschiedene Werte annimmt, um die Reaktionswahrscheinlichkeit aller Personen zu beschreiben, und es genügt ein Personenparameter zur Bestimmung der Wahrscheinlichkeit der Reaktion einer Person in allen Situationen. Dabei wird natürlich eine gewisse Homogenität der Situationen (Aufgaben, Items), Reaktionen (Lösungsmöglichkeiten) und Versuchspersonen vorausgesetzt (→ *Test*).

4. L unter Feldbedingungen und Anwendung der LT: Da fast ausschließlich *Laboruntersuchungen* durchgeführt wurden, gibt es noch sehr wenig Theorien, die sich explizit auf den Alltag anwenden lassen, obwohl dies häufig als Ziel genannt wird. Zwar wurden mit vielen der genannten Theorien Ausweitungen auf pädagogische Anwendungsfelder unternommen, etwa für kognitive Theorien bei Bruner (1974). Typisch für solche Theorien dürfte sein, daß sie *mehrere der genannten Paradigmata* einschließen. Ein treffendes Beispiel dafür scheint uns die Soziale LT von Rotter (1954; 1972) und Mischel (1973; 1979) zu sein; ähnliche Theorien mit dem gleichen Namen finden sich bei Bandura (1979), Gewirtz (1979), Staats (1975) u. a. m. (→ *Soziales Lernen;* → *Persönlichkeitstheorien*). Die *Soziale LT* geht letztlich auf Tolman und Hull zurück. Rotter geht von einer *Wechselwirkung* zwischen dem Individuum als *Person* und seiner *bedeutungsvollen Umwelt* aus. Das Verhalten ist zielorientiert, wobei die Erwartungen des Subjekts bezüglich des Resultats einer Handlung (der Verstärkung) und der Wert dieses Verstärkers in einer gegebenen Situation für das Verhalten von zentraler Bedeutung sind. Mischel (1973, S. 275) nennt folgende fünf Variablen, die für die Analyse der Verhaltensdetermination unter Feldbedingungen berücksichtigt werden müssen: »1. Konstruktionskompetenz: Fähigkeit, bestimmte Kognitionen und Verhaltensweisen zu generieren. Hängt zusammen mit dem IQ, der sozialen und kognitiven Reife und Kompetenz, der Ich-Entwicklung, den sozial-intellektuellen Leistungen und Fähigkeiten. Bezieht sich darauf, was ein Subjekt weiß und tun kann. 2. Kodierungsstrategien und persönliche Konstrukte: Einheiten für die Kategorisierung von Ereignissen und Selbstbeschreibungen. 3. Erwartungen über das Resultat von Verhalten und Stimulus (behavior-outcome und stimulus-outcome) in bestimmten Situationen. 4. Subjektiver Wert der Stimuli: motivierende und erregende (arousing) Stimuli, Anreize und Abneigungen. 5. Selbstregulatorische Systeme und Pläne: Regeln und Selbstreaktionen für die Ausführung und die Organisation komplexer Verhaltenssequenzen.«

Mischel bezieht sich dabei auf *verschiedene Laborparadigmen:* für den ersten Aspekt auf psychomotorische Fähigkeiten, erworben beispielsweise durch Beobachtungslernen oder mittels »Shaping« (aber auch durch Reifung); beim zweiten Aspekt handelt es sich um Begriffsbildung; beim dritten ist das operante, beim vierten das klassische und das operante L angesprochen, und beim letzten handelt es sich um Problemlösestrategien. Man kann jedoch durchaus auch weitere Laboransätze den einzelnen Aspekten zuordnen. Bis jetzt eignet sich die Theorie von Mischel eher zur ex-post-Interpretation von Verhalten unter natürlichen Bedingungen als zur verbindlichen Erklärung und Vorhersage, wobei man sich mit Westmeyer (1979) fragen kann, wieweit Verhalten unter natürlichen Bedingungen überhaupt erklärungs- und prognosefähig ist.

Dieses Problem betrifft auch die Frage der *Anwendung* der LT. Wenn man darunter die Ableitung von handlungsrelevantem Wissen aus theoretischem versteht, kann schon aus logischen Gründen von einer strikten Anwendbarkeit der LT zur Lösung praktischer Probleme nicht gesprochen werden (Bunge 1967; Zecha 1976), da technologisches Wissen, d. h. Wissen zur Lösung praktischer Probleme, nicht stringent ableitbar ist aus theoretischen Sätzen (→ *Wissenschaftstheorie*). Dennoch haben die LT zahlreiche Lerntechnologien inspiriert (Herrmann 1979). Im Bereich der Klinischen Psychologie (→ *Lerntherapie*) wurde beispielsweise die systematische

Desensibilisierung ursprünglich auf das Konzept der reziproken Hemmung (Wolpe 1958) gestützt. Das operante Lernparadigma hat zahlreiche Methoden der → *Verhaltensmodifikation* angeregt. Prinzipien des Modellernens werden heute zur Behandlung verschiedenster Verhaltensprobleme (Verhaltensdefizite, Verhaltensüberschüsse) angewendet (Bandura 1969; Bauer 1979). Neuerdings wird im Bereich der Psychotherapie auch versucht, Problemlösungsstrategien aus kognitiven LT herzuleiten (Hoffmann 1979).

Im *Erziehungs- und Schulbereich* sind neben den – heute nur noch wenig verwendeten – Münzverstärkungssystemen (»token economy«) vor allem die Methoden der differenziellen Beachtung bedeutsam (Herson/Barlow 1976, S. 317–361). Ebenfalls in Anlehnung an das operante Konditionieren wurde das *programmierte* L (Skinner 1971) entwickelt, das in den 60er Jahren im angelsächsischen und teilweise auch im deutschen Sprachraum große Beachtung fand (→ *Externe Lernregelung*). Es gibt mehrere Versuche, Aspekte von *kognitiven Theorien* auf den Unterricht, auf die Vermittlung von Stoff zu übertragen, so von Aebli (1963; 1976). Ein anderes Beispiel ist Ausubels (1974) Theorie des rezeptiven sinnvollen L, die ihn u. a. zur Kritik des Entdeckenden L nach Bruner (1961) führte, das er zwar nicht verwirft, aber als unökonomisch ablehnt. Aus seiner Theorie, die Bruner nicht unähnlich ist, leitet er mehr oder weniger direkt Kriterien für die Strukturierung des Lehrmaterials ab, etwa die »advance organizers« (Lernhilfen vor Beginn der eigentlichen Informationsvermittlung).

Wir halten abschließend fest: Was Lehrende und Lernende von den LT lernen können, sind höchstens Hinweise für die Praxis im heuristischen Sinne. Zwar haben die Entdeckungen im Rahmen der Laborparadigmen wertvolle Anregungen zur Lösung praktischer Lehr- und Lernprobleme geliefert, jedoch weichen die Feldbedingungen zu sehr vom Labor ab, als daß man die LT ohne weiteres übertragen könnte.

Meinrad Perrez
Jean-Luc Patry

Literatur

Aebli, H.: Psychologische Didaktik. Stuttgart 1963. – *Aebli, H.:* Grundformen des Lehrens. Stuttgart ^{9}1976. – *Angermeier, W. F. / Peters, M.:* Bedingte Reaktionen. Berlin 1973. – *Ausubel, D. P.:* Psychologie des Unterrichts. 2 Bde. Weinheim 1974. – *Bandura, A. / Walters, R. H.:* Social learning and personality development. New York 1963. – *Bandura, A.:* Principles of behavior modification. New York 1969. – *Bandura, A.:* Lernen am Modell. Ansätze zu einer sozialkognitiven Lerntheorie. Stuttgart 1976. – *Bandura, A.:* Sozial-kognitive Lerntheorie. Stuttgart 1979. – *Bauer, M.:* Verhaltensmodifikation durch Modellernen. Stuttgart 1979. – *Bruner, J. S.:* The act of discovery. In: Harvard Educational Review 31,1 (1961). – *Bruner, J. S.:* Entwurf einer Unterrichtstheorie. Düsseldorf/Berlin 1974. – *Bruner, J. S. / Goodnow, J. / Austin, G.:* A study of thinking. New York 1956. – *Bunge, M.:* Scientific research. Bd. II: The search for truth. Berlin 1967. – *Bush, R. R. / Mosteller, F.:* A mathematical model for simple learning. In: Psychological Review 58 (1951 a), S. 313–323. – *Bush, R. R. / Mosteller, F.:* A model for stimulus generalization and discrimination. In: Psychological Review 58 (1951b), S. 413–423. – *Chomsky, N.:* Review of B. F. Skinner: Verbal Behavior. In: Language 35 (1959), S. 26–58. – *Ebbinghaus, H.:* Über das Gedächtnis. Leipzig 1885. – *Ernst, G. W. / Newell, A.:* GPS: A case study in generality and problem solving. New York 1969. – *Estes, W. K.:* Toward a statistical theory of learning. In: Psychological Review 57 (1950), S. 94–107. – *Foppa, K.:* Lernen, Gedächtnis, Verhalten. Ergebnisse und Probleme der Lernpsychologie. Köln/Berlin 1965. – *Gagné, R. M.:* Die Bedingungen des menschlichen Lernens. Hannover ^{4}1975. – *Gagné, R. M. / Briggs, L. J.:* Principles of instructional design. New York 1974. – *Gewirtz, J. L.:* Soziales Lernen. In: *Zeier, H.* (Hrsg.): Psychologie des 20. Jahrhunderts. Bd. IV: Pawlow und die Folgen. Zürich 1979. – *Gewirtz, J. L. / Stingle, K. G.:* Learning of generalized imitation as the basis for identification. In: Psychological Review 75 (1968), S. 374–397. – *Guthrie, E. R.:* The psychology of learning. New York 1935. – *Haubensak, G.:* Der Stelleneffekt in Bezugssystemen (Systemstellen-Effekt). In: Psychologische Beiträge 14,1 (1972), S. 1–15. – *Haubensak, G.:* Der Einfluß vorangegangener sprachlicher Kategorisierung auf die Identifikation von Reizen. In: Zeitschrift für experimentelle und angewandte Psychologie 20,3 (1973), S. 394–407. – *Herrmann, T.:* Persönlichkeitsmerkmale. Stuttgart 1973. – *Herrmann, T.:* Pädagogische Psychologie als psychologische Technologie. In: *Brandtstädter, J. / Reinert, G. / Schneewind, K. A.* (Hrsg.): Pädagogische Psychologie: Probleme und Perspektiven. Stuttgart 1979. – *Hersen, M. / Barlow, D. H.:* Single case experimental designs (Strategies for studying behavior change). New York 1976. – *Hilgard, E. R. / Bower, G. H.:* Theorien des Lernens. Stuttgart 1975. – *Hirsig, R.:* Darstellung und Untersuchung des Konformitätsverhaltens als zeitdiskreter, dynamischer Prozeß. Diss. Zürich 1973. – *Hoffmann, N.* (Hrsg.): Grundlagen kognitiver Therapie. Bern 1979. – *Holland, J. G. / Skinner, B. F.:* The analysis of behavior. New York 1961. – *Holland, J. G. / Skinner, B. F.:* Analyse des Verhaltens. München 1971. – *Hull, C. L.:* Principles of behavior. New York 1943. – *Hull, C. L.:* A behavior system. New Haven 1952. – *Klauer, K. J.:* Methodik der Lehrzieldefinition und Lehrstoffanalyse. Düsseldorf 1974. – *Klaus, G. / Buhr, M.* (Hrsg.): Philosophisches Wörterbuch. Band I. Leipzig 1972. – *Miller, G. A.:* The magical number seven plus or minus two: some limits on our capacity for processing information. In: Psychological Review 63, (1956), S. 81–97. – *Miller, G. A.* / *Galanter, E.* / *Pribram, K. H.*: Strategien des Handelns. Pläne und Strukturen des Verhaltens. Stuttgart 1973. – *Miller, N. E.* / *Dollard, J.*: Social learning and imitation. New Haven 1941. – *Mischel, W.*: Toward a cognitive social learning reconceptualization of personality. In: Psychological Review 80 (1973), S. 252–283. – *Mischel, W.*: On the interface of cognition and personality: Beyond the person–situation debate. In: American Psychologist 34 (1979), S. 740–754. – *Montada, L.*: Lernpsychologie. In: *Aebli, H.* / *Montada, L.* / *Steiner, G.* (Hrsg.): Erkennen, Lernen, Wachsen. Zur pädagogischen Motivationstheorie, zur Lernpsychologie und zur kognitiven Entwicklung. Stuttgart 1975, S. 55–83. – *Mowrer, O. H.*: Learning theory and behavior. New York 1960. – *Neber, H.* (Hrsg.): Entdeckendes Lernen. Weinheim 1973. – *Pauli, R.* / *Wenzl, A.*: Grundsätzliches zur Gedächtnispsychologie. Untersuchungen zur Anfangs- und Endbetonung. In: Archiv für die gesamte Psychologie 93 (1935), S. 571–603. – *Pawlow, I. P.*: Die bedingten Reflexe. München 1972. – *Pawlow, I. P.*: Auseinandersetzung mit der Psychologie. München 1973. – *Piaget, J.*: La formation du symbole chez l'enfant. Neuchâtel 1945. – *Piaget, J.*: Psychologie der Intelligenz. Zürich 1967. – *Piaget, J.*: Gesammelte Werke (10 Bände). Stuttgart 1969. – *Posner, M.*: Kognitive Psychologie. München 1977. – *Postman, L. J.*: Verbal learning and memory. In: Annual Review of Psychology 26 (1975), S. 291–335. – *Prokasy, W. F.* (Ed.): Classical conditioning. New York 1965. – *Rasch, G.*: Probabilistic models for some intelligence and attainment tests. Copenhagen 1960. – *Rohracher, H.*: Gedächtnis und Lernen. In: *Meili, R.* / *Rohracher, H.* (Hrsg.): Lehrbuch der experimentellen Psychologie. Bern ³1972, S. 115–171. – *Roth, H.*: Reiz. In: *Arnold, W.* / *Eysenck, H. J.* / *Meili, R.* (Hrsg.): Lexikon der Psychologie. Band III/1. Freiburg 1972. – *Rotter, J. B.*: Social learning and clinical psychology. New Jersey 1954. – *Rotter, J. B.*: An introduction to Social Learning Theory. In: *Rotter, J. B.* / *Chance, J. E.* / *Phares, E. J.* (Eds.): Applications of a Social Learning Theory of Personality. New York 1972, S. 1–43. – *Skinner, B. F.*: Two »synthetic social relations«. In: Journal of Experimental Analysis of Behavior 5 (1962), S. 531–533. – *Skinner, B. F.*: Erziehung als Verhaltensformung. München 1971. – *Staats, A. W.*: Social behaviorism. Homewood/Ill. 1975. – *Thorndike, E. L.*: The fundamentals of learning. New York 1932. – *Tolman, E. C.*: Purposive behavior in animals and men. New York 1932. – *Watson, J. B.*: Behaviorism. New York 1930 (dt. Frankfurt/M. 1976). – *Westmeyer, H.*: Kritik der psychologischen Unvernunft. Probleme der Psychologie als Wissenschaft. Stuttgart 1973. – *Westmeyer, H.*: Zur Handlungsrelevanz der Verhaltenstheorien. In: *Krumm, V.* (Hrsg.): Zur Handlungsrelevanz der Verhaltenstheorien: Über den Zusammenhang von Verhaltenstheorien und pädagogischer Verhaltensmodifikation. München 1979, S. 146–155. – *Wolpe, J.*: Psychotherapy by reciprocal inhibition. Stanford ⁵1958. – *Zecha, G.*: Wie lautet das »Prinzip der Wertfreiheit«? In: Kölner Zeitschrift für Soziologie und Sozialpsychologie 28 (1976), S. 609–648.

Lernschwierigkeiten

1. Begriffsklärung: Der Terminus »Lernschwierigkeiten« (L) wird im folgenden nur im Sinne von »schulischen Lernschwierigkeiten«, synonym zu »Schulleistungsschwierigkeiten« verwendet (→ *Schulerfolg und Schulversagen*). Man versteht darunter Schulleistungen, die unterhalb einer erwarteten Leistungsnorm liegen. Diese Norm ist meist durch die Durchschnittsleistung einer Schulklasse definiert (Tiedemann 1978, S. 16). Nach dem Ausmaß der Sonderschulbedürftigkeit unterscheidet man folgende Arten von L: (a) *Lernstörungen*, die noch keine Überweisung an die Sonderschule rechtfertigen; (b) *Lernbehinderung*: Hiervon spricht man, wenn ein schweres und dauerhaftes Schulversagen (Kriterium: zweimaliges Sitzenbleiben in der Grundschule oder zweijähriger Schulleistungsrückstand) zusammen mit einer unterdurchschnittlichen Intelligenzleistung auftritt (→ *Behinderung*); (c) *Geistige Behinderung:* Die Schule für geistig Behinderte nimmt Kinder und Jugendliche auf, die in der Schule für Lernbehinderte nicht hinreichend gefördert werden können, aber lebenspraktisch bildbar sind. Als wichtigstes Abgrenzungskriterium für geistige Behinderung gilt ein IQ kleiner als 60. Neben diesen allgemeinen L findet man auch partielle L, wie die Lese- und Rechtschreibschwäche (→ *Legasthenie*).

2. Ursachen: Während bei geistiger Behinderung rein organische Ursachen eine große Rolle spielen, sind die wichtigsten *direkten* Determinanten der übrigen allgemeinen L Intelligenz- und Aufmerksamkeitsdefizite, fehlende Vorkenntnisse, unzureichende Lernzeit und situative Faktoren. Die wichtigste *indirekte* Determinante ist die → *Sozialisation* des Schülers im Elternhaus, die eine größere Häufigkeit von L bei Kindern aus der Unterschicht zur Folge hat.

(a) Die meisten Fälle schwerer geistiger Behinderung (IQ kleiner als 50) haben eine *organische Ursache*. Diese Ursache war in der Studie von Kaveggia u. a. (1972) in fast 50% der Fälle genetischer Art. Hiervon entfallen etwa 45% auf Chromosomenanomalien (insbesondere Mongoloismus), etwa 35% auf Mutationen einzelner Gene (z. B. Stoffwechseldefekte wie Phenylketonurie) und die übrigen auf angeborene Mißbildungen des zentralen Nervensystems (wie Spina bifida, eine angeborene Spaltbildung der Wirbelsäule), die oft auf einer Kombination von genetischen und äußeren Faktoren beruhen (Crandall 1977). Weitere organische Ursachen geistiger Behinderung können sein: Schädigungen des Gehirns vor, nach oder während der Geburt (z. B. aufgrund von Sauerstoffmangel), Gehirnhaut- und Gehirnentzündung. Im Unterschied zu den rein organischen Ursachen sind Aufmerksamkeits- und Intelligenzdefizite meist erb- *und* umweltbedingt (Heckhausen 1974, S. 275f.; Cantwell 1977; → *Genetik*).

(b) *Intelligenzdefizite* sind diejenigen Faktoren, die am meisten zur Erklärung von schulischen L beitragen. Intelligenzunterschiede erklären zwar in der Regel nicht mehr als 25-30% der Schulleistungsunterschiede, aber keine andere Ursache von L erklärt einen höheren Anteil als die → *Intelligenz*. Erfolgreiche Grundschüler unterscheiden sich von solchen mit L hauptsächlich im Bereich der *verbalen* Intelligenz (Kemmler 1970), erfolgreiche Gymnasiasten von solchen, die »sitzenbleiben«, ebenfalls im sprachlichen Bereich und in der Abstraktionsfähigkeit (Kemmler 1976, S. 136f.; → *Sprache*).

(c) Während Intelligenzdefizite seit langem als Determinanten von L bekannt sind, wurden *Aufmerksamkeitsdefizite* erst in jüngster Zeit in größerem Umfang systematisch erforscht (→ *Aufmerksamkeit und Konzentration*). Ausgangspunkt dieser Untersuchungen war das sogenannte »hyperkinetische Syndrom«, das auch als »minimale zerebrale Dysfunktion« oder »Hyperaktivität« bezeichnet wird (Havers 1981, S. 125f.). Von Lehrern werden die hyperaktiven Kinder oft als »nervös« und »zappelig« beschrieben. Der Kern des Problems scheint jedoch nach dem heutigen Stand der Forschung in einem »Aufmerksamkeitsdefizit« zu liegen (Firestone/Martin 1979). Die deutlichsten Unterschiede zwischen »hyperaktiven« und »normalen« Schülern fand man in der Fähigkeit bzw. Unfähigkeit, über einen längeren Zeitraum hinweg fehlerfrei an einer Aufgabe zu arbeiten (Keogh/Margolis 1976). Hier ist eine deutliche Parallele zu dem älteren, jedoch nur unzulänglich definierten Konzept der »Konzentrationsfähigkeit« zu sehen. Die Häufigkeit von »Aufmerksamkeitsdefiziten« dürfte bei etwa 7-10% der schulpflichtigen Bevölkerung liegen (Firestone/Martin 1979). Diese Defizite sind statistisch unabhängig von der gemessenen Intelligenz (Keogh/Margolis 1976) und haben besonders häufig L in der Grundschule zur Folge (Keogh 1971).

(d) *Fehlende Vorkenntnisse:* In vielen Bereichen der Schule ist der Unterricht lehrgangsmäßig aufgebaut, wobei das Erlernen einer neuen Einheit die Kenntnis der vorangegangenen voraussetzt. Die Vorkenntnisse haben deshalb eine wesentliche Bedeutung für den Lernerfolg (Bloom 1976, S. 30f.). Mit dem Fortschreiten eines Lehrgangs und dem Aufbau von Kenntnissen bzw. dem Entstehen von Kenntnislücken tritt die Intelligenz als Determinante von L zunehmend zugunsten der Vorkenntnisse zurück (Simons u. a. 1975). Besonders gravierend ist das Problem fehlender Lernvoraussetzungen bei Gastarbeiterkindern.

(e) *Lernzeit:* Neuere Untersuchungen sehen in der Zeit, während der sich der Schüler aktiv mit dem Lernstoff beschäftigt, einen der wichtigsten Faktoren für die Erklärung von Schulleistungsunterschieden (Bennett 1978). Hierbei ist jedoch zu berücksichtigen, daß die individuell benötigte Lernzeit – abhängig von der Intelligenz – von Schüler zu Schüler etwa im Verhältnis 1:5 variiert. Wahrscheinlich haben die sogenannten »affektiven Bedingungen« der Schulleistung wie → *Interessen* und → *Leistungsmotivation* vor allem einen indirekten Einfluß auf die Entstehung schulischer L: Bei fehlenden oder konkurrierenden Interessen bzw. geringer Leistungsmotivation verringert sich die aktive Lernzeit des Schülers. Ähnlich dürfte die größere Häufigkeit von L bei Kindern der Unterschicht (im Vergleich zu Mittelschichtkindern gleicher Intelligenz) z. T. darauf zurückzuführen sein, daß Unterschichteltern seltener als Eltern der Mittelschicht Intelligenzdefizite und mangelnde Vorkenntnisse ihrer Kinder durch Nachhilfeunterricht oder gezielte Kontrolle der Hausaufgaben kompensieren.

(f) *Lerntechnik:* Gelegentlich versagen die Schüler trotz hinreichender Intelligenz und ausreichender Lernzeit, weil ihnen angemessene Lerntechniken fehlen (Florin/v. Rosenstiel 1976).

(g) *Situative Faktoren:* Ursachen für L finden sich nicht nur in der Person des Lernenden, sondern auch in der Lernsituation. An erster Stelle ist hier wieder das Elternhaus zu nennen: Beengte Wohnverhältnisse, hohe Geschwisterzahl und psycho-soziale Streßfaktoren (z. B. ständige Auseinandersetzungen oder Scheidung der Eltern) können L zur Folge haben. Nach den Ergebnissen von Brophy/Good (1974) tragen Lehrer zur *Stabilisierung* von L bei, wenn sie leistungsschwachen

Schülern zu selten Erfolgserlebnisse verschaffen, sie zu »schwachen Gruppen« zusammenfassen und sie insgesamt weniger beachten als die »guten Schüler« (→ *Lehrer-Schüler-Interaktion*).

3. *Auswirkungen:* L haben für den betroffenen Schüler nachhaltige Konsequenzen: Er bekommt schlechte Noten, wird nicht versetzt oder sogar in die Sonderschule für Lernbehinderte überwiesen. Anhaltender Mißerfolg in der Schule hat bei einer Reihe von Schülern wahrscheinlich eine Erhöhung der Schulangst (Jacobs/Strittmatter 1979, S. 70f.; → *Angst*) und eine Verschlechterung des Selbstwertgefühls (Kemmler 1970, S. 69) zur Folge. Darüber hinaus neigen Schüler mit L dazu, sich unrealistische Ziele zu setzen, d. h. entweder solche, die für sie unerreichbar sind, oder solche, die weit unter dem liegen, was sie erreichen könnten (Sears 1940; Kemmler 1970, S. 69). *Die Überweisung eines Schülers auf die Sonderschule* kann zwar u. U. zu einer Verbesserung seiner Selbsteinschätzung im Vergleich zu seinen Klassenkameraden führen (Cronbach 1977, S. 380), gleichzeitig wird ihm aber nicht verborgen bleiben, daß Lernbehinderte in der Öffentlichkeit ein niedriges Sozialprestige haben und daß ihre Berufsaussichten besonders ungünstig sind (v. Bracken 1976, S. 281 f.; → *Sonderpädagogik*).

4. *Pädagogische oder therapeutische Maßnahmen:* Neben allgemeinen präventiven oder therapeutischen Maßnahmen (→ *Intervention und Prävention*) ist für die Behandlung von L u. a. an folgende Maßnahmen zu denken:

(a) Ärztliche Maßnahmen: Einige wenige Formen geistiger Behinderung, wie die Phenylketonurie, können durch rechtzeitige ärztliche Betreuung vermieden werden. Von den übrigen Ursachen für Lernschwierigkeiten sind es nur die »Aufmerksamkeitsdefizite«, die einer ärztlichen Behandlung zugänglich sind (Cantwell 1977).

(b) Frühförderung und kompensatorische Erziehung: Von seiten der Sonderpädagogik sind Programme zur Frühförderung von Kindern entwickelt worden, die von Lernbehinderung bedroht sind (Klein 1973). Die in den USA entwickelten Programme zur kompensatorischen Erziehung soziokulturell benachteiligter Kinder haben sich bewährt, wenn sie von klar formulierten Zielen ausgingen, mit Kleingruppen oder individualisiertem Unterricht arbeiteten und sich um eine aktive Beteiligung der Eltern bemühten (Cronbach 1977, S. 361; → *Vorschulerziehung*).

(c) Schulorganisatorische Maßnahmen: Die *Zurückstellung vom Schulbesuch* galt früher als eine wirksame Maßnahme zur Prävention von L. Heute ist sie außerordentlich umstritten (Kemmler 1970, S. 151) und wird von Fachleuten nur in sehr seltenen Fällen empfohlen (Kemmler 1976, S. 98f.; → *Schulfähigkeit–Schulreife*). Die häufigste Reaktion der Schule auf anhaltende L, das *Nicht-Versetzen* eines Schülers, ist zweifellos eine sehr unspezifische Maßnahme, aber in einigen Fällen doch geeignet, um durch Verlängerung der Lernzeit Kenntnisdefizite auszugleichen (Kemmler 1976, S. 256). Die *Überweisung an eine Sonderschule* ist dann angezeigt, wenn der Schüler dort eine seiner Behinderung entsprechende bessere Förderung erfährt als auf der allgemeinen Schule. Bei der häufigsten Form der Sonderschulüberweisung, auf die Schule für Lernbehinderte, ist aber gerade dies oft nicht gewährleistet (Cronbach 1977, S. 380). Der Deutsche Bildungsrat empfahl 1973, Kinder mit Lernstörungen und anderen Behinderungen stärker als bisher in der allgemeinen Schule zu fördern, um die Integration der Behinderten in die Gesellschaft zu erleichtern.

(d) Schulische Fördermaßnahmen: Da die Kenntnisse und Fähigkeiten der Schüler sich vom 1. Schuljahr an unterscheiden und diese Unterschiede im Laufe der Schulzeit noch zunehmen, ist die wichtigste schulische Maßnahme zur Prävention und zum Abbau von L die → *Differenzierung* des Unterrichts (→ *Lerntherapie*). Dazu gehört auch, daß man den Schülern zur Erreichung der Lernziele eine unterschiedliche Lernzeit zugesteht (→ *Zielerreichendes Lernen*). Kaum weniger wichtig ist eine planmäßige *Einbeziehung der Eltern* in die Förderung der Kinder. Hierzu verhilft zunächst eine präzise Information über Kenntnisdefizite der Kinder. Weiterführende Maßnahmen sind Elterntrainings (Innerhofer 1977) und Volkshochschulkurse für Eltern von Kindern mit L (Mann 1979). In der unmittelbaren → *Lehrer-Schüler-Interaktion* haben sich folgende Maßnahmen bewährt: eine »Sicherung« der nötigen Vorkenntnisse vor neuen Lernschritten, das Aufstellen von erreichbaren Zwischenzielen, das Aufgliedern von Aufgaben in spezifische kleine Schritte und positive Rückmeldung für jede erbrachte Leistung (vgl. Cronbach 1977, S. 593; Brophy/Good 1976, S. 329f.).

Norbert Havers

Literatur
Bennett, S. N.: Recent research on teaching. In: British Journal of Educational Psychology 48 (1978), S. 127–147. – *Bloom, B. S.:* Human characteristics and school learning. New York 1976. – *Bracken, H. v.:* Vorurteile gegen behinderte Kinder, ihre Familien und Schulen. Berlin 1976. – *Brophy, J. E./Good, T. L.:* Die Lehrer–Schüler-Interaktion. München 1974. – *Cantwell, D. P.* (Hrsg.): The hyperactive child. New York 1977. – *Crandall, B. F.:* Genetic disorders and mental retardation. In: The Journal of the American Academy of Child Psychiatry 16 (1977), S. 88–108. – *Cronbach, L. J.:* Educational psychology. New York ³1977. – *Firestone, P. F. / Martin, J. E.:* An analysis of the hyperactive syndrome. In: Journal of abnormal Child Psychology 7 (1979), S. 261–273. – *Florin, I. / Rosenstiel, L. v.:* Leistungsstörungen und Prüfungsangst. München 1976. – *Havers, N.:* Erziehungsschwierigkeiten in der Schule. Klassifikation, Häufigkeit, Ursachen und pädagogisch-therapeutische Maßnahmen. Weinheim ²1981. – *Heckhausen, H.:* Anlage und Umwelt als Ursache von Intelligenzunterschieden. In: *Weinert, F. E.* u. a. (Hrsg.): Funk-Kolleg Pädagogische Psychologie 2. Frankfurt 1974, S. 275–312. – *Innerhofer, P.:* Das Münchner Trainingsmodell. Beobachtung, Interaktionsanalyse, Verhaltensänderung. Heidelberg 1977. – *Jacobs, B. / Strittmatter, P.:* Der schulängstliche Schüler. München 1979. – *Kaveggia, E. G. / Opitz, J. M. / Pallister, P. D.:* Diagnostic genetic studies in severe mental retardation. In: The Proceedings of the 2nd Congress of the International Association for the Scientific Study of Mental Retardation. Primrose 1972, S. 302–312. – *Kemmler, L.:* Erfolg und Versagen in der Grundschule. Göttingen ²1970. – *Kemmler, L.:* Schulerfolg und Schulversagen. Göttingen 1976. – *Keogh, B.:* Hyperactivity and learning disorder. In: Exceptional children 38 (1971), S. 101–109. – *Keogh, B. / Margolis, J. S.:* A component analysis of attentional problems of educationally handicapped boys. In: Journal of Abnormal Child Psychology 4 (1976), S. 349–359. – *Klein, G.:* Die Frühförderung potentiell lernbehinderter Kinder. In: *Muth, J.* (Hrsg.): Sonderpädagogik 1. (Bd. 25 der Gutachten des Deutschen Bildungsrats Stuttgart 1973, S. 151–186. – *Mann, I.:* Lernprobleme. München 1979. – *Sears, P. S.:* Levels of aspiration in academically successful and unsuccessful children. In: Journal of Abnormal and Social Psychology 33 (1940), S. 498–536. – *Simons, H. / Weinert, F. E. / Ahrens, H. J.:* Untersuchungen zur differentialpsychologischen Analyse von Rechenleistungen. In: Zeitschrift für Entwicklungspsychologie und Pädagogische Psychologie 7 (1975), S. 153–169. – *Tiedemann, J.:* Leistungsversagen in der Schule. München 1978. – *Zielinski, W.:* Lernschwierigkeiten. Verursachungsbedingungen, Diagnose, Behandlungsansätze. Stuttgart 1980.

Lerntherapie

1. Definitionen: Die Mehrzahl der Kinder, die in Erziehungsberatungsstellen vorgestellt werden, hat als Hauptsymptomatik oder als Sekundärsymptom Schul- bzw. → *Lernschwierigkeiten* verschiedenster Art. Behandlungen mit rein psychologischen Mitteln (Psychotherapie der emotionellen Probleme, der dynamischen Konflikte mit wichtigen Bezugspersonen oder → *Verhaltenstherapie* bestimmten symptomatischen Verhaltens) haben sich als wenig effizient erwiesen, wenn es sich um umfassende Lernausfälle handelt, zu deren Behandlung pädagogische Spezialkenntnisse erforderlich sind. Die Behandlung der Lernprobleme wird in der Regel dem Nachhilfelehrer überlassen, dem jedoch umgekehrt die Ausbildung zur Intervention bei psychischen Problemen fehlt. Nicht selten kommt es vor, daß Nachhilfe und therapeutische Intervention einander stören, so z. B., wenn in der Psychotherapie Angstabbau in Lernsituationen versucht wird, in der Nachhilfe jedoch mit Druck gearbeitet wird. Erforderlich ist daher eine *integrierte Therapie*, die sowohl pädagogische als auch psychotherapeutische Elemente enthält (wie sie sich z. B. bei der Behandlung von → *Legasthenie* bereits gut eingeführt hat). Um sie von anderen Therapieformen abzugrenzen, haben wir sie mit »*Lerntherapie*« (LT) bezeichnet (vgl. Rollett/Bartram 1972; 1975).

Allgemein versteht man unter einer *therapeutischen Intervention* ein Verfahren zur Realisierung von Verhalten, das sich bisher nicht im Repertoire des Klienten befand, wobei meist davon ausgegangen wird, daß er aus eigener Kraft nicht dazu in der Lage ist, dies zu verwirklichen (→ *Intervention und Prävention*). Die LT bezieht sich darüber hinaus auf die Herstellung eines sachstrukturellen Entwicklungsstandes, der die Grundlagen für ein breites Spektrum von Zielverhaltensweisen bildet.

Unter »*sachstrukturellem Entwicklungsstand*« wird nach der Definition im Gutachten des Deutschen Bildungsrates (Roth 1971, S. 85) folgendes verstanden: »Kenntnisse und Fertigkeiten eines Schülers . . ., die dieser zu einem gegebenen Zeitpunkt seiner Entwicklung im Hinblick auf den relevanten Sachbereich der gegebenen Unterrichtssituation besitzt.« In der LT ist der Begriff weiter zu fassen, da er sich nicht nur auf die in einer Unterrichtssituation zu realisierenden Ziele bezieht, sondern jedes allgemeine oder besondere Lernziel (bzw. jede Gruppe von Lernzielen) umfassen kann. Diese können sowohl von einer gesellschaftlichen Instanz vorgegeben als auch vom Individuum selbst formuliert werden (→ *Lehrziel*).

Lerntherapie

Voraussetzung eines lerntherapeutischen Behandlungsplanes ist eine exakte *Lerndiagnose*. Sie besteht in der theoriegeleiteten Datenerhebung und Dateninterpretation, die die Informationsgrundlage für die Entscheidungen bei der Planung von Veränderungen des sachstrukturellen Entwicklungsstandes eines einzelnen oder einer Lerngruppe bereitstellen (→ *Diagnostik*). Sie umfaßt sowohl die Diagnose und Analyse der vorhandenen Kompetenzen bzw. Defizite (mit Hilfe lernzielorientierter → *Tests* oder zumindest speziell zugeschnittener informeller Tests) als auch die der relevanten Rahmenbedingungen (Lerngeschichte, motivationale Bedingungen, emotionale Beeinträchtigungen, relevante »critical life-events« bzw. alle den Erarbeitungsprozeß möglicherweise beeinträchtigenden Verhaltens- und Erlebnistendenzen und deren situative Auslöser). Zur kritischen Sichtung diagnostischer Ansätze vgl. Pawlik 1976. Zur Praxis der Diagnostik finden sich Hinweise bei Rollett/Bartram 1975, Garten 1977, Herbig 1976, Ch. Schwarzer 1979, Krapp 1978, Mandl u. a. 1979. Als Eingangsdiagnose ist die Lerndiagnose Statusdiagnostik. Durch den Vergleich der Ergebnisse mit den gewünschten Zielen der Intervention ergibt sich die Grundlage für die Planung. Die Kontrolle des Therapieerfolges erfolgt fortlaufend durch eine begleitende → *Prozeßdiagnostik* (Rollett 1976; Rüdiger 1978). Besondere Probleme ergeben sich bei der statistischen Absicherung von lerndiagnostischen Befunden im Einzelfall (Petermann 1979; → *Einzelfallanalyse*).

2. *Lerntherapeutische Ansätze:* Die Notwendigkeit einer Integration genuin pädagogischer Interventionsformen in die Kinderpsychotherapie wurde bereits von Anna Freud (1927) gesehen (→ *Psychoanalytische Pädagogik*). A. Dührssen (1960), die eine *neoanalytische Kinderpsychotherapie* entwickelte, baute erstmals den Nachhilfeunterricht systematisch in den allgemeinen Therapieplan mit ein, wenn bei Klienten Lernstörungen im Zentrum der Symptomatik standen. In ihrem Modell fehlen allerdings die lerndiagnostische Absicherung aufgrund lehrzielorientierter Tests und die therapiebegleitende → *Evaluation* des Behandlungserfolges. Die *Gesprächspsychotherapie* eignet sich zur Intervention, wenn Lernstörungen durch »allgemeine seelische Funktionsbeeinträchtigungen«, »geringes Ausmaß an Selbstachtung«, »große Diskrepanz zwischen → *Selbstkonzept* und Idealkonzept« mit bedingt werden und »Änderung von (inneren) Erlebnisvorgängen, von hohen inneren Spannungen bei gleichzeitig geringeren äußeren Verhaltensstörungen« (Tausch 1973, S. 33) notwendig ist. Entsprechende Treatmentphasen werden in diesem Fall in den lerntherapeutischen Behandlungsplan mit aufgenommen. *Verhaltenstherapeutische Techniken* (Schulte 1976) eignen sich besonders für die Beherrschung relativ klar strukturierter Verhaltensprobleme. Wegen der systematischen Einbeziehung der Selbststeuerung und der Ergebnisse der Kognitionspsychologie in die Intervention stellt die *kognitive Verhaltenstherapie* (vgl. Mahoney 1977) eine Alternative zur lerntherapeutischen Technik dar. Speziell für die Anwendung bei Unterschichtpatienten hat Goldstein (1973) die sogenannte *»strukturierte LT«* entwickelt. Er geht davon aus, daß die meisten psychotherapeutischen Behandlungsmethoden über verbale Interaktionen laufen und daher Unterschichtpatienten überfordern. Sein Programm umfaßt daher sprachlich weniger anspruchsvolle Interventionsformen: Modellernen mit Hilfe von Videobändern, Rollenspiel und soziale Verstärkung. Für die Ansteuerung kognitiver Therapieziele ist das Verfahren weniger geeignet. Hier empfiehlt sich das Modell von Galperin (1967), das den Aufbau neuer geistiger Kompetenzen durch ein *Programm systematischer Verinnerlichung äußerer Handlungen* vorsieht. Für eng umschriebene Probleme ist sowohl im Rahmen der *Heilpädagogik* (→ *Sonderpädagogik;* → *Behinderung*) als auch im Rahmen der *Objektivierten Lehrformen* (→ *Externe Lernregelung*) und des *Remedialen Lernens* (vgl. Weinert 1978; Schwarzer 1977) eine Vielzahl von speziellen Interventionsmethoden entwickelt worden, die sich bei Bedarf in den lerntherapeutischen Behandlungsplan integrieren lassen.

3. *Schema der Entwicklung eines lerntherapeutischen Interventionsplanes:* Folgende Ablaufschritte einer LT können unterschieden werden:

(a) *Abstrakte Zielanalyse:* Formulierung der Grobziele der LT, Übersetzung in Feinziele, Strukturanalyse der Beziehungen zwischen den einzelnen Elementen des zu lernenden Verhaltens und seiner Mediatoren, Entwicklung der Zielmatrix;

(b) *Lerndiagnose:* Strukturanalyse der für die zu lernenden Verhaltensweisen relevanten Charakteristika des Lernenden (z. B. Lernge-

schichte, soziale Beziehungen, Reaktionen auf physische Umweltbedingungen), Entwicklung der Matrix der für den Lernbereich relevanten Verhaltensweisen (bzw. seiner Mediatoren);
(c) Konkrete Zielanalyse: Feststellen der Defizite durch Vergleich der Zielmatrix mit dem Resultat der Lerndiagnose;
(d) Ablaufplanung: Aufstellen einer Prioritätenliste der lerntherapeutischen Ziele, Festlegung eines Zeitplanes;
(e) Wahl geeigneter didaktisch-therapeutischer Methoden zur Ausformung der gewünschten Verhaltensweisen aufgrund eines »matching« von Diagnose und Treatment.
Es folgt die Durchführung der Intervention, wobei der Plan aufgrund einer *behandlungsbegleitenden Diagnostik* nach Bedarf modifiziert wird.
4. *Lerntherapie in Gruppen:* LT als differenzierte Gruppentherapie innerhalb oder außerhalb schulischer Organisationsformen setzt voraus, daß die Zuweisung zu den Behandlungsgruppen aufgrund eines Mehrparametermodells (Rollett 1977) erfolgt. Auf diese Weise ist es möglich, je nach Merkmalskombination speziell auf die Diagnose zugeschnittene Treatments zu entwickeln und einzusetzen.

Brigitte Rollett

Literatur
Dührssen, A.: Psychotherapie bei Kindern und Jugendlichen. Göttingen 1960. – *Freud, A.:* Einführung in die Technik der Kinderanalyse. Leipzig 1927. – *Galperin, T. J.:* Die Entwicklung der Untersuchungen über die Bildung geistiger Operationen. In: *Hiebsch, H.* u. a. (Hrsg.): Ergebnisse der sowjetischen Psychologie. Berlin 1967. – *Garten, H.-K.* (Hrsg.): Anwendungsorientierte Diagnostik von Lernprozessen. Braunschweig 1977. – *Goldstein, A. P.:* Strukturierte Lerntherapie. München 1978. – *Herbig, M.:* Praxis lehrzielorientierter Tests. Düsseldorf 1976. – *Krapp, A.:* Zur Abhängigkeit der pädagogisch-psychologischen Diagnostik von Handlungs- und Entscheidungssituationen. In: *Mandl, H. / Krapp, A.* (Hrsg.): Schuleingangsdiagnose – Neue Modelle, Annahmen und Befunde. Göttingen 1978, S. 43–65. – *Mahoney, M. J.:* Kognitive Verhaltenstherapie – Neue Entwicklungen und Integrationsschritte. München 1977. – *Mandl, H. / Friedrich, H. F. / Schnotz, W.:* Pädagogische Diagnostik. In: Forschungsberichte des *DIFF* Nr. 4. Tübingen 1979. – *Pawlik, K.* (Hrsg.): Diagnose der Diagnostik. Stuttgart 1976. – *Petermann, F. / Hehl, F. J.:* Einzelfallanalyse. München 1979. – *Rollett, B.:* Kriterien-orientierte Prozeßdiagnostik im Behandlungskontext. In: *Pawlik, K.* (Hrsg.): Diagnose der Diagnostik. Stuttgart 1976, S. 131–148. – *Rollett, B. / Bartram, M.:* Prinzipien der Lerntherapie. Leitfaden für Studenten. Unveröffentl. Man. OE 1 der Gesamthochschule Kassel. Kassel 1972. – *Rollett, B. / Bartram M.:* Lerndiagnose und Lerntherapie. In: *Krohne, H.-W.* (Hrsg.): Fortschritte der Pädagogischen Psychologie. München 1975, S. 80–119. – *Roth, H.* (Hrsg.): Begabung und Lernen. Stuttgart ^{7}1971. – *Rüdiger, D.:* Prozeßdiagnose als neues Konzept der Lernfähigkeitsdiagnose. In: *Mandl, H. / Krapp, A.* (Hrsg.): Schuleingangsdiagnose – Neue Modelle, Annahmen und Befunde. Göttingen 1978, S. 66–83. – *Schulte, D.:* Diagnostik in der Verhaltenstherapie. München ^{2}1976. – *Schwarzer, C.:* Einführung in die Pädagogische Diagnostik. München 1979. – *Schwarzer, R.:* Remedialer und adaptiver Unterricht. In: Unterrichtswissenschaft 5 (1977), S. 333–345. – *Tausch, R.:* Gesprächspsychotherapie. Göttingen ^{5}1973. – *Weinert, F. E.:* Remediales Lehren und Lernen. In: *Klauer, K. J. / Reinartz, A.* (Hrsg.): Sonderpädagogik in allgemeinen Schulen. Bd. 9 des Handbuchs der Sonderpädagogik. Berlin 1978.

Lernumwelt

Der aus der angelsächsischen Fachsprache (learning environment) übernommene Begriff Lernumwelt (L) kennzeichnet die sozialwissenschaftliche Sichtweise, aus ausgewählten situativen Gegebenheiten unter Berücksichtigung personenspezifischer Größen Verhalten(sänderungen) zu erklären.
1. Zur Entwicklung der L-Forschung: Seit den Anfängen eigenständiger sozialwissenschaftlicher Forschung gibt es Versuche der Integration der L-Sichtweise in Felduntersuchungen und Experimente. Beispielsweise werden schon früh Milieufaktoren als Vorläufer der Indikatoren der Sozialen Schichtung in ihrer Beziehung zum Verhalten beachtet. Von den frühen L-Studien im engeren Sinne soll die Arbeit von Burks (1928) hervorgehoben werden, die mit differenzierter Umwelterfassung, durchdachter Versuchsplanung und zukunftsweisenden statistischen Methoden Maßstäbe für spätere empirische Analysen setzt (vgl. Marjoribanks 1979). Einen wichtigen Schritt vorwärts bedeuten die von Lewin und Brunswik seit Mitte der dreißiger Jahre entwickelten theoretischen Vorstellungen zu Umwelt, Person (Organismus) und Verhalten, die als Rahmensetzungen und Ausgangspunkte für die Theoriediskussion auch heute aktuell sind (→ *Ökologie*). Mit der Gleichung »Verhalten ist eine Funktion von Personen- und Umweltvariablen; $V = f(P,U)$« führt Lewin (1935) ein Modell ein, das weite Teile der jetzigen L-Forschung bestimmt (Marjoribanks 1979). Auf dem Hintergrund seiner dynamischen Feldtheorie erscheint Lewin nur die simultane, aufeinander bezogene Erfas-

sung der Persönlichkeit und der Umwelt im Hinblick auf das Verhalten sinnvoll, wodurch der dringend notwendige, aber auch heute kaum verwirklichte Weg der Analyse wechselseitiger Beeinflussungsprozesse vorgezeichnet wird.

Brunswik (1934; 1939; 1956) legt mit seiner »Psychologie vom Gegenstand her« einen konsequenten theoretischen Ansatz vor, wie die Beziehungen zwischen verschiedenen Umweltbereichen aufgedeckt (»Psychologische Ökologie«) und wie die Prozesse in der Auseinandersetzung Umwelt–Organismus–Reaktion analysiert werden können (»Ökologische Psychologie«). Mit den Kernbegriffen »ökologische Validität« und »funktionale Validität« spricht Brunswik zwei Hauptprobleme heutiger Forschung an (s. u.). In der Festlegung dessen, was Umwelt ist, liegt ein bedeutender Unterschied zwischen den Auffassungen Lewins und Brunswiks. Während in Lewins »Topologischer Psychologie« die Umwelt als (kognitiv oder auf andere Weise) durch den Organismus vermittelt gesehen wird, geht Brunswik von den Umweltreizen direkt, von den »Gegenständen« aus (Brunswik 1934, S. 3; 1939, S. 48). Die Berechtigung beider Auffassungen, die sich prinzipiell nicht ausschließen, sondern auch ergänzen können, steht außer Frage.

Ähnlich wie die aus anderen Quellen entstandenen Ansätze einer Ökologischen Psychologie bzw. Soziologie lagen die Konzepte von Lewin und Brunswik lange brach. Erst in den sechziger Jahren begann der zweite Anlauf, um der von Brunswik bereits 1939 (S. 49) als führend prognostizierten Umweltsichtweise diese Stellung zu verschaffen. Der heutige Forschungsstand, der im klassischen L-Feld *Familie* von Marjoribanks (1974; 1979) oder Wolf (1980) und im L-Feld *Schule* etwa von Schreiner (1973), Walter (1971) oder Fend (1980) in Zusammenfassungen dargestellt wird, läßt u. a. folgenden Trend erkennen: Den vielversprechenden Ergebnissen in einer Reihe empirischer Untersuchungen (z. B. hohe Anteile zugeschriebener Varianz der Verhaltensvariablen) steht teilweise eine magere theoretische Explikation des zu untersuchenden Bedingungsgeflechts gegenüber. So bieten die aus einer Fülle von Einzelergebnissen gewonnenen Erkenntnisse zu der Frage, wie ausgewählte Umweltvariablen bestimmte Verhaltensbereiche in spezifischer Weise beeinflussen, in erster Linie Ansatzpunkte für eine neue Phase der L-Forschung. Es geht heute vor allem darum, theoretische Probleme und Anregungen aus bisherigen Studien kritisch zusammenzutragen (Kaminski 1976; Graumann 1978; Marjoribanks 1979), um daraus Leitlinien und Forschungsstrategien für die Zukunft zu entwickeln.

2. *Problemfelder der Forschung*

2.1 *»Funktionale Validität«:* Das zentrale, weithin ungelöste Problem ist die Aufstellung angemessener theoretischer Modelle zur Dynamik der Vermittlungsprozesse zwischen Umwelt und Verhalten. Die genauen Konstruktionsmerkmale der Brücke zwischen »distalen Reizen und Reaktionen« (Brunswik) sind deshalb schwierig zu durchschauen, weil der Vermittlungsprozeß bei jeder Umwelt-Verhaltenskonstellation spezifisch abläuft (vgl. Götte 1979), weil es individuelle Abläufe sind und weil auch die umgekehrte Sichtweise (Verhalten verändert Umwelt) integriert werden muß. Bei dem anerkannten Theoriedefizit in der L-Forschung sind Modelle, die den skizzierten Ansprüchen genügen, in weiter Sicht. Vorhandene Konzepte, die bei der Vermittlung vor allem kognitive Prozesse berücksichtigen (vgl. Mischel 1973) oder die von Prozessen des → *sozialen Lernens* ausgehen (vgl. Williams 1976), sind Beispiele theoretischer Möglichkeiten, die erprobt und weiterentwickelt werden müssen. Die in den folgenden Abschnitten erörterten Fragen sind stets auf das zentrale Problem der Funktionalen Validität bezogen.

2.2 *»Ökologische Validität«:* Differenzierte Beobachtungs-, Interview- und Fragebogenstudien zur Analyse der Umwelt (Situation) haben in den beiden letzten Jahrzehnten folgendes verdeutlicht: Die Auswahl des spezifischen Teilbereichs der Umwelt wird durch den Gesamtansatz, also durch die vermuteten Vermittlungsprozesse zwischen Umwelt, Person und Verhalten festgelegt. Besondere Beachtung muß dabei der Entwicklungsstand der Personen finden. Es ist erforderlich, die relevante Teilstruktur der Umwelt komplex zu erfassen; grobe Einzelindikatoren wie z. B. der soziale Status können lediglich der Komplettierung dienen. Je weiter die Umweltvariablen von der Person entfernt sind, desto schwieriger wird das Übersetzungsproblem von »distalen zu proximalen Reizen«.

2.3 *Person und Verhalten:* Während die Ausdifferenzierung der Umwelt in den letzten Jahren konsequent versucht wurde (vgl. z. B. Schreiner 1973; Marjoribanks 1979), stehen die Bemühungen, die Person, ihr Verhalten und dessen Auswirkungen ebenso detailliert in die L-Forschung einzubeziehen, erst am Anfang. Es genügt nicht, die Person durch Meßwerte auf Eigenschaftsdimensionen zu beschreiben, sondern ihre Verhaltensmöglichkeiten sollten auf dem Hintergrund eines stärker individuumzentrierten Modells abgeschätzt werden (→ *Persönlichkeitstheorien*). Außerdem sollte die derzeit übliche Bestimmung des Verhaltens durch Test-Meßwerte von einer aufgegliederten Verhaltensanalyse abgelöst werden, die in einer direkteren Weise Rückschlüsse auf entferntere Auswirkungen (»distale Reaktionseffekte«) erlaubt. Im übertragenen Sinne gilt auch für die Verhaltensseite das Postulat der Ökologischen Validität.

2.4 Forschungsmethoden und interdisziplinäre Forschung: Aus den bisherigen Überlegungen folgt, daß nur diejenigen Forschungsmethoden brauchbar sind, die der Analyse der L in ihrer Komplexität und Dynamik gerecht werden. Dies kann u. U. durch entsprechende experimentelle Anordnungen ebenso erreicht werden wie durch multivariate statistische Verfahren, die auf die theoretischen Erfordernisse flexibel eingehen können (→ *Methoden;* → *Statistik*). Erforschung der L erfordert die Überwindung der üblichen Grenzen der Fachdisziplinen. Vor allem aus der Psychologie, der Erziehungswissenschaft und der Soziologie können theoretische Ansätze, Konstrukte und Operationalisierungen aufgegriffen und in einer einheitlichen Gesamtkonzeption zusammengefaßt werden.

Bernhard Wolf

Literatur
Brunswik, E.: Wahrnehmung und Gegenstandswelt. Grundlegung einer Psychologie vom Gegenstand her. Leipzig 1934. – *Brunswik, E.:* The conceptual focus of some psychological systems. In: Journal of Unified Science 8 (1939), S. 36–49. – *Brunswik, E.:* Perception and the representative design of psychological experiments. Berkeley 1956. – *Fend, H.:* Theorie der Schule. München 1980. – *Götte, R.:* Meßinstrumente zur Erfassung der häuslichen Lernumwelt von Kindern. In: Zeitschrift für Empirische Pädagogik 3 (1979), S. 95–120. – *Graumann, C. F.* (Hrsg.): Ökologische Perspektiven in der Psychologie. Bern 1978. – *Kaminski, G.* (Hrsg.): Umweltpsychologie. Stuttgart 1976. – *Lewin, K.:* A dynamic theory of personality. New York 1935. – *Marjoribanks, K.* (Ed.): Environments for learning. Windsor 1974. – *Marjoribanks, K.:* Families and their learning environments. London 1979. – *Mischel, W.:* Toward a cognitive social learning reconceptualization of personality. In: Psychological review 81 (1973), S. 252–283. – *Schreiner, G.:* Schule als sozialer Erfahrungsraum. Frankfurt/M. 1973. – *Walter, H.:* Schulökologie. Konstanz 1971. – *Williams, T.:* Abilities and environments. In: *Sewell, W. H.* / *Hauser, R. M.* / *Featherman, D. L.* (Eds.): Schooling and achievement in American society. New York 1976, S. 61–101. – *Wolf, B.:* Zum Einfluß der häuslichen Lernumwelt. Der Chicagoer Ansatz. In: *Rost, D. H.* (Hrsg.): Entwicklungspsychologie für die Grundschule. Bad Heilbrunn 1980, S. 172–186.

Medien

Unter Medien (M) werden – unabhängig von physikalischen und/oder okkultistischen Bestimmungen – zumeist die in unserer Gesellschaft gebräuchlichen Träger der Massenkommunikation – ein Sammelbezeichnung für Presse, Film, Funk und Fernsehen – als Vermittler von Information, Bildung und Unterhaltung an eine Vielzahl von Menschen verstanden. Sowohl Massen-M als auch die für spezielle gesellschaftliche Subsysteme entwickelten M (z. B. Unterrichts-M) verdanken ihre Existenz und ihre jeweiligen Ausprägungsformen bestimmten gesellschaftlichen und ökonomischen Bedingungen.

1. Zur historischen Entwicklung: Soziokulturelle Voraussetzung für die Entwicklung von M war eine Gesellschaft, in der zum Erwerb und zur Tradierung gesellschaftlich erreichten Wissens und ihrer Kultur wie auch zur Aufrechterhaltung von ökonomischen Lebensbedingungen ein systematischer Informationsaustausch notwendig wurde. Aber erst eine weitergehende Differenzierung innerhalb und zwischen mehreren gesellschaftlichen Bereichen (Produktion, Handel und Verwaltung) bedurfte einer systematischen Informationsvermittlung. Zunächst genügten Druckmedien den gegebenen Ansprüchen. Die Entwicklung auditiver, visueller und später audiovisueller M verdankt ihre Existenz technologischen Verfeinerungen zur Beschleunigung und Verallgemeinerung des Informationsflusses. Ihr Konsum blieb nicht mehr an die individuell zu schaffende Qualifikation ›Lesen‹ gebunden, die Verbreitung – wegen der Nutzung von Wellen – wurde schneller (aktueller) und zentraler, potentiell alle Gesellschaftsmitglieder erreichend. Die formal allgemeine Zugänglichkeit zu Massen-M erzeugte den Schein wertfreier Allgemeinheit des Inhalts. Da nun aber die Mehrheit der Mitglieder der Gesellschaft von der Produktion von und Verfügung über Massen-M weitgehend ausgeschlossen sind, die Herstellung selber den entwickeltsten arbeitsteiligen Vorgehensweisen folgt und der Inhalt dieser Produktion auf das Bewußtsein der Rezipienten zielt, ist nach Adorno (1970) folgendes nicht zu übersehen: Massen-M werden industriell produziert, und das Produkt ist Bewußtsein, die Massen-M sind folglich eine *bewußtseinsproduzierende Industrie.*

Nicht alles, was in der Geschichte – im nachhinein betrachtet – als bruchlose, notwendige Entwicklung erscheint, ist ohne politische Kämpfe vonstatten gegangen. Immer wieder stieß der dargestellte Zusammenhang auf Opposition: Der Druck ermöglichte nicht nur den Druck von Parteipresse (die jedoch häufig Vor- und/oder Nachzensur, Verboten und Haftmaßnahmen gegen verantwortliche Redakteure ausgesetzt war), sondern auch den von Flugblättern. Aus dem Empfangsmittel Rundfunk war technisch auch ein Kommunikationsmittel herzustellen, und mit den heute zugänglichen Formen der Video-Systeme kann selber ›Fernsehen‹ gemacht werden. Diese historische und aktuelle *Gegenöffentlichkeit* eines alternativen M-Gebrauchs richtet sich gegen den Anspruch bestehender M-Systeme, die Öffentlichkeit vollständig zu repräsentieren (Brecht 1967; Enzensberger 1970); allerdings konnten sich die historisch gegen die bürgerliche Öffentlichkeit gerichteten medienpolitischen Alternativen gesamtgesellschaftlich und politisch nicht durchsetzen.

2. *Analyse des M-Systems*

2.1 *Deskriptive Ansätze:* Unabhängig von den hier dargestellten historischen Differenzierungen (und den daraus zu gewinnenden systematischen Abstraktionen) unternehmen deskriptive Erklärungsansätze den Versuch, das Allgemeine massenkommunikativer Prozesse zu erhellen (→ *Kommunikation*). Hier steht die Frage »who says what to whom in which channel with what effect?« (Lasswell 1948). Ein »Kommunikator-Rezipient«-Modell, erweitert durch die Bestimmungen ›Medium‹ und ›Aussage‹, bildet das Gerüst verschiedener Psychologien und Soziologien der Massenkommunikation (Maletzke 1963; Silbermann/Krüger 1973). In diesen Ansätzen dominieren vor allem Fragenkomplexe, die differenzierte Hypothesen zur Persuasion bei einzelnen Individuen behandeln (bezogen auf die Wirkung der Massen-M bei Werbung oder bei Gewalt oder, allgemeiner, die Wirkung der Massen-M auf Wahlentscheidungen und politisches Bewußtsein). Hinsichtlich ihrer Ergebnisse ist der Stand der deskriptiven Forschung bescheiden: Ob irgendwelche Wirkungen direkt und/oder indirekt, kurz- und/oder langfristig konstatierbar sind, bleibt (bislang) unbeantwortet. Über Einzelphänomene wurden jedoch brauchbare Kenntnisse erarbeitet, z. B. über Nutzungspräferenzen von M durch die Gesellschaftsmitglieder, differenziert nach unterschiedlichen Variablen. Hypothesen konnten formuliert werden über Selektionsvorgänge durch die journalistische Bearbeitung der Realität (der sogenannte ›gate-keeper-effect‹), über kognitive Dissonanz und/oder Konsonanz oder über die persuasive Bedeutung der Kommunikation über Inhalte von M (der sogenannte ›two-step-flow-of-communication‹).

In solchen Ansätzen ist das gesellschaftliche Subjekt in der Regel seines historischen und sozialen Umfeldes entkleidet, fungiert lediglich als Rezipient, ausgestattet mit beobachtbaren soziologischen Variablen. Ebenso bleiben alle Prozesse, die sich nicht in formale Raster von ›Kommunikator‹ – ›Aussage‹ – ›Medium‹ – ›Rezipient‹ einfügen lassen, außer Betracht.

2.2 *Reflexive Ansätze:* Sie gehen von folgendem Anspruch aus: »Wenn die allgemeine These, daß eine bestimmte Form der Gesellschaft auch eine bestimmte Form der Kommunikation bedeutet, realitätsbeschreibenden Charakter haben und nicht Leerformel bleiben soll, so muß diese Kommunikation einerseits als Bedingung, in ihrer Form andererseits zugleich auch als Resultat des Prozesses gedeutet werden« (Sülzer 1973, Bd. 1, S. 210). Eine der zentralen Fragen reflexiven Denkens richtet sich auf den Gebrauchswert der M: Welche Qualität kommt dem durch M produzierten Bewußtsein zu? Eine häufige – aber vorschnell gegebene – Antwort lautet: M manipulieren. Erkennt man an, daß es ohne Manipulation (sei es in der Auswahl der Meldungen, bei der Schlagzeile, beim ›Aufmacher‹, im Ton, im Schnitt, in der Montage) überhaupt unmöglich ist, M zu produzieren, so ist die Manipulationbestimmung zwar allgemein richtig, sagt aber nichts Spezifisches aus. Sie ist nämlich notwendige Voraussetzung für mediale Kommunikation. Eine andere Antwort lautet: Die Gebrauchswertansprüche der Konsumenten von Massen-M werden nicht befriedigt, die Leser und Hörer begreifen z. B. den Inhalt von Nachrichtensendungen nicht, oder die Informationen besitzen keinen Bezug zur Lebenswirklichkeit der Adressaten. Wenn dem so ist, beantwortet dieser Tatbestand nicht die sofort fällige Frage: Warum konsumieren denn Menschen die Massen-M?

Über diese – partiell richtigen – Ansätze hinaus gibt es einen marxistischen Erklärungsversuch, der besagt, die bewußtseinsproduzierende Industrie habe inzwischen eine ›sekundäre Ausbeutung‹ zustande gebracht. Neben und über die Ausbeutung und Entfremdung am Arbeitsplatz hinaus sei es das Wesen der ›sekundären Ausbeutung‹, daß die Menschen ein Bewußtsein ihrer Entfremdung nicht mehr empfänden und formulierten. Beide Formen der Ausbeutung hätten ein Bedürfnis geschaffen, das durch den permanenten Genuß dessen, was Zeitungen, Zeitschriften, Radio und Fernsehen anböten, gleichzeitig auch befriedigt werde. In den M kristallisiere sich folglich eine besondere gesellschaftliche Erfahrung, jedoch nur die schon von den M selbst vorher produzierte. Diese produzierte Erfahrung sei nun aber ganz etwas anderes als die wirkliche Lebensrealität und die mögliche Erfahrung über diese Lebensrealität. Ein Surrogat, ein Ersatz gesellschaftlicher Bedürfnisse, sei folglich auch immer der Wunsch der Rezipienten ans Programm (Dröge u. a. 1979; Negt/Kluge 1973). Dieser Ansatz ist bislang nicht empirisch belegt; er kann alternative Formen der M-Nutzung nicht erklären und macht sich offenbar wenig Gedanken darüber, wie sich Rezipienten den totalisierenden Bewußtseinsproduktionen entziehen können.

3. *Medienpädagogische und mediendidaktische Ansätze*

3.1 *Medienpädagogische Ansätze:* Art und Ergebnis der Analyse von Massen-M bleiben nicht ohne Einfluß auf die Pädagogik, lassen sich doch daraus Zielperspektiven für → *Sozialisation* und → *Entwicklung* in unterschiedlichen Bereichen ableiten. Diesen Zusammenhang aufzuweisen hat sich als Aufgabe die M-Pädagogik vorgenommen, deren Aufblühen mit den entwickeltsten Formen der Massenkommunikation zugleich einsetzte (also mit der gesellschaftlichen Durchsetzung von audiovisuellen M wie Film und Fernsehen nach dem Zusammenbruch des Faschismus). In ihrer kurzen Geschichte hat sie unterschiedliche Ziele verfolgt, die z. T. mit kommunikationstheoretischen Erklärungen korrespondieren. Wenn im folgenden drei Positionen zur M-Pädagogik charakterisiert werden, so trifft dies zwar nicht die Themenbreite des derzeit Diskutierten, gibt aber eine überblicksweise Orientierung.

(a) Eine erste Position will das Subjekt vor Reizüberflutung und den als schädlich erachteten Inhalten der Massen-M bewahren. Gegen die M müsse die Pädagogik Normen und Werte vermitteln, die in den M nicht repräsentiert sind. Das Spektrum zu vermittelnder Normen und Werte orientiert sich hierbei z. B. an Vorstellungen der christlichen Ethik (Keilhacker/Wasem 1965).

(b) Eine zweite Position vermischt mehrere Ziele: Wie die erste geht sie davon aus, daß dem Subjekt eine direkte Einflußnahme auf die Massen-M nicht möglich ist. Deswegen sollen ihm Kriterien an die Hand gegeben werden, bewußt M zu selegieren, um zu einem kritischen Rezipienten zu werden. Hier hat die Pädagogik die Aufgabe, vor allem die Ergebnisse deskriptiver M-Forschung zu vermitteln. In dieser Position sind weitgehend alle Ausführungen der Pädagogischen Psychologie zu Fragen der M-Analyse und vor allem der M-Wirkung zusammengetragen. Paradigmatisch sollen deswegen hier Implikationen und Ergebnisse am Beispiel der Frage nach der Wirkung von Gewaltdarstellungen auf das Subjekt charakterisiert werden: Mit einer »Stimulationshypothese« soll belegt werden, daß das Anschauen gewalttätiger Szenen in M zu gewalttätigem Handeln stimuliert (→ *Aggression*). Gegen diese Annahme richtet sich die »Katharsishypothese«, die davon ausgeht, daß derjenige, der Gewalthandlungen in M angesehen hat, nicht mehr auf die Ausübung von Gewalt angewiesen ist. Zwischen diesen beiden konträren Hypothesen liegen die »Inhibitionshypothese«, die behauptet, daß das nicht-aggressive Verhalten nach Gewaltkonsum in M erklärbar ist aufgrund der negativen Sanktionierung gewalttätigen Handelns, und die »Habitualisierungshypothese«, die einen Gewöhnungseffekt an Gewalt beim Zuschauer vermutet. Für alle diese Annahmen gibt es inzwischen experimentelle Belege, wiewohl sie sich gegenseitig ausschließen. Ein Grund dafür liegt wohl darin, daß die Untersuchungen häufig Gewaltdarstellung und Zuschauer aus sozialen Umfeldern herauslösen und damit zu kontextlosen Befunden kommen, die für die Situationen der Alltagswelt nur sehr beschränkte Aussagekraft besitzen (→ *Wissenschaftstheorie*).

Innerhalb dieser Positionen finden sich auch Vertreter, die die Wirkungsannahme von M implizierend, mit M in Bildungsprozesse eingreifen wollen (vgl. die Konzeptionen von Bildungsfernsehen, medienzentriertem Unterricht, die Vorschul-Serie ›Sesamstraße‹). Die mit diesen Zielen verbundenen kompensatorischen Bildungserwartungen haben sich inzwischen als weit überhöht erwiesen (→ *Vorschulerziehung*).

(c) Eine dritte Position ergibt sich aus den reflexiven Analyseansätzen (s. 2.2). Gegen die bewahrende M-Pädagogik wird argumentiert, sie verallgemeinere bestimmte historische Normen- und Wertesysteme zu anthropologischen und allgemein-gesellschaftlich gültigen und zwänge das gesellschaftliche Subjekt pädagogisch und politisch unter restringierende M-Inhalte und Konsumtionsformen.

Gegen die These vom kritischen Rezipienten wird eingewendet, als Beschreibung des status quo stelle sie lediglich eine Reproduktion des Erscheinenden dar, dessen Wesen, Produkt historischer und gesellschaftlicher Verhältnisse, nicht begriffen werde. Die reflexive medienpädagogische Auffassung bezieht ausdrücklich gesellschaftsbezogene Betrachtungen mit ein. In ihr kommt folgender Sozialisationsbegriff zur Geltung: »Sozialisation (durch Massenmedien) findet statt und ist nur erklärbar im historisch-gesellschaftlichen Kontext. Damit ist Sozialisation kein einseitiger Akt der Beeinflussung, sondern ein Prozeß, in dem eine gesellschaftlich produzierte Umwelt die Individuen sowohl formt als auch von diesen geformt wird. Das beinhaltet eine grundsätzliche Reversibilität von Sozialisationsprozeß und -ergebnis« (Schorb/Mohn/Theunert 1980, S. 603). Die Reversibilität bezieht sich auch auf das pädagogische Umgehen mit M: Aus veröffentlichten M können öffentliche werden, wenn diese M es leisten, Erfahrungen der Subjekte dieser Gesellschaft zu kristallisieren. Damit soll das enge Korsett, das die veröffentlichten M bewußtseinsmäßig geschaffen haben, abgestreift werden. Über verbale und linguistische hinausgehende ›kommunikative Kompetenz‹ soll die Subjekte in den Stand setzen, eigene mediale Kommunikation zu erarbeiten. In diesen M muß sich Erfahrung niederschlagen, die in veröffentlichten M systematisch ausgeblendet bleibt, nämlich die ›authentische Erfahrung‹ realer Lebenslagen und -vollzüge und die aus ihnen zu entwickelnden Alternativen zu den bestehenden gesellschaftlichen, wirtschaftlichen und politischen Lebensbedingungen.

3.2 M-didaktische Ansätze: M-didaktische Ansätze folgen in erster Linie den Entwicklungen der → *Didaktik,* kaum der M-Pädagogik und in noch weit geringerem Ausmaß der M-Theorien. Historische Voraussetzung zum Aufblühen war die auch in der Schulrealität einsetzende weite Verbreitung audiovisueller M und der damit verbundenen Hoffnung, durch M weitgehend den Lehrer als Träger und Vermittler von Informationen ersetzen zu können (→ *Curriculum*). Soweit M nicht zur Auflockerung des Unterrichts, zur Motivation verwendet wurden, lassen sich verkürzt drei mediendidaktische Richtungen unterscheiden: eine lerntheoretische, eine systemtheoretische und eine kommunikationsorientierte.

(a) In der lerntheoretischen M-Didaktik wird eine wechselseitige Abhängigkeit zwischen Inhalten, Intentionen, Methoden und M des Lehrens und Lernens angenommen; diese gelten als didaktische Entscheidungsfelder. Historisch liegt dieser Richtung zwar ein kritisch-emanzipativer Gedanke zugrunde – die prozeßhafte didaktische Praxis sei Normen- und Ideologiekritik offenzuhalten –, doch der didaktische Einsatz von M, vor allem die M-Wahl, bleibt zumeist pragmatisch gedacht (Schulz 1969; Heimann/Otto/Schulz 1965; → *Instruktionstheorie*).

(b) Die systemtheoretische Richtung (vor allem ihre Einengung auf eine kybernetische Variante) fragt nur nach dem ›Wie‹ des M-Einsatzes, um Lernziele (Soll-Werte) möglichst rational und ökonomisch zu erreichen. Hierbei sind M didaktisch in einen Regelkreis eingebunden (v. Cube 1965) (→ *Externe Lernregelung*). Beide Richtungen – wiewohl in erster Linie als allgemein-didaktisch konzipiert – sind am ehesten einer funktionalen M-Pädagogik zuzuordnen; beide operieren mit behavioristischen Grundannahmen, und in beiden Richtungen übernehmen M die Funktion, durch gezielten Einsatz zur Effizienzsteigerung im Unterricht beizutragen (→ *Lernen und Lerntheorien*). Da jedoch in beiden Richtungen der didaktische Einsatz von M (ob als Faktor in einem Regelkreis oder als interdependente Größe) instrumentell gesehen bleibt, werden beide den allgemeinen, durch die Massen-M geschaffenen Sozialisationswirkungen nicht gerecht. M-Didaktik als effektive Sozialtechnik ist weitgehend erfolglos, trotz unzähliger Lernzieltaxonomien mit M-Zuordnung und ihrer → *Evaluation*.

(c) Gegen den instrumentellen Einsatz von M

richtet sich die kommunikationsorientierte Didaktik, der der Begriff der M dann als bestimmte Konkretisierung von Symbolstrukturen gilt. Mit diesem Ansatz soll jede Kommunikation durch Begreifen der Symbolstrukturen in rationale Kommunikation überführt werden; hier sollen → *Lehrziel*, Lernmethoden und die Situation des Unterrichts allgemein reflektiert werden können (Habermas 1972).
Einer zu entwickelnden Theorie über den Gegenstand M entziehen sich bislang die M-Didaktiken; einmal sehen sie M erweiternd als System von Symbolstrukturen, zum anderen verengend als Summe verschiedener Stimuli, die es lediglich an geeigneter Stelle einzusetzen gilt. Da aber M weder geschichtlichen noch gesellschaftlichen Bedingungen zugeordnet und in dieser Zuordnung begriffen werden, entfällt in den skizzierten mediendidaktischen Richtungen eine Reflexion auf die allgemeinen Sozialisationsbedingungen der Massen-M, deren Betrachtung es ermöglichen könnte, Funktions- und Wirkungsweisen dieser für die Gestaltung des Unterrichts kritisch zu überprüfen. Eine Versicherung hinsichtlich der theoretischen Tragfähigkeit von Aussagen über M wäre dabei jedoch unumgänglich (→ *Unterrichtsforschung*).

Erich Mohn

Literatur
Adorno, Th. W.: Eingriffe – Neun kritische Modelle. Frankfurt/M. 1970. – *Brecht, B.:* Schriften zur Literatur und Kunst. Gesammelte Werke. Bd. 18. Frankfurt/M. 1967. – *Cube, F. von:* Kybernetische Grundlagen des Lernens und Lehrens. Stuttgart 1965. – *Dröge, F.* u. a.: Der alltägliche Medienkonsum. Grundlagen einer erfahrungsbezogenen Medienerziehung. Frankfurt/M. 1979. – *Enzensberger, H. M.:* Baukasten zu einer Theorie der Medien. In: Kursbuch 20. Frankfurt/M. 1970. – *Habermas, J.:* Vorbereitende Bemerkungen zu einer Theorie der kommunikativen Kompetenz. In: *Holzer, H. / Steinbacher, K.* (Hrsg.): Sprache und Gesellschaft. Hamburg 1972. – *Heimann, P. / Otto, G. / Schulz, W.:* Unterricht – Analyse und Planung. Hannover 1965. – *Keilhacker M. / Wasem, E.:* Jugend im Kraftfeld der Massenmedien. München 1965. – *Lasswell, H. D.:* The structure and function of communication in society. In: *Bryson, L.* (Hrsg.): The communication ideas. New York 1948. – *Maletzke, G.:* Psychologie der Massenkommunikation. Hamburg 1963. – *Negt, O. / Kluge, A.:* Öffentlichkeit und Erfahrung. Zur Organisationsanalyse von bürgerlicher und proletarischer Öffentlichkeit. Frankfurt/M. 1973. – *Schorb, B. / Mohn, E. / Theunert, H.:* Sozialisation durch Massenmedien. In: *Hurrelmann, K. / Ulich, D.* (Hrsg.): Handbuch der Sozialisationsforschung. Weinheim 1980. – *Schulz, W.:* Aufgaben der Didaktik. Berlin 1969. – *Silbermann, A. /* *Krüger, U. M.:* Soziologie der Massenkommunikation. Stuttgart 1973. – *Sülzer, R.:* Sozialgeschichte als Aspekt der Medientheorie. In: *Aufermann, J. / Bohrmann, H. / Sülzer, R.* (Hrsg.): Gesellschaftliche Kommunikation und Information. 2 Bde. Frankfurt/M. 1973.

Methoden

Methode (M) ist in der Pädagogischen Psychologie ein Begriff, der für sehr unterschiedliche Bereiche verwendet werden kann. So lassen sich Forschungs-M von M im Sinne didaktischer oder therapeutischer Maßnahmen (→ *Didaktik*; → *Intervention und Prävention*; → *Verhaltensmodifikation*) differenzieren. Im folgenden werden nur Forschungs-M behandelt. Dabei geht es nicht um eine Aufzählung und Kurzcharakteristik aller möglichen Forschungs-M, sondern es wird am Beispiel einer Definition von Beobachtung einerseits die Problematik der M selbst geschildert, wenn durch sie sowohl die Intersubjektivität der Erfahrungsbasis gesichert als auch die Reduktion der Ausgangsdaten minimiert werden soll, und andererseits dokumentiert, wie andere Forschungs-M (Inhaltsanalyse, Test etc.) mit der Beobachtung zusammenhängen. Forschungs-M werden demnach unter dem Aspekt betrachtet, welche Prozesse sich abspielen, wenn die Beziehung ›Ereignis–Aussage‹ hergestellt wird.

1. Funktion und Gütekriterien empirischer Forschungs-M: Forschungs-M bieten die Instrumente bzw. die Konstruktionspläne für Instrumente, die Wissenschaftler benutzen, wenn sie wissenschaftlich arbeiten. Mit Hilfe solcher Instrumente soll die Intersubjektivität der Erfahrungen gesichert werden. Erfahren selbst vollzieht sich als komplexer Prozeß, bei welchem im Alltag die subjektive Interpretation des einzelnen Erfahrenden einen großen Anteil hat (→ *Wissenschaftstheorie*). Über die Instrumente soll jener Interpretationsanteil im Forscher beim Gewinnen der Daten minimiert und zugleich – zumindest in den empirischen Sozialwissenschaften – durch die notwendige Operationalisierung objektiviert werden, d. h., von den M wird mittels der Instrumente letzten Endes erwartet, daß sie in dem komplexen Prozeß, der sich abspielt, wenn Ereignisse bzw. Erlebnisse in Aussagen transformiert werden, eine Standardisierung bewirken. Ob bzw. wieweit dieses Ziel erreicht ist, kann man am einfachsten überprüfen, indem man am gleichen Gegenstand mit dem gleichen Instrument von verschiedenen Forschern zu verschiedenen Zeitpunkten Messungen vornehmen läßt und deren Resultate vergleicht. Sind die Resultate ähnlich, dann war offenbar der subjektive Interpretationsanteil des einzelnen Forschers gering und die Zuverlässigkeit *(Reliabilität)* des Instruments groß. Dies ist eine Überlegung, die in der Praxis der empirischen Sozialwissenschaften zu einer Reliabilitätsorientierung geführt hat, wenn es darum geht, die Güte eines Instruments zu prüfen. Demgegenüber ist das wissenschaftstheoretisch nicht gelöste Problem, nämlich die Kontrolle, wieweit das Zuordnen von Ereignissen zu Aussagen adäquat geschieht, forschungstechnisch ausgedrückt die Kontrolle der *Validität,* bisher weniger beachtet worden (vgl. Herwartz-Emden/Merkens 1980). Während für die Kontrolle der Reliabilität genaue, auf Modellannahmen beruhende und statistisch elaborierte Verfahren konzipiert wurden, die sich auch in der Forschungspraxis bewährt haben, existieren für das Bestimmen der Validität im Verhältnis dazu allenfalls oberflächliche Schätzverfahren. Der Versuch, das Validitätsproblem über eine systematische Einteilung in externe und interne Validität (Campbell/Stanley 1965) einer Lösung näherzubringen, ist von den wissenschaftstheoretischen Prämissen her als inadäquat kritisiert worden (Gadenne 1976). Andere Versuche, die Validität von Instrumenten zu bestimmen, setzen Kriterien – klassisch z. B. der Schulerfolg als Kriterium für die mit → *Tests* ermittelte Intelligenz –, Konstrukte oder Expertenurteile voraus – so z. B. bei jüngsten Versuchen, die Inhaltsvalidität von Tests zu bestimmen (Klauer 1979). Dies alles sind Verfahren, mit deren Hilfe allenfalls prognostische Zusammenhänge im Sinne von Gage (1979, S. 12) ermittelt werden können, wobei allerdings oft die Intensität des Zusammenhangs nicht einmal über einen Korrelationskoeffizienten präzisiert, sondern nur annähernd beschrieben werden kann. Über M konstituieren Sozialforscher also eine instrumentabhängige Realität, deren Beziehung zur Realität der Subjekte, die erforscht werden, nicht genau angegeben, sondern allenfalls geschätzt werden kann.

2. Beobachtung als Basis empirischer Forschungsmethoden: Bei den M wird häufig davon ausgegangen, daß entsprechend dem Vorbild der Naturwissenschaften die *Beobachtung* diejenige Methode sei, auf die sich die anderen M zurückführen lassen, wobei einerseits vorausgesetzt wird, daß im Regelfall die Beobachtung als systematische Beobachtung durchgeführt werde (vgl. Merkens 1972), und andererseits, daß in den Sozialwissenschaften einschließlich der Pädagogischen Psychologie Gegenstand der Beobachtung immer das Verhalten von Subjekten in bezug auf andere Subjekte oder Umwelten ist (→ *Verhaltensbeobachtung*). Eine entsprechend umfassende Bestimmung der Beobachtung findet sich bei Weick (1968, S. 36): »Eine Beobachtungsmethode ist bestimmt als die Auswahl, Provokation, Protokollierung und Verschlüsselung von Mengen von Verhaltensweisen sowie des dazugehörigen Settings, welche Organismen in einer bestimmten Situation betreffen und die mit dem empirischen Ziel übereinstimmen.« Diese etwas umständlich wirkende Definition läßt erstens noch einmal erkennen, daß der Interpretationsanteil bei der Durchführung von Beobachtungen als groß angesehen werden muß. Darüber hinaus wird zweitens deutlich, daß Beobachtung keineswegs als ein nur passiver Vorgang angesehen werden kann, bei dem ein Beobachter geduldig darauf wartet, ob sich überhaupt bestimmte Verhaltensweisen einstellen und, wenn dies der Fall sein sollte, welche es genau sind.

2.1 Auswahl: Beobachten bedeutet demnach immer auch Auswahl, d. h., es wird nicht das Gesamt der gleichzeitig auftretenden Verhaltensweisen und das gesamte Setting erfaßt. Eine solche Auswahl bedarf der Kriterien. Popper (1966, S. 31 Anm.) setzt für Beobachtung das Vorhandensein von Theorien voraus, d. h., Beobachtung ist letzten Endes ein zielgerichteter Selektionsprozeß, der von Theorien her geleitet wird. In der Praxis der Sozialwissenschaften hat sich daneben eine »weichere« Form von Beobachtung herausgebildet, die sogenannte teilnehmende Beobachtung (vgl. Cicourel 1970; Lofland 1971), an die nicht so harte Bedingungen gestellt werden und die als Vorform der eigentlichen Beobachtung, der systematischen Beobachtung, angesehen wird (Friedrichs/Lüdtke 1971). Neuerdings hat sich allerdings eine eigenständige Form der teilnehmenden Beobachtung in der → *Unterrichtsforschung* unter der Bezeichnung *Ethnographie* etabliert (vgl. Terhart 1978; 1979), bei der keineswegs mehr davon ausgegangen wird, daß die Kriterien für die Auswahl bei der Beobachtung aus einer Theorie gewonnen werden. Es reicht vielmehr eine Fragestellung. Ziel teilnehmender Beobachtung unter ethnographischem Aspekt ist es, die Subjekte in ihrer natürlichen Umwelt (→ *Ökologie*) mit ihren jeweiligen Subjektperspektiven zu erforschen (Wilson 1976; Terhart 1979, S. 295 f.) und sie nicht unter Zielsetzungen zu erforschen, die nicht ihre eigenen sind bzw. von denen man gar nicht prüft, ob es ihre eigenen sind, wie dies z. B. bei der Interaktionsanalyse nach Flanders der Fall ist (vgl. die Kritik von Merkens/Seiler 1978, S. 89). Allen diesen verschiedenen Formen der Beobachtung aber ist gemeinsam, daß das Bewußtsein dafür existiert, daß Beobachtung Selektion voraussetzt.

2.2 Provokation: Gerade bei Formen der systematischen Beobachtung, wenn z. B. der Beobachter unsichtbar bleibt, scheint es nicht selbstverständlich, daß der Beobachter provoziert (Weick 1968, S. 361); vielmehr wird gefordert, daß der Beobachter so wenig stören soll wie eben möglich (v. Cranach/Frenz 1969), d. h., die Grundtendenz der Beobachtung scheint genau in die Richtung des Nichtprovozierens zu gehen. Dies trügt allerdings, denn der Forscher erwartet, daß durch seine Art des Forschungsarrangements ganz bestimmte Verhaltensweisen wahrscheinlich werden. Im Forschungsarrangement, dem Design, ist demnach auch bei der Beobachtung immer schon der Versuch enthalten, Verhaltensweisen, um die es geht, zu provozieren. Dies wird besonders deutlich beim Experiment, das man im Sinne der hier verwendeten Definition als Sonderform der Beobachtung bezeichnen kann. »Das Experiment, in dem es um planmäßige Veränderung einer bzw. mehrerer Variablen und deren Wirkungskontrollen geht, ist die exakteste, anspruchsvollste, eindeutigste, aber auch aufwendigste Forschungsanordnung für Kausalanalysen im komplexen Bereich von Unterricht und Erziehung« (Roth 1976, S. 154). In Experimenten wird überprüft, welche Auswirkungen der Ausprägungsgrad einer oder mehrerer unabhängiger Variabler sowie deren eventuelle Interdependenz auf eine oder mehrere abhängige Variable ausübt (Klauer 1973). Dazu bedarf es der Manipulationsmöglichkeit der unabhängigen Variablen sowie der Kontrolle der sonstigen Bedingungen, was mit entsprechenden Designs versucht wird (für eine Schilderung der wichtigsten vgl. Campbell/Stanley 1965). Bei der teilnehmenden Beobachtung muß der Beobachter sich im Feld, das beobachtet wird, eine Rolle zulegen, und aus dieser Rolle heraus wird er Reaktionen provozieren. Zusammenfassend muß konstatiert werden, daß Beobachtungsverfahren sich hinsichtlich der erwünschten Provokationen nur graduell unterscheiden, keines dieser Verfahren aber ganz auf Provokation verzichten kann.

2.3 Protokoll: Ein Beobachtungsprotokoll ist dann perfekt, wenn alle Ereignisse und Verhaltensweisen in ihm festgehalten sind. Filme, Tonbandaufzeichnungen, Stenogramme und Tagebücher (Weick 1968, S. 361) sind von daher gesehen ideale Medien, wenn es darum geht, Protokolle herzustellen. Auch Materialien wie Filme und Tonbandaufzeichnungen sind selektiv, weil z. B. der Kamerawinkel etc. bewirkt, daß nur ein Ausschnitt aus der natürlichen Szene aufgenommen werden kann. Darüber hinaus zeigt sich gerade bei der Aufzeichnung des Materials, daß man häufig Verhaltensweisen, die man eigentlich beobachten möchte, nicht ohne weiteres beobachten kann. Dazu muß man sich u. U. zusätzlicher Hilfsmittel bedienen, wie z. B. des → *Tests* und der Befragung (s. u.); in Ergänzung zur traditionellen Beobachtung, die sich auf sichtbare Verhaltensweisen beschränkt sieht, sind zusätzliche Verfahren der Datenerhebung entwickelt worden, die dazu dienen, bestimmte Verhaltensweisen zu erschließen, die bloßer Beobachtung nicht zugänglich sind, die aber für relevant erachtet werden. Diese zusätzlichen Verfahren sind vor allem in der Psychologie und der Pädagogischen Psychologie entwickelt worden, die sich eben nicht nur auf die äußerlichen Verhaltensweisen beschränken konnten. Dabei ist im Sinne der eingangs gegebenen Erläuterungen versucht worden, den an sich noch größeren Interpretationsanteil, der immer dann angenommen werden muß, wenn das Material erst mit Hilfe interaktiver Prozesse – dies gilt für Test wie Befragung – erschlossen werden kann, durch möglichst rigide Standardisierung über Anweisungen zur Konstruktion und Auswertung des Materials zu minimieren. Beim Protokollieren können demnach mehrere Verfahren unterschieden werden, die vom Einsatz entsprechender Medien (z. B. Film, Fernsehen) über spezielle Protokolltechniken (z. B. Stenogramm, Gedächtnisprotokoll) bis hin zum Einsatz von Verfahren reichen, die geeignet sind, Reaktionen der untersuchten Subjekte hervorzulocken, die eben diese Subjekte selbst markieren (z. B. Tagebuch, Test). Gemeinsam ist all

Methoden

diesen Versuchen, den Interpretationsanteil gering zu halten.
2.4 Verschlüsselung: Ähnlich wie beim Protokollieren werden die Probleme beim Verschlüsseln häufig nicht thematisiert, und in vielen Fällen werden die Prozesse des Protokollierens und Verschlüsselns der Daten gar nicht oder kaum getrennt. So kodieren die Beobachter bei Beobachtungssystemen in der Regel die Verhaltensweisen sofort in bestimmten Kategorien, ein vorhergehendes Protokollieren entfällt. Bei den Beobachtungssystemen kann man zwischen Zeichen-, Kategorien- und Ratingsystemen unterscheiden (Merkens 1972, S. 76), mit denen jeweils das Ziel verfolgt wird, die Daten zusammenzufassen und dadurch leichter interpretierbar zu machen. Außerdem kann die Intersubjektivität auf diese Weise verbessert werden, weil überprüft werden kann, ob die Häufigkeitsverteilungen bzw. Einschätzungen verschiedener Beobachter einander gleichen oder ob sich Differenzen ergeben. Dies gilt für alle die Fälle, in denen Beobachtungsaussagen sofort im Anschluß an das Beobachten verschlüsselt werden.

In den anderen Fällen, in denen das Gewinnen des Ausgangsmaterials von dessen Verschlüsselung getrennt ist, sind eigene Techniken für das Verschlüsseln entwickelt worden. Zunächst einmal können die verschiedenen Beobachtungssysteme auf Film- bzw. Fernsehaufzeichnungen angewendet werden. Wortprotokolle bzw. der Inhalt von Film- und Fernsehaufzeichnungen können mittels *Inhaltsanalyse* erschlossen werden, deren Zweck es ist, im Material enthaltene Strukturen herauszufiltern (vgl. Holsti 1968; Herkner 1974; Lisch/Kriz 1978), dabei können sowohl qualitative als auch quantitative Inhaltsanalysen unterschieden werden. Während bei den ersteren ausgewertet wird, ob bestimmte bzw. welche Merkmale im Material enthalten sind, interessiert bei dem zweiten Vorgehen die Häufigkeit des Vorhandenseins bestimmter Merkmale. Bei Fragebögen, Einstellungsinventaren und Tests werden Daten mit Hilfe entsprechender Skalierungsmethoden aggregiert und zu bestimmten Scores zusammengefaßt, die dann einen Vergleich mit den Scores anderer Subjekte erlauben. Das setzt wiederum den Einsatz statistischer Verfahren voraus, mit deren Hilfe ermittelt werden kann, mit welcher Wahrscheinlichkeit Beziehungen zwischen Variablen oder Differenzen bei unterschiedlicher Manipulation bei abhängigen Variablen hinsichtlich des Ausprägungsgrades systematisch auftreten oder ob es nicht vernünftiger ist, von zufälligen Zusammenhängen oder Unterschieden auszugehen (→ *Statistik*).

3. Defizite traditioneller Forschungs-M und neuere Trends: In der Regel wird nicht eine einzelne Verhaltensweise, sondern eine Menge von Verhaltensweisen beobachtet werden, d. h., es wird das jeweils beobachtete Merkmal in den Prozeß der aufeinanderfolgenden Merkmale hineingestellt. Dies ist ein wesentliches Merkmal sozialwissenschaftlicher Forschung. Subjekte interagieren in den alltäglichen Situationen mit anderen Subjekten und der Umwelt, woraus sich eine Reihe aufeinanderfolgender Verhaltensweisen ergibt. Empirische Forschung muß sich darum bemühen, gerade diese Prozesse zu erfassen. Das stößt allerdings auf die Schwierigkeit, daß wir gewöhnt sind, Produkte zu messen (McCall/Simmons 1974, S. 70ff.). Deshalb muß pädagogisch-psychologische Forschung immer darauf gerichtet sein, das einzelne Verhalten zu anderen vorangehenden und folgenden Verhaltensweisen in Beziehung zu setzen, mit anderen Worten, den prozeßhaften Charakter der Entstehung, Aktualisierung und Veränderung von Verhalten zu berücksichtigen, weil erst so das einzelne Verhalten seinen Sinn erhält. Dem steht allerdings unser produktorientiertes Denken beim Forschen im Wege (vgl. Merkens/Seiler 1978, S. 11ff.). In neueren Versuchen, die eine andere Orientierung des Forschens bevorzugen (vgl. z. B. Mehan 1978), tritt an die Stelle des Produkts der Verhaltensweisen die Struktur der → *Interaktion* (→ *Lehrer-Schüler-Interaktion*; → *Einzelfallanalyse*).

Dieser Wende auf der Seite der empirischen Forschung entspricht eine ähnliche auf der Ebene der Forschungsmethodologie, die z. B. von Habermas (1971, S. 126ff.) damit begründet wird, daß Beobachtung eigentlich nur dann die adäquate M ist, wenn es sich um in empirischer Sprache formulierte Behauptungen handelt, wie z. B. »dieses Haus brennt«. »Soweit es sich um eine empirische Behauptung handelt, die intentional sprachlich formuliert ist, ist hingegen *Befragung* die geeignete Methode« (Habermas 1971, S. 126), wobei unter empirischer Sprache auch Aussagen der folgenden Art verstanden werden: »Der Gutachter X bescheinigt dem Schüler Y, daß er schwachsinnig ist.« Habermas hat die Überlegungen zur M der Beobachtung bzw.

Befragung nicht weiter expliziert, er hat nur einige Erläuterungen zu deren methodologischen Voraussetzungen gegeben. Seine Grundannahme ist, daß sowohl bei Beobachtung als auch bei Befragung bestimmte Idealisierungen gemacht werden. Bei der Beobachtung besteht die Idealisierung darin, daß wir die Gegenstände möglicher Beobachtung als meßbare Körper auffassen (vgl. S. 127) (→ *Verhaltensbeobachtung*).

Demgegenüber wird bei der Befragung idealisierend vorausgesetzt, »daß alle Handlungsmotive sprachlich, also innerhalb der Struktur möglicher Rede, organisiert sind« (S. 128), d. h., es wird den empirischen Handlungszusammenhängen eine rein kommunikative Struktur unterlegt. Außerdem müssen den beteiligten Subjekten Zurechnungsfähigkeit und Wahrhaftigkeit zugeschrieben werden. Das Verdienst von Habermas muß darin gesehen werden, daß er, unter Hinweis auf die notwendigen Idealisierungen bei der Anwendung empirischer M und dem kontrafaktischen Charakter bestimmter Grundannahmen (alle Handlungsmotive sind sprachlich), die Sensibilität dafür geweckt hat, daß der empirische Gehalt von wissenschaftlichen Aussagen allenfalls qua Behauptung gesichert ist, methodologisch aber sehr in Frage steht (vgl. Habermas 1970).

Die Befragung selbst ist insbesondere in der Soziologie als M ausgearbeitet worden (v. Koolwijk/Wieken-Mayser 1974f.). In der Psychologie wurde sie vor allem in der Psychoanalyse verwendet. Genaugenommen handelt es sich auch bei Tests und Persönlichkeitsinventaren um Fragebögen, d. h., im methodischen Bereich gibt es eine nichtleere Durchschnittsmenge von Beobachtung und Befragung. Während nun die standardisierte Befragung eine große Analogie zur systematischen Beobachtung aufweist und als Ableger der Beobachtung angesehen werden kann (es geht darum, bestimmte eingegrenzte Verhaltensweisen zu provozieren), kann unter dem Aspekt der reinen Kommunikationsgemeinschaft der Handelnden die teilnehmende Beobachtung als vom Tiefeninterview abhängig angesehen werden, indem das äußerlich sichtbare Verhalten als dem kommunikativen Kontext zuordenbar interpretiert wird. Teilnehmende Beobachtung wird dann als eine M angesehen, die zur Erhellung des kommunikativen Kontextes beitragen kann. In der Pädagogischen Psychologie aber herrscht noch das Vorbild der Beobachtung, aus der alle anderen M herleitbar sind, und nur am Rande zeigt sich der Übergang zu neuen M wie der der *Ethnographie*.

Hans Merkens

Literatur
Campbell, D. T. / Stanley, J. C.: Experimental and quasieexperimental designs for research on teaching. In: *Gage, N. L.* (Ed.): Handbook of research on teaching. Chicago ²1965. Dt. Bearb. in: Ingenkamp, K. / Parey, E. (Hrsg.): Handbuch der Unterrichtsforschung. Teil I. Weinheim 1970. – *Cicourel, A. V.*: Methode und Messung in der Soziologie. Frankfurt/M. 1970. – *Cranach, M. v./ Frenz, H. G.*: Systematische Beobachtung. In: Handbuch der Psychologie. Bd. 7. 1. Halbbd. Göttingen 1969. – *Friedrichs, J. / Lüdtke, H.*: Teilnehmende Beobachtung. Weinheim 1971. – *Gadenne, V.*: Die Gültigkeit psychologischer Untersuchungen. Stuttgart 1976. – *Gage, N. L.*: Unterrichten – Kunst oder Wissenschaft? München 1979. – *Habermas, J.*: Zur Logik der Sozialwissenschaften. Frankfurt/M. 1970. – *Habermas, J.*: Vorbereitende Bemerkungen zu einer Theorie der Kommunikationskompetenz. In: Habermas, J. / Luhmann, N. (Hrsg.): Theorie der Gesellschaft oder Sozialtechnologie. Frankfurt/M. 1971. – *Herkner, W.*: Inhaltsanalyse. In: Koolwijk, J. v./ Wieken-Mayser, M. (Hrsg.): Techniken der empirischen Sozialforschung. Bd. 3. München 1974. – *Herwartz-Emden, L. / Merkens, H.*: Überlegungen zum Validitätsproblem aus wissenschaftstheoretischer Sicht In: Zeitschrift für erziehungswissenschaftliche Forschung 14 (1980), S. 90–116. – *Holsti, O. R.*: Content analysis. In: Lindzey, G. / Aronson, E. (Eds.): The handbook of social psychology. Reading ²1968. – *Klauer, K. J.*: Das Experiment in der pädagogischen Forschung. Düsseldorf 1973. – *Klauer, K. J.*: Lehrtextbezogene Tests. Transformation von Lehrtexten in Universa von Testaufgaben. In: Klauer, K. J. / Kornadt, H. J. (Hrsg.): Jahrbuch für empirische Erziehungswissenschaft. Düsseldorf 1979. – *Koolwijk, J. v. / Wieken-Mayser, M.* (Hrsg.): Techniken der empirischen Sozialforschung. Bd. 2–5. München 1974–1976. – *Lisch, R. / Kriz, J.*: Grundlagen und Modelle der Inhaltsanalyse. Reinbek 1978. – *Lofland, J. H.*: Analyzing social settings. A guide to qualitative observation and analysis. Belmont/Calif. 1971. – *McCall, G. / Simmons, J. L.*: Identität und Interaktion. Düsseldorf 1974. – *Mehan, H.*: Structuring school structure. In: Harvard Educational Review 48 (1978), S. 32–64. – *Merkens, H.*: Probleme und Schwierigkeiten bei der Beobachtung als einer empirischen Methode. In: Pl 9 (1972), S. 75–82. – Merkens, H. / Seiler, H.: Interaktionsanalyse. Stuttgart 1978. – *Popper, K. R.*: Logik der Forschung. Tübingen ²1966. – *Roth, L.*: Empirische Forschungsmethoden. In: Roth, L. (Hrsg.): Handlexikon zur Erziehungswissenschaft. München 1976. – *Terhart, E.*: Interpretative Unterrichtsforschung. Stuttgart 1978. – *Terhart, E.*: Ethnographische Schulforschung in den USA. Ein Literaturbericht. In: Zeitschrift für Pädagogik 25 (1979), S. 291–306. *Weick, K. E.*: Systematic observational methods. In: Lindzey, G. / Aronson, E. (Eds.): The handbook of social psychology. Reading ²1968. – *Wil-*

son, S.: The use of ethnographic techniques in educational research. In: Review of Educational Research 47 (1976), S. 245–265.

Moralische Entwicklung und Erziehung

1. Moralische Entwicklung: Verhaltensweisen, die mit der Moralität des Menschen zu tun haben, nehmen einen breiten Raum in der psychologischen Forschung ein. Die Vielzahl der dabei verwendeten Begriffe und Indikatoren zeugt davon: Aggressivität, Gehorsam gegenüber Autoritäten, Mogeln bei Prüfungen, Widerstand gegen Versuchung, Heuchelei, prosoziales Verhalten, Altruismus, Hilfsbereitschaft, Spendeverhalten, Durchhaltevermögen, Einhalten von Regeln etc. Erforscht werden solche Phänomene, indem mit Bezug auf eine bestimmte Theorie des Lernens (→ *Lernen und Lerntheorien*) und/oder der →*Entwicklung* – häufig durch Experimente – nach person- oder gruppenspezifischen sowie situativen Bedingungen gesucht wird, unter denen ein bestimmtes moralisch bedeutsames Verhalten zustande kommt und wie sich dieses gegebenenfalls im Laufe der Zeit ändert bzw. stabilisiert. Ziel ist ein möglichst detailliertes Bild über Voraussetzungen, Einflußfaktoren und Verlauf der moralischen Entwicklung. Es gibt eine Reihe von Theorien, die diesen Prozeß erklären und vorhersagbar machen wollen (s. Lickona 1976). Eine entscheidende Prägung erfuhr die Moralentwicklungsforschung durch die Befunde von Piaget (1932) und Hartshorne/May (1928/30). Während letztere die damals vorherrschende Vorstellung stabiler Charaktereigenschaften gründlich erschütterten, legte Piaget den Grundstock für die derzeit meistdiskutierte Theorie von Kohlberg.

1.1 Moralische Entwicklung aus der Sicht der kognitiven Entwicklungstheorie (Kohlberg): Hier wird Entwicklung im Sinne einer biologisch determinierten Abfolge qualitativ voneinander unterscheidbarer Phasen oder Stufen kognitiver Orientierungen aufgefaßt, die der Mensch im Umgang mit den Gegenständen und Personen seiner Umwelt aufbaut und modifiziert. Sie bestimmen sein Denken und Handeln. 1955 begann Kohlberg in einer Längsschnittuntersuchung und mehreren interkulturellen Studien die von Piaget gefundenen Stufen des moralischen Bewußtseins zu überprüfen und neu zu formulieren. Kinder und Jugendliche wurden mit hypothetischen moralischen Konflikten konfrontiert und befragt, wie sie entscheiden würden und wie sie ihre Entscheidung begründen. Die hinter den Antworten steckenden Denkstrukturen lassen sich in eine Sequenz von drei Urteilsebenen mit je zwei Stufen bringen.

(a) Vorkonventionelle Ebene: Die konkreten Folgen des Handelns (Strafe, Belohnung) werden zur Urteilsfindung herangezogen. (1) Heteronome Stufe (Orientierung an Strafe und Gehorsam); (2) Stufe des Individualismus und instrumentellen Zweckes und Austausches (instrumentell-hedonistische Orientierung).

(b) Konventionelle Ebene: Wichtig ist die Erfüllung sozialer Erwartungen. (3) Stufe der gegenseitigen Erwartungen, Beziehungen und der interpersonellen Übereinkunft (Orientierung an zwischenmenschlicher Übereinstimmung); (4) Stufe des sozialen Systems und Gewissens (Orientierung an Gesetz und Ordnung).

(c) Nachkonventionelle und Prinzipienebene: Entscheidungen gründen auf Rechten, Werten oder Prinzipien, die für alle Individuen konsensfähig sind. (5) Stufe des Sozialkontrakts oder der sozialen Nützlichkeit und der individuellen Rechte (legalistische Orientierung); (6) Stufe der universellen ethischen Prinzipien (Orientierung an allgemeingültigen ethischen Prinzipien).

Bei den Stufen handelt es sich um Denkschemata, die moralischen Urteilen zugrunde liegen, ganz gleich, auf welchen Inhalt sie zielen und für welche Konfliktlösung sich das Individuum entscheidet. Die Stufen bilden eine invariante Sequenz, d. h., die Entwicklung verläuft stets zur nächsthöheren Stufe hin (Entwicklungslogik). Das Denken auf einer höheren Stufe schließt Denkelemente der niedrigeren Stufen ein (hierarchische Integration). Das Individuum neigt dazu, auf der höchsten ihm verfügbaren Stufe zu argumentieren. Interkulturelle Vergleiche lassen den Schluß zu, daß diese Stufenentwicklung in allen Kulturen und sozialen Schichten so verläuft, d. h. universell ist, und lediglich in der Geschwindigkeit und der erreichten Endstufe differiert. Nach Kohlbergs Befunden erreichen etwa 25% der erwachsenen Amerikaner ein nachkonventionelles Urteilsniveau. Der kognitive Entwicklungsstand (→ *Denkentwicklung*) ist eine notwendige, wenn auch nicht hinreichende Bedingung für die moralische Entwicklung. Analog kann das moralische Urteil als eine notwendige Voraussetzung für moralisches Handeln betrachtet werden: Mit fortschreitender Entwicklung der Urteilsfähigkeit wächst die Wahrscheinlichkeit, moralische Konfliktlösungen unter Berücksichtigung der Interessen aller Beteiligten gerechter und zufriedenstellender herbeizuführen. Die Kritik an Kohlberg, die vornehmlich an der Qualität der Erhebungsmethode, an der fragwürdigen Trennung von Inhalt und Struktur des moralischen Urteils, an der einseitig kognitivistischen Sicht der moralischen Entwicklung und deren in der christlich-judäischen Philosophietradition westlicher Länder verankerten Ethnozentrik geübt wird, führte bereits zu partiellen Korrekturen und macht weitere notwendig. Der unbestreitbare Nutzen der Theorie liegt vor allem darin, daß sie durch ihren hierarchischen Aufbau ein Modell gelingender Sozialisation für einen elementaren Bereich menschlichen Handelns bereithält, an dem sich pädagogische Bemühungen bemessen lassen.

1.2 Moralische Entwicklung aus der Sicht einer Theorie des sozialen Lernens (Hoffman): Vom Standpunkt der Sozialen Lerntheorie kann Entwicklung als Sozialisationsprozeß verstanden werden, durch den ein Individuum in sein kulturelles Milieu hineinwächst, indem es sich mit den geltenden Werten und sozialen Normen auseinandersetzt und sie verinnerlicht, so daß sie zu Orientierungen des Verhaltens werden. Richtung und Ergebnis dieses Lernprozesses sind durch Erziehungs- und Milieueinflüsse bestimmt. In den fünfziger Jahren begann Hoffman zu untersuchen, wie das Erziehungsverhalten der Eltern die soziale Entwicklung des Kindes beeinflußt. Zur Typisierung elterlicher → *Erziehungsstile* unterscheidet er drei Arten von Disziplinierungsmaßnahmen: (a) *Liebesentzugstechniken:* Die Mißbilligung eines bestimmten kindlichen Verhaltens durch die Eltern wird durch Verärgerung und durch Abbruch des Kontakts zum Ausdruck gebracht (z. B. zornige Miene, Sich-Abwenden, Schweigen, Ignorieren). (b) *Induktionstechniken:* Erklärungen, Begründungen und Rechtfertigungen werden gegeben, weshalb ein bestimmtes Verhalten erwünscht oder nicht erwünscht ist; auf Konsequenzen wird hingewiesen. (c) *Machtbehauptende Techniken:* Unerwünschtes Verhalten wird physisch bestraft, Gewalt wird angedroht, Vergünstigungen werden entzogen, oder es wird Angst eingeflößt. Als Indikatoren der moralischen Entwicklung von Kindern verwendet Hoffman sogenannte »Gewissenstypen«. Kindern, die ihr Verhalten überwiegend oder ausschließlich nach externen Sanktionen und Belohnungen durch die Erwachsenenautorität ausrichten, wird ein *externales* Gewissen zugeschrieben. Eine Orientierung, bei der zwar die moralischen Standards bereits internalisiert sind, diese aber rigide, buchstabengetreu, ohne Berücksichtigung von Motivation und Situation angewendet werden, wird als *konventionell-rigider* Gewissenstyp bezeichnet. Der *humanistisch-flexible* Gewissenstyp besitzt ein ausgeprägtes Regelbewußtsein, hat moralische Standards internalisiert, wendet sie aber flexibel an, d. h. situationsangepaßt und unter Berücksichtigung von Motiven der Handelnden. Externale Gewissensorientierung wird vor allem durch gewaltandrohende bzw. -zufügende Erziehungstechniken begünstigt. Demgegenüber fördert ein auf gefühlsmäßig warmer Zuwendung beruhender und durch häufige Induktionen gekennzeichneter Erziehungsstil die Verinnerlichung moralischer Standards. Die Eltern, deren Kinder ein humanistisch-flexibles Gewissen ausgebildet haben, unterscheiden sich von Eltern mit konventionell-rigiden Kindern dadurch, daß diese neben Induktionen häufiger Liebesentzugstechniken anwenden, während jene sehr differenziert und der jeweiligen Situation entsprechend reagieren, d. h., daß sie, um sich für Induktionen Gehör zu verschaffen, durchaus auch auf machtbehauptende Mittel zurückgreifen (vgl. Hoffman 1970, S. 335–343). Hoffman läßt sich bei der Interpretation seiner Befunde von theoretischen Annahmen sowohl der behavioristischen Lerntheorie als auch der Psychoanalyse (→ *Psychoanalytische Pädagogik*) leiten. Unzulänglichkeiten seiner empirischen Methoden und widersprüchliche Befunde machen weitere Untersuchungen notwendig. Hervorzuheben ist, daß mit Hilfe dieses Ansatzes Aufschluß erlangt werden kann, welche Faktoren der Umwelt die moralische Entwicklung beeinflussen und wie das Erziehungsmilieu beschaffen sein müßte, wenn eine bestimmte moralische Orientierung angestrebt wird.

1.3 Problemstellungen und Trends: Eine Reihe von offenen Fragen beschäftigt gegenwärtig die Forschung (vgl. Lickona 1976, S. 9ff.). Da ist erstens das seit der Hartshorne/May-Untersuchung immer wieder diskutierte Konsistenzproblem: Woran kann es liegen, daß über längere Zeiträume zwar gewisse Gleichförmigkeiten des Verhaltens zu beobachten sind, eine spezifische Situation jedoch völlig abweichendes Verhalten zu verursachen vermag? Ein zweites Problemfeld betrifft den Zusammenhang zwischen moralischem Bewußtsein und aktuellem Verhalten: Was veranlaßt Menschen, entgegen der eigenen Einsicht und wider besseres Wissen zu handeln? Ein dritter Fragenkomplex kreist um die Rolle der → *Gefühle* bei der moralischen Entwicklung. Viertens geht es um die Bewährung der Kohlbergschen Universalitäts-Hypothese in bezug auf den Entwicklungsverlauf des moralischen Urteils. Fünftens gilt es verstärkt der Frage nachzugehen, wie sich moralische Entwicklungsverläufe optimieren lassen. Einen letzten Problembereich stellt die Verbesserung der relevanten empirischen Forschungsmethoden dar.

Eine Abkehr vom einfachen Ursache-Wirkungs-Denken in der Moralentwicklungsforschung repräsentiert Bertrams (1978) Studie. Kohlberg und seine Mitarbeiter, aber auch Döbert u. a. (1977) arbeiten gegenwärtig daran, die Entwicklungstheorie des moralischen Bewußtseins in eine umfassendere Theorie der Ich-Entwicklung (→ *Selbstkonzept*) einzubringen. Oerter (1978) belegt, daß eine sinnvolle Verknüpfung der Ansätze der Sozialen Lerntheorie und der Kognitiven Entwicklungspsychologie in einem auf Havighurst zurückgehenden Konzept von Entwicklungsaufgaben möglich sein kann. Aus diesen Studien ist allgemein der Trend herauszulesen, die Komplexität moralischer Entwicklung durch integrative und »ökologische« Konzeptionen angemessener zu rekonstruieren (→ *Ökologie*).

2. Moralische Erziehung: Der Begriff der moralischen (sittlichen, ethischen) Erziehung tangiert bzw. integriert pädagogische Handlungsformen, die traditionell mit Charaktererziehung, Willens- und Gesinnungsbildung, Gewissenserziehung, Erziehung zur Verantwortung u. ä. bezeichnet wurden, in letzter Zeit häufig auch unter → *soziales Lernen* oder Werterziehung subsumiert werden. Gemeint ist damit ein Bereich der Erziehung, der intentionale Lernhilfen zur individuellen Lebenssinnfindung sowie Orientierung an Werten und sozialen Normen umfaßt, die wiederum eine Unterscheidung zwischen »guten« und »schlechten«, zwischen »richtigen« und »falschen« Handlungen erlauben (vgl. Weber 1978).

2.1 Ziel und Aufgaben: Durch die Weitergabe eines gemeinsamen Bestands an normativen Orientierungen, Deutungsmustern und kulturellen Überlieferungen, der einer Gesellschaft das für ihr Überleben notwendige Maß an Stabilität verleiht, wird von den Erziehungsinstitutionen (Familie, Kindergarten, Schule, Heim, Jugendverbände) ein Beitrag zur Reproduktion der Gesellschaft erwartet. Die beiden kritischen Probleme, die sich hierbei immer wieder stellen, sind die Fragen nach dem Inhalt (was?) und der Vermittlung (wie?) dieser Orientierungsmuster. In statischen, geschlossenen Gesellschaften können allgemein anerkannte Geltungsinstanzen (z. B. Tradition, Konfession) das *Was* der Erziehung, die verbindlichen Zielinhalte also, mit Autorität festlegen. Demgegenüber verlangt unser heutiges Gesellschafts- und Personverständnis, das durch Dynamik, Plastizität und Offenheit gekennzeichnet ist, von jedem einzelnen die selbstverantwortliche Reflexion und Entscheidung über die je angemessene Art der Daseinsverwirklichung, also auch über Weltanschauung und Wertüberzeugungen. Die dafür erforderliche Einsicht und Handlungskompetenz kann mit *moralischer Mündigkeit* bezeichnet werden. Darunter ist jene Fähigkeit und Bereitschaft zu verstehen, »mit Sach- und Sozialverstand den großen ethischen Prinzipien der Menschheit wie Freiheit, Brüderlichkeit u. a. in den konkreten Situationen gerecht zu werden, in denen es zu handeln gilt« (Roth 1971, S. 389). Die Frage nach dem *Wie* einer moralischen Erziehung kann nicht unabhängig von ihrer Zielsetzung beantwortet werden. Eine mit moralischer Mündigkeit umschriebene Zielformel verbietet Methoden der Gesinnungsmanipulation und Indoktrination. Die anthropologische Grundtatsache, daß der Mensch von Geburt an unmündig und auf Lernhilfen angewiesen ist, macht aber auf der anderen Seite ein gewisses Maß an Fremdbestimmung notwendig. Es kommt darauf an, mit zunehmendem Alter des Zöglings die anfänglich dominierenden, nach dem Reiz-Reaktions-Schema ablaufenden »konditionierenden Lernhilfen« zugunsten »befreiender Lernhilfen« (Roth) abzubauen.

2.2 Didaktische Ansätze: Nachfolgend werden einige neuere Versuche skizziert, moralische Erziehung in pädagogischen Handlungsentwürfen zu konkretisieren.

(a) Normative Ansätze: Ausgehend von einem mehr oder weniger willkürlich gesetzten Katalog von Tugenden, normativen Orientierungen oder Postulaten für ein friedvolles Zu-

sammenleben und eine sinnvolle Lebensgestaltung werden Lernziele operationalisiert und Vorschläge zum methodischen Vorgehen, teilweise sogar zur Lernkontrolle gemacht. Beispiele: American Institute for Character Education (AICE 1974); Brunnhuber/Zöpfl (1975).
(b) Sozialpsychologisch-interaktionistisch orientierte Ansätze: Sie zielen auf die Sensibilisierung der Schüler für die Bedürfnisse, Interessen und Gefühle der Mitmenschen und auf Auseinandersetzung mit eigenen Bedürfnissen, Interessen und Gefühlen. Beispiel: die englischen Curricula »Lifeline« (für Sekundarstufe II) und »Startline« (für Primarstufe und Sekundarstufe I) von McPhail u. a. (1973; 1978); vgl. auch Stachel (1978) und Mauermann (1978a).
(c) Ansatz der humanistischen Pädagogik: Wertorientierte Erziehung hat die Aufgabe, den Schülern zur Klarheit über die eigenen Wertvorstellungen zu verhelfen. Wertklärung geschieht durch Reflexion dessen, was man gewählt hat, was man hochschätzt und wonach man handelt. Zur systematischen individuellen Wertklärung liegt bereits eine Fülle origineller Methoden vor (Raths u. a. 1976).
(d) Entwicklungspsychologischer Ansatz: Unter Bezug auf Kohlberg wird versucht, moralische Urteilsfähigkeit durch die Diskussion moralischer Dilemmageschichten zu stimulieren, wofür didaktische Leitfäden entwickelt worden sind (Kohlberg/Turiel 1978). Als Ergänzung dieses Ansatzes können Versuche angesehen werden, in Erziehungsinstitutionen (z. B. Schule, Gefängnis) durch Mitbestimmung sowie kooperative Projektplanungen und -ausführungen eine für moralische Entwicklung förderliche demokratische Atmosphäre und Gerechtigkeitsstruktur zu schaffen (just community approach).
2.3 Würdigung und Ausblick: Die normativen Ansätze bestechen zwar in ihrer gedanklichen Geschlossenheit und der logischen Stringenz der abgeleiteten pädagogischen Maßnahmen, reflektieren aber in zu geringem Maße das Problem der Kulturspezifik und des Wandels von Werten und Normen, weshalb sie sich dem Indoktrinationsverdacht aussetzen. Die Stärke der sozialpsychologisch-interaktionistisch orientierten Entwürfe beruht auf der Betonung emotionalen und sozialen Lernens; was ihnen jedoch fehlt, ist eine gruppentranszendierende Perspektive, eine Ausrichtung auf allgemeine moralische Prinzipien der Gleichheit, Freiheit, Solidarität und Gerechtigkeit. Der Vorteil des humanistischen Ansatzes liegt in seinen Lernhilfen zur Selbstreflexion und Selbstfindung, sein Nachteil im impliziten ethischen Relativismus. Der entwicklungspsychologische Ansatz kann zwar eine empirisch einigermaßen gesicherte Theorie als Referenzrahmen aufweisen, läuft aber Gefahr, die kognitive Seite moralischen Lernens zu überschätzen.

Was derzeit noch fehlt, ist eine Didaktik der moralischen Erziehung und eines erziehenden Unterrichts (→ *Didaktik*), in der auch die bereits erarbeiteten Konzepte integriert werden könnten (vgl. Mauermann 1978b). Was weiterhin vordringlich zu tun ist, betrifft bildungs- und schulpolitische Entscheidungen, die jene humanen Bedingungen zu schaffen verhelfen, unter denen moralische Erziehung erst sinnvoll und erfolgreich betrieben werden kann (z. B. Vergrößerung der pädagogischen Freiräume an den Erziehungsinstitutionen, Elternbildung, Abbau unnötigen Leistungsdrucks und Konkurrenzdenkens, Verkleinerung der Klassen, Maßnahmen zur pädagogischen Qualifizierung der Lehrer und Erzieher in Aus- und Weiterbildung).

Lutz Mauermann

Literatur
AICE (Hrsg.): Character Education Curriculum. Austin 1974. – *Bertram, H.:* Gesellschaft, Familie und moralisches Urteil. Weinheim 1978. – *Brunnhuber, P. / Zöpfl, H.:* Erziehungsziele konkret. Donauwörth 1975. – *Döbert, R.* u. a. (Hrsg.): Entwicklung des Ichs. Köln 1977. – *Hartshorne, H. / May, M. A.:* Studies in the nature of character. Vol. 1–3. New York 1928/30. – *Hoffman, M. L.:* Moral development. In: *Mussen, P. H.* (Hrsg.): Carmichael's manual of child psychology. Vol. 2. New York ³1970, S. 261–359. – *Kohlberg, L. / Turiel, E.:* Moralische Entwicklung und Moralerziehung. In: *Portele, G.* (Hrsg.): Sozialisation und Moral. Weinheim 1978, S. 13–80. – *Lickona, T.* (Hrsg.): Moral development and behavior – theory, research and social issues. New York 1976. – *Mauermann, L.:* Moral education – Ein englisches Forschungsprojekt zur moralischen Erziehung für die Altersstufen 8–13. In: Die Deutsche Schule 70 (1978), S. 488–496(a). – *Mauermann, L.:* Der Beitrag des Unterrichts zur moralischen Erziehung. In: *Mauermann, L. / Weber, E.* (Hrsg.): Der Erziehungsauftrag der Schule. Donauwörth 1978, S. 79–96(b). – *McPhail, P.* u. a.: Lifeline – moral education in the secondary school. London ²1973. – *McPhail, P.* u. a.: Startline – moral education in the middle years. London 1978. – *Oerter, R.:* Zur Dynamik von Entwicklungsaufgaben im menschlichen Lebenslauf. In: *Oerter, R.* (Hrsg.): Entwicklung als lebenslanger Prozeß. Hamburg 1978, S. 66–110. – *Piaget, J.:* The moral judgement of the child. London 1932 (dt.: Das moralische Urteil beim Kinde. Frankfurt/M. 1973). – *Raths, L. E.* u. a.:

Werte und Ziele. München 1976. – *Roth, H.*: Pädagogische Anthropologie. Bd. 2. Hannover 1971. – *Stachel, G.*: Lifeline – ein englisches Programm zum Unterricht über Lebensfragen. In: *Mauermann, L. / Weber, E.* (Hrsg.): Der Erziehungsauftrag der Schule. Donauwörth 1978, S. 164–182. – *Weber, E.*: Aktuelle und prinzipielle Überlegungen zum Erziehungsauftrag der Schule. In: *Mauermann L. / Weber, E.* (Hrsg.): Der Erziehungsauftrag der Schule. Donauwörth 1978, S. 33–67.

Motivation und Motiventwicklung

1. Geschichtlicher Aufriß: Warum Menschen handeln und warum sie so handeln, wie sie es tun, ist die Kernfrage der Motivationspsychologie. Die Alltagssprache versteht unter Motivation (M) einen irgendwie gegebenen Zusammenhang von Aktivierung und Zuwendung, Absicht und Anreiz, Aufmerksamkeit, Anstrengung, Stetigkeit, von Erwartungen und Handlungsbereitschaften, die aus den Wechselbezügen von Merkmalen der Situation und Eigenheiten der Person hervorgehen.
Die Frage nach den Beweggründen menschlichen Verhaltens findet sich bereits in den ältesten Überlieferungen und durchzieht die Religionen und Philosophien bis auf die Gegenwart. In einer »Vorgeschichte der psychologischen Motivationsforschung« verweist Thomae (1965a, S. 3–14) auf das Alte und Neue Testament, auf die Literatur der griechischen Klassik, auf indische Mythologie. Wie vieles, so beginnt auch das systematische Nachdenken über M bei Sokrates, Platon und Aristoteles, bei allen dreien ethisch akzentuiert, bei Platon systematisch, bei Aristoteles eher empirisch orientiert. In der Scholastik bildet sich der Begriff des Motivs. Die vorwiegend moraltheologische Begründung wird in der Renaissance durch stärker trieb- bzw. affekttheoretische Betrachtung abgelöst. Descartes, Spinoza und Hobbes führen die Problematik weiter, je unter den spezifischen Gesichtspunkten ihrer philosophischen Ansätze. Aphoristisch handeln die französischen Moralisten, systematisch wiederum Hume und Smith über motivationale Grundlagen menschlichen Handelns; bei Rousseau, und in seiner Nachfolge bei Pestalozzi, Humboldt und anderen, wird die Frage ins Pädagogisch-pragmatische gewendet. Über Schopenhauers »Welt als Wille und Vorstellung« und über Darwins Evolutionslehre führt die (noch nicht geschriebene) Geschichte menschlich-motivationalen Selbstverständnisses zu den Anfängen einer wissenschaftlich betriebenen Psychologie in der zweiten Hälfte des vorigen Jahrhunderts, zu Wundt, Dilthey, Freud, James und vielen anderen (Hehlmann 1963). Man kann den Beginn einer thematisch präzisierten, wissenschaftlich systematischen M-Forschung etwa um die Jahrhundertwende ansetzen. Die Grundfragen sind entfaltet, die Antworten werden system- und methodenperspektivisch gesucht und gegeben: in der introspektiv verfahrenden geisteswissenschaftlichen Psychologie (insbesondere in der Analyse des bewußten Wollens), im empirisch vorgehenden Behaviorismus mit seiner mehr oder weniger riskanten Anlehnung an neurophysiologische Befunde bzw. Theoreme, in der Psychoanalyse (und Tiefenpsychologie im weiteren Sinne).

2. Definitionsversuche – analoge Begriffe: Im menschlichen Verhalten sind wenigstens zeitweise Phänomene beobachtbar, in denen Handeln in besonderer Weise in Erscheinung tritt. Die Begründungsfrage richtet sich immer auf solche Einzelaspekte. Davon sind hier diejenigen aufgeführt, die in üblichen Bestimmungen des M-Begriffes berücksichtigt werden: (a) *Gerichtetheit:* M richtet menschliches Verhalten auf Ziele. Richtung bedeutet räumlich Objekt- und Situationsbezug und zeitlich Zukunfts- und Zustandsbezug; (b) *Geordnetheit:* Die Zielorientierung stiftet einen mehr oder weniger geordneten, subjektiv sinnvollen Ablauf der psychophysischen Gesamttätigkeit; (c) *Stetigkeit:* In diesem Phänomen erscheint der verstärkte Einsatz psychischer und körperlicher Energie über längere Zeiträume hinweg, durch sich verändernde Situationen hindurch, wenn z. B. Hindernisse in den Weg treten. Stetigkeit äußert sich auch in länger andauernder Aufmerksamkeit; (d) *Selektivität:* Die kognitiven Leistungen der → *Wahrnehmung* hinsichtlich bestimmter Situationselemente bzw. -eigenarten und der Einsatz von Denkprozessen im Hinblick auf bestimmte Handlungsergebnisse vollziehen sich ausnahmslos aufgrund von Vorauswahl-Prozessen und deshalb häufig subjektiv verschieden (→ *Denken und Problemlösen*). Negativ äußert sich Selektivität in Verengung, Verfälschung, Urteilstäuschung, Fehlleistung u. ä.; (e) *Aktivierung:* Damit wird die introspektiv als Gefühl erfahrbare Erregung psychischer Energie (arousal) bezeichnet, die wenigstens in korrelativen Zusammenhang mit physiologischen

Meßdaten gebracht werden kann (→ *Aktivation*); (f) *Subjektivität:* Dieser letzte Betrachtungsaspekt ergibt sich gewissermaßen als individuelle Spezifizierung der bereits genannten; verschiedene Personen erfahren gleiche Situationen ungleich oder umgekehrt und handeln entsprechend voneinander verschieden (Heckhausen 1963, S. 4; Graumann 1969, S. 20f.; Hunt 1965, S. 191; Atkinson 1975, S. 32; Schiefele 1978, S. 34ff.).

Es ist üblich, Phänomene wie die oben aufgezählten zu erklären, indem auf Motive als relativ dauernde psychische Dispositionen bzw. auf M als Aktualisierungen solcher Motive verwiesen wird. Im Grunde ist dies ein Erklärungstrick mit Begriffen, der die Erklärungsleistung einer Common-Sense-Psychologie nicht weiterführt. Die Kennzeichnung der beiden Erklärungsbegriffe Motiv und M als hypothetische Konstrukte dokumentiert allerdings eine wissenschaftstheoretische Überlegung, deren Erkenntniswert erst durch die Art der Theoriebildung, insbesondere ihre empirische Ergiebigkeit, belegt werden muß. Stellvertretend für viele, werden hier die Begriffsbestimmungen zweier Autoren angeführt, die die M-Forschung entscheidend vorangebracht haben: (a) »Motive bzw. M-Prozesse sind Abstraktionen aus dem Sinnzusammenhang der menschlichen Aktivität, die in ihrem (sinnvollen) Zusammenhang mit Veränderungen jener Aktivität in bezug auf Intensität, Richtung und Form gesehen werden« (Thomae 1965, S. 43); (b) »Überdauernde und aktualisierte M sind zu unterscheiden. Die überdauernde M ist eine Norm (Soll-Lage), die bezugssystemartig festlegt, wie der Umwelt-Bezug einer gegebenen Inhaltsklasse (Thematik) beschaffen sein muß, um für eine bestimmte Person befriedigend zu sein. Die aktualisierte M oder (kürzer) Motivierung ist die momentane Bereitschaft eines Individuums, seine sensorischen, kognitiven und motorischen Funktionen auf die Erreichung eines künftigen Zielzustandes zu richten und zu koordinieren« (Heckhausen 1965, S. 603). Einen Überblick über verschiedenartige Definitionsansätze geben Madsen (1961), Graumann (1969), Knörzer (1976), Schiefele (1978).

Man kann versuchen, um den verwirrenden Sprachgebrauch auch innerhalb der wissenschaftlichen M-Forschung einigermaßen zu ordnen, Motive (im Sinne von relativ dauernden Handlungsdeterminanten) und M (als deren Aktualisierung) als Sammelbegriffe zu verwenden. Der Motivkategorie zuzuordnen wären dann: Trieb, Triebfeder, Strebung, Bedürfnis, Valenz, Wert, Überzeugung, Bereitschaft, Tendenz und alle Einzelmotive, über die die Umgangssprache verfügt wie Abscheu, Eifersucht, Neid, Scham etc. (nach Graumann 1969, S. 4). Unter M im Sinne von aktualisierten Motiven könnte man solche Begriffe zusammenfassen, die eher den Prozeßcharakter bezeichnen: Begehren, Drängen, Streben, Wollen, Wünschen, Getriebensein u. a. Der Versuch, dispositionelle und aktuelle M-Phänomene terminologisch zu unterscheiden, zeigt auch, daß im Sprachgebrauch oft nicht zwischen Potenz und Aktualität unterschieden wird: Die Begriffe Interesse, Aggression, Furcht, Angst, Affekt, Wille sind Beispiele dafür. Wenn nicht der Kontext verdeutlicht, wie ein Autor solche Ausdrücke verstanden haben will, bleibt nur der Rückgriff auf das Sprachgefühl, das bekanntermaßen nicht besonders konsensfähig ist. Diese, hier freilich nur skizzierte, ernüchternde Situation hinsichtlich der Eindeutigkeit grundlegender Begriffe der M-Psychologie war und ist indessen kein entscheidendes Handicap für die M-Forschung. Sie demonstriert (wieder einmal) die Schwierigkeit, wissenschaftliche Optimierung und Differenzierung alltäglichen Verstehens in der Alltagssprache abzubilden, und darüber hinaus die wissenschaftstheoretische Einsicht, daß Begriffe nur theoriespezifisch eindeutig definiert werden können. Ein weiterführendes Verständnis des M-Konzeptes ist also nur in bezug auf M-Theorien zu gewinnen (→ *Wissenschaftstheorie*). Die Entscheidung für den einen oder anderen Theorieansatz hängt dann auch von den Zwecken ab, denen die Konzeptualisierung eines Sachverhaltes dienen soll, in unserem Falle von der pädagogischen Aufgabenstellung, die selbst wiederum nur theoretisch eindeutig zu fassen ist.

3. M-Theorien: Einen Überblick über verschiedene M-Theorien und -theoreme innerhalb persönlichkeits-, lern- bzw. sozialpsychologischer Modelle geben u. a. Madsen (1961) und Thomae (1965a; b). Die folgende Darstellung orientiert sich an Atkinson (1975), der zwei grundlegende M-Konzepte darlegt, denen sich die verschiedenen Einzelansätze und Varianten zuordnen lassen.

3.1 Trieb × Gewohnheit-Theorien: Dieses allgemeine Modell der Theoriebildung in der S-R-Tradition postuliert eine multiplikative Verknüpfung zwischen dem unspezifischen

Antrieb zur Aktivität und der spezifischen Gerichtetheit der Handlung. Die Forschung nach der neurophysiologischen Identifikation der Quelle dieses allgemeinen Antriebes hat eine Reihe von Ergebnissen erbracht. Lindsley (1957) hat die Aktivierung mit der Funktion der retikulären Formation (RAS) in Verbindung gebracht (siehe dazu u. a. auch Berlyne 1960; Hebb 1965). Malmo (1957) postuliert eine reziproke Wechselwirkung zwischen RAS und Großhirn. Das Erregungs- bzw. Aktivierungskonzept wird neuerdings bei der Entwicklung zweifaktorieller Gefühlstheorien wichtig, in denen die physiologisch bedingte Aktivierung kognitiv gedeutet und damit als Gefühlsqualität interpretiert wird (→ *Gefühl*). Die Annahme physiologischer Unterscheidungskriterien ist deshalb nicht ausgeschlossen, wenn auch zunächst von peripherer Bedeutung (Schachter/Singer 1962; Lazarus 1973). Die direktiven Komponenten in diesem Motivationskonzept sind die erlernten S-R-Verbindungen (habit, Gewohnheit). Damit ist die frühe behavioristische Auffassung überwunden, daß allein Stimuli, d. h. äußere oder innere Reize, als M-Variablen anzusehen seien. Als Erklärung für die Wirksamkeit von Reizen (im Sinne von Störreizen) wird das physiologische Regelungsmodell der Homöostase herangezogen, sofern rigoroses behavioristisches Denken überhaupt die Formulierung übergreifender Erklärungsprinzipien zuläßt. In der Auseinandersetzung darüber, »ob aktionsspezifische Antriebe oder ausschließlich der orientierenden Steuerung dienende Mechanismen zusätzlich zu dem allgemeinen, unspezifischen Antrieb angenommen werden« (Bergius 1965, S. 838), siegt schließlich die letztere Auffassung, formuliert und durchgesetzt von Hull (1952) und seiner Schule. Hull entwickelte, einem Vorschlag Tolmans folgend, eine Theorie der intervenierenden Variablen, in der M-Hypothesen ausdrücklich formuliert sind. Intervenierende Variable ersten, zweiten und dritten Grades werden genannt, wobei die beiden letzteren theoretische Verbindungen aus den ersten sind. Als intervenierende Variable ersten Grades werden aufgeführt: die Stärke von S-R-Verbindungen (Gewohnheitsstärke), Trieb, Reizdynamismus, Lockreiz-M und erworbene M-Hemmung. Die zentrale M-Variable, das Reaktions- bzw. Erregungspotential (reaction potential), wird nach Hull (1952, S. 7) bestimmt durch die Stärke der S-R-Verbindung ($_sH_R$), multipliziert mit dem Trieb (D), dem Reizdynamismus (V) und der Lockreiz-M (K). Da V und K als geringfügig modifizierende Faktoren vernachlässigt werden können, ergibt sich als einfachste Fassung die multiplikative Verknüpfung zwischen dem allgemeinen Antrieb (D) und dem Steuerungsmechanismus ($_sH_R$). Als Formel: $_sE_R = f(_sH_R) \times f(D)$; wobei $_sE_R$ die Größe der Wahrscheinlichkeit angibt, mit der ein situationsspezifisches Verhalten aus einer Klasse von Handlungen auftritt (Bergius 1965). Soweit zu sehen, hat die M-Forschung im Rahmen der S-R-Psychologie vor allem die Differenzierung und Präzisierung Hullscher Positionen betrieben (Spence 1956; Brown 1961). Insbesondere durch die Leistungsmotivationsforschung gewann dann das andere Modell, nämlich die Erwartung×Wert-Theorie, wieder an Bedeutung. Sie bildet heute das Leitparadigma motivationstheoretischen Denkens.

3.2 Erwartung×Wert-Theorien: Die Entwicklung von Theorien dieses Typus beginnt mit Lewins Feldtheorie (1963; 1965). Danach ist Verhalten eine Funktion der Interaktion zwischen einer Person und ihrer Umwelt (V = f(P,U)). Das gleichzeitige Zusammenwirken von Person und Umwelt macht den Lebensraum aus; Verhalten kann deshalb auch als Funktion des Lebensraumes bezeichnet werden (V = f(Lr)). Es ist umweltspezifisch und gerichtet. Als Verhaltensursachen werden von Lewin Kräfte beschrieben. Sie wirken auf das Individuum ein und führen zu einer (psychologischen) Lokomotion (= Bewegung, Positionsveränderung) im Lebensraum. Kräfte werden im wesentlichen durch zwei Variablen bestimmt: durch Valenz und psychologische Distanz. Die Valenz eines Objektes oder einer Aktivität (VA(G)) hängt vom Charakter und dem Zustand der Person, ihrer Spannung (t), und von der wahrgenommenen Art des Objektes oder der Aktivität (G) ab, also: VA(G) = F(t,G). Der andere Faktor ist die psychologische Distanz zwischen einer Person und einer valenten Region. Die Kraft im psychologischen Feld wächst also mit der Valenz und nimmt ab mit zunehmender Distanz. Damit ist der Prototyp für sämtliche Erwartung×Wert-Theorien gegeben. Das Grundtheorem dieses Ansatzes besagt: Die Stärke der Erwartung (der subjektiven Wahrscheinlichkeit), daß ein Zustand erreicht werden kann (Konsequenz einer Handlung), und der Wert, den die Konsequenz für ein Individuum besitzt, bestimmen die Stärke der Handlungstendenz. Dieses Denkschema wird von verschiedenen Autoren aufgenommen, fortgeführt und modifiziert, z. B. von Tolman (1954), Atkinson (1975), Heckhausen (1963, 1977). Letzterer hat unter Einbeziehung anderer Ansätze ein kognitives Motivationsmodell erarbeitet; es stellt den bisher am weitesten entwickelten Typus einer Erwartung×Wert-Theorie dar. Darin bezeichnet Heckhausen (1977) abweichend von Lewin als Valenz das Produkt aus Erwartung × Wert. Erwartungen beziehen sich auf verschiedene Gegebenheiten des Handlungsfeldes: die Situationserfassung, die eigene Handlung, das Ergebnis der Handlung und/oder der Situation und die dem Ergebnis folgenden Konsequenzen. Auf die letzteren kommt es eigentlich an; denn sie bezeichnen erwartete Instrumentalitäten, d. h. kausale Zusammenhänge zwischen Ergebnissen und Folgen. Analog den Erwartungen werden Valenzen unterschieden. Die entscheidende Weiterführung ist in diesem Ansatz die Koppelung von Ergebnis und Konsequenz neben der Differenzierung von Erwartungsformen und Valenztypen. Sie bietet nämlich die Möglichkeit, auch zeitlich weiter vorausliegende, übergeordnete Ziele verschiedener Thematik in den Theoriezusammenhang einzubeziehen. Damit kann die unmittelbare Selbstbewertung auf eine übergeordnete Ziel- bzw. Wertdimension bezogen werden. Die Tendenz, die globalen Konstrukte M und vor allem Motiv auf solche Weise zu differenzieren und sie damit überflüssig zu machen, läßt an Mischels (1973) Entwurf einer sozialpsychologischen Persönlichkeitstheorie denken, in der ebenfalls die Bezeichnung von Persönlichkeitsmerkmalen durch Prozeßvariablen ersetzt wird. In diesem Zusammenhang warnt Heckhausen vor der voreiligen Schlußfolgerung, daß menschliches Verhalten mehr situations- als personspezifisch bestimmt sei. Er empfiehlt statt dessen, globale Persönlichkeitskonstrukte mehr personspezifisch und summarische Situationsbedingungen differenzierter herauszuarbeiten (Heckhausen 1977, S. 311). Das eben skizzierte und mathematisch formalisierte kognitive M-Modell wird von Heckhausen vor allem auf die → *Leistungsmotivation* angewendet, im engeren Sinne auf das Problem der Bevorzugung unterschiedlicher Schwierigkeitsgrade von Aufgaben. Aber das Modell erscheint gut geeignet, auch andere M-Theorieansätze zu ihrem Vorteil zu differenzieren, was andererseits wiederum weitere Modifikationen des Modells und der Erwartung×Wert-Theorie insgesamt erwarten läßt.

4. *Motiventwicklung (→ Entwicklung):* Von angeborenen biologischen Bedürfnissen ausgehend, werden Motive erlernt. Sie »sind Niederschläge langdauernder Erfahrungen und bestehen deshalb aus hoch verallgemeinerten Zielvorstellungen und Handlungserwartungen« (Heckhausen 1974, S. 147). Bereits 1954 hatte Maslow versucht, eine hierarchische Abfolge der Motiventwicklung festzustellen, und die folgende aufsteigende Gruppierung vorgeschlagen: physiologische Bedürfnisse, Bedürfnis nach Sicherheit, nach Geborgenheit und Liebe, nach Geltung, Motive der Selbstverwirklichung. Die Entwicklung höherer Motive hat die Erfüllung der niedrigeren zur Voraussetzung; in Konfliktsituationen wird sich das fundamentalere Motiv durchsetzen. In diesen Zusammenhang fügt sich auch Allports (1959) Theorie der funktionalen Autonomie der Motive. Danach entstehen individuelle Motivsysteme zwar immer aus ursprünglicheren, differenzieren sich aber weiter aus und lösen sich in ihrer Handlungsbedeutung völlig von ihren Vorläufern. Der Zusammenhang ist dann lediglich historisch, nicht mehr psychologisch-funktional.

Schon in früher Kindheit beginnen sich Motive zu entwickeln; das relevante Lebensfeld ist die Familie, hauptsächlicher Tätigkeitsbereich das kindliche Spiel. In ihm lassen sich sowohl die Hierarchisierung der Motive entdecken wie auch die funktionale Herausbildung von Motiven aus Vorläufern beobachten. Prozesse der Differenzierung, der funktionalen Verselbständigung und der zunehmenden Stabilisierung von Motivsystemen ereignen sich fortgesetzt durch Schule und Erwachsenenalter. Lernprozesse, aus denen sich Motive entwickeln, setzen bereits mit der Art und Weise ein, in der von den Pflegepersonen die Grundbedürfnisse des Neugeborenen erfüllt werden. Motivthematiken entstehen überwiegend aus erzieherisch beeinflußten Interaktionserfahrungen, bilden sich also aus frühen sozialen Beziehungen heraus. Weil das Kind im ersten Lebensjahr und noch darüber hinaus völlig von seiner Pflegeperson abhängt und ausschließlich ihr seine Lebenserhaltung verdankt, wird in der Folge psychoanalytischen Denkens eine erworbene Abhängigkeits-M angenommen (→ *Psychoanalytische Pädagogik*). Abhängigkeitsmotive veranlassen das Kind, erzieherische Forderungen zu ertragen und zu erfüllen, sie sind nach dieser Auffassung das Grundmotiv kindlicher Erziehbarkeit. Je nach Qualität der Interaktion: emotionale Wärme oder Feindseligkeit, Einschränkung oder Duldung entstehen verschiedene Ausprägungen sozialer M: Motive sozialer Kontaktaufnahme (Anschluß, Hilfe, Fürsorge); Motive sozialer Anerkennung (Geltung, Ansehen, Prestige); Motive sozialer Bewährung bzw. Überlegenheit (bestimmte Formen des Leistungsmotivs, Macht, Aggression).

Sozialbezüge und -M bilden das Bedingungsfeld jeder weiteren Motiventwicklung. Kognitiv-epistemische Motive entwickeln sich nach Hunt (1965) aus angeborener Reaktivität gegenüber wechselnden Umweltbedingungen. Jede Änderung des Reizflusses veranlaßt Verhalten. In seiner einfachsten Form ist dies der Orientierungsreflex. Auch die ersten beiden Stadien des sensomotorischen Anpassungsverhaltens nach Piaget sind dieser noch organisch verankerten M zuzuordnen: die »Betätigung und Übung der Reflexe« und »die ersten erworbenen Anpassungsverhalten und die primäre Zirkulärreaktion« (Piaget 1969, S. 33 ff., S. 57 ff.). Die nächste Stufe kognitiver Entwicklungs-M ist dann erreicht, wenn das Kind neue Erfahrungen mit den bereits beherrschten kognitiven Schemata erfaßt. Dazu ist es nötig, daß vertraute Dinge und Personen von unbekannten unterschieden werden können. Auf diese Weise erhalten bestimmte Gegenstände Bekanntheitsqualität. Die M ist darauf gerichtet, den Kontakt mit vertrauten Umweltgegebenheiten aufrechtzuerhalten. In der Formulierung von Hunt heißt das: »Gegenstände, deren Wahrnehmung vertraut geworden ist, werden attraktiv; Gegenstände und Personen, die auf die Aktivität eines Kindes reagieren, werden attraktiv« (1965, S. 264). Sobald das Kind die Erfahrung realisiert, daß dort, wo gehört und gesehen wird, auch weitere Erfahrungen möglich sind und daß durch eigenes Tun Wahrnehmungsmöglichkeiten geschaffen werden, sind die Voraussetzungen für einen dritten kognitiven M-Schritt geschaffen. Die Information von der Außenwelt wird jetzt am Standard der Neuheit gemessen. Das Kind wendet seine Aufmerksamkeit aktiv Personen, Gegenständen und Raumverhältnissen zu und versucht mit ihnen experimentierend und hantierend umzugehen und die erreichbaren Räumlichkeiten zu erkunden. Diese »Entdeckung neuer Mittel durch aktives Ausprobieren« (Piaget 1969, S. 283) bringt das Kind in seiner Umwelterfahrung weiter voran. Damit hören die erworbenen Handlungsschemata endgültig auf, bloße Wiederholungen früheren Verhaltens zu sein. Das Kind probiert und untersucht und bemächtigt sich auf diese Weise aktiv seiner unmittelbaren Lebensumwelt. Das Interesse am Neuen liegt auch der Nachahmung zugrunde, die sich auf das Handeln, vor allem aber auf die Sprache der Bezugspersonen richtet. Man kann in diesen selbständigen Handlungsformen Vorläufer explorativer Motive, insbesondere gegenstandsspezifischer Interessen sehen, mit denen der heranwachsende Mensch gewissermaßen Wurzeln der Kognition in seine Lebensumwelt vortreibt (→ *Interesse*).

Leistungsmotive in ihrer einfachsten Ausprägung sind nicht vor dem dritten Lebensjahr zu beobachten, weil sie die Fähigkeit voraussetzen, Erfolg und Mißerfolg auf eigene Tüchtigkeit bzw. Untüchtigkeit zurückzuführen. Als Vorläufer des Leistungsmotivs können die in der Entwicklungspsychologie schon lange beschriebenen Phänomene der Funktionslust, das Selbermachen-Wollen und die Ausdauer im sensomotorischen Spiel gelten. Die Genese des Leistungsmotivs setzt einmal voraus, daß Bezugssysteme für die Güte eigener Tüchtigkeit gegeben, zum anderen, daß individuelle Normwerte für eben diese Güteansprüche entwickelt sind (Heckhausen 1972, S. 960 ff.). Die Tatsache, daß je nach Normerreichung das Selbstbekräftigungssystem ›Leistungs-M‹ in Aktion tritt, macht die enge Verknüpfung von kognitiver und motivationaler Entwicklung deutlich. Deshalb können auch kognitive und emotionale erzieherische Anregungsbedingungen im Elternhaus nicht voneinander getrennt werden. Begünstigt wird die Entwicklung von Leistungs-M vor allem durch die frühe Förderung selbständigen Handelns beim Kind, begleitet von der Ermunterung, handelnd mit der Umwelt umzugehen. Hohe Erwartungen der Eltern im Hinblick auf Eigenständigkeit, Sachverstand und Sprachverständnis, entsprechende Anerkennung, ihre Teilnahme an Aktivitäten des Kindes, behutsame Lenkung ohne Bevormundung, erzieherische Risikobereitschaft, das Vorbild der Eltern, eine liebevoll stützende, aber nicht einengende Erziehungsatmosphäre fördern grundsätzlich die Entwicklung leistungsrelevanter Motivfaktoren (Trudewind 1975). Entsprechende Bedingungen bewirken über das Elternhaus hinaus auch in der

Schule positive motivationale Lernprozesse. Solche erzieherischen, im engeren Sinne lerntheoretischen Erklärungsprinzipien gelten für Motiventwicklung allgemein, von motivspezifischen Besonderheiten einmal abgesehen (z. B. Bezugsnormproblematik im Leistungsvergleich; Sprachstildifferenzierung im kognitiven Deuten und Benennen; anaklitische Identifikation als thematische Grundlage sozialer Motive). Es sind immer bestimmte Umwelten (Situationen) und darin bestimmte Formen der Wechselbeziehung mit Personen und Sachen, die beim Motiverwerb eine Rolle spielen. Lerntheorien (→ *Lernen und Lerntheorien*) beschreiben als besonders wichtig: → *Bekräftigung* (besonders Selbstbekräftigung), Einsicht und Nachahmung. Letztlich laufen die lerntheoretischen Erklärungsansätze darauf hinaus, daß ein Subjekt auf diese oder andere Weise über die Folgen seines wirklichen oder möglichen Handelns informiert wird bzw. bestimmte Vermutungen hegt. Diese Konsequenzen, bzw. deren Erwartung, werden auf immer schon bestehende (bis dahin erworbene) Bedeutungspositionen (Werte) bezogen und beurteilt. Die Entwicklungseinflüsse von Eltern, Familienstrukturen, Schulformen und Lehrern sowie der Berufswelt sind selbst wieder bedingt durch allgemeine Gegebenheiten des soziokulturellen Lebensraumes. Von solchen zeitgeschichtlichen Gegebenheiten hängt auch ab, in welchen gegenständlichen und mitmenschlichen Bezügen (Tätigkeitsbereichen) sich Individuen mit ihren Handlungsabsichten und -bereitschaften verankern.

Hans Schiefele

Literatur
Allport, G. W.: Persönlichkeit. Meisenheim 1959. – *Atkinson, J. W.:* Einführung in die Motivationsforschung. Stuttgart 1975. – *Becker, W. C.:* Consequences of different kinds of parental discipline. In: *Hoffman, M. L. u. L. W.* (Hrsg.): Review of child development research. Vol. I/II. New York 1964, S. 169–208. – *Bergius, R.:* Behavioristische Motivationsbegriffe. In: Thomae 1965a, S. 817–866. – *Berlyne, D. E.:* Conflict, arousal and curiosity. New York 1960. – *Brown, J. S.:* The motivation of behavior. New York 1961. – *Cofer, C. N. / Appley, M. H.:* Motivation: theory and research. New York/London 1964. – *Freud, S.:* Abriß der Psychoanalyse. Frankfurt/M. 1954. – *Graumann, C. F.:* Einführung in die Psychologie. Bd. 1. Motivation. Frankfurt/Bern/Stuttgart 1969. – *Hartmann, H.:* Ich-Psychologie und Anpassungsproblem. Stuttgart 1960. – *Hebb, D. O.:* Die Triebe und das C. N. S. In: *Thomae* 1965b, S. 431–447. – *Heckhausen, H.:* Hoffnung und Furcht in der Leistungsmotivation. Meisenheim 1963. – *Heckhausen, H.:* Leistungsmotivation. In: *Thomae* 1965a, S. 602–702. – *Heckhausen, H.:* Interaktion der Sozialisationsvariablen in der Genese des Leistungsmotivs. In: *Graumann, C. F.* (Hrsg.): Handbuch der Psychologie. 7. Bd. 2. Hbd. Göttingen 1972, S. 955–1019. – *Heckhausen, H.:* Motive und ihre Entstehung. – Einflußfaktoren der Motiventwicklung. In: *Weinert, F. E.* u. a.: Funkkolleg Pädagogische Psychologie 1. Frankfurt/M. 1974, S. 132–209. – *Heckhausen, H.:* Achievement motivation and its constructs: A cognitive model. Motivation and Emotion (1977), S. 283–329. – *Hehlmann, W.:* Geschichte der Psychologie. Stuttgart 1963. – *Hull, C. L.:* A behavior system. New Haven 1952. – *Hunt, J. McV.:* Intrinsic motivation and its role in psychological development. In: *Levine, D.* (Hrsg.): Nebraska symposium on motivation. Lincoln 1965, S. 189–282. – *Knörzer, W.:* Lernmotivation. Weinheim 1976. – *Lazarus, R. S.* u. a.: Ansätze zu einer kognitiven Gefühlstheorie. In: *Birbaumer, N.:* Neurophysiologie der Angst. München 1973, S. 158–183. – *Lewin, K.:* Feldtheorie in den Sozialwissenschaften. Bern/Stuttgart 1963. – *Lewin, K.:* Über die Ursachen seelischen Geschehens. In: *Thomae* 1965b, S. 77–84. – *Lindsley, D. B.:* Psychophysiology and motivation. In: *Jones, M. R.* (Hrsg.): Nebraska symposium on motivation. Lincoln 1957, S. 44–105. – *Madsen, K. B.:* Theorie of motivation. Munksgaard/Copenhagen ²1961. – *Malmo, R. B.:* Anxiety and behavioral arousal. In: Psychol. Rev. 64 (1954), S. 276–287. – *Maslow, A. H.:* Motivation and personality. New York 1954. – *Mischel, W.:* Toward a cognitive social learning reconceptualisation of personality. In: Psychol. Rev. 80 (1973), S. 252–283. – *Piaget, J.:* Das Erwachen der Intelligenz beim Kinde. Stuttgart 1969. – *Rheinberg, F.:* Leistungsbewertung und Lernmotivation. Göttingen 1979. – *Schachter, S. / Singer, J.:* Cognitive, social and physiological determinants of emotional state. In: Psychol. Rev. 69 (1962), S. 379–399. – *Schaefer, E. S.:* A circumplex model for maternal behavior. In: J. abnorm. soc. Psychol. 59 (1959), S. 226–235. – *Schiefele, H.:* Lernmotivation und Motivlernen. München ²1978. – *Spence, K. W.:* Behavior theory and conditioning. New Haven 1956. – *Thomae, H.:* Die Bedeutung des Motivationsbegriffes, S. 3–44. Zur allgemeinen Charakteristik des Motivationsgeschehens, S. 45–122. In: *Thomae, H.* (Hrsg.): Handbuch der Psychologie. 2. Bd. 2. Hbd. Göttingen 1965 a. – *Thomae, H.* (Hrsg.): Die Motivation menschlichen Handelns. Köln/Berlin 1965b. – *Tolman, E. C.:* A psychological model. In: *Parsons, T. / Shils, E. A.* (Hrsg.): Toward a general theory of action. Cambridge 1954, S. 279–361. – *Tolman, E. C.:* Ein kognitives Motivationsmodell. In: *Thomae* 1965b, S. 448–461. – *Trudewind, Cl.:* Häusliche Umwelt und Motiventwicklung. Göttingen 1975.

Ökologie (Ökologische Psychologie)

Mit dem Terminus »Ökologie« bzw. »ökologisch« werden in der Psychologie jene empirischen Studien und theoretischen Konzepte charakterisiert, die das Verhältnis des Individuums zu seiner alltäglichen Umwelt, besonders zur dinglich-räumlichen Umwelt, analysieren.

1. Die ökologische Perspektive in der Psychologie

1.1 Die ökologische »Wende« in der Psychologie: Seit dem Ende der sechziger Jahre findet eine Umorientierung in der psychologisch-pädagogischen Forschungspraxis statt, die sich auszeichnet durch eine Verschiebung von persönlichkeits- und differentialpsychologischen Fragestellungen zu einer Sichtweise, die die Umweltbezogenheit des menschlichen Verhaltens in den Mittelpunkt der Forschungsbemühungen stellt. Wesentliche Impulse zur ökologischen »Wende« in der Psychologie kamen aus Untersuchungen im angelsächsischen Raum, die unter dem Etikett »environmental psychology« oder »ecological psychology« veröffentlicht wurden (Barker 1968; Proshansky/Ittelson/Rivlin 1970; Ittelson u. a. 1974). Die Ausbreitung des ökologischen Denkmusters ist u. a. Ausdruck gesellschaftlich-historischer Problemlagen, die mit dem Stichwort »Ökologische Krise« gekennzeichnet werden. Die zunehmenden Umweltprobleme der hochindustrialisierten Länder (Verschmutzung, Lärm) haben in der politischen und wissenschaftlichen Öffentlichkeit zu einem verstärkten Umweltbewußtsein und einem Denken in ökologischen Systemkontexten geführt. Wissenschaftsimmanent gesehen stellt die Ökologische Psychologie (ÖP) eine korrektive Reaktion auf die »Umweltvergessenheit« der traditionellen Psychologie dar (Kruse 1974). Die ÖP konstituiert sich in kritischer Distanz zu dem vorherrschenden psychologischen Theorie- und Praxisverständnis, welches letztlich auf das Individuum zentriert war und sich diesem Individuum nur allzu häufig in der »künstlichen Umwelt« der experimentell kontrollierten Situation näherte.

Will man das Aufgabenfeld der ÖP näher beschreiben, so findet man zunächst eine sehr unterschiedliche Terminologie vor (z. B. Umweltpsychologie, Ökologische Psychologie, Psychologische Ökologie), die andeutet, daß es nur ein äußerst vages gemeinsames Vorverständnis über den neuen psychologischen Wissenschaftszweig gibt. Es existiert also nicht *die* ÖP, sondern eine Vielzahl von heterogenen Impulsen, Ansätzen und Konzepten, die von einem ökologischen Selbstverständnis getragen sind. Ein gewisser begrifflicher Konsens scheint inzwischen darüber zu bestehen, daß sich die *Umweltpsychologie* im Sinne von angewandter Psychologie der psychologischen Erforschung von Umweltproblemen widmet (z. B. Lärm, Raumplanung), während sich die ÖP als Grundlagenforschung mit den Beziehungen zwischen dem menschlichen Erleben und Verhalten einerseits und den Umweltgegebenheiten andererseits beschäftigt (Pawlik 1975, S. 275). Die bisherigen Definitionsversuche der ÖP sind wenig befriedigend. Die von den Begründern der »environmental psychology« praktizierte Eingrenzung des Problembereichs auf die materiell-physikalischen Aspekte der Umwelt (man and his physical setting) dürfte für die Entwicklung der ÖP eine eher hinderliche Beschränkung darstellen (Proshansky/Ittelson/Rivlin 1970). Es scheint weder sinnvoll noch möglich zu sein, die ÖP durch einen spezifischen Gegenstandsbereich auszuzeichnen und zu definieren. Die ÖP ist also keine neue Bindestrich-Psychologie, sondern eine neue theoretische und methodische Orientierung innerhalb der Psychologie. Manche Autoren (z. B. Willems 1965) halten es deshalb für angebracht, von einer *ökologischen Perspektive* in der Psychologie zu sprechen.

1.2 Zur Geschichte der ökologischen Perspektive: Die Ökologie (griech.: oikos = Haushalt) wurde von E. Haeckel 1866 als Teildisziplin der Biologie begründet. Sie erforscht die Wechselwirkungen lebender Organismen miteinander und mit ihrer nicht-belebten (räumlich-materiellen) Umwelt. Die Rezeption der allgemeinen Ökologie in den Humanwissenschaften fand ihren nachhaltigsten Niederschlag in der amerikanischen Sozialökologie der zwanziger Jahre.

Die erste genuin ökologische Fragestellung innerhalb der Psychologie formulierte Hellpach (1924) in seinem Beitrag über die »Psychologie der Umwelt«. Gegenstand der Umweltpsychologie sei die »Psyche, sofern sie von ihrer tatsächlichen Umwelt abhängig ist« (S. 110). Hellpach unterschied drei Dimensionen der Umweltpsychologie: die natürliche Umwelt, sofern sie vom Menschen beeinflußt ist, die soziale Umwelt und die kulturelle (vom Menschen geschaffene) Umwelt.

Einen wesentlichen Anstoß zur Konzeptualisierung der ÖP gaben in den dreißiger Jahren die in gestaltpsychologischer Tradition verfaßten Arbeiten von Lewin und Brunswik. Im Begriff des »Lebensraumes«, den Lewin (1935; 1951) in seiner Feldtheorie entwickelte, ist der ökologische Gedanke aufgehoben.

Im Lebensraum (= Verhaltensraum eines Individuums) besitzen für eine Person Objekte, Situationen und Menschen positive oder negative Valenzen (Werte, Bedeutungen). Obwohl Lewin die Bedeutung »nicht-psychologischer« Daten zur Analyse des Lebensraumes hervorhebt, ist sein Umweltbegriff ausgesprochen psychologisch: Er definiert Verhalten (V) als Funktion (f) der Interaktion individueller Faktoren (P) und der wahrgenommenen Umwelt (U): $V = f(P \cdot U)$. Damit wird Umwelt auf die subjektiv als relevant wahrgenommenen Umweltqualitäten reduziert, d. h., sie existiert nur als durch den Organismus vermittelte Umwelt. Im Gegensatz zur »psychologischen Umwelt« bei Lewin geht Brunswik (1934; 1956) in seiner »Psychologie vom Gegenstand her« direkt von den Umweltreizen, den Objekten aus. In der Analyse des Zusammenhangs Umwelt–Organismus–Verhalten werden die Gegenstände als Träger von Informationen über die Umwelt betrachtet. Da die Informationen, die die Objekte liefern, grundsätzlich komplex und mehrdeutig sind, muß das Individuum einem Teil der Hinweise mehr Validität (Gültigkeit) zusprechen als einem anderen. Diese Beurteilungsprozesse bestimmen die weiteren Person-Umwelt-Interaktionen.

1.3 Grundmerkmale der ökologischen Orientierung: Das Selbstverständnis der ÖP ist bestimmt durch die (häufig partielle) Rezeption des allgemeinen ökologischen Denkmodells und die kritische Auseinandersetzung mit den herkömmlichen psychologischen Theorien und Methoden. Die vielfältigen, disparaten Ansätze sind von einer vereinheitlichenden theoretischen Konzeptualisierung noch weit entfernt. Die ÖP befindet sich bestenfalls auf der Suche nach einem Minimalkonsens theoretischer Grundannahmen (Willems 1973, S. 206 ff.; Ittelson u. a. 1974, S. 26 ff.). Dazu gehören u. a. folgende Grundmerkmale:

(a) Person-Umwelt-Interaktion: Die traditionelle Psychologie hat sich zumeist auf das Individuum konzentriert und die Umwelt, sofern sie überhaupt Beachtung fand, als den psychischen Prozessen äußerlich betrachtet. Die ÖP ist demgegenüber bemüht, die Person und ihre Umwelt in eine systematische Beziehung zu setzen, die als *Wechselwirkungsverhältnis (→ Wechselwirkung)* bezeichnet werden kann. Diese interaktionistische Sichtweise stellt ein Grundelement der ökologischen Perspektive dar. Mit der Übernahme des ökologischen Denkmodells fließt häufig die Annahme ein, daß sich das Individuum mit der Umwelt in einem dynamischen Gleichgewichtszustand befindet und die Interaktionen der Gleichgewichtserhaltung dienen. Die inhaltliche Bestimmung der Mensch-Umwelt-Interaktionen fällt je nach theoretischer Forscherperspektive unterschiedlich aus: Sie reicht von einer Beschreibung in lerntheoretischen Termini (z. B. Pawlik 1978) über kognitive Interaktionsmodelle (z. B. Mischel 1973) und handlungstheoretische Entwürfe (z. B. Boesch 1976) bis zu systemtheoretischen Konzepten (z. B. Bronfenbrenner 1976; 1978).

(b) Alltagsorientierung: Die ÖP interessiert sich in erster Linie für die Alltagswirklichkeit des Menschen. Sie erforscht die kognitiven, emotionalen und konativen Interaktionsprozesse der Individuen mit ihrer »natürlichen« Umgebung (Wohnung, Stadtteil, Klassenzimmer, Schule). Da sich die »natürlichen« Umfelder durch eine hohe Komplexität auszeichnen, wäre es verkürzt und unzureichend, einzelne psychische Prozesse und Umweltfaktoren isoliert zu analysieren. Die ÖP versucht die jeweils interessierenden Person-Umwelt-Bezüge vor dem Hintergrund der Gesamtumwelt möglichst umfassend und ganzheitlich aufzuklären. Die Mißerfolge der aufgrund wissenschaftlicher »Erkenntnisse« geplanten pädagogischen Interventionen (z. B. kompensatorische → *Vorschulerziehung*) weisen nicht zuletzt darauf hin, wie wichtig es ist, die alltägliche Lebenswelt der Probanden bzw. Zielgruppen ernst zu nehmen.

(c) Differenzierung des Umweltbegriffs: Die Einführung der ökologischen Perspektive in die Psychologie geht mit kategorialen Differenzierungen des Umweltbegriffs einher (s. u.). Als psychologisch relevant hat sich besonders die Unterscheidung von »objektiver« und »subjektiver« Umwelt erwiesen. Während die »objektive« Umwelt jene Objekte und Ereignisse beinhaltet, die außerhalb des Menschen existieren, ungeachtet, ob er sie wahrnimmt oder nicht, versteht man unter »subjektiver« Umwelt die Art und Weise, wie eine Person ihre Umgebung erlebt und in sich kognitiv abbildet. Diese beiden Wirklichkeitsbereiche werden je nach theoretischer Position des Autors in ihrer Verhaltensrelevanz unterschiedlich gewertet und verknüpft (Kaminski 1976, S. 253 ff.)

(d) »Naturalistisches« Methodenverständnis: Auf der Ebene der Forschungsmethodik hat sich die ÖP zunächst vor allem in Abgrenzung

Ökologie (Ökologische Psychologie)

und Ergänzung zu den Techniken der traditionellen experimentellen Forschung profiliert (→ *Methoden*). Im Zentrum der Kritik an den Labormethoden steht der Vorwurf der mangelnden ökologischen Validität und Repräsentativität des Experiments (Pawlik 1976; Bronfenbrenner 1978). Das bedeutet, daß die experimentalpsychologischen Befunde kaum generalisierbar und auf die Lebenswirklichkeit des/der Probanden übertragbar sind. Gemäß dem Anspruch, das Verhalten von Individuen in ihrer »natürlichen« Umgebung (»in situ«) zu beobachten und zu analysieren, plädieren ökopsychologische Forscher (z. B. Barker 1968; Willems/Raush 1969) für die Anwendung »naturalistischer« Methoden (Feldbeobachtung, Feldexperiment etc.). Inzwischen scheint die Phase des Methodenstreits zwischen »Naturalisten« und »Experimentalisten« abzuklingen und einem auf sachlichen Problemstellungen gegründeten Methodenpluralismus zu weichen (Stapf 1976).
(e) Interdisziplinärer Ansatz: Da für die ÖP kein spezialwissenschaftlicher Gegenstandsbereich reklamiert werden kann, entfaltet sie ihre heuristische Funktion am besten durch eine interdisziplinäre Vorgehensweise. Bislang äußert sich diese Forschungsstrategie darin, daß in die Arbeiten der ÖP die Konzepte und Methoden der verschiedensten Fachwissenschaften eingeflossen sind (z. B. Ethologie, Ethnologie, Soziologie, kulturvergleichende Psychologie, phänomenologische Psychologie, Gestaltpsychologie). Die dringliche Aufgabe der Entwicklung von überdisziplinären theoretischen Konzepten und problemorientierten Forschungsprojekten ist jedoch von der ÖP noch kaum in Angriff genommen worden.
2. Problembereiche und Konzepte der ökopsychologischen Forschung: Aus dem Kanon der ökopsychologischen Forschungsfelder sollen nur jene Problembereiche ausgewählt werden, die für die Pädagogische Psychologie von Bedeutung sind. (Es sei nur am Rande erwähnt, daß ein anderer Forschungsschwerpunkt der ÖP im Bereich der Stadtsoziologie und → *Gemeindepsychologie* liegt.)
2.1 Ansätze zur Umwelt-Taxonomie: Was die differentiellen Aspekte des Mensch-Umwelt-Verhältnisses anbelangt, war es aufgrund der allgemeinen »Umweltlosigkeit« der Psychologie verständlich, daß sich die ÖP vorrangig um eine Differenzierung der Umwelt-Konzepte bemühte. Die Taxonomie von Umwelten stellt den Versuch dar, die psychologisch bedeutsamen Umweltqualitäten zu differenzieren, zu operationalisieren und, soweit erforderlich, zu quantifizieren. Die zugrunde gelegten Umwelteinheiten können jede Größenordnung annehmen, von der Situation bis zur Kultur. Es liegt eine Reihe von Meßinstrumenten vor, die mit unterschiedlicher Akzentuierung die Schul- oder Klassenumwelt erfassen sollen (Anderson/Walberg 1974; De Charms 1973; Stern 1970; Trickett/Moos 1974). In jüngster Zeit hat Fend (1977) eine Taxonomie des Schulklimas vorgelegt, die von den verhaltensprägenden Merkmalen des sozialen Zusammenlebens in der Schule als einer Institution ausgeht. Für den Bereich der häuslichen → *Lernumwelt* sind u. a. von Marjoribanks (1973; 1979) und Trudewind (1975) Erhebungsinstrumente entwickelt worden (eine Übersicht gibt Götte 1979). Trudewind versucht im Hinblick auf die Genese der → *Leistungsmotivation* (→ *Motivation und Motiventwicklung*) das häusliche Umfeld unter dem einheitlichen Aspekt des Anregungsgehaltes zu differenzieren. Dabei wird auch die materielle Umwelt angemessen berücksichtigt. Abgesehen von der empiristischen Konstruktionsweise, liegt das Problem der Umwelt-Taxonomien vor allem darin, daß sie nur von den objektiven Umweltgegebenheiten ausgehen, die subjektiven Bezüge und Verarbeitungsweisen aber ausklammern. Im Rahmen einer ökologischen Perspektive wäre eine Taxonomie von Person-Umwelt-Beziehungen angemessener (→ *Interesse*).
2.2 Schulökologische Forschungen: Die schulische Lebenswelt bietet in all ihren Dimensionen ein weites Feld für ökologisch orientierte Forschungen. Aus der Fülle der erziehungswissenschaftlichen und psychologischen Studien über die Schulumwelt können nur einige Schwerpunkte herausgegriffen werden (einen Überblick gibt Fischer 1978). Da die Schule aufgrund ihrer institutionellen Verfaßtheit für den Schüler eine in hohem Maße vorstrukturierte Umwelt darstellt, verwundert es nicht, daß die Mehrzahl der schulökologischen Ansätze stark umweltorientiert ist. Das bedeutet, daß bestimmte strukturelle Merkmale der Schulumwelt als unabhängige Variablen gesetzt und in ihrer Wirkung auf Verhalten, → *Einstellungen* oder Selbsteinschätzungen (→ *Selbstkonzept*) der Schüler untersucht werden. Folgende Umweltkomponenten wurden in ihren Verhaltenseffekten analysiert: die institutionellen Strukturen, beispielsweise die Gegenüberstellung von in-

tegriertem und segregiertem Schulsystem (Fend u. a. 1976), materiell-räumliche Variablen wie z. B. die Sitzordnung im Klassenzimmer (Adams 1970) sowie die eher quantitativen Aspekte der Schulgröße (Barker/Gump 1964; Döring 1977) und der Fluktuationsrate der Schülerschaft (Kelly 1970; Fatke 1977). Es mangelt bisher an Forschungen, die die Interaktion der Schüler mit der Schulumwelt thematisieren. Dies wurde ansatzweise in schulklimatischen Studien versucht (z. B. Schreiner 1973; Fend 1977). Sie gehen von der Annahme aus, daß das Schülerverhalten aus der wechselseitigen Beziehung zwischen der Bedürfnisstruktur des Schülers und der Anforderungsstruktur der Schulumwelt hervorgeht. Verhaltensrelevant ist in erster Linie die vom Schüler wahrgenommene Schulumwelt. Allen schulökologischen Untersuchungen kann der Vorwurf gemacht werden, daß sie einer ökologischen Perspektive kaum gerecht werden. Es werden entweder sehr globale oder sehr spezifische Merkmalsaspekte ohne Klärung des systematischen Bezuges zur gesamten schulischen Lebenswelt betrachtet. Der Frage, wie der Schüler als Subjekt die alltägliche Schulumwelt gebraucht und verarbeitet, wurde bislang zuwenig Aufmerksamkeit geschenkt.

2.3 Ökologische Modelle der menschlichen Entwicklung: Die traditionellen entwicklungspsychologischen Theorien sind bei aller Verschiedenheit letztlich auf die psychischen Prozesse und Strukturen im Individuum zentriert. (Dies gilt auch für die Entwicklungstheorie von Piaget, vgl. Eckensberger 1978, S. 55ff.) Ökologisch orientierte Erziehungswissenschaftler und Psychologen versuchen demgegenüber die ontogenetische Entwicklung des Menschen als fortschreitenden wechselseitigen Austauschprozeß zwischen dem sich entwickelnden Organismus und der sich verändernden Umwelt zu begreifen (→ *Entwicklung*). Einen relativ begrenzten entwicklungstheoretischen Ansatz mit ausgesprochen ökologischem Bezug stellt der von der Tierökologie beeinflußte Versuch dar, die Mutter-Kind-Beziehung als ein ökologisches System zu beschreiben (z. B. Bowlby 1969). Es wird angenommen, daß sich die Mutter-Kind-Dyade durch komplementäre Prozesse (Pflegebedürfnis der Mutter – positives Sozialverhalten des Kindes), die auf einer instinktiven Basis ablaufen, reguliert.

Unter erziehungswissenschaftlicher Perspektive entwirft Bronfenbrenner (1976; 1978) eine systemtheoretische Ökologie zur Erforschung der menschlichen Entwicklung. Er begreift die Umwelt als eine verschachtelte Anordnung sich überlagernder Strukturen und Schichten. Sie reicht vom Mikrosystem der unmittelbaren Umgebung des Kindes (Haus, Straße, Schule usw.) über die sozialen Netzwerke (z. B. peer-group, Nachbarschaft) und Institutionen (z. B. Erziehungswesen) bis zum übergeordneten Makrosystem (ökonomisches, politisches, ideologisches System). Bronfenbrenner stellt die anspruchsvolle Forderung auf, die Entwicklung des Individuums in wechselseitiger Abhängigkeit von allen Strukturebenen der ökologischen Umwelt und deren Beziehungen untereinander zu analysieren.

Aus dem kulturpsychologischen Feld sei der Ansatz von Boesch (1978) hervorgehoben, der die Entwicklung des Mensch-Umwelt-Verhältnisses als einen Wechselprozeß von »Objektivierung« und »Subjektivierung« der Umwelt beschreibt. Während nach Boesch die »Objektivierung« der Außenwelt (d. h. der Aufbau konstanter Objektstrukturen und sachadäquater Handlungsmuster) im Dienste der Anpassung an die sachlichen Gegebenheiten der Umwelt steht, repräsentiert die »Subjektivierung« der Umwelt (d. h. der Aufbau emotionaler Objektbezüge und symbolischer Ordnungen) ein Element individueller Gestaltung. Auf diese Weise erhalten Person und Umwelt den Doppelcharakter, zugleich abhängige und unabhängige Variable zu sein.

2.4 Das Verhältnis von Raum und Verhalten: Die ÖP hat auf das pädagogisch nicht unbedeutende Problem aufmerksam gemacht, daß die soziale → *Interaktion* durch die Gegenstände und Räume unserer alltäglichen Umwelt beeinflußt und vermittelt wird. Die Strukturen des Raumes können als Bedingung, Medium oder Produkt des menschlichen Handelns analysiert werden. Barker (1968) hat das menschliche Verhalten in Abhängigkeit von den materiellen Gegebenheiten des Raumes untersucht. In seinem »Setting«-Konzept wird die objektive Umwelt in natürliche Einheiten, die sogenannten »behavior settings«, untergliedert, die sich raumzeitlich lokalisieren lassen. Beispiele sind Klassenzimmer, Spielplatz, Kino, Supermarkt usw. Barker stellt die grundlegende These auf, daß die materielle Struktur eines »Settings« und die mit ihr verknüpften normativen Regelungen bestimmte Standardverhal-

tensmuster hervorrufen, die unabhängig von den Merkmalen der beteiligten Personen existieren.
In Abhebung zu Barkers Überbetonung der physikalisch-räumlichen Komponenten der Umwelt haben sich in der ökopsychologischen Raumforschung auch Ansätze entwikkelt, die an Lewins Idee des Lebensraumes anknüpfen: Es wird vor allem danach gefragt, welche handlungsleitenden und -prägenden Kräfte die Umwelt als psychologischer Raum aufweist. Zur Analyse des menschlichen Verhaltens im sozialen Raum bedient sich die ÖP bislang fast ausschließlich der aus der Ethologie übernommenen Konstrukte »Persönlicher Raum«, »Territorialität«, »Dichte« und »Privatheit« (Altman 1975; Kruse/Graumann 1978). Abgesehen von der Verifizierung relativ globaler Zusammenhänge (z. B. zwischen hoher Dichte und vermehrter Aggressivität, Delinquenz und psychischen Störungen; → *Aggression;* → *Abweichendes Verhalten*) fehlt es bis jetzt an Versuchen, diese Kategorien in den pädagogisch relevanten Räumen (z. B. Wohnung, Klassenzimmer) systematisch zu erforschen.
3. *Kritik und Entwicklungsperspektive der ÖP:* Versucht man (beim vorläufigen Entwicklungsstand) die ökologische Perspektive zusammenfassend zu beurteilen, so können zunächst einige wesentliche Vorzüge für die psychologische Theorienbildung und Forschungspraxis genannt werden:
(a) Die ÖP hat die Umwelt des Menschen zu einem zentralen Gegenstand der psychologischen Forschung erhoben und den Weg zu einer Systematisierung und Differenzierung der Umwelt-Konzepte eröffnet.
(b) Die ÖP ermöglicht, die übliche Gegenüberstellung von Organismus und Umwelt sowie einseitige Abhängigkeitsbeziehungen zugunsten eines dynamischen Wechselwirkungsmodells aufzuheben.
(c) Die ökologische Denkweise erlaubt die Integration von Variablen mit unterschiedlichem theoretischen Niveau in einem Modell. Beispiel: Verbindung von Variablen der Aggregatebene (z. B. institutionelle Strukturen) mit Variablen der Individualebene (z. B. psychologische Merkmale).
(d) Durch die Rückbesinnung der ÖP auf die »natürliche«, alltägliche Umwelt besteht die Chance, daß die psychologische Forschung stärker für die Bedürfnis- und Problemlagen ihrer »Probanden« sensibilisiert und dadurch die Kluft zwischen wissenschaftlicher Theoriebildung und pädagogisch-psychologischer Praxis verringert wird.
Die zukünftige Entwicklung der ÖP wird u. a. auch davon abhängen, welche Erwartungen an sie gestellt werden. Eine Klärung der Defizite des ökpsychologischen Paradigmas ist deshalb nützlich und erforderlich:
(a) Betrachtet man die Palette der gegenwärtigen ökopsychologischen Veröffentlichungen im gesamten, so drängt sich der Eindruck einer theorielosen und eklektizistischen Vorgehensweise auf (Kruse 1974).
(b) Das Grundaxiom der ökologischen Perspektive, die wechselseitige Verknüpfung von Individuum und Umwelt in einer Analyseeinheit, ist mehr theoretisches Programm als Forschungsrealität. In vielen Untersuchungen werden Person- und Umweltmerkmale unabhängig voneinander bestimmt oder die Reihe der Bedingungsfaktoren menschlichen Verhaltens lediglich um einige »ökologische Variablen« erweitert.
(c) Es ist fraglich, inwieweit das der Biologie entlehnte ökologische Denkmodell, insbesondere der Gleichgewichtsgedanke, der Komplexität psychischer Prozesse gerecht werden kann. Die Reflexivität und Intentionalität des menschlichen Handelns, die Fähigkeit zum zweckgerichteten verändernden Eingreifen in die Umwelt wird nur schwer in das ökologische Paradigma einzubringen sein (Eckensberger 1978).
(d) Die ÖP berücksichtigt kaum die Sinnhaftigkeit und historische Perspektive des Mensch-Umwelt-Verhältnisses. Sie fragt in erster Linie nach dem »Wie« und weniger nach dem »Wozu« der Person-Umwelt-Beziehungen. Eine Wissenschaft, die sich jedoch vorwiegend um die Aufklärung von Wenn-Dann-Beziehungen bemüht, sich aber der gesellschaftlichen Ziel-, Norm- und Herrschaftsproblematik enthält, läuft leicht Gefahr, sozialtechnologisch verwertet zu werden.
Die Konzeptualisierung und Konkretisierung der ökologischen Orientierung in der Psychologie sollte multidisziplinär auf drei gleichberechtigten Ebenen vorangetrieben werden:
(a) Da die Komplexität der ökopsychologischen Gegenstandsbereiche eine umfassende Theorie des Mensch-Umwelt-Verhältnisses nicht erwarten läßt, sollten zunächst bereichsspezifische Theorien mittlerer Reichweite entwickelt werden, die den Stellenwert der bestehenden disparaten Annahmen, Hypothesen und Ansätze klären helfen. Wichtig ist

dabei die Frage, in welchen theoretischen Modellen eine interaktionistische Person-Umwelt-Verknüpfung angemessen beschrieben werden kann (z. B. Handlung als Person-Umwelt-Einheit; Boesch 1976; Eckensberger 1978; → *Handlung und Handlungstheorien*).
(b) Es gilt, die Phase punktueller Studien durch projektzentrierte Forschungsprogramme mit veränderungs- und anwendungsorientierten Fragestellungen abzulösen.
(c) Auf der methodischen Ebene müssen adäquatere Erhebungs- und Meßinstrumente (z. B. Feldforschungsmethoden) ausgearbeitet und erprobt werden.

Klaus Zott

Literatur

Adams, R. S.: Interaction in classrooms. In: *Campbell, W. J.* (Hrsg.): Scholars in context. New York 1970, S. 284–295. – *Altman, I.:* The environment and social behavior. Monterey 1975. – *Anderson, G. J. / Walberg, H. J.:* Assessing classroom learning environments. In: *Marjoribanks, K.* (Hrsg.): Environments for learning. Windsor 1974, S. 153–164. – *Barker, R. G.:* Ecological psychology. Stanford 1968. – *Barker, R. G. / Gump, P. V.:* Big School, Small School. Stanford 1964. – *Boesch, E. E.:* Psychopathologie des Alltags. Bern 1976. – *Boesch, E. E.:* Kultur und Biotop. In: *Graumann, C. F.* (Hrsg.): Ökologische Perspektiven in der Psychologie. Bern 1978, S. 11–32. – *Bowlby, J.:* Attachment and loss. Vol. 1. London 1969. – *Bronfenbrenner, U.:* Ökologische Sozialisationsforschung (hrsg. v. *K. Lüscher*). Stuttgart 1976. – *Bronfenbrenner, U.:* Ansätze zu einer experimentellen Ökologie der menschlichen Entwicklung. In: *Oerter, R.* (Hrsg.): Entwicklung als lebenslanger Prozeß. Hamburg 1978, S. 33–65. – *Brunswik, E.:* Wahrnehmung und Gegenstandswelt. Grundlegung einer Psychologie vom Gegenstand her. Leipzig 1934. – *Brunswik, E.:* Perception and the representative design of psychological experiments. Berkeley 1956. – *De Charms, R.:* Ein schulisches Trainingsprogramm zum Erleben eigener Verursachung. In: *Edelstein, W. / Hopf, D.* (Hrsg.): Bedingungen des Bildungsprozesses. Stuttgart 1973, S. 60–78. – *Döring, P. A.* (Hrsg.): Große Schulen oder kleine Schulen. München 1977. – *Eckensberger, L. H.:* Die Grenzen des ökologischen Ansatzes in der Psychologie. In: *Graumann, C. F.* (Hrsg.): Ökologische Perspektiven in der Psychologie. Bern 1978, S. 49–76. – *Fatke, R.:* Schulumwelt und Schülerverhalten. München 1977. – *Fend, H.* u. a.: Sozialisationseffekte der Schule. Soziologie der Schule II. Weinheim 1976. – *Fend, H.:* Schulklima. Soziale Einflußprozesse in der Schule. Weinheim 1977. – *Fischer, M.:* Ökologische Variablen von Verhaltensauffälligkeiten in der Schule. In: *Lohmann, J. / Minsel, B.* (Hrsg.): Störungen im Schulalltag. München 1978, S. 157–180. – *Götte, R.:* Meßinstrumente zur Erfassung der häuslichen Lernumwelt von Kindern. In: Zeitschrift für Empirische Pädagogik 2 (1979), S. 95–120. – *Hellpach, W.:* Psychologie der Umwelt. In: *Abderhalden, E.* (Hrsg.): Handbuch der biologischen Arbeitsmethoden. Abt. VI, Teil C, Heft 3. Wien 1924. – *Ittelson, W. H.* u. a.: An introduction to environmental psychology. New York 1974 (dt.: Einführung in die Umweltpsychologie. Stuttgart 1977). – *Kaminski, G.* (Hrsg.): Umweltpsychologie. Stuttgart 1976. – *Kelly, J. G.:* Toward an ecological conception of preventive interventions. In: *Adelson, D. / Kalis, B. L.* (Hrsg.): Community and mental health. Scranton 1970, S. 126–145. – *Kruse, L.:* Räumliche Umwelt. Berlin 1974. – *Kruse, L. / Graumann, C. F.:* Sozialpsychologie des Raumes und der Bewegung. In: *Hammerich, K. / Klein, M.* (Hrsg.): Materialien zur Soziologie des Alltags. Sonderheft der Kölner Zeitschrift für Soziologie und Sozialpsychologie 20 (1978), S. 177–219. – *Lewin, K.:* A dynamic theory of personality. New York 1935. – *Lewin, K.:* Field theory in social science. New York 1951 (dt.: Feldtheorie in den Sozialwissenschaften. Bern 1963). – *Marjoribanks, K.:* Umwelt, soziale Schicht und Intelligenz. In: *Graumann, C. F. / Heckhausen, H.* (Hrsg.): Pädagogische Psychologie. Bd. 1. Frankfurt/M. 1973, S. 190–200. – *Marjoribanks, K.:* Families and their learning environments. London 1979. – *Mischel, W.:* Toward a cognitive social learning reconceptualisation of personality. In: Psychological Review 81 (1973), S. 252–283. – *Pawlik, K.:* Umweltpsychologie und Ökopsychologie. In: *Tack, W. H.* (Hrsg.): Bericht über den 29. Kongreß der Deutschen Gesellschaft für Psychologie in Salzburg 1974. Bd. 2. Göttingen 1975, S. 275–276. – *Pawlik, K.:* Ökologische Validität: Ein Beispiel aus der Kulturvergleichsforschung. In: *Kaminski, G.* (Hrsg.): Umweltpsychologie. Stuttgart 1976, S. 59–72. – *Pawlik, K.:* Umwelt und Persönlichkeit. Zum Verhältnis von ökologischer und differentieller Psychologie. In: *Graumann, C. F.* (Hrsg.): Ökologische Perspektiven in der Psychologie. Bern 1978, S. 112–134. – *Proshansky, H. M. / Ittelson, W. H. / Rivlin, L. G.* (Hrsg.): Environmental psychology. Man and his physical setting. New York 1970. – *Schreiner, G.:* Schule als sozialer Erfahrungsraum. Frankfurt/M. 1973. – *Stapf, K. H.:* Bemerkungen zur Gegenstands- und Methodendiskussion in der Umweltpsychologie. In: *Kaminski, G.* (Hrsg.): Umweltpsychologie. Stuttgart 1976, S. 26–39. – *Stern, G. G.:* People in context. New York 1970. – *Trickett, E. M. / Moos, R. H.:* Social environments of Junior High and High School Classrooms. In: *Marjoribanks, K.* (Hrsg.): Environments for learning. Windsor 1974, S. 177–187. – *Trudewind, C.:* Leistungsmotivgenese und Umwelt. In: *Walter, H.* (Hrsg.): Sozialisationsforschung. Bd. 3. Stuttgart 1975, S. 55–71. – *Willems, E. P.:* An ecological orientation in psychology. In: Merrill-Palmer-Quarterly 11 (1965), S. 317–343. – *Willems, E. P.:* Behavioral ecology and experimental analysis. In: *Nesselroade, J. R. / Reese, H. W.* (Hrsg.): Life-span developmental psychology. Methodological issues. New York 1973, S. 195–217. – *Willems, E. P. / Raush, H. L.* (Hrsg.): Naturalistic viewpoints in psychological research. New York 1969.

Pädagogische Psychologie als Ausbildungsinhalt

1. Pädagogische Psychologie – Ausbildungsinhalt und Ausbildungsinhalte: Bei einer Bestimmung und systematischen Anordnung von Ausbildungsinhalten der Pädagogischen Psychologie (PP) wird man davon ausgehen können, daß die in einem »Handlexikon zur Pädagogischen Psychologie« versammelten Stichwörter *Elemente* eines Curriculums der PP bilden. Diese Elemente bedürften also nur noch einer curricularen Anordnung im Sinne einer allgemeinen und fachspezifischen Curriculumtheorie. PP als Ausbildungs*inhalt* ist in keiner Weise umstritten; bestenfalls gibt es Diskussionen um die Struktur, die Ausbildungs*inhalte.* Der *Inhalt* ist formal und institutionell legitimiert, die *Inhalte* bedürfen jeweils neuer Legitimierung. So gibt es zunächst den Inhalt und erst dann *die Inhalte.* Für das Studium der Psychologie gibt es entsprechende Ansätze (vgl. zusammenfassend Laucken/Schick 1977 und allgemeine bzw. hochschulinterne Studien- und Prüfungsordnungen). Darin wird die PP als ein Ausbildungsinhalt des Psychologiestudiums genannt, und ihre einzelnen möglichen Bereiche (Inhalte) werden mehr oder weniger differenziert ausformuliert; die inhaltlich sehr unterschiedlichen konkreten Lehrveranstaltungen werden auf diese Weise in der Regel formal legitimiert. Dadurch entsteht der Eindruck, als qualifiziere ein derart absolviertes Psychologiestudium allgemein und speziell für die unterschiedlichsten Berufsfelder und Tätigkeitsbereiche, in denen Inhalte der PP für die häufig sehr spezifische Berufsarbeit und ihre konkreten Probleme unabdingbar sind. Dabei wird offenbar stillschweigend vorausgesetzt, daß Inhalte qualifizieren, daß also die *Offerte* mit der *Wirkung* identisch ist. Zweifellos kann eine solche Qualifikation nicht hinreichend sein, wenn man die Fülle der Berufe berücksichtigt, in deren Ausbildung oder Ausübung Inhalte der PP konstitutiv sind. Ohne Anspruch auf Vollständigkeit und ohne Überschneidungen zu berücksichtigen sollen nur einige genannt werden: Lehrer, Beratungslehrer, Diplompädagogen, Schulpsychologen, Jugend- und Heimerzieher, Kindergärtner(innen), Sozialpädagogen, Dorfhelfer(innen), Kinderpflegerinnen, Gemeindehelfer(innen), (Kinder-)Krankenschwestern, Seelsorgehelfer(innen), Heilpädagogen und Arbeitstherapeuten aller Art. Ebenfalls sind Elemente der PP Ausbildungsinhalte im Unterricht der Bundeswehr, der Polizei- und Strafvollzugsschulen, an Werk- und Werkkunstschulen verschiedenster Form, an Kunst- und Musikhochschulen, Werbefachschulen, Wirtschaftsfach- und Wirtschaftshochschulen, in der betrieblichen Aus- und Weiterbildung für verschiedene Tätigkeitsfelder usw. Nicht zuletzt – und seit 1972 verbindlich – sind Inhalte der PP im Unterrichtsfach Psychologie der Sekundarstufe II (vor allem in der gymnasialen Oberstufe) vertreten (Roth 1980c). Für die meisten dieser Berufe bildet nicht die Universität aus. Die universitäre Ausbildung ist bestenfalls durch das Psychologiestudium der entsprechenden Lehrkräfte in diesen Ausbildungsinstitutionen vermittelt. In der ausgebildeten Hierarchie spiegelt sich also die Vermittlungspraxis.

Im folgenden soll die PP als Ausbildungsinhalt nur beispielhaft für einige ausgewählte Studiengänge in bezug auf ihre Berufsfelder (Lehrer und Diplompädagogen, Beratungslehrer, Schulpsychologen), als Teilgebiet des Diplomstudiums Psychologie und als Teil des Unterrichtsfaches Psychologie in der Sekundarstufe II (der gymnasialen Oberstufe) betrachtet werden. Da → *Schulpsychologie* als eigenes Stichwort behandelt wird und Aufgaben des Beratungslehrers im Stichwort → *Beratung* deutlich werden, können hier die Berufsfelder des Beratungslehrers und des Schulpsychologen relativ gestrafft in den Zusammenhang der Ausbildungsinhalte gestellt werden. Ausführlicher werden dagegen die Ausbildungsinhalte der PP für die Lehrerausbildung und im Kontext des Schulfaches »Psychologie in der Sekundarstufe II« erörtert.

2. PP in der Lehrerausbildung: In der Pädagogik ist die Psychologie, die kommunikative Verhältnisse kennzeichnet, altbekannt und angewendet (Hofmeistererziehung, Erziehung bei den Jesuiten, aber vor allem auch im Bereich sogenannter Abnormformen der Erziehung: Friedrich II., 1194–1250; Jacob v. Schottland, 1473–1513; Akbar in Indien, 1542–1605; besonders aber in der Erziehung der Janitscharen, 1329–1826). Die Erkenntnis des Pietismus, »daß der Glaube beim Menschen fehlen konnte« (Stemme 1951, S. 142), und Franckes Entschluß, aus diesem Grunde auf »fürnehmlich die Erbauung der Zuhörer« (nach Stemme 1951, S. 152) zu zielen, führten zu der Frage »wie wirke ich erbaulich?« (Stemme 1951, S. 152). Dieses pädagogische Problem, Anfang »erziehungswissenschaftlicher« Theoriebildung, setzt also der Psychologie als »Wirkungsforschung« eine Aufgabe und konstituiert einen Problembereich der PP in Deutschland. Als *Pädagogische* Psychologie wird sie *funktional* verwendet, als sie einen handhabbaren Nutzwert in organisierter Form erwarten läßt. Das geschieht relativ spät, erst im 18. Jahrhundert, im Zusammenhang mit dem »Instrument« Lehrerausbildung. Hier wird die PP also zum »Instrument im Instrument«. Die in dieser Zeit sich herausbildende neue Qualität des »Instruments Unterricht« (Petrat 1979) nämlich verlangt die Berücksichtigung der PP für den Unterricht und für die Ausbildung zum Unterrichten, um diesen Unterricht optimal zu organisieren und dadurch definierte Erziehungs- und Lernziele zu erreichen. Seit dieser Zeit treten Inhalte der PP, die methodisch vermittelt werden, in die Lehrerausbildung (z. B. im Seminar Kloster Bergen ab 1737).

Die PP ist bis ins 19. Jahrhundert durchaus theologisch-anthropologisch bestimmt, wird bis ins 20. Jahrhundert von in der Psychologie ausgewiesenen Pädagogen und später – vor allem erst nach dem Zweiten Weltkrieg – von Fachpsychologen (häufig mit Erfahrungen bzw. Kenntnissen in Schule und Unterricht) in der Lehrerausbildung vertreten. Hier beginnt dann auch die Emanzipation von verbindlichen Lehrbüchern zu Inhalten, die aus der Kompetenz des Fachvertreters bestimmt und gelehrt wurden. Eine Unterbrechung gibt es in Deutschland durch die Studienordnung von 1942, die das Fach für die Lehrerausbildungsanstalten eliminiert – bis auf Teile einer Art »Rassenseelenkunde« (überhaupt wird Psychologie als Ausbildungsinhalt für den konkreten Studiengang erst durch die Einführung des »Diplompsychologen« im Jahre 1941 als eigenständiger Studiengang legitimiert und formalisiert). Ansonsten bleibt es unbestrittener Bestandteil der Lehrerausbildung bis in die Gegenwart. Umstritten sind allerdings der Anteil der Semesterwochenstunden und die Stellung innerhalb der Prüfungs- und Studienordnungen seit 1945 bis heute. Der Pädagogische Hochschultag 1965 versuchte eine neue Bestimmung der PP für die Lehrerausbildung an den Pädagogischen Hochschulen. An Themen wie »Autorität in der Erziehung«, »Erziehungs- und Unterrichtsstil«, »Begabungstheorie«, »Lehrplangestaltung« wurden studienrelevante Inhalte der PP (und Soziologie) für die Lehrerausbildung umschrieben. Zu diesem Zeitpunkt entfällt etwa ein Zehntel der Lehrveranstaltungen für Lehrerstudenten auf die Psychologie, das sind ungefähr zwölf Semesterwochenstunden (Hansen 1966, S. 254), also weniger, als im Psychologiestudium in *einem* Semester absolviert wird. Die Psychologie wird vom Deutschen Ausschuß für das Erziehungs- und Bildungswesen für die Ausbildung von Grund- und Hauptschullehrern als »Nachbardisziplin« neben Philosophie und Soziologie bestimmt, mit der Empfehlung, nur eine dieser Disziplinen gründlich zu studieren. Im Zusammenhang der Lehrerausbildung verfügen hier also *Pädagogen* über einen Inhalt der *Psychologie*. Offensichtlich legitimiert sich das Attribut *Pädagogische* dazu. Für die Ausbildung der Lehrer an Gymnasien spielt die PP keine Rolle, das gilt ja selbst für die Erziehungswissenschaft/Pädagogik z. T. bis in die Gegenwart.

Seitdem hat sich das Angebot der PP weniger quantitativ erweitert als vielmehr systematisiert. Die PP ist in der Lehrerausbildung von einer Nachbardisziplin in einzelnen Studienordnungen zu einer Paralleldisziplin geworden, dominiert teilweise gegenüber erziehungswissenschaftlichen Anteilen. Doch ist die Abgrenzung schwierig. Inhalte, die früher eindeutig der Psychologie zugeordnet wurden, werden heute in der Erziehungswissenschaft vertreten. Das liegt u. a. auch daran, daß Psychologen mit ausgeprägten spezifischen Interessen und/oder Schulerfahrungen als Hochschullehrer das Fach Erziehungswissenschaft an Hochschulen und Universitäten lehren.

Der Deutsche Bildungsrat hat als Tätigkeiten des Lehrers *Lehren, Erziehen, Beurteilen, Beraten, Innovieren* genannt. Zu allen diesen Aspekten kann die PP ausgewählte Inhalte anbieten. Hinsichtlich eines *konkreten* Berufsfeldes findet die PP hier das breiteste Feld für das Angebot ihrer Inhalte.

In der gegenwärtigen Praxis der Ausbildung stehen sich Wünsche von Vertretern der Fachwissenschaft PP, Festlegungen durch Prüfungs- und Studienordnungen und die Möglichkeiten der Studierenden, ihnen zu entsprechen, gegenüber. Die Spannung zwischen Hoffnungen, Erwartungen, Fachinteressen, d. h. »privatistischem« *Programm* der Fachvertreter, und dem Politikum, dem politisch sanktionierten *Plan*, d. h. der Studienordnung, muß in der konkreten Ausbildungspraxis vom Studierenden ausgehalten werden.

Heller/Nickel (1976/1978) legen ein Studienprogramm »Psychologie in der Erziehungswissenschaft« in vier Bänden vor, das zwar »die Inhalte traditioneller Lehrbücher zur Pädagogischen Psychologie überschreitet« (Heller/Nickel 1976, S. 11), aber die »*pädagogisch* (Heraushebung L. R.) bedeutsamen Ergebnisse ... pädagogischen Berufsfeldern zuordnet« (ebd.), also letztlich eine berufsfeldbezogene PP zu systematisieren und zu vermitteln sucht. Dieses Studienprogramm scheint an vielen Hochschulen faktisch zu einem Standardprogramm geworden zu sein. Es wird darin wesentlich mehr geboten und gefordert als z. B. im verbreiteten »Funk-Kolleg Pädagogische Psychologie« bzw. in amerikanischen Standardwerken (z. B. Cronbach 1954 ff.). Allein das Literaturverzeichnis enthält über 3000 Titel! Das kann zur Beliebigkeit in der Auswahl der Inhalte verleiten. Eines allerdings ist sicher: Das Lehramtsstudium – außer für Lehrer der Sekundarstufe II – umfaßt gegenwärtig in der Bundesrepublik Deutschland einheitlich sechs Semester (einzige Ausnahme bildet das Land Bremen); bei der Verteilung von 40 Semesterwochenstunden auf den Bereich »Erziehungs-/Gesellschaftswissenschaften« einschließlich der Psychologie entfallen auf das Studium der Psychologie für den Lehrerstudenten immer noch – ähnlich wie 1965 – etwa zwölf Semesterwochenstunden. D. h., der staatlich sanktionierte Inhalt setzt damit gewissermaßen ein Maximum, keineswegs ein Optimum. – Selbst für den grundständigen Studiengang »Diplompädagogik« (er wird nur in Ausnahmefällen als reines Aufbaustudium angeboten) gibt es eine Studiendauer von acht Semestern. In beiden Fällen ist es illusorisch anzunehmen, daß auch nur ein relevanter Bruchteil dessen absolviert wird, was das »Studienprogramm« von Nickel/Heller erwartet. Die Realität sieht verständlicherweise ganz anders aus. Dennoch würde sich bei der Ausbildung zum Diplompädagogen im Zusammenhang der Doppelqualifikation Lehrer *und* Diplompädagoge das Angebot an Inhalten der PP erweitern lassen.

Gegenwärtig gibt es in der Bundesrepublik Deutschland nur eine einzige Universität (Bremen), die Lehrer für alle Schulstufen an der Universität ausbildet und dabei für alle Lehrerstudiengänge das Studium auf mindestens acht Semester festlegt, dazu für alle Lehrerstudiengänge eine einheitliche Studienordnung für den Bereich Erziehungs-/Gesellschaftswissenschaften obligatorisch macht. Es ist gegenwärtig die einzige Studienordnung in der Bundesrepublik Deutschland, die also auch die zukünftigen Gymnasiallehrer entsprechend behandelt. Im verpflichtenden Lehrangebot des Rahmencurriculums ist für das Lehrerstudium – in Relation zu den anderen zu absolvierenden Bereichen – ein hinreichender Anteil der PP vertreten (→ *Curriculum*). Zusätzlich wird der Lehramtsanwärter in der zweiten Phase, der Referendarzeit, entsprechenden Inhalten – allerdings vor allem auf die Fachdidaktik bezogen – begegnen (→ *Didaktik*). Ähnliche Entwürfe für die erziehungs-/gesellschaftswissenschaftlichen Anteile sehen die Studienordnungen der Universität Bielefeld und der Gesamthochschule Kassel vor. Eine Rahmenordnung der Studienreformkommission in Nordrhein-Westfalen korrespondiert mit dem Entwurf der Universität Bielefeld und den Vorstellungen einiger ehemaliger Pädagogischer Hochschulen (Münster, Bielefeld, Duisburg, Essen). Allerdings können in Nordrhein-Westfalen die erziehungswissenschaftlichen Anteile, die in der Regel auch Inhalte der PP umfassen, durch Studien der Fachwissenschaften, die auf die späteren Unterrichtsfächer vorbereiten, (z. T.) ersetzt werden.

Die Stellungnahme zur zukünftigen Entwicklung kann nur ambivalent sein. Gab es bisher an den Pädagogischen Hochschulen einen relativ großen Anteil der PP in der Ausbildung der Lehrer für Grund- und Hauptschulen, während er an den traditionellen Universitäten für die Gymnasiallehrerausbildung de facto nicht obligatorisch war – außer an einigen universitären Neugründungen –, so geht der Anteil im Zuge der Integration von Pädagogischen Hochschulen und Universitäten zwar zurück, er wird dafür aber in der Ausbildung von Lehrern für *alle* Schulstufen verbindlich, wenn auch z. T. in ungenügendem Umfang.

3. Beratungslehrer und Schulpsychologen (→ Beratung; → Schulpsychologie): Waren – entsprechend der Aussage des Deutschen Bildungsrates – für die Lehrerausbildung die fünf Aspekte Lehren, Erziehen, Beurteilen, Beraten, Innovieren Gebiete, zu denen die PP beitragen kann, so reduziert sich beim Beratungslehrer die Inhaltlichkeit auf einen *einzigen* Aspekt, den der Beratung. Die Ausbildung zum Beratungslehrer bedeutet keine *Erweiterung* der bereits im Lehrerstudium erworbenen Inhalte, sondern die *Vertiefung* eines früher angebotenen Inhaltsbereichs für

Tätigkeiten in der Schullaufbahnberatung, Einzelfallhilfe, Systemberatung.

Als Ausbildungsinhalte gelten in erster Linie motivationale, informierende, diagnostizierende und therapeutische Gesprächsführung, die jeweils funktional auf die Adressatengruppe bezogen ist. Im weiteren differenzieren sich die Ausbildungsinhalte je nachdem, ob der Beratungslehrer voll oder schwerpunktmäßig mit Aufgaben der Schullaufbahnberatung, der Einzelfallhilfe oder der System- und Organisationsberatung befaßt ist bzw. ob er – völlig überfordert – allen drei Aufgabenfeldern gerecht werden muß. Verlangt z. B. die Schullaufbahnberatung exakte Kenntnis der Schulstufen, Schularten, Schulfächer, der schulspezifischen Prüfverfahren, der curricularen Inhalte, der informellen und standardisierten Tests verschiedener Art, der Pädagogischen Diagnostik insgesamt, der Entwicklung von Lernvoraussetzungen, so reicht sie bei dem Schwerpunkt Organisations- und Systemberatung u. a. bis zur Kenntnis der Methoden und Instrumente der Evaluation, ihrer Entwicklung und Anwendung, der statistischen Prüfverfahren, der Datenerhebung und Datenanalyse (mit EDV) sowie die Interpretation und Verwertung der Ergebnisse.

Die Ausbildung selbst ist häufig wenig koordiniert und oft der Initiative einzelner überlassen. Weder sind die Ausbildungsinstitutionen (z. B. Hochschulen, Universitäten, Schulpsychologische Dienste) vergleichbar in Kapazität und Kompetenz, noch gibt es ein Grundcurriculum. Das Deutsche Institut für Fernstudien (DIFF, Tübingen) entwickelte einen Fernstudienlehrgang »Beratungslehrer«; die PH Berlin bot Lehrerstudenten in einem zweisemestrigen Zusatzstudium der PP einen Studiengang als Ausbildungsweg für Mitarbeiter im Schulpsychologischen Dienst (MSD) des Landes Berlin und legte ihm ein differenziertes Curriculum zugrunde; der Schulpsychologische Dienst des Kreises Aachen entwickelte ein Drei-Stufen-Programm zur Aus- und Fortbildung von Beratungslehrern, das über etwa vier Jahre(!) lief und in dieser Zeit möglicherweise mehr Spezialqualifikation forderte und vermittelte, als manche Fachpsychologen im Schulpsychologischen Dienst verfügbar haben dürften; die Universität Bremen kennt im Diplomstudiengang Erziehungswissenschaft den Studienschwerpunkt »Beratung« in der Studienrichtung Schule. – Diese in den Beispielen angedeutete Vielfalt ist charakteristisch für die gegenwärtige Ausbildung der Beratungslehrer.

Je nach Arbeitsort fordert die Tätigkeit des *Schulpsychologen* unterschiedliche Qualifikationen. Sie kann beim Arbeitsplatz Schule bzw. bei Schulpsychologischen Diensten u. a. konkrete Einzelfallhilfe sein und bei Kultusministerien nur noch gutachtende und verwaltende/organisierende Tätigkeit bedeuten. Die Ausbildungsinhalte der PP sind hier ableitbar aus den Angeboten für das Hauptfachstudium der Psychologie und der Lehrerausbildung. (Spezifische Qualifikationen werden »vor Ort« erworben.) Das erfordert einen kurzen Überblick über die Inhalte der PP im Fachstudium der Psychologie an den Universitäten.

4. PP im Diplomstudium Psychologie: An über 30 Universitäten in der Bundesrepublik Deutschland und West-Berlin kann Psychologie studiert werden. Davon weisen 24 Institute die PP als einen ihrer Schwerpunkte in der Selbstdarstellung aus (vgl. Studienführer Psychologie 1979/80). Das bedeutet in der Regel nicht, daß an den anderen Universitäten die PP nicht mit entsprechender Schwerpunktlegung studiert und mit Diplom bzw. Dissertation abgeschlossen werden könnte. Bei fast allen Universitäten zeigen die Studienordnungen entsprechende Möglichkeiten, viele weisen die PP unter den »Anwendungsgebieten« aus. Die Veranstaltungsverzeichnisse *aller* Universitäten enthalten Themen der PP. Dabei sind viele Veranstaltungen mehr oder weniger durch Studienordnung oder hochschulinterne (Rahmen-)Curricula thematisch determiniert, während andere offensichtlich von den persönlichen Interessen, Schwerpunkten und der Kompetenz des einzelnen Hochschullehrers her begründet zu sein scheinen. Es gibt dabei sehr allgemeine Themen, »Einführung in die PP« bzw. »PP I« usf., und sehr spezielle Fragestellungen. Themengleiche Veranstaltungen (z. B. Psychologie des Lernens) werden sowohl unter »Allgemeine Psychologie« wie unter »PP« in derselben Universität angeboten. Obwohl eine Schwerpunktbildung für die PP erst nach dem Vordiplom erfolgen sollte, finden sich Veranstaltungen dazu auch für die ersten Semester. Die Durchsicht von Selbstdarstellungen, Studienordnungen und Veranstaltungsverzeichnissen zeigt ein Bild der Vielfalt und Unvergleichbarkeit hinsichtlich Struktur, Studieninhalt und Zeitaufwand für das Studium der PP. Es gibt eine Vergleichbarkeit hinsichtlich der formalen Struktur insofern, als das Vordiplom nach dem fünften Semester und das Diplom fünf Semester nach bestandenem Vordiplom abgelegt werden kann. Es gibt Universitäten, an denen die PP laut Prüfungsordnung zu den obligatorischen Prüfungsgebieten der Diplomprüfung gehört, gehören kann oder dafür irrelevant ist. Insgesamt scheint das Studium der PP sehr allgemein für unterschiedliche Tätigkeitsfelder zu qualifizieren. Der Student, der bestimmte Tätigkeitsbereiche nach dem Studium anstrebt, wird aufgrund der Analyse seines ins Auge gefaßten zukünftigen Arbeitsbereiches die inhaltliche Strukturierung des Studiums der PP selbst vornehmen oder sich in der Studienberatung mit Hochschullehrern dieses Gebietes treffen müssen.

5. PP als Teilinhalt des Unterrichtsfaches Psychologie in der Sekundarstufe II: Psychologie als Ausbildungsinhalt in der Schule hat eine gewisse Tradition. Ansätze zu einer Didaktik finden sich bereits bei Albertus Magnus, Melanchthon, Goclenius. Eindeutige Unterstützung der Psychologie im Zusammenhang des Philosophieunterrichts liefern Ernesti und Herder. In fast allen Schul- und Prüfungsordnungen im Münsterland ist von 1770 bis 1850 die Psychologie als Ausbildungsinhalt vorgesehen. Sie gehört in vielen Staaten Deutschlands zum Inhalt der »Philosophischen Propädeutik« und wird verbindlich in den Gymnasien gelehrt (vgl. Roth 1980b). In der Bundesrepublik Deutschland wurde nach dem Zweiten Weltkrieg Psychologie als Unterrichtsfach des Gymnasiums gefordert. Erst im Zuge der Reform der Oberstufe erfolgten konkretere Vorschläge, gingen Inhalte auch in Richtlinien und Lehrpläne (z. B. Niedersachsen 1966) ein. Die formale Legitimation des Schulfaches Psychologie erfolgt in der Bundesrepublik Deutschland auf der Ebene der Kultusministerkonferenz (KMK) und wird in den Richtlinien, Lehrplänen etc. konkret. Die KMK hat am 7. 7. 1972 für die Neugestaltete Gymnasiale Oberstufe (NGO) Psychologie als Wahlpflichtfach vorgesehen.

Vergleicht man die neueren Lehrpläne, die die verbalisierten Wünsche und Erwartungen an das Fach Psychologie als »Offerten« an die Schüler richten und durch den Lehrer vermittelt werden sollen, für das Fach Psychologie in der Sekundarstufe II, so identifiziert man ähnliche Inhalte. Sie sind folgenden Bereichen entnommen: Wahrnehmung und Bewußtsein, Lerntheorien, Motivation, Gruppendynamik, Sozialpsychologie, Persönlichkeitstheorie, Entwicklungspsychologie, Methoden der Psychologie. Die Schwerpunktlegungen sind unterschiedlich. In keinem der Lehrpläne wird auf Inhalte der PP verzichtet. Diese sollen z. T. konkrete Lern- und Lebenshilfe für den Schüler in der Situation des Lernenden sein.

Das Bild, das sich bei der Analyse der Qualifikation der Lehrer für den Unterricht der Psychologie in der Sekundarstufe II bietet, ist vielfältig, uneinheitlich und unübersichtlich. In der Bundesrepublik Deutschland wird – ähnlich wie in den USA – Psychologie im Unterricht in der Regel von Lehrern erteilt, die dieses Fach nicht entsprechend studiert haben. In relativ seltenen Fällen wird Psychologie in der Sekundarstufe II der Gymnasialen Oberstufe von Fachpsychologen mit akademischem Abschluß unterrichtet (z. B. Postulat in Baden-Württemberg und Rheinland-Pfalz). Für diese Gruppe der Fachpsychologen gilt allerdings, daß sie zwar Psychologen, aber in der Regel keine Lehrer sind. Eine spezifische Ausbildung, die auf das Unterrichten der Psychologie in der Schule strukturiert wurde, haben diese »Lehrer« nicht erhalten. Es gibt darüber hinaus an manchen Schulen eine zweite Gruppe von Psychologen. Diese sind dort als Schulpsychologen in entsprechender Funktion tätig. Von ihrer Ausbildung her haben sie häufig – aber längst nicht immer – ein Doppelstudium absolviert: eine Lehrerausbildung mit dem Studium bestimmter Fächer und zusätzlich ein Fachstudium Psychologie. Solche doppelt qualifizierten Lehrer erteilen neben der Tätigkeit als Schulpsychologe oft auch Unterricht. Eine Übersicht (Kittler 1978) zeigt, daß die Personen, die gegenwärtig Psychologie in der Sekundarstufe II unterrichten, entweder keine Psychologen oder keine Lehrer sind. Auf keinen Fall aber sind sie das, was sie für diesen Unterricht von der Ausbildung her spezifisch qualifizieren würde – Psychologielehrer.

Auch wenn die Sekundarstufe II noch eine relativ neue staatlich sanktionierte Einrichtung ist, ist die beschriebene Situation im Grunde unhaltbar. Sie hat zur Zeit in kaum einem anderen Fach der Schule eine Parallele. Der Erfolg und Wert der Psychologie als Schulfach wird von der dargestellten Lehrersituation wesentlich beeinflußt werden und zweifellos auch das Image der Psychologie als Wissenschaft in der Öffentlichkeit berühren. Den Bildungspolitikern und den Kultusministern der Länder muß m. E. der Vorwurf gemacht werden, daß sie – nachdem sie die Einführung des Schulfaches Psychologie in der Sekundarstufe II initiiert und 1972 beschlossen haben – die Ausbildung entsprechender Lehrer vernachlässigten. Auch die Universitäten haben bisher nicht reagiert. Von 51 Psychologischen Instituten haben – nach Todt (1978) – nur vier eine Studienordnung, die eine Qualifikation als Psychologielehrer erlaubt.

Abschließend darf festgestellt werden: Die Psychologie hat gegenwärtig wenig Legitimationsprobleme, um als Schulfach akzeptiert zu werden. Die Lehrpläne für die Sekundarstufe II werden auf sie nicht verzichten. Allerdings fehlt jede Vorbereitung auf den Psychologieunterricht in der Lehrerausbildung wie in der Lehrerfort- und -weiterbildung. Die fachdidaktische Diskussion ist – im Gegensatz zum Unterricht des Faches Pädagogik in der Sekundarstufe II – in den letzten Jahren kaum geführt worden. Das wird sich nicht wesentlich ändern, solange sie nicht durch Einrichtung entsprechender (Lehrer-)Studiengänge auch institutionell initiiert wird. Eine Innovation im Fächerkanon der Sekundarstufe II durch die Psychologie allein dem Angebot der Institutionen der Lehrerfort- und -weiterbildung zu überlassen wird der Psychologie als Wissenschaft wie als Fachdidaktik eher schaden als nützen.

6. *Hochschul- und fachdidaktische Aspekte:* Die PP hat als Ausbildungsinhalt eine wissenschaftlich begründete und staatlich formal sanktionierte Tradition an Hochschulen und Schulen. Für viele berufliche Tätigkeitsfelder sind ihre Inhalte ein konstitutives Element der Ausbildung. Allerdings sind die Inhalte nicht immer spezifisch und funktional auf die Tätigkeitsfelder bezogen. Dadurch sind die Studenten entsprechender Studiengänge überfordert; ihnen bleibt überlassen sowohl die Auswahl aus einem anscheinend beliebigen Angebot der Inhalte als auch die Integration der Inhalte auf das instrumentelle berufsspezifische Wissen hinsichtlich der eigenen Berufsfähigkeit. Außer im Diplomstudium Psychologie, wo die Spannweite der Inhalte offensichtlich für verschiedene Berufsfelder nicht spezifisch, sondern allgemein zu qualifizieren in der Lage sein soll, steht die PP hinsichtlich Auswahl und Vermittlung der relevanten spezifischen berufs- und tätigkeitsbezogenen Inhalte erst am Anfang ihrer fachdidaktischen Reflexion. *Leo Roth*

Literatur

Benz, E. / Rückriem, N. (Hrsg.): Der Lehrer als Berater. Heidelberg 1979. – *Cronbach, L. J.:* Educational Psychology. New York 1954. – *Der Hessische Kultusminister* (Hrsg.): 25 Jahre Schulpsychologischer Dienst in Hessen 1954–1979. Wetzlar 1979. – *Deutscher Bildungsrat:* Strukturplan für das Bildungswesen. Bonn 1970. – *Diehl, J.* u. a. (Hrsg.): Fachstudienführer Psychologie. Teil B: Dokumentation der Ausbildungsrichtungen. Studienjahr 1979/80. Hrsg. von den Hochschulen mit einem Diplom-Studiengang Psychologie. München 1979. – *Hansen, W.:* Die Psychologie in der Lehrerbildung. In: Zeitschrift für Pädagogik. 6. Beiheft. 1966, S. 254–261. – *Heller, K. / Rosemann, B.* (Hrsg.): Handbuch der Bildungsberatung. Band I–III. Stuttgart 1976. – *Heller, K. / Nickel, H.* (Hrsg.): Psychologie in der Erziehungswissenschaft. Ein Studienprogramm. Band I–IV, Stuttgart 1976–1978. – *Kirchhoff, H. / Wiese, H.:* Schulpsychologie und Schuljugendberatung. In: *Gottschaldt, K.* u. a. (Hrsg.): Handbuch der Psychologie. Bd. 10. Göttingen 1959, S. 484–501. – *Kittler, U.:* Problemorientierter Psychologieunterricht. Diss. Päd. Hochschule Ruhr. Dortmund 1978. – *Laucken, U. / Schick, A.* (Hrsg.): Didaktik der Psychologie. Stuttgart 1977. – *Lohmann, J./Wiedt, K. H.:* Aktuelle Probleme und Entwicklungstendenzen pädagogisch-psychologischer Berufspraxis in der Bundesrepublik Deutschland. In: *Brandtstädter, J.* u. a. (Hrsg.): Pädagogische Psychologie: Probleme und Perspektiven. Stuttgart 1979, S. 549–580. – *Panibratzewa, S. U.:* Methodik des Psychologieunterrichts. Berlin (DDR) 1974 (= Psychologische Beiträge Heft 18). – *Petrat, G.:* Schulunterricht. Seine Sozialgeschichte in Deutschland 1750–1850. München 1979. – *Pfistner, H.-J.:* Beratungslehrer: In: *Roth, L.* (Hrsg.): Handlexikon zur Erziehungswissenschaft. München 1976, S. 26–30. – *Roth, L.:* Erziehungswissenschaft – Allgemeine Didaktik – Fachdidaktik – Fachwissenschaft. In: *Roth, L.* (Hrsg.): Handlexikon zur Didaktik der Schulfächer. München 1980(a), S. 19–36. – *Roth, L.:* Psychologie. In: *Roth, L.* (Hrsg.): Handlexikon zur Didaktik der Schulfächer. München 1980(b), S. 372–375. – *Roth, L.:* Psychologie in der Sekundarstufe II. In: *Roth, L.* (Hrsg.): Handlexikon zur Didaktik der Schulfächer. München 1980(c), S. 375–381. – *Schick, A.:* Psychologieunterricht in der Sekundarstufe II. In: Psychologische Rundschau 25 (1974), S. 76–81. – *Schwarzer, R.* (Hrsg.): Beraterlexikon. München 1977. – *Seiffge-Krenke, I.:* Psychologieunterricht in der Sekundarstufe II. Entwicklungen, Perspektiven, Probleme. In: Psychologie in Erziehung und Unterricht 26 (1979), S. 154–169. – *Seiffge-Krenke, I.:* Handbuch Psychologieunterricht. 2 Bde. Düsseldorf 1980. – *Stemme, F.:* Die Säkularisation des Pietismus zur Erfahrungsseelenkunde. In: Zeitschrift für deutsche Philologie 72 (1951), S. 144–158. – *Todt, E.:* Psychologie in der Sekundarstufe II. Referat in Mannheim am 7. 4. 1978 auf der Tagung der Sektion Ausbildung des BDP. – *Universität Bremen:* Studienordnung für das Lehramt an öffentlichen Schulen. Teil A (Allgemeiner Teil). Beschluß Nr. 3255 des Akademischen Senats der Universität Bremen vom 20. 12. 1978. – *Wiest, U.:* Schulpsychologen. In: *Roth, L.* (Hrsg.): Handlexikon zur Erziehungswissenschaft. München 1976,

S. 389–390. – *Prüfungsordnungen* und *Studienordnungen* für das Fach Psychologie der Universitäten der Bundesrepublik Deutschland. – *Lehrpläne* etc. der Bundesländer für die Sekundarstufe II.

Persönlichkeitstheorien

1. Gegenstandsbereich: Die Persönlichkeitstheorien (P) behandeln die Gesamtheit menschlichen Verhaltens (d. h. des Handelns und Erlebens) mit der Absicht seiner Beschreibung, Erklärung, Vorhersage und Veränderung. Die Betrachtungsebene kann dabei individuell, speziell oder generell sein, je nachdem, ob die Besonderheiten eines bestimmten Menschen (individueller oder charakterologischer Aspekt), die Ähnlichkeiten einer nach bestimmten Kriterien abgrenzbaren Anzahl von Menschen (spezieller oder typologischer Aspekt) oder die Gemeinsamkeiten aller Menschen (genereller Aspekt) im Vordergrund stehen (Brandstätter u. a. 1978). Das Herzstück jeder P ist die Beschreibung und Erklärung von Verhaltensmerkmalen. Annahmen über individuelles Verhalten können explizit gemacht werden oder implizit bleiben (→ *Implizite Theorien*). Im folgenden wird lediglich auf explizite P eingegangen. Sie beruhen alle auf mehr oder minder latenten Grundannahmen über das Wesen des Menschen, die selbst wiederum auf drei globale Modelle zurückzuführen sind: das mechanistische, das organismische und das dialektische Modell (Schneewind 1981). Diese Globalmodelle vom Menschen lassen sich geistesgeschichtlich weit zurückverfolgen. Für die nachhegelianische Zeit gilt bei starker Vereinfachung, daß sie sich den drei großen Entwicklungssträngen der Philosophie zuordnen lassen: (a) das mechanistische Modell dem aus dem englischen Empirismus erwachsenen modernen Empirismus in Form des Neopositivismus und der analytischen Philosophie, (b) das organismische Modell der Weiterentwicklung der idealistisch-ganzheitlichen Philosophie in den verschiedenen Facetten der Kultur-, Lebens- und Existenzphilosophie, (c) das dialektische Modell der Umkehrung der Hegelschen idealistischen Dialektik durch Marx zum dialektischen Materialismus und den sich daraus ableitenden neomarxistischen Positionen.
2. Am mechanistischen Modell orientierte P: Das mechanistische Modell geht davon aus, daß menschliches Verhalten in Analogie zur Funktionsweise einer Maschine erklärt werden kann – vorausgesetzt, man kennt die Bauteile und die Art ihres funktionalen Zusammenwirkens. Eine zentrale Annahme ist dabei, daß menschliches Verhalten grundsätzlich als ursachenbedingte Reaktion anzusehen ist. Verhalten ist somit im Prinzip vollständig erklärbar, vorhersagbar und kontrollierbar, wenn man nur die relevanten verhaltensauslösenden Bedingungen kennt. Zu den P, die mehr oder minder dem mechanistischen Modell verpflichtet sind, gehören (a) die lernpsychologischen Ansätze des radikalen Behaviorismus, (b) die psychoanalytischen Theorien, (c) die konstitutionstypologischen Ansätze und (d) die faktorenanalytisch fundierten Persönlichkeitskonzepte.
2.1 Lernpsychologische Ansätze: Ein Prototyp des mechanistischen Modells ist das Reiz-Reaktions-Schema des Behaviorismus, auch S-R-Modell genannt, wobei S für Stimulus (Reiz) und R für Reaktion steht. Das S-R-Modell geht davon aus, daß menschliches Verhalten als Reaktion auf bestimmte Reiz- bzw. Situationsgegebenheiten aufzufassen ist. Folglich kann Verhalten durch ein entsprechendes Arrangement der Situation entwickelt, aufrechterhalten und verändert werden. Personinterne Prozesse (z. B. Gedanken, Gefühle, Antriebserlebnisse) spielen dabei keine Rolle bzw. bleiben sogar ausdrücklich unberücksichtigt. Wegen der ausschließlichen Situationsdeterminiertheit des Verhaltens werden die Vertreter dieser radikal-behavioristischen Position auch als Situationisten bezeichnet (Bowers 1973). Als kompromißloser Initiator dieses Ansatzes gilt Watson (1930), der ausdrücklich den Menschen »als eine organisch verbundene gebrauchsfertige Maschine« (S. 336) bezeichnet hat. Watson hat sein Augenmerk insbesondere auf den Mechanismus der Reizsubstitution nach dem Modell der klassischen Konditionierung sowie auf die Verkettung von Teilreaktionen zu komplexeren Reaktionseinheiten (Gewohnheitsbildung) gerichtet. Die präzisere Herausarbeitung der für die Gewohnheitsbildung bedeutsamen lernpsychologischen Mechanismen erfolgte durch Skinner (1938; 1973). Er interessierte sich vor allem für die Konsequenzen (→ *Bekräftigung*), die auf bestimmte Verhaltensweisen folgen und durch ihren belohnenden oder aversiven Charakter die Auftrittswahrscheinlichkeit konkreten Verhaltens steuern (→ *Lernen und Lerntheorien*; → *Verhaltensmodifikation*). Eine Erweiterung hat das S-R-

Modell des radikalen Behaviorismus durch die Einbeziehung von Organismusvariablen erfahren, nachdem Miller (1959) einem kognitiv »liberalisierten« Behaviorismus das Wort geredet hatte. Es entsteht somit ein S-O-R-Modell, wonach Verhalten als eine Funktion von externen Situationsgegebenheiten und internen Organismusvariablen konzipiert wird (z. B. Müdigkeit, Reifungszustände, → *Einstellung*; → *Interesse*). Ein komplettes, auch die Organismusvariablen umfassendes verhaltensanalytisches Modell haben Kanfer und Phillips (1970) vorgeschlagen.

2.2 Psychoanalytische Ansätze: Während der radikale Behaviorismus menschliches Verhalten im wesentlichen von außen determiniert sieht, liegt beim orthodoxen psychoanalytischen Ansatz die Betonung auf der Wirkung innerpsychischer Mechanismen. Deutlich wird dies an den verschiedenen Teiltheorien des gesamten Freudschen Theoriensystems. Sowohl aus der Libidotheorie und der ihr zugehörigen Konzeption der psychosexuellen Entwicklungsstufen (orale, anale, genitale Phase) als auch aus der Theorie der miteinander in Konflikt stehenden drei psychischen Instanzen (Es, Ich, Überich) und der Theorie der Abwehrmechanismen (z. B. Verdrängung, Reaktionsbildung, Sublimierung) geht der mechanistische Zugang der orthodoxen psychoanalytischen Theorie hervor (→ *Psychoanalytische Pädagogik*). In enger Beziehung zur Libidotheorie steht die von Freud (1908) selbst ins Leben gerufene psychoanalytische Charakterologie (Seibt 1977), bei der Versagenserfahrungen oder exzessive Triebbefriedigungen im Laufe der psychosexuellen Entwicklung eine zentrale Rolle spielen. Charakterzüge sollen sich demnach als »Prägungen« (Thomae 1959), d. h. als relativ stabil bleibende Verhaltensdispositionen aufgrund spezifischer Sozialisationserfahrungen, herausbilden. Dies geschieht insbesondere während des Abstillens (orale Phase), des Sauberkeitstrainings (anale Phase) und durch die Reaktion auf Äußerungen der kindlichen Sexualität (genitale Phase). Dabei kommt es durch den wiederkehrenden Einsatz spezifischer Abwehrmechanismen zu chronifizierten Persönlichkeitsdispositionen. So sind etwa Sublimierungen und Reaktionsbildungen während der analen Phase durch die Eigenschaftstrias Ordentlichkeit–Pedanterie, Sparsamkeit–Geiz, Eigensinn–Trotz gekennzeichnet. Verschiedene Autoren haben seitdem Freuds Charakterlehre übernommen, variiert und ausgebaut (z. B. Reich 1933; Abraham 1969; Horney 1945). Auch bei Fromm, der die Persönlichkeitsentwicklung im Wechselspiel von Assimilation und Sozialisierung sieht und dabei auf marxistische Konzepte zurückgreift (Fromm 1947; 1976; Funk 1978), sind die verschiedenen Charaktertypen weitgehend an die Phasen der Libidoentwicklung gebunden.

2.3 Biologische Ansätze: Ausgehend von frühen konstitutionstypologischen Hypothesen sind in der ersten Hälfte des 20. Jahrhunderts empirisch fundierte Körperbautypologien entwickelt worden, deren Grundgedanke eine letztlich genetisch angelegte Entsprechung zwischen Physis und Psyche ist. Kretschmer (1977) hat auf der Basis psychiatrischer Beobachtungen eine Korrelation zwischen den Körperbauformen des Pyknischen, Leptosomen und Athletischen und den psychiatrischen Klassifikationen des manisch-depressiven Irreseins, der Schizophrenie und (im geringeren Maße) der Epilepsie entdeckt. Diese Beziehungen wurden später auch auf das Verhalten der »Normalpersönlichkeit« übertragen. In Amerika hatte Sheldon mit seinen Mitarbeitern (1940; 1942) in groß angelegten Untersuchungen ebenfalls Beziehungen zwischen Somatotyp (Endomorphie, Mesomorphie, Ektomorphie) und Temperamentstyp (Somatotonie, Viscerotonie, Cerebrotonie) zutage gefördert. Die zunächst hoch gesteckten Erwartungen über die Zuordnungs- und Vorhersagegenauigkeit der konstitutionsbiologischen Ansätze haben sich in kritischen Untersuchungen nicht im behaupteten Ausmaß bestätigen lassen. Auch kann man Konstitutionstypologien eher als korrelativ-beschreibende Ansätze, nicht aber als persönlichkeitspsychologische Theorien im engeren Sinne des Wortes bezeichnen. In neuerer Zeit finden sich Hinweise auf biologische Voraussetzungen des Verhaltens z. B. in Eysencks (1963) empirisch gut bestätigter neurophysiologischer Hypothese eines verschobenen Erregungs-Hemmungs-Gleichgewichts bei Introvertierten und Extrovertierten, die von Gray (1973) auf die Neurotizismus-Dimension erweitert wurde. Darüber hinaus haben vor allem Entwicklungspsychologen und Pädiater auf die Existenz konsistenter Verhaltensunterschiede im frühesten Säuglingsalter hingewiesen (Thomas u. a. 1970; Brazelton 1973), die sich je nach den konkreten Umwelterfahrungen verfestigen oder verändern können. Das Problem der genetischen bzw.

anlagebedingten Grundlagen der Persönlichkeitsentwicklung und der daraus entstehenden individuellen Eigenart (→ *Genetik*; → *Reifung und sensible Phasen*) ist somit nach wie vor aktuell.

2.4 Faktorenanalytische Ansätze: Mit der Entwicklung des mathematisch-statistischen Verfahrens der Faktorenanalyse, die von der Psychologie zunächst im Bereich der intellektuellen Fähigkeiten eingesetzt wurde (→ *Intelligenz*), ergab sich die Möglichkeit, auch für andere Verhaltensbereiche die Fülle beobachtbarer Verhaltensweisen auf eine überschaubare Zahl ›dahinterliegender‹ Verhaltensdispositionen (Faktoren) zurückzuführen. Am konsequentesten wurde dieser Ansatz für die Persönlichkeitspsychologie von Cattell, Eysenck und Guilford verfolgt. Eysenck (1947) postuliert z. B. drei Grunddimensionen der Persönlichkeit, die er als Extraversion-Introversion, Neurotizismus und Psychotizismus bezeichnet. Diesem sparsamen Beschreibungssystem gegenüber versucht Guilford (1964) in seinem Ansatz zunächst eine Aufgliederung des Gesamtbereichs Persönlichkeit in sieben Teilbereiche: Morphologie, Physiologie, Eignung, Bedürfnis, Interesse, Einstellung, Temperament, die jeweils noch weiter differenziert werden (Guilford u. a. 1976). Der wohl umfassendste Versuch einer faktorenanalytisch fundierten P stammt von Cattell (1957; 1973a), der zwischen den Bereichen Fähigkeiten, Motivationen, Temperament, Rollen, emotionale Zustände unterscheidet. Für diese Bereiche hat Cattell nicht nur entsprechende Datenerhebungsverfahren entwickelt, sondern auch komplexe Teiltheorien über ihr Zusammenwirken, ihre Entstehung und ihre Veränderung konzipiert. Am bekanntesten ist Cattells (1970) Persönlichkeitstest, der 16 PF Test, geworden, der ähnlich wie Guilfords Temperamentsskalen konzipiert ist und 15 Primärdimensionen zuzüglich einem Intelligenzmaß in Fragebogenform erfaßt (z. B. Affektothymie, Ichstärke, Dominanzstreben). Die untereinander korrelierten Primärdimensionen lassen sich zu sechs breiteren Sekundärfaktoren bündeln (Extraversion vs. Introversion, emotionale Anpassung vs. Neurotizismus, Gefühlsbestimmtheit, Unabhängigkeit der Meinungsbildung, Kooperationsbereitschaft, Willenskontrolle). Komplexere Konzepte hat Cattell für die anderen Persönlichkeitsbereiche wie Motivation (Cattell/Child 1975), Fähigkeiten (Cattell 1971) oder Stimmungszustände (Cattell 1973b) entwickelt. Bemerkenswert ist dabei, daß Cattell nicht nur beschreibende Längsschnittuntersuchungen über die Verlaufsgestalt von Persönlichkeitsmerkmalen durchgeführt hat, sondern auch mit seinem Konzept des strukturierten Lernens faktorenanalytisch überprüfbare Hypothesen über die Entwicklung und Veränderung von Persönlichkeitsstrukturen vorgelegt hat. Umweltaspekte werden dabei als Auslöser von Persönlichkeitsfaktoren postuliert, wie dies Cattell schon früher mit der Konzeption seiner Verhaltensspezifikationsgleichung dargelegt hatte. Der grundlegend mechanistische Ansatz in Cattells P kommt dabei ebenso zum Vorschein wie die Komplexität seiner variablen- und verflechtungsreichen Theorie. Letzteres hat zu einer eher zurückhaltenden Aufnahme des Cattellschen Ansatzes in der Praxis geführt.

3. Am organismischen Modell orientierte P: Im Kontrast zum mechanistischen Modell wird in einer organismischen Perspektive menschliches Verhalten nicht als ursachenbedingte Reaktion, sondern als zielbezogene Aktion gesehen. Menschliches Verhalten entwickelt sich nach immanenten Entfaltungsgesetzen, auf die der Mensch während seines Entwicklungsganges mit zunehmender Kompetenz und Reflexionsfähigkeit im Sinne einer Selbstgestaltung Einfluß nehmen kann. Die am organismischen Modell orientierten P sehen ihre Aufgabe darin, die verschiedenen Wachstumsphasen zu beschreiben und die Bedingungen anzugeben, die für die Erreichung dieser Wachstumsphasen hinderlich oder förderlich sind. Sofern bestimmte Wachstumsziele als wünschenswert angesehen werden, wurden von diversen organismischen P pädagogische und therapeutische Strategien und Techniken entwickelt, die dem Menschen zu einem »besseren« Leben verhelfen sollen.

3.1 Philosophisch-anthropologische Ansätze: Die Wurzeln der gegenwärtigen organismischen P liegen in der idealistischen kontinentaleuropäischen Philosophie, die sich in den letzten 150 Jahren in den verschiedenen Spielarten der Lebens- und Existenzphilosophie geäußert hat und zum Teil als Reaktion auf eine extrem rationalistische Sichtweise vom Wesen des Menschen zu verstehen ist. Deutlich zeigt sich dieser Trend in der antirationalistischen Charakterlehre von Klages (1951), die von einer philosophisch metaphysischen Grundposition getragen wird, wonach

»der Geist als Widersacher der Seele« (Klages 1960) fungiert. Ebenfalls auf einer philosophischen Vorentscheidung basiert der Personalismus von W. Stern (1923), in dem zwischen »Person und Sache« unterschieden wird. Personen werden dabei als zielbezogen handelnde und nach Selbstverwirklichung strebende Lebenseinheiten gesehen. In der Ausgestaltung seines personalistischen Ansatzes hat Stern die gegenwärtig aktuellen Selbstverwirklichungstheorien in vielen Teilen vorweggenommen. Ein umfassendes Persönlichkeitssystem, das auf der Ganzheitspsychologie (vgl. Krueger 1926) basiert, wurde von Wellek (1966) entwickelt. Ebenso wie in Lerschs (1970) »Aufbau der Person«, der zwischen Lebensgrund, endothymem Grund und personellem Oberbau unterscheidet, liegt dem Wellekschen Ansatz ein Schichtenmodell zugrunde, das von vitalen Ausdrucksformen des Lebendigen bis zu den geistigen Funktionen reicht. Bei Wellek wie bei Lersch finden sich neben einem umfassenden Entwurf vom Aufbau der menschlichen Persönlichkeit differenzierte Beschreibungen zu einzelnen Strukturmerkmalen des menschlichen Charakters. Es fehlen jedoch weitgehend empirische Überprüfungsversuche dieser Charakterbeschreibungen. Auch die Entstehungs- und Änderungsbedingungen von Persönlichkeitsstrukturen spielen eine untergeordnete Rolle. Dies verleiht den beiden Persönlichkeitssystemen einen deutlich statischen Charakter und beeinträchtigt ihre Anwendbarkeit für die konkrete psychologische Praxis.

3.2 Humanistisch-psychologische Ansätze: Eine deutliche Verlagerung zugunsten einer dynamischen Sichtweise findet sich bei den Vertretern der sogenannten humanistischen P. Als der Begründer einer Humanistischen Psychologie ist Maslow (1977) anzusehen, als einer ihrer bekanntesten Vertreter Rogers (1959). Aus seiner Theorie leiteten Tausch/ Tausch (1977) Handlungsanweisungen für die pädagogische Praxis ab (→ *Humanistische Psychologie*).

4. Am dialektischen Modell orientierte P: In dialektischer Perspektive ist der Gegenstand der Persönlichkeitspsychologie der sich verändernde Mensch in seiner sich verändernden Umwelt. Es besteht eine Wechselwirkung zwischen Person und Umwelt. Die Person hat prinzipiell die Möglichkeit, aktiv verändernd auf ihre Umwelt einzuwirken. Die durch Handeln veränderten Umweltgegebenheiten wirken jedoch verhaltensbestimmend auf die Person zurück. Die ausdrückliche Berücksichtigung dieser reziproken Bedingtheit der Person-Umwelt-Beziehung (nach Pervin 1968: transaktionales Modell) findet sich in neueren Ansätzen der sozialen Lerntheorie sowie in der marxistischen Persönlichkeitspsychologie.

4.1 Soziale Lerntheorien: Eine interaktionistische lernpsychologische P, die den Gedanken einer reziproken Bedingtheit aufnimmt, wurde von Rotter (1954; 1972) entworfen. Für Rotter (1954, S. 85) ist »die Untersuchungseinheit für das Studium der Persönlichkeit die Interaktion der Person mit der für sie bedeutsamen Umwelt«. Um zu entscheiden, welches Verhalten die höchste Auftretenswahrscheinlichkeit hat, müssen (a) die subjektive Erwartung einer auf das Verhalten folgenden Bekräftigung, (b) der subjektive Wert dieser Bekräftigung und (c) die psychologische Situation, in der dieses Verhalten geäußert wird, berücksichtigt werden. Als ein theoretisch wie anwendungspraktisch bedeutsames Konstrukt hat sich Rotters (1966) »locus of control«-Variable erwiesen. Gemeint ist damit eine generalisierte Erwartungseinstellung, in der zum Ausdruck kommt, ob und inwieweit Personen die auf ihr Verhalten folgenden Bekräftigungen als selbst- oder fremdkontrolliert erleben (Lefcourt 1976; Phares 1976; 1978; Schneewind 1979). Es läßt sich nachweisen, daß Personen mit internaler Kontrollüberzeugung einerseits in Umwelten aufwachsen, die autonomes Handeln begünstigen, andererseits verfügen diese Personen über eine höhere Bereitschaft zur aktiven Umweltveränderung.

Ein für die orthodoxen lernpsychologischen P schwieriges Problem ist es, die Entstehung neuer Verhaltensweisen zu erklären. Skinner hat als Erklärung dafür den recht langwierigen Prozeß der Verhaltensformung herangezogen. Einen eleganteren Lösungsvorschlag hat Bandura (1969; 1976) mit seiner Theorie des Modellernens unterbreitet (→ *Lernen und Lerntheorien*). Neben stellvertretender → *Bekräftigung* bedarf es dabei noch einer Reihe weiterer personinterner Prozesse (Aufmerksamkeits-, Behaltens-, motorische Reproduktions-, Motivationsprozesse), bevor es zu erkennbaren Nachbildungsleistungen kommt. Neuerdings hat Bandura (1979) seine Theorie erheblich um den Aspekt der kognitiven Kontrolle erweitert. Er trägt damit den Entwicklungen der kognitiven Verhaltensmodifikation Rechnung. Danach nimmt die Person selbst Einfluß auf die verhaltensauslösenden Situationsmerkmale (selbstorganisierte Umweltplanung) sowie auf die Konsequenzen ihres Verhaltens (selbstinitiierte Verhaltensprogrammierung). Diese Prozesse können sowohl offen wie verdeckt (d. h. in Form von Gedanken, Vorstellungen, Gefühlen etc.) ablaufen und bieten somit mannigfaltige Möglichkeiten zur Selbstkontrolle und Selbststeuerung des Verhaltens (Hartig 1975; Thoresen/Mahoney 1974, Meichenbaum 1979). Zu ähnlichen Überlegungen ist Mischel (1973) mit seinem Konzept einer kognitiven Neuorientierung der sozialen Lerntheorie gelangt. Neben Konstruktionskompetenzen, Kodierungsstrategien, Erwartungseinstellungen und subjektiven Bewertungen von Ereignissen spielen selbstregulatorische Systeme und Pläne eine bedeutsame verhaltenslenkende Rolle. Eine wichtige Konsequenz des Selbstkontrollparadigmas ist, daß Verhalten nicht mehr nur als Konsequenz von Person- und Situationsvariablen sowie deren Interaktion gesehen wird, sondern daß umgekehrt eine Person auf die Situation und ihr Eigenbefinden verändernd zurückwirken kann. Bandura (1979, S. 199f.) bezeichnet diesen Prozeß als »reziproken Determinismus«, in dem es zu einer »Interdependenz personaler und umweltabhängiger Einflüsse« kommt. Die Orientierung an einem rigoros mechanistischen lernpsychologischen Modell ist damit aufgegeben, was Bandura (1974) in einem programmatischen Aufsatz über das Menschenbild der Verhaltenstheorie und Mischel (1978) mit einem Blick in die Zukunft der Persönlichkeitsforschung deutlich zum Ausdruck gebracht haben.

4.2 Marxistische Persönlichkeitspsychologie: Erst in den letzten Jahren sind Ansätze zur Entwicklung einer hinreichend ausgearbeiteten marxistischen P zu erkennen (Sève 1977; Leontjew 1977; Braun 1978). Gemeinsam ist diesen Ansätzen, daß dem Menschen grundsätzlich Aktivität als Wesensmerkmal unterstellt wird. Menschliche Entwicklung ist als tätige Auseinandersetzung mit der Umwelt zu sehen, die entsprechend dem dialektischen Prinzip erfolgt. Entwicklung ergibt sich aus dem Gegensatz von Vergegenständlichung und Aneignung. Vergegenständlichungen, die von einfachen materiellen Produkten bis zu ideellen Hervorbringungen reichen, sind selbst im Rahmen eines historischen Entwicklungsprozesses entstanden. Der einzelne Mensch hat sich nun im Rahmen seiner Ontogenese mit diesen historisch gewachsenen Vergegenständlichungen auseinanderzusetzen. Dies erfolgt über den Prozeß der Aneignung, d. h. die aktive Verinnerlichung von Vergegenständlichungen. Dabei können sich neue und angemessenere Aneignungsmuster entwickeln, die eine effektivere Auseinandersetzung mit der Umwelt ermöglichen. Eine wichtige Erfahrung, die der einzelne Mensch dabei macht, besteht darin, daß er auf die Umwelt verändernd einwirken kann. Es kommt somit nicht nur zur Veränderung personinterner Aneignungsmuster in bezug auf die personextern vorfindbaren Vergegenständlichungen der Welt, sondern durch tätiges Einwirken auch zu einer Veränderung dieser Vergegenständlichungen, die dann ihrerseits wieder auf den Aneignungsprozeß zurückwirken. Durch die Tätigkeit des einzelnen Menschen ändern sich somit in einem Prozeß wechselseitiger Beeinflussung seine internen Aneignungsmuster wie seine externen Vergegenständlichungen. Der Mensch besitzt demnach die Fähigkeit, sich in seinen Hervorbringungen selbst zu vergegenständlichen, indem nämlich die physischen, psychischen und geistigen Fähigkeiten sich in den Resultaten seines Handelns objektivieren. Die Individualität des einzelnen Menschen äußert sich nun in der Art der für ihn typischen Aneignungsstrukturen, den damit gekoppelten Tätigkeitsmustern sowie den daraus wieder ableitbaren personspezifischen Vergegenständlichungen. Ein wichtiges Vehikel, das die Dialektik zwischen Vergegenständlichung und Aneignung reguliert, ist in der → *Sozialisation* zu sehen. Dabei kann Sozialisation in einem umfassenden Sinn als sozial vermittelte Hilfestellung zum Erwerb brauchbarer Aneignungsmuster in der aktiven Auseinandersetzung einer Person mit ihrer Umwelt angesehen werden. Hiebsch und Vorwerg (1971) haben darauf aufmerksam gemacht, daß sich Sozialisationsprozesse auf drei Ebenen der Personentwicklung abspielen: (a) auf der Ebene der Organismus-Umwelt-Relation werden die biologischen Grundfunktionen ausgebildet und überformt; (b) bei der Subjekt-Objekt-Relation kommt es zur Ausbildung von Aneignungsstrukturen in bezug auf die Objektwelt; (c) bei der Persönlichkeit-Gesellschaft-Relation schließlich geht es um die Aneignung der in einer Sozietät verbindlichen Werthaltungen, Überzeugungen, sozialen Handlungsformen etc. Individualität entwickelt sich somit einerseits durch die im Sozialisationsprozeß konkret realisierten Vergegenständlichungen aus der Menge möglicher Angebote an vergegenständlichter Umwelt und andererseits durch die eigenschöpferische Aktivität, in deren Folge sich abgewandelte und nur für diese Person typische Aneignungsmuster verfestigen können. Ein weiterer Grundgedanke der marxistischen Persönlichkeitspsychologie knüpft an die Anthropologie des Marxismus an (Groth 1978). Demnach ist die wichtigste Form menschlicher Lebenstätigkeit die Arbeit. Die Arbeit und ihre Produkte erhalten jedoch insbesondere in kapitalistisch verfaßten Gesellschaftssystemen einen vom konkreten Menschen abstrahierten Tauschwert und werden somit versachlicht. Es kommt dadurch zur Entfremdung des Menschen von seiner Arbeit und damit letztlich auch zur Selbstentfremdung, da nach Marx in der Arbeit eine Vergegenständlichung der menschlichen Wesenskräfte erfolgt. Erstrebenswert ist jedoch die Verwirklichung eines unentfremdeten, humanen Lebens. Dies setzt die aktive Umgestaltung der dehumanisierenden gesellschaftlichen Verhältnisse, insbesondere der ökonomischen Bedingungen des Kapitalismus in Gestalt des Gegensatzes von Kapitaleigentum und Lohnabhängigkeit, voraus. Erst so wird die Voraussetzung für das menschliche Individuum geschaffen, daß es »seinen Lebensprozeß in ständig wachsendem Maß unter Kontrolle nimmt und in diesem Prozeß seine individuellen Fähigkeiten, seine produktiven Kräfte immer allseitiger entfaltet« (Klaus/Buhr 1972, S. 829). Der marxistische Zugang zum Persönlichkeitsproblem hat den Blick für historische und soziale Einflüsse auf die Persönlichkeitsentwicklung geschärft und zugleich für bestimmte anthropologische und politische Wertentscheidungen Stellung bezogen. Eine inhaltliche Präzisierung und empirische Ausgestaltung des marxistischen Ansatzes in der Persönlichkeitspsychologie steht jedoch noch weitgehend am Anfang (Vorwerg 1978).

5. *Ausblick:* Folgende Trends lassen sich für die zukünftige Entwicklung von P und ihre empirische Fundierung absehen: (a) eine zunehmende Orientierung am dialektischen bzw. transaktionalen Modell (London 1978; Magnusson/Endler 1977); (b) eine Rückbesinnung auf die Grundlagen der philosophisch-anthropologischen, biologischen und sozio-historischen Grundlagen individuellen Verhaltens (Pervin 1978); (c) eine stärkere Beachtung sozio-ökologischer Verhaltensbedingungen (Bronfenbrenner 1976); (d) eine Verlagerung auf das Studium von Prozeßcharakteristika der geleiteten und ungeleiteten Persönlichkeitsentwicklung in einer die gesamte Lebensspanne umfassenden Perspektive (Baltes/Schaie 1973); (e) ein wachsendes Interesse an der Rekonstruktion → *impliziter Theorien* (Bromley 1977, Laucken 1974); (f) eine Weiterentwicklung neuer Forschungsstrategien und -methoden, die den Erfordernissen einer transaktionalen Sichtweise der Person-Umwelt-Beziehung gerecht werden (Baltes u. a. 1977; Fiske 1978).

Klaus A. Schneewind

Literatur
Abraham, K.: Psychoanalytische Studien zur Charakterbildung und andere Schriften. Frankfurt/M. 1969. – *Baltes, P. B./Schaie, K. W.* (Hrsg.): Life-span developmental psychology: personality and socialization. New York 1973. – *Baltes, P. B.* u. a.: Life-span developmental psychology: introduction to research methods. Monterey 1977. – *Bandura, A.:* Principles of behavior modification. New York 1969. – *Bandura, A.:* Behavior theory and the models of man. In: American Psychologist 12 (1974), S. 859–869. – *Bandura, A.:* Lernen am Modell. Stuttgart 1976. – *Bandura, A.:* Sozial-kognitive Lerntheorie. Stuttgart 1979. – *Bowers, K. S.:* Situationism in psychology. In: Psychological Review 80 (1973), S. 307–336. – *Brandstätter, H./Schuler, H./Stocker-Kreichgauer, G.:* Psychologie der Person. Stuttgart ²1978. – *Braun, K.-H.:* Einführung in die politische Psychologie. Köln 1978. – *Brazelton, T. B.:* Neonatal behavioral assessment scale. London 1973. – *Bromley, D. B.:* Personality description in ordinary language. New York 1977. – *Bronfenbrenner, U.:* Ökologische Sozialisationsforschung. Stuttgart 1976. – *Cattell, R. B.:* Personality and motivation structure and measurement. New York 1957. – *Cattell, R. B.* u. a.: Handbook for the sixteen personality factor questionnaire (16 PF). Champaign 1970. – *Cattell, R. B.:* Abilities: their structure, growth, and action. New York 1971. – *Cattell, R. B.:* Die empirische Erforschung der Persönlichkeit. Weinheim 1973a. – *Cattell, R. B.:* Personality and mood by questionnaire. San Francisco 1973b. – *Cattell, R. B./Child, D.:* Motivation and dynamic structure. London 1975. – *Eysenck, H. J.:* Dimensions of personality. London 1947. – *Eysenck, H. J.:* Experiments with drugs. Oxford 1963. – *Fiske, D. F.:* Strategies for personality research. San Francisco 1978. – *Freud, S.:* Charakter und Analerotik. In: Freud, A. (Hrsg.): Gesammelte Werke. London 1941, S. 203–209. – *Fromm, E.:* Man for himself. New York 1947. – *Fromm. E.:* Haben oder Sein. Stuttgart 1976. – *Funk, R.:* Mut zum Menschen. Stuttgart 1978. – *Gray, J. A.:* Causal theories of personality and how to test them. In: Royce, J. R. (Hrsg.): Multivariate analysis and psychological theory. New York 1973, S. 111–143. – *Groth, G.:* Die pädagogische

Dimension im Werke von Karl Marx. Neuwied 1978. – *Guilford, J. P.:* Persönlichkeit. Weinheim 1964. – *Guilford, J. S./Zimmerman, W. W./Guilford, J. P.:* The Guilford-Zimmerman temperament survey handbook. San Diego 1976. – *Hartig, M.:* Selbstkontrolle. München ²1975. – *Hiebsch, H./Vorwerg, M.:* Einführung in die marxistische Sozialpsychologie. Berlin 1971. – *Horney, K.:* Our inner conflicts. New York 1945. – *Kanfer, F. H./Phillips, J. S.:* Learning foundations of behavior therapy. New York 1970. – *Klages, L.:* Grundlagen der Charakterkunde. Bonn ¹¹1951. – *Klages, L.:* Der Geist als Widersacher der Seele. Bonn ⁴1960. – *Klaus, G./Buhr, M.* (Hrsg.): Marxistisch-leninistisches Wörterbuch der Philosophie. Hamburg 1972. – *Kretschmer, E.:* Körperbau und Charakter. Berlin ²⁶1977. – *Krueger, F.:* Über psychische Ganzheit. München 1926. – *Laucken, U.:* Naive Verhaltenstheorie. Stuttgart 1974. – *Lefcourt, H. M.:* Locus of control. Current trends in theory and research. Wiley 1976. – *Leontjew, A. N.:* Tätigkeit, Bewußtsein, Persönlichkeit. Stuttgart 1977. – *Lersch, P.:* Aufbau der Person. München ¹¹1970. – *London, H.* (Hrsg.): Personality: a new look at metatheories. New York 1978. – *Magnusson, D./Endler, N. S.* (Hrsg.): Personality at the crossroads: current issues in interactional psychology. New York 1977. – *Maslow, A. H.:* Motivation und Persönlichkeit. Freiburg 1977. – *Meichenbaum, D.:* Kognitive Verhaltensmodifikation. München 1979. – *Miller, N. E.:* Liberalization of basic S-R concepts: extensions to conflict behavior, motivation, and social learning. In: *Koch, S.* (Hrsg.): Psychology: a study of a science. Bd. II. New York 1959, S. 196–292. – *Mischel, W.:* Toward a cognitive social learning reconceptualization of personality. In: Psychological Review 80 (1973), S. 252–283. – *Mischel, W.:* Personality research: a look at the future. In: *London, H.* (Hrsg.): Personality: a new look at metatheories. New York 1978, S. 1–19. – *Pervin, L. A.:* Performance and satisfaction as a function of individual-environment fit. In: Psychological Bulletin 69 (1968), S. 56–68. – *Pervin, L. A.:* Current controversies and issues in personality. New York 1978. – *Phares, E. J.:* Locus of control. In: *London, H./Exner, J. E.* (Hrsg.): Dimensions of personality. New York 1978, S. 263–304. – *Phares, E. J.:* Locus of control in personality. Morristown 1976. – *Reich, W.:* Charakteranalyse. Technik und Grundlagen. Berlin 1933. – *Rogers, C. R.:* A theory of therapy, personality, and interpersonal relationships, as developed in the client-centered frame work. In: *Koch, S.* (Hrsg.): Psychology: a study of a science. Bd. III. New York 1959, S. 184–256. – *Rotter, J. B.:* An introduction to social learning theory. In: *Rotter, J. B.* u. a. (Hrsg.): Applications of a social learning theory of personality. New York 1977, S. 1–43. – *Rotter, J. B.:* Social learning and clinical psychology. New York 1954. – *Rotter, J. B.:* Generalized expectancies for internal vs. external control of reinforcement. In: Psychological Monographs 80 (1966), Whole No. 609. – *Schneewind, K. A.:* Erziehungs- und Sozialisationsprozesse in der Perspektive der sozialen Lerntheorie. In: *Brandstädter, J.* u. a. (Hrsg.): Pädagogische Psychologie: Probleme und Perspektiven. Stuttgart 1979, S. 153–180. – *Schneewind, K. A.:* Persönlichkeitstheorien. I. Darmstadt 1981. – *Seibt, F.:* Psychoanalytische Charakterlehre. München 1977. – *Sève, L.:* Marxismus und Theorie der Persönlichkeit. Frankfurt/M. ³1977. – *Sheldon, W. H.:* The varieties of human physique: an introduction to constitutional psychology. New York 1940. – *Sheldon, W. H.:* The varieties of temperament: a psychology of constitutional differences. New York 1942. – *Skinner, B. F.:* The behavior of organism. New York 1938. – *Skinner, B. F.:* Wissenschaft und menschliches Verhalten. München 1973. – *Stern, W.:* Person und Sache. Bd. II. Die menschliche Persönlichkeit. Leipzig 1923. – *Tausch, R./Tausch, A.-M.:* Erziehungspsychologie. Göttingen ⁸1977. – *Thomae, H.:* Entwicklung und Prägung. In: *Thomae, H.* (Hrsg.): Handbuch der Psychologie. Bd. III. Entwicklungspsychologie. Göttingen 1959, S. 240–311. – *Thomas, A.* u. a.: The origin of personality. On the role of early differences in temperament. In: Scientific American 233 (1970), S. 102–109. – *Thoresen, C. E./Mahoney M. J.:* Behavioral self-control. New York 1974. – *Vorwerg, M.* (Hrsg.): Zur psychologischen Persönlichkeitsforschung. Berlin 1978. – *Watson, J. B.:* Der Behaviorismus. Stuttgart 1930. – *Wellek, A.:* Die Polarität im Aufbau des Charakters. Bern ³1966.

Prognose

Mit Prognose (P) bzw. Voraussage oder Vorhersage – die Begriffe werden synonym verwendet – bezeichnet man im alltäglichen Sprachgebrauch eine Aussage über zukünftige Sachverhalte oder Ereignisse. Im Gegensatz zur Prophetie gründen sich P auf mitteilbare, »einsichtige« Begründungen (Lenk 1972). Die wissenschaftliche P läßt sich von der alltäglichen P durch die Art ihrer Begründungen und durch die Art ihrer Vorgehensweise idealtypisch abgrenzen: Sie stützt sich auf wissenschaftliche Theorien bzw. empirisch-wissenschaftlich gewonnene Befunde, und sie verwendet in der Regel systematische Vorgehensweisen bei der Planung, Durchführung und Überprüfung prognostischer Modelle und Verfahrensweisen. Zum Thema P gibt es in der Literatur bislang keine umfassenden Darstellungen. Die derzeit verfügbaren Texte konzentrieren sich zumeist auf wissenschaftstheoretische (Lenk 1972; Kühn 1970) oder methodisch-statistische Aspekte (Rosemann 1978). In der pädagogisch-psychologischen Literatur werden Probleme der P vor allem im Zusammenhang mit folgenden Fragestellungen diskutiert: (a) die Bedeutung der P im Rahmen des empirisch-wissenschaftlichen Forschungs- und Erkenntnisprozesses (→ *Wissenschaftstheorie*); (b) die P als Element rational geplanter Handlungs- und Entscheidungsprozesse; (c) Theorien und Methoden zur Vorhersage pädagogisch bedeutsamer Sachverhalte und Ereignisse (z. B. → *Schulerfolg und Schulversagen*).

1. Wissenschaftstheoretische Aspekte der P: Im Rahmen des wissenschaftlichen Forschungsprozesses ist die P nach empirisch-analytischem Wissenschaftsverständnis Bestandteil der systematischen Überprüfung allgemeiner theoretischer Aussagen (Hypothesen, Gesetze). In Anlehnung an das sogenannte hypothetisch-deduktive Denkmodell (HO-Schema) wird davon ausgegangen, daß durch den Vergleich eines aus einem allgemeinen theoretischen Satz abgeleiteten (»prognostizierten«) konkreten Sachverhaltes mit der beobachteten Realität die Gültigkeit dieses theoretischen Satzes überprüft werden kann. Stimmen P und Beobachtung überein, gilt die Aussage als »bewährt«; stimmen sie nicht überein, gilt die Aussage in strenger Auslegung des Falsifikationsprinzips als widerlegt. In den Sozialwissenschaften hat man nur selten Gelegenheit, das Falsifikationsmodell in voller Strenge anzuwenden, da meist keine nomologischen, sondern lediglich statistische Gesetze zur Überprüfung anstehen. Darüber hinaus lassen methodische Unzulänglichkeiten und die Komplexität des untersuchten Bedingungsgefüges in aller Regel unterschiedliche Interpretationen des Nichteintretens eines wissenschaftlich prognostizierten Sachverhaltes zu. Die zum Zweck der Überprüfung eines theoretischen Satzes abgeleiteten P müssen sich nicht immer auf zukünftige Sachverhalte beziehen; es handelt sich ganz allgemein um bislang unbekannte (»nicht gewußte«) Ereignisse – auch wenn diese schon existieren oder schon existiert haben. Groeben/Westmeyer (1975, S. 102) schlagen hierfür den Begriff *Retrognose* vor.

Ein wiederholt diskutiertes Problem betrifft die Frage, ob Erklärung und P die gleiche logische Struktur besitzen. Vertreter eines streng hypothetisch-deduktiven Wissenschaftsverständnisses im Umfeld des Kritischen Rationalismus gehen davon aus, daß »jede adäquate Erklärung auch eine adäquate P und jede adäquate P auch eine adäquate Erklärung« impliziere (Groeben/Westmeyer 1975, S. 102). Gegen diese »strukturelle Gleichheitsthese« gibt es zahlreiche Argumente (vgl. Stegmüller 1969). Es läßt sich vor allem zeigen, daß die zweite Teilthese nicht zutrifft, denn wissenschaftliche P sind auch auf der Basis empirischer Regelmäßigkeiten (Generalisierungen), statistischer Trends und

Ein allgemeines Modell der handlungsbezogenen wissenschaftlichen Prognose

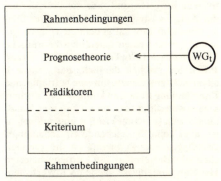

Aus: Krapp 1979, S. 37

dgl. möglich, die u. U. in theoretischer Hinsicht keinerlei Erklärungswert besitzen. In Anlehnung an die Struktur des HO-Schemas hat Krapp (1979, S. 36 ff.) ein allgemeines Modell der (handlungsbezogenen) wissenschaftlichen P vorgeschlagen (vgl. Abb.). Das Modell versucht u. a. die Terminologie zu normieren: Jene Variablen (Bedingungsfaktoren, Einflußgrößen, Sachverhalte usw.), die eine P begründen, werden als *Prädiktoren*, das vorauszusagende Ereignis, die »Zielvariable« (Herz 1975), als *Kriterium* bezeichnet. Voraussetzung für die Durchführung einer P ist eine auf den jeweiligen P-Zweck abgestimmte P-Theorie. Sie enthält ein mehr oder weniger integriertes System von prognostisch verwertbaren Aussagen, also theoretischen Verknüpfungen von Prädiktor- und Kriteriumsgrößen. P-Theorien müssen aus den verfügbaren Wissensgrundlagen zum Zeitpunkt der Prognoseerstellung (WG_t) abgeleitet werden. Wichtig ist die im Modell verankerte Feststellung, daß P durch »Rahmenbedingungen«, das sind insbesondere implizite und explizite Stabilitätsannahmen, ermöglicht und begrenzt werden. Dies ist für pädagogisch-psychologische P deshalb von Bedeutung, weil im Handlungsfeld von Psychologie und Pädagogik viele prognostisch bedeutsame Aussagen keine generelle Gültigkeit und Stabilität beanspruchen können, sondern nur so lange gelten, als übergreifende (gesellschaftliche) Bedingungen und Strukturen unverändert bestehen bleiben.

2. Handlungs- und entscheidungstheoretische Überlegungen: Im Kontext praktischer Maßnahmen und Entscheidungen hat die P vor allem die Funktion, zukünftige Ereignisse abzuschätzen, die bei der Realisierung (oder Unterlassung) bestimmter Handlungsalternativen zu erwarten sind. Für die Präzisierung der Aufgabenstellung der P bzw. ihres Stellenwertes im rational geplanten Handlungsablauf eignen sich entscheidungstheoretische Modelle (Tack 1976; Westmeyer 1976; Krapp 1979). Sie machen deutlich, daß exakte P allein nicht ausreichen, um eine befriedigende Entscheidung treffen zu können. Die Vorhersage erwünschter bzw. unerwünschter Handlungsfolgen (outcome) ist nur eine notwendige, aber keine hinreichende Entscheidungsgrundlage. Ebenso wichtig ist die (vergleichende) Bewertung der prognostizierten Handlungsergebnisse, die je nach Wertorientierung des Entscheidungsträgers unterschiedlich ausfallen kann. Darüber hinaus gibt es unterschiedliche Strategien (Entscheidungsregeln) für die endgültige Auswahl der einen oder anderen Handlungsalternative. Die »Maximierung des erwarteten Gesamtnutzens« (Bayes-Regel, vgl. Weber 1972, S. 60), die in den sogenannten Erwartung ×Wert-Theorien eine große Rolle spielt, ist für viele pädagogische Situationen unangemessen. Andere Strategien sind z. B. »Minimierung des zu erwartenden Schadens« oder »Maximierung der Wahrscheinlichkeit für das Erreichen eines bestimmten Mindestzieles«.

Handlungs- und entscheidungstheoretische Überlegungen gestatten eine Differenzierung verschiedener P-Formen. Da P ebenso wie andere Formen der diagnostischen Datenerhebung (→ *Diagnostik*) nicht Selbstzweck sind, sondern im Dienst bestimmter Handlungen und Entscheidungen stehen, wurde von Krapp (1979) vorgeschlagen, Zielrichtung, theoretische Begründung und spezifische Problemstellung der P in Abhängigkeit von der jeweiligen Handlungs- und Entscheidungssituation zu diskutieren.

3. Die P in praktisch bedeutsamen Handlungsfeldern: Im Praxisfeld der Pädagogischen Psychologie spielen P vor allem bei der Vorbereitung von Schullaufbahnentscheidungen, bei didaktischen Differenzierungsmaßnahmen und bei präventiven Interventionen eine Rolle.

3.1 Die P im Rahmen (selektiver) Schullaufbahnentscheidungen: Im Rahmen der Vorbereitung individueller oder institutioneller Schullaufbahnentscheidungen (z. B. Schuleintritt, Schulwechsel, Schullaufbahnwahl) hat die P primär die Aufgabe, den individuell zu erwartenden Schulerfolg vorherzusagen (→ *Schulerfolg und Schulversagen*). Auf der Basis der schultyp- oder schullaufbahnbezogenen »Erfolgswahrscheinlichkeit« wird z. B. entschieden, welche Schüler aus einer größeren Bewerbergruppe zugelassen werden (institutionelle Entscheidung) bzw. welche der zur Auswahl stehenden Schullaufbahnen im individuellen Fall ausgewählt werden soll (individuelle Entscheidung). Obwohl die P zukünftiger Leistungsresultate für solche Entscheidungen eine zentrale Information ist, darf nicht übersehen werden, daß u. U. auch andere, mit der Entscheidung verbundene Konsequenzen bedeutungsvoll sind und gegebenenfalls prognostisch abgeschätzt werden müssen, z. B. die mit der jeweiligen Schullaufbahn verbundenen unerwünschten Nebeneffekte.

Das wichtigste Gütekriterium einer P im Rahmen selektiver (institutioneller) Entscheidungen (»*selektive P*«) ist die Zahl der richtig bzw. falsch zugeordneten Schüler. Daß diese Treffer- bzw. Fehlerquoten nicht nur von der Qualität der entsprechenden P-Instrumente (prognostische Validität; → *Tests*) abhängen, sondern ebenso von der Selektions- bzw. Aufnahmequote und anderen Rahmenbedingungen der Entscheidungssituation, ist seit langem bekannt (Taylor/Russell 1939) und anhand zahlreicher empirischer Befunde belegt (vgl. Cronbach/Gleser 1965; Wiggins 1973; Krapp/Mandl 1977). Da es bei der selektiven P in erster Linie auf eine möglichst exakte Vorhersage der zukünftig zu erwartenden Leistungen bzw. Leistungsrangplätze ankommt, ist die Kenntnis des Ursachenhintergrundes für hohe oder geringe Leistungserwartungen nebensächlich. Deshalb genügen zur Durchführung selektiver P auch empirische Generalisierungen und situationsspezifisch erhobene (prognostische) Einzelbefunde. Als Prädiktoren werden vor allem Schülermerkmale verwendet, von denen man annimmt, daß sie in ausreichender Höhe mit dem späteren Lernerfolg korrelieren und gleichzeitig eine hohe intra- und interindividuelle Stabilität besitzen (z. B. → *Intelligenz*). In der neueren Literatur wird zu Recht darauf hingewiesen, daß die mit selektiven P verbundenen theoretischen Annahmen in vielen Fällen einer wissenschaftlichen Überprüfung nicht standhalten (vgl. Schwarzer 1980; → *Persönlichkeitstheorien*).

3.2 P im Rahmen didaktischer Differenzierungsentscheidungen: Bei der didaktischen →

Differenzierung hat die P die Aufgabe, die Erfolgswahrscheinlichkeit eines Schülers für verschiedene didaktische Treatments vergleichend festzustellen. Man spricht deshalb auch von »*komparativer P*«. Im Gegensatz zur selektiven P interessieren hier nicht die konkreten (absoluten) Erfolgsschätzungen, sondern lediglich Richtung und Ausmaß der zu erwartenden Erfolgs*unterschiede* eines Individuums unter verschiedenen Treatmentbedingungen. Hinter dieser P- bzw. Entscheidungsform steht die theoretische Annahme, daß Schüler mit unterschiedlichen Lernvoraussetzungen jeweils mit verschiedenen didaktischen Maßnahmen (Treatments) optimal gefördert werden können (→ *Zielerreichendes Lernen*; → *Chancengleichheit*). Entsprechende theoretische Modelle und empirische Befunde werden unter dem Stichwort »Aptitude-Treatment-Interaction« diskutiert (→ *ATI*). Die methodischen Probleme der komparativen P sind weitgehend identisch mit denen der sogenannten Klassifikations-Entscheidung (Cronbach/Gleser 1965; Wieczerkowski/Oeveste 1968).

3.3 P im Rahmen präventiver Maßnahmen: Im Rahmen der »sekundären Prävention« (Caplan 1964) spielen P eine zentrale Rolle, denn hier soll durch Früherkennung von Anfangsstadien einer beginnenden Fehlentwicklung die Möglichkeit zu frühzeitiger und damit effektiver Intervention geschaffen werden (→ *Intervention und Prävention*). Es sind also diagnostisch-prognostische Informationen über den Gefährdungsgrad einzelner Individuen nötig, die einerseits das Ausmaß der »Risikobelastung« erkennen lassen und andererseits eine Entscheidungsgrundlage für die Auswahl bzw. Entwicklung geeigneter Interventionsmaßnahmen bieten. Pädagogisch-psychologisch bedeutsame Präventionsprogramme, z. B. zur Früherkennung und Frühförderung behinderter oder von Verhaltensstörung bedrohter Kinder (Collatz/Flatz 1976; Speck 1973), sowie Programme zur Vorhersage des Schulversagens (Wedell/Raybold 1976) verwenden in der Regel ein zweistufiges Entscheidungs- bzw. P-Modell. Im ersten Schritt werden auf der Basis sogenannter Risiko-P solche Fälle innerhalb einer größeren Population identifiziert (»ausgesiebt«), bei denen mit einer gewissen Wahrscheinlichkeit eine Fehlentwicklung angenommen werden muß. Methodische Grundlage sind relativ weitmaschige diagnostisch-prognostische Verfahren (»Screening«-Tests). Im zweiten Schritt wird bei der Gruppe der Risikofälle mit Hilfe differenzierter Untersuchungsmethoden das Umfeld der Risikobedingungen genauer analysiert, um ggf. individuell abgestimmte Interventionsmaßnahmen einleiten zu können. Da präventive P immer das Ziel haben, die prognostizierten Phänomene zu verhindern, ist man auf Hypothesen über die Bedingungen oder Ursachen der zu erwartenden Fehlentwicklung angewiesen. Im Gegensatz zur selektiven P ist das Gütekriterium der prognostischen Sicherheit weniger wichtig als das Kriterium der »kausalen Relevanz«. Deshalb sind im Rahmen präventiver P vor allem solche Prädiktoren einzusetzen, die verhaltenssteuernde Situationsmerkmale erfassen (vgl. Brandtstädter/v. Eye 1979, S. 367; Schwarzer 1980).

Neben methodischen Schwierigkeiten ist bei Risiko-P mit besonderen Problemen zu rechnen, die mit der sozialpsychologischen Wirkung einer Risiko-P zusammenhängen. Wie theoretische Überlegungen und empirische Befunde zum sogenannten Labeling-Effekt (→ *Abweichendes Verhalten*) zeigen, kann eine mit dem Image der Wissenschaftlichkeit versehene Risikoeinschätzung bei den davon betroffenen Kindern und Eltern Erwartungshaltungen erzeugen, die eine Fehlentwicklung erst recht verstärken oder gar erst auslösen. Auch wenn man solche Effekte nicht überbewerten sollte (Rheinberg 1978), ist nicht zu übersehen, daß die in Familie, Schule und → *Beratung* vorherrschenden → *impliziten Theorien* durchaus geeignet sind, solche Stigmatisierungseffekte zu erzeugen (Keupp 1975).

4. Modelle und Methoden der P: Zur Realisierung praktisch durchführbarer P benötigt man handlungsbezogene Modelle, die in der Regel einen Kompromiß darstellen zwischen zumeist komplexen theoretischen Erwägungen und konkreten Vorschlägen zur Operationalisierung theoretischer Konstrukte sowie zur statistischen Verrechnung der verwendeten Prädiktor- und Kriteriumsdaten. Die Mehrzahl der bisher durchgeführten P-Studien orientiert sich in erster Linie an der Verfügbarkeit statistischer Modelle und Methoden. Dies zeigt sich u. a. daran, daß sie weitgehend unkritisch auf jeweils vorhandene statistische Methoden zurückgreifen, ohne die theoretische Adäquatheit dieser Methoden zu diskutieren. Im Bereich der *Schulleistungs-P*, aber auch in anderen Bereichen mit prognostischen Fragestellungen werden besonders häufig Regressionsmodelle verwendet. Dazu zählen einfache und multiple Regressions- bzw. Korrelationsverfahren. Auch Varianzanalyse, kanonische Analyse und Kovarianzanalyse können diesem statistischen Grundmodell zugeordnet werden (→ *Statistik*). Die multiple Regressionsanalyse wird nicht nur zur Bestimmung des maximal möglichen Zusammenhangs zwischen mehreren Prädiktoren und einer Kriteriumsvariablen eingesetzt, sondern auch zur Schätzung der relativen Bedeutsamkeit eines Prädiktors bzw. einer Gruppe von Prädiktoren (z. B. Coleman u. a. 1966; Krapp 1973). Will man darüber hinaus die (»kausale«) Struktur der miteinander in Beziehung stehenden Prädiktoren überprüfen, verwendet man derzeit relativ häufig die sogenannte Pfadanalyse (Kenny 1979).

Alle diese statistischen Verfahren gehen von Voraussetzungen und meßtechnischen Bedingungen aus, die vielfach in der konkreten Forschungssituation nicht erfüllt werden können, z. B. Normalverteilung der Meßwerte, Intervallskalenniveau der Daten oder statistische Unabhängigkeit der Prädiktoren untereinander. Deshalb wird in zunehmendem Maß auf nicht parametrische Verfahren zurückgegriffen, die auf wahrscheinlichkeitstheoretischen Modellen beruhen (Lienert 1973). In diesem Zusammenhang hat die sogenannte Konfigurationsfrequenzanalyse (KFA; vgl. Krauth/Lienert 1973) starke Beachtung gefunden. Soweit die Auswahl geeigneter statistischer Modelle und Verfahrensweisen von eher technischen Aspekten der P-Untersuchung abhängt, z. B. von der Zahl der gleichzeitig zu berücksichtigenden Prädiktoren oder vom Meßniveau der verfügbaren Daten, ist eine Entscheidung relativ leicht zu treffen. Hierzu geben entsprechende statistische Lehrbücher und Aufstellungen genügend Informationen (vgl. z. B. Tatsuoka/Tiedemann 1965; dt. 1971). Wesentlich schwieriger ist die Frage zu beantworten, welche Modelle und Methoden dem jeweiligen P-Zweck angemessen sind.

Schwarzer (1980) hat sechs prognostisch relevante Modelle und Techniken hinsichtlich ihrer Leistungsfähigkeit für (modifikationsorientierte) pädagogische Zwecke untersucht. Er kommt zu dem Ergebnis, daß nur das »Kontingenz-Modell« mit der Technik der Zeitreihenanalyse (Revenstorf 1979) und das »kausaldefinierte Mehrpunkte-Modell« mit der Technik der Pfadanalyse zentralen pädagogischen Kriterien wie Treatment-Bezug, kausale Aufklärung und Einbeziehung von Lern- und Entwicklungsprozessen genügen. Mit der Brauchbarkeit verschiedener Prognosemodelle aus der Sicht der Bildungs- und Schullaufbahnberatung befaßt sich Rosemann (1978). Er diskutiert verschiedene P-Verfahren, vor allem unter methodisch-statistischem Aspekt. Als Alternative zu den bisher verwendeten P-Modellen schlägt er ein multivariates »Modell zur Typologischen Prädiktion« vor, das die Kriteriumsleistung einer Person als Resultante der individuellen Merkmalskonfiguration und der je gegebenen Leistungsumwelt interpretiert. Dieses Modell kann als heuristisches methodologisches Konzept verstanden werden, dessen Realisierbarkeit – wie viele andere idealtypische Modelle – nicht zuletzt von der Ergiebigkeit zukünftiger theoretischer und methodischer Entwicklungen im Bereich der P-Forschung abhängt.

Andreas Krapp

Literatur

Brandtstädter, J./v. Eye, S.: Pädagogisch-psychologische Praxis zwischen Prävention und Korrektur. In: *Brandtstädter, J./Reinert, G./Schneewind, K. A.* (Hrsg.): Pädagogische Psychologie: Probleme und Perspektiven. Stuttgart 1979, S. 355–380. – *Caplan, G.:* Principles of preventive psychiatry. London 1964. – *Coleman, J. S.* u. a.: Equality of educational opportunity. Washington 1966. – *Collatz, J./Flatz, G.:* Geistige Entwicklungsstörungen. Bern 1976. – *Cronbach, L. J./Gleser, G. C.:* Psychological tests and personnel decisions. Urbana ²1965. – *Groeben, N./Westmeyer, H.:* Kriterien psychologischer Forschung. München 1975. – *Herz, T. A.:* Vorhersagestudien. In: *Koolwijk, J. van/Wieken-Mayser, M.* (Hrsg.): Techniken der empirischen Sozialforschung. 2. Bd.: Untersuchungsmethoden. München 1975. – *Kenny, D. A.:* Correlation and causality. New York 1979. – *Keupp, H.:* Der Widerspruch von Präventionsgedanken und »medizinischem Modell« in der Schulberatung. In: Gruppendynamik 1975, 6, S. 415–436. – *Krapp, A.:* Bedingungen des Schulerfolgs. München 1973. – *Krapp, A.:* Prognose und Entscheidung. Weinheim 1979. – *Krapp, A./Mandl, H.:* Einschulungsdiagnostik. Weinheim 1977. – *Krauth, J./Lienert, G. A.:* KFA. Die Konfigurationsfrequenzanalyse und ihre Anwendung in Psychologie und Medizin. Freiburg/München 1973. – *Kühn, A.:* Das Problem der Prognose in der Soziologie. Berlin 1970. – *Lenk, H.:* Erklärung, Prognose, Planung. Skizzen zu Brennpunktproblemen der Wissenschaftstheorie. Freiburg 1972. – *Lienert, G. A.:* Verteilungsfreie Methoden in der Biostatistik. Meisenheim 1973. – *Revenstorf, D.:* Zeitreihenanalysen für klinische Daten. Weinheim 1979. – *Rheinberg, F.:* Gefahren Pädagogischer Diagnostik. In: *Klauer, K. J.* (Hrsg.): Handbuch der Pädagogischen Diagnostik. Bd. 1. Düsseldorf 1978, S. 27–38. – *Rosemann, B.:* Prognosemodelle in der Schullaufbahnberatung. München 1978. – *Schwarzer, R.:* Diagnose und

Prognose des individuellen Lernerfolgs. Aachen 1980 (Paper). – *Speck, O.:* Früherkennung und Frühförderung behinderter Kinder. In: *Muth, J.* (Hrsg.): Sonderpädagogik I, Behindertenstatistik, Früherkennung, Frühförderung. Deutscher Bildungsrat, Gutachten und Studien der Bildungskommission. Bd. 25. Stuttgart 1973, S. 111–150. – *Stegmüller, W.:* Wissenschaftliche Erklärung und Begründung. Berlin 1969. – *Tack, W. H.:* Diagnostik als Entscheidungshilfe. In: *Pawlik, K.* (Hrsg.): Diagnose der Diagnostik. Stuttgart 1976, S. 103–130. – *Tatsuoaka, M./Tiedemann, D. V.:* Statistics as an aspect of scientific method in research on teaching. In: *Gage, N. L.* (Ed.): Handbook of research on teaching. Chicago 1965, S. 142–170. Dt. Bearbeitung in: *Ingenkamp, K. H./Parey, E.* (Hrsg.): Handbuch der Unterrichtsforschung. Bd. I. Weinheim 1971, Sp. 369–442. – *Taylor, H. C./Russel, J. T.:* The relationship of validity coefficients to the practical effectiveness of tests in selection. In: Journal of Applied Psychology 23 (1939), S. 565–578. – *Weber, H. H.:* Grundmodelle der Entscheidungsfindung. In: *Tumm, G. W.* (Hrsg.): Die neuen Methoden der Entscheidungsfindung. München 1972, S. 52–65. – *Wedell, K./Raybould, E. C.* (Eds.): The early identification of educationally ›at risk‹ children. Educational Review, Occasional publications Number Six. Birmingham 1976. – *Westmeyer, H.:* Grundlagenprobleme psychologischer Diagnostik. In: *Pawlik, K.* (Hrsg.): Diagnose der Diagnostik. Stuttgart 1976, S. 71–101. – *Wiggins, J. S.:* Personality and prediction. Principles of personality assessment. Reading/Mass. 1973. – *Wieczerkowski, W./Oeveste, H.:* Zuordnungs- und Entscheidungsstrategien. In: *Klauer, K. J.* (Hrsg.): Handbuch der Pädagogischen Diagnostik. Bd. 4. Düsseldorf 1980, S. 919–951.

Prozeßdiagnostik

1. Einführung

1.1 Begriff und Einordnung: Prozeßdiagnostik (PD) – ein Teilbereich der psychologischen/pädagogischen → *Diagnostik* – umschließt ein Repertoire von Modellen, Konzepten und Verfahren zur *Erfassung und Vorhersage von Verhaltenssequenzen und Verhaltensänderungen.* Unter Prozeßdiagnose wird verstanden eine zeitliche Folge inhaltlich zueinander in Beziehung gesetzter diagnostischer Einzeldaten am gleichen Probanden. Im Sinne dieser Definition ist PD nicht neu; in der traditionellen Projektiven Persönlichkeitsdiagnostik (u. a. Rorschach-, Farbpyramiden- und Wartegg-Zeichen-Testdiagnose) und der Diagnostik des Arbeitsverhaltens (Pauli-Test) wurden z. B. schon Bearbeitungs- und Lösungsfolgen einzelner Testaufgaben bzw. -abschnitte verlaufsanalytisch interpretiert. Jedoch ging es diesen Testkonzepten noch um Beiträge zur statisch-strukturellen Analyse einzelner für relativ konstant gehaltener Persönlichkeitsmerkmale/-eigenschaften, kaum dagegen um Entscheidungshilfen für pädagogische oder therapeutische Konsequenzen. Die moderne PD wurzelt dagegen auf einem dynamischen, lern-, interaktions- und veränderungsorientierten Persönlichkeits- und Entwicklungsverständnis. Dieser Wandel bedingt nicht nur eine Wende von statischen zu dynamischen Eigenschaftstheorien (Pawlik 1975; → *Persönlichkeitstheorien*), sondern auch einen *dreifachen Akzentwechsel in der psychologischen Diagnostik* (vgl. Ch. Schwarzer 1979): (a) von der Eigenschaftsdiagnostik (Annahme normalverteilter, relativ überdauernder Persönlichkeitsmerkmale) zur *Verhaltensdiagnostik* (Situations- und Interaktionsabhängigkeit individuellen Handelns); (b) von der Statusdiagnostik (punktuelle Merkmalsfeststellung) zur *Verlaufsdiagnostik* (Erfassung von Merkmalsveränderungen und ihren Bedingungen über mehrere Zeitpunkte hinweg); (c) von der selektionsorientierten Diagnostik (Zuordnung von Personen zu etablierten [Aus-]Bildungsformen und -stufen) zur *modifikationsorientierten Diagnostik* (mit Konsequenzen zur Optimierung individueller [Förderungs-]Bedingungen).

Betont sei, daß es sich nicht um einen ersatzlosen Wechsel, sondern um einen »Akzentwandel« handelt. Das bedeutet, daß auch eine eigenschafts-, status- und selektionsorientierte Diagnostik trotz ihrer Gefahren, z. B. bezüglich Urteilsfestschreibungen (labeling) und Eigenschaftsstigmatisierungen (→ *Abweichendes Verhalten*), heute nicht jede Legitimation verloren hat (z. B. in der Eignungspsychologie), daß ihre Relevanz jedoch erheblich eingeschränkt ist. Dessen ungeachtet sind die neuen Akzente einer Verhaltens-, Verlaufs- und Modifikationsorientierung gleichermaßen als – in ihrem Anteilzusammenhang zwar wechselnde – *Bestimmungsmerkmale* der PD anzusehen.

1.2 Ziele der PD: Allgemeines Ziel ist die Feststellung intern oder extern bedingter, entwicklungs- oder behandlungs-(treatment-)abhängiger Verhaltensabläufe und Merkmalsänderungen. Spezielle Ziele bestehen in der Hilfe für pädagogische und therapeutische Entscheidungen, (a) einerseits als *vorlaufende Entscheidungshilfe* (Behandlungs- bzw. Treatmentzuordnung), (b) andererseits als *permanente Entscheidungshilfe* (Treatmentkontrolle und -steuerung).

Angesichts ihrer grundsätzlichen Treatmentorientierung steht die PD auch in Beziehung zur → *Prognose*, deren Ziel es ist, durch Abschätzung der Auswirkungen beabsichtigter pädagogischer/therapeutischer Maßnahmen oder ihrer Unterlassung geeignete Treatmententscheidungen zu treffen (vgl. Krapp 1979).

2. Theorieansätze und Modelle
Es gibt bis heute keine konsensträchtige Theorie der PD. Zu den wesentlichsten Ansätzen, Zugängen, Modellen und Aspekten einer Theorie der PD zählen u. a.:

2.1 Diagnose als Entscheidungsprozeß: Betont wird die untrennbare Verbundenheit zwischen diagnostizierten Sachverhalten, verursachenden Begebenheiten und Behandlungskonsequenzen (→ *Diagnostik*). Ein Idealmodell der Persönlichkeit mit sich gegenseitig ausschließenden Merkmalskombinationen würde dabei die Diagnose und die Entscheidung für geeignete Behandlungsformen (jeweils aus den verbleibenden Merkmalsklassen und -kombinationen) erheblich erleichtern (Tack 1976). Eine algorithmengestützte *Normierung des diagnostischen Prozesses* schlägt Westmeyer (1976) vor, um die a für eine Treatmententscheidung zu erhebenden diagnostischen Informationen systematisch einzugrenzen.

2.2 Diagnose als handlungsorientierter Problemlösungsprozeß: Neuere Konzepte betonen das Erfordernis einer engen und *permanenten Verzahnung* von diagnostischen und behandelnden Akten. Das diagnostische Vorgehen läßt sich danach als »hypothesengeleiteter Problemlösungsprozeß« (Kaminski 1970) kennzeichnen, in welchem diagnostische Datenbeschaffung, Hypothesenbildung (über Ist-Zustand, Soll-Zustand und Änderungsumstände), Behandlungsplanungen, Behandlungen, Hypothesenüberprüfungen und -präzisierungen in fortwährend sich wiederholender Wechselwirkung bis zur Erreichung des Behandlungszieles stehen. Die Stringenz und Zielsicherheit dieses Prozesses ließe sich dabei noch verbessern durch eine Binnengliederung der Behandlungspläne im Sinne einer *Treatmenthierarchisierung und -sequenzierung* nach Zwischenzielen, Zwischendiagnosen (zur Zwischenzielkontrolle) und Zwischenentscheidungen (Kaminski 1975).

2.3 Diagnose als → Veränderungsmessung: Für die diagnosegeleitete Planung und Durchführung pädagogischer und therapeutischer Maßnahmen (→ *Intervention und Prävention*) ist die Erfassung von Merkmalsveränderungen über *intraindividuelle Differenzmessungen* unumgänglich. Da solche Veränderungsmessungen von Fall zu Fall flexible Behandlungskonsequenzen erfordern, sollte die PD nicht starr an ein vorentworfenes Behandlungssequenzenmodell gebunden, sondern ebenfalls flexibel, entsprechend den aktuellen Behandlungserfordernissen, angelegt sein (Rollett 1975).

2.4 PD unter dem Aspekt der Unterrichtsorganisation: Drei wesentliche Handlungsfelder zum Einsatz der PD sind zu unterscheiden, diejenigen des Unterrichts (didaktisch-curricular), der Prävention und der Therapie. Die unterrichtsorientierte PD dient vor allem didaktischen Differenzierungsentscheidungen (»innere Differenzierung«, »adaptiver Unterricht«) für Schüler mit unterschiedlichen Lernvoraussetzungen (vgl. Krapp/Mandl 1977). So werden zum Zwecke der *Lernwegdifferenzierung* Diagnosen der individuellen »curricularen« Lernvoraussetzungen und der jeweils erreichten Lernziele auf dem Hintergrund entsprechender Lernzielhierarchien vorgenommen, um zu entscheiden, auf welcher Lernzielebene/Vorkenntnisebene der Unterricht aufgenommen bzw. weitergeführt werden soll (remediales oder → *Zielerreichendes Lernen*). Zur *Methodendifferenzierung* werden demgegenüber »extracurriculare« Lernvoraussetzungen/Schülermerkmale diagnostiziert, um danach eine Zuordnung der Schüler zu verschiedenen unterrichtsmethodischen Varianten (z. B. induktives oder deduktives Vorgehen) vorzunehmen (→ *ATI; → Instruktionstheorie*). Beide Aspekte der → *Differenzierung* lassen sich systematisch darstellen in einer *Matrix der Schnittebenen »Ziele«* und *»Methoden«* (Klauer 1978), wobei jede Ebene nach »für alle gleich« (ohne Differenzierung), »partiell gleich bzw. verschieden« (Fundamentum-Additum-Modell) und »individuell verschieden« (maximale Differenzierung) unterteilt ist. Eine an solcher für neun Differenzierungsformen entwickelten »Typologie der Lehr-Lern-Organisation« orientierte PD stände gleichermaßen im Dienste von »Allokationsentscheidungen« (Zuweisung unterschiedlicher Lernzeiten und Methoden), von »Perspektiventscheidungen« (Zuweisung unterschiedlicher Lernzielniveaus und -konfigurationen) und »Prozeßentscheidungen« (weitere Steuerung des Lehr-Lern-Prozesses).

2.5 PD unter dem Aspekt der Prävention: Ziel

der Prävention ist es, Fehlentwicklungen vorzubeugen. Während *primäre* Prävention bereits ein erstmaliges Auftreten allgemeiner Fehlentwicklungen durch Beseitigung von verursachenden Hintergrundbedingungen zu verhindern und *tertiäre* Intervention eine Chronifizierung und Ausbreitung bereits eingetretener individueller Störungen zu vermeiden sucht, geht es der pädagogisch besonders bedeutsamen *sekundären* Prävention um die Beseitigung negativer Einflußgrößen bei einer sich gerade erst anbahnenden individuellen Störung (vgl. Krapp 1979). Die PD hat bei letzterer die Aufgabe, möglichst früh sogenannte »Risikofälle« (z. B. von → *Lernschwierigkeiten*, Verhaltensstörungen oder Behinderungen) zu *identifizieren* und zu *prognostizieren*, spezifische Behandlungsformen zu *indizieren* (ggf. standardisierte Interventionsprogramme) und die Behandlung kontrollierend und steuernd zu *begleiten*. Sie arbeitet dabei mit zunehmend spezifischer werdenden Methoden, einsetzend mit grobmaschigen Screening-Verfahren und Fragebogenerhebungen, auslaufend in differenzierte Verhaltensanalysen. Die behandlungsbegleitende Diagnose erscheint vor allem im Raum der Schule wichtig, um der dort besonders großen Gefahr des Entstehens von negativen Erwartungs-, Festschreibungs-(labeling-) und Stigmatisierungseffekten entgegenzuwirken (→ *Abweichendes Verhalten*.)

2.6 PD unter dem Aspekt der Verhaltensmodifikation und der Therapie: Kritisiert wird gegenwärtig das Übermaß eingesetzter Techniken der → *Verhaltensmodifikation* gegenüber einem Defizit an behandlungsvorbereitenden, -einleitenden und -begleitenden diagnostischen Maßnahmen. Zur PD im Rahmen der Verhaltensmodifikation sind u. a. zu zählen: → *Verhaltensbeobachtungen* zur Erstellung einer Grundkurve über die interaktionale Einbettung unerwünschter und erwünschter Verhaltensweisen; diagnostische *Informationen über einzelne Verhaltensbereiche* (z. B. Sozial- und Leistungsmotive, → *Aufmerksamkeit und Konzentration*, → *Angst*, kognitives Verarbeitungspotential, außerschulische Umwelt) als Hinweise für mögl. Erklärungszusammenhänge und zur Planung von Interventionsprogrammen u. a. durch Interviews, Fragebögen und Tests; *kriterienorientierte Messungen* anhand von Inventar- und Verstärkerlisten vor und nach den Interventionsphasen zur Erfassung von Verhaltens-(und Einstellungs-)Veränderungen (Holtz 1978).

3. Methodische Ansätze
3.1 Zu einzelnen Verfahrensarten: Mit der Wende von einer differentiellen, eigenschaftsorientierten zu einer verhaltens- und modifikationsorientierten Diagnostik setzte zunehmende *Kritik* an den nach der klassischen Testtheorie konstruierten normenorientierten → *Tests* ein: Sie seien u. a. inhaltlich und pädagogisch kriteriumsfern. Als Alternative bieten sich *kriteriumsorientierte Tests* (vgl. Fricke 1974) im Rahmen einer konsequent-permanenten Lernwegdifferenzierung an (Rüdiger 1979). Andererseits sind kriteriumsorientierte Tests »intracurricular«, d. h. curriculum- bzw. programmspezifisch konstruiert und erlauben deshalb per se keine extracurricularen und interindividuellen Vergleiche, die vor einer Treatmentzuweisung (z. B. als screening-Verfahren) und nach einer Treatmentbehandlung (z. B. zur summativen → *Evaluation*) angezeigt scheinen. Je nach Entscheidungs- und Kontrollfunktion der Diagnostik bieten sich deshalb zur PD auch normenorientierte Tests an. Unter ihnen rangiert – als relativ neuer Testtypus – der *Lern(fähigkeits)test*. Lerntests wollen nicht bisherige Fähigkeitsstände (als Resultate vorangegangenen Lernens) überprüfen, sondern Lernprozesse, die »die Grundlage für die Entwicklung geistiger Fähigkeiten« darstellen, simulieren (Guthke 1972; Kormann 1979; → *Veränderungsmessung*). Angesichts der jüngeren Kritik am Lerntest-Konzept (Lerntests repräsentieren u. a. keine treatmentkonformen Lernaktivitäten, ihre Pädagogisierungsphasen sind zu kurz) wird empfohlen, die Lernphasen in repräsentative Unterrichtsverläufe einzubetten und die Zahl der Meßzeitpunkte zu erhöhen (R. Schwarzer 1979). Der Situations- und Interaktionsabhängigkeit von Verhaltensmerkmalen und -änderungen versucht am konsequentesten die *Verhaltensdiagnostik* gerecht zu werden. Sie zielt ab auf Stichproben des fraglichen Verhaltens (z. B. abweichendes Sozial- oder Lernverhalten) für entsprechende Treatmententscheidungen und -kontrollen und arbeitet mit strukturierten Verhaltenstests und weniger strukturierten → *Verhaltensbeobachtungen* unter Verwendung von Einschätzskalen. Hierzu bieten sich u. a. interaktionsanalytische Beobachtungen in entsprechenden Real-(Lern- und Sozial-)Situationen, Beobachtungen im Rollenspiel, Beobachtungen des Verbal- und Nonverbalverhaltens sowie der Miteinsatz von Videofeedback an.

Prozeßdiagnostik

3.2 Ein System von Dimensionen und Verfahren der PD: Das Schema versucht eine systematische Zuordnung der wesentlichen Dimensionen und Verfahren der PD. Dabei ist zu betonen, daß es sich bei der vorgenommenen Zuordnung nur um Akzentuierungen handelt, wobei sowohl die einzelnen Ebenen als auch die Indikationsstränge je nach Einzelfall entsprechend verwoben sind. So können sich z. B. Vorkenntnisdefizite und stark impulsive Strategien im Unterricht gleichermaßen auch medial und interaktional auswirken und sollten ggf. – neben lern- und methodendifferenzierenden Maßnahmen – auch präventiv und modifikatorisch diagnostiziert und behandelt werden. (Vgl. hierzu auch

Dimensionen und Verfahrensauswahl der Prozeßdiagnostik

Prozeßdimension	Verfahren im		
	Curriculumbezug	Präventionsbezug	Modifikations- (und Therapie-)bezug
1. *anamnestisch:* bisherige individuelle Lerngeschichte nach Konstanz und Veränderung und ihren Bedingungen	←----	– anamnestische Interviews (Eltern) – anamnestische Fragebögen – diagnostische Daten von Ärzten, Psychologen, Kindergärtnerinnen, früheren Lehrern etc.	----→
2.1 *intentional:* Prozesse der Erreichung bestehender Verhaltens-/Lernzielkonfigurationen und -niveaus	– Tests zur Erfassung des sachstrukturellen Entwicklungsstandes (zur Planung und summativen Evaluation) – Lerntests (planend) – kriteriumsorientierte Leistungsmessung (curriculum-begleitend)	– Beobachtungen anhand von Schätzskalen zur Verhaltenseinstufung – Fragebogen (Einstellungs- und Verhaltensprobleme) – Kataloge erwünschter Verhaltensweisen (für »Abstandsbestimmung«)	– kriterienorientierte Messungen von erwünschten und unerwünschten Verhaltensmerkmalen mittels besonderer Beobachtungsskalen und Verhaltens-Tests anhand von Inventar- und Verstärkerlisten
2.2 *medial* (methodisch bzw. vermittlungsspezifisch): Prozesse des methodisch individualisierten Vorgehens	– Verfahren zur Diagnose kognitiver Stile(Feld- und Zeitbezug) – ATI-Diagnostik – Beobachtungen bei methoden- und inhaltsvariiertem »Probeunterricht«	----→ ←----	– Beobachtungen von individuellen Strategien der Konfliktbewältigung
2.3 *interaktional:* Prozesse der personalen Wechselbeziehung und -wirkung im Bereich des Sozial- und Lernverhaltens	– Gruppen- und individuumszentrische Interaktionsanalysen von Unterrichtsausschnitten – Beobachtungen bei interaktionsorientiertem »Probeunterricht«	– Beobachtung negativ sich auswirkender Interaktionselemente (Verhaltensanalysen in standardisierten Sozial- und Lernbezügen) – Interaktionsprofile	– Beobachtung interaktionaler Beziehungen bei der Auslösung unerwünschter vs. erwünschter Verhaltensmerkmale (Grundkurve und Folgeraten)
3. *Diagnosekonsequenz:* Planung, Kontrolle und Steuerung ...	– ... »innerer« Lernweg- und Methodendifferenzierung (Abschnitte von remedialem Lernen und → ATI-Unterricht) – ... »äußerer« Differenzierung (schulartbezogen)	– ... entsprechender voll- oder teilstandardisierter Interventionsprogramme zur Stabilisierung angemessenen Sozial- und Lernverhaltens	– ... entsprechender kooperations- und kognitionsorientierter Verstärkertechniken und -programme

eine differenziertere systematische Zusammenstellung in Rüdiger 1978.)

4. Würdigung – Probleme: Die PD leistet in ihrer entwicklungs- und behandlungssteuernden Funktion einen wesentlichen Beitrag zur *»Pädagogisierung der Diagnostik«.* Mit ihrer weitgehenden Abkehr vom Konzept normalverteilter Eigenschaften sowie einmalig punktueller Messungen unter selektiven Gesichtspunkten wird sie der situationsabhängigen und veränderungsorientierten Dynamik menschlicher Entwicklungs- und Bildungsprozesse sowie -chancen eher gerecht. Zugleich verspricht sie – angesichts ihrer permanenten Treatmentverzahnung und -offenheit – Fehlprognosen und mit ihnen schicksalhafte selektive Fehlentscheidungen erheblich zu reduzieren. Sie trägt insofern zu größerer *»Chancengerechtigkeit«* bei, z. B. im Hinblick auf sogenannte »Grenzfälle« zwischen Regelschule und Sonderschule sowie »Risikofälle« beginnender Verhaltensauffälligkeit (→ *Sonderpädagogik;* → *Chancengleichheit).*

Bei aller positiven Würdigung kann allerdings nicht übersehen werden, daß die Entwicklung eines umgreifenden *Systems der PD noch in den Anfängen* steckt. Das betrifft einerseits das noch überaus *lückenhafte Gesamtrepertoire* an Verfahren, andererseits eine Reihe von *meßtechnischen Problemen,* u. a. solche der → *Veränderungsmessung* und der Standardisierung einschlägiger Verfahren nach Gütekriterien der klassischen Testtheorie (→ *Test):* Je schüler- oder klientenzentrierter, je lern- und behandlungserfolgsorientierter, je situations- und interaktionsbezogener Items gegeben, Entscheidungen getroffen und Behandlungskonsequenzen gezogen werden, desto schwieriger wird es, das diagnostische Verfahren objektiv, reliabel und eindeutig zu machen. Probabilistische Testmodelle, z. B. das Binomialmodell oder das Rasch-Modell, eröffnen hier neue Konstruktionsperspektiven. – Nicht zu übersehen sind schließlich die bis heute noch weitgehend ungelösten Fragen nach Aufwand und Ertrag, speziell der *»Testökonomie«,* z. B. des computerunterstützten Testens und der individuell zugeschnitterten Testprozedur des »tailored testing« (Klauer 1978).

Dietrich Rüdiger

Literatur
Fricke, R.: Kriteriumsorientierte Leistungsmessung. Stuttgart 1974. – *Guthke, J.:* Zur Diagnostik der individuellen Lernfähigkeit. Berlin (DDR) 1972. – *Holtz, K.-L.:* Diagnostik im Rahmen der pädagogischen Verhaltensmodifikation. In: *Klauer, K. J.* (Hrsg.): Handbuch der Pädagogischen Diagnostik. Bd. 4. Düsseldorf 1978, S. 873–889. – *Kaminski, G.:* Verhaltenstheorie und Verhaltensmodifikation. Stuttgart 1970. – *Kaminski, G.:* Implikationen treatmentbegleitender Diagnostik. In: *Tack, W. H.* (Hrsg.): Bericht über den 29. Kongreß der Deutschen Gesellschaft für Psychologie. Göttingen 1975, S. 13 f. – *Klauer, K. J.:* Diagnostik im Lehr-Lern-Prozeß. In: *Klauer, K. J.* (Hrsg.): Handbuch der Pädagogischen Diagnostik. Bd. 4. Düsseldorf 1978, S. 857–872. – *Kormann, A.:* Lerntests als Alternative zu herkömmlichen Schultests. In: *Bolscho, D./Schwarzer, Ch.* (Hrsg.): Beurteilen in der Grundschule. München 1979, S. 146–161. – *Krapp, A./Mandl, H.:* Einschulungsdiagnostik. Eine Einführung in Probleme und Methoden der pädagogisch-psychologischen Diagnostik. Weinheim 1977. – *Krapp, A.:* Prognose und Entscheidung. Weinheim 1979. – *Pawlik, K.:* Testtheorie–Eigenschaftstheorie–Verhaltensmodifikation. Standortfragen der psychologischen Diagnostik. In: *Tack, W. H.* (Hrsg.): Bericht über den 29. Kongreß der Deutschen Gesellschaft für Psychologie. Göttingen 1975. – *Rollett, B.:* Prozeßdiagnostik, normorientierte Diagnostik und ihre Implementation. In: *Tack, W. H.* (Hrsg.): Bericht über den 29. Kongreß der Deutschen Gesellschaft für Psychologie. Göttingen 1975. – *Rüdiger, D.:* Prozeßdiagnose als neueres Konzept der Lernfähigkeitsdiagnose. In: *Mandl, H./Krapp, A.* (Hrsg.): Schuleingangsdiagnose. Göttingen 1978, S. 66–83. – *Rüdiger, D.:* Der prozeßdiagnostische Ansatz mit einem Beispiel curricularer Prozeßdiagnose im Erstleseunterricht. In: *Bolscho, D./Schwarzer, Ch.* (Hrsg.): Beurteilen in der Grundschule. München 1979, S. 162–184. – *Schwarzer, Ch.:* Einführung in die Pädagogische Diagnostik. München 1979. – *Schwarzer, R./Steinhagen, K.* (Hrsg.): Adaptiver Unterricht. München 1975. – *Schwarzer, R.:* Diagnose und Prognose des individuellen Lernerfolgs. Aachen 1979 (unveröffentl. Manuskript). – *Tack, W. H.:* Diagnostik als Entscheidungshilfe. In: *Pawlik, K.* (Hrsg.): Diagnose der Diagnostik. Stuttgart 1976. S. 103–130. – *Westmeyer, H.:* Grundlagenprobleme psychologischer Diagnostik. In: *Pawlik, K.* (Hrsg.): Diagnose der Diagnostik. Stuttgart 1976, S. 71–101.

Psychoanalytische Pädagogik

1. Psychoanalyse als Methode, Lehre und Therapie: Sie beruht auf der von Freud gemachten Entdeckung, daß alles Psychische vom Unbewußten mitbestimmt wird. Die Entwicklung der Libido – der sexuellen Energie in ihren verschiedenen Ausformungen als psychische Energie – ist für die Entwicklung des Kindes entscheidend. Wenn die Triebimpulse des Es durch das Ich verdrängt – anstatt gelenkt – werden, entstehen Neurosen: Störungen des Erlebens, Verhaltens und der Körperfunktionen.

1.1 Psychoanalyse als Methode psychologischer Forschung: Die Psychoanalyse befaßt sich (a) mit dem *Erleben der einzelnen Person*, besonders mit dem Erforschen und Verstehen *unbewußter Vorgänge*; diese drücken sich aus in spontanen Einfällen, in Traum und Tagträumereien, in Erinnerungen und Bildern, im freien Spiel, in Körperempfindungen, in Fehlhandlungen und Verhaltensstörungen, in den psychischen wie körperlichen Symptomen neurotischer Erkrankungen; (b) mit der Wahrnehmung *unbewußter Beziehungen* zwischen den Menschen, wie sie sich in Übertragung und Gegenübertragung zeigen oder in der Verzerrung der Beziehungen durch neurotische Konflikte; (c) mit den unbewußten Prozessen, die durch das *Verhältnis der Person zu ihren sozialen Bedingungen* verursacht werden, zum Beispiel zur entfremdeten Arbeit, zur Schule, zum großstädtischen Lebensumfeld, zum Fernsehen.

1.2 Psychoanalyse als Theorie vom Unbewußten: In dieser Hinsicht ist das Erkenntnisinteresse der Psychoanalyse bezogen auf die unbewußten Inhalte früher Erfahrungen der Kindheit, aber auch auf die unbewußten Auswirkungen der augenblicklichen sozialen Wirklichkeit. Kernstück der Lehre sind: (a) die *Libidotheorie* als Entwicklung der kindlichen Sexualität in bestimmten Phasen; (b) die *Instanzenlehre*: der Aufbau der Psyche in das *Es*, das die primitiven Triebe und das Unbewußte enthält, das *Ich*, das mit Hilfe der → *Wahrnehmung*, des Denkens (→ *Denken und Problemlösen*), des → *Gedächtnisses* und der Motorik die Beziehung zur Realität herstellt, und das *Über-Ich*, das die Gebote und Verbote von Eltern und sozialer Umwelt enthält (→ *Sozialisation*); (c) die Lehre von den *Abwehrmechanismen*: vor allem der Verdrängung, Rationalisierung, Projektion, Verschiebung und Sublimierung; (d) die *psychoanalytische Krankheitslehre* als Beschreibung und Erklärung der Neurosen.

1.3 Psychoanalyse als Behandlungsmethode: Die Psychoanalyse heilt psychische und psychosomatische Erkrankungen. Sie macht unzugänglich gewordene Erinnerungen aus der Lebensgeschichte wieder erfahrbar – vor allem durch die freie Assoziation, durch Traumarbeit und Deutung –, so daß die unbewußten Störelemente dem Einfluß des Ichs zugänglich werden. Und sie versucht alle sich im Unbewußten auswirkenden Einflüsse bewußtzumachen, die in der gegenwärtigen Situation wirksam sind. Es geht um Erinnerung und Nacherleben verdrängter lebensgeschichtlicher Erfahrungen und um die Auseinandersetzung mit gegenwärtigen sozialen Kräften, die die psychischen Prozesse bis ins Unbewußte hinein mitsteuern.

2. Psychoanalytische Pädagogik: Die psychoanalytische Pädagogik (PP) erschließt den Ertrag der psychoanalytischen Erfahrungen für die → *Erziehung*. Die Erforschung kindlicher → *Entwicklung* und die psychotherapeutische Behandlung psychisch gestörter Kinder und Jugendlicher bringen Beobachtungen und Einsichten. Dadurch kann die Psychoanalyse dazu beitragen, Probleme der pädagogischen Theorie und Praxis zu klären (a) durch *Erziehungskritik*: Sie zeigt auf, welche Einflüsse der → *Familie* und sozialen Umwelt die Entwicklung des Kindes stören und deshalb verändert werden müssen; (b) durch *Erziehungsanleitung*: Sie nennt Bedingungen im Verhalten der Erzieher, die die gesunde Entwicklung von Kindern und Jugendlichen fördern; (c) durch *Erziehungshilfe*: Sie eröffnet der Pädagogik Wege, solchen Kindern zu helfen, die durch ihre bisherige Erziehung Schaden genommen haben (→ *Intervention und Prävention*).

Wesentliches Merkmal der PP ist, daß sie Erziehungsprobleme *aufdeckend* angeht; das erfordert: (a) genau hinzusehen, wie die *psychische Wirklichkeit* von Kindern, Jugendlichen und ihren Erziehern aussieht; (b) sich nacherlebend *einzufühlen* in Situationen und das psychische Erleben von Kind und Erzieher; (c) nach den *Ursachen* des Verhaltens und Erlebens zu fragen; (d) die Probleme *ursachenorientiert zu bearbeiten*.

3. Zur Problemgeschichte der PP: S. Freud hat die Anwendung der Psychoanalyse auf die Pädagogik als vielleicht das Wichtigste von allem, was die Analyse betreibt, bezeichnet: »Das Kind ist das hauptsächliche Objekt der psychoanalytischen Forschung geworden; es hat in ihrer Bedeutung den Neurotiker abgelöst, an dem sie ihre Arbeit begann« (GW XIV, S. 565). Seine Tochter A. Freud (geb. 1895) formuliert die Bedeutung der Psychoanalyse für die Erziehung so: »Als Lehre von den Trieben, vom Unbewußten, als Libidotheorie erweitert sie die Menschenkenntnis des Erziehers und schärft sein Verständnis für die komplizierten Beziehungen zwischen dem Kind und den erziehenden Erwachsenen« (1965, S. 53). – A. Aichhorn (1878–1949) wandte die Einsichten der Psychoanalyse in der Fürsorgeerziehung an (→ *Sozialpädagogik*). Er versuchte von der herkömmlichen Zwangserziehung, Bestrafung und Isolierung der »Verwahrlosten Jugend« wegzukommen. Um den kriminell gewordenen Kindern und Jugendlichen zu helfen, ergründete er die Ursachen der Verwahrlosung, die er meistens in frühen Kindheitseindrücken fand. – H. Zulliger (1893–1965) übertrug psychoanalytische Erkenntnisse auf die Schulpraxis. Er ließ die Schüler freie Aufsätze anfertigen, Träume niederschreiben, um sie besser verstehen und in Einzelgesprächen beraten zu können. – S. Bernfeld (1892–1953) verwandte die Psychoanalyse für eine kritische Erziehungswissenschaft und forderte als Konsequenz die Selbstbestimmung der Lernenden und eine radikale Demokratisierung der Schule. – F. Redl (geb. 1901) hat sich besonders für gruppenpsychologische Prozesse in der Schulklasse und die psychodynamischen Wechselbeziehungen zwischen Lehrer und Schüler interessiert. Für schwierige Kinder erarbeitete er das Konzept des »therapeutischen Milieus«. B. Bettelheim (geb. 1903) leitete fast 30 Jahre lang eine Modellschule für schwer gestörte (autistische) Kinder auf der Grundlage psychoanalytischer Erkenntnisse im Sinne einer »totalen Milieutherapie«.

4. *PP als Psychohygiene:* Ergebnisse der Psychoanalyse tragen zu einer Lehre von der seelischen Gesundheit bei (mental health). Durch Aufklärung der Erzieher und Veränderung der Erziehungseinrichtungen kann seelischen Erkrankungen vorgebeugt werden. Psychohygiene soll es den Kindern und Jugendlichen ermöglichen, sich selbst zu finden und zu verwirklichen, sich ganzheitlich zu erleben, unbefangene und einfühlsame Partnerzuwendung zu entwickeln, Leistungsfähigkeit zu entfalten, die dem Selbst und der Mitwelt dient.

5. *PP der Kindheit:* Zu den Grundaussagen der Psychoanalyse gehört, daß sich die Libido in Phasen entwickelt und den jeweiligen Entwicklungsabschnitten bestimmte Aufgaben zukommen (→ *Reifung und sensible Phasen*). Unter Libido wird dabei nicht nur der auf sexuelle Befriedigung gerichtete Trieb verstanden, sondern im weiteren Sinn die allen psychischen Äußerungen zugrundeliegende psychische Energie. Durch die psychoanalytischen Forschungen von Spitz, Bowlby, Robertson und anderen wurde besonders herausgestellt, wie bedeutsam die (a) *Frühstphase* der ersten Lebensmonate ist. Wenn die allererste soziale Beziehung gestört wird, wirkt sich das krankmachend bis tödlich aus: wenn der Säugling zuwenig berührt wird; wenn er greifen will und greift ins Leere; wenn er lächelt, ohne Erwiderung zu erfahren; wenn er lallt und ihm kein Mensch »antwortet« (→ *Deprivation*). – Schon in den ersten Lebenstagen und -wochen beeinflußt die Art, in der sich die Mutter dem Kind zuwendet, die weitere → *Entwicklung:* Gleichbleibende Gefühlsbeziehung und »Nestwärme« führen zum Urvertrauen (Erikson 1964); verläßliches Dasein und Wiederkehren der Mutter bewirkt erste Spuren von Lebensoptimismus; naher, zärtlicher Hautkontakt vermittelt Geborgenheit. – Gleichzeitig mit der Frühstphase setzt die (b) *orale Phase* ein und bestimmt etwa das erste Lebensjahr. Das Sich-Einverleiben sollte auf Bedingungen treffen, die dem Säugling ermöglichen, sich hinzugeben, zu empfangen, aber auch zuzubeißen und zuzugreifen, oralen Eigenrhythmus zu entwickeln und Regelmäßigkeit zu erleben. In der (c) *analen Phase*, etwa im zweiten Lebensjahr, sind die pädagogischen Aufgaben, dem Kind ein erstes »Machen« zu ermöglichen, das mitbestimmend für das spätere Leisten ist. Durch eine verständnisvolle Sauberkeitserziehung erfährt das Kind, daß es angenommen wird, daß es zurückhalten und hergeben kann, daß das, was aus ihm herauskommt, gut und nicht böse ist. – In der (d) *motorisch-aggressiven Phase*, etwa zwischen dem zweiten und vierten Lebensjahr, kann das Kind Kraftgefühl, Bewegungsfreiheit und Eigenbewegung entwickeln, wenn es genügend Spiel-Raum hat und auch seine aggressiven Regungen als ein »Sich-heran-Bewegen« an die Welt aufgefaßt werden. In der (e) *genital-phallischen Phase*, etwa zwischen vier und sechs Jahren, muß die »infantile Sexualforschung« des Kindes akzeptiert werden, damit es seinen Wißtrieb entwickeln kann. Damit es dem Kind möglich wird, sich als männlich oder weiblich zu erleben und anzunehmen, muß es sich in der ödipalen Situation mit den Eltern auseinandersetzen und identifizieren können (→ *Moralische Entwicklung und Erziehung*). – In der (f) *Pubertät und Adoleszenz* geht es dann vor allem um die Mobilisierung aller bisherigen Entwicklungsschritte, um Ablösung, Partnerbeziehung und Identitätsfindung (→ *Selbstkonzept*).

Die PP hat die ersten sechs Lebensjahre als für die kindliche Entwicklung entscheidend herausgestellt. Das verführte vielfach zu der Annahme, alles Nachfolgende sei nur Abklatsch der frühen Lebenszeit. Dieser Ansicht muß entgegengestellt werden, daß selbst bei gesundem Durchlaufen der Kindheit spätere person-verletzende Einflüsse ebenso schädigend auf die Entwicklung einwirken können wie die frühen. Besonders Richter (1974; 1976) hat Bausteine für eine PP des Erwachsenenalters geliefert, die den Vorurteilen begegnen, daß alles lebensgeschichtlich bestimmt sei (→ *Ökologie*).

6. *PP in der Schule:* Die PP befaßt sich mit allen Einrichtungen, die unmittelbar auf das kindliche Leben einwirken: mit Krankenhaus und Kinderkrippe, Kindergarten und → *Vorschulerziehung*, Schule und Heim. – Die Schule sei hier als besonders konfliktträchtiger Lebensbereich für Kinder herausgegriffen. Nach Specht (1977, S. 5) sprechen 25–50% aller Ratsuchenden an Erziehungsberatungsstellen und kinderpsychiatrischen Einrichtungen wegen Schulproblemen vor (→ *Schulerfolg und Schulversagen*). Demnach stellt die Schule ein Risiko für die psychische Gesundheit der Kinder dar. Schulen sind überwiegend auf intellektuelles und bewußt-praktisches Tun ausgerichtet. Das bringt mit sich, daß emotionale und unbewußte Bedingungen außer acht gelassen werden (→ *Gefühl*). Die PP zeigt auf, wie auch in der Schule alle bewußten psychischen Vorgänge mit unbewußten seelischen Abläufen verbunden sind. Folgende Gesichtspunkte erscheinen wichtig:

6.1 Die sichere Beziehung im Lehrer-Schüler-Kontakt: Alle psychischen Erkrankungen sind letztlich durch gestörte Beziehungen verursacht. Deshalb wirken sich Distanz, Namenlosigkeit, unpersönliches Lernen, übersteigertes Fachlehrerprinzip, Spezialisierung und Massenbetrieb in unwohnlichen Schulhäusern störend auf die kindliche Entwicklung aus. Das personale Verhältnis zwischen Lehrer, Schüler und Mitschülern muß Ausgangspunkt aller pädagogischen Überlegungen sein (→ *Gruppendynamik*). Merkmale dieser Beziehung sind die Achtung der Person, wechselseitiges Sich-Anerkennen, Hoffnung, Vertrauen, pädagogischer Takt und die helfende Führung des Lehrers (→ *Lehrer-Schüler-Interaktion*).

6.2 Angstfreies Lernen: Wenn Kinder und Jugendliche durch Überforderung bedroht, durch Prüfungen gedrückt, durch Mißerfolg und Sitzenbleiben gekränkt werden, wird das Lernen behindert, die Spontanität blockiert, das Denken gehemmt und die Anpassungsbereitschaft verstärkt (→ *Angst*). Außerdem sind vielfältige psychosomatische Erkrankungen die Folge: Bauch- und Kopfschmerzen, Kreislaufstörungen und Herzbeschwerden, Eß- und Verdauungsstörungen und dergleichen. – Die Schule muß berücksichtigen, daß jeder Unterricht von persönlichen Gefühlen und Wünschen begleitet ist.

6.3 Die Frage nach dem emotionalen Wohlbefinden: Nur wenn sich Schüler und Lehrer emotional wohl befinden, können sie gut lernen. Deshalb darf die Frage nach dem Sichfühlen nicht verdrängt werden: Wie fühlen sich Schüler und Lehrer in der Hier-und-Jetzt-Situation? – Die Übersteigerung von Leistungsprinzip und Rivalitätsdruck (→ *Schulleistungsbeurteilung*) führt zu einer emotionalen Kargheit in den Schulen. Durch unsinnige Lernforderungen, durch ständige Prüfungssituationen, durch → *Tests*, durch Zensuren werden viele Schüler unentwegt krankhaften Ehrgeizidealen und Rivalitätszwängen ausgesetzt. Besonders für benachteiligte, schwache Kinder wird dadurch die Schule zu einer heillosen Stätte, an der man nur akzeptiert wird, wenn man intellektuell stark und leistungsfähig ist (→ *Lernschwierigkeiten*). Zu den Alternativen, die die PP vorschlägt, gehört die themenzentrierte Interaktion (Cohn), deren Elemente im Unterricht angewandt werden können: Das Ich der Lernenden wird ebenso berücksichtigt wie das Wir der Lerngruppe, bezogen auf das Es des Lerninhalts (→ *Humanistische Psychologie*).

6.4 Die Ganzheit und Einmaligkeit der Person des Kindes: Die Schule verursacht psychische Not, weil sie Kinder nicht in ihrem vollen Mensch-Sein annimmt, sondern nur mit ihrer Leistung – und speziell der intellektuellen. Viele Schüler erleiden dadurch täglich Demütigungen wie als selbstverständlichen Bestandteil des Unterrichts. Sie erfahren unablässig: So wie ich bin, werde ich nicht gewollt; ich müßte eigentlich anders sein. Das führt zu einer Störung des Selbstgefühls (→ *Selbstkonzept*). Damit die Schule Kinder in ihrer Ganzheit annehmen kann, muß sie die Eigenart des einzelnen Schülers aufwerten, mehr und unterschiedliche Ausbildungsgänge anbieten; sie muß ermöglichen, daß die Jugendlichen Fächer und Unterrichtsinhalte wählen und abwählen können (→ *Differenzierung*). Nicht nur die intellektuelle Leistung darf wichtig sein; ebenso bedeutsam ist das Spielen (→ *Spiel und Spieltheorien*), das Arbeiten mit der Hand, schöpferisches Tun, künstlerisches Schaffen, soziales Handeln.

6.5 Verstehen und Helfen: Schwierige und weniger leistungsfähige Schüler werden meist ausgesondert. Diese Aussonderung hat oft

person-verletzenden und isolierenden Charakter. Schule sollte die schwierigen, behinderten und gefährdeten Kinder und Jugendlichen nicht abweisen, sondern ihnen helfen: indem sie psychischen Beschädigungen vorbeugt und indem sie den »Schwierigen« beisteht: durch Einzel- und Gruppengespräche, durch → *Beratung* und sozialtherapeutische Hilfe.
7. *Unbewußte Konflikte der Erzieherpersönlichkeit:* Die PP lenkt ihre Aufmerksamkeit auf die Person des Erziehenden. Sie befaßt sich mit den unbewußten Motiven, die bei der Berufswahl des Lehrers und Erziehers eine Rolle spielen und die das Verhalten den Kindern gegenüber mitbestimmen. Sie deckt auf, wie sich der Lehrer als heilender Faktor auf gestörte Kinder auswirken kann – oder auch welch psychisch krankmachende Einflüsse von ihm ausgehen können.
7.1 Die Übertragung: Ein unbewußter Vorgang im Erziehungsprozeß drückt sich in der Übertragung aus. Der Erzieher überträgt Haltungen, Einstellungen und Verhaltensweisen, die er in seiner Kindheit erworben hat, auf die gegenwärtige Lebenssituation. Ohne daß er es merkt, handelt er so, als ob seine jetzigen Bezugspersonen die von früher wären, und das verzerrt den pädagogischen Bezug. So kommt der Erzieher in Gefahr, unter dem Deckmantel pädagogischer Notwendigkeit → *Aggressionen* auf Schüler abzuladen, die eigentlich einer früheren Bezugsperson gelten; er trägt Rivalitätszwänge in die Eltern-Kind-Beziehung, die Austragung alter Geschwisterkonflikte sein können; er erlebt Ängste, die seiner Kindheit entstammen; er überträgt Autoritätskonflikte, die aus seiner Vater-Beziehung stammen, und belastet damit die Erziehungssituation.
7.2 Neurotische Konflikte als Störung des pädagogischen Bezugs: Die Erziehungssituation kann für den Erziehenden zum Austragungsort seiner neurotischen Konflikte werden, weil die Kinder in der schwächeren Position sind und sich gegen den psychisch kranken Erzieher kaum wehren können. So fließen zum Beispiel verborgene sadistische Regungen in die Erzieher-Kind-Beziehung ein; zwar weniger häufig als früher in Form körperlicher Quälerei – sondern als viel gefährlichere, verfeinerte Sadismen: in der Schule etwa als Zensurenbüchlein-Sadismus; oder als Bloßstellen und »Hängen-lassen« von Schülern in der Prüfungssituation; oder in Form von pädagogisch bemäntelter »Strenge«; oder als verletzende Härte, die als »Gerechtigkeit« ausgegeben wird.
7.3 Unbewußte Erwartung und Rollenzuweisung der Erzieher: Psychoanalytische Behandlungen zeigen, wie mächtig sich der Glaube oder Unglaube von Erziehern in ihre Kinder festsetzt, oft kaum korrigierbar. Erwartungshaltungen der Erzieher können die Heranwachsenden schwer beeinträchtigen. Das Kind wird unter Umständen in eine Rolle gedrängt, in der es seine tatsächlichen Entwicklungsmöglichkeiten nicht verwirklichen kann. Richter (1967) zeigt, daß Eltern ihren Kindern bestimmte Rollen zuweisen, um sich unbewußt eigene Wünsche zu erfüllen: So kann das Kind z. B. in die Rolle des Ehepartners oder eines Geschwisters gedrängt werden; es kann dazu mißbraucht werden, ein Ideal zu erfüllen, das die Eltern nicht erreicht haben; oder es soll zur Bestätigung der Eltern genauso werden wie sie selbst.
8. *Konsequenzen für die Psychohygiene des Erziehers:* Erziehungseinrichtungen sind weitgehend vom Machtprinzip – anstatt vom Partnerschaftsprinzip – bestimmt. Daher ist die Gefahr groß, daß Erzieher ihre neurotischen Konflikte an die schwächeren Kinder und Jugendlichen weitergeben. Für den Erzieherberuf wären daher folgende psychohygienische Maßnahmen wichtig: (a) rechtzeitige Klärung *unbewußter Beweggründe*, die zur Wahl eines pädagogischen Berufes führen; (b) Untersuchungs- und *Beratungsgespräche* vor Aufnahme eines pädagogischen Studiums im Hinblick auf die charakterlich-emotionale Struktur des Studierenden; (c) *Gruppenarbeit* in der Ausbildung, zur vertieften Selbsterkenntnis, zur Förderung des Sozialverhaltens und zur Bearbeitung eigener Erfahrungen im Umgang mit Kindern, Studienkollegen, Vorgesetzten und Eltern; (d) *Studienbegleitendes Praktikum* von Anfang an, bei dem der Studierende in allen Semestern wöchentlich einmal mit den Kindern und Jugendlichen in Kontakt kommt; (e) *PP als Ausbildungsinhalt:* Damit der Erzieher mit Problemsituationen besser umgehen kann, braucht er tiefenpsychologisches Wissen über sich und die Kinder und Jugendlichen, über Erscheinungsformen des kindlichen Unbewußten, über die gesunde und neurotische Entwicklung von Kindern, über emotionale Bedingungen des Lernens, über das Unbewußte in der Person des Erziehers; (f) Gruppen in *themenzentrierter Interaktion (TZI);* (g) *Fallbesprechungsgruppen* mit etwa 8–12 Teilnehmern: Sie

dienen dazu, gemeinsame Probleme der täglichen Erziehungspraxis unter Leitung eines tiefenpsychologisch ausgebildeten Lehrers, Psychologen oder Therapeuten zu bearbeiten: Schwierigkeiten mit einzelnen Kindern, der Gruppe oder mit sich selbst. Die Teilnehmer lernen, mit Übertragungsvorgängen zweckmäßiger umzugehen und ihr eigenes Verhalten einer fortlaufenden Selbsteinschätzung zu unterziehen; (h) *Psychoanalytische Selbsterfahrungsgruppen:* Sie ermöglichen, sich mit der eigenen Person, vor allem auch mit deren unbewußten Seiten, auseinanderzusetzen. Die Teilnehmer können »blinde Flecken« in ihrem Erleben und Verhalten entdecken und dadurch ihre Persönlichkeit erweitern. Selbsterfahrungsgruppen lassen vielfältige Beziehungs- und Gefühlserfahrungen machen. Die Gruppenteilnehmer helfen einander, sich selbst im Zusammenhang der Gruppe besser kennenzulernen und zu entwickeln. Konflikte im Hier und Jetzt werden auch im Zusammenhang mit lebensgeschichtlichen Erfahrungen gesehen; (i) *Psychotherapeutische Beratung* für Erzieher: Sie klärt die Schwierigkeiten des Ratsuchenden auf ihre Ursachen hin ab und schlägt Möglichkeiten der Hilfe, → *Beratung* oder Behandlung vor; (k) *Psychoanalytische Behandlung* für Erzieher, deren unbewußte Konflikte sie in ihrer beruflichen Arbeit behindern, aber auch für solche, die über die psychoanalytische Arbeit zu vertiefter Selbstreflexion und Selbsterkenntnis kommen möchten.

Kurt Singer

Literatur
Aichhorn, A.: Verwahrloste Jugend. Stuttgart ⁵1965. – *Aichhorn, A.:* Erziehungsberatung und Erziehungshilfe. Zwölf Vorträge über psychoanalytische Pädagogik. Stuttgart 1959. – *Ammon, G.* (Hrsg.): Psychoanalytische Pädagogik. Hamburg 1973. – *Bernfeld, S.:* Antiautoritäre Erziehung und Psychoanalyse. 3 Bde. Frankfurt/M. ⁴1971. – *Bettelheim, B.:* Der Weg aus dem Labyrinth. Leben lernen als Therapie. Stuttgart 1975. – *Bettelheim, B.:* Liebe allein genügt nicht. Die Erziehung emotional gestörter Kinder. Stuttgart 1979. – *Bittner, G.:* Psychoanalyse und soziale Erziehung. München 1967. – *Bittner/Rehm* (Hrsg.): Psychoanalyse und Erziehung. Ausgewählte Beiträge aus der Zeitschrift für psychoanalytische Pädagogik. Stuttgart 1964. – *Cohn, R.:* Von der Psychoanalyse zur themenzentrierten Interaktion. Stuttgart 1975. – *Cremerius, J.* (Hrsg.): Psychoanalyse und Erziehungspraxis. Frankfurt/M. 1971. – *Dührssen, A.:* Psychogene Erkrankungen bei Kindern und Jugendlichen. Göttingen 1962. – *Erikson, E. H.:* Kindheit und Gesellschaft. Stuttgart 1964. – *Freud, A.:* Einführung in die Psychoanalyse für Pädagogen. Bern ⁴1965. – *Freud, S.:* Gesammelte Werke. Frankfurt/M. 1952. – *Fromm, E.:* Der moderne Mensch und seine Zukunft. Frankfurt/M. 1969. – *Meng, H.* (Hrsg.): Die psychoanalytische Pädagogik des Kleinkindes. München 1973. – *Meng, H.* (Hrsg.): Psychoanalytische Pädagogik des Schulkindes. München 1973. – *Redl, F.:* Erziehung schwieriger Kinder. Beiträge zu einer psychotherapeutisch orientierten Pädagogik. München 1971. – *Rehm, W.:* Die psychoanalytische Erziehungslehre. Anfänge und Entwicklung. München 1968. – *Richter, H. E.:* Eltern, Kind und Neurose. Hamburg 1969. – *Richter, H. E.:* Flüchten oder Standhalten. Hamburg 1976. – *Richter, H. E.:* Lernziel Solidarität. Hamburg 1974. – *Riemann, F.:* Grundformen der Angst. München ⁹1975. – *Schraml, W. J.:* Einführung in die Tiefenpsychologie für Pädagogen und Sozialpädagogen. Stuttgart 1968. – *Schultz-Hencke, H.:* Der gehemmte Mensch. Stuttgart 1965. – *Singer, K.:* Lernhemmung, Psychoanalyse und Schulpädagogik. München ²1974. – *Singer, K.:* Verhindert die Schule das Lernen? Psychoanalytische Erkenntnisse als Hilfe für Erziehung und Unterricht. München ²1976. – *Singer, K.:* Humane Schule – Pädagogische Schule. Frankfurt/M. 1981. – *Specht, F.:* Beanspruchung von Schülern. Kinder- und jugendpsychiatrische Aspekte. Bonn 1977. – *Zulliger, H.:* Schwierige Kinder. Zwölf Kapitel über Erziehung, Erziehungsberatung und Erziehungshilfe. Stuttgart 1958. – *Zulliger, H.:* Heilende Kräfte im kindlichen Spiel. Stuttgart 1954.

Rehabilitation

Unter Rehabilitation (R) wird heute der Gesamtprozeß und das System der Hilfen verstanden, die einem behinderten oder von → *Behinderung* bedrohten Menschen eine bessere Daseinsbewältigung und soziale Integration ermöglichen. Gemeint ist ein Sammelbegriff, der die verschiedensten, insbesondere medizinischen, sozialen und pädagogischen, Maßnahmen umfaßt, die sich aus der individuellen und sozialen Beeinträchtigung eines Menschen als soziales Erfordernis und humane Verpflichtung ergeben. Die ursprüngliche Wortbedeutung, nämlich Wiederherstellung der Ehre eines Verdächtigten oder Verurteilten, bleibt dabei in einem übertragenen Sinn erhalten, und zwar einerseits – dies gilt insbesondere für Deutschland – unter dem historischen Aspekt der Wiedergutmachung an einer Personengruppe, die entrechtet und z. T. als *lebensunwert* vernichtet worden war, andererseits in Bezug auf die – zumindest angenäherte – Wiederermöglichung eines normalisierten Lebensvollzuges nach dem Eintreten einer physischen, psychischen und sozialen Gefährdung oder Schädigung. Angesichts der Vielzahl verschiedener Termini, die sich auf gleiche und ähnliche Aufgaben beziehen und in ihrer Vielfalt weithin aufgesplitterte Aktivitäten meinen, liegt ein entscheidender Begriffsinhalt von R auf dem Verbund dieser multidisziplinären Ansätze. Weiterhin kommt in ihm ganz wesentlich der sozialpolitische Aspekt zum Tragen: R, auf den einzelnen Menschen bezogen, ist abhängig davon, wieweit R als gesellschaftliche Aufgabe wahrgenommen wird. Ganz allgemein definiert ist R Behindertenhilfe im weitesten Sinn.

1. Entwicklungsgeschichte: Der Terminus R dürfte zum ersten Mal im Anschluß an den Ersten Weltkrieg in den Vereinigten Staaten gebraucht worden sein, und zwar in einem »Vocational Rehabilitation Act« von 1920, nach welchem mit Hilfe öffentlicher Mittel Kriegsversehrte wieder in einen Beruf eingegliedert werden sollten (v. Bracken 1968). Die Erfahrungen bei diesen zunächst eng umrissenen Aufgabenstellungen führten in den fünfziger Jahren in den USA und Großbritannien zu einem Definitionswandel vom lediglich medizinischen zum sozialen Ansatz und von der bloßen *Wieder*herstellung ursprünglich vorhanden gewesener Befähigungen zur Entwicklung eines größtmöglichen Ausmaßes physischer und geistiger Funktionabilität in allen Fällen von Schädigungen und Beeinträchtigungen, wie es die Weltgesundheitsorganisation 1958 formulierte (The Tunbridge Report 1974). Die Übernahme dieses erweiterten R-Begriffes in die deutsche Fachterminologie ist insbesondere dem Mediziner Kurt-Alphons Jochheim (1958) zu verdanken. Er nannte zwei Begründungen:(a) Der Begriff fülle mit seiner umfassenden und vereinheitlichenden Bedeutung eine Lücke zwischen den verschiedenen Disziplinen und (b) er erleichtere und begünstige die internationale Verständigung. Die rasche Aufnahme des neuen Terminus in den verschiedensten Fachgebieten bestätigte diese Annahmen. Es konstituierten sich mehrere Verbände und Arbeitsgemeinschaften, u. a. die »Deutsche Vereinigung für R«, deren Fachorgan die Zeitschrift »Rehabilitation« wurde. Die größte Einrichtung in der Bundesrepublik, die sich auch praktischen Aufgaben (mit dem Schwerpunkt der beruflichen Eingliederung) stellt, ist die *Stiftung R* in Heidelberg.

Für die → *Sonderpädagogik* (Behindertenpädagogik) setzte der neue Begriff wichtige Impulse, die vor allem darauf abzielten, die bisherige Verengung auf den eigenen Bereich der Erziehung und der pädagogischen Institutionen, insbesondere der Schule, zu überwinden. Einen wichtigen Beitrag hierzu bildete die von Heese herausgegebene, 1961 eröffnete Schriftenreihe *R der Entwicklungsgehemmten.* Während in der Bundesrepublik sich im sonderpädagogischen Bereich insbesondere die Körperbehindertenpädagogik mit dem Ansatz der R identifizierte, wurde in der DDR mit dem Terminus *R-Pädagogik* – in Abhebung zur bundesrepublikanischen *Sonderpädagogik* – der neue Terminus umfassend für alle spezielle, auf Behinderte bezogene Pädagogik gültig (Theiner u. a. 1977). Starke und weitreichende Akzente setzte der Begriff R für die Sozialarbeit. Ein eigener Ausbildungsgang mit Schwerpunkt R wurde für Sozialpädagogen eingerichtet.

2. Aufgabenbereiche der R.: Unter dem Leit- und Koordinationsbegriff der R lassen sich verschiedene wissenschaftliche Disziplinen und Arbeitsbereiche zusammenfassen, deren Aufgabe es ist, die physischen, psychischen und sozialen Lebensbedingungen eines behinderten Menschen zu verbessern. Damit wird zum Ausdruck gebracht, daß keine Einzeldisziplin allein diesem Auftrag gerecht werden kann und daß an die Stelle fachlich aufgespaltener Einzel-R »das Postulat der Einheit des R-Geschehens gesetzt« werden müsse (Paeslack 1979). Die Erfüllung dieser Forderung in der Praxis steht noch weithin aus. Die Gesamtaufgabe der R läßt sich von den verschiedenen Teilansätzen aus angehen. Dabei lassen sich grob unterscheiden: (a) der medizinische Ansatz (R-Medizin, rehabilitative Aspekte der Fachmedizinen einschließlich Vorsorge) und (b) der soziale Ansatz (Sozialarbeit, Pädagogik, → *Beratung*, soziale Therapie, R-Psychologie).

Beide Ansätze lassen sich nur theoretisch-methodisch und berufspraktisch voneinander trennen, inhaltlich gehören sie zusammen. Von den Institutionen her gesehen bedeutet dies den Anspruch interdisziplinärer R-Arbeit in jeglicher Art von Einrichtungen, also auch sozialer, psychologischer und pädagogischer Dienste in medizinisch-klinischen Einrichtungen und umgekehrt die Ergänzung und Zusammenarbeit der sozialen Dienste und Institutionen mit rehabilitationsmedizinischen. Die gemeinsame Aufgabe läßt sich auch als *Normalisation* bezeichnen. Damit wird zum Ausdruck gebracht, daß Gefährdete oder sonstige Behinderte aus ihrer anormalen Randgruppenposition, ihrer Isolation und damit zugleich aus ihrer Überabhängigkeit gelöst und über eine möglichst selbständige Lebensbewältigung zu einer adäquaten (normalisierten) sozialen Teilhabe gelangen können. Als Teilinhalte dieser umfassenden Aufgabe lassen sich verschiedene R-Bereiche unterscheiden: (a) berufliche R: spezielle berufliche Bildung, Umschulung, Berufsförderung, Vermittlung von Arbeitsplätzen, Werkstätten für Behinderte, technische Rehabilitationshilfen. (b) soziale R: Eingliederung in soziale Gruppen, Freizeit, Bewährungshilfe, rehabilitative Nachsorge, Eltern- und Familienarbeit, soziale Beratung (→ *Gemeindepsychologie*); (c) psychologische R: psychologische Beratung und Therapie, z. B. bei Drogenabhängigkeit oder psychischen Störungen, personale Rehabilitation (→ *Intervention und Prävention*); (d) pädagogische R: Spezialunterricht, Lernhilfen, Sonderschulen, Familienerziehung (→ *Lerntherapie*); (e) Vorsorge und Vorbeugung: Früherkennung, Vorsorgeuntersuchungen, Frühförderung, Früherziehung, Frühtherapie.

3. Rehabilitationsrecht: Zur Sicherung und Organisation der R-Aufgaben wurden rechtliche Grundlagen in Gesetzen und Verordnungen geschaffen (Mrozynski 1979), speziell sind zu nennen: (a) das Bundessozialhilfegesetz; (b) das Schwerbehindertengesetz; (c) das Gesetz über die soziale Sicherung Behinderter; (d) das R-Angleichungsgesetz.

Die Fülle der einzelnen rechtlichen Bestimmungen hat den Rehabilitanden immer stärker in Abhängigkeit von den Organisationen der Dienstleistungsgesellschaft gebracht. Demgegenüber wird in gesteigertem Maße personorientierte, offene, gemeindenahe, weithin entprofessionalisierte Hilfe neben den rehabilitativen Großorganisationen und vollprofessionalisierten Hilfen gefordert, soweit diese unersetzlich notwendig sind.

Otto Speck

Literatur
Bracken, H. v.: Die Rehabilitation des behinderten Menschen. In: *Bracken, H. v.* (Hrsg.): Erziehung und Unterricht behinderter Kinder. Frankfurt/M. 1968, S. 50–61. – *Heese, G.:* Die Rehabilitation der Gehörlosen. Bd. 1 der Schriftenreihe »Die Rehabilitation der Entwicklungsgehemmten«. München/Basel 1961. – *Jochheim, K.-A.:* Grundlagen der Rehabilitation in der Bundesrepublik Deutschland. Stuttgart 1958. – *Knapp, F.:* Rehabilitation und Psychologie. In: *Augsburger, W.* u. a. (Hrsg.): Rehabilitation. Praxis und Forschung. Berlin/Heidelberg/New York 1977. – *Mrozynski, P.:* Rehabilitationsrecht. München 1979. – *Paeslack, V.:* Aufgaben und Grenzen der Rehabilitation. In: *Scholz,* *J. F.* (Hrsg.): Rehabilitation als Schlüssel zum Dauerarbeitsplatz. Berlin/Heidelberg/New York 1979, S. 17–26. – *Theiner, Ch.* u. a.: Zur Theorie und Praxis der Erziehung und Bildung Geschädigter in sozialistischen Ländern. Berlin 1977. – *The Tunbridge Report:* Concepts of rehabilitation and reasons for the failure of the present provision. In: *Wingrove, M./Wingrove, J. M.* (Hrsg.): The Handicapped Person in the Community. London 1974, S. 341–349.

Reifung und sensible Phasen

1. Einleitung: Die Begriffe Reifung (R) und sensible Phasen werden häufiger in der biologischen Verhaltensforschung als in der psychologischen gebraucht. Sie stehen zudem in den beiden Verhaltenswissenschaften in einem unterschiedlichen Bedeutungszusammenhang. Der Verhaltensbiologe neigt dazu, das allmähliche Auftreten solcher Verhaltensweisen, die das artspezifische Verhaltensrepertoire des (geschlechts)›reifen‹ Artvertreters ausmachen, während der Ontogenese als Reifung zu bezeichnen. In Übereinstimmung mit der Evolutionstheorie Darwins herrscht dabei die Vorstellung, daß die Anpassung einer Species an bestimmte ökologische Lebensbedingungen die im Erbgut verankerten Erfahrungen einer Art sind. Solche phylogenetische Adaptationen sind genetisch *determinierte* Verhaltensweisen, die unter bestimmten Umweltbedingungen zu unterschiedlichen Zeitpunkten während des Lebenslaufs auftreten. Der Verhaltensbiologe untersucht dabei Tierarten bis zu den Primaten. Untersuchungen an Kindern sind allerdings erst in neuerer Zeit häufiger durchgeführt worden. In der Psychologie, die sich gegenüber der Verhaltensbiologie vorrangig mit individuellen Anpassungsleistungen des Menschen auf der Grundlage von Erfahrungen beschäftigt hat, lag und liegt das Schwergewicht eher auf dem Lernen (→ *Lernen und Lerntheorien*).

2. Anlage und/oder Umwelt
2.1 Herkunft adaptiver Verhaltensmuster:
Konrad Lorenz geht von der unleugbaren Tatsache aus, daß Informationen, die ein Organismus über die Umwelt haben muß, um zu überleben, prinzipiell nur auf zwei Wegen in seinen Besitz gelangt sein können: entweder durch Verankerung in der genetischen Substanz (durch phylogenetische Anpassung) oder durch Erfahrung (durch adaptive Modifikation) (Lorenz 1961). Diese logische Trennung, die es durchaus erlaubt, von Anlage

oder Umwelt zu sprechen, wird auf der Ebene empirischer Verhaltensforschung problematisch (→ *Genetik*). Die Problematik ist durch die Tatsache begründet, daß R die Vervollkommnung einer Verhaltensweise ohne Übung darstellt. Wenn man z. B. junge Vögel daran hindert, zu fliegen oder den arteigenen Gesang zu hören, und sie es dann später doch so gut können wie ihre unbehindert gebliebenen Artgenossen, dann ist R nachgewiesen. Treten allerdings die ungeübten Verhaltensweisen später nicht auf, so ist das Fehlen von R-Vorgängen nicht ›bewiesen‹, weil die Art der sonstigen haltungsbedingten Beeinträchtigungen nicht bekannt ist.

2.2 Umweltstabile und umweltlabile Verhaltensweisen: Umweltstabil sind solche Verhaltensweisen, die artspezifisch relativ unverändert in einer Vielzahl unterschiedlicher Situationen auftreten. Die Nachfolgeprägung bei Gänsen und Enten, die Geruchsprägung von Ziegen sind Beispiele für die Umweltstabilität. Umweltlabil sind demgegenüber Verhaltensweisen, die sich unter verschiedenen Umweltbedingungen unterschiedlich ausbilden, deren Auftreten also in einem Bedingungszusammenhang mit den ontogenetischen Lebensbedingungen steht. Beim menschlichen Kind wäre die R der Sprech- und Kommunikationsfähigkeit umweltstabil, die Ausbildung einer besonderen ›Mutter‹-Sprache umweltlabil.

Sensible Phasen sind Zeiten während der Ontogenese (→ *Entwicklung*) eines Individuums, in denen bestimmte Erfahrungen eine dauerhafte oder prägende Wirkung haben. Bei der Nachfolgeprägung der Graugans z. B. läuft das Gänseküken seinen Eltern, die es nach dem Schlüpfen in der Regel zuerst sieht, bis zur Loslösung von ihnen nach. Bietet man während der sensiblen Phase einen anderen Gegenstand an als die Eltern, so geschieht das gleiche in Bezug auf dieses Objekt. R-bedingt ist dabei der Zeitpunkt während der Ontogenese, zu dem eine besondere phylogenetisch gesteuerte Bereitschaft besteht, bestimmte zeitlich begrenzte Umweltereignisse dauerhaft, nicht selten sogar unumkehrbar wirksam werden zu lassen.

3. Sensible Phasen und Prägung
3.1 Biologische Hinweise auf Phasenspezifität: Bei der klassischen *Nachfolgeprägung* handelt es sich um ungelernte Bewegungsabläufe, die auf individuell erfahrene Objekte gerichtet werden. Die Begriffe ›sensible Phasen‹ und ›Prägung‹ unterscheiden sich folglich nur in der Blickrichtung voneinander. Die untersuchten Tiere – meistens Nestflüchter – müssen ihre Eltern individuell rasch und präzise erkennen, da eine Verwechslung für das Junge gefährlich werden könnte. Für verschiedene Tierarten konnte die optimale Zeitspanne nach dem Schlüpfen oder von der Konzeption an für die Nachfolgeprägung experimentell ermittelt werden (Hess 1975). Bei der *sexuellen Prägung* handelt es sich um die spätere Äußerung aller zum Funktionskreis Paarbildung/Paarbindung/Fortpflanzung gehörenden Verhaltensweisen gegenüber der Art, die das betreffende Tier als Junges aufgezogen hat. In Experimenten dienen artfremde Elterntiere als Stiefeltern, etwa japanische Mövchen für Zebrafinken (Immelmann 1981) oder eine andere Entenart für die Aufzucht von Enten. Die sexuelle Prägung beider bisher untersuchten Tierarten ist abgeschlossen, bevor das Tier geschlechtsreif wird.

Prägungsvorgänge finden in sogenannten ›sensiblen Phasen‹ statt, einem Lebensabschnitt oder einer Lebenssituation, meist sehr früh in der Ontogenese, deren Anfang oft und deren Ende gelegentlich feststellbar ist. Beginn und Ende sensibler Phasen hängen, außer von endogenen Programmen, in starkem Maße auch von Umwelteinflüssen ab. Außerhalb dieser Phasen sind äußerlich gleiche Ereignisse nicht prägend. Damit ist nicht gesagt, daß sie völlig ohne Wirkung auf den wahrnehmenden Organismus sind. Innerhalb der sensiblen Phase gibt es beträchtliche Schwankungen. Eine spätere Erfahrung kann z. B. eine frühere überdecken. Zebrafinken, von japanischen Mövchen aufgezogen, brauchten nur drei Tage mit der eigenen Art zusammenzuleben, um die eigene Art zu bevorzugen; dies traf aber nur dann zu, wenn die Rückversetzung spätestens am 38. Lebenstag geschah. Vom 40. Lebenstag an brauchten sie bereits 7 Tage, um wieder die eigene Art zu bevorzugen, schon vom 57. Tag an 30 Tage, und vom 71. Tag an dauerte es 60 Tage. Immelmann zieht daraus eine wichtige Schlußfolgerung, die den Begriff der sensiblen Phase auch für die Ontogenese des Menschen in neuem und interessantem Licht erscheinen läßt: »Je älter das Tier wird, desto mehr Erfahrung ist nötig, um eine in frühester Kindheit erfolgte Prägung nachträglich zu überdecken, der soziale ›Aufwand‹ für eine solche Änderung wird also mit zunehmendem Alter immer größer« (Immelmann 1981). Außerhalb von Nachfolge- und Sexualprägung spricht man gelegentlich von Nahrungsprägung, Biotop- oder geographischer Prägung (z. B. Ortstreue bei verschiedenen Vogelarten). Trotz aller Verschiedenheit der zahlreichen Beispiele für Prägung stimmen sie darin überein, daß sie offenbar nur während eines ganz bestimmten Lebensabschnitts ablaufen können und daß es sehr schwer ist, ihre Ergebnisse später rückgängig zu machen oder überhaupt zu verändern. Immelmann hebt deshalb auch nicht so sehr das *Lernvermögen* während einer sensiblen Phase hervor, sondern die *Gedächtnisdauer*, das Ausbleiben des nach normalem Lernen meist auftretenden Vergessens; er spricht folglich in all jenen Fällen von Prägung, »in denen ein bestimmtes Ausmaß an Erfahrung in einem bestimmten Lebensabschnitt zu einem dauerhafteren Ergebnis führt als das gleiche oder ein größeres Ausmaß an Erfahrung zu einem anderen Zeitpunkt« (1981).

3.2 Gibt es sensible Phasen beim Menschen?
Beim Menschen spricht man von R und sensiblen Phasen vor allem in der frühen Kindheit. R bezieht sich einerseits auf physiologische Entwicklungen wie z. B. die Markscheidenbildung zentraler Nerven und die Ausbildung von Nervenverbindungen im ZNS. Vorgeburtliche sensible Phasen sind bekannt durch die zeitspezifische Wirkung bestimmter Krankheiten (z. B. Röteln), Pharmaka (z. B. Thalidomid bzw. Contergan) und Hormone (z. B. die androgenbedingten Veränderungen beim männlichen Embryo ab der 6. Woche nach der Befruchtung). R meint andererseits die Ausbildung von Verhaltensweisen ohne Üben (mit oder ohne Bekräftigung und/oder Vorbild), z. B. Lächeln beim Säugling, oder angespannte Aufmerksamkeit. Auch dies ist keineswegs unabhängig zu sehen vom Kontext, in dem solche Verhaltensweisen auftreten, und von den Konsequenzen, die sie in der belebten und unbelebten Umwelt haben.

Aus vielen Gründen, vor allem aber wegen der ethischen Verbote des Experimentierens mit Kindern in diesem Bereich, sind Aussagen über sensible Phasen in der Psychologie der frühen Kindheit weit weniger fundiert als in der Verhaltensbiologie. Demgegenüber ist es evident, daß von den meisten Kindern bestimmte Erfahrungen zu bestimmten Zeiten gemacht werden. Die relativ eindeutigsten Hinweise für dauerhafte Auswirkungen von Erfahrungen in bestimmten Lebensabschnitten des Kindes kommen aus dem Bereich der Sozialentwicklung. Die Freudsche Phasenlehre, erweitert von Erikson (1957), vertritt folgende Ansicht: Wenn bestimmte Erfahrungen des Nehmens, Festhaltens und Behaltens und des (neugierigen) Eindringens im unmittelbaren und im übertragenen Sinne in bestimmten Abschnitten während der ersten Lebensjahre vom Kind nicht oder nur in unpassender Weise gemacht werden, dann hat das bleibende Folgen für die weitere Entwicklung. Diese Folgen sind ganz im Sinne der Ausführungen, die im Zusammenhang mit Prägung gemacht wurden, zu verstehen. Erklärtes Ziel der klassischen Psychoanalyse ist es (gewesen?), behindernde Wirkung unbewußter Gedächtnisinhalte einzuschränken (→ *Psychoanalytische Pädagogik*). Beim Aufbau der Objektbeziehungen, wie Freud die sich entwickelnde Beziehung zwischen Mutter und Kind nannte, wurden von René Spitz die psychisch verkrüppelnden Auswirkungen einer fehlenden Mutter auf die Kinder festgestellt. Die Verkümmerungen der Kinder konnten nur selten und nur unter sehr günstigen Umständen verhindert oder beendet werden. Aus diesen und zahlreichen klinischen Erfahrungen heraus spricht Schenk-Danzinger (1972, S. 51) vom ›Asozialitätssyndrom‹, das für viele Kinder die praktisch irreversible Folge phasenspezifischer sozialer Entbehrungen ist. John Bowlby hat die frühkindliche Mutter-Deprivation als diejenige Lebensbedingung erkannt, die den Lebenslauf des Kindes am nachhaltigsten beeinträchtigt (Bowlby 1951; 1973; → *Deprivation*).

Die allgemeinste Vorstellung, die man bei der kindlichen Entwicklung mit dem Begriff sensible Phase wohl verbindet, kann vielleicht folgendermaßen beschrieben werden: Es handelt sich um eine optimale Passung zwischen den dem jeweiligen Entwicklungsstand angemessenen Erfahrungs- und Anregungsmöglichkeiten und dem jeweils geringsten Lern- oder Anpassungsaufwand. Es geht also, aus entwicklungspsychologischer Sicht, weder darum, das eine oder das andere Phasenkonzept aus der eigenen Geschichte zu verteidigen, noch darum, die biologischen Kriterien für sensible Phasen unbesehen per Analogieschluß auf die menschliche Ontogenese zu übertragen. Es geht vielmehr darum, die Anregungen aus der Verhaltensbiologie aufzugreifen und solche entwicklungsbedingten Verhaltensmuster in vergleichender Perspektive zu beschreiben, für die es starke Vermutungen phasenspezifischen Lernens gibt. Verhaltensbiologische Daten sind eine hervorra-

gende Möglichkeit zur Verbesserung des Verständnisses ontogenetischer Vorgänge.
Scott (1963) z. B. kommt auf der Grundlage von umfangreichen Beobachtungen an Hunden zu der Aussage, daß es eine relativ kurze Phase früh im Leben gibt, während der die primären sozialen Beziehungen gebildet werden. Er fährt fort: »Die Art der Beziehungen während dieser Phase bestimmt, welche Tiere am engsten miteinander in Beziehung stehen, und ganz allgemein bestimmt dies den generellen Tiertypus, mit dem auch später leicht soziale Beziehungen aufgebaut werden können« (S. 31). Scotts Schlußfolgerungen zur Humanentwicklung sind Hypothesen, die mit vielen Daten aus der Entwicklungspsychologie im Einklang stehen. Sie sind, andererseits, kein wissenschaftlicher Beweis im unmittelbaren erkenntniskritischen Sinn des kritischen Rationalismus. Scott, wie vor ihm Spitz und Bowlby (1951), weist auf folgendes hin: Kinder, denen ein Kontakt zu erwachsenen Betreuern im frühen Alter – in einer sensiblen Phase – verwehrt wird, neigen zu immer schwerer zu behebenden Störungen im Bereich sozialen Verhaltens, speziell der erforderlichen Bindungsfähigkeit. Auch bei einigen Müttern wurde so etwas wie eine sensible Phase festgestellt. Diese hängt nicht vom Alter ab, sondern vom Zeitpunkt, zu dem sie ein Kind gebären. Wenn sie die Gelegenheit haben, mit ihrem Kind während der ersten Stunde nach der Geburt 45 Minuten lang engen und innigen Kontakt aufzunehmen, dann zeigen sie vermehrte und intensivere Zuwendung gegenüber ihren Kindern (Klaus/Kennell 1976), sie streicheln z. B. ihre Kinder im Wochenbett häufiger auf zärtliche Weise, während pflegerisches Berühren davon unbeeinflußt bleibt (Grossmann/Thane/Grossmann 1981); findet der enge und innige Kontakt dagegen erst zwölf Stunden nach der Geburt statt, dann bleibt dieser Effekt aus (Hales u. a. 1977).
Die meisten Argumente für biologische Grundlagen wie Reifung und sensible Phasen kommen noch immer von Forschern, die nicht-humane Primaten als Ersatzbabys verwendet haben, vor allem von Harlow (1971). Die Parallelen nach Aufzucht in Isolativen zu den von Spitz beschriebenen und gefilmten Heimkindern sind in weiten Bereichen verblüffend, die spätere soziale Inkompetenz in beiden Fällen unübersehbar.
Ähnliche Schwierigkeiten haben Kinder, die lange ohne primäre Bezugsperson aufgewachsen sind. Heimkinder, die die ersten 18–24 Lebensmonate im Heim verbracht hatten, waren später kaum in der Lage, Bindungen zu ihren Adoptivmüttern aufzubauen; nach nur einem Jahr dagegen waren die Erfolgsaussichten besser (Provence/Lipton 1962). Bei der Ausbildung der Kerngeschlechtsidentität (→ *Geschlechter*) verhält es sich ähnlich: Nach dem 18. Lebensmonat wird es immer schwieriger, das Zuweisungs- bzw. Erziehungsgeschlecht eines Mädchens oder Jungen umzukehren (Money/Ehrhardt 1975). Um die Mitte des ersten Lebensjahres kommen auch die Funktionen der darstellenden Sprache hinzu, die nach neuesten Einsichten tief in den vorsprachlichen Beziehungsstrukturen verankert zu sein scheinen (Bruner 1977).

Die oben genannten Beispiele mögen als Belege für sensible Phasen gelten, in denen ein bestimmtes Ausmaß an Erfahrungen in einem bestimmten Lebensabschnitt zu einem dauerhaften Ergebnis führt als das gleiche oder ein größeres Ausmaß der Erfahrungen zu einem anderen Zeitpunkt. Die dem Menschen arteigne Form prägenden Lernens in der frühen Kindheit ist die individuelle Ausgestaltung eines qualitativ zu begreifenden Zusammenspiels mit Erwachsenen. Diesem Bereich wenden sich derzeit zahlreiche Forscher mit großem Elan zu.

Die Frage, ob es sensible Phasen beim Menschen gibt, ist im Rahmen des heterogenen biologischen Konzepts vorsichtig zu bejahen, die Daten sind aus vielfältigen Gründen allerdings nicht eindeutig. Um einen überzeugenden Beweis zu haben, brauchte man Beobachtungen, die nachträgliche Erfahrungen mit berücksichtigen, wo also das ›Verpassen‹ bestimmter Erfahrungen während bestimmter Lebensabschnitte kumulativ durch spätere Erfahrungen ausgeglichen werden kann. Dies dürfte, neben den ethischen Einschränkungen, wegen der oft mehrfachen Determiniertheit menschlichen Verhaltens recht schwer sein; diese Schwierigkeiten dürfen nicht dazu führen, wichtige Indizien zu ignorieren. Auf die Schwierigkeiten der Unvergleichbarkeit der Auswirkungen bestimmter Erfahrungen in verschiedenen Lebensabschnitten weist Rutter (1979) in einer zusammenfassenden Bestandsaufnahme hin. Im Hinblick auf die intellektuelle Entwicklung meint er, daß eine verbesserte Umwelt während der mittleren oder späteren Kindheit durchaus zu intellektuellen Fortschritten führen kann; daß gute intellektuelle Anregungen in der frühen

Kindheit vor den beeinträchtigenden Auswirkungen späterer Nachteile nicht zu bewahren vermögen, daß jedoch ökologische Verbesserungen (→ *Ökologie*) während der frühen Kindheit nachhaltigere Auswirkungen zeigen können als vergleichbare Verbesserungen später im Leben; später adoptierte Kinder haben z. B. niedrigere IQ-Werte als Kinder, die im Säuglingsalter adoptiert worden waren (→ *Vorschulerziehung*). Zu deutlichen Ergebnissen kommt Rutter beim Sozialverhalten (→ *Soziales Lernen*). Einerseits können erste Bindungen auch noch im Alter von vier bis sechs Jahren auftreten, andererseits zeigen spät adoptierte Kinder die gleichen sozialen Schwierigkeiten und Konzentrationsstörungen in der Schule wie Heimkinder. »Es mag sein«, schreibt Rutter, »daß, obwohl Bindungen sich noch nach dem Säuglingsalter entwickeln können, die uneingeschränkte Entwicklung sozialen Verhaltens trotzdem von früher Bindung abhängt . . ., die Hinweise stehen im Einklang mit der Möglichkeit einer sensiblen Phase für eine optimale frühe Sozialisierung« (Rutter 1979, S. 291–293).

4. Schwierigkeiten mit dem Phasenbegriff: Das begriffliche Fundament für R und sensible Phasen ist sicherlich schwach genug, um der Versuchung zu erliegen, ganz darauf zu verzichten, wie z. B. Clarke/Clarke (1976). Bateson kommt nach eingehenden Betrachtungen zu den folgenden Schlüssen: Die an Vögeln erforschten Bedingungen sensibler Phasen reichen sicherlich nicht aus, um auf ähnliche deskriptiv erfaßte Erscheinungen angewendet zu werden, etwa den Beginn des Spracherwerbs. Bateson hält es nicht für sinnvoll, von einer Theorie sensibler Phasen auf der Grundlage des heutigen Wissens über Prägung zu sprechen. Allerdings seien auch einige brauchbare Dinge gelernt worden: Bleibende Wirkungen könnten z. B. entstehen, wenn nach bestimmten Erfahrungen weitere Eindrücke behindert werden, etwa durch → *Angst.* Sensible Phasen könnten nur als Zusammenwirken wenigstens zweier Faktoren verstanden werden: Entwicklungsalter und Erfahrung, die aus nachfolgender Einengung von Präferenzen resultiert. Alternative Interpretationen seien allerdings nicht geeignet, die Phänomene selbst für suspekt zu halten. Es könne vorkommen, daß phasenspezifische Erfahrungen überdeckt werden; dies ändere jedoch nichts an der möglichen adaptiven Bedeutung reifungsbedingter sensibler Phasen. Eine Auswirkung brauche auch nicht, wie im Fall der Nachfolgeprägung, das Verhalten während der gesamten Lebensspanne zu beeinflussen. Im Falle fehlender Bindung im Kleinkindalter kennen wir die Faktoren noch nicht hinreichend, die ihre schädigende und beeinträchtigende Wirkung bis ins Erwachsenenalter hinein ausüben.

Klaus E. Grossmann

Literatur
Bateson, P.: How do sensitive periods arise and what are they for? In: Animal Behavior 27 (1979), S. 470–486. – *Bowlby, J.:* Maternal care and mental health. Genf 1951, S. 355–534. Dt.: Mütterliche Zuwendung und geistige Gesundheit. München 1973. – *Bruner, J. S.:* Wie das Kind lernt, sich sprachlich zu verständigen. In: Zeitschr. für Pädagogik 23 (1977), S. 829–845. – *Clarke, A. M./Clarke, A. D. B.:* Early experience: Myth and evidence. London 1976. – *Erikson, E. H.:* Kindheit und Gesellschaft. Zürich 1957. – *Grossmann, K. E.:* Phasen der kindlichen Entwicklung, Teil B: Prägende Einflüsse in vergleichend-psychologischer Sicht. In: *Wendt, H.* (Hrsg.): Enzyklopädie des Menschen. München 1981. – *Grossmann, K./Thane, K./Grossmann, K. E.:* Maternal tactal contact of the newborn after varius postpartum conditions of mother-infant contact. In: Developmental Psychology 17 (1981). – *Hales, D.J./Lozoff, B./Sosa, R./Kennell, J. H.:* Defining the limits of the maternal sensitive period. In: Developmental Medical Child Neurology 19 (1977), S. 454–461. – *Harlow, H. F.:* Learning to love. San Francisco 1971. – *Hess, E. H.:* Prägung: Die frühkindliche Entwicklung von Verhaltensweisen bei Tier und Mensch. München 1975. – *Immelmann, K.:* Phasen der kindlichen Entwicklung. Teil A: Prägung. In: *Wendt, H.* (Hrsg.): Enzyklopädie des Menschen. München 1981. – *Klaus, M. H./Kennell, J. H.* (Hrsg.): Maternal infant bonding. St. Louis 1976. – *Lorenz, K.:* Phylogenetische Anpassung und adaptive Modifikation des Verhaltens. In: Zeitschrift für Tierpsychologie 18 (1961), S. 139–187. – *Money, J./Ehrhardt, A.:* Männlich-weiblich. Die Entstehung der Geschlechtsunterschiede. Reinbek 1975. – *Provence, S./Lipton, R. C.:* Infants in institutions. London 1962. – *Rutter, M.:* Maternal deprivation. 1972–1978: New findings, new concepts, new approaches. In: Child Development 50 (1979), S. 83–305. – *Schenk-Danziger, L.:* Entwicklungspsychologie. Wien ^{6}1972. – *Schutz, F.:* Sexuelle Prägung bei Anatiden. In: Zeitschrift für Tierpsychologie 22 (1965), S. 50–103. – *Scott, J. P.:* The process of primary socialisation in canine and human infants. In: Child Development 28 (1963), S. 1–47.

Schulerfolg und Schulversagen

1. Begriffliches: Die qualitativen Beschreibungskategorien Schulerfolg bzw. Schulversagen erfreuen sich im vorwissenschaftlichen wie auch im wissenschaftlichen Sprachge-

brauch zunehmender Beliebtheit (vgl. Kemmler 1976; Wiest 1975). Nichtsdestoweniger sind sie durch eine Reihe von Unbestimmtheiten und eine mindestens dreifache Akzentuierung gekennzeichnet:
(a) Zum einen wird das Begriffspaar Schulerfolg–Schulversagen nahezu ausschließlich zur Beschreibung von Individuen, nicht aber von Institutionen benutzt. In diesem Sinne werden einzelne Schüler als erfolgreich bzw. versagend beurteilt, nicht aber, was durchaus denkbar wäre, einzelne Schulen/Schultypen oder gar die Institution Schule schlechthin. So gesehen, wären *Schüler*erfolg/-versagen adäquatere Umschreibungen des zu bewertenden Sachverhalts.
(b) Erfolg und Versagen innerhalb des Systems Schule ließe sich an einer Vielzahl von Kriterien objektivieren. Auf dem Hintergrund des der Schule zugewiesenen Erziehungsauftrages im Sinne einer allgemeinen Persönlichkeitsbildung (Furck 1961) bzw. der Erziehung zur Mündigkeit (Selbst- und Mitbestimmungsfähigkeit; vgl. Klafki 1974) erscheint die Objektivierung allein auf der Basis von Leistungsergebnissen, wie kognitiven Fertigkeiten, Fähigkeiten und Kenntnissen, als eine weitere konsequenzenreiche Akzentuierung der analysierten qualitativen Beschreibungskategorien. Faktisch erfolgt damit eine Beschränkung auf den Schüler*leistungs*erfolg.
(c) Schließlich setzt die Beurteilungsdichotomie Erfolg–Versagen auch das Vorhandensein zugrundeliegender Normen voraus. Gütenormen lassen sich aber – im Anschluß an Heckhausen (1974) – zumindest nach drei verschiedenen Maßstäben ermitteln: sozialbezogenen, individuumbezogenen oder aber kriteriumsbezogenen. Schulerfolg und Schulversagen verweisen nun allerdings fast ausschließlich auf das Zugrundeliegen sozialer Gütestandards (→ *Schulleistungsbeurteilung*).
Auf dem Hintergrund dieser Überlegungen erweisen sich die Beschreibungskategorien Schulerfolg–Schulversagen als *das Ergebnis einer qualitativen dichotomen Beurteilung von Schülerleistungen anhand sozialer Vergleichsmaßstäbe*. Wie immer auch die Bestimmung von Erfolg und Versagen im Einzelfall vorgenommen werden mag, im Zentrum steht beständig die Schülerleistung. Als solche können alle Ergebnisse von Lernprozessen angesehen werden, die durch Unterrichtsmaßnahmen hervorgerufen bzw. gesteuert wurden

(vgl. Krapp 1976, S. 92). Demgegenüber verweist die Kategorie Versagen auf die Nichterfüllung definierter schulischer Anforderungsnormen. Schulleistungs- bzw. → *Lernschwierigkeiten* umschreiben die Diskrepanz zwischen erwarteten und tatsächlich erzielten kumulativen Schülerleistungen. Unterschreiten diese kumulativen Leistungen die ständig steigenden schulischen Anforderungen, so ist das gleichbedeutend mit *Schulleistungsversagen* (vgl. Tiedemann 1978, S. 36). So gesehen ist Schulleistungsversagen auf jeder Schulstufe und in jeder Schulform wahrscheinlich. Im übrigen werden schulische Anforderungsnormen in der Regel durch die Durchschnittsleistung einer Klasse bestimmt (Sitzenbleiben), mit allen daraus resultierenden Konsequenzen (vgl. die Unzulänglichkeit der → *Schulleistungsbeurteilung*). *Schulleistungserfolg* ist demgegenüber als Komplement zum Schulleistungsversagen zu begreifen, und dies unabhängig davon, ob eine erbrachte Leistung vom betroffenen Schüler selbst als Erfolg gewertet wird oder nicht.

2. Klassifikationsgesichtspunkte: Die Erscheinungsformen schulischen Leistungserfolgs und schulischer Leistungsschwierigkeiten sind außerordentlich vielfältig. Das gilt auch für die Vielzahl der entwickelten Beschreibungskategorien, die, zumal bei nicht eindeutigem Gebrauch, die Orientierung in diesem Arbeitsfeld außerordentlich erschweren (vgl. Lohmann 1974).

Tabelle 1 (S. 306) veranschaulicht ein Ordnungsschema, das die den zahlreichen Konzepten zugrundeliegenden Kategorisierungsdimensionen offenlegt. Unterschieden wird demzufolge danach, ob in die zugrundeliegende Definition von Schulleistungserfolg bzw. Schulleistungsschwierigkeit (a) ein Prädiktor und (b) ein Schulleistungskriterium eingeht und ggf. welches (→ *Prognose*). Als Prädiktoren fungieren solche Variablen, die geeignet sind, die Schulleistung vorherzusagen (z. B. kognitive Fähigkeiten bzw. → *Intelligenz*). Als Schulleistungskriterium kommt das allgemeine fachübergreifende oder aber das fachspezifische Leistungsniveau in Frage. Tabelle 1 enthält nur die wesentlichsten Erscheinungsformen schulischen Leistungserfolgs und schulischer Leistungsschwierigkeiten. Mit Ausnahme der Kategorien *gifted child* (Hochbegabte) und *Overachievement* handelt es sich ausschließlich um Formen schulischer Leistungsschwierigkeiten. Schon allein daran wird deutlich, daß Schulleistungsschwierigkeiten viel

Tab. 1: Überblick über verschiedene Konzepte von Schulleistungserfolg bzw. Schulleistungsschwierigkeit

		Konzepte	
		ohne Prädiktor	mit Prädiktor
ohne Schulleistungskriterium			*gifted child* Geistige Behinderung
mit Schulleistungskriterium	*allgemeine* Schulleistung	Sitzenbleiben Rückschulung drop out	*Overachievement* *Underachievement* Lernbehinderung
	spezielle Schulleistung	Rechenschwäche Lese-Rechtschreib-Schwäche (LRS)	Legasthenie

stärker als Schulleistungserfolg Eingang gefunden haben in die wissenschaftliche Kategorienbildung und Forschungspraxis.

2.1 Konzepte mit Einbezug von Prädiktoren
(a) *Verwendung nur eines Prädiktors ohne Schulleistungskriterium:* Zu den Formen des Schulleistungserfolgs und -versagens, denen lediglich ein Prädiktor zugeordnet wird, gehören Hochbegabte und Geistigbehinderte. In jedem der beiden Fälle werden Intelligenztestmaße zur Kategorisierung herangezogen (→ *Intelligenz*). Die Grenzwerte liegen einerseits bei IQ 140 (Prozentrang 99; vgl. Terman/Oden 1959), andererseits bei IQ 55 (Prozentrang 0.5). Der Zusammenhang zwischen Intelligenztestleistung und Schulleistungserfolg ist in diesen Extrembereichen außerordentlich eng, wenngleich im unteren enger als im oberen. Praktische Bedeutung hat im deutschsprachigen Raum lediglich das Konzept der Geistigen Behinderung erlangt (→ *Behinderung*; → *Sonderpädagogik*).
(b) *Prädiktor-Schulleistungs-Kombination:* Die geläufigste Form der Prädiktor-Kriteriums-Kombination stellt das sogenannte Under- bzw. Overachievement-Konzept dar. In beiden Fällen handelt es sich um erwartungswidrige Schulleistungen aufgrund der Intelligenztestleistungsprognose. Beim Overachievement liegen die beobachteten über den erwarteten Schulleistungen, beim Underachievement ist es umgekehrt. Die sogenannte Lernbehinderung gehört dagegen zur Gruppe der Achiever im unteren Leistungsbereich. Hier stimmt die (schlechte) Schulleistung mit der aufgrund der Intelligenztestleistungen vorhergesagten gut überein. Voraussetzung für die Zuordnung zu dieser diagnostischen Kategorie ist die Kombination unterdurchschnittlicher Prädiktorwerte (in der Regel IQ < 85) mit eindeutigem Schulleistungsversagen (in der Regel mindestens zweimaliges Sitzenbleiben). Allen drei Erscheinungsformen – Under- und Overachievement, wie auch Achievement in Form der sogenannten Lernbehinderung – gemeinsam ist die Orientierung an einem *allgemeinen* fächerübergreifenden Schulleistungsniveau. Demgegenüber ist die sogenannte → *Legasthenie* eine Variante des Underachievements, unter Zugrundelegung *spezieller* Kriteriumsleistungen im Bereich der Lese-/Rechtschreibfertigkeiten.

2.2 Konzepte ohne Einbezug von Prädiktoren
(a) *Orientierung am allgemeinen Schulleistungsniveau:* Nicht alle Erscheinungsformen schulischen Erfolgs/Versagens basieren auf der Grundlage von Schulleistungsprognosen durch Prädiktoren. Zu den bekanntesten Formen des Schulversagens vor dem Hintergrund eines allgemeinen Schulleistungsniveaus zählen die Nicht-Versetzung, die Rückschulung in eine weniger anspruchsvolle Sekundar-Schulform (z. B. vom Gymnasium in die Realschule) und das sogenannte drop out (Schulentlassung ohne Erreichen des angestrebten Schulzieles).
(b) *Orientierung am speziellen Schulleistungsniveau:* Grundsätzlich ließe sich für jedes beliebige Schulfach eine einschlägige Kategorie erstellen. Von praktischer Bedeutung und besser erforscht sind hier bestenfalls die sogenannte Rechenschwäche, die motorische

(Teil-)Leistungsschwäche und ggf. Sprachstörungen. Die Kritik am traditionellen Konzept der → *Legasthenie* hat dazu geführt, daß man sie zunehmend als spezielle Lese-Rechtschreib-Schwäche (LRS) interpretiert. Damit wird sie unter Verzicht auf die Verwendung eines bestimmten Prädiktors in diese Kategorie (ausschließliche Orientierung am speziellen Schulleistungsniveau) überführt (vgl. Weinert 1977).

Die beschriebene Kategorienbildung ist, wie bereits angedeutet, nicht unkritisiert geblieben. Dies gilt insbesondere für Konzepte der Kategorie »Prädiktor-Schulleistungs-Kombination« (vgl. Barkey u. a. 1976; Schlee 1976; Wahl 1975). Grundlage dieser Kritik sind einerseits eine Revision des Intelligenzkonzepts und andererseits in erster Linie methodische Argumente gegen eine In-Beziehung-Setzung von Prädiktor- und Kriteriums-Werten. Diese Kritik findet zusätzliche Rechtfertigung darin, daß die genannten Konzepte nicht nur als Forschungskategorien, sondern darüber hinaus auch als Behandlungskategorien Verwendung finden.

3. *Bedingungen des Schulleistungsverhaltens:* Weniger von Methodenproblemen dieser Art belastet ist die Erklärung des Zustandekommens der Schulleistung schlechthin. Methodisch geht es dabei um die Varianzaufklärung der Schulleistung über in der Regel multivariate Verfahren (z. B. Verfahren auf der Basis der multiplen Regression; → *Statistik*). Dabei wird versucht, mit Hilfe von zahlreichen Prädiktoren die Schulleistung möglichst aller Schüler – und nicht nur nach vorgegebenen Kriterien ausgelesener Untergruppen relativ gut oder schwach leistungsfähiger Schüler – »vorherzusagen« (→ *Prognose*).

Wie das Zustandekommen von Schulerfolg/Schulversagen auf dem Hintergrund eines solchen Ansatzes zu denken ist, versucht Abbildung 1 zu veranschaulichen. Demzufolge ist Schulleistungserfolg bzw. -versagen zunächst einmal eine Funktion der von der Schule bzw. dem Lehrer definierten Anforderungsschwelle an die kumulative Schulleistung. Diese Schwelle ist über die Zeit hin variabel und wird neben anderen Faktoren in erster Linie vom Leistungsstand der Klasse, den Lehrplansetzungen und dem speziellen Anspruchsniveau des Lehrers definiert (Beurteilungs-Aspekt). Unterschreitet die vom Schüler erbrachte kumulative Schulleistung diese Mindestanforderungsschwelle, so ist das gleichbedeutend mit Schulleistungsversagen. Die kumulative Schulleistung ist selbst wiederum eine direkte Funktion von spezifischen Schülerbedingungen und eine indirekte Funktion schulischer Bedingungen (Lehraspekt), familiärer Bedingungen und schließlich allgemeiner gesellschaftlicher Bedingungen, welche letztlich alle genannten Variablen-Bereiche mit beeinflussen. Verschiedene Modelle und Klassifikationsschemata sind auf einer solchen Makroebene entwickelt worden (vgl. Carroll 1973; Bloom 1973; Krapp 1976). Stärker auf einer Mikroebene angesiedelt, nämlich die → *Lehrer-Schüler-Interaktion* besonders berücksichtigend, ist ein Modell von

Abb. 1: Ein Modell des Schulleistungsversagens

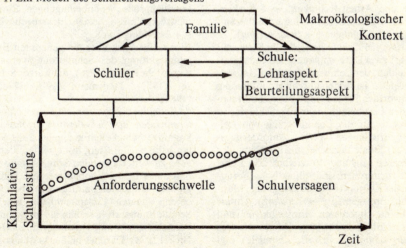

Harnischfeger/Wiley (1977). Wie groß ist aber nun der Beitrag einzelner Faktoren zum Lehr- und Lernerfolg, und welche sind dies im einzelnen? Schätzungen Blooms (1973) zufolge werden durch kognitive Eingangsvoraussetzungen des Schülers (Fähigkeiten, Vorkenntnisse) etwa 50 Prozent der Schulleistungsvarianz aufgeklärt, durch affektive Eingangsmerkmale (z. B. Interessen, Einstellungen zur Schule und zum Fach, Selbstbild) 25 Prozent und durch die Qualität des Unterrichts (Hinweise über Lehrziele, Beteiligung des Schülers, Bekräftigung des Schülers, Individualisierung) ebenfalls 25 Prozent. Demgegenüber schätzt Atkinson (1974) den Anteil der Fähigkeiten an der Schulleistungsvarianz auf nur 25 Prozent ein, den der Interessen auf weitere 25 Prozent und den der → *Leistungsmotivation* gar auf 50 Prozent. Wie weit diese beiden Schätzversuche auch qualitativ und quantitativ divergieren mögen, beiden gemeinsam ist das weitgehende Fehlen einer hinreichenden empirischen Absicherung.

Im folgenden sollen nun die wesentlichsten Faktoren, die als Korrelate von Schulleistungs-Varianz ermittelt wurden, wiedergegeben werden. Kausalbeziehungen sind damit noch keineswegs nachgewiesen, da den Ergebnissen selten echte experimentelle Analysen zugrunde liegen.

Auf seiten des Schülers sind in erster Linie folgende Bedingungen des Schulerfolgs ermittelt worden: kognitive Fähigkeiten (→ *Intelligenz*), Vorkenntnisse, Leistungsmotiv, Schulleistungsangst (→ *Angst*), → *Interessen*, Sozialverhalten, → *kognitive Stile*, → *Aufmerksamkeit und Konzentration,* Arbeitsverhalten und Arbeitstechniken, → *Selbstkonzept,* Hirnschädigungen und spezifische Sinnesbeeinträchtigungen (→ *Behinderung*).

Auf seiten der Schule bzw. des Lehrers sind zunächst zwei Determinantenbereiche zu unterscheiden, der Lehraspekt und der Beurteilungsaspekt. Ist der erste schwerpunktmäßig verantwortlich für die Initiierung und Steuerung der Lernbemühungen des Schülers, so der zweite für die Beeinflussung von Leistungsbeurteilungen (vgl. Anforderungsschwelle). Beide Bereiche stehen miteinander in Wechselbeziehung. Vorzüglich dem Lehraspekt zuzuordnen sind: didaktische Fertigkeiten des Lehrers (Klarheit, Prägnanz, Motivierung, Engagement; → *Didaktik*), Unterrichtsklima, Interessen, Einstellungen und Erwartungshaltungen, sowie Merkmale des → *Curriculums* (Lehrstoff, Lehrziele) und auch Rahmenbedingungen der Schule (Verfügbarkeit von Medien, Klassenfrequenzen, Schulorganisation, Zusammensetzung des Lehrerkollegiums etc.). Relevant unter dem Beurteilungsaspekt sind dagegen das Anforderungsniveau des Lehrers, Lehrplansetzungen und der Leistungsstand der Klasse (→ *Schulleistungsbeurteilung*).

Ist die Prognose des Schulerfolgs erschöpfend, dann sollte die zu erwartende Schulleistung durch die Kenntnis der Schülervariablen, der Schul- und Lehrervariablen wie auch der Wechselwirkungen zwischen Schülermerkmalen und Behandlungsstrategien/ Lehrmethoden (→ *ATI-Konzept*) eindeutig vorhersagbar sein. Unter dem ATI-Ansatz (Aptitude-Treatment-Interaction) versteht man den Tatbestand, daß nicht eine einzige Lehrstrategie für alle Schüler optimal sein muß, sondern z. B. ein höheres Maß an didaktischer Strukturierung günstiger ist für leistungsschwache, wenig leistungsmotivierte Schüler, weniger günstig freilich für leistungsstarke, eher leistungsmotivierte Schüler (vgl. Cronbach/Snow 1977; Garten 1977). Faktisch ist aber die Prognose des Schulleistungserfolgs nicht in dem genannten Sinne optimal. Empirisch läßt sich denn auch der familiäre Einfluß regelmäßig als Hintergrundbedingung nachweisen (→ *Familie*). Als wesentliche, den Schulleistungserfolg indirekt beeinflussende *familiäre Variablen* sind zu nennen: »didaktische« Fertigkeiten der Eltern, »Lehrmaterialien« im Elternhaus, Sanktionsmechanismen, Anforderungsniveau, Bildungsaspirationen, Hausaufgaben-Betreuung, Bildungsniveau der Eltern, beruflicher Status, Familiengröße, Wohnbedingungen, Einkommensverhältnisse, Sozialschichtzugehörigkeit (→ *Erziehungsstile*).

Einen Überblick über die genannten Bedingungsfaktoren des Schulleistungsverhaltens vermitteln Krapp (1976), Schwarzer/Schwarzer (1977), Tiedemann (1978), Zielinski (1980).

4. Kognitive Fähigkeiten als ausgewählte Determinanten des Schulleistungserfolgs: Daß kognitive Fähigkeiten maßgeblich die Schullaufbahn beeinflussen, insbesondere den Zugang zu weiterführenden Schulen, muß nicht besonders hervorgehoben werden. Daß kognitive Fähigkeiten im Grundschulbereich in einem engeren Zusammenhang mit dem Schulleistungserfolg stehen als im Sekundarbereich, ist ebenfalls unumstritten (Heller/ Nickel 1978). Darüber hinaus klären kognitive Fähigkeiten im Hauptschulbereich mehr Schulleistungsvarianz auf als in der Realschule und hier wiederum mehr als im Gymnasium. So gesehen ist es nicht verwunderlich, daß auch Zusammenhänge mit dem Zeitpunkt des Schulleistungsversagens nachweisbar sind (vgl. Tiedemann 1975; 1978). Durchschnittlich am geringsten ist das kognitive Fähigkeitsniveau der zum Zeitpunkt der Einschulung zurückgewiesenen Schulpflichtigen (sogenannte fehlende → *Schulfähigkeit – Schulreife*). Dieser Tatbestand findet seine Erklärung schon allein darin, daß Einschulungstests nichts anderes darstellen als eine besondere Variante von Intelligenztestverfahren (vgl. Tiedemann 1974). In der ersten Schulklasse Versagende weisen bereits ein durchschnittlich höheres kognitives Leistungsniveau auf und so fort. Entsprechende Beziehungen gelten auch bei Mehrfachversagern, wenngleich auf einem noch niedrigeren Durchschnittsleistungsniveau. Freilich läßt die gemessene Intelligenztestleistung noch lange nicht auf den möglichen Zeitpunkt des Schulleistungsversagens schließen. Immerhin ist eine ganze Reihe weiterer Faktoren am Zustandekommen der Schulleistung mit beteiligt und von daher in der Lage, ein potentiell niedriges kognitives Fähigkeitsniveau zu kompensieren.

Die Abhängigkeit der Schwere bzw. Häufigkeit schulischen Versagens vom individuellen kognitiven Fähigkeitsniveau verweist zugleich auch auf die Grenzen traditioneller Behandlungsmaßnahmen im Anschluß an Schulleistungsversagen (z. B. Zurückstellung vom Schulbesuch, Klassenwiederholung). Maßnahmen, die in erster Linie auf eine reine Verlängerung der für ein definiertes Schulleistungsniveau gewährten Lernzeit abzielen, sind bei einer Vielzahl von Schulleistungsversagern nicht geeignet, zukünftiges Versagen wirkungsvoll zu verhindern (vgl. Tiedemann 1978).

5. *Probleme der Schulerfolgsprognose und der Entwicklung von Interventionsformen:* Das Underachievement-Konzept war über Jahrzehnte hinweg der dominierende Ansatz in der Erforschung von Schulleistungsschwierigkeiten. In seinem Umkreis ist eine Fülle von widersprüchlichen Forschungsergebnissen vorgelegt worden. Dafür gibt es relativ simple methodische Erklärungen. So kann die Hinwendung zu einem alternativen Forschungsansatz nur begrüßt werden. Der Zugang über eine allgemeine Schulleistungsvarianz-Aufklärung mag denn auch als erfolgversprechender Weg erscheinen, um der Erforschung des Problems Schulleistungsversagen neue Impulse zu verleihen. Nun hat dieser Forschungszugang seine eigene Tradition: die Domäne der Prognose-Forschung. Gleichwohl zeichnet sich auch hier eine Reihe von Defiziten ab: Bislang zuwenig erforscht ist in diesem Bereich der Sektor des Arbeitsverhaltens und der Arbeitstechniken. Daß gerade hier wesentliche Determinanten des Schulleistungsverhaltens zu suchen sind, ist erst jüngst aufgezeigt worden (Thiel u. a. 1978). Danach vermag das Arbeitsverhalten nahezu ebensoviel Varianz aufzuklären wie kognitive Fähigkeiten. Überhaupt sollte die Erforschung leichter veränderbaren Schülerverhaltens Priorität besitzen. Wie erfolgversprechend solche Versuche sein können, hat Wagner (1976) anhand des Trainings der → *kognitiven Stile* Impulsivität/Reflexivität zu zeigen vermocht. Darüber hinaus ist nicht zu erwarten, daß feststehende Konfigurationen von Prädiktoren im Zuge eines Lehrgangs die entstehende Schulleistungsvarianz aufzuklären imstande sind. Vielmehr scheinen sich die jeweiligen Varianzbeiträge kontinuierlich zu verändern. Das Wie ist allerdings noch nicht zweifelsfrei geklärt (vgl. Simons u. a. 1975; Tiedemann u. a. 1979). Schließlich wird man auch nicht auf verschiedenen Schulstufen und in verschiedenen Schulformen mit feststehenden Prädiktor-Konfigurationen rechnen können. In diesem Sinne kann es *das* Bedingungsmuster *der* Schulleistung schlechthin nicht geben. Hier erscheint differentielle Forschung unabdingbar. Dies gilt übrigens nicht nur für die Prädiktor-, sondern auch für die Kriteriumsseite (zur Faktorenstruktur des Schulleistungsverhaltens vgl. Roeder/Treumann 1974). Hierbei handelt es sich um durchaus behebbare Defizite. Dennoch zeichnet sich jetzt schon ab, daß dieser Forschungszugang dem Praktiker kaum Hilfestellung bei seinen Problemen mit Schulleistungsschwierigkeiten zu geben imstande ist. Hier offenbaren sich auch deutliche Grenzen dieses Ansatzes. Die übliche Prognose-Forschung zielt letztendlich darauf ab, Merkmale – vorzüglich des Schülers – zu identifizieren, die bereits frühzeitig die weitere Entwicklung des Schülers in einem relativ feststehenden Treatment-Rahmen (Schulorganisation) abzuschätzen gestatten. Eine solche Fragestellung muß zwangsläufig den Behandlungsaspekt vernachlässigen. Sie vernachlässigt darüber hinaus ten-

denziell die Berücksichtigung relativ leicht veränderbarer Schülermerkmale, da letztere für langfristige Prognosen ungeeignet sind. Auf diesem Wege wird demzufolge die Entwicklung von Treatments kaum direkt gefördert. Daher müssen auch andere Wege der Erforschung von Schüler-Schule-Beziehungen eingeschlagen werden, wenn die Entwicklung von Interventionsstrategien zum Zwecke der Prävention und Behebung von Schulleistungsversagen wirkungsvoll gefördert werden soll (→ *Intervention und Prävention*).

Geht es im Rahmen des Prognose-Ansatzes in erster Linie um die Erforschung von Zusammenhängen zwischen Schülermerkmalen und Schulleistungsverhalten bei weitgehender Konstanthaltung von Schulbedingungen, so muß im Rahmen einer eher auf Veränderung von Treatment-Bedingungen abgestellten Forschung tendenziell der Zusammenhang zwischen Schul- bzw. Lehrerbedingungen und Schulleistungsverhalten, wenn notwendig sogar unter weitgehender Konstanthaltung der Schülerbedingungen, analysiert werden. In diesem Sinne wäre die Forschung zur Effektivitätskontrolle von Lehrmethoden/Lehrstrategien (vgl. Einsiedler 1976; → *Didaktik*), von Lehrermerkmalen und Lehrerverhalten wie auch systematischer Schulversuche zu intensivieren (→ *Instruktionstheorie*). In der vermehrten Bereitstellung von Lernzeit allein wird man noch keine vernünftige Treatmentbedingung erblicken können. Dieser Umstand verweist zugleich auf die engen Grenzen bisheriger Makroanalysen des Schulleistungsverhaltens.

Um einen differenzierteren Einblick in die Entstehungsgeschichte von Lernerfolg und Lernversagen zu gewinnen, bedarf es einer zumindest partiellen Abkehr von solchen liebgewordenen Forschungstraditionen, die der Betrachtung des Lerngeschehens aus der Vogelperspektive gleichkommen. Die erforderliche Hinwendung zur Mikroanalyse des Lerngeschehens bedeutet zugleich aber auch einen stärkeren Einbezug bislang vernachlässigter Aspekte des Lehrstoffes (vgl. Klauer 1974; Schott 1975; → *Lehrziel*) und der Analyse der vom Individuum beschrittenen Lernwege durch das Labyrinth des Lehrstoffes (Kleiter/Petermann 1977). Ein solcher Zugang läßt neue Einblicke in die Genese von Schulleistungsschwierigkeiten erwarten. Am Anfang der Forschung in diesem Sektor könnten und sollten durchaus kasuistische Beiträge stehen (vgl. Huber 1977; → *Einzelfallanalyse*). Aufschlußreicher noch dürften solche Mikroanalysen sein, wenn sie auf dem Hintergrund des sogenannten didaktischen Dreiecks konzeptualisiert wären. Das bedeutete, daß (a) Lehrer/Schulsituation, (b) Lehrstoff und (c) Schüler im Längsschnitt in ihren wechselseitigen Interaktionen betrachtet werden müßten (vgl. Weinert/Zielinski 1977). Damit würde zugleich das Verständnis des Lernprozesses als eines geradlinigen, einmal in Gang gesetzt, quasi automatisch ablaufenden Vorgangs aufgegeben zugunsten der Vorstellung eines vielschichtigen dynamischen, durch vielerlei situative Bedingungen angestoßenen Interaktionsablaufs (→ *Handlung und Handlungstheorien;* → *Lehrer–Schüler–Interaktion*).

Joachim Tiedemann

Literatur

Atkinson, J. W.: Motivational determinants of intellective performance and cumulative achievement. In: *Atkinson, J. W./Raynor, I.* (Eds.): Achievement and performance. New York 1974. – *Barkey, P./Langfeldt, H. P./Neumann, G.:* Pädagogisch-psychologische Diagnostik am Beispiel von Lernschwierigkeiten. Bern 1976. – *Bloom, B. S.:* Individuelle Unterschiede in der Schulleistung: Ein überholtes Problem? In: *Edelstein, W./Hopf, D.* (Hrsg.): Bedingungen des Bildungsprozesses. Stuttgart 1973. – *Carroll, J. B.:* Ein Modell schulischen Lernens. In: *Edelstein, W./Hopf, D.* (Hrsg.): Bedingungen des Bildungsprozesses. Stuttgart 1973. – *Cronbach, L. J./Snow, R. E.:* Aptitudes and instructional methods. New York 1977. – *Einsiedler, W.:* Lehrstrategien und Lernerfolg. Weinheim 1976. – *Furck, C. L.:* Das pädagogische Problem der Leistung in der Schule. Weinheim 1961. – *Garten, H.-K.:* Wechselwirkungen zwischen Schülermerkmalen und Lernbedingungen. Weinheim 1977. – *Harnischfeger, A./Wiley, D. E.:* Kernkonzepte des Schullernens. In: Zeitschrift für Entwicklungspsychologie und Pädagogische Psychologie 9 (1977), S. 207–228. – *Heckhausen, H.:* Leistung und Chancengleichheit. Göttingen 1974. – *Heller, K./Nickel, H.:* Psychologie in der Erziehungswissenschaft. Bd. IV. Stuttgart 1978. – *Heller, K./Rosemann, B./Steffens, K.:* Prognose des Schulerfolgs. Weinheim 1978. – *Huber, H. P.:* Einzelfallanalyse. In: Herrmann, T. u. a. (Hrsg.): Handbuch Psychologischer Grundbegriffe. München 1977. – *Keller, G./Binder, A./Thiel, R. D.:* Diagnose und Modifikation des Arbeitsverhaltens. In: Heyse, H./Arnhold, W. (Hrsg.): Texte zur Schulpsychologie und Bildungsberatung. Bd. 3, Braunschweig 1978. – *Kemmler, L.:* Schulerfolg und Schulversagen. Göttingen 1976. – *Klafki, W.:* Sinn und Unsinn des Leistungsprinzips in der Erziehung. In: Sinn und Unsinn des Leistungsprinzips. München 1974. – *Klauer, K. J.:* Methodik der Lehrzieldefinition und Lehrstoffanalyse. Düsseldorf 1974. – *Kleiter, E./Petermann, F.:* Abbildung von Lernwegen. München 1977. – *Krapp, A.:* Bedingungsfaktoren der Schulleistung. In: Psychologie in Erziehung und Unterricht 23 (1976), S. 91–109. – *Lohmann, Ch.:* Lernschwierigkeiten. In: Die Deutsche Schule. 66 (1974), S. 207–222. – *Roeder, P. M./Treumann, K.:* Dimensionen der Schulleistung. Stuttgart 1974. – *Schlee, J.:* Legasthenieforschung am Ende? München 1976. – *Schott, F.:* Lehrstoffanalyse. Düsseldorf 1975. – *Schwarzer, C./Schwarzer, R.:* Schulleistungsschwierigkeiten. Studienbrief 7 des Fernstudienlehrgangs »Ausbildung zum Beratungslehrer«. Tübingen 1977. – *Simons, H./Weinert, F. E./Ahrens, H. J.:* Untersuchungen zur differentialpsychologischen Analyse von Rechenleistungen. In: Zeitschrift für Entwicklungspsychologie und Pädagogische Psychologie 7 (1975), S. 153–169. – *Tent, L.:* Die Auslese von Schülern für weiterführende Schulen. Göttingen 1969. – *Terman, L. M./Oden, M. H.:* The gifted child grows up. Stanford ³1959. – *Thiel, R. D./Keller, G.:* Das Arbeitsverhaltensinventar (AVI). Ein Testinstrument zur Diagnose des Arbeitsverhaltens. In: Diagnostika 24 (1978), S. 329–340. – *Tiedemann, J.:* Zur Konstruktvalidität von Schulreifetests. In: Zeitschrift für Entwicklungspsychologie und Pädagogische Psychologie 6 (1974), S. 281–294. – *Tiedemann, J.:* Kognitives Grundschulversagen. In: Zeitschrift für Entwicklungspsychologie und Pädagogische Psychologie 7 (1975), S. 289–298. – *Tiedemann, J.:* Leistungsversagen in der Schule. München 1978. – *Tiedemann, J./Bange, M./Graumann, L.:* Determination der Schulleistung im Längsschnitt. In: Eckensberger, L. (Hrsg.): Bericht über den 31. Kongreß der Deutschen Gesellschaft für Psychologie in Mannheim 1978. Göttingen 1979. – *Wahl, D.:* Erwartungswidrige Schulleistungen. Weinheim 1975. – *Wagner, I.:* Aufmerksamkeitstraining mit impulsiven Kindern. Stuttgart 1976. – *Weinert, F. E.:* Legasthenieforschung – defizitäre Erforschung defizienter Lernprozesse? In: Psychologie in Erziehung und Unterricht 24 (1977), S. 164–173. – *Weinert, F. E./Zielinski, W.:* Lernschwierigkeiten – Schwierigkeiten des Schülers oder der Schule? In: Unterrichtswissenschaft 4 (1977), S. 292–304. – *Wiest, U.:* Schulerfolg – Schulversagen. Stuttgart 1975. – *Zielinski, W.:* Lernschwierigkeiten. Stuttgart 1980.

Schulfähigkeit–Schulreife

1. Entstehung und Wandel des Konstrukts Schulreife
1.1 Das Reifungskonzept: Das Leistungsversagen eines relativ großen Anteils von Schulanfängern löste bereits in den dreißiger Jahren, verstärkt aber in der Nachkriegszeit zahlreiche pädagogisch-psychologische Überlegungen aus, wie diesem »Sitzenbleiberelend« (Kern 1951/1966) zu begegnen sei, um Kinder vor den damit verbundenen oft folgenschweren psychischen Frustrationen zu bewahren und ihnen eine erfolgreiche Schullaufbahn zu sichern. Anknüpfend an entsprechende entwicklungspsychologische Annahmen sah man darin in erster Linie ein Problem des somatischen und psychischen Entwicklungsstandes (Hetzer 1936; Zeller 1936; Strebel 1946; 1964); allerdings gingen die Auffassungen über die diese Entwicklung bestimmenden Faktoren und die daraus abzuleitenden schulpolitischen Konsequenzen schon sehr bald erheblich auseinander (Hillebrand 1955).

Als entschiedenster Verfechter eines aus den vorherrschenden Entwicklungstheorien jener Zeit abgeleiteten Reifungskonzepts trat Kern (1951) hervor, dem zweifellos das Verdienst gebührt, nicht nur die fachinterne, sondern vor allem auch die öffentliche Diskussion wesentlich angeregt zu haben. Nach diesem Konzept ist die Fähigkeit des Kindes, den Anforderungen der Schule zu genügen, entscheidend von inneren Reifungsprozessen abhängig, die ihrerseits wiederum eng mit dem Lebensalter gekoppelt sind. Als schulpolitische Konsequenz forderte Kern daher eine generelle Heraufsetzung des Einschulungsalters, um möglichst allen Kindern die Chance einer ungestörten Ausreifung zu bieten. Für Schulanfänger, die sich bei Eingangsuntersuchungen noch im »Frühstadium« der Schulreife (S) befanden, bot sich nach diesem Konzept eine Zurückstellung und das Abwarten einer Nachreifung als einfachste und zugleich optimale Maßnahme an. Demgegenüber forderten schon damals andere Autoren einen flexiblen Einschulungstermin und eine individuell differenzierende Behandlung der Schulanfänger, verbunden mit geeigneten Förderungsmaßnahmen (Hetzer 1953).

1.2 Das Fähigkeitskonzept: Der reifungstheoretische Ansatz und die als Konsequenz in verschiedenen Bundesländern vorgenommene generelle Heraufsetzung des Einschulungsalters erwiesen sich bereits im Verlauf der sechziger Jahre zunehmend als fragwürdig. Dazu trugen mehrere verschiedenartige Erkenntnisse bei (vgl. Nickel 1976, S. 18ff.): (a) die Abkehr der Entwicklungspsychologie von der Annahme eines vorwiegend endogen determinierten und gesteuerten Entwicklungsverlaufs und die Anerkennung der grundlegenden Bedeutung von Lernprozessen und gezielten Interventionen für die individuelle Entwicklung (Nickel 1975; Oerter 1975; → *Entwicklung;* → *Reifung und sensible Phasen*); (b) die Feststellung, daß der Grad der S ganz erheblich mit der sozialen Schichtzugehörigkeit der Eltern sowie in Abhängigkeit von Umfang und Art vorschulischer Förderung variiert, und damit die Widerlegung der von Klein postulierten »Erfahrungsresistenz« der S (Samstag 1971; Löschenkohl 1975; Krapp 1980; → *Vorschulerziehung*); (c) die Beobachtung, daß Schulanfänger gleichen Reifestandes in verschiedenen Schulen bzw. Klassen sehr unterschiedliche Erfolgschancen besitzen, je nach Art der Leistungsanforderung und des Unterrichtsstils des Lehrers (Hetzer 1969; Schenk-Danzinger 1969); (d) der Nachweis des Einflusses zahlreicher Faktoren der familiären Sozialisation, von der Vollständigkeit und Zusammensetzung der Familie bis zum elterlichen Erziehungsstil (vgl. Löschenkohl 1975); (e) die Ergebnisse der Verlaufsstatistiken einzelner Bundesländer, die zeigten, daß die Zahl der Schulversager durch das Anheben des Einschulungsalters nur unwesentlich beeinflußt wird (Tietze 1973).

S erwies sich somit als eine multivariat bedingte Voraussetzung des Leistungserfolgs in den ersten Grundschuljahren. Der durch das überholte Reifungskonzept einseitig belastete Begriff S wurde durch den der Schulfähigkeit ersetzt.

1.3 Das Konzept der Anforderungsschwelle und Ansatz einer inhaltlichen Neudefinition: Sowohl das Reifungskonzept als auch das Fähigkeitskonzept beziehen sich auf relativ einseitige und begrenzte Aspekte schulischer Leistungsvoraussetzungen und vermögen daher die Vielschichtigkeit und Komplexität des Konstruktes S nicht angemessen zu erfassen. Demgegenüber ist das *Phänomen S* nur verständlich aus einer engen Wechselwirkung schulischer Anforderungen und individueller Lernvoraussetzungen. Gegen eine nominelle Beibehaltung des einmal eingeführten S-Begriffs ist dagegen nichts einzuwenden, sofern dieser inhaltlich neu definiert wird (Löschenkohl 1975; Nickel 1981). Als Ausgangspunkt dafür bietet sich das Konzept der »Anforderungsschwelle« an (Tiedemann 1978, S. 98). Danach ist Schulleistungsversagen definiert als das Unterschreiten schulischer Anforderungsnormen. Mangelnde S stellt aber lediglich einen Sonderfall eines solchen Schulleistungsversagens dar (→ *Schulerfolg und Schulversagen*). S umfaßt in diesem Sinne das Gesamt der Anforderungen der Schule und ihrer subjektiven Entsprechungen auf seiten des Schulanfängers (Lernvoraussetzungen). Beide stehen in enger Interaktion und sind eingebettet in die sozioökonomischen und gesellschaftlich-strukturellen Gegebenheiten. Der Begriff S ist daher nach Nickel (1981) als ein *ökopsychologisches Konstrukt* zu definieren.

2. Ein ökopsychologisches S-Modell

2.1 Der interaktionistische Ansatz: Das Problem S ergibt sich aus dem Zusammenwirken mehrerer Sachverhalte: zum einen aus der Existenz schulischer Anforderungsschwellen, zum anderen aus der Tatsache, daß Schulanfänger über sehr unterschiedliche Lernvoraussetzungen verfügen, die sich mit erheblicher interindividueller Variation entwickeln, und daß dieser Prozeß nicht nur durch die genetische Ausstattung des Individuums (→ *Genetik*), sondern wesentlich durch die von der Umwelt geschaffenen Lernbedingungen im weitesten Sinne mitbestimmt wird. Schulische und individuelle Faktoren konstituieren gemeinsam das hypothetische Konstrukt S. Dieses Konstrukt muß sich zwangsläufig ändern, wenn sich eine der beiden Komponenten ganz oder in wesentlichen Teilaspekten verändert; insofern handelt es sich um ein interaktionistisches Modell (vgl. Abb. S. 313). Verzichtete beispielsweise die Schule auf die Erreichung allgemein verbindlicher Leistungsziele im ersten Schuljahr, so wird die Zahl der nichtschulreifen Kinder so stark sinken, daß die meisten der bisherigen Probleme gegenstandslos werden. Umgekehrt wird bei gleichbleibenden schulischen Anforderungen mit wachsender Verschlechterung der Entwicklungsbedingungen bzw. der vorschulischen → *Lernumwelt* (→ *Ökologie*) der Anteil nichtschulreifer Kinder entsprechend ansteigen.

Beide, schulische Anforderungsschwelle und kindliche Lernumwelt, sind eingebettet in das jeweilige gesellschaftliche Gesamtsystem (z. B. Ausmaß des bestehenden Leistungsdrucks bzw. der subjektiven Leistungsbereitschaft). Änderungen dieses Systems haben zwangsläufig entsprechende Auswirkungen auf die Frage der S, wie dies z. B. die Veränderung der Einstellung zu schulischen Leistungsanforderungen und die vorschulische Förderungswelle in den USA im Anschluß an den »Sputnik-Schock« demonstrierten. Insofern handelt es sich nicht nur bezogen auf die kindliche Lernumwelt, sondern auch hinsichtlich der Gesamtkonzeption um ein ökopsychologisches Konstrukt (Nickel 1981).

2.2 Schulische Anforderungen: Sie beziehen sich zum einen auf übergreifende Lernziele, wie sie in Richtlinien und Lehrplänen ihren Niederschlag finden, zum anderen auf die Art der pädagogisch-didaktischen Umsetzung

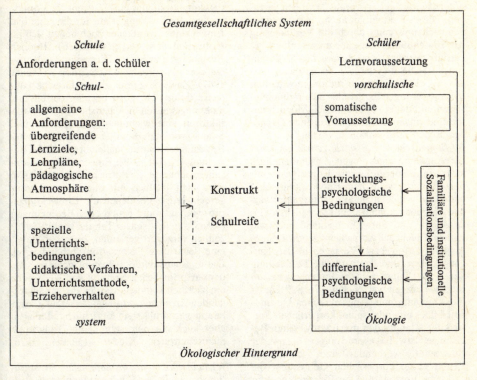

Ökopsychologisches Modell des Konstrukts Schulreife

Nach: Nickel 1981

durch den Lehrer in der konkreten Unterrichtssituation. Je höher die allgemein verbindlichen Lernziele für Schulanfängerklassen gesteckt werden und je weniger Freiraum sie dem einzelnen Lehrer für die Anpassung an die spezifische Klassensituation lassen, um so höher wird die Anforderungsschwelle. Umgekehrt vermag die Gewährung eines weiten Spielraumes für die Berücksichtigung der individuellen Lernvoraussetzungen auch ohne Verzicht auf ein erforderliches Leistungsniveau die Erfolgsquote in den Anfangsklassen wesentlich zu steigern. In dieser Hinsicht erwies sich gerade der Unterrichtsstil des Lehrers als eine entscheidende Bedingung dafür, ob Schulanfänger bei einer nach üblichen Testwerten »fraglichen« S die ersten Schuljahre noch erfolgreich durchlaufen können oder versagen; insbesondere spielten dabei das Ausmaß der Individualisierung, der inneren → *Differenzierung* und die Art des jeweiligen → *Erziehungsstils* eine wichtige Rolle (Nickel 1976, S. 18 ff.; Krapp/Mandl 1977, S. 97 ff.).

Das Problem schulischer Anforderungen ist aber nicht unabhängig von den bestehenden Schulsystemen insgesamt, und diese sind wiederum Ausdruck bestimmter gesellschaftlicher Bedingungen. So verändert sich das Konstrukt Schulreife nicht nur aus der Perspektive unterschiedlicher nationaler Schulsysteme (z. B. beim Vergleich mit dem skandinavischen oder amerikanischen System), sondern es gibt auch übernationale schulische Reformansätze, für die das Problem S aufgrund ihrer pädagogischen und speziellen didaktischen Konzeption überhaupt irrelevant ist, wie z. B. die Montessori-Schulen.

2.3 Individuelle Lernvoraussetzungen: Entsteht auch das S-Problem überhaupt erst durch die Existenz bestimmter schulischer Anforderungen, so wird es doch in gleicher Weise konstituiert durch die Tatsache, daß Schulanfänger zu einem bestimmten, behördlich festgesetzten Einschulungsalter über sehr unterschiedliche Lernvoraussetzungen verfügen. Dieses Faktum gilt auch für die weitere Schulzeit und kann durch die Veränderung des Einschulungsalters nur unwesentlich beeinflußt werden, wie entsprechende Erfahrungen belegen (s. o. 1.2). Es ist daher notwendig, die Bedingungen dieser individuellen Voraussetzungen im Schüler näher zu analysieren und dabei vor allem nach Möglichkeiten einer angemessenen und frühzeitigen pädagogischen Intervention zu fragen.

(a) Somatische Voraussetzungen: Zwar kann die Annahme eines engen Zusammenhangs zwischen Körpergröße bzw. Körpergestalt einerseits und psychischem Entwicklungsstand andererseits nicht mehr aufrechterhalten werden, dennoch kommt dem körperlichen Gesundheits- und Entwicklungsstand nach wie vor eine nicht zu vernachlässigende Bedeutung für Erfolg bzw. Versagen in den Eingangsklassen und damit für die Feststellung der S zu. Dabei geht es insbesondere um folgende Fragen (vgl. Nickel 1976, S. 7 ff.): Ist das Kind aufgrund seines aktuellen Gesundheitsbildes und/oder seines körperlichen Entwicklungsstandes den psycho-physischen Belastungen bzw. Beanspruchungen, die mit der Einschulung verbunden sind, gewachsen? Leidet es an körperlichen Gebrechen, die evtl. eine Verzögerung der Einschulung oder auch die Einweisung in eine entsprechende Sondereinrichtung ratsam erscheinen lassen (z. B. Schulen für Körperbehinderte; → *Behinderung*)? Ist aufgrund dauerhafter Gebrechen, Erkrankungen bzw. Funktionsstörungen (z. B. Beeinträchtigung der Sinnesorgane, Hirnschädigungen, Drüsenstörungen) der Besuch einer Normalschule generell nicht ratsam oder möglich und eine spezielle schulische Betreuung erforderlich (z. B. Sonderschulen für Seh- und Hörgeschädigte, Lernbehinderte; → *Sonderpädagogik*)?

(b) Entwicklungspsychologische und differentialpsychologische Voraussetzungen: Beide stehen in enger Wechselwirkung, wenn die Gewichtung je nach theoretischem Standpunkt auch unterschiedlich ausfällt und sich von einer anfänglich einseitig reifungsbezogenen entwicklungspsychologischen Orientierung zeitweilig zu einer mehr auf Selektion abzielenden differentialpsychologischen Betrachtung verschoben hatte (Krapp 1980). Traditionell unterscheidet man drei Aspekte der S: den kognitiven, den motivationellen (auch arbeitsmäßigen) und den sozialen. Die Ausreifung zentral-nervöser Funktionen bildet dafür zweifellos eine notwendige Voraussetzung, und zwar nicht nur für die kognitive Entwicklung. Deutlicher noch ließen sich im motivationellen (arbeitsmäßigen) Bereich Beziehungen zwischen Hirnreifung und psychischer Steuerung nachweisen (Müller 1967). Zugleich gibt es aber zahlreiche Hinweise dafür, daß auch bei der Ausbildung einer angemessenen Arbeitshaltung Umweltfaktoren eine wichtige Rolle spielen, und zwar sowohl innerfamiliär als auch durch außerfamiliäre institutionelle vorschulische Betreuung (Nickel 1979). Eine vorwiegend reifungsorientierte Betrachtungsperspektive wäre aber letztlich nur durch jene Kinder gerechtfertigt, bei denen die Entwicklungsprozesse aufgrund genetischer Bedingungen (»innere Uhr« sensu Tanner/Taylor 1970) zeitlich verzögert verlaufen, ohne daß damit eine dauerhafte Retardation verbunden ist. Diese sogenannten »Spätentwickler«, die dem ursprünglichen Konzept von Kern noch am nächsten kommen, wurden in der nachfolgenden kritischen Auseinandersetzung zwar häufig vernachlässigt, tatsächlich bilden sie aber auch nur eine sehr kleine Teilgruppe nichtschulreifer Kinder (Nickel 1976, S. 38 f.).

(c) Familiäre und institutionelle Sozialisationsbedingungen: Ein Verständnis von Entwicklung als Prozeß, der maßgeblich durch Lernvorgänge bestimmt wird, muß den Bedingungen der → *Sozialisation* auch unter dem Aspekt der S maßgebliche Beachtung schenken. So wurden in den beiden letzten Jahrzehnten zahlreiche signifikante Beziehungen zu den verschiedensten Faktoren der familiären Sozialisation ermittelt, wie Vollständigkeit, Größe und innere Geordnetheit der Familie, Zahl und Position der Geschwister; Berufstätigkeit der Mutter; Ausmaß der intellektuellen Anregung und emotionalen Zuwendung; Art der pädagogischen Leistung und des elterlichen Erziehungsstils (vgl. Löschenkohl 1975, S. 115 ff.). Wenn auch die Ergebnisse verschiedener Untersuchungen bezüglich der einzelnen Variablen erheblich differieren, so gestatten sie doch insgesamt den Schluß, daß die familiäre Situation einen wesentlichen Bedingungsfaktor für die Ausbildung der Lernvoraussetzungen zum erfolgreichen Schulbesuch darstellt. Eine weitere wichtige Funktion besitzt die institutionelle Sozialisation in vorschulischen Einrichtungen wie (Schul-)Kindergärten, Elterninitiativen

und Vorklassen (Schüttler-Janikulla 1971; Schmalohr u. a. 1974; Nickel/Schenk/Ungelenk 1980). Bis zu einem gewissen Grade vermag eine gezielte institutionelle Förderung auch bestehende Entwicklungsdefizite auszugleichen, die auf unzulängliche Bedingungen der familiären Sozialisation zurückzuführen sind. Allerdings wird man aufgrund der zwischenzeitlich vorliegenden Ergebnisse diesen Möglichkeiten wieder mit einer etwas größeren Skepsis begegnen, als es zu Beginn jener vorschulischen Förderungsbewegung in den sechziger Jahren der Fall war (vgl. Bronfenbrenner 1974; Nickel 1980). Ähnliches gilt auch für eine Kompensation der mit der familiären Sozialisation eng kontaminierten schichtbedingten Differenzen (→ *Vorschulerziehung*).

3. *Schuleingangsuntersuchungen und pädagogische Intervention:* Aus einer ökopsychologisch-interaktionistischen Betrachtung des Phänomens S ergibt sich als naheliegende Konsequenz die Forderung nach Entwicklung geeigneter Maßnahmen für eine gezielte pädagogisch-psychologische → *Intervention und Prävention*. Diese sollten gleichzeitig auf seiten des Kindes und bei den schulischen Anforderungen einsetzen. Langfristiges Ziel muß es sein, nicht nur einen bruchlosen Übergang von der Vorschulerziehung zur Eingangsstufe unseres Schulsystems zu erreichen (Deutscher Bildungsrat 1972), sondern ohne generellen Niveauverlust inhaltliche Anforderungen und besonders den Unterrichtsstil den interindividuell stark variierenden Lernvoraussetzungen der Schulanfänger besser anzupassen. Möglichkeiten dazu bieten vor allem eine stärkere Individualisierung und innere Differenzierung des Unterrichts (vgl. Flammer 1978; Krapp 1980; Nickel 1980). Parallel dazu sind auf seiten des Kindes alle jene Maßnahmen zu fördern, die durch Schaffung einer günstigen Lernumwelt eine optimale Entwicklung und Ausbildung der kognitiven und nichtkognitiven schulischen Lernvoraussetzungen ermöglichen. Dabei fällt einer familienergänzenden institutionellen vorschulischen Erziehung eine wichtige Aufgabe zu. Allerdings sollten diese Einrichtungen es vermeiden, die ungünstige traditionelle schulische Lernsituation auf das Vorschulalter auszudehnen, sondern sich statt dessen um eine noch stärker individualisierende unterstützend-anregende Förderung aller Persönlichkeitsbereiche bemühen (Nickel/Schenk/Ungelenk 1980). Durch diese Maßnahmen wird eine Schuleingangsuntersuchung keineswegs überflüssig, sie erhält lediglich einen neuen Stellenwert.

Die bisherigen S-Tests erwiesen sich selbst im Hinblick auf eine selektive Aufgabe nur als sehr bedingt tauglich, darüber hinaus vermitteln sie kaum hinreichend differenzierte Entscheidungshilfen für eine angemessene individuelle Förderung des Kindes (Krapp/Mandl 1973; 1977; Löschenkohl 1975). Daher sollten alle Anstrengungen darauf abzielen, diagnostische Verfahren zu entwickeln und zu erproben, die eine Abstimmung von individuellen Lernvoraussetzungen, ökologischer Situation und schulischen Anforderungen ermöglichen und dem Lehrer eine Hilfe für den angemessenen Einsatz entsprechend abgestufter curricular-didaktischer und erzieherischer Interventionsmaßnahmen bieten.

Erste Lösungsvorschläge in dieser Richtung legten Kleber (1978, S. 128ff.) mit dem Modell der »Multidimensionalen Differenzierung« sowie Rüdiger (1979) mit einem mehrdimensionalen Modell der Prozeßdiagnose (→ *Prozeßdiagnostik*) vor. Weitere Untersuchungen und kontrollierte schulische Versuche in dieser Richtung wären ebenso erforderlich wie die Entwicklung und Erprobung geeigneter, der veränderten Aufgabenstellung angepaßter diagnostischer Instrumente für S-Untersuchungen. Eine so verstandene Schuleingangsdiagnostik darf sich auch nicht mehr nur auf eine punktuelle Erhebung eines zu einem bestimmten Zeitpunkt gegebenen Entwicklungsstandes beschränken, sie wird vielmehr Teil einer fortlaufenden und umfassenden Schulberatung (→ *Beratung*) sein, so wie das hier dargestellte ökopsychologische Modell nicht nur ein Verständnis des S-Problems ermöglicht, sondern sich in entsprechender Weise auf jede schulische Lernsituation übertragen läßt.

Horst Nickel

Literatur
Bronfenbrenner, U.: Wie wirksam ist die kompensatorische Erziehung? Stuttgart 1974. – *Deutscher Bildungsrat:* Strukturplan für das Bildungswesen. Empfehlungen der Bildungskommission. Stuttgart ⁴1972. – *Flammer, A.*: Wechselwirkung zwischen Schülermerkmalen und Unterrichtsmethoden – eine zerronnene Hoffnung? In: *Mandl/Krapp* 1978, S. 113–120. – *Hetzer, H.*: Die seelischen Veränderungen des Kindes bei dem ersten Gestaltwandel. Leipzig 1936. – *Hetzer, H.*: Zum Problem der Schulreife. In: Westermanns Pädagogische Beiträge 5 (1953), S. 6–15. – *Hetzer, H.*: Aktuelle Probleme beim Eintritt in die Schule in psychologisch-

pädagogischer Sicht. Vortrag auf der Studientagung der Universität des Saarlandes im September 1969. – *Hillebrand, M. J.* (Hrsg.): Zum Problem der Schulreife. München 1955; ³1963. – *Kern, A.*: Sitzenbleiberelend und Schulreife. Freiburg 1951; ³1966. – *Kern, A.*: Der Grundleistungstest zur Ermittlung der Schulreife. München 1959. – *Kleber, E. W.*: Probleme der diagnostischen Validität der Informationserhebung und Lösungsansätze für die Schuleingangsdiagnostik. In: *Mandl/Krapp* 1978, S. 121–133. – *Krapp, A.*: Schulreife und Schulfähigkeit. In: *Rost, D. H.* (Hrsg.): Entwicklungspsychologie für die Grundschule. Bad Heilbrunn 1980, S. 187–206. – *Krapp, A./Mandl, H.*: Zur Problematik der Schulreifetests. In: Die Bayerische Schule 26 (1973), S. 209–212. – *Krapp, A./Mandl, H.*: Einschulungsdiagnostik. Weinheim 1977. – *Löschenkohl, E.*: Über den prognostischen Wert von Schulreifetests. Stuttgart 1975. – *Löschenkohl, E.*: Multivariate Methoden zur Aufklärung von Schulerfolg und Lernerfolg. In: *Mandl/Krapp* 1978, S. 103–112. – *Mandl, H./Krapp, A.* (Hrsg.): Schuleingangsdiagnose. Neue Modelle, Annahmen und Befunde. Göttingen 1978. – *Müller, P.*: Familie und Schulreife. Sozialpsychiatrische Untersuchung. In: Praxis der Kinderpsychologie und Kinderpsychiatrie, Beiheft 8. Göttingen 1967. – *Nickel, H.*: Entwicklungspsychologie des Kindes- und Jugendalters. Bd. I. Allgemeine Grundlagen. Die Entwicklung bis zum Schuleintritt. Bern/Stuttgart/Wien ³1975. – *Nickel, H.*: Entwicklungsstand und Schulfähigkeit. München 1976. – *Nickel, H.*: Entwicklungspsychologie des Kindes- und Jugendalters. Bd. II. Schulkind und Jugendlicher. Bern/Stuttgart/Wien ³1979. – *Nickel, H.*: Entwicklungstheorien und ihre Bedeutung für die Grundschule. In: *Rost, D. H.* (Hrsg.): Entwicklungspsychologie für die Grundschule. Bad Heilbrunn 1980, S. 26–40. – *Nickel, H.*: Schulreife und Schulversagen. Ein ökopsychologischer Erklärungsansatz und seine praktischen Konsequenzen. In: Psychologie in Erziehung und Unterricht 28 (1981), S. 19–37. – *Nickel, H./Heller, K. A./Dumke, D.*: Unterrichten und Erziehen. Stuttgart 1978. – *Nickel, H./Schenk, M./Ungelenk, B.*: Erzieherverhalten und Elternverhalten im Vorschulbereich. München 1980. – *Oerter, R.*: Moderne Entwicklungspsychologie. Donauwörth ¹⁵1975. – *Rüdiger, D.*: Der prozeßdiagnostische Ansatz am Beispiel curricularer Prozeßdiagnose im Erstleseunterricht. In: *Bolscho, D./Schwarzer, Ch.* (Hrsg.): Beurteilen in der Grundschule. München 1979, S. 162–184. – *Samstag, K.*: Informationen zum Lernen im Vorschulalter. Meinungen, Hypothesen, Untersuchungsergebnisse. Bad Heilbrunn 1971. – *Schenk-Danzinger, L.*: Schuleintrittsalter, Schulfähigkeit und Lesereife. Deutscher Bildungsrat. Gutachten und Studien der Bildungskommission 7. Stuttgart 1969. – *Schmalohr, E./Dollase, R./Holländer, A./Schmerkotte, H./Winkelmann, W.*: Vorklasse und Kindergarten aus der Sicht der Erzieher. Ergebnisse einer Erzieherbefragung im Modellversuch von Nordrhein-Westfalen. Hannover 1974. – *Schüttler-Janikulla, K.*: Einschulungsalter und Vorklasse. München ²1971. – *Strebel, G.*: Das Wesen der Schulreife und ihre Erfassung. Solothurn 1946; Freiburg ⁴1964. – *Tanner, J. M./Taylor, G. R.*: Wachstum. Reinbek 1970. – *Tiedemann, J.*: Einschulungsdiagnostik unter entwicklungspsychologischem Aspekt. In: *Mandl/Krapp* 1978, S. 97–102. – *Tietze, W.*: Chancengleichheit bei Schulbeginn. Düsseldorf 1973. – *Zeller, W.*: Der erste Gestaltwandel des Kindes. Leipzig 1936; 2. Aufl. bearbeitet von K. Thomas. Göttingen 1964.

Schulleistungsbeurteilung

1. Das Lehrerurteil

1.1 Funktionen von Zensuren und Zeugnissen: Es gibt eine Reihe mehr oder weniger kontroverser Auffassungen über die Bedeutung von Zensuren in der Schule (vgl. Kleber 1979). Zielinski (1974, S. 881) unterscheidet zehn Funktionen: (a) Die Zensur soll dem Lehrer eine Rückmeldung über die erbrachten Leistungen liefern; (b) sie soll den Schüler über seinen Leistungsstand informieren; (c) sie soll den Eltern Auskunft über die Leistungen ihrer Kinder geben; (d) sie soll den Schüler zu weiteren Leistungen motivieren; (e) sie soll den lern- und leistungsunwilligen Schüler disziplinieren; (f) sie soll den Schüler mit den Leistungsstandards der Institution Schule vertraut machen; (g) sie soll eine Zuordnung des Schülers zu unterschiedlichen Bewertungsklassen ermöglichen; (h) sie soll ein Merkmal für die Auslese und weitere Beschulung sein; (i) der Zensur fällt damit die Rolle zu, über den weiteren sozialen Auf- oder Abstieg wesentlich mit zu entscheiden; (k) sie kann jedoch auch so gehandhabt werden, daß besonders benachteiligte Schüler vorteilhafter abschneiden als andere und dadurch ein gewisser Ausgleich der unterschiedlichen Startchancen der Schüler vorgenommen wird. Die Unterscheidung dieser zehn Funktionen hat einen heuristischen Wert, um in der Pädagogischen → *Diagnostik* die individuelle Gewichtung bei verschiedenen Lehrern und in verschiedenen Schulen herausfinden zu können und um die Konsequenzen einer solchen Gewichtung einer Analyse zugänglich zu machen. Der Lehrer verfolgt nämlich mehr oder weniger eine bestimmte Zielperspektive bei der Leistungsbeurteilung (L), die es ihm auch erspart, sich mit den Unverträglichkeiten einzelner Ziele, etwa der Zuteilungsfunktion und der Chancenausgleichsfunktion, auseinandersetzen zu müssen. Unser Schulsystem ist durch eine große Anzahl von Ausleseentscheidungen charakterisiert, was den Lehrer dazu verleiten kann, seiner L die Funktion der Zuteilung von Lebenschancen zu verleihen. Der Lehrer steht bei einer solchen Gewichtung der Funktionen in dem Spannungsfeld von Auslesen und Fördern, indem er in unterschiedlichem Ausmaß → *Beratung* oder Beurteilung realisieren kann, um diesen Funktionen gerecht zu werden.

1.2 Die Erfüllung der Gütekriterien: Einwände gegen die schulische L sind von Diagnostikern erhoben worden. Ingenkamp (1971) hat eine Anzahl von empirischen Untersuchungen zusammengetragen, die zeigen, daß das Lehrerurteil über Schülerleistungen nicht den drei Hauptgütekriterien der klassischen Testtheorie, nämlich Objektivität, Reliabilität und Validität genügt. Gemeint sind damit die Forderungen, daß Urteile über eine Schülerleistung (a) von verschiedenen Lehrern übereinstimmen sollen (Objektivität), (b) über einen gewissen Zeitraum stabil bleiben sollen (Reliabilität), (c) auch wirklich das Merkmal beurteilen sollen, dessen Beurteilung beabsichtigt war (Validität) (→ *Test*).

Die geringe Übereinstimmung der Lehrerurteile *(Objektivität)* wird deutlich bei der Aufsatzbeurteilung. So ließ Ulshöfer (1949) einen Abituraufsatz von 42 Lehrern beurteilen. Als Ergebnis erhielt er eine Streuung in den Urteilen, die von der besten bis zur schlechtesten Note reichte. Die Befunde von Ulshöfer stellen keinen Einzelfall dar, sondern wurden in vielen Untersuchungen repliziert. Aber auch bei anderen Leistungsproben ließ sich eine unvertretbar geringe Objektivität feststellen. So urteilen Lehrer über Mathematik- und Rechtschreibleistungen selten übereinstimmend genug.

Bezogen auf das Lehrerurteil bedeutet *Reliabilität* u. a. die Meßstabilität über einen gewissen Zeitraum hinweg, unter der Voraussetzung, daß sich das zu beurteilende Schülermerkmal in dieser Zeit nicht ändert. Auf einen konkreten Fall angewendet: Wenn ein Lehrer ein und dieselbe Leistung heute und in drei Monaten mit der gleichen Note belegt, so ist sein Urteil hoch reliabel. Experimentell läßt sich jedoch zeigen, daß die gleiche Leistung zu verschiedenen Zeitpunkten von demselben Lehrer unterschiedlich bewertet wird. Was aber in Experimenten gilt, muß nicht auch für die Schulpraxis Gültigkeit haben. Die Bedeutung des Reliabilitätskonzeptes ist daher für pädagogische Sachverhalte fragwürdig. Eine schulische Situation unterscheidet sich grundlegend von einer experimentellen Situation oder einer Testsituation. Während es bei den beiden letztgenannten Situationen darauf ankommt, möglichst alle positiven oder negativen Effekte, die vom Untersuchungsleiter oder der Situation ausgehen, zu eliminieren, lebt dagegen Unterricht von der → *Lehrer-Schüler-Interaktion*. Anders als in einer Laborsituation kennen sich hier Lehrer und Schüler und bilden Erwartungen und Definitionen aus, die nicht ohne Einfluß auf die L bleiben. Die Forderung nach erhöhter Reliabilität des Lehrerurteils kann der pädagogischen Intention einer möglichst flexiblen Registrierung von Veränderung des Schülerverhaltens zuwiderlaufen. Hohe Reliabilität des Lehrerurteils könnte z. B. dazu führen, daß Lehrer einen Schüler, dessen Leistungen sie vor einem Jahr als unzureichend eingestuft haben, heute genauso beurteilen, obwohl er sich sehr verbessert hat. Reliabilität würde dann zu Rigidität. Lehrerurteile sind schon durch den Vorgang der subjektiven Wahrnehmung mit bestimmten Tendenzen belastet. Diese Tendenzen verstärken hieße, Veränderungen im Schüler, die durch eingeleitete Lernprozesse zustande gekommen sind, zu ignorieren. Es hieße auch, einer relativ stabilen Klassifikation der Schüler in »Zweier«, »Einser«, »Vierer« usw. Vorschub zu leisten.

Das dritte Kriterium, die *Validität*, weist die meisten Probleme auf. Anhand von Beispielen zur Aufsatzbeurteilung wird deutlich, daß häufig nicht nur die Leistung in einem Fach beurteilt wird, sondern daß weitere Informationen des Lehrers über den Schüler (z. B. die eigene Sympathie oder die Meinung anderer Kollegen über den Schüler) das Urteil erheblich mit beeinflussen. So berichtet Weiss (1971) über erhebliche Notenschwankungen bei einem Aufsatz, je nachdem, ob die Lehrer die Information erhielten, der Schreiber sei ein begabter Redakteurssohn oder ein durchschnittlicher Schüler, der gern Schundhefte liest (vgl. Befunde zu Tendenzen im Lehrerurteil: Hofer 1969; Lilli 1978; Huber/Mandl 1979).

Die Forderungen nach einer Erhöhung der Gütekriterien im Lehrerurteil gehen alle von einem Vergleich der durch → *Tests* und der durch Lehrerurteile gewonnenen diagnostischen Information aus. Der Maßstab ist dabei die Güte der durch Tests gewonnenen Information. Es scheint fraglich, ob dieses Denkmuster angemessen ist, denn L im schulischen Kontext wird mit unterschiedlichen Zielsetzungen betrieben: zur Lerndiagnose, zur Lernkontrolle, zum Zweck der Versetzungsentscheidung oder zur Überprüfung auf Sonderschulbedürftigkeit usw. In der Pädagogischen → *Diagnostik* ist man der Auffassung, daß je nach Diagnosezweck auch die Instrumente ausgewählt werden müssen. Geht es um einen mehr »internen« Beurteilungsvorgang, d. h. eine Beurteilung, die der Lehrer laufend (formativ) zum Zwecke der Lernkontrolle und Lernsteuerung durchführt, ist er durch einen permanenten Einsatz von objektiven, reliablen und validen Instrumenten zeitlich überfordert (→ *Instruktionstheorie*). Steht aber eine Entscheidung an wie die Sonderschulüberweisung, so muß die diagnostische Grundlage gründlicher abgesichert werden. Die Frage kann also nicht lauten, durch welche objektiven Instrumente das Lehrerurteil ersetzt werden kann, sondern vielmehr muß nach Situationen gesucht werden, in denen das Lehrerurteil sinnvoll ist. Um dieses leisten zu können, müssen dem Lehrer bei der L die Vor- und Nachteile verschiedener Informationsquellen gegenwärtig sein.

1.3 Bezugsnormorientierung: Das Messen einer Schulleistung setzt einen Maßstab voraus. Die Auszählung von Fehlern oder Lösungspunkten allein erlaubt noch keine Aussage über das Niveau einer Leistung. Der gebräuchlichste Maßstab zur Einschätzung des Schwierigkeitsgrades eines Lernproblems liegt im durchschnittlichen Bewältigungsgrad, gerechnet über alle Schüler, die dieses Problem gleichzeitig zu bearbeiten haben. Erfolg und Versagen sind demnach relativ zu einer Bezugsgruppe (→ *Schulerfolg und Schulversagen*). Das hat u. a. den Nachteil, daß ein und dasselbe Leistungsergebnis in zwei verschiedenen sozialen Kontexten zwei verschiedene Beurteilungen erfährt. In der Schulpraxis wird diese Vorgehensweise durch die Verwendung sogenannter Zensurenspiegel veranschaulicht. Es ist nicht ungewöhnlich, daß eine Klasse erhebliche Lernfortschritte macht, ohne daß diese Entwicklung in der Zensurenverteilung zum Ausdruck kommt. Diese Urteilsperspektive wird *soziale* Bezugsnormorientierung genannt und abgehoben von der individuellen und der kriterialen Bezugsnormorientierung (Rheinberg 1980). Würde man Schüler nur noch im Längsschnitt beurteilen, ihre Leistung also intraindividuell vergleichen, wäre es eine Anwendung der *individuellen* Bezugsnormorientierung. Dabei dient die frühere Leistung als Maßstab für die gegenwärtige Leistung. Diese Perspektive enthält einige motivationale Konsequenzen (→ *Leistungsmotivation*). Die Schüler werden ihren gelegentlichen Mißerfolg nicht auf mangelnde Fähigkeit, sondern auf unzureichende Anstrengung attribuieren (→ *Attribuierung*). Daraus ergeben sich günstigere Affekte und Erwartungen. Lernschwache Schüler sind nicht so sehr den selbstwertbeeinträchtigenden sozialen Vergleichsprozessen ausgesetzt, erfahren daher weniger Selbstwertbedrohung und reagieren weniger ängstlich (→ *Angst*). Ihre Erwartungen sind nicht stabil auf Mißerfolg gerichtet, sondern variabel auf zukünftige Leistungsschwankungen in Abhängigkeit vom Anstrengungsaufwand. Die *kriteriale* Bezugsnorm richtet sich auf ein quantifiziertes → *Lehrziel*. Die Schüler werden danach eingeteilt, ob sie das Lehrziel erreichen oder nicht, unabhängig davon, wie gut diese Beherrschung im Klassendurchschnitt und wie gut die Lernvoraussetzungen zu einem früheren Zeitpunkt gewesen sind. Lehrer lassen sich danach unterscheiden, inwieweit sie bei der L die eine oder andere Bezugsnorm zur Anwendung bringen.

2. Objektivierte Leistungsmessung: Es gibt keine allgemein akzeptierte Klassifikation von Leistungstests (→ *Test*). Im Kontext schulischer Leistungsmessung erscheinen Einteilungen nach den Gesichtspunkten Bezugsnormorientierung und Formalitätsgrad sinnvoll.

2.1 Normorientiertes Vorgehen: Die Perspektive der Bezugsnormorientierung bringt eine Unterscheidung nach normorientierten Tests, kriteriumsorientierten Tests und Lerntests, je nachdem, ob sie an der sozialen, der kriterialen oder der individuellen Bezugsnorm ausgerichtet sind. Der Terminus normorientierte Tests, der für Testverfahren gebräuchlich ist, die eine soziale Bezugsnorm realisieren und standardisiert sind, ist mißverständlich, weil alle Tests an einer Norm orientiert sind. Bei normorientierten Tests stammt die Norm aus der Wirklichkeit und wird deshalb auch Realnorm genannt. Bei kriteriumsbezogenen Tests liegt die Norm von vornherein fest und stellt ein zu erreichendes Ideal dar. Sie wird auch als Idealnorm bezeichnet (Klauer 1972).

Die Anordnung von Tests auf einem Kontinuum mit den beiden Polen formell und informell bezieht sich auf den methodischen Aufwand, der bei der Konstruktion, Analyse und Normierung getrieben wurde, unabhängig von seiner Bezugsnormorientierung. So versteht man unter einem *informellen Test* ein vom Lehrer speziell für seine Adressaten konstruiertes Verfahren, das hinsichtlich des betriebenen Aufwandes zwischen einer traditionellen Klassenarbeit und standardisierten Tests liegt, denn die statistische Analyse erfolgt nur aufgrund von Faustregeln. Ein informeller Test kann aber vom Lehrer beliebig nach der sozialen oder der kriterialen Bezugsnorm ausgewertet werden. Standardisierte normorientierte Tests sind für bestimmte Klassenstufen und Fächer käuflich zu erwerben. Sie ermöglichen dem Lehrer einen sozialen Vergleich, der über den Rahmen der eigenen Klasse hinausgeht und z. B. alle Zehnjährigen in der Bundesrepublik umfaßt. Solche normorientierten formellen Verfahren haben den Vorteil, daß sie den Anforderungen, die die klassische Testtheorie an Testverfahren stellt, genügen. Für die Praxis der L ergeben sich jedoch durch den Einsatz solcher Verfahren durchaus Probleme: (a) Die didaktische Nützlichkeit überregionaler Vergleiche muß angezweifelt werden. (b) Der Lehrer muß sich bei der Realisierung einer Curriculumsequenz genau an die im Test vorgegebenen Lehrziele halten, weil das Instrument sonst nicht zur Diagnose des Leistungsstandes geeignet wäre, er gibt dann einen Teil seines didaktischen Spielraumes preis; (c) Normorientierte formelle Verfahren sind häufig an älteren curricularen Vorstellungen orientiert, weil zwischen der Testkonstruktion und dem Testeinsatz in der Schule oft Jahre liegen (→ *Curriculum*); so kann es vorkommen, daß ein objektives und reliables Instrument didaktisch unbrauchbare Informationen liefert, weil es nicht mehr über curriculare Validität verfügt.

2.2 Kriteriumsorientiertes Vorgehen: Diagnostische Informationen enthalten eine didaktische oder eine entscheidungsorientierte Zielsetzung. Kriteriumsorientierte Leistungstests sind Instrumente, die für das didaktische Vorgehen Informationen liefern. Sie werden auch lehrzielorientierte Tests genannt (LOT). Im Schulalltag wird der Lehrer meistens informelle lehrzielorientierte Tests einsetzen in der Absicht, den Grad der Lehrzielerreichung seiner Schüler zu überprüfen. Lernerfolgsmessung geht hier von der Vorstellung aus, daß die Beherrschung bestimmter Anforderungen auf systematischer pädagogischer Einwirkung beruht. Um weitere Lernprozesse organisieren und um Schüler individuell fördern zu können, benötigt der Lehrer die Information, ob vom Schüler das Kriterium erreicht wurde, das ein erfolgreiches Mitarbeiten an neuen Lehreinheiten erst ermöglicht. Lehrzielorientierter Unterricht und kriteriumsorientierte Leistungsmessung sind also aufeinander bezogen. Die ideale Verteilung der Leistungsergebnisse ist bei kriteriumsorientierten Tests nicht normal, sondern dichotom. Schwierigkeiten bei der Test-Analyse bereitet u. a. die Tatsache, daß die Axiome der Klassischen Testtheorie nicht mehr greifen, weil nur noch die beiden Gruppen der Erreicher und der Nichterreicher existieren (Klauer 1972).

2.3 Intraindividuelles Vorgehen: Die diagnostische Orientierung an einer individuellen Bezugsnorm erfordert die Erfassung von Veränderungen des Leistungsniveaus über die Zeit. Das geschieht durch die Untersuchung eines Lernprozesses. Eine für die Leistungsmessung erfolgversprechende Möglichkeit einer solchen → *Prozeßdiagnostik* stellen sogenannte Lerntests dar (vgl. Guthke 1974; Kormann 1979; Rüdiger 1979). Lerntests sind nach dem Prinzip (a) Instruktion, (b) Vortest, (c) Pädagogisierungsphase (Trainingsphase, Lernphase), (d) Nachtest angelegt. Die Differenz zwischen Vor- und Nachtest wird dann als Lernzuwachsmaß verwendet. Der Vorteil solcher prozeßdiagnostischer Verfahren liegt in ihrer hohen Gegenstandsspezifität. Weiterhin nimmt man an, daß die Qualität der Bewältigung von Lernproblemen eine bessere Erklärung und → *Prognose* für das Abschneiden in zukünftigen Lernsituationen liefert als Zustandstests. Diagnostisch wichtig ist hier nicht so sehr das Produkt vergangener Leistungen als vielmehr das aktuelle Problemlösungsverhalten. Guthke (1974) möchte deshalb auch die »Zone der nächsten Entwicklung« erfassen. Bisher liegen allerdings noch wenige Erfahrungen mit Lerntests vor (→ *Veränderungsmessung*). Einen interessanten Vorschlag hat Bereiter (1963) gemacht. Unter Verzicht auf die Differenzbildung zwischen Vor- und Nachtest plädiert er für »änderungssensitive Items«. Diese erfordern vom Probanden einen retrospektiven Vergleich zwischen einem vergangenen Zustand und dem jetzigen (z. B. »Sind Sie heute zuversichtlicher als vor vier Wochen?«). In der Psychotherapieforschung scheint dieses Verfahren angemessen zu sein. Für den schulbezogenen pädagogischen Bereich fehlen bisher Befunde. Das theoretische Problem besteht bei »änderungssensitiven Items« in der subjektiven Fähigkeit von Personen, Änderungen abzuschätzen, die in der Zwischenzeit eingetreten sind.

3. Schätzverfahren

3.1 Persönlichkeitsbezogene und curriculumbezogene Ratings: Ratings oder Schätzverfahren ermöglichen eine Quantifizierung von Beobachtungsdaten (→ *Verhaltensbeobachtung*). Der Ausprägungsgrad oder die Intensität eines Merkmals können durch bestimmte Zahlen oder Symbole markiert werden. Schätzverfahren dieser Art findet man neuerdings sehr häufig in reformierten Schulen, wo sie als Elemente von Diagnosebogen eine wichtige Grundlage für die Beurteilung von Schülerverhaltensweisen liefern. Leider wird dabei normalerweise nicht das Inferenzproblem berücksichtigt, so daß auf dem Wege über hoch inferente Skalen verborgene Eigenschaften und Fähigkeiten von Schülern anstelle von Leistungen geschätzt werden. Diese Vorgehensweise enthält alle Mängel und Probleme, die im Zusammenhang mit dem Lehrerurteil erörtert wurden. Es kommt darauf an, eine mäßig konkrete Einschätzungsebene zu finden, die einerseits über das Abzählen von Verhaltensäußerungen hinausreicht und andererseits die viel zu gewagte Schlußfolgerung auf latente Verhaltensdispositionen vermeidet. Für die Steuerung von Lehr-Lern-Prozessen und für die psychosoziale Förderung der Schüler ist die Kenntnis konkreter Verhaltensweisen in der schulischen Situation erforderlich. Aus diesem Grunde ist es völlig ausreichend, Verhalten in definierten Situationen einzuschätzen. Kleiter (1977) nennt diese Vorgehensweise Situation-Verhaltens-Rating. Solche mäßig inferenten Situation-Verhaltens-Ratings liefern dem Lehrer u. a. Informationen über die Leistung, das Arbeitsverhalten, das Sozialverhalten oder den emotionalen Zustand. Zur Überprüfung der Lehrzielerreichung werden curriculumbezogene Ratings verwendet. Sie helfen, didaktische Interventionen vorzunehmen und ohne großen diagnostischen Aufwand den Unterrichtsprozeß zu steuern.

Persönlichkeitsbezogene und curriculare Situation-Verhaltens-Ratings können eine nützliche Ergänzung zu Testverfahren darstellen, sofern mit ihnen richtig umgegangen wird. Die Festlegung des zu erfassenden Schülerverhaltens unter Bezugnahme auf ganz bestimmte Schulsituationen ist dabei unabdingbar. Das viel geschmähte Lehrerurteil gewinnt dann wieder an Bedeutung, wenn es durch Situation-Verhaltens-Ratings gefiltert wird. Dieser Vorgang erscheint für die Diagnostik in der Schule wichtig, weil er die komplexen Informationsverarbeitungsmöglichkeiten des Lehrers ausnutzt. Allerdings erfordert die Anwendung von Ratings eine gründliche diagnostische Ausbildung der Lehrer.

3.2 Verbale Beurteilung in der Grundschule: Ratings gewinnen neuerdings auch in der Grundschularbeit an Bedeutung. Die Abschaffung der Ziffernzeugnisse für die ersten beiden Grundschuljahre und deren Ersatz durch eine verbale Verhaltensbeschreibung (z. B. des Leistungs-, Arbeits- und Sozialverhaltens) machen ein sorgfältiges Quantifizieren von Beobachtungsdaten nötig. Sonst besteht die Gefahr, daß die verbalen Zeugnisse nur eine explizite Umschreibung impliziter Ziffernzensuren liefern. Dadurch würde dann auch die Orientierung an der individuellen Bezugsnorm, die in den verbalen Zeugnissen realisiert werden soll, zerstört. Für den Grundschullehrer werfen die neuen Zeugnisse noch weitere Fragen auf, z. B. die nach der richtigen Indikatorauswahl für die einzelnen zu beschreibenden Verhaltensbereiche. Es muß z. B. geklärt werden, welche Merkmalsstichprobe für so globale Bereiche wie Arbeits- oder Sozialverhalten repräsentativ ist. Es gibt einige Differenzierungsvorschläge, wie z. B. den von Bartnitzky/Christiani (1977). Die Autoren unterteilen das Sozialverhalten in Kontaktfähigkeit, Kooperationsfähigkeit, Kritikfähigkeit, soziale Produktivität, Verläßlichkeit und soziale Stellung. Das Arbeitsverhalten wird in Aufgabenverständnis, Konzentration, Selbständigkeit, Produktivität, Verläßlichkeit und Leistungsbereitschaft gegliedert. Diese Konstrukte müssen an den richtigen Indikatoren festgemacht werden. Der Lehrer muß also wissen, welchen Hinweisreiz er als Indikator für welches Konstrukt ansehen kann, damit die Wahrscheinlichkeit einer richtigen Schlußfolgerung möglichst hoch ist. Ein gültiges Urteil ist nur dann gegeben, wenn die Merkmalsvalidität hoch ist. Da die genannten Konstrukte nicht so verschieden voneinander sind, daß keine inhaltlichen Überlappungen vorkommen, dürfte es manchmal schwierig sein zu entscheiden, wofür ein bestimmtes Schülerverhalten als Indikator zu gelten hat. Wenn z. B. eine Schülerin freiwillig jeden Tag die Terrarien im Klassenzimmer säubert, ist zu fragen, ob dieses Verhalten verwertet werden sollte für das Konstrukt Zuverlässigkeit oder Verantwortungsbewußtsein. Vielleicht ist das Verhalten auch ein Hinweis auf Interesse

oder auf Kooperationsbereitschaft oder auf beides. Verknüpfungstendenzen dürften an solchen Stellen gehäuft auftreten.
Die aus Situation-Verhaltens-Ratings gewonnene Information über Schüler kann in einer Verlaufsdiagnose-Kartei festgehalten werden. Sie besteht aus Karteikarten, die pro Fach und Schüler eine Matrix aus Inhaltsklassen und Erhebungsmethode enthalten. Es können also nicht nur die Ergebnisse aus Ratings hier festgehalten werden, sondern auch solche aus Tests oder Befragungen etc. Der Vorteil der Kartei liegt in einer formativen Lerndiagnose, die der Lehrer intern für Differenzierungs- und Fördermaßnahmen verwenden kann. Probleme ergeben sich aus diesen an Förderung orientierten Zeugnissen, wenn mit Hilfe solcher L Aussagen über die weitere schulische Karriere nach dem vierten Grundschuljahr gemacht werden sollen.

4. *Konsequenzen der L:* Zuordnungsentscheidungen werden an den Nahtstellen unseres Bildungssystems gefällt. Die L spielt bei der Prognose und Entscheidungsfindung eine zentrale Rolle, z. B. bei der Nichtversetzung, der Umstufung in eine andere Schulform oder der Sonderschulüberweisung (vgl. Krapp 1979). Die L wird u. a. als Prädiktor für späteren Schulerfolg benutzt. Fehlerfrei ist eine solche → *Prognose* und Entscheidung nicht möglich, weil Statusdiagnosen grundsätzlich nur über eine sehr begrenzte prognostische Validität in einer sich ändernden Lernumwelt verfügen. Man unterscheidet zwei Arten von Fehlern: Es können für die Institution geeignete Schüler zu Unrecht abgelehnt werden, und es können nicht geeignete Schüler zu Unrecht aufgenommen werden. So konnte Hitpass (1967) zeigen, daß ein beträchtlicher Teil der als »geeignet« diagnostizierten Schüler in weiterführenden Institutionen versagte, während viele als »ungeeignet« diagnostizierte Schüler später doch Erfolg hatten. Pädagogisch ist umstritten, welcher Fehlertyp eher in Kauf genommen werden sollte.

Fehlerfreie Entscheidungen und Prognosen sind theoretisch nur denkbar, wenn der Prädiktor und das Kriterium eine perfekte Korrelation aufweisen, was aber in der Praxis nicht auftritt. Man hat sich bemüht, Vorhersagemodelle zu verfeinern, z. B. durch Verwendung multipler Prognosen (vgl. Krapp 1973; Rosemann 1978). Verstärkte Forschungsaktivitäten werden dem Problem der differentiellen Prädiktion gewidmet, weil sich empirisch feststellen ließ, daß die Prognosen nicht immer für alle Personengruppen Gültigkeit besaßen (Heller u. a. 1978). Auf die pädagogische Funktion schulischer Leistungsprognosen weisen Krapp/Mandl (1976) am Beispiel von Mißerfolgsprognosen hin. Ziel pädagogischer Bemühungen sollte es sein, Mißerfolgsprognosen scheitern zu lassen. Unter dieser Perspektive wird zunehmend die an statischen, selektiven Entscheidungsstrategien orientierte Diagnostik aufgegeben zugunsten einer mehr an Förderung orientierten, treatmentbegleitenden Diagnostik (Prell/Krapp 1979). Dieser änderungsorientierte diagnostische Ansatz bleibt auch für die Schullaufbahnberatung nicht ohne Konsequenzen. So plädiert Heller (1979) im Zusammenhang mit einer stärker handlungsorientierten Diagnostik für eine interaktive Beratungsstrategie zwischen Lehrer und Psychologe. Zukünftige Forschungsaktivitäten zur Leistungsmessung und -beurteilung scheinen erfolgversprechend, wenn sie an einem prozeßorientierten, treatmentbegleitenden Konzept der Diagnostik orientiert sind. Im Zuge dieser Neuorientierung im diagnostischen Bereich dürfen jedoch die theoretischen und praktischen Probleme nicht übersehen werden (vgl. Klauer 1978; C. Schwarzer 1979).

Christine Schwarzer

Literatur
Bartnitzky, H./Christiani, R.: Zeugnisse ohne Noten. Düsseldorf 1977. – *Bereiter, C.:* Some persisting dilemmas in the measurement of change. In: Harris, C. W. (Hrsg.): Problems in measuring change. Madison 1963. – *Bolscho, D./Schwarzer, C.* (Hrsg.): Beurteilen in der Grundschule. München 1979. – *Cronbach, L. J./Gleser, G. C.:* Psychological tests and personnel decisions. Urbana ³1965. – *Guthke, J.:* Zur Diagnostik der intellektuellen Lernfähigkeit. Berlin 1974. – *Heller, K.* (Hrsg.): Leistungsbeurteilung in der Schule. Heidelberg 1974. – *Heller, K./Rosemann, B./Steffens, K.-H.:* Prognose des Schulerfolgs. Weinheim 1978. – *Heller, K.:* Beurteilung und Beratung beim Übergang in die Sekundarstufe. In: Bolscho, D./Schwarzer, C. (Hrsg.) 1979, S. 185–206. – *Hitpass, J.:* Verlaufsanalyse des schulischen Schicksals eines Sextanerjahrganges von der Aufnahmeprüfung bis zur Reifeprüfung. In: Schule und Psychologie 12 (1967), S. 371–389. – *Hofer, M.:* Die Schülerpersönlichkeit im Urteil des Lehrers. Weinheim 1969. – *Huber, G. L./Mandl, H.:* Spiegeln Lehrerurteile über Schüler die implizite Persönlichkeitsstruktur der Beurteiler oder der Beurteilungsbögen? In: Zeitschrift für Entwicklungspsychologie und Pädagogische Psychologie 11 (1979), S. 218–231. – *Ingenkamp, K. H.* (Hrsg.): Die Fragwürdigkeit der Zensurengebung. Weinheim 1971. – *Klauer, K. J.:* Einführung in die Theorie lehrzielorientierter Tests. In: Klauer, K. J./Fricke, R./Rupprecht, H./Schott, F.: Lehrzielorientierte Tests. Düsseldorf

1972, S. 23–26. – *Klauer, K. J.* (Hrsg.): Handbuch der Pädagogischen Diagnostik. Düsseldorf 1978. – *Kleber, E. W.*: Funktionsbestimmung der Schülerbeurteilung. In: *Bolscho, D./Schwarzer, C.* (Hrsg.) 1979, S. 19–35. – *Kleiter, E.*: Über Referenz-, Interaktions- und Korrelationsfehler im Lehrerurteil. In: *Schwarzer, C./Schwarzer, R.* (Hrsg.): Diagnostik im Schulwesen. Braunschweig 1977, S. 37–56. – *Kormann, A.*: Lerntests als Alternative zu herkömmlichen Statustests. In: *Bolscho, D./Schwarzer, C.* (Hrsg.) 1979, S. 146–161. – *Krapp, A.*: Bedingungen des Schulerfolgs. München 1973. – *Krapp, A.*: Prognose und Entscheidung. Weinheim 1979. – *Krapp, A./Mandl, H.*: Vorhersage und Erklärung der Schulleistung. In: Zeitschrift für Entwicklungspsychologie und Pädagogische Psychologie 8 (1976), S. 192–219. – *Lilli, W.*: Die Hypothesentheorie der sozialen Wahrnehmung. In: *Frey, D.* (Hrsg.): Kognitive Theorien der Sozialpsychologie. Stuttgart/Wien/Bern 1978, S. 19–46. – *Petermann, F.*: Veränderungsmessung. Stuttgart 1978. – *Prell, S./Krapp, A.*: Diagnostische Aufgaben in der Grundschule. In: *Bolscho, D./Schwarzer, C.* (Hrsg.) 1979, S. 113–129. – *Rheinberg, F.*: Leistungsbewertung und Lernmotivation. Göttingen 1980. – *Rosemann, B.*: Prognosemodelle in der Schullaufbahnberatung. München 1978. – *Rüdiger, D.*: Der prozeßdiagnostische Ansatz mit einem Beispiel curricularer Prozeßdiagnose im Erstleseunterricht. In: *Bolscho, D./Schwarzer, C.* (Hrsg.) 1979, S. 162–184. – *Schwarzer, C.*: Lehrerurteil und Schülerpersönlichkeit. München 1976. – *Schwarzer, C.*: Einführung in die Pädagogische Diagnostik. München 1979. – *Ulshöfer, R.*: Die Beurteilung von Reifeprüfungsaufsätzen. In: Der Deutschunterricht 1 (1949), S. 84–102. – *Weiss, R.*: Die Zuverlässigkeit der Ziffernbenotung bei Aufsätzen und Rechenarbeiten. In: *Ingenkamp, K. H.* (Hrsg.): Zur Fragwürdigkeit der Zensurengebung. Weinheim 1971, S. 90–102. – *Zielinski, W.*: Die Beurteilung von Schülerleistungen. In: *F. E. Weinert* u. a. (Hrsg.): Pädagogische Psychologie. Bd. 2. Frankfurt/M. 1974, S. 874–900.

Schulpsychologie

1. Schulpsychologie als Träger der Beratung im Schulbereich: Die Realisierung schulischer Bildungsprozesse bringt für alle an der Planung und Durchführung solcher Prozesse beteiligten Personen (Lehrer und Schüler; mittelbar auch Eltern) Probleme und Schwierigkeiten mit sich. Viele Problemlagen und Konflikte können von den Betroffenen selbst nicht oder nur unzureichend bewältigt werden. Sie benötigen und suchen die Hilfestellung von Experten, die, gestützt auf ihre pädagogisch-psychologische Kompetenz, dazu beitragen können, Problemlösung und Entscheidungsfindung in einer individuell und sozial akzeptablen Weise durchzuführen. Die Gesamtheit dieser Hilfeleistungen soll als → *Beratung* bezeichnet werden. Schulpsychologie (SP) ist jenes Teilgebiet der Pädagogischen Psychologie, das sich mit den theoretischen Grundlagen und mit der praktischen Umsetzung von Beratung im Schulbereich befaßt. Beratung in der Schule umschließt alle Maßnahmen, die erforderlich und geeignet sind, Personen zu helfen, schulisch bedingte bzw. schulisch relevante Probleme zu bewältigen. Der Schulpsychologe ist der verantwortliche Träger der Beratung im Schulbereich; er wird von Beratungslehrern unterstützt. Die Funktionstüchtigkeit schulpsychologischer Dienste wird durch eine gediegene psychologische Ausbildung aller Lehrer wesentlich gefördert. Schulpsychologische Beratung deckt ein hochdifferenziertes Handlungsfeld ab. Eine scharfe Abgrenzung gegen verwandte Begriffe wie z. B. Therapie oder Betreuung (→ *Intervention und Prävention*) ist nicht möglich. Dazu kommen Unterschiede im Verständnis von Beratung, die mit unterschiedlichen Theorien der Beratung zusammenhängen. Alle diese Probleme machen es verständlich, daß sich die beratungswissenschaftlichen Aufgabenbereiche der Pädagogischen Psychologie nur langsam entwickeln, daß Beratung zugleich einen Überhang an Theorien und ein Theorie-Defizit aufzuweisen hat und daß das programmatische Konzept der Beratung mit seinen vielfachen Aufgaben in der Praxis bisher nur unzureichend realisiert werden konnte.

2. Beschreibung schulpsychologischer Beratung

2.1 Aufgabe und Schritte: Das »Grundmuster einer Beratungssituation« (Hornstein 1977, S. 37) besteht darin, daß eine Person, die mit einem Problem nicht fertig wird, bereit ist, sich von einer anderen Person in einem Gespräch helfen zu lassen – wobei das Gespräch im engeren Sinne durch weitere Maßnahmen ergänzt werden kann. Eine Beratungssituation ist eine Problemlösungssituation. Der Klient steht unter Problemdruck; er ist ratlos und damit hilfebedürftig. Er hat gewöhnlich – unter Verwendung impliziter Alltagstheorien (→ *Implizite Theorien*) – eine Erklärung seines Problemes und mögliche Problemlösungen parat; zugleich aber ist er – aus welchem Grund auch immer – unfähig, sich für einen Lösungsweg zu entscheiden. Der Schulpsychologe steht vor der Aufgabe, den Klienten zu einer eingehenden Analyse seiner Situation zu aktivieren und ihm dabei zu helfen, daß er sich unter Berücksichtigung relevanter

Informationen zu orientieren und zu entscheiden vermag. Kernstück dieser Hilfestellung ist die Vermittlung zwischen der impliziten Theorie des Klienten und der Sichtweise und Erklärung des Problems auf der Grundlage wissenschaftlicher Theorien. Dabei ist der Schulpsychologe gut beraten, die subjektiven Erklärungen und Erwartungen des Klienten ernst zu nehmen und nicht von vornherein von der selbstverständlichen Überlegenheit wissenschaftlicher Theorien auszugehen. Die Entscheidungsfindung soll kooperativ erfolgen; sie umfaßt folgende Schritte (Heller/Nikkel 1978, S. 311): (a) Definition der Problemsituation und Sammeln von Informationen; (b) Erarbeiten von Lösungsalternativen unter voller Berücksichtigung der Vorschläge des Ratsuchenden; (c) Bewertung der Lösungsalternativen und Entscheidung. Diese Schritte kooperativer Entscheidungsfindung können zu den Grundkomponenten schulpsychologischer Beratung in Beziehung gesetzt werden, die sich unter der Perspektive der Verlaufsanalyse von Beratung ergeben: → *Diagnostik*, → *Intervention und Prävention*, → *Evaluation*.

2.2 Ziele: Als generelle Ziele schulpsychologischer Beratung sind sowohl die individuelle Förderung von Personen, die dem System Schule angehören, als auch die Verbesserung und Reform des Systems Schule und seiner Subsysteme (Schulklassen) anzusehen. Teilziele der individuellen Förderung der Beratenen sind z. B.: Verbesserung und Förderung der Orientierungs- und Entscheidungsfähigkeit, der Kommunikations- und Interaktionsfähigkeit von Lehrern und Schülern, der Selbstbestimmung und Selbstverwirklichung von Schülern, der Selbstinitiierung von Lernprozessen, Aufarbeitung sozialisations- und entwicklungsbedingter Schwierigkeiten (Wulf 1977, S. 676), Ökonomie (Bewahrung der Klienten vor den Kosten falscher Entscheidungen), Sozialintegration, Erweiterung und Vertiefung individueller Entfaltungsmöglichkeiten, Selbstaktualisierung (Heller/Rosemann 1975, S. 19). Teilziele der Verbesserung des Systems Schule einschließlich der Befähigung der Lehrer zu differenzierter Hilfeleistung sind z. B.: Sensibilisierung im Umgang mit psychosozialen Problemen und Konflikten, Förderung der Zusammenarbeit zwischen Schülern, Lehrern, Eltern und Angehörigen der Schulverwaltung, Verbesserung der Lern-, Lehr- und Sozialstruktur der Schule, Verwirklichung von schulischen Reformen, Verbesserung der Chancengerechtigkeit im Schulsystem (Wulf 1977), Individualisierung und → *Differenzierung*, Durchlässigkeit, Bildungsreform und Innovationen (Heller/Rosemann 1975). In der schulpsychologischen Beratung ist insofern ein Spannungs- und Konfliktverhältnis angelegt, als die auf individuelle Förderung und auf Verbesserung des Systems Schule gerichteten Zielsetzungen der Beratung mit jenen gesellschaftlichen Funktionen der Schule leicht in Widerstreit geraten, die diese gleichfalls als Aufgaben zu bewältigen hat: Qualifikation, Selektion, Legitimation (Fend 1974).

2.3 Systematik der Aufgabenfelder: Die vieldiskutierte Frage der Aufgabenbereiche schulpsychologischer Beratung wurde mit dem Aufweis von vier Hauptgebieten – Einzelfallhilfe, Schullaufbahnberatung, Beratung von Lehrern hinsichtlich der Verbesserung ihrer pädagogischen Wirksamkeit, Beratung der Institution Schule – beantwortet (Wiest 1978). Eine weitere notwendige Differenzierung der Aufgaben schulpsychologischer Beratung ergibt sich aus der Kombination von zwei Einteilungsgesichtspunkten: Anlässe und Adressaten der Beratung. *Hauptanlässe* der Beratung sind: (1) Auswahl und Herstellung von qualifizierten Lernmöglichkeiten bzw. von pädagogischen Wirkungsmöglichkeiten auf der Grundlage von bzw. im Zusammenhang mit institutionell-organisatorischen Entscheidungen; (2) Veränderung pädagogisch problematischer Zustände durch pädagogisch-therapeutische Mittel im Sinne einer Optimierung bzw. Modifizierung von Persönlichkeitsstrukturen und Lernprozessen sowie pädagogischen Interaktionsstrukturen und Lernumwelten; (3) Vermittlung von Informationen angesichts kurativer, präventiver und innovativer Erfordernisse. *Adressaten* der Beratung sind: (a) Schüler und Eltern; (b) der Lehrer als Persönlichkeit und als Träger einer Berufsrolle; (c) der Lehrer als Fachmann für Erziehung und Unterricht in seiner Arbeit mit einer Klasse; (d) die Institution Schule (unter Einschluß der Schulverwaltung und der ministeriellen Entscheidungsinstanzen). Aus der Kombination der beiden Einteilungsgesichtspunkte ergibt sich die folgende Systematik der Aufgabenfelder der SP, die allerdings infolge der hohen Komplexität und Vermaschung der Aufgabenbereiche nur akzentuierenden Ordnungswert besitzt: (1a) Schullaufbahn- und Bildungswegberatung; (1b) Arbeitsplatz- und Arbeitsgestal-

tungsberatung; (1c) Gruppierungsberatung (Individualisierung und Differenzierung); (1d) Organisations- und Lernumweltberatung; (2a) Beratung bei Lern- und Verhaltensstörungen (Einzelfallhilfe); (2b) Beratung bei persönlichen berufsbezogenen Problemen (Psychohygiene des Lehrers); (2c) Beratung bei Unterrichts- und Erziehungsproblemen in der Arbeit mit der Klasse (→ *Instruktionstheorie*); Beratung in pädagogischen Konfliktfällen; (2d) Beratung bei Problemen der Funktionstüchtigkeit der Institution Schule im pädagogischen Bereich; (3a) Lernberatung (Beratung in den Methoden des geistigen Arbeitens); Lebensberatung (Zukunftsplanung etc.); (3b) und (3c) Weiterbildung aller Lehrer, vor allem der Beratungslehrer, in allen relevanten Beratungsbereichen; (3d) Beratung im Zusammenhang mit Schulversuchen und Einführung und Evaluation von Curricula (→ *Curriculum*).
Die Angemessenheit und Realisierbarkeit dieser Aufgabenprojektion sowie ihre ausbildungsmäßigen und organisatorischen Voraussetzungen bedürfen intensiver Diskussion. Weitgehende Übereinstimmung besteht hinsichtlich der Notwendigkeit einer Umakzentuierung der Schwerpunkte schulpsychologischer Beratungsarbeit; während bisher Einzelfallhilfe und Schullaufbahnberatung dominierten, ist in Zukunft auch die Beratung der Lehrer besonders zu intensivieren.

3. Theorie der schulpsychologischen Beratung
3.1 Verschiedene Ansätze: Die theoretische Fundierung der schulpsychologischen Beratung ist in mehrfacher Hinsicht problematisch und unzureichend. Das Ungenügen betrifft das Fehlen einer einheitlichen Theorie der Beratung; nicht weniger als 42 schulrelevante Beratungstheorien werden aufgeführt (Cunningham/Peters 1973). Das Ungenügen betrifft weiterhin das Fehlen einer im engeren Sinne pädagogisch-psychologischen Beratungstheorie. Das Ungenügen betrifft zum dritten den Tiefgang der theoretischen Fragestellungen, insbesondere im Hinblick auf notwendigerweise zu berücksichtigende anthropologische Fundamentalbedingungen der Beratung (Marten 1975).
Einen knappen Überblick über Grundansätze einer Beratungstheorie gibt Junker (1977) unter Bezugnahme auf person-, umwelt- und gesellschaftsorientierte Positionen. Jeder Ansatz wird nach seiner grundlegenden »Philosophie«, dem Ziel der Beratung, den Methoden der Beratung und den theoretischen Implikationen abgehandelt. Die Philosophie der personorientierten Beratungstheorie (Paradigma: Gesprächspsychotherapie) betont die subjektiven Kräfte, die Selbstaktualisierungstendenz, die subjektive Weltdeutung der Person. Ziel der Beratung ist die (Rück-)Gewinnung von Entscheidungsfähigkeit und die darauf gründende individuelle Entfaltung der Person. Das Methodenrepertoire dieses Ansatzes ist kognitiv orientiert: Einsicht und Klärung der persönlichen Schwierigkeit, Verständlichmachen der Beziehung des Klienten zu sich selbst, Durchsichtigmachen von Fixierungen und Abwehrhaltungen. Theoretisch ist impliziert, daß Veränderungen der Einstellung und der kognitiven Struktur zu Verhaltensänderungen führen. Demgegenüber betont der umwelttheoretische Ansatz (Paradigma: → *Verhaltensmodifikation*), daß der Mensch ein von seiner Umwelt geformtes und durch die soziokulturellen Normen und deren regelhafte Wirkungsweise determiniertes Wesen sei. Ziel der Beratung ist die (Neu-)Anpassung des Verhaltens an die bestehenden Normen; die methodische Grundlage der Einflußnahme ist in der Lerntheorie (Konditionierung und Modell-Lernen) gelegen (→ *Lernen und Lerntheorien*). Daß Verhaltensänderung zur Veränderung der Einstellung und der Weltdeutung führt, ist die theoretische Implikation. Die beiden bisher angeführten Theorien setzen voraus, daß Veränderungen der Personen gesellschaftliche Veränderungen fördern. Die umgekehrte Beziehung wird vom gesellschafttheoretischen Beratungsansatz (Paradigma: Sozialtherapie) vertreten. Hier ist die grundlegende Orientierung ganz auf die Determinationskraft des gesellschaftlichen Systems abgestellt. Haben Gesellschaftssysteme pathologischen Charakter, dann müssen sie unter dem Zielaspekt dieses Ansatzes ganz oder in Teilbereichen verändert werden, wobei als Methode der Beratung vor allem Aufklärung und konkrete Aktion praktiziert werden. Die theoretische Hoffnung ist, daß gesellschaftliche Veränderungen automatisch zu individuellen Verhaltens- und Einstellungsänderungen führen bzw. zu einer Aufhebung der Problemlage selbst.

3.2 Wesentliche Fragestellungen einer schulpsychologischen Theorie der Beratung:
(a) Warum ist Beratung notwendig? Beim Ratsuchenden ist Unsicherheit und/oder Problemdruck vorhanden. Beratung ist notwendig, weil es eine differenzierte Hilfsbedürftig-

keit des Menschen gibt, die mit seiner Konflikt- und Störanfälligkeit und mit seinen Informationsdefiziten zusammenhängt. Fragt man nach den Gründen für diese Unsicherheit und Anfälligkeit, so stößt man auf die polarkonträre bzw. dialektische Struktur sowohl der personalen (Nichtfestgelegtheit vs. Verfestigung, Entfaltung vs. Blockierung etc.) als auch der gesellschaftlichen (Chancen vs. Grenzen, Möglichkeiten vs. Notwendigkeiten etc.) Bedingungsfaktoren menschlichen Verhaltens und Erlebens. Beide Konstellationen – sowohl die Situation der Nichtfestgelegtheit und der Vielfalt an grundsätzlich beschreibaren gleichwertigen Wegen als auch die Situation der Verfestigung und Verhärtung in Blockierungen und Konflikten – sowie die mannigfachen Übergangsformen zwischen diesen Polen resultieren in spezifischen Ratlosigkeiten, die Beratung subjektiv und objektiv erforderlich machen.
(b) Wie ist erfolgreiche Beratung möglich? Warum und wie verändern sich Personen unter dem Einfluß von Beratung in einer Weise, die – gemessen an den Zielen von Beratung – von ihnen selbst und von ihrer Umwelt positiv beurteilt wird? Welche Bedingungen müssen gegeben sein, damit der Ratsuchende zur gebotenen und erwünschten Veränderung gelangt? Die mit diesen Fragen angezielte Bedingungsanalyse erfolgreicher Beratung hat vier Gruppen von Bedingungsfaktoren und deren wechselseitige Beziehungen zu berücksichtigen: (1) Personen und ihre Bereitschaften und Kompetenzen, also das, was sie als persönliches Kapital in die Beratung mitzubringen und in ihr einzusetzen vermögen. Das betrifft auf seiten des Ratsuchenden z. B. seine grundsätzliche Intention, gespannte Verhältnisse aufzulösen und mehrdeutige Lebenslagen zu vereindeutigen; seine in der und durch die Beratungssituation entwickelbare Fähigkeit der Reflexion der eigenen Lebenslage; seine Zugänglichkeit im Gespräch, seine »Beratbarkeit« im Rahmen seiner Intentionen und seiner Lernfähigkeit und in den Grenzen der Reduzierbarkeit seiner Abwehrhaltungen. Beim Berater sind es z. B. sein Interesse am Ratsuchenden, seine Sensibilität für die je besondere Problematik, seine partnerschaftliche Mitverantwortung, seine Fähigkeit, als Entscheidungshelfer zu fungieren, die zu Buch schlagen. (2) Probleminhalte und Problemstrukturen müssen mit den Methoden der Problembewältigung in der Beratung in einem Verhältnis der Passung stehen. Die allgemeine Leitlinie der Beratung, »Orientierungs- und Entscheidungshilfe« (Heller/Rosemann 1975, S. 16) zu sein, bedarf der inhaltsspezifischen Differenzierung der Beratungsstrategie. Ratlosigkeit auf der Grundlage von Informationsdefiziten verlangt eine andere Behandlung als Ratlosigkeit auf der Basis von existentieller Desorientierung. (3) Der interaktive Bezug von Ratsuchendem und Berater (→ *Interaktion*) ist eine zentrale Bedingung des Beratungserfolges: die gemeinsame Betroffenheit von der Problematik, die gemeinsame Bemühung um ihre präzise Erfassung, die gemeinsame Suche nach Lösungen, das gemeinsame Hinarbeiten auf möglichst eindeutige Problemlösung unter Respektierung der Eigenverantwortung des Ratsuchenden. (4) Sozio-kulturelle Rahmenbedingungen der Beratung sind gleichfalls von größter Bedeutung. Hier ist der weite Bereich von organisatorischen, institutionellen und ausbildungsmäßigen Grundlagen und Angeboten der Beratung angesprochen, der nicht nur über die Möglichkeit von Beratung, sondern auch über deren Qualität und deren Selbstverständlichkeit als Grundelement der schulischen Bildung mit entscheidet.
(c) Welche Grenzen hat die schulpsychologische Beratung? Beratung vermag weder alle schulisch einschlägigen Probleme anzugehen, noch hat sie für den Bereich der ihr grundsätzlich zugänglichen Probleme Erfolgsgarantie. Sie stößt fortwährend auf Grenzen, bleibt unwirksam oder nur teilwirksam. Es sind Grenzen der Veränderbarkeit des Ratsuchenden und der Umwelt, in der er lebt. Menschen und die Verhältnisse, in denen sie leben, sind nicht beliebig machbar und modifizierbar. Beratung beinhaltet daher auch die Anregung von Reflexion über Grenzen der personalen Entfaltung und über das Ertragenlernen von Grenzen. Die Herstellung unbegrenzter und risikofreier Wohlbefindlichkeit am Fließband steht nicht in der Macht schulpsychologischer Beratung. Es sind aber auch Grenzen in der Person und Rolle des Beraters, seiner sachlichen und kommunikativen Kompetenz, seiner Bereitschaft und Kraft, und Grenzen der institutionellen Arbeitsmöglichkeiten, die den Erfolg von Beratung mindern.
4. Kritik der schulpsychologischen Tätigkeit: Gegen die SP als Teil des Bildungswesens wird eingewendet, daß sie allzu leicht zu einem Instrument der staatlichen Lenkung der Bildungsansprüche werde, daß sie beständig in der Gefahr stehe, Anpassungsleistungen

auf Kosten der individuellen Förderung von Emanzipation zu betonen u. a. (Wulf 1977, S. 111). In der Tat befinden sich schulpsychologische Berater in dem Spannungsfeld, einerseits staatlichen und gesellschaftlichen Anforderungen gerecht werden und andererseits Hilfebedürftigen zur optimalen Entfaltung verhelfen zu sollen, für die nur begrenzte Hilfemöglichkeiten zur Verfügung stehen. Hier stößt der Berater fortwährend an Grenzen des jeweiligen Systems, innerhalb dessen er Beratung ausübt. Er muß auf Schritt und Tritt feststellen, daß Individuen in Abhängigkeiten, Grenzen und Zwängen stehen, die ihre optimale Entfaltung hemmen. Aber das ist nur die eine Seite. Individuen stehen immer auch in Freiräumen für ihre Entfaltung und in Spielräumen für ihre Aktivität. Aufgabe der Beratung unter dieser Perspektive ist es, mit den Ratsuchenden die Relation von Grenzen und Freiräumen ausfindig machen und eigene Entscheidungen hinsichtlich der Berücksichtigung von Grenzen und der optimalen Nutzung von Freiräumen treffen zu helfen. Schulpsychologische Beratung ist Instanz der Korrektur und der »Reparatur« des Verhaltens; sie ist dies notwendigerweise deswegen, weil Systeme, Institutionen und Personen Probleme haben und machen, die korrekturbedürftig sind. Schulpsychologische Beratung ist aber auch Instanz der Innovation und der Reform; sie ist dies notwendigerweise deswegen, weil Systeme, Institutionen und Personen der Erneuerung und der produktiven Fortentwicklung bedürfen. Die Mißachtung dieser Spannweite macht Beratung fragwürdig.

Georg Dietrich

Literatur
Arnhold, W. (Hrsg.): Texte zur Schulpsychologie und Bildungsberatung. 1. Bd. Braunschweig 1975; 2. Bd. Braunschweig 1977. – *Aurin, K.* u. a.: Beratung im Schulbereich. Weinheim/Basel 1977. – *Cunningham, L. M./Peters, H. J.*: Counseling theories. Columbus 1973. – *Fend, H.*: Gesellschaftliche Bedingungen schulischer Sozialisation. Weinheim/Basel 1974. – *Friedrich, H.*: Psychosoziale Konflikte und schulpsychologische Beratung – Ansätze zu einem Forschungsprogramm. In: Deutscher Bildungsrat, Gutachten und Studien der Bildungskommission 51. Teil 2. Stuttgart 1975. – *Heller, K./Rosemann, B.*: Handbuch der Bildungsberatung. 3 Bde. Stuttgart 1975. – *Heller, K./Nickel, H.*: Psychologie in der Erziehungswissenschaft. Bd. 4: Beurteilen und Beraten. Stuttgart 1978. – *Heyse, H./Arnhold, W.* (Hrsg.): Texte zur Schulpsychologie und Bildungsberatung. 3. Bd. Braunschweig 1978. – *Hornstein, W.* u. a.: Beratung in der Erziehung. 2 Bde. Frankfurt 1977. – *Junker, H.*: Konfliktberatung in der Schule. München 1976. – *Junker, H.*: Theorien der Beratung. In: *Hornstein* 1977, S. 285–310. – *Martin, L. R.*: Bildungsberatung in der Schule. Bad Heilbrunn 1974. – *Martin, L. R.*: Ansätze zu einer Theorie der Bildungsberatung. In: *Heller/Rosemann* 1975, S. 407–427. – *Rogers, C. R.*: Die nicht-direktive Beratung. München 1972. – *Schwarzer, R.* (Hrsg.): Beraterlexikon. München 1977. – *Stefflre, B./Grant, W. H.* (Hrsg.): Theories of counseling. New York ^{2}1972. – *Seiss, R.*: Beratung und Therapie im Raum der Schule. Bad Heilbrunn 1976. – *Wiest, U.*: Schulpsychologie. Stuttgart 1978. – *Wulf, Chr.*: Der Lehrer als Berater. In: *Hornstein* 1977, S. 639–674. – *Wulf, Chr.*: Kritik der Bildungsberatung. In: *Schwarzer* 1977, S. 111–115.

Schulsozialarbeit

1. Zur Konzeptionsgeschichte der Schulsozialarbeit in der Bundesrepublik Deutschland: Im Gegensatz zu den skandinavischen Ländern, zu England und den USA waren in der Bundesrepublik Deutschland in der Vergangenheit den öffentlichen Erziehungsbereichen ›Schule‹ und ›sozialpädagogische Jugendarbeit‹ in arbeitsteiliger Organisation streng voneinander getrennte Handlungsfelder zugewiesen. Erst gegen Ende der 60er Jahre kam es im Zuge bildungspolitischer Reforminitiativen (insbesondere mit der Entwicklung von Gesamtschulen und Ganztagsschulen) zu ersten ernstzunehmenden Annäherungsversuchen zwischen Schule und Sozialpädagogik. Vor allem auf der Grundlage von vorbereitenden wissenschaftlichen Arbeiten von Iben (1967; 1969) wurde in der Fachdiskussion der gemeinsame Erziehungsauftrag und Funktionszusammenhang dieser beiden Systeme der öffentlichen Erziehung verstärkt thematisiert (Homfeldt/Lauff/Maxeiner 1977, S. 203 ff.). Gleichzeitig machten die ersten praktischen Erfahrungen mit reformierten Schulsystemen auf die Notwendigkeit von neuartigen Strategien zur Bewältigung schulorganisationsbedingter Probleme aufmerksam. Auf diese Situation trafen die Empfehlungen des Deutschen Bildungsrates zur Einrichtung von Schulversuchen mit Ganztagsschulen (1968) und Gesamtschulen (1969) sowie der Entwurf eines Strukturplans für das Bildungswesen (1970). Der Deutsche Bildungsrat nahm darin insbesondere auch zu dem bis dahin weitgehend aus der bildungspolitischen Diskussion ausgeklammerten Thema der Schulberatung Stellung: So wurden u. a. die Grundsätze der → Beratung in der

Schule, die Aufgabenstellungen und Organisationsformen der Schulberatung und die Möglichkeit von sozialpädagogischen Angeboten und Dienstleistungen im Ganztagsbetrieb von Schulen diskutiert. Wenn auch diese Empfehlungen keine Vorschläge für eine institutionelle Einbeziehung und Absicherung der Sozialpädagogik im Rahmen der Schule enthielten, so wirkten sie dennoch als Initialzündungen für eine Reihe von praktischen Modellen im Bereich der Schulsozialarbeit (SS).

Diese ersten sozialpädagogischen Modellvorhaben in der Schule, welche vor allem im Rahmen von Gesamtschulversuchen ins Leben gerufen wurden (Bundesarbeitsgemeinschaft Jugendaufbauwerk 1975; 1976; 1978), sind eine institutionelle Antwort auf neuartige Handlungsanforderungen und Probleme, die durch die veränderte Organisationsform des reformierten Schulsystems geschaffen worden sind.

Verallgemeinert lassen sich folgende schulische Aufgabenbereiche benennen, die die Integration sozialpädagogischer Handlungselemente in den Schulalltag und somit auch den Einsatz sozialpädagogisch qualifizierter Fachkräfte sinnvoll erscheinen lassen (Malinowski/Herriger 1979, S. 75): (a) Prävention und Behandlung schul- und schulumweltbedingter Schülerkonflikte; (b) Beratung und Hilfestellung bei der Bewältigung der schulischen Lebenswirklichkeit; (c) Erschließung und Organisation neuartiger schulischer Lern- und Erfahrungsorte außerhalb des Unterrichts; (d) Einbringung zusätzlicher diagnostischer, kompensatorischer und sozialerzieherischer Kompetenzen im Hinblick auf die Verwirklichung spezifischer Reformziele.

2. Modelle einer sozialpädagogischen Praxis in der Schule: Die verschiedenen Modellversuche im Bereich der SS stehen in einem konkreten Interessenzusammenhang. Es ist ihnen aufgegeben, die Funktionsfähigkeit des Systems Schule auch unter veränderten Organisationsbedingungen zu sichern und auftretende Störungen im leistungsbezogenen Selektionsprozeß der Schule auszuschalten. Die sozialpädagogischen Arbeitsprojekte gehen jedoch in diesem schulischen Interessenzusammenhang nicht ohne Rest auf. Sie sind zugleich einer offensiven Jugendarbeit verpflichtet, deren Ziel es ist, die traditionelle Lern- und Leistungsschule in einen sozialerzieherisch nutzbaren Erfahrungsraum für Schüler umzugestalten. Alle praktischen Versuche, ein sozialpädagogisches Handlungsfeld in der Schule zu institutionalisieren, stecken somit in einem strukturellen Konflikt: Sie alle müssen ihre Aufgabenstellungen und Handlungsorientierungen stets zwischen den Zielen der Schule und den Zielen einer offensiven Jugendarbeit bestimmen. Die folgende exemplarische Auswahl von Modellen einer sozialpädagogischen Schulpraxis zeigt verschiedene Möglichkeiten der Lösung dieses strukturell angelegten Zielkonflikts auf.

2.1 Sozialpädagogische Jugendarbeit in der Schule: Zentrales Anliegen dieses Arbeitsansatzes ist es, im Rahmen von schulintegrierten Jugendzentren die Konzepte einer lebensweltbezogenen Jugendarbeit zu verwirklichen. Die sozialpädagogische Arbeit in diesen »Schülerzentren« zielt dabei nicht nur auf die Erfüllung der Freizeit- und Kommunikationsbedürfnisse der Schüler, sondern umfaßt darüber hinaus Angebote einer (für alle Jugendlichen des Stadtteils offenen) Jugendarbeit, die auf die konkrete Lebens- und Sozialisationsproblematik der Jugendlichen im Stadtteil bezogen sind. Weitere Schwerpunkte dieses Ansatzes sind die unterstützende Arbeit mit solchen Schülern, die aufgrund einer negativen Schulkarriere in der Gefahr stehen, den Schulabschluß nicht zu erlangen, sowie die berufsorientierende Hilfe für zukünftige Schulabgänger (von der Beek/Grossmann/Stickelmann 1979; Dokumentation »Sozialarbeit in der Schule« 1979).

2.2 Soziale Beratung in der Schule: Die Schulberatung ist, trotz ihrer länderspezifischen Organisation, ein zentraler Einsatzort für sozialpädagogische Fachkräfte, neben dem Schulpsychologen und dem Beratungslehrer (s. im übrigen → *Beratung* und → *Schulpsychologie*). Im Rahmen der Schulberatung zählen zu den Arbeitsschwerpunkten der sozialpädagogischen Mitarbeiter neben der offenen Schülerberatung u. a. die Schülerlaufbahnberatung, die soziale Einzelfallhilfe für Problemschüler, die Durchführung von fachbezogenen und fachunabhängigen Fördermaßnahmen in Gruppenarbeit sowie die Elternberatung (Reichel-Kaczenski 1976).

2.3 Das Tutorensystem in der Gesamtschule: Das Tutorensystem in Gesamtschulen leitet sich ab aus den Kursmodellen der reformierten gymnasialen Oberstufe, in denen der Tutor die Funktionen des ehemaligen Klassenlehrers übernimmt. Da auch in Gesamtschulen – meistens ab Klasse 7 – zumindest eine teilweise Auflösung des Klassenverbandes zugunsten von Differenzierungsmaßnahmen erfolgt, stellt das Tutorsystem eine organisatorische Möglichkeit der Institutionalisierung eines Beratungssystems mit verstärkten sozialpädagogischen Inhalten dar. Die Schüler eines Jahrgangs wählen aus dem Kollegium der Lehrer und der Sozialpädagogen ›ihre‹ Tutoren. Der Tutor betreut die Tutorengruppe (ca. 15–20 Schüler) außerhalb des Fachunterrichts, wobei vor allem die soziale Beratung der Schüler und die gruppenbezogene Lösung von Problemen innerhalb der schulischen Lebenswelt im Vordergrund der Interaktion stehen (Prior 1976).

2.4 Das Team–Kleingruppenmodell: Kerngedanke dieses Modells ist die Aufgliederung schulischer Großsysteme in kleinere, für Schüler wie auch für Lehrer überschaubare Bezugseinheiten. Diese Bezugseinheiten, denen ein festes Lehrerteam zugeordnet ist, umfassen zwei bis vier ursprüngliche Stammgruppen/Klassen eines Jahrgangs. Neben der Abdeckung des fachlichen Unterrichts kommt den Lehrern hier die Aufgabe zu, Prozesse sozialen Lernens zu initiieren, soziale und fachliche Problemlösungen innerhalb von Kleingruppen zu fördern und die traditionelle lehrerzentrierte Unterrichtsarbeit in Richtung auf eine selbständige Schülergruppenarbeit und auf eine zunehmende Mitbestimmung von Schülergruppen an Organisation und Inhalt des Unterrichts zu verändern (Drenkelfort u. a. 1976).

3. Formen der Zusammenarbeit zwischen Schule und Sozialpädagogik: Die verschiedenen sozialpädagogischen Schulprojekte werden im folgenden übergreifend klassifiziert (Malinowski/Herriger 1979, S. 78f.).

3.1 Der additive Arbeitsverbund: Er schreibt die arbeitsteilige Differenzierung der fachlichen Zuständigkeiten von Schulpädagogik und Sozialpädagogik weiter fort. Zwar sind das schulpädagogische und das sozialpädagogische Handlungssystem hier unter einem Dach vereinigt, sie arbeiten jedoch auch weiterhin in getrennten und einander nachgeschalteten Arbeitsfeldern. Die Sch erschließt lediglich zusätzliche, unterrichtsergänzende Erziehungsbereiche. Paradigmatisch für den additiven Arbeitsverbund sind die Konzepte einer sozialpädagogischen Jugendarbeit in der Schule.

3.2 Der kooperative Arbeitsverbund: Hier sind die Lehrerschaft und die sozialpädagogischen Fachkräfte durch gemeinsame Arbeitszusammenhänge miteinander verbunden, so z. B. durch den wechselseitigen Austausch von Informationen, die gemeinsame Planung des erzieherischen Vorgehens gegenüber Problemschülern, die Durchführung von ›Fallkonferenzen‹ und Hospitationen und die gemeinschaftliche Arbeit im Beratungsbereich. Der kooperative Arbeitsverbund umfaßt sowohl unterrichtsergänzende als auch – durch Problemintervention und Konfliktberatung zumindest mittelbar – die alltägliche schulische Interaktion verändernde Handlungselemente. Die Modelle einer sozialpädagogisch qualifizierten Schulberatung sind beispielhaft für diesen kooperativen Arbeitsverbund.

3.3 Der integrative Arbeitsverbund: Die Verfechter eines integrativen Arbeitsverbundes begreifen die Schule nicht als eine auf die Optimierung von Wissensvermittlung und individueller Leistungserbringung ausgerichtete ›Lernfabrik‹. Die Schule ist für die Schüler vielmehr ein bedeutsamer Lebens- und Kommunikationsraum, der zur Organisation sozialer Lernprozesse und zur Vermittlung sozialer Kompetenzen pädagogisch genutzt werden sollte. Dieser sozialerzieherische Auftrag der Schule kann jedoch nicht (allein) durch die Einbeziehung einer neuen Berufsgruppe – der Sozialpädagogen – in die Schule erfüllt werden. Zur Errichtung einer »sozialpädagogischen Schule« bedarf es darüber hinaus der sozialpädagogischen Qualifizierung des Unterrichts und der Integration sozialerzieherischer Elemente in die Berufsrolle des Fachlehrers. Sowohl das vorgestellte Tutorensystem als auch das Team-Kleingruppenmodell scheinen geeignet, auf seiten der Lehrerschaft diese notwendige neue Sensibilität für die sozialerzieherischen Aufgaben der Schule herzustellen.

4. Zur Handlungswirklichkeit der SS: Obwohl die Möglichkeiten und Chancen der SS in den Planungsstäben der Kultusministerien, den wissenschaftlichen Gremien und den Fachvertretungen der Praktiker zur Zeit intensiv diskutiert werden, besteht hinsichtlich der konkreten Ausgestaltung der sozialpädagogischen Schulpraxis in den einzelnen Bundesländern nach wie vor ein erhebliches Informationsdefizit. Zwar liegen inzwischen die Selbstdarstellungen einer ganzen Reihe von Modellversuchen wie auch einige Erfahrungsberichte der Sozialpädagogen vor. Überschauende Berichte jedoch, welche über die organisatorische und inhaltliche Strukturierung des schulischen Handlungsfeldes von Sozialpädagogen auf Länderebene informieren, fehlen bislang fast vollkommen. Der folgende Überblick über die inhaltlichen Schwerpunkte der sozialen Arbeit in Schulen entstammt einer von den Verfassern durchgeführten Befragung der Sozialpädagogen und Sozialarbeiter, die im Schuljahr 1977/1978 in Nordrhein-Westfalen an Gesamtschulen mit voll ausgebauter Sekundarstufe I tätig waren.

Ø 45% der DZ

A Betreuung sowie Anleitung von Schülergruppen

1. Sozialpädagogische Gruppenarbeit als fachunabhängiger Ausgleichsunterricht
2. Arbeitsgemeinschaften und offene Angebote
3. Aufsichten und sonstige Ordnungsdienste
   - Schülerbeaufsichtigung in ruhigen Zonen
   - Betreuung im Mittagsbereich
   - Gruppenbetreuung von im Freizeitbereich auffälligen Schülern
   - Mitarbeit in der Klassenstunde

Ø 25% der DZ

B Vermittlung und Beratung bei Schwierigkeiten

1. Schülergespräche zur Exploration sozialer Schwierigkeiten
2. Explorative Elterngespräche, Elterninformation und -beratung
3. Information und Beratung der Lehrer
4. Schülerbeobachtung im Unterricht/im außerunterrichtlichen Bereich
5. Hausbesuche
6. Durchführung von Sprechstunden
7. Zusammenarbeit (Informationsaustausch) mit außerschulischen Institutionen (Jugendamt, Erziehungsberatung etc.)
8. Aufgaben der Dokumentation der Beratungstätigkeiten (Aktenvermerke, Gesprächsaufzeichnungen)

Ø 17% der DZ

C Mitarbeit bei der Organisation und Verwaltung des Freizeitbereichs

1. Konzeptentwicklung und -veränderung für den außerunterrichtlichen Bereich
2. Organisation neuer Angebote
3. Materialbeschaffung, -verwaltung, -ausgabe
4. Vorbereitung und Durchführung von Projekt- und Wanderwochen, Wandertagen, Betriebserkundungen
5. Verwaltung des Etats für den außerunterrichtlichen Bereich
6. Sonstige administrative Aufgaben
   - Gestaltung von Schulfesten
   - Mitarbeiterbesprechungen im Ganztagsbereich

Zu diesen Einzelaufgaben, die mit jeweils unterschiedlicher Gewichtung an den einzelnen Schulen ca. 87% der durchschnittlichen wöchentlichen Dienstzeit (DZ) der Sozialpädagogen ausmachen, treten weitere Sonderaufgaben hinzu. Zu ihnen gehören sowohl die turnusmäßige Mitarbeit in Konferenzen und Ausschüssen als auch außerhalb der ›Alltagsgeschäfte‹ liegende Aktivitäten, z. B. die Mitarbeit bei der Durchführung von Schüleraufnahmeverfahren, die Einführung neuer Schüler in den außerunterrichtlichen Bereich oder die Anleitung von Praktikanten. Diese Sonderaufgaben füllen, auf ein Schuljahr hochgerechnet, die durchschnittlich verbleibenden 13% der Dienstzeit der Sozialpädagogen an den Gesamtschulen aus.
Ohne diesen umfangreichen Tätigkeitskatalog an dieser Stelle ausführlich interpretieren zu können (vgl. dazu Malinowski/Herriger 1979, S. 76ff.), halten wir fest, daß die hieranalysierte sozialpädagogische Schulpraxis vor allem folgende zwei Funktionen erfüllt:
4.1 Komplementfunktion: In den Ganztagsgesamtschulen ist durch die Verlängerung des Schultages ein zusätzlicher schulischer Freizeitbereich entstanden, der durch unterrichtsergänzende Sozialisationsangebote von seiten der Schulsozialpädagogen ausgefüllt werden soll. Durch die Bereitstellung interessen- und bedürfnisorientierter Aktionsmöglichkeiten in diesem Freizeitbereich eröffnet die SS den Schülern neue Lern- und Erfahrungsräume, die dem auf die Vermittlung abrufbarer Wissensinhalte (kognitive Kompetenz) ausgerichteten und reglementierten Fachunterricht entgegengesetzt sind und zur Vermittlung sozialer Kompetenzen genutzt werden können. Gleichzeitig darf man nicht verkennen, daß

einer sozialpädagogischen Jugendarbeit in der Schule – zumal einer politisch motivierten Jugendarbeit – enge Grenzen gesetzt sind. Unter dem Druck administrativer Zwänge bleibt die schulische Freizeitarbeit zumeist auf das Angebot von Spiel- und Rekreationsmöglichkeiten beschränkt, die das im Unterricht verwertbare Lern- und Arbeitsvermögen der Schüler erhalten bzw. wiederherstellen sollen. Auf die Gefahr einer fortschreitenden Vergesellschaftung aller Lebensbereiche von Jugendlichen und einer ›Totalisierung‹ der pädagogischen Zuständigkeit, die auch in den schulsozialpädagogischen Modellprojekten implizit enthalten ist, kann hier nur hingewiesen werden.

4.2 Kompensationsfunktion: Ein zweiter zentraler Anspruch an die SS ist wohl der, die Gefahr von ›Schulproblemen‹ zu vermindern und drohende oder bereits akute Erziehungsnotstände bei einzelnen Schülern oder Schülergruppen abzustellen. Durch kompensatorische Hilfestellungen ›vor Ort‹ sollen jene Schüler, die aus den Unterrichtsroutinen herausgefallen sind, in den schulischen Ordnungszusammenhang reintegriert werden, um so möglichen Prozessen der Stigmatisierung, der Deklassierung und der Segregation vorzubeugen. Die sozialpädagogische Intervention folgt dabei vorwiegend einem einzelfallorientierten Hilfeansatz (→ *Einzelfallanalyse*; → *Intervention und Prävention*).

5. Kritische Bewertung der Arbeitsansätze im Bereich der SS: Die bislang vorliegenden Erfahrungen aus der Handlungspraxis der SS zeigen, daß die pädagogische Erschließung komplementärer schulischer Lernorte außerhalb des ›reinen‹ Unterrichts mit dem Einzug von Initiativen aus dem Bereich der sozialpädagogischen Jugendarbeit in den Schulalltag weitgehend gelungen ist. Durch die Entwicklung von zusätzlichen (das traditionelle Unterrichtsangebot erweiternden) Lern- und Erfahrungsmöglichkeiten hat die Sch die schulische Lebenswelt zweifellos positiv verändert. Die auch weiterhin bestehende Unterordnung solcher sozialpädagogischer Elemente verweist zugleich jedoch auf die organisatorische Randständigkeit und den von schulischen Interessen diktierten erzieherischen Auftragscharakter der SS.

Grundsätzlich kritischer ist dagegen die Realisierung des kompensatorischen Funktionsbereiches zu bewerten. Der Arbeitseinsatz der SS – so sagten wir – ist auf die Kompensation von schulischen Konfliktsituationen und auf die Prävention von pädagogischen Notfällen ausgerichtet. Die von der SS entwickelten kompensatorischen Erziehungsmaßnahmen sind nun sicherlich ein erster Schritt in die richtige Richtung, da Problemschüler nicht mehr nur in einen der Schule nachgeschalteten Korrekturbereich verwiesen werden (vgl. hierzu ausführlich Brusten/Herriger 1978), sondern die sozialpädagogischen Interventionen ›vor Ort‹, also in der unmittelbaren Nähe zu dem Entstehungsort von Schulproblemen erfolgen. Es zeigt sich jedoch sowohl in der schulischen Organisation als auch in der unmittelbaren Handlungswirklichkeit von SS, daß das hier zugrundeliegende Verständnis von Prävention im wesentlichen auf einem individualistischen, auf die Person des Problemschülers konzentrierten Hilfekonzept begründet ist. Die individuelle ›Früherkennung‹ und ›Frühbehandlung‹ problembelasteter Schüler stehen im Vordergrund dieses Hilfekonzepts. Ein derartiges Interventionskonzept aber reproduziert die soziale Isolierung, Stigmatisierung und Segregation der betroffenen Schüler und blendet den schulischen Entstehungszusammenhang problematischen Schülerverhaltens weitgehend aus (Keupp 1975). Ein über diese schülerzentrierte Problembehandlung hinausgehender Präventionsansatz muß dagegen eine sozialpädagogisch geleitete Veränderung des institutionellen settings der Schule zum Ziel haben und an den strukturellen Determinanten des schulischen Scheiterns von Kindern und Jugendlichen ansetzen. ›Eckwerte‹ eines solchen umfassenden und bildungspolitisch höchst brisanten Präventionsansatzes sind u. a. die Revision von Lehrplänen und Erziehungszielen, die organisatorische Veränderung des Schulalltages (Auflösung des formal gegliederten Schultages) und die auf eine sozialpädagogische Sensibilisierung hinzielende Veränderung der Lehrerrolle. Der These von der »Verschulung der Sozialpädagogik« (Kentler 1971) wäre auf diesem Wege das Konzept einer »sozialpädagogischen Schule« entgegenzusetzen.

Norbert Herriger
Peter Malinowski

Literatur
Beek, A. von der/Grossmann, W./Stickelmann, B.: Zwischenbericht der wissenschaftlichen Begleitung des Modellversuchs »Sozialarbeit in der Schule«. Frankfurt/M. 1979. – *Böhnisch, L./Schweim, L.:* Schulsozialarbeit. Krisenzeichen und Reformchancen. In: betrifft: erzie-

hung 4 (1978), S. 37–38. – *Brusten, M./Herriger, N.:* Lehrerurteile und soziale Kontrolle im »Schulbericht«. Eine empirische Untersuchung über die Kooperation zwischen Schule und Jugendamt. In: Zeitschrift für Pädagogik 4 (1978), S. 497–514. – *Bundesarbeitsgemeinschaft Jugendaufbauwerk* (Hrsg.): Schulsozialarbeit. Vorstudien zur wissenschaftlichen Begleitung von Modellversuchen sozialpädagogischer Jugendarbeit an Schulen. Bonn 1975. – *Bundesarbeitsgemeinschaft Jugendaufbauwerk* (Hrsg.): Schulsozialarbeit. Berichte aus der Praxis. Bonn 1976 – *Bundesarbeitsgemeinschaft Jugendaufbauwerk* (Hrsg.): Schulsozialarbeit. Erste Erfahrungen und einige Konsequenzen aus den Modellversuchen Sozialarbeit. Bonn 1978. – *Deutscher Bildungsrat* – Empfehlungen der Bildungskommission: Einrichtung von Schulversuchen mit Ganztagsschulen. Bonn 1968. – *Deutscher Bildungsrat* – Empfehlungen der Bildungskommission: Einrichtung von Schulversuchen mit Gesamtschulen. Bonn 1969. – *Deutscher Bildungsrat* – Empfehlungen der Bildungskommission: Strukturplan für das Bildungswesen. Bonn 1970. – *Dokumentation »Sozialarbeit in der Schule«.* Zur Verlängerung des Modellversuchs Sozialarbeit in der Schule an der Ernst-Reuter-Schule I. Hektogr. Manuskript. Frankfurt/M. 1979. – *Drenkelfort, G./Kuschfeld, M./Stutzki, G.:* Reorganisation einer Gesamtschule nach dem Team-Stammgruppenmodell. Das Beispiel Hannover-Linden. In: *Tillmann, K.-J.* (Hrsg.) 1976, S. 124–140. – *Homfeldt, H.-G.* u. a.: Abweichendes Verhalten und reformiertes Schulsystem. Delinquenzfördernde Strukturen der Gesamtschule. In: *Tillmann, K.-J.* (Hrsg.): 1976, S. 97–122. – *Homfeldt, H.-G./Lauff, W./Maxeiner, J.:* Für eine sozialpädagogische Schule. Grundlagen, Probleme, Perspektiven. München 1977. – *Iben, G.:* Schule und Sozialpädagogik. In: *Roeder, P. M.:* Pädagogische Analysen und Reflexionen. Weinheim/Basel 1967. – *Iben, G.:* Schülerhilfe und Psychohygiene in der Schule. Utopie einer »sozialpädagogisch orientierten Schule«. In: Mitteilungen der AGJJ 57/58 (1969), S. 24–31. – *Kentler, H.* Verschulung der Sozialpädagogik? In: Gesamtschul-Informationen 4 (1971). – *Keupp, H.:* Der Widerspruch von Präventionsgedanken und ›medizinischem Modell‹ in der Schulberatung. In: Gruppendynamik 6 (1975), S. 415–436 .– *Malinowski, P./Herriger, N.:* Zur Wirklichkeit der sozialpädagogischen Praxis in der Schule. Empirische Ergebnisse und kontroverse Perspektiven. In: Neue Praxis 1 (1979), S. 67–85. – *Prior, H.:* Tutorensystem an der Gesamtschule. Das Hamburger Modell. In: *Tillmann, K.-J.* (Hrsg.) 1976, S. 141–171. – *Raschert, J.:* Gesamtschule. Ein gesellschaftliches Experiment. Stuttgart 1974. – *Reichel-Kaczenski, G.:* Soziale Beratung in der Schule. Das Beispiel Gesamtschule Bremen-West. In: *Tillmann, K.-J.* (Hrsg.) 1976, S. 172–191. – *Tillmann, K.-J.* (Hrsg.): Sozialpädagogik in der Schule. Neue Ansätze und Modelle. München 1976.

Selbstkonzept

1. Vorbemerkung: Seit James (1890) in seinem Werk »Principles of Psychology« dem »Selbst« einen zentralen Stellenwert innerhalb der psychologischen Theorienbildung zugewiesen hat, ist die Beschäftigung mit dem »Selbst« keineswegs ein neues, wohl aber ein Forschungsthema, welches in zunehmendem Maße aufgegriffen wird. So zeigt eine Durchsicht der »Psychological Abstracts« von 1978 eine Publikationsrate von etwa 30 einschlägigen Arbeiten pro Monat. Keineswegs verbirgt sich jedoch hinter den Begriffen »Selbst«, »Selbstkonzept« (S) oder anderen synonym gebrauchten Konstruktionen ein homogener Forschungsbereich. Vielmehr scheint es, als habe die Heterogenität in theoretischer, konzeptueller und methodischer Hinsicht eher zugenommen. Eine wesentliche Zielsetzung für die nachfolgenden Ausführungen ist es daher, die vielfältigen Ansätze innerhalb der S-Forschung in kurzen Umrissen zu systematisieren, kontrovers diskutierte Probleme aufzuzeigen und auf jene Forschungstrends zu verweisen, die sich heute abzeichnen.

2. Begriffsbestimmungen – Ansätze, Kontroversen, Probleme: Die Verwendung des Begriffs »Selbst« im substantivischen Modus findet sich auch heute noch in vielen Arbeiten. Aussagen wie »Das Selbst läßt sich definieren als hypothetisches Konstrukt, welches sich bezieht auf ein komplexes System von physischen, behavioralen und psychischen Prozessen, die für ein Individuum charakteristisch sind« (Calhoun/Acocella 1978, S. 32) oder ». . . es gibt nur ein Selbst, welches ›causal agent self‹ genannt werden soll« (Duval/Wicklund 1972, S. 33) tragen eher zur Verwirrung denn zur konzeptuellen Präzisierung bei. »Selbst« in seiner Verwendung als Präfix indiziert hingegen lediglich »in bezug zur eigenen Person« oder »die eigene Person betreffend«, aber die Vielfalt und Mehrdeutigkeit der mit dieser Präfix gebildeten Begriffe (S, Selbstwert, Selbstwahrnehmung usw.) ist bis heute nur selten überwunden, da diese im Rahmen eines theoretischen Bezugssystems nicht hinreichend expliziert wurden. Die in der Literatur vorfindbare Heterogenität in der Begriffsbestimmung von S läßt sich m. E. auf einige grundlegende Unterschiede reduzieren, wie im folgenden kurz skizziert wird.

Unter der Annahme eines als universell und fundamental postulierten Bedürfnisses von Menschen nach Selbstachtung und Selbstakzeptierung (Epstein 1973; Rogers 1950) dominiert der Aspekt der affektiv-evaluativen Tönung von S – meist mit dem Terminus »Selbstwertgefühl« (self-esteem) umschrieben oder mit dem Zusatz »positives vs. negatives« S versehen (zum Überblick vgl. Wells/Marwell 1976). Zuweilen werden aus dem Vergleich von »realen« und »idealen« Selbstbeschreibungen lediglich Indikatoren für die Höhe der Selbstakzeptierung abgeleitet. Typische Forschungsfragen sind vor diesem Hintergrund die Entstehung eines hohen Selbstwertgefühls als Folge vorgängiger Sozialisationserfahrungen, Effekte des Selbstwertgefühls auf soziales Interaktionsverhalten und die Akzeptierung anderer Menschen usw. Es scheint so, als sei die Variable »Selbstwertgefühl« in der Forschung »mit jedem und allem korreliert«, mit der Konsequenz, daß man ihren Wert als eigenständiges Erklärungskonzept zunehmend in Zweifel zieht (Wylie 1974).

In (mehr oder minder starker) Abgrenzung davon versuchen andere Autoren, S als die kognitive Repräsentation der eigenen Person zu formulieren, ohne daß die affektiv-evaluative Komponente gesondert oder einseitig betont wird. Grundannahme ist hier, daß die Person über eine (organisierte) Menge von Vorstellungen hinsichtlich ihrer eigenen Fähigkeiten, Eigenschaften, Merkmale usw. verfügt, daß die eigene Person in einem »internen Selbstmodell« abgebildet ist und daß sich solche Vorstellungen von oder Einstellungen zur eigenen Person sprachlich explizieren lassen (Mummendey 1979). Aber auch innerhalb dieses Definitionsrahmens findet sich eine Fülle von Akzentuierungen. So wird einerseits *das* S im Singular formuliert im Sinne einer organisierten »Gestalt« von selbstbezogenen Wahrnehmungen, Empfindungen und Vorstellungen (Rogers 1950) oder im Sinne einer »stabilen kognitiven Struktur« bezüglich der eigenen Person (Wiechardt 1977). Häufig geht damit auf der Ebene der S-Messung die Forderung einher, möglichst umfassend die Totalität aller S-Elemente erfassen zu müssen. Neben die Analyse der thematisch-inhaltlichen Aspekte, bezüglich derer sich Individuen in ihren S unterscheiden (z. B. Selbstbeschreibungen als »gesellig«, »begabt« usw.), tritt dann häufig die Frage nach den strukturellen Qualitäten des S, beispielsweise danach, wie differenziert und/oder hierarchisch gegliedert, wie intern konsistent oder wie zahlreich in Hinblick auf seine Dimensionalität das S einer Person jeweils ist.

Eine solche »holistische« Auffassung des S erweist sich in der Regel jedoch spätestens auf der Ebene der Operationalisierung als nicht mehr überprüfbar. Demgegenüber wird zunehmend die Annahme formuliert, daß man nicht von *dem* S einer Person sprechen könne, sondern daß jede Person über eine Vielzahl von S verfüge (vor allem Gergen 1979). Diese Annahme findet sich in der einschlägigen Literatur in einem zweifachen, wenn auch nur nuancenhaft unterschiedlichen Sinne: Einmal wird die Pluralität von S dadurch konzipiert, daß man sie thematisch voneinander abgrenzt, indem sie sich jeweils auf einen bestimmten Erfahrungsbereich bzw. eine spezifische Merkmals- und Verhaltensdomäne beziehen sollen. Deutlich wird dies am Beispiel des »S der Begabung« (Meyer 1973), wobei sich selbst innerhalb dieses thematisch umgrenzten Kognitionsbereiches noch eine Reihe von Differenzierungen nachweisen läßt, indem das S der Begabung innerhalb einer Person von Aufgabe zu Aufgabe variieren kann. Wesentlich für solche Konzeptualisierungsansätze ist es in jedem Falle, daß außer acht bleibt bzw. nicht als Forschungsproblem formuliert wird, welcher Stellenwert solchen bereichsspezifischen S in einem – wie auch immer definierten – »Gesamt-S« zukommt. In dieser Beschränkung auf inhaltlich umgrenzte S gelingt es aber um so eher, ihre Bedeutsamkeit im Sinne handlungsleitender Selbstkognitionen in actu zu prüfen und nachzuweisen – in diesem Falle für leistungsthematisches Handeln.

Die Pluralität von S wird aber auch vor dem Hintergrund der bekannten »Situationismus-Debatte« erneut diskutiert. Wesentlich ist dabei, daß die statische, am Eigenschaftsbegriff der Trait-Psychologie orientierte Konzeption des S (wie sie meist unausgesprochen sehr vielen Arbeiten zugrunde liegt, z. B. Carlson 1965) zunehmend in Frage gestellt wird. So kann man zwar zunächst argumentieren, daß der Aufbau von S sich wohl über (Selbst-)Erfahrungen in konkreten Situationen vollzieht, S aber schließlich als Durchschnittsbildung über Situationen hinweg zunehmend situationsübergreifender und stabiler werden (Wiechardt 1977). Andererseits wird die Situationsinvarianz von S möglicherweise auch nur durch die Erhebungsmethode artifiziell erzeugt (globale Selbstbeschreibungen auf Eigenschaftsskalen etwa) oder durch die im umgangssprachlichen Gebrauch von Eigenschaftsbegriffen enthaltene »Trait«-Komponente nahegelegt (vgl. Mischel 1968). Fordert man nämlich beispielsweise Personen auf, Selbstbeschreibungen im Hinblick auf spezifische Situationen abzugeben, so zeigen sich zwischen diesen situativen S zum Teil nur geringe Interkorrelationen (vgl. Filipp/Brandtstädter 1975). Weitere empirische Belege für die postulierte situative Variabilität von S werden von Gergen (1979) berichtet. Den meisten der dort referierten Studien ist gemeinsam, daß je nach Art der sozialen Situation bzw. des Interaktionspartners sich große Unterschiede in den Selbst*darstellungen* einer Person nachweisen lassen, wobei jedoch nicht hinreichend berücksichtigt ist, ob in der Tat selbstbezogene Kognitionen oder Gedanken von Situation zu Situation variieren oder ob hierbei nicht nur spezifische Taktiken der Selbstpräsentation evoziert und erfaßt wurden.

Die eben skizzierten Unterschiede in der Konzeptualisierung von S lassen sich also vor allem darauf zurückführen, ob (a) die affektiv-evaluative Komponente (Selbstwertgefühl) im Zentrum steht oder eine eher kognitionstheoretische Betrachtung (*Konzept* von, Einstellung zur eigenen Person) dominiert; (b) S als globale, organisierte Entitäten oder als bereichsspezifische, thematisch umgrenzte Kognitionskomplexe beschrieben werden; (c) eine stärkere Betonung des statisch-dispositionalen (Konstrukt-)Charakters von S erfolgt oder eher auf prozeßdynamische Aspekte abgehoben wird (z. B. Aktualisierung unterschiedlicher selbstbezogener Kognitionen in verschiedenen Situationen).

In jüngerer Zeit wurden zwei Versuche einer Rekonzeptualisierung von S vorgelegt, welche potentiell geeignet scheinen, divergente und konkurrierende Begriffsbestimmungen zu integrieren. Epstein (1973) beschreibt die Person als erkennendes Subjekt und naiven Alltagstheoretiker, und er stellt das S als Theorie, die eine Person über sich gebildet hat, dar. Deren grundlegende Funktion ist es, den Erfahrungsstrom verarbeiten und ordnen zu helfen und zur Aufrechterhaltung eines hohen Selbstwertgefühls beizutragen. Selbsttheorien sind nach Epstein hierarchisch gegliedert und in Postulaten unterschiedlicher Ordnung (Abstraktheit) organisiert. Auf der unteren Ebene lassen sich Selbstannahmen mit höherer situativer Flexibilität und geringerer Änderungsresistenz annehmen, während solche auf höherer Ebene als »Kernpostulate« situationsinvariant(er) sind und zum Erlebnis personaler Identität und Kontinuität beitragen. Interindividuelle Unterschiede in Selbsttheorien lassen sich vor allem in Hinblick darauf prüfen, wie elaboriert und tauglich zur Alltagsbewältigung sie sind, wobei die »Gütekriterien« für ihre Bewertung denen wissenschaftlicher Theorien entsprechen.

Filipp (1979) hat einen Ansatz vorgelegt, welcher an Modellannahmen der kognitiven Psychologie und der Theorien menschlicher Informationsverarbeitung angelehnt ist. S werden dort thematisiert als die zum jeweiligen Zeitpunkt innerhalb der Lebensspanne verfügbare Menge des über die eigene Person gespeicherten Wissens (»internes Selbstmodell«), welches in bereichs- bzw. domänenspezifischen Selbstschemata organisiert ist. Selbstschemata bilden jene Invarianten ab, die eine Person aus dem Strom aller Informationen, die ihr über sich selbst verfügbar waren, konstruiert hat. Einer interaktionistischen Sichtweise folgend, aktualisieren und konkretisieren Selbstschemata sich zu selbstbezogenen Kognitionen bzw. »Gedanken über sich selbst« im Vis-à-Vis der jeweiligen (Handlungs-)Situation und gewinnen so handlungsleitende oder -korrektive Funktion. *Inter*individuelle Unterschiede in S werden damit rückführbar auf Unterschiede (a) in der Art und Qualität der einer Person verfügbaren selbstbezogenen Informationen, (b) in den Strategien der Verarbeitung selbstbezogener Informationen und (c) in der Aktualisierung spezifischer selbstbezogener Kognitionen in einer gegebenen Situation. *Intra*individuelle Unterschiede über Zeit und/oder Situationen hinweg werden darstellbar in Abhängigkeit davon, (a) wie neue und/oder zu bestehenden Selbstschemata diskrepante selbstbezogene Informationen verarbeitet werden und (b) mit welchem Grad an transsituationaler Stabilität eine Person selbstbezogene Kognitionen einer spezifischen Thematik und affektiven Tönung aktualisiert und ins Bewußtsein rückt.

Für beide zuletzt genannten Ansätze gilt also, daß S nicht isoliert, sondern im Kontext alltäglicher Handlungsvollzüge thematisiert werden, daß ihre (lebens-)notwendige ordnungsstiftende Funktion im Strom der Erfahrungsdaten betont und ihr statischer Eigenschaftscharakter zugunsten eines dynamischen Prozeßgeschehens aufgegeben wird.

3. *Aufbau und Veränderung von S:* Seit den frühesten Forschungsarbeiten war die Frage,

in welcher Weise sich die jeweiligen Sichtweisen von der eigenen Person formieren und welches Bedingungsgefüge hierbei ausschlaggebend ist, ein zentrales Thema. Im Anschluß an Cooley und Mead hat sich bis heute als wesentliche Auffassung erhalten, daß die Entwicklung von S entscheidend durch die soziale Umwelt und die aus ihr gewonnenen Rückmeldungen über die eigene Person bestimmt ist. Menschen nehmen sich danach so wahr, wie sie glauben bzw. erfahren haben, daß sie von anderen (bedeutsamen) Personen wahrgenommen werden – die soziale Umwelt dient als Spiegel für das eigene Selbst (»looking-glass self«, Cooley 1922). Die heutigen sogenannten »Labeling-« oder »Stigmatisierungstheorien« (→ *Abweichendes Verhalten*) zielen in dieser Tradition auf den Nachweis, daß die Zuschreibungen, die Personen (z. B. bestimmte Randgruppen, Senioren, Delinquenten) aus ihrer sozialen Umwelt erfahren, sich in ihren Selbsteinschätzungen und (über diese vermittelt) auch in ihrem Verhalten niederschlagen. In dieser Tradition steht aber auch Rogers' (1950) Grundannahme, wonach die entscheidende Bedingung für den Erwerb einer positiven Selbstachtung in der unkonditionalen Wertschätzung liegt, die man durch andere Personen erfährt. Ähnlich argumentiert auch Epstein (1973) im Hinblick auf den Aufbau eines hohen Selbstwertgefühls. In all diesen Ansätzen bleibt aber weitgehend außer acht, mit welchem Ausmaß an Selektivität Menschen solche Rückmeldungen über ihre eigene Person aufnehmen und verarbeiten (z. B. Shrauger 1975). So zeigt denn auch eine Reihe von Arbeiten, welche elterliche → *Erziehungsstile* als Antezedentien kindlicher Selbstwertschätzung überprüften, in der Regel nur schwache Zusammenhänge zwischen z. B. eine unterstützenden Erziehungsverhalten und hohem Selbstwertgefühl der Kinder (Coopersmith 1967). Gecas/Calonico/Thomas (1974) versuchten, den Erklärungswert elterlichen Erziehungsverhaltens einerseits (»Spiegel-Theorie«) und der elterlichen S andererseits (»Modell-Theorie«) für die kindliche S zu differenzieren. Sie stellten dabei für das Erziehungsverhalten höhere (wenn auch schwache) Zusammenhänge mit den S der Kinder fest.

Als weiterer Erklärungsansatz für den Wandel und Aufbau von S setzt sich zunehmend die Theorie sozialer Vergleichsprozesse (Festinger 1954) durch. Grundlegende Annahme hierbei ist, daß sich Selbsteinschätzungen und -bewertungen immer vor dem Hintergrund einer spezifischen Bezugsgruppe vollziehen und Qualität und Ausprägung der selbstzugeschriebenen Eigenschaften, Fähigkeiten, Merkmale usw. durch die relative Position innerhalb dieser Bezugsgruppe bestimmt werden. So wiesen etwa Krug/Peters (1977) nach, daß sich das S der Begabung bei Kindern nach Einweisung in eine Sonderschule deutlich erhöht hat, während solche Veränderungen bei den Kindern, die, obschon gleich intelligenzschwach, in der Grundschule verblieben waren, nicht beobachtet wurden. Die Bedeutung der Bezugsgruppe wird auch dort sichtbar, wo als entscheidende motivationale Grundlage für die S-Entwicklung das Bedürfnis nach »persönlicher Distinktheit« formuliert wird. Jene Merkmale, bezüglich derer man sich selbst als von anderen Menschen abgehoben und verschieden erlebt, gehen danach besonders stark in das S ein. So stellten beispielsweise McGuire/Padawer-Singer (1976) fest, daß in den freien Selbstcharakterisierungen von Schülern nur bei jenen das Alter als S-Merkmal auftauchte, die bedeutsam vom Altersdurchschnitt der Klasse (nach oben oder unten) abwichen.

Ein letzter in der Literatur diskutierter Erklärungsansatz weist der Selbstbeobachtung des eigenen Verhaltens einen zentralen Stellenwert für den Aufbau von S zu. Danach gelangen Personen aus der Beobachtung ihrer eigenen Handlungen (und der Rollen, die sie spielen) zu einer Einschätzung, »was für ein Mensch sie sind«, und der Aufbau von Konzepten über die eigene Person unterscheidet sich von dem über andere Personen somit nicht prinzipiell (Bem 1979). Die Frage nach Stabilität bzw. Veränderbarkeit von S wird hierbei also in unmittelbarer Abhängigkeit von der Stabilität bzw. Variation des Verhaltens einer Person betrachtet.

Im engeren Sinne entwicklungspsychologische Studien zum Aufbau von S sind eher rar. Die meisten Arbeiten zielen im Rahmen von Querschnittsanalysen (→ *Entwicklung*) auf die Darstellung von Altersdifferenzen in S ab, wodurch die Frage nach der Stabilität einmal gebildeter S natürlich unbeantwortet bleibt. Längsschnittanalysen verweisen z. B. für die Adoleszenz auf vergleichsweise hohe S-Konstanz, doch bleibt das Problem, wie solche altersstabilen Selbsteinschätzungen erklärt werden können, ungeklärt. Entwicklungsbedingte Veränderungen sind am ehesten für strukturelle Merkmale von S nachgewiesen, die sich mit Rekurs auf den kognitiven Entwicklungsverlauf allgemein interpretieren lassen (Filipp 1980). In jüngerer Zeit versucht man, den thematischen Wandel von S als Folge der Auseinandersetzung mit sogenannten bedeutsamen Lebensereignissen im Erwachsenenalter darzustellen; die ersten Befunde weisen hier auf einen vielversprechenden Ansatz (Mummendey 1980).

Weit häufiger wurden bislang eher kurzfristige Veränderungen in S (zumindest ohne Prüfung längerfristiger Effekte) nachgewiesen. So zeigen sich Variationen in der Höhe des Selbstwertgefühls in Abhängigkeit von der »Attraktivität« einer sozialen Vergleichsperson gleichermaßen wie als Folge davon, daß man Personen entweder einseitig auf ihre vermeintlichen »Vorzüge« oder »Schwächen« gedanklich focussieren läßt. Auch aus den Reaktionen auf selbstkonzept-konträre Rückmeldungen versucht man, Hinweise auf die Veränderbarkeit von Selbsteinschätzungen zu erhalten. Kontrovers diskutiert wird hierbei, welche motivationalen Mechanismen an der Verarbeitung solcher Rückmeldungen beteiligt sind, das »Selbstwerterhöhungsprinzip« oder das »Konsistenzprinzip« (siehe Jones 1973). Beide Positionen fanden empirische Bestätigung: Rückmeldungen über die eigene Person führen zu einer Veränderung in den Selbsteinschätzungen, wenn damit eine Erhöhung des Selbstwertgefühls einhergeht; es zeigen sich aber auch Resistenzen gegen die (experimentelle) Manipulation von S, wenn diese Rückmeldungen inkonsistent mit bestehenden Selbstannahmen sind. Beide Ansätze brauchen sich dann nicht gegenseitig auszuschließen, wenn man postuliert, daß einzelne Selbstschemata eine unterschiedlich hohe Änderungsresistenz besitzen (Filipp 1979).

4. *Forschungstrends und Forschungsperspektiven:* Die Annahme, daß es sich bei S um nichts anderes handelt als um die nach gedächtnispsychologischen (→ *Gedächtnis*) Gesetzmäßigkeiten organisierte Menge von Wissen über die eigene Person, hat in jüngerer Zeit andere Akzente in den Forschungsarbeiten gesetzt. Vor diesem konzeptuellen Hintergrund werden S nicht mehr als statische Eigenschaften von Personen mit Dispositionscharakter betrachtet und inter- und intraindividuelle Differenzen in solchen Dispositionen geprüft. Prototypisch für diesen Ansatz sind vielmehr Fragestellungen, die auf eine Analyse der Prozesse abzielen, welche Informationen Personen über sich selbst verfügbar sind, wie diese Informationen zu den einzelnen Zeitpunkten (z. B. Lebensaltern) verarbeitet werden und in welcher Weise sie sich zu einzelnen Selbstannahmen verdichten. Die bislang eher mäßigen Zusammenhänge zwischen S und Verhaltensmerkmalen erhöhen sich in dieser Perspektive, wenn man prüft, in welchen Handlungskontexten und -abläufen Personen auf welche Ausschnitte aus dem Wissensbestand über sich selbst zurückgreifen und welcher Qualität und Thematik die dabei virulenten selbstbezogenen Kognitionen sind. Erst die Einbettung von S in solche handlungstheoretischen Betrachtungen vermag der S-Forschung neue und entscheidende Impulse zu geben.

Sigrun-Heide Filipp

Literatur

Bem, D. J.: Theorie der Selbstwahrnehmung. In: *Filipp, S. H.* (Hrsg.): Selbstkonzept-Forschung. Stuttgart 1979, S. 97–127. – *Calhoun, J. F./Acocella, J. R.:* Psychology of adjustment and human relationships. New York 1978. – *Carlson, R.:* Stability and change in the adolescent self-image. In: Child Development 36 (1965), S. 659–666. – *Cooley, C. H.:* Human nature and the social order. New York 1922. – *Coopersmith, S.:* The antecedents of self-esteem. San Francisco 1967. – *Duval, S./Wicklund, R. A.:* A theory of objective self-awareness. New York 1972. – *Epstein, S.:* The self-concept revisited: Or a theory of a theory. In: American Psychologist 26 (1973), S. 404–416. – *Festinger, L.:* A theory of social comparison processes. In: Human Relations 7 (1954), S. 117–140. – *Filipp, S. H.:* Entwurf eines heuristischen Bezugsrahmens für Selbstkonzept-Forschung: Menschliche Informationsverarbeitung und naive Handlungstheorie. In: *Filipp, S. H* (Hrsg.): Selbstkonzept-Forschung. Stuttgart 1979, S. 129–152. – *Filipp, S. H.:* Entwicklung von Selbstkonzepten. In: Zeitschrift für Entwicklungspsychologie und Pädagogische Psychologie 12 (1980), S. 105–125. – *Filipp, S. H./Brandtstädter, J.:* Beziehungen zwischen situationsspezifischer Selbstwahrnehmung und generellem Selbstbild. In: Psychologische Beiträge 17 (1975), S. 406–417. – *Gecas, V./Calonico, J. M./Thomas, D. L.:* The development of self-concept in the child: Mirror versus model theory. In: Journal of Social Psychology 92 (1974), S. 67–76. – *Gergen, K. J.:* Selbstkonzept und Sozialisation des aleatorischen Menschen. In: *Montada, L.* (Hrsg.): Brennpunkte der Entwicklungspsychologie. Stuttgart 1979, S. 358–373. – *James, W.:* Principles of psychology. New York 1890. – *Jones, S. C.:* Self and interpersonal evaluations: Esteem theories versus consistency theories. In: Psychological Bulletin 79 (1973), S. 185–199. – *Krug, S./Peters, J.:* Persönlichkeitsveränderungen nach Sonderschuleinweisung. In: Zeitschrift für Entwicklungspsychologie und Pädagogische Psychologie 9 (1977), S. 94–102. – *McGuire, W. J./Padawer-Singer, A.:* Trait salience in the spontaneous self-concept. In: Journal of Personality and Social Psychology 33 (1976), S. 743–753. – *Meyer, W. U.:* Leistungsmotiv und Ursachenerklärung von Erfolg und Mißerfolg. Stuttgart 1973. – *Mischel, W.:* Personality and assessment. New York 1968. – *Mummendey, H. D.:* Methoden und Probleme der Messung von Selbstkonzepten. In: *Filipp, S. H.* (Hrsg.): Selbstkonzept-Forschung. Stuttgart 1979, S. 171–189. – *Mummendey, H. D.:* Selbstkonzeptänderungen nach kritischen Lebensereignissen. In: *Filipp, S. H.* (Hrsg.): Kritische Lebensereignisse und ihre Bewältigung. München 1980. – *Rogers, C. R.:* The significance of self-regarding attitudes and perceptions. In: *Reymert, M. L.* (Hrsg.): Feeling and emotion. New York 1950, S. 374–382. – *Shrauger, J. S.:* Responses to evaluation as a function of initial self-perceptions. In: Psychological Bulletin 82 (1975), S. 581–596. – *Wells, L. E./Marwell, G.:* Self-esteem. Its conceptualization and measurement. London 1976. – *Wiechardt, D.:* Zur Erfassung des Selbstkonzepts. In: Psychologische Rundschau 28 (1977), S. 294–304. – *Wylie, R.:* The self-concept. Lincoln 1974.

Sonderpädagogik

1. Begriffsgeschichte: Begriff und Tätigkeitsfeld der Sonderpädagogik (S) stehen im erziehungswissenschaftlichen Bereich in enger Verbindung mit dem Sonderschulwesen in seinen nach den verschiedenen Behinderungsformen eingerichteten Schularten. Dem Begriff haftet die Wortbedeutung des Besonderen (Spezialisierung) wie des Abgesonderten (Segregation, Isolation) an. Unter dem Sammelbegriff S sind Praxis und Theorie der Erziehung Behinderter zu verstehen (→ *Behinderung*). Im deutschen Sprachraum gebrauchte man seit der Mitte des letzten Jahrhunderts den Terminus *Heilpädagogik*, wenn von der Erziehung Behinderter die Rede war. Je nach Deutung der Begriffsbestandteile Heil oder Pädagogik war in der Geschichte der Pädagogik dieser Formalbegriff in verschiedener Sinngebung dem Wandel ausgesetzt, wobei verschiedene Bedeutungskomponenten betont wurden, z. B. die medizinische in der Heilpädagogik als angewandte Kinderpsychiatrie oder die theologische als Heilswille am geschädigten Kind. Trotz oder auch gerade wegen übersteigerter Deutungsversuche hat sich der Begriff *Heilpädagogik* auf Schwachsinnigen- bzw. Geistesschwachenpädagogik eingeengt. Wegen seiner Vieldeutigkeit ergab sich die Notwendigkeit, diesen Begriff zu ersetzen. 1941 wurde der Begriff *Sondererziehung* in den deutschen Sprachraum eingeführt (Hanselmann). In der Nachkriegszeit, verstärkt durch außereuropäische Einflüsse, verbreitet sich der Ausdruck S. Der in der Sowjetunion geprägte entsprechende Begriff Defektologie ist nur von einem Teil der sozialistischen Staaten übernommen worden. So benützt man in der DDR neben dem Begriff S auch den der *Rehabilitationswissenschaften* (→ *Rehabilitation*). Trotz eines beachtenswerten erziehungswissenschaftlichen Ansatzes (Bleidick 1978) ist der umfassende und dem Sachverhalt adäquate Terminus *Behindertenpädagogik* bisher nicht in der Lage gewesen, S zu ersetzen. Nach wie vor erweist sich der letztere Begriff als allgemein gebrauchte Sammelbezeichnung.

2. Gegenstandsbereich der sonderpädagogischen Fachrichtungen: Bedeutung und Gegenstandsbereiche der S liegen in den nach Behinderungsarten bestehenden Fachrichtungen, die, der *Empfehlung des Deutschen Bildungsrates* folgend, dargestellt werden. Naturgemäß entwickeln sich pädagogische Fragestellungen im Zusammenhang mit Behinderungen im Kindes- und Jugendalter, also in Schul- und Berufsbildung.

2.1 Lernbehinderte: Die weitaus größte Gruppe mit einem regional schwankenden Anteil von 65–80% an allen Behinderten stellen die Lernbehinderten. »Als lernbehindert im Schulalter gelten Kinder und Jugendliche, die infolge mangelhafter Entwicklung oder einer Schädigung des zentralen Nervensystems oder soziokultureller → *Deprivation* bei erheblich verminderten Intelligenzleistungen vornehmlich in ihren schulischen Lernleistungen so weit beeinträchtigt sind, daß die Aufnahme, Speicherung und Verarbeitung von Lerninhalten nicht in altersentsprechender Weise gelingt. Soziale Determinanten und biologische Faktoren interagieren oft in der Weise, daß die Entstehungsursachen der Lernbehinderung nicht eindeutig aufweisbar sind.

Vor allem die negativen Einflüsse während der frühkindlichen → *Sozialisation*, etwa Lerndefizite aufgrund mangelnder sprachlicher und geistiger Anregung oder emotionaler Bedürfnisversagung, bedingen, daß Kinder sozial benachteiligter Randgruppen von Lernbehinderung bedroht sind (→ *Schulerfolg und Schulversagen*). Erhöhter Auslesedruck in der Schulzeit begünstigt oder verstärkt das Entstehen von Lernbehinderungen. Ursachen für das Entstehen von Lernbehinderungen bzw. deren Verstärkung sind aber nicht allein im Schüler oder in den außerschulischen sozialen Bedingungen, sondern

Sonderpädagogik

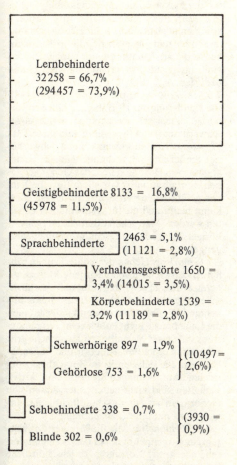

Anteil der einzelnen Behinderungsarten an Sonderschülern in Bayern 1981; die in Klammern gesetzten Angaben beziehen sich auf die gesamte Bundesrepublik Deutschland im Jahre 1977

auch in der Schulsituation, z. B. der Quantität und Qualität des Unterrichtsangebotes oder den Reaktionen der Lehrer und der Mitschüler, gegeben. Lernbehinderung wird angenommen, sofern die gemessene Intelligenz im Bereich zwischen der negativ ersten und dritten Standardabweichung eines standardisierten Intelligenztestverfahrens liegt und wenn zugleich ein erhebliches Schulversagen gegeben oder zu erwarten ist« (Deutscher Bildungsrat 1973, S. 38). In praxi sind Lernbehinderte Grundschulversager, wobei ätiologische Faktoren als unbestimmbar unbeachtet bleiben. Lernbehinderte sind somit keine homogene Gruppe, die sich durch ein oder mehrere gemeinsame Merkmale von Nicht-Lernbehinderten unterscheidet. Lernbehinderung selbst ist als relativer Begriff zu werten, weil Lernbehinderung eben nur relational zum praktizierten Schulsystem zu verstehen ist. Die Feststellung der individuellen *Intelligenzleistungen* hat mehr den Charakter der Rechtfertigung als den einer Entscheidungs- oder schulischen Plazierungshilfe. Ein nicht unbeträchtlicher Teil von Kindern hat schon immer die Schule für Lernbehinderte (die frühere Hilfsschule) besucht, obwohl deren Testintelligenz nicht selten erheblich über dem angegebenen Limit lag und liegt. Die Lernbehinderten sind die einzige Schülergruppe in einem gegliederten Schulwesen, für deren Schullaufbahn ein Intelligenztest zugrunde gelegt werden soll. Hierin ist u. E. auch der Grund für den von den Betroffenen als diffamierend und nicht als schulische Hilfestellung empfundenen Besuch der Schule für Lernbehinderte zu sehen. Wer pauschalierend als mit zu niedriger kognitiver Leistungsfähigkeit versehen etikettiert wird, gehört eben zu den Schwachsinnigen, mindestens zu den Schwachbegabten (→ *Abweichendes Verhalten*). Bereits im Schulalter fühlt er sich schulamtlich als für die Leistungsgesellschaft kaum tauglich aussortiert. Sozialpsychologische Aspekte, die bisher bei der einseitig psychodiagnostischen Ausrichtung der Lernbehindertenpsychologie entschieden zu kurz gekommen sind, lassen den Lernbehinderten als Mehrfachbehinderten par excellence erkennen. Aus internationalen Vergleichen schätzt man den Anteil Lernbehinderter auf 2,5% eines schulpflichtigen Jahrgangs, wobei die Grundschule den 3 bis 4% durch Lernschwächen und Lernstörungen von Behinderung Bedrohten besondere Lernhilfen (zweckmäßigerweise in Zusammenarbeit mit dem Sonderpädagogen) angedeihen lassen muß. Solche institutionalisierten Hilfen sind auch für die 10% aller Kinder und Jugendlichen vorzusehen, bei denen zeitlich begrenzte Lernschwierigkeiten auftreten.

2.2 *Geistigbehinderte:* Der Anteil Geistigbehinderter wird auf 0,6% eines Schülerjahrgangs eingeschätzt. Diesem Personenkreis wird zugerechnet, wessen Entwicklung und Lernfähigkeit wegen vorwiegend organisch-genetischer Schädigungen als so beeinträchtigt gilt, daß lebenslange soziale und pädagogische Hilfen notwendig erscheinen. Testergebnisse dienen nur als Orientierungsdaten, vor allem zur Abgrenzung gegenüber der Lernbehinderung. Bei den Geistigbehinderten werden neben kognitiven Beeinträchtigungen auch solche in sprachlichen, motorischen, sozialen und emotionalen Bereichen in das sonderpädagogische Kalkül einbezogen.

2.3 Sprachbehinderte: Den Sprachbehinderten gilt seit den Anfängen sonderpädagogischer Maßnahmen gleichermaßen medizinisch wie pädagogisch orientierte Aufmerksamkeit. Wenn auch noch für einen Teil der bei Schulbeginn auf bis zu 10%, am Ende des 6. Schuljahres immer noch auf 2,5% und im Sekundarbereich auf 0,7% Anteil an einem Jahrgang eingeschätzten Sprachbehinderten angemessene schulische Betreuung fehlt, so stehen im allgemeinen medizinische (logopädische), psychologische und psychotherapeutische Aufklärungs- und Therapieeinrichtungen zur Verfügung. Sprachbehinderungen werden diagnostiziert als Störungen des Sprachaufbaues (z. B. Dysgrammatismus), der Rede (z. B. Stottern, Poltern), des Sprechens (z. B. Stammeln, Lispeln), der Stimmgebung (z. B. Stimmschwäche) und des Sprachverständnisses. Aktuelle Bedeutung haben in zuletzt angesprochenen Bereich u. a. die Fragen der → *Legasthenie* erfahren.

2.4 Verhaltensgestörte: Die unangemessene Reaktion in sozialen Situationen und die fehlende Möglichkeit, selbst geringfügige Konflikte bewältigen zu können, gelten als Charakteristika der Verhaltensstörung. Hirnorganische Schädigungen und/oder negatives Erziehungsmilieu werden dafür als Verursachung angesehen. Ähnlich den Lernbehinderungen sind hier Abweichungen von schulischen und gesellschaftlichen Normenerwartungen zu erkennen. Eine klare phänomenologische Trennung der Verhaltensgestörten von Lernbehinderten scheint kaum durchführbar. Der Anteil wird auf 1% eines schulpflichtigen Jahrganges geschätzt, wozu weitere 3 bis 4% als von Behinderung bedroht anzusehen sind wegen anhaltender schulischer Mißerfolge (→ *Schulerfolg und Schulversagen*).

2.5 Körperbehinderte: Die motorische Umwelterfahrung ist einem Körperbehinderten wegen Schädigungen des Stütz- und Bewegungssystems bzw. wegen dessen wesentlicher Funktionsbeeinträchtigung nur unter erschwerten Bedingungen möglich. Als körperbehindert gelten zudem Menschen, die durch Fehlbildungen des Gesichtes oder des Rumpfes oder durch andere Entstellungen im äußeren Habitus auffällig sind. Der Körperbehinderte ist der äußerlich stigmatisierte Mensch schlechthin. Die Reaktionen der Umwelt auf diese offensichtlichen Beeinträchtigungen erschweren die Sozialisation Körperbehinderter, deren Anteil mit 0,3% eines schulpflichtigen Jahrganges eingeschätzt wird. Hierzu kommen noch etwa 0,2% langfristig erkrankte Kinder und Jugendliche, die in Krankenhäusern und Sanatorien oder in Form des Hausunterrichts sonderpädagogischer Hilfen bedürfen.

2.6 Schwerhörige: Eine andauernde, erhebliche Minderung der Hörfähigkeit läßt Schwerhörige akustische Informationen nur abgeschwächt und/oder lückenhaft aufnehmen. Im Gegensatz zu Gehörlosen können Schwerhörige Sprache im Satzzusammenhang u. U. mit apparativen Hörhilfen über das Gehör verstehen. Sozialisation ist vor allem für jene Kinder gefährdet, deren Schwerhörigkeit unerkannt bleibt und die für lernbehindert gehalten werden. Man schätzt den Anteil Schwerhöriger auf 0,3% eines schulpflichtigen Jahrganges.

2.7 Gehörlose: Neben den völlig Tauben zählen zu den Gehörlosen auch jene Menschen, deren Hörreste so gering sind, daß sie akustische Informationen nicht über das Gehör aufnehmen können. Taube Kleinkinder können die Lautsprache nicht entwickeln. Ein mindestens teilweiser Verfall der Lautsprache tritt bei später ertaubten Kindern und Jugendlichen ein, die sich bereits im Sprachbesitz befanden. Abweichungen im Lern- und Sozialverhalten sind nicht selten. Der Anteil von Gehörlosen an einem schulpflichtigen Jahrgang wird mit 0,05% angenommen.

2.8 Sehbehinderte: Mit 0,3% eines Schülerjahrgangs rechnet man bei den Sehbehinderten, die trotz Korrektur durchschnittliche Sehfunktionswerte nicht erreichen. Auf 1/3 bis 1/20 herabgesetzte Sehschärfe für Nähe und/oder Ferne, schwerer Gesichtsfeldausfall oder auf 1/20 bis 1/50 herabgesetztes Sehvermögen definieren Sehbehinderte. Sehbehinderte eignen sich im wesentlichen wie Normalsichtige Informationen auf visuellem Weg an (Schwarzschrift), bedürfen dabei jedoch besonderer Medien und Methoden.

2.9 Blinde: Die zahlenmäßig kleinste Behindertengruppe mit einem Schätzanteil von 0,012% eines schulpflichtigen Jahrganges stellen die Blinden dar. Traditionell und aktuell vor allem in den Entwicklungsländern erfahren sie zumeist die größte öffentliche Anteilnahme und Fürsorge. Als blind gilt, wer sich trotz Korrektur nicht wie ein Sehender verhalten kann. Dies ist in der Regel der Fall, wenn die Sehschärfe unter 1/50 der Norm liegt. *Blindentechniken*, d. h. die Ausnützung anderer Wahrnehmungssysteme wie Gehör, Geruch und vor allem Tastsinn (Punktschrift), lassen den Blinden Informationen aus der Umwelt aufnehmen.

3. Aufgabengebiete: In den verschiedenen sonderpädagogischen Fachrichtungen fallen im groben folgende Aufgaben an:

3.1 Information: Die jeweilige Fachrichtung hat über die defektspezifischen Eigenarten eine weitgehend unbeteiligte Öffentlichkeit aufzuklären, Bewußtseinsinhalte zu ändern und Vorurteile abzubauen. Zusammenarbeit der verschiedenen wissenschaftlichen Disziplinen, insbesondere mit der Medizin und der Sozialpädagogik, ist in der Öffentlichkeitsarbeit vonnöten.

3.2 Früherziehung: Sonderpädagogische Maßnahmen sind für die Behinderten besonders erfolgreich, wenn sie möglichst frühzeitig einsetzen (in Form der Kompensation z. B. bei Sinnesgeschädigten, als Therapie z. B. bei Körperbehinderten und Sprachbehinderten, als Prävention oder Prophylaxe z. B. bei Lernbehinderten und Verhaltensgestörten) (→ *Intervention und Prävention*).

3.3 Sonder-Schulpädagogik: In den verschiedenen Sonderschularten entwickeln die Fachrichtungen defektspezifische Methoden und Technologien, um schulische Lernprozesse Behinderter zu ermöglichen und zu optimieren. Neben der Sonderschullehrerausbildung liegt hier im Didaktischen der zweite Schwerpunkt der wissenschaftlich tätigen sonderpädagogischen Fachrichtungen.

3.4 Integration und Rehabilitation: Neben den Sonderschulen sind vor allem Ausbildungsstätten und Heime für Behinderte Aufgabengebiete der sonderpädagogischen Fachrichtungen. Gesellschaftliche Integration Behinderter ist erst durch entsprechende Berufsausbildung und -tätigkeit erreicht (→ *Rehabilitation*). Die weltweit diskutierte Integration Behinderter in Regelschulen und gemeinsamer Unterricht mit Nichtbehinderten ist bislang leider durch ideologische Zielrichtungen belastet. Den sonderpädagogischen Fachrichtungen erwachsen damit zusätzliche Aufgabengebiete in der Ausweitung sonderpädagogischer Intentionen auf den Regelschulbereich. *Herwig Baier*

Literatur

Abe, I. u. a.: Kritik der Sonderpädagogik. Gießen 1973. – *Bach, H.* u. a. (Hrsg.): Handbuch der Sonderpädagogik. Berlin 1977. *Bach, H.* (Hrsg.): Sonderpädagogik im Grundriß. Berlin 1975. – *Baier, H.* (Hrsg.)/*Merzbacher, G.* (Red.): Unterricht in der Schule für Lernbehinderte. Donauwörth 1978. – *Baier, H.:* Empirische Lernbehindertenpädagogik. Berlin 1978. – *Benesch, F.:* Die Sehbehindertenschule. Neuburgweier 1971. – *Bläsig, W.:* Die Rehabilitation der Körperbehinderten. München/Basel 1967. – *Bleidick, U.* (Hrsg.): Einführung in die Behindertenpädagogik. 3 Bde. Stuttgart 1977. – *Bleidick, U.:* Behindertenpädagogik. Berlin ³1978. – *Bracken, H. von:* Vorurteile gegen behinderte Kinder, ihre Familien und Schulen. Berlin 1976. – *Deutscher Bildungsrat* (Hrsg.): Empfehlungen der Bildungskommission. Zur pädagogischen Förderung behinderter und von Behinderung bedrohter Kinder und Jugendlicher. Bonn 1973. (Grundlegend 16 Gutachten, Stuttgart 1973). – *Garbe, H.:* Die Rehabilitation der Blinden und hochgradig Sehbehinderten. München/Basel 1965. – *Heese, G.:* Die Rehabilitation der Gehörlosen. München/Basel 1961. – *Heese, G.:* Die Rehabilitation der Schwerhörigen. München/Basel 1962. – *Heese, G./Wegener, H.* (Hrsg.): Enzyklopädisches Handbuch der Sonderpädagogik und ihrer Grenzgebiete. Berlin ³1969. – *Klauer, K.-J.:* Lernbehindertenpädagogik. Berlin ⁵1978. – *Kobi, E. E.:* Die Rehabilitation der Lernbehinderten. München/Basel 1975. – *Martikke, H.-J.:* Die Rehabilitation der Verhaltensgestörten. München/Basel 1978. – *Mersi, F.:* Die Schule der Sehgeschädigten. Neuburgweier 1971. – *Speck, O./Thalhammer, M.:* Die Rehabilitation der Geistigbehinderten. München/Basel 1974. – *Speck, O.:* Verhaltensstörungen, Psychopathologie und Erziehung. Berlin 1979. – *Willand, H.:* Didaktische Grundlegung der Erziehung und Bildung Lernbehinderter. Ravensburg 1977.

Soziales Lernen

1. Begriffsbestimmung: Mit dem Begriff soziales Lernen (S) werden in Pädagogik und Psychologie von verschiedenen Autoren sehr unterschiedliche Sachverhalte bezeichnet. In den *Erziehungswissenschaften* dominieren bis in die Gegenwart Begriffsbestimmungen, in denen normativ-pädagogische Konzepte zum Ausdruck kommen; dies gilt für die von Iben vorgeschlagene Definition (1974, S. 539), die soziales Lernen als in »Alternative zu einseitigem und isoliertem kognitivem Funktionstraining, nämlich als Förderung von Handlungskompetenz und sozialem Problembewußtsein« mit den Zielen Selbsterkenntnis, Bewußtsein der eigenen Lebenssituation, Entwicklung von Kommunikationsfähigkeit, Steigerung der Interaktionsfähigkeit usw. zu bestimmen versucht. Und dies gilt auch für die »traditionalistischen« Definitionen, in denen S als »Sozialerziehung« verstanden wird; diese »strebt an, dem Mitmenschen die personale Entfaltung im Sozialgefüge zu ermöglichen und ihm zu helfen, das Bewußtsein sittlicher Verantwortung in den besonderen Situationen seiner Zeit zu entwickeln« (Bornemann/Mann-Tiechler 1969, S. 3). Es gilt jedoch nicht für die von Ulich (1976, S. 383) vorgeschlagene Begriffsbestimmung, die statt der pädagogischen Zieldimension den Prozeßcharakter des S in den Mittelpunkt rückt: »Soziales Lernen meint den Erwerb von Interaktionssituationen für (späteres) Interaktionshandeln.«

Psychologische Autoren bemühen sich, normative Festlegungen in ihren Begriffsbestimmungen zu vermeiden; ihre Definitionen des S reichen von *sehr weiten* Bestimmungen, in denen S mit → *Sozialisation* gleichgesetzt wird (Oerter 1974, S. 68), über *mittelweite Bestimmungen* (z. B. Fend 1973, S. 179: S ist »Lernen in einem sozialen Kontext, bei der Interaktion mit anderen Personen«) bis zu *engen Definitionen*, in denen z. B. S als identisch mit dem Gegenstand der von Bandura und Mitarbeitern konzipierten Theorie des Beobachtungslernens gesetzt wird (vgl. z. B. Ruch/Zimbardo 1974, S. 92).

Diese z. T. recht beträchtlichen Unterschiede zeigen, daß über den Geltungsbereich des Begriffs S keine Einigkeit besteht. Im vorliegenden Zusammenhang wird daher aus pragmatischen Erwägungen S auf eine Weise definiert, die sich an die eingeführten Bedeutungen des Begriffs anlehnt und sie zu präzisieren versucht: *S ist der Oberbegriff für alle Lernprozesse, die (a) in sozialen Situationen stattfinden und (b) soziale Relevanz besitzen.* Dabei sind mit *sozialen Situationen* alle Situationen umgriffen, in denen das Individuum (der Lernende) in realer oder fiktiver (d. h. nur vorgestellter) → *Interaktion* mit anderen steht; *sozial relevant* sind alle Lernprozesse, die für das Zusammenleben des Individuums mit anderen in seiner Umwelt von Bedeutung sind.

Zweifellos weist diese Definition noch Unschärfen auf, die jedoch im vorliegenden Zusammenhang toleriert werden können; wesentlich ist, daß mit dieser Bestimmung zwei wesentliche Konstituenten, der *Prozeß* und das *Resultat*, spezifiziert und für S *traditionelle Bereiche* wie Persönlichkeitsentwicklung, Abhängigkeits- und Unabhängigkeitsentwicklung, → *Aggression*, → *Leistungsmotivation*, moralische, prosoziale und Geschlechtsrollenentwicklung (→ *Geschlechter*) usw. inkorporiert werden.

2. Theorien des S: Aus der großen Zahl und Vielfalt von theoretischen Konzeptualisierungen und Modellen, in denen soziale Lernprozesse und ihre Resultate thematisiert werden, können im vorliegenden Zusammenhang nur einige wenige herausgegriffen und skizzenhaft dargestellt werden. Schwerpunktmäßig wird dabei *aktuellen* Theorien, die insbesondere für *pädagogisch-psychologische Problembereiche* Relevanz besitzen, der Vorzug gegeben.

2.1 Wissenschaftshistorische Zusammenhänge: Mindestens vier Generationen von empirisch orientierten Psychologen (vgl. Cairns 1979) haben sich – historisch betrachtet – um Theoriebildungen und Konzeptualisierungen im Bereich sozialen Lernens bemüht.

(a) Zur Gründergeneration (bis 1935) sind zu rechnen: die »klassischen« Lerntheoretiker von Pawlow über Watson und Thorndike bis zu Hull und Guthrie, für die, vereinfacht und reduziert gesagt, eine elementaristische und reduktionistische, auf Laboratoriumsbefunde aufbauende Haltung charakteristisch war; darüber hinaus »kognitiv« orientierte Psychologen wie Baldwin und Piaget, die auf die Bedeutung kognitiver Funktionen und Strukturen beim Erwerb sozialer Kompetenzen eingehen, und Feld- und Gestalttheoretiker wie Lewin, Koffka u. a., die sich vor allem mit den Bedingungen der Situation und sozialen Umwelt beschäftigen; und schließlich noch die psychoanalytische Schule S. Freuds, für die S in der frühkindlichen Regulation »es«hafter, antisozialer Impulse durch die Eltern besteht (→ *Psychoanalytische Pädagogik*).

(b) In der nachfolgenden Generation (1935–1960) spielt vor allem die Gruppe der an der Yale University arbeitenden Psychologen (Dollard, Miller, Mowrer, Rotter, Sears) eine Rolle, die sich um Brückenschläge und Verbindungen zwischen psychoanalytischen und traditionell-lerntheoretischen Konstrukten bemüht; daneben ist B. F. Skinner zu nennen, für den das Prinzip des operanten Konditionierens zentrale Bedeutung im Prozeß sozialen Lernens besitzt.

(c) In der dritten Generation (1960–1970) dominieren insbesondere die Verhaltensanalytiker und -modifikatoren, die, aufbauend auf Skinners operanter Konditionierung, die Prinzipien der reziproken Verstärkung und Kontrolle in pädagogisch-psychologische und klinische Felder einführen (vgl. Baer, Bijou,

Gewirtz u. a.). Daneben ist vor allem die Gruppe um Bandura und Walters zu nennen, die das von Dollard/Miller (1950) wiederbelebte Konzept des »Imitationslernens« unter Einbezug von Bekräftigungsprinzipien ausbaut; die Konzeptualisierungen dieser Gruppe werden in der psychologischen Literatur häufig als »Theorie sozialen Lernens« bezeichnet (→ *Lernen und Lerntheorien*).

2.2 Neuere Theoriebildungen im Bereich sozialen Lernens: Zur vierten Generation (ab 1970) von Wissenschaftlern, die in jüngster Zeit relativ eigenständige, möglicherweise innovative Konzepte zum S vorlegte, gehören folgende Autoren, deren Ansätze für die Pädagogische Psychologie bedeutsam sind:

(a) Kognitivistische Theorieansätze: Anfang der siebziger Jahre wurde des öfteren (vgl. Carroll/Payne 1976; Dember 1976) von der »kognitiven Wende« der verhaltenstheoretisch orientierten amerikanischen Psychologie gesprochen; als Protagonist dieser Neu- und Umorientierung wird in der Persönlichkeits- und Pädagogischen Psychologie neben Autoren wie Aronfreed (1968) und Maccoby (1974) insbesondere W. Mischel (1976) angesehen (→ *Persönlichkeitstheorien*).

Mischel differenziert in seinem »Kognitiv-soziales-Lernen«-Konzept (Mischel 1976, S. 145 ff.) fünf Personvariablen aus: (a) Konstruktionskompetenzen; (b) persönliche Kodierungsschemata und Konstrukte; (c) Verhaltens- und Situationsergebniserwartungen; (d) subjektive Situationsvalenzen; (e) selbstregulatorische Systeme und Pläne. Diese fünf Bereiche von Personvariablen stehen als »subjektinterne Prozesse . . . zwischen unmittelbar beobachtbaren Umweltgegebenheiten und individuellem Verhalten« (Schneewind 1979, S. 159), ihre Interrelationen sind noch weitgehend ungeklärt, so daß Mischels Konzept für die Forschung derzeit nur heuristische Funktion hat. In der Pädagogischen Psychologie stößt es vermehrt auf Interesse, weil die Unterscheidung von Strukturen mit z. B. *konstruktiver, antizipatorischer, evaluativer* und *selbstregulativer* Funktion für pädagogische Fragestellungen Bedeutung besitzt.

Neben Mischels Erklärungsansatz haben in den letzten Jahren vor allem Weiterentwicklungen des Modeling-Konzeptes von Bandura und Mitarbeitern (vgl. insbesondere Bandura u. a. 1971; Schneewind 1979) in der Pädagogischen Psychologie Beachtung gefunden. Bereits 1971 betonte Bandura, daß in seiner Theorie des S die Einflüsse des Modells prinzipiell durch ihre informative Funktion wirksam werden, d. h., daß der Beobachter auf dem Wege der kognitiven Informationsverarbeitung *symbolische Repräsentationen* der modellierten Ereignisse und keine Reiz-Reaktions-Verknüpfungen herstellt (vgl. Bandura 1971, S. 16); dabei spielen vier in Wechselwirkung stehende Prozesse im Beobachter eine Rolle: Aufmerksamkeitsprozesse, Gedächtnisprozesse, motorische Reproduktionsprozesse sowie Verstärkungs- und Motivationsprozesse. Struktur und Funktion dieser vier Subprozesse wurden teilweise bereits durch empirische Analysen erhellt; dagegen ist die Interaktion zwischen diesen vier Prozeßsystemen noch weitgehend unerforscht.

Für die Pädagogische Psychologie bedeutsam sind schließlich auch kognitivistische Theorieansätze, in denen S auf *Selbstkontrollvorgänge* (engl. self-control) des Individuums zurückgeführt wird. Es waren insbesondere lerntheoretisch orientierte Verhaltenstherapeuten (→ *Verhaltensmodifikation*), die die Idee, daß Menschen lernen können, von welchen inneren und äußeren, vorangehenden und nachfolgenden (zukünftigen) Bedingungen ihr eigenes Verhalten abhängt, und damit in der Lage sind, Einfluß auf ihr Verhalten auszuüben, für therapeutische Ziele nutzbar machen wollten (vgl. Hartig 1975). Mittlerweile wurden mehrere, z. T. alternative, z. T. aufeinander beziehbare, kognitive Selbstkontrolle-Konzepte vorgelegt (z. B. Mahoney/Thoreson 1974; Meichenbaum 1971), in denen meist zwischen offener und verdeckter Selbstkontrolle unterschieden wird. *Offene* Selbstkontrolle bezieht sich auf Lernvorgänge, in deren Verlauf das Individuum auf die »äußeren« verhaltensauslösenden Umweltbedingungen und/oder auf die *externen* Auswirkungen seines Verhaltens Einfluß nimmt. Bei der *verdeckten*, also nicht sichtbaren Selbstkontrolle beeinflußt das Individuum die eigenen Lernvorgänge dadurch, daß es seine *inneren* Kognitionen und symbolischen Repräsentationen der äußeren Umweltbedingungen und Auswirkungen seines Verhaltens verändert. Mahoney/Thoreson (1974) betonen die Selbstverantwortung des Subjekts bei dieser Form von Selbstregulation des Verhaltens und gaben ihrem Buch den bezeichnenden Titel »Self-control: power to the person«.

(b) Sozial-kognitive entwicklungspsychologische Theorieansätze: Den sozial-kognitiven entwicklungspsychologischen Theorieansät-

zen gemeinsam ist eine Orientierung an epistemologischen Basisannahmen der kognitiven Strukturtheorie Piagets (1972), darüber hinaus das Bemühen, *soziale* und *kognitive* Entwicklungs- und Lernprozesse systematisch aufeinander zu beziehen. Ein bekannter Vertreter eines solchen Theorieansatzes ist z. B. Kohlberg (1969), der u. a. die Geschlechtsrollenentwicklung und die moralische Entwicklung unter Betonung des kognitiven Primats zu erklären versucht (→ *moralische Entwicklung und Erziehung*). Ähnlich betont wie von Kohlberg wird der kognitive Primat im Bereich S von einigen Theorieansätzen, die *Prozesse der Rollenübernahme* (engl. role-taking) in den Mittelpunkt rücken. Flavell (1975) u. a. beispielsweise beschäftigen sich mit der Entwicklung und Förderung von Rollenübernahmefähigkeiten, d. h. kognitiven Prozessen, die jemand einsetzt, um nicht beobachtbare Vorgänge in anderen Personen einzuschätzen, z. B. ihre Kenntnisse, Fertigkeiten und Wahrnehmungen, → *Gefühle* und Bedürfnisse, → *Einstellungen* und Absichten. Weiterentwicklungen dieser Theorieansätze, in denen die emotionale Konstituente von Rollenübernahme (Empathie) bzw. die Interdependenz wechselseitiger Rollenübernahmeprozesse und ihre Funktion in manifesten sozialen Interaktionen herausgearbeitet werden (vgl. z. B. Crossier u. a. 1979; Hoffman 1976; Waller 1978), reduzieren den kognitiven Primat und betonen dafür stärker die Rolle von → *Sozialisation* und pädagogischer → *Intervention und Prävention*..

(c) *Ökopsychologische Theorieansätze:* Immer häufiger wird in neueren Veröffentlichungen auf die bedeutsame Rolle hingewiesen, die soziale und »Öko«-Systeme auf Prozesse des S ausüben (→ *Ökologie*). Eine Akzentverschiebung hat stattgefunden: Wurde in älteren Arbeiten insbesondere auf die bekräftigende Funktion sozialer Systeme und der Umwelt hingewiesen, so betonen jüngere Untersuchungen stärker den stimulativen Charakter von ökologischen Faktoren als Antezedenzbedingung.

Die Kontext- und Situationsabhängigkeit sozialer Interaktionen und Lernprozesse wird heutzutage wohl von nahezu allen theoretischen Positionen anerkannt, dagegen sind konzeptualisierende Schritte zur Lösung des Problems, auf welche Weise Sozialverhalten durch ökologische Bedingungen reguliert wird, noch kaum auszumachen. Wünschenswert wäre z. B. eine *Taxonomie von Situationen und sozialen Kontexten,* in die Individuen typischerweise im Verlaufe ihrer Entwicklung involviert sind; darüber hinaus müßten die *Prinzipien* aufgedeckt werden, durch die ökologische Faktoren zum Aufbau bzw. zur Veränderung sozialer Verhaltensmuster beitragen; schließlich sollte man die *Mediatoren* versuchen ausfindig zu machen, die die Stabilität und Generalität des Sozialverhaltens über verschiedene Settings und Situationen hinweg bewirken (vgl. Cairns 1979, S. 343). Differenzierte theoretische Konzepte, in denen solche ökopsychologischen Fragestellungen und Problembereiche systematisch analysiert und beschrieben werden, wurden bis heute nicht vorgelegt; es existieren nur einige mikrotheoretische Ansätze, die sich zumeist damit beschäftigen, wie das Individuum seine natürliche, kulturelle und soziale Umwelt erlebt (z. B. Michelson 1970; Wohlwill 1968). Dagegen ist die Zahl der ad hoc durchgeführten, nicht von einer expliziten Theorie geleiteten, empirischen Untersuchungen Legion. Erwähnenswert sind insbesondere die Arbeiten von Barker (1968) und Bronfenbrenner (1976) und ihren Mitarbeitern, in denen häufig pädagogisch interessante Fragen nach der Auswirkung unterschiedlicher sozialer und ökologischer Umwelten (z. B. große Schulklassen vs. kleine Schulklassen, dörfliche Umgebung vs. städtische Umgebung, Erziehung im Elternhaus vs. Erziehung in Tagespflegestellen und Tagesstätten usw.) auf die Entwicklung von Kindern und Jugendlichen untersucht wurden. Bronfenbrenner hat auf der Grundlage seiner umfangreichen, langjährigen ökologischen Sozialisationsforschung eine Reihe von Kriterien gewonnen, mit denen die Förderungswürdigkeit von ökopsychologischen Forschungsprojekten beurteilt werden soll; danach müssen förderungswürdige Projekte sich u. a. bemühen, *explanative* Zusammenhänge herauszuarbeiten, den Einfluß unterschiedlicher ökologischer Systeme *als Systeme* zu analysieren, soziale Orientierungen, Motive und Verhaltensmuster von Individuen *und* sozialen Systemen zu erfassen, über die unmittelbare Umgebung in Richtung auf *Systeme höherer Ordnung* hinauszugehen, wechselseitig aufeinander bezogene *Prozesse zwischen Personen und Systemen* zu untersuchen, die *eigenen ideologischen Grundannahmen* offenzulegen und die ideologische Bedeutung von Institutionen, Rollen und Handlungen in den Griff zu bekommen sowie schließlich die *gesellschaftspo-*

litische Tragweite des Antrages zu thematisieren (vgl. Bronfenbrenner 1976, S. 210ff.).
(d) Zusammenfassung: Die drei umrissenen Theoriebildungsbereiche decken das Spektrum vorhandener Theorieansätze bei weitem nicht ab; auf die Skizzierung typisch pädagogischer, z. B. »instruktionstheoretischer« Konzepte (vgl. Glaser u. a. 1975) wurde verzichtet, da sich diese mit überwiegend kognitiven Lernvorgängen beschäftigen; andere interessante Modellvorstellungen, wie sie z. B. von Sozialpsychologen und Soziologen (z. B. Guskin/Guskin 1973; Miles/Charters 1970) vorgelegt wurden, konnten hier – u. a., weil ihre pädagogische Relevanz erst hergeleitet werden müßte – nicht berücksichtigt werden.
3. Ausblick: Der Bereich S, wie er in Pädagogik und Psychologie bearbeitet wird, ist vielschichtig, heterogen und schwer zu überblicken; Bestimmungs- und Abgrenzungsversuche, z. B. die in der Pädagogik übliche Unterscheidung von »kognitivem« und »sozialem« Lernen, bleiben problematisch. Diese Situation spiegelt sich besonders in der »einschlägigen« Theoriebildung wider: Es existieren überwiegend nur Konzepte, denen im Forschungsprozeß allenfalls heuristische Funktion beigemessen werden kann; eine *integrative*, empirisch prüfbare Theorie ist noch weit entfernt.

Hartmut Kasten

Literatur
Aronfreed, J.: Conduct and conscience. New York 1968. – *Baer, D. M.* u. a.: Some current dimensions of applied behavior analysis. In: Journal of Applied Behavior Analysis 1 (1968), S. 91–97. – *Bandura, A.* (Hrsg.): Psychological modeling: conflicting theories. Chicago 1971. – *Barker, R. G.:* Ecological psychology: concepts and methods for studying the environment of behavior. Stanford/Calif. 1968. – *Bijou, S. W./Baer, D. M.:* Child Development. Vol. 1. New York 1961. – *Bornemann, E./Mann-Tiechler, G. v.* (Hrsg.): Handbuch der Sozialerziehung. Band 1. Freiburg 1963. – *Bronfenbrenner, U.:* Ökologische Sozialisationsforschung. Stuttgart 1976. – *Cairns, R. B.:* Social development. San Francisco 1979. – *Carroll, J./Payne, J.* (Hrsg.): Cognition and social behavior. Hillsdale 1976. – *Croissier, S.* u. a.: Soziale Kognition im Vorschulalter. Weinheim/Basel 1979. – *Dember, W. N.:* Motivation and the cognitive revolution. In: American Psychologist 29 (1976), S. 161–168. – *Dollard, J./Miller, N. E.:* Personality and psychotherapy. New York 1950. – *Fend, H.:* Sozialisierung und Erziehung. Weinheim/Basel ⁶1973. – *Flavell, J. H.:* Rollenübernahme und Kommunikation bei Kindern. Weinheim/Basel 1975. – *Gewirtz, J. L.:* A learning of the effects of normal stimulation, privation, and deprivation on the acquisition of social motivation and attachment. In: Foss, B. M. (Hrsg.): Determinants of infant behavior. New York 1961, S. 201–214. – *Glaser R.* u. a. (Hrsg.): Unterrichtspsychologie. Düsseldorf 1975. – *Guskin, A. E./Guskin, S. L.:* Sozialpsychologie in Schule und Unterricht. Ulm 1973. – *Hartig, M.:* Selbstkontrolle – lerntheoretische und verhaltenstherapeutische Ansätze. München/Berlin/Wien ²1975. – *Hoffman, M. L.:* Empathy, role-taking, guilt and development of altruistic motives. In: *Lickona, T.* (Hrsg.): Moral development and moral behavior. New York 1976, S. 124–143. – *Iben, G.:* Sozialerziehung – Soziales Lernen. In: *Wulf, C.* (Hrsg.): Wörterbuch der Erziehung. München/Zürich 1974, S. 538–540. – *Kohlberg, L.:* Stage and sequence. In: *Goslin, D. A.* (Hrsg.): Handbook of socialization theory and research. Chicago 1969, S. 439–454. – *Maccoby, E. E./Jacklin, C. N.:* The psychology of sex differences. Stanford/Calif. 1974. – *Mahoney, M. J./Thoresen, C. E.:* Self-control: power to the person. Monterey/Calif. 1974. – *Meichenbaum, D. H.:* Cognitive factors in behavior modification. Unveröffentl. Manuskript. University of Waterloo 1971. – *Michelson, W.:* Man and his urban environment. Reading/Mass. 1970. – *Miles, M. B./Charters, W. W. Jr.:* Learning in social settings. Boston 1970. – *Mischel, W.:* The self as the person: a cognitive social learning view. In: *Wandersman, A.* u. a. (Hrsg.): Humanism and behaviorism. Oxford/New York/Ontario 1976, S. 145–156. – *Oerter, R.:* Moderne Entwicklungspsychologie. Donauwörth ¹⁴1974. – *Piaget, J.:* Urteil und Denkprozeß des Kindes. Düsseldorf 1972. – *Ruch, F. L./Zimbardo, P. G.:* Lehrbuch der Psychologie. Berlin/Heidelberg/New York 1974. Amerikanische Originalausgabe: Psychology and life. Glenview/Ill. ⁸1971. – *Schneewind, K. A.:* Erziehungs- und Sozialisationsprozesse in der Perspektive der sozialen Lerntheorie. In: Brandtstädter, J. u. a. (Hrsg.): Pädagogische Psychologie. Stuttgart 1979, S. 153–180. – *Skinner, B. F.:* Science and human behavior. New York 1953. – *Ulich, D.:* Schulklasse. In: *Roth, L.* (Hrsg.): Handlexikon zur Erziehungswissenschaft. München 1976. – *Waller, M.:* Soziales Lernen und Interaktionskompetenz. Stuttgart 1978. – *Wohlwill, J. F.:* Amount of stimulus exploration and preference as differential functions of stimulus complexity. In: Perception and Psychophysics 4 (1968), S. 307–312.

Sozialisation

1. Zur thematischen Eingrenzung und Problematik des Sozialisationskonzepts: In Psychologie, Pädagogik und Soziologie, aber auch in der ›gehobenen‹ Alltagssprache ist Sozialisation (S) heute zu einer oft benützten, häufig strapazierten und in ihrem Erkenntniswert zweifellos umstrittenen Bezeichnung geworden, die – oft nur vermeintlich präziser – viele andere Konzepte, wie z. B. → *Entwicklung*, → *Erziehung*, Lernen usw., verdrängt hat (Ulich 1978, S. 96). Als nahezu beliebig einsetzbares Etikett läuft der S-Begriff Gefahr, seine deskriptiv-heuristische Funktion zu ver-

lieren, die er im Kontext spezifischer Partialtheorien und Forschungsansätze haben kann. Seine gegenwärtige Komplexität und die Vielfältigkeit des damit benannten sozialen Prozesses wird deutlich, wenn die kaum mehr übersehbaren Begriffsbestimmungen auf ihre einzelnen Elemente hin systematisiert werden. Definitionen von S nehmen – in jeweils verschiedenen Kombinationen – Bezug auf:
(a) Bedingungen von S, wobei die Betonung liegen kann auf individuellen Bedingungen (Entwicklungsstand, Lerngeschichte u. a.); Interaktionsbedingungen (z. B. Rollenerwartungen, Gruppenstrukturen) und/oder gesellschaftlich-institutionellen Bedingungen (z. B. historische, sozial-strukturelle, ökonomische Verhältnisse und Entwicklungen);
(b) den Prozeß selbst, der sich für das Individuum als Auseinandersetzung mit sozialer Realität und für die Gesellschaft als Einflußnahme auf Personen vollzieht;
(c) Inhalte des Prozesses (z. B. Wertvorstellungen, Verhaltensrichtlinien und -dispositionen);
(d) psychische Prozesse und Mechanismen, die S intrapersonal ausmachen (etwa Lernen, Identifizieren, Internalisieren, Entwickeln;
(e) die Ergebnisse dieses Prozesses (Verhaltensweisen, Kompetenzen, Kenntnisse, Identitäten);
(f) die funktionale Bedeutung der Ergebnisse des Prozesses (z. B. Stabilisierung gesellschaftlicher Verhältnisse, [Non-]Konformität von Personen);
(g) Institutionen oder Instanzen von S (z. B. Familie, Schule, Beruf);
(h) bestimmte Altersstufen (etwa frühkindliche, Jugend- oder Erwachsenen-S).
Die folgende Begriffsbestimmung von S ist explizit sozialpsychologisch orientiert und dürfte damit gerade auch für die Pädagogische Psychologie relevant sein: »S bezeichnet den Prozeß der Vermittlung von gesellschafts-, (sub)kultur- und institutionsspezifischen Wertorientierungen, Normen, Handlungs- und Einstellungsmustern, mit denen sich das Individuum auseinandersetzen, die es tendenziell übernehmen muß, um handlungsfähig zu werden; sowohl Vermittlung als auch Verarbeitung dieser Inhalte vollziehen sich primär in Interaktionsprozessen, deren Struktur wesentlich von der relativen Macht der Beteiligten bestimmt ist« (Ulich 1978, S. 102).
Der S-Begriff steht in seinen dominierenden Verwendungszusammenhängen in Konkurrenz mit älteren, anerkannten – wenngleich nicht unbedingt präziser abgrenzbaren – Konzepten, z. B. mit: → *Erziehung* als intentionale, geplante und institutionalisierte Beeinflussung von Personen oder mit → *Entwicklung* als Herausbildung und Modifikation spezifischer Persönlichkeitsstrukturen in Abhängigkeit von der sozialen und materiellen Umwelt. Zur Relation der Begriffe S und *Entwicklung* ist festzuhalten, daß es keine gesellschafts- und kulturfreie Entwicklung der Persönlichkeit geben kann. Deshalb ist es nicht richtig, beide Konzepte gegeneinander auszuspielen (z. B. Bittner 1974, S. 395). Entwicklungspsychologische Forschung ist zur Beschreibung der Verhaltensmöglichkeiten von Kindern und Jugendlichen ebenso notwendig wie eine sozialstrukturelle und interaktionsorientierte S-Forschung zur Untersuchung jener sozialen Bedingungen, die für unterschiedliche Entwicklungsabläufe und -probleme (mit)verantwortlich sind. Auch die scharfe Trennung zwischen S und *Erziehung*, die von der deutschen Erziehungswissenschaft lange mit Hilfe der Unterscheidung von Funktionalität und Intentionalität vorgenommen wurde (Kamper 1974, S. 542), hat sich wenig bewährt. Denn zum einen spiegelt sich darin die heute überholte Abgrenzung zwischen geisteswissenschaftlich-pädagogischen und sozialwissenschaftlichen Fragestellungen in Bezug auf die Persönlichkeitsgenese wider, die primär legitimatorische Zwecke erfüllen sollte. Zum anderen birgt die Auffassung von Erziehung als intentionales und geplantes Handeln die Gefahr einer Verkürzung auf das technologische Modell, d. h. auf einen völlig einseitigen Beeinflussungsprozeß zwischen Eltern und Kindern, Lehrern und Schülern usw., wobei der faktisch stets wechselseitige Einfluß zwischen S-Agenten und Sozialisanden negiert wird (Götz 1978, S. 21; Ulich 1978, S. 101). Wenn trotzdem die Unterscheidung zwischen Erziehung und S einen Sinn haben soll, dann kann er nur darin liegen, daß Erziehung eben vorrangig diesen wechselseitigen Prozeß einschließlich seiner Ziele und Mittel meint, während sozialisationstheoretisch auch dessen Bedingungen und Folgen sowie auftretende Zielabweichungen aufzuklären sind. Von daher könnte z. B. die Frage, inwieweit das sozial-institutionelle Umfeld erzieherischen Handelns (etwa in der Schule) die Realisierung pädagogischer Intentionen be- oder gar verhindert (Kamper 1974, S. 544), als ein zentrales Problem einer

umfassenderen S-Wissenschaft angegangen werden.

Das S-Konzept wird nicht nur wegen seiner begrifflichen Unschärfe kritisiert (s. o.); umstritten ist auch, ob und inwieweit *Individualität* und Autonomie des Menschen im S-Begriff angelegt bzw. berücksichtigt sind oder aber ausgeklammert bleiben. In der Tat enthalten viele, vor allem ältere Definitionen ausgeprägte anpassungsmechanistische Vorstellungen, nach denen S primär individuelle Konformität gegenüber gesellschaftlichen Anforderungen und Verhaltensrichtlinien bewerkstelligt (zur Kritik dazu vgl. Meinhold/Hollstein 1975, S. 8ff.). Die Vernachlässigung von Subjektivität, der seit einigen Jahren durch S-Konzeptionen gegengesteuert wird, die auf der Grundlage des symbolischen Interaktionismus um die Gewinnung und Erhaltung von Ich-Identität zentriert sind, ist teilweise auch Produkt einer einseitigen schichtspezifischen und sozialstrukturellen S-Forschung.

2. Sozialisationstheoretische Annahmen und Positionen: Eine einigermaßen konsistente S-Theorie zeichnet sich heute noch kaum ab; Umrisse einer – im Vergleich mit den recht unverbundenen nebeneinanderstehenden Einzeltheorien – umfassenderen Theorieperspektive wurden erst jüngst veröffentlicht (Geulen/Hurrelmann 1980). Wenn die Verfasser dabei gar nicht den Versuch unternehmen, die vorhandenen und sehr unterschiedlich akzentuierten Teilstücke zu synthetisieren, sondern zunächst darauf abzielen, die zwei grundlegenden Probleme einer allgemeinen S-Theorie (Persönlichkeitsbegriff und -entwicklung, gesellschaftliche Strukturbedingungen von S) zu entfalten, so ist dies beim gegenwärtigen Diskussionsstand durchaus konsequent. Denn die klassischen Theorieansätze (Entwicklungs-, Lern- und Verhaltenstheorien, psychoanalytische sowie Rollen- und Interaktionstheorien; vgl. die entsprechenden Beiträge in Hurrelmann/Ulich 1980) haben bislang das zentrale Problem der Vermittlung und Interdependenz zwischen objektiven (Umwelt-)Bedingungen und subjektiven Bewußtseins- und Verhaltensstrukturen (Geulen/Hurrelmann 1980) nur ansatzweise und ausschnitthaft klären können. Der Grund liegt vor allem darin, daß fast alle gängigen sozialisationstheoretischen Entwürfe im spezifischen Theoriekontext einzelner Wissenschaftsdisziplinen – insbesondere Psychologie, Sozialpsychologie und Soziologie (vgl. etwa Fend 1974, S. 33ff.) – entstanden sind, die sich zwar teilweise, besonders bei der Rollentheorie, überschneiden, insgesamt aber das eben genannte Grundproblem jeweils bloß partiell erfassen.

Solche Einzeltheorien lassen sich in verschiedenen *S-Modellen* verorten (nach Frey 1974, S. 32f.; Geulen 1977, S. 43ff.):

(a) *Kulturübertragungsmodelle:* S wird gesehen als ein Prozeß der Übertragung, Vermittlung und Aneignung von kulturspezifischen Wertvorstellungen, Verhaltensweisen und -praktiken an bzw. durch die nachwachsende Generation.

(b) *Phasenmodelle:* Dominant ist die Beschreibung insbesondere der psychosexuellen Entwicklung vom Säugling bis zum Jugendlichen, die in verschiedene Phasen (orale, anale, ödipale und Latenzphase) mit je spezifischen psychodynamischen Konflikten und ›S-Effekten‹ (z. B. Bildung des Über-Ichs) unterteilt wird und nach der sexuellen Reifung als weitgehend abgeschlossen gilt (etwa Freud, Erikson).

(c) *Integrationsmodelle:* Sie nehmen an, daß individuelle Bedürfnisse auf die funktionalen gesellschaftlichen Erfordernisse hin kanalisiert und alle Individuen somit in die Gesellschaft integriert werden; S besteht in der Übernahme – und den dazu notwendigen Lernprozessen – von gesellschaftlich vordefinierten Rollen, die keine subjektiven Interpretationsmöglichkeiten zulassen (vor allem Parsons).

(d) *Repressionsmodelle:* Sie sind z. T. zugleich Integrationsmodelle, weil eine vollständige Integration nur unter repressiven S-Bedingungen hergestellt werden kann. Sie überlappen sich aber auch mit dem Freudschen Phasenmodell, in welchem die Repression organischer Triebe durch das Über-Ich – als internalisierter Normenkodex – ein zentrales Moment psychisch vermittelter Herrschaft darstellt (→ *Psychoanalytische Pädagogik*).

(e) *Individuationsmodelle:* S-Prozesse sollen, so lautet die den Integrations- und Repressionsmodellen idealtypisch entgegengesetzte Hauptaussage, zu einer flexiblen und individuellen Bedürfnissen Rechnung tragenden Rollenübernahme und -interpretation führen, die dem Individuum eine stabile Balance zwischen persönlicher und sozialer Identität ermöglicht (z. B. Mead, Goffman, Habermas).

Die in diesen Modellvorstellungen von S enthaltenen Annahmen (zur Detailkritik vgl.

Sozialisation

Geulen 1977) liefern noch keine erklärungskräftige Theorie; sie zeichnen sich vielmehr aus durch Verabsolutierungen relativ isolierter und enger Aspekte (z. B. S als Rollenlernen); sie sind teilweise untereinander widersprüchlich, und sie gehen von recht verschiedenen Menschen- und Gesellschaftsbildern aus. Gemeinsam ist den vier erstgenannten Modellen u. a., daß sie »einen einseitigen Prozeßverlauf von den S-Instanzen zum Sozialisanden« unterstellen (Frey 1974, S. 34) und damit einem deterministischen Fehlschluß erliegen, während das interaktionistische Rollen- und S-Konzept eine recht voluntaristische Schlagseite aufweist.

Nicht ganz frei von solchen »erkenntnispolitisch«-ideologischen Fixierungen sind auch neuere, komplexere Theorieansätze, in denen versucht wird, in einer mehrere Analyseebenen umfassenden Betrachtung gesellschafts-, organisations- und interaktionsspezifische Bedingungen von Sozialisation (z. B. Hurrelmann 1975) auch in ihrem wechselseitigen Zusammenhang zu erfassen und empirisch greifbar zu machen. Problematisch ist dabei allerdings, daß das in solchen Mehrebenenmodellen implizierte Argumentationsmuster einer vertikalen Bedingungskette nahekommt, in der weder die einzelnen Vermittlungsschritte hinreichend geklärt, noch andere, gleichzeitig wirksame, horizontale Einflüsse berücksichtigt sind (Geulen/Hurrelmann 1980). Die Diskussion dieser theoretischen und methodischen Schwierigkeiten ist zur Zeit voll im Gang und erstreckt sich allmählich auch auf ökologische und lebenslauftheoretische Ansätze (vgl. Hurrelmann/Ulich 1980) (→ *Ökologie*).

Für Erziehungswissenschaft und Bildungspolitik ist die Frage außerordentlich bedeutsam, welche Institutionen, sozialen Beziehungsfelder und materiellen Umweltbedingungen die (u. U. altersspezifisch) nachhaltigste Sozialisationswirkung ausüben. Eine Antwort wird je nach dem zugrunde gelegten theoretischen Konzept recht verschieden ausfallen. So weist Preuss-Lausitz (1973) z. B. darauf hin, daß die politische S von Kindern nach dem psychoanalytischen Ansatz mehr im frühkindlichen Erfahrungsraum innerhalb der Familie, nach der kognitiven Entwicklungstheorie hingegen mehr von der lebenszeitlich später liegenden Schule beeinflußt wird; ebenso verschieden können die Ergebnisse empirischer Untersuchungen sein, wenn sie Hypothesen nur aus jeweils einem Ansatz heraus begründen. In der Konsequenz heißt dies, daß es bisher noch kaum gelungen ist, die Entstehung und Veränderung spezifischer Verhaltensweisen, → *Einstellungen* und Motivationsstrukturen (→ *Motivation und Motiventwicklung*) auf theoretisch gleichermaßen anerkannte Bedingungskomplexe zurückzuführen. Andererseits macht es die große Komplexität des S-Prozesses auch sehr unwahrscheinlich, daß für bestimmte S-Effekte überhaupt monokausale und unilineare Erklärungen gefunden werden können.

3. Vor- und außerschulische S-Einflüsse: Die S-Forschung arbeitet noch vorwiegend *instanzenzentriert*; vor allem aus methodischen Gründen konzentrieren sich die meisten Untersuchungen auf einzelne Aspekte der S in oft nur vermeintlich abgrenzbaren Gruppen und Institutionen (besonders Familie und Schule). Weitgehend ausgeklammert wird dabei der simultane Einfluß verschiedener S-Instanzen, die sowohl von ihrem sozialisatorischen Potential als auch von den jeweils vermittelten Inhalten her strukturell anders gelagert sind.

3.1 Familie: In der modernen Gesellschaft stellt die → *Familie* zweifellos die wichtigste Instanz der *primären* S dar; die Meinungen über die ›essentials‹ einer gelungenen frühkindlichen S gehen freilich auseinander, wie z. B. die Diskussion über das Tagesmütterkonzept zeigt. Auch in der familiären S-Forschung gibt es noch eine ganze Reihe theoretischer und empirischer Defizite (vgl. Steinkamp 1980). Relativ unabhängig von sozialstrukturellen Differenzierungen sind folgende Merkmale der Familie für ihre S-Leistung bedeutsam: das Vorherrschen der Zwei-Generationen-Kleinfamilie, die überwiegende Trennung von Wohnung und Arbeitsplatz und eine damit verbundene Privatisierung der Familie, eine zunehmende Emotionalisierung der sozialen Beziehungen und eine immer noch starke Rollentrennung zwischen Mann und Frau (Mollenhauer/Brumlik/Wudtke 1975, S. 26ff.). Die Konsequenzen dieser Strukturbedingungen, z. B. Enge des Erfahrungs- und Kontaktraumes, Ausprägung geschlechtsspezifischen Verhaltens bei Mädchen und Jungen (→ *Geschlechter*), Anfälligkeit für emotionale Konflikte, sind von der Forschung erst ansatzweise herausgearbeitet. Im Mittelpunkt zahlreicher Untersuchungen stehen als ›unabhängige‹ Variablen die Mutter-Kind-Interaktion, der elterliche → *Erziehungsstil*, Familiengröße und Geschwisterzahl; als ›abhängige‹ Variablen werden insbesondere einzelne Dimensionen der kindlichen Entwicklung im kognitiven, sprachlichen (→ *Sprache*), affektiven und sozialen Bereich sowie → *Leistungsmotivation* und moralische Orientierungsmuster untersucht (vgl. Kreppner 1980; Zweiter Familienbericht 1975, S. 42ff.) (→ *Moralische Entwicklung und Erziehung*).

3.2 Kindergarten: Bei insgesamt über 70% der 3- bis 6jährigen Kinder in der Bundesrepublik erfährt die familiäre S eine wichtige, u. U. aber auch konfliktträchtige Ergänzung und Erweiterung durch den Kindergarten, in dem die ersten regelmäßigen, teils informellen, teils institutionell vorgegebenen Kontakte mit (einzelnen in) einer größeren Gruppe fast gleichaltriger Kinder erlebt und gestaltet werden. Da die pädagogische Deformierung des Kindergartens zu einer eher fordernden als fördernden Vor-Schule (→ *Vorschulerziehung*) seit einigen Jahren wieder zurückgedrängt wird, dürfte seine zentrale sozialisatorische Wirkung heute im Bereich des Sozial- und Gruppenverhaltens liegen (→ *Soziales Lernen*). Im übrigen erweist sich, wie Dau (1975) gezeigt hat, die Forschungslage im Bereich der Kindergarten-S als ausgesprochen defizitär: Es gibt zwar einige Studien, die sich etwa mit den Auswirkungen des pädagogischen Programms, des Erzieherverhaltens und der Gruppenbeziehungen auf das Kindergartenkind befassen, doch mangelt es noch an methodisch differenzierten, komplex ansetzenden Arbeiten und an generalisierbaren Ergebnissen.

3.3 Peer-group: Beginnend mit dem Kindergartenalter und vor allem zeitlich parallel zur Schule hat die Gruppe der gleichaltrigen Kinder und Jugendlichen wesentlichen Einfluß auf die Persönlichkeitsentwicklung Heranwachsender, obwohl ihr in dem üblicherweise angenommenen Instanzenmodell (Familie – Kindergarten – Schule) kaum eine eigenständige Bedeutung zuerkannt wird (Krappmann 1980). Peer-groups finden sich ja nicht nur im institutionellen Kontext von Kindergarten und Schule, sondern spielen vor allem im Freizeitbereich eine bedeutende Rolle. Folgt man den Untersuchungen über das soziale Leben in der Gleichaltrigengruppe, dann liegt die wichtigste Anforderung an jedes einzelne Mitglied darin, Normen vereinbaren und selbst anerkennen zu können, weil sonst die Mitgliedschaft bzw. der Gruppenbestand gefährdet ist; insofern bietet die S in der peer-group gegenüber den unvermeidbaren Anpassungszwängen an vorgegebene Normen in Familie und Schule neue, wenngleich oft prekäre Erfahrungs- und Verhaltensmöglichkeiten.

3.4 Sozialstrukturelle S-Forschung: Im Unterschied zu den streckenweise psychologistischen Perspektiven besonders der familiären S-Forschung und zu der Instanzenzentriertheit vieler Untersuchungen versucht die sozialstrukturelle (oder enger: schichtenspezifische) S-Forschung, Zusammenhänge zwischen der Persönlichkeitsentwicklung von Kindern, dem elterlichen Erziehungsverhalten und den familialen Interaktionsprozessen sowie der Situation der Familie in Bezug auf gesamtgesellschaftliche Strukturen zu ermitteln. Besondere Bedeutung wird dabei der Ungleichheitslage einer Familie innerhalb der Gesellschaft beigemessen, die empirisch festgemacht wird vor allem an den beruflichen Arbeitsbedingungen (meist des Vaters), den Bildungserfahrungen der Eltern, der ökonomischen und ökologischen Situation sowie an dem – aus den anderen Faktoren resultierenden – Sozialprestige (vgl. zusammenfassend Steinkamp 1980).

Obwohl auch neuere deutsche Analysen dieses Problemfeldes noch gewichtige konzeptionelle und methodische Schwächen aufweisen (vgl. Ulich 1980b), sind einige Ergebnisse aus der jüngsten Untersuchung erwähnenswert (Steinkamp/Stief 1979): (a) In recht engem Zusammenhang mit den Erziehungszielen und -einstellungen der Eltern stehen das Bildungsniveau des Vaters und die Bedingungen seiner beruflichen Arbeit (insbesondere die Stellung in der Subordinationshierarchie und die intellektuell-organisatorischen Arbeitsanforderungen). (b) Schwächer ausgeprägt ist die Beziehung zwischen den elterlichen Erziehungspraktiken (→ *Erziehungsstile*) und den Arbeitsbedingungen, wobei zu den eben genannten die Entscheidungsmöglichkeiten als wesentlich hinzukommen. (c) Bemerkenswerte Diskrepanzen ergeben sich zwischen der Perzeption der elterlichen Erziehung durch die Kinder und den entsprechenden Angaben der Eltern selbst; dafür sind zumindest teilweise methodische Schwierigkeiten verantwortlich. (d) Am niedrigsten fallen die Korrelationen der Einstellungsmuster der Kinder (als S-Effekt) mit dem elterlichen Erziehungsverhalten und mit den Lebensbedingungen der Familie aus.

4. Bedingungen und Konsequenzen schuli-

scher S: Schule zählt gerade in hochgradig arbeitsteiligen und industrialisierten Gesellschaften zu den wichtigsten S- und Qualifikationsinstitutionen. Ihr Einfluß beruht nicht zuletzt darauf, daß sie sich von ihrer Organisationsstruktur, ihren Erziehungszielen und -mitteln sowie vor allem von ihren Anforderungen an die Schüler sehr stark von Familie und Kindergarten unterscheidet; problematisch und belastend ist deshalb für 6- bis 7jährige Kinder insbesondere der Übergang bzw. Eintritt in die Schule (vgl. Zimmer/Hornstein/Salzmann 1977; → *Schulfähigkeit – Schulreife*). In jedem Fall ist die Schulpflicht, das Zur-Schule-Gehen(-müssen) für die Betroffenen eine gewichtige soziale Tatsache mit recht einschneidenden Konsequenzen, deren systematische Untersuchung die schulische S-Forschung erst vor wenigen Jahren begonnen hat.

In der theoretisch-konzeptionellen Diskussion weitgehend anerkannt – empirisch allerdings noch kaum umgesetzt – ist die Auffassung, S-Prozesse in der Schule seien adäquat nur auf der Grundlage von Mehr-Ebenen-Ansätzen, von makro- und mikrosozialen Theoriekombinationen erklärbar (z. B. Hurrelmann 1975). D. h., es müssen sowohl die gesellschaftlichen Bedingungen für die Konstitution eines bestimmten Schulsystems als auch dieses System selbst einschließlich seiner äußeren und inneren → *Differenzierung* bis hin zu den Fachcurricula (→ *Curriculum*) und den → *Lehrer-Schüler-Interaktionen* einbezogen und auf ihre Auswirkungen untersucht werden. Demgegenüber dominieren in der Forschung Fragestellungen, die sich auf Zusammenhänge zwischen jeweils nur zwei Ebenen (z. B. Lehrerverhalten vs. Prüfungsangst der Schüler) beziehen. Zusätzlich sind Aussagen über die spezifischen S-Effekte der Schule dadurch erschwert, daß andere sozialisatorische Wirkungen (aus der Familie, den peergroups, den Massenmedien usw.) sich mit denen der Schule überlagern, sie ergänzen oder auch neutralisieren. Trotzdem sollen aber einige bedeutsame Resultate schulischer S-Forschung kurz zusammengefaßt werden.

Mit Krappmann (1975, S. 24f.) lassen sich vier folgenreiche *Bestimmungsmomente des Lernens in der Schule* festhalten: (a) Die sozialen Beziehungen zwischen Lehrern und Schülern sind grundsätzlich asymmetrisch, die Macht- und Kompetenzverteilung zwischen ihnen ist sehr ungleich. (b) Schulisches Lernen bezieht sich kaum auf unmittelbare Erfahrungen; Lernsituationen und -inhalte werden überwiegend verbal geplant und vermittelt. (c) Die Schule setzt immer schon einen Schüler mit bestimmten Interessen und Arbeitsweisen voraus, der in der Lage ist, Ergebnisse zu präsentieren, Performanz zu demonstrieren. (d) Widersprüchlichkeiten innerhalb des Lernfeldes Schule (z. B. zwischen Förderung und Selektion) können Verhaltensunsicherheiten beim Schüler auslösen oder verstärken.

Während diese Feststellungen prinzipiell auf alle Schulen zutreffen, hat sich die empirische Forschung vor allem auf (mögliche) schulsystem- und schulartspezifische S-*Unterschiede* konzentriert; die umfangreichsten Untersuchungen dazu stammen vom Konstanzer Zentrum für Bildungsforschung. Fend u. a. (1976; 1977) gehen davon aus, daß sich in dem in der Bundesrepublik vorherrschenden dreigliedrigen Schulsystem, das gekennzeichnet ist durch punktuelle Schullaufbahnentscheidungen, fachübergreifende Differenzierungen und eine segregierte soziale Organisation, tendenziell andere Einflüsse auf die Schüler ergeben als in einem *Gesamtschulsystem* mit kontinuierlichen Schullaufbahnentscheidungen, einer fachspezifischen Differenzierung und einer integrierten Schulorganisation. Die Ergebnisse der Konstanzer Untersuchung bilden – abgesehen von etlichen methodischen Schwächen (vgl. Ulich 1980a) – nur einen schmalen Ausschnitt aus dem hochkomplexen Feld schulischer S-Prozesse ab. Zu kurz kommen bei Fend u. a. (1976) vor allem die tagtäglichen Erfahrungen, die Schüler allein aufgrund der Tatsache machen, *daß* sie in eine Schule gehen, also in ein soziales System mit vordefinierten sozialen Beziehungen, mit einer relativ rigiden Kommunikationsstruktur, mit weitgehend vorgegebenen und vom Alltagsleben oft entfremdeten Lernanforderungen. So erzeugt die unmittelbare Abhängigkeit vom Lehrer und von dessen Macht, die sich ja nicht nur bei der Leistungsbewertung artikuliert, zweifellos ein Gefühl von Unterordnung und Passivität, das sich durch die auf den Lehrer zentrierte Kommunikationsstruktur im Unterricht weiter verstärkt. Besonders im Hinblick auf die vermittelten und verlangten Lerninhalte läßt sich ferner die These vertreten, daß die Entwicklung von → *Interessen*, die Artikulation eigener Bedürfnisse und das Einbringen außerschulischer Erfahrungen in die Schule mehr behindert als ermöglicht werden. Diese eher negativen Folgen schulischer S müßten selbstverständlich nach Faktoren wie Alter der Schüler, Schulart, Unterrichtsfach, Lehrerverhalten usw. näher differenziert und noch genauer empirisch belegt werden.

Gleiches gilt für die intensivsten und – mit Ausnahme mancher ›Alternativschulen‹ – vermutlich universellen Auswirkungen der Schule, die unmittelbar aus ihren beiden zentralen Konstruktionsmerkmalen, nämlich aus dem *Leistungs*- und dem *Selektionsprinzip*, resultieren. Die ständige Konfrontation mit Leistungsanforderungen, das fast ebenso permanente Beurteiltwerden, die Erfahrung von Klassifikation und Selektion – oft genug entgegen der ›objektiven‹ Leistung (→ *Schulleistungsbeurteilung*) – und schließlich das Lernen *in* Konkurrenz und *von* Konkurrenz, dies sind wohl die psychosozial bedeutsamsten S-Erfahrungen in der Schule. Erst durch den Leistungs- und Selektionszwang, unter dem ja auch Lehrer stehen, wird den Schülern ein Status zugeschrieben, der schließlich in Form der Zuteilung unterschiedlicher Schulabschlußqualifikationen Konsequenzen für den weiteren Lebenslauf hat. Die schichtspezifische Selektivität gerade des Schulsystems der Bundesrepublik ist auch heute noch vergleichsweise hoch (vgl. die kritische Zusammenfassung entsprechender Studien bei Rodax/Spitz 1978) und trägt mit dazu bei, daß soziale Ungleichheiten in dieser Gesellschaft nur sehr schwer abgebaut werden können (→ *Chancengleichheit*). Sozialstrukturelle und schulische S-Forschung sollten sich deshalb künftig noch stärker der Aufklärung solcher Zusammenhänge widmen.

Klaus Ulich

Literatur
Bittner, G.: ›Entwicklung‹ oder ›Sozialisation‹? In: Neue Sammlung 14 (1974), S. 389–396. – *Dau, R.*: Der Beitrag des Kindergartens zur frühkindlichen Sozialisation. In: *Neidhardt, F.* (Hrsg.): Frühkindliche Sozialisation. Stuttgart 1975, S. 373–395. – *Fend, H.*: Gesellschaftliche Bedingungen schulischer Sozialisation. Weinheim/Basel 1974. – *Fend, H.* u. a.: Sozialisationseffekte der Schule. Weinheim/Basel 1976. – *Fend, H.*: Schulklima: Soziale Einflußprozesse in der Schule. Weinheim/Basel 1977. – *Frey, H.-P.*: Vorteile und Risiken komplexer Modelle als Bezugsrahmen für die Sozialisationsforschung. In: Soziale Welt 26 (1974), S. 31–44. – *Geulen, D.*: Bemerkungen zum Verhältnis von Sozialisationsforschung und Erziehungswissenschaft. In: Neue Sammlung 14 (1974), S. 417–426. – *Geulen, D.*: Das vergesellschaftete Subjekt. Zur Grundlegung der Sozialisationstheorie. Frankfurt/M. 1977. – *Geulen, D./Hurrelmann, K.*: Zur Programmatik einer umfassenden Sozialisationstheorie. In: *Hurrelmann, K./Ulich, D.* (Hrsg.): Handbuch der Sozialisationsforschung. Weinheim/Basel 1980, S. 51–67. – *Götz, B.*: Sozialisation oder Erziehung? Freiburg 1978. – *Hentig, H. v.*: ›Einführung‹. In: Neue Sammlung 14 (1974), S. 338–359. – *Hurrelmann, K.*: Erziehungssystem und Gesellschaft. Reinbek 1975. – *Hurrelmann, K.*: Gesellschaft, Sozialisation und Lebenslauf. In: *Hurrelmann, K.* (Hrsg.): Sozialisation und Lebenslauf. Reinbek 1976, S. 15–33. – *Hurrelmann, K./Ulich, D.* (Hrsg.): Handbuch der Sozialisationsforschung. Weinheim/Basel 1980. – *Kamper, D.*: Sozialisation. In: *Wulf, C.* (Hrsg.): Wörterbuch der Erziehung. München 1974, S. 540–546. – *Krappmann, L.*: Konsequenzen der Sozialisationsforschung für das Lernen in der Schule. In: Neue Sammlung 15 (1975), S. 15–34. – *Krappmann, L.*: Sozialisation durch die peergroup. In: *Hurrelmann, K./Ulich, D.* (Hrsg.): Handbuch der Sozialisationsforschung. Weinheim/Basel 1980, S. 443–468. – *Kreppner, K.*: Sozialisation in der Familie. In: *Hurrelmann, K./Ulich, D.* (Hrsg.): Handbuch der Sozialisationsforschung. Weinheim/Basel 1980, S. 395–422. – *Meinhold, M./Hollstein, W.*: Erziehung und Veränderung. Neuwied 1975. – *Mollenhauer, K./Brumlik, M./Wudtke, H.*: Die Familienerziehung. München 1975. – *Preuss-Lausitz, U.*: Politisches Lernen. In: Redaktion betrifft: erziehung (Hrsg.): Politische Bildung – Politische Sozialisation. Weinheim/Basel 1973, S. 66–93. – *Rodax, K./Spitz, N.*: Sozialstatus und Schulerfolg. Heidelberg 1978. – *Steinkamp, G./Stief, W. H.*: Familiale Lebensbedingungen und Sozialisation. In: Soziale Welt 30 (1979), S. 172–204. – *Steinkamp, G.*: Schicht- und milieuspezifische Sozialisation. In: *Hurrelmann, K./Ulich, D.* (Hrsg.): Handbuch der Sozialisationsforschung. Weinheim/Basel 1980, S. 253–284. – *Ulich, D.*: Zur Methodik der Sozialisationsforschung. In: *Hurrelmann, K.* (Hrsg.): Sozialisation und Lebenslauf. Reinbek 1976, S. 53–67. – *Ulich, K.*: Konzepte und Probleme der schichtspezifischen Sozialisationsforschung. In: Lehrerberuf und Schulsystem. München 1978, S. 95–119. – *Ulich, K.*: Schulische Sozialisation. In: *Hurrelmann, K./Ulich, D.* (Hrsg.): Handbuch der Sozialisationsforschung. Weinheim/Basel 1980, S. 469–498 (1980a). – *Ulich, K.*: Sozialisationsforschung. Arbeitserfahrungen, Erziehungsvorstellungen und Bildungsentscheidungen. In: Kölner Zeitschrift für Soziologie und Sozialpsychologie 32 (1980) S. 612–618 (1980b). – *Zimmer, J./Hornstein, W./Salzmann, W.*: Familie – Kindergarten – Schule. Ein Beispiel für Probleme des Übergangs. In: *Hornstein, W.* u. a. (Hrsg.): Beratung in der Erziehung. Bd. 1. Frankfurt/M. 1977, S. 249–283. – *Zweiter Familienbericht* des Bundesministers für Jugend, Familie und Gesundheit. Bonn 1975.

Sozialpädagogik

1. Begriffsgeschichte und Nomenklatur: Das Eindringen und die Übernahme des Fremdwortes »social« in die deutsche Sprache ist um 1850 abgeschlossen. Es erlaubt die Bildung von Ausdrücken aller Art mit dem Zusatz

»Sozial-«, z. B. soziale Bewegung, soziale Politik u. a. Im Zuge dieser Entwicklung entsteht auch der Ausdruck »Sozialpädagogik« (S). Bereits bei K. Mager (1810–1858), dem Erstgebraucher und Erfinder des Begriffs, ist die für ein späteres Verständnis von S bedeutsam gewordene Dreiteilung der pädagogischen Haupttätigkeitsgebiete in der Umschreibung »Haus-, Schul- und Gesellschaftserziehung« vollzogen, wobei S offenbar »Wissenschaft, Geschichte und Kunst« der »Gesellschaftserziehung« oder der »erziehenden Veranstaltungen der Gesellschaft« bezeichnet (Tuggener 1979).

Nach der bei Diesterweg um 1850 festgestellten Verwendung, der er nie eine explizite Begriffsdeutung folgen ließ, wird der Ausdruck S bis nach 1890 nicht mehr bezeugt. Seine Reaktualisierung erfährt er durch P. Natorp 1894 im Untertitel einer gleichzeitig religionskritischen und schulpolitischen Schrift, »Religion innerhalb der Grenzen der Humanität. Ein Kapitel zur Grundlegung der Sozialpädagogik«. Natorp verstand S immer als programmatisch-provokatives Programmwort nicht bloß einer damaligen alternativen Pädagogik, sondern er hielt sie für den Inbegriff von Pädagogik überhaupt: »Erst wenn die S auf der ganzen Linie gesiegt hätte, dürfte sie sich schlechtweg Pädagogik nennen; solange dagegen noch um die volle Anerkennung der Rolle der Gemeinschaft in der Erziehung zu kämpfen ist, ist jener Name gleichsam als Losung in diesem Kampf nicht zu entbehren« (Natorp 1923, S. 127). Der »soziale« Kern von Natorps S ist der Gemeinschaftsbegriff, dem er allerdings eine ausgesprochen kognitivistische Interpretation zuteil werden läßt: Gemeinschaft ist »wesentliche Gemeinschaftlichkeit alles geistigen Besitzes« und deren Kontinuität im Bewußtsein aller. Natorp ist zweifellos der überlegenste und scharfsinnigste Teilnehmer einer ab etwa 1895 bis ca. 1905 teilweise sehr heftig geführten Kontroverse, die Natorp (1907) rückblickend als »Streit um den Begriff der Sozialpädagogik« charakterisiert. Die Rahmenbedingungen dieser Auseinandersetzung waren in großen Zügen: (a) Das Problem der staatlich-nationalen Integration des industriellen Proletariates, politisch durch die in den 1890er Jahren zu einem politischen Machtfaktor aufrückenden Sozialisten vertreten; (b) das Problem des gesellschaftlichen Chancenausgleichs zwischen dem privilegierten Bildungsbürgertum und den soziokulturell benachteiligten Gruppen der Industriearbeiterschaft und der kleinbürgerlichen Angestelltenschaft; (c) die in diesem Zusammenhang geführte Diskussion um die staatlich-gesellschaftliche Funktion des Bildungssystems als Instrument der Beharrung und des Wandels (Einheits- und Simultanschuldiskussion); (d) das Problem der institutionellen Zuordnung einer Fülle im gesellschaftlichen Zwischenbereich von Familie und Schule sich stellenden Aufgaben von gesamtgesellschaftlicher Bedeutung, z. B. Maßnahmen gegen Säuglingssterblichkeit und allgemeiner Gesundheitsschutz bei Kindern und Jugendlichen, Maßnahmen angesichts von Verwahrlosung und Jugendkriminalität sowie deren Verhinderung durch präventive Einwirkungen aller Art, Ausweitung der Bildungsmöglichkeiten über die Pflichtschulzeit hinaus, insbesondere für die sozial unterprivilegierten Gruppen (Fortbildungsschule und Volkshochschule) usw. Sofern man hier nicht von neuen sozialpolitischen Funktionen sprach, bot sich der äußerst vielseitig verwendbare Ausdruck S vor allem für jene an, welche angesichts der sozialen Probleme neuen pädagogischen Maßnahmen auf lange Frist die günstigsten Wirkungsaussichten einräumten.

Während der 20er Jahre dieses Jahrhunderts erfährt S im Rahmen der sozialpädagogischen Bewegung einen markanten Bedeutungsgewinn und wird nun auch staatlich verankert. Einen repräsentativen Ausdruck finden die mit S bezeichneten Bestrebungen zur Pädagogisierung der bisherigen Fürsorge 1929 im Bd. 5 des von Nohl/Pallat herausgegebenen Handbuchs der Pädagogik, der ganz der S gewidmet ist. Das für damals wegweisende Verständnis von S wird von G. Bäumer in einem einleitenden Artikel formuliert: »Im Aufbau dieses Buches ist der Begriff der S in einem ganz besonderen Sinne gebraucht. Er bezeichnet nicht ein Prinzip, dem die gesamte Pädagogik, sowohl ihre Theorie wie ihre Methoden, wie ihre Anstalten und Werke – also vor allem die Schule –, unterstellt ist, sondern einen Ausschnitt: alles, was → *Erziehung*, aber nicht Schule und nicht Familie ist. S bedeutet hier den Inbegriff der gesellschaftlichen und staatlichen Erziehungsfürsorge, sofern sie außerhalb der Schule liegt« (Bäumer 1929, S. 3). Mit dieser topologischen Bestimmung, die in Grundzügen schon bei Mager vorgebildet ist, war eine Umschreibung von S gegeben, die sich bis in die Gegenwart hinein für Praxis und Systematik der S als zweckmäßig erwies. Sie erlaubte auf Jahrzehnte hinaus, die Mannigfaltigkeit sozialpädagogischer Aktivitäten von der sozio-kulturell ausgerichteten Jugendarbeit und Jugendbildung bis zu allen Einrichtungen und Formen der Korrektur oder Modifikation auffälligen, gestörten und → *abweichenden Verhaltens* im Jugendmaßnahmen- und Strafvollzug unter einen Sammelbegriff zusammenzufassen. Die Institutionalisierung von S manifestiert sich in entsprechenden gesetzgeberischen Erlassen, deren bedeutendster das Reichsjugendwohlfahrtsgesetz (RJWG) von 1922 ist. Es kommt auch zur Ausbildung einer ersten spezifisch sozialpädagogischen Nomenklatur (z. B. Jugendhilfe, Jugendpflege, Jugendamt, Verwahrlosung etc.) (Hasenclever 1978). Gleichzeitig bemüht man sich intensiv, der S eine systematisch-theoretische Grundlage zu verschaffen, welche in der Vielfalt der in ihr zum Ausdruck kommenden und oft divergierenden »geistigen Energien« die »einheitliche Seele« und »die oberste Instanz«, nach der sich alle sozialpädagogische Arbeit ausrichtet, klar profilieren sollte (Nohl 1927, S. 1f.). Von bedeutender Strahlungskraft sind in dieser Hinsicht die Leistungen H. Nohls und Chr. J. Klumkers (1923) und ihrer Schulen in Göttingen bzw. Frankfurt/M. (Scherpner 1974). Unter dem Einfluß der ab 1929 einsetzenden Wirtschaftskrise stagniert die institutionelle Entwicklung und wird nach 1933 nach den von den nationalsozialistischen Machthabern bestimmten Zielen ausgerichtet, was auch die vordem lebhafte systematisch-theoretische Diskussion zum Erliegen bringt.

Die Entwicklung nach 1945 beginnt mit einer Phase der Rückbesinnung auf den bis 1933 erreichten Stand. Mit der im Laufe der 50er Jahre immer breiter werdenden Rezeption anglo-amerikanischer sozialwissenschaftlicher Konzepte im allgemeinen und von Konzepten und Handlungsmethodiken der amerikanischen Sozialarbeit im besonderen entsteht zu Beginn der 60er Jahre eine neue Situation. Sie ist charakterisiert durch das Nebeneinander von S und amerikanisch inspirierter Sozialarbeit, den jeweiligen gruppen- und bereichspezifischen Selbstverständnissen und Handlungsauffassungen. Der während der 60er Jahre einsetzende starke Ausbau der Ausbildungseinrichtungen, vor allem auf der Ebene der Fachhochschule, schafft einen neuen Theorie- und Legitimationsbedarf, der durch die Auswirkungen der sozialkritischen Bewegung nach 1968 nachhaltig verstärkt wird (Marburger 1979, S. 111–113). Im zeitlichen Vorfeld zu der um 1968 geschichtlich wirksam werdenden sozialkritischen Bewegung kommt es zunächst zu einer Diskussion um die »Bestimmung von Sozialpädagogik und Sozialarbeit in der Gegenwart« (Mollenhauer 1964, 1966; Tuggener 1973). Diese Auseinandersetzung führt zu einem Nomenklaturkompromiß, so daß seit den 70er Jahren die Ausdrücke S und Sozialarbeit praktisch synonym gebraucht werden, wobei die Konturen der alten topologischen Bestimmung im wesentlichen erhalten bleiben, die Beschränkung auf die Heranwachsenden aber unter dem Einfluß des in der Sozialarbeit vorherrschenden Selbstverständnisses fallengelassen wird und die Erwachsenen einerseits und soziale Systeme (z. B. über den Einfluß der Gruppen- und Gemeinwesenarbeit; → *Gemeindepsychologie*) andererseits einbezogen werden. Einzelne, wie z. B. Roessner (1973), verzichten jedoch auf den mit historischen Hypotheken aller Art belasteten Ausdruck S und sprechen konsequent nur noch von Sozialarbeit bzw. Sozialarbeitswissenschaft.

Vorbereitet durch wissenschaftstheoretische Auseinandersetzungen in den Sozialwissenschaften (Positivismusstreit der 60er Jahre), verstärkt durch den mit dem sprunghaften institutionellen Ausbau in Praxis und Ausbildung entstehenden Theoriebedarf und sensibilisiert durch die sozialkritische Bewegung der einsetzenden 70er Jahre, macht sich eine neue Generation von Sozial- und Erziehungswissenschaftlern daran, S und Sozialarbeit theoretisch-systematisch zu klären und zuhanden von Praxis, Ausbildung und Sozial- und Gesellschaftspolitik in den Griff zu bekommen. Vergleichbare Entwicklungen sind auch im anglo-amerikanischen Raum zu konstatieren (z. B. Radical Social Work in England und USA). In den Niederlanden ist es die von ten Have ausgelöste Agologiediskussion, welche vor allem in der deutschsprachigen Schweiz mit kritischem Interesse rezipiert wird, jedoch weniger Echo in der Bundesrepublik Deutschland findet. Diese Richtung, die in der seit 1972 erscheinenden »Tijdschrift voor agologie« über ein eigenes Organ verfügt, bereichert mit neuen terminologischen Angeboten (Agogie, Agogik, Agologie, agogische Intervention etc.) die vielfältige und verwirrende Nomenklatur erneut (van Beugen 1972).

2. Zur gegenwärtigen Situation in Praxis und Theorie der S: Was man als sozialpädagogisches Feld bezeichnet, ist in weit höherem Maße in ständiger Bewegung als etwa die Schule. Überblickt man die vergangenen anderthalb Jahrzehnte, so zeichnen sich einige Hauptrichtungen der Praxisentwicklung ab.

(a) Intensivierung und Differenzierung der präventiven Leistungen: Dies führt zu einer allmählichen Verwischung der durch die topologische Bestimmung Bäumers gezogenen Abgrenzungen des sozialpädagogischen Feldes von Schule und → *Familie*. Das bedingt ein institutionelles Näherrücken, ja, bei Anhalten der Tendenz, eine institutionelle Verbindung bisher getrennter Felder, soll der präventive Leitgedanke der Erfassung und Behandlung von Problemlagen dort, wo sie entstehen, verwirklicht werden (→ *Vorschulerziehung*). Das gleiche gilt auch für das Gebiet der Berufsbildung. Die Weiterführung dieser Bestrebungen bedingt strukturelle Konsequenzen und erfordert von der systematisch-theoretischen Reflexion die Überprüfung feld- bzw. ressortgebundener Selbstverständnisse zugunsten übergreifender gemeinsamer Gesichtspunkte (→ *Schulsozialarbeit*).

(b) S sprengt ihren an Kindheit und Jugend orientierten herkömmlichen Begriff nur schon dadurch, daß im Zuge ihrer präventiven Ausrichtung neue Adressatengruppen in ihr Blickfeld treten. Soll auffälliges und → *abweichendes Verhalten* vermieden oder frühzeitig in der Phase der zunehmenden Gefährdung in den Griff bekommen werden, dann wird S ihr Augenmerk nicht mehr ausschließlich auf das bereits psychosozial beeinträchtigte Kind richten, sondern sich jenen »signifikanten andern« zuwenden müssen, denen für Gelingen und Mißlingen der Sozialisation Schlüsselrollen zufallen. Einsetzend bei der Mütterschulung und sich ausdehnend auf allgemeine Elternbildung hat S aus dem präventiven Impuls heraus bereits andragogische Funktionen übernommen. Die Vermittlung von Sozialisationswissen an künftige und bereits tätige Eltern und an andere Schlüsselpersonen der primären und sekundären → *Sozialisation* zwingt zum erneuten Durchdenken der Interdependenzen von S und Sozialpolitik. Die »Sozialpolitik für das Kind« (Lüscher 1979) wird Element einer Sozialpolitik des Lebenslaufes und der darin »signifikanten« Sozialisationsinstanzen.

(c) Mit dem Schlüsselwort Lebenslauf ist der Hinweis auf ein weiteres Faktum der Praxisentwicklung gegeben. Die bildungs- und sozialpolitischen Entwicklungen der letzten hundert Jahre führten dazu, daß längs des durchschnittlich bedeutend verlängerten Lebenslaufes des einzelnen eine begleitende Kette von beratend-präventiven und korrigierend-interventiven Einrichtungen aufgebaut worden ist, deren größte Verdichtungen und Überlappungen um das erste und letzte Drittel des Lebenslaufes festzustellen sind. In dieser Kette von lebenslaufbegleitenden freiwilligen und gesetzlich-zwanghaften Institutionen der »Behütung, Unterstützung und Gegenwirkung« (Schleiermacher) sind jene, für die in letzter Zeit der paradoxe Ausdruck »Altenpädagogik« vorgeschlagen worden ist, die jüngsten und in sprunghafter Entwicklung begriffen. Indem S vor allem die Lebenslaufperspektive nicht bloß in antizipatorischer Hinsicht, sofern sie Jugendarbeit und Jugendhilfe ist, einbezieht, sondern als neue Gegenwartsproblematik und -aufgabe erkennt, sprengt sie von der Realität ihres Handelns her nochmals ihre bisherige pädagogische Fixierung. Sie wird erweitert zu einer allgemeinen und speziellen Agogik des Lebenslaufes im Hinblick auf Phasen oder Stationen strukturell bedingten Umstellens und Umlernens mit ihren spezifischen Momenten der Gefährdung und den damit verbundenen Maßnahmen der Behütung, Unterstützung und Gegenwirkung (→ *Intervention und Prävention*). Das dadurch für die systematisch-theoretische Arbeit entstehende neue Rahmenthema Lebenslauf und Erziehung bzw. Lebenshilfe (Rosenmayer 1978; Loch 1979) dürfte geeignet sein, im Vergleich zu den 70er Jahren (Otto/Schneider 1973; Marburger 1979) nochmals veränderte theoretische und gesellschaftliche Perspektiven der Sozialarbeit oder einer Soziagogik aufzuweisen und zu verdeutlichen.

Heinrich Tuggener

Literatur

Bäumer, G.: Die historischen und sozialen Voraussetzungen der Sozialpädagogik und die Entwicklung ihrer Theorie. In: *Nohl, H./Pallat L.* (Hrsg.): Handbuch der Pädagogik. Bd. V: Sozialpädagogik. Langensalza 1929, S. 3. – *Beugen, M. van:* Agogische Intervention. Planung und Strategie. Freiburg/B. 1972. – *Hasenclever, Ch.:* Jugendhilfe und Jugendgesetzgebung seit 1900. Göttingen 1978. – *Klumker, Chr. J.:* Kinder- und Jugendfürsorge. Einführung in die Aufgaben der neuen Gesetze. Langensalza 1923. – *Loch, W.:* Lebenslauf und Erziehung. Essen 1979. – *Lukas, H./Mees-Jacobi, J.* u. a.: Sozialpädagogik/Sozialarbeit. Eine Einführung zur Praxis, Forschung und Theorie. Berlin 1977. – *Lü-*

scher, K. (Hrsg.): Sozialpolitik für das Kind. Stuttgart 1979. – *Marburger, H.:* Entwicklung und Konzepte der Sozialpädagogik. München 1979. – *Mollenhauer, K.:* Einführung in die Sozialpädagogik. Weinheim 1964; ⁶1974. – *Mollenhauer, K.* (Hrsg.): Zur Bestimmung von Sozialpädagogik und Sozialarbeit in der Gegenwart. Weinheim 1966. – *Natorp, P.:* Philosophie und Pädagogik. Untersuchungen auf ihrem Grenzgebiet. Marburg ²1923. – *Nohl, H.:* Jugendwohlfahrt. Leipzig 1927. – *Nohl, H.:* Die pädagogische Bewegung in Deutschland und ihre Theorie. Frankfurt/M. ⁷1970. – *Otto, H.-U./ Schneider, S.* (Hrsg.): Gesellschaftliche Perspektiven der Sozialarbeit. Neuwied/Berlin 1973. – *Rosenmayer, L.* (Hrsg.): Die menschlichen Lebensalter. Kontinuität und Krisen. München/Zürich 1978. – *Roessner, L.:* Theorie der Sozialarbeit. München/Basel 1973. – *Scherpner, H.:* Theorie der Fürsorge. Göttingen ²1974. – *Tuggener, H.:* Social Work. Versuch einer Darstellung und Deutung im Hinblick auf das Verhältnis von Sozialarbeit und Sozialpädagogik. Weinheim/Berlin/ Basel ²1973. – *Tuggener, H.:* »Scholastik und Socialpädagogik« – Anmerkungen zum vermutlich ersten Gebrauch des Ausdruckes »Socialpädagogik«. In: *Herzog, W./Meile, B.* (Hrsg.): Schwerpunkt Schule. Zürich/ Stuttgart 1979, S. 95–116.

Spiel und Spieltheorien

Der Begriff »Spiel« ist so weit gefaßt und wird auf so verschiedenartige Phänomene angewandt, daß sowohl die sprachliche Abgrenzung als auch die Versuche, inhaltliche Grundzüge oder allgemeine Erscheinungen zu bestimmen, auf Schwierigkeiten stoßen.
1. Sprachgebrauch und Erscheinungsformen: Am eindeutigsten gelten viele Aktivitäten des Kindes als Spiel, ebenso eine Reihe geregelter Unterhaltungsformen der Erwachsenen, die als Brettspiele, Ballspiele, Würfel- und Kartenspiele oder Gesellschaftsspiele verbreitet sind. Selbst diese zentralen Spiele widersetzen sich genauen Definitionen, etwa der Abgrenzung gegen »Arbeit« oder »Ernst«, gegen »Zweckhandeln« oder »geplante Tätigkeit«. Spiele können in höchstem Ernst, auch als Beruf, ausgeübt werden; man kann sein Vermögen, seine Chancen, seine Existenz verspielen. Denkt man gar an Instrumental- und Theaterspiel, an die Kampf- und Beutespiele der Tiere, das Spiel der Wellen und der Farben, an das Mienenspiel, das Liebesspiel, ein Spiel Stricknadeln, das Spiel der Achse im Lager, schließlich an die ökonomischen und kybernetischen, ja an strategische Spiele und ihren schauerlichen Gegenstand, so werden die Breite der Bedeutungen und die Vielfalt der dinglichen, sozialen und psychischen Phänomene deutlich, die die Sprache hier zusammenfaßt. Die Wissenschaften haben deshalb zur Bearbeitung dieses breiten Feldes sich auf Ausschnitte konzentriert und dabei entweder Versuche phänomenologisch-anthropologischer Typisierung oder sozial- und verhaltenswissenschaftlicher Operationalisierung vorgenommen.
2. Grundgestalten des Spiels: Von den zahlreichen Versuchen, die vielen Spielformen der verschiedenen Kulturen, Altersstufen und Lebenssituationen nach bestimmten Grundzügen zu ordnen, seien hier nur zwei erwähnt: Brian Sutton-Smiths in völkervergleichenden Untersuchungen aufgestellte Typen und Roger Caillois mit dem Versuch einer Ordnung historisch-analytisch gewonnenen Materials. Sutton-Smith (1972; 1978) sieht in allen Kulturen zumindest Spuren der folgenden Elemente und Grundrichtungen des Spiels realisiert: (a) *Erkundungsspiele:* von der Hand-Mund-Exploration des Säuglings bis zur Pfadfinderei und zum Abenteuertourismus sind Neugier und Spannungssuche ein bewegendes Moment menschlichen Handelns; (b) *Bau- und Gestaltungsspiele*, die von Fröbels Spielgaben, von Sand- und Bastelbauten bis zum Wigwam und zum Bauspielplatz nicht von ungefähr in unserer Pädagogik sehr gefördert werden; (c) *Trainings- und Geschicklichkeitsspiele*, in denen der Leib und der Kopf geübt und die Kräfte ausprobiert werden; (d) *Nachahmung und Rollenspiel*: das spielerische Heraustreten aus der eigenen beschränkten oder noch unsicheren Identität in das Handeln und Wirken anderer Menschen; Masken, Verkleidung und Rollentausch, symbolische Aneignung von Stärke, Größe oder Schönheit mit Hilfe des Spiels.
Alle diese Spielweisen stehen in Verbindung mit dem Alltagshandeln der Erwachsenen und mit der Kultur der jeweiligen Gesellschaft; die Präferenzen für bestimmte Spiele scheinen zusammenzuhängen mit Schwerpunkten des kulturell-gesellschaftlichen Lebens. Und der moderne Spielboom im ganzen hat offenbar zu tun mit Zügen der sozialen und zivilisatorischen Entwicklung unserer Welt (Ellis 1974).
Roger Caillois (1961) kommt auf vier andere Grundtypen, die ebenfalls mit dem zivilisatorischen Gesamtleben zusammenhängen: Er unterscheidet (a) Wettbewerbsspiele (compétition), (b) Glücksspiele (chance), (c) Rollen- und Darstellungsspiele (simulacre) und (d) Spiele des Rauschs (vertige). Hier treten, außer beim Rollenspiel, andere Züge

des Spielens in den Vordergrund: persönliche Durchsetzung, Herausforderung des Zufalls, Hoffnung auf das große Glück. Interessant ist vor allem der Hinweis auf das Rauschhafte im Spiel: Vom Schaukeln und Sich-drehen über das Kettenkarussell bis zum Alkohol- oder Drogenrausch gibt es ein gefährlich-gefahrsuchendes Moment, das zumindest in einer Komponente als Spielverlangen gedeutet werden kann. Der Rausch des Motorrasens, die gefährliche Klettertour, die Hochspannung des Umgangs mit der Lebensgefahr (der ›flow‹ des Chirurgen z. B.) gehören mindestens an den Rand dieser Spielerscheinungen (Czikszentmihalyi 1975).

Wie alle Typologien können solche Einteilungen die Augen für bestimmte Zusammenhänge öffnen oder auch die Sicht auf das Besondere einer Spielweise verstellen. Das gilt auch für andere Formen wissenschaftlicher Annäherung, seien sie allgemeiner, philosophischer oder anthropologischer Art, seien sie streng erfahrungswissenschaftlich oder experimentell orientiert.

3. Spieltheorien: Sie entstehen in dem Zeitraum der europäischen Sozial- und Geistesgeschichte, in dem die vorindustriellen Lebenseinheiten, welche Arbeit, Kultus und Familienleben noch eng zusammenhielten und Erwachsene und Kinder täglich verbanden, abgelöst wurden durch den industriellen Lebenstypus. In der vernünftigen Gestaltung von Arbeit und Freizeit und in dem aufklärerischen Anspruch rationaler Durchdringung aller Lebensvollzüge entstanden nicht nur die ersten Ansätze einer beobachtenden und zergliedernden »Erfahrungsseelenkunde« und einer entwicklungsorientierten Pädagogik (Ph. Moritz; J.-J. Rousseau), sondern auch die ersten theoretischen Auseinandersetzungen mit dem Spiel. Zwei Grundrichtungen des Theoretisierens haben sich gleich anfangs ausgebildet und sind bis in die Gegenwart wirksam geblieben: einmal die Rechtfertigung des (an sich unvernünftigen) Spiels in einer vernunftgeleiteten Lebensführung; zum andern die anthropologische Entdeckung des Spielens als eines Grundvermögens und Grundbedürfnisses des Menschen, das einer Rechtfertigung aus Argumenten der Nützlichkeit nicht bedürfe.

Die erste Richtung sieht in der Entspannung, Erholung, Reproduktion den Nutzen des Spiels, aber auch in der Verkleidung und Versüßung von Lernaufgaben in spielerischem Gewand; ferner in der Möglichkeit, Spannungen zu überwinden und soziale Zwänge herabzuspielen. Sie nimmt bei Locke, den Philanthropisten und Kant ihren Anfang und reicht bis in zahllose Spielprogramme, Lernspiele und Sozialübungen der heutigen Zeit. Die zweite Richtung findet ihre frühen Theoretiker in den Klassikern der deutschen Literatur, in Schiller, Schleiermacher, Fröbel, Jean Paul, die im Spiel die Freiheit des Menschen, seine Fähigkeit zum Schöpferischen, zur Kunst, zur Phantasie begründet und betätigt sehen; auch diese Sicht hat sich bis in die Gegenwart erhalten und fortentwickelt und gerade auch auf die pädagogische Beschäftigung mit dem Spiel – im Gegenzug zu der Nützlichkeitslehre – Einfluß genommen.

Zu diesen beiden Grundtypen der aufklärerischen und der anthropologischen Spieltheorie sind nur wenige Neuansätze oder markante Erweiterungen hinzugekommen. Die Neufassung der Psychologie durch S. Freud und seine Schüler hat auch der Spieltheorie und Spielforschung ihr Thema mitgeteilt: Spiel als Manifestation des Unbewußten, als Feld symbolischer und emotionaler Auseinandersetzung mit Problemen und mit Spannungen, von denen der Verstand wenig weiß (→ *Psychoanalytische Pädagogik*). Zumal im Kinderspiel öffnet sich hier ein weites Feld für Beobachtungen und für Kommunikation, freilich auch für spekulative Deutungen; scheint doch in den Phantasiespielen des Kindes, ähnlich wie in den Träumen, Tagträumen und Assoziationen der Erwachsenen, Unbewußtes sich direkt auszudrücken und damit nicht nur einen Zugang zum Verständnis kindlichen Lebens zu eröffnen, sondern auch eine Möglichkeit zu bieten, mitspielend dem Kind zu helfen, seine Themen und seine Schwierigkeiten zu bearbeiten (Zulliger 1967).

Die Entwicklungspsychologie des Kindes- und Jugendalters, die sich – zu beidseitigem Schaden – weitgehend fern von der Freudschen Entdeckung entwickelt hat, hat sich mit dem Spiel als zentraler Erscheinung des Kindeslebens von früh an beschäftigt (→ *Entwicklung*). Vor allem die Wiener Schule (Bühler 1928; Hetzer 1927; Fuxloch 1930) hat in weitgespannten Untersuchungen die Phänomene des Kinderlebens registriert und verständlich gemacht. Wenn dabei auch aufklärerische Kategorien und Termini überwiegen und von Spiel als »Einübung«, als »Funktionslust« und als kognitive Entwicklung, als Aktion und Konstruktion gesprochen wird, so

weisen diese Bedeutungen doch auf eine Frage hin, die schon bei Stern (1921) explizit formuliert ist und in der heutigen Kinderpsychologie wieder intensiver verfolgt wird, die Frage der Persönlichkeitsbildung im Spiel: daß das Kind nicht nur ersatzweise und unrealistisch die Wirklichkeit verschiebt und zurechtstutzt, um sie bewältigen und assimilieren zu können (Piaget 1969; Wygotzki 1973), auch nicht nur Spannung und neue Erfahrung sucht (Heckhausen 1978; Berlyne 1974), sondern daß in diesem probeweisen Handeln, im »Tun-als-ob«, in Verkleidungen und partiellen Identifikationen sich ein ganz wesentliches Stück kindlicher und jugendlicher Expansion und Ich-Gewinnung abspielt (→ *Persönlichkeitstheorien*). Die späte psychoanalytisch-sozialpsychologische Schule ist auf anderem Wege zu ähnlichen Deutungen gekommen und hat den Aufbau der Ich-Identität (Erikson 1943; Nitsch-Berg 1978), die Dialektik von Regression und Ich-Stärke (Winnicott 1973) und die symbolische Bewältigung von Selbst- und Welterfahrungen (Bittner 1978) als wesentlich im Spiel fundiert und ermöglicht angesehen (→ *Selbstkonzept*).
So wie aber die Entwicklungspsychologie im Zuge sich ausweitender Sozialwissenschaften das Konzept der individuellen Entwicklung hat einfügen müssen in eine breitere Theorie der → *Sozialisation*, so haben auch die Theorie und Erforschung des Spiels sich ausweiten müssen zur Untersuchung und Deutung des sozialen und kulturellen Feldes, in dem Spiel sich entfaltet oder verkümmert. Ähnliche Fragen enthielten ansatzweise schon historische und volkskundliche Forschungen, die das Spiel als Ausdruck einer Volkskultur oder bestimmter Rechtsbräuche und Kulthandlungen ansahen; sie werden bis heute als Dorfuntersuchungen, als Stadt- oder Stadtteilstudien (Peesch 1957; Opie/Opie 1970; Baader 1976), als Unterschicht- oder Minoritätenforschung (Smilansky 1978) fortgesetzt. Dabei werden freilich nicht nur die alten Fragen nach Volks- oder Regionalkultur, sondern auch solche nach Verkehrsbedingungen, Einfluß des Fernsehens (→ *Medien*), kollektiven Erlebnissen oder Versagungen, nach symbolischen Vorgaben und sozialen Interaktionen, kurzum die Fragen nach den »ökologischen« Gesamtbedingungen des Spielens verfolgt (→ *Ökologie*). Neben solchen regionalen oder subkulturellen Studien stehen Versuche einer kulturellen Typologie des Spiels (Roberts/Sutton-Smith 1962), die zwar zunächst erst wenige und hypothetische Ergebnisse ausweisen, aber zumindest heuristisch fruchtbar sind. Sie alle führen sich zurück auf die Spieltheorie von J. Huizinga (1938), in der zwar die Phänomene des Spiels sehr stark ausgeweitet und auch Geselligkeitsformen, Liturgie, Zeremoniell u. ä. einbeschlossen wurden, in der aber anthropologische Sicht sich mit kulturwissenschaftlicher Sozialforschung zu einem klassischen Werk der Spiel- und Kulturtheorie verbunden hat.

4. *Pädagogik des Spiels:* Daß Spielen notwendig ist für die Kindesentwicklung, nützlich für Kognition, Phantasie und Sozialerfahrung, unerläßlich für die psychische Gesundheit, unterhaltsam und entspannend auch für das Erwachsenenalter, davon sind die Pädagogen seit Aufklärungszeiten überzeugt, und darin sind sie von allen Richtungen der Spieltheorie und der Spielforschung bestätigt worden. »Spielförderung« heißt das Programm des Kindergartens, Spielräume, Spielmaterialien, Spielanregungen sollen für die Schulzeit zur Verfügung stehen; auch Jugendarbeit und Erwachsenenbildung greifen auf ein Repertoire von Spielen zurück, das ständig erweitert wird. Da gutes Spiel Vergnügen macht und weiterführende Motivation erzeugt (→ *Motivation und Motiventwicklung*; → *Interesse*), bietet sich der Einsatz von Spielen auf dem Weg zu zahlreichen Lern- und Entwicklungszielen geradezu an. → *Lernschwierigkeiten*, kulturelle Defizite, psychische Schwierigkeiten lassen sich durch sorgsam gefördertes Spiel mindern oder gar überwinden (Kochan 1974; Flitner 1975; Zulliger 1967). Das Marktangebot und die methodischen Hilfen für den Einsatz von Spielen sind entsprechend groß, »spielend lernen« will und soll jedermann. Nun greifen aber die pädagogischen Zwecke und belehrenden Absichten an die Substanz des Spiels. Sein Charakter und sein Wert als Alternative zu den zweckgerichteten und vorprogrammierten Lebensvollzügen gehen verloren. Lernspiele sind keine Spiele. »Die Perversion des Spiels ist sein Einbezug in die Vernutzungszusammenhänge der industriellen Welt« (Spies 1975). Die Problematik vieler pädagogischer Zielsetzungen, daß sie durch Absicht und Bewußtsein die Qualität des Intendierten gefährden, ja zerstören, ist in der Pädagogik des Spiels besonders deutlich. Nur durch die Zurücknahme des zweckgerichteten Steuerns, durch Hilfe, Ermutigung, Ermöglichung, durch Mitspielen, vor allem aber durch Freigabe des Spiels, seine

Zentrierung im Spieler kann man es fördern. Wenn untergeordnet werden soll, dann das Lernen dem Spielen, nicht umgekehrt – dem Spielen als einem Grundvermögen des Menschen, das man freilich, wie alle Fähigkeiten, lernend kultivieren, bereichern und steigern kann.

Andreas Flitner

Literatur

Baader, Ü.: Das Kinderspiellied. Studien zum aktuellen Spielleben württembergischer Schulkinder. Diss. Tübingen 1976. – *Berlyne, D. E.:* Konflikt, Erregung, Neugier. Zur Psychologie der kognitiven Motivation. Stuttgart 1974. – *Bittner, G.:* Zur pädagogischen Theorie des Spielzeugs. In: *Flitner* 1978, S. 228–241. – *Bruner, J. S./Jolly, A./Sylva, K.* (Hrsg.): Play. Its Role in Development and Evolution. Harmondsworth 1976. – *Bühler, Ch.:* Kindheit und Jugend. Leipzig 1928. – *Caillois, R.:* Die Spiele und die Menschen. Stuttgart 1961 (Auszug in: *Scheuerl* 1975, S. 157–165). – *Csikszentmihalyi, M.:* Flow: Studies of Enjoyment. P.H.S. Report. University of Chicago 1974. – *Csikszentmihalyi, M.:* Beyond Boredom and Anxiety. San Francisco 1975. – *Daublebsky, B.* u. a.: Spielen in der Schule. Stuttgart 1973. – *Deutscher Bildungsrat* (Hrsg.): Die Eingangsstufe des Primarbereichs. Bd. 2/1: Spielen und Gestalten (Gutachten und Studien der Bildungskommission, Band 48/1). Stuttgart 1975. – *Elkonin, D. B.:* Psychologie des Spiels im Vorschulalter. In: *Saporoshez, A. W./Elkonin, D. B.* (Hrsg.): Zur Psychologie und Tätigkeit des Vorschulkindes. Berlin (DDR) 1971. – *Ellis, M. J.:* Why People Play. Englewood Cliffs 1974. – *Erikson, E. H.:* Clinical studies in childhood play. In: *Barker, R. G.* u. a. (Hrsg.): Child Behavior and Development. New York 1943, S. 411– 428. – *Flitner, A.:* Spielen–Lernen. Praxis und Deutung des Kinderspiels (1972), München ⁶1980. – *Flitner, A.:* Untersuchungen zur Förderung des Kinderspiels. In: Zeitschrift für Pädagogik 21 (1975), S. 441–448. – *Flitner, A.* (Hrsg.): Das Kinderspiel. Texte München ⁴1978. – *Fröbel, F.:* Ausgewählte Schriften. Hrsg. v. E. Hoffmann. 2 Bde. Düsseldorf ³1968. – *Fuxloch, K.:* Das Soziologische im Spiel des Kindes. Leipzig 1930. – *Heckhausen, H.:* Entwurf einer Psychologie des Spielens. In: *Flitner* 1978, S. 138–155. – *Hetzer, H.:* Das volkstümliche Kinderspiel. Wien 1927. – *Huizinga, J.:* Homo ludens. Vom Ursprung der Kultur im Spiel (1938). Hamburg ²1962. – *Kochan, B.* (Hrsg.): Rollenspiel als Methode sprachlichen und sozialen Lernens. Ein Reader. Kronberg 1974. – *Krappmann, L.:* Kommunikation und Interaktion im Spiel. In: *Deutscher Bildungsrat* 1975, S. 45–75. – *Nitsch-Berg, H.:* Kindliches Spielen zwischen Triebdynamik und Enkulturation. Stuttgart 1978. – *Opie, I./Opie, P.:* Children's Games in Street and Playground. Oxford 1970. – *Peesch, R.:* Das Berliner Kinderspiel der Gegenwart. Berlin 1957. – *Piaget, J.:* Nachahmung, Spiel und Traum (1959). Stuttgart 1969. – *Retter, H.:* Spielzeug. Handbuch zur Geschichte und Pädagogik der Spielmittel. Weinheim/Basel 1979. – *Roberts, J. M./Sutton-Smith, B.:* Child training and game involvement. In: Ethnology 1 (1962), S. 166–185. – *Scheuerl, H.:* Das Spiel. Untersuchungen über sein Wesen, seine pädagogischen Möglichkeiten und Grenzen (1954). Weinheim ⁹1973. – *Scheuerl, H.* (Hrsg.): Theorien des Spiels. Weinheim ¹⁰1975. – *Scheuerl, H.:* Alte und neue Spieltheorien. In: *Flitner* 1978, S. 32–52. – *Schmidtchen, St./Erb, A.:* Analyse des Kinderspiels. Ein Überblick über neuere psychologische Untersuchungen. Köln 1976. – *Schottmayer, G./Christmann, R.:* Kinderspielplätze, Beiträge zur kindorientierten Gestaltung der Wohnumwelt. Bd. 44 der Schriftenreihe des Bundesministers für Jugend, Familie und Gesundheit. Stuttgart ²1977. – *Singer, J. L.* u. a.: The Child's World of Make-Believe. Experimental Studies of Imaginative Play. New York/London 1973. – *Smilansky, S.:* Wirkung des sozialen Rollenspiels auf benachteiligte Vorschulkinder. In: *Flitner* 1978, S. 184–202. – *Spies, W.:* Perversion des Spiels. In: Schulmanagement 4 (1975), S. 18–20. – *Stern, W.:* Psychologie der frühen Kindheit. Leipzig ²1921. – *Sutton-Smith, B.:* Die Dialektik des Spiels. Schorndorf 1972. – *Sutton-Smith, S.:* Spiel und Sport als Potential der Erneuerung. In: *Flitner* 1978, S. 62–72. – *Winnicott, D. W.:* Vom Spiel zur Kreativität. Stuttgart 1973. – *Wygotski, L. S.:* Das Spiel und seine Rolle für psychische Entwicklung des Kindes. In: Ästhetik und Kommunikation 11 (1973), S. 16–37. – *Zulliger, H.:* Heilende Kräfte im kindlichen Spiel (1952). Stuttgart ⁵1967.

Sprache

1. Gegenstands- und Forschungsbereich

1.1 Sprache als Handlung: Unsere Welt ist vorzugsweise eine sprachliche Welt. Das ist uns ganz selbstverständlich. Von den Mitteln, die uns die Sprache (S) bereitstellt, machen wir Gebrauch, um unseren Gefühlen Ausdruck zu verleihen, Informationen zu übermitteln, Erlebtes und Vergangenes darzustellen, Absichten für die Zukunft zu äußern, über eine dritte Sache Einigung zu erzielen, Kontakte zu knüpfen, aber auch, um zu beleidigen, zu lügen, andere gegeneinander auszuspielen und zu ärgern (→ *Interaktion*). Daneben dient S auch zur Selbstkontrolle und -beeinflussung, z. B. dann, wenn man sich den Befehl »Jetzt Knopf drücken« gibt (Luria 1961).

Neben diesen Funktionen hat die S sicherlich noch weitere. Man ist heute jedoch noch weit von einem vollständigen und kohärenten Katalog der Funktionen entfernt, die der S bzw. dem Sprachzeichen zukommen können. Die bekannteste Systematisierung der Sprachfunktionen hat Bühler (1934) mit seinem Organon-Modell vorgelegt. Das Sprachzeichen ist ihm Werkzeug, um »einer dem anderen etwas mitzuteilen über die Dinge« (Hörmann

1977, S. 14). Die Dreierbeziehung zwischen dem Einen, dem Anderen und den Dingen läßt ihn drei Funktionen unterscheiden, mit denen ersichtlich nur ein Teil der zuvor genannten erfaßt wird: die Darstellungs-, die Ausdrucks- und die Appellfunktion. Darstellungsfunktion hat ein Sprachzeichen durch seine Beziehung zu Gegenständen und Sachverhalten; Ausdrucksfunktion kommt ihm insofern zu, als es innere Zustände des Senders abbildet; und Appellfunktion erhält es durch seine Steuerung des Empfänger-Verhaltens. Wesentlich ist, daß es sich bei diesen Funktionen um keine Entweder-Oder-Zuordnungen, sondern um Schwerpunktbildungen handelt. Entsprechend schreibt Bühler: »(Aber) ein Rest von Ausdruck steckt auch in den Kreidestrichen noch, die der Logiker oder Mathematiker an die Wandtafel malt. Man muß also nicht erst zum Lyriker gehen, um die Ausdrucksfunktion als solche zu entdecken; nur freilich wird die Ausbeute beim Lyriker reicher sein« (zit. n. Braunroth u. a. 1975, S. 41).

Darstellungs- und Appellfunktion lassen sich mit der Unterscheidung in einen Inhalts- und Beziehungsaspekt von Sprechhandlungen in Beziehung bringen, wie sie innerhalb der Sprechakttheorie vorgenommen wird (vgl. u. a. Wunderlich 1976). Mit dem Begriff »Doppelstruktur der Rede« kennzeichnet Habermas (1976) die fundamentale Leistung der S, beide Aspekte unabhängig voneinander variieren und damit denselben Sachverhalt (Inhaltsaspekt) innerhalb ganz verschiedener kommunikativer Funktionen (Beziehungsaspekt) zum Ausdruck bringen zu können. Voraussetzung dafür ist, daß die Kommunikationspartner gleichzeitig miteinander die »Ebene der Intersubjektivität, auf der sie interpersonale Beziehungen aufnehmen, und die Ebene von Erfahrungen und Sachverhalten, die den Inhalt der Kommunikation (→ *Kommunikation*) bilden«, betreten (Habermas 1976, S. 239). Der Beziehungsaspekt stellt in Worten Watzlawiks »eine Kommunikation über eine Kommunikation« (Metakommunikation) dar und gibt quasi die Anweisung, wie der Hörer den Inhalt des Gesagten zu verstehen hat (Watzlawik u. a. 1974, S. 55). Diese Anweisung erfolgt häufig über extra- und paralinguistische Mittel. Ironische und zwielichtige Redeweisen sowie bestimmte rhetorische Effekte beruhen auf der Möglichkeit, Inhalte von verschiedenen Seiten her »beleuchten« oder »kommentieren« zu kön-

nen. Paradoxe Kommunikationen entstehen hingegen dann, stehen Inhalts- und Beziehungsaspekt in Widerspruch, so daß die eine Mitteilung die andere aufhebt. Ist dieser Widerspruch mehr als eine einfache Kontradiktion und enthält eine wirklich paradoxe Handlungsforderung, so liegt eine Doppelbindung oder Beziehungsfalle vor, die erstmals 1956 von Bateson u. a. als besonderes Phänomen der schizophrenen Kommunikation beschrieben wurde. Ein treffendes Beispiel findet sich in Watzlawik u. a. (1974, S. 194): »Schenken Sie Ihrem Sohn Marvin zwei Sporthemden: Wenn er zum ersten Mal eines der beiden trägt, blicken Sie ihn traurig an und sagen Sie: Das andere gefällt dir nicht?«

1.2 S und Psychologie: Weitgehende Übereinstimmung besteht darin, daß drei zentrale Themen den Gegenstandsbereich der Sprachpsychologie bilden (Clark/Clark 1977):

(a) *Sprachverstehen:* Welche mentalen Prozesse steuern die Wahrnehmung, das Verstehen und das Behalten von S? Wie erzeugt der Rezipient beim Interpretieren der wahrgenommenen S Information?

(b) *Sprachproduktion:* Welche mentalen Prozesse steuern die Umsetzung von Intentionen in Bedeutungen und sprachliche Äußerungen? Wie erzeugt der Produzent mitteilbare Information?

(c) *Spracherwerb:* Wie und warum erwerben Kinder die Fähigkeit, S zu erzeugen und zu verstehen? Welche Voraussetzungen müssen gegeben sein? (→ *Entwicklung*).

Diese Themenbereiche schließen eine große Anzahl weiterer Fragen mit ein. Besonders hervorzuheben sind die beiden folgenden: Ist die Sprachfähigkeit dem Menschen eigentümlich, oder können auch Primaten S erlernen? Welche Beziehung besteht zwischen S und Denken? Hat S rein instrumentelle Funktion, oder dient sie der handlungspraktischen Wirklichkeitserfassung?

Sprachverstehen- und -produktion werden heute vorwiegend mit den Mitteln der Allgemeinen Psychologie untersucht; entsprechend bestimmen das Experiment und die kontrollierte Beobachtung die sprachpsychologische Methodologie. Analyseeinheiten sind der Sprachproduzent und der Sprachrezipient in ihrer Rolle als Verarbeiter sprachlicher Informationen. Damit ist das dialogische Geschehen aufgeteilt in die Beziehung Produzent – S und die Beziehung S – Rezipient. Und es geht primär um die mentalen Repräsentationsprozesse innerhalb dieser Beziehungen. Dies bedeutet einmal, daß der soziale Kontext, in dem S geschieht, weitgehend unberücksichtigt bleibt. Zum anderen ist die Folge davon, daß der Beziehungsaspekt kein Untersuchungsthema bildet; Ergebnisse darüber, welche Beziehungen Kommunikationspartner zueinander herstellen und wie sie gegenseitig Einfluß aufeinander nehmen, liegen noch nicht vor. In den Begriffen Bühlers ausgedrückt, ist vorrangiges Thema die Darstellungs- und nicht die Appellfunktion.

Dies sowie die Tatsache, daß die Frage nach der kognitiven Repräsentation auf die physikalische Umwelt (Sachverhalte und Gegenstände) unter Vernachlässigung der personalen Umwelt beschränkt bleibt, macht nach Engelkamp (1977, S. 463) die noch geringe sozialpsychologische Relevanz der Sprachpsychologie aus; sie vermag bis heute »wenig zu den Problemen der sozialen Interaktion (...) beizutragen«. Innerhalb der Sprachentwicklungspsychologie zeichnet sich schon ein Wechsel von einer strukturalistischen zu einer funktionalen Betrachtungsweise ab. Die Einsicht beginnt sich durchzusetzen, daß ohne die Untersuchung des Kommunikationsgeschehens zwischen Mutter (i. S. der primären Bezugsperson) und Kind eine befriedigende Antwort auf die Frage nicht gegeben werden kann, wie das Kind das sprachliche Zeichensystem und die Möglichkeiten seines Gebrauchs erwirbt (→ *Sozialisation*). In der jungen Geschichte der Sprachpsychologie wäre es nicht das erste Mal, daß Erkenntnisse aus entwicklungspsychologischen Sprachforschungen zu einer allgemeinen theoretisch-methodologischen Umorientierung beitragen.

Einleitend wurde gesagt, daß uns der Umgang mit der S ganz selbstverständlich sei. Daß das Selbstverständliche zum großen Problem wird, beginnt man darüber nachzudenken, hat die anschließende Diskussion erbracht. So schreibt auch Herrmann (1972, S. 2): »... das offenbar von jedem Schulkind Gemeisterte wird zur nur schlecht lösbaren wissenschaftlichen Fragestellung.« Wie vielschichtig schon die bisherigen Fragestellungen und welch komplizierte Formen des experimentellen Zugriffs zu ihrer Lösung notwendig sind, soll am Beispiel des Sprachverstehens veranschaulicht werden.

2. *Sprachverstehen:* Die Prozesse, die beim Verstehen von S ablaufen, sind mehrstufig und äußerst komplex. Unterschieden werden können (Clark/Clark 1977): (a) Wahrnehmungsprozeß; (b) Verstehensprozeß im engeren Sinne als Konstruktionsprozeß; (c) Verstehensprozeß im weiteren Sinne als Utilisationsprozeß. Obgleich im folgenden einzeln behandelt, sind diese Prozesse nicht unabhängig voneinander; selbst die Grenzlinie zwischen → *Wahrnehmung* und Verstehen ist fließend. Dies wird teilweise verkannt. Wie problematisch es jedoch ist, die Sprachwahrnehmung als separate erste Stufe des gesamten Sprachverarbeitungsprozesses zu betrachten, der erst anschließend die Stufen des Verstehens folgen, wird allein an der Alltagsbeobachtung deutlich, daß man oft schon eine Antwort parat hat, bevor man die Frage vollständig gehört hat. Das Ziel der Informationsaufnahme und ihrer Umsetzung ist also schon leitend dafür, was wahrgenommen und wie es wahrgenommen wird.

2.1 *Wahrnehmungsprozeß:* Die Sprachwahrnehmung im weiteren Sinne umfaßt alle Vorgänge der Aufnahme, Segmentierung und Identifizierung gesprochener und geschriebener S. Die experimentelle Untersuchung nimmt ihren Ausgang bei den Sprachlauten bzw. Buchstaben als den sogenannten Rohdaten. Obgleich beim Lesen und Hören dasselbe Wissen um die S eine Rolle spielt, sind die dabei ablaufenden sensorischen Verarbeitungsprozesse nicht analog (Mattingly 1972). Die Sprachwahrnehmung im engeren Sinne bezieht sich ausschließlich auf die Wahrnehmung gesprochener S und ist bisher sehr viel intensiver erforscht (Levelt/Flores d' Arcais 1978). Der auditive Eindruck ist ob seines zeitlich sequentiellen Charakters flüchtig. Die phonetischen Einheiten gehen ineinander über, werden ganz verschieden ausgesprochen und haben keine direkte Entsprechung zu den wahrgenommenen Sprachsegmenten. Der zu entschlüsselnde Eindruck wird in den meisten Fällen zudem von anderen Lauten und Geräuschen begleitet und teilweise auch überdeckt. Trotzdem gelingt es, Laute, Silben, Wörter und Sätze zu identifizieren. Wie ist das möglich? Darauf gibt es verschiedene Antworten, die sich teilweise ergänzen. Bei den Untersuchungsmethoden spielen besonders die folgenden eine wichtige Rolle: (a) Mit der Tonspektrogrammanalyse können die akustischen Merkmale der S festgestellt werden. Die künstliche Synthese von S erfolgt in schematisch vereinfachten Spektrogrammen durch die systematische Veränderung von Formanten und Formantenübergängen und deren Überführung in akustische Signale. Überprüft wird, in welcher Weise eine solche synthetische S wahrgenommen wird. (b) Durch die Technik des Maskierens wird die S durch andere akustische Reize mehr oder weniger unkenntlich gemacht. (c) Mit dichotischen Hörverfahren wird die Wahrnehmung von Reizen überprüft, die in das linke bzw. rechte Ohr eingespielt werden.

Stufenmodelle gehen davon aus, daß der Wahrnehmungsvorgang aus einer hierarchischen Abfolge von Verarbeitungsstufen besteht, wobei das Sprachsignal durch sukzessive Transformationen in immer abstraktere Formen rekodiert wird (Studdert-Kennedy 1974). Normalerweise werden drei Stufen postuliert: Auf der untersten wird der Reiz vorläufig nach akustischen Merkmalen analysiert und in einem präkategorialen Speicher nicht länger als einige Sekunden gehalten. Auf der phonetischen Stufe werden auf der Grundlage einzelner distinktiver Merkmale und ihrer Kombination Phoneme identifiziert und im phonetischen Gedächtnis gespeichert. Auf der phonologischen Stufe wird schließlich der Inhalt des phonetischen Gedächtnisses den phonologischen Regeln angepaßt, die Phoneme werden zu Segmenten kombiniert, die im Kurzzeitgedächtnis gespeichert und durch Wiederholung (Rehearsal) für den späteren Gebrauch abrufbar werden. Hinter diesem Transformationsprozeß, der den Eindruck des reibungslos automatischen Ablaufs erweckt, stecken noch viele Probleme: Wie z. B. kann die akustisch-phonetische Zuordnung erfolgen, wenn doch niemals in gleicher Weise, sondern einmal leise, einmal krächzend, einmal mit vollem Mund usw. gesprochen wird? Diesem Variabilitätsproblem begegnet das Analyse-durch-Synthese-Modell (Halle/Stevens 1964) mit der Annahme eines generativen Produktionsmechanismus, der die aktive Rolle des Hörers betont. Dieser erzeugt bei der Wahrnehmung von S interne phonetische Vergleichsmuster, die er auf Übereinstimmung mit dem zu analysierenden Eingangsmuster überprüft. Fällt die Prüfung negativ aus, werden fortlaufend weitere Muster erzeugt, bis Übereinstimmung gegeben und damit der Wahrnehmungsvorgang beendet ist.

Über die Hörer-S-Beziehung weisen Nooteboom u. a. (1978) hinaus, wenn sie die zentrale Funktion der Prosodie (= die metrisch-rhythmische Behandlung der S) für die Wahrnehmung betonen. Daß der Wahrnehmungsvorgang nicht allein Sache des Hörens ist, zeigt sich deutlich daran, daß Fehler dann gehäuft auftreten, wenn die prosodischen Grenzen nicht mit den syntaktischen übereinstimmen. Prosodische Merkmale dienen also offensichtlich als Suchvektoren für die Identifizierung syntaktischer Einheiten. Zudem ist es die prosodische Kontinuität, die wesentlich dazu beiträgt, daß wir den sprachlichen Mitteilungen einer Person folgen können, wenn gleichzeitig andere Stimmen und Geräusche auf uns einwirken (Cocktail-Party-Phänomen). Sie stellt den kohärenten auditorischen Gesamteindruck dar, der sich aus dem zeitlichen Verlauf, der Melodie und dem Rhythmus der S sowie aus der Stimmqualität, der Schnelligkeit und der Lautstärke ergibt. Beim Lesen muß eine Beziehung zwischen dem kontinuierlichen Schallstrom und den diskreten Einheiten der geschriebenen S hergestellt werden. Von daher ist es einleuchtend, daß die Fähigkeit zur Segmentierung der Lautsprache in starkem Maße die Lesebereitschaft eines Kindes bestimmt. Nach dem lauten Lesen lesen Kinder innerlich noch leise mit. Weigl (1973) betrachtet dieses Mitlesen als »reduziertes Lesen« und stellt ihm das »entfaltete Lesen« gegenüber, das auf dem Wege der Automatisierung erreicht wird. Schneller-Lese-Kurse beruhen auf deren Steigerung, so daß die akustische Kodierung völlig wegfallen kann. Hier ist kritisch zu bedenken, daß auch beim Erwachsenen das Textverständnis durch die Verbindung der geschriebenen mit der gesprochenen S häufig erleichtert wird (Scheerer 1978).

2.2 Verstehen als Konstruktionsprozeß: Nach der Segmentierung muß der Hörer den Bedeutungsgehalt erfassen, der einer Mitteilung zugrunde liegt. Dies geschieht über die Identifikation von Propositionen als den semantischen Grundeinheiten, die aus Wortkonzepten bestehen, von denen eines der Prädikator ist, die anderen Argumente sind (Engelkamp 1976). Um den Satz »Der reiche Mann betrachtete sein prachtvolles Haus« zu verstehen, muß der Hörer folgende Propositionen identifizieren (Grimm/Engelkamp, in Vorb.):

Mann	(a)		Haus	(b)
reich	(a)		prachtvoll	(b)
	gehören	(b,a)		
	betrachten	(a,b)		

Die Buchstaben »a« und »b« verweisen darauf, daß die entsprechenden Konzepte als bekannt vorausgesetzt sind. Die Proposition »gehören« besagt, daß das Haus dem Mann gehört, und die Proposition »betrachten« beinhaltet, daß der Mann das Haus betrachtet.

Bei der Identifikation macht der Hörer von verschiedenen semantischen und syntaktischen Strategien Gebrauch. Eine Strategie lautet: Interpretiere eine Nomen-Verb-Nomen-Sequenz als Handlung mit dem Akteur der Handlung an erster Position. Diese Strategie wird von kleineren Kindern übergeneralisierend auch auf Sätze angewendet, die anders markiert sind, wie z. B. auf Passivsätze. Darauf hat zuerst Bever (1970) aufmerksam gemacht. Der Satz »Der Junge wird von dem Mädchen geküßt« wird so von Vierjährigen interpretiert als »Der Junge küßt das Mädchen«. Häufig wenden Kinder auch die Semantik-Strategie an: Setze unabhängig von der Wortfolge die Wörter in der plausibelsten Weise miteinander in Beziehung. Der Satz »Die Katze wird von der Maus gejagt« wird entsprechend verstanden als »Die Katze jagt die Maus« (Beispiele aus Grimm 1978). Anders als für den Erwachsenen, dem die Strategien als Hilfsmaßnahmen dienen, stellen sie für kleine Kinder »Rezepte für das Vorgehen« dar, die dem Gehörten einfach übergestülpt werden (Hörmann 1978, S. 382). Daraus können viele Mißverständnisse entstehen.

Mit der Konstruktion der zugrundeliegenden Propositionen ist der Verstehensprozeß jedoch noch nicht abgeschlossen, sondern auf der Grundlage des im → *Gedächtnis* gespeicherten Wissens werden sie weiter elaboriert. Bei dem Satz »Hannes ist gerade in die Schule gegangen« weiß der Hörer, daß die Schule ein Gebäude mit mehreren Räumen ist, die Unterrichtszwecken dienen, und daß Hannes, da er gerade weggegangen und die Schule nicht weit ist, diese in wenigen Minuten erreicht haben wird.

Ein bekanntes und häufig zitiertes Beispiel dafür, daß mehr verstanden als gesagt wird, stammt von Bransford u. a. (1972): Bei dem Satz »Drei Tauben saßen auf einem Stück Treibholz, und ein Fisch schwamm unter ihnen her« schließt der Hörer aufgrund seiner Weltkenntnis, daß der Fisch auch unter dem Treibholz herschwamm. Die Tatsache, daß mehr oder anders verstanden als gesagt oder geschrieben wird, ist besonders beim Verfassen von Unterrichtstexten zu reflektieren. Diese werden um so richtiger verstanden, je mehr sie auf das Weltwissen der Rezipienten abgestellt sind. Interessant ist in diesem Zusammenhang das Verständnis von Metaphern, die Hörmann (1972) als »Sprachfiguren« bezeichnet, die zunächst ein Zögern verursachen, den Verstehensvorgang dann bewußter und durch Einbezug einer ungewohnten Denkperspektive besonders treffend machen. Vorschul- und Grundschulkinder bringen allerdings ein noch geringes Verständnis für Metaphern auf. Ihr Zögern mündet in keine ungewohnte Denkperspektive, sondern signalisiert lediglich den erkannten semantischen Widerspruch, der nicht hingenommen wird, wie das Beispiel von Augst (1978, S. 232) zeigt: »So beschwert sich ein Kind, nachdem ein anderes gesagt hat ›Das Salzwasser hat die Muschel zerfressen‹, mit dem Hinweis ›Das Wasser hat doch keinen Mund‹.« Das Metapher-Beispiel kann auch dazu dienen, die Reaktionszeitmessung als wichtige Methode zur Untersuchung von Verstehensprozessen begründet anzuführen. Es kann vorausgesagt werden, daß verschieden komplexes Material verschieden lange Verarbeitungszeiten in Anspruch nimmt. Umgekehrt kann von der Verarbeitungszeit auf die Komplexität des Materials bzw. die Tiefe der Verarbeitung geschlossen werden.

2.3 Verstehen als Utilisationsprozeß: Das Verstehen einer Äußerung endet nur dann mit dem Konstruktionsprozeß, wenn dem Hörer eine Information mitgeteilt und damit sein Wissen bereichert wird. Erfolgt keine Bereicherung des Wissens, so liegt auch keine Information vor. In den meisten Fällen möchte der Sprecher jedoch mehr bewirken. Er stellt Fragen, um Antworten zu erhalten, und äußert Aufforderungen, die den Hörer veranlassen sollen, sich in einer bestimmten, von dem Sprecher erwünschten Weise zu verhalten. Wie sieht dieser Prozeß der Informationsumsetzung aus? Nach Clark/Clark (1977) muß der Hörer bei einer Ja-Nein-Frage die neue Information mit seinem Wissensbestand vergleichen und je nach dem Ergebnis dieses Vergleichs positiv oder negativ antworten. Bei einer W-Frage (warum, wo, welche usw.) muß er die erwünschte Information aus seinem Gedächtnis abrufen und sie in eine adäquate Äußerungsform transformieren. Daß man sich diesen Transformationsprozeß nicht einfach spiegelbildlich zum Verstehensprozeß als Konstruktionsprozeß vorstellen darf, ist den verschiedenen, gleichfalls sehr komplexen Erklärungsversuchen der Sprachproduktion zu entnehmen. Bei einer Aufforderung muß er die geforderte Handlung durchführen, um der neuen Information zu entsprechen. Dies klingt zunächst sehr einfach. Äußerst kompliziert wird die Sache jedoch, gestattet man dem Hörer, Intentionen und Emotionen zu haben. Dann »muß« er nämlich nicht in derart vorbestimmter Weise reagieren. Wie Herrmann/Laucht (1977, S. 256) richtig feststellen, ist so z. B. das Verstehen einer Aufforderung nicht mit der »Akzeptierung dieser Verpflichtung oder gar mit dem ›Einlösen‹ der Verpflichtung« identisch. Sie halten das Risiko, daß der Hörer eine Verpflichtung nicht akzeptiert, bei sehr direkten Aufforderungen im Sinne von Befehlen für sehr viel größer als bei indirekten Aufforderungen, die z. B. in Form von Aussage- oder Fragesätzen geäußert werden können. Andererseits kommt letzteren das größere Risiko des Nicht- oder Mißverstandenwerdens zu. Deshalb, so die Autoren, ist »das Gesamtrisiko der kommunikativen Verwendung von Aufforderungsvarianten... bei Aufforderungen mittlerer Direktheit am geringsten« (S. 261). Ganz wesentlich zu klären wären nun die Bedingungen des Verstehens bzw. Mißverstehens von indirekten gegenüber direkten Aufforderungen. Welche Bedingungen müssen z. B. gegeben sein, daß die Äußerungen »Hol mir Salz« und »Die Suppe ist fad« gleichermaßen als Aufforderung zum Salzholen verstanden werden? Und welche Bedingungen können dafür verantwortlich sein, daß die zweite Äußerung als Vorwurf oder auch als bloße Mitteilung eines Sachverhalts verstanden wird? Psychologische Untersuchungen dazu sind erst begonnen worden. Bei direkt formulierten Aufforderungen ist das Risiko ihrer Nicht-Akzeptierung bei Kindern sicherlich geringer als bei Erwachsenen. Neben nichtsprachlichen Gründen, auf die hier nicht eingegangen werden soll, hängt dies mit ihrer eigenen sprachlichen Kompetenz zusammen. Denn so wie der Imperativ am Beginn des Spracherwerbs steht, so ist der direkte Befehl die Sprechhandlung, die kleinere Kinder am besten beherrschen. Unter experimentellen Bedingungen sind sie allerdings auch bereit, bei mangelndem Erfolg zu höflicheren Formulierungen zu greifen (Grimm 1975). Um wieviel größer wird dann der korrektive Einfluß der Umwelt sein.

3. *Schluß:* Die außerordentliche Vielschichtigkeit der Prozesse des »Meinens und Verstehens« (Hörmann 1978), die das menschliche Zusammensein bestimmen, wurde am Beispiel des Sprachverstehens veranschaulicht und dabei gezeigt, welche Fortschritte schon bei der Beantwortung der Fragen erzielt wurden, wie sprachlich vermitteltes Wissen kognitiv repräsentiert und wie auf der Grundlage dieser Repräsentationen Informationen konstruiert/rekonstruiert werden. Daß sich die Anbindung der Sprachpsychologie an die Allgemeine Psychologie als zu einseitig erweist, sofern die kommunikative Funktion als die hervorragendste Funktion von S im Mittelpunkt des Interesses steht, hat die Diskussion der beiden ersten Abschnitte erbracht. Denn, so läßt sich mit Wunderlich (1972, S. 117) zusammenfassen, »Kommunikation ist nicht nur Austausch von Intentionen und ein Austausch von sprachlichen Inhalten (das ist sie auch), zuallererst ist sie aber Herstellen von zweiseitigen Beziehungen; und diese determinieren das, was Verständigungsebene genannt werden kann, von der auch erst Intentionen und Inhalte ihren praktischen Sinn in Handlungskontexten bekommen.«

Von hier aus ergeben sich erste Ausblicke auf die Aufgaben eines Forschungsprogramms, das sich die Erklärung der so verstandenen Kommunikation im Sinne der Verständigungshandlung zum Thema machen will. Wunderlich nennt u. a. folgende: die Analyse der Struktur einzelner Kommunikationshandlungen, möglicher, erwarteter bzw. geforderter Kommunikationshandlungssequenzen, bestimmter Rhetoriken, Manipulationstechniken, Argumentations- und Verschleierungsstrategien; die Darlegung der Funktionalität solcher Strukturen und Techniken im institutionellen Rahmen des sozialen Kontextes. Die Bedeutung dieses Themas und die Herausforderung der Psychologie durch dieses Thema sind offensichtlich. Dabei eröffnen sich vor allem auch entwicklungspsychologisch und klinisch-pädagogisch bedeutsame Problemfelder.

Erst in Ansätzen empirisch untersucht ist die weithin anerkannte Auffassung, daß die Entwicklung des Kindes in entscheidender Hinsicht durch die Kommunikationsformen in der → *Familie* bestimmt ist, womit mitgesagt ist, daß sprachliche Entwicklungsstörungen wesentlich durch defiziente und/oder gestörte Kommunikationsformen verursacht werden.

Hannelore Grimm

Literatur

Augst, G.: Zur Ontogenese des Metaphernerwerbs – eine empirische Pilotstudie. In: *Augst, G.* (Hrsg.): Spracherwerb von 6 – 16. Düsseldorf 1978, S. 220–232. – *Bateson, G.* u. a.: Toward a theory of schizophrenia. In: Behavioral Science 1 (1956), S. 251 ff. – *Bever, T. G.:* The cognitive basis for linguistic structures. In: *Hayes, J. R.* (Hrsg.): Cognition and the development of language. New York 1970, S. 279–372. – *Bransford, J. D./Barclay, J. R./Franks, J. J.:* Sentence memory: A constructive versus interpretive approach. In: Cognitive Psychology 3 (1972), S. 193–209. – *Braunroth, M.* u. a.: Ansätze und Aufgaben der linguistischen Pragmatik. Frankfurt/M. 1975. – *Bühler, K.:* Sprachtheorie. Jena 1934. – *Clark, H. H./Clark, E. V.:* Psychology and language. New York 1977. – *Engelkamp, J.:* Psycholinguistik. München 1974. – *Engelkamp, J.:* Satz und Bedeutung. Stuttgart 1976. – *Engelkamp, J.:* Sprache. In: *Herrmann, Th.* u. a. (Hrsg.): Handbuch psychologischer Grundbegriffe. München 1977, S. 461–474. – *Grimm, H.:* Analysis of short-term dialogues in 5–7 year-olds: Encoding of intentions and modifications of speech. Paper given at the Third International Child Language Symposium. London 1975. – *Grimm, H.:* Sprachentwicklung I und II. Versuch für das Fernstudium im Medienverband. Erlangen 1978. – *Grimm, H. / Engelkamp, J.:* Sprachpsychologie. Handbuch und Lexikon der Psycholinguistik. In Vorb. – *Habermas, J.:* Was heißt Universalpragmatik? In: *Apel, K. O.* (Hrsg.): Sprachpragmatik und Philosophie. Frankfurt/M. 1976, S. 174–272. – *Halle, M./Stevens, K. N.:* Speech recognition: A model and a program for research. In: *Fodor, J. A./Katz, J. J.* (Hrsg.): The structure of language. Englewood Cliffs 1964, S. 604–612. – *Herrmann, Th.:* Sprache. Bern 1972. – *Herrmann, Th./Laucht, M.:* Pars pro toto: Überlegungen zur situationsspezifischen Variation des Sprechens. In: Psychologische Rundschau 28 (1977), S. 247–265. – *Hörmann, H.:* Semantische Anomalie, Metapher und Witz, oder schlafen farblose grüne Ideen wirklich wütend? In: Folia Linguistica 5 (1972), S. 310–330. – *Hörmann, H.:* Psychologie der Sprache. Heidelberg 1977. – *Hörmann, H.:* Meinen und Verstehen. Frankfurt/M. 1978. – *Levelt, W. J. M./Flores d'Arcais, G. B.* (Hrsg.): Studies in the perception of language. New York 1978. – *Luria, A. R.:* The role of speech in the regulation of normal and abnormal behavior. London 1961. – *Mattingly, J. G.:* Speech cues and sign stimuli. In: American Scientist 60 (1972), S. 327–337. – *Nooteboom, S. G./Brokx, J. P. L./De Roij, J. J.:* Contributions of prosody to speech perception. In: *Levelt, W. J. M./Flores d'Arcais, G. B.* (Hrsg.): Studies in the perception of language. New York 1978, S. 75–107. – *Scheerer, E.:* Probleme und Ergebnisse der experimentellen Leseforschung. In: Zeitschrift für Entwicklungspsychologie und Pädagogische Psychologie 10 (1978), S. 347–364. – *Studdert-Kennedy, M.:* Speech perception. In: *Lass, N. J.* (Hrsg.): Contemporary issues in experimental phonetics. Springfield 1974, S. 243–293. – *Watzlawik, P./Beavin, J. H./Jackson, D. D.:* Menschliche Kommunikation. Bern 1974. – *Weigl, E.:* Zur Schriftsprache und ihrem Erwerb – neuropsychologische und psycholinguistische Betrachtungen. In: Probleme und Ergebnisse der Psychologie 43 (1973), S. 45–105. – *Wittgenstein, L.:* Philosophische Untersuchungen. Frankfurt/M. 1977. – *Wunderlich, D.:* Studien zur Sprechakttheorie. Frankfurt/M. 1976. – *Wunderlich, D.:* Sprechakte. In: *Maas, U./Wunderlich, D.:* Pragmatik und sprachliches Handeln. Frankfurt/M. 1972, S. 69–188.

Statistik

Statistik (S), ein Teilgebiet der angewandten Mathematik, erfüllt in den Sozialwissenschaften die formalen Hilfsfunktionen, Beobachtungen zu ordnen, (in Kennwerten) zusammenzufassen und übersichtlich darzustellen, Kennwerte der Population zu schätzen und vor allem über die Brauchbarkeit von Hypothesen zu entscheiden. Die Population oder Grundgesamtheit ist die Menge aller Beobachtungen, während die Stichprobe denjenigen Teil der Beobachtungen aus der Population darstellt, der in einer Untersuchung tatsächlich verfügbar ist. Beobachtungen sind stets Meßergebnisse bezüglich eines bestimmten Merkmals, das nur dann relevant ist, wenn es verschiedene Werte annehmen kann (Variable). Zwischen den Ausprägungsgraden bzw. Werten verschiedener Variablen gibt es auch erhebliche formale Unterschiede, die sich aus unterschiedlichen Stufen, Niveaus der Messung ergeben: Wenn die Variablenwerte nur durch Namen bezeichnet werden können, wenn also keine numerischen Relationen zwischen den Werten möglich sind, spricht man von Nominalwerten. In diesem Fall kann man nur die Gleichheit bzw. Ungleichheit von Werten feststellen. Wenn es zusätzlich möglich ist, die Werte unter dem Gesichtspunkt größer/kleiner zu ordnen, dann liegen Ordinal- oder Rangwerte vor. Wenn außerdem gleiche Unterschiede zwischen den Werten gleiche Abstände im zugrundeliegenden Merkmal repräsentieren, dann spricht man von Intervallwerten. Zwischen diesen drei klassischen Meßniveaus gibt es vielfältige Übergangsformen, insbesondere zwischen Ordinal- und Intervallwerten. Die meisten Variablen in den Sozialwissenschaften liegen auf der Nominal- oder Ordinalebene und im Übergangsbereich zwischen Ordinal- und Intervallniveau.

1. Allgemeine Überlegungen zur Deskriptiven und Inferenz-S: Die Deskriptive (Beschreibende) S dient der Ordnung, Zusammenfassung in Kennwerten und grafischen Darstellung von Stichproben. Beschreibende Kennwerte der Stichprobenverteilung (Stichprobenstatistiken), z. B. der Prozentrang, der arithmetische Mittelwert, die Differenz zwischen zwei Mittelwerten, die Varianz, der Quotient aus zwei Varianzen oder die Kovarianz, sind jedoch über den Stichprobenraum hinaus Ausgangswerte für Analysen der Inferenz-S. Die Inferenz-S (auch: Schlußfolgernde oder Analytische S) befaßt sich mit der Frage, wie man, von Stichprobenstatistiken ausgehend, auf Kennwerte der Population (Parameter) schließen kann. Im folgenden werden zunächst allgemeine Grundlagen der statistischen Inferenz behandelt; im Anschluß daran Besonderheiten der beiden Hauptformen des statistischen Schlusses (Hypothesentest; Parameterschätzung).

Als einführende Literatur empfehlen sich vor allem die Bücher von Wolf (1974; 1980) und Bortz (1977); Hofer/Franzen (1975) bieten eine didaktisch gelungene Einführung in die Theorie der statistischen Schlußfolgerung. Englischsprachige einführende Standardwerke liegen mit den Büchern von Hays (1973) und Kerlinger (1973) vor.

2. Voraussetzungen und Prinzipien des statistischen Schlusses: Der statistische Schluß setzt voraus, daß die Stichprobe ein unverzerrtes verkleinertes Abbild der Population ist. Die Auswahl von Populationselementen (Stichprobenziehung) ist dann repräsentativ, wenn alle Elemente dieselbe, angebbare Chance haben, ausgewählt zu werden (Chancengleichheit), wenn durch die Ziehung der Elemente die Auswahl anderer nicht beeinflußt wird (Unabhängigkeit) und wenn der Umfang n der Stichprobe hinreichend groß ist (Zufallsstichprobe). Die Reliabilität (oder: Präzision) der Stichprobenstatistiken übt einen wichtigen Einfluß auf alle statistischen Schlüsse aus. Den verschiedenen Präzisionskonzepten ist gemeinsam, daß mit steigendem Stichprobenumfang n die Präzision der Stichprobenstatistik steigt – wenn alle anderen Bedingungen in der Zufallsstichprobe gleich bleiben. Ein typischer Präzisionswert ist beispielsweise der (Komplementärwert zum) Standardfehler einer Stichprobenstatistik. Je präziser (reliabler) die S ist, desto treffsicherer ist der Schluß auf den entsprechenden Populationsparameter. Kein statistischer Schluß erlaubt eine sichere Aussage über Populationsparameter, sondern stets nur eine Wahrscheinlichkeitsaussage (zum Wahrscheinlichkeitsbegriff vgl. Hofer/Franzen 1975). Der Forscher legt dabei vor der Schlußfolgerung das Risiko fest, das er einzugehen bereit ist. Dieser Risikowert α ist ein Wahrscheinlichkeitswert, die sogenannte Irrtumswahrscheinlichkeit. α kann zwar prinzipiell jedesmal frei bestimmt werden, in der Tradition (vor allem R. A. Fishers) hat sich jedoch die Konvention durchgesetzt, bestimmte, ausgewählte Irrtumswahrscheinlichkeiten festzulegen: Die am häufigsten gewählten α-Werte sind 0,05 und 0,01; daneben auch 0,1 und 0,001 (Risiken von 5%; 1%; 10%; 1‰). Ein Problem der Festlegung der sogenannten Signifikanzgrenzen α besteht darin, daß zwar einerseits mit sinkender Irrtumswahrscheinlichkeit der Schluß auf die Population sicherer wird, daß aber gleichzeitig andererseits diese erhöhte Sicherheit bedeutet, daß die Schätzung der Parameter ungenauer wird (vgl. 2.2) oder daß bei Hypothesentests existierende Effekte möglicherweise nicht identifiziert werden (vgl. 2.1). Für jeden statistischen Schluß muß die Wahrscheinlichkeitsfunktion der jeweiligen Stichprobenstatistik bekannt sein. Solche sogenannten Stichprobenverteilungen, die im Zusammenhang mit Hypothesentests meistens als Prüfverteilungen bezeichnet werden, können in zwei Gruppen aufgeteilt werden: Wahrscheinlichkeitsverteilungen für große Stichproben und solche, die auch für kleine Stichproben gelten. Die Art der Stichprobenverteilung ist auch für die Klassifikation statistischer Analyseverfahren wichtig: Parametrische Verfahren setzen normalverteilte (zum Begriff der Normalverteilung vgl. Hofer/Franzen 1975) Stichprobenverteilungen voraus, während nicht-parametrische (verteilungsfreie) Verfahren auf die Annahme der Normalverteilung verzichten (vgl. Lienert 1973; 1975; 1978). Diese Unterscheidung ist vor allem für kleine Stichproben relevant, da bei großen Stichproben auch bei nicht-parametrischen Verfahren meist die Annäherung an die Normalverteilung für die Schlußfolgerung genutzt wird. Folgende Wahrscheinlichkeitsfunktionen, die nach ihrem Abszissenwert benannt werden, finden bei statistischen Schlüssen besonders häufig Verwendung: die z-Verteilung (Standardnormalverteilung), die t-Verteilung, die χ^2-Verteilung und die F-Verteilung. Die drei zuletzt genannten, auch für kleine Stichproben geltenden Verteilungen variieren in Abhängigkeit von den Freiheitsgraden (die hier in enger Beziehung zu den Stichprobenumfängen stehen).

2.1 Das Testen von Hypothesen: Die zentrale

Aufgabe der S liegt im Bereich der Hypothesentests, weil die Überprüfung der aus Theorien, bisherigen Ergebnissen und Erkenntnissen abgeleiteten Hypothesen den Wissenschaftsprozeß auf dem Gebiet empirischer sozialwissenschaftlicher Forschung bestimmt (vgl. Bortz 1977; → *Wissenschaftstheorie*). Nach der Ableitung aus der Theorie besteht der erste Schritt in einer Übersetzung der ursprünglichen Forschungshypothese in eine statistische Hypothese, die eine Annahme über Wahrscheinlichkeitsfunktionen von Variablen in Populationen, besonders über die Lage von Parametern, ist (Hofer/Franzen 1975). Bei dieser Übersetzung werden alle Verfahrensweisen festgelegt (Operationalisierung), die eine Überprüfung der statistischen Hypothese erst ermöglichen. Kritisch ist dabei das Gelingen der Entsprechung zwischen statistischer Hypothese und Forschungshypothese, über die letztlich entschieden werden soll. Die statistische Hypothese besteht aus einem Hypothesenpaar, nämlich der Alternativhypothese (H_1), die inhaltlich normalerweise der Forschungshypothese entspricht, und der dazu komplementären Nullhypothese (H_0). Die Alternativhypothese kann entweder unspezifisch, ungerichtet formuliert sein (zweiseitige Fragestellung), oder sie kann (bei einem differenzierteren theoretischen Stand) nur auf eine Richtung beschränkt sein (einseitige Fragestellung). Wenn man zwei Mittelwerte in der Population mit μ_1 und μ_2 bezeichnet, können die Alternativ- und Nullhypothesen in formalisierter Form beispielsweise lauten: Zweiseitige Fragestellung: $H_1 : \mu_1 \neq \mu_2$; $H_0 : \mu_1 = \mu_2$. Einseitige Fragestellung: $H_1 : \mu_1 > \mu_2$; $H_0 : \mu_1 = \mu_2$. In diesem Beispiel besagt die zweiseitige Alternativhypothese lediglich, daß sich die Mittelwerte in der Population unterscheiden, wobei entweder $\mu_1 > \mu_2$ oder $\mu_1 < \mu_2$ erwartet wird. Die näher spezifizierte einseitige Alternativhypothese legt sich hier etwa mit $\mu_1 > \mu_2$ auf eine Richtung fest. Der erwartungswidrige Fall, daß $\mu_1 < \mu_2$ auftritt, wird im Test nicht untersucht; die Alternativhypothese wäre in einem solchen Fall ohne Prüfung zu verwerfen. In beiden Beispielen besteht die (der Alternativhypothese stets entgegengesetzte) Nullhypothese in der Annahme, daß die beiden Mittelwertsparameter identisch sind.

Bei allen Hypothesentests setzt der statistische Schluß an der Nullhypothese an, d. h., der Test geht zunächst von der Annahme aus, daß die Nullhypothese richtig ist. Abhängig von der festgelegten Irrtumswahrscheinlichkeit α (vgl. 2.), fällt der Hypothesentest zunächst einmal eine Alternativentscheidung: Entweder wird die Nullhypothese verworfen, d. h. gleichzeitig, die Alternativhypothese wird angenommen, wenn aus den Stichprobenergebnissen hervorgeht, daß die Wahrscheinlichkeit, daß H_0 richtig ist, kleiner/gleich α ist. In allen anderen Fällen wird die Nullhypothese beibehalten, d. h. gleichzeitig, die Alternativhypothese wird verworfen. Daß der statistische Schluß keine sichere Entscheidung über Populationsparameter zuläßt (siehe 2), zeigt sich in zwei gegenläufigen Risiken: Die Größe des Risikos 1. Art (auch: α-Risiko) ist gleich der vorher festgelegten Irrtumswahrscheinlichkeit α; es ist die Wahrscheinlichkeit dafür, daß der Test zu einer Ablehnung der Nullhypothese führt, obwohl diese richtig ist. Die Größe des Risikos 2. Art (auch: β-Risiko) kann in den meisten Fällen nicht so einfach wie das α-Risiko bestimmt werden (s. u.); es ist die Wahrscheinlichkeit dafür, daß der Test zu einer Beibehaltung der Nullhypothese führt, obwohl die Alternativhypothese richtig ist.

Die Einengung der Sichtweise beim Hypothesentest auf die Irrtumswahrscheinlichkeit α in der Fisherschen Tradition, die implizit auch eine Verarmung der Aussage auf »Der in der Alternativhypothese vermutete Effekt ist vorhanden/nicht vorhanden« bedeutet, hat bis heute die Beschäftigung mit einem substantiellen Aspekt erheblich behindert, der durch die beiden zusammenhängenden Begriffe Teststärke und Effektgröße (Cohen 1977) gekennzeichnet werden kann. Es ist dringend geboten, daß Effektgrößen (oder daraus abgeleitete Werte) und Teststärken standardmäßig bei Hypothesentests bestimmt und publiziert werden (vgl. Bredenkamp 1972). Eine stärkere Beachtung in S-Lehrbüchern wäre in diesem Zusammenhang ebenso wünschenswert wie die routinemäßige Bestimmung dieser Werte in den S-Programmpaketen (vgl. 5.). Die *Teststärke* (Cohen 1977; Hofer/Franzen 1975) eines bestimmten Hypothesentests ist die geschätzte Wahrscheinlichkeit 1–β (Komplementärwert zum Risiko 2. Art), eine richtige Alternativhypothese anzunehmen, ein existierendes Phänomen mit Hilfe des Tests zu identifizieren. Ein niedriger Teststärkewert 1–β (z. B. 0,4) bedeutet also eine hohe Wahrscheinlichkeit, bestehende Unterschiede (Alternativhypothese) nicht zu erkennen. Dieser Teststärkewert wird mit

Hilfe folgender drei Größen bestimmt: (a) Signifikanzkriterium α (Irrtumswahrscheinlichkeit) bei einem ein- oder zweiseitigen Test; (b) Umfang n der Zufallsstichprobe und (c) die für jedes statistische Verfahren spezifische Effektgröße. Die Effektgröße gibt das empirisch festgestellte Ausmaß des in der jeweiligen Alternativhypothese vermuteten Sachverhalts an. Bei einer Reihe von Verfahren kann man die Effektgröße in ein vergleichbares Maß umrechnen, nämlich in den Anteil zugeschriebener (accounted for) Varianz (z. B. ω^2, η^2, R^2, r^2), der auch als Prozentwert dargestellt werden kann. Wieso ist der Anteil zugeschriebener Varianz (als besonders günstige Darstellung der Effektgröße) ein zentraler Index des Hypothesentests? Eine Gemeinsamkeit statistischer Analyseverfahren (vgl. 4.) ist der Versuch, zwischen einer (oder mehreren) Variablen auf der einen Seite und einer (oder mehreren) Variablen auf der anderen Seite möglichst viel gemeinsame Varianz aufzuklären. Inwieweit dies gelingt, wird z. B. durch ω^2 angegeben. Das Gegenstück zum Anteil zugeschriebener Varianz kann ebenfalls als Kennzeichen des Hypothesentests dienen: Wie groß ist der Anteil, den man mit Hilfe dieses Tests nicht aufklären kann? Dieser oft auch vereinfacht als Fehler bezeichnete Anteil kann theoretisch, zuweilen auch praktisch nachvollziehbar in zwei Komponenten aufgeteilt werden: (a) den Fehleranteil im engeren Sinne, der auf die Ungenauigkeit der eingesetzten Meßinstrumente zurückgeführt werden kann (mangelnde Reliabilität, vgl. 2.), und (b) das auf ›Validitätsmängeln‹ verschiedener Art beruhende Erklärungsdefizit in der vorliegenden Untersuchung (Angemessenheit des Theorienstandes, der Hypothesen, der Versuchsplanung und -durchführung, der Auswahl der statistischen Verfahren u. ä.; → *Methoden*).

2.2 Die Schätzung von Parametern: Die Schätzung der Kennwerte der Population aus Kennwerten der Stichprobe erfolgt in zwei Schritten: (a) Für den jeweiligen Parameter wird die »beste« Stichprobenstatistik als Grundlage der »Punktschätzung« bestimmt. Die Güte der Statistiken als Schätzwerte für Parameter wird durch die vier Kriterien Erwartungstreue, Konsistenz, Effizienz und Suffizienz festgelegt (vgl. Hofer/Franzen 1975; Bortz 1977). (b) Es wird ein ›Vertrauensintervall‹ um den geschätzten Punkt angegeben, in dem der gesuchte Parameter mit der vorher festgelegten Sicherheitswahrscheinlichkeit $(1-\alpha)$ liegt (›Intervallschätzung‹). Die Breite des berechneten Vertrauensintervalls, das üblicherweise zweiseitig ausgelegt ist, hängt sowohl von α als auch vom Standardfehler der Statistik (vgl. 2.) ab.

3. Ausgewählte Stichprobenstatistiken: Die drei Intervallwerte voraussetzenden Statistiken arithmetischer Mittelwert, Varianz und Kovarianz werden deshalb beispielhaft erwähnt, weil sie häufig zur Stichprobenbeschreibung oder als Schätzwerte (z. T. wegen der Erwartungstreue in veränderter Form) der entsprechenden Parameter herangezogen werden und in vielen Hypothesentests (vgl. 4.) zentrale Stellungen einnehmen. Diese Hervorhebung schmälert nicht die Bedeutung anderer Statistiken auf allen Meßniveaus.

Der *arithmetische Mittelwert* $\bar{X} = \Sigma X/n$ (Summe aller Meßwerte dividiert durch Anzahl der Meßwerte) ist der am häufigsten verwendete Zentralwert einer Verteilung. Er kennzeichnet die Mitte im Sinne des ›Schwerpunktes‹ der Häufigkeitsverteilung. Die *Varianz* $s^2 = \Sigma (X-\bar{X})^2/n$ (Summe aller quadrierten Abweichungen vom Mittelwert, dividiert durch Anzahl) zeigt an, in welchem Ausmaß die Werte in der Verteilung unterschiedlich sind (streuen). Die Quadrierung der Abweichungen bewirkt, daß Werte in der Nähe des Mittelwertes wenig, außenliegende viel zur Varianz beitragen. Mit dem positiven Wert der Wurzel aus der Varianz liegt in der *Standardabweichung* s ein auf der üblichen Meßwertskala interpretierbares Streuungsmaß vor. Um verschiedene Merkmale vergleichen zu können, werden häufig die (Roh-)Werte in *z-Werte* transformiert: $z = (X-\bar{X})/s$. Der Standardwert ist der an der Standardabweichung relativierte Abstand des Meßwertes vom arithmetischen Mittelwert. Die *Kovarianz* $\text{Kov} = \Sigma (X-\bar{X})(Y-\bar{Y})/n$ (Summe aller Produkte der X- und Y-Abweichungen von den jeweiligen Mittelwerten, dividiert durch die Anzahl der Meßwertpaare) zeigt an, wie stark und in welcher Richtung die beiden Merkmale (bivariate Verteilung) gemeinsam streuen. Eine oft berechnete Variante der Kovarianz ist der Produkt-Moment-Korrelationskoeffizient $r = \Sigma z_x z_y/n$.

4. Hypothesentests im Überblick: Die Kürze des Überblicks erlaubt lediglich eine Einteilung der Hypothesentests in drei Grobkategorien, die durch beispielhafte Nennungen von Verfahren erläutert werden. Die spezifische Auswahl innerhalb jeder Kategorie wird durch die Fragestellung und die Hypothesen, die in einem bestimmten Versuchsplan verwirklicht werden, festgelegt (vgl. van de Geer 1971; Tatsuoka 1971; Cooley/Lohnes 1971; Bock 1975; Hummel/Ziegler 1976; Opp/Schmidt 1976). Bei dieser Entscheidung müssen in fast allen Fällen u. a. folgende Fragen geklärt werden: Auf welchem Skalenniveau werden die Variablen erhoben? Wie wirkt sich der Stichprobenumfang n aus? Folgt die jeweilige Stichprobenverteilung der Normalverteilung? Wird jedes Merkmal nur einmal erhoben, oder enthält der Versuchsplan wiederholte Messungen (→ *Veränderungsmessung*)? Liegt ein Experiment vor oder eine Felduntersuchung oder eine Zwischenform (→ *Methoden*)? Die Antworten auf die ersten drei Fragen legen innerhalb jeder Kategorie entweder die parametrische oder die nichtparametrische (verteilungsfreie) Vorgehensweise nahe. Der extensive, nicht in allen Fällen angemessene Einsatz parametrischer Verfahren sollte durch eine intensivere Nutzung verteilungsfreier Verfahren (Lienert 1973; 1975; 1978) eingeschränkt werden.

4.1 Hypothesentests mit einer abhängigen Variablen (»univariat«): Die Gemeinsamkeit der Verfahren dieser Gruppe besteht darin, daß zur Aufklärung der Varianz *einer* abhängigen Variablen (Kriteriums) (eine oder) mehrere unabhängige Variablen (Prädiktoren) herangezogen werden. Repräsentanten dieser Gruppe sind die Regressionsanalyse, die univariaten Formen der Varianz- und Diskriminanzanalyse und der χ^2-Test. Abgesehen von den Auswirkungen der obengenannten generellen Bedingungen (Skalenniveau, Stichprobenverteilung, Stichprobenumfang) beruhen die Unterschiede zwischen den einzelnen Verfahren auf den Besonderheiten verschiedener univariater Versuchspläne. Jedes der genannten Verfahren bietet breit gefächerte Möglichkeiten für die spezifischen Anforderungen der jeweiligen Fragestellung (Kerlinger/Pedhazur 1973; Winer 1970).

4.2 Latente Dimensionen – manifeste Variablen: Es ist die Aufgabe der Faktorenanalyse und verwandter Methoden, eine größere Anzahl beobachteter, manifester Variablen auf eine kleinere Anzahl nicht-beobachtbarer, latenter Dimensionen zurückzuführen. Dieser methodische Ansatz spiegelt die allgemeine Auffassung wider, daß Beobachtetes die Ausprägung eines nicht beobachtbaren Konstrukts repräsentiert. Die Faktorenanalyse führt (a) als eigenständiges Verfahren u. a. zu personenspezifischen Werten auf latenten Dimensionen, die wiederum Ausgangspunkt statistischer Analysen sein können; sie geht (b) als Teilkonzept vor allem in multivariate Ansätze (4.3) ein. In beiden Fällen kann die Sichtweise entweder stärker hypothesengenerierend (exploratory) oder eher hypothesenüberprüfend (confirmatory) sein (Überla 1971).

4.3 Hypothesentests mit mehreren abhängigen Variablen (»multivariat«): Die Gemeinsamkeit der Verfahren dieser Gruppe besteht darin, daß zur Aufklärung der Varianz *mehrerer* abhängiger Variablen (Kriterien) mehrere unabhängige Variablen (Prädiktoren) herangezogen werden, wobei vermittelnd latente Dimensionen angenommen werden. Repräsentanten dieser Gruppe sind die Kanonische Korrelationsanalyse und die multivariaten Formen der Varianz- und Diskriminanzanalyse.

4.4 Andere Ansätze: Von den Ansätzen, die nicht unmittelbar in diese Systematik passen, sollen erwähnt werden: (a) Analysen auf der Grundlage intraindividueller wiederholter Messungen (→ *Veränderungsmessung*); (b) eng damit zusammenhängend: kasuistische Analysen (→ *Einzelfallanalyse*); (c) ein- und mehrdimensionale Skalierungsverfahren (Torgerson 1958; Bock/Jones 1968; Ahrens 1974). Außerdem gewinnt die von subjektiv vorgegebenen Wahrscheinlichkeiten ausgehende Bayes-Statistik an Bedeutung (Novick/Jackson 1974).

5. Datenverarbeitung: Die Bearbeitung aktueller Forschungsprobleme mit komplexen statistischen Verfahren und/oder Stichproben großen Umfangs ist nur durch die Benutzung von Großrechnern möglich. Die Hochschulrechenzentren bieten dabei dem Benutzer eine Reihe von erprobten Programm-Systemen an, von denen das »Statistical Package for the Social Sciences, SPSS« und die »Biomedical Computer Programs, BMDP« wegen ihrer Brauchbarkeit häufig genutzt werden.

Bernhard Wolf

Literatur

Ahrens, H. J.: Multidimensionale Skalierung. Weinheim 1974. – *Bock, R. D.:* Multivariate statistical methods in behavioral research. New York 1975. – *Bock, R. D./Jones, L. V.:* The measurement and prediction of judgment and choice. San Francisco 1968. – *Bortz, J.:* Lehrbuch der Statistik für Sozialwissenschaftler. Berlin 1977. – *Bredenkamp, J.:* Der Signifikanztest in der psychologischen Forschung. Frankfurt/M. 1972. – *Cohen, J.:* Statistical power analysis for the behavioral sciences. New York ²1977. – *Cooley, W. W./Lohnes,*

P. R.: Multivariate data analysis. New York 1971. – *Geer, J. P. van de:* Introduction to multivariate analysis for the social sciences. San Francisco 1971. – *Hays, W. L.:* Statistics. New York ²1973. – *Hofer, M./Franzen, U.:* Theorie der angewandten Statistik. Weinheim 1975. – *Holm, K.* (Hrsg.): Die Befragung. 6 Bde. München 1975. – *Hummel, H. J./Ziegler, R.:* Korrelation und Kausalität. 3 Bde. Stuttgart 1976. – *Kerlinger, F. N.:* Foundations of behavioral research. London ²1973. – *Kerlinger, F. N./Pedhazur, D. J.:* Multiple regression in behavioral research. New York 1973. – *Lienert, G. A.:* Verteilungsfreie Methoden in der Biostatistik. Bd. 1. Tafelband. Bd. 2. Meisenheim 1973; 1975; 1978. – *Novick, M. R./Jackson, P. H.:* Statistical methods for educational and psychological research. New York 1974. – *Opp, K. D./Schmidt, P.:* Einführung in die Mehrvariablenanalyse. Reinbek 1976. – *Tatsuoka, M. M.:* Multivariate analysis. New York 1971. – *Torgerson, W. S.:* Theory and methods of scaling. New York 1958. – *Überla, K.:* Faktorenanalyse. Berlin ²1971. – *Winer, B. J.: Statistical principles in experimental design.* London 1970. – *Wolf, W.:* Statistik. Bd. 1 und 2. Weinheim 1974; 1980.

Test

1. Definition von Tests: Das Wort Test leitet sich aus den lateinischen Worten testis (der Zeuge) und testimonium (Zeugnis, Prüfung, Beweis) her und bedeutet Prüfverfahren. Je nach dem Gegenstand dieses Prüfverfahrens unterscheidet man z. B. Warentests, statistische Signifikanztests und psychologische Tests. Statistische Signifikanztests prüfen, ob bestimmte Beobachtungsdaten mit vorher aufgestellten Hypothesen vereinbar sind (→ *Statistik*). In Warentests werden in der Regel relativ leicht beobachtbare Eigenschaften von Konsumgütern geprüft, indem diese Gegenstände in bestimmten experimentellen Prüfsituationen beobachtet und die Ergebnisse dieser Beobachtungen mit festen Sollnormen verglichen werden. Psychologische Tests haben dagegen nicht direkt beobachtbare Eigenschaften von Personen, sogenannte psychologische Eigenschaften, zum Gegenstand.

Der Begriff »Test« ist in der Regel eine Kurzbezeichnung für »psychologischer Test« und soll im folgenden nur in dieser Bedeutung behandelt werden. Unter diesen Testbegriff sind auch pädagogisch relevante psychologische Tests einzuordnen, die dann als pädagogisch-psychologische Tests oder pädagogische Tests bezeichnet werden (→ *Diagnostik*).

Ausgangspunkt auch des psychologischen Tests ist das in standardisierten Situationen hervorgerufene und relativ leicht beobachtbare Verhalten einer Person. Ziel des psychologischen Tests ist jedoch nicht die Quantifizierung, d. h. Messung dieser manifesten Variablen, sondern die Messung von direkt nicht beobachtbaren Eigenschaften, sogenannten latenten Variablen. Diese latenten Variablen sind gedankliche Konstruktionen, mit deren Hilfe das beobachtbare Verhalten von Menschen erklärt und vorhergesagt werden kann (→ *Persönlichkeitstheorien*). Die Testaufgaben, die unter standardisierten Bedingungen vorgegeben werden, provozieren ähnlich wie in einem Experiment (→ *Methoden*) die betreffende Person zu einer Verhaltensstichprobe, mit deren Hilfe ein wissenschaftlich begründbarer Schluß auf die individuelle Ausprägung einer oder mehrerer Persönlichkeitseigenschaften vorgenommen wird. Ein Test enthält also einerseits verhaltensauslösende Situationen (Testaufgaben) und andererseits Handlungsvorschriften zur Interpretation des Verhaltens bzw. zur Schätzung von latenten Variablen aufgrund der Kenntnis von manifesten Variablen. Nach Lienert (1961, S. 7) ist ein Test ». . . ein wissenschaftliches Routineverfahren zur Untersuchung eines oder mehrerer empirisch abgrenzbarer Persönlichkeitsmerkmale mit dem Ziel einer möglichst quantitativen Aussage über den relativen Grad der individuellen Merkmalsausprägung«. »Wissenschaftlich« meint, daß ein Test bestimmte Gütekriterien, sogenannte Testgütekriterien, erfüllen muß. »Empirisch abgrenzbar« sind Persönlichkeitsmerkmale dann, wenn der Zusammenhang zwischen latenten und manifesten Variablen durch eine bestimmte Testtheorie bzw. eine psychologische Theorie festgelegt ist.

2. Klassifikation von Tests: Tests lassen sich zunächst nach formalen Kriterien klassifizieren. Nach dem Grad der Ökonomie unterscheidet man Gruppen- und Individualtests. Nach dem verwendeten Testmedium lassen sich Papier-und-Bleistift-Tests von Manipulationstests und apparativen Tests abgrenzen. Wenn man den Freiheitsgrad bei den Reaktionsmöglichkeiten von Probanden berücksichtigt, ergeben sich offene und gebundene Tests. Weiterhin gibt es zeitbegrenzte Tests (speed-tests) und zeitunbegrenzte Tests (power-tests). Eine Klassifikation der vorhandenen Testverfahren nach inhaltlichen Gesichtspunkten ist jedoch außerordentlich schwierig (vgl. Brickenkamp 1975, S. 10 ff.). Verbreitet ist die Einteilung in Intelligenz-,

Leistungs- und Persönlichkeitstests. Da die → *Intelligenz* jedoch auch aufgrund von Leistungen gemessen wird, ist diese Einteilung unbefriedigend. Brickenkamp und Weise (1975) rechnen deshalb die Intelligenztests zu den Leistungstests. Eine Übersicht über die psychodiagnostischen Tests geben Brickenkamp (1975), Hiltmann (1977) und Weise (1975). Speziell für Aufgaben innerhalb der Pädagogischen Diagnostik hat Kleber (1979) unter dem Titel »Tests in der Schule« pädagogisch relevante Testverfahren zusammengestellt. Heller u.a. (1978, Kap. 2) gehen in ihrer Übersicht über Schultests von folgender Einteilung aus: (a) Testverfahren zur Beurteilung kognitiver Schülermerkmale (Intelligenztests und Fähigkeitstests); (b) Testverfahren zur Beurteilung nichtkognitiver Schülermerkmale (z. B. Angst-, Persönlichkeits-, Motivations- und Einstellungstests); (c) Testverfahren zur Beurteilung des schulischen und familiären Lernumfeldes (Schul- und Erziehungseinstellungen, Lehrerverhalten); (d) Formelle (standardisierte) Schulleistungstests und informelle Schulleistungstests (Norm- und kriteriumsorientierte bzw. lehrzielorientierte Tests).

2.1 Klassifikationskriterien: Zur Unterscheidung der vielen von der Pädagogischen Diagnostik in letzter Zeit speziell für die Anwendung in der Schule entwickelten Testtypen können die folgenden vier Kriterien herangezogen werden:

(a) Grad der Lehrzielpräsizierung: Die einem Schultest zugrundeliegenden Lehrziele können mehr oder weniger präzise definiert sein. Ein → *Lehrziel* ist nach Klauer (1974, S. 44ff.) eine vom Lehrer festgelegte Mindestnorm für den Ausprägungsgrad einer auf bestimmte Lehrstoffe bezogenen Fähigkeit. Diese Fähigkeit bzw. dieses Persönlichkeitskonstrukt sollte am Ende des Unterrichts so hoch sein, daß fast alle den Lehrstoff repräsentierenden Testaufgaben von den Schülern richtig gelöst werden. Lehrstoffe wiederum werden durch die Angabe der Inhalts- und Verhaltensaspekte beschrieben. Ein derartiges Verfahren zur Präzisierung von Lehrzielen ist nicht deduktiv, sondern konstruktiv. Es versucht nicht, aus vage formulierten Richtzielen präzisere abzuleiten oder »die Sachstruktur« eines Lehrstoffes zu finden. Es ist vielmehr ein konstruktives Verfahren, bei dem je nach den Voraussetzungen der Schüler oder den Intentionen des Lehrers unterschiedliche Lehrstoffstrukturen konstruiert werden. Erste auch in den Schulen einsetzbare Verfahren zur Lehrstoffkonstruktion wurden von Schott (1975) und Schott/Kretschmer (1977) entwickelt.

(b) Grad der Berücksichtigung von wissenschaftlichen Standards: Tests genügen dann wissenschaftlichen Standards, wenn die wichtigsten Testgütekriterien überprüft werden und die verschiedenen Gütekoeffizienten ausreichend hoch ausfallen. Die Überprüfung wird entsprechend den Vorschriften der American Psychological Association (1966) vorgenommen (vgl. auch das deutsche Standardwerk von Lienert 1961).

(c) Art der Interpretation von gemessenen Fähigkeiten: Die Interpretation von gemessenen Fähigkeiten kann auf mindestens drei verschiedene Arten durchgeführt werden. Der individuelle Fähigkeitswert einer Person kann mit einem früheren Fähigkeitswert dieser Person (intraindividueller Vergleich), mit dem durchschnittlichen Wert anderer Personen (interindividueller Vergleich) oder mit einem bestimmten Mindestwert, einem Kriterium, verglichen werden. Der Bezugswert beim interindividuellen Vergleich (sozialen Vergleich) ist in der Regel der Mittelwert einer ausgewählten Vergleichsgruppe. Dieser Mittelwert ergibt die Norm für den sozialen Vergleich, weshalb diese Vergleichsmessung normorientierte Messung genannt wird. Der Vergleich mit dem Kriterium bzw. Lehrziel ergibt die kriteriums- bzw. lehrzielorientierte Messung. Die Unterscheidung in norm- und kriteriumsorientierte Messung ist zwar verwirrend, da auch die kriteriumsorientierte Messung eine an einer bestimmten Norm orientierte Messung ist, sie hat sich jedoch seit Glaser (1963) international fest etabliert (→ *Schulleistungsbeurteilung*).

(d) Art der Verwendung von gemessenen Fähigkeiten: Diagnostik in der Schule ist nicht Selbstzweck, sondern dient der Vorbereitung von pädagogischen Entscheidungen (→ *Diagnostik*). Tests haben sich diesen pädagogischen Entscheidungen unterzuordnen, weshalb es vorteilhaft ist, bestehende Taxonomien zur systematischen Ordnung von Entscheidungsproblemen zu beachten. Ausgehend von Cronbach/Gleser (1965) hat Krapp (1978) 32 Entscheidungstypen für pädagogische Entscheidungssituationen entwickelt. Im Zusammenhang mit der Testanwendung ist jedoch nur die von Pawlik (1976) übernommene Unterscheidung in Zuordnungs- bzw. Selektions- und Modifikationsstrategie relevant. Bei der Selektion bzw. Zuordnung wird

lediglich eine Messung des jeweiligen Ist-Zustandes vorgenommen, weshalb diese Messung auch als Statusdiagnostik oder summative Diagnostik bezeichnet wird. Die Modifikationsstrategie zielt jedoch auf die Feststellung von Veränderungsmöglichkeiten bzw. Veränderungen ab, weshalb sie auch → *Prozeßdiagnostik* oder formative Diagnostik genannt wird.
2.2 Der klassische Schultest: Die käuflichen Schulleistungstests sind mehr auf globale Lehrziele bezogen und nicht auf spezifische Lehrziele einzelner Unterrichtsstunden bzw. Unterrichtskurse. Dementsprechend ist der Grad der Lehrzielpräzisierung in der Regel gering. Weiterhin sind diese Tests formell, d. h., die aus der klassischen Testtheorie abgeleiteten Regeln zur Testkonstruktion, Testanalyse und Testverbesserung sind beachtet worden. Hierzu gehören besonders die Überprüfung der Testgütekriterien und die Normierung bzw. Standardisierung der Testergebnisse. Bei der Standardisierung von Testergebnissen werden die individuellen Testwerte der Personen auf die Mittelwerte einer Eichstichprobe bezogen. Standardwerte haben den Vorteil, daß man sofort erkennen kann, wieviel Prozent der Schüler der Vergleichsgruppe bessere oder schlechtere Leistungen erbracht haben. Die Interpretation der Testwerte wird bei den klassischen pädagogischen und psychologischen Tests also immer normorientiert durchgeführt. Weiterhin dienen diese Tests eher einer Statusdiagnostik, denn mit Ausnahme der wenigen diagnostischen Schultests geben die klassischen Schultests keine Hinweise auf besondere Fehlertypen und auf effektive Modifikationsstrategien.
2.3 Der lehrzielorientierte Test: »Lehrzielorientiert« bzw. »kriteriumsorientiert« meint zweierlei: Einerseits sind die dem Test zugrundeliegenden Lehrziele präziser definiert und operationalisiert als im ebenfalls lehrzielorientierten klassischen Schultest. Dies kann beispielsweise dadurch geschehen, daß für jede Zelle der Lehrstoffmatrix Aufgabenmengen definiert werden. Andererseits meint »lehrzielorientiert«, daß jede individuelle Testleistung mit einem vorher festgelegten absoluten Standard (dem Lehrziel, dem Kriterium) verglichen wird. Diese doppelte Bedeutung von »lehrzielorientiert« geht auf eine Anregung von Ebel (1962) zurück. Der Begriff »criterion referenced« wurde erstmals von Glaser (1963), jedoch nur in der zweiten Bedeutung, und zwar im Zusammenhang mit der programmierten Instruktion, benutzt. Lehrzielorientierte Tests können sowohl zur formativen als auch zur summativen Diagnostik eingesetzt werden, obwohl in der derzeitigen Praxis eher Status- als → *Prozeßdiagnostik* betrieben wird (→ *Instruktionstheorie*). Auch lehrzielorientierte Tests haben wissenschaftliche Standards, d. h. bestimmte Testgütekriterien zu erfüllen und sind somit formell. Da jedoch die empirische Überprüfung der Testgütekriterien mit den Formeln der klassischen Testtheorie zunächst Schwierigkeiten bereitete, waren einige Autoren der Meinung, ein lehrzielorientierter Test könne nur informell sein. Obwohl der Begriff »lehrzielorientierter Test« noch von verschiedenen Autoren unterschiedlich definiert wird (vgl. Fricke 1974, S. 17; Fricke 1978a, S. 85ff.; Hambleton u. a. 1978), scheinen sich folgende Definitionen durchzusetzen: »Ein kriteriumsorientierter Test wird eingesetzt, um den individuellen Standort einer Person in Bezug auf einen wohldefinierten Verhaltensbereich festzustellen« (Popham 1978, S. 93). »Als kriteriumsorientiert kann man einen Test dann bezeichnen, wenn er so konstruiert ist, daß er Meßwerte liefert, die direkt in bezug auf einen spezifizierten Leistungsstandard interpretierbar sind. Leistungsstandards werden im allgemeinen dadurch spezifiziert, daß eine Klasse oder ein Gebiet von Aufgaben definiert wird, die bestimmte Individuen lösen können sollen. Testwerte beziehen sich auf repräsentative Stichproben aus diesem Aufgabengebiet und werden für jedes getestete Individuum direkt auf dieses Aufgabengebiet bezogen« (Glaser/Nitko 1971, S. 653). Da die Ergebnisse dieser so definierten Tests natürlich immer noch konventionell, d. h. normorientiert interpretiert werden können, wurde vorgeschlagen, nicht von kriteriumsorientierten Tests, sondern von kriteriumsorientierten Messungen zu sprechen. Hieran wird deutlich, daß der Begriff »kriteriumsorientierter bzw. lehrzielorientierter Test« der Vielfalt von Anwendungs- und Interpretationsmöglichkeiten nicht gerecht wird und daß eine noch zu schaffende Klassifikation der Tests im pädagogischen Feld sowohl Konstruktionsmerkmale von Tests als auch Interpretations- und Anwendungsmöglichkeiten berücksichtigen müßte.
2.4 Lehrertests: Vom Lehrer für eine oder mehrere Schulklassen selbst konstruierte Prüfverfahren können eigentlich nicht als

Tests im Sinne der Definition von Lienert bezeichnet werden, da die Überprüfung der wissenschaftlichen Standards nur in begrenztem Umfang und nur mit geringen Schülerpopulationen möglich ist. Diese Prüfverfahren sind deshalb in der Regel informell, können jedoch, da sie vom Lehrer selbst konstruiert werden, viel stärker auf das jeweilige Unterrichtsziel bezogen sein. Der Grad der Lehrzielpräzisierung hängt jedoch sehr von der zur Verfügung stehenden Zeit des Lehrers ab. Lehrertests werden sowohl zur formativen als auch zur summativen Bewertung herangezogen. Weiterhin können Lehrertests norm- und kriteriumsorientiert interpretiert werden, obwohl in der Literatur immer noch die klassische normorientierte Interpretation stärker behandelt wird (z. B. Wendeler 1973).

3. *Testtheorie:* Die Quantifizierung von manifesten Variablen, z. B. die Feststellung der Zahl der richtig gelösten Aufgaben in einem Test, bereitet in der Regel keine Schwierigkeiten. Der Schluß jedoch auf den Ausprägungsgrad einer latenten Variablen, mit deren Hilfe das beobachtete Testverhalten erklärt werden kann, ist nicht ohne Mitwirkung einer Testtheorie durchführbar. Kernstück einer Testtheorie ist eine Modellrelation, welche einen bestimmten funktionalen Zusammenhang zwischen manifesten und latenten Variablen postuliert. Diese Modellrelation, die als erklärende psychologische Theorie fungiert bzw. fungieren sollte, schafft die theoretischen Grundlagen für den Rückschluß auf Persönlichkeitskonstrukte. Je nach Art dieser Modellrelation lassen sich verschiedene Testtheorien, z. B. die klassische und die probabilistische, unterscheiden.

3.1 Die klassische Testtheorie: Zentrale Begriffe in der von Gulliksen (1950) konzipierten sogenannten klassischen Testtheorie sind die Begriffe »wahrer Meßwert« und »Meßfehler«. Wenn man das Testergebnis einer Person v im Test i (x_{vi}) als Realisierung einer Zufallsvariablen X_{vi}, welche über der Menge aller möglichen Testergebnisse definiert ist, betrachtet, so lassen sich die obigen Begriffe nach Fischer (1974, S. 27) folgendermaßen definieren: (a) Der wahre Meßwert τ_{vi} ist der Erwartungswert $E(X_{vi})$. Er ist als arithmetisches Mittel über alle Testwerte x_{vi} bei unendlich vielen Testwiederholungen zu verstehen, wobei vorausgesetzt werden muß, daß sich das zu messende Persönlichkeitskonstrukt währenddessen nicht verändert. (b) Unter dem Meßfehler wird die Variable $E_{vi} = X_{vi} - \tau_{vi}$ verstanden. Aus diesen Definitionen lassen sich folgende Sätze ableiten: (c) Der erwartete (durchschnittliche) Fehler ist gleich Null. (d) Der Fehlerwert und der wahre Wert korrelieren nicht miteinander. (e) Fehlerwerte in zwei aufeinanderfolgenden Tests korrelieren nicht miteinander (vgl. Lord/Novick 1968, S. 36; Fischer 1974, S. 27 ff.).

Diese Sätze wurden von Gulliksen als grundlegende testtheoretische Annahmen formuliert. Später wurden sie als »Axiome« der klassischen Testtheorie bezeichnet. Aus diesen Axiomen lassen sich weitere Sätze ableiten, mit deren Hilfe vor allem Verfahren zur Abschätzung des Fehlerwertes angegeben werden können. Die klassische Testtheorie ist damit in erster Linie eine formale Meßfehlertheorie. Ihre Kritiker (z. B. Fischer 1974) weisen darauf hin, daß ihre deterministische Modellrelation $X_{vi} = \tau_{vi} + E_{vi}$ nicht empirisch überprüfbar ist, daß die Existenz einer einzigen Eigenschaftsdimension und die Intervallskalenqualität der zu messenden Variablen vorausgesetzt wird und daß sie insgesamt nicht als psychologische Theorie mit großem Erklärungswert bezeichnet werden kann. Weitere Kritik entzündet sich an dem Meßfehlerkonzept, das aus den Naturwissenschaften übernommen wurde und eine Konstanz der zu messenden Eigenschaft bei Testwiederholungen voraussetzt. Im Zusammenhang mit der kriteriumsorientierten Messung ist weiterhin zu kritisieren, daß das Meßfehlerkonzept der klassischen Testtheorie, das in den Begriff der Zuverlässigkeit mündet, populationsabhängig ist. Dies bedeutet, daß die Zuverlässigkeit eines Tests je nach verwendeter Eichstichprobe unterschiedlich ausfallen kann. Schließlich ist die klassische Testtheorie normorientiert auf den Vergleich zwischen Personen angelegt und versagt dann, wenn alle oder fast alle Personen das Lehrziel erreicht haben. Dieser pädagogisch erwünschte Fall ist in der klassischen Testtheorie unerwünscht.

3.2 Die probabilistischen Testtheorien: Im Unterschied zur klassischen Testtheorie wird in den Modellrelationen der probabilistischen Testtheorien nicht der Testwert, sondern die Wahrscheinlichkeit für einen bestimmten Testwert mittels latenter Variablen vorhergesagt. Die einfachste probabilistische Modellrelation, welche 1960 von dem dänischen Mathematiker Rasch vorgestellt und deshalb Rasch-Modell genannt wurde, lautet:

$$p_{vi} = (1 + e^{-(f_v - s_i)})^{-1}$$

P_{vi} ist die Wahrscheinlichkeit der Person v, die Testaufgabe i richtig zu lösen, f_v ist der Fähigkeitsparameter der Person v und s_i der Schwierigkeitsparameter der Aufgabe i. Dieses relativ einfache Rasch-Modell läßt sich entsprechend dem jeweils zu messenden Objektbereich weiter differenzieren, indem sowohl der Fähigkeits- als auch der Schwierigkeitsparameter in eine Reihe von Einzelkomponenten zerlegt werden und damit die Möglichkeit zur Abbildung komplizierter Lern- und Denkprozesse geschaffen wird (vgl. Spada 1976). Diese Modelle können also eher als die klassische Testtheorie als erklärende psychologische Theorien fungieren, sie sind empirisch prüfbar und weisen eine Reihe weiterer meßtheoretischer Vorteile auf: Bei Gültigkeit des Modells ist es möglich, die Parameter des Modells auf Differenzskalenniveau und unabhängig voneinander zu messen. Weiterhin wissen wir, daß eine einzige Dimension zur Beschreibung der Fähigkeit ausreicht und daß die Zahl der richtig gelösten Aufgaben eine erschöpfende Auskunft über den Fähigkeitsgrad einer Person gibt. Die probabilistischen Testtheorien wurden von Birnbaum (1968) und Fischer (1968; 1974) dargestellt und weiterentwickelt. Möglichkeiten zur Messung von Schulleistungen mit dem Rasch-Modell wurden von Fricke (1972) erprobt.

Auf eine weitere Testtheorie, nämlich die Theorie der Verallgemeinerung (Generalisierbarkeit) von Cronbach u. a. (1963) sei hier nur verwiesen (vgl. Fischer 1974, S. 59ff.; Fricke 1974, S. 56ff.).

Trotz dieser testtheoretischen Weiterentwicklungen muß man feststellen, daß für die Pädagogische Diagnostik, und hier vor allem für die kriteriumsorientierte Messung, noch keine umfassenden und befriedigenden Testtheorien als Alternativen zur klassischen Testtheorie existieren.

3.3 Testgütekriterien: Die von der »American Psychological Association« (1966) veröffentlichten wissenschaftlichen Standards für Tests basieren auf der klassischen Testtheorie. Sie beziehen sich hauptsächlich auf die wichtigsten Testgütekriterien Gültigkeit (Validität), Zuverlässigkeit (Reliabilität) und Objektivität. Weitere Testgütekriterien wurden von Lienert (1961) behandelt (vgl. auch Fricke 1978b).

(a) Gültigkeit bzw. Validität: »Die Validität eines Tests gibt den Grad der Genauigkeit an, mit dem dieser Test dasjenige Persönlichkeitsmerkmal oder diejenige Verhaltensweise, das (die) er messen soll oder zu messen vorgibt, tatsächlich mißt« (Lienert 1969, S. 16). Cureton (1951, S. 621) definiert: »Die wesentliche Frage bei der Validität lautet: Wie gut bewältigt der Test die Aufgabe, für die er konstruiert wurde?« Je nach dem Anwendungsgebiet für den Test können sich demnach verschiedene Validitätskoeffizienten ergeben. Man unterscheidet drei Validitätsarten: die Inhaltsgültigkeit, die kriterienbezogene Gültigkeit und die Konstruktvalidität. Ein Test weist dann eine hohe Inhaltsgültigkeit auf, wenn die Aufgabenmenge des vorliegenden Tests eine repräsentative Stichprobe aus einem wohldefinierten Universum von Testaufgaben darstellt. Wenn man jedoch ein gegenwärtiges oder zukünftiges Verhalten von Personen vorhersagen möchte (→ *Prognose*), welches sich von dem im Test geforderten unterscheidet, so erwartet man vom Test eine hohe kriterienbezogene Validität. Bei der auf verschiedene Vorhersagekriterien bezogenen Validität kommt es in erster Linie auf eine hohe Korrelation zwischen Testergebnis und Kriterium an und weniger auf eine genaue inhaltliche Beschreibung des Aufgabenmaterials. Bei der Konstruktvalidierung steht die dem Test zugrundeliegende psychologische Theorie ganz im Vordergrund. Eine Konstruktvalidierung liegt beispielsweise vor, wenn die Modellverträglichkeit der Testergebnisse mit dem Rasch-Modell untersucht wird. Für pädagogische Zwecke ist diese traditionelle Einteilung in drei Validitätsarten noch unbefriedigend. Wenn man bedenkt, daß man ja nicht einen Test validiert, sondern eine Interpretation der Daten, die man vom Test erhalten hat, so lassen sich im pädagogischen Bereich noch weitere Interpretationen und damit weitere Validitätsarten aufweisen. Cronbach (1971) betont z. B., daß ebenfalls die Gültigkeit der bei einer Prozeßdiagnostik vorhandenen Entscheidungsregeln empirisch überprüft werden müsse.

(b) Zuverlässigkeit bzw. Reliabilität: »Unter Reliabilität eines Tests versteht man den Grad der Genauigkeit, mit dem er ein bestimmtes Persönlichkeits- oder Verhaltensmerkmal mißt, gleichgültig, ob er dieses Merkmal auch zu messen beansprucht« (Lienert 1969, S. 14). Bei der Zuverlässigkeitsbestimmung interessiert nicht, was, sondern wie genau gemessen wurde. Das aus der klassischen Testtheorie abgeleitete Maß zur quantitativen Erfassung der Testreliabilität läßt sich als Verhältnis zweier Varianzen auffassen:

Reliabilität = Varianz der wahren Testwerte geteilt durch die Varianz der beobachteten Testwerte. Diese Abhängigkeit des Zuverlässigkeitskoeffizienten von der Varianz der beobachteten Werte kann gerade in der Pädagogischen Diagnostik zu einem unerwünschten Ergebnis führen: Wenn alle Personen, wie erwünscht, das Lehrziel erreicht haben und damit möglicherweise alle denselben Testwert erhalten haben, ist die Varianz der beobachteten Werte null. In diesem Fall ist die Zuverlässigkeit nicht mehr definiert. Von dieser theoretischen Zuverlässigkeitsdefinition sind die verschiedenen Verfahren zur empirischen Bestimmung der Zuverlässigkeit abzugrenzen: Die wiederholte Vorgabe des gleichen Tests führt zur Testwiederholungszuverlässigkeit (Test-Retest-Verfahren). Die Konstruktion eines parallelen Tests, welcher die gleiche Inhaltsgültigkeit und gleiche Testkennwerte aufweist, führt zur Paralleltestzuverlässigkeit. Die Aufteilung eines Tests in zwei vergleichbare Hälften ergibt die Testhalbierungszuverlässigkeit, und die Aufteilung des gesamten Tests in so viele »Einzeltests«, als Aufgaben vorhanden sind, führt zur Analyse der internen Konsistenz. Die Zuverlässigkeit eines Tests hängt also sowohl von der Art der Zuverlässigkeitsbestimmung als auch von der Varianz der beobachteten Testwerte ab.

(c) Objektivität: Unter Objektivität eines Tests versteht man ». . . den Grad, in dem die Ergebnisse eines Tests unabhängig vom Untersucher sind« (Lienert 1969, S. 13). Mangelnde Untersucherübereinstimmung kann dadurch zustande kommen, daß verschiedene Untersucher unterschiedliche Bedingungen bei der Testdurchführung realisieren und/oder die Testleistungen unterschiedlich quantifizieren und/oder die Testwerte unterschiedlich interpretieren. Die Objektivität eines Tests läßt sich demnach zerlegen in die Durchführungs-, die Auswertungs- und die Interpretationsobjektivität. Bei lehrzielorientierten Tests sollte auch die Testkonstruktion, d. h. die Ableitung von Testaufgaben aus Lehrzielen, objektiv sein. Eine weitere Ausweitung des Objektivitätsbegriffs ergibt sich, wenn man die anschließenden pädagogischen Maßnahmen in Betracht zieht. Ein Test wäre dann objektiv, wenn verschiedene Untersucher nach Anwendung des gleichen Tests die gleichen pädagogischen Maßnahmen ergreifen würden.

4. Testpraxis: Zur Testpraxis zählen wir die Konstruktion, die Analyse, die Auswertung und die Anwendung von Tests. Für normorientierte, entsprechend der klassischen Testtheorie konstruierte Tests liegt das Standardwerk von Lienert (1961) vor. Für lehrzielorientierte Tests existieren jedoch noch keine einheitlichen Empfehlungen. Lediglich von Klauer u. a. (1972), Fricke (1974), Herbig (1976) wurden erste Ansätze zur Konstruktion, Analyse, Auswertung und Anwendung von lehrzielorientierten Tests zusammengestellt. Umfassendere Auskunft geben im deutschsprachigen Raum das »Handbuch der Pädagogischen Diagnostik« (Klauer 1978) und im anglo-amerikanischen Raum das Werk von Popham (1978).

Da die Konstruktion von lehrzielorientierten Testaufgaben noch relativ aufwendig ist, werden derzeit einerseits praktikable Verfahren für die Schulpraxis entwickelt, und andererseits gehen Lehrbuchautoren dazu über, lehrwerksorientierte Testaufgaben zu entwickeln. Für die Analyse lehrzielorientierter Tests wurden neue Formeln für die Quantifizierung der Testgütekriterien entwickelt, z. B. der Übereinstimmungskoeffizient von Fricke (1974), dessen Prüfverteilung von Lindner (1980) abgeleitet wurde. Für die Auswertung lehrzielorientierter Tests wurden hauptsächlich mittels probabilistischer Meßmodelle Modelle zur rationalen Konstruktion von kritischen Punktwerten zur Selektion von Könnern und Nichtkönnern entwickelt. Obwohl nach Haase (1978) Tests in der Schule noch relativ selten angewandt werden und der Informationsstand auch bezüglich der Konstruktion und Anwendung von informellen Lehrertests noch sehr gering ist, besteht bei den Lehrern ein großes Interesse daran, Tests in der Schule anzuwenden.

Reiner Fricke

Literatur
American Psychological Association: Standards for educational and psychological tests and manuals. In: *Jackson, D. N./Messick, S.* (Hrsg.): Problems in human assessment. New York 1967. – *Birnbaum, A.:* Some latent trait models and their use in inferring an examine's ability. In: *Lord, F. M./Novick, M. R.:* Statistical theories of mental test scores. Reading/Mass. 1968. – *Brickenkamp, R.* (Hrsg.): Handbuch psychologischer und pädagogischer Tests. Göttingen 1975. – *Cronbach, L. J.:* Test validation. In: *Thorndike, R. L.* (Hrsg.): Educational measurement. Washington 1971. – *Cronbach, L. J./Rajaratnam, N./Gleser, G. C.:* Theory of generalizability: A liberalisation of reliability theory. In: British Journal of Statistical Psychology 16 (1963),

S. 137–163. – *Cronbach, L. J./Gleser, G. C.:* Psychological tests and personal decisions. Urbana ²1965. – *Cureton, E. E.:* Validity. In: *Lindquist, E. F.* (Hrsg.): Educational measurement. Washington 1951. – *Ebel, R. L.:* Content-standard test scores. In: Educational and Psychological Measurement 22 (1962), S. 15–25. – *Fischer, G. H.* (Hrsg.): Psychologische Testtheorie. Bern 1968. – *Fischer, G. H.:* Einführung in die Theorie psychologischer Tests. Bern 1974. – *Fricke, R.:* Über Meßmodelle in der Schulleistungsdiagnostik. Düsseldorf 1972. – *Fricke, R.:* Kriteriumsorientierte Leistungsmessung. Stuttgart 1974. – *Fricke, R.:* Kriteriumsorientierte Messungen in der Schuleingangsdiagnose. In: *Mandl, H./Krapp, A.* (Hrsg.): Schuleingangsdiagnose. Göttingen 1978a, S. 84–96. – *Fricke, R.:* Testgütekriterien. In: *Klauer, K. J.* (Hrsg.): Handbuch der Pädagogischen Diagnostik. Düsseldorf 1978b, S. 215–224. – *Glaser, R.:* Instructional technology and the measurement of learning outcomes. In: American Psychologist 18 (1963), S. 519–521. – *Glaser, R./Nitko, A. J.:* Measurement in learning and instruction. In: *Thorndike, R. L.* (Hrsg.): Educational measurement. Washington 1971. – *Gulliksen, H.:* Theory of mental tests. New York 1950. – *Haase, H.:* Tests im Bildungswesen. Urteile und Vorurteile. Göttingen 1978. – *Hambleton, R. K./Swaminathan, H./Algina, J./Coulson, D. B.:* Criterion-referenced testing and measurement: A review of technical issues and developments. In: Review of Educational Research 48 (1978), S. 1–47. – *Heller, K./Nickel, H.* (Hrsg.): Psychologie in der Erziehungswissenschaft. Bd. IV: Beurteilen und Beraten. Stuttgart 1978. – *Herbig, M.:* Praxis lehrzielorientierter Tests. Düsseldorf 1976. – *Hiltmann, H.:* Kompendium der psychodiagnostischen Tests. Bern ³1977. – *Klauer, K. J.:* Methodik der Lehrzieldefinition und Lehrstoffanalyse. Düsseldorf 1974. – *Klauer, K. J.* (Hrsg.): Handbuch der Pädagogischen Diagnostik. Düsseldorf 1978. – *Klauer, K. J./Fricke, R./Herbig, M./Rupprecht, H./Schott, F.:* Lehrzielorientierte Tests. Düsseldorf 1972. – *Kleber, E. W.:* Tests in der Schule. München 1979. – *Krapp, A.:* Zur Abhängigkeit der pädagogisch-psychologischen Diagnostik von Handlungs- und Entscheidungssituationen. In: *Mandl, H./Krapp, A.* (Hrsg.): Schuleingangsdiagnose. Göttingen 1978, S. 43–65. – *Lienert, G. A.:* Testaufbau und Testanalyse. Weinheim 1961; ³1969. – *Lindner, K.:* Die Überprüfbarkeit des Konkordanzmaßes »Ü«. In: Zeitschrift für Empirische Pädagogik 4 (1980), S. 45–58. – *Lord, F. M./Novick, M. R.:* Statistical theories of mental test scores. Reading/Mass. 1968. – *Pawlik, K.* (Hrsg.): Diagnose der Diagnostik. Stuttgart 1976. – *Popham, W. J.:* Criterion-referenced measurement. Englewood Cliffs 1978. – *Rasch, G.:* Probabilistic models for some intelligence and attainment tests. Copenhagen 1960. – *Schott, F.:* Lehrstoffanalyse. Düsseldorf 1975. – *Schott, F./Kretschmer, I.:* Konstruktion lehrzielvalider Testaufgaben aufgrund einer normierten Lehrstoffanalyse. In: *Klauer, K. J./Fricke, R./Herbig, M./Rupprecht, H./Schott, F.:* Lehrzielorientierte Leistungsmessung. Düsseldorf 1977, S. 26–64. – *Spada, H.:* Modelle des Denkens und Lernens. Bern 1976. – *Wendeler, J.:* Standardarbeiten. Weinheim 1969, ⁵1973. – *Weise, G.:* Psychologische Leistungstests. Göttingen 1975.

Textlernen

Lernen mit Texten spielt beim Aufbau von Wissensstrukturen und bei der Entwicklung kognitiver Fähigkeiten eine zentrale Rolle. Probleme des Textlernens (T) wurden schon seit den 20er Jahren in der Pädagogischen Psychologie untersucht. Ein besonderes Anliegen war die Suche nach einer Formel zur Messung der Lesbarkeit und Verständlichkeit von Texten (Readability Forschung: dazu Klare 1963). Darüber hinaus wurden Lernhilfen wie Fragen und advance organizers analysiert. Unabhängig von diesen anwendungsorientierten Bemühungen beschäftigen sich seit den 70er Jahren andere Forschungsrichtungen mit der kognitiven Verarbeitung und Repräsentation: Gedächtnispsychologie (→ *Gedächtnis*), Psycholinguistik (→ *Sprache*), Artificial Intelligence-Forschung. Jede Forschungsrichtung hat eine Fülle von theoretischen Ansätzen und empirischen Befunden vorgelegt. Eine Integration wird unter dem Dach einer Cognitive Science gefordert (Norman/Rumelhart 1975).

1. Zur Theorie des Textlernens: Auf dem Hintergrund dieser Ansätze werden einige Aspekte zur Theorie des T dargestellt (vgl. Mandl/Ballstaedt/Schnotz/Tergan 1980). Die Informationsaufnahme aus Texten ist keine mechanische Ablagerung von Inhalten im Gedächtnis, sondern besteht in der *Konstruktion* semantischer Bedeutungseinheiten im Rahmen der Interaktion zwischen dem Vorwissen bzw. den Schemata des Lesers und dem Textmaterial (Neisser 1976). Als zentrales Konstrukt wird das *Schema* oder der kognitive Rahmen (frame) angesehen. Unter Schema wird eine Organisationseinheit des Wissens verstanden, die aufgrund der Erfahrungen verschiedene Konzepte über Gegenstände, Zustände, Ereignisse und Handlungen in einem Wissenskomplex vereinigt. Schemata werden als hierarchisch verknüpfte aktive semantische Netzwerke dargestellt (Rumelhart 1980), die als Knoten und diese Knoten verknüpfende gerichtete Relationen beschrieben werden. Ein aktiviertes Schema äußert sich in spezifischen Erwartungen und in Informationssuchverhalten, um »Leerstellen« des Schemas mit Realität auszufüllen. Schemata arbeiten auf allen Abstraktionsebenen: Es gibt Schemata für Objekte, Handlungen, Gegenstandsbereiche und Handlungsgefüge. Hervorgehoben werden muß, daß keine strenge Trennung zwischen (Daten-)Struktur und (Verarbeitungs-)Prozeß anzunehmen ist, vielmehr erscheint das Faktenwissen in Programme eingelagert (→ *Denken und Problemlösen*). In der Interaktion zwischen Text und Schemata lassen sich zwei *Richtungen der Verarbeitung* unterscheiden: aufsteigende (bottom-up) und absteigende (top-down) Prozesse. Die aufsteigende Verarbeitung wird durch die Eingangsinformation ausgelöst: Eine bestimmte Konfiguration von Strichen aktiviert die Schemata für einzelne Buchstaben, mehrere Buchstaben aktivieren die Schemata für Wörter usw. Beim umgekehrten Prozeß der absteigenden Verarbeitung versucht ein Schema seine Leerstellen mit adäquaten Angeboten aus dem Text zu füllen, oder es aktiviert Subschemata. Aufsteigende und absteigende Prozesse laufen parallel und beeinflussen sich gegenseitig. Textverstehen ist also ein multipler Konstruktionsprozeß, bei dem auf verschiedenen Ebenen adäquate Schemata aktiviert werden. Verstehen bedeutet, passende Schemata anzuwenden. Als wichtige *Verarbeitungsprozesse* beim T werden in jüngster Zeit elaborative, reduktive und rekonstruktive Prozesse besonders betont. *Elaborative Prozesse* sind Schlußfolgerungen auf der Basis der durch den Text aktivierten Schemata. Sie sind das Ergebnis konstruktiver Prozesse und erweitern die in den Bedeutungseinheiten des Textes verfügbaren Informationen. Elaborative Prozesse erfolgen nicht nur auf der Grundlage verbaler oder semantischer, sondern auch bildhafter Kodierung. Mit dem Konzept der Elaborationen lassen sich Ergebnisse erklären, die man bisher unter Verarbeitungstiefe zusammengefaßt hat. Nach Anderson/Reder (1979) sind unterschiedliche Gedächtnisleistungen als ein Ergebnis der Anzahl und Art der Elaborationen, die die Leser während des T produzieren, aufzufassen. Neben den elaborativen Inferenzen, die die Textbasis mit zusätzlichen Informationen erweitern, gibt es Prozesse, die insbesondere bei langen Texten die Information reduzieren. Nach van Dijk (1977) werden aus der Textbasis durch *reduktive Prozesse* mit Hilfe von Makroregeln (z. B. Weglaß-Regel, Generalisierungsregel) hierarchisch höhere Bedeutungseinheiten konstruiert, die eine kohärente semantische Makrostruktur bilden. Die Regeln funktionieren nur unter der Steuerung der Zielsetzungen bzw. Schemata des Lesers (Schnotz/Ballstaedt/Mandl 1981). Kann der Leser die beim Textlernen gebildeten Bedeutungsstrukturen zu einem späteren Zeitpunkt nicht mehr vollständig wiedergeben, so kann er versuchen, auf der Grundlage der noch verfügbaren Informationen den Textinhalt mit Hilfe von Inferenzen und Elaborationen zu *rekonstruieren*. Dabei fungieren die vorhandenen Makropropositionen und Schemata als Rekonstruktionsgrundlage. Die oben aufgeführten Makroregeln sind rekursiv anwendbar.

2. Lernfördernde Bedingungen: Eine Vielzahl von Untersuchungsbefunden befaßt sich mit der Verbesserung der sprachlichen Gestaltung von Texten. Verschiedene *Lesbarkeits- und Verständlichkeitskonzepte* wurden entwickelt. Verständlichkeit wurde lange Zeit als ein textimmanentes Merkmal operationalisiert, in das ausschließlich linguistische Textoberflächenmerkmale eingehen, aber kein Merkmal der inhaltlichen Organisation des Textes. Das von Langer/Schulz von Thun/Tausch (1974) entwickelte Hamburger Verständlichkeitskonzept mit den Dimensionen (a) Einfachheit, (b) Gliederung–Ordnung, (c) Kürze–Prägnanz, (d) Zusätzliche Stimulanz steht in der Tradition der Readability Forschung, indem es Verständlichkeit als textimmanentes Merkmal auffaßt und keine theoretische Orientierung an neueren kognitionspsychologischen Ansätzen aufweist. Demgegenüber zeichnet sich das Verständlichkeitskonzept von Groeben (1972) durch theoretische Konzeptualisierung aus. Verständlichkeit ist für Groeben kein alleiniges Merkmal der Ausprägung der Textdimensionen, sondern Ergebnis einer Interaktion zwischen Textcharakteristika und Rezipientenmerkmalen. Der Gedanke, Verständlichkeit als eine Interaktion von Textmerkmalen und Lesermerkmalen aufzufassen, wurde ausgehend von dem Textverarbeitungsmodell nach Kintsch/van Dijk (1978) differenziert von Kintsch/Vipond (1979) ausgearbeitet. Welche Sinneinheiten verarbeitet werden können, ergibt sich aus der Interaktion zwischen Textmerkmalen (z. B. syntaktische Komplexität) und Lesermerkmalen (z. B. Speicherkapazität). Daraus folgt, daß ein für einen bestimmten Leser schwer verständlicher Text für einen anderen Leser leicht verständlich sein kann und umgekehrt. Bezogen auf theoretische Konzepte wie Schemata wurden erste Studien zu *Lernvoraussetzungen* wie *Vorwissen*, → *Interessen* und *Zielsetzungen* durchgeführt. Untersuchungen zeigen, daß Leser mit themenbezogenem Vorwissen einschlägige

Texte besser behalten, da sie eine größere Anzahl von Elaborationen zwischen Vorwissen und neuen Informationen herstellen können. Dominante Schemata auf hohem Niveau wie z. B. Studienrichtungen von Studenten implizieren unterschiedliche Handlungsrichtungen bei der Textverarbeitung und führen zu selektiver Auswahl der im Text enthaltenen Information (Anderson/Reynolds/Schallert/Goetz 1977). Auf die Bedeutung verschiedener Schemata wie Zielsetzungen, eigene Entscheidungen und Interessen beim T verweist die Untersuchung von Flammer/Schläfli/Keller (1978). Kaum untersucht wurden individuelle Lernvoraussetzungen beim T bezogen auf *Emotionen* (→ *Gefühl*) und Selbstschemata (→ *Selbstkonzept*). Eine wichtige Frage ist dabei, warum gerade emotional besetzte Lernmaterialien so gut behalten werden. Ein Forschungsschwerpunkt bildet sich zum Problem entwicklungsbedingter Differenzen bei der Verarbeitung von *Geschichten* heraus (Wimmer 1980).

Lernstrategien als zielgerichtete Aktivitäten können das Verstehen, Behalten und Wiedergeben von Texten verbessern. Strategien wie Generierung von bildlichen Vorstellungen und Sätzen, Mnemotechniken und selbstgestellte Fragen implizieren elaborative Prozesse, während bei Strategien wie Unterstreichen, Notizenmachen, Zusammenfassen und hierarchisches Darstellen reduktive Prozesse im Vordergrund stehen. Darüber hinaus gewinnen Strategien zur Identifikation und Behebung von Verständnisschwierigkeiten an Bedeutung. Theoretische Ansätze dazu wurden im Rahmen der Metakognitionsforschung entwickelt (Flavell 1978; Brown 1978). Zu den einzelnen Lernstrategien liegen unterschiedliche Befunde vor. Gründe dafür sind u. a. darin zu suchen, daß in vielen Untersuchungen oft nur eine Lernaktivität isoliert untersucht wird, während in der Realität der Lernende oft mehrere Strategien gleichzeitig einsetzt. Zunehmend wird daher für Untersuchungen die Anwendung mehrerer Lernstrategien gefordert. Ein komplexes Lernstrategie-Trainings-Programm, das von Dansereau u. a. (1979) entwickelt und evaluiert wurde, umfaßt primäre Strategien (z. B. Paraphrasieren, Netzwerkbilder erstellen, Hauptideen analysieren) und Unterstützungsstrategien (z. B. Forderung von positiver Einstellung, Konzentration und Selbstkontrolle). Kritisiert wird, daß der unterschiedliche Charakter von Lernaktivitäten, die auf verschiedenen Anforderungsniveaus liegen, zu wenig berücksichtigt wird (Fischer/Mandl 1981).

Zu *Lernhilfen* im Text wie advance organizers und Fragen liegen zahlreiche Befunde vor. *Advance organizers* fällt nach der Subsumtionstheorie Ausubels (1968) die Aufgabe zu, dem Lernenden übergeordnete begriffliche Kategorien und Konzepte bereitzustellen bzw. solche Konzepte in dessen Wissensstruktur zu aktivieren (→ *Didaktik*). Die Steigerung der Lernleistung durch advance organizers fiel um so höher aus, je später der Zeitpunkt der Behaltensmessung erfolgte. Das Interesse an der Wirksamkeit von *Fragen* wurde vor allem von Rothkopf (1966) ausgelöst. Die Ergebnisse der Mehrzahl der Untersuchungen zeigten, daß Fragen sowohl vor als nach Textabschnitten zu erhöhten Leistungen bei fragerelevanten Testitems führten. Rothkopf erklärte diesen Effekt mit dem Konzept des mathemagenen Verhaltens, nach dem sich Fragen im Sinne von Orientierungshinweisen für den Lernenden auswirken. Eine umfassendere theoretische Einbettung der Wirkung von Textfragen wurde kürzlich von Andre (1979) vorgelegt.

Eine Weiterentwicklung der Theorie des T muß zukünftig neben der kognitionspsychologischen Orientierung in stärkerem Maß ökologische Modelle (→ *Ökologie*), die sich an handlungstheoretischen Konzeptionen orientieren, mit einbeziehen.

Heinz Mandl

Literatur
Anderson, J. R./Reder, L. M.: An elaborative processing explanation of depth of processing. In: *Cermak, L. S./Craik, F.I.M.* (Hrsg.): Levels of processing in human memory. Hillsdale 1979, S. 385–403. – *Anderson, R. C./Reynolds, R. E./Schallert, D. L./Goetz, E. T.:* Frameworks for comprehending discourse. In: American Educational Research Journal 14 (1977), S. 367–381. – *Andre, T.:* Does answering higher-level-questions while reading facilitate productive learning? In: Review of Educational Research 49 (1979), S. 280–318. – *Ausubel, D. P.* (Hrsg.): Educational psychology: A cognitive view. New York 1968. – *Brown, A. L.:* Knowing when, where, and how to remember: A problem of metacognition. In: *Glaser, R.* (Hrsg.): Advances in instructional psychology. Vol. 1. Hillsdale 1978, S. 77–165. – *Dansereau, D. F./Collins, K. W./McDonald, B. A./Holley, C. D./Garland, J./Diekhoff, G./Evans, S. H.:* Development and evaluation of a learning strategy training program. In: Journal of Educational Psychology 71 (1979), S. 64–73. – *Dijk, T. A. van:* Semantic macro-structures and knowledge frames in discourse comprehension. In: *Just, M. A./Carpenter, P. A.* (Hrsg.): Cognitive processes in comprehension.

Hillsdale 1977, S. 3–32. – *Fischer, P. M./Mandl, H.:* Selbstwahrnehmung und Selbstbewertung beim Lernen. In: *Mandl, H.* (Hrsg.): Verstehen und Behalten von Texten. München 1981. – *Flammer, A./Schläfli, A./Keller, B.:* Meeting the reader's interest – who should care? In: *Gruneberg, M. M./Morris, P. E./Sykes, R. N.* (Hrsg.): Practical aspects of memory. London 1978, S. 680–686. – *Flavell, J. H.:* Awareness and cognitive processes. Paper presented at the Meeting of the APA. Toronto 1978. – *Groeben, N.:* Die Verständlichkeit von Unterrichtstexten. Dimensionen und Kriterien rezeptiver Lernstadien. (Arbeiten zur sozialwissenschaftlichen Psychologie. Heft 1). Münster/W. 1972. – *Kintsch, W./Dijk, T. van:* Toward a model of text comprehension and production. In: Psychological Review 85 (1978), S. 363–394. – *Kintsch, W./Vipond, D.:* Reading comprehension and readability in educational practice and psychological theory. In: *Nilsson, L. G.* (Hrsg.): Memory processes. Hillsdale 1979, S. 329–365. – *Klare, G. R.:* The measurement of readability. Iowa 1963. – *Langer, I./Schulz von Thun, F./Tausch, R.:* Verständlichkeit in Schule, Verwaltung, Politik, Wissenschaft – mit einem Selbsttrainingsprogramm zur verständlichen Darstellung von Lehr- und Informationstexten. München 1974. – *Mandl, H./Ballstaedt, St.-P./Schnotz, W./Tergan, S. O.:* Lernen mit Texten. In: Zeitschrift für Entwicklungspsychologie und Pädagogische Psychologie 12 (1980), S. 44–74. – *Neisser, U.:* Cognition and reality. Principles and implications of cognitive psychology. San Francisco 1976. – *Norman, D. A./Rumelhart, D. E.:* Explorations in cognition. San Francisco 1975. – *Rothkopf, E. Z.:* Learning from written instructive materials: An exploration of the control of inspection behavior by testlike events. In: American Educational Research Journal 3 (1966), S. 241–249. – *Rumelhart, D. E.:* Schemata: The building blocks of cognition. In: *Spiro, R./Bruce, B./Brewer, W.* (Hrsg.): Theoretical issues in reading comprehension. Hillsdale 1980. – *Schnotz, W./Ballstaedt, St.-P./Mandl, H.:* Kognitive Prozesse beim Zusammenfassen von Lehrtexten. In: *Mandl, H.* (Hrsg.): Verstehen und Behalten von Texten. München 1981. – *Wimmer, H.:* Children's understanding of action-based stories: Assimilation by a general action schema or coordination of temporal relations. In: *Wilkening, F./Becker, J./Trabasso, T.* (Hrsg.): Information integration by children. Hillsdale 1980, S. 267–290.

Trainingsmethoden

1. Hintergründe: Die Konfrontation von Schülern mit ihren Lehrern wird nicht immer problemlos erlebt. Um zukünftige → *Lehrer-Schüler-Interaktionen* aus der Beliebigkeit mit unkalkulierbaren Folgen herauszuführen, wurden Methoden entwickelt, wie Lehrer auf Schüler vorbereitet werden können. Dabei interessiert der fachwissenschaftliche Aspekt weniger als der pädagogisch-didaktische oder »unterrichtswissenschaftliche« (Zifreund 1972). Wie Lehrer so unterrichten lernen, daß es die Schüler fördert, ist hier wichtig. Lehrer sollten lernen und wissen, wie sie über eigenes Verhalten im weiteren Sinne planvoll und absichtlich verfügen können (Gage 1972). Daher wird »Lehren« in einzelne Akte, Kognitionen, Entscheidungen, Meinungen, Werthaltungen u. ä. aufgeteilt, die dann systematisch betrachtet und verändert werden können. Lehren wird weniger als »ganzheitlich kunstfertig« oder »unwiederbringlich« einmalig gesehen, sondern als Menge miteinander verbundener Abläufe/Handlungen, die auch in anderen Situationen als dem realen Unterricht symbolisch oder anschaulich verfügbar gemacht werden können. Training (T) heißt dann, in einer Art wiederholbaren Probehandelns diese Abläufe/Handlungen zu üben bzw. zu verändern, damit letztlich die Schüler besser gefördert werden.

In den Reflexionen über Lehr-Lernprozesse (→ *Instruktionstheorie;* → *Lernen und Lerntheorien*) sind interessante Hinweise auf zu trainierende Verhaltensweisen enthalten. Es gibt Lehr-Lernmodelle, von denen sich einige mehr mit dem Lehrer beschäftigen (Mischke 1978; Hofer 1977) oder auch Interaktionen/Rückkopplungen berücksichtigen (Nickel 1976, Brunner u. a. 1978). Diese Modelle versuchen empirisch erfahrbare Verhaltensweisen zu spezifizieren, die Ausgangspunkt eines entsprechenden T sein können. Hierzu zählt z. B. das Modell von Hofer (1977) (siehe S. 377). Vom Programm her verfügt eine auf »Verhalten basierende Lehrerausbildung« (Gage/Winne 1975) über ausreichendes Wissen um Zusammenhänge und daraus abgeleitete T-Methoden. Das bedeutet jedoch nicht die Automatisierung des Lehr(er)verhaltens, die als Rückfall in dumpfe, leichtfertig verfügbare Verhaltensschablonen gesehen werden könnte. Vielmehr soll eine zweckrationale Ausbildung Automatismen abkoppeln und versuchen, die Reaktionskompetenz bzw. das Handlungsrepertoire zu erweitern, so daß frei nach subjektiven Bedürfnissen und faktischen Gegebenheiten erfolgversprechend gehandelt werden kann. Mit blinder Automatisierung des Handelns hat das nichts zu tun, denn der Lehrer wird in die Lage versetzt, die Situation als autonomes Subjekt zu erleben, Handlungen dafür zu entwerfen, die er auch ausführen kann, um Schülerverhalten weiterzuentwickeln (Gage/Winne 1975).

2. Dimensionen des Lehrerverhaltens: Im folgenden werden vier Aspekte des Lehr(er)ver-

Schematische Darstellung des Lehrerverhaltens

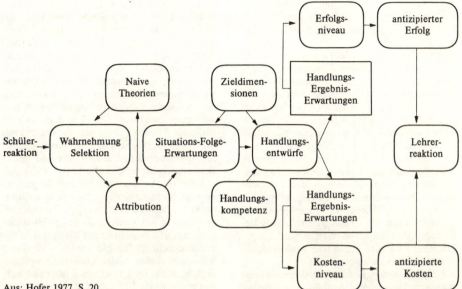

Aus: Hofer 1977, S. 20

haltens betrachtet, die auf mögliche T-Schwerpunkte hinweisen können: (a) Wissen; (b) Wahrnehmen; (c) Handeln; (d) Empfinden, Fühlen, Erwarten, Meinen, Einstellung.

(a) Wissen ist als »Wissen um abstrakte, theoretische Zusammenhänge« gemeint, das das gegenwärtige oder geplante Verhalten erklärt. Darunter sind anthropologische, pädagogische und psychologische Theorien zu fassen, die unterrichtliche Wirkungen beim Schüler erklären, wie es Zifreund (1972) für eine unterrichtswissenschaftliche Lehrerbildung reklamiert. Andere Wissensbestandteile können sich mit didaktischen Methoden (→ *Didaktik*) oder Unterrichtsformen beschäftigen (Gage 1976). Wesentlich ist, daß der »Wissende« hieraus Regeln ableiten kann, mit denen er sich für »begründete«, »systematisch herstellbare« Lehrverhaltensweisen entscheiden kann.

Somit ist »Wissen« hier – idealerweise – als Verbalmodell für unterrichtliches Verhalten zu sehen.

(b) Wahrnehmen ist das Erfassen der tatsächlichen Unterrichtssituation, um Informationen für nachfolgende Handlungen aufzunehmen. Das ist kein passiver Prozeß, sondern ein aktiver, wobei zumindest die Selektivität Probleme bereitet. Ziel eines T wäre es, sie in ihren systematischen und systematisierbaren Anteilen so zu beeinflussen, daß die Wahrnehmung des ablaufenden Geschehens dem Lehrer hinreichend verläßliche Informationen liefert.

(c) Verhalten ist eine weitere Dimension, die, was das Repertoire anbelangt, am ehesten als »trainierbar« gedacht wird. Grell (1974, S. 196 ff.) gibt dabei u. a. folgende Beispiele: Wechsel der Stimulussituation (Ortswechsel des Lehrers, Gesten, Aufmerksamkeitslenkung, Wechsel des Interaktionsstils, Pausenmachen, Wechsel der Darstellungsart), auf Schüleräußerungen reagieren (loben, vertiefen, Gegenbeispiel geben, Gefühle akzeptieren, auf Schülerbeitrag aufbauen, eigene Impulse zurückhalten, Schüler ansehen, nichtverbal verstärken, Mitschüler zur Rückmeldung anhalten). Derartig kleine Verhaltenselemente sind es, die das Repertoire bzw. die Verhaltenskompetenz ausmachen.

(d) Empfinden, Fühlen, Erwarten, Meinen, Einstellung weisen deutlich auf interne Abläufe hin, die äußeres Verhalten bedingen und/oder begleiten (→ *Attribuierung*; → *Einstellung*; → *Gefühl*). Hofer (1977) spricht von Situations-Folge-Erwartungen und Handlungs-Folge-Erwartungen, die als Komponenten → *impliziter Theorien* in Verhaltensabläufen vermittelnd eingreifen (→ *Hand-*

lung und Handlungstheorien). Es kann begründet angenommen werden, daß solche internen Prozesse das konkrete Verhalten mit beeinflussen. Durch ihre »Entäußerung«, d. h. ihre Verlagerung nach außen, sind sie teilweise »erfahrbar« und quasi-objektiv verfügbar. Ihre Wirkung auf Verhalten kann in entsprechenden T für den Einzelfall aufzuklären und zu verändern gesucht werden. So gesehen hängen »Wahrnehmen«, »Verhalten« und »Erwarten . . .« miteinander zusammen und unterliegen täglichen Veränderungen. T-Methoden wollen versuchen, daß sie aktuelles Verhalten günstig beeinflussen bzw. begleiten.

3. *T-Methoden:* Aus der Vielfalt verfügbarer T-Methoden werden im folgenden einige ausgewählt, die sich insbesondere auf die Dimensionen Wahrnehmen (Diskriminations-T), Verhalten bzw. Handeln (Lehrerverhaltens-T) und Empfinden/Erwarten/Einstellung beziehen. Die Dimension Wissen wird ausgeklammert, da hier vor allem verhaltensändernde Methoden interessieren.

3.1 Wahrnehmungs- bzw. Diskriminationstraining: Bei allen Ausbildungsmodellen spielt die Wahrnehmung der unterrichtlichen Abläufe eine Rolle, weil sich objektive (Fremd-)Wahrnehmung und subjektive (Selbst-)Wahrnehmung unterscheiden. Realitätsgerechte Wahrnehmung ist notwendig, um vorfindbare Wechselbeziehungen zwischen Schülern und Lehrern zu erkennen, ihre Wirkungen aufzuklären und als Lehrer entsprechend zu handeln. Während bei der »Hospitation« oftmals nur beliebige, wenig systematisierbare Aspekte »geschaut« werden, ist es Ziel von Wahrnehmungs-T, theoriebezogene, kategoriale Beobachtungen systematisch durchzuführen. Wesentlich ist dabei die Analyse konkreten Verhaltens in zeitlicher Erstreckung und dessen Wechselspiel zwischen Schülern und Lehrern. Vielen Wahrnehmungs-T liegt die *Interaktionsanalyse von Flanders* (FIAC) zugrunde (→ *Verhaltensbeobachtung*). Dabei wird das Unterrichtsgeschehen in Aktivitätskategorien eingeordnet (z. B. Lehrer lobt, ermutigt oder Schüler antworten). Die Auswertung (a) in zeitlicher Folge, (b) in einer Interaktionsmatrix und (c) der Relationen zwischen verschiedenen Verhaltenskategorien liefert systematische Informationen, die es dem betroffenen Lehrer ermöglichen, Unterschiede zwischen seiner unterrichtlichen Intention und der beobachteten Realität zu erkennen und sich in Zukunft anders zu verhalten. – Die Grundform des FIAC ist verschiedenen Bedürfnissen angepaßt worden, z. B. als: FLINT (Foreign Language Interaction System), VICS (Verbal Interaction System) oder SIK (Sozioemotionale Interaktions Kategorien). Wagner (1973) entwickelte in diesem Zusammenhang die *Mikroanalyse*. Hier werden 33 Lehrerreaktionen auf Schüleräußerungen vom Tonband vorgespielt. Diese Reaktionen sind dann entsprechend der SIK zu kodieren. Anschließend werden die zutreffenden Kodierungen mitgeteilt. Das T dauert etwa 30 Minuten. Horton (1975) verfuhr dreiphasig: (a) Ein Lehrerverhalten, z. B. »kontingentes Lob«, wurde schriftlich definiert und in der Beobachtergruppe diskutiert; (b) Videoaufnahmen des Verhaltens werden so lange wiederholt, bis keine Kodierfehler mehr vorkommen; (c) anschließend werden Tonaufnahmen wie in (b) kodiert. Kern (1979) bietet umfangreiches und in seiner Komplexität abgestuftes schriftliches Material an, das durch Videoaufnahmen realer Unterrichtsverläufe ergänzt wird. Im schriftlichen Material werden zunächst die SIK durch »Lehreräußerungen« verdeutlicht. Anfänglich sind bei den abgedruckten Unterrichtsprotokollen nur einige Kategorien zu kodieren, um eine Diskrimination zu erleichtern. Später sollen dann alle Kategorien herangezogen werden. Es sind jeweils ausführliche Begründungen für Kodierungen angegeben. Neben der rein schriftlich-symbolisch vermittelten Wahrnehmung sind dann auch Videoaufnahmen als Kodierungsmaterial vorgesehen.

3.2 Lehrerverhaltenstraining: Damit ist beabsichtigt, vorteilhafte Verhaltensweisen ins Verhaltens-Repertoire aufzunehmen oder schon darin enthaltene zu bekräftigen. Dies kann durch systematische Übung in eingeschränkten Situationen geschehen. Zu dieser Gruppe spezieller Trainingsverfahren zählen u. a. das sogenannte Microteaching, der Minicourse, die Verhaltensmodifikation und das Simulations-T.

Beim *Microteaching* wird vorab definiertes Verhalten ausprobiert und in erneuten Übungen verbessert. »Micro«teaching heißt es, weil einzelne Fertigkeiten (Skills) (z. B. die Fertigkeit, eine Pause zu machen) systematisch in einem ca. 5–10 minütigen Unterricht vor 5–15 Schülern geplant und geübt wird. Somit handelt es sich um reales Lehrverhalten, das in einer begrenzten Unterrichtswelt stattfindet. Oftmals wird vorher noch ein Modellfilm des angestrebten Verhaltens gezeigt.

Als Vorteil gilt, daß (a) die Situation weniger komplex als der normale Unterricht ist, (b) sofort nach dem gezeigten Verhalten eine Rückmeldung durch Schüler, Kollegen und/oder den Supervisor gegeben wird und (c) der Übende sich aus der Beobachterrolle mit seinem Verhalten selbst konfrontiert, indem er die Videoaufnahme seines Unterrichtsversuches betrachtet. Diese Rückmeldungen sollen seinen Verhaltensentwurf und das geäußerte Verhalten dem Zielverhalten annähern helfen. Ist-Soll-Unterschiede werden in den Videoaufnahmen gezielt ansprechbar und sollen sich durch weitere systematische Übungen vermindern. Über Modellernen, differenzierte Rückmeldungen, Selbst- und Fremdbekräftigungen und wiederholte Übungen hinaus kann durch die Beobachtung und Diskussion fremder Übungsversuche noch ein weiterer Lerngewinn durch »Stellvertretungsprozesse« und »verdeckte Übung« erreicht werden. Dies ist nur wahrscheinlich, wenn das Zielverhalten klar definiert wurde. – Es gibt zahlreiche Varianten der Rückmeldung, die entweder durch Eindrucksurteile beteiligter Schüler, Beobachtungsdaten oder im Dialog mit dem Supervisor bzw. in der Gruppenbesprechung erfolgen. So kann die Videoaufzeichnung nach der Rückmeldung als »Realitätskontrolle« oder vorher zur »Selbstkonfrontation« zur Verfügung stehen. In manchen Fällen, wo es primär um das Verbalverhalten geht, reichen auch einfache Tonaufnahmen.

Der *Minicourse* (Borg u. a. 1970) stellt eine Art Medienverbund dar, was auch auf das T von Kern (1979) zutrifft. Beide sind als Selbst-T konzipiert, die den schon tätigen Lehrer erreichen sollen (Borg). Aufnahmen von Verhaltensmodellen, schriftliches Material über das Zielverhalten (Skill) und eigene Videoaufnahmen bilden den Verbund. Der Lernende sieht sich zuerst den Modellfilm an, erarbeitet das schriftliche Material und plant mit dem Zielverhalten seinen eigenen Unterricht. Vor wenigen Schülern probiert er es aus und betrachtet die erste Videoaufnahme alleine. Für den zweiten Versuch verbessert er sein Verhalten, indem er erkannte Fehler zu vermeiden sucht. Diese zweite Videoaufzeichnung sollte er mit Kollegen oder dem Supervisor durchsprechen. Modellfilm und schriftliches Material stehen bei allen Korrekturen zur Verfügung. Insgesamt sind pro Skill 4–6 Revisionszyklen vorgesehen, bei denen die Selbstkorrekturen im Vordergrund stehen.

Bei Kern (1979) sind auch Videokonfrontationen erwünscht, aber nicht unbedingt notwendig.

Die *Verhaltensmodifikation* zielt darauf ab, Schülerverhalten in seiner realen Umgebung zu verändern. Dabei hat der Lehrer zu lernen, (a) wie er die Verhaltensdefizite eines Schülers operational beschreiben kann (Verhaltensanalyse), um einen Anhaltspunkt für das anzustrebende Schülerverhalten zu bekommen, und (b) wie er systematisch die Situation kontrolliert (eigenes Verhalten, Umgebungsbedingungen, Schülerverhalten), um so Kontingenzen zu schaffen, damit angezieltes Schülerverhalten möglich wird. Dazu werden Techniken zur aktiven Gestaltung von Lernumwelten erworben, die der Lehrer anwendet, indem er geplant Hinweise gibt, Kontingenzen aufbaut und Konsequenzen für Schüler kontrolliert. Jehle (1978) hat entsprechende Leitkonzepte zum Aufbau erwünschten und zum Abbau unerwünschten Verhaltens in einem T-Programm zusammengestellt. Durch dargestellte Prinzipien der → *Verhaltensmodifikation* und entsprechende Übungsbeispiele mit Lösungsvorschlägen werden Techniken der Schülerlenkung erworben. Dabei wird das Wissen um die Prinzipien und ihre konkrete Anwendung gegenüber der Repertoirebildung betont.

Während sich die »Schüler« der oben angeführten T-Methoden in realen oder quasirealen Situationen bewegen, werden beim *Simulationstraining* Rollen vergeben. Borg (1970) erarbeitete ein Simulationsmodell, mit dem auch relativ seltene Verhaltensweisen gelernt werden können. Auch hier wird der Skill operational beschrieben, in einem Film vorgeführt und durch den Supervisor nochmals demonstriert. Alle T-Teilnehmer (4–8) wechseln sich in der Schüler-, Lehrer- oder Beobachterrolle ab. So stehen für die Rückmeldung Beobachtungsdaten, Erlebnisse der Beteiligten, positives und korrigierendes Feedback (alternative Handlungsentwürfe) zur Verfügung. Ggf. können auch Schülern der eigenen Klasse entsprechende Rollen zugeschrieben werden, was dem Selbsttrainingsansatz Borgs gerecht wird. Ähnlich ist Flanders »Simulated Social Skill Training« konzipiert, bei dem die festgelegten Schülerrollen bekannt oder unbekannt sind. Ziel ist, daß der zu trainierende Skill häufig gezeigt und verbessert werden kann. Insbesondere für das Frageverhalten, den Umgang mit den Beiträgen anderer, Gefühle, Begründungen für eigene Reaktionen, Entscheidungsprozesse und Diskussionsleitung sollen sich diese Techniken eignen.

3.3 T-Methoden für die Dimension Empfinden, Erwarten, Einstellung: Jeder kann unschwer über Vor- oder Begleitprozesse für konkret ausgeübtes Verhalten berichten. Sie erfahrbar und damit veränderbar zu machen ist Ziel nachstehender T-Methoden im weiteren Sinne, deren konzeptionelle Vielfalt besonders groß ist.

In der → *Gruppendynamik* wird versucht, durch die unmittelbare, wenig eingeschränkte Interaktion von 5–10 Trainees ein aus der Hier-und-Jetzt-Situation stammendes Thema zu bewältigen. Sonst untersagte (versagte) Erlebnisweisen, Wertungen, Meinungen, Empfindungen werden geäußert, d. h. in sprachlicher Kodierung öffentlich verfügbar. »Entäußerung« in allgemein verständlicher Form, Veränderung der Sprachform während der Gruppenauseinandersetzung und anschließende »Verinnerlichung« in neuer Symbol- und Bedeutungskodierung, die zukünftiges Verhalten leitet, ist das Ziel des gruppendynamischen T. Als »Methoden« mit unterschiedlichen Schwerpunkten sind bekannt: Sensitivity Training, Basic Encounter, Transaktionale Analyse, Gestalt, Psychodrama, T-Gruppen. Als Regel dürfte grob gelten, daß kein innerer Prozeß abgebrochen wird, sondern er ist möglichst spontan und unverfälscht in mitteilbare Worte zu fassen. Die verbalen und nonverbalen Reaktionen der Gruppenmitglieder stellen das Material dar, aus dem u. a. der Wunsch und die Richtung der Veränderung entstehen.

Das *Rollenspiel* wird als Probehandeln in einer vorgestellt-realen Situation gesehen. Wesentlich ist, daß durch die unter den Teilnehmern vereinbarten Rollen und deren Wechsel sowohl eigene, fremde als auch »Alter Ego«-Rollen erlebt werden können. Dabei können durchaus Überzeichnungen geplant sein (aufsässiger, fauler, strebsamer Schüler, Rektor, Kollege). Durch den Wechsel der Rollen bzw. Positionen soll im Miterleben oder Beobachten die in der Realität erlebte innere Diskrepanz symbolisch verfügbar werden und eigene Reaktionen erklären helfen. Hier ist vor allem das Sich-erklären-Können und nicht die Verhaltensübung das Trainingsziel.

Das *Kommunikationstraining* versucht das »Verständigungsverhalten« zwischen Lehrer und Schülern zu optimieren. Dabei werden »Inhalts-« und »Beziehungsaspekt« zu trennen versucht. Gordon (1974) schlägt folgende Stufen vor: (a) Definieren eines Verständigungsproblems; (b) Sammeln möglicher Lösungen; (c) Werten der Vorschläge; (d) Entscheiden für beste Lösung; (e) Realisierungen überdenken und (f) die Effektivität der einzelnen Lösungen bewerten. Damit soll eine Problemlösung *ohne* Verlierer möglich werden. Brunner u. a. (1978) heben jedoch hervor, daß vielfach nicht allein die individuelle Kommunikationsfähigkeit verbesserungswürdig ist, sondern auch die sie konstituierenden, umgebenden und deformierenden Bedingungen. Daher schlagen sie ein Kommunikationstraining mit den real Beteiligten (Schüler, Lehrer und Supervisor) vor. Zunächst ist jeweils zu informieren, nach welchen Regeln die Kommunikation abläuft. Dabei werden Fremd- und Eigenwahrnehmungen thematisiert, Kommunikationen mit dem Trainer geübt und emotionales Lernen ermöglicht.

Für die *Themenzentrierte Interaktion* (TZI) stellt Cohn (1975) folgende Imperative auf: (a) Sei dein eigener Chairman; (b) sprich Störendes sofort an; (c) vertritt dich in deinen Aussagen selbst; (d) begründe deine Fragen/Interessen; (e) sei authentisch und selektiv in deinen Aussagen; (f) interpretiere nicht und sprich eigene Gedanken/Empfindungen an; (g) verallgemeinere nicht; (h) charakterisiere andere, indem du betonst, was das dir bedeutet; (h) Nebengespräche stören die Gruppe; (i) mehrere sollten nicht gleichzeitig sprechen; (j) alle verständigen sich, wer als nächster spricht. In diesen Regeln kommt ebenfalls das Ziel einer symmetrischen und ausgewogenen emotional-sozialen Beziehung zum Ausdruck.

Die *Balintgruppen* stehen in der psychoanalytischen Tradition. Hellwig (1979) berichtete über eine Lehrergruppe, die auf 1–2 Jahre mit je einer Sitzung pro Woche angelegt war. Ziel war es, die Schüler-Lehrer-Beziehung im psychoanalytischen Sinne (Übertragung, Gegenübertragung) zu analysieren, um »neu zu hören« und für sich selbst wie für Schüler sensibel zu werden (→ *Psychoanalytische Pädagogik*). Bislang unerkannte oder fehlgedeutete Kommunikationen werden als Probleme angesehen und zu verbessern versucht. Es sind sechs Phasen vorgesehen: (a) Berichten (über Problemschüler, spontane Äußerungen mit szenisch nachgestelltem Verhalten); (b) Fragen (nach situativen, familialen Hintergründen; tiefenpsychologisch relevante Aussagen ergeben sich durch den Bericht anhand von Wiederholungen, Auslassungen, Akzentsetzungen, Versprechern, Vergessen, inadäquaten Emotionen); (c) Entlasten (durch offene emotionale Reaktionen der Mitglieder, Empörung, Bewunderung); (d) Material sammeln (über das Problem); (e) Vereinfachen (des Problems und Situationsberichts sowie seiner begleitenden Emotionen); (f) Hypothesen bilden (über vermutetes Schüleranliegen, Lehrerreaktion, Beziehungsaspekt). Derart besprochene Fälle werden nach einigen Monaten wieder vorgestellt, um etwaige Veränderungen zu betrachten sowie die gebildeten Hypothesen zu überprüfen.

4. *Schlußbemerkung:* Es sollte deutlich geworden sein, daß T-Methoden in der Lehrerausbildung sich mit konkretem Lehrverhalten, allgemeinem Lehrerverhalten und innerem »Begleit«-Verhalten auseinandersetzen. Entsprechend zielen alle Methoden auf die Beibehaltung bzw. Repertoirisierung positiver Verhaltensweisen ab. Unangemessenes »Verhalten« wird zu löschen versucht. Wie das im Einzelfall geschieht, richtet sich nach den äußeren und inneren Möglichkeiten der Trainierten sowie dem jeweiligen T-Konzept. Es ist zu fordern, daß die Methoden je spezifisch evaluiert werden, damit sie selber verbessert werden können (→ *Evaluation*). Dies ist bei den offenes Verhalten betreffenden Methoden u. U. leichter möglich als bei denen, die auf interne Prozesse abzielen. Peck/Tucker (1973) und Schreiber (1980) haben auf die vielen Evaluationsstudien hingewiesen, die jedoch keine einhelligen Bewertungsinformationen für einzelne Methoden liefern. Dies ist verständlich, da Schülerverhalten sich ja nicht allein durch modifiziertes Lehrerhalten verändert, sondern unter vielfältigen Einflüssen steht. Es wird ein wesentliches Forschungsinteresse bleiben, die Wirksamkeit der Lehrertrainingsmethoden über theoretische Überlegungen hinaus an empirisch fundierten Befunden zu demonstrieren.

Lutz F. Hornke

Literatur

Brunner, E. J. u. a.: Gestörte Kommunikation in der Schule: Analysen und Konzepte eines Interaktionstrainings. München 1978. – *Brunner, R.:* Lehrverhaltenstraining. Grundlagen–Verfahren–Ergebnisse. München 1976. – *Borg, W. R.* u. a.: The Minicourse – a microteaching approach to teacher education. Beverly Hills 1970. – *Cohn, R.:* Von der Psychoanalyse zur Themenzentrierten Interaktion. Stuttgart 1975. – *Gage, N. L.:* Teacher effectiveness and teacher education. Palo Alto 1972. – *Gage, N. L.* (Hrsg.): The psychology of teaching methods. Chicago 1976. – *Gage, N. L./Winne, Ph. H.:* Performance-based teacher education. In: Gage, N. L. (Hrsg.): Teacher education. Chicago 1975, S. 146–172. – *Gordon, Th.:* Teacher Effectiveness Training. New York 1974. – *Grell, J.:* Techniken des Lehrerverhaltens. Weinheim 1974. – *Hellwig, N.:* Balint-Gruppenarbeit mit Lehrern. In: Gruppenpsychotherapie und Gruppendynamik 14 (1979), S. 265–275. – *Hofer, M.:* Entwurf einer Heuristik für eine theoretisch geleitete Lehrer- und Erzieherbildung (unveröffentl. Diskussionspapier Nr. 10. Psychologisches Institut der Universität Heidelberg 1977). – *Horton, G. O.:* Generalization of teacher behavior as a function of subject matter – specific discrimination training. In: Journal of applied behavioral analysis 8 (1975), S. 311–319. – *Jehle, P.:* Trainingskurs: Verhaltenstheorie I und II. Düsseldorf 1978. – *Kern, H. J.:* Lehrer-Selbsttraining. Frankfurt/M. 1979. – *Mischke, W.:* Änderung des Lehrerverhaltens als selbstgesteuerte Erfahrungsbildung. In: *Neber, H.* u. a. (Hrsg.): Selbstgesteuertes Lernen. Weinheim 1978. – *Nickel, H.:* Die Lehrer-Schüler-Beziehung aus der Sicht neuerer Forschungsergebnisse. In: Psychologie in Erziehung und Unterricht 23 (1976), S. 153–172. – *Peck, R. F./Tucker, J. A.:* Research on teacher education. In: *Travers, R.M.W.* (Hrsg.): Second handbook of research on teaching. Washington 1973, S. 940–996. – *Schreiber, W.:* Evaluation von Lehrertrainings (unveröffentl. Diplomarbeit am Erziehungswissenschaftlichen Institut der Universität Düsseldorf) 1980. – *Wagner, A.:* Mikroanalyse statt Mikroteaching. In: Zeitschrift für Pädagogik 22 (1973), S. 303–308. – *Zifreund, W.:* Zur Problematik fachdidaktischer Studien in der Ausbildung von Lehrern. In: *Timmermann, J.* (Hrsg.): Fachdidaktik in Forschung und Lehre. Hannover 1972, S. 61–72.

Transfer

1. Einleitung und Fragestellung: Im Transferproblem sind epistemologische, lernpsychologische und didaktische Fragen enthalten. Wir stellen eine These an den Anfang: Vieles, was im Unterricht geschieht, ist aus zwei Gründen ohne längerfristige Wirkung, (a) weil der Prozeß der Einprägung und Übung (→ *Gedächtnis*) wenig sorgfältig durchgeführt wird oder dem Schüler als Hausauftrag überlassen bleibt; (b) weil der Prozeß des Transfer (T) zwar in der Theorie bearbeitet wird, für die Praxis aber werden kaum Handlungsmodelle entwickelt.

Die Darstellung des Problemstandes orientiert sich an den folgenden Fragen: Was ist unter T als Produkt, was als Prozeß zu verstehen? – Welche sachbezogenen, welche person- und umweltbezogenen Bedingungen müssen erfüllt sein? – Wo sind Lücken in der Forschung und in der didaktischen Praxis?

2. Vorläufige Begriffsbestimmung

2.1 Umschreibung des Begriffs: Die Erfahrung zeigt, daß früher Erlerntes es ermöglicht, Neues schneller zu erlernen oder besser zu begreifen, daß früher erlernte → *Einstellungs-* und Verhaltensänderungen die Bewältigung einer neuen oder ähnlichen Situation erleichtern oder erschweren. Wenn auch mit unterschiedlichen Modifikationen, so ist doch allen Definitionen von T diese Beeinflussung von Lernverhalten durch früher erworbene Lernergebnisse gemeinsam. Wir verstehen vorläufig unter T die unter bestimmten Bedingungen erfolgende Umsetzung und Anwendung von früheren Lernerfahrungen auf neue oder ähnliche Lern- und Verhaltenssituationen. T kann und muß erlernt werden; er ist in lernpsychologischer Sicht eine Sonderform von Lernen (→ *Lernen und Lerntheorien*). Weil er aber im didaktischen Feld oft vernachlässigt wird, erscheint es berechtigt, in pragmatisch-didaktischer Absicht T als eine relativ eigenständige Lern- und Lehrphase zu bezeichnen (→ *Didaktik*).

2.2 Einige Schlüsselelemente des Begriffs T
(a) Positiver und negativer T: Es ist zu unterscheiden zwischen T als Produkt und als Prozeß. Von positivem T spricht man dort, wo ein Lernprozeß durch vorausgegangene Lernakte zeitlich, qualitativ, quantitativ oder generell verbessert wird. Eine neue Aufgabe wird als Folge früherer Lernprozesse erfolgreicher gelöst. Negativer T behindert bzw. beeinträchtigt entsprechend. Das kann geschehen durch zeitliche oder sachstrukturelle Interferenzen, durch inadäquate Anwendung erlernter Methoden, Techniken oder Prinzipien.

(b) Vertikaler und lateraler T: In Bezug auf den Prozeß und zugleich in Bezug auf die Sachstruktur von T-Inhalten hat Gagné die obengenannte Unterscheidung vollzogen. Vertikaler T geschieht dort, wo »die erlernten Fähigkeiten eines Niveaus auf das Erlernen weiterer Fähigkeiten auf höherem Niveau« Einfluß nehmen (Gagné 1969, S. 263). Lateraler T meint die Anwendung und Umsetzung von Lerninhalt A auf Lerninhalt B und/oder Lerninhalt C und/oder Lerninhalt D usw. Es handelt sich um die Aktualisierung von erworbenen Lernprodukten oder Operationen in analog komplexen oder sachaffinen Situationen. Dieser T ist abhängig von der »Weite der Generalisierung«. »Je breiter eine erlernte Leistungsfähigkeit fundiert ist, um so größere Chancen bietet sie für den T auf neue Situationen« (Gagné 1969, S. 264).

(c) Selbst- und Fremdtransfer: Da es sich um einen komplexen und differenzierten Prozeß handelt, ist verständlich, daß sich T nicht von selbst vollzieht. Deshalb wird zwischen Selbst- und Fremd-T unterschieden. Selbst-T beinhaltet alle jene Prozesse, in denen ein Individuum aufgrund von intrapsychischen Konstellationen die Übertragung spontan und intuitiv vollzieht (Aha-Erlebnis). T kann auch intentional und willentlich angestrebt werden im Sinne von bewußtem Suchen nach gemeinsamen Elementen bzw. Strukturen oder als Anwenden von Prinzipien und Methoden – Fremd-T wird, wo die sachstrukturellen und kognitiven Voraussetzungen vorliegen, von außen angeregt und gesteuert. Hier liegt der didaktische Auftrag des Lehrers.

3. Theoretische Erklärungen des T-Prozesses auf der Sachebene: Unterricht vollzieht sich, wie alle → *Kommunikation,* auf einer Inhalts- und einer Beziehungsebene. Die meisten T-Theorien versuchen Bedingungen und Beziehungen zwischen dem lernenden Individuum und den Lerngegenständen zu erhellen. Bei der Komplexität des T-Prozesses ist selbstverständlich, daß von unterschiedlichen theoretischen Ansätzen her auch unterschiedliche Antworten und Erklärungsversuche vorliegen.

3.1 Behavioristische Erklärungsversuche: Sie beruhen auf der These, daß Lernen und T eine Funktion assoziativer Beziehungen zwischen ähnlichen oder verschiedenen Stimuli und Reaktionen in der Lern- und in der Anwendungssituation ist. Ein positiver T tritt z. B. dann auf, wenn die Stimuli und die Reaktionen in der Lern- und in der Anwendungsphase ähnlich sind ($3 \times 5 = 15$; $5 \times 3 = 15$). Negativer T kann entstehen, wenn die Stimuli ähnlich, die Reaktionen aber verschieden sind ($4-2=2$; $4+2=6$; oder: ihn vs. in). Innerhalb der behavioristischen Erklärungsversuche gibt es verschiedene theoretische Modifikationen.

(a) Thorndikes Theorie der identischen Elemente: Aus Thorndikes Kritik (1924) an der formalen Bildung entstand seine T-Theorie, die besagt, daß ein T nur stattfinde, wenn identische Elemente als assoziative Verbindungen in der Lern- und in der Anwendungssituation vorliegen. Solche identischen Elemente können die »identity of substance« betreffen, also sachbezogene Gemeinsamkeiten, oder die »identity of procedure«, also Vorgehensgemeinsamkeiten wie sensorische,

sensomotorische, motorische Identitäten, ebenso gemeinsame Prinzipien (wie bei Judd 1908; Harlow 1949). – Die Kritik an Thorndike (Ausubel 1968; Flammer 1970) entzündete sich an der Unklarheit des Begriffs »identische Elemente«. Aber der Begriff »Struktur« von Ausubel (1974), Bruner (1965) u. a. ist nur wenig eindeutiger und entzieht sich wegen seiner Schwammigkeit oft der empirischen Überprüfung.
(b) Theorie der Generalisierung: Ein T wird dann möglich, wenn eine Generalisierung der am Lernprozeß teilhabenden Basisprozesse stattfindet: Stimulusgeneralisierung, Reaktionsgeneralisierung im Sinne von Verhaltenseinheiten (Skinner 1978) und semantische Generalisierung (Osgoods [1953] semantisches Differential).
(c) T durch Lernen von Prinzipien und Regeln (Judd 1908; Harlow 1949): Ein T kann erfolgen, wenn Lerngegenstand und der Anwendungsbereich ähnlichen Prinzipien oder ähnlichen Regeln folgen. Das Erlernen solcher sachimmanenter Regeln, z. B. mathematischer Techniken, ermöglicht den Transfer. Die Erkenntnis eines allgemeinen Gesetzes oder eines Prinzips transferiert auf eine neue oder ähnliche Situation.
(d) Theorie des unspezifischen T: Betreffen die angeführten theoretischen Erklärungsversuche vor allem das *Objekt* des T und weniger den *Prozeß*, so behauptet die Theorie des unspezifischen T (Woodrow 1969), daß T vor allem von der Art des Lernerwerbs, z. B. den Übungsmethoden, abhängig sei. Es wird also angenommen, daß es mehr oder weniger allgemeine Methoden und Techniken gebe, welche relativ unabhängig von den Sachgesetzlichkeiten auf unterschiedliche Lernbereiche gleichermaßen angewendet werden können. Das Konzept mündet in allgemeine Lernregeln, Lerntechniken und dergleichen. Mit den beiden letzten Konzepten ist bereits die Brücke zu den kognitivistischen Erklärungsversuchen geschlagen.
3.2 Kognitivistische Erklärungsversuche: Versuchten die Behavioristen die kausale Frage des T auf neuronale Prozesse zurückzuführen (Hebb 1958; Hull 1943), so behaupten die Kognitivisten, Beweise für Gesetzmäßigkeiten innerhalb der »blackbox« zu besitzen und so T erklären zu können (→ *Denken und Problemlösen*). Bereits erwähnt wurde, daß beide Ansätze nicht immer scharf zu trennen sind.
(a) Die gestaltpsychologische Erklärung: Lernen wird hier als kognitiver Vollzug verstanden, der zwar von äußeren Stimuli abhängt, der aber primär in der individuellen Interpretation der erfaßten Situationselemente besteht. Ein Lernprozeß ist dann erfolgreich, wenn er zur Einsicht in einen Sachverhalt führt. T als Umsetzung von Gelerntem auf neue Inhalte geschieht nach diesem Verständnis dann, wenn durch Einsicht die »Gestalt« bzw. die »Struktur« in der neuen Situation wiedererkannt wird.
(b) Theorien des strukturalen T: Im Zentrum der heutigen T-Diskussion stehen die strukturalen Erklärungsversuche. Je nach der Begriffsbestimmung von »Struktur«, »Schema«, »Plan« usw. bilden sich je andere T-Theorien. Es seien nur drei dieser Theorien paradigmatisch erwähnt.
Der strukturale T nach Ausubel (1968): Mit Struktur ist hier gemeint hierarchisch geordnete Menge, Klarheit, Stabilität und Organisation von Kenntnissen und Fähigkeiten. Die Struktur kann im Individuum allgemein nachgewiesen werden, sie kann auch bezogen sein auf bestimmte inhaltliche und funktionale Bereiche. T besteht in der Integration von neuem Lehrstoff in die bestehende Struktur. Durch den T vollzieht sich eine Modifikation und eine Erweiterung der Struktur.
Der strukturale T nach Bruner (1974): Struktur bedeutet einerseits das Insgesamt von Strategien, das einem Individuum zur Verfügung steht, um Probleme zu lösen. Andererseits – ähnlich wie bei Ausubel – beinhaltet Struktur auch allgemeine Prinzipien. Im T werden die Strategien umgesetzt auf neue Lernbereiche, wobei besonders die Strategie des entdeckenden Lernens eine zentrale Position einnimmt. Gleichzeitig erkennt das Individuum den neuen »Fall« als »Spezialfall« der voraus erkannten Struktur. Der didaktische Weg vollzieht sich vorerst induktiv, indem aus dem Einzelfall mit unterschiedlichem Schwierigkeitsgrad die Struktur, das Prinzip erarbeitet wird und deduktiv dieses Prinzip in neuen Situationen gesucht und wiedererkannt wird. Die Hierarchie des Schwierigkeitsgrades (nicht Hierarchie der Struktur wie bei Ausubel!) und der T der Struktur in immer »schwierigere« Lerneinheiten sind im Theorem der Curriculumspirale enthalten.
Der strukturale T im Anschluß an Piaget und Aebli: Messner (1978) hat u. E. die beste Interpretation des strukturalen Ansatzes von Piaget und Aebli für die Erklärung des T-Problems geleistet und gleichzeitig die Umset-

zung in didaktische Fragestellungen vollzogen. Lernen beinhaltet bei Messner den erstmaligen Aufbau der Struktur eines Schemas und deren Konsolidierung (S. 20). T dagegen bedeutet die Anwendung des Schemas unter neuen Bedingungen. Das Wesen der Anwendung besteht darin, daß die in einer bestimmten Situation erlernte und damit aufgebaute Struktur an einem neuen Fall wiedererkannt oder in einer neuen Situation wiederhergestellt wird. Im wiedererkennenden T wird beispielsweise die Struktur »Sedimentation«, nachdem sie an einem Beispiel erarbeitet worden ist, in unterschiedlichsten geographischen Formen von Aufschüttungen erfaßt. Im herstellenden T wird unter Einbezug erkannter Strukturen Neues entwickelt, z. B. unter Verwendung der Gesetze der Aerodynamik der Bau eines Modellflugzeuges. Wiedererkennender und herstellender T geschehen sequentiell im Problemlösen. Die Frage nach Anwendungs- bzw. T-Möglichkeiten ist schon beim Erwerb eines Schemas zu berücksichtigen.

3.3 Erklärungsversuche eines möglichen sozial-ethischen T: Überall dort, wo zwischen Lernbereich und Anwendungsbereich eindeutige Gesetzmäßigkeiten bestehen, ist T noch relativ gut erklärbar und sogar meßbar. Viel schwieriger wird es, dort von T zu sprechen, wo es um soziales Verhalten, um Einstellungen und Grundhaltungen geht. Wir sprechen in vereinfachter Terminologie von sozial-ethischem T und meinen damit die Frage, ob das in einem bestimmten Lernfeld erworbene soziale Verhalten auf andere soziale Felder transferiert werden kann. In mehreren Theorien wird ein solcher T angenommen, ohne explizit ausgeführt und – vor allem – ohne empirisch überprüft zu werden. Wir stellen einige dieser Theorien dar, in denen fast selbstverständlich ein T erwartet wird.
(a) Sozialisations- und Rollentheorien: Die Annahme gilt auch hier, daß die Rollen, die in irgendeinem Feld erlernt worden sind, z. B. in der → *Familie*, in der Schule, in der Peergruppe, als ichimmanente Strukturen in andern sozialen Feldern wirksam werden. So wird z. B. in Entwicklungstheorien behauptet, daß die Peergruppe für den Jugendlichen die Funktion habe, neue Rollen zu erlernen, die er dann in der Gesellschaft anwenden könne (→ *Sozialisation*; → *Entwicklung*). Oder es wird angenommen, daß die im sportlichen Tun erworbenen sportethischen Qualifikationen wie Fairness, Einordnung, Konzentration usw. als überdauernde Einstellungen und Haltungen sich in andern sozialen Feldern bewähren.
(b) Der anthropologisch-soziale Ganzheitsansatz: Die Hypothese von der Ganzheit des menschlichen In-der-Welt-Seins wird vor allem in der Sozialpsychologie Lewins und in ihrer Modifikation und Bereicherung durch Elemente der Tiefenpsychologie und der → *Humanistischen Psychologie* oft als stillschweigende Erklärung für T eingesetzt. So wird in vielen Formen der → *Gruppendynamik* angenommen, daß die in der Gruppe neuerworbenen Fähigkeiten der sozialen Wahrnehmung und des sozialen Verhaltens »hinausstrahlen« in andere soziale Kontexte. Ähnliches ist von vielen Formen der Psychotherapie zu sagen. (Eine Ausnahme bilden die Verhaltenstherapie und die → *Verhaltensmodifikation*, wo im konkreten Feld Veränderungen herbeigeführt werden.)
(c) T-Implikationen in »Erwartungstheorien«: Theorien der → *Attribuierung,* labeling approach, Pygmaliontheorie, Stigmatisierungstheorien, Motivationstheorien (→ *Motivation und Motiventwicklung*), das Fremdanspruchsniveau betreffend, gehen alle von der Annahme aus, daß sich Erwartungen an einen Mitmenschen in subtilen verbalen und nicht-verbalen Interaktionen äußern und daß die von diesen Erwartungen geprägten Interaktionen allmählich zu einem adäquaten Erwartungsverhalten führen. Diese Erwartungen werden habituell und transferieren auf viele, wenn nicht auf alle sozialen Kontexte (→ *Interaktion*).
4. Person- und Umfeldvariablen des T: Da T von individuell lernenden Menschen vollzogen wird, sind Personvariablen und Umweltfaktoren entscheidend daran beteiligt, wie ein T-Prozeß erfolgt und wie der T-Effekt sein wird. Wir glauben, daß die T-Forschung diese Person- und Umweltdeterminanten bis jetzt zuwenig erfaßt hat. Sie sind aber im praktisch-didaktischen Vollzug der Schule von Bedeutung. Wir versuchen daher, T hypothetisch genauer zu bestimmen: *T ist ein interaktionaler Prozeß, in dem unter interferenter Beteiligung von Ich-Kräften und Umfeld-Faktoren (personal-kontextliche Bedingungen eines T) eine Umsetzung und Anwendung von Gelerntem in ähnlichen oder neuen Situationen erfolgt; das ist nur möglich, wenn definierbare Übereinstimmungen zwischen Lern- und Anwendungssituation bestehen (sachstrukturale Bedingungen eines T).*

Bei einem T müssen demnach internale Faktoren aus der Persönlichkeitsstruktur des Lernenden sowie externale Faktoren aus der Sachstruktur und aus dem Handlungsumfeld zusammenspielen.

4.1 Personvariablen des T: Zu den Personvariablen zählen die T-Aktvariablen und die T-Motivationsvariablen.

(a) T-Aktvariablen: Es handelt sich um jene Gruppe von zentralen Befähigungen, deren intaktes Funktionieren eine Voraussetzung für das Zustandekommen eines T ist. Die T-Intelligenz erfaßt die Gemeinsamkeit oder Ähnlichkeit der Strukturen im Lern- und Anwendungsfeld und vollzieht funktional den T. Das T-Gedächtnis speichert transferrelevante Strukturen, Prinzipien, Methoden als abrufbares Wissen. T-Sprache und T-Motorik vollziehen den T als Handlungsablauf. Diese Befähigungen sind im sportlichen, im musischen und im handwerklichen T von besonderer Bedeutung.

(b) T-Motivationsvariablen: T-Bedürfnisse, emotives T-Engagement und T-Wille. Positive und intrinsische Motivation erhöhen, negative und ausschließlich extrinsische Motivation verringern die T-Wahrscheinlichkeit.

Die Personvariablen und die sachstrukturalen Variablen (s. 3.1–3.4) stehen in einem multiplikativen Zusammenhang, d. h., wenn einer dieser Faktoren ausfällt, kommt kein T zustande.

4.2 Umfeldvariablen des T: Jeder T-Prozeß geschieht in einem Kontext, dessen Variablen als Randbedingungen über Verlauf und Ergebnis mitbestimmen. Kontextbestimmungen sind nicht notwendig gegeben, daher die analogisch additive Funktionsverknüpfung.

(a) Soziale T-Variablen: z. B. das Verhältnis von Lehrer zu Schüler, von Lehrer zur Klasse, von Schüler zu Schüler (Außenseiter wagen oft keinen T-Gedanken zu äußern), vom Schüler zur informellen Gruppe, Bildungsaspirationen der Eltern usw. Negativ geladene soziale Interaktion kann einen möglichen Selbsttransfer blockieren.

(b) Raum-Zeit-Variablen: z. B. ungünstige Raumverhältnisse, Notendruck vor Übergangsprüfungen, wirkliche oder vermeintliche Zeitnot.

(c) Lernhilfe-Variablen: z. B. fehlende Unterlagen und Lehrbücher für selbständige Wiedererkennung von Strukturen oder für Strukturvergleiche; mangelnde didaktische Befähigung, wenn z. B. der Strukturaufbau im Lernprozeß auf einer andern Repräsentationsebene geschieht als die Anwendung der Struktur in einer neuen Situation.

5. Forschungsanregungen: Es seien einige Probleme stichwortartig angeführt, die u. E. einer theoretischen Erhellung bedürfen: Die Mehrzahl der »klassischen« T-Theorien ist aus Ergebnissen in Laborsituationen entstanden, in denen experimentell einzelne Variablen variiert und ihre Wirkung auf eine andere Variable kontrolliert wurden. – Es fehlen Forschungsdesigns für die Erfassung des T-Prozesses im konkreten pädagogischen Feld. – Viele Theorien befassen sich schwerpunktmäßig mit den sachstrukturellen Bedingungen des T. Wir wissen noch sehr wenig über die Bedeutung der Person- und Kontextvariablen. – Weithin unaufgeklärt ist der Zusammenhang zwischen Entwicklungsstand und T, ebenso zwischen T und Persönlichkeits- bzw. kognitiver Struktur (→ *Kognitive Komplexität*). – Neurophysiologische und verhaltenstheoretische T-Konzepte werden oft nebeneinander entwickelt. Die theoretische Integration der verschiedenen Ansätze muß versucht werden. – Ein breites Feld für wissenschaftliche Forschung und Innovation ist die Entwicklung einer präskriptiven T-Didaktik. In diesem Zusammenhang steht auch der Theorie-Praxis-Bezug unter T-Aspekten und die Entwicklung daraus abgeleiteter Verhaltens- und Trainingsmodelle. – In inhaltsanalytisch-historischer Arbeit sind Bildungstheorien der Gegenwart und Vergangenheit sowie didaktische Modelle auf ihre immanten T-Postulate hin zu untersuchen.

Konrad Widmer

Literatur
Aebli, H.: Grundformen des Lehrens. Stuttgart [10]1977. – *Ausubel, D. P.:* Educational Psychology. New York 1968. – *Ausubel, D. P.:* Psychologie des Unterrichts. Weinheim 1974. – *Bergius, R.:* Übungsübertragung und Problemlösen. In: *Thomae, H.* (Hrsg.): Handbuch der Psychologie. Bd. I/2. Göttingen 1969. – *Bruner, J. S.:* The act of discovery. In: *Andersen, R. C.* u. a. (Hrsg.): Readings in the psychology of cognition. New York 1965. – *Bruner, J.S.:* Der Prozeß der Erziehung. Düsseldorf 1970. – *Bruner, J. S.:* Entwurf einer Unterrichtstheorie. Düsseldorf 1974. – *Eccles/Zeier.:* Gehirn und Geist. Stuttgart 1980. – *Egger, K.:* Lernübertragungen in der Sportpädagogik. Basel 1975. – *Ellis, H. C.:* The transfer of learning. New York [4]1973. – *Flammer, A.:* Transfer und Korrelation. Weinheim 1970. – *Fop-*

pa, E.: Lernen, Gedächtnis, Verhalten. Köln 1965. – *Gagné, R. M.:* Die Bedingungen des menschlichen Verhaltens. Hannover 1969; ⁴1975. – *Harlow, H. F.:* The formation of learning sets. In: Psychological Review 56 (1949). – *Hebb, D. O.:* A textbook of Psychology. Philadelphia 1958. – *Hilgard, E. R./Bower, G. H.:* Theorien des Lernens. Bd. I und II. Stuttgart ³1973. – *Hull, C. L.:* Principles of behavior. New York 1943. – *Judd, C. H.:* The relation of special training to general intelligence. In: Educational Review 36 (1908). – *Katona, G.:* Organizing and Memorizing. New York ²1949. – *Klafki, W.:* Studien zur Bildungstheorie und Didaktik. Weinheim 1974. – *Klauer, K. D.:* Methodik der Lehrzieldefinition und der Lehrstoffanalyse. Düsseldorf 1974. – *Messner, H.:* Wissen und Anwenden. Zur Problematik des Transfers im Unterricht. Stuttgart 1978. – *Osgood, C. E.:* Method and theorie in experimental psychology. New York 1953. – *Schiefele, H.:* Psychologische Befunde zum Problem des bildenden Lernens. In: Psychologische Rundschau 15 (1964) 2, S. 116–134. – *Skinner, B. F.:* Was ist Behaviorismus? Reinbek 1978. – *Thorndike, E. L.:* Mental discipline in high school studies. In: Journal of educational psychology 14 (1924). – *Tyler, R. W.:* Curriculum und Unterricht. Düsseldorf 1973. – *Weinert, F.:* Lernübertragung. In: Weinert, F. (Hrsg.): Funkkolleg Pädagogische Psychologie. Bd. 2. Frankfurt/M. 1974. – *Widmer, K.:* Fragen zum Transfer unter dem Aspekt der Individuation und der Sozialisation im Sportunterricht. In: Jugend und Sport. Magglingen 1976. – *Widmer, K.:* Das Transferproblem in der Lehrerfortbildung. In: *Weibel, W.:* Lehrerfortbildung, Variante CH. Zürich 1979. – *Woodrow, H.:* Der Einfluß der Übungsart auf die Lernübertragung. In: Weinert, F. (Hrsg.): Pädagogische Psychologie. Köln ⁴1969. – *Wöhler, K.:* Didaktische Prinzipien. München 1979.

Unterrichtsforschung

1. Begriffsbestimmung: Unter Unterrichtsforschung (U) sei die Erforschung der den Unterricht bedingenden Variablen, der in ihm ablaufenden Prozesse und der aus diesen resultierenden Ergebnisse verstanden. Von anderen Lehr-Lern-Prozessen soll Unterricht durch die Merkmale der Planmäßigkeit, der Institutionalisierung und der Professionalisierung der Lehrenden abgegrenzt werden (→ *Instruktionstheorien*). In der Literatur gibt es eine Fülle von Vorschlägen, die zu erforschenden Tatbestände zu gliedern, z. B.: (a) in der »Berliner Didaktik«: Anthropogene und soziokulturelle Voraussetzungen, Intentionalität, Thematik, Methodik, Wahl der → *Medien* (Schulz 1965); (b) im (1.) Handbuch der Unterrichtsforschung: U ist die »Forschung, bei der *zumindest* eine Variable Verhalten oder Charakteristika von Lehrern erfaßt« (Feger/van Trotsenburg 1970, Sp. 278).

Die deutsche Übersetzung dieses Handbuches gliedert sich nach drei Variablengruppen für die U: *zentrale* Variablen (Unterrichtsmethoden, Unterrichtsmittel und Unterrichtsmedien, Lehrerpersönlichkeit und Lehrermerkmale); *relevante* Variablen (soziale Interaktionen in der Schulklasse, sozialer Hintergrund des Unterrichts); *Umfeld*variablen (Klassenstufe, Unterrichtsfach) (Ingenkamp/Parey 1970); (c) Dunkin/Biddle (1974), die sich kritisch mit diesem Handbuch auseinandersetzen, nennen die folgenden Variablengruppen: (1) presage (bes. biographische Daten); (2) context (bes. Klassenstufe, Inhalte); (3) process (bes. Interaktionsabläufe); (4) product (bes. Lernleistungen).

Die Übereinstimmung in der Benennung der von der U wahrzunehmenden Aufgaben (die Bearbeitung der verschiedenen Variablen) ist offensichtlich, kann aber nicht darüber hinwegtäuschen, daß es zur Zeit sehr schwer ist, eine allgemein akzeptierte Auffassung von den Aufgaben der U in inhaltlicher und forschungsmethodischer Hinsicht zu finden. Die hauptsächlichen Streitpunkte betreffen die Bestimmung, Operationalisierung und Erfassung der Unterrichtsvariablen, die Berücksichtigung ihrer Komplexität und ihrer Variation im Zeitablauf, die Bestimmung von Reliabilität und Validität und damit der Generalisierbarkeit der Ergebnisse sowie die Entscheidung für ein primär empirisch-analytisches oder ein primär hermeneutisches Vorgehen bzw. ein aufgeklärtes Verknüpfen beider Verfahren (→ *Wissenschaftstheorie*). Es bestehen auch Differenzen, ob U als praxisbegründende, praxisentwickelnde oder praxisevaluierende Disziplin oder als eine Kombination solcher Ansätze zu verstehen sei (vgl. Flechsig 1975, S. 153).

2. Entwicklung der U: In Deutschland lassen sich Anfänge einer systematischen U schon bei Trapp (1780) oder Herbart nachweisen, wenngleich als Pionierleistungen die um die Jahrhundertwende entstandenen Arbeiten von Lay, Meumann, Fischer gelten (vgl. Flechsig 1967; Terhart 1978; Ewert 1979). Danach sind die Forschungen von Petersen (1937; 1969) und Winnefeld u. a. (1967) hervorzuheben. Das Gewicht der hermeneutisch akzentuierten Arbeiten in der ab 1960 intensivierten didaktischen Diskussion sicherte diesen empirisch akzentuierten deutschen Forschungsansätzen keine besondere Aufmerksamkeit. Das änderte sich erst 1970 mit dem Erscheinen der deutschen Übersetzung des von Gage 1963 herausgegebenen Handbuchs der Unterrichtsforschung (Ingenkamp/Parey 1970). Die Fülle der in der deutschen Diskussion weitgehend unbekannten Verfahren und Ergebnisse sowie die Vielfalt der Untersuchungen wirkten durchaus stimulierend. Es waren auch Ansätze gegeben, die amerikanische Forschung mit Modellen der deutschen didaktischen Theorie zu verknüpfen (z. B. Schulz u. a. 1970, Sp. 835 ff.) und damit einer Professionalisierung zu dienen, entsprechend der These, »daß Unterrichtsbeobachtung keine Sache von Amateuren, sondern von Spezialisten« sei (Sp. 838). In der Euphorie, die aus der Annahme einer Stärkung der empirisch-analytischen Position gegenüber der traditionell hermeneutischen Ausrichtung der deutschen Pädagogik resultierte, übersah man die Schwierigkeiten, die auch für die amerikanische U bestanden hatten und zum Zeitpunkt der Übersetzung noch bestanden. 1952 wurde von der American Educational Research Association festgestellt, daß trotz jahrzehntelanger Forschung zwar viele Studien, aber kaum brauchbare Resultate für den Bereich effektiven Lehrerverhaltens vorlägen (Remmers u. a. 1953). Eine Konsequenz aus dieser Einschätzung war die Beauftragung von Gage mit der Herausgabe des Handbuchs. 1970 wurde bereits an einem zweiten Handbuch gearbeitet, das 1973 erschien (Travers) und in dem die Wirksamkeit der U, insbesondere für den Bereich des Lehrerverhaltens, unverändert pessimistisch beurteilt wurde (Rosenshine/Furst 1973). Ähnlich äußern sich Dunkin/Biddle (1974) und Shulman (1974/75). Als Hauptproblem der gängigen Forschungsparadigmata wird die mangelnde Generalisierbarkeit der Ergebnisse hervorgehoben (Shavelson/Dempsey-Atwood 1976; Glaser 1976; Doyle 1978; Good 1979; Brophy 1979). In der Bundesrepublik führte diese Diskussion 1974 zur Einrichtung eines Schwerpunktprogramms *Lehr-Lern-Forschung* (Zeitschrift für Pädagogik 1974, S. 967–972). Aus diesem Programm heraus, aber auch parallel hierzu entwickelte sich angesichts der angerissenen Probleme in den letzten Jahren bei einer ständig steigenden Projektzahl eine intensive methodologische Diskussion (→ *Methoden.*) (Terhart 1978; Schön/Hurrelmann 1979; Eigler 1979; Strittmatter 1979; Oerter 1979; Achtenhagen 1979; Klauer 1980).

3. Schwerpunkte der Diskussion: Angesichts der vielfältigen Argumentationsstränge kann ein geschlossenes, in sich stimmiges Konzept der U zur Zeit nicht formuliert werden; dafür seien international übereinstimmend als besonders wichtig hervorgehobene Schwerpunkte der U mit ihren Ergebnissen und/oder offenen Fragen vorgestellt. Heidenreich/Heymann 1976 haben auf der Grundlage einer umfassenden Literaturdurchsicht zehn Prinzipien für die U (sie sagen Lehr-Lern-Forschung) formuliert. U sollte danach »(1) Lehr-Lern-Vorgänge im *Unterricht* untersuchen; (2) Merkmale und Aktivitäten von *Lehrern und Schülern* berücksichtigen und aufeinander beziehen; (3) *individuelle Unterschiede* der Merkmalsträger in Lehr-Lern-Prozessen als erklärungsrelevante Informationen interpretieren; (4) außer kognitiven auch *affektive* Faktoren von Lehr-Lern-Prozessen erfassen (→ *Gefühl);* (5) Lehr*inhalte* einbeziehen (→ *Curriculum);* (6) *Wechselwirkungen zwischen den Unterrichtsvariablen* aufzuklären suchen; (7) Unterricht als *Prozeß* erforschen; (8) *theorieorientiert* erfolgen; (9) eine hohe *empirisch-methodologische Qualität* anstreben; (10) die unterrichts*praktische* Bedeutung ihrer Ergebnisse diskutieren« (S. 226/227). Im folgenden seien diese Prinzipien veranschaulicht und zugleich angedeutet, welche Probleme, aber auch welche Lösungsmöglichkeiten gesehen werden.

3.1 Forschungsmethodologische Probleme: Die Intensivierung einer methodologischen Diskussion deutet auf zwei Phänomene hin: Zum einen liegt eine Reihe von Untersuchungen vor, bei denen eine Wissensakkumulation nachweisbar ist (z. B. im Bereich der Erforschung von Schulangst [Jacobs/Strittmatter 1979; → *Angst*] der → *Lehrer-Schüler-Interaktion* [Brophy/Good 1976], des Unterrichtsstils [Bennett 1979]); zum anderen sind Zweifel gegeben, ob und in welcher Weise vorliegende Studien mit sich z. T. widersprechenden Resultaten für einen Fortschritt im Theorie- und im Handlungsbereich fruchtbar zu machen seien. Ein Lösungsvorschlag besteht in dem Versuch, über Meta-Analysen, d. h. die kombinierte Auswertung signifikanter *und* nichtsignifikanter Forschungsergebnisse, Anhaltspunkte dafür zu finden, wie stabil dem Trend nach die Forschungsbefunde sind (Frikke 1977; Glass 1978; Gage 1979). Nun dient dieser Weg sicher der Hypothesengenerierung. Fragen der experimentellen oder quasiexperimentellen Hypothesenprüfung sind damit noch nicht gelöst. Hier setzt die Diskussion um die Kriterien der internen und externen Validität ein (Schwarz 1970). Unter interner Validität versteht man die Frage nach der Kontrolle der experimentellen Bedingungen und Konsequenzen. Externe Validität liegt vor, »wenn die Ergebnisse nicht nur unter den für die betreffende Untersuchung spezifischen Bedingungen gültig sind, sondern generalisiert werden können« (Bredenkamp 1979, S. 267); dabei wird unterschieden nach Populationsvalidität, Variablenvalidität und ökologischer Validität. Gerade der letzte Aspekt wird zur Zeit besonders diskutiert (Magoon 1977; Bronfenbrenner 1978; Oerter 1978), indem die Berücksichtigung natürlicher Situationen, des sozialen und kulturellen Kontexts sowie der Situationsinterpretation von Forschern, Lehrern und Schülern gefordert wird (→ *Ökologie*). Diese Forderungen legen eine Erhöhung der Komplexität von U nahe, die notwendigerweise sowohl den Bereich der Theorie als auch den der hierauf abgestimmten Überprüfungsverfahren betrifft; denn die Probleme der U sind primär darauf zurückzuführen, daß ein Überhang auf seiten der Theorie (z. B. die deutschen didaktischen Modelle) oder auf seiten der Überprüfungsverfahren (z. B. der Einsatz der Flanders-Matrix; Flanders 1970) besteht. Eine unrealistische Lösung wäre, empirisch-analytisch orientierte Forschung durch hermeneutische Verfahren abzulösen. Die bisherige Entwicklung – insbesondere in den erwähnten gut ausgearbeiteten Forschungsbereichen – legt nahe, einen Ansatz deduktivistisch-experimenteller Forschung zu favorisieren. Schwierigkeiten im Bereich der Theorieentwicklung und -prüfung werden noch dadurch erhöht, daß der Prozeß einer Überführung gesicherter Theorien in Technologien bis heute nicht befriedigend gelöst ist (Brocke 1979; Haußer/Krapp 1979; Herrmann 1979; Krapp 1979; Westmeyer 1979).

3.2 U in natürlichen Situationen: Das Problem der U in *natürlichen* Situationen ist im Zusammenhang der Diskussion von Unterrichtsbeobachtungssystemen entstanden (→ *Verhaltensbeobachtung* und -beurteilung). Dabei verweist das Attribut »natürlich« auf mindestens vier Aspekte: Es ist (a) gegen die Untersuchung von Unterricht in laboratoriumsähnlichen Situationen gewendet. (b) Eine Beobachtung isolierter Unterrichtseinheiten wird für wenig fruchtbar gehalten; das gilt sowohl im Hinblick auf eine – ethnomethodologisch akzentuierte – langfristige Beschreibung einzelner Klassen (»thick description«; Brophy 1979) als auch für Untersuchungen jeweils nur einer Unterrichtseinheit in vielen Klassen. Brophy (1979, S. 743) bringt das Problem auf die griffige Formel, daß die Untersuchung von 20 Klassen über jeweils 20 Stunden mehr Erfolg verspricht als die einer Klasse über 400 Stunden oder die von 400 Klassen über jeweils eine Stunde. (c) Problematisch ist die Zergliederung des Unterrichtsprozesses, wie sie bei der Mehrzahl der Unterrichtsbeobachtungsverfahren erfolgt (vgl. die zusammenfassende Diskussion bei Merkens/Seiler 1978), wobei zumeist (d) die Wechselwirkungen zwischen den Unterrichtsvariablen nicht hinreichend erfaßt werden (→ *ATI*). Unstrittig ist, daß nach Möglichkeit im Rahmen der U der beobachtete Unterricht mit Hilfe von Filmaufzeichnungen festgehalten werden sollte (Kounin 1976); damit lassen sich die notwendige (mittlere) Komplexitätsebene, die Angemessenheit der Kategorienbildung sowie die Probleme der Reproduzierbarkeit am besten kontrollieren.

3.3 Behandlung der Lehrer-Schüler-Interaktion in der U: Brophy/Good (1976) haben im Anschluß an Rosenthal/Jacobson (1971) und weitere Untersuchungen ein Modell der Kommunikation von Erwartungshaltungen auf Lehrer- und Schülerseite mit prognostizierbaren Konsequenzen für die Interaktionsmuster erarbeitet. Als zweckmäßig hat sich dabei die idealtypische Untersuchung des proaktiven, reaktiven, überreaktiven Lehrers erwiesen. Mit der Konzentration auf Probleme des einzelnen Lehrers und einzelner Schüler kann dieser Ansatz mit der → *Attribuierungs*-Forschung sowie mit Forschungen zur naiven Verhaltenstheorie (→ *Implizite Theorien;* → *Persönlichkeitstheorien*) verknüpft werden, wobei insbesondere die Erfassung von schülerindividuell erhobenen Daten in den Mittelpunkt des Interesses rückt (Treiber u. a. 1976; Achtenhagen u. a. 1979; Schiefele 1980). Hier sind zugleich Ansätze gegeben, über U bildungspolitische Probleme der Individualisierung und → *Differenzierung* zu lösen.

3.4 U unter Berücksichtigung der Inhalte: Im Rahmen der U wird die Inhaltsproblematik in dreifacher Weise angesprochen: (a) Bei der Diskussion zweckmäßiger Schemata der Unterrichtsbeobachtung: Beispiele hierfür sind die Arbeiten von Meux/Smith (1964), Bellack u. a. (1966), Dunkin/Biddle (1974). Wragg (1974, bes. S. 97ff.) weist eindringlich darauf hin, daß allgemein gehaltene, fachlich unspezifische Unterrichtsbeobachtungsschemata nur mit Mühe und ohne Hoffnung auf große Aussagekraft angewendet werden können; es sei nötig, die Unterrichtsinhalte detailliert und nicht nur über globale Ziel- und Verhaltensangaben in die U einzubeziehen (→ *Lehrziel*). Damit kritisiert er zugleich die Modelle der Unterrichtsbeschreibung, wie sie z. B. bei Schulz u. a. (1970) zusammengefaßt sind. Ansatzweise hat sich diese Auffassung bereits bei Smith u. a. (1970) und Sinclair/Coulthard (1975) durchgesetzt; die genaue Erfassung und Auswertung der Interaktionsmuster erfordern Modelle einer differenzierten Inhaltsbeschreibung, ohne deren Vorhandensein die Interaktionsanalysen mit ihren Ergebnissen nur schwer generalisierbar werden. (b) Bei der Auswertung von Ergebnissen groß angelegter Untersuchungen zur Wirksamkeit von Unterrichtsmethoden besonders im Bereich des Fremdsprachenunterrichts (Scherer/Wertheimer 1964; Smith 1970): Es wurde sichtbar, daß die fehlende Eindeutigkeit der Resultate im wesentlichen auf die mangelnde Kontrolle der Inhalte zurückzuführen war. (c) Als systematisches Problem: Bellack u. a. (1966) hatten bei 15 Lehrern das Sprachverhalten im Unterricht untersucht. Dabei wurde derselbe Inhalt vorgegeben; zugleich erfolgte ein Lehrertraining im Umgang mit diesem Text. Zur Überraschung der Autoren stellte sich heraus, daß gerade im Inhaltsbereich die größte Variation zwischen den Lehrern auftrat, was man sich nicht erklären konnte, da man ja gemeint hatte, über die Normierung des Textes und des Lehrertrainings (→ *Trainingsmethoden*) bezüglich dieses Textes gerade den Inhaltsbereich unter Kontrolle zu haben. Die dargestellten Probleme haben im Rahmen des Schwerpunktprogrammes »Lehr-Lern-Forschung« zur Entwicklung umfassender Beschreibungsmodelle für die Unterrichtsinhalte geführt (Achtenhagen/Wienold 1975; Klauer 1976; Schott 1976).

3.5 U unter Anwendung übergreifender Konzepte: Die relativ unbefriedigende Forschungslage stimulierte die Formulierung übergreifender Konzepte, die von der Intention her eine Integration der Einzelbefunde leisten sollen. Für die USA ist das Modell von Harnischfeger/Wiley (1977) hervorzuheben, das Carrolls Modell von 1963 weiterentwickelt. Es wird versucht, alle für wichtig erachteten Unterrichtsvariablen auf die Zeitdimension zu beziehen, um so die Grundannahme des Modells »Grad des Lernerfolgs = f (tatsächlich aufgewendete Zeit/tatsächlich benötigte Zeit)« inhaltlich ausfüllen zu können (vgl. auch Rosenshine 1971; → *Zielerreichendes Lernen*; → *ATI*). Dieser Ansatz hat zur Zeit großen Einfluß auf die amerikanische Diskussion, zumal die entscheidenden Hypothesen über die Zusammenhänge der Variablen von Carroll (1975) bestätigt werden konnten. Man erwartet, hierdurch inhaltlich die auf verschiedenen Wegen gewonnenen Ergebnisse miteinander verknüpfen zu können; allerdings sind die Fragen der Zeitumrechnung und der Zeitprozeßerfassung noch offen. Ein anderer Weg zur Effektivitätssteigerung wird auch in der systematischen Berücksichtigung gut bestätigter Theorien im Rahmen der U gesehen, z. B. der Lerntheorie (→ *Lernen und Lerntheorien*) bzw. Verhaltenstheorie (Deitz 1978; Krumm 1979) oder der Kognitionspsychologie (Frey 1978; Mandl/Huber 1978). Hierdurch scheint es möglich, die den Bedingungen natürlicher Situationen angepaßte Forschungskomplexität kontrolliert zu steigern. Schließlich wird versucht, technologisch orientierte, relativ umfassende Ansätze experimentell zu bestätigen (vgl. das Konzept der »direct instruction«; Good 1979). Zusammenfassend kann man hervorheben, daß ein aufgeklärter Gebrauch der gegebenen Forschungsmethoden unter besonderer Berücksichtigung experimenteller Verfahren favorisiert wird; inhaltlich konzentriert sich das Interesse auf die simultane Berücksichtigung der → *Lehrer-Schüler-Interaktion* unter Erfassung der quantitativen und qualitativen Zuweisung von Inhalten an den einzelnen Schüler im Zeitablauf. Angesichts der komplexen Theorielage wird das Schwergewicht der U in den nächsten Jahren bei der Entwicklung von Überprüfungsverfahren liegen, die der Theorie angemessen sind.

Frank Achtenhagen

Literatur

Achtenhagen, F.: Einige Überlegungen zum gegenwärtigen Stand der Unterrichtswissenschaft. In: Unterrichtswissenschaft 7 (1979), S. 269–282. – *Achtenhagen, F./Wienold, G.*: Lehren und Lernen im Fremdsprachenunterricht. 2 Bde. München 1975. – *Achtenhagen, F. u. a.*: Die Lehrerpersönlichkeit im Urteil von Schülern. In: Zeitschrift für Pädagogik 25 (1979), S. 191–208. – *Bellack, A. A. u. a.*: The language of the classroom. New York 1966. – *Bennett, N.*: Unterrichtsstil und Schülerleistung. Stuttgart 1979. – *Bredenkamp, J.*: Das Problem der externen Validität pädagogisch-psychologischer Untersuchungen. In: Brandstädter, J. u. a. (Hrsg.): Pädagogische Psychologie: Probleme und Perspektiven. Stuttgart 1979, S. 267–289. – *Brocke, B.*:

Aspekte einer Methodologie der angewandten Sozial- und Verhaltenswissenschaften. In: Zeitschrift für Sozialpsychologie 10 (1979), S. 2–29. – *Bronfenbrenner, U.:* Ansätze zu einer experimentellen Ökologie menschlicher Entwicklung. In: *Oerter, R.* (Hrsg.): Entwicklung als lebenslanger Prozeß. Hamburg 1978, S. 33–65. – *Brophy, J. E.:* Teacher Behavior and Its Effects. In: Journal of Educational Psychology 71 (1979), S. 733–750. – *Brophy, J. E./Good, T. L.:* Die Lehrer-Schüler-Interaktion. München u. a. 1976. – *Carroll, J. B.:* A Model of School Learning. In: Teachers College Record LXIV (1963), S. 723–733. – *Carroll, J. B.:* The Teaching of French as a Foreign Language in Eight Countries. Stockholm u. a. 1975. – *Deitz, S. M.:* Current Status of Applied Behavior Analysis. In: American Psychologist 33 (1978), S. 805–814. – *Doyle, W.:* Paradigms for Research on Teacher Effectiveness. In: *Shulman, L. S.* (Hrsg.): Review of Research in Education 1977. Itasca/Ill. 1978, S. 163–198. – *Dunkin, M./Biddle, B.:* The study of teaching. New York 1974. – *Eigler, G.:* Unterrichtswissenschaft – Wissenschaft für Unterricht? In: Unterrichtswissenschaft 7 (1979), S. 2–12. – *Ewert, O.:* Zum Selbstverständnis der Pädagogischen Psychologie im Wandel ihrer Geschichte. In: *Brandtstädter, J.* u. a. (Hrsg.): Pädagogische Psychologie: Probleme und Perspektiven. Stuttgart 1979, S. 15–28. – *Feger, H./Trotsenburg, E. van:* Paradigmen für die Unterrichtsforschung. In: *Ingenkamp, K./Parey, E.* (Hrsg.): Handbuch der Unterrichtsforschung. Teil I. Weinheim u. a. 1970, Sp. 269–366. – *Flanders, N. A.:* Analyzing Teaching Behavior. Reading/Mass. 1970. – *Flechsig, K.-H.:* Die Funktion des Experiments in der Unterrichtsforschung. In: Die Deutsche Schule 59 (1967), S. 397–413. – *Flechsig, K.-H.:* Forschungsschwerpunkte im Bereich der Unterrichtstechnologie. In: *Roth, H./Friedrich, D.* (Hrsg.): Bildungsforschung. Teil 2. Stuttgart 1975, S. 128–180. – *Frey, D.* (Hrsg.): Kognitive Theorien der Sozialpsychologie. Bern u. a. 1978. – *Fricke, R.:* Möglichkeiten zur zusammenfassenden Darstellung von unabhängigen Forschungsergebnissen zur Lehrer-Schüler-Interaktion. In: Zeitschrift für erziehungswissenschaftliche Forschung 11 (1977), S. 208–215. – *Gage, N. L.* (Hrsg.): Handbook of Research on Teaching. Chicago 1963. – *Gage, N. L.:* Unterrichten – Kunst oder Wissenschaft. München u. a. 1979. – *Glaser, R.:* Cognitive Psychology and Instructional Design. In: *Klahr, D.* (Hrsg.): Cognition and Instruction. Hillsdale 1976, S. 303–315. – *Glass, G. V.:* Integrating Findings: The Meta-Analysis of Research. In: *Shulman, L. S.* (Hrsg.): Review of Research in Education 1977. Itasca/Ill. 1978, S. 351–379. – *Good, T. L.:* Teacher Effectiveness in the Elementary School. In: Journal of Teacher Education 30 (1979), S. 52–64. – *Harnischfeger, A./Wiley, D.:* Kernkonzepte des Schullernens. In: Zeitschrift für Entwicklungspsychologie und Pädagogische Psychologie IX (1977), S. 207–228. – *Haußer, K./Krapp, A.:* Wissenschaftstheoretische und methodologische Implikationen einer pädagogischen Theorie des Interesses. In: Zeitschrift für Pädagogik 25 (1979), S. 61–79. – *Heidenreich, W.-D./Heymann, H. W.:* Lehr-Lern-Forschung. In: Zeitschrift für Pädagogik 22 (1976), S. 225–251. – *Herrmann, T.:* Pädagogische Psychologie als psychologische Technologie. In: *Brandtstädter, J.* u. a. (Hrsg.):
Pädagogische Psychologie: Probleme und Perspektiven. Stuttgart 1979, S. 209–236. – *Ingenkamp, K./Parey, E.* (Hrsg.): Handbuch der Unterrichtsforschung. 3 Teile. Weinheim u. a. 1970. – *Jacobs, B./Strittmatter, P.:* Der schulängstliche Schüler. München u. a. 1979. – *Klauer, K. J.:* Neuere Entwicklungen im Bereich der Lehrstoffanalyse – Schwerpunkt Makroanalyse. In: Zeitschrift für Pädagogik 22 (1976), S. 387–398. – *Klauer, K. J.:* Experimentelle Unterrichtsforschung. In: Unterrichtswissenschaft 8 (1980), S. 61–72. – *Kounin, J. S.:* Techniken der Klassenführung. Bern/Stuttgart 1976. – *Krapp, A.:* Prognose und Entscheidung. Weinheim/Basel 1979. – *Krumm, V.:* Zur Handlungsrelevanz der Verhaltenstheorien. München u. a. 1979. – *Magoon, A. J.:* Constructivist approaches in educational research. In: Review of Educational Research 47 (1977), S. 651–693. – *Mandl, H./Huber, G. L.* (Hrsg.): Kognitive Komplexität. Göttingen u. a. 1978. – *Merkens, H./Seiler, H.:* Interaktionsanalyse. Stuttgart u. a. 1978. – *Meux, M. B./Smith, O.:* Logical Dimension of Teaching Behavior. In: *Biddle, B. J./Ellena, W. J.* (Hrsg.): Contemporary Research on Teacher Effectiveness. New York u. a. 1964, S. 127–164. – *Oerter, R.:* Welche Realität erfaßt Unterrichtsforschung. In: Unterrichtswissenschaft 7 (1979), S. 24–43. – *Petersen, P.:* Führungslehre des Unterrichts. Weinheim u. a. ^{8}1969 (1. Aufl. 1937). – *Remmers, H. H.* u. a.: Second Report of the Committee on Criteria of Teacher Effectiveness. In: Journal of Educational Research 46 (1953), S. 641–658. – *Rosenshine, B.:* Teaching Behaviours and Student Achievement. Windsor 1971. – *Rosenshine, B./Furst, N.:* The Use of Direct Observation to Study Teaching. In: *Travers, R. M. W.* (Hrsg.): Second Handbook of Research on Teaching. Chicago 1973, S. 122–183. – *Rosenthal, R./Jacobson, L.:* Pygmalion im Unterricht. Weinheim u. a. 1971. – *Scherer, G. A./Wertheimer, M.:* A Psycholinguistic Experiment in Foreign Language Teaching. New York u. a. 1964. – *Schiefele, H.:* Interesse als spezifische Handlungsbedingung. München 1980. – *Schön, B./Hurrelmann, K.* (Hrsg.): Schulalltag und Empirie. Weinheim/Basel 1979. – *Schott, F.:* Lehrstoffanalyse mit einem normierten Beschreibungssystem – Schwerpunkt Mikroanalyse. In: Zeitschrift für Pädagogik 22 (1976), S. 399–410. – *Schulz, W.:* Unterricht – Analyse und Planung. In: *Heimann, P.* u. a.: Unterricht – Analyse und Planung. Hannover u. a. 1965, S. 13–47. – *Schulz, W.* u. a.: Verhalten im Unterricht. Seine Erfassung durch Beobachtungsverfahren. In: *Ingenkamp, K./Parey, E.* (Hrsg.): Handbuch der Unterrichtsforschung. Teil I. Weinheim u. a. 1970, Sp. 633–852. – *Schwarz, E.:* Experimentelle und quasi-experimentelle Anordnungen in der Unterrichtsforschung. In: *Ingenkamp, K./Parey, E.* (Hrsg.): Handbuch der Unterrichtsforschung. Teil I. Weinheim u. a. 1970, Sp. 445–632. – *Shavelson, R./Dempsey-Atwood, N.:* Generalizability of Measures of Teaching Behavior. In: Review of Educational Research 46 (1976), S. 553–611. – *Shulman, L. S.:* Pädagogische Forschung – Versuch einer Neufassung. In: Die Deutsche Schule 66 (1974), S. 798–809 (Teil I); 67 (1975), S. 6–17 (Teil II). – *Sinclair, J. M./Coulthard, R. M.:* Towards an Analysis of Discourse. London 1975. – *Smith, O. B.* u. a.: A Study of the Logic of

Teaching. Urbana u. a. 1970. – *Smith, P. D.*: A Comparison of the Cognitive and Audio-Lingual Approaches to Foreign Language Instruction: The Pennsylvania Foreign Language Project. Philadelphia 1970. – *Strittmatter, P.*: Unterrichtswissenschaft – Wissenschaft für Unterricht? In: Unterrichtswissenschaft 7 (1979), S. 13–23. – *Terhart, E.*: Interpretative Unterrichtsforschung. Stuttgart 1978. – *Travers, R. M. W.* (Hrsg.): Second Handbook of Research on Teaching. Chicago 1973. – *Treiber, B.* u. a.: Bedingungen individuellen Unterrichtserfolges. In: Zeitschrift für Pädagogik 22 (1976), S. 153–179. – *Westmeyer, H.*: Zur Handlungsrelevanz der Verhaltenstheorien. In: *Krumm, V.* (Hrsg.): Zur Handlungsrelevanz der Verhaltenstheorien. München u. a. 1979, S. 146–155. – *Winnefeld, F.* u. a.: Pädagogischer Kontakt und Pädagogisches Feld. München/Basel ⁴1967. – *Wragg, E. C.*: Teaching Teaching. Newson Abbot u. a. 1974.

Veränderungsmessung

1. Zur Bedeutung der Veränderungsmessung
Die Veränderungsmessung (VM) hat in der Geschichte der Psychologie eine relativ lange Tradition aufzuweisen: So beschäftigten sich nicht nur die Psychophysiker und Psychophysiologen des 19. Jahrhunderts mit der Quantifizierbarkeit intraindividueller Variabilität verschiedener Reaktionsweisen, auch in der damaligen Entwicklungspsychologie wurden Detailprobleme der VM gründlich diskutiert (z. B. von Quetelet 1835; vgl. Baltes 1979). Eine abrißhafte Darstellung der »Verlaufsanalyse« unter historischem Aspekt gibt Fahrenberg (1968). Gegenwärtig ist eine verstärkte Auseinandersetzung mit Fragen der Veränderung und Veränderbarkeit menschlicher Verhaltensweisen (→ *Entwicklung*; → *Persönlichkeitstheorien*) zu beobachten. Dies hängt u. a. damit zusammen, daß in der Psychologie ein dynamisches, lern-, interaktions- und veränderungsorientiertes Persönlichkeits- und Entwicklungsverständnis zunehmend Beachtung gewinnt. Damit ist auch ein Akzentwechsel in der pädagogisch-psychologischen Diagnostik verbunden (→ *Prozeßdiagnostik*). Themenbereiche bzw. Aufgabenfelder der VM sind u. a.:

(a) Pädagogische Diagnostik: Diagnose und Prognose individueller Lernerfolge im Rahmen der → *Schulleistungsbeurteilung*; Erfassung von Lernprozessen und Abbildung von Lernwegen (→ *Instruktionstheorie*); VM im Rahmen curricularer → *Evaluation*; Kontrolle verhaltensmodifikatorischer Interventionsstrategien im Bereich der Schule (→ *Lerntherapie*).

(b) Entwicklungspsychologie: Suche nach Entwicklungsfunktionen; Untersuchung von Veränderungsstrukturen, von Beziehungen zwischen früherem und späterem Verhalten und von Beziehungen zwischen antecedenten (biographischen und historischen) Ereignissen und später auftretendem Verhalten (vgl. Rudinger/Lantermann 1978).

(c) Klinische Psychologie: Kontrolle klinischinvolvierter Therapieeffekte und Heilungsprozesse (→ *Intervention und Prävention*); klinische → *Einzelfallanalyse*.

Im Gegensatz zur Fülle der bestehenden Aufgaben der VM ist das gegenwärtig zur Verfügung stehende Methodeninventar noch sehr unzureichend (vgl. Harris 1963; Cronbach/Furby 1970). Dieser häufig zu pauschalierend als »Dilemma« bezeichnete Umstand macht eine – wenn auch nur ausschnitthafte – Diskussion definitorischer und methodischer Probleme notwendig.

2. Definitions- und Methodenprobleme
2.1 Zur begrifflichen Abgrenzung: Umgangssprachlich wird mit dem Begriff »Veränderung« (engl. change oder growth) in der Regel die Erfahrung zu beschreiben versucht, daß sich eine Person oder das gesamte Person-Umwelt-System verändert. Meßtechnisch können jedoch nicht diese Veränderungen selbst, sondern vielmehr die zu verschiedenen Zeitpunkten beobachtbaren *Zustände* erfaßt werden. In diesem Sinne ist Veränderung ein Geschehen, das mindestens zwischen zwei Zuständen abläuft. Da diese unterschiedlicher Art, Intensität, Richtung, Komplexität usw. sind, werden je nach Wissenschaftsdisziplin weitere Spezifizierungen des Begriffes »Veränderung« vorgenommen. So kann man unter »Wandel« die Veränderung der Struktur von Variablen bzw. Faktoren verstehen; der Begriff »sozialer Wandel« meint eine solche Veränderung sozialer Strukturen. Von »Trends« wird dann gesprochen, wenn sich *nicht*identische Personengruppen verändern. Im Gegensatz dazu werden bei »Paneluntersuchungen« die gleichen Probanden als Untersuchungseinheiten verwendet. Somit besteht die Möglichkeit einer Datenanalyse auf der Ebene individueller Vergleiche. Weitere, die intraindividuelle Variabilität beschreibende Begriffe wie Fluktuation, Oszillation, Rhythmen usw. werden teilweise unterschiedlich gebraucht. Trotz zahlreicher Klassifikationsversuche fehlt gegenwärtig ein allgemein verbindliches Begriffssystem der VM.
2.2 Experimentelle Fehlerquellen der VM: Je-

de Form der VM beruht auf einem Vergleich von Beobachtungsdaten, die zu verschiedenen Zeitpunkten erhoben werden. Bei solchen Längsschnitt- bzw. Mehrzeitpunktuntersuchungen können sich nach Petermann (1978, S. 18f.) u. a. folgende Fehlerquellen ungünstig auswirken: *selektive Ausgangsstichprobe und Stichprobenveränderung; Zeit als Störfaktor; Testungsfaktoren* (z. B. Übungs- oder »Sättigungseffekte«) und *Einflüsse der Meßinstrumente* (z. B. Wechsel von Tests). Je nach Fragestellung und Untersuchungsdesign ist mit weiteren speziellen Fehlerquellen zu rechnen (vgl. Rudinger 1978; Revenstorf 1979; Metz-Göckel 1979).

2.3 Meß- und testtheoretische Probleme: Die (scheinbar) einfachste Methode der individuellen VM besteht in der Bildung von Differenzwerten (Unterschied zwischen Vor- und Nachtest). Dabei tritt jedoch eine Reihe von Problemen auf, die Bereiter (1963) als »persisting dilemmas in the measurement of change« bezeichnet: Tendenz zur Mitte bei extrem niedrigen oder hohen Ausgangswerten, das Adäquatheitsproblem zwischen subjektiv empfundener und objektiv meßbarer Veränderung und die sinkende Reliabilität von Vor- und Nachtestwerten bei steigender Korrelation zwischen Vor- und Nachtest. Diese Probleme und die Frage nach der Skalenqualität (Voraussetzung für Differenzbildung: Intervallskala) werden vor allem vor dem Hintergrund der klassischen Testtheorie (→ *Test*) diskutiert. Detailliertere Beiträge zu diesen und weiteren meß- und testtheoretischen Fragen einschließlich von Lösungsversuchen mit dem Rasch-Modell finden sich in verschiedenen deutschsprachigen Publikationen (vgl. Fischer 1974; Rost 1977; 1979; Rost/Spada 1978; Kleiter/Petermann 1977).

3. Herkömmliche Methoden der VM

3.1 Grafische Darstellungen erlauben eine erste Inspektion inter- und intraindividueller Veränderungsverläufe. Dem Vorteil der Veranschaulichung steht die Gefahr von Fehlinterpretationen zweifacher Art gegenüber: Entweder werden Abweichungen als statistisch bedeutsam erachtet, obwohl es sich um Zufallsschwankungen handelt, oder es werden »echte« Abweichungen übersehen. Zur zufallskritischen Überprüfung werden je nach Fragestellung verschiedene Methoden empfohlen (vgl. die unter 4. angegebenen Auswertungsverfahren).

3.2 Differenzmaße einfacher und standardisierter Art lassen sich zwar relativ leicht bilden, ihre Verwendbarkeit wird jedoch aus den genannten Gründen eingeschränkt. Ebenso ist die Verwendung sogenannter »Veränderungs-« oder »Lernindizes«, die das individuelle Ausgangsniveau und den Lernzuwachs in Beziehung zueinander zu setzen versuchen, sehr fragwürdig, da sie meist ohne nähere theoretische Begründung und ohne Rücksicht auf das Skalenniveau der Messungen konstruiert wurden. Entsprechend unterschiedlich sind die von verschiedener Seite vorgeschlagenen Lernzuwachsformeln. Bereiter (1963) versuchte eine Lösung dieser Probleme durch das Konzept der »änderungssensitiven Items« (»change items«). Anstelle der Differenzwertbildung erfolgt die einmalige direkte Beurteilung der Änderung auf retrospektiver Basis. Auch gegen diese Methode werden prinzipielle Einwände vorgebracht (vgl. Renn 1973).

3.3 Korrelationsmaße: Ein Veränderungsmaß stellt die Korrelation zwischen Ausgangsmessung und dem Differenzwert dar. Die Problematik dieses Vorgehens besteht darin, daß vielfach weder die Meßfehler der Einzelmessungen noch die Abhängigkeit der Messungen untereinander korrigiert werden (vgl. Petermann 1978, S. 34). Weitaus problematischer ist die Verwendung solcher Methoden für den Nachweis von Entwicklungskurven, wie dies z. B. Bloom für den Wachstumsverlauf der → Intelligenz versuchte (vgl. die Kritik von Krapp/Schiefele 1976). *Seriale Korrelationsmethoden* dienen dazu, systematische, auch gegeneinander phasenverschobene Beziehungen zwischen Zeitreihen aufzudecken (vgl. Fahrenberg 1968, S. 62f.).

3.4 Regressions- und Residualmaße einschließlich modifizierter Verfahrenstechniken (vgl. Petermann 1978, S. 34f.) sollen – teilweise unter Berücksichtigung von Drittvariablen – entweder über eine (korrigierte) Regressionsschätzung der Nachtestwerte aus den Vortestwerten oder durch (sukzessive) Auspartialisierung der Erstmessung aus der Nachmessung (Residualansatz) individuelle Veränderungen angemessener erfassen als Rohwerte-Differenzmaße. Ihre Verwendung ist jedoch mit Restriktionen verschiedener Art verbunden, ihre Effizienz wird unterschiedlich bewertet. In diesem Zusammenhang ist auch auf die *Pfadanalyse* als multiples, partielles Regressionsverfahren zu verweisen, das zunehmend zur Beschreibung und Überprüfung von als »kausal« hypostasierten Zusammenhangs-Wegen verwendet wird. Eine ausführliche Darstellung und kritische Würdigung dieser Methode zur Abbildung von Lernwegen findet sich bei Kleiter/Petermann (1977).

3.5 Faktorenanalytische Techniken dienen zur Beschreibung und Erklärung komplexer inter- und intraindividueller Veränderungen. Sie werden u. a. zur Beantwortung folgender Fragenkomplexe eingesetzt: Wie verändert sich die Struktur von Variablen über die Zeit hin? Und: Wie stehen die Veränderungen in verschiedenen Verhaltensdimensionen untereinander in Beziehung? Eine kritische Würdigung kann nicht global, sondern nur verfahrensspezifisch und je nach Forschungsthematik vorgenommen werden, da verschiedene Techniken mit zahlreichen Modifikationen entwickelt wurden (z. B. kanonische Faktorenanalyse, Drei-Weg-Matrizen; vgl. Baltes/Nesselroade 1979).

3.6 Varianz- und kovarianzanalytische Methoden gelten als klassische Verfahren zur Auswertung von Untersuchungsdesigns mit Meßwiederholungen. Campbell/Stanley (1961; dt. Bearbeitung 1970) diskutieren diese Methoden im Rahmen der VM. Es empfiehlt sich jedoch, deren Effizienz ebenfalls unter Berücksichtigung der speziellen Forschungsthematik zu bewerten.

4. Alternative Methoden der Veränderungsmessung

4.1 Im Rahmen der Einzelfallanalyse: Nach Petermann (1981) stehen neben den bereits genannten Methoden vor allem folgende Techniken zur Verfügung: Varianzanalytische Methoden (z. B. Shine-Bower-Analyse, Gentile-Analyse), Zeitreihenanalysen (z. B. Beschreibung durch Polynome, Fourieranalyse, autoregressive Prozesse und Gleitmittelprozesse), Markoffanalysen und informationstheoretische Ansätze (vgl. ergänzende Literaturhinweise bei Petermann 1981, S. 44–48 und Petermann/Hehl 1979).

4.2 Im Rahmen der Pädagogischen Diagnostik: (a) Das *Binomialmodell* zur Messung lehrzielorientierter Veränderungen (vgl. Klauer 1972); (b) *Struktur-Veränderungs-Modelle* zur Ermittlung der Lernvoraussetzungsstruktur nach der »Voraussetzungs-Clusteranalyse« und des individuellen Lernwegstandes nach der »Zielprofil-Clusteranalyse« (vgl. Kleiter/Petermann 1977). Ferner sollen ungerichtete clusteranalytische Methoden bei Berücksichtigung mehrerer Meßzeitpunkte (z. B. vor, zur Mitte und zum Abschluß schulischen Lernens) Lernen als Strukturveränderung abbilden (vgl. Kleiter 1979) und Mehrebenen-Modelle einen Strukturvergleich individueller und/oder gruppenspezifischer Lernvorgänge ermöglichen (vgl. Kleiter/Petermann 1977). Vielleicht lassen sich damit sog. »Risikoprognosen« zuverlässiger stellen als es die bisherigen Methoden der VM erlauben (→ *Prognose*). (c) *Probabilistische Modelle* (Rasch-Modell, Dynamisches Testmodell nach Kempf; vgl. Rost/Spada 1978, S. 83–95; Fischer 1974) zur Messung globaler und itemspezifischer Lerneffekte sowie von Lernvorgängen während der Testbearbeitung. Erfahrungen mit dem sogenannten »Lerntestkonzept« nach dem Muster Vortest – Pädagogisierungsphase – Nachtest (vgl. Guthke 1977) zeigen, daß die mit diesem Verfahren verbundenen Probleme der VM im Rahmen des Rasch-Modells nicht überzeugend gelöst werden können (vgl. Kormann 1979; 1981). Offen bleibt somit die Kernfrage, ob und inwieweit das Phänomen Lernen als »struktureller Prozeß mit qualitativen Sprüngen« angemessener erfaßt werden kann, als es die bisher bekannten Meß- und Testmodelle erlauben (vgl. Fischer 1977; Hilke 1980; Kempf 1981).

5. Perspektiven: Ob und inwieweit die nur kursorisch aufgezeigten Defizite der VM in nächster Zeit ausgeglichen werden können, ist nicht global zu beantworten. In *methodischer* Hinsicht erhofft man sich z. B. durch mathematische Modelle (vgl. Möbius/Nagel 1981) oder Computersimulationstechniken (vgl. Petermann 1978, S. 66–82) zumindest partielle Fortschritte. Andererseits wird argumentiert, daß die Lösung der aufgezeigten Schwierigkeiten nicht ausschließlich in der Entwicklung einer verbesserten Meßtheorie liegen könnte. Es gelte vielmehr zunächst die Grenzen des derzeitigen Faktenwissens und Theoriebestandes auf dem Gebiet der Öko-, Entwicklungs- und Lernpsychologie zu überwinden (vgl. Pawlik 1976). In diesem Sinne haben Rost/Spada (1979) verschiedene → *Lerntheorien* unter folgenden Aspekten zu analysieren versucht: Formalisierung der jeweiligen Theorie, experimentelle Paradigmen, Typen von Lerneffekten und Methoden zu deren Erfassung, Kompatibilität mit latent-trait-VM und korrespondierende Verfahren in der Bildungspraxis. Ergänzend zu diesen Bemühungen um eine bessere theoretische Fundierung empirischen Vorgehens wird im Rahmen der Pädagogischen Diagnostik zunehmend die Frage nach der *pädagogisch-didaktischen Leistungsfähigkeit* von Methoden der VM gestellt. Bewertungskriterien sind neben der Abbildung und Erklärung von Lernprozessen der Treatmentbezug und die Möglichkeit zur Anwendung im Rahmen der → *Einzelfallanalyse* mit dem Ziel, Mißerfolgsprognosen ungültig zu machen (→ *Prognose*). Die damit verbundenen methodischen, psychologischen, pädagogisch-didaktischen Probleme können nur in der Zusammenarbeit zwischen dem Wissenschaftler und dem Praktiker gelöst werden. Die Miteinbeziehung des Pädagogen in den Forschungsprozeß legitimiert sich prinzipiell dadurch, daß es sich bei schulischem Lernen nicht nur um eine Veränderung schlechthin, sondern um eine Veränderung mit bestimmten Zielen handelt, deren Realisierung der Erzieher in Eigenverantwortung mit zu vertreten hat.

Adam Kormann

Literatur

Baltes, P. B.: Einige Beobachtungen und Überlegungen zur Verknüpfung von Geschichte und Theorie der Entwicklungspsychologie der Lebensspanne. In: *Baltes, P. B./Eckensberger, L. H.* (Hrsg.): Entwicklungspsychologie der Lebensspanne. Stuttgart 1979, S. 13–33. – *Baltes, P. B./Nesselroade, J.:* Die entwicklungspsychologische Analyse von individuellen Unterschieden in mehreren Meßgrößen. In: *Baltes, P. B./Eckensberger, L.* (Hrsg.): Entwicklungspsychologie der Lebensspanne. Stuttgart 1979, S. 145–178. – *Bereiter, C.:* Some Persisting Dilemmas in the Measurement of Change. In: *Harris, C. W.* (Hrsg.): Problems in measuring change. Madison 1963, S. 3–20. – *Campbell, D. T./Stanley, J. C.:* Experimental and Quasi-experimental designs for research on teaching. Dt. in: *Ingenkamp, K.-H./Parey, E.* (Hrsg.): Handbuch der Unterrichtsforschung. Bd. 1. Weinheim 1970, S. 445–632. – *Cronbach, L. J./Furby, L.:* How we should measure »change« – or should we? In: Psychological Bulletin 74 (1970), S. 68–80. – *Fahrenberg, J.:* Aufgaben und Methoden der psychologischen Verlaufsforschung. In: *Groffmann, K. J./Wewetzer, K. H.* (Hrsg.): Person als Prozeß. Bern 1968, S. 41–82. – *Fischer, G.:* Einführung in die Theorie psychologischer Tests. Grundlagen und Anwendungen. Bern 1974. – *Fischer, G.:* Some implications of spezific objectivity for the measurement of change. Psychologisches Institut der Universität Wien. Research Bulletin 21. Wien 1977. – *Guthke, J.:* Zur Diagnostik der intellektuellen Lernfähigkeit. Stuttgart 1977. – *Harris, C. W.* (Hrsg.): Problems in measuring change. Madison 1963. – *Hilke, R.:* Grundlagen normorientierter und kriteriumsorientierter Tests. Eine kritische Auseinandersetzung mit der klassischen Testtheorie und den logistischen Testmodellen. Bern 1980. – *Kempf, W.:* Zur Grundlagenkrise der Testpsychologie. In: *Aschenbach, G./Kempf, W.:* Konstruktive Beiträge zum methodischen Fundament der Psychologie. Bern 1981. – *Klauer, K. J.:* Zur Theorie und Praxis des binominalen Modells lehrzielorientierter Tests. In: *Klauer, K. J.,* u. a. (Hrsg.): Lehrzielorientierte Tests. Düsseldorf 1972. – *Kleiter, E.:* Clusteranalytische Struktur-Veränderungsmessung zur Abbildung von Lernen als Struktur-Veränderung. Bisher unveröffentl. Manuskript. Kiel 1979. – *Kleiter, E./Petermann, F.:* Abbildung von Lernwegen. München 1977. – *Kormann, A.:* Lerntests – Versuch einer kritischen Bestandsaufnahme. In: *Eckensberger, L. H.* (Hrsg.): Bericht über den 31. Kongr. d. Deutschen Ges. f. Psychologie. Bd. 2. Göttingen 1979, S. 85–95. – *Kormann, A.:* Schulleistungsspezifische Lerntests. In: *Heller, K.* (Hrsg.): Leistungsbeurteilung in der Schule. Heidelberg 1981 (in Vorb.). – *Krapp, A./Schiefele, H.:* Lebensalter und Intelligenzentwicklung. Eine Analyse des Entwicklungsmodells von B. S. Bloom. München 1976. – *Metz-Göckel, H.:* Das Messen von Veränderungen in Einstellung und Verhalten. In: *Heinerth, K.* (Hrsg.): Einstellung und Verhalten. München 1979, S. 356–389. – *Möbius, C./Nagel, W.:* Veränderungsmessung. In: *Bredenkamp, J./Feger, H.* (Hrsg.): Handbuch der Psychologie, Bd. 13. Methodenlehre. Göttingen 1981. – *Pawlik, K.:* Modell- und Praxisdimensionen psychologischer Diagnostik. In: *Pawlik, K.* (Hrsg.): Diagnose der Diagnostik. Stuttgart 1976, S. 13–43. – *Petermann, F.:* Veränderungsmessung. Stuttgart 1978. – *Petermann, F.:* Möglichkeiten der Einzelfallanalyse in der Psychologie. Psychologische Rundschau 22 (1981), S. 31–48. – *Petermann, F./Hehl, F.-J.* (Hrsg.): Einzelfallanalyse. München 1979. – *Renn, H.:* Die Messung von Sozialisierungswirkungen. München 1973. – *Revenstorf, D.:* Zeitreihenanalyse für klinische Daten. Weinheim 1979. – *Rost, J.:* Diagnostik des Lernzuwachses. Ein Beitrag zur Theorie und Methodik von Lerntests. IPN-Arbeitsberichte 26. Kiel 1977. – *Rost, J./Spada, H.:* Probabilistische Testtheorie. In: *Klauer, K. J.* (Hrsg.): Handbuch der Pädagogischen Diagnostik. Bd. 1. Düsseldorf 1978, S. 59–98. – *Rost, J./Spada, H.:* Theorien des Lernens als Grundlage für Verfahren zur Beschreibung von Lerneffekten. Unveröffentl. Manuskript. Kiel 1979. – *Rudinger, G.:* Erfassung von Entwicklungsveränderungen im Lebenslauf. In: *Rauh, H.* (Hrsg.): Jahrbuch für Entwicklungspsychologie 1/1979. Stuttgart 1978, S. 157–214. – *Rudinger, G./Lantermann, E.-D.:* Probleme der Veränderungsmessung in individuellen und gruppentypischen Entwicklungsverläufen. In: *Oerter, R.* (Hrsg.): Entwicklung als lebenslanger Prozeß. Frankfurt/M. 1978, S. 178–226.

Verhaltensbeobachtung

1. Begriffserläuterung, Einordnung: Vorgänge der Verhaltensbeobachtung (V) sind Prozesse menschlicher Informationsaufnahme und -verarbeitung, die in unsystematischer, meist zufälliger Weise wesentliche Komponenten alltäglichen Verhaltens und Erlebens darstellen. Zu wissenschaftlichen und praktisch-diagnostischen Zwecken (→ *Diagnostik*) sind systematische Formen entwickelt worden. Als *systematisch* wird V dann bezeichnet, wenn sie in geplanter, auf ein bestimmtes Untersuchungsziel hin angelegter Weise zur Aufzeichnung der Beobachtungen führt (vgl. abweichend hierzu Cranach/Frenz 1969). Auf Abläufe unsystematischer, alltäglicher V kann hier nicht näher eingegangen werden. Sie werden unter den Rubriken »Personwahrnehmung«, »Soziale Wahrnehmung« oder »Soziale Kognition« in der sozialpsychologischen Literatur (vgl. Irle 1975) und z. B. unter der Rubrik → »*Lehrer-Schüler-Interaktion*« in der pädagogisch-psychologischen Literatur behandelt. Auch auf die heuristische Rolle unsystematischer V im Wissenschaftsprozeß kann hier nur verwiesen werden (vgl. Fassnacht 1979; → *Methoden*).

Bei Verfahren systematischer V handelt es sich formal betrachtet um Abbildungsvorgänge, bei denen Realitätsstrukturen in Zeichensysteme abgebildet werden. Sie stellen somit *Abbildungsverfahren* dar, und wenn es sich bei den verwendeten Zeichen um Zahlen handelt, sind sie darüber hinaus als *Meßverfahren* zu bezeichnen (vgl. Fricke 1972). Der Abbildungsvorgang läuft drei- bis vierphasig folgendermaßen ab: (a) Bestimmte Realitätsausschnitte werden vom Beobachter wahrgenommen. Hierbei wird notwendigerweise aus der Menge der Realitätsaspekte, die zum Beobachtungszeitpunkt in der Beobachtungssituation registrierbar sind, in zweierlei Hinsicht selegiert: Es werden nur solche Realitätsaspekte abgebildet, die vom menschlichen Wahrnehmungsapparat prinzipiell erfaßbar sind und nicht durch die Suchhaltung des Beobachters von der Wahrnehmung ausgeschlossen werden. (b) Aus der Menge der Sinneswahrnehmungen werden einzelne selegiert und zu kognitiven Einheiten verschmolzen (z. B. »Lehrer tadelt Schüler«). Dieser Prozeß wird als *Inferenz* bezeichnet und kann komplexe Beurteilungsvorgänge beinhalten. (c) Der Beobachter ordnet seinen Kognitionen Zeichen zu, die aus einer Menge vordefinierter deskriptiver Zeichen stammen, und fixiert sie in einem Medium (indem er sie z. B. auf einem Beobachtungsbogen notiert). (d) Als vierter Teilprozeß kann sich die Quantifizierung des Beobachtungsprotokolls anschließen (beispielsweise in Form von Häufigkeitsauszählungen), sofern nicht schon im dritten Teilprozeß quantitative Einschätzungen direkt vorgenommen wurden. Alle vier Teilprozesse werden durch mehr oder weniger eindeutige und explizite *Beobachtungsregeln* gelenkt. Es ergibt sich folgende strukturelle Charakterisierung: *Verfahren systematischer V sind Abbildungsverfahren, die aus vier Komponenten bestehen: (a) einem (mehreren) Beobachter(n), (b) einem Zeichensystem, (c) einem System von Beobachtungsregeln und (d) einem Medium für die Fixierung der Zeichen.*

Von *anderen Instrumenten* zur Erfassung menschlichen Verhaltens unterscheidet sich die systematische V vor allem dadurch, daß bei ihr Beobachtung und Beurteilung durch den Untersucher den zentralen Teil des Abbildungs- bzw. Meßvorgangs darstellen. Demgegenüber beschränkt sich z. B. bei *apparativen Verfahren* die beobachtende Rolle des Untersuchers auf das Ablesen der Anzeigen von Apparaturen u. ä. Von *Interview-* und *Testverfahren* unterscheidet sich systematische V darüber hinaus durch die Rolle der Personen, deren Verhalten erfaßt werden soll: Bei systematischer V sind sie ausschließlich Objekt der Abbildung bzw. Messung, während sie bei Interviews und Tests über ihre Objektrolle hinaus in den eigentlichen Vorgang der Messung einbezogen sind, indem sie auf bestimmte Stimuli (Fragen, Aufgaben) zu reagieren haben. Oft wird Beobachtung dem *Experiment* gegenübergestellt als zu ihm konträre Methodik. Solchen Gegenüberstellungen liegt eine spezielle Auffassung des Begriffs »Beobachtung« zugrunde, die Beobachtung mit naturalistischer Beobachtung in Feldstudien gleichsetzt. Sinnvoller ist es, Beobachtung als Verfahren der Datenaufnahme zu definieren, das unabhängig vom Ausmaß der vorangegangenen Realitätsmanipulation zur Erfassung von Realitätsaspekten dienen kann. In diesem Sinne sind »Beobachtung« und »Experiment« verschiedenen begrifflichen Ebenen zuzuordnen und sachlogisch voneinander unabhängig; Beobachtung als Methode der Datenaufnahme kann sowohl in Feldstudien als auch in Experimenten (»*kontrollierte Beobachtung*«; → *Methoden*) eingesetzt werden.

Systematische V gehört zu den ältesten Verfahren pädagogischer und psychologischer Forschung und Praxis. *Rating-Verfahren* sind in Form der Notengebung seit langem Kernstück pädagogischer Diagnostik (→ *Schulleistungsbeurteilung*). Auch mehr oder weniger strukturierte *Verbal-* und *Klassifikations-Verfahren* werden seit den Anfängen organisierten Schulwesens bei der Schülerbeurteilung durch Lehrer und der Lehrerbeurteilung durch Schulverwaltungen eingesetzt. Von den

20er Jahren dieses Jahrhunderts an gab es einen Aufschwung auch der wissenschaftlichen Erfassung menschlichen Verhaltens mit Hilfe systematischer V. Dennoch hat die Entwicklung systematischer Verfahren bisher im Schatten vor allem der Entwicklung von → *Tests* gestanden. So wird oft auch unkritisch die testtheoretische Methodik für Zuverlässigkeits- und Gültigkeitskontrollen auf Verfahren der V übertragen, und eine Reihe grundlegender Begriffe der Beobachtungsmethodik werden von verschiedenen Autoren mit verschiedenen Bedeutungen belegt (vgl. Fassnacht 1979). Eine umfassende Methodologie fehlt für die systematische V noch mehr als für andere pädagogisch-psychologische Abbildungs- und Meßverfahren.

2. Klassifikation gebräuchlicher Verfahren: Verfahren systematischer V lassen sich nach einer Vielzahl von Klassifikationsprinzipien ordnen; nur die wichtigsten können hier Erwähnung finden.

2.1 Naturalistische vs. Labor-Verfahren: Systematische V kann einerseits in Feldstudien und zum anderen in Laboruntersuchungen eingesetzt werden. Meist haben Laboruntersuchungen eher experimentellen Charakter als Feldstudien; schon angesichts der Möglichkeit von Feldexperimenten aber sollte man keinesfalls naturalistische Beobachtung mit nicht-experimenteller oder Laborbeobachtung mit experimenteller Beobachtung gleichsetzen.

2.2 Teilnehmende vs. nicht-teilnehmende V: Von teilnehmender V spricht man, wenn der Beobachter selbst am zu beobachtenden Interaktionsgeschehen beteiligt ist und somit eine Doppelrolle als Interaktionspartner und als Beobachter innehat. Teilnehmende V ist in vielen Situationen die einzig mögliche Vorgehensweise. Sie hat den Nachteil, daß Aufzeichnungen normalerweise nicht parallel zur Beobachtung, sondern erst später vorgenommen werden können und dann entsprechenden Gedächtnisfehlern etc. unterliegen. Auch Beobachtungen/Beurteilungen pädagogisch Handelnder in pädagogischen Situationen, z. B. des Lehrers im Klassenzimmer, sind teilnehmender Art; auch hier ergibt sich das Problem mangelnder Präzision von Aufzeichnungen (→ *Schulleistungsbeurteilung*).

2.3 Verdeckte vs. offene V: Verdeckte V liegt vor, wenn der Beobachtete nicht weiß, daß er beobachtet wird. Dies ist technisch z. B. mit Hilfe von Einwegscheiben oder versteckten Aufzeichnungsgeräten und in Form teilnehmender Beobachtung realisierbar und hat den Vorteil der Nicht-Reaktivität des Abbildungsvorgangs.

2.4 Klassifikation nach der Art des verwendeten Zeichensystems: Die methodisch fruchtbarste Klassifikationsmöglichkeit gliedert Verfahren systematischer V nach der Art des zur Abbildung verwendeten Zeichensystems, das auch das System der Beobachtungsregeln, den Prozeß der Beobachtung, den Quantifizierungstypus und den Informationsgehalt möglicher Schlußfolgerungen weitgehend determiniert. Prinzipiell sind beliebige Zeichenmengen zur Beschreibung von Realität verwendbar. Drei Arten von Zeichensystemen sind bei systematischer V gebräuchlich: (a) die natürliche Sprache, (b) restringierte, klassifikatorische Beobachtungssprachen und (c) das System der reellen Zahlen. Dementsprechend sind folgende drei Typen systematischer V zu unterscheiden:

(a) Verbal-Systeme: Verbal-Systeme bedienen sich der Zeichenmenge und der Grammatik der natürlichen Sprache und können die Form von Tagebuchaufzeichnungen, Verlaufsprotokollen (*specimen records,* Barker/Wright 1955), Ereignisbeschreibungen, Gutachten etc. annehmen. Über Inhaltsanalysen können Quantifizierungen vorgenommen und Zuverlässigkeits- und Gültigkeitskriterien geprüft werden. Aufgrund der mangelnden Präzision der natürlichen Sprache sind Verbal-Systeme meist wenig objektiv; ihre Funktion ist deshalb eher heuristischer Natur.

(b) Klassifikations-Systeme: Bei Klassifikations-Systemen bestehen die Zeichensysteme aus einer begrenzten Menge deskriptiver Zeichen beliebiger (oft verbaler) Natur und einer bestimmten, meist sehr restringierten Syntax, die eine begrenzte Anzahl klassifikatorischer Aussagen über das beobachtete Verhalten ermöglicht (Beispiel für eine solche klassifikatorische Aussage: Zuordnung der Kategorie »Lehrertadel« zu dem Interaktionsgeschehen in einer bestimmten Klasse zu einem bestimmten Zeitpunkt). Ein Modell einer solchen Beobachtungssprache auf der Basis des Aussagenkalküls entwickelt Baumann (1974). Klassifikatorische Aussagen verlangen vom Beobachter Ja/Nein-Entscheidungen bezüglich des Auftretens bestimmter Verhaltensweisen und stellen Abbildungen auf dem Niveau der Nominalskala dar (Fricke 1972). Durch Häufigkeitsauszählungen etc. können Quantifizierungen vorgenommen werden. Üblicherweise wird unterschieden

zwischen *Kategorien-Systemen* und *Merkmal-Systemen*. Bei einem *Kategorien-System* wird dem beobachteten Geschehen zu *jedem* Zeitpunkt *eine und nur eine* Beobachtungskategorie zugeordnet; damit schließen sich die Beobachtungskategorien gegenseitig aus, und der vom System abzubildende Geschehensaspekt wird in seiner zeitlichen Ausdehnung vollständig erfaßt. Das in der Pädagogischen Psychologie bekannteste Beispiel eines Kategorien-Systems ist das Interaktionsanalyse-System von Flanders (1970). Bei *Merkmal-Systemen* werden zu jedem Zeitpunkt keine, eine oder mehrere Kategorien zugeordnet; es werden also Auftreten und u. U. Dauer bestimmter, sich nicht notwendigerweise ausschließender Verhaltensaspekte registriert, wobei der Geschehensablauf nicht unbedingt zu jedem Zeitpunkt vom System erfaßt wird. Meist wird zuwenig berücksichtigt, daß mit diesen beiden Systemtypen nicht alle Möglichkeiten der Konstruktion von Klassifikations-Systemen erschöpft sind. Als dritter Fall sind Systeme denkbar, bei denen wie bei Kategorien-Systemen jeweils nur eine Kategorie zugeordnet werden kann, das Geschehen aber nicht zu jedem Zeitpunkt abgebildet werden muß (in gewissem Sinne ist dieser Fall durch Kategorien-Systeme mit Restkategorie repräsentiert). Der vierte mögliche Typus sind Systeme, die das Geschehen zu jedem Zeitpunkt abbilden, aber u. U. in mehrere Kategorien gleichzeitig. Die Konstruktion solcher Systeme mit Mehrfachverschlüsselung, die den gesamten Geschehensablauf zeitlich erfassen, wird in jüngerer Zeit häufiger vorgeschlagen als Mittel, der Komplexität pädagogisch relevanter Verhaltensabläufe gerecht zu werden (vgl. Bachmair 1977). Klassifikations-Systeme haben aufgrund der Eingeschränktheit ihrer Zeichensysteme, der oft vergleichsweise hohen operationalen Eindeutigkeit der Zuordnungsregeln und der Unmittelbarkeit der Aufzeichnung gegenüber Verbal-Systemen den Vorteil höherer Objektivität.

(c) Rating-Systeme: Bei Rating-Systemen werden Verhaltens- oder Personmerkmale bezüglich ihrer relativen oder absoluten Ausprägung eingeschätzt; das Resultat ist eine quantitative Aussage über den Ausprägungsgrad. Die Zeichensysteme bestehen aus Zeichen beliebiger, im allgemeinen numerischer, grafischer oder verbaler Natur und einer Syntax, die quantitative Aussagen über Beobachtetes ermöglicht. Meist wird jede Verhaltensweise bzw. Person einzeln eingeschätzt. Die zuzuordnenden Zeichen sind dann normalerweise in Form einer Geraden auf dem Aufzeichnungsbogen angeordnet und repräsentieren Zahlen, und der Beobachter/Beurteiler hat das für die jeweilige Merkmalsausprägung zutreffende Zeichen anzukreuzen. Mit grafischen Zeichen können kontinuierliche Skalen konstruiert werden (z. B. in Form einer einfachen geraden Linie); andere Skalen sind diskontinuierlich, wobei in jedem Falle ein Pol, beide Pole und zusätzlich einige oder alle Stufen numerisch, grafisch, verbal oder mehrfach verankert sein können. Durch die Verankerung von Polen und Skalenstufen mit Hilfe präziser Merkmals- und Merkmalsausprägungs-Definitionen und zusätzlicher erläuternder Beispiele können Urteilsfehler reduziert und Zuverlässigkeit und Gültigkeit erhöht werden. Die Forschungsergebnisse hierzu sind allerdings inkonsistent (Taylor 1968; Schwab/Heneman/Decotiis 1975; »behaviourally anchored rating scales«; »konzeptorientiertes Rating«; »konkretisierte Schätzverfahren«).

3. Stichprobenprobleme bei Verfahrenskonstruktion und Durchführungsplanung: Bei systematischer V werden vor allem Stichproben bezüglich der Beobachtungszeitpunkte und der zu beobachtenden Situationen, Personen und Verhaltensausschnitte gezogen. Meist lassen sich höchstens für die zu beobachtenden Personen und die Beobachtungszeitpunkte Grundgesamtheiten als Voraussetzung für repräsentative Stichprobenziehung und entsprechende inferenzstatistische Rückschlüsse definieren. Ähnlich wie bei anderen Verfahren ist dies für Situationen und Verhaltensausschnitte normalerweise nicht möglich.

3.1 Die Wahl der Beobachtungszeitpunkte: Stichprobenprobleme bezüglich der Beobachtungszeitpunkte beziehen sich zum einen auf die Zeitpunkte der Beobachtungssitzungen und zum anderen auf die Frage der Kontinuität der Beobachtung während einer Beobachtungssitzung. Die Beobachtung nur während ausgewählter, meist gleichmäßig verteilter Intervalle innerhalb einer Beobachtungssitzung ist sinnvoll, wenn der Beobachter Pausen für Aufzeichnungen benötigt oder mehrere Beobachtungsobjekte, z. B. Kinder in einer Spielgruppe, abwechselnd beobachtet.

3.2 Die Wahl der Verhaltensausschnitte: Eine explizite Abgrenzung von Verhaltensausschnitten wird nicht bei allen Systemen der V vorgenommen. Ein einzelner vom Beobachtungssystem abzubildender Verhaltensausschnitt wird mit dem leider oft inkonsistent verwendeten Begriff »*Beobachtungseinheit*« bezeichnet (vgl. Cranach/Frenz 1969). Ein Verhaltensausschnitt ist definiert durch seinen *Inhalt* und seine *zeitliche Abgrenzung*; nach diesen beiden Definitionsbestandteilen lassen sich Verhaltensausschnitte (Beobachtungseinheiten) auch klassifizieren. Bezüglich der *zeitlichen Abgrenzung* wird unterschieden zwischen *Zeiteinheiten* und *Ereigniseinheiten*. Die entsprechenden Vorgehensweisen werden mit den Begriffen *time sampling* und *event sampling* bezeichnet, die allerdings auch in anderen Bedeutungen verwendet werden. *Ereigniseinheiten* stellen Verhaltensausschnitte dar, die zeitlich nicht im vorhinein, sondern durch Anfang und Ende inhaltlich definierter Verhaltensweisen abgegrenzt sind. *Zeiteinheiten* hingegen sind Verhaltensausschnitte, die unabhängig vom Inhalt eine vorgegebene Zeitdauer haben (meist zwischen 3 und 20 Sek.); jeweils am Ende eines solchen Intervalls kodiert der Beobachter seine Beobachtungen, wenn vom System abzubildende Verhaltensweisen aufgetaucht sind. Zeiteinheiten haben gegenüber Ereigniseinheiten einerseits den Vorteil einer Mechanisierung des Aufzeichnungsablaufs, andererseits aber den Nachteil, daß ihre Länge meist nicht genau mit der Länge zu kodierender Verhaltensweisen übereinstimmt; dies führt zu Kodierungsproblemen und Schwierigkeiten von Summenwertinterpretationen. In *inhaltlicher* Hinsicht lassen sich Beobachtungseinheiten nach einer Vielzahl von Prinzipien abgrenzen und klassifizieren (vgl. Fassnacht 1979). Kontrovers wird die Frage diskutiert, ob Beobachtungseinheiten auf induktiv-empirischem oder deduktiv-theoriegeleitetem Wege zu gewinnen seien. Angesichts der Komplexität pädagogischer Abläufe und der mangelnden Konvergenz induktiv-empirischer Ansätze scheinen allerdings größere Chancen darin zu liegen, Beobachtungseinheiten und -systeme in explizit theoriegeleiteter Weise zu konstruieren (vgl. Merkens/Seiler 1978).

4. *Der Abbildungsprozeß:* Dem Abbildungsprozeß geht zeitlich das zu beobachtende Geschehen voraus. Bei nicht-verdeckter V kann der Verhaltensablauf durch das Wissen um das Beobachtet-Werden und die Beobachteranwesenheit beeinflußt werden. Solche *Beobachter-Effekte* sind meist um so geringer, je länger die Beobachtungsdauer und je geringer die situationsbedingte Ablenkbarkeit der beobachteten Personen ist. Ihr Ausmaß ist zwar normalerweise nur indirekt experimentell abschätzbar (vgl. Lobitz/Johnson 1975), dennoch aber dürfte die Reaktivität systematischer V in der Regel geringer sein als diejenige alternativer Verfahren.

Größere Probleme bereitet der eigentliche Vorgang der Beobachtung/Beurteilung. Der menschliche Beobachter hat als lernendes, sich veränderndes System einerseits den Vorteil der Fähigkeit zu komplexer, flexibler Informationsverarbeitung, andererseits aber den Nachteil geringerer Präzision und Konstanz. Diese Eigenschaften wirken sich vor allem in der zweiten Phase des Abbildungsvorgangs aus: im Inferenzprozeß, also in der Verarbeitung der Sinneseindrücke zu kognitiven Einheiten, die dem jeweiligen Beobachtungssystem entsprechend kodierbar sind. Dieser Vorgang stellt die entscheidende Fehlerquelle bei systematischer V dar. Er spielt sich auf der Basis des aktuellen Zustands des menschlichen Informationsverarbeitungsapparates ab, der u. a. von folgenden Faktoren mit Störpotential abhängt: (a) dem Ausmaß der Kenntnis der Beobachtungsregeln und der Fähigkeiten zu ihrer Anwendung; (b) Vorinformationen und -einstellungen gegenüber den zu beobachtenden Personen und dem Kontext der Beobachtungssituation; (c) dem aktuellen psychischen Zustand (Aufmerksamkeits- und Motivationslage etc.) und (d) spezifischen → *kognitiven Stilen* der Informationsverarbeitung. Der Einfluß dieser Faktoren kann sich in *Urteilsfehlern* bzw. *Urteilstendenzen* manifestieren. Diese Begriffe werden meist auf Rating-Systeme bezogen, sind aber auch auf andere Systemtypen übertragbar. Systematische Urteilstendenzen werden üblicherweise deskriptiv auf der Ebene der Abbildungs- bzw. Meßergebnisse klassifiziert: Ein *Mildefehler* liegt vor, wenn Verhaltens- oder Personcharakteristika zu günstig beurteilt werden; das Gegenteil wird als *Strengefehler* bezeichnet. Die *zentrale Tendenz* besteht darin, Unterschiede zwischen Verhaltens- oder Personmerkmalen zu nivellieren, indem nur Beurteilungen im mittleren Bereich einer Dimension abgegeben werden. Vom *logischen Fehler* spricht man, wenn zwischen Beurteilungen verschiedener Verhaltens- oder Personcharakteristika Zusammenhänge bestehen, die den tatsächlichen Zusammenhängen zwischen diesen Charakteristika nicht entsprechen; solche Fehler können aus

impliziten Persönlichkeitstheorien des Beurteilers über Merkmalszusammenhänge entspringen (→ *Implizite Theorien*). Ein Spezialfall des logischen Fehlers ist der *Halo-Effekt*, der dann vorliegt, wenn Urteile durch den Gesamteindruck oder ein besonders hervorstechendes Merkmal beeinflußt werden.
Cronbach (1955) systematisiert die deskriptive Abgrenzung verschiedener systematischer Urteilstendenzen. Er unterscheidet *Mittelwerttendenzen*, die die Lage des Durchschnittsniveaus einer Reihe von Beurteilungen betreffen (z. B. Mildefehler, Strengefehler), *Streuungstendenzen*, die sich auf das Ausmaß der Streuung abgegebener Beurteilungen über die Skala der Urteilsmöglichkeiten hinweg beziehen (z. B. zentrale Tendenz), und *Korrelationstendenzen*, die das Ausmaß der Zusammenhänge zwischen Urteilen über verschiedene Merkmale betreffen (z. B. logischer Fehler). Nicht nur bei Rating-Systemen, die von Urteilstendenzen besonders betroffen sind, sondern auch bei den inferenzärmeren Klassifikations-Systemen können insbesondere motivationale und Erwartungs-Faktoren eine erhebliche Rolle spielen (vgl. Kazdin 1977).
Theoretische Ansätze zur Erklärung der Beobachter-/Beurteilerleistung lassen sich in verschiedenen Teilgebieten der Psychologie finden bzw. aus ihnen übertragen. Cranach/Frenz (1969) schildern die Möglichkeit, vigilanztheoretische Überlegungen für die Beobachtungsmethodik fruchtbar zu machen, und Schulte/Kemmler (1976) fassen den Beobachtungsprozeß lerntheoretisch als Diskriminationsaufgabe auf. Die sozialpsychologische Forschung weist auf die Interaktionsbedingtheit von Beobachtungen und Beurteilungen hin; ihr ist insbesondere der pädagogisch Handelnde als teilnehmender Beobachter ausgesetzt (→ *Lehrer-Schüler-Interaktion*).
Soll Urteilstendenzen und Quellen unsystematischer Fehler entgegengesteuert werden, so muß die Inferenzphase möglichst kurz und auf einfache Verarbeitungsprozesse beschränkt sein. Dies führt zu den Forderungen nach sofort an die Beobachtung anschließender Aufzeichnung und nach operational eindeutigen, präzise anwendbaren Beobachtungsregeln. Letzteres impliziert die Einschränkung der Beobachtertätigkeit auf Ja/Nein-Entscheidungen bezüglich des Auftretens präzise definierter und möglichst manifester Verhaltensaspekte und mithin die Verlagerung der Quantifizierung auf die Zeit nach der Aufzeichnung. Die im übrigen nur mit Klassifikations-Systemen zu erreichende vollständige Erfüllung dieser Forderungen (z. B. Baumann 1974) würde allerdings dazu führen, daß sich Beobachtungsaussagen auf die physikalisch manifesten Reizaspekte beschränken müßten. Damit wären das Erschließen z. B. von Intentionen und Handlungsfolgen und mithin selbst solche relativ einfachen Beobachtungsaussagen wie »A spricht zu B« (Schluß auf eine Intention) oder »Fritz stößt die Vase um« (Erschließen einer Handlungsfolge) ausgeschlossen. Der Bedeutungsgehalt entsprechender Aussagen dürfte in der Regel minimal sein. Es handelt sich hier also um ein Dilemma zwischen *Präzision* und *Informationsgehalt* (→ *Methoden*). Allgemeinverbindliche Lösungen existieren nicht; für die meisten praktischen und wissenschaftlichen Probleme aber dürften Konstruktion und Einsatz mittelinferenter Verfahren geeignet sein, deren Präzision durch ausführliche und präzise Regelsysteme und entsprechendes *Beobachtertraining* zu sichern ist.
Sofern quantitative Beobachtungsaussagen nicht direkt vorliegen, kann sich an die eigentliche Beobachtungs-/Beurteilungs-Phase die Quantifizierung des Beobachtungsprotokolls anschließen. Quantitative Aussagen in der V können sich beziehen auf (a) absolute oder relative Häufigkeit, (b) Dauer und (c) Intensität bzw. Ausprägungsgrad von Verhaltensweisen oder Personmerkmalen. In der Regel besitzen solche Aussagen höchstens Ordinalskalenniveau (vgl. Fricke 1972), und nur über aufwendige Skalierungsverfahren können höhere Skalenniveaus gesichert werden (z. B. Spector 1976). Meist werden Beobachtungsdaten ungeprüft als intervallskaliert behandelt; dies scheint normalerweise gerechtfertigt, da die hiermit eingehandelten Verzerrungen gering gegenüber anderen Fehlerquellen sein dürften.

5. Die Kontrolle von Zuverlässigkeit und Gültigkeit

5.1 Zuverlässigkeit: Prinzipielle Forderungen wissenschaftlicher Objektivität sind Replizierbarkeit und Intersubjektivität wissenschaftlicher Aussagen. Meßzuverlässigkeit ist in diesem Sinne auch für systematische V zu operationalisieren als das Ausmaß der Übereinstimmung verschiedener Messungen desselben Meßobjekts. Liegt das Meßobjekt in über die Zeit hinweg konstanter Form vor (z. B. in vermittelter Weise als Videoaufnahme), so kann es sich hierbei um die Übereinstimmung der Beobachtungsaussagen einer oder mehrerer Beobachter zu *verschiedenen* Zeitpunkten handeln. In den anderen Fällen ist die Übereinstimmung der Beobachtungsaussagen verschiedener Beobachter zu prüfen, die dasselbe Geschehen *gleichzeitig* beobachtet haben. Oft werden die testtheoretischen Forderungen nach Paralleltest- und Wiederholungs-Reliabilität auch für systematische V erhoben (vgl. Schulz/Teschner/Voigt 1970). Angesichts der Variabilität von Verhalten erscheint dies allerdings im allgemeinen nicht sinnvoll, da diese Forderungen die Objektkonstanz logisch voraussetzen. Zur Quantifizierung des Übereinstimmungsgrades mehrerer Beobachter desselben Geschehens sind verschiedene Koeffizienten vorgeschlagen worden, die meist *Übereinstimmungsprozentsätze* oder *Korrelationskoeffizienten* darstellen (vgl. Langer/Schulz v. Thun 1974). Entscheidende Erhöhungen der Zuverlässigkeit können außer über die Reduktion von Meßfehlern durch die Zusammenfassung der Beobachtungen/Beurteilungen verschiedener unabhängiger Beobachter desselben Geschehens erzielt werden; dies führt zu Zuverlässigkeitserhöhungen im Sinne testtheoretischer Formeln zur Testverlängerung.

5.2 Gültigkeit: Die testtheoretischen Gültigkeitsforderungen sind auf systematische V weitgehend übertragbar. *Inhaltliche Gültigkeit* ist insbesondere bei Verbal- und Klassifikations-Systemen oft direkt gegeben. Die besonders bei diesen beiden Systemtypen bisher vernachlässigten Kriterien *konvergenter* und *diskriminanter Übereinstimmungsvalidität* werden in jüngerer Zeit häufiger geprüft, um die Reichweite entsprechender Meßaussagen abzusichern (z. B. Borich/Malitz/Kugle 1978). Darüber hinaus läßt sich mit varianzanalytischen Versuchsplänen die *Generalisierbarkeit* von Beobachtungsaussagen bezüglich solcher Varianzquellen wie Situation, Zeitpunkt und Personengruppe abklären (Schulz/Teschner/Voigt 1970). Schließlich ist auch das Konzept der *Konstruktvalidierung* (Cronbach/Meehl 1955) mit dem Gedanken simultaner Prüfung von Theorie und Meßinstrument auf systematische V anwendbar.

6. Anwendung und zukünftige Entwicklung systematischer V: In der pädagogisch-psychologischen *Forschung* sind Verfahren systematischer V vor allem dort unersetzlich, wo nur mit ihrer Hilfe Verhaltensabläufe direkt und vergleichsweise nicht-reaktiv erfaßt werden können; also z. B. bei der Erfassung von Interaktionsabläufen. Deshalb ist zu erwarten, daß beispielsweise auch die relativ aufwendigen Klassifikations-Verfahren zukünftig häufiger eingesetzt und umfassenderen Gültigkeitskontrollen unterzogen werden. Dies und ein höheres Maß an Theoriegeleitetheit sollte zur Entwicklung einheitlicherer deskriptiver Konstrukte führen, welche die kaum noch übersehbare Vielfalt von Verfahren systematisieren könnten. Erst auf dieser Basis läßt sich höhere Konvergenz theoretischer Ansätze und empirischer Ergebnisse erwarten.

In pädagogischen und pädagogisch-psychologischen *Praxisfeldern* wird systematische V insbesondere von pädagogisch Handelnden und von beratenden Psychologen eingesetzt (→ *Schulpsychologie*; → *Beratung*; → *Diagnostik*). Noch mehr als in der Forschung sind hier dem Einsatz systematischer V und der Erfüllung von Gütekriterien Aufwandsgrenzen gesetzt. Leistungsratings in der bisherigen Form der Notengebung und die Persönlichkeitsbeurteilung z. B. in Form heute üblicher Schülerbeobachtungsbögen können allerdings auch bescheidenen Zuverlässigkeits- und Gültigkeitsforderungen nur selten genügen. Vor allem Lehrer und Erzieher werden deshalb darauf angewiesen sein, daß diese Formen von Rating-Systemen durch Verfahren mit präzisen Merkmalsdefinitionen und -verankerungen (vgl. Schwarzer/Schwarzer 1977) abgelöst werden.

Reinhard Pekrun

Literatur
Bachmair, G.: Unterrichtsanalyse. Weinheim ³1977. – *Barker, R. G./Wright, H. F.*: Midwest and its children. New York 1955. – *Baumann, H. U.*: Methoden zur quantitativen Erfassung des Unterrichtsverhaltens. Bern 1974. – *Borich, G. D./Malitz, D./Kugle, C. L.*: Convergent and discriminant validity of five classroom observation systems: Testing a model. In: Journal of Educational Psychology 70 (1978), S. 119–128. – *Cranach, M. v./Frenz, H.-G.*: Systematische Beobachtung. In: *Graumann, C. F.* (Hrsg.): Handbuch der Psychologie. 7. Bd. Sozialpsychologie. 1. Halbbd. Göttingen 1969, S. 269–331. – *Cronbach, L. J.*: Processes affecting scores on »understanding of others« and »assumed similarity«. In: Psychological Bulletin 52 (1955), S. 177–193. – *Cronbach, L. J./Meehl, P. E.*: Construct validity in psychological tests. In: Psychological Bulletin 52 (1955), S. 281–302. – *Fassnacht, G.*: Systematische Verhaltensbeobachtung. München 1979. – *Flanders, N. A.*: Analyzing teaching behaviour. Reading/Mass. 1970. – *Fricke, R.*: Über Meßmodelle in der Schulleistungsdiagnostik. Düsseldorf 1972. – *Irle, M.*: Lehrbuch der Sozialpsychologie. Göttingen 1975. – *Kazdin, A. E.*:

Artifact, bias, and complexity of assessment: The ABCs of reliability. In: Journal of Applied Behaviour Analysis 10 (1977), S. 141–150. – *Langer, I./Schulz v. Thun, F.:* Messung komplexer Merkmale in Psychologie und Pädagogik. München 1974. – *Lobitz, W. C./Johnson, S. M.:* Parental manipulation of the behaviour of normal and deviant children. In: Child Development 46 (1975), S. 719–726. – *Merkens, H./Seiler, H.:* Interaktionsanalyse. Stuttgart 1978. – *Schulte, D./Kemmler, L.:* Systematische Beobachtung in der Verhaltenstherapie. In: *Schulte, D.* (Hrsg.): Diagnostik in der Verhaltenstherapie. München ²1976, S. 152–195. – *Schulz, W./Teschner, W. P./Voigt, J.:* Verhalten im Unterricht. Seine Erfassung durch Beobachtungsverfahren. In: *Ingenkamp, K.* (Hrsg.): Handbuch der Unterrichtsforschung. Weinheim 1970, S. 633–852. – *Schwab, D. P./Heneman, H. G./DeCotiis, T. A.:* Behaviourally anchored rating scales: A review of the literature. In: Personnel Psychology 28 (1975), S. 549–562. – *Schwarzer, C./Schwarzer, R.:* Praxis der Schülerbeurteilung. München 1977. – *Simon, A./Boyer, E. G.* (Hrsg.): Mirrors for behaviour III. An anthology of observation instruments. Wyncote 1974. – *Spector, P. E.:* Choosing response categories for summated rating scales. In: Journal of Applied Psychology 61 (1976), S. 374–375. – *Sumaski, W.:* Systematische Beobachtung. Hildesheim 1977. – *Taylor, J. B.:* Rating scales as measures of clinical judgment: A method for increasing scale reliability and sensitivity. In: Educational and Psychological Measurement 28 (1968), S. 747–766.

Verhaltensmodifikation

1. Zum Begriff: Unter *Verhaltensmodifikation* (VM) werden alle Versuche verstanden, Verhalten zu verändern, soweit sie sich systematisch auf die Ergebnisse und Methoden der – vor allem psychologischen – Erforschung des Verhaltens beziehen. *Verhalten* wird eng oder sehr weit gefaßt, je nachdem, ob die Verhaltensänderungsversuche oder die zugrundeliegende Technologie sich an klassischen behavioristischen Verhaltens- bzw. Lerntheorien (→ *Lernen und Lerntheorien*) orientieren oder ob darüber hinaus weitere Theorien berücksichtigt werden, deren Gegenstand Verhalten ist. In den letzten Jahren wird zunehmend von einem weiten Begriff des Verhaltens ausgegangen: Unter Verhalten werden heute alle Manifestationen psychischen Geschehens auf allen operationalen Ebenen verstanden. Der Begriff umfaßt neben den unmittelbar beobachtbaren auch die indirekt erfaßbaren physiologischen, motorischen, motivational-affektiven, sozialen, kognitiven bzw. verbalen Aktivitäten eines Individuums.

2. Verhaltenstheorien: Die Theorien oder Annahmen über Erwerb, Aufrechterhaltung und Veränderung von Verhalten, an denen sich die VM orientiert, lassen sich drei allgemeinen Ansätzen zuordnen: (a) dem situationistischen Ansatz, der Verhalten (V) als eine Funktion der situativen, also dem Verhalten vorausgehenden oder folgenden Umweltbedingungen (S) ansieht: $V = f(S)$; (b) dem dispositionsorientierten Ansatz, der Verhalten als eine Funktion von innerpsychischen Gegebenheiten, von Persönlichkeitsbedingungen (P), betrachtet: $V = f(P)$; (c) dem interaktionistischen Ansatz, von dem Verhalten als Funktion von situativen und innerpsychischen Gegebenheiten, insbesondere aber als Funktion der Wechselwirkung dieser beiden Größen angesehen wird: $V = f(P,S)$.

Die klassischen Verhaltenstheorien – orientiert am 1. Ansatz – vernachlässigen die inneren Ereignisse – ohne sie zu leugnen – und gehen davon aus, daß man Verhalten erklären bzw. verändern kann durch Veränderung der ihm vorausgehenden Ereignisse (z. B. klassische Konditionierung; Stimuluskontrolle) oder Veränderung der ihm folgenden Ereignisse (operante Konditionierung, wie positive oder negative Verstärkung und Bestrafung oder Löschung; → *Bekräftigung*). Die inneren Prozesse sehen sie lediglich als ›Vermittlerinstanzen‹ an (Skinner 1973; → *Lernen und Lerntheorien*).

Demgegenüber beschäftigen sich *kognitive Theorien* bzw. die kognitive VM – orientiert am 2. Ansatz – mit den Beziehungen zwischen inneren, insbesondere kognitiven Ereignissen und dem Verhalten. Sie vernachlässigen die situativen Bedingungen. Auffälliges Verhalten z. B. wird als eine Funktion unangemessener Vorstellungen oder Erwartungen, irrationaler Ansichten, bestimmter Selbsteinschätzungen, fehlender oder falscher Problemlösungsstrategien und ähnliches mehr angesehen. Die Modifikationsverfahren setzen hauptsächlich mit verbalen Techniken bei solchen Faktoren an (Quekelberghe 1979).

In jüngerer Zeit verwischen sich die Grenzen zwischen den ›Verhaltenstheorien‹ und den ›kognitiven Theorien‹ bzw. den jeweils darauf bezogenen Praktiken immer mehr; die Theorien gehen auf in *interaktionistischen Modellen* (3. Ansatz), wie sie etwa bei Bandura (1979), Mahoney (1977) oder Meichenbaum (1979) erörtert werden. Diesen Theorien zufolge erklärt sich Verhalten vor allem aus einem komplexen Wechselwirkungsprozeß zwischen äußeren Bedingungen und deren subjektiver Verarbeitung aufgrund früherer Lernerfahrungen (Wahrnehmung von Ereignissen, Erwartungen über die Folge möglicher Handlungen und ähnliches mehr). Die VM-Verfahren, die sich an diesem Modell orientieren, verwenden beide Arten der obengenannten Interventionsstrategien.

Mit der stärkeren Betonung innerer Faktoren und der Frage nach der Art der Informationsverarbeitung wird in der jüngeren Entwicklung besonderes Interesse den Fragen nach ›selbsterzeugter Stimulation‹, ›Selbstkontrolle‹ bzw. ›Selbstinstruktion‹, ›Problemlösungsstrategien‹, ›Lernen durch Beobachtung‹ und den damit verbundenen Modifikationsmöglichkeiten entgegengebracht (zusammenfassend Kanfer/Goldstein 1977; Reinacker 1978). Eine Schwäche der heute verbreiteten Modifikationspraktiken besteht darin, daß die zugrundeliegenden Hypothesen bzw. Theorien nicht hinreichend expliziert sind. Unzureichende Präzisierung der Grundkonzepte und Hypothesen bedingt viele Dispute, oft um Scheinprobleme, und erschwert einen systematischen Theorienvergleich, wie er in anderen Sozialwissenschaften begonnen hat (Hondrich/Matthes 1978).

Der *Zusammenhang zwischen Verhaltenstheorien und VM* als einer Technologie – d. h. als ein über Handlungsmöglichkeiten informierendes Aussagensystem – ist umstritten (vgl. Westmeyer/Hoffmann 1977). Die Vorstellungen reichen von der Annahme, VM sei von den Verhaltenstheorien ›abgeleitet‹, sei deren Anwendung oder gründe auf ihnen, bis zu der Annahme, VM habe nichts mit Verhaltenstheorien zu tun, sondern etikettiere sich nur aus Gründen der Rechtfertigung und des Prestiges mit einer wissenschaftlichen Terminologie; sie sei lediglich ›kontrollierte Praxis‹.

Die Diskussion leidet unter den unzutreffenden Vorstellungen über die möglichen Beziehungen von theoretischen und technologischen Aussagen. Die Lösungsmöglichkeit eines praktischen Problems kann aus einer Theorie nicht – wie vielfach unterstellt wird – einfach ›abgeleitet‹ werden; sie kann nur im Lichte von theoretischen Annahmen ›gesucht‹ und muß somit ›gefunden‹ werden, und das kennzeichnet die Praxis der VM: Das zu lösende Problem wird im Lichte verhaltenstheoretischer Annahmen konzipiert, und im Lichte solcher Hypothesen werden Lösungsmöglichkeiten gesucht und überprüft. Umgekehrt wird aber mit der erfolgreichen oder erfolglosen Lösung des praktischen Problems zugleich die mehr oder weniger explizit zugrunde gelegte theoretische bzw. technologische Annahme gestützt, modifiziert oder verworfen (Krumm 1979).

3. *Anwendungsbereiche der VM:* Die Anwendungsbereiche der VM faßt die folgende Matrix zusammen, in der *Präventions-* und *Behandlungsprobleme* unterschieden werden, die auf der Mikroebene oder auf der Makroebene angesiedelt sein können (→ *Intervention und Prävention*).

Anwendungsbereiche der Verhaltensmodifikation

	Mikroebene	Makroebene
Prävention	›Verhaltensdidaktik‹ (Erziehung, Unterricht, Ausbildung)	verhaltenstheoretisch orientierte Sozial-, Gesundheits-, Familien-, Bildungs-... Politik (z. B. Gesetzgebung, Organisation von Institutionen) ›Gemeindepsychologie‹
Behandlung	›Pädagogische Verhaltensmodifikation‹ ›Verhaltenstherapie‹ ›Verhaltensmedizin‹ (Biofeedback)	

Am längsten und festesten etabliert ist die *Verhaltenstherapie*, die ›psychische‹ Probleme behandelt, z. B. Ängste (→ *Angst*), Süchte, Zwänge, Kommunikationsstörungen, Depressionen (einführend Blöschl 1974). Die *Pädagogische Verhaltensmodifikation* (PVM) beschäftigt sich mit ›pädagogischen‹ Problemen, z. B. auffälliges Kind- und Schülerverhalten in der → *Familie* oder Schule, wie Leistungsversagen (→ *Schulerfolg und Schulversagen*), Konzentrationsstörung (→ *Aufmerksamkeit und Konzentration*), soziale Zurückgezogenheit, Schulangst, Unruhe, → *Aggression* (einführend Jehle 1978). Die *Verhaltensmedizin* sucht mit verhaltensmodifikatorischen Mitteln physiologische Prozesse zu beeinflussen, z. B. Herzrate, Verkrampfung, Blutdruck, Migräne, Asthma usw. (Epstein u. a. 1979). Sie ist in der Bundesrepublik ähnlich wenig verbreitet wie die *Verhaltensdidaktik*, der Versuch, die Aufgaben der Erziehung oder des Unterrichts – Bereiche, in denen Verhalten aufgebaut und erweitert werden soll – mit verhaltenstheoretischen Ansätzen anzugehen (einführend Becker u. a. 1975).

Lediglich im programmierten Unterricht und in der Lehr- oder Lernzieldiskussion spiegelte sich vorübergehend eine – oft verkürzte und auf Mißverständnissen basierende – verhaltenstheoretische Orientierung (→ *Externe Lernregelung*).

Im Makrobereich wird bislang höchstens ansatzweise versucht, anstehende Probleme verhaltenstheoretisch zu lösen. Die wenigen praktischen Versuche finden sich bei der verhaltenstheoretisch arbeitenden → *Gemeindepsychologie* (Sommer/Ernst 1977). In der Hauptsache liegen zu diesem Bereich theoretische Abhandlungen vor, in denen versucht wird, soziale, wirtschaftliche, juristische bzw. politische Probleme verschiedenster Art verhaltenstheoretisch zu diskutieren und hypothetisch zu lösen (Opp 1972; Schanz 1977; Ulrich/Mueller 1977).

4. *Zur Praxis der VM:* Die Praxis der VM ist als theorieorientierter und systematisch kontrollierter Problemlösungsprozeß konzipiert. Er hat – hier bezogen auf Behandlungsprobleme – folgende allgemeine Verlaufsstruktur: (a) Problembestimmung und Problemformulierung; (b) Problemanalyse; (c) Bestimmung und Formulierung des erwünschten Verhaltens; (d) Planung und Durchführung der Modifikation; (e) Prüfung des Erfolgs und gegebenenfalls Neubestimmung des Problems.

(a) Jedes Problem wird als ›Verhalten‹ konzipiert, operationalisiert und, wenn möglich, statt nur qualitativ quantitativ beschrieben. Es wird davon ausgegangen, daß erst auf der Grundlage einer präzisen Ist-Analyse eine rationale Diskussion darüber möglich ist, ob überhaupt ein veränderungsbedürftiges Verhaltensproblem vorliegt. Die quantitative Ist-Analyse soll ferner die Basis zur Beurteilung des Modifikationserfolges abgeben.

(b) In der Problemanalyse, der sogenannten Verhaltensanalyse oder Verhaltensdiagnostik (→ *Diagnostik*), werden – geleitet von verhaltenstheoretischen Annahmen – die äußeren oder inneren Bedingungen gesucht, von denen das Verhalten funktional abhängig ist. Das zentrale Interesse gilt den inneren und äußeren gegenwärtigen (und nicht den Entstehungs-) Bedingungen: Nur ›gegenwärtige‹ Bedingungen können verändert werden. Wenn das Verhalten situativ bedingt sein könnte, und das ist sehr oft bei Problemen im pädagogischen Bereich der Fall – auffälliges Kinder- oder Schülerverhalten ist überwiegend eine Funktion des gegenwärtigen Eltern- oder Lehrerverhaltens –, dann legt das Modell nahe, die Beziehungen dort zu untersuchen und zu modifizieren, wo sie auftreten: im sogenannten ›natürlichen Feld‹. Die Beobachtungseinheit ist – im Unterschied zur traditionellen Psychodiagnostik – die funktionale Beziehung zwischen der inneren oder äußeren Bedingung und dem Verhalten, also mindestens zwei funktional verbundenen Größen. Die herkömmlichen psychodiagnostischen Testmethoden reichen deshalb nicht aus. Es dominieren problemspezifisch konstruierte Beobachtungs- oder Befragungsverfahren, die die funktionalen Beziehungen zu erfassen erlauben (Schulte 1974) (→ *Verhaltensbeobachtung*).

(c) Die Entscheidung über das erwünschte Zielverhalten – die vom Therapeuten oder Klienten oder beiden zusammen gefällt werden kann – wird auf der Grundlage der Ergebnisse der Verhaltensdiagnose und der Analyse der Konsequenzen der VM gefällt. Sie ergibt sich aber nicht aus ihr. Es kommen Wertgesichtspunkte hinzu, die weder in den verhaltensdiagnostischen Befunden noch in den allgemeinen verhaltenstheoretischen Hypothesen enthalten sein können. Probleme der Zielanalyse und Zielentscheidung werden neuerdings auch in der klinischen Psychologie verstärkt diskutiert, nachdem sie in der Erziehungswissenschaft immer schon eine zentrale Rolle gespielt haben. Wie das Problemverhalten, so wird auch das Zielverhalten operational formuliert, nur so kann die Zielerreichung überprüft werden.

(d) Die Modifikationsmöglichkeiten (Verfahren, Ort der Modifikation, Hilfspersonen etc.) ergeben sich aus der Verhaltensdiagnose; Verhaltensdiagnose und Verhaltensänderung sind also unmittelbar aufeinander bezogen. Welches Treatment realisiert wird, hängt von der Zielentscheidung, der Analyse möglicher Nebenwirkungen für den Betroffenen und für seine Umwelt sowie von den äußeren Durchführungsbedingungen ab (→ *Diagnostik*).

In der Theorie und Praxis der VM wurde unter den verschiedensten Bezeichnungen eine Vielzahl von Modifikationsverfahren entwickelt und geprüft, die sich auf eine relativ kleine Zahl verhaltenstheoretischer Grundhypothesen zurückführen lassen. Eine theoretisch befriedigende Systematik fehlt, vor allem, weil die Theoriesituation verworren ist (vgl. Quekeleberghe 1979; Opp 1972; Hondrich/Matthes 1978).

(e) Die Durchführung der VM kann als *Prüfung* der in der Verhaltensanalyse gewonnenen Hypothesen über die Bedingung des Verhaltens verstanden werden. Diese Hypothesenprüfung orientiert sich an den üblichen Standards experimenteller Forschung, ordnet sich aber hier den pädagogischen oder therapeutischen Interessen unter. Die Kontrollmaßnahmen können kurz- oder langfristig auf allen operationalen Ebenen durchgeführt werden.

Die der VM zugrundeliegenden Hypothesen lassen offen, wer die Modifikation durchführt. Unterschieden wird zwischen sogenannter Fremdkontrolle, gemeinsamer Kontrolle und Selbstkontrolle. Bei der *Fremdkontrolle* entscheidet der Pädagoge oder Therapeut unter Umständen ohne bewußte Beteiligung der betreffenden Person über das VM-Programm. In der frühkindlichen Erziehung bzw. bei der VM von Kindern ist dieses Verfahren häufig anzutreffen. Bei der *gemeinsamen Kontrolle* entscheiden alle von den Verhaltensproblemen betroffenen Personen gemeinsam über das Programm, die übliche Form ist der Abschluß eines sogenannten *Verhaltensvertrags* (Homme u. a. 1974). Bei der Selbstkontrolle hat die betreffende Person gelernt, VM auf sich selbst anzuwenden. Mit dem theoretischen Interesse an inneren Prozessen sind das Konzept der Selbstkontrolle und Sonderformen wie Selbstinstruktion, Selbstmanagement u. ä. auch in den Mittelpunkt des praktischen Interesses gerückt (Braun/Tittelbach 1978). In jüngster Zeit wird das Konzept auch in der Pädagogik etwas stärker berücksichtigt (Perlwitz 1978). Unter normativen Aspekten läßt es sich mühelos auf der Ebene der traditionellen obersten Erziehungsziele ansiedeln: Selbständigkeit, Mündigkeit, Emanzipation, Verantwortlichkeit (→ *Lehrziel*).

5. *Zur Kritik der VM:* Einwände gegen die VM werden ausführlich dargestellt und erörtert bei Doerks-Kubenec (1978) oder Keupp/Kraiker (1977). Auf drei Einwände sei kurz eingegangen, um das Selbstverständnis der VM weiter zu verdeutlichen.

(a) Orientiert an einem eng gefaßten Verhaltensbegriff wird der VM »beschränkte Reichweite« oder »Oberflächlichkeit« vorgeworfen. Es wird übersehen, daß die VM mit dem obengenannten sehr weiten Verhaltensbegriff und den darauf bezogenen Hypothesen arbeitet. Eine Vielzahl von Untersuchungen zeigt jedenfalls, daß mit den Verfahren der VM verschiedenartiges Verhalten erfolgreich modifiziert werden konnte: offenes und verdecktes, einfaches und komplexes, physiologisches, motorisches, affektives oder kognitives Verhalten (Ma 1979; Rost 1979).

(b) Einwände aus der Sicht konkurrierender Positionen übersehen oft, daß über die anstehenden Probleme häufig lediglich in unterschiedlichen Sprachen gesprochen wird, die mehr oder weniger weit ineinander übersetzt werden können. Übersetzungsversuche psychoanalytischer Konzepte in die verhaltenstheoretische Sprache wurden z. B. von Skinner (1973) vorgenommen, von Hypothesen der Gesprächstherapie von Murray/Jacobson (1971) und von Theorien der Soziologie von Opp (1972). Soweit solche Übersetzungen nicht möglich sind, können nur Entscheidungsuntersuchungen Auskunft geben, welche Konzeption bei welchen Problemen unter welchen Bedingungen der anderen überlegen ist (z. B. Rachman 1974).

(c) Viele Einwände beziehen sich auf den möglichen und tatsächlichen Mißbrauch der verhaltensmodifikatorischen Verfahren. Wenn der Mißbrauch der Theorie vorgeworfen wird, wird die *Ebene der Gültigkeit* der verhaltenstheoretischen oder über Handlungsmöglichkeiten informierenden Aussagen mit der *Ebene der Anwendung* dieser Aussagen vermengt. Die Aussagen wollen nur wahr sein bzw. der Wahrheit nahe kommen. Wenn sie zur Lösung von Verhaltensproblemen herangezogen werden, sind weitere Wertentscheidungen des Anwenders erforderlich. Diese Wertentscheidungen werden beurteilt, wenn z. B. von einem ›humanen‹ oder ›inhumanen‹ Gebrauch gesprochen wird. Das Problem des Mißbrauchs von Verhaltenstheorien und der darauf bezogenen Handlungsmöglichkeiten ist kein Problem der Theorie, sondern ein Verhaltensproblem des Anwenders.

Volker Krumm

Literatur

Bandura, A.: Sozial-kognitive Lerntheorie. Stuttgart 1979. – *Becker, W. C./Engelmann, S./Thomas, D. R.:* Teaching 2: Cognitive learning and instruction. Chicago 1975. – *Blöschl, L.:* Grundlagen und Methoden der Verhaltenstherapie. Bern ⁴1974. – *Braun, P./Tittelbach, E.:* Verhaltenstherapie. In: *Pongratz, L. J.* (Hrsg.): Handbuch der Psychologie. Bd. 8. Klinische Psychologie. 2. Halbbd. Göttingen 1978, S. 1955–2081. – *Doerks-Kubenec, H.:* Zur Kontroverse um die Verhaltensmodifikation in der Schule. In: *Perlwitz, E.* (Hrsg.): Verhaltensformung in der Schule. Braunschweig 1978. – *Epstein, L. H./Katz, R. C./Zlutnick, A.*: Behavioral medicine. In: *Hersen, M./Eisler, R./Miller, P. M.* (Hrsg.): Progress in behavior modification. Bd. 7. New York 1979, S. 172–204. – *Hoffmann, N.* (Hrsg.): Grundlagen kognitiver Therapien. Bern 1979. – *Homme, L.* u. a.: Verhaltensmodifikation in der Schulklasse. Weinheim 1974. – *Hondrich, O./Matthes, J.*: Theorienvergleich in den Sozialwissenschaften. Darmstadt 1978. – *Jehle, P.*: Trainingskurs Verhaltenstheorie. Grundlagen und Anwendung im Unterricht. Düsseldorf 1978. – *Kanfer, F. H./Goldstein, A. P.*: Möglichkeiten der Verhaltensänderung. München 1977. – *Keupp, H./Kraiker, Chr.*: Die Kontroverse zwischen Verhaltenstheorie und Psychoanalyse. In: *Zeier, H.* (Hrsg.): Die Psychologie des 20. Jahrhunderts. Bd. IV: Pawlow und die Folgen. München 1977, S. 666–712. – *Krumm, V.* (Hrsg.): Zur Handlungsrelevanz der Verhaltenstheorien. Über den Zusammenhang von Verhaltenstheorien und Pädagogischer Verhaltensmodifikation. Beiheft 2 der Zeitschrift Unterrichtswissenschaft. München 1979. – *Ma, H.*: Die experimentelle Einzelfalluntersuchung in der erziehungswissenschaftlichen Forschung. Diss. Düsseldorf 1979. – *Mahoney, M. J.*: Kognitive Verhaltenstherapie. München 1977. – *Meichenbaum, D. W.*: Kognitive Verhaltensmodifikation. München 1979. – *Murray, E. J./Jacobson, L. I.*: The nature of learning in traditional and behavioral psychotherapy. In: *Bergin, A. E./Garfield, S. S.* (Hrsg.): Handbook of psychotherapy and behavior change. New York 1971, S. 709–750. – *Opp, K.-D.*: Verhaltenstheoretische Soziologie. Hamburg 1972. – *Perlwitz, E.*: Lehrziel: Selbststeuerung. Braunschweig 1978. – *Quekelberghe, R. v.*: Modelle kognitiver Therapien. München 1979. – *Rachman, S.*: Wirkungen der Psychotherapie. Darmstadt 1974. – *Reinacker, H.*: Selbstkontrolle. Salzburg 1978. – *Rost, D. H.*: Aktuelle Aspekte pädagogischer Verhaltensmodifikation. In: *Krumm, V.* (Hrsg.): Zur Handlungsrelevanz der Verhaltenstheorien. München 1979, S. 13–50. – *Schanz, G.*: Grundlagen verhaltenstheoretischer Betriebswirtschaftslehre. Tübingen 1977. – *Schulte, D.* (Hrsg.): Diagnostik in der Verhaltenstherapie. München 1974. – *Skinner, B. F.*: Wissenschaft und menschliches Verhalten. München 1973. – *Sommer, G./Ernst, H.*: Gemeindepsychologie. München 1977. – *Ulrich, R. E./Mueller, K.*: Operante Kontrolle von Sozialverhalten und Gesellschaft. In: *Zeier, H.* (Hrsg.): Die Psychologie des 20. Jahrhunderts. Bd. IV. Pawlow und die Folgen. München 1977, S. 913–967. – *Westmeyer, H./Hoffmann, N.*: Verhaltenstherapie. Hamburg 1977.

Vorschulerziehung (Frühpädagogik)

1. Definition: Der Terminus *Frühpädagogik* ist seit Beginn der 70er Jahre in der Bundesrepublik Deutschland als Ersatz für den bis dahin verbreiteten, allerdings inzwischen pädagogisch und politisch belasteten Begriff »Vorschulerziehung« eingeführt worden. In diesem Sinne wird er oft synonym mit »vorschulischer Erziehung«, »Kindergarten-« oder »Elementarpädagogik« verwendet. Beide Begriffe, Frühpädagogik und vorschulische Erziehung, dienen zur Zeit sowohl im wissenschaftlichen als auch im bildungspolitischen Bereich zur Charakterisierung der Entwicklung und Förderung von Kindern im Alter zwischen drei und sechs Jahren. Dieser Interpretation des Begriffs Frühpädagogik, die sich primär auf die Institution Kindergarten bezieht, stehen andere Bemühungen gegenüber, die die Entwicklung und Förderung auch jüngerer Kinder (0–3 Jahre) berücksichtigt sehen möchten. Wenn wir hier von Frühpädagogik sprechen, meinen wir die Disziplin innerhalb der Erziehungswissenschaften, die sich mit der → *Entwicklung* des Kindes von der pränatalen Phase bis zum Eintritt in die Grundschule (etwa bis zum 7./8. Lebensjahr) befaßt, pädagogische Strategien und Programme für die Förderung dieser Kinder entwickelt, erprobt und evaluiert und diese sowohl im institutionellen Bereich (Kinderkrippe, Kindergarten etc.) als auch in außerinstitutionellen Formen (→ *Familie*, Spielgruppen, Eltern-Kind-Programme etc.) mit der Absicht anwendet, die Gesamtpersönlichkeit des Kindes zu fördern bzw. Fehlentwicklungen vorzubeugen. Eine solche Auslegung des Begriffes weist sowohl sozial- als auch bildungspolitische Implikationen auf und beschränkt sich weder auf den institutionellen noch auf den außerinstitutionellen Bereich. Beide durchdringen sich, und beide sind in einer gegenseitigen Interdependenz zu sehen. Frühpädagogik steht hier in engem Zusammenhang mit den übrigen pädagogischen Disziplinen. Sie erfährt eine starke psychologische, insbesondere entwicklungspsychologische Fundierung und versucht auf interdisziplinärer Basis der Komplexität ihrer Thematik Rechnung zu tragen.

2. Entwicklung der Frühpädagogik: Die Frühpädagogik hat in den letzten 20 Jahren eine Renaissance erlebt. Die Gründe, die zu einer Wiederbelebung frühpädagogischer Fragestellungen geführt haben, sind recht unterschiedlich: In der Bundesrepublik Deutschland beispielsweise waren zu Beginn der 60er Jahre eine dynamische Neuinterpretation des Begabungsbegriffes (→ *Begabung*) und eine damit einhergehende lebhaft und kontrovers geführte Diskussion über die Notwendigkeit von Reformen im Bildungswesen wesentliche Voraussetzungen für die Spezifizierung der Diskussion um frühpädagogische

Vorschulerziehung (Frühpädagogik)

Fragen, wie etwa die Diskussion um die kognitive Förderung, wie sie z. B. in der Debatte um das frühe Lesenlernen geführt wurde. Darüber hinaus traten in der zweiten Hälfte der 60er Jahre sehr stark sozialpolitische und bildungspolitische Intentionen in den Vordergrund (→ *Chancengleichheit*). Damit einher ging eine Politisierungsphase der vorschulischen Erziehung, die einen ihrer Höhepunkte in der Gründung einer Vielzahl von Elterninitiativen fand. Diese wurden mit der Absicht gegründet, neue Institutionen ins Leben zu rufen, die konzeptionell anders arbeiten sollten als tradierte Formen der vorschulischen Erziehung. In diesem Zusammenhang ist auch die Bewegung der antiautoritären Erziehung zu nennen. Der kognitive Ansatz fand bald durch die Entwicklung des Curriculum → »*Soziales Lernen*« ein Gegengewicht, und zu Beginn der 70er Jahre haben integrative Konzepte verstärkt an Bedeutung gewonnen.

In den USA spielten politische und insbesondere sozialpolitische Gründe eine primäre Rolle bei der Entwicklung der Frühpädagogik: Eine neue Sozialgesetzgebung, der Einfluß der Bürgerbewegung, verstärkte Beachtung der Bedürfnisse sozial benachteiligter Gruppen sowie die zunehmende Zahl arbeitender Mütter sind einige wichtige Faktoren, die in den Vereinigten Staaten eine zentrale Rolle bei der Förderung der Frühpädagogik und vor allem bei der Bereitstellung erheblicher Mittel für die Planung und Durchführung von Modellversuchen und experimentellen Arbeiten auf diesem Gebiet gespielt haben.

3. Wissenschaftliche Fundierung der Frühpädagogik: In der Theoriediskussion der letzten Jahre lassen sich zwei unterschiedliche Grundpositionen erkennen, die entweder »kontinuierliche, lineare« oder »diskontinuierliche, transaktionale« Modelle der Entwicklung verwenden.

3.1 Kontinuierliche, lineare Modelle der Entwicklung: Verfechter der Relevanz frühkindlicher Erfahrungen gehen von der Annahme aus, daß Kinder von Natur aus formbar sind und daß ihre Entwicklung in einer Vielzahl von Richtungen in hohem Maße beeinflußt werden kann. Sie heben den Zeitfaktor bei der Bewertung der Effizienz von Interventionsmaßnahmen hervor und implizieren Zusammenhänge zwischen früher Erfahrung und späterer Persönlichkeitsentwicklung des Individuums. Dabei spielt das Prinzip der kumulativen Entwicklung eine zentrale Rolle.

Interventionsprogramme können – so nehmen die Verfechter dieser Richtung an – Mängel der Umgebung des Kindes kompensieren (vgl. Evans 1975). Zwei Theoretiker waren vor allem für diese Grundposition maßgeblich verantwortlich, nämlich Bloom und Hunt. Bloom (1964) stellte in seinem Buch »Stability and Change in Human Characteristics« die These auf, daß 50% der Intelligenzentwicklung der 17jährigen im Alter von vier Jahren erreicht worden sind und daß bis zum Alter von acht Jahren weitere 30% hinzugewonnen werden. Mit dieser umstrittenen These verbindet Bloom die Aussage, daß frühe Intervention das geistige Wachstum oder die → *Intelligenz* stimulieren und fördern kann. Seine 50%-Behauptung basiert auf der »Überlappungshypothese« von Anderson (1939), so daß man schließen kann, daß er die intellektuelle Entwicklung, ähnlich wie das Körperwachstum, als einen additiven Vorgang ansieht. Einen weiteren, historischen Beitrag lieferte Hunt (1961; 1964; 1969). In seinem Buch »Intelligence and Experience« (1961) gibt Hunt die Idee einer »fixen Intelligenz« zugunsten eines flexibleren Entwicklungskonzeptes auf – eines Konzeptes, das die Stimulation im vorschulischen Alter befürwortet. Er propagiert eine lerntheoretische Interpretation Piagets, die eine epigenetische Sicht der Entwicklung impliziert (»the concept of the match«) und die gleichzeitig beinhaltet, daß eine erfolgreiche Entwicklung in schrittweisen, zunehmenden Kontakten mit komplexer und symbolischer werdenden Materialien und Erfahrungen erfolgt. In seiner Analyse von 1969 stellt Hunt die These auf, daß sich kulturelle → *Deprivation* in der frühen Kindheit in späteren Entwicklungsstufen manifestiert und daß sich die Folgen der Deprivation zu diesen späten Zeitpunkten kaum mehr beeinflussen lassen. Die Thesen Blooms und Hunts haben in der neueren Geschichte der Frühpädagogik eine Vielzahl von Projekten beeinflußt und die theoretische und praktische Rechtfertigung für die Bereitstellung staatlicher Mittel zur Finanzierung von Programmen für Kinder und deren Familien geliefert.

Starke Zweifel gegen diese Grundposition wurden gegen Ende der 60er vor allem in den 70er Jahren erhoben. Die Argumente lieferten zwei Forschungsschwerpunkte, die unter dem »Aspekt der Umkehrbarkeit früherer Traumata« bzw. »Wirkungen vorschulischer Interventionsmaßnahmen« in der neueren Literatur bearbeitet wurden. Der erste Schwerpunkt befaßt sich einerseits mit inhumanen Bedingungen, verbunden mit Mißhandlung, Vernachlässigung und unzulänglichen Institutionalisierungsbedingungen und deren Wirkung auf die kindliche Entwicklung und andererseits mit biomedizinischen Ereignissen während der Geburt und deren Relevanz für die Entwicklung des Kindes. Während die Literatur der 50er und zum großen Teil der 60er Jahre ein eher pessimistisches Bild vermittelt, legen neuere Arbeiten (vgl. Rigler/Rigler 1975) nahe, daß frühkindliche Traumata keine langfristigen Wirkungen auf das Kind haben. Kagan/Klein (1973) untersuchten 1- und 11jährige Indianerkinder in Guatemala, die, gemessen an amerikanischen Normen, unter sehr deprivierten Lebensbedingungen aufwuchsen, und verglichen sie mit gleichaltrigen amerikanischen Kindern. Während die 1jährigen Indianerkinder signifikante Entwicklungsverzögerungen aufwiesen, konnten keinerlei Differenzen bei der Stichprobe der 11jährigen gefunden werden. Zu vergleichbaren Schlußfolgerungen kommt auch Kadushin (1970) bei seinen Untersuchungen an Adoptivkindern. Auch hier zeigte sich deutlich, daß frühere Erfahrung nur relativ wenig, wenn überhaupt, mit der späteren Entwicklung des Kindes korreliert. Auch bei einer Analyse der St. Louis-Studien lassen sich keine konsistenten Zusammenhänge zwischen frühen kurzfristigen Traumata und späterem Entwicklungsstand nachweisen (Sameroff 1975).

Eine zweite Argumentationsgrundlage liefern solche Studien, die die langfristige Wirkung von Interventionsmaßnahmen im frühkindlichen Alter, also u. a. Maßnahmen der sogenannten Kompensatorischen Erziehung, auf die spätere Entwicklung des Kindes untersuchen. Sieht man von den Ergebnissen der Längsschnittstudie Weikarts (1967) ab, so konnten die meisten Untersuchungen keine langfristige Wirkung solcher Maßnahmen nachweisen. Die Gründe hierfür werden unterschiedlich interpretiert: Einmal sind theoretische und methodologische Unzulänglichkeiten zu nennen. Weikart vertritt z. B. die Auffassung, daß die Wirkungen einer frühen Intervention nicht in den bislang untersuchten Altersstufen, sondern viel später, nämlich in der Pubertät, sichtbar werden. Bronfenbrenner (1975) dagegen sieht in der Familie den bedeutendsten Faktor für die Effizienz von Interventionsmaßnahmen. Jensen (1969) u. a. machen genetische Faktoren für die fehlende Effizienz solcher Interventionsmaßnahmen verantwortlich. Andere wiederum behaupten, daß der Schwerpunkt von Interventionen nicht im Elementar-, sondern später im Primarbereich liegen sollte (Rohwer 1971; Elkind 1976). Ginsburg (1972) schließlich sieht nicht im Kind, sondern in der Kultur die Ursachen für das Fehlen langfristiger Wirkungen. Wenn auch heute auf die Frage nach der langfristigen Wirkung und deren Ursachen keine befriedigende Antwort gegeben werden kann, so legen Studien zumindest nahe, die Effizienz früher Intervention nicht zu überschätzen: So zeigten die Fels-Studien keine Korrelation zwischen Erwachsenenverhalten und kindlichem Verhalten der Altersstufen 0 bis 3 und 3 bis 6. Lediglich schwache korrelative Beziehungen bestanden zwischen der kindlichen Entwicklung in den Altersstufen 6 bis 10 und dem Erwachsenenverhalten. Macfarlane (1964), der die Ergebnisse der Berkeley-Längsschnittstudie zusammenfaßte, bemerkt, daß frühkindliche Erfahrungen nur zu einem geringen Teil auf das Verhalten im Erwachsenenalter schließen lassen.

3.2 Diskontinuierliche, transaktionale Modelle der Entwicklung: Die zweite Grundposition betrachtet die frühkindliche Entwicklung als einen wichtigen, aber nicht entscheidenden Zeitabschnitt für die spätere Gesamtentwicklung des Individuums. Es wird angenommen, daß das Ausmaß, in dem frühe Erfahrungen die spätere Entwicklung beeinflussen, mit den Mechanismen (vgl. Zigler 1977), die die Kontinuität solcher Erfahrungen sicherstellen, bzw. mit den Möglichkeiten der Umgebung, in der das Individuum gegenwärtig lebt, zusammenhängt (vgl. Kagan/Klein 1973). Empirische Ergebnisse für diese Grundposition lieferten u. a. die Arbeiten von Clarke (1968; Clarke/Clarke 1972; 1976). Sie überprüften die Bedeutung der frühen Kindheit im Hinblick (a) auf kritische Perioden in der frühen Entwicklung, (b) auf langfristige Wirkungen der frühen Erfahrungen, (c) auf die Relevanz der Tierforschung für die frühkindliche Entwicklung und (d) auf die Frage nach der Reversibilität früherer Traumata. Clarke/Clarke (1976) betonen, daß die Ergebnisse von Untersuchungen der Entwicklung deprivierter Kinder der Annahme einer kritischen Periode, die einen starken Einfluß auf die spätere Entwicklung des Individuums haben soll, widersprechen. Dies gilt besonders für Kinder, die bedeutende Veränderungen ihrer Umge-

Vorschulerziehung (Frühpädagogik)

bung erfahren haben (→ *Reifung und sensible Phasen*). Die Autoren weisen darauf hin, daß Kinder in der Regel keinen Umgebungswechsel erfahren, so daß Entwicklungsverläufe nicht nur Ergebnisse der frühen, sondern auch der fortdauernden Erfahrungen sind. Clarke/Clarke schränken ferner die Relevanz von Tierexperimenten und deren Übertragung auf den Menschen ein. Sie betonen, daß hinsichtlich der Deprivation wichtige Experimente noch durchzuführen sind, mit deren Hilfe die Reversibilität von Auswirkungen früher Erfahrungen bei Tieren bestätigt werden könnte. Die Autoren wenden sich vor allem gegen solche Bemühungen von Verfechtern früher Erfahrungen, die in der Regel die Tierforschung als Quelle der Bestätigung ihrer Hypothesen heranziehen (vgl. das Sammelreferat von Erlenmeyer-Kimling 1972). Es darf allerdings aus der Argumentation der zweiten Grundposition nicht die Annahme abgeleitet werden, frühkindliche Erfahrung sei nicht wichtig. Denn beide skizzierten Grundpositionen erkennen – allerdings in unterschiedlicher Weise – die Rolle frühkindlicher Erfahrung an.

3.3 Neuere Tendenzen: Gegen Ende der 70er Jahre zeigt sich ein neuer Trend in der Bewertung der Bedeutung frühkindlicher Erfahrung, der als Ergebnis unterschiedlicher, wenn auch überlappender Forschungsergebnisse angesehen werden kann: die Neuinterpretation der Theorie von Piaget, die die wenig erfolgversprechende, da müßige Diskussion hinsichtlich ihrer Zuordnung zu einer der beiden Grundpositionen (Kamii/De Vries 1977) zugunsten der Frage nach der Anwendung ihrer Konzepte im frühpädagogischen Bereich vernachlässigt. Ein weiteres Charakteristikum dieses neuen Trends besteht in der zunehmenden Anwendung transaktionaler Modelle, die die Untersuchung von Interaktionen im zeitlichen Verlauf gestatten (vgl. Sameroff 1975). Additive Modelle werden für die Beschreibung von Entwicklungsprozessen als ungeeignet angesehen. Transaktionale Modelle sollen helfen, die Beziehungen zwischen Vorbedingungen und Konsequenzen in der kindlichen Entwicklung besser beurteilen zu können. Neuere Arbeiten neigen zur Postulierung von Entwicklungsstadien als Stufen der Organisation frühkindlicher Entwicklung (vgl. White 1975; Poulsen/Magay/Luber 1976), denen das Prinzip der Diskontinuität zugrunde liegt und die wiederum kumulativen Annahmen, wie sie von linearen Modellen gemacht werden, widersprechen. Etliche Arbeiten der letzten Jahre legen nahe, die Bedeutung frühkindlicher Erfahrung unter der Annahme einer lebenslangen Perspektive der Entwicklung neu zu bewerten (vgl. Baltes/Schaie 1973; Datan/Ginsberg 1975; Sameroff/Chandler 1975; Stein/Baltes 1975). Nicht zuletzt die Wiederbelebung einer »einfühlenden« Frühpädagogik (vgl. hierzu Waddington 1962; Bijou 1976; Elkind 1974; Sameroff 1975 und Skolnick 1976), der das Konzept der Kanalisation zugrunde liegt, hebt die Bedeutung der zweiten Grundposition hervor. Einen der fundiertesten Beiträge hinsichtlich der Langzeitwirkung früher pädagogischer, im engeren Sinne kompensatorischer Erziehung hat Weikart geleistet. Um die Langzeitwirkung frühpädagogischer Förderprogramme prüfen zu können, hat Weikart drei unterschiedliche Programme angewandt. Eines ist stark strukturiert, ähnlich dem von Bereiter/Engelman (1966), ein zweites basiert auf den Theorien von Piaget und ein drittes ist den traditionellen Vorschulprogrammen mit konventionellen kreativen Aktivitäten ähnlich. Die Ergebnisse einer 18jährigen Längsschnittstudie zeigen, daß die bislang angenommene Nivellierung der Wirkung frühpädagogischer Programme im Laufe der ersten vier bis sechs Grundschuljahre ein vorübergehendes Phänomen ist und daß frühpädagogisch geförderte Kinder den Kontrollkindern in der Pubertät weit überlegen sind (Weikart 1978). Auf diese Weise konnte die Diskussion um die langfristige Wirkung frühpädagogischer Programme erneut belebt werden.

4. Aktuelle Entwicklungstrends: Die Entwicklung der Frühpädagogik in der Bundesrepublik Deutschland verlief in den 70er Jahren nicht einheitlich. Folgende Trends lassen sich erkennen:

(a) Die Vertreter der herkömmlichen Kindergartenpädagogik sahen sich gegen Ende der 60er Jahre einem zunehmenden Druck von seiten der Wissenschaft und der Öffentlichkeit ausgesetzt, der sie zu einer Überprüfung ihrer Konzeption veranlaßte. Man kann einen Ausdruck solcher Bemühungen, die auf eine Systematisierung, Bereicherung und in beschränktem Ausmaß kritische Reflexion der Kindergartenpädagogik abzielten (vgl. auch Dollase 1979), in dem dreibändigen Handbuch »Der Kindergarten« (Mörsberger/Moskal/Pflug 1978) erkennen.

(b) Die Kultusminister der Länder beschlossen 1979 den quantitativen Ausbau des Ele-

mentarbereiches: Bis 1985 sollte ein Angebot für alle 5jährigen und für 70% aller 3- und 4jährigen Kinder geschaffen werden. In diesem Zusammenhang wurden Strukturfragen des Elementarbereiches aufgeworfen und in einigen Ländern speziell die Frage nach der Zuordnung des Elementarbereiches in das Bildungswesen und damit in die Zuständigkeit des jeweiligen Kultusministeriums diskutiert.
(c) Nicht zuletzt als Konsequenz von (b) wurde eine Vielzahl von Modellversuchen eingeleitet, die entweder strukturell-organisatorische (z. B. Zuordnung der 5jährigen) oder inhaltlich-pädagogische Fragen beantworten sollten. Hier sind die Beiträge des Deutschen Jugendinstitutes zu nennen sowie die Modellversuche der Bundesländer, die die Frage nach der Zuordnung der 5jährigen beantworten sollten. Einen Überblick über Bemühungen dieser Art findet man in den Arbeiten: Bennwitz/Weinert (1973); Der Bundesminister für Bildung und Wissenschaft (1974; 1976); Deutsches Jugendinstitut (1974).
(d) Die Intensivierung der Forschung in bestimmten Bereichen der Entwicklung und Förderung des Kindes im vorschulischen Alter stellt einen weiteren Schwerpunkt frühpädagogischer Reformen der 70er Jahre dar. Auch wenn die Forschung in der Bundesrepublik Deutschland qualitativ und oft auch quantitativ mit der internationalen Forschung nicht Schritt halten konnte, gab es jedoch einige Schwerpunkte, die besondere Aufmerksamkeit auf sich gelenkt haben: z. B. Fragen der Curriculumevaluation, klinisch-psychologische Fragestellungen, die Problematik der Förderung von Kindern aus siedlungsstrukturell benachteiligten Gebieten, Fragen der Professionalisierung des pädagogischen Personals, neue Konzepte der Fortbildung, die Problematik ausländischer Kinder (vgl. Fthenakis 1979), die Entwicklung altruistischer Verhaltensweisen bei Kindern (vgl. Kasten 1980). Es ist eine der dringenden Aufgaben der Frühpädagogik, ihr Forschungsdefizit in den 80er Jahren nachzuholen und nach den ersten (oft unbefriedigenden) Erfahrungen mit handlungsorientierten Ansätzen ihre Beziehung zu der experimentellen Forschung erneut zu reflektieren.
(e) Zum ersten Male erhält der Forschungsbereich für das Alter unter drei Jahren eine wissenschaftlich und politisch neue Akzentuierung: Der Modellversuch von Beller (i. V.) in Berlin und das Tagesmütterprojekt des Deutschen Jugendinstitutes sind zwei charakteristische Beispiele dafür.
(f) Nicht zuletzt die Gründung neuer Institute im Bereich der Frühpädagogik (Ausbau der Abteilung Vorschulerziehung des Deutschen Jugendinstitutes; Gründung des Instituts für Frühpädagogik München im Jahre 1972; Gründung des Sozialpädagogischen Instituts für Kleinkind- und außerschulische Erziehung des Landes Nordrhein-Westfalen in Köln) hat zu deren Entwicklung beigetragen.

Wassilios E. Fthenakis

Literatur
Anderson, J. E.: The limitation of infant and preschool tests in the measurement of intelligence. In: Journal of Psychology 8 (1939), S. 351–378. – *Baltes, P. B./Schaie, K. W.:* Life span developmental psychology: Personality and socialization. New York 1973. – *Beller, E. K./ Laewen, H./Stahnke, M.:* A model of infant socialisation and education and its first empirical evaluation in group day care. In: *Begab, M. J./Garber, H./Haywood, H. C.* (Hrsg.): Prevention of retarded development in psychosocially disadvantaged children (i. V.) – *Bennwitz, H./Weinert, F. E.* (Eds.): CIEL. Ein Förderungsprogramm zur Elementarerziehung und seine wissenschaftlichen Voraussetzungen. Göttingen 1973. – *Bereiter, C./Engelmann, S.:* Teaching disadvantaged children in the preschool. Englewood Cliffs 1966. – *Bijou, S. W.:* Child development: The basic state of early childhood. Englewood Cliffs 1976. – *Bloom, B. J.:* Stability and change in human characteristics. New York 1964. – *Bronfenbrenner, U.:* Is early intervention effective? In: *Hellmuth, J.* (Ed.): Exceptional infants. Vol. 3. New York 1975. – *Clarke, A. D. B.:* Learning and human development. In: British Journal of Psychiatry 114 (1968), S. 1061–1077. – *Clarke, A. D. B./Clarke, A. M.:* Consistency and variability in the growth of human characteristics. In: *Wall, W. D./Varma, V. P.* (Eds.): Advances in educational psychology. Vol. 1. New York 1972. – *Clarke, A. M./Clarke, A. D. B.:* Early experience: Myth and evidence. New York 1976. – *Datan, N./Ginsberg, L. H.:* Life span developmental psychology: Normative life crises. New York 1975. – *Der Bundesminister für Bildung und Wissenschaft*, Arbeitsgruppe Vorschulerziehung (Hrsg.): Anregungen III: Didaktische Einheiten im Kindergarten. München 1976. – *Der Bundesminister für Bildung und Wissenschaft*, Arbeitsgruppe Vorschulerziehung (Hrsg.): Vorschulische Erziehung in der Bundesrepublik. Eine Bestandsaufnahme zur Curriculumentwicklung. München 1974. – *Deutsches Jugendinstitut:* Vorschulische Erziehung in der Bundesrepublik. Eine Bestandsaufnahme zur Curriculumentwicklung. München 1974. – *Dollase, R.:* Sozial-emotionale Erziehung in Kindergarten und Vorklasse. Hannover 1979. – *Elkind, D.:* A sympatetic understanding of the child: Birth to sixteen. Boston 1974. – *Elkind, D.:* Child development and education. New York 1976. *Erlenmeyer-Kimling, L.:* Gene-environment interaction and the variability of behavior. In: *Ehrman, L./Omenn, G. S./Caspari, E.* (Eds.): Gene-

tics, environment and behavior. New York 1972, S. 181–209. – *Evans, E. D.:* Contemporary influences in early childhood education. New York ²1975. – *Fthenakis, W. E.:* Bilinguale und bikulturelle Förder-Programme als Alternative für ausländische Kinder der zweiten Generation. In: betrifft: erziehung 13 (1979), S. 13–18. – *Ginsburg, H.:* The myth of the deprived child. Englewood Cliffs 1972. – *Hunt, J. McV.:* Intelligence and experience. New York 1961. – *Hunt, J. McV.:* The psychological basis for using preschool enrichment as an antidote for cultural deprivation. In: Merrill-Palmer Quarterly 10 (1964), S. 209–248. – *Hunt, J. McV.:* The challenge of incompetence and poverty. Urbana 1969. – *Jensen, A. R.:* How much can we boost IQ and scholastic achievement? In: Harvard Educational Review 39 (1969), S. 1–123. – *Kadushin, A.:* Adopting older children. New York 1970. – *Kagan, J./Klein, R. E.:* Cross-cultural perspectives on early development. In: American Psychologist 28 (1973), S. 947–962. – *Kamii, C./DeVries, R.:* Piaget for early education. In: Day, M. C./Parker, R. K. (Eds.): The preschool in action. Boston ²1977. – *Kasten, H.:* Entwicklung und Erprobung eines Altruismus-Beobachtungs-Systems. In: Zeitschrift für Gruppendynamik 11 (1980), S. 16–24. – *Macfarlane, J. W.:* Perspectives on personality consistency and change from the guidance study. In: Vita Humana 7 (1964), S. 115–126. – *Mörsberger, H./Moskal, E./Pflug, E.:* Der Kindergarten. 3 Bde. Freiburg 1978. – *Poulsen, M. K./Magay, J. F./Luber, G. I.* (Eds.): Piagetian theory and the helping professions. Los Angeles 1976. – *Rigler, D./Rigler, M.:* Persistent effects of early experience. Paper presented at the biannual meeting of the Society for Research in Child Development. Denver 1975. – *Rohwer, W. D.:* Prime time for education: Early childhood or adolescence. In: Harvard Educational Review 41 (1971), S. 316–342. – *Sameroff, A.:* Early influences on development: Fact or fancy? In: Merrill-Palmer Quarterly 21 (1975), S. 267–295. – *Sameroff, A./Chandler, M. J.:* Reproductive risk and the continuum of caretaking casualty. In: Horrowitz, F. D. (Ed.): Review of child development research. Vol. 4. Chicago 1975, S. 187–245. – *Skolnik, A.:* Rethinking childhood. Boston 1976. – *Stein, A. H./Baltes, P. B.:* Theory and methods in life-span developmental psychology. Implications for child development. Paper presented at the biannual meeting of the Society for Research in Child Development meeting. Denver 1975. – *Waddington, C. H.:* New patterns in genetics and development. New York 1962. – *Weikart, D. C.* (Ed.): Preschool intervention: A preliminary report on the Perry preschool project. Ann Arbor/Mich. 1967. – *Weikart, D. C.:* Allgemeine Fragen der Vorschulerziehung in den USA. Vortrag, gehalten im Institut für Frühpädagogik. München 1978. – *White, B. L.:* The first three years of life. Englewood Cliffs 1975. – *Zigler, E.:* The effectiveness of Head Start: Another look. Paper presented at the annual meeting of the American Psychological Association. San Francisco 1977.

Wahrnehmung

Unter einer Wahrnehmung (W) versteht man das Endergebnis eines durch Umwelt- oder Körperreize angeregten Informationsgewinnungsprozesses, an dem neben der objektiven Reizgrundlage auch emotionale, motivationale und kognitive Faktoren (Ordnungsprozesse, Gedächtniseffekte, Einstellungen) maßgeblich beteiligt sind. Jeder W-Akt inkludiert demnach Sinneserlebnisse (Empfindungen) und Auswirkungen subjektiver Erfahrung (Rohracher 1976).

1. Physiologische Grundlagen der W: Der W-Prozeß wird in den Sinneszellen (Rezeptoren) durch einen äußeren oder inneren Reiz eingeleitet. Noch im Rezeptor erfährt der Reiz bereits eine zweifache Umkodierung in nervöse Information (Erregung). Als primäre Reizantwort entsteht das von der Reizintensität kurvilinear abhängige *Generatorpotential*. Dieses erfährt an der Outputseite der Zelle eine Transformation in ein *Aktionspotential*, welches die Reizinformation in Form von Impulsfrequenzen an den afferenten Erregungsschenkel des Zentralnervensystems abgibt. Der quantitative Reizaspekt, z. B. Lautstärke, Helligkeitsgrade, Intensitäten von Druck, Geruchs- und Geschmacksreizen, kann einerseits durch die Impulsfrequenz des Einzelrezeptors vermittelt werden, andererseits aber auch eine Verschlüsselung durch Integration über sämtliche aktivierte Sinneszellen erfahren.

1.1 Gesetz der spezifischen Sinnesenergien: Das vom jeweiligen Sinnessystem vermittelte Reizerlebnis ist unabhängig von der Art der Reizung. Sofern ein Reiz die Rezeptoren eines Sinnesorganes überhaupt anzuregen vermag, ruft er stets die diesem System eigene Empfindungsqualität hervor, gleichgültig, ob es sich um den natürlichen (adäquaten) oder um einen für das Sinnessystem fremden (inadäquaten) Reiz handelt. So ruft beispielsweise eine inadäquate Stimulation der Stäbchen und Zapfen in der Netzhaut – über mechanische Reizung (Druck) oder schwachen Gleichstrom erzielt – ebenfalls nur Lichtempfindungen hervor wie die Reizung durch sichtbare Lichtstrahlung *(Gesetz der spezifischen Sinnesenergien* von Joh. Müller, 1826).

1.2 Vorstadien der W-Organisation: Der Weg der Erregungsinformation vom Rezeptor zu zentralen Verarbeitungsmechanismen erfolgt nicht in einfachen Eins-zu-eins-Relationen, vielmehr kommt es zu mannigfachen Transformationen an neuronalen Schaltstellen, zu Reduktionen durch *Erregungskonvergenz*, d. h. Einmünden vieler Nervenerregungen in eine einzige Zelle, und Erregungsverzweigungen *(Erregungsdivergenz)*. So konnte im visuellen Bereich festgestellt werden, daß, lange bevor die Information über Form-, Konturund Bewegungscharakteristika des betrachteten Objekts in den kortikalen Endbezirken des Okzipitallappens ankommt, durch Verschaltungen in der retinalen Inneren Körnerschicht wesentliche Reizaspekte ausgefiltert und als singulärer kompakter Kontur- oder Neigungskode weitergesendet werden *(Rezeptive Felder* der Netzhaut). Ableitungen mit Mikroelektroden vom tierischen Kortex haben gezeigt, daß durch diese Gesamtinformationen spezifische Ganglienzellen des Kortex angesprochen werden *(kortikale Detektoren)*. Je nach dem Grad ihrer Spezialisierung und Leistungsfähigkeit korrespondieren sie mit einfachen, komplexen und hyperkomplexen Feldern. Während einfache kortikale Detektoren hochspezialisiert sind und nur auf ganz eng umschriebene Reizeigenheiten reagieren, z. B. auf schräg stehende Balken, können komplexe und hyperkomplexe Zellen als die Detektorneuronen der Gestaltauffassung angesehen werden (Hubel/Wiesel 1968), da sie die Einzelinformationen der einfachen Detektoren zu höheren Strukturen integrieren (Akzelerations-, Rotations-, Winkelinformation; ferner Detektoren für Figurenkonturen und Reizdiskontinuitäten). Einschlägige Tierversuche zeigen, daß angeborene Detektormechanismen durch Prägung (Lernen) modifiziert werden können (Guttmann 1972).

2. W-Forschung

2.1 Zur Geschichte: Die W-Forschung zählt zu den ältesten und traditionsreichsten Teilgebieten der Psychologie. Die experimentelle Psychologie nahm mit den perzeptologischen Fragestellungen G. Th. Fechners (1860) ihren Anfang. In seinem Werk »Elemente der Psychophysik« versuchte er, die Zusammenhänge zwischen Reizintensität und Reizerlebnis mathematisch zu fassen. Die *Fechnersche Maßformel* postuliert einen linearen Erlebniszuwachs bei logarithmischem Anwachsen der Reizstärke; eine Hypothese, die sich auf Erlebnisebene nicht halten ließ (Stevens 1961), jedoch in vielen Bereichen auf Rezeptorebene Gültigkeit hat. So ist etwa die Generatorpotentialgröße der Vater-Pacinischen Körperchen (Druckrezeptoren) linear abhängig vom Logarithmus des Stimulus. Die Elementenpsychologie des 19. Jahrhunderts schrieb der W die Integration und Koordination elementarer Empfindungen *(Perzeptionen)* zu Bildern und Vorstellungen *(Apperzeptionen)* zu. Im scharfen Gegensatz dazu behaupteten die Gestalttheoretiker, daß psychische Erlebnisse kaum durch Synthetisieren von Einzelmerkmalen zustande kämen, sondern daß der Ganzheit *(Gestalt)* das Primat im Psychischen zukomme. Allenfalls könne sich nach dem spontanen und autonomen Entstehen einer Gestalt eine Analyse anschließen. Das einheitliche Erleben einer Gesamtheit sei mehr als das summarische Aneinanderfügen ihrer Einzelteile. Eine Melodie ist mehr als das Hintereinander von Tonempfindungen, eine geometrische Figur bedeutet mehr als das Zusammenlesen von Einzelstrichen. Angeregt wurde diese Denkrichtung von dem österreichischen Psychologen Chr. v. Ehrenfels (1850–1932). Ihre Hauptvertreter waren W. Köhler, K. Koffka und M. Wertheimer (Berliner Schule). In wahrnehmungspsychologischer Richtung vertraten die Gestaltpsychologen einen *psychophysiologischen Isomorphismus*, wonach eine Gestaltgleichheit zwischen W-Inhalten und ihrer zentralnervösen Repräsentation bestünde. Die Korrespondenz zwischen dem Erregungsmuster im Gehirn und der aufgefaßten Gestalt ist in dieser Sicht zwar nicht notwendigerweise topographisch, jedoch auf alle Fälle topologisch. Durch die Kenntnis singulärer Detektorneuronen kann diese Hypothese heute als überholt gelten.

2.2 W-Theorien: Der Theorienstreit zwischen Gestalt- und Elementenpsychologie gilt in der modernen Psychologie als überwunden. Das W-Geschehen verbindet analytische und synthetische Prozesse. Im Sinne einer optimalen Umweltbewältigung wird einmal der Weg vom Ganzen zur Einheit, das andere Mal von der Einheit zum Ganzen gewählt. Zweifelsohne spielen dabei Lernprozesse und situative Notwendigkeiten wesentliche Rollen. So mag einem noch buchstabierenden Leseanfänger ein Druckfehler eher auffallen als einem geübten Erwachsenen, der schon erlernt hat, Wortformen als Ganzes aufzunehmen, und sie nur so lange analysiert, bis das Verständnis ermöglicht wird *(Worterfassungseffekt)*. Neisser (1974; 1979) sieht das von Halle/Stevens vorgeschlagene »*Analyse-durch-Synthese-Modell*«, welches die beiden Autoren zur Erklärung des Sprachverstehens entwickelt hatten, als gene-

Wahrnehmung

relles Funktionsprinzip menschlicher Informationsverarbeitung an. Mit diesem auch der Computersimulation zugänglichen Modell kann das rein passive Verarbeitungsmodell der W überwunden werden, in welchem das Endergebnis des Perzeptionsvorganges letztlich doch nur vom Inputangebot und seiner schrittweisen Verarbeitung determiniert ist. Der wahrnehmungstheoretische Fortschritt ergibt sich aus der nun formalisierbaren Miteinbeziehung der Hypothesenbildung über vorläufig generierte, fragmentarische W-Schemata, die laufend einer zeitlich ausgedehnten Überprüfung und Korrektur unterworfen werden, bis der Reiz kategorisiert und schließlich identifiziert ist. Diese Entscheidung fällt häufig im präattentiven Bereich, kann aber durch bewußte Aufmerksamkeitslenkung auch Ergebnis eines intentionalen Aktes sein. Die Möglichkeit von Fehl-W ergibt sich aus der subjektiven Natur des Prozesses: Da der Wahrnehmende selbst über Richtigkeit bzw. Falschheit seiner W entscheidet, fallen Fehler lediglich durch Rückmeldung über die mangelhafte Situationsbeurteilung und damit die inadäquate Bewältigungsstrategie als solche auf. Hier mag deutlich werden, daß die W keine echten Erkenntnisse über die objektive Welt geben kann (→ *Wissenschaftstheorie*; → *Methoden*). Das Wahre wird genommen und nicht besessen (Witte 1965). Wahrheit im erkenntnistheoretischen Sinne vermag der W-Prozeß nicht zu vermitteln. Er unterliegt einem steten *Adaptationsprozeß*, der immer dann besonders aktuell wird, wenn die angebotene Information über die Umwelt zu situativ falsifizierten Hypothesen geführt hat. Die Frage nach der Verläßlichkeit der W hat die Psychologen seit jeher fasziniert (*Nativismus-Empirismus*-Diskussion). Gelöst wurde die Frage durch Experimente mit drastischen Verzerrungen der wahrnehmbaren Welt, in denen Versuchspersonen Umkehrbrillen und Prismengläser oder Vorrichtungen trugen, welche die akustische Rechts-links-W vertauschten. Sämtliche derartige Versuche ergaben, daß adaptive Prozesse (Lernvorgänge) in der Raumwahrnehmung nach einiger Zeit sogar solche einschneidenden Abänderungen sensorischer Information ausgleichen können.

2.3 W-Lernen: Effekte des *W-Lernens* machen sich bereits auf neuronal-physiologischem Niveau bemerkbar: Hirsch/Spinelli (1970) fanden im optischen Kortex junger Katzen lediglich Horizontal- und Vertikaldetektoren, wenn die Tiere von Geburt an durch unverschiebbare Brillen keine anderen Seherfahrungen machen konnten, als vertikale und horizontale Linien zu sehen. Lerneinflüsse auf Produkte der W werden auch in ganz anderen Bereichen deutlich: Untersuchungen an Eingeborenenstämmen mit »Kreiskulturen« zeigten, daß deren Angehörige kaum jenen geometrisch-optischen Täuschungen unterliegen, welche als zweidimensionale Darstellung einer perspektivischen, also Tiefe suggerierenden Konfiguration aufgefaßt werden können (Gregory 1972).

2.4 W-Konstanz: In engstem Zusammenhang mit Anpassungsleistungen der W steht das Phänomen der *W-Konstanz* (Form-, Farb-, Helligkeits-, Größenkonstanz). Das Wissen um die »eigentliche« Unverändertheit von Objekten läßt sie uns unter beträchtlichen Umdeutungen des Reizangebotes auch als nicht verändert erleben. Käme es nur auf die physikalischen Reizgegebenheiten an, würde sich das Wahrnehmen von Objekten je nach variierenden Beleuchtungsverhältnissen (Leuchtdichte, Farbe), nach Unterschieden in Entfernung und Objektansicht dauernd verändern. Dies ist im Alltag nicht der Fall. Allerdings setzt W-Konstanz Einsichtsmöglichkeit in die konform mitvariierte Umgebung voraus. Die mit der Entfernung quadratisch wechselnde retinale Abbildung führt erlebnismäßig zu keinen Größenveränderungen, wenn der Betrachter Einblick in die Distanzverhältnisse und die von der Erfahrung her plausiblen Umfeldrelationen gewinnt. Dies gilt auch für einen auf uns zukommenden Gegenstand (Anwachsen der Querdisparation). Größenkonstanzmechanismen konnten schon mittels Konditionierungsexperimenten an wenige Monate alten Kindern nachgewiesen werden (Bower 1966). Schon das sehr junge Kind ist in seiner Größen-W weitgehend unabhängig von den retinalen Größenverhältnissen. Es identifiziert einen entfernten Gegenstand trotz eminenter Unterschiede der retinalen Projektion. Andererseits dürfte aber das rasche symmetrische Anwachsen der Netzhautabbildung ein angeborener Auslöser sein, der die Annäherung eines Objekts signalisiert. Es reagieren Kinder im Alter von einigen Tagen mit Abwehrbewegungen und Schreckreaktionen, wenn die Schattenprojektion eines Gegenstandes rapide vergrößert und dergestalt ein Näherkommen des Objektes vorgetäuscht wird. Weder der bei Annäherung eines Gegenstandes entstehende – und im Kontrollexperiment simulierte – Luftstrom noch die unsymmetrische Flächenvergrößerung allein erzeugen ähnliche Abwehrreaktionen. Das Ausbleiben von Ausweichreaktionen bei älteren Kindern zeigt die Flexibilität des Verhaltens durch Erfahrungen: Die Bewältigung der Umwelt zwingt auch dazu, relativ autonomes, fast reflektorisches Verhalten zugunsten einer adäquaten Situationsbewertung aufzugeben.

3. *W als selektiver Prozeß:* Zweifellos treffen auf unsere Rezeptoren wesentlich mehr Informationen, als tatsächlich verarbeitet werden können. Externe, d. h. reizbezogene Faktoren der Aufmerksamkeitssteuerung sind in der Größe und Intensität des Reizes, im Kontrast zum Umfeld, in Reizwiederholung und -bewegung zu sehen. Zu den internen Faktoren zählen Motive (→ *Motivation und Motiventwicklung*), Triebe und Erwartungen, also jene Einflüsse, die aus der Bedürfnislage, den → *Interessen* und → *Einstellungen* des Menschen erwachsen. Die Auswahl der wahrgenommenen Inhalte hängt offenkundig nur zu einem geringen Teil von Reizauffälligkeiten ab. Ein geübter Autofahrer wählt aus einer Fülle optischer Informationen an einer Kreuzung jene aus, welche für sein weiteres Fahrverhalten relevant sind, und wird trotz gleicher Reizgrundlage völlig andere Umweltdetails beachten und kurzfristig speichern als etwa ein Fußgänger. Selektive W im akustischen Bereich kann uns dazu befähigen, eine einzelne Instrumentalstimme aus einem vollen Orchesterklang isoliert herauszuhören oder inmitten des Stimmengewirrs einer Gesellschaft ein Gespräch am Nebentisch zu verfolgen *(Cocktail-Party-Effekt)*. Broadbent (1958) zeigte, daß es einer Versuchsperson mühelos gelingt, bei gleichzeitiger Darbietung verschiedener Informationen über das linke und rechte Ohr *(dichotische Darbietung)* den nicht relevanten Kanal zu ignorieren. Die *Filtertheorien* versuchen, diese und ähnliche Phänomene durch Unterdrückung oder Verdünnung (Treisman 1964) der unerwünschten Botschaft zu erklären. In *konstruktiven W-Theorien* wird die Ansicht vertreten, es werde nichts abgeschwächt – beispielsweise erlebt man die anderen Orchesterinstrumente beim selektiven Hören einer Einzelstimme nicht wirklich als leiser –, sondern es wird die relevante Eingangsinformation in verstärktem Maße dem Aufbau von W-Schemata zugeführt. Für Neisser (1974) ist eben jener konstruktive Akt auch in der Tat der eigentliche Mechanismus der Aufmerksamkeit: Sie dokumentiert sich im detaillierteren *Analyse-durch-Synthese*-Vorgang an speziellen Teilen des Reizangebotes (→ *Aufmerksamkeit und Konzentration*).

Die Reizselektion kann unmittelbar aus dem W-Feld oder innerhalb einer kurzen Zeitspanne, etwa eine Sekunde, nach dem Reizende erfolgen. Nach Ergebnissen von Sperling (1960), Averbach/Coriell (1961) und vielen anderen steht das unselegierte Reizabbild in einem sehr kurzlebigen Speicher *(sensorischer Speicher, ikonisches Gedächtnis, Ultrakurzzeitgedächtnis;* → *Gedächtnis)* für spezielle Abrufakte zur Verfügung; die Versuchspersonen vermochten überraschend präzise nach dem Ausblenden der Reizvorlage aus dem subjektiven Abbild Informationen abzurufen, die der Versuchsleiter mittels vorher besprochener Signale von ihnen verlangte; dies funktionierte auch dann, wenn die Elementenmenge bei weitem die Simultankapazität überschritt. So läßt sich auch der bereits klassisch gewordene Befund der Simultanauffassung von fünf Elementen neu fassen: Das sensorische Gedächtnis hält für kurze Zeit das gesamte gebotene Material präsent, zerfällt jedoch während der Reproduktionen der Versuchsperson sehr rasch und begrenzt auf diese Weise die unmittelbare Auffassung nicht durch Beschränkungen der Parallelverarbeitung, sondern durch eine zeitliche Komponente. Diese Hypothese wird auch von den konsistenten Berichten der Versuchspersonen in derartigen Versuchen gestützt, wonach stets der zwingende Eindruck entsteht, mehr aufgefaßt zu haben, als letztlich reproduziert werden konnte.

Die Diskrepanz zwischen dem eigentlich Wahrgenommenen und der verbalen Aussage darüber wirft auch ein Licht auf eine besondere Schwierigkeit der W-Forschung: Will man Aussagen über Gesetzmäßigkeiten der W treffen, ist man auf die Bereitschaft und das Vermögen anderer angewiesen, über ihre Erlebnisse zu berichten oder bestimmte Leistungen zu vollbringen (→ *Methoden*). Durch den Einsatz hochentwickelter Techniken, wie *Elektroenzephalographie,* Erfassung *evozierter Potentiale* als hirnelektrische Korrelate der W, *Computer-Audiometrie* und *Blickbewegungsregistrierungen,* gelingt es heute in hohem Maße, von den Angaben der Versuchsperson unabhängig zu werden und gleichsam unmittelbaren Zugriff zu subjektiven Erfahrungswirklichkeiten zu gewinnen. Mittels der

Analyse sensorisch evozierter Potentiale lassen sich intensitätsspezifische und modalitätsspezifische Parameter separieren, deren Kenntnis diffizile Reizerlebnisse objektivierbar macht. Als Indikator des Intensitätserlebnisses dürfte der Potentialamplitude die größte Bedeutung zukommen. In der Praxis wird die objektive Hörtüchtigkeitsprüfung von Säuglingen und Kleinkindern mittels akustisch evozierter Potentiale mit großem Erfolg angewandt.

4. *Soziale W:* Nahtlos fügen sich schon lange bekannte Befunde über die Einflüsse sozialer Momente auf den individuellen W-Vorgang in das konstruktive Konzept moderner W-Theorie. Schon vor Jahrzehnten belegten u. a. Sherif und Asch die Abhängigkeit der Aussage über die eigene W, wenn die Personen vorher mit Kollektivaussagen von relevant erachteten Gruppen konfrontiert worden waren. Watzlawick (1976) faßt derartige Verzerrungen als unmittelbare Folge absichtlicher oder unabsichtlicher Kommunikationsstörungen auf. Besonders deutlich wird die Abhängigkeit der W vom sozialen Milieu im Phänomen der *Akzentuierung* (Objektwert beeinflußt Größeneinschätzung). Kinder aus ärmeren Familienverhältnissen bewiesen eine deutliche Tendenz zur Größenüberschätzung von Münzen proportional zum Geldwert (Bruner/Goodman/Postman 1947). Manchmal wird der Ausdruck soziale W auch für das Erfassen interpersoneller Beziehungen und sozialer Strukturen verwendet (→ *Interaktion*). Eng mit sozialpsychologischen Fragen verknüpft ist die Erforschung aller Ausdruckswirkungen menschlicher Erscheinungs- und Kommunikationsformen, wie Habitus, Kleidung, Gestik, Mimik, Sprache usw. (*Personen-W*; Argyle 1972). Einflüsse interindividueller Persönlichkeitsunterschiede auf die W wurden besonders gut im Zusammenhang mit der Absicherung von → *Persönlichkeitstheorien* untersucht (Rohracher 1965), spielen jedoch in der heutigen Forschung eine eher untergeordnete Rolle (*W-Stile*; → *Kognitive Stile*).

Nach wie vor zählt die W-Forschung zu den wichtigsten Disziplinen der Psychologie. Kaum dürfte die »Kontaktstelle« zwischen *objektiver* und *subjektiver Wirklichkeit* je für so viele Menschen von ähnlich weitreichender Bedeutung gewesen sein wie in der Zeit der kommunikations- und bildungsintensiven Gesellschaft. Damit stieg die Anforderung an die Wissenschaft. Ein vielversprechender Ansatz der modernen W-Forschung dürfte mit der Wendung von rein perzeptologischen Fragen zum umfassenderen Konzept einer *kognitiven Psychologie* erreicht worden sein.

Erich Vanecek

Literatur
Argyle, M.: Soziale Interaktion. Köln 1972. – *Averbach, E./Coriell, A. S.:* Short-term memory in vision. In: Bell System Technical Journal 40 (1961), S. 309–328. – *Bower, T. G. R.:* The visual world of infants. In: Scientific American 215 (1966), S. 80–92. – *Broadbent, D. E.:* Perception and communication. London 1958. – *Bruner, J. S./Goodman, C. C.:* Value and need as organizing factors in perception. In: Journal of Abnormal and Social Psychology 42 (1947), S. 33–44. – *Fechner, G. Th.:* Elemente der Psychophysik I. Leipzig 1860. – *Gregory, R. L.:* Auge und Gehirn. Frankfurt/M. 1972. – *Guttmann, G.:* Einführung in die Neuropsychologie. Bern 1972. – *Hirsch, H. V. B./Spinelli, D. N.:* Visual experience modifies distribution of horizontally and vertically oriented receptive fields in cats. In: Science 168 (1970), S. 869–871. – *Hubel, D. H./Wiesel, T. N.:* Receptive fields, binocular interaction, and functional architecture in the cat's visual cortex. In: *Haber, R. N.* (Hrsg.): Contemporary theory and research in visual perception. London 1968, S. 150–165. – *Neisser, U.:* Kognitive Psychologie. Stuttgart 1974. – *Neisser, U.:* Kognition und Wirklichkeit. Stuttgart 1979. – *Rohracher, H.:* Kleine Charakterkunde. Wien 1965. – *Rohracher, H.:* Einführung in die Psychologie. Wien 1976. – *Sperling, G.:* The information available in brief visual presentations. In: Psychological Monographs 74 (1960), Whole No. 498. – *Stevens, S. S.:* The psychophysics of sensory function. In: *Rosenblith, W. A.* (Hrsg.): Sensory communication. New York 1961. – *Treisman, A. M.:* Selective attention in man. In: British Medical Bulletin 20 (1964), S. 12–16. – *Watzlawick, P.:* Wie wirklich ist die Wirklichkeit? München 1976. – *Witte, W.:* Perzeptive Organisation als Weg zur Wahrnehmung. In: *Heckhausen, H.* (Hrsg.): Biologische und kulturelle Grundlagen des Verhaltens. Göttingen 1965, S. 92–96.

Wechselwirkung

Mit den Fachausdrücken *Interaktion* (von engl. *interaction*) oder *Wechselwirkung* (W) werden in der Psychologie und in der empirischen Pädagogik verschiedene Begriffsbedeutungen verbunden, die im folgenden als statistischer, kausaler, sozialpsychologischer und differentiell-psychologischer W-Begriff bezeichnet und erklärt werden. Die einzelnen Bedeutungen sind – obwohl bzw. eben weil sie sich etwas überschneiden – streng auseinanderzuhalten.

1. Der statistische W-Begriff: Unter statistischer W versteht man die Tatsache, daß zwei oder mehr Ursachenfaktoren einander in ihren Wirkungen beeinflussen. Zum Beispiel: Wird im Unterricht ein Text über den Tageslichtschreiber dargeboten, hängt die Leichtigkeit, mit der Schüler diesen aufnehmen können, unter anderem von der Textmenge und -komplexität, der Vertrautheit der im Text vorkommenden Begriffe und Begriffsrelationen, aber auch von der Projektionsgröße (relativ zum Betrachtungsabstand), der Projektionshelligkeit (relativ zur Umgebungshelligkeit) und natürlich der Darbietungsdauer ab. Zur Optimierung des Medieneinsatzes könnte man daran denken, die Auswirkung dieser Faktoren Textumfang, Textkomplexität usw. (der sogenannten *unabhängigen Variablen*) auf die Auffassungsleistung (die sogenannte *abhängige Variable*, z. B. gemessen an der Zahl richtig erfaßter Textinhalte) nach sukzessiven sogenannten *einfaktoriellen Versuchsplänen* zu prüfen, d. h. in Versuchsanordnungen, in denen jeweils eine unabhängige Variable variiert und alle übrigen (z. B. auf einer mittleren Stufe) konstant gehalten werden. Der Nachteil derartiger einfaktorieller Versuchspläne liegt darin, daß wir aus ihnen nichts über das Wirkungszusammenspiel der unabhängigen Variablen erfahren. Beispielsweise könnte die Abnahme der Auffassungsleistung bei steigender Textkomplexität um so ausgeprägter sein, je ungünstiger die optischen Darbietungsbedingungen (Projektionsgröße, -helligkeit, -dauer) sind. Eine *W im statistischen Sinn* liegt vor, wenn die Wirkung zweier (oder mehrerer) Faktoren (z. B. Textkomplexität und Darbietungsdauer) auf die untersuchte abhängige Variable verschieden ist, je nachdem, ob die beiden Faktoren je für sich oder im selben Versuch gleichzeitig variiert werden (→ *ATI*). Ergeben zwei oder mehrere Faktoren hinsichtlich der geprüften abhängigen Variable eine statistisch bedeutsame (überzufällige, signifikante) W, läßt sich die gleichzeitige Wirkung dieser Faktoren allein aus Kenntnis der *isolierten* Wirkung jedes einzelnen Faktors (aus Kenntnis der sogenannten Haupteffekte) nicht mehr erschöpfend erklären. Dies ist allgemein dann der Fall, wenn für die unabhängige Variable X (hier: Auffassungsleistung) $X = F_1 + F_2 + F_1 \cdot F_2$ gilt und F_1, F_2 die beiden Faktoren (z. B. Textkomplexität und Darbietungsdauer) bezeichnen. In dieser Darstellung entsprechen die additiven Größen F_1 und F_2 den Haupteffekten und der Produktterm $F_1 \cdot F_2$ der W dieser Faktoren auf die unabhängige Variable

X. Die Methoden der *Varianzanalyse* geben Verfahren der Versuchsplanung und Datenanalyse für *mehrfaktorielle Versuchspläne* an, die man zur Untersuchung solcher W-Effekte benötigt. Die statistischen Prüfverfahren zu diesen Plänen ermöglichen es, die statistische Bedeutsamkeit (Signifikanz) aller Haupt- und W-Effekte systematisch zu testen.
In der Untersuchung psychischer Phänomene (Erleben, Verhalten) sind W-Effekte häufig und oftmals sehr bedeutsam. So läßt sich beispielsweise die klassische Hauptaussage der Gestaltpsychologie, daß gleichzeitig oder zeitnah ablaufende sensorische Prozesse sich im Wahrnehmungseindruck wechselseitig beeinflussen (Übersummations-Gesetz: »Das Ganze ist mehr als die Summe seiner Teile«), als W-Effekt darstellen und erforschen. Perzeptive W besteht auch – und besonders – in der zwischenmenschlichen und Sozialwahrnehmung, also in Wahrnehmungsprozessen, deren Gegenstand andere Menschen und ihr Verhalten sind (→ *Wahrnehmung*). Für die Persönlichkeitsforschung ist die Erkenntnis, daß Erb- und Umwelteinflüsse oftmals in W stehen, sehr bedeutsam und reich an Konsequenzen. So ist die ältere (vereinfachte) Interpretation von Zwillingsdaten in der Erblichkeitsanalyse danach nicht aufrechtzuerhalten (→ *Genetik*). Im Bereich psychologischer Intervention, zum Beispiel im Unterricht, in der → *Beratung* und psychologischen Therapie, ist die sorgfältige Analyse und Kenntnis eventuell bedeutsamer W-Effekte wichtig, wenn Fehleinschätzungen einer Interventionsmethode allein aus Kenntnis ihrer Haupteffekte vermieden werden sollen (→ *Intervention und Prävention*).
2. *Der kausale W-Begriff:* Der Begriff der statistischen W ist streng zu unterscheiden vom Begriff der *statistischen Korrelation*, der sich – verkürzt ausgedrückt – nicht auf die kombinierte Wirkweise, sondern das kombinierte Auftreten zweier Variablen bezieht. So ist beispielsweise bekannt, daß bestimmte Erb- und Umweltbedingungen in unterschiedlicher Höhe statistisch korrelieren und *unabhängig davon* in ihrer Auswirkung auf bestimmte Körper- und Verhaltensmerkmale unterschiedlich große statistische W-Effekte ergeben. Sind zwei Variable X und Y statistisch bedeutsam korreliert, ist die Ausprägung (oder der Ausprägungsgrad) der einen Variable aus Kenntnis der Ausprägung (oder des Ausprägungsgrades) der mit ihr korrelierten anderen Variable um so präziser vorher-

sagbar, je höher die Korrelation zwischen X und Y ist. Handelt es sich bei den Merkmalen X und Y um psychologische Variable, z. B. Verhaltensmerkmale oder Erlebnisskalierungen, sind drei Möglichkeiten der inhaltlichen Erklärung ihrer Korrelation zu unterscheiden: (a) *Dependenz:* Eine (die abhängige) Variable wird von der anderen (der unabhängigen) Variable bewirkt, während die entgegengesetzte Wirkungsrichtung zwischen denselben Variablen ausgeschlossen ist. Beispiel: Ältere Kinder haben einen größeren Wortschatz als jüngere, so daß in einer altersheterogen zusammengesetzten Stichprobe Lebensalter und Wortschatz positiv korrelieren. (b) *Latente Dependenz:* Die Variablen hängen nicht voneinander, sondern von einer gemeinsamen dritten (dahinterstehenden, latenten) Variable ab. Beispiel: Mit dem Lebensalter eines Kindes nimmt nicht nur sein Wortschatz, sondern auch seine Handgeschicklichkeit zu. In einer altersheterogen zusammengesetzten Stichprobe werden daher Wortschatz und Handgeschicklichkeit positiv korrelieren. (c) *Interdependenz:* Änderungen in der Variablen X üben eine Wirkung auf die Variable Y aus, wie umgekehrt Änderungen in der Variable Y eine gleichgerichtete Wirkung auf die Variable X ausüben. Beispiel: Zwischenmenschlicher Kontakt nimmt mit wachsender Sympathie zu, außerdem kann wachsender Kontakt selbst wieder die Sympathie steigern. Dieser dritte Fall, in dem eine zweiseitige (doppelt gerichtete) Ursache-Wirkung-Beziehung zwischen zwei psychologischen Variablen vorzuliegen scheint, fand im modernen psychologischen und soziologischen Interaktionismus (s. u.) als sogenannte *kausale W* besondere Beachtung. Tatsächlich würde die Vorstellung ausdrücklicher bi-direktionaler Kausalität wissenschaftsmethodisch jedoch zur *Leerformel*. Wenn nämlich X Ursache von Y und zugleich Y selbst wieder Ursache von X sein soll, muß der einzige strenge Test auf Kausalität, das Ursache-Wirkung-Zusammenhänge prüfende Experiment, je nach Fragerichtung zu genau gegenteiligen und damit theoretisch unentscheidbaren Ergebnissen kommen. Aus diesem Grunde ist ein solcher Begriff der kausalen W wissenschaftsmethodisch unergiebig. Es läßt sich außerdem zeigen, daß Interdependenzen methodisch auflösbar sind. So sind Korrelationen wie jene zwischen Kontakt und Sympathie häufig Ergebnis einer latenten Dependenz: Beide Variable sind Manifestationen ein und derselben Prozeßvariable (hier: Zuneigung oder Attraktion), so daß eine Änderung der Sympathie ebenso wie eine Änderung der Kontaktdichte über eine Änderung dieser einen Prozeßvariable bewirkt wird, was sich »an der Oberfläche« in einer Korrelation zwischen Kontakt und Sympathie niederschlägt.

3. Der sozialpsychologische W-Begriff: Ein völlig anderer Begriff von W liegt vor, wenn man von sozialer → *Interaktion* oder sozialer W spricht, beispielsweise mit Blick auf die Beziehungen zwischen Lehrer und Schüler im Unterricht oder zwischen den Mitgliedern einer Jugendgruppe. In dieser Begriffsabgrenzung ist W gleichbedeutend mit *Erlebnis- und Verhaltensbeziehung*. So versteht man unter sozialer Interaktion die Gesamtheit der Verhaltensweisen, die andere Personen zum Ziel oder Gegenstand haben. Ziel der sozialpsychologischen Interaktionsforschung ist es daher, die Erscheinungsformen sozialer W zu beschreiben und ihre Ursachen und Wirkungen zu erforschen. Die Ausrichtung auf soziale *Inter*aktion oder *Wechsel*wirkung soll dabei deutlich machen, daß Erleben und Handeln im zwischenmenschlichen Bereich als Teile einer verwobenen Ablaufkette von Aktionen und Reaktionen verstanden werden. Für die Analyse solcher Interaktionsmuster wurden verschiedene Klassifikations- und Kategoriensysteme entwickelt (Irle 1975). Im pädagogisch-psychologischen Bereich hat die Untersuchung der → *Lehrer-Schüler-Interaktion* und der Schüler-Schüler-Interaktion besondere Beachtung gefunden. Zur Erforschung solcher W-Netze und der charakteristischen Abfolgemuster in solchen sozialen Interaktionen sind sowohl experimentelle als Feldforschungsmethoden eingesetzt worden (Übersicht bei Weinert/Treiber/Schneider 1979). Die Ergebnisse beschreiben soziale Bedingungen im Unterricht und im Wirkungsumfeld der Schule und geben darüber hinaus Orientierungslinien für den Aufbau effektiver Lehreinheiten zum sozialen Verhaltenstraining in der Lehrerausbildung (→ *Trainingsmethoden*). Während die Soziologie soziale W insbesondere in und zwischen Großgruppen (auf makrosozialer Ebene) erforscht, bildet den Gegenstand der Sozialpsychologie vor allem soziale W in Klein- und Kleinstgruppen. So hat die experimentelle Kleingruppenforschung zum Beispiel gezeigt, daß der Zusammenhang zwischen Gruppenleistung und Interaktionsstruktur der Gruppe (z. B. unterschieden nach zentralisiert–dezentralisiert) aufgabenspezifisch ist. Sind Leistung und Leistungsziel der Gruppe klar strukturiert, befinden sich zentral strukturierte Gruppen im Leistungsvorteil gegenüber dezentral strukturierten, während für wenig bis unstrukturierte Gruppenaufgaben eine genau gegensätzliche Korrelation gefunden wurde (→ *Gruppendynamik*). Für die theoretische Erklärung von sozialer W werden neben lernpsychologischen Ansätzen (Frustrations-Aggressions-Hypothese; soziale Verstärkung; soziales Modell-Lernen usw.) neuerdings auch Ableitungen aus der Austauschtheorie (Kelley/Thibaut bei Irle 1975) herangezogen (→ *Lernen und Lerntheorien*).

4. *Der differentiellpsychologische W-Begriff:* Unterschiede, die zwischen Personen in psychologischen Merkmalen (→ *Intelligenz*, → *Gedächtnis*, Psychomotorik, Motivation, Temperament usw.) gefunden werden, können Ausdruck interindividuell variabler Persönlichkeitsmerkmale sein, die psychischen Wirkungen der Untersuchungssituation auf den Probanden reflektieren oder auf statistische W zwischen beiden zurückgehen. Eine als differentiellpsychologischer *Interaktionismus* bezeichnete Ausrichtung der Persönlichkeitsforschung hat in den letzten Jahren interindividuelle psychische Unterschiede mit Schwerpunkt aus dieser W zu erklären versucht (Übersicht bei Pawlik 1981). Soweit es sich um empirische und methodologische Beiträge handelt, steht dabei die Untersuchung der statistischen W zwischen Persönlichkeitseigenschaften und Situationsbedingungen im Vordergrund. So hat zum Beispiel Spielberger gesonderte Angsttests für Situationsangst und → *Angst* als Persönlichkeitsmerkmal entwickelt. Nach Endler/Magnusson (1976) sind nur sechs bis zehn Prozent der interindividuellen Unterschiede in Angstskalen auf Persönlichkeitsmerkmale zurückzuführen, während die W zwischen Persönlichkeitseigenschaften, Situationsbedingungen und Reaktionsmodus (Art der Angstmanifestation: Würgen im Hals, Zittern, Schweißausbruch usw.) insgesamt ein Viertel bis ein Drittel der Selbstbeurteilungsvarianz ausmacht. Die Erklärung solcher bedeutsamen differentiellpsychologischer W stellt ein zentrales Anliegen gegenwärtiger differentiellpsychologischer Forschung dar (→ *Persönlichkeitstheorien*).

Kurt Pawlik

Literatur
Argyle, M.: Social Interaction. London 1969. – *Endler, N. S./Magnusson, D.* (Hrsg.): Interactional psychology and personality. New York 1976. – *Irle, M.:* Lehrbuch der Sozialpsychologie. Göttingen 1975. – *Pawlik, K.:* Statistische Methoden der Planung und Auswertung psychologischer Experimente. In: *Meili, R./Rohracher, H.* (Hrsg.): Lehrbuch der Experimentellen Psychologie. Bern ³1972, S. 423–462. – *Pawlik, K.:* Multivariate Persönlichkeitsforschung: Zur Einführung in Fragestellung und Methodik. In: *Pawlik, K.* (Hrsg.): Multivariate Persönlichkeitsforschung. Bern 1981. – *Weinert, F. E. u. a.:* Educational Psychology. In: The German Journal of Psychology 3 (1979), S. 236–266.

Wissenschaftstheorie

Nachdem zuerst die Natur- und später auch die Sozialwissenschaften aus der Philosophie ausgegliedert worden sind, ist als eine neue Disziplin, die teils in der Philosophie, teils in den Einzelwissenschaften verortet ist, die Wissenschaftstheorie (W) entstanden. Im folgenden wird weder angestrebt, einen Überblick über die unterschiedlichen wissenschaftstheoretischen Schulen zu geben, noch wird versucht, eine bestimmte W auf die Pädagogische Psychologie anzuwenden. Vielmehr sollen vier zentrale Problemstellungen empirischer Wissenschaften diskutiert werden: das Verhältnis Einzelwissenschaft–W, die Sicherung der Erfahrungsbasis für die jeweilige Wissenschaft, die Anforderungen an Theorien sowie die Theoriebewertung.

1. W und Einzelwissenschaft: Der W fällt als Metatheorie die Aufgabe zu, die Regeln dessen zu bestimmen, was zu beachten ist, wenn wissenschaftlich gearbeitet wird. Darüber hinaus hat sie zu klären, in welchem Verhältnis wissenschaftliche Aussagen zur Wirklichkeit stehen und – dies gilt speziell für Wissenschaften wie Pädagogik und Psychologie – in welchem Verhältnis die Aussagen der Wissenschaft zum Handeln in der Praxis stehen. Die Vorschriften für wissenschaftliches Arbeiten können allerdings nicht willkürlich ausgewählt werden, sie müssen vielmehr wiederum dem korrespondieren, was Wissenschaftler tatsächlich tun. Ein Auseinanderklaffen zwischen wissenschaftstheoretischen Anweisungen und wissenschaftlichem Handeln hat z. B. auf der Seite der Wissenschaftstheoretiker Feyerabend (1976) veranlaßt vorzuschlagen, sich nicht mehr weiter mit W zu beschäftigen, weil sie als Disziplin überflüssig sei. Ganz ähnlich sehen häufig Wissenschaftler, die an konkreten Forschungsvorhaben arbeiten, das Sichbeschäftigen mit W und die Kenntnis bzw. das Befolgen wissenschaftstheoretischer Positionen als überflüssig, wenn nicht sogar hinderlich an. Trotz solcher Einwendungen wird hier die Position vertreten, daß die Einzelwissenschaften der W bedürfen, weil bestimmte Probleme, z. B. das Bestimmen der Rolle der Erfahrung, wissenschaftsimmanent nicht gelöst werden können.

2. *Erfahrung als Grundlage der Wissenschaft:* In der Pädagogischen Psychologie wird im Normalfall nach dem Modell der Erfahrungswissenschaften gearbeitet, d. h., von wissenschaftlichen Aussagen wird erwartet, daß sie durch überprüfbare (objektivierbare) Erfahrungen abgesichert sind, wozu wiederum bestimmte → *Methoden* dienen. Für diese Wissenschaftspraxis ist von hohem Interesse, wie aus Erfahrungen Aussagen gewonnen werden können, welche Form solche Aussagen haben sollen und wie die jeweilige Praxis wiederum durch solche Aussagen beeinflußt werden kann.

Das Sichberufen auf Erfahrung scheint immer dann unproblematisch zu sein, wenn die *Intersubjektivität* der Erfahrung gewährleistet ist, d. h. verschiedene Menschen über ein Ereignis gleiche Erfahrungen mitteilen. Wissenschaftstheoretisch hat sich allerdings das Problem, wie Erfahrungen in Aussagen überführt werden sollen, als unlösbar gezeigt. Hoffte Carnap noch, eine Beobachtungssprache entwickeln zu können, die ein wichtiges Zwischenglied beim Transformieren von Beobachtungen in Aussagen darstellen sollte (vgl. Stegmüller 1969, S. 462 f.), so erklärte Popper (1966, S. 61) diese Transformation bereits zum psychologischen Problem, das von der W bzw. Erkenntnistheorie gar nicht gelöst werden kann, indem er darauf verweist, daß jeder wissenschaftliche Satz »über das, was wir ›auf Grund unmittelbarer Erlebnisse‹ sicher wissen können, weit hinausgeht«, und er schließt: »Erlebnisse ... können einen Basissatz ebensowenig begründen wie ein Faustschlag auf den Tisch« (S. 71). Vielmehr könnte ein Basissatz nur mittels Induktion gewonnen werden. Induktionsschlüsse aber sind für ihn logisch nicht möglich und müssen daher abgelehnt werden (S. 61). Dies hat zur Folge, daß gemäß der W Wissenschaft auf die Ebene der Aussagen beschränkt bleibt. Diese Ausgrenzung der W, die nach Popper nicht mehr überwunden wurde, hat auf der Seite der Wissenschaftspraxis dazu geführt, daß pragmatische Lösungsversuche unternommen wurden, die unter dem Stichwort Validität verhandelt werden, weil nämlich die Wissenschaftspraxis ihren erfahrungswissenschaftlichen Anspruch aufgeben müßte, wenn sie tatsächlich nicht mehr versuchen würde, Aussagen durch Erfahrungen zu belegen (vgl. Herwartz-Emden/Merkens 1980).

Versuche, die Erfahrungsbasis der Wissenschaft zu sichern, werden dadurch beeinträchtigt, daß Erfahren kein einfacher, sondern ein psychisch sehr komplexer Vorgang ist (→ *Wahrnehmung*). Erfahren bedeutet nämlich, daß ein Individuum Reize verarbeitet, wobei im Vorgang des Verarbeitens interpretative Prozesse ablaufen. Interpretationsmuster für das Verarbeiten von Erfahrungen haben die Individuen in ontogenetisch früheren Phasen gewonnen und wenden sie nunmehr bei der Verarbeitung von Reizen an. Daraus resultiert die Wahrscheinlichkeit, daß verschiedene Individuen Reize unterschiedlich interpretieren, was wiederum die Intersubjektivität des Erfahrens beeinträchtigt. Deshalb müssen solche Interpretationsanteile angeglichen und gleichzeitig minimiert werden. Dies geschieht durch die → *Methoden* des Forschens. Damit verbunden kann allerdings ein Verlust an Realität sein, weil die Verwendung gleicher Interpretationsmuster noch nichts über deren Qualität aussagt. Deshalb kommt dem Eingrenzen der Interpretationsmuster besondere Bedeutung zu: Als Reize können einerseits allen sichtbare äußere Reize zugelassen werden. Zum anderen kann man auf die → *Gefühle*, Gedanken etc., also die inneren Reize, in gemeinsam geteilten Situationen zurückgreifen. So gibt es z. B. in geisteswissenschaftlichen Forschungsrichtungen Versuche, gegen die äußere Erfahrung, die von Reizen aus der Umwelt ausgeht und z. B. beim naturwissenschaftlichen Vorgehen das Erklären ermöglicht, eine andere Erfahrung, nämlich die innere, zu setzen, die auf Gefühle etc. aufbaut und mit deren Hilfe nicht der Zusammenhang zwischen Variablen erklärt, sondern das Individuelle, das Besondere nachvollziehend verstanden wird. Dabei wird von Dilthey (1968, S. 243 ff.) für beide Erfahrungstypen der Interpretationsanteil formal gleich bestimmt, denn sowohl die äußere Erfahrung, die aus der äußeren Wahrnehmung entsteht, als auch die innere Erfahrung, die aus der inneren Wahrnehmung entsteht, bedürfen zu dieser Umformung des diskursiven Denkens. Der Interpretationsanteil wird also explizit als eine Art des Denkens bestimmt. Nicht das Ideal der Einheitswissenschaft steht Pate, sondern es wird von zwei unterschiedlichen Wissenschaftstypen, den auf Erklärung zielenden Natur- und den auf Verstehen basierenden Geisteswissenschaften, ausgegangen. Dabei kann eine Wissenschaft wie die der Psychologie sowohl nach der Art der Naturwissenschaften als erklärende wie auch nach Art der Geisteswissenschaften als beschreibende arbeiten. Nach Dilthey (1968, S. 139ff.) gehört sie allerdings im Kern zu den Geisteswissenschaften, für die sie die Doppelstellung einer Einzelwissenschaft wie zugleich einer Querschnittswissenschaft einnimmt.

Wie eine Wissenschaft sich ausgestaltet, hängt somit nicht zuletzt von der Art der zugelassenen Erfahrungen sowie der Art der zugelassenen Erfahrungsverarbeitung ab. Wissenschaften konstituieren auch über die Art des Erfahrungsbegriffs ihren Gegenstand. Dies ist ein Punkt, der bisher viel zuwenig beachtet worden ist. Darf für eine bestimmte Situation – z. B. den Unterricht in der Schule – nur das als gegeben hingenommen werden, was alle Beteiligten und Beobachter als gegeben berichten, so wird das Resultat ein anderes sein, als wenn jeder der Beteiligten und Beobachter seine Empfindungen schildert. Während im ersteren Falle nur das Gemeinsame zählt, kann im zweiten jede einzelne subjektive Information eingebracht werden, was wiederum Schwierigkeiten bereitet, wenn es darum geht, das Typische, das Wesentliche, das Wichtige aus den möglicherweise unterschiedlichen Schilderungen zu entnehmen.

3. Struktur wissenschaftlicher Theorien und Gesetzesbegriff: Das in den Wissenschaften vorhandene Wissen wird in Theorien systematisiert. In der empirisch orientierten W lassen sich zwei Auffassungen von Theorien unterscheiden: die Aussagenkonzeption (Popper 1966) und die Nichtaussagenkonzeption (Stegmüller 1973; 1974). Popper (1966, S. 53) bezeichnet eine Theorie als empirisch, »wenn sie die Klasse aller überhaupt möglichen Basissätze eindeutig in zwei nichtleere Teilklassen zerlegt: in die Klasse jener, . . . die sie ›verbietet‹ . . ., und die Klasse jener . . ., die sie erlaubt«. Allerdings bedeutet die Annahme eines Basissatzes, der in Widerspruch zur Theorie steht, noch keine Falsifikation dieser Theorie. Vielmehr gilt die Theorie erst als falsifiziert, wenn es gelingt, den angenommenen, der Theorie widersprechenden Basissatz einer Hypothese zuzuordnen (S. 54), d. h., nicht der einzelne bestätigte und widersprechende Basissatz, sondern die aus einer falsifizierenden Hypothese deduzierbare Klasse von widersprechenden Basissätzen – bestätigt durch die Annahme eines Basissatzes – falsifiziert eine Theorie und führt zur Verwerfung dieser Theorie. Demgegenüber nimmt Stegmüller (1973; 1974) an, daß die theoretische Struktur, der Kern der Theorie, gegen Falsifikation immun ist und nur die zentralen empirischen Sätze falsifiziert werden können, was wiederum nicht zur Folge hat, daß mit ihrer Falsifikation auch die Theorie falsifiziert ist. Diese kann vielmehr entsprechend reduziert, verändert oder ergänzt werden.

Sowohl die Aussagen- als auch die Nichtaussagenkonzeption ist für die Sozialwissenschaften nicht triftig, da Theorien, die solchen Standards genügen, bisher zumindest fehlen. Deshalb erscheint die Frage wichtiger, welche Struktur sozialwissenschaftliche Theorien aufweisen bzw. welche Aussagen sie erlauben. Die ideale Struktur gewinnt eine Theorie dann, wenn sie axiomatisiert ist, was bisher bei sozialwissenschaftlichen Theorien ebenfalls nicht gelungen ist. Häufig wird analog zum Beispiel der Naturwissenschaften erwartet, daß in Theorien wenigstens Gesetzesaussagen in der Form enthalten sind, daß bestimmten Ursachen eine bestimmte Wirkung zugeschrieben wird. Solche Kausalgesetze hätten den Vorteil, daß – ihre Umsetzbarkeit in die Praxis vorausgesetzt – handlungsrelevantes Wissen vermittelt werden könnte. Eine präzise Explikation des Gesetzesbegriffes liegt aber bis jetzt nicht vor (Opp 1970). Bisher können allenfalls Merkmale aufgezählt werden, die wir gewöhnlich mit Gesetzesaussagen verknüpfen, wie z. B., daß das Gesetz unabhängig von Raum-Zeit-Bedingungen gelten soll, individuelle Merkmale als stabil und konstant vorausgesetzt werden etc. (vgl. Ulich 1976, S. 28ff.). Die Unmöglichkeit, Prämissen dieser Art in den Sozialwissenschaften zu erfüllen, hat Ulich (1976, S. 28ff.) veranlaßt, anstelle von Gesetzen von der Suche nach sozialen Regeln auszugehen, wobei er soziale Regeln als »Bedingungen und immer auch schon Ergebnisse sozialer Interaktionen« auffaßt, die »die Regelmäßigkeiten des Handelns begründen und erklären« (S. 33). Eine solche Wendung bietet den Vorteil, daß nunmehr auch Änderungen der Regelmäßigkeiten als Folgen von Lernen, vorangehender Handlungen etc. – ein Vorgang, der in den den Sozialwissenschaften korrespondierenden Gegenstandsbereichen alltäglich ist – mit einbezogen werden können, wenn es gelingt, diesen ganzen Prozeß als regelmäßig zu beschreiben bzw. zu erklären. Insofern handelt es sich, entgegen der vorsichtigen Kritik von Krapp (1979), um mehr als nur den Austausch eines Etiketts, weil das Konzept Ulichs durchaus die von Krapp (1979) selbst vorgeschlagene Möglichkeit des Einbeziehens von Rahmenbedingungen bis hin zu deren systematischer Variation enthält, denn sowohl soziale Regeln wie Gesetzesaussagen im Sinne Krapps ist gemeinsam, daß sie eingeschränkt gelten, daß also bestimmte Bedingungen erfüllt sein müssen, um sie anzuwenden.

Eine Unterteilung, die Gage (1979, S. 12) vorschlägt, berücksichtigt den besonderen Charakter der Sozialwissenschaften, weil er nach kausalen und prognostischen Zusammenhängen differenziert. Prognostische Zusammenhänge müssen nach seiner Meinung nicht kausal sein. Es reicht vielmehr der Nachweis einer Korrelation zwischen den betreffenden Variablen (→ *Prognose*). Korrelationen können als soziale Regelmäßigkeiten interpretiert werden und erlauben dann eine Generalisierung auf andere Situationen. Während die Möglichkeit der Generalisierung bei der klassischen Auffassung des Gesetzes kein Problem darstellt, gilt das bei prognostischen Zusammenhängen nicht, denn das Ermitteln einer Korrelation besagt nichts über deren Geltungsbereich. Hier können wiederum zwei unterschiedliche Vorgehensweisen weiterhelfen. Entweder man sichert durch die Art der untersuchten Stichprobe die Repräsentativität der Resultate und kann so auf die Population generalisieren, oder man bestimmt, indem man von einem Modell der Interaktion (→ *Wechselwirkung*) zwischen den Individuen und deren Umwelt ausgeht, die Möglichkeit der Generalisierung dadurch, daß man sowohl die Akteure wie deren Akte und auch deren Interaktion untereinander sowie mit der Umwelt in ihrer Typik erfaßt (vgl. die Beschreibung der Institution bei Berger/Luckmann 1970, S. 58). Diese Möglichkeit der Generalisierung ergibt sich auch für die von Dilthey (1968, S. 168 ff.) vorgeschlagene beschreibende Psychologie, deren Ziel neben dem Verstehen des jeweils Besonderen und Individuellen auch das Erfassen des Allgemeinen ist, d. h., die Generalisierung wird von Individuen in einer Situation auf die gleichen oder andere Individuen in ähnlichen Situationen ermöglicht. Ein solches Wissenschaftsverständnis wird zunehmend über den Symbolischen Interaktionismus und die Phänomenologische Soziologie wieder eingeführt (vgl. z. B. Merkens/Seiler 1978, S. 20 ff.).

Die bisherigen Überlegungen lassen sich so zusammenfassen: Wissenschaftliche Theorien sind Aussagenmengen von unterschiedlichen möglichen Formen, deren Realitätsbezug in den Basissätzen nicht über bestimmte Regeln abgesichert, sondern durch Konsens festgesetzt wird (vgl. z. B. Popper 1966, S. 69 f.).

4. Theoriebewertung: Offensichtlich ist die Behauptung Poppers, wissenschaftliche Theorien auf der Basis des Kritischen Rationalismus könnten an der Wirklichkeit scheitern, nur bedingt haltbar. Wie Radnitzky (1979, S. 93) ausführt, kommt es bei der Theoriebewertung immer wieder zu zwei typischen Fehlschlüssen, dem genetischen und dem Effekt-Fehlschluß. Der genetische Fehlschluß meint, wissenschaftliche Theorien könnten nur Ausdruck sozialer Interessen sein. Beim Effekt-Fehlschluß soll der Wert wissenschaftlicher Theorien aus ihrer Wirkungsgeschichte erschlossen werden. Dem steht die Auffassung von Habermas (1971, S. 15 f.) entgegen: »Es besteht ein systematischer Zusammenhang zwischen der logischen Struktur einer Wissenschaft und der pragmatischen Struktur möglicher Verwendung der in ihrem Rahmen erzeugten Informationen.« Er fordert, Theorien sowohl hinsichtlich ihres *Entstehungszusammenhanges* (Warum werden bestimmte Probleme in bestimmten Epochen aktuell?) wie auch ihres *Begründungszusammenhanges* (Welche Struktur der Aussagen wird für angemessen gehalten, und welche Merkmale, z. B. logische Konsistenz, werden gefordert?) und ihres *Verwendungszusammenhanges* (Welcher potentielle Verwendungszusammenhang ergibt sich für eine bestimmte Theorie?) zu bewerten. Zwar ist Westmeyer (1972, S. 19) zuzustimmen, daß der Bestätigungsgrad einer Hypothese nicht aus ihrem Entstehungszusammenhang abzuleiten ist, aber die Geltungsproblematik von Theorien allein über den Bestätigungsgrad einer Theorie abhandeln zu wollen greift dennoch zu kurz. Worauf Westmeyer vielmehr mit seinem Argument hinweist, ist die unterschiedliche Struktur der drei Bereiche Entstehungs-, Begründungs- und Verwendungszusammenhang. Wie Bewertungen aus diesen drei Bereichen zueinander in Beziehung gesetzt werden können, ist Aufgabe einer noch zu entwerfenden Methodologie der Theoriebewertung (vgl. Radnitzky 1979, S. 91 ff.), die eben nicht nur auf den Begründungszusammenhang beschränkt bleiben darf. Zur Theoriebewertung gehört außerdem der Vergleich unterschiedlicher Metatheorien bzw. Paradigmata (Kuhn 1973), d. h., die Theoriebewertung erstreckt sich bis zur Meta-W.

Ein wesentliches Element der Theoriebewertung muß über die bisherigen Ausführungen hinaus in der Art des Verhältnisses von Theorie und Praxis gesehen werden, wie es in den einzelnen Theorien bzw. Metatheorien konstituiert wird. Daß z. B. in den Geisteswissenschaften, zu denen die Psychologie teilweise ja auch zählt, keine bzw. nur zu marginalen Problemen Gesetzesaussagen möglich seien, wird häufig mit der Besonderheit der einzelnen Handlungsvollzüge begründet, d. h., es wird davon ausgegangen, daß an den Ereignissen, Handlungen, Handlungsvollzügen in der Praxis das Allgemeine, Gesetzmäßige von individuellen Ausprägungen überlagert werde (Vgl. Dilthey 1968, S. 139ff.). Eine Argumentation dieser Art hat bereits Herbart (1964) veranlaßt, davon auszugehen, daß die Vielfalt der Praxis nicht in den wissenschaftlichen Theorien abgebildet werden könne und wissenschaftliche Theorien zugleich ein Mehr und ein Weniger gegenüber den Vollzügen der Praxis enthalten. Um die in den Wissenschaften fixierten Erkenntnisse auf die Praxis anwenden zu können, wird vom Anwender eine besondere Eigenschaft, nämlich die des Taktes, erwartet, d. h., damit Wissenschaft in pädagogischen Handlungen wirksam werden kann, bedarf es eines vermittelnden Gliedes, nämlich dem des Taktes. Ganz ähnlich und offenbar in Unkenntnis des Herbartschen Standpunktes formuliert Gage (1979, S. 6ff.), daß pädagogisches Handeln eine Kunst und nicht durch Wissenschaft restlos determinierbar sei, daß es aber »ein wissenschaftliches Fundament für die Kunst des Lehrens geben könne«. Gage geht also von einem Modell wie Herbart aus, indem er das Zusammenspiel von Kunst und Wissenschaft voraussetzt, um das Handeln in Wissenschaften wie der Pädagogischen Psychologie einerseits von der Naivität des einfachen Tuns zu befreien, sowie andererseits davor zu bewahren, in wissenschaftlich begründeter Gekünsteltheit zu erstarren und dadurch nicht mehr praxisangemessen zu sein. Was Takt meint, wie er die Beziehung zwischen Theorie und Praxis vermittelt, wie dies in unterschiedlichen Theorien und Metatheorien angegangen wird, ist ein wichtiges Element der Theoriebewertung.

Hans Merkens

Literatur

Berger, P. L./Luckmann, T.: Die gesellschaftliche Konstruktion der Wirklichkeit. Frankfurt/M. 1970. – *Dilthey, W.:* Gesammelte Schriften. Bd. V. Stuttgart ⁵1968. – *Dilthey, W.:* Gesammelte Schriften. Bd. VI. Stuttgart ⁶1978. – *Feyerabend, P.:* Wider den Methodenzwang. Skizze einer anarchistischen Erkenntnistheorie. Frankfurt/M. 1976. – *Gage, N. L.:* Unterrichten – Kunst oder Wissenschaft? München 1979. – *Habermas, J.:* Theorie und Praxis. Bd. 9. Frankfurt/M. 1971. – *Herbart, J. F.:* Sämtliche Werke. Aalen 1964. – *Herwartz-Emden, L./Merkens, H.:* Überlegungen zum Validitätsproblem aus wissenschaftstheoretischer Sicht. In: Zeitschrift für erziehungswissenschaftliche Forschung 14 (1980), S. 90–116. – *Krapp, A.:* Prognose und Entscheidung. Weinheim 1979. – *Kuhn, T. S.:* Die Struktur wissenschaftlicher Revolutionen. Frankfurt/M. 1973. – *Merkens, H./Seiler, H.:* Interaktionsanalyse. Stuttgart 1978. – *Opp, K. D.:* Methodologie der Sozialwissenschaften. Hamburg 1970. – *Popper, K. R.:* Logik der Forschung. 1966. – *Radnitzky, G.:* Das Problem der Theoriebewertung. In: Zschrift für allgemeine Wissenschaftstheorie. Bd. X (1979), S. 67–97. – *Stegmüller, W.:* Hauptströmungen der Gegenwartsphilosophie. Stuttgart ⁴1969. – *Stegmüller, W.:* Theorie und Erfahrung. 2. Halbbd.: Theoriestruktur und Theoriedynamik. Berlin 1973. – *Stegmüller, W.:* Theoriedynamik und logisches Verständnis. In: *Diederich, W.* (Hrsg.): Theorien der Wissenschaftsgeschichte. Frankfurt/M. 1974, S. 167–209. – *Ulich, D.:* Pädagogische Interaktion. Weinheim 1976. – *Westmeyer, H.:* Logik der Diagnostik. Stuttgart 1972.

Zielerreichendes Lernen

1. Zur Begründung zielerreichenden Lernens: Zielerreichendes Lernen (Z), die deutsche Übersetzung des Terminus ›mastery learning‹, ist eng verbunden mit den pragmatisch-programmatischen Ausführungen Blooms ›learning for mastery‹ (1968). Sie wurden dem breiteren Leserkreis im deutschsprachigen Raum vor allem unter dem geänderten und vielversprechenden Titel ›Alle Schüler schaffen es‹ (1970) bekanntgemacht. Blooms Ausführungen knüpfen an bei den in der Praxis tagtäglich und von der empirischen Unterrichtsforschung wiederholt festgestellten großen individuellen Unterschieden zwischen Schülern *innerhalb einer Schulklasse.* Werden diese Schüler einheitlich unterrichtet – was offensichtlich nicht zu selten auftritt – und wird zusätzlich das populationsnorm-orientierte Modell zur Messung der Schulleistung gewählt (→ *Schulleistungsbeurteilung*), tritt zwangsläufig ein, daß am Ende eines Schuljahres wenige Schüler ›gut‹, viele ›befriedigend‹ und ›ausreichend‹ und einige ›nicht ausreichend‹ abschneiden. Das Ergebnis – zweifellos verstärkt durch das gewählte Meßmodell – deutet an, daß viele Schüler das »Klassenziel« nicht erreicht und mehr oder weniger große Lerndefizite haben. Dieser sich über Jahre erstreckende Lehr-Lern-Prozeß hat – so Bloom – erhebliche Auswirkungen auf die → *Interessen*, → *Einstellungen*, das → *Selbstkonzept* und die geistige Gesundheit der Schüler (vgl. Bloom 1971). Ein derartiger Unterricht, der für Lehrer und viele Schüler höchst unbefriedigend verläuft, stellt nicht nur eine Verschleuderung öffentlicher Mittel dar, sondern er trägt nicht unwesentlich dazu bei, daß die Heranwachsenden sich von der Schule und Gesellschaft entfremden. Und genau dies kann sich kein Erziehungswesen hochindustrialisierter Gesellschaften leisten. Eine seiner zentralen gesellschaftlichen Aufgaben ist vielmehr, möglichst vielen Heranwachsenden das Wissen und die Fähigkeiten zu vermitteln, damit sie sich in der komplexen Gesellschaft zurechtfinden und sich höchstmöglich entfalten (Bloom 1970, S. 15f.). Aufgabe der Erziehungswissenschaft ist es daher, Strategien zu finden, mit denen unter Berücksichtigung der individuellen Unterschiede möglichst viele Schüler die Lernziele der Schule erfolgreich meistern. Blooms Ausführungen gipfeln in der These, daß 95% der Schüler die Lernziele der Schule erreichen können, wenn ihnen genügend Zeit und angemessene – noch zu spezifizierende – Hilfen gegeben werden (Bloom 1970, S. 17; Bloom 1973). Dazu skizziert Bloom auf der Grundlage des bis dahin wenig beachteten Modells schulischen Lernens Carrolls (1973) eine mehr handlungsorientierte Strategie für Z.

2. Carrolls Modell schulischen Lernens: Carrolls Modell schulischen Lernens geht von der These aus, daß der Grad des Lernerfolgs in funktionaler Beziehung zur *tatsächlich benötigten Lernzeit* und zur *tatsächlich aufgewendeten Lernzeit* steht. Mit Zeit ist dabei nur die Lernzeit gemeint, in der sich der Lernende mit der Lernaufgabe beschäftigt und aktiv lernt (*aktive Lernzeit*; Carroll 1963, S. 725). Die Lernzeit, die ein Lernender zur Bewältigung seiner Lernaufgabe tatsächlich benötigt, hängt ihrerseits ab von den Modellvariablen *aufgabenspezifische Begabung, Fähigkeit, dem Unterricht zu folgen,* und *Qualität des Unterrichts*. Modellvariablen für die tatsächlich aufgewendete Lernzeit sind die *zugestandene Lernzeit* und die Zeit, die der Lernende bereit ist, mit Lernen zu verbringen *(Ausdauer)*. Letztere ist u. a. von der Qualität des Unterrichts abhängig. Für diese Modellvariablen werden wiederum Einflußgrößen (Hintergrundvariablen) angegeben. Sie und die bereits genannten Variablen lassen sich nach den Ausführungen Carrolls (1963) zu einem Beziehungsnetz verknüpfen (s. Abb. S. 423).

3. Ergänzungen des Carrollschen Modells durch Bloom und Block: Blooms Ergänzungen des Modells von Carroll bestehen aus einer weitergehenden Konkretisierung der Modellvariable Unterrichtsqualität und dem Entwurf einer *Strategie* für Z. Vorbedingungen dieser Strategie sind eine genaue Beschreibung der Inhalte und der Ziele des Unterrichts sowie die Wahl eines absoluten statt relativen (populationsbezogenen) Leistungskriteriums. Der Lehrstoff ist in kleine, sich über ein bis zwei Wochen erstreckende Lerneinheiten aufzuteilen. Die Lerneinheiten sind ihrerseits in Elemente (Klassen von Lernaufgaben) zu zerlegen. Dazu kann das Lernhierarchiekonzept Gagnés (1976) oder Blooms Lernzieltaxonomie herangezogen werden (→ *Lehrziel*). In den Lehr-Lern-Prozeß sind wiederholt formative Evaluationen einzuschieben, um den lernzielbezogenen Lernstand jedes einzelnen Schülers zu ermitteln (→ *Instruktionstheorie*). Werden Lücken und Lernschwierigkeiten diagnostiziert, so empfiehlt Bloom zu ihrer Behebung folgende alternative Lernquellen (corrective learning procedures): Kleingruppenarbeit; wiederholtes Lesen bestimmter Seiten des ursprünglichen Lehrmaterials; Lesen oder Durcharbeiten bestimmter Seiten in anderen Lehrmaterialien; Heranziehen weiterer Seiten des Arbeitsbuches oder eines programmierten Textes; Einsatz ausgewählter audiovisueller Hilfsmittel (Bloom 1970, S. 26). Hier unterscheidet sich Bloom wesentlich von der Strategie Kellers (1968). Dieser schlägt mit seinem *Personalized System of Instruction* vor, für die Phase des lückenschließenden Lernens nicht alternatives Lernmaterial einzusetzen, sondern das ursprüngliche Lernmaterial erneut bearbeiten zu lassen, da der Schüler häufig nur mehr Übung benötige (vgl. Block 1974, S. 16ff.).

Carrolls Modell schulischen Lernens

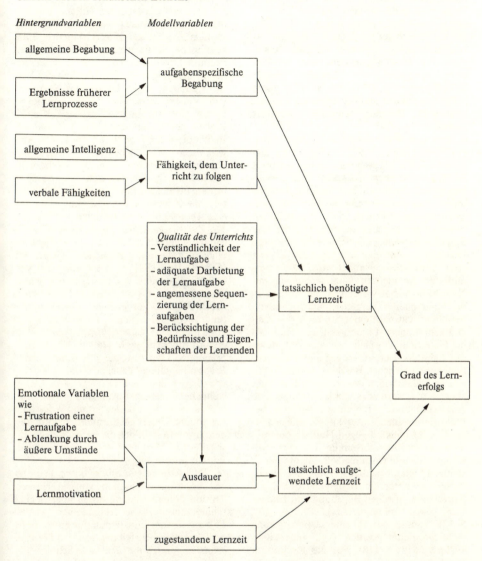

Ein Vergleich der Beschreibungen der Variable Unterrichtsqualität bei Carroll und Bloom zeigt: Bloom nennt konkretere methodische Maßnahmen und gibt einige Voraussetzungen für die Realisation seiner Strategie an. Ferner sind seine Hinweise stärker handlungsbezogen: So spricht er nicht nur von der Sequenzierung des Lehrstoffs, sondern er verweist auf erprobte und bekannte Sequenzierungsmodelle. Carroll bedient sich weitgehend der Sprache der klassischen → *Unterrichtsforschung* bzw. → *ATI*-Forschung. Dies zeigt sich besonders deutlich in der additiven und weitgehend statischen Beschreibung der Variable Unterrichtsqualität. Bloom betont dagegen mehr den dynamischen Charakter des Unterrichts: Einer Sequenzierung des Lehrstoffs schließt sich an jede abgeschlossene Unterrichtseinheit eine Diagnose (formative Evaluation) an und bei Bedarf eine auf die individuellen Lernergebnisse abgestimmte Phase lückenschließenden Lernens.

Block, ein Schüler Blooms, hat zu den skizzierten Phasen der Strategie des Z detailliertere Ausführungen gemacht, die in einem Katalog von Handlungsanweisungen zur Planung zielerreichenden Lernens gipfeln (Block/Anderson 1975). Sie werden durch selbst gewonnene und bis dahin vorliegende empirische Befunde teilweise abgestützt (Block 1971; 1974).

4. *Forschungsergebnisse zum Z:* Ingenkamp (1979) und Block (1971; 1974) haben den größten Teil der Forschungsergebnisse zum Z erfaßt, beschrieben, analysiert und zusammengefaßt. Daher soll hier nur eine komprimierte Zusammenfassung und Tendenzaussage zu den wesentlichen, an das Z gerichteten Erwartungen gegeben werden. Die zentrale Frage ist: Erreichen alle Schüler die gesetzten Lernziele, wenn eine Strategie für Z ganz oder teilweise angewendet wird? Die Frage muß für die meisten Untersuchungen mit Nein beantwortet werden. Wohl werden in der Mehrzahl der Vergleichsuntersuchungen bei Unterricht nach einer Strategie des Z signifikant höhere Lernergebnisse erzielt als bei Unterricht, der nicht nach einer Strategie des Z gestaltet ist (meist sogenannter konventioneller Unterricht). Bei dem jeweils praktizierten didaktischen Mehraufwand ist dies aber ein zu erwartendes Mindestergebnis. Die eingeschränktere Hypothese, wonach bei Praktizieren einer Strategie des Z eine bedeutende – im Idealfall gegen Null strebende – Verringerung der Streuung der Schulleistungsmeßwerte eintreten soll, konnte nur in wenigen Fällen bestätigt werden. Die Hypothese, daß unter der Bedingung des Z die Korrelation zwischen Begabung und Endleistung gegen Null tendiert (vgl. Bloom 1970, S. 17), konnte nur in einer Untersuchung nicht abgelehnt werden (vgl. Ingenkamp 1979, S. 58ff., S. 116). Für die Realisation von Strategien des Z unter den derzeitigen schulischen Bedingungen ist von entscheidender Bedeutung, daß die individuell bedingte Streuung der Lernzeit zur Lernzielerreichung (Untersuchungen ermittelten ein Verhältnis von bis zu 1:5 zwischen schnellen und langsamen Lernern) im Verlauf des Lehr-Lern-Prozesses abnimmt. Die empirischen Forschungsbefunde dazu liefern bislang unterschiedliche Ergebnisse und sind nicht konsistent. Ein ähnliches Ergebnis wurde bei den affektiven Auswirkungen des Z festgestellt.

5. *Kritik und Ausblick*

5.1 Zum methodologischen Niveau: Das methodologische Niveau (→ *Methoden*) der meisten Untersuchungen zum Z ist niedrig. Einige typische, die innere und äußere Gültigkeit beeinträchtigende Störfaktoren seien hier genannt: mangelnde Vergleichbarkeit der Versuchsgruppen, nicht kontrollierter Ausfall von Versuchspersonen, Neuigkeitseffekte, kleine Untersuchungsstichproben, Kurzfristigkeit der Untersuchungen, Validität der Indikatoren zur Ermittlung affektiver Auswirkungen des Z. Nicht selten handelt es sich um unveröffentlichte Untersuchungsberichte von Praktikern, denen es mehr darum ging zu prüfen, ob und wie ihre jeweils gewählte Strategie des Z funktioniert, und weniger darum, eine Theorie für Z aufzustellen.

5.2 Zur theoretischen Fundierung: Carrolls Modell schulischen Lernens, das er nicht mit einer Lerntheorie verwechselt wissen will (Carroll 1963, S. 725) beschreibt und verknüpft allgemeine Rahmenfaktoren schulischen Lernens. Sie inhaltlich zu füllen, sei es durch Analyse vorliegender Forschungsbefunde oder mit neuen Untersuchungen, ist Aufgabe der → *Unterrichtsforschung*. Wohl ergänzt Bloom dieses Modell um eine prozeßorientierte Lehrstrategie; allerdings besteht Blooms handlungsbezogene Konkretisierung von *Lehren* und *lückenschließendem Lernen* weitgehend aus einer Aufzählung von Lehrmaßnahmen, die in dieser Art und Weise auch für andere Unterrichtsformen genannt werden. Insofern stellt sich die Frage, welches die spezifischen Merkmale des Z sind. Folgende Punkte sind wichtig:

(a) Bildungspolitische Stoßrichtung: keine sozial ausgewogene Zuteilung von Berechtigungen auf höhere Bildung durch überwiegend schulorganisatorische Maßnahmen wie → *Differenzierung* und populationsnorm-bezogene Leistungsbeurteilung, sondern *Lernzielerreichung durch möglichst alle* Schüler.

(b) Sequenzierung des Lehrstoffs: Aufteilung des Lehrstoffs in kleinere Lerneinheiten, die ihrerseits in geordnete Abfolgen von Lernaufgaben zu zerlegen sind.

(c) Tendenz zu individualisierendem Lehren: Auf die *Diagnose des Lernzustandes* jedes einzelnen Schülers am Ende jeder Lerneinheit folgt ggf. eine auf das individuelle Diagnoseergebnis abgestimmte *Phase lückenschließenden Lernens* (remedial learning bzw. corrective learning; vgl. Block 1974, S. 21). Interessant ist dabei, daß die deutschsprachi-

ge didaktische Literatur für remedial learning oder corrective learning keine äquivalente und gängige Bezeichnung kennt (→ *Didaktik*).

(d) Absolute Zielsetzung: Sie unterscheidet Z von der traditionellen Lehrmethodenforschung. Letztere untersucht überwiegend relative, vergleichende Zielsetzungen, was sich in der Signifikanzprüfung von Unterschieden manifestiert. Welche absolute Höhe ein Mittelwert überhaupt einnehmen kann, ist oft von untergeordneter Bedeutung. Das Denkmuster des Z hat damit erhebliche Auswirkungen auf die Entwicklung statistischer Meß- und Prüfverfahren (vgl. z. B. Eigler/Straka 1978, S. 45ff.; → *Statistik*).

Der Ansatz des Z weist einen wesentlichen Mangel auf, der mit dazu beigetragen haben dürfte, daß die Forschungsbefunde so inkonsistent sind, nämlich die fehlende lerntheoretische Absicherung (→ *Lernen und Lerntheorien*). Wohl verweist Bloom (1970) auf den Lernhierarchieansatz Gagnés. Dieser Gedanke geht jedoch in der anschließenden Diskussion zugunsten der Lernzieltaxonomie Blooms verloren (z. B. Block/Anderson 1975). Diese Tendenz zur reinen Lernzielorientierung zeigt sich besonders deutlich bei Untersuchungen, die prüfen, welches Niveau der Lernzielerreichung (z. B. 65%- bis 95%ige Lernzielerreichung) für den weiteren Lernfortschritt oder die Einstellung zum Z optimal ist (Ingenkamp 1979, S. 119). Mit der Integration des Lernhierarchiekonzepts in eine Strategie für Z wird jedoch nur ein erster Schritt zu ihrer lerntheoretischen Absicherung getan. Die angestrebte Lernzielerreichung durch möglichst alle Schüler ist damit keineswegs gewährleistet (Eigler/Straka 1978). Dies liegt vor allem daran, daß das Lernhierarchiekonzept ergebnisorientiert ist (vgl. Straka 1977, S. 125), wohingegen eine Strategie des Z prozeßorientiert ist. Außerdem liefert es allenfalls notwendige und nicht hinreichende Bedingungen für den Aufbau übergeordneter intellektueller Fähigkeiten.

Die bislang diskutierten Strategien des Z können also fast ausschließlich als Strategien zielerreichenden *Lehrens* eingestuft werden: Auf unterschiedliche Eingangsbedingungen der Lernenden wird mit der Aufzählung – in der Praxis angeblich bewährter – didaktischer Maßnahmen geantwortet (vgl. Bloom 1973, S. 115). Zu berücksichtigen ist jedoch, daß ein Lernender den Übergang von seinem je individuellen Eingangszustand zu dem angestrebten Endzustand mittels aktueller und aktiver Lerntätigkeiten vollzieht (Macke 1978, S. 210f.). Unter den Bedingungen von Schule werden diese Lerntätigkeiten in der Auseinandersetzung mit bereitgestellten Lernaufgaben vollzogen und durch Lehrtätigkeiten unterstützt und gelenkt (Straka/Macke 1979, S. 36ff.). Insofern ist die Einbeziehung der Lernaufgabe in die Theorie schulischen Lernens (vgl. Bloom 1976, S. 18ff.) ein wichtiger Schritt in die aufgezeigte Richtung. Allerdings fehlt auch in dieser Theorie das Element Lerntätigkeit/Lernprozeß. Harnischfeger/Wiley (1977, S. 219) deuten diesen Aspekt in ihrem Modell des Unterrichtsprozesses an, indem sie die Elemente Schüleraktivität und Lehreraktivität darin aufnehmen. Das Einbeziehen der Elemente Lernprozeß/Lerntätigkeit, Lehren und Lernaufgabe allein genügt jedoch noch nicht. Entscheidender – und damit auch unterrichtlich handlungsrelevanter – ist die funktionale Verknüpfung von Lernzielklasse, individuellen Eingangsbedingungen, Lerntätigkeiten, Lehren und Lernaufgaben (vgl. Straka/Macke 1979, S. 44). Dieser Funktionsbezug ist eine wesentliche Voraussetzung für eine effektive Theorie des Z (→ *Instruktionstheorie*).

Gerald A. Straka

Literatur

Block, J. H. (Hrsg.): Mastery learning. New York 1971. – *Block, J. H.* (Hrsg.): Schools, society, and mastery learning. New York 1974. – *Block, J. H./Anderson, L. W.:* Mastery learning in classroom instruction. New York 1975. – *Bloom, B. S.:* Alle Schüler schaffen es. In: betrifft: erziehung 3 (1970), S. 15–27; dt. Übersetzung von: Learning for mastery (1968). – *Bloom, B. S.:* Affective consequences of school achievement. In: *Block, J. H.* (Hrsg.) 1971, S. 13–28. – *Bloom, B. S.:* Individuelle Unterschiede in der Schulleistung: ein überholtes Problem? In: *Edelstein, W./Hopf, D.* (Hrsg.): Bedingungen des Bildungsprozesses. Stuttgart 1973, S. 251–270. – *Bloom, B. S.:* Human characteristics and school learning. New York 1976. – *Carroll, J. D.:* A Model of school learning. In: Teachers College Record 64 (1963), 8, S. 723–733; dt. in: *Edelstein/Hopf* 1973, S. 234–250. – *Eigler, G./Straka, G. A.:* Mastery learning – Lernerfolg für jeden? München 1978. – *Gagné, R. M.:* Lernhierarchien. In: *Eigler, G.* (Hrsg.): Lernhierarchien. In: Unterrichtswissenschaft 4 (1976), S. 290–303. – *Harnischfeger, A./Wiley, D. E.:* Kernkonzepte des Schullernens. In: Zeitschrift für Entwicklungspsychologie und Pädagogische Psychologie 9 (1977), S. 207–228. – *Ingenkamp, F.-D.:* Zielerreichendes Lernen, mastery learning: Grundlagen, Forschungsbericht, Praxis. Ravensburg 1979. – *Keller, F. S.:* »Good bye, teacher . . .«. In: Journal of Behavioral Analysis 1 (1968), S. 79–89. – *Macke, G.:* Lernen als Prozeß. Weinheim/Basel 1978. – *Straka, G. A.:* Unterrichtliche Handlungsrelevanz lerntheoretisch orientierter Unterrichtsmodelle. In: Unterrichtswissenschaft 5 (1977), S. 111–125. – *Straka, G. A./Macke, G.:* Lehren und Lernen in der Schule. Stuttgart 1979.

Angaben über die Autoren

Frank Achtenhagen (1939), Dipl.-Hdl., Dr. rer. pol., Prof. für Wirtschaftspädagogik an der Universität Göttingen.
Veröffentlichungen: Didaktik des fremdsprachlichen Unterrichts – Grundlagen und Probleme einer Fachdidaktik 1969, ³1973. – Information zum Betriebspraktikum 1969. – (Hrsg.) Curriculumrevision – Möglichkeiten und Grenzen 1971, ⁴1975. – (m. a.) Schulentwicklungsplan für den Oberbergischen Kreis 1972. – (mit Wienold) Lehren und Lernen im Fremdsprachenunterricht (2 Bde.) 1975. – Beanspruchung von Schülern: Methodisch-didaktische Aspekte 1978. – Wirtschaftslehreunterricht-Sekundarstufe II 1981. – Div. Aufsätze.
Stichwort: Unterrichtsforschung

Markus Allemann (1941), Dipl. Heilpäd., Dipl. Psych., Dr. phil., Oberassistent und Lehrbeauftragter für Sozialpsychologie an der Universität Freiburg (CH).
Veröffentlichungen: Zum Selbst- und Trainerbild von Leichtathleten 1969. – Die soziale Integration von Fremdarbeitern. Analysen und Untersuchungen zur Grundlegung antidiskriminatorischer Arbeit im Bereich des Fremdarbeiterproblems 1977. – Entwurf eines kognitiven Modells zur Analyse der Wahrnehmung und Wirkung von Erzieherverhalten 1979.
Stichwort: Gruppendynamik

Kurt Aurin (1923), Dipl.-Psych., Dr. phil., Prof. für Erziehungswissenschaft an der Universität Freiburg.
Veröffentlichungen u. a.: Ermittlung und Erschließung von Begabungen im ländlichen Raum 1966. – Schulversuche in Planung und Erprobung (Hrsg.) 1972. – Bildungsberatung – Perspektiven ihrer Entwicklung in der Bundesrepublik Deutschland (Hrsg. zus. mit Gaude/Zimmermann) 1973. – Sekundarschulwesen – Strukturen, Entwicklungen und Probleme 1978. – Mehr Verständnis für Kinder – mehr Verständnis für Schule 1979.
Stichwort: Beratung

Herwig Baier (1935), Dr. phil., Prof. für Sonderpädagogik (Lern- und Körperbehindertenpädagogik) an der Universität München.
Veröffentlichungen: Das Freizeitverhalten und die kulturellen Interessen des Volksschullehrers 1972. – Hrsg. mit G. Klein: Aspekte der Lernbehindertenpädagogik ²1975. – Hrsg.: Behindertenpädagogik in Forschung und Lehre ²1981. – Empirische Lernbehindertenpädagogik 1978. – Hrsg. mit G. Klein (Red. Gertraude Merzbacher): Unterricht in der Schule für Lernbehinderte. Organisatorische Probleme pädagogisch gesehen 1980. – Einführung in die Lernbehindertenpädagogik 1980.
Stichwort: Sonderpädagogik

Dorothee Bierhoff-Alfermann (1949), Dipl. Psych., Dr. phil., Prof. für Sportpsychologie an der Universität Gießen.
Veröffentlichungen: Soziale Einflüsse im Sport 1976 (Hrsg.). – Psychologie der Geschlechtsunterschiede 1977. – Interaktionsstil und Verhaltenserklärung durch Jungen und Mädchen 1979. – Methodische Probleme bei der Untersuchung von Geschlechtsunterschieden 1979 (zus. mit G. Rudinger).
Stichwort: Geschlechter (Geschlechtsrolle)

Jürgen Bredenkamp (1939), Dipl.-Psych., Dr. phil., Prof. für Psychologie an der Universität Trier.
Veröffentlichungen: Der Signifikanztest in der psychologischen Forschung 1972. – Lern- und Gedächtnispsychologie (zus. mit Wippich) 1977. – Bildhaftigkeit und Lernen (zus. mit Wippich) 1979. – Handbuchbeiträge und Artikel in wiss. Fachzeitschriften.
Stichwort: Gedächtnis

Manfred Brusten (1939), Dipl.-Soz., Dr. soz. wiss., Prof. für ›Soziologie abweichenden Verhaltens unter besonderer Berücksichtigung der Delinquenzprophylaxe‹ an der Gesamthochschule Wuppertal.
Veröffentlichungen über: (a) ›Determinanten selektiver Sanktionierung durch die Polizei‹ (u. a. am Beispiel polizeilicher Vernehmungen), (b) über Prozesse der Kriminalisierung durch ›bürokratische Verwaltung‹ von Devianz und sozialen Problemen anhand einer Analyse von Jugendamtsakten sowie einer größeren empirischen Forschung über die ›Klienten der Sozialarbeit‹, (c) über ›Schule als Instanz sozialer Kontrolle‹, insbesondere über Prozesse der Stigmatisierung in der Schule und der Kommunikationspraxis zwischen Schule und Jugendamt.
Stichwort: Abweichendes Verhalten

Sylvia-Gioia Caesar (1947), Dipl.-Psych., Dr. phil., Staatsinstitut für Frühpädagogik München.
Veröffentlichungen: Soziale Rehabilitation. DGVT-Mitteilungen 1978. – Möglichkeiten zum Abbau sozialer Hemmungen im Kindergarten. Sozialpädagogische Blätter 1978. – Burdach/Caesar: Die Auswirkung von zwei Förderprogrammen der musikalischen Früherziehung. Psychologie, Erziehung, Unterricht 1979. – Über Kreativitätstests. Psychologische Rundschau 1981. – Einige Überlegungen zur Konzeption von lerntheoretisch orientierten Elterntrainingsprogrammen. In: Lukesch et al. 1980.
Stichwort: Kreativität

Georg Dietrich (1928), Dipl. Psych., Dr. phil., Prof. für Psychologie an der Universität München.
Veröffentlichungen: Bildungswirkungen des Gruppenunterrichts ³1974. – Grundbegriffe der psychologischen

Angaben über die Autoren

Fachsprache (zus. mit H. Walther) ²1972. – Unterrichtspsychologie der Sekundarstufe 1972.
Stichwort: Schulpsychologie

Wolfgang Einsiedler (1945), Dr. phil., Prof. für Schulpädagogik an der Universität Hannover.
Veröffentlichungen: Arbeitsformen im modernen Sachunterricht der Grundschule 1971, ⁷1978. – Schulpädagogischer Grundkurs 1974, ³1979. – Lehrstrategien und Lernerfolg 1976. – Schülerorientierter Unterricht (Hrsg. mit H. Härle) 1976, ³1979. – Faktoren des Unterrichts 1978. – Selbstgesteuertes Lernen (Hrsg. mit H. Neber u. A. C. Wagner) 1978. – Konzeptionen des Grundschulunterrichts (Hrsg.) 1979.
Stichwort: Didaktik

Hubert Feger (1938), Dipl.-Psych., Dr. phil., Prof. für Psychologie an der Universität Hamburg.
Veröffentlichungen im Bereich der Sozialpsychologie: Gruppensolidarität und Konflikt 1972. – Soziale Beziehungen (in: K. J. Klauer 1978). – Im Bereich der Motivationsforschung: Konflikterleben und Konfliktverhalten 1978.
Stichwort: Einstellung

Sigrun-Heide Filipp (1943), Dipl.-Psych., Dr. phil., Prof. für Psychologie an der Universität Trier.
Veröffentlichungen: Zur Erfassung von Selbstkonzepten und Selbstkompetenz 1978. – Selbstkonzept-Forschung: Probleme, Befunde, Perspektiven 1979. – Kritische Lebensereignisse und ihre Bewältigung 1981. – Beiträge in wissenschaftlichen Periodika, Sammelbänden und Handbüchern.
Stichwort: Selbstkonzept

Andreas Flitner (1922), Dr. phil., Prof. für Pädagogik an der Universität Tübingen.
Veröffentlichungen: Brennpunkte gegenwärtiger Pädagogik ³1972. – Spielen – Lernen. Praxis und Deutung des Kinderspiels ⁶1980. – Mißratener Fortschritt. Pädagogische Anmerkungen zur Bildungspolitik 1977. – Hrsg. von: Erziehung in Wissenschaft und Praxis (30 Bde.) 1968–1980; Zeitschrift für Pädagogik seit 1969; W. v. Humboldt: Werke in 5 Bdn. (zus. mit K. Giel) 1960–1981.
Stichwort: Spiel und Spieltheorien

Karl Frey (1942), Dipl.-Psych., Dr. phil., Prof. für Pädagogik an der Universität Kiel; Geschäftsführender Direktor des Institutes für die Pädagogik der Naturwissenschaften.
Veröffentlichungen: Der Lehrplan der Real-, Sekundar- und Bezirksschulen ²1969. – Der Ausbildungsgang der Lehrer (mit Koautoren) 1969. – Curriculumtheoretische Ansätze in einem Entwicklungsprojekt (mit K. Aregger) 1971. – Theorien des Curriculums ²1972 (Ital.: Teorie del Curriculo 1977). – Kognitionspsychologie und naturwissenschaftlicher Unterricht. Cognitive Processes and Science Instruction (Hrsg. mit M. Lang) 1973. – Integriertes Curriculum Naturwissenschaft: Theoretische Grundlagen und Ansätze (Hrsg. mit P. Häussler) 1973. – Integriertes Curriculum Naturwissenschaft der Sekundarstufe I: Projekte und Innovationsstrategien (Hrsg. mit K. Blänsdorf) 1973. – Integrierter naturwissenschaftlicher Unterricht in der Bundesrepublik Deutschland 1974 (Engl.: Integrated science education in the Federal Republic of Germany 1974. Franz.: L'enseignement intégré des sciences de la nature dans la République Fédérale d'Allemagne 1974). – Curriculum-Handbuch (Hauptrsg.) 1975. – Methodology and Main Areas of Research in Science Education. In: Research in Science Education in Europe 1977. – Curriculum-Reform unter europäischen Perspektiven (mit Koautoren) 1978. – European Journal of Science Education (Chairman Editorial Board) ab 1978.
Stichwort: Curriculum

Reiner Fricke (1940), Dipl.-Psych., Dr. phil., Prof. für Psychologie an der Universität Hannover.
Veröffentlichungen: Über Meßmodelle in der Schulleistungsdiagnostik 1972. – Kriteriumsorientierte Leistungsmessung 1974.
Stichwort: Test

Wassilios Emanuel Fthenakis (1937), Dipl.-Psych., Dr. rer. nat., Dr. phil., Direktor des Staatsinstituts für Frühpädagogik in München.
Veröffentlichungen: Bilinguale und bikulturelle Förderprogramme als Alternative für ausländische Kinder der zweiten Generation. In: Schriftenreihe des Börsenvereins des Deutschen Buchhandels 1979. – Aktivitäten des Europarats im Bereich des Übergangs vom Kindergarten zur Grundschule – Im Überblick. In: Auernheimer, R. (Hrsg.): Kooperation von Elementar- und Primarbereich 1980. – Elterntrennung aus der Perspektive des Kindes – Herausforderung an Familienrecht und Sozialpolitik. In: Bild der Wissenschaft 1981. – Bilingualismus-Bikulturalismus in der frühen Kindheit. In: Fthenakis, W. E./Scheid, G./Schorb, A. O./Steinmann, W. (Hrsg.): Bildungswirklichkeit, Bildungsplanung, Bildungsforschung 1981. – Kooperation zwischen Elementar- und Primarbereich. In: Spielmittel 1981.
Stichwort: Vorschulerziehung (Frühpädagogik)

Hannelore Grimm (1940), Dipl.-Psych., Priv. Doz. am Psychologischen Institut der Universität Heidelberg.
Veröffentlichungen: Strukturanalytische Untersuchung der Kindersprache 1973. – Zur Entwicklung sprachlicher Strukturformen bei Kindern (mit H. Schöler/M. Wintermantel) 1975. – Zur Entwicklung von Bedeutungen (mit M. Wintermantel) 1975. – Psychologie der Sprachentwicklung, Bd. I/II 1977. – Heidelberger

Sprachentwicklungstest (mit H. Schöler) 1978. – Sprachentwicklung I/II, Fernstudien im Medienverbund 1978. – Sprachpsychologie. Handbuch und Lexikon der Psycholinguistik (mit J. Engelkamp) 1981.
Stichwort: Sprache

Klaus E. Grossmann (1935), Dipl.-Psych., Ph. D., Dr. habil., Prof. für Entwicklungs- und Pädagogische Psychologie an der Universität Regensburg.
Veröffentlichungen: Behavioral differences between rabbits and cats. Journal of Genetic Psychology 111, 171–182, 1967. – Erlernen von Farbreizen an der Futterquelle durch Honigbienen während des Anflugs und während des Saugens. Zeitschrift für Tierpsychologie 27, 553–562, 1970. – Die Rolle der vergleichenden Psychologie im Rahmen der Verhaltenswissenschaften. Psychologische Rundschau 26, 163–175, 1975. – Entwicklung der Lernfähigkeit in der sozialen Umwelt 1977. – Die Entwicklung sozialer Beziehungen in den ersten beiden Lebensjahren – Überblick über ein Forschungsprojekt. In: Lukesch, H./Perrez, M./Schneewind, K. A. (Hrsg.): Familiäre Sozialisation und Intervention 1980.
Stichwort: Reifung und sensible Phasen

Karl Haußer (1948), Dipl.-Psych., Dr. phil., Akademischer Rat am Institut für Empirische Pädagogik, Pädagogische Psychologie und Bildungsforschung der Universität München.
Veröffentlichungen: Motivation und Interesse (Themenheft). Zeitschrift für Pädagogik 25 (zus. mit H. Schiefele/G. Schneider/D. Ulich/A. Krapp) 1979. – Methodologische Probleme bei der Untersuchung kognitiver Kontrolle (Kausalattribuierung und Coping). In: Eckensberger, L. H. (Hrsg.): Bericht über den 31. Kongreß der Deutschen Gesellschaft für Psychologie in Mannheim 1978. Band 1. 1979, S. 512–515 (zus. mit D. Ulich). – Die Einteilung von Schülern. Theorie und Praxis schulischer Differenzierung 1980. – Motivationale Sozialisation. In: Hurrelmann, K./Ulich, D. (Hrsg.): Handbuch der Sozialisationsforschung 1980 (zus. mit D. Ulich). – Modelle schulischer Differenzierung (Hrsg.) 1981.
Stichwort: Differenzierung (schulische)

Norbert Havers (1942), Dr. phil. habil., Prof. am Institut für Empirische Pädagogik und Pädagogische Psychologie der Universität München.
Veröffentlichungen: Der Religionsunterricht – Analyse eines unbeliebten Fachs. Eine empirische Untersuchung 1972. – Erziehungsschwierigkeiten in der Schule. Klassifikation, Häufigkeit, Ursachen und pädagogisch-therapeutische Maßnahmen 1978. – Schulische Integration lern- und verhaltensgestörter Kinder. Bericht über ein Forschungsprogramm (Hrsg. mit Speck/Gottwald/Innerhofer) 1978.
Stichwort: Lernschwierigkeiten

Heinz Heckhausen (1926), Dipl.-Psych., Dr. phil. Prof. für Psychologie an der Ruhr-Universität Bochum.
Veröffentlichungen: Hoffnung und Furcht in der Leistungsmotivation 1963. – The Anatomy of Achievement Motivation 1967. – Leistung und Chancengleichheit 1974. – Motivationsanalysen 1974. – Motivation und Handeln 1980.
Stichwort: Chancengleichheit

Kurt A. Heller (1931), Dipl.-Psych., Dr. phil., Prof. für Pädagogik und Pädagogische Psychologie an der Universität Köln.
Veröffentlichungen: Aktivierung der Bildungsreserven 1970. – Intelligenzmessung 1973. – Leistungsbeurteilung in der Schule (Hrsg.) 1974, ³1978. – Planung und Auswertung empirischer Untersuchungen (zus. mit B. Rosemann) 1974. – Handbuch der Bildungsberatung, 3 Bde. (Hrsg.) 1975/76. – Intelligenz und Begabung 1976. – Kognitiver Fähigkeits-Test (zus. mit A.-K. Gaedike/H. Weinläder) 1976. – Psychologie in der Erziehungswissenschaft, 4 Bde. (Hrsg. zus. mit H. Nickel) 1976/78. – Prognose des Schulerfolgs (zus. mit B. Rosemann/K. Steffens) 1978.
Stichwort: Intelligenz

Norbert Herriger (1953), Dipl. Pädagoge, stellv. Geschäftsführer des Internationalen Dokumentations- und Studienzentrums für Jungendkonflikte, wissenschaftlicher Mitarbeiter im Fachbereich Gesellschaftswissenschaften der Gesamthochschule Wuppertal.
Veröffentlichungen: Verwahrlosung und medizinisches Modell. Argumente wider die Medikalisierung abweichenden Verhaltens. In: Neue Praxis 1978, S. 213–226. – Lehrerurteile und soziale Kontrolle im ›Schulbericht‹. Eine empirische Untersuchung über die Kooperation zwischen Schule und Jugendamt. In: Zeitschrift für Pädagogik 1978, S. 497–514 (zus. mit M. Brusten). – Verwahrlosung. Eine Einführung in Theorien sozialer Auffälligkeit 1979. – Zur Wirklichkeit der sozialpädagogischen Praxis in der Schule. Empirische Ergebnisse und kontroverse Perspektiven. In: Neue Praxis 1979, S. 67–85. – Familienintervention und soziale Kontrolle. Strategien der Kolonisierung von Lebenswelten. In: Kriminologisches Journal 1980, S. 283–300. – Weitere Veröffentlichungen zur Kontrolle und Prävention abweichenden Verhaltens in der Schule und zu Konzepten kommunaler Delinquenzprophylaxe.
Stichwort: Abweichendes Verhalten

Manfred Hofer (1942), Dipl.-Psych., Dr. rer. nat., Prof. für Pädagogik an der Technischen Universität Braunschweig.
Veröffentlichungen: Die Schülerpersönlichkeit im Urteil des Lehrers 1969. – Theorie der angewandten Statistik 1975. – Funkkolleg Pädagogische Psychologie 1974. – Informationsverarbeitung und Entscheidungsverhalten von Lehrern 1981.
Stichworte: Handlung und Handlungstheorien, Lehrer-Schüler-Interaktion

Angaben über die Autoren

Lutz F. Hornke (1945), Dipl.-Psych., M.A.-Stanford University, Dr. phil., Akademischer Oberrat an der Universität Düsseldorf, z. Zt. C4-Vertreter »Empirische Pädagogik« an der Philipps-Universität Marburg.
Veröffentlichungen: Grundlagen und Probleme adaptiv antwortabhängiger Testverfahren 1976. – Adaptiv-antwortabhängige Tests: ein neuartiger Ansatz psychologischen Testens, Diagnostica 23, 1977, 1–14.
Stichwort: Trainingsmethoden

Günter L. Huber (1940), Dipl.-Psych., Dr. phil., Prof. für Pädagogische Psychologie an der Universität Tübingen.
Veröffentlichungen: Selbstbestimmung und Fremdbestimmung in Lernprozessen 1976. – Aggressiv und unaufmerksam (zus. mit B. Hanke/H. Mandl) [2]1978. – Kognitive Komplexität (Hrsg. zus. mit H. Mandl) 1978. – Lernen [2]1979.
Stichworte: Bekräftigung, Kognitive Komplexität, Kognitive Stile

Heinz-Jürgen Ipfling (1936), Dr. phil., Prof. für Schulpädagogik an der Universität Regensburg.
Veröffentlichungen (Autor/Mitautor): Grundbegriffe der pädagogischen Fachsprache [2]1975. – Die emotionale Dimension in Unterricht und Erziehung [3]1976. – Disziplin ohne Zwang 1976. – Freude an der Schule 1979. – Schulversuche mit Ganztagsschulen 1979. – Mitherausgeber u. a.: Vierteljahresschrift für wissenschaftliche Pädagogik; Schulpädagogische Aspekte; Kompendium Didaktik; Studien zur Hauptschule.
Stichwort: Disziplin

Hartmut Kasten (1945), Dipl.-Psych., Dr. phil., Referent im Staatsinstitut für Frühpädagogik (Zentrum für Bildungsforschung) in München; Lehrbeauftragter an der Universität München.
Veröffentlichungen: Die Entwicklung von Moralvorstellungen und Moralbegriffen beim Kinde 1976. – Neuere Studien zur sozialen und kognitiven Entwicklung des Kindes 1977. – Soziales Lernen und moralische Entwicklung 1978. – Zum Problem der Beziehung zwischen sozialen Kognitionen und Sozialverhalten 1978. – Sozial-emotionale Entwicklung in der Kindheit 1979.
Stichworte: Gefühl, Soziales Lernen

Heinrich Keupp (1943), Dipl.-Psych., Dr. phil., Prof. für Sozialpsychologie an der Universität München.
Veröffentlichungen u. a.: Psychische Störungen als abweichendes Verhalten 1972. – Der Krankheitsmythos in der Psychopathologie (Hrsg.) 1972. – Verhaltensstörungen und Sozialstruktur (Hrsg.) 1974. – Abweichung und Alltagsroutine 1976. – Die gesellschaftliche Organisierung psychischen Leidens (Hrsg.) 1978. – Normalität und Abweichung (Hrsg.) 1979.
Stichwort: Gemeindepsychologie

Karl Josef Klauer (1929), Dr. phil., Prof. für Pädagogik an der RWTH Aachen.
Veröffentlichungen u. a.: Das Schulbesuchsverhalten bei Volks- und Hilfsschulkindern 1963. – Berufs- und Lebensbewährung ehemaliger Hilfsschulkinder (zus. mit Heydrich/van Laak) 1973. – Programmierter Unterricht in Sonderschulen [2]1970. – Lernbehindertenpädagogik [5]1975. – Revision des Erziehungsbegriffs 1973. – Das Experiment in der pädagogischen Forschung 1973. – Methodik der Lehrzieldefinition und Lehrstoffanalyse 1975. – Lehrzielorientierte Tests (zus. mit Fricke/Herbig/Rupprecht/Schott) [3]1975. – Lehrzielorientierte Leistungsmessung (zus. mit Fricke/Herbig/Rupprecht/Schott) 1977. – Intelligenztraining im Kindesalter [2]1975.
Stichworte: Erziehung, Lehrziel

Adam Kormann (1939), Dipl.-Psych., Dr. phil., staatlicher Schulpsychologe und Lehrbeauftragter an der Universität Regensburg.
Veröffentlichungen: Schuleintritt und Schulfähigkeit (zus. mit Rüdiger/Peez) 1976. – Analyse der Schulleistung – Fernstudienbrief des Deutschen Instituts für Fernstudien (zus. mit Rüdiger/Peez) 1977. – Ergebnisse und Probleme bei der Evaluation der Musikdidaktischen Konzeption nach C. Orff. In: Rüdiger, D./Perrez, M.: Anthropologische Aspekte der Psychologie 1979. – Weitere Buch-, Kongreß- und Zeitschriftenbeiträge zum »Lerntestkonzept«, zur »Einschätzung der Zuverlässigkeit von Befragungsbefunden«, zu »Musikalitätstests«.
Stichwort: Veränderungsmessung

Hans-Joachim Kornadt (1927), Dipl.-Psych., Dr. phil., Prof. für Erziehungswissenschaft und Pädagogische Psychologie an der Universität des Saarlandes in Saarbrücken.
Veröffentlichungen: Einflüsse der Erziehung auf die Aggressivitätsgenese 1966. – Situation und Entwicklungsprobleme des Schulsystems in Kenia, 2 Bde. 1968 und 1970. – Toward a motivation theory of aggression and aggression inhibition 1974. – Lehrziele, Schulleistungen und Leistungsbeurteilung 1975. – Aggression und Frustration als psychologisches Problem (Hrsg.) 1981. – Aggressionsmotiv und Aggressionshemmung (2 Bde.) 1981.
Stichwort: Aggression

Christoph Kraiker (1943), Dipl.-Psych., Dr. phil., wissenschaftlicher Mitarbeiter am Institut für Psychologie der Universität München.
Veröffentlichungen: Handbuch der Verhaltenstherapie (Hrsg.) 1974. – Der Begriff der Neurose. In: Handbuch der Psychologie, Bd. 8/1. Halbband, Klinische Psychologie (Hrsg. L. Pongratz) 1977. – Behavioural Analysis and the Structural View of Scientific Theories. In: Be-

Angaben über die Autoren

hav. Anal. Modif. 4, 203–213, 1976/77. – Psychoanalyse, Behaviorismus, Handlungstheorie – Theoriekonflikte in der Psychologie 1980.
Stichwort: Intervention und Prävention

Andreas Krapp (1940), Dipl.-Psych., Dr. phil., Prof. für Erziehungswissenschaft und Pädagogische Psychologie an der Hochschule der Bundeswehr München.
Veröffentlichungen: Bedingungen des Schulerfolgs ²1974. – Empirische Forschungsmethoden: Einführung 1975 (zus. mit S. Prell). – Einschulungsdiagnostik 1977 (zus. mit H. Mandl). – Schuleingangsdiagnose 1978 (Hrsg. zus. mit H. Mandl). – Prognose und Entscheidung 1979. – Diverse Aufsätze über Chancengleichheit, Bedingungsfaktoren von Schulerfolg und Schulversagen, Probleme pädagogisch-psychologischer Diagnostik, Intelligenz und Begabung.
Stichworte: Begabung, Diagnostik, Prognose

Volker Krumm (1934), Dr. phil., o. Univ. Prof. für Erziehungswissenschaft an der Universität Salzburg, Leiter der Abteilung für Bildungsforschung und Pädagogische Beratung.
Veröffentlichungen u. a.: Das Zukunftsbild der Jugend 1967. – Zur Problematik der Hausaufgaben (zus. mit G. Eigler) ²1979. – Wirtschaftslehreunterricht 1972. – Auswirkungen des Blockunterrichts auf Einstellungen von Lehrer und Schüler 1978. – Zur Handlungsrelevanz der Verhaltenstheorien (Hrsg.) 1979 u. a.
Stichworte: Verhaltensmodifikation, Einzelfallanalyse (Einzelfalluntersuchung)

Thomas Kussmann (1939), Dipl.-Psych., Dr. phil., Wissenschaftlicher Rat im Bundesinstitut für ostwissenschaftliche und internationale Studien in Köln.
Veröffentlichungen: Sowjetische Psychologie 1974. – Bewußtsein und Handlung (Hrsg.) 1971. – Biologie und Verhalten (Hrsg.) 1971. – A. N. Leont'ev; Tätigkeit, Bewußtsein, Persönlichkeit (Übers. und kommentiert mit Hans Thomae) 1977. – Weitere Veröffentlichungen in Fachzeitschriften, Sammelbänden und Lexika.
Stichwortverzeichnis russisch

Josef Langmeier (1921), Dr. phil., Leiter der Psychologischen Abteilung des Instituts für ärztliche Fortbildung Prag, Dozent für Psychologie an der Karls-Universität Prag.
Veröffentlichungen: Psychische Deprivation im Kindesalter (zus. mit Z. Matějček) (Tschech. 1963, 1968, 1974; engl. 1975) deutsch 1977. – Die zeitweilige Gemeinschaftserziehung im Hinblick auf die psychische Deprivation. In: Paedagogica Evropaea (zus. mit Z. Matějček) 1968. – Folgen frühkindlicher psychischer Deprivation bei Anstaltskindern (zus. mit Z. Matějček). In: Praxis der Kinderpsychologie und Kinderpsychiatrie 19, 1970. – Personalities of deprived children. In: F. J. Mönks/W. W. Hartup/J. de Wit (Hrsg.): Determinants of behavioral development 1972. – Psychological deprivation, family interaction process and child development. In: Studia psychologica 1979 (im Druck).
Stichwort: Deprivation

Heinz-Rolf Lückert (1913), Dipl.-Psych., Dr. phil., Prof. für Psychologie (em.) an der Universität München; seit 1977 Leiter des Instituts für Aktivationstherapie, München.
Veröffentlichungen: Stanford-Intelligenz-Test ²1965. – Die Problematik der Persönlichkeitsdiagnostik 1965. – Konfliktpsychologie. Einführung und Grundlegung ⁶1972. – Begabungs- und Bildungsförderung als Gegenwartsaufgabe ²1972. – Der Mensch, das konfliktträchtige Wesen ²1973. – Dokumente einer vorschulischen Begabungsförderung 1973. – Begabungs- und Bildungsförderung im Vorschulalter 1974. – Lebensführung und Selbstkontrolle (Hrsg. Arbeitskreis für Führungskräfte in der Wirtschaft, München) 1980. – In Vorb.: Neue Wege der Psychotherapie.
Stichwort: Aktivation

Gerd Lüer (1938), Dipl.-Psych., Dr. rer. nat., Prof. für Psychologie an der RWTH Aachen.
Veröffentlichungen: Testbatterie für geistig behinderte Kinder (TBGB) 1969. – Aufsätze über die Psychodiagnostik der geistigen Behinderung. – Gesetzmäßige Denkabläufe beim Problemlösen 1973. – Aufsätze und Abhandlungen über Denk- und Problemlösepsychologie.
Stichwort: Denken und Problemlösen

Helmut Lukesch (1946), Dr. phil., Prof. im Institut für Psychologie der Universität Regensburg.
Veröffentlichungen: Erziehungsstile – Pädagogische und psychologische Konzepte 1975. – Auswirkungen von Erziehungsstilen (Hrsg.) 1975. – Elterliche Erziehungsstile. Psychologische und soziologische Bedingungen 1976. – S-S-G. Ein Fragebogen zur Erfassung von Einstellungen zu Schwangerschaft, Sexualität und Geburt (zus. mit M. Lukesch-Tomann) 1977. – Familiäre Sozialisation (Hrsg. zus. mit K. A. Schneewind) 1978. – Sozialisation und Intervention in der Familie (Hrsg. zus. mit M. Perrez/K. A. Schneewind) 1979. – Welche Schule ist besser? Systemvergleichende Leistungsstudien zwischen Gesamtschulen und Schulen des gegliederten Schulsystems (zus. mit H. Haenisch) 1980. – Ca. 50 Beiträge in Zeitschriften und Büchern.
Stichwort: Erziehungsstile

Peter Malinowski (1949), Dipl.-Soziologe, Geschäftsführer des Internationalen Dokumentations- und Studienzentrums für Jugendkonflikte, wissenschaftlicher Angestellter im Fachbereich Gesellschaftswissenschaften der Gesamthochschule Wuppertal.

Angaben über die Autoren

Veröffentlichungen: Soziale Kontrolle, Soziologische Theoriebildung und ihr Bezug zur Praxis der sozialen Arbeit 1975 (zus. mit U. Münch). – Polizei-Kriminologie und soziale Kontrolle, in: Die Polizei – eine Institution öffentlicher Gewalt, hrsg. vom Arbeitskreis Junger Kriminologen 1975. – Zur Wirklichkeit der sozialpädagogischen Praxis in der Schule. Empirische Ergebnisse und kontroverse Perspektiven. In: Neue Praxis 1979, S. 67–85 (zus. mit N. Herriger). – Polizei und Öffentlichkeit. Zur Interaktion der Polizei mit dem Bürger. In: Bürgernahe Verwaltung? – Analysen über das Verhältnis von Bürger und Verwaltung, hrsg. von W. Hoffmann-Riem, Neuwied/Darmstadt 1980 (zus. mit M. Brusten). – Darüber hinaus weitere Veröffentlichungen zur Polizei- und Sozialarbeit.
Stichwort: Schulsozialarbeit

Heinz Mandl (1937), Dipl.-Psych., Dr. phil., Prof. für Pädagogische Psychologie und Erziehungswissenschaft an der Universität Tübingen sowie Leiter des Hauptbereichs Forschung am Deutschen Institut für Fernstudien in Tübingen.
Veröffentlichungen u. a.: Kognitive Entwicklungsverläufe von Grundschülern 1975. – Aggressiv und unaufmerksam 1976 (zus. mit Hanke/Huber). – Intelligenzdifferenzierung 1976 (zus. mit Zimmermann). – Einschulungsdiagnostik 1977 (zus. mit Krapp). – Schuleingangsdiagnose – Neue Modelle, Annahmen und Befunde 1978 (Hrsg. zus. mit Krapp). – Kognitive Komplexität – Bedeutung, Weiterentwicklung, Anwendung. 1978 (Hrsg. zus. mit Huber). – Schülerbeurteilung in der Grundschule 1980 (zus. mit Hanke/Lohmöller). – Lernen mit Texten 1980 (zus. mit Ballstaedt/Schnotz/Tergan). – Aufsätze in Sammelbänden: Pädagogische Diagnostik, Handbuch der Sozialisationsforschung, Entwicklungspsychologie in der Grundschule. Zeitschriftenaufsätze, insbesondere: Zeitschrift für Entwicklungspsychologie und Pädagogische Psychologie; Unterrichtswissenschaft.
Stichworte: Kognitive Komplexität, Textlernen

Lutz Mauermann (1943), Lehrer, Dr. phil., wissenschaftlicher Assistent für Pädagogik an der Universität Augsburg.
Veröffentlichungen: Faktoren unterrichtlicher Kommunikation 1976. – Unterrichten und Beurteilen 1977 (zus. mit K. Kunert/H. Schulte/G. Seisenberger). – Unterrichtsgestaltung und Unterrichtsplanung unter dem Aspekt des Erzieherischen. In: Pädagogische Welt 32, 1978, S. 3–16. – Der Erziehungsauftrag der Schule. Beiträge zur Theorie und Praxis moralischer Erziehung unter besonderer Berücksichtigung der Wertorientierung im Unterricht 1978 (Hrsg. zus. mit E. Weber).
Stichwort: Moralische Entwicklung und Erziehung

Hans Merkens (1937), Dr. phil., Prof. für Erziehungswissenschaft (Pädagogische Empirik) an der Freien Universität Berlin.
Veröffentlichungen: Überlegungen zu einer Theorie der Beobachtung. Unterrichtswissenschaft 2, 1974, S. 14–20. – Methodologische Überlegungen zur Verbesserung der Forschungsmethoden bei der Unterrichtsanalyse. In: Roth, L./Petrat, G. (Hrsg.): Unterrichtsanalysen in der Diskussion 1974, S. 289–306. – Einführung in die Statistik für Pädagogen, Teil 1 u. 2, 1975. – Forschung – Praxis, Konzepte, Strategien, Finanzierung. In: Roth, L. (Hrsg.): Forschungsmethoden der Erziehungswissenschaft 1978, S. 22–42. – Gemeinsam mit Seiler, H.: Interaktionsanalyse 1978. – Interaktionsanalysen. In: Gruppendynamik 10, 1979, S. 87–100.
Stichworte: Methoden, Wissenschaftstheorie

Wolfgang Mertens (1946), Dipl.-Psych., Dr. phil., wissenschaftlicher Assistent an der Universität München.
Veröffentlichungen: Urteile über Schüler 1973, ^{4}1979 (zus. mit D. Ulich). – Erziehung zur Konfliktfähigkeit 1974, ^{2}1978. – Sozialpsychologie des Experiments 1975. – Basiswissen Psychologie, Bd. 1, 1975, Bd. 2, 1977 (zus. mit D. Adolphs). – Aspekte einer sozialwissenschaftlichen Psychologie 1977. – Krise der Sozialpsychologie? 1978 (zus. mit G. Fuchs). – Neue Perspektiven der Psychoanalyse (Hrsg.) 1981. – Moderne Psychoanalyse 1981.
Stichwort: Interaktion (soziale)

Erich Mohn (1947), M. A., Dr. phil., Referent für Medienforschung am Institut Jugend Film Fernsehen, München.
Veröffentlichungen: Der logische Positivismus 1978. – Medien in der Erzieherausbildung 1979 (zus. mit J. B. Lohmüller/R. Oerter [Hrsg.] u. a.). – Verschiedene Aufsätze zu medienpädagogischen Fragestellungen.
Stichwort: Medien

Horst Nickel (1929), Dipl.-Psych., Dr. phil., Prof. für Psychologie an der Universität Düsseldorf, Leiter des Instituts für Entwicklungs- und Sozialpsychologie.
Veröffentlichungen u. a.: Die visuelle Wahrnehmung im Kindergarten- und Einschulungsalter 1967. – Entwicklungspsychologie des Kindes- und Jugendalters, Band I 1972, Band II 1975. – Brennpunkte der Pädagogischen Psychologie 1973 (Mitherausgeber E. Langhorst). – Psychologie des Lehrerverhaltens 1974. – Angstfragebögen für Schüler (A-F-S) 1974 (zus. mit W. Wieczerkoski/A. Janowski/B. Fittkau/R. Rauer). – Entwicklungsstand und Schulfähigkeit 1976. – Psychologie in der Erziehungswissenschaft, Band I u. II 1976, Band III u. IV 1978 (Mitherausgeber K. Heller). – Vom Kleinkind zum Schulkind 1978 (zus. mit U. Schmidt-Denter). – Erzieher- und Elternverhalten im Vorschulbereich 1980 (zus. mit M. Schenk/B. Unge-

Angaben über die Autoren

lenk). – Sozialverhalten von Vorschulkindern 1980 (zus. mit U. Schmidt-Denter).
Stichwort: Schulfähigkeit – Schulreife

Rolf Oerter (1931), Dipl.-Psych., Dr. phil., Prof. für Psychologie an der Universität Augsburg.
Veröffentlichungen: Moderne Entwicklungspsychologie 1967, [18]1980 (Übers. in Span. u. Ital.). – Psychologie des Denkens 1971, [5]1977. – Struktur und Wandlung von Werthaltungen 1970. – Entwicklung als lebenslanger Prozeß (Hrsg.) 1978. – Kognitive Sozialisation und subjektive Struktur (zus. mit E. Dreher/M. Dreher) 1977. – Der Aspekt des Emotionalen in Unterricht und Erziehung (Hrsg. zus. mit E. Weber) [2]1975. – Ökologie und Entwicklung. Mensch-Umwelt-Modelle (Hrsg. zus. mit H. Walter) 1979.
Stichworte: Entwicklung, Denkentwicklung

Jean-Luc Patry (1947), Dr. sc. nat., Doktor-Assistent am Pädagogischen Institut der Universität Freiburg (CH).
Veröffentlichungen: Koordination von Unterrichtsthemen (zus. mit R. Hirsig/H. Fischer) 1977. – Verhaltensstörungen bei Schulkindern im Zusammenhang mit Erziehungsstil-, ökologischen und sozialstrukturellen Variablen (zus. mit M. Perrez/N. Ischi) 1981. – Outline forms as visual stimuli in psychological experiments 1978. – Feldforschung in den Sozialwissenschaften 1979. – Feldforschung (Hrsg., i. V.).
Stichwort: Lernen und Lerntheorien, Stichwortverzeichnis französisch

Kurt Pawlik (1934), Dr. phil., Prof. für Psychologie an der Universität Hamburg.
Veröffentlichungen: Personality factors in objective test devices 1965. – Dimensionen des Verhaltens 1968, [3]1976. – Diagnose der Diagnostik 1976 (span. 1978). – Multivariate Persönlichkeitsforschung 1981.
Stichwort: Wechselwirkung

Reinhard Pekrun (1952), Dipl.-Psych., wissenschaftlicher Assistent für Persönlichkeitspsychologie und Psychodiagnostik an der Universität München.
Stichwort: Verhaltensbeobachtung

Meinrad Perrez (1944), Dr. phil., Prof. für Allgemeine Pädagogik an der Universität Freiburg (CH).
Veröffentlichungen: Ist die Psychoanalyse eine Wissenschaft? 1972, [2]1979 (ital. 1977). – Relevanz in der Psychologie (Hrsg. zus. mit A. Iseler) 1976). – Research on Parental Attitudes and Behavior 1980. – Implementierung neuen Erziehungsverhaltens: Interventionsforschung im Erziehungsstil-Bereich 1980. – Sozialisation und Intervention in der Familie (Hrsg. zus. mit H. Lukesch/K. Schneewind) 1980.
Stichwort: Lernen und Lerntheorien

Siegfried Prell (1936), Volksschullehrer, Dipl.-Psych., Dr. phil. habil., Prof. für Pädagogik an der Technischen Universität Braunschweig.
Veröffentlichungen: Leistungsdifferenzierung und individuelle Förderung (zus. mit H. Schiefele/D. Ulich) 1972. – Empirische Forschungsmethoden (zus. mit A. Krapp) 1975. – Soziale Interaktion im Unterricht. Darstellung und Anwendung des Interaktionsanalyse-Systems von N. A. Flanders (zus. mit B. Hanke/H. Mandl) [3]1976. – Schulversuche, wissenschaftliche Begleitung von Schulversuchen. In: L. Roth (Hrsg.), Handlexikon zur Erziehungswissenschaft (zus. mit H. Schiefele) 1976. – Erfolgsfeststellung von Orientierungsstufen 1977. – Grundlagen der Schulbegleitforschung 1981.
Stichworte: Evaluation, Instruktionstheorie

Falko Rheinberg (1945), Dipl.-Psych., Dr. phil., wissenschaftlicher Angestellter am Psychologischen Institut der Ruhr-Universität Bochum.
Veröffentlichungen: Zeitstabilität und Steuerbarkeit von Ursachen schulischer Leistung 1975. – Situative Determinanten der Beziehung zwischen Leistungsmotivation und Schulleistung 1976. – Selbstkonzept der Begabung bei Normal- und Sonderschülern gleicher Intelligenz 1977. – Der Lehrer als diagnostische Instanz 1978. – Motivationsforschung und Unterrichtspraxis 1978. – Gefahren pädagogischer Diagnostik 1978. – Leistungsbewertung und Lernmotivation 1980.
Stichwort: Leistungsmotivation

Brigitte Rollett (1934), Dr. phil., Prof. für Entwicklungspsychologie und Pädagogische Psychologie an der Universität Wien.
Veröffentlichungen: Stereotype Interaktionsformen in der Familie 1965/1977. – Einführung in die hierarchische Clusteranalyse 1976. – Anstrengungsvermeidungstest 1977. – Ca. 70 Artikel in verschiedenen Handbüchern und Zeitschriften zur Diagnostik, Therapie, Lernen, Motivation, empirische Methoden.
Stichwort: Lerntherapie

Leo Roth (1935), Dr. phil., Prof. für Erziehungswissenschaft, Theorie der Schule und des Unterrichts, empirische Methoden und quantitative Verfahren der Schul- und Unterrichtsforschung, Psychologie und Soziologie der Schule und Erziehung an der Universität Bremen. Hrsg. der Reihe: Beiträge zur empirischen Unterrichtsforschung. Hrsg. der Reihe: Ratgeber für Eltern.
Veröffentlichungen: Beiträge zur empirischen Unterrichtsforschung [2]1974. – Effektivität von Unterrichtsmethoden [2]1977. – Unterrichtsanalysen in der Diskussion (Hrsg. zus. mit G. Petrat) 1974. – Effektiver Unterricht 1972. – Hrsg.: Handlexikon zur Erziehungswissenschaft 1976. – Hrsg.: Handlexikon zur Didaktik der

Angaben über die Autoren

Schulfächer 1980. – Zahlreiche Aufsätze zur Unterrichtsforschung, Hochschuldidaktik, Schulpädagogik und Wissenschaftstheorie in Fachzeitschriften und Handbüchern.
Stichwort: Pädagogische Psychologie als Ausbildungsinhalt

Dietrich Rüdiger (1924), Dipl.-Psych., Dr. phil., Prof. für Psychologie (Pädagogische Psychologie) an der Universität Regensburg.
Veröffentlichungen: Oberschuleignung, Theorie und Praxis psychologischer Eignungsuntersuchungen 1966. – Schuleintritt und Schulfähigkeit (zus. mit Kormann/Peez) 1976. – Analyse der Schulleistung, Fernstudienbrief des Deutschen Instituts für Fernstudien (zus. mit Kormann/Peez) 1977. – Regensburger Modell – Lesen lernen (zus. mit anderen) 1978. – Anthropologische Aspekte der Psychologie (Hrsg.) 1979. – Weitere Buch-, Kongreß- und Zeitschriftenbeiträge, u. a. zur Individualmethode, zum Problem des Frühlesens, zur Theorie des Gewissens und der Gewissensbildung, zur Prozeßdiagnostik.
Stichwort: Prozeßdiagnostik

Jürgen vom Scheidt (1940), Dipl.-Psych., Dr. phil., TZI-Gruppenleiter und Psychotherapeut in eigener Praxis in München.
Veröffentlichungen: Handbuch der Rauschdrogen (zus. mit W. Schmidbauer) [6]1977. – Freud und das Kokain 1973 (brasil. 1976). – Innenwelt-Verschmutzung [2]1975 (griech. 1980). – Rätsel Mensch 1976 (hebr. 1977; ital. 1980). – Yoga für Europäer 1976. – Der falsche Weg zum Selbst – Studien zur Drogenkarriere 1976. – Selbsterfahrung, 6 Rundfunkvorträge, 1978. – Singles: Alleinsein als Chance des Lebens 1979. – Bewußtseinserweiterungen, 7 Rundfunkvorträge, 1979. – Homo futurus, 6 Rundfunkvorträge, 1980. – Hilfen für das Unbewußte – Esoterische Wege der Selbsterfahrung 1980.
Stichwort: Humanistische Psychologie

Hans Schiefele (1924), Dipl.-Psych., Dr. phil. Prof. für Empirische Pädagogik und Pädagogische Psychologie an der Universität München.
Veröffentlichungen: Motivation im Unterricht. Beweggründe menschlichen Lernens und ihre Bedeutung für den Schulunterricht 1963. – Programmierte Unterweisung. Ergebnisse und Probleme aus Theorie und Praxis 1964 (port. 1966; holl. 1969). – Schule von heute – Schule für morgen? 1969. – Schule und Begabung 1971 (holl. 1972). – Lernmotivation und Motivlernen. Grundzüge einer erziehungswissenschaftlichen Motivationslehre [2]1978.
Stichworte: Interesse, Motivation und Motiventwicklung

Bernhard Schiff (1924), Dr. phil., Prof. für Vergleichende Erziehungswissenschaft an der Universität Bremen.

Veröffentlichungen: Entwicklung und Reform des Fremdsprachenunterrichts in der Sowjetunion 1966. – S. T. Schazki: Ausgewählte pädagogische Schriften (übers. und kommentiert mit I. Rüttenauer) 1970. – Die Reform der Grundschule in der Sowjetunion 1972. – Weitere Veröffentlichungen in Fachzeitschriften, Sammelbänden und Lexika.
Stichwortverzeichnis russisch

Enno Schmitz (1939), Dr. rer. pol., Prof. für Erziehungswissenschaften an der Freien Universität Berlin.
Veröffentlichungen: mehrere empirische Untersuchungen im Bereich der Industrie- und Berufssoziologie.
Stichwort: Bildungsforschung

Klaus A. Schneewind (1939), Dipl. Psych., Dr. phil., Prof. für Psychologie an der Universität München.
Veröffentlichungen: Methodisches Denken in der Psychologie 1969. – Psychologie – was ist das? 1975. – Persönlichkeitstheorien 1981. – Hrsg.: Wissenschaftstheoretische Grundlagen der Psychologie 1977. – Familiäre Sozialisation (zus. mit Lukesch) 1978. – Pädagogische Psychologie: Probleme und Perspektiven (zus. mit Brandtstädter/Reinert) 1979. – Erziehungsstilforschung (zus. mit Herrmann) 1980. – Familiäre Sozialisation und Intervention (zus. mit Lukesch/Perrez) 1980.
Stichwort: Persönlichkeitstheorien

Alfons O. Schorb (1921), Dr. phil., Prof. für Bildungsforschung an der Universität München, Direktor des Staatsinstituts für Bildungsforschung und Bildungsplanung München.
Veröffentlichungen: Bildungsplanung und Bildungspolitik (Hrsg.) 1972. – Schulversuche mit Gesamtschulen in Bayern (Hrsg.) 1977. – Bildungsbewegung und Raumstruktur (zus. mit M. Schmidbauer) 1969. – Aufstiegsschulen im sozialen Wettbewerb (zus. mit M. Schmidbauer) 1973. – Raumbezogene Bildungspolitik und wissenschaftliche Bildungsplanung in der Bundesrepublik Deutschland. In: Bildungsplanung und Raumordnung 1971. – Die modernen Übertragungsmedien unter bildungs- und regionalplanerischen Aspekten. In: Beiträge zur regionalen Bildungsplanung 1970. – Aufriß einer Theorie der Infrastruktur des Schulwesens. In: Infrastruktur im Bildungswesen 1976. – Revision regionaler Bildungsplanung? In: Regionale Bildungsplanung im Rahmen der Entwicklungsplanung 1978. – Zur regionalen Auswirkung des Zusammenhanges von Bildungssystem und Beschäftigungssystem. In: Regionale Bildungsplanung im Rahmen der Entwicklungsplanung (mit J. Meister) 1978. – Theorie der Infrastruktur des Bildungssystems unter besonderer Berücksichtigung von Verteilungseffekten. In: Problembereiche der Verteilungs- und Sozialpolitik 1978. – Methodische Beiträge zur Praxis der Bildungsforschung (Hrsg.) 1976. – Der Standort der Realschule im Bil-

dungs- und Beschäftigungssystem. In: Die Realschule, Bd. 2. 1979.
Stichwort: Bildungsplanung

Bernd Schorb (1947), Dr. phil., Geschäftsführer am Institut Jugend Film Fernsehen, München.
Veröffentlichungen: Gruppe – Kollektiv (zus. mit R. Berg/K. Höchstetter/M. Jander) 1973. – Leistung und Motivation 1976. – Kindergärtnerinnen – Qualifikation und Selbstbild (zus. mit R. Berg u. a.) 1978. – Neue Texte Medienpädagogik (zus. mit J. Hüther/K.-D. Breuer) 1979. – Medien im Unterricht. In: Die Psychologie des 20. Jahrhunderts, Band XI, 1980. – Sozialisation durch Massenmedien (zus. mit E. Mohn/H. Theunert). In: Sozialisationsforschung, 1980. – Grundbegriffe der Medienpädagogik (zus. mit J. Hüther) 1980.
Stichwort: Kommunikation

Christine Schwarzer (1944), Dipl.-Päd., Dr. phil., Akademische Oberrätin an der Universität Köln.
Veröffentlichungen: Lehrerurteil und Schülerpersönlichkeit 1976. – Praxis der Schülerbeurteilung (zus. mit R. Schwarzer) 1977. – Diagnostik im Schulwesen (Hrsg. zus. mit R. Schwarzer) 1977. – Pädagogische Diagnostik 1979.
Stichwort: Schulleistungsbeurteilung

Ralf Schwarzer (1943), Dipl.-Psych., Dr. phil., Prof. für Schulpädagogik an der Fakultät für Pädagogik der RWTH Aachen.
Veröffentlichungen: Adaptiver Unterricht. Zur Wechselwirkung zwischen Schülermerkmalen und Unterrichtsmethoden (Hrsg. zus. mit K. Steinhagen) 1975. – Praxis der Schülerbeurteilung (zus. mit C. Schwarzer) 1977. – Beraterlexikon (Hrsg.) 1977. – Schulangst und Lernerfolg 1975.
Stichwort: Angst

Kurt Singer (1929), Dr. phil., Prof. für Schulpädagogik an der Universität München und Psychotherapeut.
Veröffentlichungen: Lebendige Lese-Erziehung [7]1973. – Aufsatzerziehung und Sprachbildung [5]1974. – Lernhemmung, Psychoanalyse und Schulpädagogik [2]1974. – Verhindert die Schule das Lernen? Psychoanalytische Erkenntnisse als Hilfe für Erziehung und Unterricht [2]1976. – Humane Schule – Pädagogische Schule. Mitmenschliche Beziehung und angstfreies Lernen durch partnerschaftlichen Unterricht 1981.
Stichwort: Psychoanalytische Pädagogik

Otto Speck (1926), Dr. phil., Prof. für Sonderpädagogik (Geistigbehinderten- und Verhaltensgestörtenpädagogik) an der Universität München.
Veröffentlichungen: Kinder erwerbstätiger Mütter 1956. – Der geistigbehinderte Mensch und seine Erziehung [3]1975, 4. Aufl.: Geistige Behinderung und Erziehung 1980. – Zus. mit M. Thalhammer: Die Rehabilitation der Geistigbehinderten 1974, [2]1977 (span. 1978). – Früherkennung und Frühförderung behinderter Kinder 1973, [2]1975. – Zus. mit G. Kanter (Hrsg.): Pädagogik der Lernbehinderten 1977. – Frühförderung entwicklungsgefährdeter Kinder 1977. – Zus. mit Gottwald/Havers/Innerhofer (Hrsg.): Schulische Integration lern- und verhaltensgestörter Kinder 1978. – Verhaltensstörungen, Psychopathologie und Erziehung 1979. – Pädagogische Modelle für Kinder mit Verhaltensstörungen (Hrsg.) 1979.
Stichworte: Behinderung, Rehabilitation

Gerald A. Straka (1944), Dipl. Hdl., Dr. phil., Prof. für Erziehungswissenschaft an der Universität Bremen.
Veröffentlichungen: Forschungsstrategien zur Evaluation von Schulversuchen 1974. – Eigler, G./Straka, G. A.: Mastery Learning – Lernerfolg für jeden? 1978. – Straka, G. A./Macke, G.: Lehren und Lernen in der Schule. Eine Einführung in schulische Lehr-Lern-Theorien 1979.
Stichwort: Zielerreichendes Lernen

Gerhard Strube (1948), Dipl.-Psych., Mag. theol., Dr. phil., wissenschaftlicher Assistent am Institut für Psychologie der Universität München.
Veröffentlichungen: Binet und die Folgen. Testverfahren – Differentielle Psychologie – Persönlichkeitsforschung. (Die Psychologie des 20. Jahrhunderts, Bd. V). 1977. – Wortbedeutung als psychologisches Problem 1977. – Microcomputer in der Psychologie 1981. – Verschiedene Aufsätze.
Stichwort: Genetik (Anlage – Umwelt)

Rita Süssmuth (1937), Dr. phil., Prof. für Erziehungswissenschaft an der Universität Dortmund.
Veröffentlichungen u. a.: Studien zur Anthropologie des Kindes (1968). – Erziehungsbedürftigkeit, Kindheit und Jugend. In: Handbuch pädagogischer Grundbegriffe 1970. – Eltern als Erzieher. In: Bildung und Erziehung 1978. – Familiale Kompetenz 1979. – Dritter Familienbericht. Familie und Plazierung 1979.
Stichwort: Familie

Joachim Tiedemann (1942), Dipl.-Psych., Dr. rer. nat., Akademischer Oberrat für Psychologie an der Universität Hannover.
Veröffentlichungen: Die Problematik der Schuleignungsdiagnose unter entscheidungstheoretischem Aspekt. In: Zeitschrift für Entwicklungspsychologie und Pädagogische Psychologie 6, 1974. – Zur Konstruktvalidität von Schulreifetests. In: Zeitschrift für Entwicklungspsychologie und Pädagogische Psychologie 6, 1974. – Kognitives Grundschulversagen – Ein

Angaben über die Autoren

Denkmodell – In: Zeitschrift für Entwicklungspsychologie und Pädagogische Psychologie 7, 1975. – Leistungsversagen in der Schule 1977. – Sozial-emotionales Schülerverhalten 1980.
Stichwort: Schulerfolg und Schulversagen

Bernhard Treiber (1948), Dipl.-Psych., Dr. phil., wissenschaftlicher Angestellter am Psychologischen Institut der Universität Heidelberg.
Veröffentlichung: Qualifizierung und Chancenausgleich 1980.
Stichwort: Attribute-Treatment-Interaction (ATI)

Heinrich Tuggener (1924), Volksschullehrer, Dr. phil., Prof. für Pädagogik, insbesondere Sozialpädagogik, an der Universität Zürich.
Veröffentlichungen u. a.: Der Lehrer, Studien über Stand, Beruf und Bildung des Volksschullehrers 1962. – Social Work. Versuch einer Darstellung und Deutung im Hinblick auf das Verhältnis von Sozialarbeit und Sozialpädagogik 1971. – Warum und wozu Forschung in der Heimerziehung? 1975. – Erzieher und Arbeitserzieher – zwei Mitarbeitergruppen im Jugendheim 1978. – Beiträge in Sammelbänden: Psychologie der Tuppenführung 1978. – Scholastik und Sozialpädagogik – Anmerkungen zum vermutlich ersten Gebrauch des Ausdrucks »Sozialpädagogik« 1979.
Stichworte: Heimerziehung, Sozialpädagogik

Gerhard Tulodziecki (1941), Erstes und Zweites Staatsexamen für das Lehramt an berufsbildenden Schulen, Dr. phil., Prof. für Schulpädagogik an der Universität-Gesamthochschule Paderborn.
Veröffentlichungen: Beiträge der Algorithmentheorie zur Unterrichtswissenschaft 1972. – Einführung in die Theorie und Praxis objektivierter Lehrverfahren 1975. – Schulfernsehen in der Bundesrepublik Deutschland 1977. – Einführung in die Mediendidaktik ³1980. – Unterrichtsplanung und Medienentwicklung 1979. – Einführung in die Medienforschung 1981.
Stichwort: Externe Lernregelung

Dieter Ulich (1940), Dipl.-Psych., Dr. phil. Prof. für Psychologie am Institut für Psychologie der TU Berlin.
Veröffentlichungen: Konflikt und Persönlichkeit 1971. – Gruppendynamik in der Schulklasse 1971. – Theorie und Methode der Erziehungswissenschaft 1972. – Leistungsdifferenzierung und individuelle Förderung (zus. mit Schiefele/Prell) 1972. – Urteile über Schüler (zus. mit Mertens) 1973. – Einführung in die Erziehungswissenschaft (zus. mit Schiefele) 1973. – Pädagogische Interaktion 1976. – Handbuch der Sozialisationsforschung (zus. mit Hurrelmann) 1980. – Dazu etwa 40 Buchbeiträge und Artikel zur Pädagogischen Psychologie, Sozialpsychologie, Wissenschaftstheorie und Erziehungswissenschaft.
Stichwort: Attribuierung

Klaus Ulich (1943), Dipl.-Soz., Dr. oec. publ., Dr. phil. habil., Prof. für Schulpsychologie an der Universität München.
Veröffentlichungen: Aktuelle Konzeptionen der Hochschuldidaktik (Hrsg.) 1974. – Sozialisation in der Schule. Elemente einer sozialpsychologischen Theorie 1976. – Lehrerberuf und Schulsystem. Sozialpsychologische Beiträge für die Lehrerbildung 1978. – Soziale Beziehungen und Probleme in der Schulklasse. In: Die Psychologie des 20. Jahrhunderts, Bd. XII. 1980. – Schulische Sozialisation. In: Hurrelmann, K./Ulich D. (Hrsg.): Handbuch der Sozialisationsforschung. 1980.
Stichwort: Sozialisation

Erich Vanecek (1942), Dr. phil., Ober-Assistent am Institut für Psychologie der Universität Wien, Abteilung für Allgemeine und Experimentelle Psychologie.
Veröffentlichungen: Fixationsdauer und Fixationsfrequenz beim stillen Lesen von Sprachapproximationen 1972. – Die Rolle der Augenbewegungen in der Wahrnehmungsforschung 1975. – Untersuchungen zur Sprechsorgfalt als Aufmerksamkeitsindikator 1977. – Die Großschreibung im Kreuzverhör der Versuche 1977. – Experimentelle Beiträge zur Wahrnehmbarkeit kartographischer Signaturen 1980.
Stichwort: Wahrnehmung

Ingeborg Wagner (1934), Dipl.-Psych., Dr. phil., Prof. für Psychologie an der Universität Bonn.
Veröffentlichungen: Trainingsversuche mit kognitiv impulsiven Kindern. Literaturbericht. Archiv für Psychologie 125, 1973, 288–316. – Studienbegleittexte, Rundfunkbeitrag und Filme zum Funkkolleg Legasthenie 1974. – Vorbildlernen mit impulsiven Kindern: Entwicklungsabhängige Wirksamkeit der Tainingsfaktoren. Übersichtsreferat. Zeitschrift für Entwicklungspsychologie und Pädagogische Psychologie 7, 1975, 195–202. – Aufmerksamkeitstraining mit impulsiven Kindern 1976. – In Vorb.: Herausgabe einer neuen Form des Matching Familiar Figures Tests (MFF) nach Kagan.
Stichwort: Aufmerksamkeit und Konzentration

Diethelm Wahl (1945), Dr. phil., Prof. für Psychologie an der Pädagogischen Hochschule Weingarten.
Veröffentlichungen: Erwartungswidrige Schulleistungen. Untersuchungen zur Meßstabilität und zu den Geltungsbereichen des Konstrukts von Over- and Underachievement 1975. – Forschungsprojekt: »Naive Verhaltenstheorie von Lehrern« 1976–1982.
Stichwort: Implizite Theorien

Franz Emanuel Weinert (1930), Tätigkeit als Lehrer und Schulleiter an Grund- und Hauptschulen, Dipl.-Psych., Dr. phil., Prof. für Psychologie (Entwicklungspsychologie/Pädagogische Psychologie) an der Universität Heidelberg, Direktor am Max-Planck-Institut für Sozialwissenschaften, München.
Veröffentlichungen: Schreiblehrmethode und Schreibentwicklung 1966. – Pädagogische Psychologie [8]1977. – Funkkolleg Pädagogische Psychologie, Bde. 1 und 2, [6]1979. – Lernen im System der Schule 1976. – Über die mehrfache Bedeutung des Begriffes ›entwicklungsangemessen‹ in der pädagogisch-psychologischen Theorienbildung 1979.
Stichworte: Gedächtnisentwicklung, Geschichte der Pädagogischen Psychologie

Konrad Widmer (1919), Dr. phil., Prof. für Pädagogik und Pädagogische Psychologie an der Universität Zürich.
Veröffentlichungen u. a.: Schule und Schwererziehbarkeit 1953. – Erziehung heute – Erziehung für morgen 1960. – Die junge Generation und wir 1969. – Sportpädagogik, Prolegomena zur theoretischen Begründung der Sportpädagogik als Wissenschaft [2]1977, (1980 japanisch). – Sexualität und Jugend, Bd. I: Geschlechtserziehung und sexuelle Aufklärung zwischen Wunsch und Wirklichkeit. Zus. mit B. Meile, Zürcher Beiträge zur Erziehungswissenschaft 1976. – Der junge Mensch, seine Eltern, Lehrer und Vorgesetzten 1978.
Stichworte: Lehrerfortbildung, Transfer

Bernhard Wolf (1948), Dipl.-Psych., Dr. phil., Akademischer Oberrat am Zentrum für empirische pädagogische Forschung der Erziehungswissenschaftlichen Hochschule Rheinland-Pfalz in Landau.
Veröffentlichungen: Intelligenztestaufgaben und sozialer Status 1977. Bildungs-Beratungs-Test für 4.–6. Klassen (zus. mit anderen) 1977. – Bias in testing 1980. – Zum Einfluß der häuslichen Lernumwelt 1980.
Stichworte: Lernumwelt, Statistik

Achim Zimmermann (1945), Dipl.-Psych., Dr. phil., Akademischer Rat an der Universität Augsburg.
Veröffentlichungen: Intelligenzdifferenzierung (zus. mit H. Mandl) 1976. – Legasthenie und schriftsprachliche Kommunikation 1980.
Stichwort: Legasthenie

Klaus Zott (1953), Erstes Staatsexamen für Grund- und Hauptschulen 1975, wissenschaftlicher Mitarbeiter am Institut für Empirische Pädagogik und Pädagogische Psychologie an der Universität München.
Stichwort: Ökologie (Ökologische Psychologie)

Horst Zumkley (1943), Dipl.-Psych., Dr. phil., wissenschaftlicher Mitarbeiter an der Fachrichtung Allgemeine Erziehungswissenschaft der Universität des Saarlandes in Saarbrücken.
Veröffentlichung: Aggression und Katharsis 1978.
Stichwort: Aggression

Sachregister

Abhängigkeitsmotiv 263
Abrufinformation 131
Abwehrmechanismus 279, 294
Abweichung 38
Abweichendes Verhalten 1 ff, 92, 140 f
Adaptationsprozeß der Wahrnehmung 412
Adoleszenz 295
advance organizer 375
Ängstlichkeit 15
Äquilibration 104 f, 205
Ärger 7
Affektives Schema 138
Agression 6 ff
- expressive 8
- instrumentelle 8
Aggressions-Genese 8
Aggressionstrieb 6
Agogik 351
Akkomodation 65, 205, 237
Aktionspotential 410
Aktivation 10 ff
Aktivationstherapie 12
Aktivierung 260, 262
Akzentuierung 414
Alltagswirklichkeit 267
Alltagswissen (psychologisches) 173
Altersdifferenzierungshypothese 185
Anforderungen (schulische) 312
Anforderungsschwelle 312 ff
Angst 15 ff, 138
Analyse-durch-Synthese-Modell 411
Androgynie 153
Aneignung 282
Anlage 144
Anlage-Umwelt-Problem 35, 144 f
Anlage und Umwelt 154, 300
Anpassung 104 f
Anstrengung 23
Apperzeption 192, 411
Aptitude-Treatment-Interaction
  s. Attribute-Treatment-Interaction
Assozialitätssyndrom 302
Assimilation 237
Assoziationstheorie 232
ATI
  s. Attribute-Treatment-Interaction
Attribuierung 16, 19, 21, 221, 229, 384
Attribuierungsforschung 175, 388
Attribute-Treatment-Interaction (ATI) 26, 287, 308
Attribution
  s. Attribuierung

Aufgabe 223 f
Aufmerksamkeitsdefizit 240
Aufmerksamkeitsentwicklung 32
Aufmerksamkeit und Konzentration 30 ff
Ausbildungsinhalte (psychologische) 272
Ausblendungsdesign 97
Aussagenkonzeption 419
Austauschtheorie 189
Auswahlantwort 123
Autoritäre Persönlichkeit 94

Balancetheorie 189
Balintgruppen 380
Basissatz 418, 420
Basisziel 226
Bedrohungsbewältigung 12, 17
Befragung 253 ff
Begabung 28, 33 ff, 183
Begabungsreserven 59
Begabungstheorie 59
Begriffsbildung 236
Begründungszusammenhang 420
Behandlungsmethoden (psychoanalytische) 294
Behaviorismus 103, 170
Behinderung 36 ff, 198, 240, 306, 337
Behindertenhilfe 199
Begleitforschung 116
Bekräftigung 40 ff
Bekräftigungsarten 40
Bekräftigungslernen und Geschlechtsrollenentwicklung 154
Beobachtereffekte 398
Beobachtung 252 ff
Beobachtungseinheit 398
Beobachtungslernen 234 f, 340
Beobachtungsregeln 395, 399
Beobachtungsverfahren 219
Beratung 42 ff, 53, 127, 203
Beratungsgespräch 297
Beratungslehrer 274 f
Beratungstheorie 324 ff
Berufszufriedenheit (bei Lehrern) 128, 161, 219
Beurteilung
  s. Schulleistungsbeurteilung
  s. Diagnostik
Bewährungshilfe 300
Bewußtsein (moralisches) 256, 258
Beziehungsaspekt 357, 358
Bezugsgruppe 334
Bezugsnormorientierung 19 f, 229, 318
Bildungschancen
  s. Chancengleichheit
Bildungsfernsehen 250

Bildungsforschung 47 ff, 51, 53
Bildungsökonomie 48, 50
Bildungsplanung 51 ff, 116
Bildungspolitik 52
Bildungsreform 47
Bildungssystem 51
Bildungsziel 222
  s. Lehrziel
Bindungsfähigkeit 303
Bindungsverhalten 128
Blickbewegung 413
Blinde 338
Botschaft 207

Chancengleichheit 33 f, 52, 54 ff
Charakterologie (psychoanalytische) 279
Charaktererziehung 258
Charakterlehre 280
Clusteranalyse 393
Chromosomenanomalie 240
Chunking 235
CIPP-Modell 118
Code
- elaborierter 209
- restringierter 209
Computer 123
Coping 12, 17
Critical live event 101
Curriculare Konsistenz 181
Curricularer Prozeß 61
Curriculum 61 ff, 116, 222, 272
Curriculumentwicklung 62 ff
Curriculumkonstruktion 62

Datenverarbeitung 366
Debilität 187
Deinstitutionalisierung 140
Denken 69 ff
- formallogisches 66 f
- logisches 73
- operatives 65
- präoperatives 65
Denkentwicklung 64 ff
Denken und Problemlösen 69 ff
Denkfähigkeit 182
Denkstrategie 66
Denkstrukturen 66 f
Dependenz 416
Deprivation 37, 75 ff, 406, 408
Devianz 1 f, 140
Devianztheorien 1 f
Diagnostik 77 ff, 179, 244
- Akzentwechsel 289
- im Handlungsverlauf 80 f
- Methoden 81
- modifikationsorientierte 289
- pädagogische 77 f, 391
- psychologische 77
Didacta magna 177

438

Sachregister

Didaktik 82ff, 61
- empirische 83
- geisteswissenschaftliche 83
- kritisch-konstruktive 83
- kybernetische 83
- normative 83
- psychologische 85

Didaktisches Modell 310
Differentielle Psychologie 34
Differenzierung 87ff, 102, 424
Differenzierung (schulische) 87ff, 102, 424
- in der Heimziehung 168

Differenzierungsentscheidung 286
Differenzierungskriterien 87
Differenzierungsmodelle 87f
Differenzierungstheorie 87
Differenzmaß 392
Diplomstudium Psychologie 275
Diskrepanzannahme 213
Diskrimination 232
Diskriminationstraining 378
Diskurs 210
Disposition 33f
Disziplin 91ff, 154, 220
Disziplinierungsmaßnahmen 257
Divergentes Denken 210, 211
Divergenzhypothese 185
Doppelbindung 357
Dreikomponententheorie 93
Dyade 155

Effekt-Gesetz 233
Effektgröße 364ff
Effizienzforschung 116
Eignung 34
Einprägungsprozesse 135
Einprägungsstrategie 134
Einschulung 314
Einschulungsalter 311
Einschulungsdiagnostik 78, 315
Einstellung 93ff
Einstellungsänderung 94
Einstellungserwerb 87
Einstellungsforschung 94
Einstellungsmessung 94
Einstellungsobjekt 93f
Einstellungsstruktur 94
Einstellung und Verhalten 94
Einzelfallanalyse (Einzelfalluntersuchung) 95ff
Einzelfallhilfe 44
Elektroenzephalographie 413
Elementarbereich 407ff
Elterntraining 112f
Emotion 11, 137
 s. Gefühl
Emotionsforschung 137
Empathie 139
Empirismus 412
Encounter-Gruppe 158
Enkodierung 132

Entscheidung (didaktische) 78, 83f
Entscheidungsprozeß in der Diagnostik 290
Entscheidungsregeln 119
Entscheidungsstrategie 321
Entscheidungstheorie 159
Entscheidungsverhalten des Lehrers 162
Entstehungszusammenhang 420
Entspannung 354
Entwicklung 100ff, 149, 344
- kognitive 64ff, 102
- sozial-kognitive 342

Entwicklungschancen 58, 126
Entwicklungslogik 256
Entwicklungsmodelle
- lineare 406
- ökologische 269
- transaktionale 407

Entwicklungsphasen (psychoanalytische) 295
Entwicklungspsychologie 391
Entwicklungsskala 106f
Entwicklungsstadien 408
Entwicklungsstand (sachstruktureller) 243
Entwicklungstheorie 102ff, 256
Episodisches Gedächtnis 133
Epistemische Neugier 115
Epistemische Struktur 71
Erfahrung 251, 418
Erfahrungsbasis 417f
Erfolg 228, 305
Erklärung 419
Erkundungsspiel 353
Erlebnistherapie 172
Erlebnistönung 137
Erregung 16
Erregung (physiologische) 10f
Erregungskonvergenz 411
Ersatzfamilie 169
Erwartung 160, 260, 262
Erwartungshaltung 388
Erwartungstheorie 384
Erwartung x Wert-Theorie 262
Erzieherverhalten 112, 114f
Erziehung 108ff, 125ff, 149, 344
- kompensatorische 242, 407
- moralische 258

Erziehungsaufgaben der Familie 127f
Erziehungsbegriff 108ff
Erziehungseinstellung 347
Erziehungsfürsorge 350
Erziehungsstile 112ff
Erziehungsstilforschung 112ff, 127, 151
Erziehungstechnologisches Wissen 115
Erziehungsziel 113, 222, 347
Ethnographie 252
Evaluation 116ff

- Aufgaben 117
- Prüffelder 118

Evaluationsmodelle 118ff
Experimentelle Pädagogik 150
Ex-post-facto-Studie 119
Externe Lernregelung 120ff

Faktorenanalyse 280
Faktorenanalytische Techniken 393
Faktorenmodelle der Intelligenz 183
Falsifikation 419
Fallbesprechung 297
Familie 124ff, 346
Familienhospitalismus 76
Fechner'sche Maßformel 411
feed-back 121
Feldabhängigkeit 204
Feldtheorie 245, 262, 266f
Feminität 153
Filtertheorie 413
Flexibilität 211
Förderungsmaßnahmen (schulische) 242
Forschungseinrichtungen 49
Forschungsförderung 48
Forschungsmethoden 251ff
- Funktion 251f
- Defizite 254

Forschungstypen 119
Fremdkontrolle 404
Fremdtransfer 382
Frühe Kindheit 302
Früherziehung 339
Frühförderung 242
Frühpädagogik 405ff
Frustration 7
Frustrations-Aggressions-Theorie 7
Führungsstile 219
Funktionslust 354
Furcht 15, 17

Ganzheit 385
Geburten 125
Gedächtnis 129ff, 413
Gedächtnisentwicklung 134ff
Gedächtnisforschung (entwicklungspsychologische) 134f
Gedächtniskapazität 134
Gedächtnisleistung 129
- Veränderung 134

Gedächtnismodell 130
Gedächtnis (semantisches) 135
Gedächtnisspanne 134
Gedächtnisstrategie 135
Gedächtnispsychologie 373
Gefühl 137ff
Gefühlstheorie 138f, 262
Gehörlose 338
Geistigbehinderte 240, 306, 337
Gemeindepsychologie 139ff

439

Sachregister

Generalisierung 98f, 383, 420
Genetik 144ff
Gerechtigkeit 55f
Gesamtschule 19, 90, 327
Geschichte der Pädagogischen Psychologie 148ff
Geschicklichkeitsspiel 353
Geschlechter (Geschlechtsrolle) 126, 153ff
Geschlechtsstereotype 154
Geschlechtsunterschiede 153
Gesetz 419
Gesprächspsychotherapie 244
Gesprächstherapie 197
Gestalt 411
Gestaltpsychologie 26
Gestaltungsspiel 353
Gewalt in Medien 249
Gewissenstypen 257
Gewohnheitsbildung 232
Gleichheitsprinzip 55ff
Großfamilie 125
Gründerzeit 149
Grundbedürfnisse (psychische) 76
Gruppendynamik 155ff, 170, 380, 385
Gruppenmerkmale 155
Gruppenstruktur 157
Gruppenuntersuchung 95ff
Gültigkeit 371, 400
Gütekriterien 367ff
Gütemaßstab 227

Halo-Effekt 399
Handeln 260
– interessegeleitetes 194
Handlung und Handlungstheorien 159ff
Handlung
– Begriff 109, 159
– Elemente 162f
Handlungsbereitschaft 260
Handlungsentwurf 164
Handlungsforschung 119
Handlungskompetenz des Lehrers 216, 217
Handlungssteuerung 173
Handlungsstrategie 36
Handlungstheorie 13, 159ff, 177
Headstart 145
Heilpädagogik 337
Heimerziehung 76, 166ff
Heritabilität 146
Heritabilitätskoeffizient 146
Heurismus 72
Heuristik 177
Heuristische Struktur 71, 72
Hierarchisieren 179
Hilflosigkeit 17
Hinweisreiz 235
Hochbegabte 305
HO-Schema 285
Hospitalismus 75f

Humangenetik 144
Humanistische Psychologie 170ff, 281
Hyperaktivität 32, 241
Hypothese 419f
Hypothesenprüfung 387
Hypothesentest 363ff

Identifikation 127
Identität 194, 219, 331ff
Identitätsbalance 191
Idiotie 187
Induktion 418
Infantildeterminismus 186
Inferenz 395
Imbezillität 187
Imitationslernen 234f, 341
Implizite Theorien 172ff
Impulsivität 204
Informationsverarbeitung 200, 204
– im Entscheidungsprozeß 162
– im Handlungsverlauf 173
– im Lese-Rechtschreibprozeß 213
Inhaltsanalyse 254
Inhaltsaspekt 357
Innovation 216
Introspektion 176
Institution (sozialpädagogische) 166
Instruktionsmodell 178ff
Instruktionsoptimierung 181
Instruktionspsychologie 151
Instruktionstheorie 176ff
Instruktionsziele 179
Instrumentalitätsgesetz 41
Integration 102
Intelligenz 33, 144, 182ff
Intelligenzdefizit 241
Intelligenz (künstliche) 69
Intelligenzmessung 185
Intelligenzquotient (IQ) 185
Intelligenz-Strukturmodell 210
Intelligenztest 165
Intelligenztheorien 183f
Interaktion (soziale) 157, 188ff, 218, 414, 416
Interaktionsprozesse 203
Interaktion (statistische) 414f
Interdependenz 416
Interesse 192ff, 230, 241
Interessentheorie 194
Interferenz 130
Intermittierende Bekräftigung 41
Intersubjektivität 251, 418
Intervention und Prävention 196ff, 243
Interventionsmaßnahmen (vorschulische) 406
Interventionsplan 244
Interventionsprogramme 291
Introspektion 137

Irrtumswahrscheinlichkeit 363f
Isomorphie 105
Isomorphismus (psychophysiologischer) 411

Jugendarbeit 351
Jugendhilfe 166, 169
Jugendpflege 351

Kategoriensystem 397
Katharsishypothese 9
Kausalattribution 16, 19
s. Attribuierung
Kernfamilie 125
Kerngeschlechtsidentität 303
Kindergarten 347, 405
Kindergartenpädagogik 408
Kinderpsychologie 150
Kinderpsychotherapie 244
Klassenklima 220
Klassifikationssysteme 396f
Kleingruppe 156
Kleingruppenforschung 155
Klinische Psychologie 391
Kodierung 130
Kodierungsstrategien 238
Körperbehinderte 338
Kognitionssystem 173
Kognitionstheorie 85, 201
Kognitive Komplexität 35, 66, 200ff, 204
Kognitive Prozesse 24
– in der Lehrer-Schüler-Interaktion 221
Kognitive Stile 32, 204ff
Kognitive Struktur 67, 71f
Kognitive Strukturiertheit 200
Kognitive Theorie 239, 401
Kohorte 106
Kollektiv (pädagogisches) 166
Kommunikation 188, 206ff, 216, 248, 357
Kommunikationsbegriff 207
Kommunikation (schriftsprachliche) 213
Kommunikationstheorie 209
Kommunikationstraining 380
Kompetenz (kommunikative) 210
Kompensatorische Erziehung 127
Konditionieren (klassisches) 232
Konditionierung 401
Konflikt der Erzieherpersönlichkeit 297
Konkurrenz 349
Konstitutionstypologie 279
Konstruktionsantwort 123
Konstruktionshypothese 133
Konstruktionskompetenz 238
Konstruktvalidierung 400
Kontrolle (soziale) 157f
Kontrollforschung 119
Konvergentes Denken 211f
Konvergenztheorie 35

Sachregister

Konzentration 30ff
Konzentrationsfähigkeit 241
Konzentrationstest 31
Korrelation 416
Korrelationsmaß 392
Korrelationstendenz 399
Kortikale Detektoren 411
Kovarianz 363, 365
Kovarianzanalytische Techniken 393
Krankheitslehre (psychoanalytische) 294
Kreativität 183, 210ff
Kreativitätsprogramme 212
Kreativitätstest 211
Kriminelle Karriere 4
Kriterium 285
Kritischer Rationalismus 420
Kurzzeitspeicher 131
KVT 31
Kybernetischer Ansatz 122
Kybernetisches Modell 208

Labeling approach 3ff
Labeling-Effekt 287
Labeling-Theorie 334
Laborgruppe 156
Längsschnittanalyse 334
Langzeitspeicher 131
Laufbahnentscheidung 117
Lautsprache 214
Lebensraum 266, 270
Lebenswelt 139
Legasthenie 212ff, 240, 306, 307
Lehren 110, 159, 424
  s. Instruktion
  s. Didaktik
Lehreräußerung 219
Lehrerausbildung 273
Lehrererwartung 220f
Lehrerfortbildung 214ff
Lehrerhandlung 160
Lehrerkompetenz 216
Lehrer-Schüler-Kontakt 296
Lehrer-Schüler-Interaktion 24, 84, 218ff, 416
– Erforschung 388
– geschlechtsspezifische 154
Lehrerurteil 316
Lehrertest 369f
Lehrertraining 164f, 389
Lehrerverhalten 159, 221, 376, 387
Lehrerweiterbildung 215
Lehrerhilfe (apparative) 122f
Lehr-Lernprozeß 386f, 422, 424
Lehrmethoden 84
Lehrmethodenforschung 425
Lehrplan 223
  s. Curriculum
Lehrplanaufbau 85
Lehrprogramme 120ff
Lehrziel 84, 112, 222ff

Lehrzielanalyse 225
Lehrzieldefinition 223
Lehrzielmatrix 179
Lehrzielorientierte Tests 369, 372
Lehrzieltaxonomie 179
Leistung 34, 228
Leistungsängstlichkeit 18
Leistungsbewertung 181
Leistungsmessung 81, 181
  s. Schulleistungsmessung
Leistungsmotivation 23, 227ff
Leistungsmotiv 264
Leistungsnorm 240
  s. Bezugsnorm
Leistungsprinzip 55ff
Lerndefizit 422
Lerndefizitanalyse 118
Lerndiagnose 244
Lernen und Lerntheorien 231ff
Lernen 110, 382ff
– angstfreies 296
– assoziatives 233
– lückenschließendes 422, 424
– remediales 244
– verbales 235
Lernerfolg 205, 389, 422
Lernfähigkeitstest 291
Lerngesetze 150
Lerngruppen 88
Lernhierarchie 225, 422, 425
Lernmodell 237
Lernmotivation 228
Lernprozeß 82, 135
Lernschwierigkeiten 240ff, 243, 305, 355
Lernsituation 241
Lernstörung 240
  s. Lernschwierigkeiten
Lernstrategie 206, 375
Lerntechnik 241
Lerntest 319, 393
Lerntheorie 85, 121, 278, 281
Lerntherapie 243ff
Lernumwelt 26, 245ff
Lernvoraussetzungen 180, 241, 313
Lernwegdifferenzierung 290
Lernziel 62, 223, 422, 424
  s. Lehrziel
Lernzielerreichung 424f
Lernzielkontrolle 180
Lernzieltaxonomie 422, 425
Lernzeit 422
Lernzuwachsmessung 392
Lesen 213
Lesbarkeit 374
Lese-Rechtschreibschwäche
  s. Legasthenie
Lernbehinderung 240, 337ff
Levels of processing Ansatz 131
Libido 293
Libidotheorie 279
Lob 220

Logischer Fehler 398
looking-glass-self 334

Macht 157
Marxistische Persönlichkeitstheorie 282
Maskulinität 153
Massenkommunikation 207, 247
Medien 247ff
Mediendidaktik 250
Medienpädagogik 249
Mediensystem 248
Medienwirkung 249
Medizinisches Modell 44
Mehrfachbehinderung 39
Mehrgenerationenfamilie 125
Memorieren 130
Merkmalsystem 397
Messung 362
Metaanalyse 387
Metagedächtnis 136
Metatheorie 421
Methoden 251ff
Methoden (naturalistische) 268
Methodendifferenzierung 290
Methodenforschung (didaktische) 87
Methodik und Didaktik 86
MFF-Test 32
Micro-Teaching 378
Mikroanalyse 278
Mildefehler 398
Minderbegabung 187
Minicourse 378f
Mißerfolg 228
Mittelwert 363, 365
Mittelwertstendenzen 399
Modelle
– aktionistische 401
– entscheidungstheoretische 286
– präskriptive 177
– probabilistische 393
Modelle schulischen Lernens 422
Modellernen 234f, 281
Modellernen und Geschlechtsrollenentwicklung 154
Moderator 185
Modifikationsstrategie 78
Moralentwicklungsforschung 286
Moralische Entwicklung und Erziehung 256ff
Moralisches Urteil 256
Motiv 261ff
Motivation und Motiventwicklung 260ff
Motivationsforschung 261
Motivationsmodell 230
Motivationstheorien 261ff
Motivsystem 229
Motivationstrainingsprogramm 229
Mündigkeit (moralische) 258

Sachregister

Multiple Regression 288
Mutter-Kind-Interaktion 128

Nachahmung 264
Nachfolgeprägung 301
Nachhilfeunterricht 244
Naive Psychologie 173
Nativismus 412
Naturalistische Beobachtungsverfahren 396
Neuropsychologische Prozesse 213
Neurose 293
Nichtaussagen-Konzeption 419
Norm 156, 261
Noten 220

Objektivität 317, 372
Ökologie (ökologische Psychologie) 68, 105, 265 ff
Ökologische Krise 266
Ökologische Validität 25, 105, 246, 268
Ökologisches System 269
Ontogenese 100
Operantes Konditionieren 232
Opinion-Leader 208
Ordnung 91
Orientierungsreflex 31
Originalität 211
s. Kreativität
Overachievement 305

Paar-Assoziations-Lernen 235
Paneluntersuchung 391
Paradigmen des Lernens 231 ff
Parameterschätzung 363
Peer-Group 347
Persönlichkeitsfaktoren 280
Persönlichkeit (kreative) 212
Persönlichkeitsmerkmal 223
Persönlichkeitsmodelle
– biologische Ansätze 279
– dialektische 281
– faktorenanalytische 280
– mechanistische 278
– philosophisch-antropologische 280
– psychoanalytische 279
Persönlichkeitstest 280
Persönlichkeitstheorien 278 ff, 280
– implizite 174 f
Person-Umwelt-Interaktion 267
Personwahrnehmung 414
Persuation 248
Perzeption 411
Pfad-Analyse 392
Pflegefamilie 167
Phantasie 354
Phasentheorie 102
PLATO-System 123
Prädiktoren 285

Präferenzsystem 164
Prägung 301
Prävention 142, 196 ff, 291, 352
Präventive Maßnahmen 287
Praxis 421
Premack-Prinzip 40
Primärgruppe 155
Primärbereich 407
Problemhilfe 44
Problemlösen 65, 69 ff
Problemlösetraining 73 f
Problemlösung (diagnostische) 290
Problemschüler 5
Problemsituation 70 f
Problemtyp 70
Produktives Denken 69
Professionalisierung des Lehrers 216
Prognose 53, 284 ff, 321
Programmierter Unterricht (PU) 122
Programmiertes Lernen 239
Programmierte Unterweisung 121 f
Prophylaxe 37
s. Prävention
Proposition 351
Protokollierung 253
Prozeßdiagnostik 289 ff
Prüfverteilung 263
Pseudo-Interaktion 188
Psychoanalyse 170, 190, 197, 293
Psychoanalytisches Persönlichkeitsmodell 279
Psychoanalytische Pädagogik 293 ff
Psychohygiene 43, 259
Psychologie als Ausbildungsinhalt 272 ff
Psychologie in der Sekundarstufe 376
Psychologielehrer 376
Psychologiestudium 272
Psychologische Distanz 262
Psychosoziale Versorgung 141
Psychotechnik 150
Psychotherapie 196
s. Therapie
Pubertät 295
Pygmalion 321

Qualitative Analyse 219
Querschnittanalyse 334
Querschnittvergleich 106

Rasch-Modell 392
Rating 320, 395, 397
Rationalität 164
Raum und Verhalten 269
Rausch 353
Reaktionsdifferenzierung 234
Reaktionskompetenz 235

Reaktionsnorm 145
Reflexivität 104
Reform (bildungspolitische) 327
Reformpädagogik 167
Regel (soziale) 419 f
Regellernen 236
Regressionsmaß 392
Rehabilitation 298 ff
Rehabilitationshilfen 300
Reifung und sensible Phasen 100, 103, 300 ff, 311
Reizgeneralisation 332
Reiz-Reaktions-Verbindung 233
Reizselektion 413
Reiz-Stichproben-Theorie 237
Reliabilität 252, 317, 371, 399
Repräsentation 64, 68
Reproduktion 130
Residualmaße 392
Resozialisierung 143
Retroaktive Hemmung 130
Retrogenese 285
Rezeptionsmethode 236
Richtziel 226
Risikofälle 291
Risikoprognose 287
Risiko-Wahl-Modell 227
Rituale (schulische) 219
Rolle des Lehrers 215
Rollendistanz 220
Rollenspiel 353, 380
Rollentheorie 384
Rollenübernahme 342
– bei Lehrern 160
Rollenzuweisung 297
Rückkoppelung 121

Schädigung 36
Schätzverfahren 320
Schema 373 ff
Schichtzugehörigkeit 126
Schülerleistungen (kumulative) 305
Schülerplazierung 28
Schülertypen 221
Schulangst 19 f, 242
s. Angst
Schulberatung 327
Schulbericht 6
Schulische Differenzierung 90
Schule
– abweichendes Verhalten 5
– gesellschaftliche Situation 219
Schuleingangsdiagnostik 78, 315
Schulerfolg und Schulversagen 304 ff
Schulfähigkeit – Schulreife 311 ff
Schullaufbahn 43
Schullaufbahnentscheidung 78, 386
Schulische Sozialisation 374
Schulleistungsbeurteilung 84, 316 ff

Schulleistungsschwierigkeiten 240ff, 305
Schulklasse 216
Schulökologie 268
Schulprobleme 330
Schulpsychologe 272
Schulpsychologie 322ff
Schulreife
  s. Schulfähigkeit
Schulsozialarbeit 327ff
Schulsystem 348
Schulsystemdifferenzierung 90
Schultest 369
Schulumwelt 268
Schulversagen 37, 304ff
Schwachbegabte 337
Schwerhörigkeit 338
Sehbehinderte 338
Selbst 331
Selbstbekräftigung 42, 229, 264
Selbstdisziplin 92
Selbsteinschätzung des Schülers 243
Selbsterfahrungsgruppe 298
Selbsterziehung 112
Selbstgesteuertes Lernen 136
Selbsthilfe 42, 143
Selbsthilfegruppen 158
Selbstkontrolle 341, 402, 404
Selbstkonzept 221, 331ff
Selbststeuerung 206
Selbsttätiges Lernen 123
Selbsttransfer 382
Selbstwertbedrohung 119
Selbstwertgefühl 332ff
Selektionsentscheidung 29
Selektionsstrategie 78
Semantische Strategie 360
Semantisches Gedächtnis 133
Sensible Phase 301
Sensitivity-Training 158
Sequenzanalyse 77
Sequenzieren 179
Sequenzierung
– im Curriculum 63
– des Lehrstoffs 423
Sexualität 103
Shaping 234
Signallernen 233
Signalsystem 232
Simulationsmodelle 71
Simulationstraining 379
Sinnesenergien 410
Skalenniveau 366
Sleeper-Effekt 207
Sockelniveau der Bildung 59f
Soll-Istwert-Vergleich 121
Sonderpädagogik 337ff
Sonderschularten 339
Sonderschule 40, 242
Sozialarbeit 351
Soziale Lerntheorie 238
Soziale Relevanz 340

Sozialerziehung 340
Soziales Lernen 88, 242, 257, 339ff
Sozialisation (schulische) 282, 343ff, 352
– außerfamiliäre 166, 169
– Begriff 343
– und Medien 250
– familiäre 125ff
– geschlechtsspezifische 153
– primäre 126f
– schichtspezifische 2
Sozialisationsaufgaben 101
Sozialisationsforschung 347
Sozialisationsinstanzen 346
Sozialisationsmodelle 345
Sozialisationstheorie 345, 384
Sozialpädagogik 349ff
– in der Schule 328
Sozialpolitik 140
Soziometrie 157
Spiel und Spieltheorien 353ff
Sprachbehinderte 338
Sprache 356ff
– als Handlung 356
Spracherwerb 357
Sprachfunktion 356
Sprachproduktion 357
Sprachverstehen 357f
Sprachwahrnehmung 358
Startchancen 59
Statistik 362ff
Statistisches Risiko 64, 306
Statistischer Schluß 363
Stereotyp 353
Stichprobenprobleme 397
Stigma 37
Stigmatisierung 4, 29
  s. Labeling
Stimmung 137
Stimulus 234
Störung 38f
Strategien 422ff
Strebung 261
Strengefehler 398
Streß 15ff, 17f
Streßfaktoren 12
Streßimpfung 199
Streßprävention 12
Streuungstendenzen 399
Struktur 383f
– im Denkprozeß 66f
Strukturmodelle der Intelligenz 184
Subjektive Theorie 173
  s. Implizite Theorien
Symbolische Repräsentation 235, 341
Symbolischer Interaktionismus 189, 218f, 420
Syntaktische Strategie 360
Systemdiagnose 116

Tadel 220
Tätigkeitskonzept 104f
Taxonomie 224
Team-Kleingruppenmodell 328
Technologie 152, 401
Test 317, 318, 367ff
Testgütekriterien 321
Testintelligenz 337
  s. Intelligenz
Testpraxis 372
Teststärke 364ff
Testtheorie 151
– klassische 80, 370ff, 392
– probabilistische 370ff
Testtypen 368
Textfragen 375
Textlernen 373ff
Textverarbeitungsmodell 374
Themenzentrierte Interaktion (TZI) 158, 170, 296, 380
Theorie 388, 419f
Theoriebewertung 420f
Theorie der identischen Elemente 382
Theorie-Praxis-Problem in der Lehrerfortbildung 217
Theorienvergleich 402
Therapie 203
– diverse Methoden 170f, 196ff
– integrierte 243
– kognitive 198
Training 73f, 206
Trainingsmethoden 132, 158, 376ff
Transfer 381
Transfergedächtnis 385
Transfervollzug 385
Transpersonale Psychologie 172
Traumata (frühkindliche) 407
Treatment 177, 287
Treatmententscheidung 290
Treatmentzuordnung 389
Trieb 102f, 261
Trotz 7
Tutorensystem 327
Tyler-Matrix 179
TZI
  s. Themenzentrierte Interaktion

Überlappungshypothese 406
Übertragung 294, 297
Umwelt 144, 245
Umweltbegriff 267
Umweltkomplexität 201
Umweltkomponenten (in der Schule) 268
Umweltpsychologie 265ff
Umwelttaxonomie 268
Unbewußtes 294
Underachievement 306
Ungleichheit (soziale) 349
Unterricht 28, 149, 202

Sachregister

Unterrichtsbeobachtung 387f
Unterrichtsdifferenzierung 89
Unterrichtsfach Psychologie 276
Unterrichtsforschung 386ff
Unterrichtslehren 83
Unterrichtsmethode 180f, 389
Unterrichtsqualität 422
Unterrichtsvariablen 386
Unterrichtsziel 222
Unterschicht 126
Untersuchungsdesign 97
Ursachenattribution
  s. Attribuierung
Ursachenerklärung
  s. Attribuierung
Ursachenzuschreibung
  s. Attribuierung
Urteilsebenen 256
Urteilsfehler 398

Valenz 262
Validität 252, 317, 371, 388, 418
– funktionale 246
– ökologische 246
  s. ökologische Validität
Varianz 363
Varianzanalytische Techniken 393
Vater-Kind-Interaktion 128
Veränderungsmessung 391ff
Verarbeitungskapazität 130
Verarbeitungsprozesse (beim Textlernen) 374
Vererbung 144f
Vergegenständlichung 282
Vergessen 130
Vergleich (sozialer) 18
Verhalten 401, 403f
– auffälliges 2
– kognitives 231
Verhaltensbeobachtung 391, 394ff

Verhaltensdiagnostik 291
Verhaltensdidaktik 402
Verhaltensdisposition 231
Verhaltensgenetik 144
Verhaltensmedizin 402
Verhaltensmodifikation 110, 239, 291, 379, 401ff
– Kritik 404
– pädagogische 402
Verhaltensmuster (adaptives) 300
Verhaltenssteuerung 338
Verhaltenstheorie 401f, 404
– naive 175
Verhaltenstherapie 198, 244, 402
Verhaltenstraining
  s. Trainingsmethoden
Verhaltensvertrag 404
Verlaufsanalyse 391
Verlaufsdiagnostik 289
Versagen 305
Verschlüsselung 254
Verständlichkeit 374
Verstärker 40, 233
Verstärkung 40ff, 121, 233, 401
  s. Bekräftigung
Verstehen 359, 419
Versuchsplan 416
– in der Entwicklungsforschung 406
Verwahrlosung 1, 166
Verwendungszusammenhang 4
Verzweigtes Programm 121
Voraussage 284
  s. Prognose
Vorschulerziehung (Frühpädagogik) 405ff
Vorschulprogramme 408
VVR-Einheit 14

Wahrnehmung 21, 377, 410ff
– interpersonelle 21f

– physiologische Grundlagen 410
– soziale 188, 414
Wahrnehmungskonstanz 412
Wahrnehmungslernen 412
Wahrnehmungstheorie 411f
Wahrnehmungstraining 378, 414
Wahrscheinlichkeitsfunktion 363ff
Wechselwirkung 26, 414ff
– differentialpsychologische 417
– kausale 415f
– soziale 416
– statistische 414f
Wertklärung 259
Wertorientierung 127
Wettbewerbsspiele 353
Widerstand 93
Wiedererkennen 129
Wissen 377
Wissensbasis 71
Wissenschaftstheorie 417ff

Zeichensystem 396
Zeitreihenanalyse 393
Zeitreihenuntersuchung 197
Zensuren 116
Zentrale Tendenz 398
Zentralisation 102
Zeugnis 316
Ziele 164, 193
Zielanalyse 245
Zielbestimmung 193
Zielerreichendes Lernen 33, 421ff
Zucht 91
Zuordnungsstrategie 78
Zuteilungsprinzip 56
Zuverlässigkeit 371, 399
  s. Reliabilität
Zweifaktorentheorie 184
Zwillingsvergleich 144

Namenregister

Abels, D. 31
Abraham, K. 279
Abramson, L. Y. 18
Ach, N. 69
Achtenhagen, F. 61, 387, 388, 389
Acocella, J. R. 331
Adams, R. S. 269
Adler, A. 6, 171
Adorno, Th. W. 94, 248
Aebli, H. 67, 85, 135, 182, 239, 383
Ahrens, H. J. 309, 366
Aichhorn, A. 294
AICE, American Institut for Character education 259
Albee, G. W. 143
Albertus Magnus 276
Algina, J. 369
Alisch, L. M. 161, 162, 163, 164
Allen, G. J. 142
Alloway, T. 138
Allport, G. W. 93, 263
Altman, J. 270
Amelang, M. 78
American Psychological Association 368, 371
Amidon, E. H. 219
Anastasi, A. 35, 185, 186
Anderson, G. J. 268
Anderson, J. E. 186, 406
Anderson, J. R. 374
Anderson, L. W. 424, 425
Anderson, R. C. 151, 375
Andre, T. 375
Angermaier, M. 212
Angermeier, W. F. 232
Anzai, Y. 74
Aregger, K. 62, 179
Argyle, M. 156, 414
Ariès, P. 126
Aristoteles 67, 260
Aronfreed, J. 341
Asch, H. 157
Atkinson, J. W. 10, 62, 227, 228, 261, 263
Atwood, N. K. 163
Auerbach, E. 413
Aufermann, J. 208
Augst, G. 360
Aurin, K. 185
Austin, G. 236
Ausubel, D. P. 85, 136, 148, 182, 239, 375, 383
Avelung, F. 11
Averill, J. R. 17

Baacke, D. 207, 210
Baader, U. 355
Bach, H. 38
Bachmair, G. 397

Badura, B. 207
Baer, D. M. 98, 103, 340
Bäuerle, W. 167
Baumer, G. 350
Ballstaedt, St.-P. 374
Baldwin, A. L. 103
Baltes, P. B. 102, 106, 107, 283, 391, 393, 408
Bandura, A. 7, 8, 9, 10, 14, 42, 101, 138, 235, 238, 239, 281, 282, 341, 401
Barclay, J. R. 360
Barker, R. G. 7, 266, 268, 269, 342, 396
Barkey, P. 307
Barlow, D. H. 97, 98, 99, 239
Baron, R. 9, 10
Bartenwerfer, H. 34
Bartlett, F. C. 129, 133
Bartlett, R. J. 11
Bartnitzky, H. 320
Bartram, M. 243, 244
Bateson, G. 126
Bauer, M. 239
Baumann, H. U. 396, 399
Baumgärtel, F. 114, 125, 126, 127
Beavin, J. H. 357
Beck, A. T. 14, 198
Beck-Gernsheim, E. 128
Becker, G. 160
Becker, H. S. 4, 48
Becker, W. C. 113, 402
Beck, A. von der 327
Beier, R. 191
Bell, R. Q. 114
Bellack, A. A. 159, 388, 389
Beller, E. K. 409
Bem, D. J. 334
Bender, M. P. 140, 142
Bennett, N. 241, 387
Bennwitz, A. 409
Bentler, P. M. 106
Bereiter, C. 319, 392, 408
Berg, K. S. 203
Berger, P. L. 420
Bergius, R. 46, 262
Berkovec, Th. D. 14
Berkowitz, L. 7, 8, 9
Berlak, H. 120
Berliner, D. C. 26, 64, 82, 86, 181
Berlyne, D. B. 11, 195, 262, 355
Berne, E. 170
Bernfeld, S. 7, 166, 167, 295
Bernstein, B. 208
Bernstein, D. A. 14
Bertram, H. 258
Bettelheim, B. 7, 295
Beugen, M. van 351
Beuer, T. G. 360
Biddle, B. J. 160, 386, 387, 388

Bierbrauer, G. 22, 25
Bierhoff, H. W. 189
Bierhoff-Alfermann, D. 154
Bijou, S. W. 103, 340, 408
Binet, A. 150, 183, 185
Binswanger 171
Birbaumer, N. 15
Birnbaum, H. 371
Bishop, D. W. 212
Bittmann, F. 154
Bittner, G. 344, 355
Bitzer, D. L. 123
Blackman, S. 204
Blanck, G. 190
Blanck, R. 190
Blankertz, H. 61, 117, 179
Blau, P. M. 189
Bleidick, U. 36, 38, 336
Blewett 146
Block, J. H. 29, 422, 425
Blöschl, L. 14, 402
Bloom, B. L. 141, 406
Bloom, B. S. 35, 84, 179, 185, 186, 224, 241, 307, 308, 421, 422, 423, 424, 425
Bock, R. D. 366
Boediker, M.-L. 158
Bönsch, M. 87, 89
Boesch, E. E. 267, 269, 270
Bolles, R. C. 41
Bollnow, O. F. 42
Bombach, G. S. 52
Bondy, C. 167
Borg, W. R. 379
Borich, G. D. 400
Boring, E. G. 144
Bornemann, E. 340
Bortz, I. 363, 364, 365
Bott, G. 92
Bourne, L. E. 70
Boursma, F. J. 32
Bower, T. G. R. 412
Bowers, K. S. 278
Bowlby, J. 75, 166, 269, 302, 303
Bracken, H. v. 242, 299
Brandstädter, J. 149, 164, 333
Brandstätter, H. 278
Brandt, H. 90
Bransford, J. D. 129, 132, 360
Braun, K.-H. 282
Braun, P. 404
Braunroth, M. 357
Brazelton, T. B. 279
Brecht, B. 248
Bredenkamp, J. 131, 132, 364, 388
Brehm, J. W. 158
Breuer, F. 142
Brezinka, W. 109, 110, 111, 112, 159, 222, 223, 226

445

Namenregister

Brickenkamp, R. 31, 32, 81, 367, 368
Bridges, K. M. B. 138
Briggs, L. J. 178, 182, 236, 237
Brill, R. 203
Brim, O. G. 115
Broadbeut, D. E. 413
Brocke, B. 388
Bromley, D. B. 283
Bronfenbrenner, U. 35, 64, 105, 106, 126, 202, 267, 268, 269, 283, 315, 342, 343, 388, 407
Brophy, J. E. 89, 164, 222, 241, 242, 387, 388
Brosch, P. 167
Brown, A. L. 134, 135, 136, 375
Brown, J. S. 262
Brumlik, M. 346
Bruner, J. S. 65, 66, 85, 151, 174, 178, 236, 237, 238, 239, 303, 383, 414
Brunner, E. J. u. a. 376
Brunner, R. 380
Brunnhuber, P. 259
Brusten, M. 5, 6, 330
Brunswik, E. 245, 246, 266
Buchhofer, B. 128
Büchel, W. 115
Bühler, Ch. 7, 69, 102, 150, 354
Bühler, K. 356
Bugenthal, J. F. T. 170
Buhr, M. 236, 283
Bundesarbeitsgemeinschaft Jugendaufbauwerk 327
Bundesminister (Der) für Bildung und Wissenschaft 409
Bunge, M. 238
Burke, D. 134
Burks 245
Burns, R. B. 29
Burt, C. 144, 145, 146, 147, 184
Bush, R. R. 237
Buss, A. 7, 8, 9
Butollo, W. 14

Caesar, B. 126
Caesar, S.-G. 212
Cahen, L. S. 26
Caillois, R. 353
Cairus, R. B. 340, 342
Calhoun, J. F. 331
Calonico, J. M. 334
Campell, D. T. 99, 252, 253, 393
Cannon, W. B. 11, 138
Cantwell, D. P. 241, 242
Caplan, G. 198, 287
Carlson, R. 332
Carmichael, L. 100
Carroll, J. 341
Carroll, J. B. 307, 389, 422, 423, 424
Case, R. 136, 152, 205, 206
Cattel, R. B. 144, 145, 184, 280

Chace, C. A. 212
Chandler, M. 139, 408
Chapman, J. P. 73
Chapman, L. J. 73
Charters, W. W. jr. 343
Chi, M. T. H. 134
Child, D. 280
Chmelik, P. 167
Chomsky, N. 149, 232, 234
Christiani, R. 320
Cicourel, A. V. 252
Claessens, D. 127
Claparède, E. 150
Clarke, A. D. B. 304, 407
Clarke, A. M. 304, 407
Clark, E. V. 357, 358, 360
Clark, H. H. 357, 358, 360
Cohen, J. 364
Cohen, L. B. 129, 134
Cohn, R. C. 158, 171, 172, 380
Cole, M. 136
Coleman, J. S. 58, 59, 288
Collatz, J. 287
Collins, K. W. 375
Comenius, J. A. 83, 149, 177
Cook, Th. D. 99
Colley, C. H. 334
Cooley, W. W. 366
Cooper, D. 126
Cooper, R. M. 145
Coopersmith, S. 334
Coriell, A. S. 413
Coulson, D. B. 369
Coulthard, R. M. 389
Cowen, E. L. 142, 143
Craik, F. I. M. 131
Cranach, M. v. 253, 395, 398, 399
Crandall, B. F. 241
Crick 144
Croissier, S. 342
Cronbach, L. J. 26, 28, 30, 78, 81, 116, 151, 174, 223, 242, 274, 286, 287, 308, 368, 371, 391, 399, 400
Crott, H. 155, 156
Crowder, N. A. 121, 122
Csikszentmihalyi, M. 354
Cube, F. v. 122, 250
Cunningham, L. M. 324
Cureton, E. E. 371
Cyprian 125

Daele, W. v. d. 47
Dahme, B. 98, 99
Dansereau, D. F. 375
Darwin, Ch. 144, 150
Datan, N. 408
Dau, R. 347
Davis, J. H. 168
Davis, K. E. 22
Dawes, R. M. 94
De Charms, R. 268
De Cotiis, T. A. 397

Deitz, S. M. 389
De Mause, L. 126
Dembo 7
Dempsey-Atwood, N. 387
Dennis, M. G. 101
Dennis, W. 101
Descartes 260
Deutsch, M. 56, 57
Deutscher Bildungsrat 212, 242, 243, 273, 274, 326, 337
Deutsches Jugendinstitut 409
De Vries, R. 408
Dewey 64, 149
Diekhoff, G. 375
Dielmann, T. E. 113
DIFF, Deutsches Institut f. Fernstudien 275
Dijk T. A. van 374
Dilthey, W. 260, 418, 419, 420, 421
Dintzer, L. 24
Dobrick, M. 162, 221
Döbert, R. 258
Döring, P. A. 269
Dollase, R. 315
Doerks-Koubenec, N. 404
Dörner, D. 70, 71, 72, 73, 74, 163, 202
Dörner, K. 142
Dörpfeld 178
Dokumentation »Sozialarbeit in der Schule« 327
Dollard, J. 7, 103, 138, 235, 340, 341
Dollase, R. 157, 408
Dominowski, R. L. 70
Domke, H. 92
Donohew, L. 25
Doyle, W. 387
Dreher, E. 66, 68
Dreher, M. 66, 68
Drenkelfort, G. 328
Drever, J. 77
Driver, M. J. 200, 201
Dröge, F. 249
Ducrocq, A. 120
Dührssen, A. 244
Düker, H. 31
Duffy, E. 11
Dukes, W. F. 96
Duncker, K. 69, 72
Dunkin, M. 160, 386, 387, 388
Duval, S. 331
Dweck, C. S. 154

Ebbinghaus, H. 129, 130, 235
Ebel, R. L. 369
Eckensberger, D. 166
Eckensberger, L. H. 269, 270, 271
Edding, F. 50
Eggert, D. 214
Eggleston, J. 162
Ehrhardt, A. 303

446

Namenregister

Einsiedler, W. 182, 310
Eigler, G. 111, 179, 225, 387, 425
Eisen, S. V. 154
Ekstrand, B. E. 70
Elkind, D. 407, 408
Elkonin, D. B. 136
Ell, E. 91
Ellis, A. 14, 198
Ellis, M. J. 353
Elstein, A. S. 162
Endler, N. S. 283, 417
Engelkamp, J. 358, 359
Engelmann, S. 402, 408
Engfer, A. 115
Enzensberger, H. M. 248
Epstein, L. H. 402
Epstein, S. 332, 333, 334
Erickson, J. R. 70
Erikson, E. H. 101, 295, 302, 355
Erlenmeyer-Kimling, L. 408
Ernesti 276
Ernst, G. W. 237
Ernst, H. 199, 403
Esposito, D. 89
Estes, W. K. 237
Evans, E. D. 406
Evans, S. H. 375
Ewert, O. M. 137, 138, 150, 386
Eye, S. v. 287
Eysenck, H.-J. 94, 144, 145, 279, 280

Fahrenberg, J. 11, 391, 392
Familienbericht (zweiter) 347
Fassnacht, G. 395, 396, 398
Fatke, R. 269
Fechner, G. Th. 170, 411
Feffer, M. 67
Feger, H. 94, 386
Felknor, C. 203
Fellenberg, Ph. E. v. 167
Fend, H. 89, 90, 190, 220, 246, 268, 269, 323, 340, 345, 348
Fenstermacher, G. D. 165
Feshbach, S. 8, 10
Festinger, L. 334
Feyerabend, P. 417
Filipp, S. H. 333, 335
Firestone, P. F. 241
Fischer, A. 92
Fischer, G. H. 370, 371, 392f
Fischer, M. 268
Fischer, P. M. 375
Fishbein, M. 94
Fishers, R. A. 363
Fiske, D. F. 283
Fittkau, B. 157, 158
Flammer, A. 26, 30, 315, 375, 383
Flanders, N. A. 253, 378, 388, 398
Flatz, G. 287
Flavell, J. H. 66, 67, 104, 134, 136, 342, 375

Flechsig, K.-H. 62, 386
Flitner, A. 355
Flitner, W. 61
Flores d'Arcais, G. B. 358
Florin, I. 241
Foppa, K. 235
Frank, H. 62, 108, 121, 122
Frankl, V. 170, 171
Franks, J. J. 132, 360
Franzen, U. 363, 364, 365
French, J. R. P. 157
Freeman, F. N. 146
Frenz, H.-G. 253, 395, 398, 399
Freud, A. 244, 294
Freud, S. 6, 7, 64, 101, 102, 103, 138, 170, 197, 209, 260, 279, 294
Frey, D. 389
Frey, N.-P. 345, 346
Frey, K. 61, 62, 63, 179
Frey, S. 96
Fricke, R. 81, 291, 369, 371, 372, 387, 395, 396, 399
Friedrich, D. 47
Friedrichs, J. 252
Fröbel 149
Fröhlich, W. D. 77, 204
Fromm, E. 7, 279
Fthenakis, W. E. 409
Fuchs, G. 188
Fuchs, R. 222
Fürst, N. 387
Fürstenau, P. 191
Funk, R. 279
Furby, L. 391
Furck, C.-L. 58, 305
Fuxloch, K. 354

Gadenne, V. 252
Gage, N. L. 64, 82, 86, 151, 159, 181, 252, 376, 377, 387, 420, 421
Gagné, R. M. 151, 178, 179, 182, 225, 232, 236, 237, 382, 422
Galanter, E. 13, 14, 72
Galton, F. 144
Galperin, T. J. 244
Gamma, A. 168
Garfinkel, H. 68
Garland, I. 375
Garten, H.-K. 30, 244, 308
Gartner, A. 142
Gecas, V. 334
Geen, R. G. 8
Geer, J. P. van de 366
Geheeb, P. 166
Gehlbach, R. D. 29
Geissler, E. E. 192
Genser, B. 114
Gelber, E. R. 129, 134
Gerard, H. B. 188
Gerdes, K. 142
Gergen, K. J. 332, 333
Gerl, W. 14

Gesell, A. 7, 149, 152
Gerstenmaier, J. 219
Gerwitz, J. L. 235, 238, 341
Geulen, D. 89, 345, 364
Ginsberg, L. H. 407, 408
Gjesme, T. 228
Glaser, R. 30, 35, 150, 151, 178, 343, 368, 369, 387
Glaser, W. 14
Glass, G. V. 99, 387
Gleser, G. C. 78, 81, 286, 287, 368, 371
Gloy, K. 207
Gniech, G. 16, 138
Görlitz, D. 22
Götte, R. 246, 268
Goetz, E. T. 375
Götz, B. 344
Goffman, E. 37
Goldfarb, W. 75
Goldstein, A. P. 14, 244, 402
Goldstein, K. M. 204
Good, T. L. 89, 164, 222, 241, 242, 387, 388, 389
Goodman, C. C. 414
Goodman, J. 32, 33
Goodnow, J. 236
Gottesman, I. I. 146
Gottmann, J. M. 98
Gottschaldt, K. 183
Grabitz, H.-J. 16, 138
Graumann, C. F. 157, 188, 246, 261, 270, 309
Gray, J. A. 279
Greeno, J. G. 71
Gregory, R. L. 412
Grell, I. 377
Grimm, W. 360, 361
Groeben, N. 173, 175, 285, 374
Groffmann, K. J. 182
Groothoff, H. H. 108
Grossmann, K. E. 303
Grossmann, W. 327
Groth, G. 283
Gruschka, A. 119
Guilford, J. P. 184, 210, 211, 280
Gulliksen, H. 370
Gump, P. V. 269
Guskin, A. E. 343
Guskin, S. L. 343
Guthke, J. 291, 319, 393
Guthrie, E. R. 233
Guttmann, G. 94, 410

Haase, H. 372
Habermas, J. 209, 210, 251, 254, 255, 357, 420
Hacker, W. 13, 14
Haeberlin, U. 37
Haeckel, E. 266
Haenisch, H. 35
Hagen, J. W. 135
Halasz, F. G. 129, 135

447

Namenregister

Hales, D. J. 303
Halisch, F. 229
Hall, St. 150
Halle, M. 359
Haller, H.-D. 62
Hambleton, R. K. 369
Hanselmann 336
Hansen, W. 273
Harlow, H. F. 303, 383
Harnischfeger, A. 308, 389, 425
Harper, L. V. 114
Harris, C. W. 391
Hartig, M. 14, 197, 282, 341
Hartshorne, H. 256, 257
Harvey, D. L. 22
Harvey, O. J. 66, 200, 201, 202, 203
Hasenclever, Ch. 351
Haubensak, G. 235
Haußer, K. 25, 87, 88, 89, 90, 388
Havers, N. 241
Havighurst, R. J. 101
Hays, W. L. 363
Hearst, E. 41
Hebb, D. O. 262, 383
Heber, F. R. 199
Heckhausen, H. 16, 23, 24, 57, 59, 60, 104, 161, 220, 221, 227, 228, 229, 230, 241, 261, 263, 264, 305, 355
Hegel, F. 278
Hehl, F. 393
Hehlmann, W. 260
Heidegger, M. 171
Heidenreich, W.-D. 387
Heider, F. 22, 174, 175
Heiland, A. 194
Heimann, P. 61, 83, 178, 250
Heinze, Th. 220
Heipcke, K. 116, 222
Heller, K. 33, 64, 78, 142, 185, 274, 308, 312, 321, 323, 325, 368
Hellpach, W. 266
Hellwig, N. 380
Helmreich, R. L. 153
Henle, M. 73
Hennemann, H. G. 397
Herbart, J. F. 84, 149, 177, 192, 386, 421
Herbig, M. 81, 244, 368, 372
Herder 276
Herkner, W. 254
Herriger, N. 2, 6, 327, 328, 329, 330
Herrmann, T. 114, 151, 231, 238, 358, 361, 388
Herrmann, W. 167
Herrnstein, R. 59, 145
Hersen, M. 97, 98, 99, 239
Herwartz-Emden, L. 252, 418
Herz, T. A. 285
Hess, E. H. 301
Hesse, F. W. 74

Hessler, G. L. 28
Hetzer, H. 68, 150, 311, 312, 354
Heymann, H. W. 387
Heymans, P. G. 115
Hiebsch, H. 282
Hilke, R. 393
Hillebrand, M. I. 311
Hiltmann, H. 368, 372
Hinde, R. A. 207
Hinz, I. 196
Hirsch, H. V. B. 412
Hirsig, R. 237
Hitler, A. 171
Hitpass, I. 321
Hobbes, T. 260
Hoepfner, R. 184
Hörmann, H. 77, 356, 360, 361
Hofer, M. 162, 163, 165, 173, 175, 178, 221, 317, 363, 364, 365, 376, 377
Hoffman, M. L. 257, 342
Hoffmann, N. 14, 198, 239, 402
Holländer, A. 315
Holland, J. G. 233, 234
Holley, C. D. 375
Hollstein, W. 345
Holsti, O. R. 254
Holtz, K.-L. 78
Holzer, H. 208
Holzheuer, R. 212
Holzinger, K. J. 145, 146
Holzkamp, K. 35
Homfeldt, H.-C. 326
Homann, U. 49
Homans, G. C. 155, 189
Homme, L. 404
Hondrich, O. 402, 403
Hopf, D. 81, 87
Horney, K. 7, 197, 279
Hornsby 65
Hornstein, W. 322, 348
Horton, G. O. 378
Hough, J. B. 219
Houtz, J. C. 70
Howard, M. 145
Hubel, D. H. 411
Huber, G. L. 175, 200, 201, 203, 317, 389
Huber, H. P. 96, 310
Hüfner, K. 50
Huizinga, J. 355
Hull, C. L. 41, 103, 234, 238, 262, 383
Humboldt 260
Hume, D. 260
Hummel, H. I. 366
Hung-Lin, Li 57
Hunt, D. E. 26, 66, 85, 200, 201, 202, 206
Hunt, J. Mc V. 59, 264, 406
Hurrelmann, K. 5, 89, 126, 345, 346, 348, 387
Husarek, B. 230

Husén, J. 146
Husén, T. 58, 59
Huttenlocher, J. 134

Iben, G. 326, 339
Ickes, W. J. 56
Immelmann, K. 301
Ingenkamp, F.-D. 424, 425
Ingenkamp, K. H. 81, 317, 386, 387
Inhelder, B. 65, 135, 136
Innerhofer, P. 242
Irle, M. 395, 416
Isenegger, U. 63
Ittelson, W. H. 266, 267

Jacklin, C. N. 153, 154, 341
Jackson, D. D. 357
Jackson, P. H. 366
Jacobs, B. 19, 242, 387
Jacobson, L. 14, 221, 388, 404
Jäger, A. O. 73, 184
James, W. 138, 260, 331
Jantzen, W. 38
Jehle, P. 379, 402
Jencks, C. 59, 146, 147
Jensen, A. R. 59, 144, 145, 147, 184, 407
Jöreskog, K. G. 106
Joffe, J. M. 143
Johnson, D. M. 70, 199
Johnson, S. M. 398
Jones, E. E. 22, 188
Jones, L. v. 366
Jones, M. R. 70
Jones, S. C. 335
Jouhy, E. 166
Judd, C. H. 383
Jürgens 126
Jung, C. G. 172
Jung, U. O. H. 214
Jungermann, H. 119
Junker, H. 324
Junker, R. 169

Kadushin, A. 407
Kagan, J. 32, 407
Kahnemann, D. 164
Kail, R. V. 134, 135
Kaiser, E. 87
Kamii, C. 408
Kaminski, G. 80, 81, 175, 177, 246, 267, 290
Kamper, D. 344
Kanfer, F. H. 14, 279, 402
Kant, I. 91
Kardorff, E. v. 141
Karplus, E. F. 104
Karplus, R. 104
Karthwohl, D. R. 179
Kasten, H. 409
Katz, R. C. 402
Kautter, H. 78

448

Namenregister

Kaveggia, E. G. 240
Kazdin, A. E. 99, 399
Keilhacker, M. 249
Keim, W. 87, 89, 90
Keller, B. 375
Keller, F. S. 422
Keller, G. 309
Kelley, H. M. 189
Kelley, H. H. 22
Kelly, J. B. 199
Kelly, J. G. 269
Kelly, G. A. 174, 175
Kemmler, L. 7, 241, 242, 305, 399
Kempf, W. 393
Kemsies, I. 148, 150
Kendler, H. H. 65
Kendler, T. S. 65
Kennell, I. H. 303
Kenny, D. A. 288
Kentler, H. 330
Keppel, G. 130
Kerlinger, F. N. 363, 366
Kern, H. I. 311, 378, 379
Kerscher, I. 2
Keupp, H. 2, 37, 141, 142, 287, 330, 404
Kidd, R. F. 56
Kintsch, W. 374
Kittler, U. 276
Klafki, W. 61, 83, 86, 89, 305
Klages, L. 280, 281
Klare, G. R. 373
Klauer, K. J. 35, 73, 74, 78, 81, 108, 110, 111, 112, 179, 185, 222, 223, 224, 225, 226, 232, 252, 253, 290, 293, 310, 318, 319, 321, 368, 372, 387, 389
Klaus, G. 236, 283
Klaus, M. H. 303
Klausner, S. Z. 68
Kleber, E. W. 315, 316, 368
Klein, G. 242
Klein, R. E. 407
Kleiter, E. 310, 320, 392, 393
Klimesch, W. 130
Klinkers, J. 191
Klix, F. 70, 71, 72, 73
Kluge, A. 249
Klumker, Chr. I. 351
Kluwe, R. 71
Kochan, B. 355
Koegh, B. 241
König, E. 83
Köstlin-Gloger, G. 205
Kogan, N. 204, 205, 206
Kohlberg, L. 67, 101, 104, 256, 257, 259, 342
Kohut, H. 190
Kolb, D. A. 206
Koolwijk, J. v. 255
Kormann, A. 291, 319, 393
Kornadt, H.-J. 7, 8, 9, 10
Kornmann, R. 80

Kossolapow, L. 212
Kounin, I. S. 388
Kraiker, Ch. 404
Krampen, G. 164
Krapp, A. 34, 77, 78, 81, 117, 186, 189, 191, 244, 285, 286, 288, 290, 291, 305, 307, 308, 312, 313, 315, 318, 321, 368, 388, 392, 420
Krappmann, L. 347, 348
Krathwohl, D. R. 84, 179
Kratochwill, Th. R. 98
Krause, R. 211
Krauth, J. 288
Kreppner, K. 126, 127, 128, 347
Kretschmer, G. 279
Kretschmer, I. 368
Kriz, J. 254
Kroh, O. 102
Krohne, H. W. 15, 16, 17, 200, 201
Krueger, F. 137, 281
Krüger, U. M. 248
Krug, S. 229, 334
Krumm, V. 389, 402
Kruse, L. 88, 266, 270
Kühn, A. 284
Külpe 69
Kugle, C. L. 400
Kuhn, T. S. 421
Kukla, A. 57, 163
Kultusministerkonferenz KMK 276
Kupffer, H. 168
Kuschfeld, M. 328

Laewen, H. 409
Lamb, M. E. 128
Landa, L. N. 122
Lang, P. J. 11
Lange, W. 158
Langer, I. 374, 400
Langfeldt, H. P. 307
Langhorst, E. 31
Langmeier, J. 128
Lansky, M. 124
Lantermann, E.-D. 107, 391
Lasswell, H. D. 208, 248
Laucht, M. 201, 361
Laucken, U. 175, 272, 283
Lauff, W. 326
Lay, W. A. 83, 150
Lazarus, R. S. 11, 12, 13, 14, 16, 17, 20, 24, 262
Lefcourt, H. M. 281
Legrand, L. 47
Lehr, U. 100, 128, 153
Leitenberg, H. 98
Lempp, Chr. 169
Lengsfeld 126
Lenk, H. 57, 159, 284
Leontjew, A. N. 35, 104, 105, 282
Lerman, D. 16
Lersch, Ph. 137, 192, 281

Levelt, W. I. M. 358
Lewin, K. 7, 113, 151, 156, 170, 227, 245, 246, 262, 266
Lewis, M. 65
Lickona, T. 256, 257
Liebau, E. 90
Lienert, G. A. 31, 80, 185, 288, 363, 366, 367, 368, 371, 372
Lietz 166
Likert 94
Lilli, W. 317
Linder, M. 212
Lindner, K. 372
Lindsey, D. B. 11
Lindsley, D. B. 138, 262
Lipitt, R. 151
Lipps, Th. 137
Lipton, R. C. 303
Lisch, R. 254
Lobitz, W. C. 398
Loch, W. 352
Lockhart, R. S. 131
Lodge, M. 94
Löschenkohl, E. 312, 314, 315
Lohmann, Ch. 220, 305
Lohmöller, J.-B. 106
Lohnes, P. R. 366
Lolfland, J. H. 252
London, H. 283
Lopsien, M. 150
Lord, F. M. 370
Lorenz, K. 9, 300
Lowen, A. 198
Lozoff, B. 303
Luber, G. I. 408
Luckmann, T. 420
Lückert, H. R. 186
Lüdtcke, H. 252
Lüer, G. 70, 72, 73, 74
Lühmann, R. 225
Lüscher, K. 352
Luhmann, N. 51
Lukasczyk, K. 157
Lukesch, H. 35, 112, 114, 151
Lumsdaine, A. A. 178
Lunk, G. 192
Luria, A. R. 356
Lyssenko 144

Ma, H. 97, 404
Maccoby, E. E. 153, 154, 341
Macfarlane, I. W. 407
Macke, G. 425
Madsen, K. B. 261
Magay, J. F. 408
Mager, R. F. 223
Mager, K. 350
Magnusson, D. 283, 417
Magoon, A. I. 388
Mahler, M. 190
Mahoney, M. J. 14, 244, 282, 341, 401
Makarenko, A. S. 92, 166

449

Namenregister

Maletzke, G. 248
Malinowski, P. 327, 328, 329
Malitz, D. 400
Malmo, R. B. 11, 262
Mandl, H. 78, 175, 200, 201, 203, 244, 268, 313, 315, 317, 321, 374, 375, 389
Mann, I. 242
Mann, P. A. 142
Mann-Tiechler, G. v. 340
Marbe 69
Marburger, H. 351, 352
Margolis, J. S. 241
Marjoribanks, K. 245, 246, 268
Markmann, J. 167
Markow 98
Marmon 189
Martin, J. E. 241
Martin, L. R. 324
Marwell, G. 332
Marx, K. 278, 283
Masia, B. B. 179
Maslow, A. H. 171, 263, 281
Matejcek, Z. 128
Mattes, I. 402, 403
Mattingly, I. G. 358
Mauermann, L. 259
Maxeiner, J. 326
May, M. A. 256, 257
May, R. 170, 171
Mayer, L. 150
Mayring, Ph. 24
McArthur, L. Z. 154
McCall, G. 254
McCarthy, J. 70
McClelland 10, 227
McDermott, R. P. 68
McDonald, B. A. 375
McDonald, F. C. 149
McDougall, W. 138
McGuire, W. J. 94, 334
McKeachie, W. J. 178
McPhail, P. 259
Meacham, J. A. 136
Mead, G. H. 189
Mechl, P. E. 400
Mednick 211
Mehan, H. 68, 254
Meichenbaum, D. H. 32, 33, 282, 341, 401
Meierhofer, M. 166
Meili, R. 7
Meinefeld, W. 89
Meinhold, M. 345
Melton, A. W. 151
Mendel, G. 144
Merkens, H. 157, 252, 253, 254, 398, 418
Mertens, W. 188, 189, 190
Merz, F. 147, 154
Merz, J. 219
Messer 69
Messick, S. 149, 204, 205

Messner, H. 383
Messner, R. 222
Metz-Göckel, H. 392
Meumann, E. 83, 149, 150
Meux, M. B. 388
Meyer, H. L. 62, 226
Meyer, W. U. 22, 220, 227, 229, 332
Michelson, W. 342
Mierke 183
Mietzel, G. 148
Mikula, G. 157
Miles, M. B. 343
Miller, G. A. 13, 14, 68, 72, 130, 131, 161, 235
Miller, N. 7, 103, 138, 235, 279, 340, 341
Minsel, B. 115
Minsel, W.-R. 179, 196
Mischel, W. 161, 238, 246, 263, 267, 282, 333, 341
Mischke, W. 376
Mitscherlich, A. 7
Mitter, W. 117
Mitterauer 125
Möbus, C. 29, 393
Möller, Chr. 62, 222, 223, 226
Mörsberger, H. 408
Mohn, E. 210, 250
Mollenhauer, K. 92, 126, 127, 160, 191, 346, 351
Monahan, J. 142
Money, J. 303
Montada, L. 232
Montague, W. E. 151
Montessori 178
Moor, P. 36
Moos, R. H. 268
Morawietz, H. 87, 89
Moreno, J. L. 157
Moritz, Ph. 354
Moser, H. 62
Moskal, E. 408
Mosteller, F. 237
Mowrer, O. H. 235
Mrozynski, P. 299
Mueller, K. 403
Müller, P. 314
Müller, U. 126, 188
Münsterberg, H. 150
Muir, W. 32
Mummendey, H. D. 332, 335
Muñoz, R. F. 142
Murray, E. I. 227, 404

Nadiraschwili, S. 66
Nagel, W. 393
Natorp, P. 350
Naus, M. J. 129, 135
Negt, O. 249
Neidhart, F. 125, 126
Neill 7
Neisser, U. 200, 373, 410, 413

Nesselroade, J. 393
Neumann, O. 31
Newcomb, T. M. 189
Newell, A. 69, 71, 72, 73, 237
Newmann, H. H. 146
Nickel, H. 64, 274, 308, 311, 312, 313, 314, 315, 323, 368, 376
Nicols, R. C. 146
Niemeyer, W. 214
Nietzel, M. T. 142
Nisbett, R. E. 24
Nitko, A. I. 369
Nitsch-Berg, H. 355
Nohl, H. 350, 351
Norman, D. A. 71, 130, 202, 373
Notarius, C. 98
Nuttin, J. R. 41, 42
Novick, M. R. 366, 370

O'Connor, P. A. 228
Oden, M. H. 306
Oerter, R. 64, 66, 67, 68, 101, 105, 226, 258, 311, 340, 387, 388
Oevermann, U. 50
Oeveste, H. 81, 287
Ogorodnikow, J. J. 108
Olson 65, 66
Olver, R. R. 65
Olweus, D. 10
Opie, I. 355
Opie, P. 355
Opp, K.-D. 160, 366, 403, 404, 419
Opton, E. M. 17
Ornstein, P. A. 134
Osgood, C. E. 65, 383
Oskamp, S. 94
Otto, G. 61, 178, 250
Otto, H.-U. 352

Padawer-Singer, A. 334
Paeslack, V. 299
Paivio, A. 132
Papoušek, H. 65
Papoušek, M. 65
Parey, E. 386, 387
Paris, S. G. 135
Parke, R. D. 128
Parsons, I. 103, 126
Parsonson, B. S. 98
Patterson, G. 8
Pauli, R. 235
Pawlik, K. 36, 73, 77, 78, 81, 183, 244, 266, 267, 268, 289, 368, 393
Pawlow, I. P. 40, 41, 232
Payne, I. 341
Pearlstone, Z. 132
Peck, R. F. 381
Pedhazur, D. J. 366
Peesch, R. 355
Perl, F. 170
Perls, F. 170
Perlwitz, E. 404

450

Namenregister

Perrez, M. 114, 115, 126
Pervin, L. A. 281, 283
Pestalozzi, H. 92, 149, 166, 260
Peter, B. 14
Petermann, F. 26, 28, 98, 244, 310, 392, 393
Peters, H. I. 232, 324, 334
Peters, R. S. 108
Petersen, P. 90, 386
Peterson, L. R. 130
Peterson, M. J. 130
Peterssen, H. W. 61
Petrat, G. 273
Petzelt, A. 91
Pfäfflin, M. 13
Pflug, E. 408
Phares, E. J. 281
Phenix 63
Phillips, J. S. 279
Piaget, J. 64, 65, 66, 67, 68, 85, 101, 104, 135, 136, 138, 152, 185, 186, 205, 235, 236, 237, 256, 264, 342, 355
Picht, G. 58
Piontkowski, U. 157
Plake, K. 126
Platon 260
Popham, W. I. 369, 372
Popper, K. R. 252, 418, 419, 420
Portele, G. 11
Poser, E. G. 199
Posner, M. 236
Postman, L. 131, 236
Poulsen, M. K. 408
Pratt, M. 68
Preiser, S. 211, 212
Prell, S. 78, 89, 117, 119, 178, 180, 321
Premack, D. 40
Prenzel, M. 194
Preuss-Lausitz, U. 346
Pribram, K. H. 13, 14, 72, 138
Prior, H. 328
Prokasy, W. F. 232
Prose, F. 220
Proshansky, H. M. 266
Provence, S. 303
Provus, M. 118
Putz-Osterloh, W. 70, 72, 73, 74

Quekelberghe, R. van 14, 401, 403
Quetelet v. 391

Rachman, S. 404
Radnitzky, G. 420, 421
Rajaratnam, U. 371
Rappaport, J. 140
Rasch, G. 238, 370
Raths, L. E. 259
Raush, H. L. 268
Raven, B. H. 157, 184
Raybould, E. C. 287

Reder, L. M. 374
Redl, F. 295
Reese, H. W. 134, 135, 136
Reich, W. 7, 61, 170, 197, 198, 279
Reichel-Kaczenski, G. 327
Reimann, H. 207
Rein 178
Reinacker, H. 14, 402
Reither, F. 73, 74
Remmers, H. H. u. a. 387
Renn, H. 392
Resnick, L. B. 35, 178, 183, 225
Revensdorf, D. 288, 392
Reynolds, R. E. 375
Rheinberg, F. 19, 20, 82, 228, 230, 287, 318
Richter, H. E. 126, 296, 297
Rickert, H. 100
Riese, H. 52
Riessman, F. 142
Rigler, D. 407
Rigler, M. 407
Rimoldi, H. J. A. 25
Rivlin, L. G. 266
Roberts, I. M. 355
Robinsohn, S. B. 61
Rodax, K. 349
Roeder, P. M. 309
Röhrs, H. 92
Rössner, L. 161, 162, 163, 164, 351
Rogers, C. R. 171, 197, 281, 332
Rogner, J. 17
Rohracher, H. 410, 414
Rohwer, W. D. 407
Rollett, B. 97, 243, 244, 245, 290
Rosemann, B. 185, 284, 285, 288, 312, 321, 323, 325
Rosenbaum, H. 126
Rosenmayer, L. 352
Rosenshine, B. 387, 389
Rosenstiel, L. v. 241
Rosenthal, R. 221, 388
Rosenzweig 7
Ross, L. 23
Rost, D. W. 404
Rost, J. 392, 393
Roth, E. 185
Roth, H. 34, 50, 83, 178, 186, 232, 243
Roth, L. 253, 258, 272, 276
Rothkopf, E. Z. 131, 375
Rotter, J. B. 238, 281
Rousseau, J. J. 149, 192, 260, 354
Royl, W. 19
Rubinstein, S. 192, 193
Ruble, D. 153
Ruch, F. L. 340
Rudinger, G. 107, 391, 392
Rüdiger, D. 244, 291, 293, 315, 319
Rumelhart, D. E. 71, 202, 373
Rupprecht, H. 372

Russell, B. 91
Russell, D. 16
Russell, I. T. 286
Rutter, M. 303, 304

Sader, M. 88, 155, 156
Salomon, G. 28
Salzmann, W. 348
Sameroff, A. 203, 407, 408
Sampson, E. E. 56
Samstag, K. 312
Sander, A. 39
Sandler, A.-M. 190
Sandler, J. 190
Sarason, S. B. 141
Sartre, J. P. 171, 198
Sauer, C. 94
Sauer, M. 166, 169
Scarr-Salapatek, S. 147
Scott, I. P. 303
Scott, M. S. 134
Scott, W. A. 94
Scribner, S. 136
Scriven, M. 116
Scull, A. T. 141
Schachter, S. 11, 15, 16, 262
Schäfer, B. 94
Schaefer, E. S. 113
Schaie, K. W. 106, 283, 408
Schallert, D. L. 375
Schanz, G. 403
Scharmann, Th. 124
Scheele, B. 173, 175
Scheerer, E. 359
Scheidt, J. vom 172
Schenk, M. 315
Schenk-Danzinger, L. 101, 302, 312
Scherer, G. A. 389
Scherpner, H. 166, 351
Schick, A. 272
Schiefele, H. 87, 89, 117, 186, 193, 230, 388, 392
Schimbirew, P. N. 108
Schläfli, A. 375
Schlee, J. 212, 213, 307
Schleiermacher, F. W. D. 108, 149, 351
Schlömerkemper, J. 90
Schlüter, J. 34
Schmalohr, E. 315
Schmalt, H.-D. 22, 227
Schmerkotte, H. 315
Schmidt, H. D. 89, 100
Schmidt, P. 366
Schmitz, E. 50
Schneewind, K. A. 113, 114, 115, 278, 281, 341
Schneider, D. J. 174
Schneider, G. 230
Schneider, K. 228
Schneider, S. 352
Schnotz, W. 374

Schöler, W. 122
Schön, B. 387
Schön-Gaedike, A.-K. 185
Schopenhauer 260
Schorb, B. 210, 250
Schott, F. 224, 310, 368, 372, 389
Schramm, W. 207
Schreiber, W. 381
Schreiner, G. 246, 269
Schroder, H. M. 66, 200, 201, 202
Schüttler-Janikulla, K. 315
Schütz, A. 68
Schulte, D. 14, 77, 78, 244, 399, 403
Schultz, D. P. 140
Schulz, W. 61, 83, 178, 222, 250, 386, 387, 388, 400
Schulz von Thun, F. 374, 400
Schwab, D. P. 397
Schwäbisch, L. 14
Schwarz, E. 388
Schwarzer, Ch. 81, 244, 289, 308, 321, 400
Schwarzer, R. 19, 27, 244, 286, 287, 288, 291, 308, 400
Sears, P. S. 242
Sears, R. R. 103
Seibt, F. 279
Seidel, R. 35
Seiler, H. 157, 253, 254, 398, 420
Seiler, Th. B. 21, 104, 200, 201, 204, 205
Seligman, M. E. P. 17, 18, 23
Selz 69
Semmer, N. 13
Serpell, R. 68
Sève, L. 282
Shapiro, M. H. 57
Shavelson, R. L. 163, 387
Shaw, J. C. 69
Shaw, M. E. 94
Sheingold, K. 134
Sheldon, W. H. 279
Sherif, M. 156, 157
Shields, J. 146
Shorter, E. 126
Shrauger, I. S. 334
Shulman, L. S. 162, 387
Siems, M. 14
Silbermann, A. 248
Simon, T. 185
Simon, H. A. 69, 70, 71, 72, 73, 74, 150
Simmons, J. L. 241, 254
Simons, H. 29, 309
Sinclair, I. M. 389
Singer, J. 262
Singer, K. 191
Six, B. 94
Skeels, H. M. 148
Skinner, B. F. 40, 41, 62, 103, 121, 122, 138, 149, 151, 170, 233, 234, 239, 278, 281, 340, 383, 401, 404
Skodak, M. 148
Skolnik, A. 408
Skowronek, H. 147
Smilansky, S. 355
Smirnow, A. A. 31
Smith, A. 260
Smith, B. O. 160
Smith, E. E. 133
Smith, H. 159
Smith, L. M. 160, 219
Smith, O. 388, 389
Smith, P. D. 389
Snow, R. E. 28, 30, 308
Snyder, M. 133
Sokrates 260
Solarova, S. 39
Sommer, G. 32, 142, 403
Sosa, R. 303
Sosnowsky, W. P. 28
Spada, H. 73, 371, 392, 393
Spearman, Ch. 144, 184
Specht, F. 296
Speck, O. 287
Specter, G. A. 142
Spector, P. E. 399
Speedie, S. M. 70
Spence, J. T. 153
Spence, K. W. 262
Sperling, G. 413
Spies, W. 355
Spinelli, D. N. 412
Spinoza 260
Spiro, R. J. 151
Spitta, G. 213, 214
Spitz, R. A. 75, 138, 166
Spitz, N. 349
Sprey, Th. 127
Staats, A. W. 65, 238
Stachel, G. 259
Stahnke, M. 409
Stake, R. E. 117
Stanley, J. C. 252, 253, 393
Stapf, K. H. 114, 268
Steffens, K.-H. 185, 312, 359
Stegmüller, W. 285, 418, 419
Stein, A. H. 408
Stein, B. S. 132
Stein, M. L. 203
Steinkamp, G. 346, 347
Steinhagen, K. 27
Stelzl, I. 147
Stemme, F. 272
Stern, C. 150
Stern, G. G. 268
Stern, W. 35, 150, 182, 281, 355
Sternberg, R. J. 72
Stevens, J. O. 14
Stevens, S. S. 411
Stickelmann, B. 327
Stief, W. H. 349
Stingle, K. G. 235

Stöcker, H. 89
Stössner, A. 148
Stokvis, B. 14
Stolorow, R. 190
Stolurow, L. M. 123
Stone, G. L. 203
Stoy 178
Straka, G. A. 225, 425
Strebel, G. 311
Streufert, S. 200, 201, 203, 205
Streufert, S. C. 200, 201, 203, 205
Strittmatter, A. 179, 387
Strittmatter, P. 19, 242, 387
Strotzka, H. 126
Strube, G. 146
Studdert-Kennedy, M. 359
Stufflebeam, D. L. 116, 118
Stutzki, G. 328
Suaminathan, H. 369
Suedfeld, P. 200
Süllwold, F. 32, 70, 73, 94, 185
Sülzer, R. 248
Süssmuth, R. 127
Summers, G. F. 94
Suppes, P. 47
Sutton-Smith, B. 353, 355
Sydow, H. 70, 129
Szeminska, A. 65

Tack, W. H. 81, 290
Taguiri, R. 174
Tanner, I. M. 314
Tatsuoka, M. M. 288, 366
Tausch, A. M. 113, 151, 190, 219, 281
Tausch, R. 113, 151, 219, 244, 281, 374
Taylor, G. R. 314
Taylor, H. C. 286
Taylor, I. B. 397
Taylor, S. 9
Teasdale, J. D. 18
Terhart, E. 252, 253, 386, 387
Terman, L. M. 306
Teschner, W. P. 400
Thane, K. 303
Theiner, Ch. 299
Theunert, H. 210, 250
Thibaut, J. W. 189
Thiel, R. D. 309
Thomae, H. 100, 260, 261, 279
Thomas, A. 279
Thomas, D. L. 334
Thomas, D. R. 402
Thomas, K. 14
Thompson, D. M. 132
Thoresen, C. E. 282, 341
Thorndike, E. L. 41, 149, 150, 233, 382
Thurstone, L. L. 93, 94, 146, 184
Tiedemann, D. V. 288
Tiedemann, J. 240, 305, 309, 312
Tietze, W. 312

Namenregister

Tittelbach, E. 404
Tobias, S. 28
Todt, E. 195, 277
Tolman, E. C. 227, 234, 238, 263
Torgerson, W. S. 366
Torrance, E. P. 211, 212
Trapp 386
Trautner, H.-M. 104
Travers, R. M. W. 387
Treffinger, D. T. 70
Treiber, B. 27, 28, 151, 388
Treisman, A. M. 413
Trempler, D. 214
Trenmann, K. 309
Trickett, E. M. 268
Trieschmann, A. E. 167
Trotzenburg, E. van 386
Trudewind, C. 230, 264, 268
Tucker, J. A. 381
Tuckman, B. W. 156
Tuggener, W. 350, 351
Tulodziecki, G. 122
Tulving, E. 132, 133
Tumlirz, O. 102
Turiel, E. 259
Tversky, A. 164
Tyler, R. W. 84, 179

Überla, K. 366
Ulich, D. 22, 25, 87, 88, 89, 189, 190, 218, 340, 345, 346, 419
Ulich, K. 343, 344, 347, 348
Ulmann, G. 35
Ulrich, R. E. 403
Ulshöfer, R. 317
Underwood, B. J. 130
Ungelenk, B. 315
Uranowitz, S. W. 133

Valtin, R. 212
Vandenberg, S. G. 146
Vernon, P. E. 184
Vettinger, H. 89
Voelter, L. 167
Voigt, I. 400
Volpert, W. 13
Vopel, K. W. 158
Vorweg, M. 282, 283

Waddington, C. W. 408
Wagner, A. 378
Wagner, A. C. 155
Wagner, D. A. 136
Wagner, I. 32, 33, 309
Wahl, D. 175, 219, 307
Wakenhut, R. 94
Walberg, H.-J. 268
Walker, E. L. 41
Waller, M. 342
Wallerstein, J. S. 199
Walter, H. 246

Walters, R. 7, 101
Wang, M. C. 29
Wasem, E. 249
Watkins, M. J. 131
Watson, J. B. 144, 149, 170, 232, 233, 278
Watzlawik, P. 46, 126, 208, 209, 357, 414
Waugh, N. C. 130
Weber, E. 108, 170, 258
Weber, H. H. 286
Weber, M. 91
Wechsler, D. 182, 185
Wedell, K. 287
Wehrli, J. J. 167
Weick, K. G. 252, 253
Weidenmann, B. 161
Weigl, E. 359
Weikart, D. C. 407, 408
Weiner, B. 16, 22, 24, 57, 163, 229
Weinert, F. E. 64, 134, 148, 149, 152, 178, 180, 182, 213, 244, 307, 309, 310, 409, 416
Weir, M. W. 65
Weise, G. 368
Weishaupt, K. 117
Weiss, R. 317
Wellek, A. 281
Wellendorf, F. 191, 219
Wellman, H. M. 136
Wells, L. E. 332
Weltner, K. 124, 225
Wendeler, I. 370
Weniger, E. 61, 83
Wenzl, A. 183, 235
Werbik, H. 162, 194
Werner, H. 67, 102, 138
Wertheimer, M. 69, 389
Westmeyer, H. 64, 81, 96, 99, 177, 234, 238, 285, 286, 290, 388, 402, 420
Wewetzer, K.-H. 185
White, B. L. 408
White, R. K. 151
Wichern, J. H. 167
Wicklund, R. A. 331
Widmaier, H. T. 52
Wiechardt, D. 332
Wieczerkowski, W. 81, 287
Wieczorek, Th. 94
Wiedemann, A. 58
Wieken-Mayser, M. 255
Wiener, N. 13, 120
Wienold, G. 389
Wiesel, T. N. 411
Wiesenhütter, E. 14
Wiesner, H. 124
Wiest, U. 305, 323
Wiggins, I. S. 286
Wiley, D. E. 308, 389, 425
Wilfert, O. 167

Wilker, K. 167
Willems, E. P. 266, 267, 268
Williams, T. 246
Willmann, O. 61, 110
Wilson, G. D. 94
Wilson, S. 253
Wilson, T. D. 24
Wimmer, H. 375
Winch, R. F. 189
Winer, B. I. 366
Winkelmann, W. 315
Winiker, J. 168
Winkler 7
Winne, Ph. H. 376
Winnefeld, F. 386
Winnicott, D. W. 355
Wippich, W. 131, 132
Witte, W. 412
Wittrock, M. C. 178
Wohlwill, J. F. 106, 107, 342
Wolf, B. 246
Wolf, K. M. 138
Wolf, W. 363
Wolpe, J. 14, 239
Wood, H. 68
Woodrow, H. 383
Wortman, C. B. 29
Wragg, E. C. 388
Wright, H. F. 396
Wright, J. M. 7, 94
Wudtke, H. 346
Wulf, C. 116, 117, 323, 326
Wunderlich, D. 357, 361
Wundt, W. 11, 137, 150, 170, 260
Wurzbacher, G. 125
Wygotski, L. S. 355
Wylie, R. 332

Yates, A. J. 96

Zaporozhets, A. V. 136
Zaumseil, M. 142
Zax, M. 142
Zecha, G. 226, 238
Zeller 311
Ziegler, R. 366
Zielinski, J. 122
Zielinski, W. 308, 310, 316
Zifreund, W. 376, 377
Zigler, E. 407
Ziller 178
Zillig, H. 221
Zimbardo, P. G. 340
Zimmer, I. 348
Zimmermann, A. 214
Zinnecker, J. 88
Zlutnick, A. 402
Zöpfl, H. 259
Zubek, J. P. 145
Zulliger, H. 7, 295, 354, 355
Zumkley, H. 9

Das umfassende Nachschlagewerk zu den Unterrichtsfächern

Leo Roth (Hrsg.)
Handlexikon zur Didaktik der Schulfächer

552 Seiten. Ln. DM 80,—
Bestell-Nr. 02312-6

In mehr als 100 Artikeln orientiert das „Handlexikon zur Didaktik der Schulfächer" über die wesentlichen Inhalte, Methoden, Probleme und Perspektiven der Didaktik der einzelnen Fächer im allgemeinbildenden Schulwesen der Bundesrepublik Deutschland. Eine allgemeindidaktische Einführung sowie Glossare der Stichwörter in englischer, französischer und russischer Sprache bieten zusätzliche Informationen. Der Herausgeber und die mehr als 60 Autoren der einzelnen Beiträge sind durch ihre Lehr- und Forschungstätigkeit als kompetente Informanten ausgewiesen.

Preisänderungen vorbehalten

Ehrenwirth Verlag München

Kompendium Didaktik

Herausgegeben von Heinz-Jürgen Ipfling, Hermann Maier und Günter Scholz

Das „Kompendium Didaktik" vermittelt in preiswerten Bänden und in knapper Darstellung einen klaren Überblick über den Stand der Didaktik heute. Die Reihe ist auf 20 Bände angelegt, einen Band zur Schuldidaktik, die übrigen jeweils zu den verschiedenen Unterrichtsfächern der allgemeinbildenden Schulen. Sowohl für Schulpraktiker als auch für Studierende unentbehrlich in Studium und Praxis.

Günter Scholz – Heinz Bielefeldt
Schuldidaktik
212 Seiten. Pbck. DM 20,–
Best.-Nr. 01900-5

Achill Wenzel
Anfangsunterricht
128 Seiten. Pbck. DM 14,–
Best.-Nr. 02204-9

Franz Rindfleisch
Bildende Kunst
140 Seiten. Pbck. DM 14,–
Best.-Nr. 01903-X

Horst Werner
Biologie
Ca. 120 Seiten. Pbck. ca. DM 14,–
Best.-Nr. 02205-7

Herbert Vossen
Chemie
140 Seiten. Pbck. DM 14,–
Best.-Nr. 02054-2

Ernst Nündel
Deutsch
120 Seiten. Pbck. DM 14,–
Best.-Nr. 02216-2

Gertrud Walter
Englisch
140 Seiten. Pbck. DM 16,–
Best.-Nr. 02308-8

Theo Schreiber
Geographie
196 Seiten. Pbck. DM 18,–
Best.-Nr. 02307-X

Reinhard Dross
Evangelische Religion
120 Seiten. Pbck. DM 16,–
Best.-Nr. 02309-6

Karl Filser
Geschichte
Ca. 120 Seiten. Pbck. DM 14,–

Hermann Maier
Mathematik
128 Seiten. Pbck. DM 14,–
Best.-Nr. 01902-1

Klaus Füller
Musik
140 Seiten. Pbck. DM 14,–
Best.-Nr. 01904-8

Druxes u. a.
Physik
Ca. 120 Seiten. Pbck. ca. DM 14,–
Best.-Nr. 02311-8

Dieter Grosser
Politische Bildung
126 Seiten. Pbck. DM 14,–
Best.-Nr. 01901-3

M.-A. Bäuml-Rossnagl
Sachunterricht in der Grundschule:
Naturwissenschaftlich-technischer Lernbereich
192 S. Pbck. DM 16,–. Best.-Nr. 02195-6

Karolina Fahn
Sachunterricht in der Grundschule:
Sozio-kultureller Lernbereich
Ca. 120 Seiten. Pbck. ca. DM 14,–
Best.-Nr. 02199-9

Preisänderungen vorbehalten

Ehrenwirth Verlag München

Hans Schiefele

Lernmotivation und Motivlernen

Grundzüge einer erziehungswissenschaftlichen Motivationslehre.
2. durchges. Auflage. 496 Seiten. Pbck. DM 32,–. Bestell-Nr. 02097-6

„Die didaktische Gestaltung ist mustergültig, die Inhalte werden in präziser Sprache und in besonders übersichtlicher Weise vermittelt. Es handelt sich hier um ein Werk, das nicht nur in die Hand des Wissenschaftlers gehört, sondern ebenso in die des Praktikers."
Erziehung und Unterricht

Bernd Weidenmann

Lehrerangst

Ein Versuch, Emotionen aus der Tätigkeit zu begreifen.
160 Seiten. Pbck. DM 24,–. Bestell-Nr. 02045-3

„Bernd Weidenmann hat mit seiner Arbeit als einer der ersten Wissenschaftler in der Bundesrepublik die Angst der Lehrer in einer überzeugenden und systematischen Weise thematisiert"... „Das eigentliche Ziel besteht darin, Formen und Strukturen der schüler- und unterrichtsbezogenen Lehrerangst aus den Bedingungen und einzelnen Bereichen der Lehrertätigkeit verständlich zu machen. Lehrerangst entsteht nun – so läßt sich die Kernthese des ganzen Buches zusammenfassen – als Verhaltensunsicherheiten und Bedrohungen, die der Lehrer als „Experte", als „Richter" als „Leiter" der Schulklasse und schließlich, in einem hinzugefügten vierten Tätigkeitsbereich ‚Kontakt', als „Partner" der Schüler erlebt."
Die Deutsche Schule

„Aber auch Lehrern sei die Lektüre empfohlen, besonders des II. Teils, bietet dieser doch eine Fülle an Informationen, die Lehrern hilfreich sein können, ihre Situation besser zu begreifen."
betrifft: erziehung

Preisänderungen vorbehalten

Ehrenwirth Verlag München

Gerhard Petrat

Schulunterricht

Seine Sozialgeschichte in Deutschland 1750 bis 1850.
378 Seiten mit zahlreichen Abb. Pbck. DM 42,–. Bestell-Nr. 02148-4

Die erste umfassende wissenschaftliche Darstellung von der Herausbildung des Unterrichts als zentraler schulischer Veranstaltungsform in Deutschland für den Zeitraum von ca. 1750 bis 1850. Grundlage ist die damalige pädagogische Fachpresse, ein reiches Quellenmaterial, das im vorliegenden Buch in breitem Umfang auch dokumentiert wird.

„... durch die geschickte Auswahl der Quellenauszüge und Abbildungen weithin auch eine amüsante und interessante Lektüre" *Süddeutsche Zeitung*

Karlheinz Wöhler (Hrsg.)

Didaktische Prinzipien

Begründung und praktische Bedeutung.
238 Seiten. Pbck. DM 28,–. Bestell-Nr. 02020-8

Auf der Grundlage des gegenwärtigen wissenschaftlichen Diskussionsstandes stellt das Buch wesentliche didaktische Prinzipien dar und erläutert sie praxisbezogen. Eine kompetente Hilfe für Studium, Unterrichtspraxis und Lehrerfortbildung.

Mit Beiträgen von: H. Antenbrink; F. Dörr; R. Dollase; H. Heiland; J. Hiller-Ketterer; F. J. Kaiser; W. Nestle; R. Oggel; G. B. Reinert; O. Scholze; K. Spreckelsen; Kh. Wöhler.

Preisänderungen vorbehalten

Ehrenwirth Verlag München